U0907174

中国交通运输年鉴

（2020）

The Transport Yearbook of China 2020

中华人民共和国交通运输部　编

Ministry of Transport of the People's Republic of China

人民交通出版社股份有限公司

北 京

图书在版编目(CIP)数据

中国交通运输年鉴. 2020 / 中华人民共和国交通运输部编. —北京：人民交通出版社股份有限公司，2020.9

ISBN 978-7-114-16822-2

Ⅰ. ①中… Ⅱ. ①中… Ⅲ. ①交通运输业—中国—2020—年鉴 Ⅳ. ① F512.3-54

中国版本图书馆 CIP 数据核字 (2020) 第 164400 号

Zhongguo Jiaotong Yunshu Nianjian (2020)

书　　名：**中国交通运输年鉴** (2020)

著 作 者：中华人民共和国交通运输部

责任编辑：崔　建　齐黄柏盈

责任校对：席少楠　魏佳宁

责任印制：刘高彤

出版发行：人民交通出版社股份有限公司

地　　址：(100011) 北京市朝阳区安定门外外馆斜街 3 号

网　　址：http://www.ccpcl.com.cn

销售电话：(010) 59757973

总 经 销：人民交通出版社股份有限公司发行部

经　　销：各地新华书店

印　　刷：天津融正印刷有限公司

开　　本：880 × 1230　1/16

印　　张：47

字　　数：1158 千

版　　次：2020 年 9 月　第 1 版

印　　次：2020 年 9 月　第 1 次印刷

书　　号：ISBN 978-7-114-16822-2

定　　价：258.00 元

(有印刷、装订质量问题的图书由本公司负责调换)

编 辑 说 明

一、按照《中国交通运输年鉴》的定位，本书由交通运输部和国家铁路局、中国民用航空局、国家邮政局联合编纂。全书本着“全面呈现，重点突出”的原则，聚焦“交通强国”建设目标，突出年度行业核心、重点、热点话题，全景式记录在交通强国建设进程中发生的重大事件和取得的重大成就，凸显交通运输服务国家战略、保障国计民生的先行作用。

二、在坚持权威、系统、客观、准确、连续、实用的原则下，全书由“重要指引、重大政策、发展成就、重大工程、重大事件、专题特辑、地方篇、附录”8 篇组成，共计 29 章，8 个专题，5 个重要附录。内容涉及党中央和国务院的决策，领导人的指示，铁路、公路、水路、民航和邮政各领域及综合交通融合发展，以及科技创新，安全监管与应急处置，国际合作，党的建设，精神文明建设，人才队伍建设，法治政府建设，全国各地交通运输发展成就等方面情况。同时，还注重对综合交通、智慧交通、绿色交通、平安交通发展脉络的梳理。其中，对“四好农村路”、脱贫攻坚、服务国家重大战略、取消高速公路省界收费站、城市交通、民生实事与建议提案办理、节假日和快递高峰运输、“不忘初心、牢记使命”主题教育 8 个热点予以专题呈现。此外，本书还刊载了交通运输领域的重大政策列表、人事机构情况、各领域重要统计公报、交通运输行业部分统计数据、权威媒体报道以及年度大事记。

三、本书内容由交通运输部部内各司局和国家铁路局、中国民用航空局、国家邮政局相关部门、部分部属单位以及各省、自治区、直辖市以及新疆生产建设兵团交通运输主管部门提供。其中，部分内容来自相关业务部门公开发布的发展报告等官方权威信息。编纂工作由交通运输部办公厅会同国家铁路局、中国民用航空局、国家邮政局综合司（办公室）统筹，交通运输部档案馆、中国公路学会和《中国公路》杂志社组成编辑工作组，负责具体实施。

四、本书重点收入了交通运输行业 2019 年的核心信息，所涉信息除特殊注明外，时间均为 2019 年。为体现行业发展的纵深、数据信息的完整性和方便读者对比使用，收入的部分资料时限、数据时限有所放宽。

五、本书所列全国性统计数据，由相关业务主管部门提供并审定，除个别内容外绝大多数未含香港、澳门特别行政区和台湾地区。由于统计口径不同，书中相关数字略有不同，最终数字均以“统计公报”为准。

六、本书图表以篇一章一序号命名，一个表格一般只表达一个主题。

七、为适应现代阅读习惯，方便读者使用，并克服纸质版容量有限的问题，文中加载了部分重要文件的二维码，供读者扫码阅读。二维码统一链接至相关部门官方网站。相关网站链接若有变动，会造成扫描失效情况，如出现，请另行查询。

八、人事机构方面的资料由人事部门提供。

九、本书的名词术语、缩略语、简称及英文缩写未加注释的，参见行业相关名词解释及英文缩写释文。

十、本书关于政策的相关内容，是对部分现行法律、法规和政策原文的部分刊登、综述和解读，可以作为了解中国交通运输发展政策的线索，并附有二维码，可供读者扫描参考，必要时读者应查阅使用相关正式文件。

十一、为方便阅读，本书“附录”部分的各统计公报中的图、表序号均按各公报原文排序。

本书编辑工作组

2020 年 8 月 30 日

EDITORS' NOTES

1. As per the position set for the Transport Yearbook of China, it is jointly compiled by the Ministry of Transportation, the National Railway Administration, the Civil Aviation Administration of China and the State Post Bureau. Following the principle of "presenting the full picture while highlighting key events in the industry", focusing on the target of "building China into a transport power" and underling the annual core, important and high-profile issues in the industry, the Transport Yearbook of China gives a panoramic documentation of main events that have taken place and substantial achievements that have been made in the course of building China into a transport power, and highlights the role of the transport industry as the vanguard in serving national strategies and enhancing the national welfare and people's livelihood.

2. The Yearbook, authoritative, systematical, subjective, accurate, consistent and useful, comprises a total of 29 chapters, 8 subjects, and 5 important appendixes, in 8 sections: Important Guidelines, Substantial Policies, Development and Achievements, Major Projects, Major Events, Special Subjects, Provincial Subjects, and Appendixes. Included herein are the decisions by the CPC Central Committee and the State Council; leaders' instructions; the progress in the sectors of railway transport, highway transport, waterway transport, civil aviation transport and postal services and in the integrated development of these sectors; and information on technological innovation, safety supervision, emergency response, international cooperation, and Party building, cultural and ethical advancement, development of professional teams, governance by law, and achievements of transportation development in all parts of China. The Yearbook also highlights the organizing of the development course of a comprehensive, smart, green and safe transport system. Specially presented are eight high-profile issues: serving the effort of doing a good job in the construction, management, maintenance and operation of the rural roads (also known as the "'four good' rural roads"), serving the task of tackling thorny problems in poverty alleviation, serving major national strategies, removal of highway toll stations at provincial boundaries, serving urban transport, dealing with practical issues concerning people's livelihood and related proposals and bills, transport during holidays / festivals and express delivery rush hours, and the "forget neither the Party's original aspirations nor its mission" theme education. Also contained herein are a list of major policies in the transport sector, organization structure, major statistical bulletins in various fields, parts of the statistics of transportation industry, authoritative media reports and chronicles of major events of the year.

3. The contents herein are provided by departments and bureaus within the Ministry of Transport, relevant departments of the National Railway Administration, the Civil Aviation Administration of China and the State Post Bureau, units under the Ministry of Communications and transportation departments of various provinces and Xinjiang Production and Construction Corps, part of which comes from development reports and other official authoritative information publicly released by relevant business departments. Its compilation is organized by the General Office of the Ministry of Transport in conjunction with the National Railway Administration, the Civil Aviation Administration of China and the general department (office) of the State Post Bureau, and carried out by the Working Group of the Editorial Board consisting of staff members of the Archives Center of the Ministry of Transport, China Highway and Transportation Society and China Highway Magazine Society.

4. Contained herein is mainly the core information of the transport industry in 2019, and therefore all the information is that of the year 2019 unless otherwise specified. In order to demonstrate the developmental depth of the transport industry and the integrity of data / information, and to facilitate the comparison and use of data by readers, part of the data and information is not limited to that of 2019.

5. The national statistical data listed herein is provided and checked by relevant business authorities. Most of these statistics do not include those of the Hong Kong and Macao Special Administrative Regions and Taiwan Province. Where figures contained herein show discrepancy due to different statistical criteria, to unify the figures, those in the Statistical Bulletin shall prevail ultimately.

6. The charts in this Yearbook are numbered with the serial numbers of the sections and chapters in which they appear. One chart is usually used to express only one theme.

7. Important documents herein come with QR codes for readers to scan so as to accommodate the reading habit of modern readers, facilitate their use, and address the problem of limited space available in a print version. All the QR codes are linked to the websites of competent authorities. In case of any invalid scanning of QR codes caused by any change of such website links, please turn to other means of inquiry.

8. The information on the organization structure is provided by relevant personnel departments.

9. With respect to any terms, acronyms, abbreviations or English abbreviations not annotated herein, please refer to the definition of such terminologies and the explanation of such English abbreviations provided by the transport industry.

10. The policy-related contents contained herein are excerpts, summaries and interpretations of the original texts of existing laws, regulations and policies, and may serve as a clue for the understanding of China's transport development policy. QR codes are printed herein for readers to scan for reference; it is advisable, however, to consult the original documents when necessary.

11. To be reader-friendly, the figures and charts of statistical bulletins in the Appendixes are listed in the order in which the original texts appear in such bulletins.

Working Group of the Editorial Board

August 30 , 2020

组织机构名单

编审委员会主任委员

杨传堂　十三届全国政协副主席、交通运输部党组书记

李小鹏　十九届中央委员、交通运输部部长、党组副书记

编审委员会副主任委员

冯正霖　十九届中央候补委员、交通运输部党组副书记、副部长

　　　　中国民用航空局党组书记、局长（正部长级）

马军胜　交通运输部党组成员

　　　　国家邮政局党组书记、局长

刘小明　交通运输部党组成员、副部长兼直属机关党委书记

刘振芳　交通运输部党组成员

　　　　国家铁路局党组书记、局长

编纂工作委员会主任委员

刘小明（兼）

编纂工作委员会副主任委员

徐成光　交通运输部办公厅主任

田　军　国家铁路局综合司（外事司）司长

刘鲁颂　中国民用航空局综合司司长

侯延波　国家邮政局办公室（外事司）副主任（副司长，主持工作）、二级巡视员

刘文杰　中国公路学会副理事长兼秘书长

编纂工作委员会委员

汪　洋　交通运输部总工程师、公路局局长

李天碧　交通运输部安全总监、水运局局长

吴春耕　交通运输部政策研究室主任

魏　东　交通运输部法制司司长

张大为　交通运输部综合规划司副司长

许春风　交通运输部财务审计司司长

李良生　交通运输部人事教育司（巡视办）司长（主任）

徐亚华　交通运输部运输服务司司长

彭思义　交通运输部安全与质量监督管理司司长、部应急办副主任

庞　松　交通运输部科技司司长

李　扬　交通运输部国际合作司（港澳台办公室）司长（主任）

柯林春　交通运输部直属机关党委常务副书记（正局级）

张晓冰　交通运输部离退休干部局党委书记、局长

李国平　中国海上搜救中心副主任、部应急办主任　（正局级）

曹德胜　交通运输部海事局党组书记、局长、中国海上搜救中心常务副主任

梁成谷　国家铁路局综合司（外事司）副司长

高　俊　中国民用航空局综合司副司长、二级巡视员

高洪涛　国家邮政局办公室（外事司）副主任（副司长）、二级巡视员

王　雷　交通运输部救助打捞局局长、党委副书记

朱伽林　人民交通出版传媒管理有限公司党委书记、董事长

杨如学　交通运输部档案馆馆长

李先忠　北京市交通委员会党组书记、主任
刘道刚　天津市交通运输委员会党委委员、副主任（正局级）
王普清　河北省交通运输厅党组书记、厅长
闫晨曦　山西省交通运输厅党组书记、厅长
白　智　内蒙古自治区交通运输厅党组书记、厅长
赵爱军　辽宁省交通运输厅党组书记、厅长
王振才　吉林省交通运输厅党组书记、厅长
孙　宇　黑龙江省交通运输厅党组书记、厅长
谢　峰　上海市交通委员会党组书记、主任
陆永泉　江苏省交通运输厅党组书记、厅长
陈利幸　浙江省交通运输厅党组书记、厅长
章　义　安徽省交通运输厅党组书记、厅长
黄祥谈　福建省交通运输厅党组书记、厅长
王爱和　江西省交通运输厅党委书记、厅长
江　成　山东省交通运输厅党组书记、厅长
刘兴彬　河南省交通运输厅党组书记、厅长
朱汉桥　湖北省交通运输厅党组书记、厅长
赵　平　湖南省交通运输厅党组书记、厅长
李　静　广东省交通运输厅党组书记、厅长
陈鸿起　广西壮族自治区交通运输厅党组书记、厅长
邓小刚　海南省交通运输厅党组书记、厅长
许仁安　重庆市交通局党委书记、局长
罗佳明　四川省交通运输厅党组书记、厅长
邵　勋　贵州省交通运输厅党委书记、厅长
邱　江　云南省交通运输厅党组书记、厅长
永　吉　西藏自治区交通运输厅党委副书记、厅长
杨育生　陕西省交通运输厅党组书记、厅长
李　睿　甘肃省交通运输厅党组书记、厅长
毛占彪　青海省交通运输厅党组书记、厅长
曹志斌　宁夏回族自治区交通运输厅党委书记、厅长
李学东　新疆维吾尔自治区交通运输厅党委书记、副厅长
李学辉　新疆生产建设兵团交通运输局党组书记、局长

编纂工作联络员

任　谊　交通运输部办公厅综合处处长
臧　青　交通运输部政策研究室综合处副处长
高建刚　交通运输部法制司综合处处长
高　铁　交通运输部综合规划司办公室（交通运输部交通战备办公室）主任
程　侃　交通运输部财务审计司综合处处长
严　红　交通运输部人事教育司综合处处长
郭　胜　交通运输部公路局办公室主任
高鹏飞　交通运输部水运局办公室主任
李华强　交通运输部运输服务司综合处（国际道路运输管理处）处长
罗海峰　交通运输部安全与质量监督管理司综合处处长
甘家祥　交通运输部科技司综合处处长
边向国　交通运输部国际合作司（港澳台办公室）综合一处处长
邹治宇　交通运输部直属机关党委办公室主任
张冬梅　交通运输部离退休干部局综合处（党委办公室）处长（主任）
殷　杰　中国海上搜救中心综合处处长
宋永强　交通运输部海事局宣传处处长
尹　倩　国家铁路局机关服务中心综合处副处长
孙文生　中国民用航空局综合司研究室主任
陈　凯　国家邮政局办公室调研室副调研员
刘秀华　交通运输部救助打捞局办公室主任

刘福泽　北京市交通委员会办公室主任
杜二鹏　天津市交通运输委员会研究室（宣传处）主任（处长）
高正阳　河北省交通运输厅办公室主任
王亚虎　山西省交通运输厅办公室主任
蒙吉生　内蒙古自治区交通运输厅办公室主任
田　彦　辽宁省交通运输厅办公室主任
胡　勇　吉林省交通运输厅办公室副主任
杨　楠　黑龙江省交通运输厅办公室副主任
朱军贤　上海市交通委员会研究室主任
赵　钢　江苏省交通运输厅办公室主任
王　坚　浙江省交通运输厅办公室主任

张宗斌　安徽省交通运输厅办公室主任
谢俊林　福建省交通运输厅办公室主任
毛　茂　江西省交通运输厅办公室主任
王　磊　山东省交通运输厅政策研究室主任
徐　磊　河南省交通运输厅办公室主任
王　炜　湖北省交通运输厅办公室主任
蒋龙平　湖南省交通运输厅办公室主任
张儒波　广东省交通运输厅办公室主任
李灿云　广西壮族自治区交通运输厅办公室副主任
许教春　海南省交通运输厅办公室主任
王维定　重庆市交通局研究室主任
岑　松　四川省交通运输厅交通史志总编室副总编辑
姜　凯　贵州省交通运输厅办公室主任
施青团　云南省交通运输厅办公室主任
庹江春　西藏自治区交通运输厅办公室主任
梁志琳　陕西省交通史志编纂委员会办公室副主任
李志洁　甘肃省交通运输厅办公室副主任、二级调研员
张生荣　青海省交通运输厅办公室副主任
王力军　宁夏回族自治区交通运输厅办公室主任
孔令忠　新疆维吾尔自治区交通运输厅办公室主任
肖希林　新疆生产建设兵团交通运输局办公室主任

编辑工作组

组　长　杨如学　刘文杰
副组长　佟　峰　刘传雷
编　辑　于佳玫　贺玉洁　余大鹏　范圆圆　苗挺节
　　　　禹　洁　徐德谦　王　硕　赵晓夏　崔　云
　　　　孙世玮　谢博识　杨　燕
美　编　李仪灵　王德本
英　文　北京星辉翻译中心

参 编 单 位

国家铁路局

中国民用航空局

国家邮政局

交通运输部长江航务管理局

交通运输部珠江航务管理局

交通运输部救助打捞局

中国船级社

人民交通出版传媒管理有限公司

中国公路学会

交通运输部办公厅

交通运输部政策研究室

交通运输部法制司

交通运输部综合规划司

交通运输部财务审计司

交通运输部人事教育司（巡视办）

交通运输部公路局

交通运输部水运局

交通运输部运输服务司

交通运输部安全与质量监督管理司

交通运输部科技司

交通运输部国际合作司（港澳台办公室）

交通运输部直属机关党委

交通运输部离退休干部局

中国海上搜救中心

交通运输部海事局

交通运输部档案馆

北京市交通委员会
天津市交通运输委员会
河北省交通运输厅
山西省交通运输厅
内蒙古自治区交通运输厅
辽宁省交通运输厅
吉林省交通运输厅
黑龙江省交通运输厅
上海市交通委员会
江苏省交通运输厅
浙江省交通运输厅
安徽省交通运输厅
福建省交通运输厅
江西省交通运输厅
山东省交通运输厅
河南省交通运输厅
湖北省交通运输厅
湖南省交通运输厅
广东省交通运输厅
广西壮族自治区交通运输厅
海南省交通运输厅
重庆市交通局
四川省交通运输厅
贵州省交通运输厅
云南省交通运输厅
西藏自治区交通运输厅
陕西省交通运输厅
甘肃省交通运输厅
青海省交通运输厅
宁夏回族自治区交通运输厅
新疆维吾尔自治区交通运输厅
新疆生产建设兵团交通运输局

目 录

第一篇 重要指引

第二篇　重大政策

第三篇　发展成就

第四篇　重大工程

第五篇　重大事件

第六篇　专题特辑

第七篇　地方篇

第八篇 附录

Contents

Section I Important Guidelines

Section II Substantial Policies

Section III Development and Achievements

Section IV Major Projects

Section V Major Events

Section VI Special Subjects

Section VII Provincial Subjects

Section VIII Appendixes

第一篇
重要指引

Section I
Important Guidelines

第一章 习近平总书记关于交通运输工作的重要论述

一、我们的成就是全国各族人民撸起袖子干出来的

京津冀协同发展、长江经济带发展、粤港澳大湾区建设等国家战略稳步实施。我在各地考察时欣喜地看到：长江两岸绿意盎然，建三江万亩大地号稻浪滚滚，深圳前海生机勃勃，上海张江活力四射，港珠澳大桥飞架三地……这些成就是全国各族人民撸起袖子干出来的，是新时代奋斗者挥洒汗水拼出来的。

这一年，中国制造、中国创造、中国建造共同发力，继续改变着中国的面貌。嫦娥四号探测器成功发射，第二艘航母出海试航，国产大型水陆两栖飞机水上首飞，北斗导航向全球组网迈出坚实一步。在此，我要向每一位科学家、每一位工程师、每一位"大国工匠"、每一位建设者和参与者致敬！

《国家主席习近平发表二〇一九年新年贺词》（2018 年 12 月 31 日），《人民日报》 2019 年 1 月 1 日 01 版

二、香港进入了全国高铁网，流动的中国充满繁荣发展的活力

很多港澳台居民拿到了居住证，香港进入了全国高铁网。一个流动的中国，充满了繁荣发展的活力。

《国家主席习近平发表二〇一九年新年贺词》（2018 年 12 月 31 日），《人民日报》 2019 年 1 月 1 日 01 版

三、要感谢快递小哥、出租车司机等美好生活的创造者、守护者

这个时候，快递小哥、环卫工人、出租车司机以及千千万万的劳动者，还在辛勤工作，我们要感谢这些美好生活的创造者、守护者。大家辛苦了。

《国家主席习近平发表二〇一九年新年贺词》（2018 年 12 月 31 日），《人民日报》 2019 年 1 月 1 日 01 版

四、两岸要应通尽通

我们要积极推进两岸经济合作制度化，打造两岸共同市场，为发展增动力，为合作添活力，壮大中华民族经济。两岸要应通尽通，提升经贸合作畅通、基础设施联通、能源资源互通、行业标准共通，可以率先实现金门、马祖同福建沿海地区通水、通电、通气、通桥。要推动两岸文化教育、医疗卫生合作，社会保障和公共资源共享，支持两岸邻近或条件相当地区基本公共服务均等化、普惠化、便捷化。

《为实现民族伟大复兴　推进祖国和平统一而共同奋斗——在〈告台湾同胞书〉发表 40 周年纪念会上的讲话》（2019 年 1 月 2 日），《人民日报》2019 年 1 月 3 日 02 版

五、要加大重点领域执法司法力度，让天更蓝、水更清、空气更清新、食品更安全、交通更顺畅

要贯彻好党的群众路线，坚持社会治理为了人民，善于把党的优良传统和新技术新手段结合起来，创新组织群众、发动群众的机制，创新为民谋利、为民办事、为民解忧的机制，让群众的聪明才智成为社会治理创新的不竭源泉。要加大关系群众切身利益的重点领域执法司法力度，让天更蓝、水更清、空气更清新、食品更安全、交通更顺畅、社会更和谐有序。

习近平出席中央政法工作会议并发表重要讲话（2019 年 1 月 15 日至 16 日），《人民日报》2019 年 1 月 17 日 01 版

六、围绕人工智能、自动驾驶等领域，加快推进相关立法工作

要强化事关国家安全和经济社会发展全局的重大科技任务的统筹组织，强化国家战略科技力量建设。要加快科技安全预警监测体系建设，围绕人工智能、基因编辑、医疗诊断、自动驾驶、无人机、服务机器人等领域，加快推进相关立法工作。

习近平在省部级主要领导干部坚持底线思维着力防范化解重大风险专题研讨班开班式上发表重要讲话（2019 年 1 月 21 日），《人民日报》2019 年 1 月 22 日 01 版

七、重点抓好农村交通运输等基础设施建设

按照先规划后建设的原则，通盘考虑土地利用、产业发展、居民点布局、人居环境整治、生态保护和历史文化传承，编制多规合一的实用性村庄规划，加大投入力度，创新投入方式，引导和鼓励各类社会资本投入农村基础设施建设，逐步建立全域覆盖、普惠共享、城乡一体的基础设施服务网络，重点抓好农村交通运输、农田水利、农村饮水、乡村物流、宽带网络等基础设施建设。

习近平参加十三届全国人大二次会议河南代表团的审议（2019 年 3 月 8 日），《人民日报》2019 年 3 月 9 日 01 版

八、愿同意方在海上、陆地、航空等多个维度打造新时期的“一带一路”

我们愿同意方共建“一带一路”，发挥两国“一带一路”合作的历史、文化、区位等优势，把“一带一路”互联互通建设同意大利“北方港口建设计划”、“投资意大利计划”等对接，在海上、陆地、航空、航天、文化等多个维度打造新时期的“一带一路”。

我们愿同意方拓宽务实合作领域。中国将扩大对外开放，通过每年举办中国国际进口博览会等方式，同包括意大利在内的世界各国分享中国市场机遇。双方可以深入挖掘在港口物流、船舶运输、能源、电信、医药等领域合作潜力，鼓励两国企业开展第三方市场合作，实现互利多赢。

《东西交往传佳话　中意友谊续新篇》（2019 年 3 月 20 日），《人民日报》2019 年 3 月 21 日 01 版

九、高质量、可持续、抗风险、价格合理、包容可及的基础设施，有利于实现各国联动发展

基础设施是互联互通的基石，也是许多国家发展面临的瓶颈。建设高质量、可持续、抗风险、价格合理、包容可及的基础设施，有利于各国充分发挥资源禀赋，更好融入全球供应链、产业链、价值链，实现联动发展。中国将同各方继续努力，构建以新亚欧大陆桥等经济走廊为引领，以中欧班列、陆海新通道等大通道和信息高速路为骨架，以铁路、港口、管网等为依托的互联互通网络。

《齐心开创共建"一带一路"美好未来——在第二届"一带一路"国际合作高峰论坛开幕式上的主旨演讲》（2019 年 4 月 26 日），《人民日报》2019 年 4 月 27 日 03 版

十、继续推进"一带一路"交通基础设施互联互通

我们明确了未来共建"一带一路"合作的重点，决定加强全方位、多领域合作。我们将继续推进陆上、海上、空中、网上互联互通，建设高质量、可持续、抗风险、价格合理、包容可及的基础设施。

《在第二届"一带一路"国际合作高峰论坛记者会上的讲话》（2019 年 4 月 27 日），《人民日报》2019 年 4 月 28 日 02 版

我们一致支持着力构建全球互联互通伙伴关系，加强合作机制。为此，我们将深入对接各国和国际组织经济发展倡议和规划，加强双边和第三方市场合作，建设中欧班列、陆海新通道等国际物流和贸易大通道，帮助更多国家提升互联互通水平。

《在第二届"一带一路"国际合作高峰论坛记者会上的讲话》（2019 年 4 月 27 日），《人民日报》2019 年 4 月 28 日 02 版

十一、亚洲各国要推进设施联通

亚洲人民期待一个开放融通的亚洲。亚洲近几十年快速发展，一条十分重要的经验就是敞开大门，主动融入世界经济发展潮流。如果各国重新回到一个个自我封闭的孤岛，人类文明就将因老死不相往来而丧失生机活力。亚洲各国人民希望远离封闭、融会通达，希望各国秉持开放精神，推进政策沟通、设施联通、贸易畅通、资金融通、民心相通，共同构建亚洲命运共同体、人类命运共同体。

《深化文明交流互鉴　共建亚洲命运共同体——在亚洲文明对话大会开幕式上的主旨演讲》（2019 年 5 月 15 日），《人民日报》2019 年 5 月 16 日 02 版

十二、中俄两国正稳步实施能源、交通、农业、航空航天等领域重大合作项目

目前，中俄两国能源、交通、农业、航空航天等领域重大合作项目正稳步实施，中俄原油管道及其复线顺利运营，中俄东线天然气管道即将建成供气，黑河公路桥、同江铁路桥成功合龙，远程宽体客机、重型直升机联合研制工作稳步推进，卫星导航系统合作成果显著。可以说，在双方共同努力下，中俄经贸合作已经步入发展的快车道，前景可期。

《习近平接受俄罗斯主流媒体联合采访》（2019 年 6 月 4 日），《人民日报》2019 年 6 月 5 日 01 版

十三、中吉乌公路成为跨越高山、畅通无阻的国际运输大动脉

吉尔吉斯斯坦是最早支持和参与共建“一带一路”的国家之一，双方在经贸、能源、基础设施建设、互联互通等领域取得了一批重要合作成果。中国已成为吉尔吉斯斯坦第一大贸易伙伴国和投资来源国。2018年，中吉双边贸易额超过56亿美元，同建交之初相比增长超过150倍。中方累计对吉尔吉斯斯坦投资近30亿美元。双方共同实施的达特卡—克明输变电工程结束了吉尔吉斯斯坦电力资源分布不均、输送不畅的历史，奥什市医院为当地民众提供中亚地区最优质的医疗服务，中吉乌（兹别克斯坦）公路成为跨越高山、畅通无阻的国际运输大动脉。

《愿中吉友谊之树枝繁叶茂、四季常青》（2019年6月11日），《人民日报》2019年6月12日01版

十四、中塔共建“一带一路”合作走在前列

塔吉克斯坦第一个同中国签署共建丝绸之路经济带合作备忘录，成立合作委员会，双方共同实施了一系列具有标志性的大型合作项目。亚湾—瓦赫达特铁路桥隧道的贯通，使塔吉克斯坦南北相隔的铁路变成通途；杜尚别热电厂的建成，让塔吉克斯坦首都冬季缺电成为了历史；中央直辖区500千伏输变电线的竣工，提升了塔吉克斯坦北部电网稳定性和安全性。

《携手共铸中塔友好新辉煌》（2019年6月12日），《人民日报》2019年6月13日01版

我们要绘制共建“一带一路”的工笔画，在平等互利的基础上拓展合作空间，以战略性大项目为重点，优先发展能源、交通、农业、工业等领域合作，持续扩大贸易投资，欢迎通过中国国际进口博览会等平台扩大对华出口，构建内容丰富、成效显著、惠泽民众的务实合作格局。

《携手共铸中塔友好新辉煌》（2019年6月12日），《人民日报》2019年6月13日01版

十五、上海合作组织成员国要着力构建全方位互联互通格局

要发挥上海合作组织成员国政府间国际道路运输便利化协定联委会等机制作用，提升铁路、公路、油气管道等联通水平，着力构建全方位互联互通格局。

《凝心聚力　务实笃行　共创上海合作组织美好明天——在上海合作组织成员国元首理事会第十九次会议上的讲话》（2019年6月14日），《人民日报》2019年6月15日02版

十六、跨越喜马拉雅的联通网络将便利中尼两国

尼方积极参加共建“一带一路”，双方正在建设和升级包括公路、口岸、机场、电站等在内的基础设施，一个跨越喜马拉雅的联通网络初现雏形，这不仅便利两国，也将造福地区。

《将跨越喜马拉雅的友谊推向新高度》（2019年10月11日），《人民日报》2019年10月12日01版

十七、要促进海上互联互通和各领域务实合作

海洋对人类社会生存和发展具有重要意义，海洋孕育了生命、联通了世界、促进了发展。海洋是高质量发展战略要地。要加快海洋科技创新步伐，提高海洋资源开发能力，培育壮大海洋战略性新兴产业。要促进海上互联互通和各领域务实合作，积极发展“蓝色伙伴关系”。

《2019 中国海洋经济博览会开幕贺信》（2019 年 10 月 15 日），《人民日报》2019 年 10 月 16 日 01 版

十八、澳门要加强交通等公共基础设施建设，进一步保障和改善民生

三是坚持以人为本，进一步保障和改善民生。要坚持发展的目的是为广大市民创造更加美好的生活，采取更加公正、合理、普惠的制度安排，确保广大市民分享发展成果。要结合发展需要和市民需求，加强交通、能源、环保、信息、城市安全等公共基础设施建设，改善市民生活环境，提升市民生活质量。

《在庆祝澳门回归祖国二十周年大会暨澳门特别行政区第五届政府就职典礼上的讲话》（2019 年 12 月 20 日），《人民日报》2019 年 12 月 21 日 02 版

十九、京张高铁建成投运意义重大　冬奥会各项筹备工作都要高标准高质量推进

北京至张家口高速铁路 12 月 30 日开通运营，中共中央总书记、国家主席、中央军委主席习近平作出重要指示。他指出，1909 年，京张铁路建成；2019 年，京张高铁通车。从自主设计修建零的突破到世界最先进水平，从时速 35 公里到 350 公里，京张线见证了中国铁路的发展，也见证了中国综合国力的飞跃。回望百年历史，更觉京张高铁意义重大。谨向参与规划建设的全体同志致以热烈的祝贺和新年的问候！

习近平强调，京张高铁是北京冬奥会的重要配套工程，其开通运营标志着冬奥会配套建设取得了新进展，其他各项筹备工作也都要高标准、高质量推进，确保冬奥会如期顺利举办。

京张高铁是国家《中长期铁路网规划》中“八纵八横”京兰通道的重要组成部分，也是北京冬奥会重要配套基础设施工程，于 2015 年 12 月开工建设。京张高铁由我国自主设计建造，是世界上最先进的时速 350 公里的智能高速铁路。开通后，北京至张家口太子城的冬奥会主赛场可在 1 小时内通达；与连接开通的张家口至呼和浩特、张家口至大同高铁相衔接，北京至呼和浩特可在 2 小时 20 分钟左右通达，北京至大同可在 1 小时 40 分钟左右通达。

习近平对京张高铁开通运营作出重要指示（2019 年 12 月 30 日），《人民日报》2019 年 12 月 31 日 01 版

第二章　重大决策

一、中共中央　国务院印发《交通强国建设纲要》

2019 年 9 月，中共中央、国务院印发了《交通强国建设纲要》。建设交通强国是以习近平同志为核心的党中央立足国情、着眼全局、面向未来作出的重大战略决策，是建设现代化经济体系的先行领域，是全面建成社会主义现代化强国的重要支撑，是新时代做好交通工作的总抓手。为统筹推进交通强国建设，制定本纲要。

（全文二维码）

延伸阅读——学习领会《交通强国建设纲要》

延伸阅读——十八部门联合印发实施意见 鼓励规范新业态健康发展　加快建设交通强国邮政篇

延伸阅读——凝心聚力全力以赴　投身交通强国建设伟大征程——全国交通运输行业深入学习贯彻《交通强国建设纲要》

二、中共中央　国务院印发《长江三角洲区域一体化发展规划纲要》

2019 年 12 月 1 日，中共中央、国务院印发《长江三角洲区域一体化发展规划纲要》。《纲要》共 13 个部分，包括前言、发展背景、总体要求、推动形成区域协调发展新格局、加强协同创新产业体系建设、提升基础设施互联互通水平、强化生态环境共保联治、加快公共服务便利共享、推进更高水平协同开放、创新一体化发展体制机制、高水平建设长三角生态绿色一体化发展示范区、高标准建设上海自由贸易试验区新片区、推进规划实施。《纲要》多次提到长江三角洲区域交通一体化发展相关内容。

（全文二维码）

延伸阅读——凝聚共识　形成合力　加快推进长江三角洲区域一体化发展

第三章　视察考察

一、稳扎稳打　勇于担当　敢于创新　善作善成　推动京津冀协同发展取得新的更大进展

中共中央总书记、国家主席、中央军委主席习近平近日在京津冀考察，主持召开京津冀协同发展座谈会并发表重要讲话。他强调，要从全局的高度和更长远的考虑来认识和做好京津冀协同发展工作，增强协同发展的自觉性、主动性、创造性，保持历史耐心和战略定力，稳扎稳打，勇于担当，敢于创新，善作善成，下更大气力推动京津冀协同发展取得新的更大进展。

中共中央政治局常委、国务院副总理韩正陪同考察河北雄安新区和北京市并出席座谈会。

隆冬时节的华北大地，寒气袭人，滴水成冰。1 月 16 日至 18 日，习近平分别在河北省委书记王东峰和省长许勤，中共中央政治局委员、天津市委书记李鸿忠和市长张国清，中共中央政治局委员、北京市委书记蔡奇和市长陈吉宁陪同下，深入河北雄安新区、天津、北京，实地了解京津冀协同发展情况。

16 日上午，习近平首先来到河北雄安新区规划展示中心，仔细听取新区总体规划、政策体系及建设情况介绍，察看启动区城市设计征集成果模型和即将启动的重大工程、重点项目展示。他强调，建设雄安新区是千年大计。新区首先就要新在规划、建设的理念上，要体现出前瞻性、引领性。要全面贯彻新发展理念，坚持高质量发展要求，努力创造新时代高质量发展的标杆。习近平通过大屏幕连线京雄城际铁路雄安站建设工地现场，向施工人员挥手致意，称赞他们是雄安新区建设的开路先锋，嘱咐他们科学施工、注意安全、确保质量，按期完成任务，并向他们及全国奋战在一线的劳动者们致以亲切问候和良好祝愿。

习近平随后步行来到政务服务中心，察看服务窗口，了解雄安新区深化治理体制机制改革、打造服务型政府工作情况。习近平充分肯定雄安新区政务服务中心推行“一枚印章管到底”全贯通服务的做法。他指出，要运用现代信息技术，推进政务信息联通共用，提高政务服务信息化、智能化、精准化、便利化水平，让群众少跑腿。在政务服务中心大厅，部分进驻企业代表围拢上来，习近平同他们亲切交谈。他强调，建设雄安新区，需要大批企业共同参与。无论是国有企业还是民营企业，无论是本地企业还是北京企业，无论是中国企业还是外资企业，只要符合新区产业发展规划，我们都欢迎。希望广大企业抓住这个千载难逢的历史机遇，创造新的辉煌业绩。

雄安新区坚持生态优先、绿色发展，率先启动生态基础设施建设和环境整治。16 日下午，习近平来到“千年秀林”大清河片林一区造林区域，乘车穿行林区察看林木长势，并在秀林驿站结合展板听取雄安新区生态建设总体情况和“千年秀林”区域植树造林情况介绍，登上二层平台远眺林区全貌，对他们运用科学方法植树造林、运用信息化手段管林护林的做法表示赞赏。他强调，先植绿、后建城，是雄安新区建设的一个新理念。良好生态环境是雄安新区的重要价值体现。“千年大计”，就要从“千年秀林”开始，努力接续展开蓝绿交织、人与自然和谐相处的优美画卷。他仔细询问参与造林护林的村民工作和收入情

况，叮嘱要吸引当地农民积极参与，让农民从造林护林中长久受益。

17 日上午，习近平来到天津南开大学考察调研。南开大学成立于 1919 年，是一所具有光荣爱国传统的名校。习近平参观了校史展览，详细了解南开大学历史沿革、学科建设、人才队伍、科研创新等情况。习近平指出，学校是立德树人的地方。爱国主义是中华民族的民族心、民族魂，培养社会主义建设者和接班人，首先要培养学生的爱国情怀。高校党组织要把抓好学校党建工作和思想政治工作作为办学治校的基本功。习近平同在现场的部分院士、专家及中青年教师代表进行了交流。他指出，专家型教师队伍是大学的核心竞争力。要把建设政治素质过硬、业务能力精湛、育人水平高超的高素质教师队伍作为大学建设的基础性工作，始终抓紧抓好。在元素有机化学国家重点实验室，他强调，要加快一流大学和一流学科建设，加强基础研究，力争在原始创新和自主创新上出更多成果，勇攀世界科技高峰。他勉励师生们把学习奋斗的具体目标同民族复兴的伟大目标结合起来，把小我融入大我，立志作出我们这一代人的历史贡献。走出实验室，广场上挤满了学生，大家高呼“总书记好”、“总书记辛苦”，齐声高喊“爱我中华、振兴中华”，还唱起《我和我的祖国》。习近平同近处的同学亲切握手，向远处的同学们招手致意。掌声、歌声、欢呼声在校园里久久回荡。

随后，习近平来到天津和平区新兴街朝阳里社区，走进党群服务中心综合办事大厅，了解社区网格化管理、基层党建、便民服务等情况。习近平指出，社区工作是具体的，要坚持以人民为中心，摸准居民群众各种需求，及时为社区居民提供精准化精细化服务。习近平十分关心退役军人服务保障工作。他走进社区退役军人服务管理站，详细询问社区在服务退役军人方面的具体做法。他强调，成立退役军人事务机构，就是要加强退役军人管理保障工作，让军人成为全社会尊崇的职业。各级党委和政府要高度重视，切实把广大退役军人合法权益维护好，把他们的工作和生活保障好。朝阳里社区是全国首个社区志愿者组织的发祥地。在社区志愿服务展馆，习近平同志愿者们亲切交流。他强调，志愿服务是社会文明进步的重要标志，是广大志愿者奉献爱心的重要渠道。要为志愿服务搭建更多平台，更好发挥志愿服务在社会治理中的积极作用。

天津保留了大量别具风格的近代建筑群落和历史文化街区。习近平来到位于河北区民族路的梁启超旧居，结合展板听取天津市历史文化街区保护情况介绍。他指出，要爱惜城市历史文化遗产，在保护中发展，在发展中保护。

天津港同世界上 180 多个国家和地区的 500 多个港口有贸易往来。17 日下午，习近平来到天津港码头，同现场作业的工人亲切握手，了解港口码头作业和自动化设备运行情况。他走进调度指挥中心，通过大屏幕察看港口全貌，结合实时数据展示听取天津港服务京津冀协同发展等情况介绍。习近平强调，经济要发展，国家要强大，交通特别是海运首先要强起来。要志在万里，努力打造世界一流的智慧港口、绿色港口，更好服务京津冀协同发展和共建“一带一路”。习近平指出，实体经济是大国的根基，经济不能脱实向虚。要扭住实体经济不放，继续不懈奋斗，扎扎实实攀登世界高峰。

离开天津港，习近平来到天津滨海——中关村科技园。在协同创新展示中心，习近平仔细观看“天河”系列超级计算机、飞腾芯片、麒麟操作系统、人工智能配电网带电作业机器人、无人机集群智能控制系统等产品展示。习近平强调，自主创新是推动高质量发展、动能转换的迫切要求和重要支撑，必须创造条件、营造氛围，调动各方面创新积极性，让每一个有创新梦想的人都能专注创新，让每一份创新活力都能充分迸发。要深化科技园区体制机制创新，优化营商环境，吸引更多在京科技服务资源到园区投资或业务延伸，促进京津两市真正实现优势互补、强强联合。

18日上午，习近平乘车前往北京城市副中心，并沿途察看“城市绿心”植树造林地块。在市委办公楼主楼，习近平通过设计模型和展板，详细了解副中心重大工程项目规划建设情况。习近平强调，建设北京城市副中心要坚持规划先行、质量第一。要把公共建筑与山水自然融为一体，科学布局生产、生活、生态空间，使工作、居住、休闲、交通、教育、医疗等有机衔接、便利快捷。要把规划执行好、落实好，把蓝图变为实景，使北京城市副中心成为这座千年古都又一张靓丽的城市名片。

在北京市委办公楼主楼会议室，习近平主持召开京津冀协同发展座谈会。国家发展改革委主任何立峰、北京市委书记蔡奇、天津市委书记李鸿忠、河北省委书记王东峰先后发言，就京津冀协同发展介绍工作情况、提出意见建议。

听取大家发言后，习近平发表了重要讲话。他充分肯定京津冀协同发展战略实施以来取得的显著成效。他强调，京津冀协同发展是一个系统工程，不可能一蹴而就，要做好长期作战的思想准备。过去的5年，京津冀协同发展总体上处于谋思路、打基础、寻突破的阶段，当前和今后一个时期进入到滚石上山、爬坡过坎、攻坚克难的关键阶段，需要下更大气力推进工作。

习近平对推动京津冀协同发展提出了6个方面的要求。第一，紧紧抓住“牛鼻子”不放松，积极稳妥有序疏解北京非首都功能。要更加讲究方式方法，坚持严控增量和疏解存量相结合，内部功能重组和向外疏解转移双向发力，稳妥有序推进实施。要发挥市场机制作用，采取市场化、法治化手段，制定有针对性的引导政策，同雄安新区、北京城市副中心形成合力。要立足北京“四个中心”功能定位，不断优化提升首都核心功能。第二，保持历史耐心和战略定力，高质量高标准推动雄安新区规划建设。要把设计成果充分吸收体现到控制性详细规划中，保持规划的严肃性和约束性，用法律法规确保一张蓝图干到底。要打造一批承接北京非首都功能疏解的标志性工程项目，新开工建设一批交通、水利、公共服务等重大基础配套设施，让社会各界和新区百姓看到变化。要建设一支政治过硬、专业过硬、能吃苦、富有开拓创新精神的干部队伍，加强党风廉政建设，营造风清气正的良好环境。第三，以北京市级机关搬迁为契机，高质量推动北京城市副中心规划建设。要充分考虑搬迁过程中可能遇到的各种情况，研究出台具有针对性和可操作性的政策举措，解决干部职工的后顾之忧。要加快重大基础设施建设，配置教育、医疗、文化等公共服务功能，提高副中心的承载力和吸引力。要推进北京中心城区“老城重组”，优化北京空间布局和经济结构，提升北京市行政管理效率和为中央政务服务的职能。第四，向改革创新要动力，发挥引领高质量发展的重要动力源作用。要集聚和利用高端创新资源，积极开展重大科技项目研发合作，打造我国自主创新的重要源头和原始创新的主要策源地。要立足于推进人流、物流、信息流等要素市场一体化，推动交通一体化。要破除制约协同发展的行政壁垒和体制机制障碍，构建促进协同发展、高质量发展的制度保障。第五，坚持绿水青山就是金山银山的理念，强化生态环境联建联防联治。要增加清洁能源供应，调整能源消费结构，持之以恒推进京津冀地区生态建设，加快形成节约资源和保护环境的空间格局、产业结构、生产方式、生活方式。第六，坚持以人民为中心，促进基本公共服务共建共享。要着力解决百姓关心、涉及切身利益的热点难点问题，优化教育医疗资源布局。要加大力度推进河北省贫困地区脱贫攻坚工作，发挥好京津对口帮扶机制的作用，确保2020年京津冀地区贫困县全部摘帽。要坚持就业优先，做好当地百姓就业这篇文章。

韩正表示，要深入学习领会习近平总书记关于京津冀协同发展的重要战略思想，牢牢扭住疏解北京非首都功能这个“牛鼻子”，推动京津冀协同发展取得新突破新成效。要完善政策、健全机制，增强疏解北京非首都功能的内生动力。要坚持高质量高标准，规划建设好北京新的“两翼”。要抓好跨区域重大轨道交通等基础设施建设，为疏解北京非首都功能创造便利条件。要坚持以人民为中心的发展思想，推进基本公共服务均等化，不断增强人民群众获得感。（选自《人民日报》2019 年 1 月 19 日 01 版）

二、习近平出席投运仪式并宣布北京大兴国际机场正式投入运营

凤凰展翅，逐梦蓝天。在新中国成立70周年之际，北京大兴国际机场投运仪式25日上午在北京举行。中共中央总书记、国家主席、中央军委主席习近平出席仪式，宣布机场正式投运并巡览航站楼，代表党中央向参与机场建设和运营的广大干部职工表示衷心的感谢、致以诚挚的问候。

习近平强调，大兴国际机场能够在不到 5 年的时间里就完成预定的建设任务，顺利投入运营，充分展现了中国工程建筑的雄厚实力，充分体现了中国精神和中国力量，充分体现了中国共产党领导和我国社会主义制度能够集中力量办大事的政治优势。新中国 70 年何等辉煌！中国共产党领导中国人民实现了一个又一个“不可能”，创造了一个又一个难以置信的奇迹。奇迹是干出来的，社会主义是干出来的。中国共产党和中国人民有雄心、有自信继续奋斗，朝着实现“两个一百年”奋斗目标、实现中华民族伟大复兴的中国梦奋勇前进。实践充分证明，中国人民一定能，中国一定行。

中共中央政治局常委、国务院副总理韩正出席仪式并致辞。

9 时 45 分，习近平来到位于北京市丰台区的轨道交通大兴机场线草桥站，考察北京市轨道交通建设发展情况和大兴机场线运营准备情况。连接北京大兴国际机场和中心城区的轨道交通专线，一期工程 41 公里已建成投运。草桥站把地铁站功能和机场值机功能结合起来，让乘客在地铁站内就能实现国内国际值机，办理行李安检和托运，实现了城市交通同机场交通的无缝衔接，极大便利了广大乘客。

在草桥站进站大厅，习近平结合展板听取情况介绍。习近平强调，城市轨道交通是现代大城市交通的发展方向。发展轨道交通是解决大城市病的有效途径，也是建设绿色城市、智能城市的有效途径。北京要继续大力发展轨道交通，构建综合、绿色、安全、智能的立体化现代化城市交通系统，始终保持国际最先进水平，打造现代化国际大都市。

随后，习近平乘坐轨道列车前往北京大兴国际机场，在途中详细询问轨道列车的设计制造和票价、行李托运、同其他交通线路衔接等情况。习近平强调，城市现代化要交通先行，要发挥好大兴国际机场的辐射带动作用，联通京津冀世界级城市群、北京“四个中心”、雄安新区建设，服务好京津冀协同发展。

金秋的北京，秋高气爽，艳阳高照，阳光洒在古铜色的航站楼顶，闪耀出熠熠光彩，北京大兴国际机场犹如一只金凤凰展翅欲飞。

抵达北京大兴国际机场，习近平首先在综合交通中心听取机场综合交通体系建设情况介绍。大兴国际机场配套建设了现代化的立体交通体系，不仅在机场内部实现了公路、轨道交通、高速铁路、城际铁路等不同运输方式的立体换乘、无缝衔接，而且在外部配套建设了五纵两横的交通网络。目前，大兴机场高速、轨道交通新机场线、京雄城际铁路北京段等已同步开通。习近平对新机场配套交通设施建设表

示肯定。他指出，建设内外部联通的综合交通体系，是提高机场运行效率的关键。要树立先进管理理念，运用现代信息技术，提高管理运营智能化、便利化水平。

大兴机场航站楼，是目前全球最大规模的单体航站楼，以其独特的造型设计、精湛的施工工艺、便捷的交通组织、先进的技术应用，创造了许多世界之最。航站楼里，流线型的空间结构十分宽敞明亮。习近平步行巡览站台大厅和值机大厅，实地了解值机、安检、登机和残疾人无障碍设施等情况，并结合沙盘和模型听取机场总体规划、设施建设等介绍。习近平强调，大兴国际机场是首都的重大标志性工程，是推动京津冀协同发展的骨干工程。京津冀三地要抓住机遇加强协同合作，加快推动地区高质量发展。民航业是国家重要的战略产业。要建设更多更先进的航空枢纽、更完善的综合交通运输系统，加快建设交通强国。

值机柜台前，习近平察看智能技术、全自助无纸化智慧值机的流程，对机场采用现代化设施为旅客提供便利服务的做法表示肯定。他强调，既要高质量建设大兴国际机场，更要高水平运营大兴国际机场。要把大兴国际机场打造成为国际一流的平安机场、绿色机场、智慧机场、人文机场，打造世界级航空枢纽，向世界展示中国人民的智慧和力量，展示中国开放包容和平合作的博大胸怀。

投运仪式在机场联检大厅举行。11 时许，伴随着欢快的迎宾曲，习近平等步入仪式现场，全场起立鼓掌。

中国民用航空局负责同志向首都机场集团公司颁发北京大兴国际机场使用许可证。

11 时 28 分，习近平走上主席台，宣布："北京大兴国际机场正式投运！"全场响起热烈掌声。

投运仪式结束后，习近平来到机场国际出发大厅，看望参与机场建设和运营的工作人员代表。习近平同大家一一握手，代表党中央向大家并向所有参与机场规划、建设、运营的同志们表示热烈的祝贺和节日的问候。习近平指出，大兴国际机场建设标准高、建设工期紧、施工难度大，全体建设者辛勤劳动、共同努力，高质量地完成了任务，把大兴国际机场打造成为精品工程、样板工程、平安工程、廉洁工程，向党和人民交上了一份令人满意的答卷！

习近平强调，共和国的大厦是靠一块块砖垒起来的，人民是真正的英雄。大兴国际机场体现了中国人民的雄心壮志和世界眼光、战略眼光，体现了民族精神和现代水平的大国工匠风范。他希望广大建设者在新的征程上再接再厉、再立新功！

韩正在致辞中表示，北京大兴国际机场是习近平总书记特别关怀、亲自推动的首都重大标志性工程。这一重大工程建成投运，对提升我国民航国际竞争力、更好服务全国对外开放、推动京津冀协同发展具有重要意义。要着力构建运行顺畅、组织高效的集疏运体系，提升运行效率和管理水平，充分发挥辐射带动作用，将北京大兴国际机场打造成国际航空枢纽建设运营新标杆、世界一流便捷高效新国门、京津冀协同发展新引擎。

丁薛祥、刘鹤参加上述活动。何立峰主持投运仪式。

蔡奇、冯正霖、王东峰等也在仪式上致辞。

中央和国家机关有关部门，北京市、河北省、天津市和中央军委联合参谋部、空军有关负责同志，机场建设和运营单位代表等参加投运仪式。

据了解，2014 年 12 月，北京大兴国际机场开工建设。本期工程主要建设"三纵一横"4 条跑道、70

万平方米的航站楼、268 个机位的站坪以及相关配套设施。2018 年 12 月，飞行区 4 条跑道全面贯通，飞行校验工作于 2019 年 2 月圆满完成。机场建设践行新发展理念，立足自主创新，开发应用多项新专利新技术新工艺新工法，建设指标达到世界一流。（选自《人民日报》2019 年 9 月 26 日 01 版）

三、李克强考察辽宁港口集团

7 月 1 日，中共中央政治局常委、国务院总理李克强在辽宁省委书记陈求发、省长唐一军陪同下，在大连考察。

李克强听取辽宁沿海开放带动发展情况汇报。在辽宁港口集团，他对企业通过重组引进外来投资、转变经营机制、在较短时间内扭亏为盈表示赞许。李克强说，改革开放是推动东北振兴的关键所在，要坚持以习近平新时代中国特色社会主义思想为指导，认真贯彻党中央、国务院决策部署，充分发挥市场在资源配置中的决定性作用和更好发挥政府作用，通过更大力度"放管服"改革打造更好营商环境，增强发展竞争力。辽宁海岸线长、港口条件优越，是个聚宝盆，要坚持转身向海全面开放，深化对内对外合作，力争站到国际竞争上风口，辐射带动东北地区振兴发展。

当地负责人汇报了大连港发展设想，李克强嘱咐他们要借鉴其他地方经验，统筹兼顾好各方利益，有效利用各类资源，实现产业更优集聚、区域功能更加合理，推动高质量发展。他要求有关部门为地方和企业发展提供更多便利。（选自《人民日报》2019 年 7 月 2 日 01 版）

四、李克强到银西高铁施工现场和西安交通大学国家重点实验室考察

10 月 14 日至 15 日，中共中央政治局常委、国务院总理李克强在陕西省委书记胡和平、省长刘国中陪同下，在西安、咸阳考察。他强调，要以习近平新时代中国特色社会主义思想为指导，着力推动改革开放，增强经济发展内生动力，促进民生持续改善。

老旧小区改造是群众的期盼。李克强来到明德门北区，听取西安市老旧小区改造汇报，询问群众对小区改造的需求。他走进居民家中，察看房屋状况，关切询问生活情况。他还考察了社区托幼设施和服务。李克强说，老旧小区改造能提高居民生活水平特别是解决困难群众生活难题，也有利于扩大有效投资和消费。这件事光政府"独唱"不行，还要创新机制吸引社会力量，居民共同参与，形成"大合唱"。不仅要改善硬件设施，还要增加养老托幼等民生服务，使小区不仅好看，更要好住。

在路边小店，李克强了解日用品价格以及经营税费。他还临时拐进一家卖肉夹馍的小餐馆，向店主和就餐群众询问猪肉价格上涨影响。李克强说，各级政府要多措并举保证猪肉供应，努力稳定菜篮子价格，保障好困难群众基本生活。他强调，要落实好个体工商户税费减免政策，这有利于增加就业，有就业群众生活就有希望。

李克强来到三星（中国）半导体有限公司考察。他说，中国将坚定不移扩大开放，对在中国注册的内外资企业一视同仁，持续改善营商环境，并加强知识产权保护，欢迎各国企业来华共享发展机遇。

正泰电气西北产业园是东部产业转移项目。企业负责人介绍已转移多条生产线到这里，拓展了新的发展空间。李克强说，西部发展潜力大，关键要大力营造好的营商环境，国家会给予更有针对性的政策支持。

银西高铁连接陕甘宁，建成后西安到银川铁路运行时间由 14 小时缩短至 3 小时。李克强冒雨来到

施工现场考察。他强调，要高质量推进西部重大补短板工程建设，以有效投资为西部发展和民生改善打牢基础。他叮嘱工人们注意施工安全。

李克强来到西安交通大学考察国家重点实验室，充分肯定他们的创新成果。得知学校毕业生留在西部比例逐年上升，他高兴地说，过去有孔雀东南飞的现象，现在西部也在搭筑引凤高楼。他与院士、教授们亲切交谈，对他们扎根西部培养一代代人才表示感谢，希望学校为国家教育事业发展、重大科技攻关作出更大贡献。（选自《人民日报》2019 年 10 月 16 日 01 版）

五、汪洋出席纪念“两航”起义 70 周年座谈会

纪念“两航”起义 70 周年座谈会 8 日在人民大会堂举行。会前，中共中央政治局常委、全国政协主席汪洋会见与会代表并与大家合影留念。

1949 年 11 月 9 日，在中国共产党直接领导下，原中国航空公司总经理刘敬宜和中央航空公司总经理陈卓林，率领 2000 多名员工在香港起义，两公司的 12 架飞机胜利飞抵北京、天津，回到了新中国的怀抱。这就是震惊中外的“两航”起义。“两航”起义的爱国壮举，在中国人民解放战争史和新中国民航史上具有重要意义。

会上，中共中央书记处书记、中央统战部部长尤权向“两航”起义人员及家属致以崇高敬意和诚挚问候。他强调，要同以习近平同志为核心的中共中央保持高度一致，继承和弘扬爱国主义精神、艰苦奋斗的作风，凝聚起奋进新时代的磅礴伟力；继承和弘扬心系两岸的赤子情怀，坚定推进祖国和平统一，为实现中华民族伟大复兴而努力奋斗。

“两航”起义人员代表、民航局原局长胡逸洲，原周恩来总理办公室副主任、“两航”起义策动者罗青长之子罗援，“两航”起义人员代表陆家沂和张伯平分别发言，讲述了当年激动人心的历史时刻，表达了对党、对国家、对人民的赤胆忠心和对民航事业的关切之情。

中共中央政治局委员、国务院副总理刘鹤，全国政协副主席杨传堂、苏辉等出席座谈会。

中央和国家机关有关部门负责同志，来自海内外的“两航”起义人员代表及家属共 160 余人参加座谈会。（选自《人民日报》2019 年 11 月 9 日 01 版）

六、韩正考察雄安新区铁路枢纽规划、铁路建设总体进度

中共中央政治局常委、国务院副总理韩正 9 日到河北雄安新区调研并召开雄安新区规划建设现场办公会，传达学习习近平总书记重要讲话和指示精神，听取雄安新区规划建设进展情况汇报，研究部署下一阶段重点工作。

10 月的雄安新区秋高气爽，京雄城际铁路雄安站建设现场塔吊林立，韩正来到这里考察新区铁路枢纽规划、铁路建设总体进度，认真听取雄安站施工进展情况介绍，实地了解征迁安置各项工作情况。在容城县容西混凝土搅拌站和容东片区建设现场，韩正仔细察看项目建设进展，考察市政道路及配套综合管网工程建设情况，看望慰问技术人员和施工人员。白洋淀生态环境修复和保护是雄安新区建设的先行重点任务，韩正来到雄县温泉城码头，听取白洋淀生态环境治理和保护情况的介绍，乘船到监测点位，同环境监测人员一起实地察看白洋淀水质变化，深入了解近一年来白洋淀水环境改善取得的阶段性成效。

韩正指出，今年是雄安新区从以规划为中心向以建设为中心的转换年，新区建设起步良好、进展顺利，值得充分肯定。下一步，要坚持不忘初心、遵循初心，深入贯彻习近平总书记重要讲话和指示精神，牢牢把握北京非首都功能疏解集中承载地这一发展定位，积极有效服务京津冀协同发展国家战略。要出台实施更大力度的支持政策，引导教育、卫生等优质资源在新区落地。要在加强硬件建设的基础上，注重提升城市智能化水平，增强城市内在吸引力。

韩正强调，规划建设雄安新区是千年大计、国家大事，必须坚持高质量高标准，扎扎实实推进。要全面落实好新区规划，坚决维护规划的严肃性、权威性，真正把高水平的规划严格执行到位。要把环境保护和治理作为优先工程大力推进，坚持以水定城，把白洋淀生态环境治理和保护作为重中之重。要高度重视公共建筑的功能和质量，借鉴吸收最先进的设计理念，提高建筑设计的科学性、合理性。要完善建设协调推进机制，坚持发挥市场机制作用，充分发挥央企、国企的集团优势，鼓励社会资本更多参与新区市场化项目建设。要加强改革创新，鼓励新区先行先试，逐步赋予雄安新区省级经济社会管理权限。要加强干部人才队伍建设，健全激励保障机制，创新考评机制，建立容错机制，大力吸纳各类优秀人才投身雄安新区建设。（选自《人民日报》2019 年 10 月 11 日 01 版）

第四章　权威声音

杨传堂在2020年全国交通运输工作会议上的讲话

（2019年12月26日）

这次会议的主要任务是：以习近平新时代中国特色社会主义思想为指导，全面贯彻落实党的十九大和十九届二中、三中、四中全会以及中央经济工作会议精神，认真落实刘鹤副总理的重要批示精神，总结工作、分析形势，部署2020年工作。一会儿，小鹏同志将对今年工作进行总结，对明年工作作具体部署。这里，我重点讲三个问题。

一、新中国成立70年来交通运输的变革与启示

2019年是新中国成立70周年。党中央隆重举行庆祝活动，有力彰显了党心民心、国威军威，唱响了礼赞新中国、奋进新时代的昂扬旋律。在党中央坚强领导下，交通运输事业走过沧桑巨变的70年，取得了举世瞩目的成就，实现了一个又一个“不可能”，创造了一个又一个“当惊世界殊”的奇迹，大踏步赶上了时代，即将迎来由交通大国向交通强国的历史性跨越。

70年来，公路成网，铁路密布，高铁飞驰，巨轮远航，飞机翱翔，天堑变通途的梦想已成为现实。我国高速铁路里程、高速公路里程、城市轨道交通里程、万吨级泊位数量等多项指标跃居世界第一。青藏铁路、港珠澳大桥、北京大兴国际机场等超级工程举世瞩目，中国路、中国桥、中国港、中国高铁成为全球亮丽的“中国名片”。

70年来，铁路、公路、水运、民航客货周转量，港口货物吞吐量，邮政快递业务量，一项项指标跻身世界第一或世界前列，我国成为了全世界运输最繁忙的国家之一。多式联运、甩挂运输快速发展，网约车、共享单车方兴未艾，运输服务不仅便捷了人民群众的出行，也畅通了经济社会发展的“血脉”。

70年来，我国交通运输科技创新在世界大潮中乘势而起、奔腾向前，实现了关键核心技术从无到有、从“引进来”到“走出去”的历史性转变。我们攻克了高原冻土、膨胀土、沙漠等特殊地质铁路和公路建设技术的世界级难题，高铁技术、特大桥隧建造技术、离岸深水港建设关键技术、大

型机场工程建设技术迈入世界先进行列。“复兴号”列车以350公里的时速领跑世界，C919国产大飞机试飞，超大型油轮入海，一大批国家重器在岁月深处写下了成功与光荣。

70年来，综合交通运输改革不断深化，“四梁八柱”的框架基本建立并不断完善，各种运输方式加快融合发展，现代化综合立体交通网络加速构建。上海虹桥、武汉天河机场等一批综合交通枢纽相继建成运营，“零距离”换乘、“门到门”运输正在“飞入寻常百姓家”。我们不断完善交通运输治理体系，提升行业现代治理能力，为全球交通治理贡献了“中国智慧”和“中国方案”。

70年来，一代代交通人在不同年代、不同环境、不同岗位上，顽强拼搏、奋起直追，逢山开路、遇水架桥，共同推动了我国交通运输向现代化的转身，迎来了加快建设交通强国的光明前景。“两路”精神、火车头精神、民航英雄机组精神、邮政精神、灯塔精神、救捞精神，为交通运输事业发展写下生动而感人的注脚。涌现出袁庚、包起帆、许振超、许立荣、孙永才、吴荣南、其美多吉、王淑芳等一大批行业先锋，他们和无数交通人一道，以激情燃烧的奋斗、百折不挠的尝试、坚定无私的奉献，展现了在党的领导下交通运输事业波澜壮阔的奋斗史、艰苦卓绝的创业史、改革创新的发展史。

时代是出卷人，我们是答卷人，人民是阅卷人。交通运输70年历史性变革，为我们坚定不移贯彻新发展理念、加快建设交通强国给予了启迪和智慧。

——70年的实践充分证明，党的领导是交通运输事业发展进步的根本保证，只有坚持党的集中统一领导，充分发挥我国社会主义制度优势，才能保证交通运输发展的正确方向。

——70年的实践充分证明，以人民为中心是交通运输事业发展进步的基石，只有坚持来自人民、植根人民、服务人民，建设人民满意交通，才能推动行业发展蹄疾步稳、行稳致远。

——70年的实践充分证明，改革开放是交通运输事业发展进步的必由之路，只有坚持社会主义市场经济改革方向，持续深化改革、扩大开放，才能不断激发行业发展的动力和活力。

——70年的实践充分证明，服务大局是交通运输事业发展进步的主线，只有坚决落实党中央决策部署，支撑经济发展和民生不断改善，才能更好发挥先行作用，才能不断开创发展新局面。

——70年的实践充分证明，创新是交通运输事业发展进步的灵魂，只有坚持解放思想、实事求是、与时俱进，不断推进理论创新、实践创新、制度创新，交通运输事业才能永葆活力、赢得未来。

——70年的实践充分证明，坚持战略规划引领是交通运输事业发展进步的关键环节，只有始终坚持规划为先，才能有效避免走弯路，才能确保交通运输发展更加科学有序，确保“一张蓝图干到底”。

——70年的实践充分证明，调动各方积极性是交通运输事业发展进步的重要方法，只有坚持凝聚各方智慧，集中力量办大事，才能形成共同推动交通运输发展的强大合力。

——70年的实践充分证明，交通精神是交通运输事业发展进步的源泉，只有大力弘扬以“两路”精神为代表的交通精神，才能激励全体交通人坚守初心、牢记使命，艰苦奋斗、砥砺前行。

——70年的实践充分证明，全面从严治党是交通运输事业发展进步的法宝，只有坚持党要管党、全面从严治党，坚决把纪律规矩挺在前面，交通运输事业才能更好地应对各种风险考验，才能营造风清气正的发展环境。

70年成就来之不易，经验弥足珍贵。这些成绩的取得，是党中央坚强领导的结果，是各有关方面大力支持的结果，也是全体交通人勇担使命、接续奋斗的结果。在这里，我代表交通运输部党组，向大家并请你们转达对一代又一代交通人的衷心感谢！

二、做好2020年交通运输工作的总体要求

2020年是全面建成小康社会和“十三五”规划的收官之年，是加快建设交通强国的紧要之年。习近平总书记在中央经济工作会议上，对当前形势和明年任务作出了一系列重大判断、重大部署，为我们做好交通运输工作指明了方向。综合来看，我国发展面临复杂严峻环境，积极变化和不利影响同时显现，国际因素和国内因素相互影响。世界经济增长持续放缓，仍处在深度调整期，世界大变局加速演变的特征更趋明显，全球动荡源和风险点明显增多。我国经济稳中向好、长期向好的基本趋势没有改变，但结构性、体制性、周期性问题相互交织，“三期叠加”影响持续深化，经济下行压力进一步加大。在看到风险挑战增多的同时，更要看到我国仍处于重要战略机遇期，具备许多有利条件和发展优势。我们要保持战略定力，切实增强发展信心，扎扎实实办好自己的事，牢牢掌握工作主动权。

做好2020年交通运输工作的总体要求是：以习近平新时代中国特色社会主义思想为指导，全面贯彻落实党的十九大和十九届二中、三中、四中全会以及中央经济工作会议精神，坚决贯彻党的基本理论、基本路线、基本方略，增强“四个意识”、坚定“四个自信”、做到“两个维护”，紧扣全面建成小康社会目标任务，坚持稳中求进工作总基调，坚持新发展理念，坚持以供给侧结构性改革为主线，坚持以改革开放为动力，推动高质量发展，坚决打赢三大攻坚战，全面做好“六稳”工作，统筹做好稳增长、促改革、调结构、惠民生、防风险、保稳定各项工作，确保服务全面建成小康社会和“十三五”规划圆满收官，加快建设交通强国，筹备办好第二届联合国全球可持续交通大会，持续推进行业治理体系和治理能力现代化，深入推进综合交通一体化融合发展，牢牢守住安全发展底线，努力建设人民满意交通，为社会主义现代化强国建设当好先行官。在工作中，要把握好“学思想、铸理念、稳基调、守底线”这四个要求。

一要深入学习贯彻习近平总书记对交通运输工作系列重要指示精神。党的十八大以来，习近平总书记始终心系交通，亲自谋划、亲自指导、亲自推动，先后就交通运输工作作出一系列重要指示批示，明确了先行官的职责使命、“黄金时期”的发展定位、建设人民满意交通的发展目的、建设交通强国的战略目标等，为当前和今后一个时期交通运输工作指方向、定思路、明要求。特别是，强调经济要发展，国家要强大，交通首先要强起来，要加快建设交通强国；强调经济强国必定是海洋强国、航运强国，要志在万里，努力打造世界一流的智慧港口、绿色港口；强调民航业是国家重要的战略产业，要实现民航强国目标；强调高铁建设要再接再厉、创新驱动、继续领跑、勇攀高峰，带动整个装备制造业形成比学赶帮超的局面；强调要加强快递队伍建设，做美好生活的创造者、守护者；强调交通部门负责运输网络布局和发展，做立体的规划，整体设计综合交通运输，不要造成浪费；强调要提高综合交通运输网络效率，调整运输结构，减少公路货运量，增加铁路货运量；等等。习近平总书记对交通运输工作系列重要指示精神，把我们党对交通运输工作的规律性认识提升到一个新的高度，具有很强的思想性、战略性、指导性，是习近平新时代中国特色社会主义思想的重要组成部分，是做好新时代交通运输工作的行动纲领，是加快建设交通强国的根本遵循。我们要深入学习领会，一项项地抓、一件件地办，确保总书记重要指示精神在行业落实到位。

二要坚定贯彻新发展理念。发展理念是否对

头，新发展理念是否真正落实，从根本上决定着交通运输发展的成效乃至成败。要转变观念。坚定不移过思想的坎、风险的坎、能力的坎，科学把握国内外环境的深刻复杂变化，切实把贯彻新发展理念摆到更加突出位置，切实把注意力集中到解决交通运输发展不平衡不充分的问题上来，决不能笼统、简单、概念化地大喊发展口号。要保持定力。情况越是复杂，形势越是多变，越是要增强贯彻新发展理念的自觉，坚持以供给侧结构性改革为主线，落实好“巩固、增强、提升、畅通”八字方针，在推动高质量发展的实践中解决存在的各种问题矛盾。要遵循规律。将五大发展理念作为一个整体统筹落实，平衡各种运输方式关系、建管养运关系、区域城乡关系、促投资与防风险关系。重大政策出台和调整要进行综合影响评估，不搞“急就章”“一刀切”。坚持贯彻新发展理念，是检验各级领导干部“四个意识”“四个自信”“两个维护”的一个重要尺度，在这方面我们都要有清醒的认识和实际的行动。

三要突出稳中求进。这是当前和今后一个时期党和国家各项工作总基调，2020 年就更有特定要求。要坚持稳字当头。把“稳”放在更加突出的位置，突出抓重点、补短板、强弱项，落实好“六稳”政策措施，坚决服务好经济平稳运行大局。要在把握好度的前提下积极进取。用好降低基础设施项目资本金比例等逆周期调节政策，积极扩大有效投资，进一步发挥交通基础设施供需共同受益、乘数效应显著的优势。要落实中央减税降费部署。深化“放管服”改革，进一步优化营商环境，降低物流成本，为实体经济发展提供有力保障。需要强调的是，在交通固定资产投资高基数上的稳，实质上也是进。我们要处理好短期、中期和长期的关系，把握好方向、节奏、力度，尽力而为、量力而行，坚决不能盲目上投资、上项目，更不能脱离实际、贪大求洋，一味追求建设规模、提高建设标准，要坚决避免和杜绝“政绩工程”“形象工程”。

四要保障民生底线。2020 年交通资金供需矛盾进一步凸显，必须统筹安排好民生保障，把基本服务保住，把底线兜住，把短板加强，不断增强人民群众获得感、幸福感、安全感。要优化支出结构。切实把钱用在刀刃上，更加注重普惠性、基础性、兜底性交通设施和服务供给，抓好交通运输领域更贴近民生实事的落实。要发挥规模优势。着眼满足人民美好生活需要，依托我国超大规模市场优势，进一步加大快速化、个性化、多样化运输服务供给，有效扩大消费需求。要坚持底线思维。强化交通运输本质安全，完善安全应急管理体系，坚决防范和遏制重特大事故发生。要做好维稳工作。解决好特定群体合法利益诉求，想群众之所想、急群众之所急、解群众之所忧。要坚持勤俭节约。坚守节用裕民之道，坚决压缩一般性支出，严控“三公”经费，节俭办展办会，用政府部门过紧日子，换来人民群众的好日子。

三、2020 年要抓好的几项重点工作

2020 年交通运输工作任务十分繁重，要坚持问题导向、目标导向、结果导向，统筹兼顾、突出重点、全面推进，着力加快建设交通强国，为确保全面建成小康社会和“十三五”规划圆满收官提供坚实支撑。

（一）在决胜全面建成小康社会中当好先行

全面建成小康社会，是我国现代化进程中一个重要里程碑，是 2020 年党和国家政治生活中的大事，也是交通运输行业一项重大政治责任。我们要以最后冲刺的劲头和勇于担当的精神，对照目标任务，着力抓重点、补短板、强弱项，进一

步压实责任，完成好各项任务。

一要不折不扣完成脱贫攻坚任务。这是硬指标硬任务。截至2019年底，全国还有115个乡镇、3008个建制村未通客车。要以更加集中的精力、更加有力的举措、更加精细的工作，确保完成好具备条件的乡镇和建制村通硬化路、通客车、通邮的目标。尤其要加强对深度贫困地区建制村通客车的支持力度，明确难点堵点，挂牌督战。要服务实施乡村振兴战略目标任务，加快推动“四好农村路”高质量发展，推动交通建设项目更多向进村入户倾斜，推进实施“路长制”，解决好“畅返不畅”“油返砂”等问题。继续因地制宜发展“慢火车”，确保平稳运行。要加快推进城乡交通运输一体化，用好交通、邮政、商务、供销等资源推动农村物流节点建设。切实做好定点扶贫、对口支援、片区扶贫、“三区三州”扶贫等工作，继续干在实处、走在前列。

二要如期实现污染防治攻坚战阶段性目标。对标2020年目标，我们的任务还很艰巨，决不能放松，更不能走回头路。要继续深化运输结构调整，以京津冀及周边地区、长三角地区、汾渭平原等区域为主战场，推进大宗货物运输“公转铁、公转水”。要建立污染防治长效机制，强化源头治理，深入开展船舶和港口污染整治，提高岸电设施建成率、利用率，完善水上溢油污染应急响应机制，加大新能源汽车推广、高污染柴油货车淘汰工作力度，坚决打赢蓝天、碧水、净土保卫战。要持续开展绿色出行行动，全面实施公交优先战略，加快绿色快递包装技术研发应用，让绿色发展理念更加深入人心。

三要坚决打好防范化解重大风险攻坚战。随着国内外环境的深刻变化，交通运输面临的安全、稳定、债务等方面的风险挑战更加复杂多变。要强化风险意识，切实提高防控能力，全面防范“黑天鹅”“灰犀牛”事件，用大概率思维应对小概率事件，做好各方面工作预案，牢牢守住不发生系统性风险的底线。要把防范和化解行业债务风险放在更加突出位置，妥善处置好行业存量债务，有效遏制债务增量。进一步深化投融资改革，稳定和用好车购税、港建费、机场建设费、专项债券等专项资金政策，研究建立国家交通运输重大设施长期债券制度，拓展融资渠道，改善投融资环境，提高资金使用效益。要坚持疏堵结合、循序渐进，统筹考虑政治风险、经济风险等各类风险，做好应对中美经贸摩擦相关工作，找准切入点，落实工作责任。

四要圆满完成“十三五”规划目标任务。要加快规划项目建设。紧盯普通铁路、国省干线、民航机场、农村客货运等重点领域，挂图作战，合力攻坚，为全面完成“十三五”目标跑好“最后一棒”。要加快项目前期审批。按照国务院统一部署，推进项目审批改革，进一步压减项目审查审批时间，完善电子审批平台，为具备条件的项目尽早开工建设创造更好的条件。要争取更多地方政府债券用于交通建设，下大气力破解普通国省道融资难问题，下大气力破解用地、用海制约，强化项目建设要素保障。要夯实项目储备。对标加快建设交通强国要求，聚焦国家区域发展战略实施、城市群都市圈发展等方面，加强交通重点项目研究储备，统筹做好“十三五”与“十四五”规划项目的衔接。

（二）以新发展理念统领交通强国建设

加快建设交通强国，对我们的工作提出了更高要求。2020年要全面落实《交通强国建设纲要》，各方面工作量很大、任务很重。千条万条，最为关键的一条是，以新发展理念统领交通强国建设，确保实现开门红。要重点抓好两个方面：

一方面，要更加突出“三个转变”的发展路径。加快建设交通强国，是一场涉及思想认识、观念行为、体制机制的广泛而深刻的变革。《交通强国建设纲要》明确提出“三个转变”，这是贯彻新发展理念的具体体现，更是发展路径。要坚决把“三个转变”全面贯穿到规划编制、试点实施、政策制定、任务落实的全过程，决不能回到简单以速度规模论英雄的老路上去，决不能回到以破坏环境为代价的老路上去，决不能回到粗放式发展的模式上去。部将结合中长期规划编制，聚焦更好服务现代化经济体系建设等方面，加快重大工程、重大改革、重大政策的研究论证，特别是创新指标体系、调整优化投资政策、完善体制机制，推动交通强国建设实践向新发展理念聚焦发力。希望大家结合本地区、本部门工作实际，认真对照检视，既找准短板、找出差距，又总结经验、发掘亮点，通过部省共同努力，在“三个转变”上求实效、修正果，不断开辟高质量发展的新境界。

另一方面，要更加突出“重在落实”的工作要求。《交通强国建设纲要》绘就了新时代交通运输发展的“大写意”，下一步要按照中央领导同志关于“重在落实”的批示精神，聚焦重点、深耕细作，共同绘制好精准细腻的“工笔画”。要编制好各类规划。强化《国家综合立体交通网规划纲要（2021—2050年）》、“十四五”综合交通运输发展规划、各行业规划和专项规划的衔接协同，把着眼点放到优化结构和提高质量效益上来，科学确定基础设施布局、规模和建设时序。要实施好重大工程项目。以川藏铁路等重大工程为牵引，加强研究论证，滚动推进一批战略性、网络型基础设施建设项目。要开展好试点示范。坚持自上而下和自下而上相结合，大胆探索实践，特别要紧密结合地区实际找准方向，试出特色、试出成效，实现“百舸争流”。要创造良好环境。推动各级党委、政府尽快建立有效的实施机制，抓紧出台《交通强国建设纲要》系列配套政策文件。同时，强化工作统筹，定期组织召开工作推进会、试点经验交流会等，不断将加快建设交通强国引向深入。

（三）持续推进交通运输治理体系和治理能力现代化

我们要对标对表党中央部署要求，精心制定实施改革方案，深化法治政府部门建设，推动交通运输制度体系更加完善、更加定型，用制度优势筑牢高质量发展根基，提升行业治理现代化水平。

一要聚焦解决行业突出问题。新中国成立70年来，我们初步探索建立了相对成熟定型的行业制度体系，同时也要看到，过去一些支撑行业快速发展的制度、做法已不能完全适应新的发展要求，导致一些问题反复出现。比如，行业监管方面，对公路治超、非法营运、江船入海作业、非法采运砂等顽瘴痼疾，年年专项治，年复一年治，但年年难治，一些好的经验做法还没有及时上升到制度层面。安全应急方面，固底板和补短板不稳定、不坚固问题并存，往往是安全事故发生后都强调要“举一反三”，但事故仍然是“接二连三”，安全监管、应急保障等方面从远近结合、标本兼治上破解不够。规划建设方面，对行业的战略方向、规模总量、资金需求等前瞻性问题谋划不够，收费公路制度亟待调整优化，国省干线、农村公路等建管养资金总量不足、来源不稳，等等。对这些问题，我们要敢于开刀，特别是要刀刃向内，着力深化改革，坚决破除制度性障碍。要以2021年我们党成立一百年为节点，紧紧抓住短期内有收获、见成效的重点任务，确保在收费公路制度改革、财政事权和支出责任划分改革、安全应急管理等方面形成改革成果。

二要聚焦完善行业制度体系。当前，要坚持制度建设这条主线，加快构建系统完备、科学规范、运行有效的交通运输制度体系。在体制机制上，针对各种运输方式融合、跨区域执法联动、投融资模式创新等方面，加快建立健全综合交通运输、综合行政执法、交通运输投融资等管理体制和运行机制。在法律法规体系上，针对综合运输、铁路管理、收费公路、民航发展、邮政快递、城市公交、海事海商等方面，积极推进行业法律法规立改废释工作。在标准规范体系上，针对综合交通枢纽、多式联运装备、新业态新模式、信息化数字化、工程技术标准等方面，建立健全标准规范体系，大力提升“中国标准”的国际话语权和影响力。在指标体系上，针对安全、便捷、高效、绿色、经济等方面，加快构建交通强国指标体系，充分发挥指标引领作用。在战略规划体系上，针对规划管理制度、规划实施机制等方面，坚持“多种运输方式一张图”，加快建立健全综合交通运输发展战略规划计划体系。在政策体系上，针对交通运输现代市场体系、产业发展等方面，加强政策创新，健全政策储备制度，努力打造市场化、法治化、国际化的交通运输营商环境，为高质量发展提供支撑保障。

三要聚焦强化行业“三基”建设。习近平总书记指出，无论形势如何变化，依靠基层、建强基层这一条永远不能丢。基础、基层、基本功建设强不强，直接影响到制度的制定和执行，影响到行业的治理效能。要树立从基层抓起、大抓基层的鲜明导向，完善基层机构设置，优化职责体系，推动交通运输行业基层建设全面进步、全面过硬。要坚持问题导向，聚焦主责主业，狠抓基础性工作落实，深入查找工作中存在的薄弱环节，优化决策、执行、评估、监督全流程运行机制。要加强基本功训练，练好政治能力、理论学习、专业技能等基本功，教育引导党员干部全面提升能力，干一行爱一行，钻一行精一行，管一行像一行，不断锤炼扎实的基本功和干事创业的本领。

（四）加强党的建设和干部人才队伍建设

这是更好地服务国家发展大局的需要，也是团结一心、步调一致做好各项工作的根本要求。

一是坚持把政治建设摆在首位。万山磅礴，必有主峰。要以坚定态度、自觉行动、实际成效，增强“四个意识”、坚定“四个自信”、做到“两个维护”，自觉在思想上政治上行动上同以习近平同志为核心的党中央保持高度一致。要严明党的政治纪律和政治规矩，不折不扣贯彻党中央决策部署，严格执行重大事项报告等制度，确保令行禁止。要坚持把党对交通运输工作的领导落实到行业各领域各方面各环节，全面贯彻党的基本理论、基本路线、基本方略，确保交通运输事业始终沿着正确方向前进。要把不忘初心、牢记使命作为终身课题，形成长效机制，坚持不懈锤炼党员干部忠诚干净担当的政治品格。要建设让党中央放心、让人民群众满意的模范机关，做好“三个表率”，展现交通运输部门良好形象。

二是坚持增强斗争精神和斗争本领。敢于斗争是我们党的优良传统。越是风险挑战严峻，我们越需要发扬斗争精神，越需要滚石上山的韧劲和魄力。要增强斗争精神。新时代新担当新作为，广大党员干部都要做敢于斗争、善于斗争的战士，特别是在推进交通运输全面从严治党、全面深化改革、高质量发展、应对重大自然灾害、处理突发事件、防范化解重大风险等方面，都要敢于斗争、勇于亮剑。要增强担当作为。广大党员干部不论在哪个岗位、担任什么职务，都要勇于担当，既当指挥员、又当战斗员，沉下身子、甩开膀子大干实干，用知重负重、攻坚克难的实际行动，诠释对党的忠诚、对人民的赤诚。要增强斗争本领。加强思想淬炼、政治历练、实践锻炼、专业训练，在重大工作中经风雨、见世面，在火热实践中长才干、壮筋骨，永葆共产党人的铮铮铁骨。

三是坚持加强干部人才队伍建设。干事创业，人才是第一资源，干部是重要因素。要坚持好干部标准，严把人选政治关，突出担当作为的表现，注重干部在实践中锻炼、在斗争中成长。要完善担当作为的激励机制，加强优秀年轻干部的培养选拔，真情关心爱护基层干部和青年干部，让广大干部安心、安身、安业。要构建完备的人才梯次结构，培养造就一大批具有国际水平的战略科技人才、科技领军人才、青年科技人才和创新团队。要打造一支素质优良的知识型、技能型、创新型交通劳动者大军，弘扬劳模精神和工匠精神，支持劳动者立足岗位成长成才，练就一身真本领，掌握一手好技术，使更多大国工匠不断涌现。

四是坚持做好思想宣传工作。各级党委（党组）要切实扛起主体责任，加强对交通运输思想宣传领域战略任务的落实。要深入推进习近平新时代中国特色社会主义思想学习宣传贯彻，领导干部要发挥带头作用，在学懂弄通做实上有更高标准、更严要求，推动党的创新理论入脑入心。要坚持党对意识形态工作的领导权，严格落实意识形态工作责任制，不断增强主导权和话语权。要弘扬主旋律、传播正能量，宣讲党的政策主张，讲好交通故事，凝聚行业向心力。要积极践行社会主义核心价值观，大力弘扬和发展新时代交通精神，在加快建设交通强国新征程中更好展现行业担当和风采。

五是坚持深入推进正风肃纪。作风问题本质上是党性问题，是政治问题。要巩固拓展中央八项规定精神成果，持续整治“四风”突出问题，特别是要力戒形式主义、官僚主义，进一步改进学风、文风、会风、领导作风，以优良的党风政风带动行业风气持续改善。要压实全面从严治党主体责任和监督责任，完善全面从严治党制度，健全权力运行制约和监督机制，把纪律和规矩挺在前面，让党员干部知敬畏、存戒惧、守底线，习惯在受监督和约束的环境中工作和生活。要保持惩治腐败高压态势，深化政治巡视，促进巡视巡察上下联动，严格依纪依法查处违纪违法案件，做好“后半篇文章”，一体推进不敢腐、不能腐、不想腐。在这里，需要特别指出的是，各部门各单位和各省厅主要负责同志，不仅要自己带头正风肃纪，同时要带好班子、管好队伍，管好关键人、管到关键处、管住关键事、管在关键时，以实际行动营造交通运输系统各部门各单位规规矩矩的上下级关系，行业上下清清爽爽的同志关系，继续营造风清气正的良好政治生态。

延伸阅读——守初心　担使命　找差距　抓落实·深入开展“不忘初心、牢记使命”主题教育·专访——真刀真枪解决问题

李小鹏在 2020 年全国交通运输工作会议上的讲话

（2019 年 12 月 26 日）

这次会议的主要任务是：以习近平新时代中国特色社会主义思想为指导，全面贯彻落实党的十九大和十九届二中、三中、四中全会以及中央经济工作会议精神，认真贯彻刘鹤副总理重要批示精神，总结工作，分析形势，部署 2020 年工作。

下面，我讲三个方面的内容：

一、关于 2019 年工作

2019 年是新中国成立 70 周年。70 年来，在党的领导下，一代又一代交通人艰苦奋斗、砥砺前行，实现了我国交通运输从无到有、从小到大、从大向强的历史性转变，实现了交通运输与经济社会发展从整体滞后到瓶颈制约、再从初步缓解到基本适应的历史性跨越，建成了名副其实的交通大国，多项指标走在了世界前列，我们正昂首阔步跨向交通强国。用 70 年，我国成功走出了一条具有中国特色的交通运输发展道路，成就来之不易，经验弥足珍贵。我们要坚定道路自信、理论自信、制度自信、文化自信，坚定不移沿着正确的道路阔步向前。

2019 年是 70 年发展历程中极不平凡的一年，也是具有里程碑意义的一年。这一年，党中央、国务院印发《交通强国建设纲要》，习近平总书记发出加快建设交通强国的号令。这一年，北京大兴国际机场正式投入运营，创造了多项世界纪录。这一年，我们提前完成了具备条件的乡镇和建制村通硬化路和村村直接通邮的兜底性目标任务。这一年，我们上下同心、众志成城，取消高速公路省界收费站目标即将实现。实践再次证明，只要我们紧密团结在以习近平同志为核心的党中央周围，坚定信心、同心同德干，就一定能战胜各种风险挑战，无往而不胜！

一年来，我们做的主要工作和取得的成效是：

（一）打赢交通脱贫攻坚战取得决定性进展

一是“四好农村路”高质量发展迈出新步伐。预计全年新改建农村公路 29 万公里，实施“畅返不畅”整治工程 7.9 万公里，农村公路实现通村畅乡。新增通客车建制村超过9400个，其中贫困地区超过5800个，24个省份实现所有具备条件的乡镇、建制村通客车。深化农村公路管养体制改革取得重大突破，“路长制”得到有效推广，新创建83个“四好农村路”全国示范县。二是交通扶贫富民成效显著。推动贫困地区乡镇运输服务站建设，建成农村地区资源路、旅游路、产业路8300余公里，“交通＋产业”“交通＋旅游”“交通＋电商”等模式良性发展，农村电商潜力进一步释放。三是专项扶贫任务取得决定性进展。四川黑水、壤塘、色达等三县有望脱贫摘帽，帮扶地区66个县（区）均实现具备条件的乡镇和建制村通硬化路、通客车。培训基层干部和专业技术人员7000余人次。铁路、民航、邮政扶贫任务也按照年度目标有序推进。脱贫攻坚专项巡视整改任务全面完成。

（二）交通运输高质量发展稳步推进

坚持供给侧结构性改革主线，深入落实八字方针，推动交通运输高质量发展取得积极进展，全面完成12项民生实事。一是加大基础设施补短板力度。多措并举稳投资，预计全年完成固定资产投资32135亿元左右，其中铁路、公路水路、民航分别完成投资8000亿元左右、23185亿元、950亿元。预计全年新增铁路营业里程8000公里、新改（扩）建公路33万公里、新增及改善高等级航道385公里、新颁证民用运输机场5个，邮政快递服务网点和智能投递终端建设加快，交通固定资产投资有效增长，为稳投资作出了贡献。二是运输服务能力持续提升。预计全年完成货运量534.2亿吨，增长5.5%；完成营业性客运量176.1亿人，下降1.8%。货运方面，1—11月，完成货运量486.3亿吨，同比增长5.5%，其中铁路、公路、水路、民航货运量分别增长6.7%、5.3%、6.3%和1.5%；完成货物周转量19.0万亿吨公里，同比增长5.0%，其中铁路、公路、水路分别增长3.8%、5.2%、5.3%，民航基本持平。客运方面，1—11月，完成营业性客运量162.6亿人，同比下降1.7%，降幅较去年同期收窄1.4个百分点，其中铁路、公路、水路、民航客运量分别增长8.8%、下降4.8%、下降2.4%和增长8.1%；完成营业性旅客周转量3.3万亿人公里，同比增长3.5%，其中铁路、公路、水路、民航分别增长4.2%、下降4.5%、增长1.2%和增长9.6%，高速公路私家车流量增长8.8%。道路客运联网售票服务水平进一步提升，20余个省份试点开展了道路客运定制服务，275个地级以上城市实现交通一卡通互联互通，铁路、民航联网售票、智能检票、值机、登车、登机等不断创新，走在前列。完成31.9万公里国家公路命名编号调整，完善交通标志28.3万块，建成100个“司机之家”，31个省份实现汽车维修电子健康档案系统全覆盖和互联互通，琼州海峡客滚运输实现班轮化运营和统一联网售票，交通惠民便民力度持续加大。三是营商环境进一步优化。持续深化“放管服”改革，取消下放10项审批事项和46项证明事项，推动修改涉及“放管服”改革的法律、行政法规5件，规章25件。“双随机、一公开”监管、“互联网＋监管”、信用监管等加快推广，道路普通货运车辆综检联网和网上年审全面落地，港口作业单证电子化、国内船舶证书“多证合一”有序推进，国际贸易“单一窗口”海事申报加快实行，涉企服务进一步优化。继续实施高速公路差异化收费、鲜活农产品运输“绿色通道”等优惠政策，制定实施港口降费政策，预计全年公路水路领域可量化措施降低物流成本800亿元，民航减税降费预计达90亿元。四是交通运输发展新动能加快培育。互联网、大数据、云计算、人工智能、5G等新技术与交通运输融合程度更深、覆盖面积更广，电子不停车快捷收费（ETC）加快推广，网约车、共享单车、网络货运等新业态发展更加规范。交通运输与相关产业加快融合发展，高铁经济、服务区经济、邮轮经济、枢纽经济等蓬勃发展。五是综合交通融合发展稳步推进。铁水联运、江海直达等组织模式加快推广，一批辐射带动力较强的综合客运枢纽和货运枢纽（物流园区）开工建设。70个多式联运示范工程开通线路394条，预计全年完成集装箱多式联运量超过480万标箱（TEU），实现两位数增长。“零距离换乘”、“一站式服务”、行李直挂等联程服务大力推广，综合交通运输一体化水平稳步提升。

（三）服务国家重大战略实施成效明显

一是京津冀暨雄安新区交通建设取得标志性成果。北京大兴国际机场正式投运，京张高铁全线通车，延崇高速年底建成，京雄高速等雄安新区对外骨干通道项目加快推进，京津冀交通一体化率先突破取得决定性进展。二是长江经济带综合立体交通走廊加快构建。广昌至吉安等国家高速公路建成通车，沿江高铁项目规划建设稳步推进，长江南京以下12.5米深水航道竣工验收，武汉至安庆段6米水深航道整治工程进展过半，长江黄金水道功能进一步提升。实施防治船舶污染长江水域环境“十项严格”措施，全面推进船舶港口污染防治和港口岸线保护，长江水上综合服务区、水上洗舱站建设步伐加快，三峡坝区客运码头岸电实现全覆盖，长江经济带交通运输绿色发展取得新成效。三是粤港澳大湾区交通运输加快发展。港珠澳大桥通车运行助推粤港澳大湾区加快融合发展，南沙大桥建成通车，深中通道、西江航运干线扩能等一批重点工程有序建设，大湾区快速交通网络不断完善，综合运输服务水平不断提升。四是长三角交通运输一体化发展步伐加快。实现上海、南京、杭州等主要城市间1.5小时快速通达，7个城市地铁实现“一码通行”，长三角港航一体化、海事一体化融合发展有序推进，民航协同发展工作机制有效建立。五是推动黄河流域交通运输生态保护和高质量发展高标准起步。我们按照党中央决策部署，认真贯彻“共同抓好大保护，协同推进大治理”要求，高标准启动有关方案编制工作。此外，我们还提出了支持海南自由贸易试验区、中国特色自贸港建设政策措施，推动川藏铁路、引江济淮等重大项目加快规划建设，在服务四大板块、乡村振兴等国家战略方面发挥了积极作用。

（四）加快建设交通强国开启新征程

一是深入研究。党的十九大作出建设交通强国的重大战略部署。按照党中央决策部署，在刘鹤副总理任组长的交通强国建设纲要起草组的领导下，交通运输部牵头，国务院有关部门、各省（区、市）参与，中国工程院等10余家研究机构、32位院士及数百名工作人员参加，历时22个月，编制了《交通强国建设纲要》。二是推动出台。经过反复征求意见，认真修改完善，2019年7月国务院常务会议审议。9月14日，党中央、国务院以中发〔2019〕39号文件正式印发《交通强国建设纲要》。三是重在落实。深入谋划未来30年和“十四五”综合交通运输规划，编制指标体系和初步框架，推动试点工作，提出重大工程项目清单。

（五）全力推进取消高速公路省界收费站工作

深化收费公路制度改革、取消高速公路省界收费站、实现不停车快捷收费，是党中央、国务院作出的一项重大决策部署，也是重大的民生工程，时间紧、任务重，我们加强组织领导，完善指挥体系，细化任务分解，优化政策措施，推动了工作落实。一是工程建设全面完工。29个联网收费省份共建设24588套ETC门架系统，改造48211条ETC车道，改造完成487个省界收费站，启动实施11401套高速公路入口不停车称重检测系统，全网收费系统联调联试工作顺利推进。二是ETC推广发行完成目标。多方协同联动，优化完善条款，加大发行力度，拓宽应用场景，加强客户服务，大力宣传推广ETC。截至12月18日，全国ETC客户累计达到1.92亿，新增ETC客户1.11亿，完成ETC发行目标任务的101.25%。三是完善政策制度保障体系。发布收费公路车辆通行费车型分类行业标准，联合多部门调整货车通行费计费方式，优化鲜活农产品运输“绿色通道”等通行政策，清理规范地方性车辆通行费减免政策，人员安置有序开展。

（六）治理体系和治理能力现代化水平不断提升

一是重点领域改革加快推进。行政职能事业单位改革、交通港航公安机关管理体制调整等机构改革基本完成，交通运输综合行政执法改革深入推进。研究制定交通运输领域中央与地方财政事权和支出责任划分改革意见的实施工作方案。推动出台远洋船员个人所得税优惠政策。班车客运价格、汽车客运站收费、公路养护等市场化改革有序推进。二是法治政府部门建设持续深化。积极推进交通运输立法工作，制修订46件行业发展亟需的部门规章，重大行政决策程序更加规范化、制度化。行政规范性文件合法性和公平竞争审查不断加强，行政复议和应诉能力稳步提升。三是高质量发展政策及标准体系加快建立。出台推动“四好农村路”、邮政业、道路货运、长江航运、一流港口建设等一系列高质量发展的政策措施。联合出台新业态用户资金管理办法、危险货物道路运输安全管理办法，基本建立城市轨道交通运营管理制度体系，发布国家和行业标准283项，行业治理制度体系日趋完善。

（七）交通运输高水平开放加快推进

一是“一带一路”交通互联互通稳步推进。成功举办第二届“一带一路”国际合作高峰论坛设施联通分论坛，交通运输领域15项合作成果写入高峰论坛的成果清单。同江铁路大桥主体工程完工，中俄黑河公路大桥交工，内马铁路一期工程正式建成通车。中欧班列累计开行1.8万列，联通亚欧大陆110多个城市，物流配送网络覆盖欧洲全境。中外航空公司合计开通409条“一带一路”合作国家国际航线。签署并实施中国—沙特海运协定以及中老等5个国际道路运输协定。二是做好第二届联合国全球可持续交通大会筹办工作。认真贯彻落实习近平总书记重要指示批示精神，大会组委会以及办公室经批准成立，加快推进筹办各项工作。三是国际交流合作多层次展开。在交通互联互通、运输走廊、海事、搜救、救捞、教育等领域与周边国家合作不断深化。积极推动行业技术、标准和装备、干部人才“走出去”。第十六次连任国际海事组织A类理事国、第六次连任国际民航组织一类理事国，推动万国邮联终端费改革取得积极成效，交通运输国际话语权和影响力不断增强。积极做好应对中美经贸摩擦涉交通运输相关工作。

（八）智慧交通绿色交通发展有序推进

一是智慧交通发展水平稳步提升。新一代国家交通控制网、智慧公路试点、智慧港口示范工程、E航海示范工程、交通旅游服务大数据试点工作有序实施。“综合交通一张图”上线运行，调度与应急指挥系统基本实现全国联网，一体化在线政务服务平台建设成效显著。北斗卫星导航系统行业应用规模和质量不断提升。二是新技术研发和应用积极推进。公路沥青路面再生、道路应急抢通技术与重大装备等取得突破性进展。积极推动自动驾驶等前沿技术发展，联合工业和信息化部认定三个自动驾驶技术封闭场地测试基地。重点科研平台体系加快完善，大力推动科技资源开放共享，支撑科技创新能力提升。三是绿色交通发展不断深化。全力打好污染防治攻坚战，运输结构调整持续推进，铁路、水路货运量增加2.45亿吨、4亿吨，沿海港口大宗货物公路运输量减少约1.2亿吨。绿色出行深入人心，城市公共交通年客运量超过900亿人次，14个公交都市创建完成验收。

新能源及清洁能源推广力度加大。33个绿色公路示范项目取得阶段性成果。船舶排放控制区政策实施范围扩大。“碧海行动”沉船打捞计划在全国沿海深入开展。快递电子运单使用率达98%。

(九)交通运输安全生产形势保持稳定

截至11月底,公路水路发生安全生产事故起数和死亡失踪人数同比下降14.9%和22.7%,铁路运输安全持续稳定,民航实现运输航空安全飞行111个月、7956万小时的安全新纪录。一是安全生产责任进一步落实。组织实施安全生产考核评价。加大对“两客一危”车辆、重点船舶等监督检查力度,统筹规范行业安全生产检查,加强事故暴露问题的整改落实。道路水路运输企业、港口营运企业、城市轨道交通运营单位安全生产主体责任持续加强。全国高铁沿线环境安全整治初见成效。二是安全发展基础进一步夯实。加强交通运输领域24类安全生产重大风险防控,完成乡道及以上公路安全生命防护工程24万公里、改造危桥4700座,强化通航建筑物和航运枢纽大坝运行安全。“平安百年品质工程”建设稳步推进。三是运输安保和应急处置工作有序开展。圆满完成新中国成立70周年等重大活动和重点时段交通运输保障工作,积极有效应对各类极端恶劣天气和自然灾害。截至11月底,组织协调水上搜救行动1736次,搜救遇险船舶1433艘、搜救遇险人员13367人,搜救成功率96.4%。

(十)党的建设质量不断提高

一是“不忘初心、牢记使命”主题教育取得成效。深入落实“守初心、担使命,找差距、抓落实”总要求,认真开展学习教育,深入开展调查研究,深刻剖析检视问题,切实推动整改落实,突出抓实专项整治,高质量召开专题民主生活会、专题组织生活会。二是全面从严治党持续深化。以党的政治建设为统领,突出建强党的组织体系,抓基层、打基础,党的组织和党的工作全覆盖更加有效。开展模范机关建设、党支部标准化规范化建设等试点工作。党对群团工作的领导更加有力。持续从严落实中央八项规定及其实施细则精神,坚决纠治“四风”,力戒形式主义,切实为基层减负。党风廉政建设和反腐败斗争不断加强,强化纪律教育和警示教育,做实做细日常监督,完成两轮对18家部属单位巡视任务。持续深入推进交通扶贫领域腐败和作风问题专项治理。加大违纪违法案件查处力度,持续保持高压态势。三是干部队伍和人才队伍建设全面加强。公务员分类改革和公务员职务与职级并行有序推进。大力发现培养选拔优秀年轻干部,各级班子和干部队伍结构不断优化,高层次高技能人才和职业技能人才队伍建设取得实效。交通运输新型智库建设加快推进。离退休干部工作取得新成效,工青妇工作、机关服务保障工作质量进一步提升。四是行业软实力不断提升。大力弘扬新时代交通精神,曲建武、其美多吉、巨晓林、方秋子、许振超、刘传健、廖明等先进典型成为新时代交通英雄。组织庆祝新中国成立70周年等重大主题宣传活动,讲好交通故事,为加快建设交通强国营造良好氛围。

在国内外风险挑战明显上升的复杂局面下,能取得上述成绩,靠的是习近平新时代中国特色社会主义思想科学指引,靠的是党中央、国务院的坚强有力领导,靠的是各地区、各部门和社会各界的关心支持和鼎力相助,靠的是行业广大干部职工的艰苦奋斗。在此,我代表交通运输部,向长期关心支持交通运输发展的各级领导、有关部门、社会各界和离退休干部表示衷心的感谢!向全行业广大干部职工致以崇高的敬意!

二、关于发展形势与工作思路

研判明年交通运输发展形势,要胸怀中华民族伟大复兴的战略全局和世界百年未有之大变局“两个大局”,坚持从世界看中国、从全局看局部、从未来看当下。当前世界经济仍处在国际金融危机后的深度调整期，世界大变局加速演变的特征更趋明显。我国经济稳中向好、长期向好的基本趋势没有改变，仍处于发展的重要战略机遇期。机遇与挑战同生共存，机遇大于挑战。

对交通运输而言，我们的机遇至少有以下几个方面：一是加快建设交通强国给行业带来重大战略机遇。建设交通强国是以习近平同志为核心的党中央立足国情、着眼全局、面向未来作出的重大战略决策，为新时代交通运输发展指明方向、提出要求，显著提升了交通运输在社会主义现代化强国建设中的战略地位，有利于汇聚各方力量，推动行业发展，为社会主义现代化强国建设当好先行官。二是构建现代化经济体系给行业高质量发展带来新机遇。中央经济工作会议提出更好运用逆周期调节工具，推动农业、制造业、科技、基础设施、服务业高质量发展和区域协调发展，促进产业和消费"双升级"，有利于行业增加有效投资、调整运输结构、降低物流成本、提高服务品质，加快交通运输高质量发展进程。三是推进治理体系和治理能力现代化给行业深化改革带来新机遇。贯彻党的十九届四中全会精神，以及落实《交通强国建设纲要》、深化"放管服"改革、优化营商环境，有利于行业深化改革、健全法治，提升治理体系和治理能力现代化水平。四是举办第二届联合国全球可持续交通大会给行业扩大开放带来新机遇。2020年在北京举办的第二届联合国全球可持续交通大会，将向全球展示我国交通发展成就，分享发展经验，推动"一带一路"互联互通，有利于扩大交通运输高水平开放合作、提升国际话语权和影响力。五是新科技革命和产业变革给行业创新驱动带来新机遇。以人工智能、区块链、云计算、大数据等为代表的新一代信息技术迭代升级，新能源、新材料、智能建造等新技术加快应用，特别是5G规模商用，将加速交通运输走进智能时代。六是保障和改善民生给行业服务提质带来新机遇。需求源自人民。中央经济工作会议就保障和改善民生作出部署，提出引导资金投向供需共同受益、具有乘数效应的先进制造、民生建设、基础设施短板等领域，有利于补齐民生服务短板；提出推动生产性服务业向专业化和价值链高端延伸、生活性服务业向高品质和多样化升级，有利于提升交通运输服务质量和水平。

同时，我们还面临诸多挑战：一是经济下行压力加大给行业带来的挑战。世界经济增长持续放缓，国内经济下行压力加大，对国际国内运输市场以及行业、企业产生多重影响。二是发展要素制约给交通稳投资带来的挑战。政策创新正在积极推动，行业由要素驱动向创新驱动转换任重道远，但资金、用地、用海、环评等方面制约仍将长期存在，新开工项目数量持续减少，交通固定资产投资后劲不足，同时存量债务负担较重，稳投资与防风险面临双重压力。三是外部环境不确定性增加带来的挑战。地缘政治复杂多变，贸易保护主义抬头，中美经贸摩擦仍存在不确定性，全球动荡源和风险点显著增多，关键核心技术受制于人，企业海外利益受影响等风险不容忽视。四是安全生产事故易发多发、维稳压力加大带来的挑战。交通运输安全生产总体平稳，但形势依然严峻复杂，安全生产事故仍处在高位波动期，群死群伤事故和重大险情易发多发。此外，非传统安全威胁增加，行业维稳压力较大。

当然，我们面临的最大挑战还是自身的挑战。能否抓住机遇、迎接挑战，增强自身发展能力最为关键。我们要眼睛向内，清醒认识自身存在的问题，主要是：综合交通基础设施网络存在短板，运输服务质量有较大提升空间，物流降本增效还有很大潜力，行业自主创新能力明显不足，综合交通一体化融合发展的体制机制尚不健全，行业治理体系和治理能力现代化任重道远，重大政策谋划和储备不足，部分法律法规建设滞后于行业发展，特别是面对新形势新任务，一些干部职工对新发展理念的学习领会、贯彻落实还不够，对综合交通、城市交通、新业态等治理能力还不足，作风建设还不硬，对推动高质量发展还存在不想干、不会干、不敢干，基层、基础、基本功“三基”建设还要大力加强等。我们要坚持问题导向，多从自身找原因，在提高履职能力上下功夫、见成效。

综合判断，明年我国交通运输发展仍将保持稳中有进、稳中向好态势，但形势更严峻、任务更艰巨。我们既要正视困难挑战，更要坚定必胜信心，关键是增强自身能力，办好自己的事情，要更加紧密地团结在以习近平同志为核心的党中央周围，同心同德干、锐意进取干，变压力为动力，化挑战为机遇，不断开创交通运输高质量发展的新局面。

2020 年是全面建成小康社会和“十三五”规划的收官之年，是加快建设交通强国的紧要之年。做好明年工作十分重要，主要工作思路是实现“五个确保”。

第一，确保坚定不移贯彻新发展理念。在中央经济工作会议上，习近平总书记就坚定不移贯彻新发展理念提出新要求，我们要认真学习领会，抓好贯彻落实。坚定不移贯彻新发展理念，就是要以新发展理念为统领，树立全面、整体的观念，切实把新发展理念贯穿体现到交通运输工作各方面和全过程，不能只顾一点不及其余、只喊口号不抓落实、一遇压力又重回老路，要切实把新发展理念作为发展的指挥棒，把贯彻新发展理念作为检验各级领导干部的一个重要尺度。坚定不移贯彻新发展理念，就是要坚持以推动高质量发展为主题，紧紧扭住新发展理念推动高质量发展，着力推动质量变革、效率变革、动力变革，加快形成体现新发展理念、推动高质量发展的指标体系、政策体系、标准体系、统计体系和绩效评价、政绩考核机制，推动行业高质量发展向深处走、向实处走。坚定不移贯彻新发展理念，就是要坚持以供给侧结构性改革为主线，着力落实好“巩固、增强、提升、畅通”八字方针，把注意力集中到解决各种不平衡不充分的问题上，统筹推进补短板、降成本、优环境、强服务、抓创新、增动能、提效率、促融合，推动交通运输供需在更高水平上实现动态平衡。坚定不移贯彻新发展理念，就是要坚持以加快建设交通强国为使命，突出“加快建设”，突出“重在落实”，突出“三个转变”，聚精会神、坚持不懈地加快建设安全、便捷、高效、绿色、经济的现代化综合交通体系，深入推进综合交通一体化融合发展，加快建设人民满意、保障有力、世界前列的交通强国，为建设社会主义现代化强国当好先行！

第二，确保服务全面建成小康社会和“十三五”规划圆满收官。这是明年全党工作的重中之重。我们要对标对表、理清总账、挂图作战，着力抓重点、补短板、强弱项，全面确保完成各项目标任务。

抓重点，重点打好三大攻坚战。重中之重是要高质量打赢脱贫攻坚战，在确保全面完成“两通”目标任务的基础上，巩固脱贫成果，稳定脱贫政策，建立解决相对贫困的长效机制，推进交通建设项目更多向进村入户倾斜，推动“四好农村路”高质量发展。要打好污染防治攻坚战，坚持方向不变、力度不减，突出精准治污、科学治污、依法治污，重点服务打好蓝天、碧水、净土保卫战，全力确保完成运输结构调整目标任务，强化长江、渤海等重点水域船舶和港口污染防治，切实抓好源头防控。要打好防范化解重大风险攻坚战，着力找准稳投资与防风险的平衡点，像走钢丝一样稳慎，稳定大局、统筹协调，分类施策、精准拆弹，确保不发生系统性债务风险。

补短板，着力补基础设施短板。补短板、稳投资，是服务做好“六稳”工作的重要举措。要扩新建、稳在建、督缓建、防停建，确保交通在建工程规模高位运行。要着力破解资金难题，用好项目资本金比例下调、专项债扩大使用范围、研究发行长期融资工具等政策机遇，争取更多财政资金支持，发挥好政策性金融作用，用好长期预期收益。要研究推动交通设施与周边资源一体化开发，更好引进社会资本。要坚守节用裕民之道，坚决不搞形象工程、政绩工程，把有限的资金用在刀刃上。要抓住和用好中央“改革土地计划管理方式、健全重大项目审批协调机制、分类压减审批时限”等改革机遇，破解用地用海难、审批周期长等问题，为稳投资营造良好政策环境。

强弱项，着力惠民生、强服务、降成本。要紧紧抓住民生服务薄弱环节，大力开展服务质量提升行动，着力发挥政府作用保基本，稳步提升公共交通服务的均等化、精细化、人性化水平；着力发挥市场供给灵活性优势，推动交通运输生产性服务业向专业化和价值链高端延伸、生活性服务业向高品质和多样化升级。要树立成本是价格、质量、效率、结构的有机统一的观念，持续推进物流业结构性、制度性、技术性、管理性、服务性降成本，注重把降成本与强服务、提效率、调结构有机结合起来，核心是提高物流服务的性价比，以降成本为牵引和杠杆，引导和撬动物流运输质量提高、效率提升、结构优化。

第三，确保加快建设交通强国。着力抓规划、抓试点、抓项目，加快建设交通强国，为社会主义现代化强国建设当好先行官。

抓规划。要编好《国家综合立体交通网规划纲要（2021—2050年）》。这是对《交通强国建设纲要》的细化、实化，二者相辅相成，共同构成交通强国建设纲领性文件的“姊妹篇”。规划编制中要注重网络化布局、一体化融合、高质量发展、现代化治理，加快推动形成布局完善、便捷高效、绿色集约、安全可靠、智能创新、经济惠民的现代化高质量综合立体交通网。要编制好“十四五”综合交通运输发展规划及专项规划。这是贯彻落实《建设纲要》《规划纲要》的第一个五年规划。初步考虑，要统筹存量和增量发展，统筹传统和新型交通发展，以“补短板”为重点完善综合立体交通网，以“优结构”为抓手促进各种交通方式协调衔接，以“促创新”为动力推动科技创新、制度创新、政策创新，以“提品质”为导向提升人民出行体验，持续推动降低物流成本，以“强治理”为目标推进行业治理体系和治理能力现代化，构建安全、便捷、高效、绿色、经济的现代化综合交通体系。

抓试点。要抓紧抓好第一批交通强国试点工作，加大力度，加快进度，加强督导评估，及时总结推广，力争尽快形成一批可复制可推广的先进经验。要压茬推进第二批试点工作。要以实现“三个转变”为导向，打造“四个一流”为目标，点面结合、探索创新，远近结合、滚动实施，因地制宜、分类推进，多方联合、创新机制，充分发挥行业、地方、社会各方的积极性和创造性，推动交通强国建设向更大范围、更宽领域延伸，以试点为支点，掀起全行业全社会共同加快建设交通强国的热潮。

抓项目。重大工程项目是加快建设交通强国的重要抓手和标志。要着眼国家长远发展，加强战略性、网络型基础设施建设，加快补上短板，提升长期供给质量和效率，推动重大战略性项目规划实施。当前，我们从国土空间联通、服务区域发展、通道扩能增效、创新引领示范和“交通+”融合发展等五个方面，提出23个重大工程项目包。对比较成熟的项目要率先推进，同时也要加快推进一批科技类、服务类项目，为稳增长提供新的支撑点。

第四，确保办好第二届联合国全球可持续交通大会。着力办好会、促共享、扩开放，为国家增光添彩，推动行业可持续发展。

办好会。2020 年，适逢我国全面建成小康社会，也是联合国成立 75 周年。第二届联合国全球可持续交通大会将于明年 5 月在北京举办。这是以习近平同志为核心的党中央从国家外交大局出发作出的重大决策，是由交通运输部门与有关部门联合承办的规格最高、规模最大、影响最广的国际盛会，我们要高度重视、精心组织、周密安排、压实责任，举全行业之力与有关方面一道共同努力，把会办好，确保万无一失。

促共享。要认真贯彻习近平新时代中国特色社会主义外交思想，聚焦大会“可持续的交通，可持续的发展”的主题，讲好中国交通故事，分享中国交通经验，提出可持续交通发展的中国方案，把大会打造成展示国家发展成就、共享中国发展理念、引领国际发展合作的大平台，为促进“一带一路”互联互通、构建人类命运共同体、推动世界可持续发展作出积极贡献。

扩开放。要以大会促开放，加强全面开放新格局下交通运输对外开放的顶层设计和统筹协调，增强“走出去”的合力，着力构建互联互通、面向全球的交通网络，加快陆海空新通道建设，规范中欧班列运行，加强与“一带一路”沿线国家物流标准与信息互通共享，推动共建国际物流和贸易大通道。着力发挥好自贸试验区改革开放试验田作用，加大海南自由贸易港交通运输政策开放力度，加快打造世界一流交通企业，推动交通运输高水平对外开放。

第五，确保行业治理体系和治理能力现代化加快推进。要深入贯彻党的十九届四中全会精神，坚持问题导向、目标导向、结果导向，着力促改革、强法治、优环境、保安全，加快推进行业治理体系和治理能力现代化。

促改革。要坚持市场化改革方向，推动铁路等领域深化改革。要继续深化收费公路制度改革，完善政策，严控规模，降低费用，公开信息，提升服务水平。要落实好农村公路管养体制改革等任务，完善改革配套政策。要建立健全综合行政执法、城市交通拥堵综合治理、新业态协同监管等领域的工作运行机制，完善科技人才发现、培养、激励机制，切实把制度优势转化为治理效能。

强法治。要以新时代交通运输法治政府部门建设为总抓手，加快构建综合交通法规体系，重点聚焦“一法两条例”等亟须制修订的法律法规，拓宽思路、注重协调、凝聚共识、早出成果。着力加强对综合行政执法的指导、协调和规范化建设，注重用好科技手段提升执法效能。

优环境。越是经济下行压力加大，越要优化营商环境，为市场发展、企业成长创造条件。要以贯彻实施《优化营商环境条例》为主线，以转变政府职能为核心，以“证照分离”改革为抓手，以企业有获得感为落脚点，建设高标准交通运输市场体系，强化竞争政策基础地位，激发各类市场主体活力。

保安全。2020 年大事要事多，确保行业安全稳定具有特殊重大意义。要牢固树立生命至上、安全第一的安全发展理念，全面加强对安全生产工作的领导，压实各级安全生产责任制，全面加强重点领域隐患排查治理，有效遏制重特大安全事故，持续降低事故总量，保护人民群众生命财产安全，确保行业安全稳定发展。

“五个确保”是一个有机统一的整体，其中确保坚定不移贯彻新发展理念是统领，其他是重点任务、底线要求、硬性目标。我们要坚持新发展理念不动摇，扭住重点目标任务不放松，撸起袖子加油干，不达目的不罢休。

三、关于 2020 年工作安排

做好 2020 年交通运输工作的总体要求是：以习近平新时代中国特色社会主义思想为指导，全面贯彻落实党的十九大和十九届二中、三中、四中全会以及中央经济工作会议精神，坚决贯彻党的基本理论、基本路线、基本方略，增强“四个意识”、坚定“四个自信”、做到“两个维护”，紧扣全面建成小康社会目标任务，坚持稳中求进工作总基调，坚持新发展理念，坚持以供给侧结构性改革为主线，坚持以改革开放为动力，推动高质量发展，坚决打赢三大攻坚战，全面做好“六稳”工作，统筹做好稳增长、促改革、调结构、惠民生、防风险、保稳定各项工作，确保服务全面建成小康社会和“十三五”规划圆满收官，加快建设交通强国，筹备办好第二届联合国全球可持续交通大会，持续推进行业治理体系和治理能力现代化，深入推进综合交通一体化融合发展，牢牢守住安全发展底线，努力建设人民满意交通，为社会主义现代化强国建设当好先行官。

主要预期目标：完成铁路投资8000亿元左右，公路水路投资1.8万亿元左右，民航投资力争达到900亿元。实现具备条件的乡镇和建制村通客车。港口集装箱铁水联运量增长12%以上。乡镇快递网点覆盖率达到98%。全面完成“十三五”规划各项目标任务。

重点做好以下12个方面的工作：

（一）为决胜全面建成小康社会当好先行

一是高质量打赢交通脱贫攻坚战。加大贫困地区通客车攻坚力度，确保2020年9月底前实现通客车目标。以“三区三州”为重点，推动连接贫困地区铁路、高速公路、普通国道等对外骨干交通网建设，大力推进撤并建制村等较大人口规模自然村、抵边自然村通硬化路，持续推进乡镇运输服务站建设。推进贫困地区水运基础设施建设。提升公益性“慢火车”服务品质。持续推进“交通+特色产业”扶贫。继续支持定点扶贫县、对口支援县摘帽后巩固脱贫成果，帮助六盘山片区未摘帽贫困县如期完成脱贫攻坚任务。持续抓好中央脱贫攻坚专项巡视整改。加强交通扶贫领域腐败和作风问题专项治理。二是全力打好防范化解重大风险攻坚战。继续防控化解交通运输行业地方政府隐性债务风险，推动在政策允许范围内通过“短改长”“债务置换”等方式实施债务重组。严禁安排形象工程，以及超出自身财力、资金难以落实的项目，防止新增地方政府隐性债务风险。切实维护大货车和出租车司机、船员等群体的合法权益，持续完善网络安全责任体系，扎实做好交通运输反恐怖防范、扫黑除恶等工作。三是坚决打好交通污染防治攻坚战。深入实施运输结构调整“六大行动”，深化柴油货车污染治理，全面建立实施机动车排放检测与维护制度。强化船舶和港口污染突出问题整治，持续推进内河船型标准化，全面实施船舶排放控制区政策，继续实施“碧海行动”沉船打捞计划。加快绿色快递包装技术研发应用。

（二）重在落实《交通强国建设纲要》

一是加快建立实施机制。深化《建设纲要》学习领会、宣传贯彻，重在落实各项部署。统筹协调重大工程、重大改革、重大政策，在铁路、公路、水运、民航、邮政、城市交通、运输服务等领域加快建设交通强国。研究建立交通强国评价指标体系，鼓励各领域、各地区结合实际提出差异化指标。二是加快完善规划体系。加快编制综合立体交通网规划纲要，统筹推进“十四五”综合交通运输规划、各行业规划和专项规划，加强与交通强国建设目标任务的衔接。三是加快实践探索。扎实推进第一批、第二批以及今后各批次交通强国建设试点，确保高质量启动并形成成果。加快推进川藏铁路、深中通道等一批具有标志性的重大工程。

（三）全力筹备办好第二届联合国全球可持续交通大会

一是细化落实大会筹办总体方案。制订并落实大会实施方案。在大会组委会的统一领导下，发挥组委会办公室作用，加强沟通协调，充分调动各方力量和资源。做好大会调度指挥及技术支撑保障工作。二是认真做好大会筹办各项工作。加强与联合国及相关方沟通对接，做好东道国协议签署落实、国内外领导人邀请、开幕式、闭幕式、论坛展览、技术参观等工作。结合会议重要时间节点，做好大会宣传工作。抓好全方位排练、预演工作。三是认真准备好会议成果。做好《中国交通可持续发展白皮书》《北京宣言》起草、编制、发布，策划推动大会永久性成果。全行业要全力支持，积极参与，为办好大会提供各方面的支撑保障。

（四）进一步深化交通运输供给侧结构性改革

深入贯彻落实新发展理念，推动交通运输高质量发展。一是加快补齐短板。加强战略性基础设施建设，推动基础设施网络化。加快推进重庆至昆明、和田至若羌等铁路项目建设，加快推动铁路专用线进港口、物流园区及大型工矿企业。启动建设一批国家高速公路、普通国道待贯通路段项目和拥挤路段扩容改造项目。改善内河航道1200公里，加快推动引江济淮航运工程、长江口南槽航道治理一期等重点工程，提升沿海港口重点货类装卸能力。加快成都天府机场等项目建设。二是降低物流成本。大力发展多式联运，启动第四批多式联运示范工程建设。深化ETC技术拓展应用，优化货车不停车快捷通行，继续推广高速公路差异化收费，优化落实“绿色通道”等政策，巩固优化大件运输跨省并联许可，持续推进普通货运车辆“三检合一”，推进货运车型标准化，开展危险货物运输罐车治理。巩固落实港口降费措施。精简铁路货运杂费项目。三是改进提升服务。鼓励发展形式多样的联程运输。推进铁路、道路运输、水运电子客票应用。积极发展道路客运定制服务。推动交通一卡通“全国通用”与便捷应用，开展ETC智慧停车城市试点，推广应用汽车维修电子健康档案系统。开展全国干线公路养护管理评价、公路服务区文明服务创建，落实“厕所革命”部署，推动高速公路和普通国省干线公共厕所建设改造，新增建设100个“司机之家”。提升航道养护管理服务水平。研究制定邮轮运输服务标准，继续推进海南邮轮海上游试点，提升琼州海峡客滚运输班轮化服务水平。改进铁路站车服务。保持民航航班正常率80%以上。四是优化营商环境。深化“放管服”改革，再取消下放一批行政许可事项，继续推进“证照分离”改革。加强事中事后监管，实现“双随机、一公开”监管全覆盖、常态化，推进“互联网＋监管”。推进落实政务服务“好差评”。深化“信用交通省”建设。推进政务服务向“两微一端”延伸，加快道路运输电子证照系统建设，推进实施船员服务便捷工程。持续开展“减证便民”行动，加强涉企收费清理。支持民营企业健康发展。五是增强发展动能。鼓励和规范发展定制公交、网约车、汽车分时租赁和共享单车等新业态。支持网络货运新业态创新发展，优化冷链运输、道路危险货物运输管理。拓展通用航空新业态。壮大冷链快递、即时直送等新业态模式。六是促进融合发展。提升基础设施网络连通畅通和衔接转换水平，提升综合交通枢纽发展质量，完善港站枢纽集疏运体系，提高综合交通运输网络效率。依托大型枢纽建设，促进临空、临港经济发展。加快“快递进厂”进程，推进红色旅游公路、旅游主题公路服务区、旅游航道等建设，完善交通设施旅游服务功能。

（五）为国家重大战略实施提供有力支撑

一是京津冀交通一体化暨雄安新区交通建设。着力打造区域综合立体交通网络，加快推进丰雄商高铁、京秦高速、津石高速等建设。启动实施天津港绿色智慧专业化码头科技示范工程，推动津冀港口协同发展。完善北京大兴国际机场集疏运体系。统筹推进京津冀城市群运输服务体系建设。加快推进雄安新区对外骨干交通网建设。统筹做好北京冬奥会交通工作协调小组相关工作。推动北京城市副中心对外骨干公路项目建设和提级改造。研究创新北京及周边城市轨道交通发展体制、机制、政策、项目。二是长江经济带综合立体交通走廊建设。落实长江经济带共抓大保护措施，狠抓生态环境突出问题整改，组织开展长江经济带船舶和港口污染等突出问题专项整治。提升长江黄金水道功能，力争武汉至安庆6米水深航道整治工程交工试运行，加快推进朝天门至涪陵等重点航道工程。协调推进三峡枢纽水运新通道建设前期工作。推进沿江高铁全面开工建设，推进郑万、南沿江高铁等在建项目建设。加快溧阳至宁德等国家高速省际待贯通路段建设。加快形成上、中、下游机场群。三是粤港澳大湾区交通运输发展。加快推进深茂铁路、沈海高速公路改扩建、西江航运干线扩能、南沙港区四期等重点工程，加快建设珠三角世界级机场群。加快发展"一单制"联运服务。有序推动邮轮港建设。做好长洲枢纽通航保畅工作。落实内地与香港、澳门关于建立更紧密经贸关系的安排（CEPA）相关协议，加强与港澳在海事、水运、便利化运输、搜救、救捞等领域合作。四是长三角交通运输更高质量一体化发展。加快构建长三角多向立体、内联外通的综合运输通道。加快盐通高铁、沪通铁路等项目建设。加快宁马、京沪等高速公路改扩建，推进国省干线公路拥挤路段扩容改造。积极开展车联网和车路协同技术创新试点。推进跨区域公交一体化。协同推进长三角港航一体化发展六大行动，推动现代高端航运服务业发展，促进海事一体化融合发展。打造长三角世界级机场群。五是黄河流域生态保护和高质量发展。全面加强黄河流域交通运输生态保护，加快制定印发推动黄河流域交通运输生态保护和高质量发展的实施意见，推动完善区域综合立体交通网络。交通运输还要为区域联动发展提供有力支撑。加快完善西部地区运输通道布局，推进东北地区交通运输提质改造，畅通中部地区贯通南北、连接东西的通道，积极优化调整东部地区运输结构。

（六）推动"四好农村路"高质量发展

一是推进交通项目更多向进村入户倾斜。加大力度"建好"农村公路，进一步完善农村路网，因地制宜推进农村公路升级改造。实施"放心路、放心桥、放心车保安全工程"，年底前基本完成县乡道安全隐患治理。加快推广应用卫星遥感等新技术进行监管监测。打造农村公路品质工程。二是深化农村公路管理养护体制改革，"管好""护好"农村公路。研究建立农村公路管理养护考核机制，大力推广县乡村三级路长制，加快建立农村公路专群结合的养护运行机制。落实中央有关要求，推动落实农村公路管护责任，将农村公路养护资金及相关费用纳入地方政府预算。扎实开展改革试点，推进改革举措落地。三是切实"运营好"，加快提升运营服务水平。推动落实地方政府主体责任，提升农村客运服务水平。加快构建农村物流网络体系，支持邮政快递企业延伸农村物流服务网络，启动"快递进村"工程。探索"四好农村路"省域、市域示范创建，深化城乡交通运输一体化示范县、"美丽农村路"等创建。继续办好"我家门口那条路"主题宣传活动。

（七）进一步深化交通运输重点改革

一是深化收费公路制度改革。加快推动修订相关法律法规，建立健全区域统筹、规模控制、到期结算、逐步降价、规范转让、信息公开等制度。推动联合出台公路资产管理办法，建立收费公路债务风险防控机制。深化高速公路电子不停车快捷收费改革，研究探索ETC自由流收费技术应用，完善系统运营和服务保障体系，加强对客户的服务。加强取消高速公路省界收费站后过渡期间的路网运行保障。做好货车通行费计费方式改革调整工作，确保不增加货车通行费总体负担。二是深化投融资改革。稳定车购税等交通专项资金政策，调整优化支出结构。完善收费公路专项债券制度，研究发行国家公路建设长期债券。推动一般债券支持普通公路、农村公路发展。积极引导社会资金参与交通建设。推进港口建设费相关政策延续和调整完善。三是深化体制机制改革。进一步完善综合交通管理体制机制，推动铁路深化改革，推动铁路企业股份制改造、邮政企业混合所有制改革，继续推进空域管理体制改革。落实中央财税改革要求，全面实施预算绩效管理。统筹推进部属公益二类事业单位政府购买服务改革、经营类事业单位改革、部属国企工资决定机制改革、培训疗养机构改革和行业协会全面脱钩改革。四是推进其他重点改革。深化工程建设项目审批制度改革，完善工程造价定额。深化出租汽车行业改革，促进新老业态融合发展。建立道路货运市场运行监测制度。加快推进驾驶员培训管理制度改革。进一步深化港口价格形成机制改革。探索创新适应自贸区、自贸港发展的航运政策和海事监管服务举措。深化统计制度改革。

（八）加快提升行业治理体系和治理能力现代化水平

研究提出并推动落实推进行业治理体系和治理能力现代化的政策文件，加快推进法治政府部门建设。一是完善综合交通法规体系。加快推动“一法两条例”、海上交通安全法、城市公共交通条例、铁路交通事故应急救援和调查处理条例等立法突破。加快推进民用航空法、海商法、铁路法、道路运输条例等制修订工作。有序推进重点部门规章制修订。二是深入推进法治政府部门建设。研究制定全面建成交通运输法治政府部门的意见，发布交通运输法治政府部门建设白皮书。进一步健全完善重大行政决策和行政规范性文件的合法性审查、公平竞争审查工作机制。改进行政复议和应诉工作。深入开展行业普法工作。三是提高执法规范化和现代化水平。深化交通运输综合行政执法改革，深入推进行政执法“四基四化”建设，实施队伍素质提升三年行动，全面落实“三项制度”。巩固和完善高速公路入口称重检测工作，深入推进治超联合执法常态化制度化，推广重点货运源头监管、普通公路治超站电子抓拍，加快非现场执法试点。建立统一的海事现场综合执法系统。

（九）大力推动智慧绿色交通发展

一是提高技术研发能力。加强人工智能、区块链等技术应用研究。推进自动驾驶等前沿技术发展，推广辅助自动驾驶技术在道路运输领域应用。加快500米饱和潜水系列技术研发应用。实施好“港珠澳大桥智能运维”等国家重点科技项目。推动国家级重点实验室、野外科学观测基地、科学数据中心等科创平台的培育建设。加大科技资源开放交流共享力度。加强部属科研教育单位能力建设。加强重点领域标准有效供给。二是加快推动智慧交通发展。推动基础设施数字化、智能化升级改造，深入推进智慧公路、智慧港口等试点。全面实施综合交通运输大数据发展行动纲要，完善国家综合交通运输信息平台。继续推进交通旅游服务大数据应用、智慧海事、E航海等试点。推进基于区块链技术的全球航运服务网络研究。加快北斗卫星导航系统在民航、铁路、道路运输、长江航运、邮政等领域应用。强化ETC、北斗车载终端等重点产品质量监督抽查。三是大力发展绿色交通。积极推进绿色铁路、绿色机场、绿色公路、绿色航道、绿色港口建设。持续深化公交都市、城市绿色货运配送等示范工程，促进城市轨道交通高质量发展，推进城市交通拥堵综合治理。加强新能源和清洁能源车辆、绿色航运技术装备的推广应用。

（十）努力开创交通运输开放合作新局面

一是高质量推进“一带一路”交通互联互通。加快落实第二届“一带一路”国际合作高峰论坛成果。稳步推进中巴“两大”公路、中尼跨境铁路等重大项目。推动西部陆海新通道、中欧班列高质量发展。推动政府间国际道路运输协定商签与落实，提高国际道路运输便利化水平。推进商签双边海运协定。深化与“一带一路”沿线国家和地区航空运输互联互通。加强建设国际寄递物流服务体系研究。二是深化交通运输对外合作交流。加强与俄罗斯、蒙古国在基础设施、跨（过）境运输、智能交通等领域的合作。加强与亚欧发达国家在自动驾驶、智能航运等前沿领域合作。充分利用“17+1合作”、中国—东盟、上海合作组织等机制平台，加强与中东欧和周边国家的交流合作。深化与非洲国家、拉美国家交流合作。实施中国政府交通运输奖学金项目。三是深入参与交通运输全球治理。加强与铁路合作组织、国际海事组织、国际民航组织、万国邮政联盟、联合国亚太经社会等国际组织事务合作，推动国际海事组织理事会改革。推进加入危险货物国际道路运输公约。深入参与海运温室气体减排后续措施的制定和实施。推动北斗系统加入全球海上遇险与安全系统。加强国际组织交通运输人才的培养。

（十一）牢牢守住交通运输安全发展底线

一是进一步加强安全体系建设。启动深化和提升安全体系建设三年行动。依法加强危险品运输、高铁和旅客列车、水上客运、道路客运、城市轨道交通运营、民航、邮政等领域安全监管。继续推进应用非现场安全监管手段及科技执法。督促企业落实主体责任，加强企业安全生产诚信体系建设。二是加强安全风险管控。持续开展隐患排查治理专项行动。深入推进“平安百年品质工程”建设，开展“坚守公路水运工程质量安全红线”专项行动。实施乡道及以上公路安全生命防护工程15万公里，改造危桥3000座，强化公路桥梁安全防护，推进隧道提质升级。继续推进营运客车安全监控及防护装置治理。推进道路运输安全警示教育基地示范建设。完善城市轨道交通运营安全管理制度体系，强化源头治理。加强平安港口建设，持续加强四类重点船舶和“六区一线”水域安全监管，继续开展对长期逃避海事监管船舶的专项整治活动。开展航运枢纽大坝除险加固、中韩客货班轮运输专项整治“回头看”等行动。三是强化重大运输安保和应急处置能力。扎实做好重大活动和重点时段运输安保工作。强化防汛防台风等季节性安全生产工作，积极应对极端恶劣天气和自然灾害。完善应急预案及制度体系，加强应急值守。提升海上大规模人员遇险和海上重大溢油应急处置能力，组织联合演习演练活动。推进现代化搜救体系和专业救捞体系建设。

（十二）全面加强党的建设

一是推进全面从严治党向纵深发展。建立健全以党的政治建设为统领、全面推进党的各方面建设的体制机制。持之以恒正风肃纪，严格落实中央八项规定及其实施细则精神，完善全面从严治党制度，完善权力配置和运行制约机制，深化运用监督执纪“四种形态”，严肃执纪问责。持续深化政治巡视巡察，做好“后半篇文章”。加强审计监督。二是加强干部人才队伍建设和机关建设。认真落实新时代党的组织路线，进一步优化部机关司局、部属单位领导班子和干部队伍结构，深化公务员分类改革，巩固推进公务员职务与职级并行制度落实，大力发现培养选拔优秀年轻干部。培育高水平交通科技人才，打造素质优良的交通劳动者大军。推进交通运输新型智库建设。深化大连海事大学“双一流”建设。努力建设“模范机关”。开展“建功新时代”主题实践。开创离退休干部工作新局面，加强和改进统战、信访、机关后勤等工作。三是进一步提升行业软实力。加强新时代交通文化新内涵研究，推进交通文博工程建设，启动交通强国文化丛书编纂，鼓励创作以交通强国建设为主题的文艺作品。持续开展社会主义核心价值观主题实践。大力弘扬新时代交通精神，组织好“感动交通年度人物”推选宣传工作，培树更多的“时代楷模”。落实意识形态工作责任制，加强阵地建设管理和舆情监测引导。构建新时代交通运输话语体系，建好用好“两微一端”新媒体矩阵，开展决战决胜脱贫攻坚等重大主题宣传，为加快建设交通强国营造良好舆论氛围。

延伸阅读——交通运输部部长李小鹏做客《央广会客厅》 介绍我国交通运输的变革与发展

延伸阅读——李小鹏：网约车安全是政府和企业必须共同遵守的底线

冯正霖在 2020 年全国民航工作会议上的讲话

（2020 年 1 月 6 日）

推进民航治理体系和治理能力现代化　为新时代民航强国建设提供制度保障

这次会议的主要任务是：以习近平新时代中国特色社会主义思想为指导，全面贯彻党的十九大和十九届二中、三中、四中全会以及中央经济工作会议精神，贯彻全国交通运输工作会议精神，总结民航 2019 年工作，分析当前民航发展形势，部署 2020 年任务，谋划推进民航治理体系和治理能力现代化，为新时代民航强国建设提供制度保障。现在，我代表民航局作工作报告。

一、2019 年民航主要工作回顾

2019 年是新中国成立 70 周年，也是新中国民航成立和“两航”起义 70 周年，民航工作大事多、要事多、亮点多，在中国民航发展史上留下了浓墨重彩的一笔。9 月 25 日，习近平总书记出席北京大兴国际机场投运仪式，宣布机场正式投运并巡览航站楼，接见参加机场建设和运营干部职工代表，充分肯定大兴国际机场的建设成就，并铿锵有力地指出：中国人民一定能！中国一定行！极大振奋了全体民航人的精神。一年来，全行业在党中央、国务院的坚强领导下，以新发展理念为引领，按照“一加快、两实现”的新时代民航强国建设战略进程，全面落实“一二三三四”新时期民航总体工作思路，扎实推动民航高质量发展，民航工作取得了显著成绩。

回顾 2019 年民航工作，主要有以下特点：

——坚持政治站位、战略导向与行业安全技术标准高度统一，办好了一系列大事要事。一年来，我们围绕党和国家工作大局，以“防风险、保安全、迎大庆”为主线，将政治要求融入工作标准，以专业能力落实政治担当，较好地处理了一系列民航领域关乎国家全局的大事要事。从航空安全技术标准出发，坚持安全隐患零容忍，果断停止波音 737 MAX 8 机型的商业运行，消除了发生航空安全事故的最大隐患。按照符合国际惯例的航空安

全保障要求，及时对香港国泰航空发出重大安全风险警示并采取有力措施，有效防控涉及内地的输入性安全风险，精准敲打“港独”势力。在国际民航组织第40届大会上，我国以最高票数第六次连任一类理事国，提出了中国民航改进国际标准和全球民航治理的方案。我们以打造国家发展新的动力源为己任，举全行业之力推进北京大兴国际机场建设运营筹备工作，既坚决保证工程进度，紧盯“6·30”竣工、“9·30”前投运两个关键节点；又严格把握建设标准和质量，实现“精品、样板、平安、廉洁”四个工程要求。我们以忠诚担当的政治品格，严谨科学的工作作风，团结协作，不辱使命，零差错、零失误地完成了党和国家领导人一系列专包机工作任务；圆满完成两会、“一带一路”国际合作高峰论坛、世园会、亚洲文明对话大会、军运会、进博会、澳门回归祖国20周年活动等重大航空运输保障任务；圆满完成国庆70周年阅兵保障等重大任务，有力保障了党和国家工作大局，向党和人民交上了一份满意的答卷。

——坚持将处理好“四个关系”作为行业治理的总开关，推动民航高质量发展稳中有进。一年来，民航发展内外部环境十分复杂，我们着眼于防范和化解重大风险，沉住气、稳住神，牢牢把握安全与发展、安全与效益、安全与正常、安全与服务的关系，努力促进资源保障能力与运行总量的动态匹配，行业发展的平衡性、协调性有所增强。在安全方面，系统总结“8·24”以来行业安全风险变化的规律，以最强担当压实安全责任、以最高标准防范安全风险、以最严要求实施安全监管、以最实措施确保平稳可控，牢牢守住大庆之年民航安全底线。截至去年底，实现运输航空持续安全飞行112个月、8068万小时的安全新纪录，连续17年7个月实现空防安全零责任事故。在发展方面，保持“控总量、调结构”的战略定力，确保行业发展稳中有进。调整了武汉、昆明、广州、西安、重庆、成都、浦东等7个繁忙机场的容量标准，每周增加航班时刻5334个，36个航班时刻协调机场时刻执行率达93.5%，同比提升约2个百分点。全年完成运输总周转量1292.7亿吨公里、旅客运输量6.6亿人次、货邮运输量752.6万吨，同比分别增长7.1%、7.9%、1.9%。千万级机场达39个，同比增加2个。深入推进京津冀、长三角、粤港澳大湾区民航协同发展，编制实施成都、重庆等国际航空枢纽战略规划，民航与综合交通深度融合，民航旅客周转量在综合交通运输体系中的占比达32.8%，同比提升1.5个百分点。在效益方面，落实党中央、国务院战略部署，根据运输航空企业营运内外部环境的变化，打出减半征收航空公司民航发展基金、暂停飞机起降费标准上浮、扩大实施特殊政策支线机型范围等降成本政策组合拳，促进企业提质增效。全年降低企业成本并直接转化成企业经营效益90多亿元，落实中小机场、支线航空、通用航空、贷款贴息等各项补贴政策资金36.6亿元，增强了民航企业抗风险能力，提振了行业稳增长的信心。全行业营业收入1.06万亿元，比上年增长5.4%。在正常方面，夯实运管委工作机制，37家千万级机场建成机场协同决策（A-CDM）系统，积极开展航班时刻动态调整，严格落实航班正常考核和调控措施。在航班总量同比增长5.57%、极端天气增多以及其他用户活动大幅增加的情况下，全国航班正常率达81.65%，同比提高1.52个百分点。在服务方面，深入开展民航服务质量重点攻坚专项行动，年初提出的九项改进服务品质措施得到认真落实，229个机场和主要航空公司可实现“无纸化”出行；37家千万级机场国内旅客平均自助值机比例达71.6%；在8家航空公司、29家机场开展跨航司行李直挂试点；15家航空公司410架飞机为805万旅客提供了客舱WIFI服务；大力推进全民航行李全流程跟踪系统（RFID）建设；将“同城同质同价”

纳入机场服务质量评价指标；推动出台国际“通程航班”普适政策，国际旅客中转更加便捷；在首都机场、大兴机场试点实施海关监管、民航安检合作查验模式，实现旅客“一次过检”、无感通关；航空货运电子运单使用突破160万票；12326民航服务质量监督电话开通，国内航空公司投诉响应率达100%。

——坚持用改革的办法破解难题、推动工作，行业发展内生动力显著增强。一年来，民航局继续将年度重点任务、两会代表委员和全国民航工作会议代表的意见建议纳入“1+10+N”改革框架中，全年确定606项改革任务，完成率达91.3%。按照党中央要求，积极推动国家空管体制改革工作，完成民航公安管理体制调整改革。机场建设集团重组改革后，设计咨询等优势业务进一步巩固增强，短板业务得到补充提升，海外业务进一步拓展。着力推进民航基础设施补短板，全年完成固定资产投资950亿元，新增跑道10条、航站楼面积174.9万平方米、油库容积32万立方米。加强规范标准引领，大力推进“四型机场”建设，完成《四型机场建设行动纲要》编制，23个示范项目带动作用明显。注重安全效率兼顾，着力加强“四强空管”建设，完成中国民航历史上范围最广、影响最大的一次班机航线调整，新增航路航线里程9275公里。全国千万级以上机场基本完成机坪管制移交。民航飞行计划数据融合平台投入试运行，实现航权、时刻和预先飞行计划数据融合。全面推进实施广播式自动相关监视（ADS-B）运行。“蓝天保卫战”成效明显，全行业吨公里油耗较基线下降约16%，机场每客能耗较基线下降约12%。加快推动通航法规体系重构，正式发布全国目视飞行航图，通航飞行达112.5万小时，同比增长13.8%；颁证通用机场数量达246座，首次超过运输机场。创新无人机发展政策，开展无人机物流配送试点，注册无人机超过39.2万架，无人机商业飞行125万小时。集聚首批19家科教单位优势资源，组建民航科教创新攻关联盟，开展面向2035民航中长期科技规划战略研究。成功举办中国民航发展论坛，以“智慧民航”为主题，与科技对话、同世界交流，全面加深对智慧民航的理解。成立中国民航高质量发展研究中心，启动75个课题研究和试点项目。进一步加大民航应用基础研究支持力度，与国家自然科学基金委共同设立第五期民航联合研究基金。自主知识产权的国产校验设备获得2019年国家技术发明一等奖。发布《中国民航北斗卫星导航应用实施路线图》，指导行业推广应用北斗系统。完成国产GBAS设备审定验证工作，颁发中国民航首张GBAS设备使用许可证。首次在大兴机场使用高级场面活动引导控制4级系统。落实“加压、减负、撑腰、充电”要求，组建民航监察员培训学院，加强监察员队伍建设，提升民航安全监管能力和水平。整合共享政务系统，实现民航局机关、各地区管理局及各监管局相关人员跨系统数据访问查询。努力扩充航权资源，大幅增加进入日本东京等主流市场的运力额度，扩大与韩国、芬兰等国航空运输市场准入，实现国际航权资源配置“一次提交、一网通办”，新辟国际地区航线549条。中欧首次在民航领域签署相关协定，进一步丰富了中欧全面战略伙伴关系内涵，展现了我国合作、开放、包容、守信的形象。

——坚持用理想凝聚人、纪律约束人、文化鼓舞人，行业政治生态更加清朗。按照中央统一部署，紧紧围绕深入学习贯彻习近平新时代中国特色社会主义思想这个根本任务，牢牢把握“守初心、担使命，找差距、抓落实”的总要求和“五句话”的目标任务，严格落实“学习教育、调查研究、检视问题、整改落实”四项重点措施，周密安排、精心组织、扎实推进，主题教育取得明显成效，民航系统党员干部普遍经历了一次深刻的马克思主义中国化最新成果教育，进一步坚定了理想信念，锤炼了政治品格，激发了干事创业、担当作为的精气神。认真组织开展习近平总书记重要批示指示精神贯彻落实情况“回头看”，深入查摆问题不足，持续抓好贯彻落实。稳步实施民航公务员职务与职级并行制度，进一步拓展民航公务员职业发展空间。持续加强局属单位领导班子和干部队伍建设，完善干部选任程序，全年调配局党组管理的干部311名。驰而不息反“四风”、转作风，严肃查处违反中央八项规定精神问题，深入开展形式主义、官僚主义突出问题等六个专项整治和违规决策投资担保等五个专项治理，扎实推动审计署预算执行审计和机场建设专项审计问题整改。对6家局属单位开展巡视，对10家单位开展党政主要领导经济责任审计。深化运用监督执纪“四种形态”，给予102名党员干部党纪政纪处分，在全系统通报27起典型案例，实现警示教育常态化。协助拍摄电影《中国机长》，“敬畏生命、敬畏规章、敬畏职责”深入人心，全方位展示了当代民航精神，得到了全社会的普遍赞誉，进一步凝聚和鼓舞了民航人的职业自豪感和精气神。举行业之力，直接投入和帮助引进扶贫资金6200余万元，购买和帮助销售扶贫产品660余万元，助力新疆于田、策勒两县脱贫攻坚，超额完成了两县全年的脱贫脱困工作任务。开展庆祝新中国成立70周年系列活动，在人民大会堂隆重召开纪念“两航”起义70周年座谈会；会同中央广播电视总台“心连心”艺术团到北京大兴国际机场开展慰问演出；深化开展“当好主人翁、建功新时代”等主题劳动和技能竞赛，开展“青春英雄谱”宣讲示范活动，召开“新老空姐话服务”、全国民航劳模先进座谈会；扎实做好老干部工作，发挥老干部的优势作用，珍惜光荣历史、永葆政治本色，进一步凝聚起推动新时代民航强国建设的磅礴力量。

成绩令人振奋，但我们也要清醒地看到：行业发展需求与资源保障能力不足的矛盾依然突出，行业防范和化解重大安全风险的挑战依然严峻，“三基”建设任重道远；行业应对新一轮技术革命和产业变革的主动性不足、系统性不够；行业发展不平衡不充分问题仍然比较突出，全面服务国家战略还存在明显短板；面对经济下行压力，民航企业抗风险能力相对较弱；全面从严治党还需持续深化，基层压力传导、教育管理还不到位，违反中央八项规定精神的现象仍不同程度存在。产生这些问题的原因，有的是思想认识不到位，有的是作风能力不过硬，有的是制度机制不健全。有的问题属于阶段性问题，在特定条件下矛盾更加凸显；有的问题属于长期性问题，将伴随民航强国建设全过程。我们必须坚持高度的政治自觉，认真学习贯彻习近平总书记对民航工作的系列批示指示精神，以加强党的政治建设、牢固树立发展为了人民的理念为统领，全面深化改革，在推进民航治理体系和治理能力现代化的过程中，逐一加以解决。

二、推进民航治理体系和治理能力现代化的目标和要求

党的十九届四中全会深刻阐明了坚持和完善中国特色社会主义制度、推进国家治理体系和治理能力现代化的重大意义、总体要求、总体目标、重点任务和根本保证。民航治理体系和治理能力是国家治理体系和治理能力的重要组成部分。习近平总书记指出，民航业是重要的战略产业，要始终坚持安全第一，严格行业管理，强化科技支撑，着力提升运输质量和国际竞争力，更好服务国家发展战略，更好满足广大人民群众需求。这是推进民航治理体系和治理能力现代化的根本遵循。我们要深刻认识到实现民航治理体系和治理能力现代化，既是我国民航发展到新阶段的必然要求，也是新时代民航强国建设的重大任务，

要在总结历史经验中看到我国民航的制度优势，在分析发展趋势中明确我国民航制度的建设方向，在对标民航强国战略目标中谋划民航治理体系和治理能力建设的重点任务，把党的十九届四中全会精神转化为民航领域的生动实践。

（一）与时俱进的民航治理体系和治理能力极大地解放和发展了民航生产力

我国民航始终高度重视治理体系和治理能力建设。新中国民航成立后，民航管理体制几经变迁。特别是改革开放以来，历经"军转民和企业化"、"政企分开、机场与航空公司分设"、"政资分开、联合重组、机场属地化"为主要内容的三轮改革，我国民航逐步建立了"政企分开、政资分离"的航空运输企业管理体制、属地管理为主的机场管理体制、"两级政府、三级管理"的行政管理体制、"政事分开、运行一体化"的空管管理体制、"双重领导，以公安部为主"的行业公安管理体制、"脱钩分离、依法自治"的行业协会体制，确立了具有中国特色的、适应社会主义市场经济的、符合行业发展规律并与国际接轨的新型民航治理体系。

随着行业治理体系的完善和治理能力的提升，民航生产力得到极大解放和发展。原政企不分、用行政和军事办法实行高度集中统一管理的单一部门体制被打破，形成了企业自主经营、政府依法监管的行业新格局。原来的国有独资民航企业逐步走向产权多元化，治理结构不断完善，现代企业制度基本形成，经营管理水平明显提高；民营资本、外资进入民航领域，激发了民航市场活力。目前全行业共有运输企业 62 家，形成了由三大国有控股航空集团、众多地方性航空公司、中外合资航空公司、民营航空公司等多元化市场主体共同参与的竞争格局。行业行政部门从微观企业经营管理事务中退出，运输生产的人、财、物由统购、统分、调拨逐步过渡到主要通过市场配置，民航生产效率大幅提升，国内、国际航线从改革开放初的 162 条增长到 5155 条。拓宽投融资渠道，调动了地方和社会兴办民航企业和建设机场的积极性，民航基础设施和设备获得极大改善，中国民航拥有了世界上各型先进的运输飞机，机队规模达 3818 架；机场规模和设施现代化程度大幅提升，全国运输机场数量由 1978 年的 78 个增加到目前的 238 个，全国机场吞吐量由 1978 年 232 万人次升至目前的 13.5 亿人次；空管实现了全国一体化管理和运行，设施设备现代化水平不断提高，逐步以雷达管制替代了传统的程序管制，运行效率大幅提高。飞行、机务、空管、乘务、安检等各类专业人员的培养渠道不断拓宽、规模不断扩大，年培养能力由 1978 年的 500 余人增至目前的 10 万多人，民航从业人员业务能力素质不断提升。行业治理结构不断优化，5 家全国性民航行业协会、3 家民航基金会应运而生，成为民航治理体系中不可或缺的重要组成部分。

实践表明，我国民航治理体系坚持以党的科学理论为指导，深深植根于中国民航发展实际，充分借鉴国际民航有益经验，有利于提升安全保障能力、巩固民航发展安全基础，有利于激发市场活力、规范市场行为，有利于促进行业调整结构、提质增效、转型升级，有利于提高政府行政效率、增强行业监管能力，具有显著的制度优势。我们要增强制度自信，在新时代民航强国建设进程中坚持和巩固。

（二）推进民航治理体系和治理能力现代化重在适应新时代民航强国建设战略需要

随着民航强国建设战略进程不断推进，我国民航各个方面将发生深刻变化，新的利益格局、新的生产要素、新的运行模式将重塑行业形态，民航治理体系和治理能力必须与之适应，构建适应性更强、前瞻性更强、引领性更强的制度体系，才能成为推动行业发展而不是制约行业发展的力量。

——更加适应行业发展规模增大、运行范围扩大、业务种类增多的新特点。据预测，未来5到10年我国民航运输规模将超过美国，成为世界民航第一大国。运输规模的不断增大，意味着要素投入规模越来越大。同时，我国民航运行范围不断向中西部偏远地区和世界各地延伸，新的运行方式不断产生、专业分工不断细化、业务种类不断增多，运行复杂性大为增加，安全管控难度持续增大。适应这些新特点，必须进一步完善“源头防控、综合治理”的安全管理长效机制；必须进一步构建完善覆盖运行全要素、全流程的运行管理体系；必须进一步健全民航宏观调控制度体系和发展规划体系；必须进一步丰富要素资源配置手段、提升配置效率；必须进一步优化行政机构设置、监管人员配备和改进监管方式。

——更加适应行业结构、旅客需求、航空市场竞争格局变化带来的新挑战。当前，我国民航行业结构深刻变化，除传统的航空公司、机场、空管、保障企业等主体外，OTA、航空器制造商、航空租赁等企业也越来越成为行业发展的生力军，不同主体的利益诉求越来越分化。个性化、差异化成为航空消费主流，人民群众对民航服务种类、服务范围、服务能力和服务水平的要求越来越高。国内外航空市场竞争日趋激烈，不断开通加密的高铁线路和一些民航航线形成交织。面对这些挑战，必须积极构建多元共治的治理主体结构，形成民航行政机关依法履职，企业、行业协会、公众等共同参与的治理格局；必须进一步完善统一开放、竞争有序的民航市场体系，充分发挥市场在资源配置中的决定性作用，更好地发挥政府作用；必须进一步完善以真情服务为核心的民航服务质量体系，提升全流程服务质量管控能力，使人民群众对民航发展有更多的获得感和幸福感。

——更加适应新一轮科技革命和产业变革正在全方位重塑民航业形态、模式的新趋势。新一轮科技革命和产业变革正在打破民航组织运行的一些固有形态，行业工作关系、组织关系、利益关系都在发生深刻调整。顺应这一趋势，必须不断打破固有的思维定式，探索更加有效的治理模式；必须与时俱进地完善民航法规标准体系，为充分发挥航空技术装备性能提供空间，为新产业、新业态、新产品培育成长提供土壤；必须加快智慧民航建设，构建推动我国智慧民航建设的产业生态；必须以能源资源节约利用为核心，构建多元参与、系统完整、权责清晰的绿色发展制度体系；必须加大行业内外科教资源整合力度，完善创新要素，再造民航创新体系，为科技攻关、新技术运用、新的运行模式和商业模式产生创造良好的制度环境。

——更加适应深度参与国际合作和竞争、行业国际化程度不断提高的新需求。国际性是民航业的重要特征，当今民航竞争更是全球化竞争。目前我国民航国际业务量已经占到总业务量的35.8%，未来占比还将继续扩大。当前及今后一个时期，在我国构建新一轮全方位对外开放格局的大背景下，围绕服务国家战略需求，民航必须加快构建与国家全球政治、经济战略布局保持同步、甚至适度超前的对外开放体系，实施更大力度、更宽领域、更深层次的航权开放和市场准入，特别是要紧紧围绕“一带一路”合作倡议进行布局，更加积极主动地参与国际航空运输竞争；必须进一步开阔国际视野，注重国际化人才培养，更深程度地参与国际民航治理，在世界民航舞台上发出中国声音，提供中国方案。

——更加适应航空业全产业链发展、全面发挥服务国家战略作用的新要求。随着我国综合国力的不断强盛，国产飞机、国产卫星定位系统和国产服务保障设施设备将广泛应用，我国航空产业链将日益完整，产业辐射带动作用更加突出，要求我们必须大力完善监管与服务并重的适航审定体系，提升中国民航适航审定能力，为我国航空制造业快出产品、出好产品提供支撑。随着我国经济日益融入全球产业分工体系，对打造覆盖全球的供应链要求越来越高，航空运输在综合交通运输体系中的比较优势更加凸显，要求我们必须更好地服务国家战略，着力打造航空货运枢纽，支持航空物流企业在海外设点布网，努力构建自主可控的国际航空物流体系。

（三）推进民航治理体系和治理能力现代化的总体目标和基本要求

按照新时代民航强国建设战略进程，推进民航治理体系和治理能力现代化的总体目标是：到实现单一航空运输强国时，民航治理体系和治理能力更加适应高质量发展要求；到实现多领域民航强国时，民航治理体系和治理能力更加适应国家经济社会发展现代化要求；到实现全方位民航强国时，民航治理体系和治理能力更加适应实现中华民族伟大复兴宏伟目标的战略要求。

推进民航治理体系和治理能力现代化的基本要求是：

1. 坚持党对民航工作的领导，是推进民航治理体系和治理能力现代化的根本原则。民航行业具有鲜明的政治属性。民航领域治理必须旗帜鲜明讲政治，要以习近平新时代中国特色社会主义思想为指导，牢固树立“四个意识”、坚定“四个自信”、坚决做到“两个维护”，深入贯彻落实习近平总书记对民航工作系列重要批示指示精神，始终在思想上政治上行动上与以习近平同志为核心的党中央保持高度一致。坚持党对民航工作的全面领导，始终从政治高度谋划工作，把忠诚担当的政治品格贯穿到行业治理各个方面，将其作为行业发展决策的依据，作为实施行业管理的准则，作为制定各项制度最重要、最基本的要求。

2. 坚持牢牢守住民航安全底线，是推进民航治理体系和治理能力现代化的基础所在。习近平总书记指出，安全是民航业的生命线，任何时候、任何情况都不能麻痹大意。推进民航治理体系和治理能力现代化，必须按照习近平总书记“首先要坚持民航安全底线，对安全隐患零容忍”的重要批示要求，围绕处理好安全与发展、效益、正常、服务四个关系，建立安全管理长效机制，将安全管理体系覆盖到航空公司、机场、空管等所有运行单位；深入到人员、飞机、设施设备、环境等所有生产要素；落实到发展决策、管理机制、规章制度、人员资质等所有管控环节；融入到思想认识、责任意识、职业道德、工作作风等所有价值观念层面。

3. 坚持正确处理政府和市场的关系，是推进民航治理体系和治理能力现代化的核心内容。充分发挥市场在资源配置中的决定性作用，大力破除制约民航要素资源配置水平的体制机制障碍，持续激发市场主体活力，形成一套基于市场的、高效的资源配置方式。更好发挥政府作用，着眼于维护社会公共安全，强化安全管理体系；着眼于保障公平竞争、维护市场秩序，改进市场监管体系；着眼于优化行业结构，改善宏观调控体系；着眼于优化国有资本布局，健全国有资产监督体系；着眼于旅客、货主合法权益保护，完善服务质量体系。

4. 坚持全面依法行政，是推进民航治理体系和治理能力现代化的重要支撑。把民航法治工作摆到更重要的位置，强化立法规划的引领作用，增强民航法规体系的完整性、系统性。坚持与时俱进，完善立改废释并举的行业立法机制。严格规范公正执法，强化对执法工作的监督制约，做到更加规范、更加精准、更具效能。加强监察员法律素养与能力建设，提高监察员岗位胜任能力。健全权力运行决策机制，保证重大决策和行政执法依法合规。以公开为常态、不公开为例外，全面推进政务公开。

5. 坚持多元共治、充分调动各方积极性，是推进民航治理体系和治理能力现代化的有效途径。按照现代公共治理要求，推动形成分工合理、责任明确、运转协调、相互支撑的多主体行业治理格局。民航行政机关要依法履职尽责，建立完善与中央相关部门稳定的、常态化的沟通协调机制，加强与地方政府协同。加强对社会组织的行业指导与政策扶持，建立健全社会组织参与行业治理的有效机制。引导民航企事业单位提高自律能力，完善各类运行主体之间的服务保障协议，使服务保障协议成为维护民航行业系统性的强力纽带。

6. 坚持创新发展，广泛运用互联网、大数据、人工智能、区块链等新技术，是提升治理能力的必要手段。更新对行业治理的观念认知，增强运用新技术、新思维推进行业治理体系和治理能力现代化的意识和本领。构建完善运用新技术提升安全水平、改善服务品质、破解发展难题、拓展市场空间、提升竞争优势的制度规则，推动行业发展转型升级。当前，尤其要加快构建民航数据整合共享机制，实现民航治理领域大数据资源的全面汇聚、共享和应用；构建全行业网络安全综合防御体系，加强民航关键信息基础设施保护，提升民航网络安全治理能力和水平。

7. 坚持构建以当代民航精神为核心的中国民航文化价值体系，是推进民航治理体系和治理能力现代化的强大动力。以社会主义核心价值观为引领，以弘扬和践行当代民航精神为核心，完善行业精神文明建设体系，让当代民航精神成为全体民航人共同的价值追求和行为准则。把文化建设与队伍建设紧密结合，推进当代民航精神进课堂、进教材、进头脑，融入民航员工教育全过程，带出过硬队伍。弘扬“两航”起义爱国主义精神，激励民航人奋力建设民航强国。弘扬中国民航英雄机组精神，把“敬畏生命、敬畏规章、敬畏职责”落实到岗位工作，在平凡岗位上创造不平凡的业绩。大力弘扬手册文化，养成“遵守手册为荣，违反手册为耻”的职业操守，使手册文化内化于心、外化于行。深度挖掘和广泛宣传民航先进人物、先进事迹，讲好民航故事，传播正能量，为民航发展营造良好舆论环境。

推进民航治理体系和治理能力现代化是项长期的系统工程。当前既要保持行业治理体系的稳定性和延续性，又要抓紧制定行业治理体系和治理能力现代化急需的制度、满足人民对美好航空出行新期待必备的制度。只要准确把握推进民航治理体系和治理能力现代化的基本要求，在工作实践中不断深化落实并严格遵守和执行，民航强国建设就一定会在正确的航路上行稳致远。

三、2020年民航工作总体要求和主要任务

2020年是全面建成小康社会决胜之年，是加快从航空运输大国向航空运输强国跨越的冲刺之年。做好2020年民航工作，关乎“十三五”规划收官，关乎“十四五”规划谋篇布局，关乎民航强国建设战略全局，意义重大。

当前宏观经济下行压力加大，行业增长速度有所放缓，我们遇到的困难和挑战也会增多。但我国民航发展稳中向好、持续向好的总趋势没有变，预计增速将持续保持在7.5%左右。由于我国民航的基数较大，这个增速意味着我国民航旅客运输量每年将新增5000万人次以上，对全球航空运输增长的贡献率达30%，说明我国航空运输需求仍然旺盛，我国民航作为世界民航业引擎的作用更加强劲。这个增速还意味着我国从航空运输大国向航空运输强国跨越的步伐更加稳健。我国民航规模大，航空客货运输规模稳居世界第二，总周转量占到世界民航13%，航空人口数量已经超过3亿，距离世界第一越来越近。实力强，机队规模、年旅客运输量等全球前十的航空公司中，

我国占据三席；旅客吞吐量全球前10家机场中，我国占据两席，北京、上海等国际枢纽名列世界前茅；现代化的空管系统年保障航班起降达1080万架次，全年航班正常率稳定保持在80%左右，业务处理能力位居世界第二。品质优，航空安全水平全球领先，百万架次重大事故率是全球平均水平的十分之一，是全球最安全的航空运输系统；现代信息技术广泛应用于销售、值机、行李等航空服务领域，以机场为核心的综合交通枢纽大量涌现，全国与两种以上公共交通方式相衔接的机场达28个，北京大兴国际机场多种交通方式无缝衔接、立体换乘，是全球集成度最高的大型综合交通枢纽，出行便捷程度居世界前列。当然，在跻身航空运输强国的过程中，我国民航还有短板和弱项，特别是航空物流业还不能完全满足建立全球供应链的需求。在"十三五"规划的收官之年，我们要发力冲刺、共克时艰，固根基、扬优势、补短板、强弱项，努力推动从航空运输大国向航空运输强国跨越的进程。

2020年民航工作的总体要求是：以习近平新时代中国特色社会主义思想为指导，深入贯彻党的十九大和十九届二中、三中、四中全会精神以及中央经济工作会议精神，坚持新发展理念，坚持稳中求进工作总基调，坚持以供给侧结构性改革为主线，以推进民航治理体系和治理能力现代化为主轴，牢牢把握"四个关系"总开关，着力确保航空安全，着力提升服务品质，着力加大投资力度，着力推动改革创新，着力全面从严治党，圆满完成民航"十三五"规划各项任务，为民航"十四五"发展奠定坚实基础。

2020年民航工作的主要任务是：

（一）注重标本兼治，全力防控安全风险

2020年，民航安全工作主要目标是：杜绝重特大运输航空责任事故，杜绝劫机、炸机等机上恐怖事件，防止空防安全严重责任事故，防止重大航空地面事故和特大航空维修事故。实现这一目标，必须筑牢安全底线，深入贯彻落实习近平总书记对民航安全工作系列重要批示指示精神，认真贯彻落实确保民航安全运行平稳可控9个方面26条措施，立足现实、重拳治标，着眼长远、潜心治本。

重拳治标贵在防控。古人讲，天下难事必作于易，天下大事必作于细。对航空安全工作，我们就是要从严格排查隐患做起，保持安全隐患零容忍高压态势，对影响民航安全运行的苗头性问题要露头就打，坚决遏制小问题演变成大风险；严格管理队伍，对触碰规章底线、违反作风纪律的行为要冒泡就灭，毫不留情处理，坚决杜绝"宽、松、软"；严格安全监管，"宁当恶人，不当罪人"，敢于下狠手、用猛药，对违规的责任单位和责任人要失责就追，以铁的决心、铁的标准、铁的手腕依法严肃惩治，确保各项安全规章制度落到实处。

潜心治本贵在做实。从体制机制、系统建设、科技手段等方面着手，真正把安全基础打牢夯实。充分发挥安全管理体系（SMS）效能，建立健全信息管理、隐患排查、风险管控、治理措施评估及跟踪验证机制，真正将风险防控融入日常管理、日常运行。建立完善"三基"建设长效机制，真正把安全从业人员作风建设落实到平时养成上。把好初始适航审定关，做好持续适航监管，坚决拒绝存在设计制造隐患的航空器进入中国运行。把好运输航空公司设立关、运力引进关、人员疲劳关、容量评估关，真正做到风险防控关口前移。深化监管模式改革，实施精准监管，真正提升安全监管效能。深入推进企业法定自查，提升企业自律水平，切实增强企业履行安全主体责任的能力，落实各级值班领导持证上岗要求。推进新技术与民航安全治理深度融合，加强安全数据信息的开发利用，真正向科技要安全。培育良

好的安全文化，真正把对生命、规章、职责的敬畏融入制度、化为责任、落到日常。

治标和治本是统一的。重拳治标，可以为潜心治本创造良好的安全条件；潜心治本，可以为重拳治标培育深厚的基础环境。只有坚持标本兼治、重在治本，才能确保实现民航安全态势平稳可控。

（二）注重精准施策，全力满足发展需求

2020 年行业发展主要预期指标是：运输总周转量 1390 亿吨公里、旅客运输量 7.1 亿人次、货邮运输量 763 万吨，同比分别增长 7.5%、7.6% 和 1.3%，起降架次增长控制在 6% 左右。这一指标是根据“十三五”规划发展目标，结合行业发展需求和保障能力确定的。完成这一指标，必须坚持稳中求进总基调，通过“控总量、调结构”扎牢“稳”的根基，通过加大基础设施建设力度拓展“进”的空间，通过时刻资源精准调控提升“进”的质量。

增强资源保障能力。抓紧推进“十三五”机场建设规划落实，确保青岛胶东、武隆、安康、芜宣、玉林、荆州等机场建成投运，加快成都天府、呼和浩特、杭州、乌鲁木齐、贵阳等机场项目建设进度。制定 2020 年基础设施补短板工作方案，加大民航发展基金投入力度，争取国家专项债券用于民航机场项目建设，固定资产投资力争突破 1000 亿。以《四型机场建设行动纲要》为牵引，以“四型机场”示范项目创建为抓手，积极推动以建设、运营、安全、服务、治理和网络布局“六个体系”为主要内容的现代化机场体系建设。围绕建设北京“一市两场双枢纽”，着力打造北京大兴国际机场“新国门”，树立“四型机场”标杆；推动北京首都国际机场提质增效、“再造国门”。推进“四强空管”建设，完善民航管制中心布局，推进重点地区空域优化，打通东部海上航线，推进京广大通道全线贯通。进一步缩小管制运行间隔，加速空中交通流量。坚持以地面融合促空中融合，探索北京终端区军民航联合运行可推广、可复制经验，与军方共同推动闲置军用机场向民用或军民合用转化。

提升资源配置效率。科学把控运行总量，区别对待高密度机场与中小机场、骨干航路与小流量航线、繁忙时段与非繁忙时段，结合各地区实际运行品质表现和保障资源能力，实施差异化航班时刻供给与配置措施，做到“运行总量精准控、航班时刻精细调”，不搞一刀切。研究建立国家空域系统容量与流量量化评估模型，为机场、空域规划与机队、航线网络规划充分衔接提供支撑。优化航空公司分公司设立条件。推进航权、时刻、预先飞行计划“数据融合、一网通办”，加快建设全国航班时刻管理平台。按照政府主导、多方参与、服务公司的原则，制定完善各航班时刻协调机场时刻分配细则。用好增量、盘活存量，完善航班时刻二级市场交换、转让和共同经营机制，在不突破时刻总量的同时更好地满足市场需求，让每一个稀缺的时刻都尽可能得到最大化利用。

补齐航空物流短板。认真落实《关于促进航空物流业发展的指导意见》，深入研究航空货运发展的规律，探索实施客货分类管理，简化国内货运航权审批，实施航班备案制；放宽国际货运航权管理，扩大一类国际货运航线颁发国家经营许可范围，增强企业“出海”经营活力；研究晚间部分时段货运时刻不计入控总量范围、支持货运航班使用部分机场白天时刻的政策措施；优化货运高峰期临时加班审批政策；加快推进鄂州货运枢纽建设；全面实施郑州机场航空电子货运试点，加快推进航空电子货运业务标准和数据标准建设，实现海关监管与民航各环节之间标准融合、信息互通，推进航空物流无纸化流转。

支持国产民机发展。加快建成适航审定运行管理系统，提高审定效率，为国产民机提供高质量审定服务。推进 C919、AG600、新舟 700、

Z15、CJ-1000A 发动机等审定项目，做好 C919 飞机和 AC352 直升机型号评审工作。继续支持 ARJ21-700、新舟系列飞机等国产航空产品取得国外认可。研究制定 ARJ21 飞机运营保障相关政策。鼓励国内机场在廊桥选装和购买客梯车时充分考虑国产民机保障需求。

（三）注重巩固深化，全力优化服务品质

深入践行真情服务理念，进一步规范旅客服务管理，巩固、提升以航班正常性为牵引指标的民航服务质量。

优化航班正常工作机制。巩固机场运管委建设成效，落实“领导到场、当面会商、协同决策、联动落实”的闭环运行模式，推动运管委在航班运行保障中发挥更大作用。进一步完善机场协同决策（A-CDM）系统，运行数据共享覆盖所有千万级以上机场和全部国内运输公司，不断提高航班运行协同水平和运行效率。优化航班正常考核机制，使考核指标、调控措施更加科学、更有针对性。2020 年，国内客运航空公司航班正常率稳定在 80% 以上，全国千万级以上机场平均放行正常率和始发航班正常率力争达到 85%。

巩固前期服务举措成效。一是推广 RFID 行李跟踪系统广泛使用、连线成网，逐步建成覆盖全国的民航行李跟踪系统。二是推广“中转通”等服务信息产品，丰富线上线下中转服务功能，优化国际通程航班业务模式，深入推进国际旅客中转行李直挂服务，使中转更顺畅、更便捷、更有保障。三是进一步提升机上餐食服务水平，分时段、分航程细化优化标准，定期开展并发布航空公司服务质量评价，将机上餐食服务作为一项重要内容。四是优化 12326 咨询投诉平台功能，开发手机 App，优化投诉管理程序，提升投诉管理水平。五是继续探索开展基本航空服务试点，推动基本航空课题研究成果政策转化，让更多边远地区群众能够乘坐飞机出行。

推出提升旅客体验新举措。从服务大流程着眼，从服务小细节入手，努力打通服务链条断点，改善旅客航空出行体验。一是推动全国机场旅客共用服务平台建设，推动智慧机场向系统性、整体性发展，实现“一个 App 走遍全国机场”。二是建立民航旅客遗失物品全国统一查询平台，实现航空公司、机场遗失物品信息共享互通，为旅客提供“一站式”失物招领信息服务。三是推进民航与高铁、城轨、地铁、公路等多种交通方式的联运业务，扩大一站式购票范围，推动安检流程优化，提升旅客综合交通换乘体验。四是在有条件的国际机场推广出境旅客海关查验、民航安检“一机双屏”、“一次过检”模式，实现“无感通关”。五是加强特殊旅客关爱，推进行动不便旅客出行服务立法工作，进一步优化无障碍环境，完善特殊旅客服务设施设备，努力让残疾人、老年人、孕妇等旅客都能享受便捷的民航服务。

（四）注重统筹推进，全力深化民航改革

越是接近新时代民航强国战略进程“转段进阶”的节点，各项工作任务的紧迫性就越强，推动工作的系统性、整体性、协同性要求就越高，必须充分发挥改革的动力作用，着力在民航发展的重点领域、关键环节取得突破。

发挥改革的协同整合作用，推进各项政策举措有机衔接。坚持“1+10+N”改革工作总体框架，将年度重点工作任务、行业内外重点意见建议整体纳入改革方案。坚持针对重点改革任务设立专项工作小组的工作模式，确保推进改革协同高效。注重各项改革措施有机衔接、相互支撑，形成目标一致、行动同向、效果共振的工作格局。注重运用改革成果完善制度体系，通过建章立制巩固改革成效，把深化民航改革的目标聚焦到推进民航治理体系和治理能力现代化上来。

发挥改革的攻坚克难作用，推动一批重点任务取得突破。一是科学编制“十四五”规划。在全

力完成“十三五”目标任务的基础上，聚焦民航强国建设“转段进阶”新目标，准确把握“十四五”期间民航发展所处历史方位，以高质量发展为牵引，统筹兼顾、系统谋划，高水平编制好“十四五”规划。整合行业规划资源，做强行业规划机构，全面提升行业规划水平。二是加大通用航空“放管服”改革力度。加快推进通航法规体系重构，做实“分类管理”，进一步降低通航企业运营的制度性成本。取消“非经营性通用航空活动登记核准”行政许可，实施备案管理。在国家、军队、地方中发挥桥梁作用，协同推动低空空域管理改革，构建新型空域管理模式。支持大型城市“1+N”通用机场建设模式，支持地方政府在粤港澳大湾区建设具备常设口岸功能的通用机场。鼓励支线机场增强对通航业务服务功能，加快完善低空飞行服务保障体系，保障通用航空飞得起来、飞得顺畅。坚持审慎包容监管，扶持无人机新业态在通用航空领域的应用。三是全面落实“加压、减负、撑腰、充电”要求。把基层监管机构和能力建设作为完善民航治理体系、提升民航治理能力的重要抓手，针对各监管局反映的129个需求，制定切实可行、有效管用的措施，切实加强监察员资质能力建设，改善监管一线履职尽责的条件和环境。四是全面实施预算绩效管理，加强绩效评价和绩效运行监控结果的应用，着力发挥预算绩效导向作用。将“过紧日子”的要求贯穿落实到民航管理的全过程，坚持勤俭办事业，把钱花在刀刃上。五是优化市场环境，继续深化价格改革，完善价格调控机制；研究出台机场特许经营权管理政策。六是稳步推进局属国有企业改革，按照政企分开、事企分开要求，理顺民航各级行政机关和事业单位与所办企业关系，探索公益类企业更好履行公共服务职能的改革路径，加快推进民航高校国企改革，积极稳妥推进“僵尸企业”处置。七是推进完成中国航协、机场协会与民航局脱钩工作，促进各协会治理规范、行为自律，加强行业指导与监管，研究出台扶持政策，促进社会组织在行业治理体系中发挥更大作用。

发挥改革的督促落实作用，形成真抓实干的浓厚氛围。对表《关于进一步深化民航改革工作的意见》，系统梳理新时期民航改革任务完成情况，检视问题，查找差距，切实改进。坚持和改进深化改革第三方评估机制，密切跟踪各项改革推进情况，确保改革目标明、措施实、效果好。加强舆论引导，及时解读民航局关于改革的政策措施，主动解疑释惑，回应社会关切，营造进一步深化民航改革的良好舆论环境。

（五）注重创新引领，全力重构民航创新生态体系

面向支撑民航强国建设、服务国家战略实施、助力国际民航竞争，前瞻谋划民航科技创新工作。

加强科技创新战略规划引领。抓好民航中长期科技发展规划编制，争取在国家科技计划体系中设立民航重点专项。加快布局建设重大科研基础设施，推进民航科技创新示范区一期工程，布局建设民航科教产业园区，加强民航重点实验室和工程技术中心能力建设，系统规划建设民航领域国家科技创新基地。加大民航院校建设支持力度，开工建设民航大学新校区、飞行学院天府校区，启动上海职院浦东校区修缮等项目。加强智慧民航研究，加快新技术推广应用，加快北斗卫星导航系统在民航应用，逐步推进无人驾驶航空融入国家空域系统。

加大高层次创新人才队伍培养力度。完善民航发展基金教育培养专项资金政策。统筹完善各类创新人才发展和人才激励制度，在承担科研任务、提供保障条件、加大激励力度等方面对高水平科技人才和团队给予重点支持，加快培养和打造国家层面的科技创新人才队伍。弘扬新时代科学家精神，加强作风和学风建设，尊重人才，尊

重创新，加快提升民航科教单位内生动力。

扩大民航科教创新体系开放程度。坚持开放包容原则，进一步发挥民航科教创新攻关联盟作用，吸纳更多科技创新战略力量。加强民航联合研究基金重点项目支持力度，拓展中科院服务网络计划民航领域项目规模和深度。积极拓展国家重点研发计划项目渠道，鼓励和引导探索性研究和前沿技术开发。积极推进关键装备国产化，促进民航首台（套）重大技术装备示范应用。

（六）注重扩大开放，全力拓展国际航空发展空间

主动服务国家对外开放战略，高水平推动“引进来”和“走出去”，进一步扩大民航国际化市场空间，着力构建国际合作竞争新优势。

更加主动开拓国际市场。利用北京大兴国际机场投运带来时刻增量的有利时机，推动与航权相对短缺国家的双边会谈。以“一带一路”合作国家和具有较大增长潜力的新兴市场为重点，做好航权储备。鼓励航空公司通过航空联盟、代码共享等商务合作方式拓展航线网络，通过投资的方式克服航权障碍进入国际航空运输市场。鼓励航空物流企业完善境外网络，积极融入全球供应链、产业链、价值链。

更高水平服务对外开放。配合全方位外交布局，发挥民航对外交往作用，助力建设合作共赢的新型国际关系。全面清理与《外商投资法》不符的政策措施，促进内外资企业公平竞争。探索民航重点领域外资安全审查实施制度。积极参与中美经贸磋商、中欧投资协定、自贸协定谈判。加大对自由贸易试验区、自由贸易港建设的支持，研究在海南自贸区开放第七航权。以提高国际中转率为抓手，着力完善北京、上海、广州等机场的国际枢纽功能。

更加积极参与国际民航治理。充分发挥民航安全技术国际化战略领导小组作用，分重点有步骤推进国内成熟、先进标准国际化。推进2010年《北京公约》和《北京议定书》审议批准。建设“一带一路”民航国际合作平台，转型升级中美、中欧民航合作平台。深化适航国际合作，加紧推进中欧适航《技术实施程序》磋商，组织召开第三届中欧航空安全年会。加强国际化人才培养，积极发挥民航国际化人才储备库作用，建立人员信息系统和在库人员持续培养培训机制。积极关注 ICAO 关键岗位空缺情况，做好国际职员推送。建立国际热点问题研究跟踪反馈机制。支持有关企事业单位在 IATA、ACI、CANSO 等国际组织中发挥更大作用。推动与立场相近国家建立绿色民航建设战略对话机制。

（七）注重聚焦难点，全力打赢三大攻坚战

打赢打好三大攻坚战是全面建成小康社会必须跨越的重大关口，必须聚焦难点、合力攻坚。

把防控风险放在更加突出位置。全面落实防范化解民航行业重大风险 10 个方面 38 条措施，盯紧民航领域在政治、意识形态、航空安全、服务质量、经济、资源保障、科技、社会、外部环境、党的建设等方面的重点风险隐患，做好风险防范预案，细化防范化解措施，提高防范化解能力。既要积极消除、管控民航自身运行中各种存量风险，又要有效预防化解国际贸易争端升级等可能造成的各种增量或输入式风险，确保民航科学发展、安全发展。

集中力量打好脱贫攻坚战。抓紧落实定点扶贫工作，积极统筹行业资源，筹集 2000 万元精准帮扶贫困村、贫困户增强造血功能，助力于田、策勒两县如期脱贫。发动行业力量，支持南康无人机产业发展，积极采买和帮助销售贫困地区优势产品，推动扶贫产品进机场、上飞机，鼓励机关事业单位预留份额采购贫困地区农副产品，探索建立稳定脱贫、防止返贫的长效机制。优先支持深度贫困地区

增开航线航班，完成新建于田机场等项目，充分发挥民航对经济社会发展的推动作用。

确保打赢蓝天保卫战。贯彻落实《关于深入推进民航绿色发展的实施意见》，以航空器节能减碳为核心、以提高空管效率为抓手、以绿色机场建设为保障，推动构建民航绿色发展新模式。全面落实《打赢蓝天保卫战三年行动计划》，以北京两场为重中之重，持续推动机场运行"电动化"、"清洁化"水平提升。启动机场能效"领跑者"机制建设。加快航空飞行活动碳排放监测、报告和核查机制落地实施。推进以煤制航煤为代表的新型航油审定。

（八）注重常抓不懈，全力推动从严治党向纵深发展

推动从严治党向纵深发展，全面提升民航系统党建工作质量，为实现民航强国战略目标提供坚强政治保证。

突出抓好政治建设。聚焦落实党对民航工作的全面领导，健全各级党委（党组）工作制度，把党的领导贯穿到民航工作各领域各方面各环节。深入抓好习近平总书记对民航工作系列重要批示指示精神的贯彻落实，健全跟踪督查机制，定期开展"回头看"，树牢"四个意识"、坚定"四个自信"、坚决做到"两个维护"。抓好"不忘初心、牢记使命"主题教育发现问题的深化整改，巩固扩大成果。大力推进党支部工作标准化规范化建设，推动基层党组织建设全面过硬。

持续深化理论武装。坚持和完善党委（党组）理论学习中心组等各层级学习制度，以"关键少数"带动绝大多数，推动学习贯彻习近平新时代中国特色社会主义思想不断往深里走、往实里走、往心里走。抓好党的十九届四中全会精神教育培训，分类分级分批组织集中轮训，教育广大党员干部充分认识中国特色社会主义制度的本质特征和优越性，坚定制度自信。落实《中国共产党党校（行政学院）工作条例》要求，加强民航局党校建设，充分发挥"三阵地一熔炉"作用。

加强干部队伍建设。严格落实换届选举制度，健全直属单位党委会、纪委会。完善民航局机关公务员、直属单位领导班子和领导干部考核办法，实施好公务员职务与职级并行制度，充分发挥考核的监督激励作用和职级晋升的正向激励作用。根据今后5至10年领导班子建设需要，着力加强优秀年轻干部选育管用。办好监察员培训学院，提升监察员岗位履职能力。发挥审计监督职能，促进领导干部重大经济决策规范科学。加强选人用人监督和干部日常监督，对个人事项瞒报漏报等行为严肃处理。

深入推进党风廉政建设和反腐败斗争。深入落实《关于深化中央纪委国家监委派驻机构改革的意见》及局党组实施意见，坚定支持驻部纪检监察组开展工作。坚守政治巡视定位，组织开展局党组第三轮巡视，做好巡视整改"后半篇"文章。深化突出问题专项治理，持续反"四风"、转作风。严肃查处各类案件，有力削减存量，有效遏制增量，强化"不敢腐"的震慑；加强日常监督，完善制度机制，扎牢"不能腐"的笼子；增强党性修养，严明公私界限，增强"不想腐"的自觉。

着力抓好宣传文化工作。大力弘扬践行当代民航精神，弘扬中国民航英雄机组精神，深化"最美民航人"宣传展示。弘扬工匠精神，广泛开展各种形式的劳动竞赛、技能比武。尊老爱老、用心用情服务好老同志。强化思想政治引领，深化"青春"主题系列、"青"字号等品牌创建、岗位体验式交流、志愿服务等活动，改善民航青联工作，团结带领青年岗位建功。发挥宣教中心作用，调动社会力量，支持筹拍"两航"起义等民航题材影视作品。严格落实意识形态工作责任制，加强民航报刊管理，加强院校思想政治工作。做好舆情应对工作，为民航发展营造良好的舆论环境。

再过4天，2020春运就要开始了。作为交通运输行业每年开门要办的第一件大事，各单位各部门要高度重视，认真贯彻落实全国春运电视电话会议精神，加强统筹部署，确保旅客安全、顺畅出行，提升服务质量，实现2020年民航工作开门红。

岁末年关，大家既要把好航空安全关口，也要敲响“廉洁”警钟，严格落实党风廉政有关规定，汲取相关教训，管住手、管住腿、管住嘴，严防“四风”问题反弹回潮，确保文明节俭、廉洁祥和过节。各级领导干部要关爱困难职工，解决基层一线问题，努力为职工群众创造良好工作生活环境。

刘振芳在2020年国家铁路局工作会议上的讲话

（2019年12月30日）

贯彻落实新发展理念　推动铁路高质量发展
为全面建成小康社会努力奋斗

这次会议的主要任务是：以习近平新时代中国特色社会主义思想为指导，全面贯彻落实党的十九大和十九届二中、三中、四中全会以及中央经济工作会议精神，总结回顾工作，分析面临形势任务，部署安排2020年重点工作。

一、2019年工作回顾与建局以来工作启示

2019年，在以习近平同志为核心的党中央坚强领导下，国家铁路局系统坚决贯彻落实党中央、国务院决策部署，全面加强党的建设，积极担当作为，扎实履职监管，各项工作取得新成绩。

第一，落实党中央重大决策和国家战略部署扎实有力。一是推动高铁沿线环境安全整治取得历史性突破。坚决贯彻习近平总书记重要指示精神，牵头推进高铁沿线环境安全隐患排查整治，建设高铁安全防护工程，建立沟通协调机制，推进铁路安全地方立法，开展联合执法和约谈，实施安全保护区隐患清零行动，为高铁安全运行打下坚实基础。二是推动川藏铁路规划建设取得重要进展。组织川藏铁路可行性研究报告评审，研究勘察设计阶段工程质量安全风险源及对策方案，制定工程勘察设计监督检查手册，提前介入工程监管，确保川藏铁路规划建设高起点推进。三是服务打赢脱贫攻坚战取得决定性成效。国家铁路局党组成员带队深入调研，协调推进重点铁路项目建设，建立月度会商机制，利用铁路站车资源打造贫困地区旅游品牌、销售农特产品，捐赠人居环境整治专项扶贫资金，脱贫攻坚扎实有力推进。四是运输结构调整取得新成果。联合发布《关于加快铁路专用线建设的指导意见》，编制发布《铁路专用线设计规范》，推动建设衔接沿海及长江、运河、珠江等内河港口、深入码头的铁路专用线和铁路支线项目，打通铁路进港“最后一公

里”，进一步降低了全社会物流成本。五是服务区域协调发展取得新成绩。深度参与粤港澳大湾区等铁路发展规划研究，组织编制提升长江经济带立体综合交通走廊运输能力等铁路规划，推进京港台高铁京雄段、沿江高铁项目前期研究，为区域经济高质量发展提供了铁路基础设施支撑。

第二，促进铁路安全质量持续稳定。一是强化铁路运输安全监管。切实履行政府监管职责，突出客车、高铁、新开通线路以及危险货物运输安全，加大监督检查力度，开展全局性监督检查2181组次，对严重问题下达整改通知书693份，督促企业落实安全生产主体责任，确保了铁路运输安全持续稳定。二是工程和设备质量安全监管措施有力。突出对高铁及重载铁路等重点项目、隧道及大跨高墩桥梁等关键结构、勘察设计及验收等重要环节的监管，扎实开展“三不问题质量行为”专项整治，改进国铁企业自行决定项目监督机制，推进地方政府落实铁路监管责任，实施监督检查454次，发出整改通知书675份，铁路工程质量安全形势总体稳定。开展设备生产企业、动车组检修质量安全和高铁基础设施运用状态检测等专项监督检查540人次，监督抽查铁路专用产品质量，对发现的问题发出整改通知书，对质量不合格产品责令停止生产、销售和采购，设备质量安全保持稳定。三是行政执法和事故调查处理力度不断加大。依法查处制止违法行为1695起，实施行政处罚205起。在抓好一般铁路交通事故调查的基础上，重点组织典型事故调查处理104起。四是促进铁路运输服务水平持续提升。改进运输服务质量投诉处理办法，处置投诉6565件。针对旅客关注的热点问题督促企业改进提高。协调企业加快货运产品结构优化调整，推进铁路物流信息化，货运服务水平不断提升。

第三，推动铁路行业高质量发展。一是法制建设和标准工作有序推进。《铁路法》等法律法规修订工作取得阶段性进展。修订发布《铁路机车车辆设计制造维修进口许可办法》等规章。编制发布《磁浮铁路技术标准（试行）》等72项铁道行业标准。二是“放管服”改革不断深入。清理优化行政许可事项，规范许可事项服务，推进“互联网＋政务服务”，依法有序审查铁路机车车辆、运输基础设备、无线电频率使用许可申请789项，审核铁路机车车辆驾驶人员资格44953人次，核发铁路机车电台执照。三是铁路规划工作取得积极进展。聚焦高速铁路、城际铁路、路网干线和交通枢纽，以中西部地区为重点，推动完善铁路网基础设施布局。开展《“十四五”铁路发展规划思路研究》等9项课题研究，评审验收《铁路中长期（2035年）发展规划思路》。四是铁路科技创新水平不断提升。编制科技创新中长期发展纲要（2021—2035年）铁路领域方案。突出川藏铁路关键技术标准开展课题研究。时速600公里高速磁浮样车下线。高铁经济学研究、高铁工程技术总结取得阶段性成果。完成年度铁路科技创新重大成果评审。《铁道技术标准》创刊发行。五是铁路市场秩序不断规范。实施《铁路运输业信用管理暂行办法》。发挥社会信用体系建设部际联席会议平台作用，开展信用监管与联合惩戒。规范铁路工程建设施工承包发包，整治“挂证”行为，开展惩戒失信行为专项行动。强化招投标监管，开展营商环境专项整治。六是政府间铁路合作交流不断深化。习近平主席访问尼泊尔期间，签署开展中尼跨境铁路可行性研究的谅解备忘录。巴基斯坦1号铁路干线加快推进。完成中蒙俄经济走廊中线铁路通道可行性研究方案。参与国际联运规则制修订，推动铁路运单电子化和物权凭证问题研究，简化中欧班列运输过境手续，提高国际铁路货物联运水平。推进铁路标准国际化，由我国主持的2项国际标准正式颁布、2项国际标准制定项目成功立项，由我国担任召集人的2

项特别工作组成立，主持制定标准数量位居世界第二。

一年来，我们坚持以习近平新时代中国特色社会主义思想为指导，牢固树立“四个意识”、坚定“四个自信”、做到“两个维护”，坚持以政治建设为统领，加强党的领导，强化党建工作，扎实推进“不忘初心、牢记使命”主题教育，开展内部政治巡视，党的建设不断深入，为履职监管各项工作提供了强有力的政治保证。同时，按照党中央国务院对专项工作的部署要求，统筹兼顾，抓好了人大、政协建议提案办理、值班值守、督查督办、信息报送、新闻发布、网络安全和信息化、年鉴史志编纂、财务预算、档案管理、后勤保障和行政复议、行政应诉等各方面工作。

这些成绩的取得，是以习近平同志为核心的党中央英明领导的结果，是交通运输部党组指导支持的结果，是中央和国家机关各部门大力帮助的结果，是铁路行业各单位和广大干部职工共同努力、拼搏奉献的结果，是铁路老领导老干部热忱关心的结果。在此，向长期关心支持铁路事业发展和国家铁路局工作的各级领导、有关部门和铁路系统老领导老干部表示衷心的感谢！向辛勤工作、默默奉献的广大铁路干部职工致以崇高的敬意！

党的十八大以来，在以习近平同志为核心的党中央坚强领导下，全国铁路深入推进行业改革发展，积极融入综合交通运输体系，发挥社会主义制度优势和中国铁路体制优势，取得了历史性成就。铁路管理体制实现政企分开，建立了行业监管体系，政府职能转变和简政放权成效明显。国铁企业扎实推进公司制改革、股份制改造，初步建立现代企业制度。铁路建设投资规模达到历史最高位。随着京张高铁、浩吉铁路等一大批铁路项目通车运营，建成了世界上最现代化的铁路网和最发达的高铁网，全国铁路运营总里程达到13.9万公里，其中高铁3.5万公里。铁路运输安全持续稳定，杜绝了重大及以上铁路交通事故，是我国铁路历史上安全最稳定的时期。铁路运输供给质量大幅提高。2019年全国铁路旅客发送量完成36.60亿人，同比增长8.4%；全国铁路货物发送量完成43.89亿吨，同比增长7.2%，客货运量均创历史最高纪录。运输密度等主要运输指标位居世界第一，运营规模、服务能力、运输效率达到世界先进水平，为经济社会发展提供了可靠的铁路运输保障。铁路科技创新取得显著成就，高速铁路、重载铁路、高原高寒铁路技术均达到世界领先水平，智能铁路科技创新实现重大突破，运营安全服务技术水平显著提升。“复兴号”列车以350公里的时速领跑世界。我国高铁成为全球亮丽的“中国名片”。中欧班列开行2万余列，联通亚欧大陆110多个城市，成为具有国际竞争力、信誉良好的世界物流品牌。铁路成为共建“一带一路”的重要抓手。践行“人民铁路为人民”的宗旨，火车头精神、青藏铁路精神和新时代铁路楷模鼓舞铁路人为事业发展写下了光辉的篇章。

在这个历史进程中，国家铁路局奋发有为，勤勉创业，建队伍、打基础，立规章、定标准，守底线、抓关键，行业监管和行政履职工作不断深入，为我国铁路取得历史性成就作出了积极贡献，推动铁路领域治理体系和治理能力现代化建设打下坚实基础。建局以来取得的成就和积累的经验，给予我们深刻启示，大家必须形成共识，长期坚持，并发扬光大。

必须旗帜鲜明讲政治，始终把坚持党的领导作为推进铁路事业发展的根本保证。只有坚持党的集中统一领导，充分发挥我国社会主义制度优势，才能保证铁路事业发展的正确方向。必须坚持以习近平新时代中国特色社会主义思想为指导，坚持党的基本理论、基本路线、基本方略，加强党的领导，牢固树立“四个意识”、坚定“四个自信”、做到"两个维护"，始终同以习近平同志为核心的党中央保持高度一致，为确保党中央决策部署在国家铁路局系统落地见效提供坚强政治保证。

必须强化履职担当，始终把确保安全作为铁路工作的生命线。确保铁路安全是包括监管部门在内的铁路系统的首要职责。必须深入学习贯彻习近平总书记关于铁路安全的重要指示批示精神，牢固树立安全发展理念，切实增强维护铁路安全稳定的思想自觉和行动自觉，坚守发展决不能以牺牲人的生命为代价这条不可逾越的红线，始终把保障人民群众生命财产安全作为铁路行业必须坚守的底线，切实履行政府监管职责，督促企业落实安全生产主体责任，提升本质安全水平，全力维护铁路安全稳定大局。

必须坚持以人民为中心的发展思想，不断增强广大人民群众的获得感、幸福感、安全感。人民立场是我们党的根本政治立场，是我们党区别于其他政党的显著标志。必须始终坚持以人民为中心的发展思想，牢记"为了谁、依靠谁、服务谁"，坚持来自人民、植根人民、服务人民，将"人民铁路为人民"作为一切工作的出发点和落脚点，作为检验铁路工作的首要政治标准，加强行业监管，切实提高运输能力和服务水平，建成人民满意的现代化铁路，让人民群众享受安全正点舒适便捷的出行服务，共享铁路改革发展的成果。

必须充分发挥政府职能作用，始终以推动行业高质量发展为己任。推动行业高质量发展是政府部门的重要职责。必须适应政企分开改革新体制的实践需要，加强铁路法律法规、标准体系和管理制度体系建设；坚持战略规划引领，加强行业发展顶层设计；突出企业主体地位，构建政企学研用紧密结合、协同创新的铁路科技创新体系；扎实推进重点对外合作项目、国际铁路规则制定和中国标准国际化，加快铁路高质量发展进程，巩固和扩大中国铁路在全球的领跑优势和话语权。

必须坚持求真务实的工作作风，不断加强队伍建设。发挥铁路优势，更好服务全面建成小康社会，需要一支忠诚干净担当的高素质干部队伍。必须始终坚持新时代党的组织路线，着力培养信念坚定、为民服务、勤政务实、敢于担当、清正廉洁的好干部，着力集聚爱国奉献的各方面优秀人才，坚持德才兼备、以德为先、任人唯贤，为履职监管提供坚强的干部人才保证。弘扬求真务实的工作作风，认真落实党中央关于大兴调查研究之风的要求，深入一线、深入现场、深入群众，了解情况，解决问题，真抓实干，确保各项工作落地见效。

二、服务全面建成小康社会，扎实抓好 2020 年工作

2020 年是全面建成小康社会决胜之年，是"十三五"规划收官之年，是加快建设交通强国的紧要之年。中央经济工作会议对当前我国经济发展形势作出了总体判断。世界经济增长持续放缓，仍处在国际金融危机后的深度调整期，世界大变局加速演变的特征更趋明显，全球动荡源和风险点明显增多。我国经济稳中向好、长期向好的基本趋势没有改变，但我国正处在转变发展方式、优化经济结构、转换增长动力的攻关期，仍然面临复杂严峻环境，结构性、体制性、周期性问题相互交织，"三期叠加"影响持续深化，经济下行压力进一步加大。从铁路行业看，加快交通强国建设、增强有效投资、调整运输结构、新科技革命和产业变革等为铁路事业发展带来了历史性机遇，同时，建设投资持续保持高位、路网规模迅速扩大、运输工作量快速增长、沿线外部环境复杂等给铁路运营安全和管理提出了严峻挑战。我们要坚持稳中求进、保持战略定力，科学把握我国经济发展大势，紧紧抓住战略机遇期，切实增强发展信心，集中精力办好自己的事情，牢牢掌

握工作主动权，战胜各种风险挑战。

立足铁路行业定位和行政职能职责，2020年国家铁路局工作的总体思路是：以习近平新时代中国特色社会主义思想为指导，全面贯彻落实党的十九大和十九届二中、三中、四中全会以及中央经济工作会议精神，坚决贯彻党的基本理论、基本路线、基本方略，增强“四个意识”、坚定“四个自信”、做到“两个维护”，紧扣全面建成小康社会目标任务，贯彻落实新发展理念，坚持稳中求进工作总基调，奋发有为，履职担当，深入实施“三年行动计划”，推动高质量发展，牢牢守住铁路安全发展底线，推进治理体系和治理能力现代化，加快建设交通强国，深入推进综合交通一体化融合发展，服务打赢三大攻坚战和“六稳”工作，服务确保全面建成小康社会和“十三五”规划圆满收官，为社会主义现代化强国建设当好先行。

按照这一总体思路，在推进全年各项工作落实中，要重点把握好以下要点：

（一）要坚定不移贯彻落实新发展理念

这是我国发展进入新阶段、适应我国社会主要矛盾变化的必然要求，是指导铁路事业发展的行动指南。党中央把能否坚持贯彻新发展理念作为检验领导干部是否增强“四个意识”、坚定“四个自信”、做到“两个维护”的一个重要尺度。要认识到位。理念是行动的先导，是管全局、管根本、管方向、管长远的东西，是发展思路、发展方向、发展着力点的集中体现。新发展理念是关系我国发展全局的一场深刻变革，对破解发展难题、增强发展动力、厚植发展优势具有重大指导意义。要执行坚定。情况越是复杂，形势越是多变，越是要增强贯彻新发展理念的行动自觉，保持战略定力，决不能回到简单以速度规模论英雄的老路上去，决不能回到以破坏环境为代价的老路上去，决不能回到粗放式发展的模式上去。要提升能力。新发展理念既是意识形态，更是工作指南，我们必须提高贯彻新发展理念的工作能力，通过安全质量市场监管，促进铁路高质量发展。要统筹协调。新发展理念五大方面既有各自内涵，更是一个整体，提出的要求是全方位的、多层面的，必须统筹把握，一体推进，全面落实。当前，我国铁路正处于快速发展时期，要把贯彻新发展理念贯穿于事业发展全过程各领域，无论是行政许可、行政检查、行政执法，还是履行铁路规划政策研究、技术标准制定、推动行业科技创新等其他行政职责，都要自觉把新发展理念作为衡量标尺。

（二）要大力推动高质量发展

这是党中央对于当前经济发展阶段的战略谋划，是铁路确定发展思路的基本原则和目标要求。要坚持“巩固、增强、提升、畅通”八字方针，坚持质量第一、效益优先，发挥铁路行业优势，落实《交通强国建设纲要》，自觉服务国家高质量发展，推动加快建设现代化经济体系。要坚持以供给侧结构性改革为主线，推动铁路发展质量变革、效率变革、动力变革，提高全要素生产率，优化营商环境，加快建设高标准铁路市场体系。要坚持创新驱动，构建社会主义市场经济条件下关键核心技术攻关新型举国体制，发挥国家实验室对铁路创新的战略引领和支撑作用，建立以企业为主体、市场为导向、产学研深度融合的技术创新体系。要统筹提升铁路规划建设、运输服务、技术装备等各方面质量，不断增强我国铁路创新力和竞争力。

（三）要牢牢守住安全发展底线

这是铁路部门维护党和人民利益的责任担当，是落实以人民为中心的发展思想的基本要求，是铁路改革发展一切工作的前提条件，是行业监管部门的主责主业。要贯彻总体国家安全观，做到守土有责、守土尽责，落实企业安全生产主体责任和政府监管责任，坚持安全第一、预防为主，坚持底线思维、红线管理，守底线、抓重点、控关键、防风险、盯红线、查隐患、督整治，努力推动构建分工负责、齐抓共管、综合治理的工作格局，确保铁路安全持续稳定。

（四）要扎实推进治理体系和治理能力现代化建设

这是国家实现“两个一百年”奋斗目标的重大任务，是推进铁路现代化建设的重要内容和建设法治政府的根本要求。我们要准确把握历史形成的、适合我国国情路情的客观发展实际，正确处理政府与市场、政府和企业的关系。坚持法治引领，积极推进铁路法律法规制修订，健全铁路市场治理规则，为行业发展提供法律法规制度供给。切实转变政府职能，立足政府部门定位，聚焦主责主业，突出重点关键，严格履职尽责，做到不越位、不缺位、不错位。坚持社会主义基本经济制度和市场经济改革方向，把集中力量办大事的制度优势和铁路的传统优势，以及超大规模、完整统一的铁路市场优势，同发挥市场在资源配置中的决定性作用结合起来，支持国铁企业做强做优做大，巩固主体主导地位，激发各种所有制企业新动能，推进铁路治理体系和治理能力现代化，不断解放和发展铁路生产力。

（五）要把握稳中求进工作总基调，服务做好“六稳”工作

这既是当前和今后一个时期党和国家各项工作的总基调，也是明年工作面对国际国内严峻复杂形势的特定要求。铁路是促进区域协调发展的交通骨干，是沟通经济领域生产与流通的运输纽带，是国家宏观调控的重要工具，是科技密集型和劳动密集型产业，是共建“一带一路”的重要抓手，具有供需共同受益、乘数效应显著的特点。我们要在落实稳就业、稳金融、稳外贸、稳外资、稳投资、稳预期的国家政策中发挥更大作用，突出抓重点、补短板、强弱项，落实好“六稳”要求。坚持稳字当头，把“稳”放在更加突出的位置，落实到规划编制、法规起草、标准制定、市场准入、行业监管、行政执法等各项履职工作中。

三、2020年重点工作

新的一年，铁路工作任务十分繁重。我们要牢固树立求真务实的工作作风，坚持问题导向、目标导向、结果导向，统筹兼顾、突出重点、全面推进。重点抓好九个方面的工作。

（一）贯彻落实党中央重大决策和国家战略部署

一是全力打赢脱贫攻坚。聚焦国家脱贫摘帽总目标，围绕定点扶贫、对口支援、集中连片特困地区扶贫等工作任务，立足行业特点，组织协调，精准施策，与地方政府共同推动措施落实到位，确保“两不愁三保障”脱贫目标顺利实现。二是高起点高标准高质量推动川藏铁路规划建设。发挥专业优势和政府协调作用，推动川藏铁路项目前期工作和技术攻关。完成川藏铁路隧道及辅助坑道支护结构设计及施工质量控制等5项建设标准基础研究，开展高强纤维混凝土等技术研究。制定有针对性的工程质量安全监管措施，构建协同沟通机制，制定突发事件应急响应预案。强化监督检查，督促参建单位落实主体责任。三是服务区域协调发展战略。贯彻落实四大板块发展和京津冀协同发展、长江经济带发展、“一带一路”建设、粤港澳大湾区建设、长三角一体化发展、黄河流域生态保护和高质量发展等国家战略，研究区域铁路网规划和重大建设项目方案，开展沿江高铁、沿海高铁、沿边铁路、西部陆海新通道等重大项目行业评审，发布《市域（郊）铁路设计规范》，指导推进城际、市域（郊）铁路规划建设，发挥铁路支撑引领区域经济社会发展以及对稳增长、调结构、惠民生的重要作用。四是推动加快建设交通强国。贯彻落实《交通强国建设纲要》，

制定发布《铁路强国建设行动纲要》，编制完成《“十四五”铁路发展规划》《全国铁路网规划（2021—2050 年）》，并将成果纳入《国家综合立体交通网规划纲要（2021—2050 年）》。五是加快推进运输结构调整。推进公铁、铁水多式联运发展，推动铁路场站和专用线建设，为调整运输结构、增加铁路运量提供基础设施支撑。支持发展海铁联运班列，推广应用液化天然气（LNG）罐箱多式联运，提高港口大宗货物和集装箱海铁联运比例。六是防范和化解铁路债务风险。推动深化铁路投融资体制改革，创新市场化融资方式，分类分层推进铁路建设，培育多元投资主体。助力加快国铁企业股份制改造。

（二）推动铁路高质量发展

一是深入推进“放管服”改革。推动铁路领域放开竞争性业务，全面落实放宽民营企业市场准入的政策措施，激发市场主体活力。加强事中事后监管，督促企业保持准入条件，切实放出活力、管出公平、服出效率。适应铁路科技发展和运输安全需要，研究科学合理的铁路专用设备许可产品退出机制，提高铁路装备供给质量。主动跟踪新产品研发、型式试验、运用考核进度，依法合规做好服务。落实“证照分离”改革要求，清理证明材料，整合规范中介服务事项，建设政务服务大厅，完善窗口工作规范和办事指南，推进政务服务平台应用，实现“一网通办”“最多跑一次”，加大政务公开力度，进一步深化简政放权，优化营商环境。二是推进行业科技创新。修改完善《铁路科技创新中长期发展纲要（2021—2035 年）》，召开年度科技创新工作会议，展示行业科技成果，推动铁路持续创新发展。制定加强铁路行业科研诚信管理指导意见、铁路科技保密管理实施办法。统筹行业科技创新基地布局，形成专业齐全、系统配套、设施一流、合作开放、资源共享的铁路行业科技创新基地体系。深入推进高铁经济学研究和高铁工程技术总结，形成高质量成果，出版发行系列丛书，推动高铁学科建设。科学编制实施年度课题研究计划，优化科技创新成果评审和入库工作，扩大铁路重大科技创新成果入库的影响力。组织好国家科学技术奖等各类国家级奖励的征集、评审、推荐工作。建好用好局专家委员会和专家库，扩大专家覆盖面。三是大力提升铁路制造业发展水平。适应人工智能、区块链、云计算、大数据等新一代信息技术迭代升级趋势，加快建设跨企业、跨学科、大协作、高强度、有效率的协同创新基础平台，强化标准引领，提升铁路产业基础能力和产业链现代化水平。积极参与“先进轨道交通”重点专项，重点解决好“卡脖子”技术问题。大力推动北斗卫星导航系统在铁路领域的应用，抓好综合应用示范项目。大力发展先进适用的运输装备，实现货运装备专业化、标准化、现代化和客运装备高品质、多样化、个性化。四是推进运输服务提质增效。协调企业创新服务理念和模式，探索客运服务新业态、新模式，形成层次多样、能力协同、满足需求的系列产品。完善铁路运输市场政策措施，探索建立专用线共用和自备车共管共用的规范机制。推进畅通铁路运输信息链，为铁路深度参与社会物流体系建设夯实基础，更好服务国家现代化经济体系建设。

（三）加强铁路运输安全监管

一是深入推进高铁沿线环境综合治理。贯彻落实习近平总书记重要指示精神，顺势而为，乘势而上，落实《高速铁路安全防护管理办法》，推动建立联席会议制度，宣贯《高速铁路安全防护设计规范》，督促指导铁路运输企业和地方政府分级落实“双段长”制，持续推进高铁沿线环境综合整治，统筹各方资源力量，共治共保高铁安全，有效管控问题隐患。二是强化监督检查。把握运输生产规律，围绕关键时期，突出高铁和旅客列车安全，落实监督检查计划。制定铁路安全质量监督检查办法，推进监督检查制度化常态化，督促企业强化安全基础建设，加大人防、物防、技防力度，落实安全风险分级管控和事故隐患排查治理双重预防机制。三是加大行政执法和事故调查处理力度。突出执法重点，坚决查处铁路两侧及桥下非法施工、非法生产储存危险品等影响铁路安全的突出问题。完善事故调查处理机制，重点抓好涉及旅客列车、造成旅客伤亡、社会影响较大的铁路交通事故调查处理，严格事故责任追究。四是健全完善安全监管体系。贯彻《交通运输领域中央与地方财政事权和支出责任划分改革方案》，推动省级人民政府健全完善工作机构和工作制度，落实对地方铁路、专用铁路和铁路专用线的属地监管责任。切实发挥铁路安监办作用，健全完善工作机制，进一步增强监管合力。从维护国家安全和社会稳定的大局出发，大力减少路外伤亡，特别是要抓好道口安全，确保人民群众生命财产安全。

（四）加强运输服务质量与市场监督

一是提高服务质量监管效能。加大站车服务设备设施和环境整治力度，协调推进旅客服务系统升级优化。妥善处理社会公众关注的热点问题，及时追踪、动态监测考核企业安全和服务质量指标，依法提出处置意见。探索开展铁路旅客运输服务质量综合评价，公开情节严重或社会影响较大的铁路运输服务违法违规行为。宣贯《铁路旅客运输服务质量》国家标准，督促企业提升服务水平，增强人民群众获得感。二是建立以信用为基础的新型监管机制。健全市场主体信用档案，完善信息采集机制，与全国信用信息共享平台开展归集共享，做到失信记录建档留痕、可查可核可追溯，及时公告严重失信主体信息，加强诚信文化、守信意识的宣传，推动构建跨行业、跨领域失信联合惩戒机制。三是探索建立公益性运输监管机制。推动完善“慢火车”等补贴机制，促进公益性运输机制化规范化发展。

（五）加强铁路工程质量安全监管

一是抓好在建项目监督检查。加大关键项目和重点工点督查力度，强化对高速铁路、地质条件复杂的铁路项目，高风险、建设工期紧张工点的监督检查，加大对新开工、拟开通、竣工验收及临时设施清理等关键环节的监督检查力度。二是规范建设市场秩序。开展惩戒失信行为专项行动，进一步营造诚实守信、竞争有序的铁路工程建设市场环境。加强招标投标监管，依法依规处理投诉举报。抓好铁路工程建设领域农民工工资清欠工作，建立根治拖欠的长效机制。三是加强行业监管。构建与地方政府的协同沟通机制，共同研究制定监管措施，推进地方铁路建设高质量发展。指导地方铁路监管部门加密监督检查频次，扩大覆盖面。研究制定与国家有关部门的联合监管措施，提高协同监管实效。研究区块链技术在监管工作中的运用，探索智能高效的方式方法，提高监管质量和效率。四是完善制度办法。研究制定《铁路工程建设领域关于深化“双随机、一公开”监管工作的实施意见》《铁路工程标准施工招标资格预审文件》《铁路工程标准施工招标文件》。启动《铁路建设管理办法》修订工作。

（六）加强铁路设备质量安全监管

一是加强专用设备行政许可审查。对安全风险高、重大技术创新以及新申请进入铁路行业的许可申请，严格审查把关。二是加强设备质量安全监管。对持续满足取证条件、产品质量安全控制等情况进行监督检查，对故障率较高或产品质量异常的企业加大检查密度，对铁路专用设备产品源头及运用质量安全隐患，采取发函或约谈等方式，督促企业整改。持续开展铁路通信网络频率动态检测、干扰定位检查、边境铁路口岸无线电监测等工作。三是加强铁路机车车辆驾驶资格管理。全面推行资格许可网上审查及办理，完善考试知识库、专家库、考点库、考评人员库并实施动态管理。总结理论考试和实作模拟驾驶考试试点经验，适时扩大试点范围，加强执业情况监督检查。四是健全完善规章体系。协调制定《铁路无线电管理办法》，颁布实施《铁路无线电频率使用许可实施细则》。加快修订《铁路机车车辆驾驶人员资格许可实施细则》。组织制定铁路机车车辆驾驶人员资格计算机理论考点建设标准、考试评价标准及管理办法、动车组模拟驾驶实作考试评价标准及管理办法。颁布实施铁路专用产品检验检测实施细则编制计划。

（七）推动治理体系和治理能力现代化

一是推动铁路领域立法工作。加快推动《铁路法》《铁路运输条例》制修订，推动《铁路交通事故应急救援和调查处理条例》尽快审议发布，启动《高速铁路安全防护条例》基础研究，制修订一批改革急需的部门规章，推动高铁安全监管、服务质量监管等重点规章的审议发布，协调督促省（自治区、直辖市）加快铁路安全立法。二是加强依法行政。按照建设法治政府要求，规范行政程序，严格公正文明执法，落实行政执法“三项制度”，加强执法监督，提升执法效能，提高铁路行政监管规范化、法治化水平。完善各类法律风险防控机制，提前介入干预，有效化解矛盾。加强专职法律人才队伍建设，完善法律顾问和公职律师制度。三是推进标准制修订。修订铁路行业技术标准管理办法等制度，启动编制《“十四五”铁路标准化发展规划》，按计划完成铁道国家标准和行业标准编制，编制发布《铁路工程信息模型（BIM）统一标准》等重要标准，推进新一轮预算定额编制。四是开展技术监督工作。制修订《铁路计量管理办法》等计量管理制度以及国家和铁路部门计量规程规范，加强认证机构的监督检查。五是完善行业监管法治化科学化治理体系。进一步优化国家铁路局和地区监管局的职能及管理关系，统筹考虑行业监管职责和履职范围，加强制度体系的顶层设计，完善监管机构设置和内部治理结构，加强履职能力建设，分类、分层、分级科学配置监管力量，统筹用好各种资源，推动制度优势更好转化为治理效能。六是加强事业单位建设。找准工作切入点，突出专业化能力建设，推动工作上水平、创品牌、树权威，做到发展有愿景、事业有方案、阶段有成果、人才有前途，为行政履职提供可靠的专业技术支撑。坚持国际视野，立足行业定位，瞄准高质量发展目标，制定五年发展计划，扎实推进落实，力争一年一个台阶，三年取得显著成效，五年走上规范化发展道路。

（八）加强政府间铁路交流合作

一是加强多边双边合作。推进中尼跨境铁路可行性研究。加快实施巴基斯坦 1 号铁路干线项目。牵头中蒙俄中线铁路通道、中吉乌铁路技术层面工作。协调推进中老铁路、中泰铁路、雅万高铁、莫喀高铁和非洲铁路项目建设。利用中俄、中哈等合作机制提升双边合作水平。二是推动国际铁路联运便利化。研究确定国际铁路联运运单物权化的制度设计意见。推动简化国际铁路联运手续。拓展跨里海联运、西部陆海等新通道。开展中吉乌多式联运研究，开辟中欧班列运输新径路。三是推进中国标准国际化。积极参与国际标准化组织、国际电工委员会的标准化活动，组织编制由我国主持的《铁路应用机车车辆车体侧窗》等 8 项国际标准项目，争取更多新工作项目提案立项，持续扩大中国铁路话语权和影响力，努力将我国铁路优势技术和特色技术纳入国际标准。按期完成铁路技术标准外文译本翻译，为中国铁路“走出去”提供技术支撑。办好《铁道技术标准》国际学术刊物。四是推动国际铁路规则改革。深度参与铁路合作组织工作，加强与国际铁路运输政府间组织沟通交流，提出国际铁路规则改革的中国方案。同时，系统梳理铁路“走出去”面临的法律问题，研究提出企业法律保障、纠纷解决、权益实现的制度设计。

（九）以党建统领推进各项履职工作落实

一是强化政治机关属性。持续抓好坚定维护党中央权威和集中统一领导的各项制度落实，增强“四个意识”、坚定“四个自信”、做到“两个维护”，建设让党中央放心、让人民群众满意的模范机关，把“两个维护”体现在坚决贯彻党中央决策部署上来，体现在履职尽责、做好本职工作的实效上来，确保政治和业务融为一体、高度统一。二是强化理论武装。坚持不懈推动学习贯彻习近平新时代中国特色社会主义思想往深里走、往心里走、往实里走，健全学习贯彻习近平新时代中国特色社会主义思想的长效机制，打牢思想基础，提升认识层次，把学习成果转化为推动铁路高质量发展的持续动力。三是发挥组织优势。突出建强党的组织体系，增强全局各级党组织政治功能和组织力，把党的基层组织建设得更加坚强有力。四是坚持从严管党治党。突出政治监督，推进巡视工作。持之以恒落实中央八项规定及其实施细则精神，大力纠治形式主义、官僚主义，巩固拓展作风建设成果。深化运用监督执纪“四种形态”，坚决查处违法违纪案件，构建推进不敢腐、不能腐、不想腐的体制机制。五是加强干部队伍和人才队伍建设。加强各级领导班子建设。坚持好干部标准，抓好队伍建设，大力培养选拔年轻干部。坚持严管厚爱，关心关怀干部，在国家政策允许范围内，主动协调、积极解决涉及干部职工切身利益的问题。加强人才队伍建设，将国家铁路局系统、铁路行业以及社会人才广泛凝聚到铁路事业上来。

马军胜在2020年全国邮政管理工作会议上的讲话

（2020年1月6日）

这次会议的主要任务是：以习近平新时代中国特色社会主义思想为指导，全面贯彻落实党的十九大和十九届二中、三中、四中全会以及中央经济工作会议精神，认真贯彻落实习近平总书记关于邮政业重要指示精神，总结2019年工作，回顾邮政法修订施行10年来行业改革发展成就，分析研判当前形势，部署2020年工作。下面，我讲三个方面意见。

一、2019年工作及邮政法修订施行10年来总体回顾

2019年是新中国成立70周年。70年来，特别是党的十八大以来，在党中央、国务院的坚强领导下，我国邮政业规模迅速扩大，基础设施日益完善，发展质效持续提升，服务能力显著增强，国际合作不断深化，在推动流通方式转型、促进消费升级、助力生产发展中发挥着越来越重要的作用，正由邮政大国向邮政强国昂首迈进。

2019年以来，全行业在以习近平同志为核心的党中央坚强领导下，全面贯彻落实中央决策部署，坚持稳中求进工作总基调，坚持以供给侧结构性改革为主线，坚持新发展理念和以人民为中心的发展思想，推动邮政业高质量发展，砥砺拼搏，务实奋进，邮政业改革发展取得了新成效。预计全年邮政业业务总量和业务收入分别完成1.6万亿元和9600亿元，同比分别增长30%和21%，业务收入占GDP比重接近1%；快递业务量和业务收入分别完成630亿件和7450亿元，同比分别增长24%和23%。新增社会就业20万人以上，支撑网上零售额超过8万亿元。邮政普遍服务和快递服务满意度稳中有升，消费者申诉处理满意率达到98.5%。邮政业在经济社会发展中的作用不断增强，为“六稳”作出了积极贡献。

（一）扎实开展“不忘初心、牢记使命”主题教育，全力做好新中国成立70周年庆祝活动服务保障

一是“不忘初心、牢记使命”主题教育有效开

展。全系统按照“守初心、担使命，找差距、抓落实”总要求，聚焦学习贯彻习近平新时代中国特色社会主义思想，紧跟习近平总书记最新重要讲话和党的十九届四中全会精神，落实习近平总书记关于邮政业重要指示精神和中央决策部署。联合17个部门印发《关于认真贯彻落实习近平总书记重要指示推动邮政业高质量发展的实施意见》，制定国家局党组贯彻落实习近平总书记重要指示办法，确保习近平总书记关于邮政业的重要指示得到全面落实。坚持把“学习教育、调查研究、检视问题、整改落实”贯穿始终，强化主题教育与中心工作融合，各级领导干部带头串讲规定书目、讲授专题党课，带头奔赴艰苦边远地区和困难矛盾集中地区督导调研、寻计问策，带头对照党章党规找差距、针对查摆问题抓整改，重点抓好“8+1+3”专项整治和17个问题解决，一批群众最急最忧最盼的问题得到有效整改落实，系统提出“两进一出”工程。坚持两批主题教育压茬推进，派出6个巡回指导组，各省（区、市）局派出95个指导组全过程全覆盖督促指导，组织开展第一批主题教育“回头看”，以系统联动、协调推动、良性互动确保主题教育取得明显成效。二是新中国成立70周年庆祝活动邮政业安全服务保障工作圆满完成。围绕“防风险、保安全、迎大庆”任务，全行业以最高标准、最严要求、最佳状态严防严控严查严纠，北京局立足主战场把好主阵地，天津、河北、山西、内蒙古等地发挥“环京护城河”作用，各地严格把好安全关，对7109万件进京邮件、快件实施二次安检，查堵禁寄物品300余件，顺利实现“四个严防、三个确保”工作目标。发行新中国成立七十周年主题纪念邮票，开展了一系列丰富多彩的集邮文化活动，做好阅兵村临时邮局服务保障，组织千余名快递小哥亮相国庆“美好生活”游行方阵，展现了邮政业服务人民美好生活的良好精神风貌。

（二）着力加强制度供给，政策环境进一步优化

一是中央决策部署得到有效落实。参与编制《交通强国建设纲要》，明确邮政业6方面12条重点任务，出台贯彻落实意见，制定《邮政强国建设行动纲要》。全面启动邮政业发展“十四五”规划编制。《雄安新区邮政业发展规划》编制基本完成，京津冀邮政业协同发展重点任务有序推进。认真做好邮政业服务长江经济带、粤港澳大湾区发展有关工作，行业重点任务纳入国家长三角一体化规划纲要。落实乡村振兴战略成果丰硕，中央部署的55.6万个建制村直接通邮任务提前一年完成，西藏、新疆、青海、四川、内蒙古、重庆、云南、甘肃等地攻坚克难，为目标实现作出积极贡献。农村地区快递网点超过3万个、公共取送点达6.3万个，乡镇快递网点覆盖率达到96.6%。二是邮政业改革加快推进。邮政集团的公司制改革顺利完成。持续深化“放管服”改革。取消快递业务场地使用证明等3项证明事项，全面实现许可审批一网通办。制定快递分支机构编码规则，精简备案手续，末端网点备案实现常态化。新业态准入迈出实质性步伐，山东、河南等7个省份为快递服务站开办企业和智能快件箱运营企业发放许可。提高面向企业的服务水平，协调落实新一轮减税降费政策，为企业减免税费15亿元以上，在党报党刊发行、主题邮局设置等方面积极争取政策。推进一体化政务服务平台建设，持续加强政府信息公开。三是法规政策体系不断健全。完成邮政法修订施行10周年总结评估，配合修正《快递暂行条例》。修订出台《邮政业寄递安全监督管理办法》，修正《快递业务经营许可管理办法》，制定《智能快件箱寄递服务管理办法》。服务乡村振兴、支持民营快递企业发展、支持海南邮政业深化改革开放、深化交通运输与邮政快递融合推进农村物流高质量发展、促进跨境电子商务寄

递服务高质量发展、促进快递与电子商务数据互联共享等一批政策文件相继出台，参与促进服务业高质量发展等国家产业政策制定。与河北、江苏省签订战略合作协议，江西等地出台支持邮政业高质量发展文件。

（三）深入推进供给侧结构性改革，行业高质量发展迈上新台阶

一是基础能力建设得到加强。继续实施西部和农村地区邮政基础设施建设项目，推动改造网点和县局房382处。全国已建成快递物流园区402个。主要城市智能快件箱已达40.6万组，城市快递末端公共服务站达到8.2万个。273个城市出台了规范快递车辆通行政策，辽宁等12个省份实现全覆盖。国内快递专用货机达126架，高铁快递开通线路达451条。二是产业融合深入推进。深化交快、邮快合作，制定邮政快递合作下乡进村框架协议，在5省、区开展合作试点。深化警邮、税邮、政邮合作，8000多个网点开办交管业务，近1.7万个网点开办代缴税款业务，对接27个省级政务平台和2815个市县级政务大厅，安徽、浙江、吉林、贵州、上海等地邮政综合服务平台建设成效明显。全国打造快递服务现代农业"一地一品"年业务量超百万件项目163个，新增昆明鲜花、烟台苹果、南宁沃柑、成都柑橘和五常大米等20个年业务量超千万件"快递+"金牌项目，农村地区年收投快件超过150亿件，支撑工业品下乡和农产品进城超过8700亿元。新增快递服务先进制造业项目675个，年支撑制造业产值超1万亿元。深入推进快递与电商协同发展，与商务部共同举办"双品网购节"，促进品牌消费和品质消费。全年支撑网上零售额占社会消费品零售总额比重超五分之一。三是科技创新水平明显提升。制定完成《快件航空运输信息交换规范》等2项国家标准、《快件处理场所基础数据元》等4项行业标准。首批认定18家行业技术研发中心。全行业不断加大科研投入力度，智能客服、智能仓、北斗导航等迅速普及，无人机、人工智能、大数据和区块链等加快应用。智能安检系统样机已进入试产阶段。电子运单等39个项目获首届邮政行业科学技术奖。四是人才队伍建设不断加快。经中央批准，会同人社部门开展首次全国邮政行业评选表彰活动。84人入选首批全国邮政行业科技英才和技术能手推进计划，1.4万余人取得快递工程技术人员职称资格，4所现代邮政学院在校生已达2261人。成功举办全国邮政行业职业技能竞赛、"互联网+"快递大学生双创大赛、邮政职业教育快递技能大赛和强邮论坛。联合人社部颁布快递员和快件处理员国家职业技能标准，推动各地将快递从业人员职业技能培训纳入政府补贴目录。五是从业员工权益保障有效加强。贯彻落实习近平总书记新年致辞和春节期间看望快递小哥时的重要指示要求，联合团中央开展"快递从业青年服务月"活动，为快递小哥提供法律和心理咨询服务2.2万人次，组织关爱慰问活动3255场次、覆盖快递从业青年27万余人，170名优秀快递员赴井冈山接受革命传统教育。重庆、福建等地设立近万个快递爱心驿站，北京、广东等地为4450名快递员提供免费体检，把总书记对基层劳动者的关心关怀落到实处。

（四）聚焦靶心精准发力，三大攻坚战取得积极进展

一是防范化解重大风险能力明显增强。积极应对中美经贸摩擦以来出现的新情况。不断完善风险防控机制，修订应急预案，健全安全生产分析通报制度，出台企业安全主体责任落实规范。严抓"三项制度"落实，开展实名收寄专项整治，新增安检机2000余台。深入开展寄递渠道涉枪涉爆专项治理，查堵枪爆物品1.2万余件。有序推进"绿盾"工程，建成合肥灾备中心、国家局监控中心和90多个省市级监控中心，部分重要信息

系统上线运行。做好行业“扫黄打非”、反恐、禁毒、芬太尼类物质管控、非洲猪瘟疫情防控、打击侵权假冒、网络安全和信息安全等工作。圆满完成军运会、进博会、世园会等重大活动寄递安保任务，高质量完成“双11”旺季服务保障，有效应对自然灾害和各类突发事件。二是服务精准脱贫攻坚战成效显著。安排发行《精准扶贫》专题邮票，宣传国家扶贫成就。邮政企业建立线上扶贫地方馆729个，实现国家级贫困县全覆盖；大力培育“一市一品”项目，覆盖462个国家级贫困县7.2万户贫困人口，平均为每户增收3260元。主要快递企业将社会公益与精准扶贫有效结合，投入资金物资共计5.18亿元，直接购买贫困地区农产品1.17亿元，帮助销售农产品3.67亿元，受益贫困人口近20万人。认真抓好定点扶贫工作，全系统选派扶贫干部142人，投入和引进各类资金近亿元，实施帮扶项目437个，帮助建档立卡贫困户就业2804人、脱贫1.7万人，国家局为定点帮扶的平泉市引进农村公路建设资金1900万元，各省（区、市）局定点帮扶贫困村三分之二已脱贫摘帽。三是污染防治攻坚战持续发力。建立行业生态环保工作部门，制定包装基本要求等标准，加强标准宣贯。建立行业生态环保信用约束机制，开展社会监督、定期通报和跨区域督导检查，推动企业落实主体责任。实施“9571”工程，全国电子运单使用率达98%，电商快件不再二次包装率达52%，循环中转袋使用率达75%，3万个网点设置了标准的包装废弃物回收装置，“瘦身胶带”封装比例达75%，新增3.1万台新能源和清洁能源车辆。开展绿色采购、绿色城市综合试点等试点示范，加快推进海南省快递绿色包装应用。与相关部门共同推进快递电商包装治理、快递包装绿色产品认证工作。开展“邮来已久、绿动未来”主题宣传，加快形成产业上下游、社会各方面联动的良好局面。

（五）坚持监管服务并重，依法治邮成效明显

一是邮政普遍服务监督进一步加强。编制普遍服务、邮票发行监督检查手册，规范执法工作。强化邮政服务质量监督检查，实施邮政普遍服务营业场所分级监管。严肃处理巡视邮箱信件积压等案件，出台邮政专用信箱管理规定。全年查处违法违规案件148起。加强仿印邮票图案审批管理。认真做好社会监督工作。开发建制村直接通邮App，基本实现对农村投递服务网上实时监管。邮件寄递时限水平大幅提升，84%的县级城市实现《人民日报》当日见报，基本解决平信丢损问题。二是邮政市场监管不断强化。继续实施“双随机、一公开”监管，修订随机抽查实施细则，强化结果公示运用。组织跨区域随机督导互查，全年执法16.1万人次，查处违法违规案件7000余起。深入开展快递末端服务违规收费专项治理，立案查处249起，实施行政处罚212起，切实保护群众合法权益。扎实推进违规许可专项治理。加快建设快递业信用体系，出台评定方案，会同9部门推动开展联合惩戒。加快推进申诉改革并在6省试点，全行业为消费者挽回经济损失7000多万元。做好邮政用品用具生产监制和质量监督抽检，加强快递码号资源统一管理。强化集邮市场监管。三是执法综合管理水平持续提升。全面推行行政执法公示、执法全过程记录和重大执法决定法制审核制度。国家局全年共办理行政复议58起、行政应诉23起，依法监督执法行为。协同有关部门加强对滥诉缠诉行为治理。建立全系统法律职业人才库，51人获公职律师证书。四是机构能力建设大力推进。印发推进邮政业安全监管体系建设指导意见，新增北京、山西、内蒙古、吉林、福建、湖南、陕西、甘肃、宁夏9个省级和40个市级邮政业安全中心，江苏、安徽、湖南和山东实现市级安全中心全覆盖，新增县级邮政管理机构34个。

修订行业统计调查制度，开展“三新”单位核实认定，配合国家统计督察，提升行业经济运行分析水平。推动落实中央与地方财政事权和支出责任划分改革，出台邮政领域指导意见，配套编制项目明细清单。加强预算执行，强化项目绩效管理，提高内部审计监督质效。中国快递协会和海峡两岸邮政交流协会完成换届，行业协会改革稳步推进。扎实做好两会建议提案办理、养老保险转移清算和工会、青年、妇女、老干部等工作。

（六）加快更高水平全面开放，国际和港澳台交流合作开创新局面

一是邮政业更高水平对外开放措施加快推出。开展跨境电子商务寄递服务高质量发展专项行动，促进跨境寄递服务平稳发展。批复设立南昌、无锡和贵阳国际邮件互换局，协同海关总署推动国际邮件互换局信息化、自动化升级改造，提升通关效率。将国际快递业务许可审批权委托下放至海南自贸试验区，天津、广东为21家企业颁发国际许可。全年完成跨境寄递业务量21.2亿件，支撑跨境网购零售额4400亿元。邮政、快递企业在综合物流、海外仓建设等方面加强国际合作，大力开拓全球货运、快递及物流市场。新增23条国际货运航线，国际快递网络和海外仓服务分别覆盖全球60多个和50多个国家及地区。二是参与全球邮政治理作用发挥更加凸显。科学有效应对美国“退群”和万国邮联终端费谈判，推动终端费改革融合V方案获得通过，成功维护多边体制和我国权益。推动设立万国邮联铁路联络委员会，持续推进中欧班列运邮常态化，开展入欧新通道运邮测试和快件运输试点。积极参与万国邮联会费改革。成功举办中国2019世界邮展和万国邮联电子商务时代跨境合作全球大会，向全世界宣传中国集邮文化和邮政业改革开放成就经验。加强与泛非邮联、法国、印度等在邮政领域合作，举办中欧邮政监管论坛和中日邮政政策对话。配合开展中美经贸磋商，参与中韩、中新等自贸协定谈判，积极配合中欧投资协定、世贸组织电子商务、区域全面经济伙伴关系（RCEP）谈判，邮政领域国际合作进一步拓展。三是港澳台合作交流日益深化。进一步促进两岸邮政合作发展，优化业务合作流程，组织技术交流，落实两岸邮政青年互访机制。加强内地与港澳邮政交流，落实澳门回归祖国20周年有关活动安排，组织粤港澳大湾区邮政发展交流研究。发行《澳门回归二十周年》《粤港澳大湾区》纪特邮票。

（七）坚持以政治建设为统领，全面从严治党向纵深推进

一是全系统党的建设更加有力。深入贯彻落实习近平总书记关于推进中央和国家机关党的政治建设重要指示精神，制定加强党的政治建设实施意见、加强和改进局机关党的建设实施意见，认真开展习近平总书记重要指示贯彻落实情况“回头看”，严格落实重大事项请示报告制度。修订党组工作规则，制定党组讨论和决定的重大问题清单，各级党组工作的制度化科学化规范化水平不断提高。牢固树立狠抓基层的鲜明导向，认真落实支部工作条例。积极推动非公快递企业党的建设“两个覆盖”。持之以恒正风肃纪，紧盯重要节点进行廉政教育，严防“四风”反弹，召开全系统警示教育电视电话会议通报32起违规违纪违法案例，强化巡视监督，完成8个直属单位政治巡视，实现对系统内巡视全覆盖。二是干部队伍建设得到加强。贯彻新修订的干部选拔任用条例，印发加强领导班子和领导干部综合分析研判、加强领导干部政治素质考察等意见，制定领导班子和领导干部考核实施办法。坚持事业为上选用干部，积极稳妥推进干部交流，组织开展援藏援疆援青工作。加强扶贫挂职干部服务管理。编制全系统干部教育培训规划，全面推开在线学习，开展系统年轻干部理想信念教育和能力提升培训。公务

员职务与职级并行有序推进。对 8 个集体和 34 名个人给予及时奖励，强化正向激励、关心关爱。湖北恩施局荣获全国“人民满意的公务员集体”称号，新疆和田局、西藏昌都局刘仕超同志分别荣获全国民族团结进步模范集体和模范个人称号。制定国家局党组管理干部社会团体兼职管理暂行办法，从严从实抓好干部管理监督。坚持“三个区分开来”建立容错纠错机制，促进干部担当作为。三是行业软实力持续提升。深入推进行业精神文明建设，31 个集体获得“全国青年文明号”称号，120 个集体和个人获省部级以上荣誉，其美多吉被评为时代楷模、获得全国五一劳动奖章、被评为全国民族团结进步模范个人，习近平总书记亲自颁奖。把握正确舆论导向，抓好先进典型宣传，全力做好邮政业庆祝新中国成立 70 周年系列宣传工作，为邮政强国建设营造良好氛围。

同志们，2019 年是修订后的《中华人民共和国邮政法》施行 10 周年。邮政法的修订施行，是党的领导下中国特色社会主义法治体系建设的重要一环，也是我国邮政业改革发展的重要里程碑。修订后的邮政法以法律形式确认了邮政体制改革成果，确立了保障邮政普遍服务、促进快递业发展、加强政府监督管理的一系列重要制度和基本政策，是我国邮政业治理体系和治理能力走向现代化的关键起点。10 年来，我们建成了惠及 14 亿人口、全球最大的邮政普遍服务体系，基本实现了邮政普遍服务均等化和可及化。10 年来，我们基本建成了连接城乡、覆盖全国、通达世界的快递服务网络，快递业务量连续 6 年稳居世界第一，涌现出一批颇具实力、充满活力的市场主体。10 年来，邮政业业务收入和业务总量分别增长了 7.8 倍和 14.1 倍，快递业务收入和业务量的年均增长率分别达到 31.6% 和 42.2%，在国民经济中的基础性支撑性作用不断强化。10 年的实践表明，邮政法确立的中国特色邮政业治理体系符合国情业情，引领邮政业成长为推动流通方式转型、促进消费升级、助力生产发展的现代化先导性产业，适应了经济社会发展和人民日益增长的用邮需求。10 年的实践启示我们，必须坚持在党的领导下完善中国特色邮政业治理体系，持之以恒提高邮政业治理能力和发展水平，为邮政强国建设提供有力保障；必须坚持以人民为中心的发展思想，始终牢记“人民邮政为人民”的初心使命，不断增强人民群众用邮的获得感、幸福感和安全感；必须坚持发展第一要务，深化改革开放，发展壮大邮政事业和邮政产业双轮驱动格局，加快质量、效率和动力变革，不断增强供给适应性和有效性；必须坚持充分发挥市场在资源配置中的决定性作用和更好发挥政府作用，毫不动摇巩固和发展公有制经济，毫不动摇鼓励支持引导民营经济发展，大力培育市场体系，健全完善邮政管理体制，推动行业治理体系和治理能力现代化。

同志们，邮政法修订施行 10 年来行业取得的改革发展成就，是党中央、国务院坚强领导和亲切关怀的结果，是交通运输部正确领导、全行业坚决贯彻落实习近平总书记对邮政业重要指示精神的结果。成绩的取得，离不开中央各部门、地方各级党委政府的大力支持和社会各界的理解帮助，离不开全行业全系统广大干部员工的砥砺奋进、担当作为。在此，我谨代表国家邮政局，向关心支持邮政业改革发展的各位领导和同志，向全体干部员工和离退休老同志致以崇高的敬意和衷心的感谢！

二、坚持走中国特色邮政业发展道路，推进邮政业治理体系和治理能力现代化

党的十九届四中全会对坚持和完善中国特色社会主义制度、推进国家治理体系和治理能力现

代化作出了重大决定。中国特色社会主义制度是党和人民在长期实践探索中形成的科学制度体系，我国国家治理一切工作和活动都依照中国特色社会主义制度展开。中国邮政业发展道路是中国特色社会主义制度在邮政业的生动实践，邮政业治理体系是国家治理体系在邮政业的有效展开。

改革开放以来，我们历经邮电分营、政企分开、邮政业务和邮政储蓄改革、深化行政体制改革、邮政管理体制完善等，走出了一条具有中国特色的邮政业发展道路。尤其是党的十八大以来，形成和完善了确保普遍服务、促进公平竞争、推动行业发展、维护市场秩序、推进绿色安全等一系列制度，行业治理体系和治理能力现代化水平不断提升，推动中国邮政业在短时间内实现了由小到大的历史性跨越。中国邮政业发展道路和行业治理体系充分解放和发展了生产力，充分调动和集聚了不同所有制市场主体的积极性以及各方面要素资源，服务和保障了全体公民的通信权益，适应和满足了人民群众的用邮需求，融入和促进了国家经济社会发展。实践证明，中央关于邮政体制改革的重大决策是完全正确的，必将持续推动我国邮政业高质量发展，实现邮政业从大到强的飞跃。

当前，我国邮政业规模全球领先，要素市场活跃，功能不断增强，成为国家重要的战略性基础设施和社会组织系统之一，仍处在大有可为的战略机遇期，但也面临着新形势新情况新挑战。一是全球政治经济形势和国际邮政治理的变化带来新挑战。“一带一路”建设和高质量发展、全球贸易方式转型、中美经贸斗争、万国邮联结构改革和终端费调整等一系列变化，亟须邮政业加快“走出去”，提供有力战略支撑，必须直面严峻复杂形势，发扬斗争精神，增强斗争本领，构建新型国际网络，参与国际邮政治理。二是经济高质量发展对邮政业提出了新要求。当前，我国正处在转变发展方式、优化经济结构、转换增长动力的攻关期，邮政业作为现代化经济体系的基础底板、新动能的代表，必须贯彻“巩固、增强、提升、畅通”方针，发挥优势弥补短板，畅通供需物流渠道，降低社会交易成本，助力建设国内经济循环体系。三是邮政业进入由大到强的新阶段必须坚定不移贯彻新发展理念。全面建成与小康社会相适应的现代邮政业即将实现，邮政强国建设新征程已经开启。越向前，风险挑战越多。践行“人民邮政为人民”的初心使命，必须改变单纯以件量论英雄的传统理念，树立全面、整体的观念，聚焦服务与质量、效率与效益，在更加创新、更加协调、更加绿色、更加开放和更加共享上下功夫，从指标体系、工作举措、行业监管等方面共同发力，大力加强基层、基础、基本功“三基”建设，集中精力解决邮政业不平衡不充分问题。

习近平总书记亲切关心指导、多次对邮政业作出重要指示，为行业高质量发展指明了前进方向，提供了根本遵循，提出了更高要求。全系统全行业要以习近平新时代中国特色社会主义思想为指导，全面贯彻党的十九大和十九届二中、三中、四中全会精神，深入领会习近平总书记对邮政业重要指示精神，增强“四个意识”、坚定“四个自信”、做到“两个维护”，以“两进一出”工程为抓手，坚持完善邮政业高质量的民生服务体系、高标准的现代市场体系、高效能的国际寄递体系、高精准的风险防控体系和高水平的绿色发展体系，以制度创新推动治理效能提升，为全面建成人民满意、保障有力、世界前列的邮政强国，实现邮政业的中国梦提供有力保证。

（一）坚持完善高质量的邮政业民生服务体系

邮政业是保障和实现美好生活的重要途径，保障服务民生是“人民邮政为人民”的题中之义，是推进邮政业治理体系和治理能力现代化的必然要求。要创新邮政公共服务内涵。准确把握邮政业公益性、基础性、商业性的多重属性，强化邮政快递网络基础设施的布局统筹。推动以区域和功能为依据界定邮政业公共服务，将代理政务、农村快递服务、末端服务等纳入公共服务范畴，向高品质和多样化升级。要改革邮政公共服务机制。推动健全邮政普遍服务补偿机制，形成支持农村和边远地区发展的长效机制。完善普遍服务财政补贴绩效评价制度，将质量与补贴进行挂钩。创新邮政公共服务提供方式，以特定区域和特定项目为试点，支持社会力量增加公共服务供给。要健全快递进村制度安排。落实中央与地方财政事权和支出责任划分改革，明确地方政府对农村快递和城乡末端设施的财政事权和支出责任。着力建网络、提水平、强功能、融产业，推广邮快合作、快快合作、快交合作、快商合作等模式，推进试点，因地制宜加快推进“快递进村”。要完善行业创业就业政策。支持围绕“互联网＋服务业＋寄递”创新创业，更深更广便利群众生活。要发挥行业就业脱贫优势，把稳就业摆在突出位置。鼓励围绕邮政快递返乡创业就业，推广“寄递＋农村电商＋农特产品＋农户”产业扶贫模式，更好服务乡村振兴战略。改善快递小哥工作环境，提升权益保障和职业发展保障水平。

（二）坚持完善高标准的邮政业现代市场体系

实现市场准入畅通、市场开放有序、市场秩序规范，加快形成企业自主经营公平竞争、消费者自由选择自主消费、商品和要素有序流动平等交换的邮政业现代市场体系。要强化公平竞争机制。营造各种所有制主体依法平等使用资源要素、公开公平公正参与竞争、同等接受法律保护的市场环境。加强与相关部门联动，健全行业反垄断、反不正当竞争的政策和制度储备。坚持依法治邮，保障市场的开放和统一，防止区域保护和市场分割。强化消费者权益保护，加大对关系群众切身利益的重点领域的监管力度。要加强要素市场建设。健全劳动、资本、土地、知识、技术、管理、数据等生产要素由市场评价贡献、按贡献决定报酬的机制。完善数据流动机制，引导有序竞争，促进规范发展。引导一次分配比例适当向基层、向一线员工倾斜。推动建设邮政业科技应用推广公共平台，形成邮政业科技和标准闭环管理制度。健全邮政业各类人才的培养、评价、使用制度。鼓励引导各类资本支持邮政业发展，支持探索融资租赁、经营性租赁、供应链金融等模式，发展“快递物流＋金融”业务。要向专业化和价值链高端延伸。将“快递进厂”作为邮政业更高水平产业协同的突破口，引导快递企业通过收购、控股、交叉持股等方式快速提升供应链能力，嵌入工业互联网。推动与相关部门联合深化“快递进厂”、服务中国制造的政策机制，创新融合发展新模式，探索重点行业融合发展新路径，细分市场出台项目指引。充分调动地方积极性，开展“快递进厂”典型项目建设和重点区域试点，推进产业融合和产城融合。要完善包容创新机制。持续深化“放管服”改革，按照包容审慎原则放宽市场准入，加强对新业态新模式政策和技术储备，联合多方共治。鼓励各类寄递服务的新技术新业态新模式发展，促进市场自我调整。

（三）坚持完善高效能的邮政业国际寄递体系

当今世界形势深刻变革、国际竞争日趋激烈，迫切要求我们适应经济全球化的动力系统转换、规则体系重构和治理体系变革，聚焦国际物流寄递关键环节不可控等“卡脖子”问题，建立面向全球的寄递物流服务体系，助力提升国家整体竞争力。要健全“出海”制度设计。协调海关、商务等部门共同制定邮政快递两大通道“出海”保障措施，推进试点落地。编制邮件和快件进出境设施规划，优化国际邮件互换局布局，加快国际快件监管中心建设。加强国际快递航空网络能力建设，增进与重点国家和区域的政策沟通、设施联通，打破“出海”政策壁垒。要分步完善境外网络。强化资源整合，培育具有全球竞争力的寄递企业。尽快构建服务高技术产业的应急保障网络，抓住开放程度更高、政策力度更大的RCEP等机遇，加快建设区域网络，重点拓展东南亚等周边国家网络，逐步延伸至更多“一带一路”国家。要实行更高水平开放。依照全面开放国内快递包裹市场制度，支持外资企业在华投资。探索在粤港澳大湾区框架下三地邮政快递运行管理模式。打造更多的跨境寄递通道平台。全面融入自由贸易试验区、跨境电商综合试验区、综合保税区等开放前沿实践。要主动参与全球邮政治理变革。积极维护万国邮联多边机制，跟踪、评估、应对万国邮联终端费改革影响，深化与海关、铁路、公路、民航等国际组织的交流合作，开展双多边邮政和快递合作，推动建立应对邮政快递领域国际摩擦机制。

（四）坚持完善高精准的邮政业风险防控体系

当前传统安全和非传统安全风险叠加，重大安保任务日益增多。要守住安全底线，实现精准识别、有效防范是扭转安全态势、变被动为主动的关键举措。要升级寄递安全能力。综合应用5G、人工智能、区块链、云计算、大数据、物联网等新一代信息技术，提升安全监管智能化水平，督促企业加大技术和人员投入，全面落实寄递安全监管“三项制度”，打造安全防控“升级版”。持续强化重要时点、重要地区、重要路由安全保障，坚决防范重特大安全事故。要构建数据安全制度。搭建数据公共服务平台，推动部门、行业和企业间的数据共享。完善行业治理基础数据库，建立邮政业码号资源管理与应用平台。增强邮政业数据安全和个人信息安全保护能力，确保万物互联下的信息和数据安全。要储备产业安全政策。建立邮政快递产业安全的风险研判、防范化解、调查监管机制，强化监管力量，完善监管工具。加强与驻外机构联络，引导企业规避“出海”的政策法规风险，提高合规经营能力，不断提升快递物流产业全球竞争力和国家供应链安全保障能力。要加强衍生风险防控。强化行业应急管理能力体系建设，加强舆情监测管理，有效防范和应对因市场主体退出、上下游摩擦及各种违规问题引发的群体事件、社会舆情等衍生风险，确保行业运行稳定。

（五）坚持完善高水平的邮政业绿色发展体系

党中央、国务院高度重视邮政业生态环保工作，社会各界也广泛关注，全系统全行业必须提高政治站位，牢记总书记嘱托，在“注意、杜绝、避免”上下功夫，健全邮政业绿色发展体系。要完善法规体系。推动在固废法、快递暂行条例等法律法规修订中，明确各市场主体对快递绿色包装的法律责任，强化约束性规定。推动制定快递包装管理办法，健全完善社会各个方面齐抓共治、积极参与的行动机制。要完善标准体系。设立快递绿色包装标准化联合工作组，发布快递包装绿色产品清单目录，出台快递绿色包装相关国家标准，统一指导快递包装标准制定。推动出台地方标准和团体标准，深入开展标准宣贯工作。要完善政策体系。争取中央资金支持开展快递可循环包装试点示范以及统计监测分析体系、执法和监管能力建设。推动各地加大对绿色快递包装研发生产、绿色物流和配送体系建设等重点项目支持力度。要完善监管体系。建立快递包装产品绿色认证工作体系，推动绿色包装技术研究应用。健全绿色邮政评价指标体系和监测评估制度，强化信息披露和结果应用，引导和督促企业落实主体责任。推动落实属地责任，完善部门协作配合机制，逐步形成部门互动、区域联动、上下齐动的良好工作格局。加强宣传教育，倡导绿色消费，营造“绿色邮政、人人有为”的良好社会氛围。

坚持走中国特色邮政业发展道路，推进行业治理体系和治理能力现代化，必须坚持和完善党对邮政业集中统一领导。坚持把政治建设摆在首位，学懂弄通做实习近平新时代中国特色社会主义思想。坚决贯彻落实党中央决策部署，特别是习近平总书记关于邮政业重要指示精神落实，确保党中央决策部署在邮政管理系统不折不扣落地见效。巩固和拓展“不忘初心、牢记使命”主题教育成果，落实各项制度，形成长效机制，锤炼邮政管理系统党员干部忠诚干净担当的政治品格。突出抓好模范机关建设，建强党的组织体系，发挥党组把方向、管大局、保落实作用，增强各级党组织政治功能和组织力，确保党的领导贯穿邮政业各领域各方面各环节。

三、2020年工作安排

2020年是全面建成小康社会和“十三五”规划收官之年，要实现第一个百年奋斗目标，为“十四五”发展和实现第二个百年奋斗目标打好基础，做好邮政业改革发展各项工作意义重大。今年工作的总体要求是：以习近平新时代中国特色社会主义思想为指导，全面贯彻党的十九大和十九届二中、三中、四中全会以及中央经济工作会议精神，坚决贯彻党的基本理论、基本路线、基本方略，增强“四个意识”、坚定“四个自信”、做到“两个维护”，坚持稳中求进工作总基调，坚持新发展理念，坚持以供给侧结构性改革为主线，坚持以改革开放为动力，推动高质量发展，坚决打赢三大攻坚战，加快推进“两进一出”工程，着力稳态势、提质效、优服务、惠民生、保安全，不断提升行业治理体系和治理能力现代化水平，全面建成与小康社会相适应的现代邮政业，开启邮政强国建设新征程。

预计全年邮政业业务总量完成1.9万亿元，同比增长20%左右；业务收入完成1.1万亿元，同比增长15%左右。其中，快递业务量完成740亿件，同比增长18%左右；业务收入完成8660亿元，同比增长16%左右。邮政、快递服务满意度持续提高，快递包装治理取得积极成效，为国家稳就业作出积极贡献。要重点抓好以下六个方面工作。

（一）落实新发展理念巩固行业稳中有进发展态势

一是编制战略规划。贯彻落实《交通强国建设纲要》，印发实施《邮政强国建设行动纲要》。编制邮政业发展“十四五”规划和专项规划，做好与国民经济和社会发展规划纲要、综合交通运输规划等重点规划的衔接。开展“十三五”规划总结评估。出台促进粤港澳大湾区邮政业发展的实施意见。落实京津冀、长江经济带、长三角、黄河流域生态保护和高质量发展等重大战略任务。二是优化行业营商环境。制定贯彻落实《国务院关于加强和规范事中事后监管的指导意见》的配套措施。深化“放管服”改革。推进邮政行政审批制度和“证照分离”改革。加强许可规范化标准化建设，全面实施电子证照。优化快递业务经营许可审批流程，开展全国许可证集中到期换领工作。全面推动仓递一体化许可，探索即时递送服务准入。巩固违规许可专项治理成效。推进仿印邮票图案及其制品审批改革。全面建成邮政业政务服务“好差评”制度体系，组织开展行业政务服务和公共服务评价。三是完善标准统计体系。完善邮政业标准体系架构。加快快递绿色包装标准建设，组织制订《绿色产品评价　快递封装用品》国家标准和《冷链快递保温箱技术要求》行业标准。修订《住宅信报箱》国家标准，制定智能安检、无人机等新技术新装备行业标准，开展寄递地址编码试点。建立邮政业高质量发展统计指标体系，推进行业新业态统计。

（二）进一步推动邮政业高质量发展

一是深化邮政服务改革创新。支持邮政企业继续拓展警邮、税邮、政邮等合作，力争开办政务便民服务的邮政网点达 2 万个以上，全国对接政务服务大厅覆盖率稳步提升。推动将智能投递设施建设纳入城镇老旧小区改造。鼓励邮政企业建设“邮乐购”农村电商服务生态圈，推广“村邮站+快递超市+电商服务+便民服务”模式，加快与农村电商协同发展。推动邮政企业创新邮票销售体制，更好满足集邮爱好者需求。二是推动快递服务扩容转型。推进“快递下乡”换挡升级，基本实现“乡乡有网点”。启动“快递进村”工程，制定三年行动方案，深化邮快、快快、快交、快商合作，分阶段分区域明确进村目标途径。开展快递服务现代农业金银牌项目评定，助力乡村振兴战略。加快“快递进厂”工程，出台快递服务制造业指导意见，打造一批入厂物流、仓配一体化、订单末端配送、区域性供应链服务、嵌入式电子商务等代表项目。鼓励快递企业在快运、医药配送、冷链物流等领域扩大市场份额。补齐快递与电商数据交换短板，促进快递与电商高效协同。加强快递末端能力建设，提高末端服务公共化、平台化、集约化水平。进一步规范快递末端车辆管理。开展好中国快递示范城市创建工作。三是加强科技创新与应用。聚焦“智能+”客户服务、基础设施、关联领域、生产组织、节能环保等关键领域和人工智能、5G 通信、物联网、区块链等新兴技术，制定《邮政业应用技术研发指南》，引导全行业有针对性开展科技研发。组织研发智能视频监控系统，推广应用北斗卫星导航系统。开展年度行业技术研发中心认定、科技奖励评选工作。支持企业申报国家重点实验室和工程研究中心。四是强化行业人才支撑保障。表彰全国邮政行业先进集体、劳动模范和先进工作者。实施快递从业人员职业技能培训“246”工程，力争两年培训 40 万人次。深入推进快递工程技术人员职称评审，推动中、高级快递工程师人数稳步上升。开展邮（快）件安检员新工种研究，推进落实职业技能等级制度。组织第三批全国邮政行业人才培养基地遴选。加快国际化人才培养，广泛参与国际交流合作。办好第五届全国“互联网+”快递大学生双创大赛。扎实推进快递小哥权益保障和关心关爱工作，指导加强行业工会机制建设，切实保障快递从业人员合法权益。开展快递从业青年服务月活动，建设运行好各类爱心服务阵地，推动更多地方政府在住房、医疗、子女教育等方面为快递员提供保障，进一步加强全社会对快递员关心关爱。

（三）坚决打好三大攻坚战

一是坚决防范化解重大风险。宣贯《邮政业寄递安全监督管理办法》。推动落实中央和地方安全监管共同事权。深入开展安全生产集中整治行动，夯实企业主体责任和总部全网统一管理责任，提升安全生产标准化水平。狠抓“三项制度”落实，加强寄递协议服务规范管理，开展数据资源共建共享，加强活体动物等特殊物品和危险化学品寄递管理，加快推进智能安检系统应用。深化寄递安全综合治理，完善与公安、海关等部门联合监管机制。做好邮政业反恐、禁毒、打击侵权假冒、野生动植物保护、“扫黄打非”等工作，强化芬太尼类物质寄递管控。加强行业应急管理体系建设，推动融入地方应急管理体系，提升行业风险防范和应急处置能力。完成“绿盾”工程建设，运用信息化手段进一步加强行业运行监测预警。做好重大活动期间和生产旺季寄递渠道安全服务保障工作。全力做好行业网络安全和信息安全工作，加强信访工作，强化舆情引导，防范化解各类风险。二是坚决打赢脱贫攻坚战。大力开展产业扶贫，在国家级贫困县打造更多的服务现代农业特色项目。积极实施就业扶贫，鼓励企业加大从贫困地区招收员工力度。切实扛起定点扶贫政治责任，借助“四好农村路”集中力量抓好邮政、快递等基础设施建设，推进电子商务线上线下融合发展，助力农特产品走向全国。三是加快快递包装综合治理。推动完善行业绿色发展政策体系，开展快递包装绿色产品认证。建设行业生态环保监控平台，完善信息收集、评价、报告和通报工作体系。强化源头治理，开展黑色包装袋等特定物质超标包装专项整治，推动可循环快递包装产品研发应用，推广应用免胶带纸箱和绿色环保包装袋。修订快递包装绿色操作指南，严格落实规范化标准化封装操作要求。完善邮政用品用具监管制度。推动落实生产者延伸责任制度。开展绿色网点、绿色分拨中心创建，加大新能源和清洁能源车辆推广应用。2020 年，力争实现“瘦身胶带”封装比例达 90%，电商快件不再二次包装率达 70%，循环中转袋使用率达 90%，新增 2 万个设置标准包装废弃物回收装置的邮政快递网点。

（四）进一步深化国际和港澳台交流合作

一是加快国际寄递物流服务发展。积极支持自由贸易试验区建设，推动完善国际邮件互换局布局与信息化、自动化升级改造，不断提高跨境寄递服务能力。实施“快递出海”工程，推动制定促进国际寄递物流发展相关政策文件，鼓励企业整合资源，在通道网络、货物组织、航空运力等方面共建共享，多方式拓展国际服务网络，提升国际运营能力和竞争力。加快跨境快件进出境基础设施建设，推动优化通关便利化环境。二是推进邮政国际交流。加强与“一带一路”沿线国家和 RCEP 国家邮政领域交流合作。加快中欧班列运输邮（快）件工作，大力推动邮件入欧新通道建设，推广班列快件运输经验，搭建沿线国家快件运输政策和法律风险信息服务平台。深度参与万国邮联会费改革，做好第 27 届万国邮联大会参会和“三项竞选”工作。开展中日、中韩、中泰等邮政双边交流和高级别对话。参与中欧投资协定、中韩自贸协定、世贸组织电子商务议题等双多边谈判，为企业“走出去”提供法律政策咨询。配合做好中美经贸磋商有关工作。三是强化港澳台合作。组织两岸邮政发展研讨会，举办海峡两岸珍邮特展，办好邮政青年交流互访活动，服务两岸经济社会融合发展。组织召开内地与港澳邮政峰会，推动粤港澳大湾区邮政业交流合作项目实施。

（五）进一步提升治理体系和治理能力现代化水平

一是强化行业法治建设。推动出台《邮件快件包装管理办法》，适时修订《仿印邮票图案管理办法》，配合修订《固体废物污染环境防治法》。依法办理行政复议和行政应诉案件。对重大执法决定实施法制审查。充分发挥法律顾问和公职律师在复议诉讼案件办理等方面的作用。总结“七五”普法工作经验。二是加强邮政普遍服务监督。继续组织邮政服务质量检查，开展乡镇局所专项整治行动，规范提升乡镇邮政服务水平。巩固建制村直接通邮成果，着重提升边远边境地区建制村投递服务的稳定性、可持续性，打造高质量的进村服务。完成邮政普遍服务监督管理信息系统升级改造，用好建制村直接通邮 App 和社会监督员 App，加快营业场所视频接入，全面提升监督管理信息化水平。做好社会监督员意见建议采纳与反馈处理，进一步提升社会监督成效。服务保障好北京 2022 年冬奥会筹备，安排发行冬奥会吉祥物、冰上运动纪念邮票。做好纪特邮票发行和专项监督检查工作。三是强化邮政市场监管。继续落实“双随机、一公开”要求，分批制定随机抽查工作指引。加强案卷评议指导和案件案号管理，建立行政执法绩效评估机制。加大移动执法装备配备，保障执法过程记录和执法结果公开。深化新业态监管，实现快递服务站、智能快件箱监管工作常态化。组织开展快递业信用评定，实行严重失信行为“黑名单”管理。继续做好申诉改革试点工作。加强快递码号资源统一管理。强化集邮市场监管。四是推进服务型政府建设。推动落实中央与地方财政事权和支出责任划分改革，力争在共同事权与地方事权的资金保障政策方面取得更大进展。全面实施预算绩效管理，要坚持勤俭节约，坚决压缩一般性支出，加大审计监督力度。统筹推进一体化在线政务服务平台、“互联网＋监管”建设，加大政府信息公开力度，扎实做好信息发布和政策解读。加快推进安全中心建设，力争实现省级全覆盖、市级有更大进展。加大县级管理机构建设力度。做好中国快递协会脱钩改革工作，进一步发挥社会组织在政府和企业间的桥梁纽带作用，促进行业自律和市场稳定发展。贯彻落实国家出台的地区附加津贴、加班费等制度，将干部待遇政策落实到位。

（六）坚持党的全面集中统一领导

一是强化思想政治引领。牢记首先是政治机关的定位，增强“四个意识”、坚定“四个自信”、做到“两个维护”，坚决贯彻落实好习近平总书记关于邮政业重要指示和中央决策部署。始终将深入学习贯彻习近平新时代中国特色社会主义思想作为首要政治任务，作为指导工作的强大思想武器和行动指南，学思用贯通、知信行统一。深入学习贯彻中央和国家机关党的建设工作会议精神，抓好习近平总书记《论坚持党对一切工作的领导》的学习贯彻，努力建设让党中央放心、让人民群众满意的模范机关。巩固拓展主题教育成果，健全查改问题和推动落实的制度，确保党员干部永葆初心、勇担使命。二是打造高素质干部队伍。把提高治理能力作为新时代干部队伍建设的重大任务，通过加强思想淬炼、政治历练、实践锻炼、专业训练，推动广大干部严格按照制度履行职责、行使权力、开展工作。加强对领导干部政治素质考察，大力选拔敢于负责、勇于担当、善于作为、实绩突出的干部，选优配强领导班子。开展干部队伍现状调研，加强培养选拔优秀年轻干部，畅通扩大全系统干部交流渠道。强化干部教育培训，提升干部履职能力。认真贯彻执行公务员法及职务与职级并行等配套法规，开展干部人事档案工作条例落实情况督促检查。组织“干事创业好班子”“担当作为好干部”遴选，继续做好年度考核评优、及时奖励等工作。出台做好关心关爱干部工作意见。从严监督管理干部，加强对领导干部的提醒、函询和诫勉。做好工会、青年、妇女和离退休干部工作。三是扎实推进从严管党治党。认真落实支部工作条例，加强党支部规范化标准化建设，强化党员教育管理，推进非公快递企业“两个覆盖”。持之以恒正风肃纪，贯彻落实中央八项规定及其实施细则精神，下大力气整治“四风”特别是形式主义官僚主义问题，强化日常监督执纪，加大典型案例通报警示力度，持续纯正政治生态。积极配合垂直管理单位纪检监察体制改革，健全内设纪检机构监督执纪机制。对12个省（区、市）局开展新一轮巡视。四是加强行业精神文明建设。研究新时代邮政文化建设新内涵新特点，大力弘扬“小蜜蜂”精神，广泛选树先进典型，认真开展第四届“寻找最美快递员”活动。落实意识形态工作责任制，加强新闻宣传和阵地建设管理和舆情监测引导，讲好邮政业故事，汇聚起推动行业改革发展的强大正能量。

同志们，今年邮政业改革发展工作要求高、难度大、任务重，需要我们付出更多艰辛、更大努力。让我们更加紧密地团结在以习近平同志为核心的党中央周围，坚决贯彻党中央、国务院决策部署，发扬“忠、专、实”的作风与担当精神，勠力同心、锐意进取，为决胜全面建成与小康社会相适应的现代邮政业、全面建设现代化邮政强国而努力奋斗！

大力推进“四好农村路”高质量发展

中共交通运输部党组

《学习时报》（2019 年 3 月 25 日第 A1 版）

坚持以习近平新时代中国特色社会主义思想为指导，坚持以人民为中心，牢固树立新发展理念，紧紧围绕农村公路“建好、管好、护好、运营好”总目标，深化认识、聚焦突出问题、完善政策机制，以实施补短板、促发展、助增收、提服务、强管养、重示范、夯基础、保安全“八大工程”为重点，全面推进“四好农村路”高质量发展。

“四好农村路”是习近平总书记亲自提出、亲自推动的一项民生工程、民心工程、德政工程。党的十八大以来，习近平总书记高度重视“四好农村路”发展，先后作出多次重要指示批示，为农村公路发展提供了根本遵循和行动指南。今年是习近平总书记首次作出“四好农村路”重要指示批示五周年。我们要以此为新的契机，推动“四好农村路”发展迈上新台阶。

深刻认识习近平总书记“四好农村路”重要指示的重大意义

习近平总书记“四好农村路”的重要指示，深刻阐述了农村公路发展为了谁、干什么、怎么干等重大问题，具有深刻理论内涵和重大指导意义。

“四好农村路”重要指示彰显了以习近平同志为核心的党中央执政为民的宗旨和情怀。习近平总书记指出，“交通基础设施建设具有很强的先导作用，特别是在一些贫困地区，改一条溜索、修一段公路就能给群众打开一扇脱贫致富的大门”，要“逐步消除制约农村发展的交通瓶颈，为广大农民脱贫致富奔小康提供更好的保障”。这些重要论述，深刻回答了农村公路发展为了谁这个基本问题，是以人民为中心的发展思想在交通运输领域的具体体现。这些殷殷嘱托，寄托了习近平总书记对解决“三农”问题的殷切期望，饱含着对贫困群众的牵心挂念，体现了亲民、爱民、忧民、为民的真挚情怀，也体现了我们党全心全意为人民服务的宗旨，体现了我们党为中国人民谋幸福、为中华民族谋复兴的初心和使命。

“四好农村路”重要指示凸显了“四好农村路”建设的重大战略意义。习近平总书记指出，“‘四好农村路’建设取得了实实在在的成效，为农村特别是贫困地区带去了人气、财气，也为党在基层凝聚了民心”，要“从实施乡村振兴战略、打赢脱贫攻坚战的高度，进一步深化对建设农村公路重要意义的认识”。这些重要论述凸显了“四好农村路”建设的重大战略意义。从惠民生来看，“四好农村路”修的是路，改变的是农村面貌，联系的是党心民心，巩固的是党在农村的执政基础。从打好脱贫攻坚战来看，“四好农村路”是实现精准扶贫脱贫的“先手棋”，是破解贫困地区经济社会发展瓶颈的关键，是确保小康路上不让任何一个地方因交通而掉队的底气所在。从实施乡村振兴战略来看，农业强不强、农村美不美、农民富不富，“四好农村路”是基础和关键，也是产业兴旺、生态宜居、乡风文明、治理有效、生活富裕的重要基础设施，是农业农村现代化的坚强保障。

“四好农村路”重要指示为农村交通运输发展指明了前进方向。习近平总书记指出，“新形势下，农村公路建设要因地制宜、以人为本，与优化城镇布局、农村经济发展和广大农民安全便捷出行相适应。要通过创新体制、完善政策，进一步把农村公路建好、管好、护好、运营好”。这些重要论述，深刻阐释了对农村公路发展的规律性认识，具有重要的方法论意义。这深刻启发我们，“四好农村路”建设是一个系统工程。“建好”是基础，“管好”是手段，“护好”是保障，“运营好”是目的，只有建管养运协调发展，才能实现系统最优。这深刻启发我们，“四好农村路”建设要从实际出发，因地制宜、以人为本，不贪大求洋，也不跨越阶段，要符合乡情村情，与优化城镇布局、农村经济发展和广大农民安全便捷出行相适应。这深刻启发我们，唯有深入推进体制改革和机制创新、政策创新、方法创新，才能破除体制机制障碍，推动“四好农村路”高质量发展。

五年来“四好农村路”建设取得历史性成就

五年来，在习近平总书记“四好农村路”重要论述的科学指引下，农村公路发展取得历史性成就，旧貌换新颜。过去是“晴天一身土，雨天一脚泥”，如今是“出门水泥路，抬脚上客车”，一条条“四好农村路”通村畅乡，成为民生路、产业路、致富路，为农村特别是贫困地区带去了人气、财气，为党在基层凝聚了民心。

农村公路基本实现“通村畅乡”，农村路网初步形成。五年来，新改建农村公路 139.2 万公里，农村公路总里程达到 405 万公里，通硬化路乡镇和建制村分别达到 99.64% 和 99.47%。以县城为中心、乡镇为节点、建制村为网点的交通网络初步形成，乡村之间、城乡之间连接更加紧密。

农村公路基本实现“良法善治”，共治格局基本形成。五年来，党中央、国务院高度重视“四好农村路”建设，连续在中央一号文件、政府工作报告中对农村公路作出部署。《农村公路养护管理办法》《关于推进“四好农村路”建设的意见》等一系列法规和政策性文件相继出台，农村公路制度体系更加完善。28 个省份将“四好农村路”纳入政府绩效考核，15 个省份明确提出实施“路长制”，“政府主导、部门协同、行业主抓、社会参与”的农村公路治理格局逐步形成。

农村公路基本实现“有路必养”，优良路率持续提升。五年来，“县道县管、乡村道乡村管”的体系基本建立，“以县为主、分级负责、群众参与”的养护格局基本形成，“有路必养”基本实现，“养必到位”步伐持续加快。截至2017年底，全国农村公路列养率达到97.73%，优良路率由59.95%上升到60.11%，沿线绿化以及沿途村镇美化工程持续开展。五年累计处置安全隐患路段约51.8万公里，危桥23753座，农村公路运行安全条件全面改善。

农村公路基本实现“行有所乘”，运输水平大幅提升。五年来，农村客运水平加快提升，新增3.5万个建制村通客车，乡镇和建制村通客车比例分别超过99.1%和96.5%，城乡道路客运一体化发展水平持续提升。城乡物流网络越织越密，全国县、乡物流网络节点覆盖率达到65%，“工业品下乡、农产品进城、电商进村、快递服务入户”双向多向运输服务进一步打通，为农村经济社会发展提供了有力保障。

农村公路有力支撑“脱贫致富”，有效促进乡村振兴。五年来，我们重点支持“三区三州”深度贫困地区和集中连片特困地区，累计投入3257亿元新改建贫困地区农村公路约78.3万公里，实施安全防护工程约28.2万公里，加宽窄路基路面公路约10.4万公里，建成资源路、旅游路、产业路约4.6万公里。支持贫困地区新增约780个乡镇、4.65万个建制村、2.2万个撤并建制村通硬化路。推动实施“农村公路+”旅游、产业、扶贫等发展新方式，有效盘活了地区资源，带动了特色种养业、农村电商、客货运输、乡村旅游等产业发展，有效增强了贫困地区的“造血”功能。

在过去五年的发展实践中，我们探索出了一条具有中国特色的农村公路发展道路。经验弥足珍贵，必须长期坚持。必须坚持党的领导，坚决贯彻落实好习近平总书记关于“四好农村路”重要指示精神，充分发挥好交通运输系统各级党组织在各自领域的领导核心和战斗堡垒作用。必须坚持建设人民满意交通，坚持农村公路发展为了人民，发展依靠人民，发展成果由人民共享，真正把“四好农村路”建成广大农民的致富路、小康路、幸福路。必须坚持政府主导，把部门行为上升为政府行为，落实好县级人民政府主体责任，整合好资源，统筹推进“四好农村路”建设。必须坚持建管养运协调发展，奋力解决由“通”到“畅”，再到“好”的问题。努力实现系统最优。必须坚持融合发展，把“四好农村路”主动融入农村地区的产业、物流、环境、特色经济的大生态体系中，形成整体合力。必须坚持改革创新，不断深化农村公路管养体制改革，以机制创新、政策创新、方法创新激发农村公路发展新活力。

大力推动“四好农村路”高质量发展

推动“四好农村路”高质量发展是当前和今后一个时期农村公路发展的主攻方向。要以习近平新时代中国特色社会主义思想为指导，坚持以人民为中心，牢固树立新发展理念，紧紧围绕农村公路“建好、管好、护好、运营好”总目标，深化认识、聚焦突出问题、完善政策机制，以实施补短板、促发展、助增收、提服务、强管养、重示范、夯基础、保安全“八大工程”为重点，全面推进“四好农村路”高质量发展。

进一步提高政治站位，增强做好“四好农村路”工作的思想自觉和行动自觉。深入学习习近平新时代中国特色社会主义思想，深刻领会习近平总书记关于交通运输工作的重要论述特别是“四好农村路”重要指示，真正学懂弄通做实。把推进“四好农村路”建设作为一项重大政治任务，切实增强使命感、责任感、紧迫感。

认真贯彻落实高质量发展的新要求，加快推动农村公路从规模速度型向质量效益型转变。完善法规政策保障体系，积极推动《中华人民共和国公路法》《中华人民共和国道路运输条例》修订，加快《农村公路条例》出台。完善组织保障体系，大力推行“路长制”，建立党委领导、政府主导、行业指导、部门联动的工作格局。完善技术指导体系，大力推广低成本、操作简单的标准化养护技术。完善统计、监测、绩效考核体系，继续推进“四好农村路”纳入各级政府绩效考核体系。

着眼建设现代化经济体系新目标，以新发展理念引领“四好农村路”发展。要推动创新发展，积极推动出台《深化农村公路管理养护体制改革的意见》。推动协调发展，着力推进农村公路建管养运协调发展。推动绿色发展，加快完善美丽农村路指标体系。推动开放发展，着力推动农村公路与关联产业融合发展。推动共享发展，着力推进城乡交通一体化，有序推动城市公共交通线路向城市周边延伸，鼓励推进有条件的地区实施农村客运班线公交化改造。

抓住用好乡村振兴战略新机遇，全力为打好脱贫攻坚战当好先行。要坚决打赢打好脱贫攻坚战，全力确保完成“到2019年底实现具备条件的乡镇、建制村通硬化路”“到2020年实现具备条件的建制村通客车”两个指标。要做好脱贫攻坚与服务乡村振兴战略的衔接，确保目标不变、靶心不散、频道不换，保持推进“四好农村路”高质量发展的工作力度和政策强度。着力发挥好“四好农村路”对产业兴旺、生态宜居、乡风文明、治理有效、生活富裕的支撑保障作用。

肩负起建设交通强国的新使命，以高质量的“四好农村路”为农业农村现代化提供有力支撑。建设交通强国，不能有“乡村”短板。要加强谋划研究，把“四好农村路”作为《交通强国建设纲要》和中长期发展规划的重要内容。要加速农村公路提档升级，更好满足人民群众对美好生活的需要。要稳步扩大农村公路网络覆盖程度，积极推进农村公路联网成环，为农业农村现代化提供有力支撑。

不断提高党领导农村交通工作的能力和水平，在新时代实现新担当新作为。“四好农村路”高质量发展是干出来的。要坚持党对农村交通的领导，发挥好党组织把方向、谋大局、定政策、促改革的作用。要坚持建设人民满意交通，进一步在基层凝聚民心。要坚持政府主导、各方共同参与，坚持改革创新，实打实、硬碰硬，逢山开路、遇水架桥，崇尚实干、埋头苦干，努力干出无愧于时代和人民的新业绩。

奋力建设交通强国

中共交通运输部党组

《人民日报》（2019 年 9 月 28 日 14 版）

日前，党中央、国务院印发了《交通强国建设纲要》。建设交通强国，是以习近平同志为核心的党中央作出的重大战略决策，也是新时代做好交通工作的总抓手。我们要认真学习贯彻，奋力建设交通强国。

建设交通强国是人民所需、强国所需

建设交通强国，事关民生福祉增进，事关经济高质量发展，事关国家竞争力提升，意义十分重大。

我们深刻认识到，建设交通强国是满足人民日益增长的美好生活需要的必然要求。随着社会主要矛盾发生变化，人民群众的出行模式和货物流通方式将发生深刻变化。多层次、多样化、个性化的出行需求和小批量、高价值、分散性、快速化的货运需求特征更加明显。加快建设交通强国，将极大增强人民群众的获得感、幸福感、安全感。

我们深刻认识到，建设交通强国是建设社会主义现代化强国的内在要求。交通现代化是一个国家现代化水平的重要标志。建设交通强国，是建设社会主义现代化强国的先行领域和战略支撑。加快建设交通强国，打造现代化综合交通体系，将为实施国家战略、推动经济发展、促进社会进步等提供坚强保障。

我们深刻认识到，建设交通强国是顺应世界交通发展大势的客观需要。当前，新一轮科技革命和产业变革孕育兴起，智能交通、绿色交通、共享交通等新技术新业态竞相涌现，成为各国培育交通发展新优势的重要发力点。加快建设交通强国，有利于抢抓世界科技革命机遇，推动我国交通综合实力进入世界前列。

我们深刻认识到，建设交通强国是推动交通

运输高质量发展的内在需要。对标世界先进水平，我国交通运输存在的主要问题是发展不平衡不充分的问题。加快建设交通强国，有利于破解发展难题、深化供给侧结构性改革、推动行业高质量发展。

建设人民满意、保障有力、世界前列的交通强国

建设人民满意、保障有力、世界前列的交通强国，就必须坚持稳中求进工作总基调，坚持新发展理念，坚持推动高质量发展，坚持以供给侧结构性改革为主线，坚持以人民为中心的发展思想，为全面建设社会主义现代化强国、实现中华民族伟大复兴中国梦提供坚强支撑。

建设交通强国，要坚持以习近平新时代中国特色社会主义思想为指导。党的十八大以来，习近平总书记多次对交通运输工作作出重要论述，为建设交通强国提供了根本遵循，必须长期坚持。我们要牢牢把握交通“先行官”定位，推动交通发展由追求速度规模向更加注重质量效益转变，由各种交通方式相对独立发展向更加注重一体化融合发展转变，由依靠传统要素驱动向更加注重创新驱动转变，打造一流设施、一流技术、一流管理、一流服务，构建安全、便捷、高效、绿色、经济的现代化综合交通体系。

建设交通强国，要深刻领会交通强国的基本内涵。交通强国的基本内涵是“人民满意、保障有力、世界前列”。“人民满意”，就是要建设人民满意交通，真正做到人民交通为人民、人民交通靠人民、人民交通由人民共享、人民交通让人民满意。“保障有力”，就是要为国家重大战略实施、现代化经济体系构建和社会主义现代化强国建设提供有力支撑。“世界前列”，就是要全面实现交通现代化，使交通综合实力进入世界前列。三者有机统一，是我们党的初心和使命在交通运输领域的具体体现。

建设交通强国，要分阶段实现基本目标。在2020年完成决胜全面建成小康社会交通建设任务和“十三五”现代综合交通运输体系发展规划各项任务的基础上，从2021年到本世纪中叶，分两个阶段推进交通强国建设。到2035年，基本建成交通强国。现代化综合交通体系基本形成，人民满意度明显提高，支撑国家现代化建设能力显著增强。到本世纪中叶，全面建成人民满意、保障有力、世界前列的交通强国。基础设施规模质量、技术装备、科技创新能力、智能化与绿色化水平位居世界前列，交通安全水平、治理能力、文明程度、国际竞争力及影响力达到国际先进水平，全面服务和保障社会主义现代化强国建设，人民享有美好交通服务。

落实好交通强国建设重点任务，打造一流设施、一流技术、一流管理、一流服务

《纲要》明确了交通强国建设的重点任务和保障措施，我们要认真抓好贯彻落实，努力打造一流设施、一流技术、一流管理、一流服务。

实现基础设施布局完善、立体互联。基础设施网络是交通强国建设的重要基础。要统筹铁路、公路、水运、民航、管道、邮政等基础设施规划建设，着力建设现代化高质量综合立体交通网络，构建便捷顺畅的城市（群）交通网，形成广覆盖的农村交通基础设施网，构筑多层级、一体化的综合交通枢纽体系，实现基础设施布局完善、立体互联。

实现交通装备先进适用、完备可控。交通运输装备体系是交通强国建设的关键环节。要加强科技研发，大力推广新能源、新材料、新技术，大力发展高效、安全、智能、绿色的新型交通装备，着力加强新型载运工具研发和特种装备研发、推进装备技术升级，全面提升交通装备现代化水平。

实现运输服务便捷舒适、经济高效。运输服务是交通运输供给的最终产品。要聚焦社会主要矛盾变化，大力提高服务品质，提升运输效率，增强运输经济性，着力推进出行服务快速化和便捷化、打造绿色高效的现代物流系统、加快新业态新模式发展。

实现科技创新富有活力、智慧引领。科技创新是建设交通强国的第一动力。要以科技研发为导向，以创新能力为基础，以制度环境为保障，以智慧交通为主攻方向，以信息化、标准化为重要支点，着力强化前沿关键科技研发，大力发展智慧交通，完善科技创新机制，全面支撑交通强国建设。

实现安全保障完善可靠、反应快速。安全是交通强国建设的基本前提。要贯彻落实总体国家安全观，牢固树立安全发展理念，坚持生命至上、安全第一，全力建设平安交通，着力提升本质安全水平、完善交通安全生产体系、强化交通应急救援能力，全面提升安全发展水平和保障国家安全能力。

实现绿色发展节约集约、低碳环保。绿色是交通强国建设的基本底色。要着力促进资源节约集约利用、强化节能减排和污染防治、强化交通生态环境保护修复、开展绿色出行行动，形成交通发展与资源环境承载力相匹配、与生态文明建设相互促进的良好局面。

实现开放合作面向全球、互利共赢。开放合作为交通强国建设开辟战略新空间。要在更大范围、更广领域、更高层次上深化交通开放合作，着力构建互联互通、面向全球的交通网络，形成基础设施互联互通、市场合作互利共赢、成果经验互鉴共享的交通开放新格局。

实现人才队伍精良专业、创新奉献。人才队伍是建设交通强国的重要资源。实现交通运输现代化，关键是要实现人的现代化。要着力培育高水平交通科技人才、打造素质优良的交通劳动者大军、建设高素质专业化交通干部队伍，为建设交通强国提供有力的人才保障。

实现治理体系完善、治理能力提升。现代治理体系是交通强国建设的制度保障。要加快建成政府、市场、社会等多方协作的现代治理体系，全面提升行业治理能力，着力深化行业改革、优化营商环境、扩大社会参与、培育交通文明，实现交通治理体系和治理能力现代化。

建设交通强国，我们必须坚持党的全面领导，坚定政治方向，建立统筹协调的交通强国建设实施工作机制。加强资金保障，完善政府主导、分级负责、多元筹资、风险可控的资金保障和运行管理体制。加强实施管理，促进政策协同，鼓励试点先行。

蓝图已经绘就，目标催人奋进，奋斗正当其时。我们要不忘初心、牢记使命，奋发图强、久久为功，决不辜负党和人民的信任与重托，奋力建成人民满意、保障有力、世界前列的交通强国，为实现中华民族伟大复兴的中国梦当好先行！

求深求真求准求实 确保主题教育取得实效
——真刀真枪解决问题（守初心 担使命 找差距 抓落实·深入开展“不忘初心、牢记使命”主题教育·专访）（节选）

杨传堂

《人民日报》（2019 年 8 月 5 日 02 版）

前不久，中央“不忘初心、牢记使命”主题教育领导小组对开展专项整治作出部署安排。如何认真学习贯彻习近平总书记重要指示精神，以正视问题的自觉和刀刃向内的勇气，真刀真枪解决问题，切实抓好主题教育列出的突出问题的专项整治？近日，交通运输部党组书记杨传堂接受了人民日报记者专访。

记者：交通运输部在学习教育和调查研究方面如何求“深”求“真”？

杨传堂：主题教育开展以来，交通运输部党组深入学习贯彻习近平总书记重要讲话精神，认真落实“守初心、担使命，找差距、抓落实”的总要求，统筹推进“四项措施”，取得积极进展。

学习教育求“深”。部党组深入学习贯彻习近平新时代中国特色社会主义思想特别是总书记关于交通运输的重要指示精神，党组同志集中研学原著、带头讲好党课，900 多名处级以上干部集中轮训、深入研讨，务求学深悟透，解决好思想根子问题。

调查研究求“真”。针对百姓关心的降低物流运输成本、取消高速公路省界收费站等 45 个具体问题，党组同志先后开展了 14 次调研，下基层、听真言、察真情，带着问题去、务求真答案，开好部党组调研成果交流会。

记者：交通运输部在学习教育和调查研究方面如何求“准”求“实”？

杨传堂：检视问题求“准”。既找准症结，也找准病根，以自我革命精神对准脱贫攻坚、“四好农村路”建设等中央部署、人民关心、行业急需的事，逐条检视梳理，初步形成 32 项问题清单，并滚动更新。

整改落实求“实”。我们全面实施提高高速公路通行效率、建成100个“司机之家”、推动交通建设项目更多向进村入户倾斜等十大务实举措，努力建设让党中央放心、让人民满意的模范机关。

以党的政治建设为统领　推动新时代党的建设高质量发展

杨传堂

《旗帜》（2019 年第 3 期）

2019 年，交通运输部将认真学习贯彻习近平总书记关于推进中央和国家机关党的政治建设重要指示精神，全面落实中央和国家机关党的工作暨纪检工作会议精神，坚持围绕中心、服务大局，始终走在前、作表率，推动交通运输部系统党的建设高质量发展，为建设交通强国提供坚强政治保证。

加强政治建设统领　着力建设模范机关

习近平总书记强调，中央和国家机关首先是政治机关，必须旗帜鲜明讲政治，坚定不移加强党的全面领导，坚持不懈推进党的政治建设。交通运输部将始终坚持以党的政治建设为统领，努力做到"一个带头""三个表率"，建设让党中央放心、让人民群众满意的模范机关。

严守党的政治纪律和政治规矩，坚决做到"两个维护"。牢牢抓住保证全党服从中央、维护党中央权威和集中统一领导这个首要任务，树牢"四个意识"、坚定"四个自信"，以实际行动带头坚决做到"两个维护"。教育引导每一名党员干部履职尽责，努力当好建设模范机关的排头兵和主力军。

严肃政治生活，营造良好政治生态。深入贯彻党章和新形势下党内政治生活若干准则，严格落实民主集中制、"三会一课"、民主生活会和组织生活会等基本制度，不断增强党内政治生活的政治性、时代性、原则性、战斗性。树立正确选人用人导向，倡导清清爽爽的同志关系、规规矩矩的上下级关系，着力营造风清气正的政治生态。

知行合一，力戒形式主义、官僚主义。提高政治站位，经常对标对表，及时校准偏差，坚决做到"五个必须"，坚决反对"七个有之"，不折不扣地把习近平总书记关于交通运输工作的重要论述和党中央的重大决策部署落实到交通运输各个领域和各项工作中去。力戒形式主义、官僚主义，加大交通扶贫领域腐败和作风问题治理力度。

强化党的创新理论武装　做学懂弄通做实的老实人

习近平新时代中国特色社会主义思想，是马克思主义中国化最新成果，是党和人民实践经验和集体智慧的结晶，是国家政治生活和社会生活的根本指针。交通运输部将坚持用习近平新时代中国特色社会主义思想武装头脑、指导实践、推动工作。

坚持全员覆盖。引导各级党委（党组）理论学习中心组充分发挥示范引领作用，突出“关键少数”，继续推进学习培训，对处级以上干部、基层党支部书记每年进行一次大轮训。创新方式、搭建平台，带动广大党员干部带着问题学、结合职能学、联系实际学，学出信念、学出信心、学出干劲、学出本领。

坚持学深悟透。组织党员干部读原著、学原文、悟原理，全面掌握党的创新理论的科学体系和精神内涵，深刻把握贯穿其中的马克思主义立场观点方法，不断提升认识世界、改造世界的能力。

坚持学用相长。坚持把习近平新时代中国特色社会主义思想与机关工作实际和党员干部思想实际结合起来，自觉做坚定信仰者、忠实践行者。始终以认真的态度、务实的精神学习践行党的创新理论，真学真懂，真信真用，“得其门而入，悟其道而出”，做学懂弄通做实的老实人。

强化组织体系建设　推动基层党组织全面过硬

习近平总书记在党的历史上第一次提出新时代党的组织路线，强调要以组织体系建设为重点，这是党的建设和组织工作必须贯彻的“纲”和“本”。交通运输部将以组织体系建设为重点，强化政治功能，树立大抓基层、大抓支部的导向，推动基层党组织全面进步、全面过硬。

在加强党支部标准化规范化建设上聚力用劲。认真贯彻《中国共产党支部工作条例（试行）》，研究制定全面加强新时代党支部建设意见，突出党支部政治功能和组织力，不断提升党支部建设质量。坚持把党支部标准化规范化建设与中心工作结合起来，在贯彻党中央重大决策部署中、在急难险重任务中检验党支部建设的成效。

在加强党员队伍建设上聚力用劲。进一步改进党员教育管理方式方法，加大培训力度，提升党员干部政治能力和政治素养。加强党内激励关怀帮扶，激发党员队伍活力，引导广大党员充分发挥先锋模范作用。严把发展党员政治关，强化党组织和组织部门的领导和把关作用。进一步配齐配强党务工作队伍，选拔优秀青年干部到党务工作岗位。

在加强党的群众工作上聚力用劲。认真履行党组织在组织群众、宣传群众等方面的职责，充分发挥党的组织功能、组织优势、组织力量，朝着伟大目标砥砺奋进。切实加强思想政治工作，拓宽畅通职工群众反映问题、建言献策的渠道，改进提升交通运输各项工作，努力为人民群众提供高品质交通运输服务。

坚持以人民为中心的发展理念　汇聚万众一心砥砺奋进的磅礴伟力

习近平总书记指出，要最大限度调动一切积极因素，共同致力于实现中华民族伟大复兴。交通运输部充分发挥各级党组织战斗堡垒作用，坚持以人民为中心的发展思想，为实现交通强国目标而奋斗。

加强党对群团工作的领导，发挥群团组织的桥梁纽带作用。加大理论培训力度，不断增进职工群众对习近平新时代中国特色社会主义思想的政治认同、思想认同、情感认同。坚定正确政治方向，增强政治性、先进性、群众性，进一步优化组织体制、运行机制、管理模式和工作方法，把群团组织建设成凝聚人心、汇聚力量的坚强阵地。

加强党对人才工作的领导，着力集聚建设交通强国各方面优秀人才。切实加强和改善党对人才工作的领导，协调抓好人才的培养、引进、使用、评价、表彰等相关工作，统筹推进专业技术人才、技能人才、管理人才三支队伍建设，形成交通运输人才工作新格局。

发挥基层党建引领作用，增强党的号召力和凝聚力。引导各级基层党组织在贯彻落实党中央路线方针政策中发挥战斗堡垒作用，坚决贯彻党的主张，坚持正确发展方向。针对交通运输工作特点和不断涌现的新业态新模式，全面加强机关、企事业单位等各领域党建工作力度，确保党的领导和党的工作全覆盖、无盲区。

巩固发展反腐败斗争压倒性胜利 一体推进不敢腐、不能腐、不想腐

习近平总书记指出，要有力削减存量、有效遏制增量，净化政治生态，取得全面从严治党更大战略性成果，巩固发展反腐败斗争压倒性胜利。交通运输部将坚决贯彻落实好党中央加强作风建设要求，以优良作风为推进各项工作提供坚强的政治保证。

驰而不息纠治“四风”。从推进行业治理体系和治理能力现代化入手，巩固拓展落实中央八项规定精神，以钉钉子精神打好作风建设持久战。把刹住“四风”作为巩固党心民心的重要途径，对享乐主义等歪风陋习露头就打，始终保持高压态势，对“四风”隐形变异新动向要时刻防范。

从严教育监督管理。加大纪律教育力度，持续推进党风廉政警示教育、党性分析、党的理论和党纪党规知识学习。严格落实党内监督条例，把党内监督同群众监督等各种形式的监督结合起来，统筹组织人事监督、巡视巡察监督等各种形式的监督。紧盯“关键少数”，加大巡视巡察力度，突出抓好中央脱贫攻坚专项巡视问题整改。

严肃执纪严惩腐败。严格落实新修订的纪律处分条例，精准运用“四种形态”，做到靶向治疗、精确惩治。紧盯重要时间节点和重大工程、重点领域、关键岗位，强化对权力集中、资金密集、资源富集部门和单位的监督，发现一起坚决查处一起。配合做好交通扶贫领域腐败和作风突出问题的专项治理，持续整治群众身边腐败和作风问题。

防范化解重大风险　奋力推动交通运输行稳致远

杨传堂

《机关党建研究》（2019 年第 4 期）

在省部级主要领导干部坚持底线思维着力防范化解重大风险专题研讨班开班式上，习近平总书记发表重要讲话，从战略和全局高度，分析了当前和今后一个时期我国面临的安全形势，阐明了需要着力防范化解的重大风险，对各级党委、政府和领导干部负起防范化解重大风险的政治责任提出了明确要求。总书记的重要讲话，为全党同志居安思危、未雨绸缪上了深刻一课，为做好防范化解重大风险各项工作提供了根本遵循，为推动交通运输行稳致远指明了前进方向。

一、深刻领会习近平总书记重要讲话的重大意义

习近平总书记在研讨班上的重要讲话，着眼中华民族伟大复兴的伟业，以深沉的忧患意识、高远的战略视野，敏锐洞察国内外环境的深刻变化，准确把握各类风险挑战，对我们做好防范化解重大风险各项工作具有重要指导意义。

习近平总书记的重要讲话让我们更加深刻认识了面临的形势任务。党的十八大以来，以习近平同志为核心的党中央坚持底线思维，坚持稳中求进，有效防范、处理各种风险，有力应对、处置各种挑战，驾驭中国航船劈波斩浪、行稳致远。习近平总书记充分肯定已经取得的成绩，指出我国形势总体上是好的，党中央领导坚强有力，全党“四个意识”“四个自信”“两个维护”显著增强，意识形态领域态势积极健康向上，经济保持着稳中求进的态势，全国各族人民同心同德、斗志昂扬，社会大局保持稳定。这一科学判断，更加坚定了我们做好各项工作的信心。“明者防祸于未萌，智者图患于将来。”面对波谲云诡的国际形势、复杂敏感的周边环境、艰巨繁重的改革发展稳定任务，习近平总书记深刻分析了当前存在的重大风险，

让我们更加深刻地认识到外部环境的深刻变化和我国改革发展稳定面临的新情况新问题新挑战，更加深刻地认识到防范化解重大风险的重要性和紧迫性，进一步提高了政治站位、强化了政治意识、增强了底线思维。

习近平总书记的重要讲话让我们更加准确掌握了科学的工作方法。习近平总书记就防范化解政治、意识形态、经济、科技、社会、外部环境、党的建设等领域重大风险作出深刻分析、提出明确要求，既让我们明白了怎么看，更教会我们应该如何办。总书记强调全面防范化解风险，既要高度警惕“黑天鹅”事件，也要防范“灰犀牛”事件；既要有防范风险的先手，也要有应对和化解风险挑战的高招；既要打好防范和抵御风险的有准备之战，也要打好化险为夷、转危为机的战略主动战。具体到每一个领域的风险，总书记逐项部署、精准分析，为我们做好防范化解风险各项工作指明了路径和方法，提供了强大的思想武器。

习近平总书记的重要讲话让我们更加增强了斗争精神。风险问题无处不在，我们的党和国家从成立的那一天起，就是在与风险的搏斗中成长起来的。站在新的历史起点上，我国发展既面临重大历史机遇，也面临不少风险挑战。防范化解重大风险，需要有充沛顽强的斗争精神。总书记要求，领导干部要敢于担当、敢于斗争，保持斗争精神、增强斗争本领，年轻干部要到重大斗争中去真刀真枪干。踏平坎坷成大道，斗罢艰险又出发。总书记的重要讲话让我们深刻认识到，必须把防范化解重大风险作为政治职责，时刻准备进行具有许多新的历史特点的伟大斗争，加强斗争历练、增强斗争本领、永葆斗争精神，敢于担当、负起责任，把自己职责范围内的风险防控好，为保持经济持续健康发展和社会大局稳定履职尽责、做好工作。

二、正确认识交通强国建设面临的风险挑战

中国交通强国梦是中华民族的梦。近代以来，列强侵略、军阀混战、大国封锁，我国交通支离破碎，泱泱大国，前进步伐不能迈进。新中国成立后，在党中央的坚强领导下，中国的交通运输才有了新生。改革开放以来，特别是党的十八大以来，在以习近平同志为核心的党中央坚强领导下，我国交通运输发展取得了举世瞩目的成就。目前，铁路营业里程达到13.1万公里，其中高速铁路2.9万公里，居世界第一；公路总里程485万公里，其中高速公路超过14万公里，居世界第一；规模以上港口万吨级泊位达2373个，居世界第一，全球排名前十的港口当中我国占7个；民航运输机场总数达到235个；邮政乡乡设所、村村通邮总体实现，快递业务量连续5年居世界第一。我们已建成了名副其实的交通大国。正如习近平总书记所讲的，公路成网、铁路密布、高铁飞驰、巨轮远航、飞机翱翔，天堑变通途。

党的十九大提出建设交通强国，为我国未来交通描绘出宏伟蓝图。这是以习近平同志为核心的党中央对交通运输事业发展的深谋远虑，对交通人来说，既是鼓舞，更是鞭策。我们深刻认识到，建设交通强国是党中央赋予交通运输行业的新使命，也是一场新长征，会面临许多风险挑战。总书记重要讲话中各个领域的风险，交通运输行业都存在，在其中一些领域特别集中、突出。

从客观角度看，交通运输行业点多线长面广，与国家安全、经济运行、民生保障息息相关，是风险较高较多的行业之一。安全方面，“安全第一、生命至上”的理念没有真正牢固树立，法律法规制度有待完善，安全管理的体制机制尚未健全，政府监管责任落实不够到位，企业主体责任还需加强，新旧业态的安全生产风险不断叠加，非传统安全威胁加剧，加之地震、台风、泥石流等自然

灾害，威胁行业可持续发展。稳定方面，新老业态矛盾、从业者利益关系调整、行业内部改革等都可能诱发不稳定因素，在信息化高度发达的今天，负面预期往往会加速放大，有的甚至会引发心理恐慌。债务方面，传统融资模式下债务规模已经较大，财政专项资金保障压力持续增加，新融资模式尚不能满足发展需求，防范债务风险压力不断加大。科技方面，行业自主创新能力还有待提升，对前沿技术、关键核心技术、颠覆性技术等还需要加大攻坚力度，既面临交通科技跨越赶超的机遇，也面临差距被进一步拉大的风险。

从主观角度看，交通运输行业有4000多万从业人员，直接服务亿万群众生产生活，如何过思想的坎、能力的坎，发挥好人的主观能动性，是防范化解行业重大风险的一个重大命题。在思想方面，有的观念难转，嘴上说着眼全局，心里却固守“楚河汉界”，或画地为牢、互不共享，或只想搭顺风车、不愿割肉、不想多为，造成资源浪费、发展低效。有的担当不够，改革攻坚、创新发展的劲头不足，在应对重大挑战、克服重大阻力、解决重大矛盾时往往存在畏难情绪。有的思路不宽，过度依赖高速增长阶段的传统路径，习惯于做加法、做增量，不适应做减法、优存量，更不善于加减乘除并举，面对新矛盾新问题不善为、不愿为、不敢为。在能力方面，政治能力与中央要求和人民期待相比还有较大差距，政治站位、理论素养、战略思维不够，保持定力、驾驭局面、破解难题的能力有待进一步提升。创新能力上，还不能适应工作专业化、精细化的要求，在政策创新、制度创新、模式创新、服务创新等方面差距较大。执行能力上，在统筹谋划、协同推进、督促落实等方面的工作能力和水平仍不过硬，政策执行不到位、不精准、不精细、不精致，有时反应不够及时，有时又政策效应叠加；有时力度不够，有时又过犹不及。

三、居安思危奋力推动交通运输行稳致远

“居安而念危，则终不危；操治而虑乱，则终不乱。”站在新的历史起点上，只有坚持底线思维，增强忧患意识，提高防控能力，切实做好防范化解重大风险各项工作，才能在新征程上推动交通运输行稳致远。

提高认识，切实增强防风险的忧患意识。防范化解重大风险是一项重大的政治任务，要加强政治锻炼，增强“两个维护”的自觉性和坚定性，切实担负起这项重大政治责任。善于从政治上看问题，这样才能看得清、看得深、看得远，才能从根源上解决问题。要充分认识防范化解重大风险的重要性和紧迫性，居安思危，不忽视一个风险，不放过一个隐患，切实做好应对任何风险挑战的思想准备，坚定信心，负起责任，把职责范围内的风险防控好，努力将矛盾消解于未然，把风险化解于无形。

常抓不懈，做好防风险和应急各方面工作。要增强认识风险、分析风险、化解风险的能力，坚持守土有责、守土尽责，将防范化解重大风险责任分解到部门、落实到个人，与其他工作同部署、同检查、同考核。要排查梳理行业存在的重大风险和其他各类风险隐患，做到手中有账、心中有数。要找准对策，将防范风险的先手与应对和化解风险挑战的高招结合起来，将打好防范和抵御风险的有准备之战与打好化险为夷、转危为机的战略主动战结合起来，善于抓住要害、找准原因，对症下药、常抓不懈。要千方百计采取措施，实现平安交通，有效遏制重特大事故，保护人民群众生命财产安全。

深化改革，建立适应新时代要求的工作机制。习近平总书记强调，要深刻认识和准确把握外部环境的深刻变化与我国改革发展稳定面临的新情况新问题新挑战。我们要适应新时代要求，深化改革，着力建立健全风险研判机制，精准识别行

业风险，有针对性地制定应对策略，打好有准备之仗。建立健全决策风险评估机制，把风险评估作为必经程序，进一步消除风险隐患。建立健全风险防控协同机制，加强各相关单位和部门风险信息及时互通共享，提高共同应对能力。建立健全风险防控责任机制，坚持一级抓一级、层层抓落实，不断推进风险防控工作科学化、精细化，对各种可能的风险及其原因做到心中有数、对症下药、综合施策，力争不出现重大风险或在出现重大风险时扛得住、过得去，打得赢、打得胜。

主动作为，加快推动行业治理体系和治理能力现代化。防范化解行业重大风险的过程，也是推动行业治理体系和治理能力现代化的过程。这是一项复杂、艰巨、长期的系统性工程，不可能一蹴而就。全体交通人要逢山开路、遇水架桥，主动作为、敢于担当，站在推动行业治理体系和治理能力现代化的高度，进一步增强防风险的政治自觉和责任担当，大力弘扬新时代交通精神，敢于斗争、善于斗争，以高度的政治责任感把工作做实做细做好。

防范化解重大风险关系到党和国家事业兴衰成败。我们要紧密团结在以习近平同志为核心的党中央周围，增强“四个意识”、坚定“四个自信”、坚决做到“两个维护”，坚决落实防范化解重大风险各项要求，奋力推动交通运输行稳致远，为决胜全面建成小康社会、夺取新时代中国特色社会主义伟大胜利、实现中华民族伟大复兴的中国梦履职尽责、不懈奋斗！

为加快建设交通强国而努力奋斗

李小鹏

《中共中央党校报告选》（2019 年第 11 期）

2017 年 10 月 18 日，习近平总书记在党的十九大报告中提出，建设交通强国。这是以习近平同志为核心的党中央立足国情、着眼全局、面向未来作出的重大战略决策，是党中央赋予交通人新的历史使命，也是新时代做好交通运输工作的总抓手。2019 年 9 月 14 日，党中央、国务院印发《交通强国建设纲要》。9 月 25 日，总书记出席北京大兴国际机场投运仪式时再次强调，加快建设交通强国。我们要撸起袖子加油干，为加快建设交通强国而努力奋斗！

一、70 年来我国交通运输取得的成就及经验

我国幅员辽阔，东西跨度约 5200 公里，南北约 5500 公里，资源分布与生产力布局极不均衡，煤炭、石油、天然气等主要分布在北方和西部，而人口和产业更多集中在东部地区，"西气东输""北煤南运"等大跨度、高强度的大宗货运是常态；同时，我国有近 14 亿人口，对交通运输需求也是巨大的。这种高强度、高流动性的旅客运输也是举世罕见的。我国的特殊国情，决定了必须要努力建设一个强有力的交通运输系统。

今年是新中国成立 70 周年。回望新中国成立之初，我国交通运输面貌是何等落后。那时，我国铁路总里程仅有 2.18 万公里，还有一半处于瘫痪状态；公路约 8.08 万公里，大部分是土路；内河航道处于自然状态；民航只有 7 条国内航线。交通运输整体滞后，无法满足国民经济、社会发展和人民生活的需要。在党中央、国务院的坚强领导下，一代又一代的交通人砥砺奋进、艰苦奋斗，在"一穷二白"的基础上，从无到有、从小到大，经过 70 年的发展，我国已经成为名副其实的交通

大国，为建设交通强国奠定了坚实基础。

（一）综合交通基础设施网络初步形成

铁路方面，2018年末，全国铁路营业总里程达到13.1万公里，较1949年增长5倍；高铁从无到有，达到2.9万公里，营业里程超过世界高铁总里程的三分之二，居世界第一。公路方面，2018年末，全国公路总里程达到484.7万公里，是1949年的60倍；高速公路从无到有，达到14.3万公里，居世界第一；收费公路16.8万公里，占3.47%。水运方面，2018年末，全国内河航道通航总里程12.7万公里，居世界第一；全国港口拥有生产用码头泊位23919个，是1949年的148.6倍，港口货物吞吐量世界排名前十的港口中，中国占7席。民航方面，2018年末，我国境内民用航空颁证机场共235个，年旅客吞吐量达到1000万人次以上的通航机场37个，定期航班航线总条数4945条，是1950年412倍。邮政方面，2018年末，邮路总长度985万公里、邮政营业网点27.5万处，分别是1949年的14倍和10.4倍，乡乡设所、村村通邮总体实现，经过70年建设，我国综合立体交通基础设施网络已经形成，而且规模巨大，取得了历史性成就。

（二）运输服务保障能力位居世界前列

现在，我国已经成为世界上运输最繁忙的国家之一。2018年，全社会完成客运量179亿人次，是1949年的128.5倍，其中铁路完成33.75亿人次，占比18.85%；公路完成136.72亿人次，占比76.38%；水路完成2.8亿人次，占比1.56%；民航完成6.12亿人次，占比3.42%。完成货运量506亿吨，是1949年的270.6倍，其中铁路40.26亿吨，占比8.0%；公路395.69亿吨，占比78.2%；水路70.27亿吨，占比13.9%；民航738.5万吨，占比0.01%，这相当于在中国，每分钟有近3.4万人次和9.8万吨货物处于交通运输中。完成城市客运量1262亿人，其中公共汽电车完成697.00亿人，占比55.23%；轨道交通完成212.77亿人，占比16.86%；传统出租车完成351.67亿人，占比27.87%；此外，网约车日均使用量达到2000万人次，共享单车日均使用量大约是1000万人次。快递业务量完成507.1亿件，近10年年均增长42.1%，业务量跃居世界第一，相当于每天有约1.4亿件快递，运输服务通达性和保障性显著增强。

（三）交通运输科技创新和应用实现重大突破

新中国成立以来，我国交通运输科技水平从以跟踪追赶为主，进入到跟跑、并跑、领跑“三跑并存”的新阶段。高速铁路、特大桥隧、离岸深水港、巨型河口航道整治以及大型机场工程等建造技术迈入世界先进或领先行列，一批具有自主知识产权的高性能交通装备走向世界市场。特别是党的十八大以来，港珠澳大桥、北京大兴国际机场等一批超级工程震撼世界，“复兴号”动车组、C919大型客机、振华港机等一批国产交通装备标注了“中国制造”新高度。洋山港集装箱和自动化码头引领全球，网约车、共享单车、互联网物流等新业态蓬勃发展，为中国经济发展增添了新动能。

此外，我国交通运输在交通治理、开放合作、平安交通、绿色交通、智慧交通等方面也取得了显著成绩。这些成绩的取得，靠的是党中央、国务院的坚强领导，靠的是各级党委、政府、有关部门、人民群众和社会各界的大力支持，靠的是交通运输行业4000万职工的不懈努力！

70年来，我国交通运输面貌发生历史性变化，交通运输对经济社会的关系实现了由“整体滞后”到“瓶颈制约”，再到“总体缓解”“基本适应”的历史性跨越。有力支撑了经济社会持续快速发展，为国家战略实施、经济快速增长、区域城乡协调发展、国土空间开发、生产力布局完善、产业结构优化等提供了基础支撑和先行引领，加速了我国的工业化、城市化、现代化进程。

回顾70年来我国交通发展历程，每一代交通人都奋力实现自己的历史使命。新中国成立之初，那一代交通人的历史使命，就是着力解决“有没有”的问题，尽快恢复交通运输生产，服务国家社会主义建设，支撑中华民族“站起来”。改革开放后，面对交通供给短缺，交通运输制约国民经济发展的问题，那一代交通人的历史使命，就是着力解决“够不够”的问题，建设交通大国，支撑中华民族“富起来”。进入新时代，社会主要矛盾发生变化，我们就是要聚焦满足人民群众对美好生活的向往，着力解决“好不好”的问题，建设人民满意交通，建设交通强国，支撑中华民族“强起来”。

会见外宾时，我常被问到，“中国交通运输事业为什么能取得如此大的发展成就？”我的答案是：除了有人民群众的大力支持和交通行业始终坚持改革创新开放合作外，最重要的是，我们有党和国家领导同志高度重视和坚强领导。1949年7月，毛泽东同志在中南海怀仁堂发表重要讲话时指出，我们这样大的国家，现在还只有二万多公里铁路，这太少了。我们需要有几十万公里的铁路。要修成几十万公里铁路。1954年9月，周恩来同志在第一届全国人大一次会议作政府工作报告时明确提出，如果我们不建设起强大的现代化的工业、现代化的农业、现代化的交通运输业和现代化的国防，我们就不能摆脱落后和贫困，我们的革命就不能达到目的。这是我国第一次提出“四个现代化”，交通运输就位列其中。1989年6月，邓小平同志指出，多搞一点电，多搞一点铁路、公路、航运，能办很多事情。党的十八大以来，习近平总书记高度重视交通运输工作，多次作出重要论述，强调交通要当好发展先行官，服务国家重大战略，要加快建设交通强国，建设人民满意交通；强调要形成安全、便捷、高效、绿色、经济的综合交通体系，坚持安全发展，弘扬交通精神，加强党的领导和党的建设，等等。这些重要论述，为交通运输发展指明了前进方向，也为建设交通强国提供了根本遵循。

70年来交通运输发展取得了巨大成就，我们也积累了宝贵的经验：一是必须坚持党的全面领导，牢牢把握正确政治方向。二是必须坚持以人民为中心，凝心聚力建设人民满意交通。三是必须坚持围绕中心、服务大局，在服务大局中加快发展。四是必须坚持深化改革、扩大开放、创新驱动，为发展增添活力、增加动力、拓展空间。五是必须坚持汇聚各方力量，调动好各个方面的积极性。六是必须坚持加强精神文明建设，为交通运输发展凝聚强大精神动力。七是必须坚持把安全生产放在突出位置，牢牢守住安全底线。八是必须坚持全面从严治党，加强党的建设、党风廉政建设，加强反腐败斗争。这些经验弥足珍贵，应当长期坚持和不断发展。

二、世界主要发达国家和发展中国家的交通发展经验借鉴

我们在继续走好发展道路的同时，也要借鉴发达国家和发展中国家的经验。美国、德国、英国、日本等公认的交通发达国家，有不少值得我国借鉴的经验。

（一）美国的综合交通运输体系

美国是综合运输发展较早、体系最为完善、管理最为现代的国家之一，许多经验值得我们借鉴。在体制机制上，建立了统一的综合管理体制。1966年，美国时任总统约翰逊签署了《运输部法》，于次年成立了运输部，把原来隶属于联邦政府各部门的交通运输相关事务机构进行整合，涉及8个部委，30多个局、处。这标志着美国从分散管理的交通体制进入了综合运输阶段。此时，除英国外，世界其他国家还都处在分散管理阶段。在政策法规上，坚持政策引导、法制保障。在20世纪90年代，随着州际公路的基本建成，美国联邦

政府先后于1991年、1998年颁布《综合地面运输效率法案》《21世纪运输平等法案》，这标志着美国的交通发展进入了以可持续发展为目的的综合运输新阶段，注重强调多式联运，重视提升运输质量，重视环境保护，成为其20世纪90年代后20多年的政策导向。在发展战略上，始终保持与国家战略相结合。从1997年美国联邦运输部发布第一个五年计划到现在，已经出台了7版战略计划，始终秉承“实现更快捷、更安全、更有效、更方便的交通运输系统，与人民福利、社会经济稳定增长、国家安全、资源保护和有效开发的国家目标保持一致”的发展使命。可以说，一个强大的综合交通运输体系，为美国成为世界超级大国提供了强有力的保障。

（二）德国的交通科技创新

近代以来，德国的交通一直都很发达，这与其高度重视科技创新密切相关，由此也使德国持续占据了世界交通科技的制高点，许多世界交通的第一次都发生在德国。比如，世界上第一辆用汽油内燃机驱动的汽车于1886年由德国人卡尔·本茨成功制成，有力推动了汽车工业的快速发展；世界第一条有轨电车于1881年由德国工程师西门子建造；世界上第一条高速公路于1932年诞生于德国，也就是从波恩至科隆的高速公路；第一次世界大战后，德国率先把飞机用于空中交通，推动了民用航空事业的发展；德国还是磁悬浮技术的发源地，也是世界上少数几个掌握高速列车核心技术的国家之一，等等。直到今天，德国在交通装备制造、智能交通、绿色交通等方面都引领世界之先。

（三）日本东京都市圈的市郊铁路

日本的东京都市圈人口3760万，拥有全世界最庞大的市郊铁路系统，也就是通勤铁路系统，有效支撑了都市圈的高效运转。在布局方面，推广使用公共交通引导城市发展的模式，也就是我们常说的TOD（Transit-Oriented Development）模式。在城市建设开发前期，首先建设轨道骨架网络，根据交通系统的承载能力，再去规划生产生活布局，也逐步形成了“枢纽场站开发”和“郊区新城建设”两种TOD模式，实现了轨道交通与城市协同发展，保证了60%的居民都居住在轨道站点周边，步行5~10分钟就可以到家。同时，枢纽与周边土地综合开发，也为地铁带来了客流和效益。在管理方面，东京市郊铁路实现了与地铁的高度融合，比如说，制式融合、站点融合、运营融合，实现了便捷换乘、相互计费、统一购票、贯通运营，共同构成了一个一体化、多层次的轨道交通服务系统。在运营方面，大力推广复线改造，例如连接东京中心城与郊区的国铁各线均为双复线甚至三复线，也就是有六条轨道并行，为开行多种速度等级的列车提供了设施条件。东京市郊铁路也得以采用快慢混跑的模式，提供快车（只在重要站点停靠）、慢车（每站均停靠）、中速车（介于二者之间）三类列车服务，为乘客提供多元化的出行服务。

（四）英国的海运业发展

英国是工业革命的发祥地，蒸汽机的发明和资源需求的快速增长推动了交通运输业的革命，特别是海运业发展起步早、竞争力强，为英国在19—20世纪成为“日不落帝国”奠定了基础。在船队规模上，1760—1780年，英国商船队吨位已达190万吨；19世纪四五十年代，英国掀起建设海运运输网的热潮；在大力造船的同时，还投入了大量资金发展航运业配套设施；到19世纪末，英国已经建立起世界上最大的蒸汽机船队。在海运话语权上，英国一直以来注重建立有利于自己的国际海运秩序，在海运规则、技术规则、商业规则等方面发挥着引领作用。比如，国际海事组织（IMO）、国际移动卫星组织（IMSO）等政府间国际海运组织以及国际航运协会（ICS）、国际海运联合会（ISF）等非政府间国际海运组织总部均设在伦敦，世界各种海运服务合同文本等大都出自这些机构。在海运保障能力上，伦敦是全球公认的国际航运中心，在海运信息、咨询、金融、保险和仲裁服务等方面，集中了一批具有影响力的企业和机构，国际市场份额举足轻重。吨位税制和船员个税减免促进了海运业发展。英国劳氏船级社（LR）是全球最早的一家船级社，遍布全球的服务网络有力保障了海运企业的利益。

（五）其他国家的交通

除上述世界主要发达国家外，也有一些国家在交通运输发展上有值得借鉴的经验。如，巴西东南部的库里提巴是世界上率先建成快速公交系统（BRT，Bus Rapid Transit）的城市，以相当于地铁造价 5% ～ 8% 的低廉代价和较短的施工建设周期，有效解决了 70% 人群的出行问题，实现了经济成本和环境成本的大幅度优化。库里提巴也因此获得了联合国“最佳人居奖”的殊荣。

再比如，俄罗斯首都莫斯科的地铁系统，是世界上使用效率最高的地下轨道系统。莫斯科地铁系统自 1935 年由苏联政府开始建设，1962 年试用了世界上最早的列车自动运行系统。经过发展与完善，如今的莫斯科地铁每天运送超过 1000 万人次，承担了全市客运量的 50% 左右，其兼具战时防护功能，可供 400 余万居民掩蔽之用。莫斯科地铁设计施工标准完善，服务范围广泛，运行速度快，换乘便捷，车站设置方式多样，在减振降噪、植被保护、大气保护和生态勘测方面积累了比较丰富的经验。

交通发展只有进行时，没有完成时。面向未来，世界主要发达国家和地区相继出台了交通运输长期发展战略。如，欧盟发表交通白皮书《欧洲交通一体化路线图——构建具有竞争力和资源节约型的交通系统》，提出构建面向全欧洲的、竞争力强、便捷高效、节能减排可持续发展的交通运输体系，实现欧洲交通区域一体化发展。美国运输部发布了《2045 美国交通运输：趋势与展望》，提出未来三十年要建设一个强大、顺畅、智能、环保的交通系统。日本国土交通省发布《国土战略规划 2050》，提出要建设由磁浮新干线和新联络线支撑的世界超级大都市圈，打造国际客货运输大通道，在日本海和太平洋两侧加强与世界各国的联系，构建世界一流的交通基础设施系统。英国发布了《前所未有的交通运输变革——流动的未来》，围绕交通电气化、大数据应用、自动化发展、货运去碳化等未来交通发展趋势和新兴技术，进行了谋划布局。

纵观世界主要发达国家交通由大到强的发展历程，主要有以下经验做法：一是注重战略引领。将交通运输发展与国家战略紧密结合，为国家战略实施当好先行、提供支撑。二是注重发展综合交通。世界主要发达国家无一例外都是通过规划先行、体制保障、法制先行等方式，建立了强大的综合交通体系，从而支撑了国家强起来。三是注重科技创新。世界主要发达国家无一例外抓住了前三次工业革命的历史机遇，利用技术进步占领当今全球交通发展制高点。四是注重安全发展。通过科技、理念、制度创新，不断降低交通安全事故伤亡率，有的还提出“零死亡”的愿景。五是注重绿色发展。通过出台多式联运法规、财税激励政策、燃油排放标准等政策措施，倡导全社会发展绿色交通。六是注重国际话语权。交通运输国际组织大多出自美国和欧盟国家。通过主导或深度参与国际事务，占领技术、专利、标准制高点，引领国际交通运输发展方向。

他山之石，可以攻玉。结合国情，充分借鉴他国经验，可以让我们在交通发展上少走弯路。应当说，与世界主要发达国家相比，我国在基础设施、交通装备、运输服务、科技创新、安全保障、绿色发展、开放合作、交通治理等方面还有不小的差距。差距就是潜力，我们既要注重指标对标，认清差距，有的放矢，加快补齐短板；也要注重战略对标，借鉴发展经验，做好战略应对，奋起直追，勇往直前，才能实现更高质量发展。

三、加快建设交通强国的重大意义

经过70年发展，我们已经是交通大国了，与世界交通强国相比还有不足，大而不强，必须加快建设交通强国。

（一）加快建设交通强国是满足人民日益增长的美好生活需要的必然要求

交通关系民生，服务亿万群众。进入新时代，人民群众追求质量更高、内涵更丰富的美好生活，出行模式和流通方式将发生深刻变化。在继续保持大规模的大众化、普惠式交通运输需求的同时，多层次、多样化、个性化的出行需求和小批量、高价值、分散性、快速化的货运需求特征更加明显。从人均收入水平看，一定时期内人们的收入水平与人均出行次数、出行距离呈正相关。随着人们收入增加，出行需求在增加，出行品质不断提高。从人口发展趋势看，据研究，我国将在2030年左右人口规模达到峰值，也为客运需求增长提供了潜力空间。同时，随着人口不断老龄化，对出行的舒适性、人性化等提出更高要求。这些都对建设交通强国提出了新的要求。人民对美好生活的向往就是我们的奋斗目标。加快建设交通强国，显著提升交通的效率、品质和经济性，将极大增强人民群众的获得感、幸福感、安全感，促进交通发展成果更多更公平地惠及全体人民。

（二）加快建设交通强国是建设社会主义现代化强国的内在要求

从历史的角度看，交通一直是大国崛起的先导条件和重要支撑。从国外历史看，从1—2世纪“条条大路通罗马”的古罗马帝国，到15世纪开辟海上新航路的葡萄牙、西班牙，从17世纪“海上马车夫”的荷兰，到18、19世纪被称为“日不落帝国”的英国，再到当今综合交通运输体系发达的美国，可以看出，国家之强不但离不开交通之强，而且往往始于交通之强，交通先行几乎成为大国崛起的必由之路。从我国历史看，秦代时修筑以咸阳为中心的、通往全国各地的驰道和直道，其中著名的驰道有9条，还有世界最古老的“高速公路”——秦直道，长700公里，最宽61米，现在还在用，比双向8车道宽20米。这些交通设施有力保障了军队作战和补给能力，促进了政令统一、国土开发、文化交流。隋代时开凿大运河，就是为了有效解决南北经济沟通和维护国家统一问题；唐代时，海陆“丝绸之路”通畅繁荣，京杭大运河沟通南北，成就了当时世界上最强盛的国家；明代时，郑和七下西洋，历时28年，海船200多艘、2.7万多人，5次经过马六甲海峡，拜访30多个国家，开拓了海外贸易，加强了文化交流。可以看出，交通运输对政权巩固、经济发展、社会演进、文化交往，都起到了非常重要的作用。

从现实的角度看，交通现代化是衡量一个国家现代化水平的重要标志。建设交通强国，是建设社会主义现代化强国的先行领域和战略支撑。从“五位一体”总体布局来看，交通都在其中发挥着重要作用。在交通与经济方面，交通是经济增长的助推器。建设交通强国，有利于促进国土开发、城镇扩展、产业集聚、贸易发展，提升经济竞争力、促进高质量发展。在交通与政治方面，交通运输发展与党和国家事业密切相关。建设交通强国，有利于凝聚党心民心、巩固党在基层的执政基础、促进民族团结稳定、提高军事后勤能力、保障国家重大安全。在交通与社会方面，交通是民生服务的重要领域。建设交通强国，有利于缩小城乡差距、促进脱贫攻坚、提供公共服务、促进社会就业，也有利于推动我国新型工业化、城镇化、农业现代化进程。在交通与文化方面，交通发展史是人类文明发展史的映射。交通流带动信息流、知识流，有利于促进社会开化、思想解放、文化交流、文明互鉴乃至人类进步。在交通与生态方面，绿色交通是生态文明建设的重要领域。建设交通强国，有利于促进节能减排、环境保护。交通与旅游的融合发展，也可以让人们享受到更好的生态产品，等等。

加快建设交通强国，打造现代化综合交通体系，建设覆盖国土、连通世界的交通运输网络，有利于推动国家重大战略实施、经济高质量发展、社会发展进步，为加快建设富强、民主、文明、和谐、美丽的社会主义现代化强国提供坚强有力的保障。

（三）加快建设交通强国是抢抓世界科技革命机遇的时代需要

交通运输是一个技术密集型的行业，也是一个以技术应用为主、对新技术极度敏感的行业。历次工业革命都与交通相伴致远。比如，第一次工业革命发明了蒸汽机，随之也发明了蒸汽火车、蒸汽轮船；第二次工业革命期间发明了内燃机，以内燃机为动力的汽车、飞机、机车、轮船随之诞生；第三次工业革命出现的计算机和通信、航天航空技术等也对交通发展产生了重大影响。

当前，我们正在经历信息革命，有人也称为第四次工业革命，信息网络、人工智能、清洁能源、先进制造等与交通运输息息相关的领域呈现出群体跃进态势，自动驾驶、新能源汽车、超级高铁等新技术竞相涌现，已成为世界各国培育交通发展新优势的重要发力点。传统交通与新技术融合也产生了诸如网约车、共享单车等新业态，为经济发展增添了新动能。

加快建设交通强国，有助于抢抓世界科技革命的机遇，推动交通运输业更好更快地发展，推动我国交通运输综合实力和国际竞争力进入世界前列。

（四）加快建设交通强国是推动交通运输高质量发展的内在需要

对标世界交通强国和人民群众对美好生活的向往，我国交通运输还存在发展不平衡不充分的突出问题，主要表现在基础设施还有短板、运输结构仍不合理、关键技术装备创新能力不足、物流业不发达、综合运输效率效益不高、交通运输服务和治理水平还须提升等。建设交通强国，本身也是坚持问题导向、推动行业高质量发展的过程。加快建设交通强国，有利于解决问题、改进不足，深化行业供给侧结构性改革、推动交通运输高质量发展。

四、《交通强国建设纲要》的核心要义

《交通强国建设纲要》共有十一个方面的内容，可以分为三大部分。第一部分是总体要求，包括一个总目标、两个发展阶段、三个转变、四个一流、五个价值；第二部分是九大重点任务；第三部分是三大保障措施，概括起来就是“1234593”。

（一）准确把握交通强国建设的总体要求

把握一个总目标。即建设“人民满意、保障有力、世界前列”的交通强国。人民满意就是要坚持以人民为中心的发展思想，建设人民满意交通，这是建设交通强国的根本宗旨。保障有力就是要为国家重大战略实施、现代化经济体系构建和社会主义现代化强国建设提供强有力支撑，这是交通强国的基本定位。世界前列就是要全面实现交通现代化，交通综合实力和国际竞争力进入世界前列，这是交通强国建设的必然要求。人民满意、保障有力、世界前列，三者相辅相成，缺一不可，共同构成了交通强国建设的总目标。

明确“两个阶段”。即在2020年完成决胜全面建成小康社会交通建设任务和“十三五”现代综

合交通运输体系发展规划各项任务的基础上，从2021年到本世纪中叶，分两个阶段推进交通强国建设：到2035年，基本建成交通强国。现代化综合交通体系基本形成，人民满意度明显提高，支撑国家现代化建设能力显著增强。到那时，人便其行，货畅其流。到本世纪中叶，全面建成人民满意、保障有力、世界前列的交通强国。到那时，人享其行，物优其流。这两个阶段的目标任务，与党的十九大报告提出的全面建设社会主义现代化国家的目标任务相对应，也是对“人民满意、保障有力、世界前列”这个总目标的具体化。

实现“三个转变”。一是交通发展由追求速度规模向更加注重质量效益转变，也就是要实现交通运输高质量发展。这是发展要求的转变。二是由各种交通方式相对独立发展向更加注重一体化融合发展转变，也就是要打造现代化综合交通体系。这是发展方式的转变。三是由依靠传统要素驱动向更加注重创新驱动转变，真正使创新成为交通强国建设的第一动力。这是发展动力的转变。这“三个转变”也是相辅相成、有机统一、互相促进、互为支撑的。只有三个转变真正实现了，我们才能真正实现由交通大国向交通强国的历史性转变。

打造“四个一流”。即打造一流设施、一流技术、一流管理、一流服务。“设施、技术、管理、服务”涵盖了交通运输发展的基本要素，“一流”是交通强国建设的目标导向，也是世界前列的应有之义。因此，“四个一流”既是目标导向，也是重要路径。我们要以打造“四个一流”为重点，实现新突破，真正使我国进入世界交通强国前列。

体现“五个价值取向”。即构建安全、便捷、高效、绿色、经济的现代化综合交通体系。“安全、便捷、高效、绿色、经济”是我国交通运输发展要长期遵循的价值取向。其中，“安全”是交通发展的永恒主题，是经济社会稳定发展的重要前提。“便捷”是对交通供给能力和质量的要求，要求提高交通基础设施通达程度，注重交通公平性。“高效”是对交通供给效率的要求，要求充分发挥各种运输方式的比较优势和组合效率，为社会再生产循环畅通奠定基础。“绿色”是满足人民对优美生态环境的需要，要倡导绿色出行，促进交通与自然和谐共生。“经济”是对交通投入产出比率的要求，用户以可承受的价格享受到高品质、高性价比的运输服务。

（二）准确把握交通强国建设的重点任务

一是实现基础设施布局完善、立体互联。

建设现代化高质量综合立体交通网络。统筹铁路、公路、水运、民航、管道、邮政等基础设施规划建设，以多中心、网络化为主形态，完善多层次网络布局；强化西部地区补短板，推进东北地区提质改造，推动中部地区大通道大枢纽建设，加速东部地区优化升级，支撑好国家重大战略实施。重点打造“三张交通网”：发达的快速网，主要由高速铁路、高速公路、民用航空组成，突出服务品质高、运行速度快等特点；完善的干线网，主要由普速铁路、普通国道、航道、油气管道组成，具有运行效率高、服务能力强等特点；广泛的基础网，主要由普通省道、农村公路、支线铁路、支线航道、通用航空组成，具有覆盖空间大、通达程度深、惠及面广等特点。

着力推动城市群交通一体化。未来，城市群是我国城镇空间布局的主形态。城市群之间的连通主骨架是轨道交通和快速公路。对轨道交通，主要是加强城市群干线铁路、城际铁路、市域（郊）铁路、城市轨道交通融合发展。对快速公路，主要是完善城市群快速公路网络，加强公路与城市道路的衔接。

着力构建便捷顺畅的城市交通网。随着城镇化进程的加快，城市交通拥堵呈现由特大城市、大城市向中小城市蔓延，由高峰时段拥堵转向全天候、常态化拥堵蔓延，由点拥堵向线面拥堵蔓延，以及潮汐性拥堵现象明显等特点。究其原因，主要有：不合理的城市规划布局导致交通供需矛盾突出；交通基础设施总量不足、结构失衡制约了城市交通承载力；公共交通尚未对私家车出行形成足够竞争力，公交优先尚未落到实处，对私家车出行的需求管理有待加强；智能化手段不足、社会共识不强、共治力度不够等。《建设纲要》对症施策，提出了科学制定和实施城市综合交通体系规划、优先发展城市公共交通、加强城市交通拥堵综合治理、鼓励引导绿色出行、合理引导个体机动化出行、完善城市步行和非机动车交通系统及停车设施、全面提升城市交通基础设施智能化水平等举措。

形成广覆盖的基础设施网。主要是推动“四好农村路”高质量发展，加快实施通村组硬化路建设，建立规范化可持续管护机制。为贯彻落实好习近平总书记关于“四好农村路”重要指示，今年7月，交通运输部等八部门联合印发《关于推动“四好农村路”高质量发展的指导意见》，为新时代“四好农村路”高质量发展进行了顶层设计。9月，国务院办公厅印发的《关于深化农村公路管理养护体制改革的意见》，提出了大力推广县乡村三级“路长制”、成品油税费改革转移支付用于普通公路养护的比例一般不得低于80%且不得用于公路新建，以及省、市、县三级公共财政资金用于农村公路日常养护的总额不得低于县道每年每公里10000元，乡道每年每公里5000元，村道每年每公里3000元的最低标准等实质性举措，为“四好农村路”高质量发展提供了有力保障。

二是实现交通装备先进适用、完备可控。

交通装备是交通强国建设的关键要素，也是决定交通运输发展水平的先决条件。《建设纲要》从加强新型载运工具研发、加强特种装备研发、推进装备技术升级三个方面进行了部署，既有增量崛起，也有存量优化，全面提升交通装备现代化水平。未来交通装备呈现更智能化、绿色化、高速化、重载化的发展趋势，我们要瞄准世界科技前沿，提高关键装备自主研发水平。

推动交通装备智能化发展。大数据、云计算、5G通信、人工智能、精准位置服务等技术的迅速发展，将推动交通运输智能化时代到来，自动驾驶、自动化作业将成为未来发展的重要趋势。《建设纲要》提出加强智能网联汽车（智能汽车、自动驾驶、车路协同）研发，形成自主可控完整的产业链。广泛应用智能高铁、智能道路、智能航运、自动化码头、数字管网、智能仓储和分拣系统等新型装备设施，开发新一代智能交通管理系统。

推动交通装备绿色化发展。汽车动力向燃料多元化、驱动电气化方向发展；海洋运输将超低排放的高效船用柴油机、气体燃料和双燃料发动机、零排放技术作为未来的发展方向；航空运输则以生物燃料和电能驱动作为通用航空动力的重要方向。《建设纲要》对推广新能源、清洁能源、环保型交通装备作出了部署。

推动交通装备高速化发展。交通承载着人类冲破时空束缚的梦想。自交通工具诞生以来，越来越快是一个重要趋势。面向未来，交通工具技术水平和运输速度将不断提升。《建设纲要》提出合理统筹安排时速600公里级高速磁悬浮系统、时速400公里级高速轮轨（含可变轨距）客运列车系统等技术储备研发，还有低真空管（隧）道高速列车。我们要结合重大工程项目，促进装备与工程、研发与应用协同创新。

推动交通装备重载化发展。随着科技的发展，货运工具重载化成为重要趋势。《建设纲要》提出在3万吨级重载列车、大中型邮轮、大型液化天然气船、大型民用飞机、重型直升机等方面取得显著进展。重载化也是降低物流运输成本的现实需要。

三是实现运输服务便捷舒适、经济高效。

运输服务是交通运输供给的最终产品。要聚焦社会主要矛盾变化，大力提高运输服务的品质、效率和经济性，《建设纲要》提出要推进出行服务快速化和便捷化，现代物流绿色化、高效化，与之相对应的就是要打造“两个交通圈”：

打造“全国123出行交通圈”，是指都市区1小时通勤，主要构建以城市轨道交通为主导的集约、高效的城市综合交通系统；城市群2小时通达，主要是以国家高速铁路及城际轨道交通、高速公路、城市轨道交通为骨干，以其他交通方式为补充，建成城市群2小时交通圈；全国主要城市3小时覆盖，主要是实现全国主要城市间由高速铁路和航空运输组成的3小时交通圈。《建设纲要》还提出构筑以高铁、航空为主体的大容量、高效率的区际快速客运服务。目前，我国是全球唯一同时具有高速铁路成网运行和广覆盖高等级民航网络的国家。应该讲，区际快速客运服务以高铁、航空为主体，既是适应我国国情和满足人民群众出行需求的合理选择，也是绿色发展的必然要求，同时也可能为世界交通体系变革提供“中国经验”。

打造“全球123快货物流圈”，是指国内1天送达、周边国家2天送达、全球主要城市3天送达。这是对供应链管理和货运服务时效性的一个抽象表达，旨在建立面向全球、高效率的快货物流服务体系。

加速新业态新模式发展。交通运输与互联网具有很强的耦合性，互联网刚进入中国时被称为“信息高速公路”，互联网承载的是信息流，交通网承载的是人流、物流，也就是实体流。当线上线下信息流与实体流有机融合时，就为万物互联创造了条件，有利于优化资源配置。《建设纲要》中提到“打造基于移动智能终端技术的服务系统，实现出行即服务”，就是充分利用移动互联网和物联网技术，全面感知交通运输基础设施设置和运载装备以及出行的信息状况，全面提升服务水平。如，网约车、共享单车、共享汽车等新业态快速发展，正在改变交通运输生态圈，我国也已成为全球共享经济发展的重要力量。

四是实现科技创新富有活力、智慧引领。

科技创新是建设交通强国的第一动力。《建设纲要》提出，要强化前沿关键科技研发，主要是瞄准新一代信息技术、人工智能、智能制造、新材料、新能源等世界科技前沿，加强对可能引发交通产业变革的前瞻性、颠覆性技术的研究。要大力发展智慧交通，主要推动大数据、互联网、人工智能、区块链、超级计算等新技术与交通行业深度融合。推进数据资源赋能交通发展，加速交通基础设施网、运输服务网、能源网与信息网络融合发展，构建泛在先进的交通信息基础设施。要完善科技创新机制，重点建立以企业为主体、产学研用深度融合的技术创新机制。

五是实现安全保障完善可靠、反应快速。

安全是交通强国建设的基本前提，也是交通运输发展的永恒主题。《建设纲要》提出，要提升本质安全水平，主要是提升关键基础设施安全防护能力，推进精品建造和精细管理，增强设施耐久性和可靠性，保障运输装备安全。要完善交通安全生产体系，主要是完善交通安全依法治理体系、安全责任体系、预防控制体系、网络安全保障体系、支撑保障体系、自然灾害交通防治体系，有效防控系统性风险。要强化交通应急救援能力，主要是加强应急救援专业装备、设施、队伍建设，积极参与国际应急救援合作，强化应急救援社会协同能力。

六是实现绿色发展集约节约、低碳环保。

绿色是交通强国建设的基本底色，也是贯彻新发展理念、建设美丽中国、推动交通可持续发展的基本要求。《建设纲要》从促进资源节约集约利用、强化节能减排和污染防治、强化交通生态环境保护修复三个方面部署若干举措，将生态环保理念贯穿交通基础规划建设利用、载运工具建造、能源结构调整、交通运输服务等方面，力争形成交通发展与资源环境承载力相匹配、与生态文明建设相互促进的良好局面。

七是实现开放合作面向全球、互利共赢。

开放合作为交通强国建设开辟战略新空间。《建设纲要》提出，以“一带一路”为重点，构建互联互通、面向全球的交通网络，推进国际运输便利化；加大对外开放力度，协同推进自由贸易试验区、中国特色自由贸易港建设，打造世界一流交通企业；深化交通国际合作，吸引重要交通国际组织来华落驻，积极推动全球交通治理体系建设与变革，提升交通国际话语权和影响力，等等，力争形成基础设施互联互通、市场合作互利共赢、成果经验互鉴共享的交通开放合作新格局。

八是实现人才队伍精良专业、创新奉献。

人才队伍是建设交通强国的第一资源。新中国成立70年来，在交通运输快速发展的同时，也培养了一支特别能吃苦、特别能战斗、特别能奉献的人才干部队伍，包括科技创新人才、专业技术人员、党员干部队伍，还涌现出了一批劳动模范，如许振超、李素丽、刘传健等。加快建设交通强国，实现交通运输现代化，关键是要加快实现人的现代化。《建设纲要》提出了培育高水平交通科技人才、打造素质优良的交通劳动者大军、建设高素质专业化交通干部队伍三个方面的重点任务。我们要大力弘扬劳模精神和工匠精神，弘扬“一不怕苦、二不怕死，顽强拼搏、甘当路石，军民一家、民族团结”的“两路”精神、“挑战极限，勇创一流”的青藏铁路精神、“逢山开路、遇水架桥”的港珠澳大桥建设者奋斗精神、“把非凡英雄精神体现在平凡工作岗位上”的民航英雄精神，以及“把生的希望送给别人，把死的危险留给自己”的救捞精神，努力打造一支与交通强国建设相适应的精良专业、创新奉献的干部人才队伍，为交通强国培养合格的建设者和接班人。

九是实现治理体系完善、治理能力提升。

推进行业治理体系和治理能力现代化，是实现交通运输现代化、建设交通强国的重要内容和基本保障。《建设纲要》提出要加快建成政府、市场、社会等多方协作的现代治理体系，全面提升行业治理能力，着力深化行业改革、优化营商环境、扩大社会参与、培育交通文明，形成协同高效、良法善治、共同参与的良好局面，以行业治理体系和治理能力现代化，支撑交通运输现代化。

（三）准确把握交通强国建设的保障措施

一是要加强党的领导。《建设纲要》提出：“坚持党的全面领导，充分发挥党总揽全局、协调各方的作用。建立统筹协调的交通强国建设实施工作机制，强化部门协同、上下联动、军地互动，整体有序推进交通强国建设工作。”建设交通强国，是党中央、国务院作出的重大决策部署，必须要坚持党的领导，充分发挥党总揽全局、协调各方的作用，把党的领导贯穿到交通强国建设的全过程，同时也需要各地、各部门和社会各界共同努力，整体有序推进交通强国建设工作，形成齐抓共管的工作格局。

二是要加强资金保障。《建设纲要》提出，“深化交通投融资改革，增强可持续发展能力，完善政府主导、分级负责、多元筹资、风险可控的资金保障和运行管理体制。建立健全中央和地方各级财政投入保障制度，鼓励采用多元化市场融资方式拓宽融资渠道”。交通运输是一个资金密集型的行业。交通发展需要大量资金投入，同时交通发展好了，也会带来土地增值、产业集聚、就业增加、城镇扩展等溢出效应，带来更多的资金流。交通要当好先行，不仅要在行动上先行一步、能力上适度超前，还要在资源上优先配置、政策上优先保障。当前，交通运输发展的外部约束越来越紧，作为一项利国利民的公益性事业，需要在资金、土地、环保等政策上优先保障。

三是要加强实施管理。《建设纲要》提出，要“促进自然资源、环保、财税、金融、投资、产业、贸易等政策与交通强国建设相关政策协同，部署若干重大工程、重大项目，……鼓励有条件的地方和企业在交通强国建设中先行先试。……建立交通强国评价指标体系，重大事项及时向党中央、国务院报告”。我们将认真贯彻落实党中央、国务院决策部署，主动对接、主动协调、主动服务，推动政策协同，与各地、各有关部门共同努力，把党中央、国务院建设交通强国的决策部署落到实处。

五、加快建设交通强国当前重点任务

加快建设交通强国，当前重点要抓好《交通强国建设纲要》的学习领会、宣传贯彻、重在落实。重点是要编制好《国家综合立体交通网规划纲要（2021—2050 年）》和“十四五”综合交通运输体系发展规划，加快推进交通强国试点建设，加快推进重大工程建设。

（一）加快编制国家综合立体交通网 30 年规划

2018 年 6 月 8 日，习近平总书记在赴天津高铁上与俄罗斯总统普京会谈时指出，要做综合的、立体的规划，不要造成浪费。刘鹤副总理对构建快速、便捷、高效、安全的互联互通综合交通网络也提出了明确要求，强调规划时间要与“两个一百年”目标相衔接。根据习近平总书记重要指示精神，在刘鹤副总理的关心、指导下，从今年初起，我们全面启动了规划纲要编制工作，成立了总体组、协调组、行业组、地方组、专项组、区域组，共 57 个工作组，全面开展了《国家综合立体交通网规划纲要（2021—2050 年）》编制工作。这是我国首次编制 30 年的交通规划。国家综合立体交通网由集约高效的线网体系和枢纽体系构成，涵盖铁路、公路、水运、民航、管道等各运输方式的主要通道和节点，是我国交通基础设施最高层次的空间网络。初步考虑，到 2050 年形成横贯东西、纵贯南北，陆海内外联动，地面、地下、水上、空中统筹协同、衔接高效、优势互补、效率最优的国家综合立体交通网，形成由“十纵十横八联”国内综合运输通道和“六陆上四海上”国际运输通道共同构成的国家运输主通道；形成由国家干线铁路网、国家干线公路网、国家高等级航道网构成的地面交通干线网；建立覆盖高空、亚轨道、中低空的大密度国家空中干线航路网；形成“六横六纵”国家地下骨干油气管网；构建由国际性综合交通枢纽、全国性综合交通枢纽、功能性综合交通枢纽三层次构成的国家综合立体交通网枢纽体系。《规划纲要》时间跨度 30 年，是《交通强国建设纲要》的细化、实化，二者相辅相成，共同构成加快建设交通强国的纲领性文件。

（二）高质量编制好“十四五”综合交通运输发展规划

“十四五”时期是交通运输由“基本适应”向“提质增效”的转换期，是基础设施网络完善、运输服务水平提高和转型发展的关键期，是开启全面建设交通强国新征程的起步期。可以说，交通强国建设起步好不好、快不快，能不能实现高质量发展，“十四五”至关重要。“十四五”规划是贯彻落实《建设纲要》《规划纲要》、加快建设交通强国的第一个五年规划。我们初步确定了“1+5+10”的规划编制体系。其中“1”指“十四五”综合交通运输发展规划；“5”指铁路、公路、水运、民航、邮政五个行业“十四五”发展规划；“10”指十个重点领域的“十四五”专项规划。在“十四五”规划编制过程中，我们将坚持“开门编规划”，研究提出一批重大工程项目、重大政策、重大改革举措，着力解决人民群众最关心的问题。

（三）做好交通强国建设试点工作

为加快建设交通强国，充分调动各方面的积极性，我们正在开展交通强国建设试点工作。试点工作以打造“一流设施、一流技术、一流管理、一流服务”为目标，分地区、分领域、分批次开展。经综合考虑，我们初步确定了河北雄安新区、辽宁省、江苏省、浙江省、山东省、河南省、湖北省、湖南省、广西壮族自治区、重庆市、贵州省、新疆维吾尔自治区、广东省深圳市开展第一批交通强国建设试点，由试点地区交通运输主管部门牵头组织实施，结合地方实际，围绕设施领域、技术领域、管理领域和服务领域，谋划和推进各阶段重点工作。如，河北雄安新区被选为试点，将在建设开放式智能网联车示范区、构建“公交＋自行车＋步行”的出行模式、示范应用共享化智能运载工具、发展需求响应型的定制化公共交通系统，以及推进交通网、信息网、能源网“三网合一”等方面为全国先行先试。广东省深圳市也被选为试点，将在国际性综合交通枢纽建设、区域交通协同发展、城市交通现代化治理、交通科技创新四个领域，推进高标准规划、高质量建设、高品质服务、高效率管理，突出政策、模式、技术创新，推动交通运输高质量发展。相信在不远的未来，一批特色鲜明、世界一流的品牌工程会相继亮相，一批具有代表性、典型性的标准规范、管理办法、实施细则等将陆续出台。全面推进交通强国建设，我们将更加有底气，更加有信心，更加有力量，推动交通强国建设试点工作向更大范围、更宽领域延伸。

（四）加快推进交通运输重大工程建设

重大工程是推进交通强国建设的重要抓手和标志性工程，是实现交通强国建设目标的重要支撑。我们将坚持立足当前、着眼长远，聚焦服务国家重大战略实施，有序推进、有效实施若干交通强国建设重大工程。目前，我们梳理提出了23个重大工程包。在国土空间联通方面，重点打通国土空间上存在的自然地理障碍，提高跨区域联通的便利性，服务大区域间人员、物资、经济交往，提高边疆区域的可达性，促进边疆发展，支撑国家总体安全。在服务区域发展方面，主要对标国家重点区域战略，建设综合立体交通运输体系，探索多种运输方式的有效衔接和智能高效运行，比如京雄高速铁路工程、长江沿江高铁工程、深圳至中山通道工程等。在通道扩能增效方面，主要考虑在既有交通运输通道上提高通行能力、通行效率，促进各种运输方式合理分工，进一步支撑经济社会发展。比如国家高速公路主干线通道扩容工程、京杭运河黄河以北段复航工程、内河千吨级航道提升工程等。在创新引领示范方面，重点着眼于新技术在交通运输领域的应用，实现传统运输方式数字化、网络化、智能化，提高交通运输的安全水平和运行效率，降低物流成本。比如交通运输北斗应用能力提升工程、国家高速公路智慧化提升工程、自动驾驶发展与应用先导示范工程等。在“交通＋”融合发展方面，重点推动交通与旅游业、制造业、城镇化融合发展，转变交通发展方式，促进高质量发展。目前我们主要考虑交通旅游融合发展示范工程。我们热切期待并诚挚欢迎大家关心、支持、参与交通强国重大工程建设，共同为交通强国建设夯基垒台、添砖加瓦。

同志们，团结凝聚力量，实干创造未来。建设交通强国，任重道远、使命光荣。让我们更加紧密地团结在以习近平同志为核心的党中央周围，逢山开路、遇水架桥，苦干实干、久久为功，奋力谱写加快建设交通强国的新篇章，为实现“两个一百年”奋斗目标和中华民族伟大复兴的中国梦当好先行！

高质量建设“四好农村路”这项民生工程

李小鹏

《中国纪检监察报》(2019 年 11 月 28 日第 6 版)

农村公路是覆盖范围最广、服务人口最多、提供服务最普遍、公益性最强的交通基础设施。党的十八大以来，在以习近平同志为核心的党中央坚强领导下，我国农村公路发展取得了历史性成就。通村畅乡的“四好农村路”正托举起农民群众致富奔小康的幸福梦想。

“四好农村路”建设意义重大

习近平总书记指出，要“从实施乡村振兴战略、打赢脱贫攻坚战的高度，进一步深化对建设农村公路重要意义的认识”。从惠民生来看，“四好农村路”修的是路，改变的是农村面貌，联系的是党心民心，巩固的是党在农村的执政基础。从打好脱贫攻坚战来看，“四好农村路”是实现精准扶贫脱贫的“先手棋”，是确保小康路上不让任何一个地方因交通而掉队的底气所在。从实施乡村振兴战略来看，“四好农村路”是产业兴旺、生态宜居、乡风文明、治理有效、生活富裕的重要基础设施，是农业农村现代化的坚强保障。

“四好农村路”建设必须深化管养体制改革。我们要深刻认识到，“四好农村路”建设是一个系统工程，“建好”是基础，“管好”是手段，“护好”是保障，“运营好”是目的，只有建管养运协调发展，才能实现系统最优。当前，农村交通发展重心正在由“建设为主”向“建管养运”协调发展转变。我们必须要深化管养体制改革，推动政策创新，着力破除体制机制障碍，推动“四好农村路”高质量发展。

“四好农村路”建设取得了实实在在成效，但也存在着一些薄弱环节

“四好农村路”已成为新时代重大的民生工程。这个重大民生工程惠及人口多，直接服务 6 亿多

农民群众和涉及更多的城乡群众；覆盖国土面积大，年底我国具备条件的建制村不通硬化路的历史将一去不返；建设规模大，中央投入车购税资金5124亿元，带动全社会完成农村公路投资22040亿元，新改建农村公路159.7万公里。截至2018年底，全国农村公路总里程已经达到了404万公里，占公路总里程的83.4%，具备条件的乡镇、建制村通硬化路比例分别达到99.6%和99.4%。

面对新形势新要求，农村公路发展还存在一些薄弱环节。在管理体制上，部分地区农村公路管理养护责任难以落实到位，农村公路管养力量不够、管养人员有限、养护资金不足等问题还没有得到根本性转变。在资金保障上，以地方公共财政投入为主、多渠道融资的资金保障体系亟待建立。在工作机制上，上下联动、统筹协作、齐抓共管的工作格局尚未形成。这些问题的直接表现就是农村公路存在"畅返不畅""油返砂"等现象，降低了人民群众特别是广大农民群众的出行体验。解决这些突出问题，必须以深化农村公路管养体制改革为突破口，推动农村交通治理体系和治理能力现代化，推动"四好农村路"高质量发展，满足人民群众的美好出行需要。

强化专项整治，高质量建设"四好农村路"这项民生工程

强化政治意识，提高政治站位。交通运输部把抓好专项整治作为深化主题教育开展的重要抓手。各级交通运输主管部门按照"不忘初心、牢记使命"主题教育中开展专项整治的要求，切实强化思想自觉、政治自觉和行动自觉，完善政策措施、加大资金支持、加强督促调度、加快任务推进，确保整治实效。

强化法制保障，完善政策措施。着力推动《公路法》修订，加快推进《农村公路条例》的出台。推动国办印发了《深化农村公路管理养护体制改革的意见》，加快建立农村公路管理养护组织保障、资金保障、技术保障、考核保障四个体系。联合7部委印发了《关于推动"四好农村路"高质量发展的指导意见》，将促改革、提服务、强管养作为其中的重要内容予以推进。颁布了《小交通量农村公路工程技术标准》《农村公路养护技术规范》，完善"四好农村路"技术指导体系。

强化工作部署，落实工作举措。交通运输部党组印发专项整治漠视侵害群众利益问题实施方案，明确整治具体内容、目标要求、工作措施、进度安排。先后3次召开专项整治工作推进会，部署调度相关工作任务进展，将专项整治内容纳入今年部综合督查，督促各地切实落实主体责任。将剩余具备条件的6个乡镇和165个建制村通硬化路任务、新改建农村公路20万公里任务、将"畅返不畅"整治任务进行分解，建立工作台账，加强统计核查，按月进行调度，对进度较慢的省份进行督促、调度和约谈，确保按时完成任务。

强化资金保障，加大资金投入。交通运输部联合财政部进一步提高了成品油消费税用于农村公路养护的比例，明确省、市、县三级公共财政资金用于农村公路日常养护的标准和投入比例，在均衡性转移支付中进一步考虑农村公路管理养护因素，并将农村公路发展纳入地方政府一般债券支持范围，引导各地运营一般债券资金加大对农村公路养护的投入。

在有关各方的共同努力下，专项整治工作取得了明显成效。截至今年10月底，已完成农村公路投资4059亿元，新改建农村公路25.4万公里，新增3个乡镇和157个建制村通硬化路，剩余3个乡镇和8个建制村将于年底前完成通硬化路。实施乡镇和建制村"畅返不畅"整治约7.3万公里，解决了约1.8万个建制村群众出行不便问题，广大农村群众出行条件明显改善。

以新发展理念引领新时代民航高质量发展

冯正霖

《人民论坛》（2019 年第 05 期）

2018 年是中国民航发展史上意义非凡的一年。这一年，习近平总书记亲切接见“中国民航英雄机组”，并先后 3 次对民航工作作出重要批示指示，对民航发展具有里程碑意义；这一年，时逢改革开放 40 周年，民航隆重举行了系列庆祝活动，发布了《新时代民航强国建设行动纲要》，对民航发展具有承上启下、继往开来的重要意义；这一年，是“十三五”规划实施的关键一年，是民航补短板、强弱项的关键一年，民航各个领域都有新作为，各项工作都上新台阶，行业发展呈现新气象。2018 年，运输航空实现持续安全飞行 100 个月、6836 万小时的新安全纪录，实现 16 年零 8 个月的空防安全零责任事故记录；在航班总量同比增长 5.65% 情况下，全国航班正常率达 80.13%，同比提高 8.46 个百分点；全行业完成运输总周转量 1206.4 亿吨，旅客运输量 6.1 亿人次、货邮运输量 738.5 万吨，同比分别增长 11.4%、10.9%、4.6%；首都机场旅客吞吐量突破 1 亿人次，全国千万级机场达 37 个；空管保障航班起降突破 1000 万架次；民航旅客周转量在综合交通运输体系中的比重达 31%，同比提升 1.9 个百分点；通用航空完成飞行 94.1 万小时，同比增长 12.4%，无人机经营性飞行活动达 37 万小时。这些成绩的取得与党中央的坚强领导，社会各界对我国民航事业发展的大力支持密不可分。

党的十九大报告明确提出，我国经济已由高速增长阶段转向高质量发展阶段。推动和实现民航高质量发展，是摆在新时代民航人面前的迫切要求和艰巨任务。一方面，只有推动民航高质量发展，实现民航发展质量变革、效率变革、动力变革，才能切实提高行业核心竞争力，有效应对国际国内一系列不确定因素带来的风险挑战；才能真正突破行业发展瓶颈，较好地解决需求旺盛和保障能力不足的主要矛盾；才能不断汇聚民航强国基本特征，扎实推进新时代民航强国战略进程。另一方面，推进民航高质量发展是一项长期、曲折、艰苦的系统性工程和历史性任务，绝不是一蹴而就的，许多的“坡”和“坎”需要我们去跨越。当前和今后一个时期，必须要把推进民航高质量发展作为确定工作思路、制定发展政策、实施宏观调控的根本要求，必须进一步明确民航高质量发展的目标任务、基本要素、路径方向和效益品质，推动高质量发展在民航落地生根。

民航高质量发展是体现新发展理念的发展

在推动和实现民航高质量发展的进程中，必须认真学习领会习近平总书记治国理政新思想新观点新论断，坚持树立和强化新发展理念，将新发展理念贯穿民航各项工作的始终。

创新是民航高质量发展的第一动力。当今世界正处在新一轮科技革命和产业变革的进程中。必须把创新作为民航应对发展环境变化、实现新旧动能转换、推动行业转型升级的根本之策，大力培育行业创新文化，营造行业创新环境，推动行业创新体系建设，让创新在行业内蔚然成风。

协调是民航高质量发展的内生特点。发展不平衡不充分是我国民航长期存在的问题。必须协调处理好民航发展中的重大关系，更加注重发展的全面性，把短板补起来，把弱项强起来；更加注重发展的集约性，全面提升资源配置效率；更加注重发展的协同性，共享业内资源、信息，自觉维护行业的系统性。

绿色是民航高质量发展的普遍形态。绿色发展方式和生活方式正在倒逼交通运输转型升级。必须聚焦人民群众绿色出行需求，以航空器节能减排、机场环保建设治理为核心，构建多元参与、系统完整、权责清晰的绿色发展制度体系，形成民航全领域、全主体、全要素、全周期绿色发展新模式。

开放是民航高质量发展的必由之路。民航业国际化特征明显。必须进一步开阔国际视野，进一步开拓国际市场，进一步放开投资准入，充分用好国际国内两个市场两种资源，从容应对国际经贸摩擦，不断增强参与国际经济合作和竞争的能力。

共享是民航高质量发展的根本目的。人民群众对民航业服务种类、服务范围、服务能力和服务水平的要求越来越高。必须牢牢把握发展为了人民的理念，努力使民航与人民群众生活融合得更加紧密，使人民群众能够享受到便捷、经济的航空服务，增强对民航发展的获得感、幸福感、安全感；努力使民航业和经济社会发展契合度更高，使民航业对国家 GDP 的贡献率进一步提高。

民航高质量发展具有鲜明的发展目标

在推动和实现民航高质量发展的进程中，需要我们以战略目标和总体目标为统领，以阶段目标和专业领域目标、单位具体目标为支撑，一步一步地扎实迈进。

统筹战略目标和阶段性目标。战略目标管方向、管长远，距离目标的差距就是我们努力的方向和空间。建设民航强国是我国民航发展的战略目标，是一个既近又远、既难又可实现的奋斗过程。在这个进程中，每个时期都有不同的矛盾和问题，对高质量发展的任务要求也不一样。我们必须聚焦不同阶段的主要矛盾和突出问题，科学制定民航高质量发展的阶段性目标，既不能轻轻松松、躺着就实现，也不能不切实际、好高骛远，要做到“跳起来”“够得着”，成为实现战略目标的有力支撑。这是一场接力赛，我们要一棒接着一棒跑下去，每一代民航人都要为下一代人跑出一个好成绩。

统筹行业总体目标和各专业、各单位具体目标。民航高质量发展的总体目标是安全基础更加牢固、服务品质更加优质、管理机制更加有效、市场主体更有活力、行业宏观调控更加有度、支撑国家战略更加有力。在确保行业系统性的基础上，不同的行业主体有不同的专业目标。航空公司要根据自身战略定位，瞄准全球同业标杆，争创世界一流的航空公司；机场要着力打造“平安、绿色、智慧、人文”为特征的未来机场体系；空管要努力建设“强安全、强效率、强智慧、强协同”的现代化空管体系；保障单位要形成先进、可靠、经济的技术保障服务体系；科教单位要按照“出成果、出人才、出效益”的要求，建好建强“四型”科研院所（基础技术研究型、应用技术开发型、成果转化枢纽型和技术政策暨服务智库型）和“五大”基地（基础技术研究基地、应用技术开发基地、核心技术产业基地、成果转化效益基地和创新人才发展基地）。具体到不同的单位，也要自觉围绕行业发展总体目标，根据自身业务特点，制定与行业发展联系紧密、可操作性强的工作目标。

建立民航高质量发展的指标体系。推进和实现民航高质量发展，必须根据高质量发展的内涵和要求，突出引导性、评价性、考核性，研究建立一套涵盖基础指标与特征指标的发展指标体系。基础指标应包括安全水平、保障能力、生产规模、运行效率、服务品质、经济效益等方面指标，重在反映行业基本状况、总体面貌。特征指标注重体现新发展理念的引导作用，能够反映民航发展质量、动力、结构变化情况。要根据民航高质量发展指标体系，完善民航高质量发展政策体系、标准体系、统计体系，开展绩效评价和政绩考核。

民航高质量发展的动力足

发展动力决定发展速度、效能、可持续性。在推进和实现民航高质量发展的进程中，既要加大力度改造提升传统动能，又要大力培育壮大新动能，还要激发强大精神动力。

改造提升传统动能。当前，我国民航需求旺盛，但由于行业发展的关键资源不足、保障能力不强的矛盾越来越凸显，我们不得不采取一系列调控措施，尽力保持发展速度与保障能力的平衡。长期的削足适履，让发展速度去将就现有的保障能力，势必抑制市场需求的充分释放。我们必须全力推动空域管理体制改革，加大基础设施投入，加快先进技术应用，千方百计提升空管保障能力、机场保障能力、人力资源保障能力，优化民航公共产品供给，保证旺盛的市场需求能够充分转化成民航发展的持续动能。

培育壮大新动能。当前，我国航空运输市场正在发生着深刻改变。民航发展的新动能蕴藏在技术进步、管理创新、结构优化所带来全要素生产率的提高中，我们必须加大民航供给侧结构性改革力度，使新动能源源不断产生，更加强劲持久。新动能来自旅客结构的变化。只有适应旅客结构变化所带来的消费心理、消费习惯、消费行为的变化，提供更加贴近旅客需求的航空产品，才能真正将外部需求转化成自身发展动能。新动能来自综合交通的完善。只有主动融入综合交通网络，提升以机场为核心的综合交通枢纽的集疏运效率，才能将旅客的联程中转需求有效转化成民航新的增长点。新动能来自技术应用的进步。技术进步是经济社会创新发展的重要驱动力量，民航业不能止步不前。我们要紧紧抓住技术变革的机遇，提升运行效率、创新商业模式，推动行业发展转型升级。新动能来自员工素质的提升。人才是发展的第一资源。我们必须大力提升民航员工的能力素质，使民航员工对日新月异的变化更加敏感、更加理解、更加适应，民航发展的新动能就孕育在员工素质能力的提升和人力资源结构的变化中。

新动能来自生产要素的集聚。高端生产要素的集聚带来了更强的人流、物流、资金流、信息流，也将催生更多的民航发展新业态。只要充分调动民航产业链上各方积极性，形成发展合力，就能把要素集聚带来的优势转化为带动民航发展的内生动力。

激发强大精神动力。2018年9月30日，习近平总书记接见“中国民航英雄机组”时强调学习英雄事迹、弘扬英雄精神，将非凡的英雄精神体现在平凡的工作岗位上。在开启民航强国建设新征程的关键时刻，习近平总书记的重要指示为民航人奋力谱写建设民航强国新篇章注入了强大动力。我们要认真贯彻落实总书记重要指示精神，将学习英雄机组活动引向深入，大力践行当代民航精神，凝聚起推进民航高质量发展、建设民航强国的强大精神力量。

民航高质量发展的路径明晰科学

发展路径是否明晰科学，直接关系战略目标能否顺利实现。在推进和实现民航高质量发展的进程中，我们必须坚持新发展理念，坚持稳中求进总基调，坚持供给侧结构性改革这条主线，全面落实“一二三三四”总体工作思路（践行一个理念、推动两翼齐飞、坚守三条底线、完善三张网络、补齐四个短板），按照“一加快、两实现”的新时代民航强国战略进程安排（即：到2020年，加快从航空运输大国向航空运输强国的跨越；到2035年，实现从单一的航空运输强国向多领域民航强国的跨越；至本世纪中叶，实现从多领域民航强国向全方位民航强国的跨越），谋定发展路径，突出工作重点，掌控节奏力度，行稳致远，善作善成。

要强化安全工作的政治担当，始终坚持正确处理“安全与发展、安全与效益、安全与正常、安全与服务”四个关系，切实处理好行业准入、经营许可、机队与机场规划、发展速度等源头性和关键性问题，努力补齐制约安全保障能力的短板。要努力破除制约核心竞争能力提升的体制机制障碍，破除制约资源保障能力提升的体制机制障碍，破除制约行业治理能力提升的体制机制障碍，破除制约行业创新能力提升的体制机制障碍，为民航高质量发展创造新局面。要认真落实《新时代民航强国建设行动纲要》，以行动纲要为蓝图，稳扎稳打，一步一个脚印地推进民航高质量发展。

现阶段，推动民航高质量发展关键要在四个方面发力：一要着力提升行业核心竞争力，当前围绕“补短板、强弱项”所开展的各项工作，都要聚焦于资源配置效率和行业核心竞争力的提升。二要着力优化行业功能布局，规模效应和网络效应是民航业的显著特征，要努力构建功能健全、相互协调、相互支撑的机场网络，积极完善覆盖面广、衔接度高、通达性强的航线网络，加快形成信息开放、资源共享、协同决策的运行信息监控网络。三要着力增强行业创新能力，提升创新能力是破解行业内部深层次矛盾和有效应对外部竞争的关键所在。我们不仅要在战略上重视创新，而且要真正把创新发展落实到组织建设、资金保障、人才培养、协同合作、生产运行等方方面面。四要着力提高行业国际话语权，要加强对民航国际规则标准的研究，努力把行业自身的规模实力转化为影响和参与民航国际规则标准制定的实力。

民航高质量发展的效益好

推动民航高质量发展就是要使民航强国基本特征不断汇聚融合，实现整体跨越，展现出强大的综合实力和整体效益。民航高质量发展的效益综合表现为：安全底线牢、运行效率高、服务品质好、经济效益佳、发展后劲足。

安全是民航高质量发展的根本特征。就是要牢固树立安全底线意识，做到安全态势可控、安全基础可靠，安全纪录始终居于世界前列，能够为民航持续发展提供有力保障。

运行效率是民航高质量发展的综合反映。就是要保持行业运行链条完整，做到运行标准科学、运行信息共享、运行机制先进、运行协同有力，航班正点率始终保持较高水平，民航在综合交通体系中的比较优势得到充分体现。

服务品质是民航高质量发展的社会价值体现。就是要把真情服务理念始终贯穿于民航服务的全过程，做到服务产品多样、服务价格合理、服务流程便利、旅客体验美好，民航服务品牌始终成为“中国服务”的标杆，人民群众有更多的获得感和幸福感。

经济效益是民航高质量发展的实力所在。从微观层面看，民航企业资本结构得到优化，经营机制灵活，成本控制能力强，市场盈利能力强，抗风险能力强；从宏观层面看，行业资源配置合理，竞争适度，规模效应和网络经济效应凸显，投入产出效率高，全员劳动生产率高。

发展后劲是民航高质量发展的源头活水。行业各类主体发展充满活力，创新在行业内蔚然成风，行业始终保持协调、均衡、绿色、可持续的良好发展态势；政府职能优化、法规标准完备、行业监管有力、宏观调控有度，行业治理体系和治理能力始终保持与时俱进，民航生产力得到充分释放。

2019 年，我们将把成绩归零，坚持以习近平新时代中国特色社会主义思想为指导，深入学习贯彻党的十九大精神和中央经济工作会议精神，坚持稳中求进工作总基调，坚持新发展理念，坚持以供给侧结构性改革为主线，贯彻“巩固、增强、提升、畅通”八字方针，按照“一加快、两实现”的新时代民航强国战略进程，全面落实“一二三三四”民航总体工作思路，始终坚守飞行安全、廉政安全、真情服务底线，聚焦人民群众的需求和关切，紧扣行业发展迫切需要解决的关键问题，大力破除制约民航高质量发展的体制机制障碍，扎实推动民航高质量发展。我们相信，准确把握民航高质量发展的基本要点，并在工作实践中不断深化落实，推进民航强国的战略进程就一定会行进在正确的航路上。

加快建设与小康社会相适应的现代邮政业

马军胜

《人民日报》（2019 年 10 月 9 日 10 版）

在举国欢庆中华人民共和国 70 华诞的日子里，我们迎来了第五十届世界邮政日。邮政业是推动流通方式转型、促进消费升级的现代化先导性产业，邮政体系是国家战略性基础设施和社会组织系统，在国民经济中发挥着重要的基础性作用。当前，我国已经成长为世界上发展最快、最具活力的新兴寄递市场，包裹快递量超过美、日、欧等发达经济体总和，对全球邮政业增长贡献率超过 50%，已经成为全球邮政业的动力源和稳定器。

在看到成绩的同时，我们也要清醒地认识到，我国邮政业还存在国内市场和国际市场不平衡、服务消费和服务生产不平衡、速度规模和质量效益不平衡、寄递企业总部和基层网点发展不平衡、行业发展和治理体系能力不平衡等短板弱项。我们必须坚持以习近平新时代中国特色社会主义思想为指导，坚决落实党中央、国务院重大决策部署，继续坚持“打通上下游、拓展产业链、画大同心圆、构建生态圈”工作思路，加快推进邮政业高质量发展。

第一，聚焦促改革扩开放，进一步释放邮政业的发展活力。要推动市场主体变革，鼓励支持新主体、新技术、新模式进入行业形成集群发展。要深化邮政体制改革，做强做优做大国有资本。要引导快递企业完善现代企业制度，处理好长期发展与短期利益、稳增长与防风险、总部与加盟企业之间关系。要推动跨境寄递领域和国际规则改革，扩大行业高水平对外开放，打造更多的跨境寄递通道平台。要主动参与万国邮联规则制定和关键领域改革，积极维护万国邮联多边机制。

第二，聚焦抓机遇稳态势，进一步厚植邮政业的发展优势。巩固和发展国有经济，支持邮政企业充分发挥国有企业骨干作用和全球邮政一张网的优势提升服务能力水平；支持和引导民营经济发展，加快形成具有国际竞争力的快递物流企业。深化电商快递协同，提高快递服务农村电商、跨境电商、品牌电商、生鲜医药电商的质量水平，拓宽农产品销售渠道，增加农民收入；着力打造“快递＋电商”中国方案升级版，继续提升网络覆盖度、稳定性和柔性，更好支撑线上线下一体新型流通、社交电商等新型电商发展。

第三，聚焦提质效育动能，进一步增强邮政业的发展后劲。加快推进“两进一出”工程，推动“快递进厂”，推进邮政快递企业与先进制造业融合，把邮政快递网变成现代制造业的“移动仓”和“移动工厂”；推动“快递进村”，通过邮快合作、快快合作、交邮合作等方式，推动快递服务末端下沉到农村，帮助拓宽农产品销售渠道，助力精准扶贫和乡村振兴；推动“快递出海”，通过造船出海、抱团出海和借船出海，加快推动邮政快递企业“走出去”。

第四，聚焦补短板强弱项，进一步夯实邮政业的发展根基。要紧紧围绕国际化持续加快跨境寄递基础设施建设，支持寄递企业加强自主国际航空运能建设，加快国际邮件快件航空枢纽布局，逐步构建起一个“以中国为中心，连接世界各大洲，通达主要目标市场”的全球快递服务体系。要紧紧围绕末端网络有效破解“最后一公里”难题，维护末端网点和快递员权益，推进公共末端服务体系建设。要紧紧围绕绿色邮政建设，督促邮政、快递企业改进生产方式，注意节约环保，杜绝过度包装，避免浪费和污染环境，持续推进邮件快件包装绿色化、减量化、可循环。要紧紧围绕安全邮政建设，统筹推进邮政业安全生产领域改革发展，压实企业特别是总部的安全生产主体责任，着力完善寄递安全监管体制机制，推动联合监管、联防联控，实现寄递安全共建共治共享。

使命无比光荣，征途星辰大海。让我们更加紧密地团结在以习近平同志为核心的党中央周围，以习近平新时代中国特色社会主义思想为指导，不忘初心、牢记使命，以敢闯敢干、一往无前的奋斗姿态，务实进取、担当作为，狠抓工作落实，为全面建成与小康社会相适应的现代邮政业而努力奋斗！

第二篇
重大政策

Section II
Substantial Policies

第一章　交通运输法律法规规章

一、国务院关于修改部分行政法规的决定（中华人民共和国国务院令第709号）

2019年3月2日，国务院公布《国务院关于修改部分行政法规的决定》，自公布之日起施行。《决定》对机构改革、政府职能转变和“放管服”改革涉及的有关行政法规进行了清理。其中涉及交通运输的有10部，分别为:《外国民用航空器飞行管理规则》《中华人民共和国外国籍船舶航行长江水域管理规定》《中华人民共和国船舶和海上设施检验条例》《国际航行船舶进出中华人民共和国口岸检查办法》《中华人民共和国内河交通安全管理条例》《快递暂行条例》《中华人民共和国道路运输条例》《中华人民共和国船员条例》《民用机场管理条例》和《中华人民共和国国际海运条例》。

二、海运固体散装货物安全监督管理规定(交通运输部令2019年第1号）

固体散装货物相对于一般货物来说，在水路运输的摇摆状态下更容易使船舶丧失稳性，因此，需要特别的管理措施。此外，《国际海运固体散装货物规则》(2009年生效）对进一步强化固体散装货物安全监管提出了系统性要求，作为缔约国之一，中国一直积极履行国际公约义务，落实公约相关强制性要求。《规定》共9章43条，分别为总则、一般规定、报告管理、作业管理、易流态化固体散装货物的特别规定、人员防护与事故预防、监督管理、法律责任、附则。

三、中华人民共和国水上水下活动通航安全管理规定（交通运输部令2019年第2号）

为进一步推进简政放权，减少相对人申请水上水下活动许可的不必要负担，更好地与《港口法》《航道法》等法律法规相衔接，对原规定进行了修订。

四、交通运输部关于修改《铁路机车车辆设计制造维修进口许可办法》的决定（交通运输部令2019年第3号）

为进一步贯彻落实国务院深入推进“放管服”改革要求，切实减轻企业负担，为铁路机车车辆生产、维修企业做好许可服务，《办法》参考不同产品维修周期年限的实际规定，将维修许可期限由目前统一的5年调整为按不同产品分为5年、8年、10年。

五、中华人民共和国海员证管理办法（交通运输部令 2019 年第 4 号）

近年来，随着《出境入境管理法》《护照法》《船员条例》等法律法规的出台和实施，海员证管理的法律法规和办理条件等都发生了较大变化，需要对规章进行修订，同时，也需要通过修订规章进一步做好简政便民，适应时代变化和管理需求。主要修订内容：一是明确了海员个人的申办主体地位；二是简化海员证申办条件和申办材料；三是补充了在港澳台航线和通航的国际河流段航行船舶的船员办理海员证的规定，并对其使用范围作了明确；四是调整海员证使用管理有关规定；五是删除了“申请办理海员证应交纳证书工本费和手续费”的规定。

六、交通运输部关于修改《中华人民共和国船员培训管理规则》的决定（交通运输部令 2019 年第 5 号）

为贯彻落实国务院和交通运输部在发展职业教育，加快构建现代职业教育体系，提高人才培训质量等方面的要求，《规则》修订了以下内容：一是新增部分培训项目；二是优化许可管理内容；三是进一步加强对培训机构的管理；四是明确航运公司船员培养主体责任。

七、通航建筑物运行管理办法（交通运输部令 2019 年第 6 号）

2015 年实施的《航道法》明确了交通运输部门对通航建筑物运行实施行业管理，原《船闸管理办法》（交通部令 1989 年第 5 号）已不适应《航道法》的要求，同时《安全生产法》《突发事件应对法》等法律对行业安全监管、突发事件应对等工作提出了新的要求，需要进行承接和落实。为此，交通运输部对原《办法》进行了修订，并更名为《通航建筑物运行管理办法》。

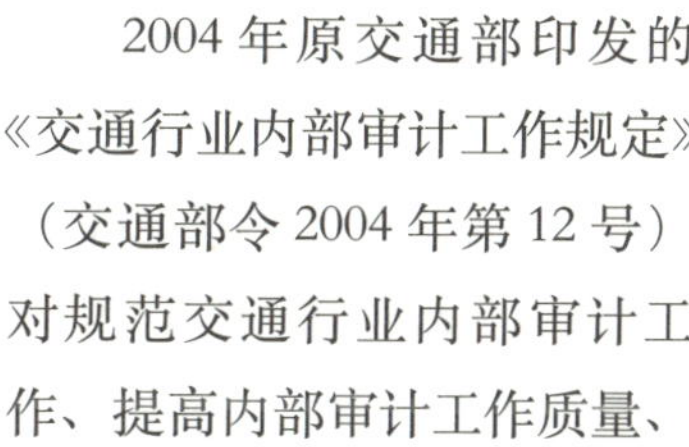

八、公路水路行业内部审计工作规定（交通运输部令 2019 年第 7 号）

2004 年原交通部印发的《交通行业内部审计工作规定》（交通部令 2004 年第 12 号）对规范交通行业内部审计工作、提高内部审计工作质量、促进交通事业发展发挥了重要作用。近年来，内部审计工作面临的形势发生了较大变化，对内部审计工作提出了新的要求，故对《规定》进行了修订。

九、交通运输部关于修改《港口经营管理规定》的决定（交通运输部令 2019 年第 8 号）

根据《港口法》修订内容和国务院《关于取消一批行政许可等事项的决定》（国发〔2018〕28 号）关于取消经营港口理货业务许可的要求，交通运输部修订

发布了《规定》。修订的主要内容包括：一是将经营港口理货业务许可改为备案；二是加强了事中事后监管；三是制定完善港口理货服务标准和规范。

十、交通运输行政执法程序规定（交通运输部令 2019 年第 9 号）

近年来，特别是党的十八大以来，党中央国务院高度重视并深入推进法治政府建设，对严格规范公正文明执法作了具体部署。特别是综合行政执法改革后，立足新的形势要求和基层执法实际，需要从制度层面规范行政执法行为，为此出台了《规定》。

十一、关于修改《中华人民共和国海上海事行政处罚规定》的决定（交通运输部令 2019 年第 10 号）

《交通运输行政执法程序规定》（交通运输部令 2019 年第 9 号）对交通运输行政执法部门及行政执法人员实施行政处罚程序作了统一规定。为配合其实施，交通运输部在原有《海上海事行政处罚规定》的基础上，删除了海上海事行政处罚程序，明确海上海事行政处罚程序适用《规定》。

十二、关于修改《中华人民共和国内河海事行政处罚规定》的决定（交通运输部令 2019 年第 11 号）

为配合《交通运输行政执法程序规定》（交通运输部令 2019 年第 9 号）的实施，交通运输部在原有《内河海事行政处罚规定》的基础上，明确内河海事行政处罚程序适用《规定》。

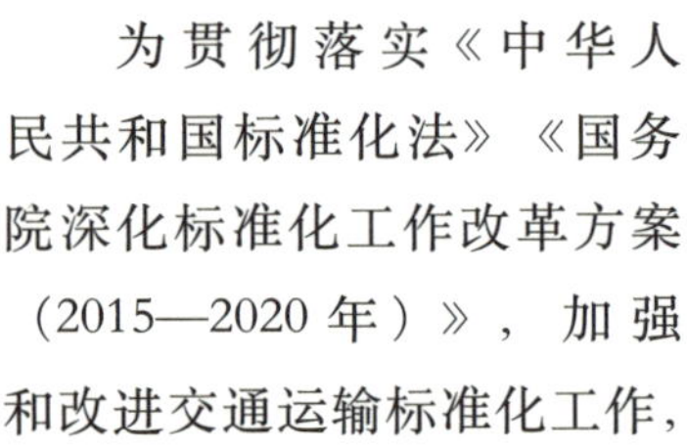

十三、交通运输标准化管理办法（交通运输部令 2019 年第 12 号）

为贯彻落实《中华人民共和国标准化法》《国务院深化标准化工作改革方案（2015—2020 年）》，加强和改进交通运输标准化工作，统筹推进综合交通运输各领域标准化发展，特颁布《办法》。

十四、交通运输部、商务部关于废止 2 件规章的决定（《外商投资国际海运业管理规定》《外商独资船务公司设立管理办法》）（交通运输部令 2019 年第 13 号）

2019 年 3 月国务院发布第 709 号令，删除了《中华人民共和国国际海运条例》中对外商投资国际海运业及其辅助业相关股比限制的规定，在法规层面明确了国际海运业及其辅助业的全面对外开放。《外商投资国际海

运业管理规定》和《外商独资船务公司设立管理办法》是《条例》的配套规章，根据国务院对《条例》的修订情况，不再单独针对外商投资国际海运业及其辅助业实施相应审批。交通运输部与商务部决定废止这两个部令。

十五、交通运输部关于修改《中华人民共和国港口设施保安规则》的决定（交通运输部令 2019 年第 14 号）

根据《国务院关于取消和下放一批行政许可事项的决定》（国发〔2019〕6 号）关于下放港口设施保安证书核发的要求，交通运输部修订发布了《港口设施保安规则》，自公布之日起实施。修订的主要内容：一是港口设施保安证书核发下放至省级交通运输（港口）部门，相应调整部与省级交通运输（港口）部门的职责及核发程序；二是增加了通过信息系统实现港口设施保安管理信息报送与共享的要求；三是强化了交通运输部对省级交通运输（港口）部门履职情况监督检查的规定。

十六、交通运输部关于修改《中华人民共和国国际船舶保安规则》的决定（交通运输部令 2019 年第 15 号）

《国务院关于取消和下放一批行政许可事项的决定》（国发〔2019〕6 号）取消了“国际船舶保安证书核发”许可事项，改为由第三方船舶检验机构签发《国际船舶保安证书》。按照行政审批改革要求，交通运输部对《国际船舶保安规则》相关内容进行了修订。

十七、智能快件箱寄递服务管理办法（交通运输部令 2019 年第 16 号）

当前，智能快件箱寄递服务存在着一些亟须解决的问题，如涉及的寄递流程较为复杂、操作环节较多、相关企业责任划分不清晰、收投服务不规范、用户权益难以得到充分保障、存在一定的安全隐患等。在此情况下，原有制度安排已不能满足智能快件箱寄递服务发展需求，有必要制定部门规章，理顺法律关系，明确服务规则，促进快递末端服务持续健康发展。

十八、交通运输部令 2019 年第 17、18、19、20 号

2019 年 3 月，国务院公布《国务院关于修改部分行政法规的决定》（国务院令第 709 号），对《道路运输条例》进行修订，明确提出“经设区的市级道路运输管理机构对有关货运法律法规、机动车维修和货物装载保管基本知识考试合格（使用总质量 4500 千克及以下普通货运车辆的驾驶人员除外）”的相关管理要求。为贯彻落实国务院令第 709 号以及《道路运输条例》等上位法的相关要求，研究形成了《道路货物运输及站场管理规定》修正案、《道路运输从业人员管理规定》修正案、《道路运输车辆技术管理规定》修正案和《机动车维修管理规定》修正案。

序号	文件名称及文号	原文二维码	解读二维码
1	交通运输部关于修改《道路货物运输及站场管理规定》的决定（交通运输部令 2019 年第 17 号）		
2	交通运输部关于修改《道路运输从业人员管理规定》的决定（交通运输部令 2019 年第 18 号）		
3	交通运输部关于修改《道路运输车辆技术管理规定》的决定（交通运输部令 2019 年第 19 号）		
4	交通运输部关于修改《机动车维修管理规定》的决定（交通运输部令 2019 年第 20 号）		

十九、交通运输部关于修改《中华人民共和国国际海运条例实施细则》的决定（交通运输部令 2019 年第 21 号）

2019 年 3 月 2 日，《国务院关于修改部分行政法规的决定》（国务院令第 709 号）对《国际海运条例》进行了修订，取消了“经营国际船舶管理业务许可”“外商投资国际海上运输及其辅助性业务审批”等事项，对涉及审批事项的相关条款进行了修改。为落实《决定》的要求，交通运输部对《实施细则》进行了相应修订。

二十、交通运输部关于废止 5 件交通运输规章的决定（交通运输部令 2019 年第 22 号）

《港口消防监督实施办法》（交通部令 1988 年第 2 号）根据 1987 年发布的《中华人民共和国消防条例实施细则》制定，对加强港口消防监督管理，落实港口公安机关消防监督管理职责起到了积极作用。目前，港口消防监督管理工作已发生重大变化，《实施办法》已不适用。

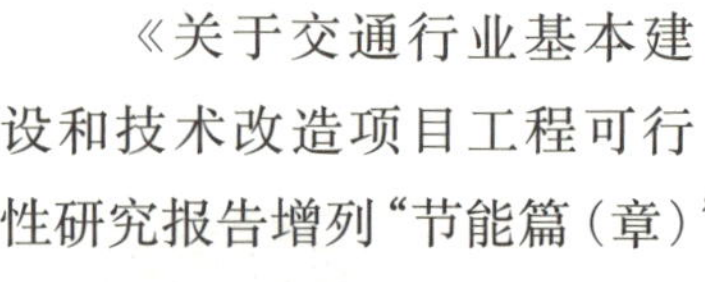

《关于交通行业基本建设和技术改造项目工程可行性研究报告增列“节能篇（章）”暂行规定》（交体法发〔1995〕607 号）、《〈关于交通行业基本建设和技术改造项目工程可行性研究报告增列“节能篇（章）”暂行规定〉实施细则》

（交体法发〔1996〕354 号）和《全国在用车船节能产品（技术）推广应用管理办法》（交体法发〔1995〕753 号）等 3 件规章是以规范性文件发布的部门规章，因制定年代较早，大部分内容已不适应交通运输改革发展需要，不符合简政放权、政府职能转变和节能管理的需要，故予以废止。

《船员服务管理规定》主要规定了海船船员服务业务相关内容，根据《国务院关于取消一批行政许可事项的决定》，“从事海船船员服务业务审批”已经取消。行政审批事项取消后，船员服务及外派等活动的管理主要依据《船员条例》《对外劳务合作管理条例》《海员外派管理规定》等行政法规和规章执行，《船员服务管理规定》的主要制度已无存在基础，予以废止。

二十一、海上滚装船舶安全监督管理规定（交通运输部令 2019 年第 23 号）

原《海上滚装船舶安全监督管理规定》（交通运输部令 2002 年第 1 号）颁布实施以来，对加强滚装船舶安全管理发挥了重要作用。但是，随着滚装运输的快速发展，对安全监管也提出了新的要求，需要对部分制度进行修订完善。

二十二、飞行模拟训练设备管理和运行规则（交通运输部令 2019 年第 24 号）

《飞行模拟设备的鉴定和使用规则》（民航总局令第 141 号）自 2005 年 9 月 1 日施行以来，对于规范民航局对飞行模拟训练设备进行鉴定和持续监督检查，以及飞行模拟训练设备运营人对其飞行模拟训练设备的管理和使用发挥了重要的作用，保证其达到并持续保持规定的等级和相应鉴定性能标准。但随着飞行模拟训练设备制造水平的不断提高，新技术和新设备在飞行模拟训练设备上的应用，需要通过对规章标准进行及时更新，以满足新技术条件和运行环境下的监督管理需求。

二十三、交通运输部关于修改《运输机场使用许可规定》的决定（交通运输部令 2019 年第 25 号）

2019 年 3 月 2 日，《国务院关于修改部分行政法规的决定》（国务院令第 709 号）对《民用机场管理条例》中运输机场使用许可条件进行了修改。《运输机场使用许可规定》是专门规范运输机场使用许可管理的配套规章，需要依据调整后的《民用机场管理条例》，对其相关条款作出相应修改。

二十四、交通运输部关于修改《定期国际航空运输管理规定》的决定（交通运输部令 2019 年第 26 号）

为落实国务院“放管服”改革要求，对《定期国际航空运输管理规定》中申请国

际航线经营许可的具体条件作出修改，将第三条第一款第七项“符合法律、行政法规和规章规定的其他条件”修改为“符合法律、行政法规规定的其他条件”。申请人根据该规章即可申请相应许可，无需再引用其他规章，方便相对人按照法规明确的许可条件和申请材料进行申请。

二十五、交通运输部关于废止《中国民用航空总局职能部门规范性文件制定程序规定》的决定（交通运输部令 2019 年第 27 号）

根据《关于加强行政规范性文件制定和监督管理工作的通知》（国办发〔2018〕37 号）和《党政机关公文处理条例》，原民航总局于 2007 年 9 月 10 日公布的《中国民用航空总局职能部门规范性文件制定程序规定》（民航总局令第 187 号）不再符合相关规定，2019 年 10 月 21 日，以交通运输部令 2019 年第 27 号予以废止。

二十六、渔业船舶检验管理规定（交通运输部令 2019 年第 28 号）

根据深化党和国家机构改革方案，原农业部渔船检验和监督管理职责划入交通运输部。交通运输部自 2018 年 4 月 20 日起正式履行渔业船舶检验和监督管理职责。此前，主管部门主要依据《中华人民共和国渔业船舶检验条例》对渔业船舶检验实施管理，缺乏一部具体实施层面的渔业船舶检验管理的部门规章。交通运输部履行渔船检验和监督管理职责以来，深入了解渔业船舶检验的现状和存在的问题，经过梳理和研究，制定出台渔业船舶检验管理的部门规章。

二十七、危险货物道路运输安全管理办法（交通运输部令 2019 年第 29 号）

为深入贯彻落实党中央、国务院的部署要求，切实强化危险货物道路运输安全治理，交通运输部、工业和信息化部、公安部、生态环境部、应急管理部、市场监督管理总局在深入调查研究的基础上制定了《办法》，着力构建“市场主体全流程运行规范、政府部门全链条监管到位、运输服务全要素安全可控”的危险货物道路运输管理体系，让危险货物道路运输更加安全高效。

二十八、交通运输部对《港口经营管理规定》等 13 件规章的修改决定

近年来，党中央、国务院为持续优化营商环境、推动形成全面开放新格局作出了一系列决策部署。按照有关要求，交通运输部对《通用航空经营许可管理规定》等 13 件规章（交通运输部令 2019 年第 30 号至第 42 号）进行了相应修改，废除了交通运输部现行有效规章中有碍优化营商环境、扩大全面开放的规定和做法。

二十九、铁路机车车辆驾驶人员资格许可办法（交通运输部令 2019 年第 43 号）

《办法》是按照国务院深化“放管服”改革

序号	文件名称及文号	原文二维码
1	交通运输部关于修改《通用航空经营许可管理规定》的决定（交通运输部令 2019 年第 30 号）	
2	交通运输部关于修改《快递业务经营许可管理办法》的决定（交通运输部令 2019 年第 31 号）	
3	交通运输部关于修改《港口工程建设管理规定》的决定（交通运输部令 2019 年第 32 号）	
4	交通运输部关于修改《中华人民共和国港口设施保安规则》的决定（交通运输部令 2019 年第 33 号）	
5	交通运输部关于修改《港口危险货物安全管理规定》的决定（交通运输部令 2019 年第 34 号）	
6	交通运输部关于修改《航道通航条件影响评价审核管理办法》的决定（交通运输部令 2019 年第 35 号）	
7	交通运输部关于修改《港口经营管理规定》的决定（交通运输部令 2019 年第 36 号）	
8	交通运输部关于修改《公路水运工程监理企业资质管理规定》的决定（交通运输部令 2019 年第 37 号）	
9	交通运输部关于修改《公路水运工程试验检测管理办法》的决定（交通运输部令 2019 年第 38 号）	

续上表

序号	文件名称及文号	原文二维码
10	交通运输部关于修改《中华人民共和国海员外派管理规定》的决定（交通运输部令 2019 年第 39 号）	
11	交通运输部关于修改《中华人民共和国船舶污染海洋环境应急防备和应急处置管理规定》的决定（交通运输部令 2019 年第 40 号）	
12	交通运输部关于修改《中华人民共和国国际海运条例实施细则》的决定（交通运输部令 2019 年第 41 号）	
13	交通运输部关于修改《道路危险货物运输管理规定》的决定（交通运输部令 2019 年第 42 号）	
关于《关于修改〈港口经营管理规定〉的决定》等 13 件部令的解读		

有关要求，结合铁路快速发展需要，在原《铁路机车车辆驾驶人员资格许可办法》（交通运输部令 2013 年第 14 号）的基础上修订而成，增加了铁路机车车辆驾驶人员资格许可准入退出、工作职责、考试组织、信用管理、监督检查、处罚规定等有关内容，并补充了提高铁路机车车辆驾驶资格许可工作效能的有关要求，进一步规范了铁路机车车辆驾驶人员资格许可工作。

三十、航道工程建设管理规定（交通运输部令 2019 年第 44 号）

近年来，党中央、国务院不断推进行政审批制度改革和深化投融资体制改革，加大转变政府职能、简政放权和优化服务力度，航道工程建设管理面临新的形势和管理要求。交通运输部全面梳理和优化《航道建设管理规定》（交通部 2007 年 3 号令）和《航道工程竣工验收管理

办法》（交通部 2008 年 1 号令）有关内容，将两部规章整合为《规定》。

三十一、港口和船舶岸电管理办法（交通运输部令 2019 年第 45 号）

近年来，交通运输部大力推进船舶靠港使用岸电，建立健全了标准体系，统一港、船、电技术要求。为加快建设交通强国，落实《大气污染防治法》要求，加强船舶靠港期间大气污染防治，特制定出台《办法》，对岸电设施建设与使用、服务和安全等进行全面、系统的规范和引导。

三十二、关于修改《网络预约出租汽车经营服务管理暂行办法》的决定（交通运输部令 2019 年第 46 号）

按照商务部等国务院有关部门关于做好与现行开放政策以及《外商投资法》不相符的法规文件清理工作的要求，鉴于国务院已决定取消外商投资道路运输业立项审批，且《外商投资准入特别管理措施（负面清单）》已不包含对外商投资道路运输业的准入限制，外商投资道路运输业已享受“国民待遇”，交通运输部对《暂行办法》进行了相应修改。

第二章　国家重大政策

一、国务院办公厅转发交通运输部等部门关于加快道路货运行业转型升级促进高质量发展意见的通知（国办发〔2019〕16号）

2019年5月7日，国务院办公厅转发交通运输部等部门《关于加快道路货运行业转型升级促进高质量发展的意见》。《意见》聚焦当前道路货运行业发展面临的突出问题，从五个方面部署了14项重点工作任务：一是深化货运领域“放管服”改革；二是推动新旧动能接续转换；三是加快车辆装备升级改造；四是改善货运市场从业环境；五是提升货运市场治理能力。

二、国务院办公厅关于印发深化收费公路制度改革取消高速公路省界收费站实施方案的通知（国办发〔2019〕23号）

2019年5月16日，国务院办公厅印发《深化收费公路制度改革取消高速公路省界收费站实施方案》。为贯彻落实党中央、国务院决策部署，进一步深化收费公路制度改革，加快取消全国高速公路省界收费站，实现不停车快捷收费，制定该方案。《方案》指出，要按照“远近结合、统筹谋划，科学设计、有序推进，安全稳定、提效降费”的原则，明确技术路线，加快工程建设，力争2019年底前基本取消全国高速公路省界收费站。《方案》部署了四项工作任务：一是加快建设和完善高速公路收费体系；二是加快电子不停车收费系统推广应用；三是加快修订完善法规政策；四是推动政府收费公路存量债务置换，防范化解债务风险，为取消高速公路省界收费站创造有利条件。

三、国务院办公厅关于印发交通运输领域中央与地方财政事权和支出责任划分改革方案的通知（国办发〔2019〕33号）

2019年7月10日，经党中央、国务院同意，国务院办公厅印发了《交通运输领域中央与地方财政事权和支出责任划分改革方案》，自2020年1月1日起实施。《方案》分为总体要求、主要内容、配套措施三部分内容，对公路、水路、铁路、民航、邮政、综合交通六个方面改革事项的财政事权和支出责任进行了划分，为推进“四好农村路”建设、构建现代综合交通运输体系、建设交通强国提供有力保障。

四、国务院办公厅关于加快发展流通促进商业消费的意见（国办发〔2019〕42号）

2019年8月27日，国务院办公厅印发《关于加快发展流通促进商业消费的意见》。针对当前流通消费领域面临的一些瓶颈和短板，特别是传统流通企业创新转型有待加强，商品和生活服务有效供给不足，消费环境需进一步优化，城乡消费潜力尚需挖掘等问题，《意见》提出了20条具体要求，并明确了各部门责任分工。其中与交通运输部门密切相关有：促进流通新业态新模式发展；推动传统流通企业创新转型升级；加快发展农村流通体系；释放汽车消费潜力；活跃夜间商业和市场；降低流通企业成本费用；扩大成品油市场准入等。

五、国务院办公厅关于深化农村公路管理养护体制改革的意见（国办发〔2019〕45号）

2019年9月23日，为切实解决“四好农村路”工作中管好、护好的短板问题，加快建立农村公路管理养护长效机制，国务院办公厅印发《关于深化农村公路管理养护体制改革的意见》。《意见》分为五个部分，包括总体要求、工作目标、完善农村公路管理养护体制、强化农村公路管理养护资金保障、建立农村公路管理养护长效机制等，自印发之日起施行。《国务院办公厅关于印发农村公路管理养护体制改革方案的通知》（国办发〔2005〕49号）同时废止。

六、国务院办公厅关于成立第二届联合国全球可持续交通大会组委会的通知（国办函〔2019〕107号）

2019年10月30日，国务院办公厅发布《关于成立第二届联合国全球可持续交通大会组委会的通知》。《通知》明确组委会负责大会筹办过程中的组织领导工作；组委会办公室设在交通运输部，承担组委会日常工作，负责研究提出大会总体方案和实施方案，与联合国方面沟通联络，协调解决筹办过程中的具体问题。

七、国务院办公厅关于加强水上搜救工作的通知（国办函〔2019〕109号）

2019年11月8日，国务院办公厅发布《关于加强水上搜救工作的通知》。改革开放特别是党的十八大以来，中国水上搜救能力和水平有了长足进步。但与此同时，水上搜救工作仍存在责任落实不到位、法规标准不健全、保障能力不适应等突出问题，难以满足新时代经济社会发展需要和人民群众期盼。为此，《通知》提出十项具体要求：健全水上搜救体制；完善联席会议制度；注重内河水上搜救协同；加强信息资源共享；完善水上搜救规划和预案体系；加强法规和标准体系建设；注重装备研发配备和技术应用；建设现代化水上搜救人才队伍；加强水上搜救交流与合作；推广普及水上搜救文化。

第三章　行业重要政策性文件

第一节　交通运输部印发的部分重要政策性文件

序号	文件名称及文号	原文二维码	解读二维码
1	交通运输部关于加强交通运输科学技术普及工作的指导意见（交科技发［2019］9号）		
2	交通运输部关于印发《2018—2022年交通运输干部教育培训规划》的通知（交人教发［2019］10号）		
3	交通运输部关于贯彻落实习近平总书记重要指示精神做好交通建设项目更多向进村入户倾斜的指导意见（交规划发［2019］118号）		
4	交通运输部关于印发《交通运输行业野外科学观测研究基地管理办法》的通知（交科技发［2019］128号）		
5	交通运输部关于印发《城市轨道交通初期运营前安全评估管理暂行办法》的通知（交运规［2019］1号）		
6	交通运输部关于印发《城市轨道交通服务质量评价管理办法》的通知（交运规［2019］3号）		
7	交通运输部关于印发《道路运输企业主要负责人和安全生产管理人员安全考核管理办法》《道路运输企业主要负责人和安全生产管理人员安全考核大纲》的通知（交运规［2019］6号）		

续上表

序号	文件名称及文号	原文二维码	解读二维码
8	交通运输部关于印发《城市轨道交通运营安全风险分级管控和隐患排查治理管理办法》的通知（交运规〔2019〕7号）		
9	交通运输部关于印发《城市轨道交通设施设备运行维护管理办法》的通知（交运规〔2019〕8号）		
10	交通运输部关于印发《城市轨道交通运营突发事件应急演练管理办法》的通知（交运规〔2019〕9号）		
11	交通运输部关于印发《城市轨道交通运营险性事件信息报告与分析管理办法》的通知（交运规〔2019〕10号）		
12	交通运输部关于印发《城市轨道交通行车组织管理办法》的通知（交运规〔2019〕14号）		
13	交通运输部关于印发《城市轨道交通客运组织与服务管理办法》的通知（交运规〔2019〕15号）		
14	交通运输部关于印发《城市轨道交通正式运营前和运营期间安全评估管理暂行办法》的通知（交运规〔2019〕16号）		
15	交通运输部办公厅关于印发《交通运输重大科研基础设施和大型科研仪器开放共享管理暂行办法》的通知（交办科技〔2019〕10号）		
16	交通运输部办公厅关于印发《交通运输部部门预算执行管理办法》的通知（交办财审〔2019〕16号）		

续上表

序号	文件名称及文号	原文二维码	解读二维码
17	交通运输部办公厅关于印发《城市轨道交通初期运营前安全评估技术规范　第 1 部分：地铁和轻轨》的通知（交办运［2019］17 号）		
18	交通运输部办公厅关于印发《城市轨道交通服务质量评价规范》的通知（交办运［2019］43 号）		
19	交通运输部办公厅关于发布《提升公路桥梁安全防护能力专项行动技术指南》和《提升公路连续长陡下坡路段安全通行能力专项行动技术指南》的通知（交办公路［2019］44 号）		
20	交通运输部办公厅关于印发《道路普通货物运输车辆网上年度审验工作规范》的通知（ 交办运［2019］46 号）		
21	交通运输部办公厅关于印发《港口安全生产风险辨识管控指南》的通知（交办水［2019］48 号）		
22	交通运输部办公厅关于印发《互联网道路运输便民政务服务系统业务办理工作指南（试行）》的通知（交办运［2019］60 号）		
23	交通运输部办公厅关于印发《交通运输行业野外科学观测研究基地建设发展方案（2019—2025 年）》的通知（交办科技［2019］82 号）		
24	交通运输部办公厅关于印发《城市轨道交通正式运营前安全评估规范　第 1 部分：地铁和轻轨》的通知（交办运［2019］83 号）		
25	交通运输部办公厅关于印发《城市轨道交通运营期间安全评估规范》的通知（交办运［2019］84 号）		

第二节　交通运输部联合其他部门印发的部分重要政策性文件

序号	文件名称及文号	原文二维码	解读二维码
1	交通运输部　财政部　国家发展改革委　国家能源局　国家电网公司　南方电网公司关于进一步共同推进船舶靠港使用岸电工作的通知（交水发〔2019〕14号）		
2	交通运输部等十八部门关于认真落实习近平总书记重要指示推动邮政业高质量发展的实施意见（交政研发〔2019〕92号）		
3	交通运输部　国家发展改革委　财政部　自然资源部　农业农村部　国务院扶贫办　国家邮政局　中华全国供销合作总社关于推动“四好农村路”高质量发展的指导意见（交公路发〔2019〕96号）		
4	交通运输部　国家邮政局　中国邮政集团公司关于深化交通运输与邮政快递融合推进农村物流高质量发展的意见（交运发〔2019〕107号）		
5	交通运输部　农业农村部　国务院扶贫办关于命名“四好农村路”全国示范县的通知（交公路发〔2019〕137号）		
6	交通运输部　发展改革委　财政部　自然资源部　生态环境部　应急部　海关总署　市场监管总局　国家铁路集团关于建设世界一流港口的指导意见（交水发〔2019〕141号）		
7	交通运输部　国家发展改革委　财政部　应急管理部　国家铁路局　中国民用航空局　中国铁路总公司关于保障国家综合性消防救援队伍人员交通出行优待权益有关事项的通知（交运规〔2019〕4号）		
8	交通运输部　人民银行　国家发展改革委　公安部　市场监管总局　银保监会关于印发《交通运输新业态用户资金管理办法（试行）》的通知（交运规〔2019〕5号）		

续上表

序号	文件名称及文号	原文二维码	解读二维码
9	交通运输部 公安部 文化和旅游部 海关总署 移民局关于推广实施邮轮船票管理制度的通知（交水规〔2019〕11号）		
10	交通运输部 国家发展改革委关于深化道路运输价格改革的意见（交运规〔2019〕17号）		
11	交通运输部办公厅 广东省人民政府办公厅 广西壮族自治区人民政府办公厅 海南省人民政府办公厅关于印发《提升琼州海峡客滚运输服务能力三年行动计划（2019—2021年）》的通知（交办水〔2019〕13号）		
12	交通运输部办公厅 生态环境部办公厅 住房和城乡建设部办公厅关于建立完善船舶水污染物转移处置联合监管制度的指导意见（交办海〔2019〕15号）		
13	交通运输部办公厅 国家发展改革委办公厅关于严格管控长江干线港口岸线资源利用的通知（交办规划〔2019〕62号）		

第三节　国家局制定的部分重要政策性文件

序号	文件名称及文号	原文二维码	解读二维码
1	国家铁路局关于印发《铁路行业统计规则》的通知（国铁综〔2019〕4号）		
2	国家铁路局综合司关于做好高速铁路基础设施运用状态检测监督检查工作的指导意见（国铁综设备监〔2019〕8号）		

续上表

序号	文件名称及文号	原文二维码	解读二维码
3	国家铁路局关于印发《铁路建设工程质量安全监督机构和人员考核管理办法》的通知（国铁工程监［2019］13号）		
4	国家铁路局关于修改《铁路机车车辆设计制造维修进口许可实施细则》的通知（国铁设备监［2019］18号）		
5	国家铁路局综合司关于印发《国家铁路局全面推行行政执法公示制度执法全过程记录制度重大执法决定法制审核制度实施方案》的通知（国铁综安监［2019］9号）		
6	关于推进通用航空法规体系重构工作的通知（民航发［2019］5号）		
7	民航局关于全面规范运用行业监管手段的指导意见（民航发［2019］19号）		
8	关于统筹推进民航降成本工作的实施意见（民航发［2019］27号）		
9	关于全面深化运输航空公司飞行训练改革的指导意见（民航发［2019］39号）		
10	民航局关于促进机场新技术应用的指导意见（民航发［2019］70号）		
11	关于印发中国民航北斗卫星导航系统应用实施路线图的通知（民航发［2019］77号）		

续上表

序号	文件名称及文号	原文二维码	解读二维码
12	国际航权监测管理办法（民航规〔2019〕32号）		
13	关于修订发布《运输机场安全管理体系（SMS）建设指南》的通知（民航规〔2019〕50号）		
14	关于印发民航专业工程施工安全事故报告和调查办法（试行）的通知（民航规〔2019〕63号）		
15	民航局关于印发《轻小型民用无人机飞行动态数据管理规定》的通知（民航规〔2019〕64号）		
16	关于印发《基于运行风险的无人机适航审定指导意见》的通知（民航适发〔2019〕3号）		
17	国家邮政局关于印发《邮政行业技术研发中心认定管理暂行办法》的通知（国邮发〔2019〕21号）		
18	国家邮政局关于印发《邮政企业、快递企业安全生产主体责任落实规范》的通知（国邮发〔2019〕72号）		
19	国家邮政局办公室关于印发“证照分离”改革优化审批服务实施方案的通知（国邮办函〔2019〕350号）		

第四章　行业重大改革

2019年，交通运输部全面深化改革领导小组认真贯彻落实中央改革决策部署，紧紧抓住并全面用好重要战略机遇期，落实“巩固、增强、提升、畅通”八字方针总要求，集中力量攻坚克难，完善交通运输供给体系，行业重点领域和关键环节改革取得积极成效。

一、2019年改革工作总体部署推进情况

《2019年交通运输部全面深化改革领导小组工作要点》部署的10个方面31项重点改革任务全部如期完成。

（一）深入贯彻落实中央改革部署

深入学习贯彻落实党的十九届四中全会精神，研究制定推进交通运输治理体系和治理能力现代化的政策文件。认真落实历次中央深改委会议精神以及经济体制和生态文明体制改革专项小组工作部署。完成党的十八届三中全会以来《交通运输领域全面深化改革工作评估报告》，形成拟提请中央深改委审议的行业重大改革议题建议，报中央改革办。

（二）加强改革统筹推进

印发《2019年交通运输部全面深化改革领导小组工作要点》，组织召开部深改组会，建立改革任务台账，依托部督查系统按季开展日常督察，结合部综合督查开展专项督察，推动完成全部重点改革任务。完成交通运输综合改革试点方案，纳入交通强国建设试点统筹实施，完成两批34个地区和单位试点方案改革内容评审工作。

（三）强化改革宣传交流

以全面深化交通运输改革促发展增动能惠民生等重点改革成果被中央改革办采纳，在《改革工作简报》《改革情况交流》等中刊发。总结形成7个改革试点典型经验案例，向行业宣传推广。印发13期《改革与政策研究》。组织召开重点领域改革座谈会、中心城市改革与发展研讨会等，进一步凝聚改革共识。

二、改革的主要进展和成效

（一）深化交通运输供给侧结构性改革

一是补齐基础设施短板。多措并举稳定投资，全年完成固定资产投资32451亿元，一批重大项目开工建设、投入运营。二是推动降低物流成本。印发《降低交通运输物流成本工作方案》，通过降低公路、港口等收费、发展多式联运、推进无车承运人发展、提升城市配送发展水平、推动货车“三检合一”等，降低物流成本约804亿元，完成年度目标（764亿元）105%。三是提升运输服务水平。推动天津站、北京南站、厦门北站等客运站实现铁路与城市轨道安检互认，推进20余个省（自治区、直辖市）试点开展道路客运定制服务，推动实现275个地级以上城市交通一卡通互联互通。四是增强交通运输发展新动能。联合印发《交通运输新业态用户资金管理办法（试行）》，发放网约车车辆运输证86万余张、驾驶员证185万余张。加强行业科技研发，强化行业重点科技项

目清单管理，配合推进“综合交通运输与智能交通”重点专项实施，启动“港珠澳大桥智能运维”等项目，梳理南海、极地领域交通运输相关科技需求。推进交旅融合发展，加快运输与旅游数据信息共享。

（二）深化交通强国综合改革

服务中共中央、国务院印发《交通强国建设纲要》，加快形成交通强国建设铁路、民航、邮政等篇章。《国家综合立体交通网规划纲要（2021—2050年）》取得初步成果，形成《国家综合立体交通网指标框架》等。印发《关于开展交通强国建设试点工作的通知》，启动实施两批共34个地区和单位试点工作。

（三）完善综合交通运输体制机制

一是推进综合交通运输改革落地。形成《贯彻落实习近平总书记在深化党和国家机构改革总结会议上的讲话精神有关工作思路的报告》，支持山东、云南等地方交通运输部门加快完善综合交通运输体制机制。二是建立健全区域交通运输一体化机制。成立长三角地区交通运输更高质量一体化发展领导小组、粤港澳大湾区交通运输发展工作组，印发《贯彻落实习近平总书记考察京津冀三省市重要指示精神扎实推进京津冀暨雄安新区交通建设的实施方案》《贯彻落实习近平总书记关于推动中部地区崛起工作重要指示精神做好中部地区交通运输工作的实施意见》等。三是完善交通运输科技创新协同机制。印发《交通运输技术创新联席会议工作要点（2019—2020年）》《加强交通运输科学技术普及工作的指导意见》，制定《交通运输科技创新中长期发展纲要（2021—2035年）》。

（四）加快完善交通运输现代市场体系

一是健全交通运输市场规则。积极推动《公路养护作业单位资质管理规定》制定工作。联合印发《关于深化道路运输价格改革的意见》。二是推进交通运输市场信用体系建设。会同国家发展改革委印发2019年版“信用交通省”指标体系，开展创建成效第三方评估。研究起草《公路建设市场信用信息管理办法》及配套评价标准，研究制定水运建设市场信用评价办法，上线运行全国水运建设市场信用信息管理系统。推动27个省（自治区、直辖市）在行业行政许可中应用信用承诺制。累计公布11批3394条公路治超黑名单，组织开展红黑名单认定和联合奖惩工作。累计归集信用信息33亿条，建立了723万家企业和经营业户、1988万从业人员的“一户式”信用档案，公示信用信息超过1.4亿条。三是深化交通运输领域国企改革。配合做好中国国家铁路集团公司和中国邮政集团公司公司制改制工作。印发《深化中国海洋工程有限公司管理体制改革实施方案》。四是更好服务交通运输民营企业发展。印发《〈贯彻落实习近平总书记在民营企业座谈会上重要讲话精神支持民营企业发展的工作措施〉任务分工方案》《推动解决交通运输民营企业座谈会有关建议诉求的工作举措》。

（五）加快推进交通运输重点改革

一是深化交通运输“放管服”改革。取消下放10项行政许可事项。推进取消46项部门规章、规范性文件设定的证明事项。印发《交通运输部关于深化“双随机、一公开”监管工作的实施意见》《交通运输部“双随机”抽查事项清单》。推进“互联网＋监管”，实现部分重点领域执法人员、监管行为等数据归集共享。实现交通运输政务服务“一网通办”，进一步推动政务信息资源开放共享。实现互联网道路运输便民政务服务系统上线试运行，为道路运输经营者和从业人员网上办事异地办事增添便利。在自由贸易试验区内，水运工程监理企业乙级、丙级、机电专项资质实施告知承诺制。二是深化交通运输综合行政执法改革。指导督促各省级交通运输部门在地方党委政府领导下贯彻落实指导意见，印发《交通运输行政执法程序规定》《加快推进交通运输综合行政执法改革工作的通知》，全国31个省（自治区、直辖市）和新疆生产建设兵团均印发了落实指导意见要求的工作方案并有序推进改革工作。三是深入推进交通运输领域中央与地方财政事权和支出责任划分改革。制定《交通运输领域中央与地方财政事权和支出责任划分改革实施工作方案》。四是建立稳定的资金保障渠道。联合印发《车辆购置税收入补助地方资金管理暂行办法》的补充通知、《对交通建设领域真抓实干成效明显地方进一步加大激励支持力度的实施方案》，用好中央交通专项资金政策。印发《贯彻落实〈中共中央国务院关于防范化解地方政府隐性债务风险的意见〉有关政策措施部内分工方案》，积极推进政府还贷公路存量债务置换工作。

（六）深化公路管理体制改革

一是深化收费公路制度改革。完成取消全国高速公路省界收费站目标要求，全国29个联网省份的487个省界收费站全部取消。联合印发《加快推进高速公路电子不停车快捷收费应用服务实施方案》。加快推进《中华人民共和国公路法》《收费公路管理条例》修订工作。指导各地推广高速公路差异化收费、完善货车使用非现金支付、鲜活农产品运输“绿色通道”等优惠政策。二是深化农村公路管理养护体制改革。服务国务院办公厅印发《关于深化农村公路管理养护体制改革的意见》，联合印发《推进“四好农村路”高质量发展的意见》，发挥“四好农村路”示范县创建引领作用，大力推进“路长制”，起草《贯彻落实〈国务院办公厅关于深化农村公路管理养护体制改革的意见〉的通知》，推进有关工作落实。加快推进《农村公路条例》制定工作。

（七）深化水路管理体制改革

一是深入推进区域港口一体化改革。联合印发《关于建设世界一流港口的指导意见》，加快推进世界级港口群建设。落实《加快推进津冀港口协同发展工作方案（2017—2020年）》，推进津冀海事监管一体化，加快渤海中西部通航资源共享共用。落实《关于协同推进长三角港航一体化发展六大行动方案》，指导省级层面推进整合国有港口资源。二是持续推进自由贸易区（港）改革。4项改革试点经验纳入国务院自由贸易试验区第五批改革试点经验，已向全国复制推广。印发《关于推进海南三亚等邮轮港口海上游航线试点的意见》《关于推广实施邮轮船票管理制度的通知》，推动上海等邮轮港率先实施邮轮船票管理制度，启动三亚等邮轮港口海上游航线试点。三是持续推进航运业改革。联合制定《关于大力推进海运业高质量发展的指导意见》，印发《交通强国水运篇2019年度行动计划》《关于推进长江航运高质量发展的意见》，服务国务院办公厅印发《关于加强水上搜救工作的通知》。制定琼州海峡客滚运输“定码头、定班期、定船舶”班轮化方案。印发《港口和船舶岸电管理办法》，联合印发《关于进一步共同推进船舶靠港使用岸电管理工作的通知》。

（八）推进现代运输服务改革

一是提升综合交通运输效率。指导各省（自治区、直辖市）编制运输结构调整工作实施方案，联合印发《关于加快推进铁路专用线建设的指导意见》，推动重点区域“公转铁、公转水”。环渤海、山东省、长三角地区沿海主要港口等17个港口的矿石、焦炭等大宗货物铁路和水路疏港比例得到提升。深入推进多式联运示范工程建设，全年完成集装箱多式联运量约480万TEU。全年港口集装箱铁水联运量约515万

TEU，同比增长14.2%。二是深化公共交通体制机制改革。联合印发《绿色出行行动计划（2019—2022年）》。完成14个城市公交都市验收工作，加快推进《城市公共交通条例》制定工作。三是创新交通运输服务业态和模式。联合印发《交通运输新业态用户资金管理办法（试行）》，制定《小微型客车租赁经营服务管理办法》。开展道路客运电子客票试点工作。深化第一批22个绿色货运配送示范工程建设，启动第二批24个城市开展示范工程创建工作。

（九）深化交通运输安全生产领域改革

一是完善安全责任体系。制定实施交通运输安全生产检查计划，对地方省级交通运输部门和相关部属单位统筹规范开展行业各领域安全生产检查，督促落实部门安全监管责任和企业安全生产主体责任。二是强化重点领域治理。强化公路、道路运输、城市轨道交通、水上交通、港口航运、工程建设、危险货物等重点领域安全治理，印发《关于危险货物港口作业安全治理专项行动有关情况的通报》，《海上交通安全法》修订取得重大进展。制定印发城市轨道交通运营安全评估、风险分级管控和隐患排查治理、行车组织、设施设备运行维护等9个规范性文件和4个配套规范，城市轨道交通运营管理体系初步形成。三是加强风险管控和隐患治理。联合印发《危险货物道路运输安全管理办法》，印发《关于加强交通运输领域安全生产重大风险防控的通知》《道路运输企业主要负责人和安全生产管理人员安全考核管理办法》《港口安全生产风险辨识管控指南》，修订印发《汽车客运站安全生产规范》。

（十）深化部机关和部属单位体制机制改革

一是完成交通港航公安机关管理体制调整和完善机构编制管理机制。根据中央统一部署，按时完成有关机构、职责、人员等划转工作。在20个直属海事局试点推行编制管理动态调整机制。授权中国船级社机关、大连海事大学等事业单位在部核准的机构职数限额内，进行机构编制动态调整，并实行备案管理。加强路网中心机构编制，保障高速公路省界收费站撤销工作，提升服务水平。印发《交通运输部公务员职务与职级并行制度实施方案》，组织完成部机关公务员职级套转及首次晋升职级工作。二是深化事业单位改革。协调印发长航局系统事业单位分类意见。协调中央编办等批复同意部招待所转企改制工作方案，转复交通出版传媒管理有限公司落实。制定部培训疗养机构改革工作方案、参改单位改革实施方案。制定第四批行业协会脱钩实施方案。扎实推进政府会计改革，部属304家预算单位按期实现7种会计制度向政府会计制度的转换。

第三篇
发展成就

Section III
Development and Achievements

第一章　综合交通

第一节　综合交通规划

2019年，交通运输部深入贯彻落实党中央、国务院决策部署，扎实做好综合交通运输规划相关工作。

第一，做好《交通强国建设纲要》起草和报批工作。在以刘鹤副总理任组长的交通强国建设纲要编制起草组领导下，交通运输部会同编制起草组成员单位形成了《交通强国建设纲要（送审稿）》，并报送党中央、国务院。2019年9月14日，党中央、国务院正式印发《交通强国建设纲要》（中发〔2019〕39号）。

第二，做好国家综合立体交通网发展规划纲要编制。一是启动编制工作。2019年4月19日，李小鹏部长主持召开《国家综合立体交通网规划纲要（2021—2050年）》（以下简称《规划纲要》）编制工作启动视频会议，正式启动《规划纲要》编制工作。二是加强组织协调。在交通强国建设纲要编制起草组领导下，交通运输部会同相关部门和单位组建了《规划纲要》编制工作总体组（及规划专班）、协调组、6个行业组、12个专题组、32个地方组和7个区域组，加强协调推进，形成了《规划纲要》初步成果。三是印发指导文件。印发《规划纲要》编制大纲、专题设置方案、编制工作规则，以及《关于做好〈规划纲要〉编制工作的指导意见》《国家综合立体交通网指标框架》等文件。

第三，启动推进"十四五"综合交通运输发展规划编制。一是全面启动"十四五"综合交通运输发展规划编制工作。2019年7月30日，戴东昌副部长主持召开"十四五"综合交通发展规划编制工作启动视频会议。印发《交通运输部办公厅关于做好"十四五"综合交通运输发展规划编制有关工作的通知》。成立了由李小鹏部长任组长、三个国家局参加的规划编制工作领导小组。建立了由1个总规划、5个行业规划和十余个专项规划构成的"十四五"综合交通发展规划体系，统筹部署开展"十四五"课题研究。二是多次组织召开地方代表和综合交通、铁路、公路、水运、民航、邮政等领域的行业专家参加的"十四五"综合交通发展规划编制工作座谈会。三是会同各省交通运输主管部门编报"十四五"综合交通发展规划有关材料，研究形成"十四五"综合交通运输发展规划基本思路。

第二节　综合交通基础设施建设

2019年，交通运输部积极推进现代综合交通运输体系建设，主要工作进展情况：

一是综合交通运输体系不断完善。交通固

定资产投资有效增长，为稳投资做出了贡献。2019 年完成交通固定资产投资 32451 亿元，比上年增长 3.1%，其中铁路、公路、水路、民航分别完成投资 8029 亿元、21895 亿元、1137 亿元、969 亿元，完成公路水路支持系统及其他建设投资 420 亿元。全国铁路营业里程 13.9 万公里，比上年增长 6.1%，其中高铁营业里程达到 3.5 万公里。公路总里程 501.25 万公里，比上年增加 16.6 万公里，其中高速公路里程 14.96 万公里，增加 0.70 万公里。全国内河航道通航里程 12.73 万公里，比上年增加 172 公里。全国港口拥有万吨级及以上泊位 2520 个，比上年增加 76 个。年末共有颁证民用航空机场 238 个，比上年增加 3 个。邮政快递服务网点和智能投递终端建设加快。

二是推进各种运输方式融合发展。积极开展拟申请车购税资金支持的综合客运枢纽和货运枢纽（物流园区）项目咨询评估工作，安排资金支持了 23 个综合客运枢纽、16 个货运枢纽（物流园区）项目建设，指导各省（自治区、直辖市）加快推进实施“十三五”综合客运枢纽、货运枢纽（物流园区）建设方案。加快推进国家物流枢纽建设，与国家发展改革委联合印发《国家物流枢纽网络建设实施方案（2019—2020 年）》，组织开展物流枢纽遴选工作，确定 2019 年国家物流枢纽建设名单 23 个，并联合印发《关于做好 2019 年国家物流枢纽建设工作的通知》。安排资金支持了 23 个港口集疏运铁路、公路项目建设，督促各省（自治区、直辖市）加快推进实施港口集疏运铁路建设方案。

三是加快重大交通工程项目建设。提出重大工程项目清单。认真领会并贯彻落实习近平总书记关于川藏铁路规划建设的重要指示精神，配合推进川藏铁路前期工作，推动打造综合立体交通走廊。加快推进深中通道等一批具有标志性的重大工程，北京大兴国际机场正式投入运营。

2019 年完成交通固定资产投资 32451 亿元，比上年增长 3.1%。各交通运输方式领域投资情况：铁路完成投资 8029 亿元，公路、水路完成投资 2.3 万亿元，民航完成投资 969.4 亿元。

2019 年，综合交通基础设施网络不断完善。截至 2019 年底，全国铁路营业里程 13.9 万公里，比上年增长 6.1%。全国铁路路网密度 145.5 公里 / 万平方公里，增加 9.5 公里 / 万平方公里。其中高铁营业里程达到 3.5 万公里，占全球高铁里程 2/3 以上。

2019 年，全国公路总里程 501.25 万公里，比上年增加 16.60 万公里。公路密度 52.21 公里 / 百平方公里，增加 1.73 公里 / 百平方公里。高速公路里程 14.96 万公里，增加 0.70 万公里；高速公路车道里程 66.94 万公里，增加 3.61 万公里。

2019 年，全国内河航道通航里程 12.73 万公里，比上年增加 172 公里。全国港口拥有生产用码头泊位 22893 个、万吨级及以上泊位 2520 个。

2019 年，全行业全年新开工、续建机场项目 126 个，新增跑道 7 条，停机位 444 个，航站楼面积 174.9 万平方米。截至 2019 年底，全行业运输机场共有跑道 261 条，停机位 6244 个，航站楼面积 1629 万平方米。截至 2019 年底，颁证通用机场数量达 246 座，首次超过运输机场。

2019 年，邮政行业基础路网持续完善，全国邮政邮路总数 3.6 万条，比上年末增加 7619 条。邮路总长度（单程）1222.7 万公里，比上年末增加 237.6 万公里。

此外，以贸易通道为发展基础的物流通道建设也是跨境多式联运通道建设的主要模式之一。2019 年《西部陆海新通道总体规划》发布，西部陆海新通道以重庆为运营中心，以广西、贵州、甘肃、青海等西部省（自治区）为关键节点，利用铁路、公路、水运等运输方式，向南经广西北部湾等沿海沿边口岸，通达新加坡等东南亚国家，整体运行时间比经东部地区出海大幅缩短。

第三节 综合运输服务

一、旅客联程运输

一是指导各地探索实践。以旅客需求为导向，指导各地积极发展旅客联程运输。江苏、浙江、江西等省份积极发展“城市候机楼”，为旅客提供“公空联运”服务，畅通旅客出行“最先和最后一公里”。北京大兴国际机场、深圳宝安机场、杭州东站等积极探索创新，为旅客提供行李直挂服务，有效提高旅客出行效率。

二是推进跨方式安检流程优化。会同国家铁路集团等相关部门和单位，共同推动铁路与城市轨道交通安检流程优化。目前，北京南站、天津西站、杭州东站、苏州站等十余个枢纽实现铁路与城市轨道交通安检流程优化，减少旅客重复安检。

三是加快标准研究制定。组织制定发布《综合客运枢纽导向系统布设规范》等标准，完成《综合交通电子客票信息系统互联互通技术规范》征求意见工作。

二、运输结构调整

国务院办公厅印发《推进运输结构调整三年行动计划》（国办发〔2018〕91号）以来，交通运输部深入贯彻落实党中央、国务院关于运输结构调整工作部署，充分发挥运输结构调整工作组作用，强化部门协调，狠抓工作落实，运输结构调整工作取得积极成效。

2019年，运输结构调整工作不断深入，第三次工作组会议顺利召开，统筹部署各项工作。全国31个省（自治区、直辖市）和新疆生产建设兵团，均制定印发了运输结构调整工作实施方案，并建立了由省级人民政府牵头、有关部门参加的工作领导机制，层层细化分解年度增量目标任务。协调市场监管总局将运输结构调整纳入省级人民政府质量工作考核范围。会同发展改革委等5部门印发了《关于加快推进铁路专用线建设的指导意见》，将127个运量大、见效快的铁路专用线建设项目纳入重点项目库。召开全国运输结构调整暨多式联运现场推进会，强调要紧紧围绕加快建设交通强国战略部署，扎实推进运输结构调整工作取得新成效。

加快推进货运铁路及铁路专用线建设，年运力2亿吨的浩（浩勒报吉）吉（吉安）铁路建成通车，京津冀及周边地区8省（自治区、直辖市）已建成25条铁路专用线。环渤海地区、山东省沿海主要港口和唐山港、黄骅港的矿石、焦炭等大宗货物公路疏港比例大幅下降，铁路和水路运输比例也显著提升，2019年矿石、焦炭公路疏港比例降至44%，铁路和水运疏港比例分别提升25%和26%。联合公安部、商务部推进两批共46个绿色货运配送示范城市建设，新能源货运车辆数量快速增长。加快推进公路货运超限超载治理，高速公路入口称重检测设备安装基本完成，高速公路超限超载得到全面控制。

联合国家税务总局制定印发《网络平台道路货物运输经营管理暂行办法》，修订《港口收费计费办法》，进一步规范收费行为。辽宁、浙江、四川、江苏等省份深化港口资源整合，港口提质增效步伐加快。协调自然资源部将铁路专用线纳入占用永久基本农田用地预审受理范围，解决用地审批难题。江苏省、唐山市等地区设立专项资金，河南省对运输结构调整项目用地给予优先保障。

在各方共同努力下，运输结构调整工作取得了积极成效，基本完成前两年主要任务目标。2018—

2019年，全国铁路货物发送量累计完成84.14亿吨，同口径下较2017年累计增加约6.42亿吨；水路货运量累计完成144.99亿吨，较2017年累计增加约7.90亿吨；沿海港口大宗货物公路运输量累计减少约2.4亿吨。据测算，运输结构调整工作累计减排二氧化碳约3700万吨、氮氧化物约38万吨、颗粒物约1.9万吨，取得了良好的社会效益。

三、多式联运

2019年，交通运输部持续推进多式联运向纵深发展，会同国家发改委印发了《关于组织开展第一批多式联运示范工程验收工作的通知》，按照"企业自评、省级审核、部级验收"程序开展验收工作，并梳理总结各地经验做法。组织召开2019年全国运输结构调整暨多式联运现场推进会，总结分析了多式联运发展成效和存在问题，公布了河北省"东部沿海—京津冀—西北"通道集装箱海铁公多式联运示范工程等12个项目为"国家多式联运示范工程"，并统筹部署下一阶段工作。发布了《国内集装箱多式联运电子运单》等多项标准，填补了行业空白。

一是加强工作指导。指导各地加大多式联运工作力度，务实推动多式联运发展。指导全国21个省（自治区、直辖市）制定出台本地区实施方案，支持安徽、湖北、江苏等地组织开展省级多式联运示范工程，促进多式联运探索实践。

二是强化组织管理。利用多式联运重点联系企业工作机制，加强对示范工程的动态监测和绩效考评，组织示范工程企业定期填报数据信息，梳理总结经验做法，加强数据分析研判，指导各地协调解决示范工程相关问题。

三是开展验收工作。完成第一批多式联运示范工程验收工作，会同国家发改委印发《关于命名河北省"东部沿海—京津冀—西北"通道集装箱海铁公多式联运示范工程等12个项目为"国家多式联运示范工程"的通知》。

四是加快信息互联。加快推进全国多式联运公共信息系统建设，系统已完成立项批复，工程可行性研究报告已通过专家审核，建立铁路、港口多式联运信息交换共享清单，并逐步完善铁水联运模块功能，加快推动实现公共信息互联互通。

五是加强经验交流。联合铁路局、民航局、邮政局，国铁集团等部门和单位在北京召开运输结构调整暨多式联运现场推进会，总结工作成效，查找当前问题，部署下步任务，并组织代表进行了实地观摩和经验交流。

六是完善服务规则。加强对综合运输标委会工作指导，有序推动多式联运相关标准制修订工作。组织制定发布《国内集装箱多式联运运单》《国内集装箱多式联运电子运单》等标准，配合相关部门做好《中华人民共和国民法典》中多式联运条款的修订完善。

七是强化示范引领。鼓励企业以示范工程为载体，加深产业化实践，在基础设施衔接、运输组织创新、服务规则统一等方面探索经验、先试先行。2019年，前三批（共70个）多式联运示范工程完成集装箱多式联运量约480万TEU，与公路运输相比，降低物流成本约150亿元。

四、综合运输服务示范城市

根据有关工作安排，组织开展第一批综合运输服务示范城市验收工作。制定印发《关于对2015年第一批综合运输服务示范城市创建工作验收有关事项的通知》（交办运函〔2019〕389号），起草编制了部级验收工作手册，印发《交通运输部办公厅关于公布北京市等14个城市综合运输服务示范城市验收结果的通知》（交办运函〔2020〕314号），公布北京、唐山、沈阳、上海、南京、镇江、宁波、济南、临沂、武汉、湘潭、广州、深圳、泸州等14个城市通过验收。

五、国际运输服务能力

（一）中欧班列

2019 年，中欧班列开行 8225 列，同比增长 29%，回程 / 去程比达 82%，累计开行突破 21000 列，通达欧洲 18 个国家 57 个城市，班列平均查验率和通关时间下降 50%，运输货物品类得到极大扩展，整车进口、特种运输等新型服务业态不断涌现。

（二）国际道路运输

截至 2019 年底，我国与周边国家共完成国际道路客运量 717.5 万人次，同比下降 6.8%，旅客周转量 2.8 亿人公里，同比下降 29.6%；完成国际道路货物运输量 6145.2 万吨，同比增长 9.9%，货物周转量 40.5 亿吨公里，同比增长 18.8%。其中，由中方完成的国际道路旅客运输量和货物运输量占比分别为 52.8% 和 23.3%，分别同比下降 0.7 个、32.6 个百分点。2015—2019 年全国国际道路客货运输量及中方所占比例情况见图 3-1-1 和图 3-1-2。

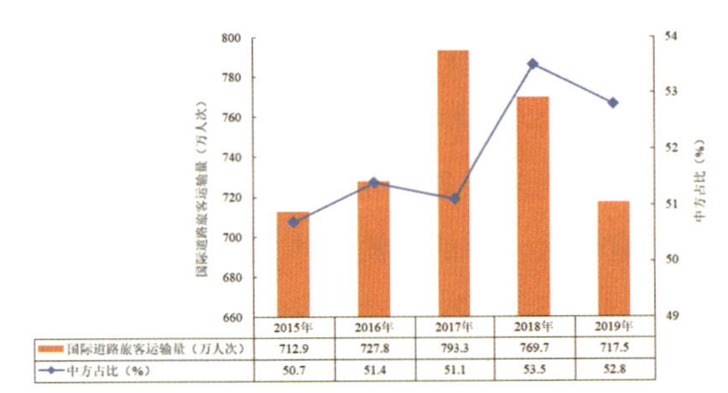

图 3-1-1　2015—2019 年全国国际道路运输客运量及中方所占比例情况

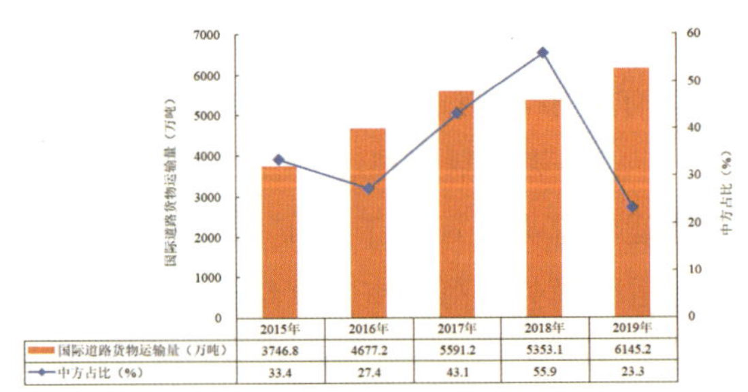

图 3-1-2　2015—2019 年全国国际道路运输货运量及中方所占比例情况

2019 年，参与国际道路运输的省（自治区）有内蒙古、辽宁、吉林、黑龙江、广西、云南、西藏和新疆。中方共完成客运量 378.6 万人次，同比下降 8.0%，完成客运量前三位的是内蒙古（191.9 万人次）、云南（77.1 万人次）、黑龙江（68.7 万人次）；中方共完成货运量 1432.9 万吨，同比下降 54.2%，完成货运量前三位的是云南（665.8 万吨）、内蒙古（248.8 万吨）、广西（211.8 万吨）。

从车辆出入境次数来看，2019 年全国与东北亚（包括俄罗斯、蒙古国、朝鲜）的出入境客运车辆为 13.6 万辆次，同比下降 1.2%；货运车辆为 88.8 万辆次，同比下降 28.3%。与中亚（包括哈萨克斯坦、吉尔吉斯斯坦和塔吉克斯坦）的出入境客运车辆为 1.1 万辆次，同比增长 29.0%；货运车辆为 19.5 万辆次，同比增长 5.7%。与东南亚及南亚（包括越南、巴基斯坦、老挝、缅甸和尼泊尔）的出入境客运车辆为 29.3 万辆次，同比下降 57.9%；货运车辆为 111.7 万辆次，同比增加 16.5%。2019 年，全国国际道路运输客运、货运车辆出入境分布情况分别如图 3-1-3、图 3-1-4 所示。

客运方面，2019 年全国与东北亚国家的客运量为 545.8 万人次，同比增长 12.0%，在周边区域的客运量中占比达到 76.1%，同比增加 12.8 个百分点；与东南亚及南亚国家的客运量为 155.3 万人次，同比下降 42.5%；与中亚国家的客运量为 16.3 万人次，同比增长 34.8%。

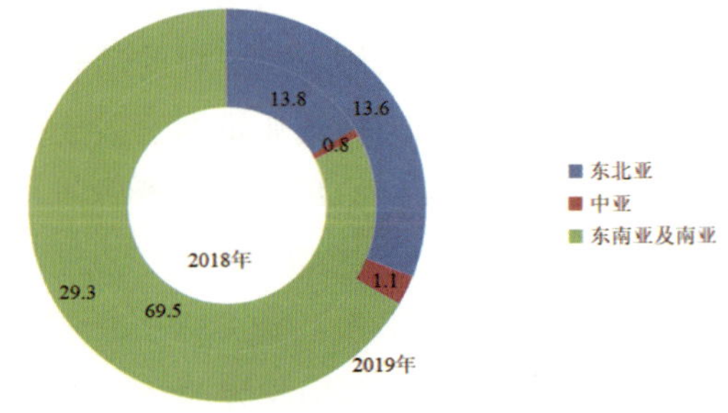

图 3-1-3　2018—2019 年全国国际道路运输客运车辆出入境分布对比情况（单位：万辆次）

表 3-1-1　2019 年全国与周边区域国际道路客货运量分布

区　域	客运量（万人次）	比例（%）	旅客周转量（万人公里）	比例（%）	货运量（万吨）	比例（%）	货物周转量（万吨公里）	比例（%）
东北亚	545.8	76.1	17727.4	63.4	4464.1	72.6	222492.9	54.9
中亚	16.3	2.3	3454.2	12.3	244.2	4.0	92486.2	22.8
东南亚及南亚	155.3	21.7	6790.2	24.3	1436.9	23.4	89969.2	22.2
合计	717.5	100.0	27971.9	100.0	6145.2	100.0	404948.4	100.0

表 3-1-2　2019 年我国定期航线数量及里程

指　标	数量（条）
航线数量	5521
国内航线	4568
其中：港澳台航线	111
国际航线	953
按重复距离计算的航线里程 / 万公里	1362.96
国内航线	917.66
其中：港澳台航线	16.71
国际航线	445.30
按不重复距离计算的航线里程 / 万公里	948.22
国内航线	546.75
其中：港澳台航线	16.71
国际航线	401.47

货运方面，2019 年全国与东北亚国家的国际道路运输货运量为 4464.1 万吨，同比增长 7.7%；货物周转量为 22.2 亿吨公里，同比增长 29.5%。

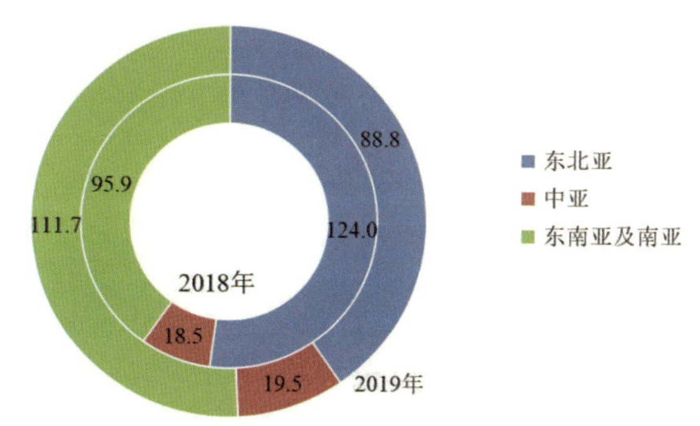

图 3-1-4　2018—2019 年全国国际道路运输货运车辆出入境分布对比情况（单位：万辆次）

与东北亚国家联系的货运量在周边区域的货运量中占比达到 72.6%。2019 年全国与周边区域双边国际道路客货运量分布情况见表 3-1-1。

（三）国际民航运输

截至 2019 年底，我国共有定期航班航线 5521 条，国内航线 4568 条，其中港澳台航线 111 条，国际航线 953 条。按重复距离计算的航线里程为 1362.96 万公里，按不重复距离计算的航线里程为 948.22 万公里，见表 3-1-2。

截至 2019 年底，定期航班国内通航城市 234 个（不含香港、澳门、台湾）。我国航空公司国际定期航班通航 65 个国家的 167 个城市，内地航空公司定期航班从 30 个内地城市通航香港，从 19 个内地城市通航澳门，大陆航空公司从 49 个大陆城市通航台湾地区。

2019 年，国际航线完成运输总周转量 463.74 亿吨公里，比上年增长 6.6%。完成旅客周转量 3185.08 亿人公里，比上年增长 12.8%；完成旅客运输量 7425.43 万人次，比上年增长 16.6%。完成货邮周转量 184.61 亿吨公里，比上年下降 1.3%；完成货邮运输量 241.91 万吨，比上年下降 0.3%。完成运输飞行小时 239.51 万小时，比上年增长 9.1%。完成运输起飞架次 48.84 万架次，比上年增长 12.2%。

（四）跨境寄递

2019 年，行业新增 23 条国际货运航线，通航点近百个。顺丰航空机队航线布局由国内延伸至东南亚、中亚与欧洲腹地。圆通航空开通运营的“杭州—达卡”全货运航线顺利完成首航，为杭州与达卡之间的商贸互通搭建一条极具时效性的空中通道，“义乌—首尔”“长沙—曼谷”“杭州—马尼拉”等航线也正式开通，国际航空运输网络覆盖范围不断扩大。

菜鸟号X8020次从义乌西货运站正式启程，华东地区首条跨境电商班列——中欧班列（义乌—列日）eWTP菜鸟号正式开通并实现常态化运行。

推进亚欧铁路联运通道建设，协调铁路合作组织将精伊霍铁路纳入铁路合作组织第五走廊，组织国内有关企业参与跨里海运输走廊工作，支持西部陆海新通道建设，开展中吉乌通道研究，促进班列运行径路优化。

推进铁路国际联运便利化，推动简化运输过境手续、压缩过境时间，推广统一运单，积极参与铁路合作组织运单电子化工作，利用中俄、中哈等合作机制推动电子信息交换，组织开展国际联运运单物权属性研究，促成铁路合作组织成立由中方主持的物权凭证问题临时工作组。

第二章 铁路

第一节 铁路规划与实施

一、积极做好铁路发展规划编制

2019 年，全国铁路系统贯彻落实党的十九大作出的建设交通强国战略部署，参与完成《交通强国建设纲要》的编制和宣贯工作，有序推进《“十四五”铁路发展规划》《国家综合立体交通网规划纲要（2021—2050 年）》《交通强国建设“铁路篇”》编制工作。一是组织召开铁路规划编制工作启动会议，专题研究部署铁路系列规划研究和编制工作，开展《2021—2050 年铁路网布局》《交通强国建设标准研究》《“十四五”铁路发展规划思路研究》等 10 项课题研究。二是组织赴四川、西藏、新疆、广西、北京、湖北、湖南、江西等地开展专项或重点项目调研，分片区召开 2021—2050 年铁路网暨铁路“十四五”规划方案座谈会，听取各省（自治区、直辖市）地方政府、企业意见。截至 2019 年底，分区域铁路网布局课题研究已完成，《2021—2050 年铁路网布局》等其他课题研究均取得阶段性成果。

二、科学有序推进川藏铁路前期工作

一是组织行业评审。对川藏铁路可行性研究报告进行评审，针对川藏铁路特殊环境、复杂条件、脆弱生态的特点，梳理工程风险防控和应急预案、生态保护、外部配套及施工组织等方面存在的问题，提出软岩大变形、高大陡坡危岩落石、隧道弃渣、长大坡道运营风险、配套工程等方面风险分析及建议，进一步深化完善可行性研究，加强技术攻关，确保工程方案稳定、措施可靠、风险可控。二是先后 3 次开展现场踏勘调研，检查项目前期工作进展、勘察设计质量等情况。三是参与川藏铁路重大科技攻关实施方案研究，开展《川藏铁路勘察设计阶段工程质量风险源分析及对策方案》等专题研究，配合开展川藏铁路配套道路规划建设专题研究。

三、认真组织重大铁路建设项目行业评审

加强与国家发改委、中国国际工程咨询有限公司等单位的前期对接，先后组织开展青藏铁路格尔木至拉萨段电气化工程、北京至雄安至商丘、西安至十堰、郑州至济南铁路濮阳至济南段、沈阳至白河、重庆至昆明、菏泽至兰考、西宁至成都、包头至银川铁路包头至惠农段、集宁至大同至原平、天津至北京大兴机场联络线、廊涿城际固安东至北京大兴国际机场段等 12 个铁路项目行业评审及皖北城市群城际铁路网规划行业评审，及时高效出具铁路项目行业意见，为国家审批和核准铁路项目建设提供技术支持。

四、助力综合交通运输体系建设

一是协调推动岳阳港城陵矶松阳湖铁路专

用线、宜宾港铁路集疏运中心项目开工建设，指导地方政府和企业加快推进安庆港长风港区铁路专用线项目前期工作。二是加快推进港口集疏运系统建设，组织开展日照港石臼港区南区煤炭进港铁路工程（一期）、南京港龙潭港区铁路专用线、徐州港双楼作业区通用码头铁路专用线等3个港口集疏运铁路项目资金申请报告的评审，从规划符合性、资料完整性、申请合理性、数量准确性等方面重点把控，提出评估意见，为交通运输部专项资金支持提供专业支撑。

第二节　铁路法规体系建设

一、大力推进《铁路法》修订工作，完善制度顶层设计

分层分类广泛开展调研，组织召开10余场立法座谈会，充分听取各方面建议。组织对《中华人民共和国铁路法》实施情况进行全面评估。加强与人大代表的交流沟通，听取代表意见建议。就《中华人民共和国铁路法（修订草案）》反复与中国国家铁路集团有限公司沟通协商，达成一致。落实开门立法要求，公开征求社会意见，收到有效意见81条。

二、聚焦重点法规规章制修订，逐步健全制度体系

积极配合司法部设计制度方案，稳妥推进《铁路交通事故应急救援和调查处理条例》修订工作。有序推进重点规章制修订，修订《铁路机车车辆设计制造维修进口许可办法》《铁路机车车辆驾驶人员资格许可办法》，完成《铁路公益性运输监督管理办法》《铁路运输服务质量监督管理办法》《高速铁路安全防护管理办法》的制定并报交通运输部审议。开展规范性文件清理工作，对明确由国家铁路局管理的256件原铁道部规范性文件进行清理。

三、指导地方立法，建立共治共享铁路安全治理制度体系

扎实落实国家铁路局关于加强高铁安全环境治理推进铁路安全管理地方立法工作要求，全面推动省级人民政府铁路安全立法工作，督促指导多个省(自治区、直辖市)将铁路安全立法列入立法计划。

四、提升法治专业能力，强化法律风险防控

加强法治制度建设，组织起草国家铁路局行政规范性文件合法性、重大行政决策合法性审查有关办法，建立国家铁路局公职律师制度并向司法部申领公职律师证书。严格开展合法性审查，共完成规范性文件制定、政府信息公开答复、投诉举报答复等合法性审查150余件。加强社会热点问题法治研究，针对抢票软件、高铁霸座等问题提出监管意见建议。开展普法宣传活动，提升行业法治水平。

五、积极发挥行政诉讼、复议法制监督作用，有力推动依法行政

及时有效处理行政复议案件19件，维持原行政行为16件，纠错3件。妥善处理行政诉讼案件8件。加强与司法部、辖区法院的沟通联系，发挥全方位监督合力。

第三节　铁路车辆装备

2019年，全国铁路机车拥有量为2.2万台，

其中内燃机车 0.8 万台，电力机车 1.37 万台。全国铁路客车拥有量为 7.6 万辆，其中动车组 3665 标准组、29319 辆。全国铁路货车拥有量为 87.8 万辆。

第四节　铁路基础设施建设

2019 年，全国铁路固定资产投资完成 8029 亿元，投产新线 8489 公里，其中高速铁路 5474 公里。全国铁路营业里程达到 13.9 万公里，其中高速铁路营业里程达到 3.5 万公里；复线里程 8.3 万公里，复线率 59.0%；电气化里程 10.0 万公里，电气化率 71.9%；西部地区铁路营业里程 5.6 万公里。全国铁路路网密度 145.5 公里 / 万平方公里。

第五节　铁路运输服务

一、全国铁路运输量继续保持增长

2019 年，全国铁路旅客发送量完成 36.60 亿人次，同比增长 8.4%；旅客周转量完成 14706.64 亿人公里，同比增长 4%。高铁快运铁路运量 3.1 万吨，同比增长 22.4%。全国铁路货物发送量完成 43.89 亿吨，同比增长 7.2%；货物周转量完成 30181.95 亿吨公里，同比增长 4.3%，增速较上年有所放缓。货运结构方面，煤炭、冶炼物资和矿建材料发送量的增长有效拉动了货运总发送量的增长。其中，煤炭发送量累计完成 25.22 亿吨，同比增长 5.1%；冶炼物资发送量累计完成 9.25 亿吨，同比增长 12.9%；矿建材料发送量累计完成 1.25 亿吨，同比增长 49.4%；石油发送量累计完成 1.32 亿吨，同比增长 0.4%；粮食发送量累计完成 0.83 亿吨，同比下降 9%；化肥及农药发送量累计完成 0.5 亿吨，同比下降 3.9%。

二、持续挖潜铁路运输服务能力

坚持以市场需求为导向，加大客运产品供给侧结构性改革力度，持续优化客运产品供给，提升旅客出行的获得感、幸福感、安全感。一是深化高铁动车组列车和普通旅客列车“一日一图”运力调配机制，不断扩充高峰时段运力供给。二是深入推进“复兴号”品牌战略，扩大时速 350 公里复兴号动车组列车开行数量和范围，组织时速 160 公里动力集中动车组列车和时速 350 公里 17 辆超长版复兴号动车组列车上线运用，复兴号动车组列车已通达 28 个省（自治区、直辖市）及香港特别行政区。三是坚持开好覆盖全国 21 个省（自治区、直辖市），途径 35 个少数民族地区的 81 对“慢火车”。2019 年，为贯彻落实党中央、国务院关于打赢精准脱贫攻坚战的战略决策和《乡村振兴战略规划（2018—2022 年）》有关要求，以“行业扶贫”为侧重点，切实履行铁路公益性运输监管职责，国家铁路局组织对大小凉山、秦巴山片区和大小兴安岭林区等革命老区、民族地区、边疆地区、贫困地区的“慢火车”扶贫工作进行现场调研，采取“点”“线”“面”相结合，添乘 15 趟旅客列车，开展“慢火车”开行情况的问卷调查，与铁路运输企业及有关省市政府部门和单位座谈，摸清“慢火车”开行现状，总结成功经验，分析存在问题，提出继续开好“慢火车”的意见建议。四是优化提质普通旅客列车客运产品，旅游列车品牌效应日益凸显。五是充分利用高铁安全快捷和成网运行优势，投入多种运力资源，推出“高铁 + 电商”等多项运输新服务，满足人民群众日益增长的物流需求。

三、不断完善铁路运输服务方式

（一）加快信息化建设，推动新技术与铁路行业深度融合提质

一是 2019 年 7 月起逐步扩大电子客票应用范

围，旅客乘坐高铁无需取票，持有效身份证件即可进站乘车，实现无纸化出行。二是5月起所有旅客列车实施候补购票，减少旅客反复查询次数，网络抢票行为得到有效遏制。三是完善12306系统功能。12月12日起12306售票系统每天延长售票时间半小时，可通过人脸识别办理网上核验；优化老年人、儿童购票配票策略，满足旅客差异化购票需求，系统优先为老年人配售下铺车票，比例由原来的65%增加至90%，为儿童配售与同行人相邻的席位，比例由原来的72%增加至83%。四是提升智能服务水平。推出车站智能导航、扫码支付、刷脸进站、在线选座等便民举措；12306系统增加车站大屏功能，共享抵离信息。五是10月17日上线运营铁路12306扶贫商城，实现特产预订，为贫困地区企业和产品拓展销售渠道。

（二）提升旅客运输服务质量，改善旅客出行体验

一是扎实推进普速车站达标提质，补强安全检查和服务设备设施，全面规范各类标志设置，优化改造旅客引导系统，巩固“厕所革命”成果，不断提升普速车站服务质量。二是深入实施车站畅通工程，实现地级以上城市主要车站全面配备自助实名制核验设备，优化进出站通道布局和旅客走行流线。便捷换乘车站达到70个，无轨车站达到154个，北京南站等13个车站地铁认可铁路安检。三是完善互联网订餐流程，提供地方特色小吃，丰富供应品种。四是推行老幼病残孕等重点旅客电话和网络预约服务，实现线上预约和线下服务全流程闭环管理。

（三）春运期间推出15项便民利民措施

一是铁路运能提升5.3%，春节前每天安排开行旅客列车4787对，平均每天可提供运能942万个席位；春节后每天安排开行旅客列车4860对，平均每天可提供运能964万。二是4683公里新线首次投入春运，其中高铁4100公里。三是优化网络购票程序，运用新版12306网站页面，增加用户扫码登录功能。四是开展候补购票服务试点，减少旅客购票时间精力。五是采取专项措施，保障务工人员和学生等重点群体旅客购票。六是实行网上刷脸认证，旅客身份核验更高效。七是落实出行基本服务标准，改善旅客乘车环境。八是推进智能化服务，旅客进出站更畅通。在300个车站实现旅客自助进站核验；在近700个动车组停靠车站，实行持二代身份证自助进出站检票；在长株潭城际铁路试点中铁e卡通，实现旅客刷手机二维码自助扣款便捷乘车。九是便捷换车车站数扩大至50个，在北京南站、南京南站、广州南站等18个车站提供“高铁＋共享汽车”服务，打通旅客出行服务最后一公里。十是在海南环岛高铁进行电子客票试点，以电子客票替代纸质客票，身份证件作为乘车凭证。十一是优化核验流程完善售票设备设施，港澳台旅客出行方便。十二是新投用145组复兴号动车组列车，覆盖38条线路和23个省会城市（直辖市）以及香港特别行政区。十三是优化重点旅客服务信息链，实现线上预约和线下服务全流程闭环管理。十四是利用微信、短信以及12306客户端向旅客推送购票通知、行程提醒等信息。十五是大力挖潜扩能，保障节日和民生物资运输。

四、大力推进国际联运

（一）中欧班列开行量质齐升

2019年，中欧班列开行8225列，同比增长29%，回程/去程比达82%，累计开行突破21000列，通达欧洲18个国家57个城市，班列平均查验率和通关时间下降50%，运输货物品类得到极大扩展，整车进口、特种运输等新型服务业态不断涌现。

（二）国际铁路合作不断深入

依托铁路合作组织的工作平台，深入开展国际铁路运输合作。一是积极参与铁路合作组织规章制修订，公布《国际铁路货物联运协定》及其

细则有关修改补充事项，参与《国际铁路直通联运公约》文本及附件的研究编制，参加统一铁路法研究，拓展国际铁路合作平台，为推进“一带一路”建设创造有利外部环境。二是推进亚欧铁路联运通道建设，协调铁路合作组织将精伊霍铁路纳入铁路合作组织第五走廊，组织国内有关企业参与跨里海运输走廊工作，支持西部陆海新通道建设，开展中吉乌通道研究，促进班列运行径路优化。三是推进铁路国际联运便利化，推动简化运输过境手续、压缩过境时间，推广统一运单，积极参与铁路合作组织运单电子化工作，利用中俄、中哈等合作机制推动电子信息交换，组织开展国际联运运单物权属性研究，促成铁路合作组织成立由中方主持的物权凭证问题临时工作组。

第六节　铁路安全监管执法

2019 年，全国铁路未发生铁路交通特别重大、重大事故；发生较大事故 4 起，同比增加 3 起。铁路交通事故死亡人数 788 人，同比减少死亡 69 人，下降 8.1%；10 亿吨公里死亡率 0.173，同比下降 13.1%。

一、坚决贯彻落实党中央决策部署

一是深入学习习近平总书记关于安全生产工作的重要论述和指示批示精神，落实中央关于安全生产工作的决策部署，制定国家铁路局年度安全监管工作要点及监督检查计划。二是贯彻落实习近平总书记关于“3 · 21”江苏响水特别重大爆炸事故批示精神，迅速部署铁路安全监管重点工作，组织开展铁路危险货物运输安全专项检查。三是认真学习贯彻习近平总书记等中央领导同志关于高铁沿线环境安全的重要批示精神，牵头推进高铁沿线环境安全综合整治，建设高铁安全防护工程，建立沟通协调机制，推进铁路安全地方立法，开展联合执法和约谈，实现安全保护区隐患清零，为高铁安全运行打下坚实基础。四是贯彻落实习近平总书记关于防汛抢险救灾等安全生产工作的重要指示和李克强总理重要批示精神，全力做好铁路汛期安全监管工作。

二、紧盯安全关键和薄弱环节

突出防范重特大事故，突出服务铁路高质量发展，坚持实施事故信息日报告和日交班制度，每天对 24 小时内铁路交通事故和安全信息进行逐一分析，对错办进路、冒进信号、走行部大部件脱落、机车车辆溜逸等涉及行车安全关键环节问题紧盯不放，追踪掌握事故原因；对上跨桥坠物、施工挖断电缆、道口机动车肇事、高铁异物侵限等外部影响铁路运输安全的违法情形，及时启动行政执法程序，依法实施行政处罚。

三、加强安全质量监督检查

坚持依法行政，加强铁路运输安全监督检查，排查治理安全隐患，防范化解重特大安全风险，强化铁路运输安全监管。围绕春运、防洪安全等开展综合性监督检查及新开通高铁监督检查，围绕清明、五一、中秋、国庆等小长假运输高峰期和 2019 年夏季达沃斯论坛、第七届世界军人运动会、中国国际进口博览会、庆祝新中国成立 70 周年系列活动等运输关键时段开展监督检查，组织专家对动车组质量、重点单位及地方铁路、专用铁路、铁路专用线等进行专项监督检查。全年共派出检查组 2181 组（次），检查重点单位和场所 4562 个，针对发现的问题隐患发放整改通知书 693 份，督促企业落实安全生产主体责任、强化问题整改，促进铁路运输形势安全稳定。

四、做好突发事件应急响应和事故调查

建立信息共享机制，根据中国地震局提供的

地震信息，及时掌握了解全国范围内4级以上地震影响铁路运输安全情况。对发生的4起铁路交通较大事故和“6·5”拉日线旅客列车脱轨等典型一般事故，依法合规开展事故调查，及时查明事故原因和暴露的问题，严格定性定责。国家铁路局成立以来首次对全国7个地区铁路监督管理局和18个铁路安全监督管理办公室的铁路交通事故管理情况进行全覆盖检查调研。

五、开展安全形势分析

定期开展安全形势分析，每天收集分析全路事故信息；每周形成一周铁路安全总体情况；每月分析全路安全形势和行政执法、监督检查工作开展情况；每季度组织召开安全生产委员会会议，通报铁路安全形势，分析存在的问题；每半年组织召开安全生产委员会联络员会议，组织协调、督促指导相关单位（部门）共同做好铁路安全工作；在政府网站向社会公告年度全国铁路安全情况。

六、推进严格规范公正文明执法

制定并落实《国家铁路局全面推行行政执法公示制度执法全过程记录制度重大执法决定法制审核制度实施方案》，实现执法人员全公开、行政处罚案件全公开、执法过程全记录、重大执法决定全审核。按月度和半年对全局执法工作进行分析，开展行政执法专项检查。全年共实施行政处罚205起，作出行政处罚决定335个，有力打击了危害铁路安全的违法行为。

第七节　铁路工程质量安全监管

一、科学开展川藏铁路工程监管工作

贯彻落实近平总书记重要指示批示精神，制定川藏铁路工程监管工作指导意见，提出监督机构组建方案，编制川藏铁路工程质量安全监督大纲，明确任务分工、重点工作和具体措施。扎实开展加深可研地质勘察监督检查，掌握后续工作整体推进计划，强化信息沟通机制，落实监督管理责任。组织编制川藏铁路职业健康、环境保护及安全生产设施“三同时”监督检查手册和川藏铁路超长隧道安全风险管理及事故隐患排查质量监督检查指南，开展川藏铁路建设期突发质量安全问题处置体系及防灾、减灾、救灾能力建设研究，为推进川藏铁路监管打好技术基础。

二、扎实开展专项整治行动

一是持续开展“三不问题质量行为”专项整治行动，全年实施专项检查232次，检查工程建设项目214个次、工点1198个，针对检查发现的问题下达整改通知书340份，督促企业按要求完成整改。二是联合印发《工程项目招投标领域营商环境专项整治工作方案》，组织开展营商环境专项整治，累计抽查286个铁路工程招标项目，纠正并查处一批不合理限制或排斥潜在投标人的违法违规行为，进一步健全市场治理规则，释放市场主体活力。三是联合开展工程建设领域专业技术人员职业资格“挂证”行为等专项整治行动，维护铁路建设市场秩序，促进行业持续健康发展。四是开展铁路工程项目监理履职情况专项检查，取得良好成效。

三、持续提升质量安全监管成效

一是加强现场调研检查，强化与参建单位的沟通联系，摸清工程建设现状及存在问题，找准问题症结，督促企业整改落实。二是督促建设单位落实质量首要责任、参建企业落实安全主体责任、地方政府落实安全领导责任及就近就便协同监管责任，指导做好铁路工程质量安全事故调查

处理和应急救援工作，铁路工程质量安全形势稳中向好。三是针对春融复工、夏秋防洪、冬期施工的季节性重点，地质情况复杂、施工难度大、运营安全要求高、社会关注度高的项目性重点，高墩大跨桥梁、复杂地质隧道、高陡边坡、深基坑的结构性重点，原材料进场、竣工验收的程序性重点，加强监督检查，全年实施监督检查 454 次、工点 2201 个，实施行政处罚 44 起、125 件，坚决打击并有力震慑了违法违规行为。

四、加强行业监管工作

一是通过派员现场宣讲指导、梳理编制地方铁路项目清单、归集地方铁路监督管理责任落实情况、汇总国务院关于“放管服”文件汇编等举措，持续强化指导服务，推动地方政府落实地方铁路监督责任，各省级政府均明确了地方铁路质量安全监管部门。二是完成国铁企业自行决定项目的工程质量安全监督委托工作，强化监督考核，有效发挥委托机构作用。三是与地方政府联合开展监督检查，有效推进协同监管机制构建。2019 年，国家铁路局两级铁路工程监管部门联合地方政府组织召开铁路建设项目首次监督会议 9 次，共同开展质量安全监督检查 20 次。四是通过调研、联合检查、专家咨询、举办培训、政策宣讲解读、配送铁路工程法规汇编等措施，进一步加强行业指导。五是通过积极探索综合运用监管方式、加强监管数据分析及结果应用创新、开展铁路工程质量安全形势评估研究、推进铁路工程监管信息系统试运行，不断创新丰富铁路工程监管手段。

五、不断规范铁路建设市场秩序，促进公平竞争

一是组成联合督导检查组，现场调研检查连徐、盐通、张吉怀和常益长等铁路项目工程施工承发包情况，宣讲有关规定，提升铁路工程参建各方主体依法建设和诚信经营意识。二是完成 2017—2018 年度铁路优质工程（勘察设计）奖和铁路工程建设部级工法的评选工作，鼓励参建企业提升铁路施工技术水平、打造优质工程。三是充实专家队伍、优化专家结构，不断规范铁路建设工程评标专家库管理。四是加强对《铁路工程建设项目招标投标管理办法》的宣贯解读，严格依法开展招标投标活动和监管工作。

六、全力服务保障群众和企业利益

一是坚持以人民为中心的发展思想，积极开展铁路项目农民工工资支付情况专项检查，加大清欠协调力度，帮助 16 万余名农民工解决拖欠工资 13.8 亿元。二是依法办理投诉举报，受理建设市场投诉举报 150 件、质量安全投诉举报 64 件，对符合条件的全部进行调查处理并及时反馈。三是积极推进企业资质申请电子化审批工作，制定《铁路建设企业资质电子化初审实施细则》，完成 12 批 97 项资质申请材料，其中在线完成 10 批 75 项。四是及时回应资质申请业务咨询，针对普遍问题做好事前提醒，帮助企业提升资质申请材料编制质量。五是积极支持地方铁路建设，指导北京、天津、安徽、陕西等地使用铁路评标专家库，依法保障地方铁路建设健康发展。

七、不断完善铁路工程监管制度体系

一是制定实施《铁路建设工程质量安全监督机构和人员考核管理办法》，加强对委托监督机构的管理和考核。二是发布《铁路工程标准施工招标资格预审文件》《铁路工程标准施工招标文件》，为各类投资主体招标选择铁路工程建设项目施工承包单位奠定基础。三是制定《关于贯彻落实区域协调发展战略决策部署扎实做好铁路建

设工程监管工作的指导意见》，为推进区域协调发展战略、夯实铁路工程监管工作基础明确工作目标和任务要求。四是研究起草《铁路工程施工图设计文件审查管理办法》《铁路工程建设项目竣工验收监督管理办法》，进一步规范铁路建设项目施工图设计文件审查职责、程序、办法，进一步明确铁路工程建设项目监督职责划分及竣工验收各阶段监管重点内容。五是组织修编《铁路建设工程质量安全监督检查手册》《铁路建设工程招标投标监督检查参考手册》，进一步规范铁路工程质量安全监督检查、铁路工程招标投标活动及监管工作基础。

第八节　铁路设备质量安全监管

一、不断加强规章制度建设

认真贯彻落实国务院"放管服"改革要求，结合履职需要，对停止执行的涉及铁路机车车辆的2件原铁道部文件提出具体清理意见，制修订《铁路机车车辆设计制造维修进口许可办法》《铁路机车车辆驾驶人员资格许可办法》《铁路机车车辆设计制造维修进口许可实施细则》《国家铁路局综合司关于做好高速铁路基础设施运用状态检测监督检查工作的指导意见》，积极推进《铁路电务安全规则》《普速铁路工务安全规则》课题研究编制工作，为依法履职提供科学支撑。

二、依法审查专用设备许可申请

严格按照许可工作程序及规定，全年组织召开许可集体审查会32次，累计审查申请531项，其中铁路机车车辆产品394项，铁路运输基础设备生产企业73家，铁路无线电台设置和频率指配申请企业49家63条线路，并办理1家企业12种1918部铁路机车无线电台执照许可申请。做好铁路机车车辆许可办理服务工作，接受20家企业的许可办理业务咨询，组织专家对9家企业生产许可申请进行评审。

三、有序推进驾驶资格许可工作

积极与中国国家铁路集团有限公司等运输企业对接铁路驾驶资格考试工作，根据企业需求提供考试组织服务。加强考试督察，确保2019年度铁路机车车辆驾驶资格考试各项工作顺利完成。全年共组织全国理论统一考试2次、动车组单独理论考试12次、自轮运转单独理论考试6次、中国中铁单独理论考试2次，共计22批次24940人次；完成动车组实作考试42次、机车考试38次、自轮运转考试6次、香港KTT考试1次，共计87批次17913人次。严格按照许可工作程序，以严把关口、服务企业为原则，对驾驶资格许可申请严格审查、加快审查，全年审核通过铁路机车车辆驾驶人员资格34881人，审核注销铁路机车车辆驾驶人员资格2879人，既严控了驾驶人员资格的准入关口，又满足了铁路运输企业对驾驶人员的紧迫需求。组织完成2018年度全国铁路机车车辆驾驶人员聘用情况报告。

四、不断强化设备事中事后监管

认真贯彻落实"双随机、一公开"监管要求，统筹监管力量，坚持问题导向、目标导向、结果导向，加强监督检查，强化分析指导，铁路专用设备产品质量安全事中事后监管能力明显增强。在监管信息分析指导方面，每月组织分析设备质量安全事故、惯性故障和监督检查发现问题中暴露出的产品源头及运用质量问题，以及许可事项事中事后监管存在的薄弱环节，提出监管具体要求。在许可事项监督检查方面，制定《2019年铁路专用设备行政许可企业监督检查计划》，国家铁路局、地区铁路监督管理局两级设备监管部门结合职责分工，按计划完成53家受检许可企业的监督检查任务，并按季在政府网站公布监督检查结果。在铁路专用产品质量监督抽查方面，制定《国家铁路局2019年铁路专用产品质量监督抽查计划》，积极推进铁路专用产品质量监督抽查实施细则编制工作，定期召开铁路专用产品质量监督抽查工作推进会，及时公布铁路专用产品质量监督抽查结果。制定铁路机车车辆质量安全监督检查工作方案，开展动车组检修质量安全专项监督检查，重点检查动车组高级检修技术标准和检修规程落实情况、检修配件质量控制和源头质量专项整治情况、设备质量事故（故障）管理情况、动车组高级修监造工作执行情况、专项监督检查问题整改情况等内容，共发现问题14项，及时督促企业按期整改落实。结合《高速铁路基础设施运用状态检测管理办法》的颁布实施，对高速铁路基础设施运用状态检测工作开展专项监督检查，共发现问题34件，及时向受检企业反馈并督促整改。以牵引供电设备产品安全生产管理、教育培训、新标准执行、质量事故（故障）管理、质量保证体系运行、采购控制、检验管理等内容为重点，成立检查组牵引供电设备产品质量安全专项开展监督检查，对发现的法律规章宣贯不到位、企业标准不完善、供应商管理不严格等问题下发整改通知书并督促企业整改。通过监督检查和质量抽查，及时掌握铁路专用设备产品质量安全状况，并采取措施促进铁路设备生产企业产品质量安全主体责任的落实。

五、认真做好铁路无线电管理相关工作

积极推进机车电台执照核发工作，开展机车电台执照核发工作调研，完善机车电台执照申报相关内容。组织对GSM-R网络覆盖全部线路进行摸底，核对铁道部时期与国家铁路局成立以来实施频率许可线路信息的差异性并研究提出后续工作计划。派员参加工业和信息化部组织开展的《铁路无线电管理规定》立法专题调研。积极推进铁路无线电检测监测工作落实。牵头起草北斗系统应用工作方案，协助整理北斗系统应用工作方案反馈意见。积极推进《中国无线电管理志》编纂工作。推进国际电信联盟铁路议题研究相关工作，派员参与国际铁路无线电议题相关合作交流，努力促进议题达成共识。

第九节　铁路运输服务质量监督

一、强化旅客运输安全保障，确保旅客出行安全

完善安全风险管控和隐患排查治理双重预防机制，加强春运、暑运、黄金周等客流高峰期的监督检查和全国两会、第二届“一带一路”高峰论坛、国庆70周年、第七届世界军人运动会、中国国际进口博览会、2019年夏季达沃斯论坛、北京世界园艺博览会等国家重大活动期间的铁路运输安全保障工作。

（一）加强运输服务质量监督检查

春运期间，多措并举，稳步推进，扎实开展监督检查工作。一是成立由国家铁路局党组成员担任组长、副组长的春运监督检查工作领导小组，负责组织领导春运监督检查工作。印发《国家铁路局关于做好2019年春运监督检查工作的指导意见》，编制包含24个类别、91个项目、203个项点的春运检查指导手册，制定新开通高铁运营安全监督检查指导手册和监督检查工作写实表。二是成立由局党组成员带队的4个督查组，春节前重点督查新开通的高铁线路和北京、沈阳、武汉、广州、上海等地区，春节后重点督查北京、成都、重庆等地区，督促铁路运输企业落实主体责任，把各项春运安全和服务质量保障措施落到

实处。春运期间，国家铁路局两级监管机构共派出检查组496个，检查铁路相关单位和场所985家，添乘旅客列车458趟次，累计15万余公里，针对检查发现的安全基础管理、春运组织准备、客运服务质量等方面问题隐患发放整改通知书68份。三是会同交通运输部、应急管理部成立联合检查组，围绕安全生产规章制度建设、安全隐患排查整改、综合运输组织调度衔接等情况，深入浙江、福建等省份春运一线，对照检查内容排查隐患，做到“全覆盖、零容忍”，督促被检查地区立即整改隐患问题，全面消除事故苗头。

暑运期间，改进监管方法与机制，综合采用监督检查、投诉处理、问卷调查等多种监管手段，落实“双随机、一公开”“四不两直”等要求，全面深入开展暑运安全及服务质量监管工作。一是加强暗访专项检查。成立交叉暗访检查组，采取购票进站乘车的方式，从旅客角度现场体验，暗访检查，添乘列车，及时向受检单位通报问题，督促整改销号，形成闭环管理，取得较好实效。二是深化客货车务专业安全及服务质量监督检查。制定包括安全基础、车务、客运、货运、许可检查等5个方面共计43个检查类别333个检查项点的监督检查指导手册，采取现场检查、查阅资料、添乘列车等方式，对8个铁路局集团公司机关处室和98个运输站段、中铁快运股份有限公司等三大专业运输公司以及中川铁路有限公司等9个地方铁路运输企业进行监督检查。针对检查发现的问题提出整改要求，督促企业及时整改，维护铁路运输安全稳定和服务质量良好。三是推进辖区常规监督检查。各地区铁路监督管理局根据辖区实际情况科学制定监督检查实施方案，将暑运监督检查纳入工作计划，持续加强日常监督检查和专项监督检查，全年共派出检查组160组、593人次，检查铁路单位和部门290个，添乘旅客列车309趟次，督促铁路运输企业落实安全生产主体责任，维护暑期运输安全及服务质量稳定。四是强化国家重大活动期间运输安全及服务质量保障工作。暑运初期，正值2019年夏季达沃斯论坛召开。为全力维护论坛期间铁路运输安全稳定有序，国家铁路局制定实施铁路旅客运输安全及服务质量监督检查方案，督促铁路运输企业进一步落实安全管理、运力保障和服务质量各项措施，全力保障论坛的顺利召开。

（二）积极妥善处理旅客投诉

始终坚持以人民为中心的发展思想，秉持依法、公平、公正、高效的原则，紧紧抓住旅客最关心最直接最现实的利益问题，妥善做好运输服务质量投诉处理工作，积极回应社会关切，督促铁路运输企业落实安全和服务质量主体责任，努力维护铁路运输安全质量稳定，切实维护广大旅客、货主和企业的合法权益。全年共处理运输类邮件6535件和群众来信37封，同比增长3.81%。

（三）持续开展客运服务质量问卷调查

组织机关各部门、各地区铁路监督管理局和局属事业单位执法人员进站上车，围绕广大旅客和社会关注的购票方式、站车服务、餐饮供应、环境卫生、进出站引导、信息发布、“慢火车”开行、“复兴号”品牌战略等热点问题，与旅客一对一、面对面地进行铁路客运服务质量问卷调查，直接倾听旅客意见，每月对调查问卷进行汇总分析，并反馈铁路运输企业，督促企业以问题为导向，及时优化服务流程，提升服务质量。全年累计投入调查人员3026人次，完成问卷113161份，收集问题和意见建议2892条，受访旅客对铁路客运服务质量总体评分为85.9分。

二、强化铁路危险货物运输安全监管

一是贯彻落实国务院办公厅下发的《危险化

学品安全综合治理方案》，推进铁路行业危险货物运输安全综合治理工作，探索创新监管方式，加强宣传教育，提升监管能力。二是应用铁路危险货物运输安全监管信息系统，建立危险货物运量、重点管控危险货物运输、危险货物监管工作等信息报送制度。三是贯彻落实《国务院关于促进天然气协调稳定发展的若干意见》，协调配合有关部门开展液化天然气多式联运试点示范，推动出台相关法规政策和标准规范。四是组织开展“货运服务质量投诉调查核实程序和标准研究”“铁路货物运输服务质量调查研究”等，进一步提升铁路货物运输服务质量监管水平。

第三章　公路(含道路运输)

第一节　公路规划与实施总体情况

一是启动公路"十四五"发展规划编制工作。为科学谋划"十四五"公路发展目标、任务和重点，科学制定中央投资政策，2019 年，交通运输部正式启动公路"十四五"发展规划编制工作。在全面、细致摸底调研的基础上，对"十四五"期间公路发展基础、需求和思路进行研判，已形成公路"十四五"发展规划基本思路和投资政策初步思路。

二是启动国家公路布局调整工作。为支撑建设社会主义现代化强国的发展需要，全面贯彻落实和细化《交通强国建设纲要》对公路网发展的新要求，站在综合立体视角统筹谋划未来我国公路网发展，组织开展国家公路网布局调整工作，明确未来国家公路网的空间布局。

三是推进农村公路中长期发展纲要编制工作。为贯彻落实习近平总书记关于"四好农村路"建设的重要指示精神，服务支撑乡村振兴战略实施，深入推动"四好农村路"高质量发展，更好满足人民群众日益增长的美好生活向往，以及农业农村现代化发展要求，计划编制印发《农村公路中长期发展纲要》。

第二节　公路基础设施建设

一、公路建设基本情况

截至 2019 年底，全国公路总里程达 501.25 万公里，比上年末增加 16.60 万公里。公路密度为 52.21 公里／百平方公里，增加 1.73 公里／百平方公里。

全国等级公路里程 469.87 万公里，比上年末增加 23.29 万公里，占公路总里程的 93.7%，提高 1.6 个百分点。其中，二级及以上等级公路里程 67.20 万公里，增加 2.42 万公里，占公路总里程的 13.4%，与上年基本持平。

全国高速公路里程 14.96 万公里，比上年末增加 0.70 万公里。其中，国家高速公路 10.86 万公里，增加 0.31 万公里。全国高速公路车道里程 66.94 万公里，增加 3.61 万公里。

国道里程 36.61 万公里，省道里程 37.48 万公里。农村公路里程 420.05 万公里，其中县道里程 58.03 万公里，乡道里程 119.82 万公里，村道里程 242.20 万公里。

二、协调推进重点公路工程建设

协调推进京津冀地区公路基础设施建设。2019 年，交通运输部杨传堂书记、李小鹏部长赴延崇高速公路建设一线，现场调研 2022 冬奥会和冬残奥会交通基础设施建设及服务保障工作；戴东昌副部长专项协调延崇高速公路建设推进。

部公路局牵头组织协调北京、河北各有关单位研究松山特长隧道施工保障方案，定期跟踪工程实施进展，确保项目按期建成。

加快推进京雄高速公路、荣乌高速公路新线、深中通道、赤壁长江大桥等重点项目建设，推动沈海高速公路广东段、京台高速公路山东段、京沪高速公路山东和江苏段等国家高速公路重点路段改扩建工程，提高公路支撑保障能力和服务水平。

三、推动公路建设转型升级

全面总结实施绿色公路建设和推进公路钢结构桥梁建设经验，编制出版《绿色公路建设技术指南》和《公路常规跨径钢结构桥梁建造技术指南》。其中，《绿色公路建设技术指南》主要分为设计篇和施工篇，涵盖总体、路线、路基、路面、桥梁涵洞、隧道、交通工程设施、服务设施、景观与环境保护、旅游功能拓展等方面的设计施工内容。《公路常规跨径钢结构桥梁建造技术指南》主要包括常规钢结构桥梁材料选用及设计指标、结构及构造设计、工厂制造、现场制造及组装、BIM 技术应用、成本核算等内容。

2019 年 5 月和 9 月，先后在北京举办公路建设转型升级发展培训班和脱贫攻坚公路重点工程转型发展培训班，以脱贫攻坚涉及的重点区域和重点项目为主，交流公路建设转型发展经验成果。

第三节　公路建设管理

一、工程建设管理

（一）加快推进项目审批，扩大公路有效投资

优化国家重点公路建设项目初步设计审批流程，提高审批效率。2019 年共完成厦门第二东通道、京哈高速公路黑龙江段改扩建工程等 55 个重点公路项目初步设计审批，总里程约 5227 公里，概算金额约 5214 亿元，为项目尽快开工建设、形成有效投资创造条件。

持续深化“放管服”改革，印发《关于进一步做好国家重点公路建设项目初步设计审批工作的通知》（交办公路〔2019〕67 号），进一步优化国家重点公路建设项目初步设计审批流程，明确初步设计文件编制、报送、受理及审查审批等各环节要求，提升技术咨询水平，全力做好审批服务。

（二）加强公路工程竣工验收

印发《交通运输部办公厅关于做好 2019 年度公路建设项目竣工验收工作的通知》（交办公路函〔2019〕916 号），明确年度有关项目竣工验收计划和竣工验收工作要求，与新修订的公路工程质量检验评定标准的重要衔接，督促各省级交通运输主管部门做好重点项目竣工验收。

（三）公路建设领域农民工工资支付保障工作情况

贯彻落实习近平总书记等中央领导同志批示精神，组织制定《交通运输部推进根治公路水运建设领域拖欠农民工工资问题工作方案》，确定重点任务和工作分工。部公路局会同部政研室、规划司、水运局等相关司局赴内蒙古、贵州等省（自治区），开展根治农民工欠薪问题专题调研。按照国务院根治拖欠农民工工资工作领导小组办公室关于开展 2019 年度根治欠薪冬季攻坚行动部署，印发《交通运输部关于开展 2020 年春节前公路水运建设领域根治拖欠农民工工资专项行动的通知》（交公路明电〔2019〕103 号），全力做好岁末年初治欠保支工作，依法切实保障农民工合法权益。

二、公路建设市场监管

（一）开展公路建设市场督查

印发了《2019 年交通运输部市场秩序与服务

质量检查工作方案》（交办公路函〔2019〕547号），部成立检查组，采取“双随机”方式，分别对河北、内蒙古、江苏、广西、重庆、青海等六省（自治区、直辖市）公路建设市场监管和造价管理情况进行了检查。

检查坚持服务国家战略，聚焦助力打赢脱贫攻坚战，重点选取脱贫攻坚任务较重地区，以及对支持贫困地区脱贫攻坚有重要意义的公路建设项目。督查共随机抽查在建高速公路项目7个、普通国省干线公路项目6个、农村公路项目6个，已建成公路项目6个。在全面检查公路市场准入、基本建设程序、招标投标、合同履约、信用体系建设等基础上，重点检查省级交通运输主管部门开展交通扶贫领域腐败和作风问题专项治理、推进“四好农村路”建设、农民工工资支付管理情况。检查过程中共发现问题142项，提出意见、建议126条，分别向被检查省（自治区、直辖市）印发了检查意见。

（二）推进公路建设市场信用体系建设

完成了2018年度公路建设市场全国综合信用评价，发布了评价结果公告，包括268家设计企业、894家施工企业、528家监理企业及5424名公路监理工程师。其中，2家施工企业和1家监理企业全国综合信用评价结果为D级，将在市场竞争中受限；78名监理工程师信用扣分大于24分，被列入“信用不良的重点监管对象”，不得进行从业登记。出台了《公路建设市场从业企业信用信息转移工作规则》，对办理信用信息转移事项进行规范化管理。起草了《公路建设市场信用管理办法》和《公路建设市场从业单位和从业人员信用评价细则（标准）》（征求意见稿），研究推进将现行公路设计、施工、监理等3个信用评价规则（办法）整合修订，并将建设单位（代建单位）、分包人、重要设备材料供应单位及主要从业人员纳入评价范围。

（三）深化“互联网+服务”

2019年，交通运输部许可的公路工程监理企业资质全面施行网上申报和审查，企业通过全国公路建设市场信用信息管理系统电子化申报，申报信息直接从系统数据库中勾选，不需再提供任何纸质材料；专家审查、意见公示、企业陈述、结果告知等工作全部线上完成；公布许可服务指南、许可条件、办理程序、办理进度、审查要点、平台操作手册和视频，并通过电话、QQ群等方式为企业提供咨询、解答；通过上述措施简化了申报材料、优化了审查流程，压缩了审批时限，提高了政务服务的便捷性，方便了企业办事，全年共审批公路监理企业资质许可460项。在上海、广东等18个自贸区，对公路工程专业丙级监理资质试点实行告知承诺制改革。

（四）开展职业资格“挂证”整治和招标投标业务培训

依托全国公路建设市场信用信息管理系统，开展公路监理工程师“挂证”整治工作，开发运行“挂证”整治办公平台，通过平台向行业公布疑似人员名单，优化监理工程师注销登记流程、缩短注销时间，形成行业整治合力。2019年共排查疑似“挂证”人员31089名，年内完成整改28862名，有效规范了公路监理工程师从业行为。

对国家建设项目评标专家库名单中尚未参加培训考核的专家进行了培训考核，38名专家通过考核后纳入专家库。组织开展针对贫困地区地市（州）交通运输主管部门的公路建设项目招标、投标、评标业务培训，《“十三五”交通扶贫规划》涉及的有关贫困地区地市（州），特别是部定点扶贫和对口支援的四川省色达、壤塘、小金、黑水四县和江西省安远县，以及部对口联系的六盘山区涉及的陕西、甘肃、青海、宁夏四省（自治区）所辖15个市（州）交通运输主管部门相关人员共计200人参加了培训。参培学员系统学习了公路建设项目招投标和评标管理法律法规，了解了全国公路建设市场信用信息管理系统操作，招标投标监管业务能力得到提升。

三、公路工程造价管理

一是首次开展公路造价督查。为深入推进公路行业供给侧结构性改革，加强造价管理领域的事中、事后监管，根据《公路工程造价管理暂行办法》（部令2016年第67号）的有关规定，2019年，交通运输部首次将造价督查内容纳入建设市场督查，通过造价督查，发挥造价监管作用，同时也示范带动各省开展并加强造价监督检查。2019年共督查了渝、苏、青、冀、蒙、桂六省（自治区、直辖市）。通过督查，地方交通主管部门切实加强了对公路工程造价监督管理的重视程度，促进了建设单位对工程造价主体责任的落实，加强了造价管理各环节的管理力度。

二是进一步加强造价标准有效供给。按照中央脱贫攻坚要求，结合我国农村公路的实际，完成《农村公路养护预算编制办法》的编制工作；突出全过程造价标准体系的建立完善，加快推进《公路建设项目设计工程量编制标准》《公路工程工程量清单计价规范》《公路建设项目竣工决算编制规范》《公路养护预算编制导则》《高速公路运营养护预算编制办法》及配套定额等造价标准制定工作。针对国家增值税税率调整，及时发布调整《公路工程建设项目投资估算编制办法》（JTG 3820—2018）和《公路工程建设项目概算预算编制办法》（JTG 3830—2018）中"税金"有关规定的公告。为促进行业对新版公路工程估算及概预算编制办法的正确理解，在全国组织6期宣贯培训，参培人员达到3000人以上。

三是加强公路行业造价管理队伍建设。为加强公路行业造价管理干部队伍建设，做好最新部颁公路工程系列造价依据的学习宣贯工作，部公路局在部管理干部学院举办了为期三天的2019年度公路造价管理培训班，这也是部公路局连续第四年举办公路造价管理培训班。来自全国各省级交通运输主管部门和省级造价专门机构的70名公路工程造价管理人员参加了培训。培训密切结合公路造价管理发展需要，以政策解读、经验分享和标准宣贯为主线，为各省从事造价管理的人员提供交流和学习的平台，促进行业更准确深入的理解相关办法及定额，实现工程造价的有效控制，降本增效，推进行业造价管理工作科学规范化发展。

第四节　公路养护管理

一、公路养护基本情况

截至2019年底，全国公路总里程为501.25万公里，其中养护里程共计495.31万公里，占公路总里程的98.81%，分别较2018年增加16.60万公里、增长0.64个百分点。其中，国省干线公路养护里程73.59万公里，与上年相比增加4477公里，国省干线公路养护里程比例达99.32%。全国农村公路养护里程414.94万公里，占农村公路里程的98.7%，较上年增长了0.77个百分点。2019年普通国省干线MQI值为87.29，优良路率为82.89%，其中国道分别为88.21和85.46%，省道分别为86.39和80.39%，均较上年有所提高；高速公路MQI值为94.93，优良路率为99.75%，高速公路MQI与上年持平，优良路率有所降低。

二、公路养护制度建设

2019年，为进一步补齐公路养护管理领域规范和制度短板，提升公路养护工作专业化、制度化、规范化水平，重点做了以下工作。

一是积极推进制度理论研究和编写工作。组织技术单位启动了《公路养护作业单位资质管理规定》《国家区域性公路交通应急装备物资储备中心管理办法》《公路交通应急装备物资管理信息系统建设技术指南》《公路养护工程招标投标管理办法》《公路养护工程招标文件范本》等制度和规范性文件的研究和起草工作。

二是及时印发出台了《提升公路标线质量的指导意见》《公路隧道提质升级行动实施方案》《公路隧道提质升级行动技术指南》《提升公路桥梁安全防护能力专项行动技术指南》和《提升公路连续长陡下坡路段安全通行能力专项行动技术指南》《公路桥梁加固改造指南》《公路桥梁养护人员应知应会手册》《公路地质灾害防治应知应会手册》等制度和指导性文件。

三是加大规范和制度的宣传培训力度。组织技术支持及课题研究单位，开展相关制度的宣贯培训工作六期。全国共有5000余人完成培训。

三、国家公路网技术状况监测情况

2019年，各级交通运输主管部门和公路管理机构全力加强公路和桥隧养护管理工作，全国干线公路技术状况水平总体良好，运行态势平稳，取得积极成效。全年共对1.14万公里国家高速公路和1.36万公里普通国道路面技术状况抽检，对40座长大桥梁和10座特长隧道进行技术状况监测。

（一）路况检测

共检测31个省（自治区、直辖市）1.36万公里普通国道，路面技术状况指数（PQI）为86.82，处于良等水平，优良路率为82.01%，次差路率为8.00%，路面损坏状况指数（PCI）为84.74，路面行驶质量指数（RQI）为89.94；共检测30个省份（不含西藏）1.14万公里国家高速公路，路面技术状况指数（PQI）93.55，处于优等水平，优等路率为86.02%，次差路率0.17%。路面损坏状况指数（PCI）为92.31，路面行驶质量指数（RQI）为94.06，路面车辙深度指数（RDI）为95.54。

（二）重点桥梁监测

抽查重点桥梁40座，覆盖全国31个省（自治区、直辖市）。其中：梁式桥27座、拱式桥5座、斜拉桥7座、悬索桥1座；高速公路桥梁28座、普通国道桥梁12座。从规范化评分看，桥梁养护管理工作进一步得到重视，技术状况复核结果为二类桥34座、三类桥6座，与抽检桥梁末次评定结果一致。

（三）重点隧道监测

抽检重点隧道10座，其中特长隧道7座、长隧道3座；高速公路9座、普通国道1座。从规范化评分看，各级隧道养护管理规范化水平持续提升。技术状况复核结果为二类隧道7座、三类隧道2座、四类隧道1座。与末次定期检查评定结果相比，有4座隧道技术状况与本次监测结果不一致，2座好于末次评定结果，2座差于末次评定结果。湖南岩门界隧道技术状况等级由二类调整为一类，河南王屋山隧道技术状况等级由三类调整为二类，吉林二密隧道技术状况等级由二类调整为四类，广西茶子脚隧道技术状况等级由二类调整为三类。

（四）公路交通安全设施评估

对北京、内蒙古、山西、四川和云南五省（自治区、直辖市）2500公里普通国道前方图像及公路线形数据进行设施评估，结果显示：公路交通安全设施设置基本符合现行标准规范和有关技术要求，路侧防护率左侧为96.96%、右侧为99.51%，标志完好率为92.75%，中心标线完好率为80.93%，沿线设施完好率为96.05%，沿线设施技术状况（TCI）为93.07%。

（五）ETC车道的运行状况监测

探索性开展了29个省份58条ETC车道的运行状况监测，结果显示：ETC车道平均交易时间为306毫秒（即0.306秒），监测的RSU载波频率满足工作信道要求，一次通过率为99.01%。

四、灾损保通工作情况

2019年，全国公路灾损总体与往年持平，主要是南方洪涝灾害和强台风对公路基础设施的影响，局部地区灾情严重。全年灾害主要呈以下特点：一是全国灾情时空分布不均衡，二是暴雨洪涝灾害南强北弱，三是台风登陆强度高、致灾重，四是地震总体强度低、灾损小。

面对灾情，各级交通运输主管部门和公路管理机构认真贯彻落实习近平总书记等中央领导同志关于做好防灾减灾工作重要的指示批示精神，及时抢通灾损公路，为经济社会稳定发展提供了有力支撑，主要应对措施有：

一是升级更新“公路灾毁信息采集系统”，进一步提高灾毁损失和应急抢通数据采集报送信息化水平，及时掌握公路灾毁损失和应急抢通情况，为公路交通应急资源调配和灾后恢复重建工作提供有力支撑。

二是及时安排应急处置、地质、桥梁等方面专家，对四川长宁6级地震及四川汶川县泥石流灾害公路抢通保通工作进行现场指导。

三是及时安排公路灾损抢通保通资金，针对年初冬季雨雪天气、入汛以来南方地区的“利奇马”台风等强降雨天气引发的自然灾害、四川长宁地震以及汶川泥石流灾害等，分7批为四川等23个省（自治区、直辖市）安排灾损抢通保通资金共4.5亿元。

五、全国公路交通军地联合应急演练

2019年11月21日上午，由交通运输部、河南省人民政府、武警某部交通二支队联合主办的2019年度全国公路交通军地联合应急演练在河南省巩义市举行。交通运输部副部长戴东昌担任演练总指挥，河南省副省长刘伟、武警某部参谋长刘勇军出席演练并讲话，交通运输部总工程师周伟主持演练。军委后勤保障部、公安部、应急管理部及部分省（自治区、直辖市）公路交通部门的有关负责同志出席演练活动。

本次演练以“公路交通综合应急能力比武”为主题，首次采用比武竞技和实战演练的形式，河北、安徽、河南、湖北、陕西五省公路交通部门和武警某部交通二支队共6支队伍联合参演。各代表队围绕灾情侦察、隧道内火灾事故处置、塌方体清理、圆管涵铺设、装配式钢桥架设5个预设科目同步开展模拟抢险。经过激烈角逐和评委团评比打分，武警代表队荣获演练团体一等奖，河南、湖北代表队荣获团体二等奖，陕西、河北、安徽代表队荣获团体三等奖。本次演练在形式、内容、技术应用上进行了积极有益的探索和尝试，各参演单位勇于担当、精心筹备、通力配合，圆满达到了“检验预案、磨合机制、锻炼队伍、交流技术、提升能力”的预定目标，充分展示了公路交通部门和武警部队公路应急抢险救援能力，对进一步提升我国公路交通综合应急处置水平具有重要作用。

六、推进公路安全生命防护工程建设

早期修建的普通公路，受发展理念、资金不足等影响，重视修建路面、桥梁等主体工程，而安全设施等附属工程存在不足。交通运输部自2004年起安排专项资金，组织开展以“消除隐患、珍视生命”为主题的“公路安保工程”。2014年11月，国务院办公厅印发《关于实施公路安全生命防护工程的意见》，将“公路安保工程”升级为“公路安全生命防护工程”（以下简称公路安防工程），并将乡道及以上农村公路纳入实施范围。

交通运输部自2015年起，连续五年将公路安防工程纳入民生实事。2019年提出“实施公路安全生命防护工程24万公里”的工作目标。为此，中央加大投入力度，加强督导，印发《交通运输部办公厅关于深入开展“不忘初心、牢记使命”主题教育进一步做好公路安全生命防护和危桥改造工程实施工作的通知》，就进一步做好公路安全生命防护和危桥改造工程提出要求，全年完成公路安防工程26万公里，超额完成年初确定的工作目标。

七、推进危桥改造工程建设

交通运输部对桥梁安全工作高度重视，自

2001年起安排少量资金支持各地开展改造危桥工程、2007年实施“桥梁养护管理工作制度”后，逐步加大改造力度，特别是2015年起，与公路安防工程一样，连续五年将危桥改造工程纳入民生实事。

2019年提出“改造危桥4700座”的工作目标并向社会公布。为此，中央加大投入力度，全年共改造危桥5291座，超额完成年初确定的工作目标。

八、积极开展灾害防治工程

根据极端天气增多、公路防灾能力不足的实际情况，自2006年起，交通运输部开始组织实施“干线公路灾害防治工程”，以提升国省干线公路防灾抗灾能力和通行能力。

2019年安排车购税资金2亿元，全国完成灾害防治工程929.4公里。

九、隧道提质升级工程

为了进一步加快推进公路隧道运营管理水平提升，为社会公众提供更加安全、便捷、舒适、高效的出行服务，交通运输部在原有公路隧道入口段安全状况自查自纠、公路隧道安全风险防控等专项行动基础上，发布《交通运输部办公厅关于印发促进公路隧道提质升级行动方案的通知》，自2019年开展为期2年的公路隧道提质升级行动。印发《公路隧道提质升级行动技术指南》，并在北京、南京、成都、兰州、合肥、广州组织开展了全国6个片区的行动方案和指南的宣贯培训。于2019年9月4—5日，在山西组织开展公路隧道提质升级行动现场调研及座谈交流，全国各省交通运输主管部门及技术支持单位代表参加，提炼总结了各省隧道提质升级工作在管理手段和技术措施方面的成果。截至2019年底，基本完成以照明、通风、交通安全设施等为重点的公路隧道交通工程与附属设施改造工作。

第五节　公路网运行管理

一、路网运行监测

交通运输部会同国家发改委印发《关于做好2019年春运期间高速公路易发生拥堵缓行路段和收费站排查治理工作的通知》，指导各地交通运输主管部门认真开展分析排查，加强重点点段治理、路网监测报告、冰雪等恶劣天气应对和ETC推广应用，保障人民群众安全便捷出行。

按照“充分利用和挖掘数据资源，主动分析，主动发力”的要求，组织有关单位开展公路路网拥堵指数研究，建立多维度路网拥堵指数框架体系，初步形成实时路网拥堵评价方法和指数分级标准，开发了示范应用系统。

印发《全国高速公路视频联网监测工作实施方案》和《全国高速公路视频云联网技术要求》，部署开展高速公路视频云联网工作，推进“可视、可测、可控、可服务”的高速公路运行监测体系建设，不断提升服务能力和监管水平，更好地满足人民群众高品质出行需求。

加强部省对接和部门联动，指导各地交通运输主管部门圆满完成全国两会、“一带一路”峰会、亚洲文明对话大会、大连夏季达沃斯论坛、新中国成立70周年庆祝活动、北京世园会、武汉军运会、上海进口博览会等重大活动路网运行监测和服务保障工作。

加强数据分析，提前开展研判，强化部省联动及部门协同，建立健全音视频会商调度机制，指导各地交通运输主管部门圆满完成2019年元旦、春节、清明、五一、端午、中秋、国庆等法定节假日期间全国路网运行保障任务。

二、公路应急能力建设

2019年，交通运输部在公路应急能力建设上着重开展以下工作：

开展重大突发事件路网运行影响评估，全面分析总结重大突发事件发生后对路网运行的影响机理与影响程度，建立了一套评估指标体系和评估方法，实现重大突发事件路网拥堵指数实时动态展示，开展31个省（自治区、直辖市）以及京津冀、长三角、珠三角等区域指数动态展示及系统应用工作。

全力做好公路交通重大突发事件应急处置工作。指导各地交通运输主管部门成功处置"汶川特大山洪泥石流""四川长宁6.0级地震""G312无锡段高架桥侧翻""甘肃夏河5.7级地震""G25长深高速无锡段大客车交通事故"等重特大突发事件。成功应对年初低温雨雪冰冻、汛期强降雨多路段水毁以及台风"丹娜丝""利奇马"等恶劣天气对公路交通的影响，保障了路网平稳运行。

联合中国气象局开展重大气象预警分级研究，强化公路气象预警的实用性和可操作性；在重大节假日、重大灾害等重点时段、重大活动保障期间，与气象部门联合开展多种形式的区域路网交通气象会商，强化公路交通气象灾害预警，为各地开展汛期应急准备、服务保障等工作提供技术支撑。

三、普通国省干线公路服务设施建设改造

指导各地交通运输主管部门按照"建得益、养得起、管得到、用得好"的原则，优先利用现有公路管理服务设施、公路边角用地等社会资源，推动建设改造普通国省干线公路服务设施1000个，不断优化普通国省干线服务设施布局，更好地满足公众出行需求。

印发《关于开展2020年普通国省干线公路服务设施建设改造计划对接工作的函》，组织开展2020年普通国省干线公路服务设施建设改造计划对接及任务下达工作，确定2020年各地普通国省干线公路服务设施建设改造计划，不断完善普通公路服务设施体系。

四、高速公路服务区文明服务创建

组织中国公路学会、部路网中心、部交科院等单位成立专项工作小组，在全面分析评估2015年和2017年两次评定工作效果以及存在的主要矛盾和问题基础上，落实党中央、国务院关于清理规范创建示范活动和规范督查检查考核工作有关要求，坚持问题导向，强化社会监督，对《全国高速公路服务区服务质量等级评定办法》参与范围、评定名额、考核项目、评定标准、公开公示等方面进行了修订。

总结部分省（自治区、直辖市）高速公路服务区信息化建设工作经验，组织中国公路学会、部路网中心等单位开展信息化建设研究，编制《高速公路服务区信息化建设指南》，加强对各地开展服务区信息化建设工作的指导。

根据计划安排，2019年3月底—4月下旬，组织有关单位分三期对京津冀地区55处高速公路服务区服务质量进行了暗访检查，了解京津冀地区高速公路服务区服务现状，指导三地交通运输主管部门持续推进高速公路服务区文明服务创建，不断提升服务质量，更好地满足人民群众美好出行需求。

贯彻落实习近平总书记关于"厕所革命"重要指示批示精神，按照交通运输部领导有关要求，8—9月，部公路局会同部运输服务司、水运局等对交通运输领域"厕所革命"工作开展情况进行调研。结合调研成果，配合印发《交通运输部办公厅关于推进交通运输"厕所革命"的通知》，指导各地巩固和扩大交通运输"厕所革命"成果，进一步提升人民群众对交通运输服务质量的满意度。

第六节　收费公路管理

一、深化收费公路制度改革降低过路过桥费用

为贯彻落实国务院关于"深化收费公路制度改

革，降低过路过桥费用”的决策部署，保障公路交通事业健康可持续发展，交通运输部在充分征求各方意见基础上，形成了《中华人民共和国公路法（修正案送审稿）》《收费公路管理条例（修订送审稿）》，于2019年3月上报国务院。

同时，指导各地交通运输主管部门和收费公路经营管理单位，严格落实鲜活农产品运输“绿色通道”、重大节假日小型客车免费通行等车辆通行费减免优惠政策，全面推广高速公路差异化收费。为实现不停车快捷收费，提高鲜活农产品运输车辆通行效率，减少拥堵，便利群众，2019年7月18日，三部委联合印发了《交通运输部 国家发展改革委 财政部关于进一步优化鲜活农产品运输“绿色通道”政策的通知》。

二、保障国家综合性消防救援车辆便捷通行

为贯彻落实《国务院办公厅关于国家综合性消防救援车辆悬挂应急救援专用号牌有关事项的通知》（国办发〔2018〕114号）关于“对悬挂专用号牌的车辆免征车辆购置税、免收车辆通行费和停车费”的要求，保障国家综合性消防救援车辆便捷通行，根据《收费公路管理条例》等有关规定，2019年1月10日，交通运输部会同应急管理部印发《关于做好国家综合性消防救援车辆免收车辆通行费有关工作的通知》（交办公路〔2019〕5号），明确专用号牌汽车统一使用ETC免费通行公路收费站，专用号牌摩托车由收费站人工查验车辆行驶证后，免费通行公路收费站。

三、调整收费公路货车计费方式

为贯彻落实党中央、国务院关于“取消高速公路省界收费站，实现不停车快捷收费，减少拥堵，便利群众”决策部署，实现货车安装使用ETC不停车快捷通行高速公路，2019年5月30日，交通运输部修订发布《收费公路车辆通行费车型分类》行业标准；7月2日，印发《关于贯彻〈收费公路车辆通行费车型分类〉行业标准（JT/T 489—2019）有关问题的通知》（交办公路〔2019〕65号），将货车和专项作业车按车轴数、车长和最大允许总质量分为6类，为货车计费方式调整、实现货车不停车快捷收费做好了相关准备。新标准从2020年1月1日起执行。为确保计费方式调整后不增加货车通行费总体负担，交通运输部指导各地以2018年度和2019年度高速公路实际通行货车的加权平均车货总重为平衡点，折算新的收费标准；在此基础上，以邮政、快递和危险化学品等轻载运输车辆为底线，进一步下调平衡点，确保每类车型车货总重大于平衡点车辆的应缴通行费不高于计重收费，且受益频次不小于60%。各地认真落实，通过调整收费标准或出台差异化收费政策等方式，优化了80套、共480个车型的收费标准，全国二类至六类货车平均受益频次分别达到65.6%、64.6%、66.7%、71.4%、82.4%。据初步测算，在同等交通量条件下，由于货车收费标准调整，全国高速公路货车通行费将整体下降11.6%。

四、规范收费公路联网收费运营和服务

为规范全国收费公路联网收费运营和服务相关工作，6月18日，交通运输部印发《收费公路联网收费运营和服务规则（2019）》（交办公路函〔2019〕873号），从客户服务规范、通行介质管理、收费业务规则、清分结算流程、稽查与信用以及运营保障等6个方面，进一步明确收费公路各项业务流程和标准，提升联网收费公路运营管理水平。

五、构建收费公路ETC用户服务体系

为进一步提升ETC发行和服务质量，建立完善ETC异地服务机制，11月18日，交通运输部印发《收费公路ETC用户服务体系建设方案（试行）》，通过构建ETC用户服务标准化体系、搭建用户服务业务支持平台、建立健全关键设备产品质量监测机制、建立舆情监测及应对处置机制、完善用户服务考核评价指标等，不断提升用户满意度，逐步形成优质高效的收费公路ETC用户服务规范化体系。

第七节　公路执法

2019年度，交通运输部公路局认真贯彻落实党中央、国务院决策部署，按照全国治超小组的统一安排，始终坚持以人民为中心的发展思想，指导各地不断巩固并扩大治超成果，健全完善“高速公路入口称重检测、普通干线联合执法监管、农村公路限高限宽物防、重要路段节点技术监测”的公路网技术监控网络，构建“全过程记录、全业务上线、全路网监控、全链条管理、全方位服务”的全国治超信息化业务平台，全国治超工作能力和水平再上新台阶。

经过各地各部门的共同努力，全国治超工作和大件运输许可服务成效显著。据统计，与2018年相比，2019年高速公路平均超限超载率为3.1%，同比下降2个百分点；超限货车数量7653万辆次，同比下降34.1%；“百吨王”货车数量28.3万辆次，同比下降61.8%；跨省系统累计办结、准予大件运输许可共计18.3万件和17.0万件，同比分别增长5.1倍和5.3倍。

一、高速公路入口治超工作全面完成

2019年3月5日，交通运输部印发《关于进一步规范高速公路入口治超工作的通知》，部署各省（自治区、直辖市）加快实施高速公路入口称重检测工作。按照5月16日国办发〔2019〕23号文件关于“从2020年1月1日起，同步实施封闭式高速公路收费站入口不停车称重检测”的有关要求，8月14日，编制印发《高速公路称重检测业务规范和技术要求》，统一规范各省（自治区、直辖市）高速公路入口称重检测设施的建设和运行。11月29日，印发《关于加快推进高速公路入口称重检测工作的通知》，指导各省（自治区、直辖市）完成称重检测外场设备安装工作，加快计量检定和联网，启动系统联调联试，做好正式运行准备。12月16日，29个联网收费省份全面完成称重检测系统建设，正式启动实施高速公路入口称重检测，全国高速公路治超“一盘棋”格局初步形成。12月17日，针对货车司机普遍关注的称重误差问题，印发《关于进一步规范全国高速公路入口称重检测工作的通知》，统一全国称重检测认定标准，确保入口称重检测工作平稳运行。

二、规范治超执法工作向纵深迈进

印发2019年第一、二、三、四季度全国公路治超工作数据监测情况通报，对各省（自治区、直辖市）高速公路和普通公路治超、联合执法、大件运输许可、信用治超等工作情况进行通报排名，督促各地严格规范治超执法行为。

建立暗访常态化机制，分3个批次组织暗访组赴广西、云南、山东、河北、河南、江苏等省（自治区）开展治超暗访，发现问题责成相关部门核实整改，着力解决治超执法乱作为、不作为等行为。

印发《关于开展公路限高限宽设施和检查卡点专项清理行动的通知》，在全国范围内全面清理违规设置的公路限高限宽设施和检查卡点，改善公路通行环境，维护货车驾驶员权益，截至2019年12月底，专项清理工作已全部完成。

指导各地结合“路政宣传月”活动，重点排查和治理对货车不合理审批和乱收费、乱罚款违法违规行为。

组织全国各省级交通运输主管部门治超、执法负责同志开展集中培训，宣贯治超工作政策，交流联合执法经验，统一思想，增强严格规范公正文明执法共识。

进一步规范信用治超工作。2019 年全国共认定、公示、发布了 1558 条严重违法超限超载运输失信当事人名单。

三、科技治超工作加快推进

按照《全国治超联网管理信息系统省级工程建设指南》要求，印发了高速公路治超业务规范，编制完成定点治超、流动治超、大件运输许可业务规范和技术要求；印发《关于加快推进全国治超联网管理信息系统部省平台建设工作的通知》，加快推进治超系统部省平台建设，截至 2019 年底，部级工程已完成招投标，正在开展工程建设；省级工程方面，全国已有 8 个省份完成项目前期工作，19 个省份正在开展前期工作，5 个省份直接在原有系统上升级改造。

加快推进普通公路治超站安装电子抓拍系统，截至 2019 年底安装电子抓拍系统站点数为 1148 个，占比为 57.3%；组织开展非现场执法研究，指导浙江、湖南、江苏等省进行非现场执法试点。

四、大件运输许可服务全面提升

3 月 14 日，印发《关于开展大件运输许可服务大走访活动的通知》，以“深度调研、精准对接、主动服务”为主题，组织开展为期 6 个月的许可服务大走访活动，全面了解大件运输行业发展现状，有针对性优化完善工作措施，提升各地大件运输许可服务水平。活动开展以来，全国共收到各类有效调查问卷 4861 份，共与 284 家重大装备制造企业和 367 家重大建设项目建立了“一对一”联络员服务机制，共组织专家授课、一对一指导等各类培训 227 次。委托大件运输相关协会赴各地开展调研，了解许可实情，规范许可行为。

组织开展跨省系统升级改造工作，2.0 版于 8 月 1 日正式上线运行，效率明显提升，体验感增强。指导未完成省内系统开发的 10 个省份完成系统开发，实现与跨省系统数据对接，基本解决了省内与跨省许可服务标准不一致的问题。

印发《关于加强大件运输许可服务有关问题整改工作的通知》，针对国务院大督查中发现的“黄牛”违规代办问题，要求相关省份立查立改，提升许可能力，杜绝选择性审批等行为。

组织编制《超限运输车辆通行证》电子证照标准，推动纳入全国在线政务服务平台第二批高频电子证照标准发布范围。11 月 7 日，《超限运输车辆通行证》电子证照标准由国办电子政务办正式发布实施。

第八节　道路运输服务

一、旅客运输

2019 年，受高铁成网运行、私家车保有量持续提升等因素影响，道路客运出行结构进一步调整，道路客运量和客运周转量延续下降趋势，转型升级、创新发展的步伐加快。

（一）运量变化

1. 道路旅客运输量及旅客周转量

2019 年，全国营业性客运车辆完成道路旅客运输量 130.1 亿人次、旅客周转量 8857.1 亿人公里，同比分别下降 4.8% 和 4.5%。

2. 道路客运在综合运输体系中的地位和作用

2019 年，道路客运量、旅客周转量在综合运输体系中所占比例分别为 73.9% 和 25.1%，道路客运继续在综合运输体系中发挥基础性和主体性作用。

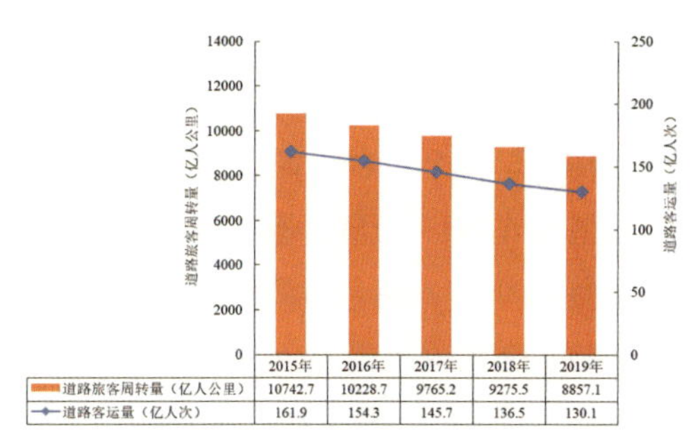

图 3-3-1　2015—2019 年全国道路旅客运输量及周转量变化情况

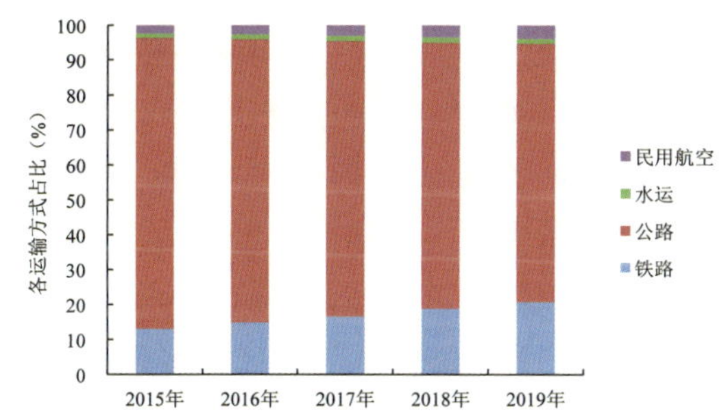

图 3-3-2　2015—2019 年各运输方式完成客运量在综合运输体系中所占比例

（二）市场主体

1. 客运业务类型及规模

2019 年，道路旅客运输市场集中度有所提高，全国从事道路旅客运输的业户为 3.2 万户，同比下降 4.6%。其中道路旅客运输企业 1.2 万户，同比增长 4.4%；个体运输户 2.1 万户，同比下降 9.0%。从业务类型看，截至 2019 年底，全国共有班车客运经营业户 2.8 万户，同比下降 7.3%；旅游客运经营业户 2319 户，同比增长 7.1%；包车客运经营业户 3935 户，同比增长 22.2%。

道路客运企业中拥有车辆数在 10~49 辆 / 户的比例持续保持最高，分别有 43.0% 的班车客运企业、50.7% 的旅游客运企业以及 47.9% 的包车客运企业。

表 3-3-1　2019 年全国道路旅客运输经营业户构成（单位：户）

类型	合计	客运企业	个体运输户
班车客运	28015	7583	20432
旅游客运	2319	2310	9
包车客运	3935	3855	80

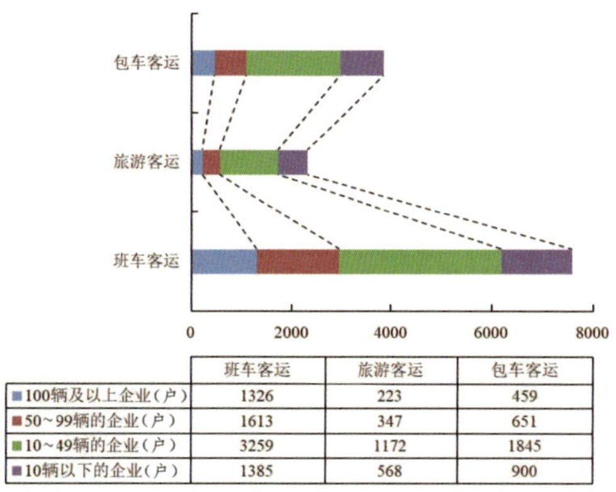

	班车客运	旅游客运	包车客运
100辆及以上企业（户）	1326	223	459
50～99辆的企业（户）	1613	347	651
10～49辆的企业（户）	3259	1172	1845
10辆以下的企业（户）	1385	568	900

图 3-3-3　2019 年全国客运企业车辆规模构成情况

总体来看，2019 年拥有道路客运车辆数在 100 辆以下的班车客运企业数量有所增加，100 辆及以上的企业数量有所下降，同比下降 4.4%；旅游客运企业中，拥有车辆数在 5 辆以上的企业数量均大幅提升，特别是 100 辆及以上、50～99 辆的企业数量，分别同比增长 22.5%、30.0%；对于包车客运企业，拥有车辆数各区间的企业数量均有所上升，其中 100 辆及以上同比增幅高达 31.9%。

2. 地区分布

2019 年，全国道路客运经营业户平均每户所拥有的车辆数为 24.2 辆，同比增长了 2.1%，旅客

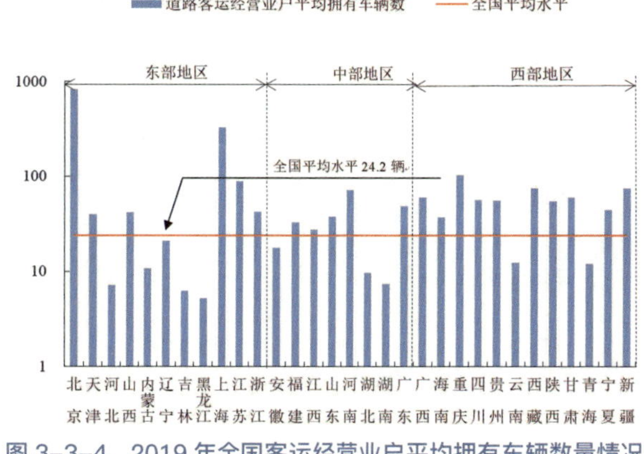

图 3-3-4　2019 年全国客运经营业户平均拥有车辆数量情况

运输市场的运输资源集中度进一步提升。其中北京、天津、山西、上海、江苏、浙江、福建、江西、山东、河南、广东、广西、海南、重庆、四川、贵州、西藏、陕西、甘肃、宁夏、新疆21个省（自治区、直辖市）的道路客运经营业户平均拥有的车辆数超过了全国平均水平。

3. 从业人员

截至2019年底，全国共有道路旅客运输从业人员261.4万人，同比下降5.3%。其中客运驾驶员195.3万人，乘务员30.8万人，同比分别下降2.1%和14.9%。东部地区和中部地区的道路旅客运输从业人员分别占总数的35.9%、25.3%，同比分别减少0.2个、0.9个百分点；西部地区的道路旅客运输从业人员占总数的38.8%，同比增加1.2个百分点。

（三）客运车辆

全国营运客车车辆数及客位数总体呈小幅度下降，2019年，全国营运客车77.7万辆，同比下降2.5%；客位数为2002.5万个，同比下降2.2%，平均客位数为25.8个/辆，同比增加0.1个/辆。其中，大型客车30.3万辆、客位1334.3万个，平均客位数为44.0个/辆，与2018年基本持平。截至2019年底，全国农村道路客运车辆达27.0万辆，同比下降6.7%，客位数共计533.6万个，同比减少43.1万个，降幅为7.5%。

从地区分布来看，农村客运车辆客位总数主要分布在中部和西部地区，平均客位数排名由高到低为中部、西部、东部。东部、中部、西部地区分别有农村客运车辆4.8万辆、8.8万辆、13.4万辆，分别同比下降15.6%、9.0%、1.5%。东部地区的客位数为136.6万个，车辆平均客位数为28.3个/辆，同比增加0.5个客位；中部地区的客位数为183.7万个，车辆平均客位数为21.0个/辆，同比增加0.5个客位；西部地区的客位数为213.2万个，车辆平

表3-3-2　2019年全国道路客运驾驶员和乘务员地区分布情况

地区 / 从业人员类型		东部地区		中部地区		西部地区	
		数量（万人）	比例（%）	数量（万人）	比例（%）	数量（万人）	比例（%）
道路旅客运输从业人员		94.0	35.9	66.1	25.3	101.4	38.8
其中	客运驾驶员	77.7	39.8	46.1	23.6	71.6	36.6
	乘务员	7.1	23.1	13.6	44.1	10.1	32.8

表3-3-3　2019年全国农村道路客运车辆类型构成情况

按等级分	高级		中级		普通	
	车辆数（辆）	客位数（个）	车辆数（辆）	客位数（个）	车辆数（辆）	客位数（个）
	14342	411173	108436	2362626	147120	2561772
按车长分	大型及以上		中型		小型	
	车辆数（辆）	客位数（个）	车辆数（辆）	客位数（个）	车辆数（辆）	客位数（个）
	22429	936998	107403	2639649	140066	1758924

注释：

东部地区包括：北京、天津、上海、辽宁、河北、山东、江苏、浙江、福建、广东、海南11个省（直辖市）；中部地区包括：山西、吉林、黑龙江、安徽、江西、河南、湖北、湖南8个省；西部地区包括：内蒙古、广西、重庆、四川、贵州、云南、陕西、甘肃、青海、宁夏、西藏、新疆12个省（自治区、直辖市）。

均客位数为 15.9 个 / 辆，同比减少 0.3 个客位。

全国农村客运车辆数列前 10 位的省（自治区、直辖市）是：云南（26378 辆）、四川（23430 辆）、湖南（20774 辆）、新疆（20614 辆）、湖北（18390 辆）、河南（16742 辆）、贵州（15037 辆）、甘肃（11020 辆）、重庆（10736 辆）、广西（9908 辆）。

表 3-3-4 2019 年全国农村客运车辆的地区分布情况

指标 \ 地区	东部地区	中部地区	西部地区
车辆数（万辆）	4.8	8.8	13.4
客位数（万个）	136.6	183.7	213.2
平均每车客位数（个 / 辆）	28.3	21.0	15.9

排名		省（自治区、直辖市）	增长率	农村客运车辆（辆）
1	–	云南	▼ -0.9%	26378
2	–	四川	▲ -2.8%	23430
3	–	湖南	▲ -6.0%	20774
4	–	新疆	▲ 3.4%	20614
5	–	湖北	▲ -6.4%	18390
6	–	河南	▼ -11.0%	16742
7	–	贵州	▲ -6.9%	15037
8	↑	甘肃	▼ -2.7%	11020
9	↑	重庆	▼ -1.7%	10736
10	↑	广西	▲ -8.0%	9908

图 3-3-5 2019 年全国农村客运车辆数量排名前 10 位的省（自治区、直辖市）

（四）班线客运

1. 线路数量

2019 年，长途客运结构持续调整，800 公里以上长途客运班线、省际旅游包车退出市场工作有序进行，全国客运班线数量逐步减少。截至 2019 年底，全国客运线路数量合计 15.6 万条，同比减少 10021 条；平均日发班次 120.0 万次，同比减少 13.7 万次，下降 10.3%。从线路类别看，跨省线路、跨地（市）线路、跨县线路、县内线路数量和平均日发班次均有所下降，其中跨省线路 13839 条，同比减少 1742 条，年平均日发班次 43533 次，同比下降 7.5%；跨地（市）线路 32726 条，同比减少 2516 条，年平均日发班次 145165 次，同比下降 8.6%。

2019 年全国高速客运线路为 26523 条，同比减少 2084 条，其中 400 公里以内的线路为 18326 条，同比减少 979 条，平均每条线路日发班次 5.1 个；400~800 公里的线路 5536 条，同比减少 471 条，平均每条线路日发班次 2.0 个；800 公里以上的线路 2662 条，同比减少 634 条，平均每条线路日发班次 1.5 个。

2. 线路长度

2019 年，营运里程在 800 公里以上的客运班

表 3-3-5 2015—2019 年全国道路客运班线开通数量及班车发车密度情况

班线开通情况		2015 年	2016 年	2017 年	2018 年	2019 年
总计	线路数量（万条）	18.1	17.8	17.4	16.6	15.6
	年平均日发班次（万次 / 日）	164.8	154.8	146.4	133.7	120.0
跨省	线路数量（万条）	1.8	1.7	1.7	1.6	1.4
	年平均日发班次（万次 / 日）	5.9	5.5	5.2	4.7	4.4
跨地（市）	线路数量（万条）	3.7	3.6	3.6	3.5	3.3
	年平均日发班次（万次 / 日）	19.6	18.2	17.2	15.9	14.5
跨县	线路数量（万条）	3.5	3.4	3.3	3.2	2.9
	年平均日发班次（万次 / 日）	31.3	30.2	28.0	26.1	23.0
县内	线路数量（万条）	9.1	9.0	8.8	8.4	8.0
	年平均日发班次（万次 / 日）	107.9	100.9	96.0	87.0	78.1

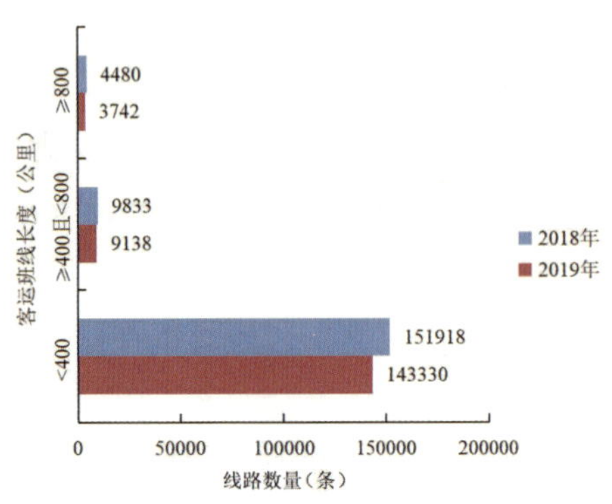

图 3-3-6　2018 年和 2019 年道路客运班线不同线路长度分布比较

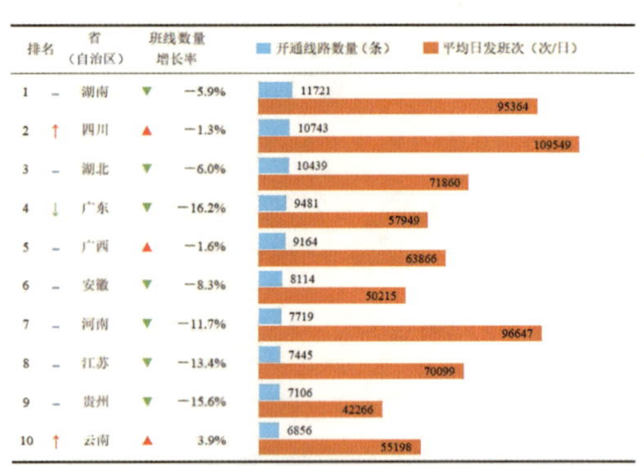

图 3-3-7　2019 年开通班线数量列全国前 10 位的省（自治区）的客运班线及平均日发班次数

线为 3742 条，同比减少 738 条；400~800 公里的客运班线为 9138 条，同比减少 695 条；400 公里以下的客运班线为 143330 条，同比减少 8588 条。

3. 线路分布

2019 年，班线数量列全国前 10 位的省（自治区）是：湖南（11721 条）、四川（10743 条）、湖北（10439 条）、广东（9481 条）、广西（9164 条）、安徽（8114 条）、河南（7719 条）、江苏（7445 条）、贵州（7106 条）、云南（6856 条）。

2019 年，开通 800 公里以上线路数量列全国前 10 位的省（自治区、直辖市）是：广东（1170 条）、浙江（764 条）、广西（646 条）、湖北（526 条）、上海（485 条）、湖南（362 条）、江苏（353 条）、安徽（349 条）、贵州（289 条）、四川（283 条）。

2019 年全国东、中、西部地区开通班线、跨省班线及高速客运班线数量排名前 5 位的省（自治区、直辖市）见下表。

（五）农村客运

1. 农村公路及农村客运站建设

全国农村客运站总数达到 31.7 万个，同比增长 2.7%。2019 年全国东、中、西部地区农村客运站数量排名前 5 位的省（自治区、直辖市）见下表。其中东部地区农村客运站总数为 12.8 万个，同比下降 4.0%；中部、西部地区农村客运站总数分别为 11.6 万个、7.2 万个，同比分别增长 9.6%、5.1%。

2019 年，全国农村客运站建设共完成投资 7.3 亿元，规模较 2018 年大幅下降，同比下降 47.9%；其中政府投资 3.9 亿元，占总投资额的 53.3%，同比减少了 17.3 个百分点。

2. 通达情况

2019 年，全国乡镇和建制村通客车率分别达 99.07% 和 99.04%，同比增长 0.51% 和 1.99%。全国共开通农村客运班线 85530 条，同比下降 4.7%，年平均日发班次 77.9 万次，同比下降 11.6%。全

表 3-3-6　2018 年和 2019 年全国高速客运班线开通情况比较

指标 / 线路长度	班线开通数量（条）		年平均日发班次（班次 / 日）		平均每条线路日发班次（个 / 日）	
	2018 年	2019 年	2018 年	2019 年	2018 年	2019 年
<400 公里	19305	18326	88678	94376	4.6	5.1
≥ 400 公里且 <800 公里	6007	5536	10628	11214	1.8	2.0
≥ 800 公里	3296	2662	4520	3894	1.4	1.5

表 3-3-7 2019 年全国东、中、西部地区开通班线、跨省班线及高速客运班线数量排名前 5 位的省（自治区、直辖市）

序号	东部地区		中部地区		西部地区	
	省（自治区、直辖市）	班线数量（条）	省（自治区、直辖市）	班线数量（条）	省（自治区、直辖市）	班线数量（条）
1	广 东	9481	湖 南	11721	四 川	10743
2	江 苏	7445	湖 北	10439	广 西	9164
3	河 北	6398	安 徽	8114	贵 州	7106
4	辽 宁	6363	河 南	7719	云 南	6856
5	浙 江	6129	黑龙江	6278	重 庆	5684
序号	东部地区		中部地区		西部地区	
	省（自治区、直辖市）	跨省班线数量（条）	省（自治区、直辖市）	跨省班线数量（条）	省（自治区、直辖市）	跨省班线数量（条）
1	江 苏	2999	安 徽	2020	广 西	1747
2	上 海	2776	河 南	1181	重 庆	898
3	广 东	2625	湖 南	1064	四 川	787
4	浙 江	1781	湖 北	1035	内蒙古	732
5	河 北	1368	江 西	903	贵 州	524
序号	东部地区		中部地区		西部地区	
	省（自治区、直辖市）	高速客运班线数量（条）	省（自治区、直辖市）	高速客运班线数量（条）	省（自治区、直辖市）	高速客运班线数量（条）
1	广 东	5307	湖 北	1624	四 川	2471
2	江 苏	2615	安 徽	1275	广 西	1643
3	上 海	2408	湖 南	1232	贵 州	1558
4	浙 江	2176	河 南	897	重 庆	1235
5	山 东	1561	山 西	770	云 南	863

表 3-3-8 2019 年全国东、中、西部地区农村客运站数量排名前 5 位的省（自治区、直辖市）

序号	东部地区		中部地区		西部地区	
	省（自治区、直辖市）	农村客运站数量（个）	省（自治区、直辖市）	农村客运站数量（个）	省（自治区、直辖市）	农村客运站数量（个）
1	山 东	61009	湖 北	27010	四 川	24726
2	河 北	37570	湖 南	26256	陕 西	12184
3	江 苏	11722	山 西	23406	甘 肃	11309
4	广 东	8547	河 南	20138	重 庆	8872
5	浙 江	3371	江 西	13987	广 西	5182

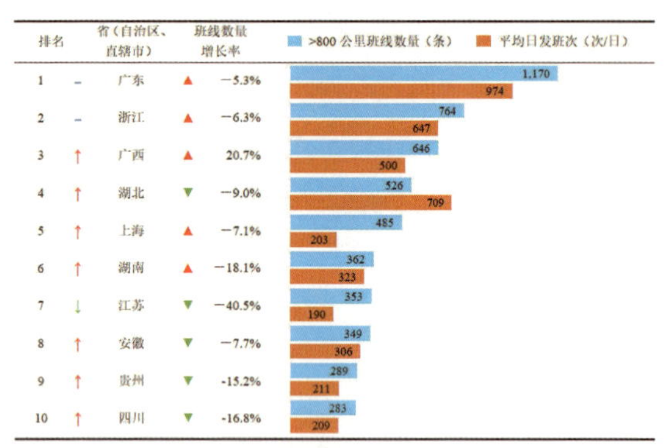

图 3-3-8　2019 年开通 800 公里以上班线数量列全国前 10 位的省（自治区、直辖市）的客运班线及日发班次数

国东部地区开通的农村客运班线为 1.5 万条，同比下降 8.9%；中部地区开通的农村客运班线为 3.3 万条，同比下降 4.7%；西部地区农村客运班线为 3.7 万条，同比下降 2.7%。

（六）客运站场建设及运营

1. 站场建设

2019 年，全国道路客运站建设共完成投资 155.9 亿元，同比下降 5.1%。其中政府投资 36.8 亿元，下降趋势明显，同比下降 48.7%，投资额占总投资的 23.6%，同比降低 20.1 个百分点，企业自有资金、银行贷款、利用社会资本等方式投资规模增大。截至 2019 年底，全国客运站总数达 41.2 万个，同比增长 6.1%；等级客运站 19749 个，同比减少 242 个，降幅为 1.2%；简易站及招呼站 39.2 万个，同比增加 2.4 万个，增幅为 6.5%。

表 3-3-9　2018 年和 2019 年全国农村客运站建设投资情况

投资情况		2018 年	2019 年
当年农村客运站建设投资（亿元）		14.0	7.3
其中	政府投资额（亿元）	9.9	3.9
	政府投资比例（%）	70.6	53.3

等级客运站中，一级客运站 939 个，同比增长 3.0%；二、三、四级客运站数量分别为 1889 个、1622 个、5078 个，同比分别下降 1.4%、6.7%、6.3%。

截至 2019 年底，全国共有 1738 个二级站配备了安全检测仪，占二级站总数的 92.0 %，占比同比减少 1.6 个百分点；有 775 个三级站配备了安全检测仪，占三级站总数的 47.8%，占比同比增加 2.6 个百分点。

2. 站场经营

截至 2019 年底，全国共有道路客运站经营业户 2.1 万户，同比基本持平。从事客运站经营的人员 27.2 万人，同比减少 2.7 万人，降幅为 9.1%。东、中、西部客运站经营业户占全国的比例分别为 22.3%、38.4% 和 39.3%；东、中、西部客运站从业人员占全国的比例分别为 30.4 %、41.4 % 和 28.2%，中部和西部客运

表 3-3-10　2019 年全国东、中、西部地区农村客运班线数量排名前 5 位的省（自治区、直辖市）

序号	东部地区			中部地区			西部地区		
	省（自治区、直辖市）	农村客运班线数量（条）	年平均日发班（次/日）	省（自治区、直辖市）	农村客运班线数量（条）	年平均日发班次（次/日）	省（自治区、直辖市）	农村客运班线数量（条）	年平均日发班次（次/日）
1	辽　宁	3573	27290	湖　南	7220	76340	四　川	6919	80733
2	河　北	2847	32586	湖　北	6601	50960	云　南	5116	49159
3	浙　江	1775	33695	黑龙江	4404	14182	贵　州	4633	29462
4	福　建	1759	19690	吉　林	3588	17901	新　疆	3636	21655
5	江　苏	1640	27130	河　南	3385	71187	甘　肃	3591	16956

表 3-3-11　2015-2019 年全国等级客运站发展情况(单位: 个)

年份	一级客运站	二级客运站	三级客运站	四级客运站
2015 年	847	1952	1965	5738
2016 年	857	1949	1943	5664
2017 年	881	1940	1835	5597
2018 年	912	1916	1739	5421
2019 年	939	1889	1622	5078

站的经营业户和从业人员所占比例均有所增加。

2019 年，一级站和二级站日均旅客发送量 1050.9 万人次，占全部等级客运站发送量的 71.6%，同比上升了 0.4 个百分点。其中，一级客运站年平均日发送旅客 500.3 万人，占全部客运站年平均日发送旅客的 34.1%；二级客运站年平均日发送旅客 550.6 万人，占全部客运站年平均日发送旅客的 37.5%。

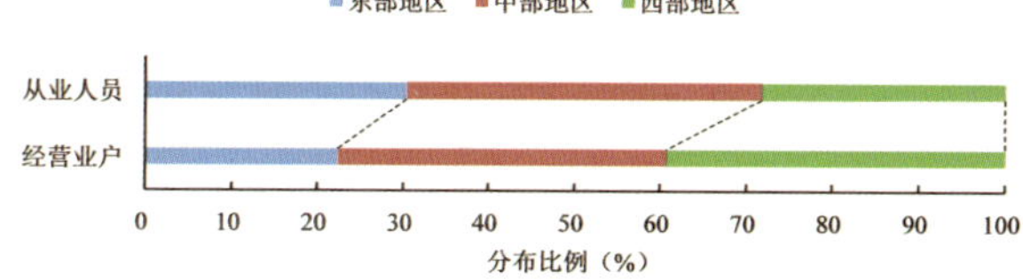

图 3-3-9　2019 年道路客运站经营业户及从业人员地区分布比例

表 3-3-12　2018 年和 2019 年全国客运站平均日旅客发送量及发班次比较

客运站等级＼发送情况	平均日旅客发送量(万人次)		平均日发班次(万次)	
	2018 年	2019 年	2018 年	2019 年
一级站	539.3	500.3	31.6	29.1
二级站	635.4	550.6	41.1	37.4
其余站	475.5	417.7	49.5	46.0
总计	1650.2	1468.6	122.2	112.5

二、货物运输

2019 年，我国货物运输仍然以道路运输为主，但受货物运输结构调整影响，道路货物运输量小幅度下降，道路货运高质量发展加快推进。

（一）运量变化

1. 道路货运量及货物周转量

2019 年，全社会完成道路货运量 343.5 亿吨、货物周转量 59636.4 亿吨公里，同比分别下降 13.2% 和 16.3%。

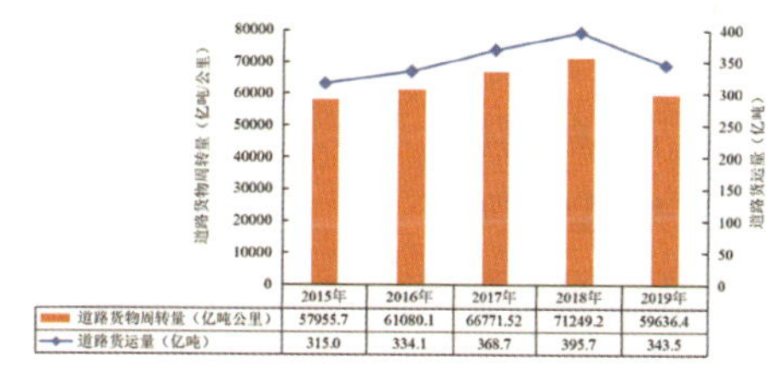

图 3-3-10　2015—2019 年全国道路货运量及周转量变化情况[1]

2. 道路货运在综合运输体系中的作用

道路货运依然在综合运输体系中发挥着主体作用。2019 年，全社会道路运输完成货运量在综合运输总量中所占比例为 74.4%，同比下降了 3.8 个百分点；全社会道路运输完成货物周转量在综合运输总量中所占比例为 30.8%，同比下降了 4.9 个百分点。

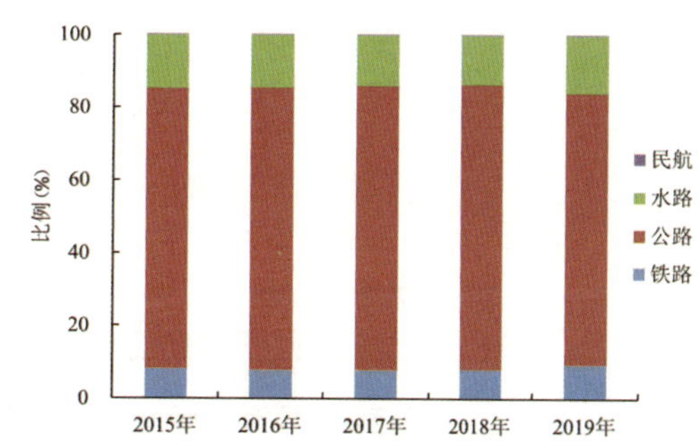

图 3-3-11　2015—2019 年道路运输完成货运量在综合运输体系中所占比例

[1] 根据 2019 年道路货物运输量专项调查，对 2019 年道路货物运输量统计口径进行了调整，数据与上年比按可比口径计算。

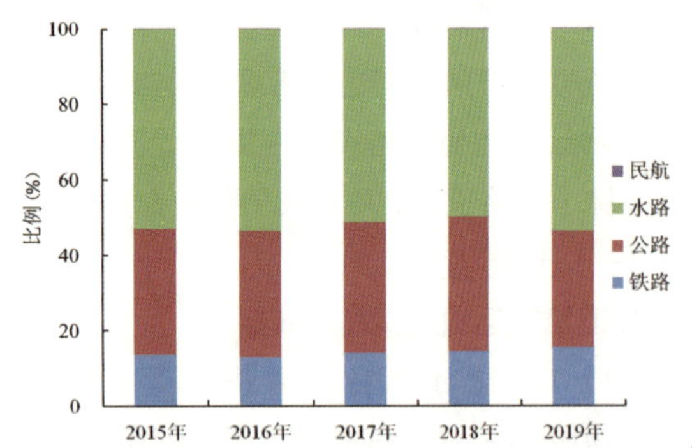

图 3-3-12　2015—2019 年道路运输完成货物周转量在综合运输体系中所占比例

（二）市场主体

1. 业户类型及规模

道路货物运输市场主体结构持续优化。2019 年从事道路货物运输的经营业户为 388.4 万户，同比减少了 181.5 万户，下降 31.9%。其中，企业 51.3 万户，同比减少 5.3 万户；个体运输户 337 万户，同比减少 176.3 万户，市场主体结构进一步呈现经营业户规范化、专业化和规模化的发展趋势。根据经营范围划分，截至 2019 年底，共有普通货物运输经营业户 381.4 万户，同比下降 31.7%；货物专用运输经营业户 9.9 万户，同比下降 1.0%（其中集装箱运输经营业户 35406 户，同比增长 14.3%）；大型物件运输经营业户 22097 户，同比增长 33.3%；危险货物运输经营业户 12742 户，同比增长 5.3%。

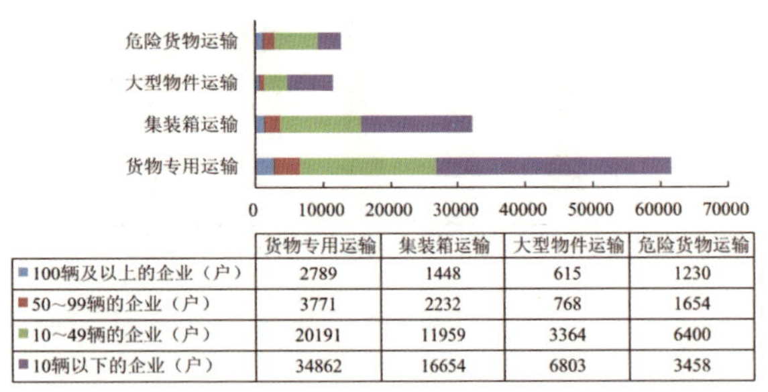

	货物专用运输	集装箱运输	大型物件运输	危险货物运输
100辆及以上的企业（户）	2789	1448	615	1230
50~99辆的企业（户）	3771	2232	768	1654
10~49辆的企业（户）	20191	11959	3364	6400
10辆以下的企业（户）	34862	16654	6803	3458

图 3-3-13　2019 年全国道路货运企业（不含普通货物运输企业）车辆规模构成

2019 年，在全国货运企业中，有 76.9% 的货运企业拥有车辆数不足 10 辆，同比下降了 4.6 个百分点，表明运输企业的规模化程度有所增加。其中有 79.0% 的普通货物运输企业、56.6% 的货物专用运输企业、51.6% 的集装箱运输企业、58.9% 的大型物件运输企业和 27.1% 的危险货物运输企业，拥有车辆数不足 10 辆。

2019 年全国拥有车辆数在 10 辆及以上的货物专用运输企业、集装箱运输企业和大型物件运输企业所占同类企业总数的比例均有所增加，同比分别增长 2.0 个、2.1 个、8.5 个百分点；拥有车辆数在 10 辆及以上的普通货物运输企业和危险货物运输企业所占同类企业总数的比例分别为 21.0%、6.4%，同比分别下降了 44.3 个百分点、上升了 0.26 个百分点。此外，拥有车辆数在 50 辆及以上的普通货物运输企业和危险货物运输企业所占同类企业总数的比例分别为 6.2%、22.6%，同比分别增长 1.2 个、0.4 个百分点；拥有车辆数在 50 辆及以上的货物专用运输企业、集装箱运输企业和大型物件运输企业所占同类企业总数的比例分别为 10.7%、11.4%、12.0%，同比分别上升 0.4 个、0.6 个、2.8 个百分点。

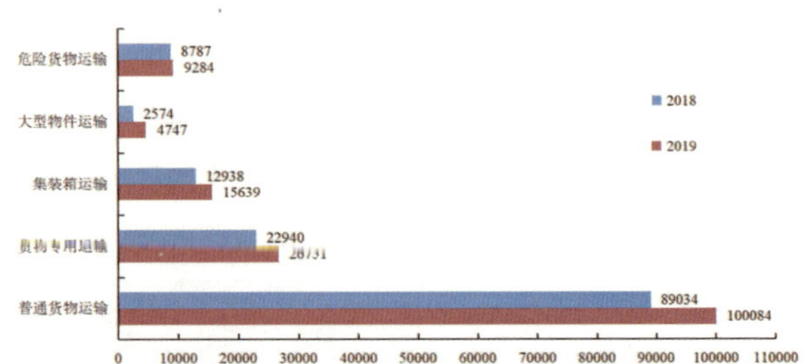

图 3-3-14　2018 年和 2019 年全国拥有车辆数在 10 辆以上的道路货运企业数量

2. 地区分布

2019 年，全国道路货运经营业户平均每户拥有的货车数量为 2.8 辆，同比增长 17.7%。15 个省（自治区、直辖市）平均每户拥有的车辆数超

表 3-3-13　2019 年全国道路货物运输经营业户构成

类　型		合计	货运企业	个体运输户	个体运输户比例（%）
普通货物运输（万户）		381.4	47.8	333.6	87.5
货物专用运输（万户）		9.9	6.2	3.7	37.7
	其中：集装箱运输（户）	35406	32293	3113	8.8
大型物件运输（户）		22097	11550	10547	47.7
危险货物运输（户）		12742	12742	0	0

过全国平均水平，分别为北京、天津、河北、山西、上海、浙江、安徽、福建、江西、山东、河南、广东、重庆、四川和新疆，分别占东部、中部和西部各地区营运货车总数的 74.1%、68.1% 和 37.7%。

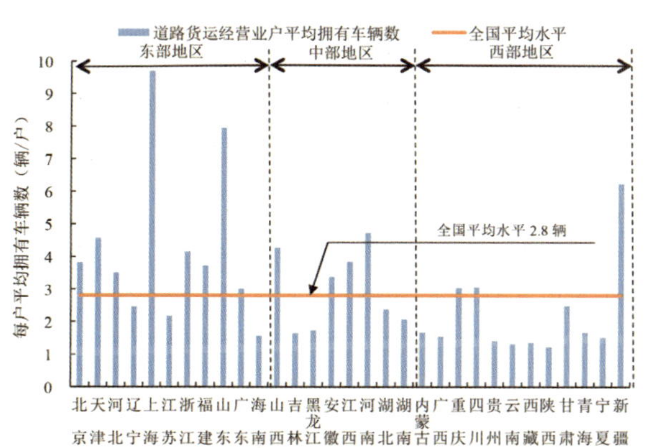

图 3-3-15　2019 年全国道路货运经营业户平均拥有车辆数量情况

此外，各类道路货运经营业户数量的地区分布与国家经济发展梯度分布有着较强的关联性，东部地区和西部地区道路货运经营业户数量占比有所上升，分别为 35.3% 和 36.4%，同比分别增长 1.1 个和 3.0 个百分点，中部地区则有所下降。

3. 从业人员

截至 2019 年底，全国共有道路货物运输从业人员 1814.6 万人，同比下降 10.6%，其中驾驶员 1559.2 万人，同比下降 12.2%（包括危险货物运输驾驶员 79.4 万人，同比增长 2.5%）；危险货物运输押运员 79.6 万人，同比增长 4.3%；危险货物运输装卸管理员 6.6 万人，同比增长 4.8%。

东部地区道路货物运输从业人员占从业人员总数的 44.9%，同比增长了 1.6 个百分点；中部地区道路货物运输从业人员占从业人员总数的 29.4%，同比下降了 2.1 个百分点；西部地区道路货物运输从业人员占从业人员总数的 25.7%，同比增长了 0.6 个百分点。

（三）货运车辆

2019 年全国营运货车 1087.8 万辆，同比下降 19.8%。按照车体结构，一体货车总计 540.3 万辆，占总量的 49.7%，吨位总计 5072.2 万吨，占总量的 37.3%；甩挂车辆 547.5 万辆，占比 50.3%，吨位总计 8515.0 万吨，占总量的 62.7%。

按照车辆用途，全国有普通货车 489.8 万辆，同比下降 40.0%，占总载货车辆数的 45.0%；专用货车 50.5 万辆，同比下降 4.0%，占总数的 4.6%。

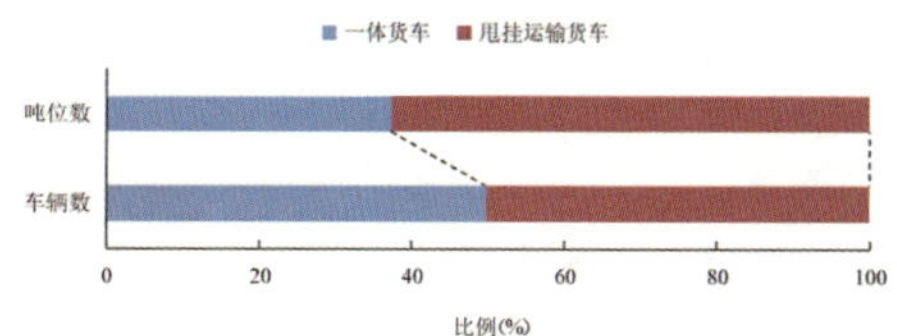

图 3-3-16　2019 年一体和甩挂营运货车数量及吨位结构

表 3-3-14　2018 年和 2019 年全国道路货运经营业户地区分布

经营业户类型＼地区		东部地区		中部地区		西部地区	
		2018 年	2019 年	2018 年	2019 年	2018 年	2019 年
道路货物运输经营业户数（万户）		194.6	137.0	184.9	110.0	190.4	141.3
其中	普通货物运输（万户）	191.0	133.0	178.4	108.6	189.1	139.8
	货物专用运输（户）	72234	75013	17440	13425	10209	10416
	集装箱运输（户）	28367	32179	1462	1450	1141	1777
	大型物件运输（户）	12449	15923	1513	2615	2369	3559
	危险货物运输（户）	6322	6390	2683	2927	3098	3425

表 3-3-15　2019 年全国道路货物运输从业人员地区分布情况

从业人员类型＼地区		东部地区		中部地区		西部地区	
		数量（万人）	在全国占比（%）	数量（万人）	在全国占比（%）	数量（万人）	在全国占比（%）
道路货物运输从业人员		814.3	44.9	534.0	29.4	466.2	25.7
其中	道路货运驾驶员	668.3	42.9	457.0	29.3	433.9	27.8
	危险货物运输驾驶员	43.0	54.2	19.1	24.0	17.3	21.8
	危险货物运输押运员	47.6	59.8	17.5	22.0	14.5	18.2
	危险货物运输装卸管理员	3.1	47.4	2.4	36.6	1.1	16.0

（四）普通货物运输

2019 年，全国从事普通货物运输的经营业户达 381.4 万户，同比下降 31.7%，其中个体运输户占总数的 87.5%，与上年相比下降 2.9 个百分点；企业有 47.8 万户，同比减少 5.8 万户，占总体的 12.5%，与上年相比增长 2.9 个百分点。2019 年全国普通货车数及吨位数分别为 489.8 万辆和 4479.2 万吨，普通货车数同比下降 40.0%，吨位数同比下降 6.5%。

表 3-3-16　2019 年全国营运货车按车辆用途划分构成情况

数量＼分类	普通货车	专用货车		甩挂车辆	
			集装箱车	牵引车	挂车
车辆数（万辆）	489.8	50.5	0.6	267.9	279.6
吨位数	4479.2 万吨	592.8 万吨	1.0 万 TEU	—	8515.0 万吨

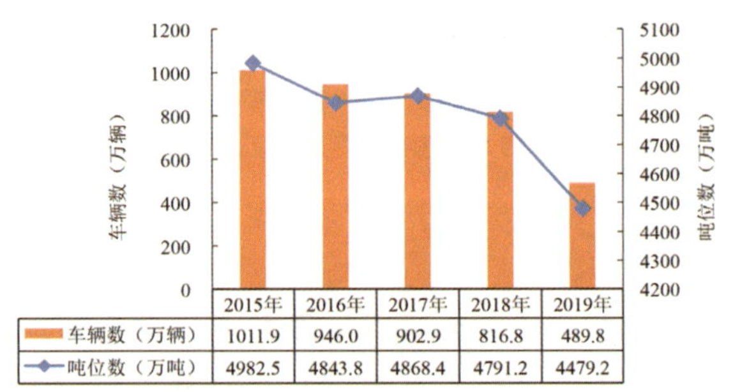

图 3-3-17　2015—2019 年全国普通货车数及吨位变化情况

（五）网络货物运输

为贯彻落实国务院关于“互联网 +”高效物流的重要指示和关于促进平台经济规范健康发展的指导意见，2019 年交通运输部在总结无车承运试点经验的基础上，联合国家税务总局印发了《网络平台道路货物运输经营管理暂行办法》，以及配套的《网络平台道路货物运输经营服务指南》《省级网络货运信息监测系统建设指南》《部网络货运信息交互系统接入指南》等标准，明确了网络货运新业态的法律定位、行为要求和监督管理的相关要求，为网络货运新业态发展创造有利的制度环境，推动解决道路货运行业长期积累的深层次矛盾和问题。组织开展网络货运发展专题培训班，明确了文件精神及要求，强调了客观认识网络货运、准确界定网络货运、有序规范网络货运的重要意义。

2016 年以来，无车承运人试点企业资源整合、优化物流市场格局、促进行业安全规范发展、物流降本增效取得积极成效，为培育壮大交通运输发展新动能打下了坚实基础，为从根本上解决道路货运小、散、弱的格局，提高组织化、集约化经营水平，加快道路货运转型升级起到了重要作用。监测数据显示，截至 2019 年底，229 家试点企业共整合货运车辆 242.3 万辆，占全国营运货车总数的 22.3%（2019 年全国营运货车 1087.8 万辆）；试点企业车辆利用率提高约 50%，较传统货运交易成本降低 6%～8%。

（六）危险货物运输

1. 业户及车辆情况

2019 年全国从事危险货物道路运输的业户为 12988 户，同比增长 5.7%。其中经营性危险货物道路运输业户 12783 户，同比增加 680 户，增长 5.6%，经营性业户占危险货物道路运输总业户的比例为 98.4%，同比减少了 0.1 个百分点；非经营性危险货物道路运输经营业户有 205 户，同比增加了 16 户。

截至 2019 年底，全国危险货物运输车（包含危险货物道路运输挂车）达 37.5 万辆，同比增长 0.7%，经营业户平均拥有车辆 28.9 辆，同比减少 1.4 辆；吨位总计 760.8 万吨，同比增长 4.5%，平均每户载重吨位为 585.8 吨，同比下降 1.1%。（按照《危险货物分类与品名编号》（GB 6944—2012）和《危险货物品名表》（GB 12268—2012）的分类）

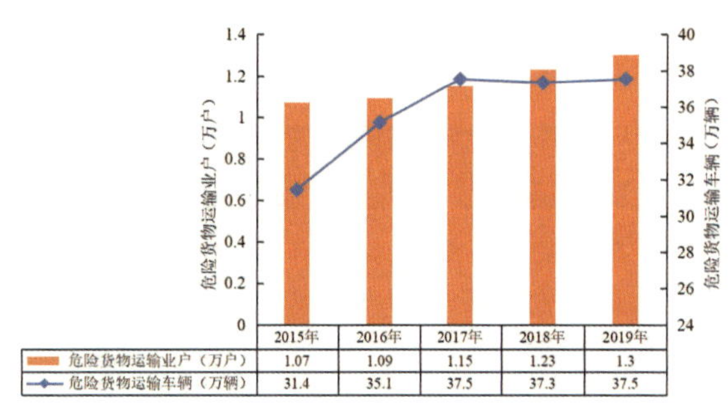

图 3-3-18 2015—2019 年全国危险货物道路运输业户及车辆发展情况

在道路危险货物运输企业中，拥有车辆数在 100 辆以上的企业占 9.7%，同比增长 0.6 个百分点；拥有车辆数在 50～99 辆的企业占 13.0%，同比下降 0.1 个百分点；拥有车辆数在 10～49 辆的企业占 52.2%，同比上升了 1.7 个百分点；拥有车辆数在 10 辆以下的企业占 27.1%，同比下降了 0.3 个百分点；个体运输户已完全退出危险货物道路运输市场。

2. 地区分布

2019 年危险货物道路运输运能主要集中在东部地区，东部危险货物道路运输业户数、车辆数及吨位数占全国的比例依次为 50.3%、46.3% 和 49.0%。

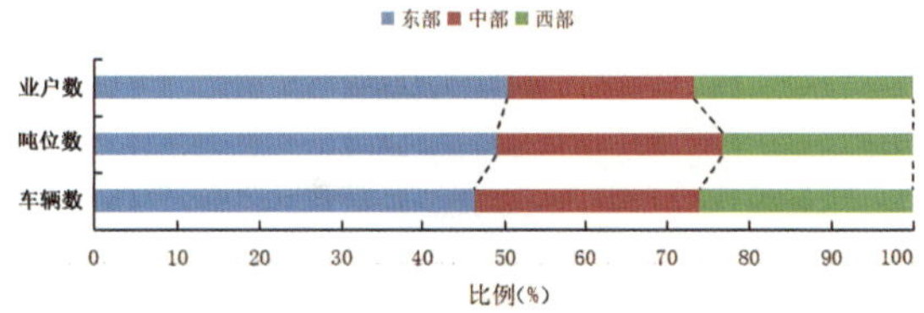

图 3-3-19 2019 年全国危险货物道路运输业户数、车辆数及吨位数地区分布情况

全国危险货物道路运输车辆总计吨位列前 10 位的省（自治区）见下图，其中山东省危险货物道路运输车辆总吨位数达到 87.9 万吨，排名第一位。

（七）集装箱运输

1. 业户及车辆情况

2019 年，全国道路集装箱运输经营业户有 35406 户，同比增加 4436 户，增长 14.3%；

表 3-3-17　2019 年全国危险货物道路运输业户经营范围分布情况

运输物质	业户数（户）	占业户总数比例（%）
第 1 类 爆炸品	1 472	11.3
第 2 类 气体	7 614	58.6
第 3 类 易燃液体	8 498	65.4
第 4 类 易燃固体、易于自燃的物质、和遇水放出易燃气体的物质	2 684	20.7
第 5 类 氧化性物质和有机过氧化物	2 418	18.6
第 6 类 毒性物质和感染性物质	2 515	19.4
第 7 类 放射性物质	210	1.6
第 8 类 腐蚀性物质	4 804	37.0
第 9 类 杂项危险物质和物品	2 372	18.3
剧毒化学品	467	3.6

图 3-3-20　2019 年全国危险货物道路运输车总计吨位前 10 位的省（自治区）

其中道路集装箱运输企业 32293 户，同比增长 15.7%，所占比例达到 91.2%，同比增加 1.1 个百分点。

2. 地区分布

2019 年，全国道路集装箱运输车辆及其标准箱数（TEU）分别为 0.6 万辆和 1.0 万 TEU，东部地区道路集装箱运输车辆及其标准箱数（TEU）

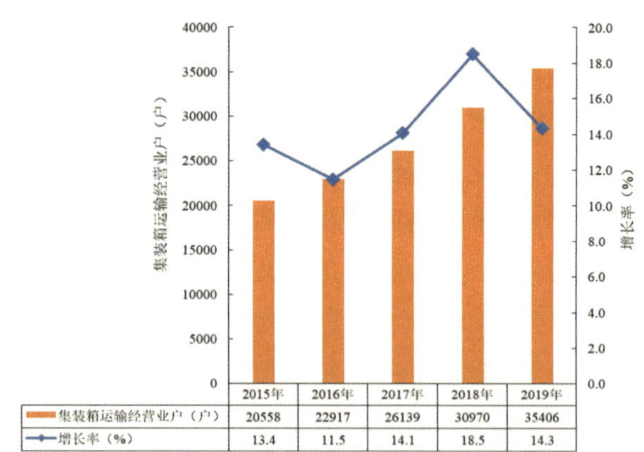

图 3-3-21　2015—2019 年全国道路集装箱运输经营业户发展情况

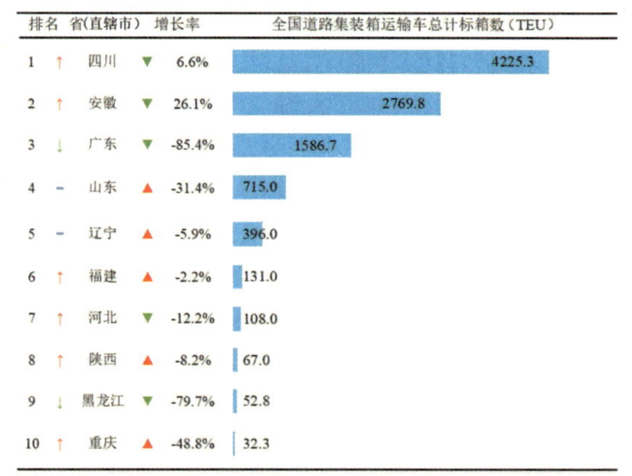

图 3-3-22　2019 年全国道路集装箱运输车总计标准箱数前 10 位的省（直辖市）

依然处于领先地位，中西部地区与东部地区的差距有所缩小。

（八）场站建设及运营

1. 站场建设

2019 年，全国汽车货运站建设共完成投资 88.3 亿元，同比下降了 66.6%，其中政府投资 14.3 亿元，占投资总额的 16.2%。截至 2019 年底，全国共有汽车货运站场 2168 个，同比减少 230 个。其中一级货运站 238 个，同比减少 48 个；二级货运站 221 个，同比增加 10 个；三级货运站 335 个，同比增加 13 个；四级货运站 1374 个，同比减少 205 个。

2019 年，东部地区有 1272 个等级货运站，同

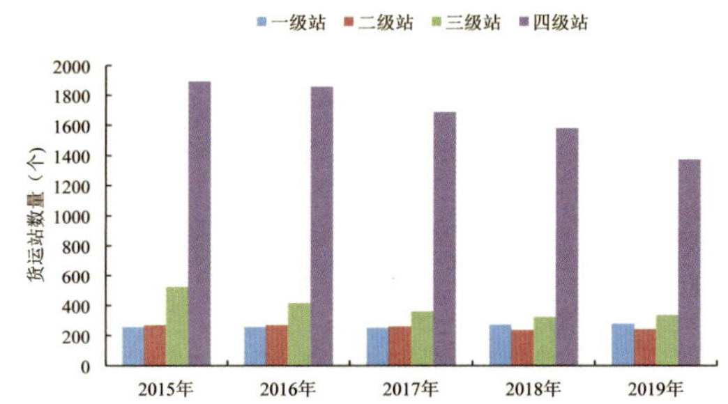

图 3-3-23　2015—2019 年全国等级货运站数量变化情况

比减少 288 个，占全国等级货运站总数的 58.7%，同比减少 6.4 个百分点，其中一级站 136 个，占全国一级站总数的 57.1%，同比减少 5.5 个百分点。中部地区有 462 个等级货运站，占全国等级货运站总数的 21.3%，同比增加 2.2 个百分点，其中一级站 57 个，占全国一级站总数的 23.9%，同比增加 4.0 个百分点。西部地区有 434 个等级货运站，占全国等级货运站总数的 20.0%，同比增加 4.1 个百分点，其中一级站 45 个，占全国一级站总数的 18.9%，同比增加 1.4 个百分点。西部地区货运站场的建设情况较 2018 年明显改善，东部地区货运站场建设情况保持领先地位。

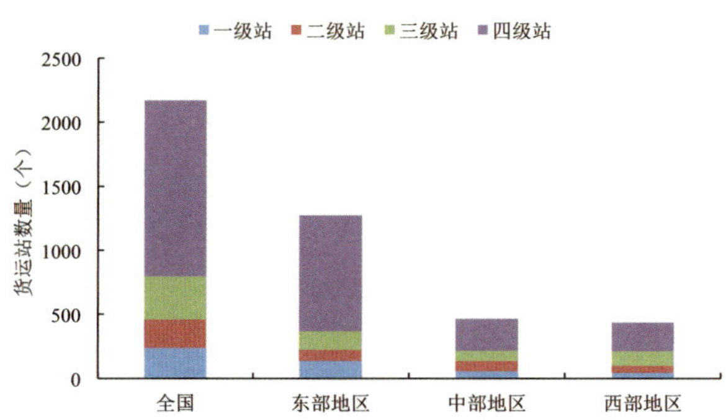

图 3-3-24　2019 年全国不同等级货运站地区分布情况

2. 站场经营

2019 年，全国共有道路货运站经营业户 2168 户，同比下降 9.6%，货运站场从业人员 6.3 万人，同比下降 4.5%，主要分布在东部地区（见下表）。

表 3-3-18　2019 年全国道路货运站经营业户及从业人员地区分布情况

指标＼地区	业户（户）	比例（%）	从业人员（人）	比例（%）
东部地区	1272	58.7	40332	64.2
中部地区	462	21.3	11971	19.0
西部地区	434	20.0	10581	16.8
合计	2168	100.0	62884	100.0

2019 年，全国汽车货运站完成的普通货运配载、快速专线货运、零担运输组织及集装箱拆拼箱业务平均日换算货物吞吐量达 272 万吨，其中一级站完成 87 万吨，占总量的 32.0%。

（九）货运服务

2019 年，道路货运相关服务经营业户共计 51406 户，比上年下降 7.9%。货运代办依然是道路货运经营业户提供的主营服务，所占比例为 49.6%，比上年增加了 0.8 个百分点。

表 3-3-19　2015—2019 年道路货运相关服务经营业户发展情况（单位：户）

年份	物流服务	货运代办	信息配载
2015 年	19622	33500	22121
2016 年	18811	32363	19780
2017 年	18152	31672	16799
2018 年	14996	27573	13265
2019 年	14935	25483	10988

表 3-3-20　2019 年各地道路货运相关服务经营业户分布情况

地区	物流服务（户）	比例（%）	货运代办（户）	比例（%）	信息配载（户）	比例（%）
东部地区	4494	30.1	17520	68.8	3635	33.1
中部地区	5934	39.7	4465	17.5	4856	44.2
西部地区	4507	30.2	3498	13.7	2497	22.7
合计	14935	100.0	25483	100.0	10988	100.0

中部地区物流服务和信息配载经营业户比例为全国最高，分别达到39.7%和44.2%，同比分别增加1.7个和2.7个百分点。

第九节　道路运输市场管理

一、营商环境显著改善

世界银行2019年发布的《2020年的营商环境评估报告》显示，中国营商环境总体评价在全球190个经济体中已经跃居第31位（详见下表），比2013年累计上升65位。2019年，中国为中小企业改善营商环境实施的改革数量创下纪录，是东亚及太平洋地区唯一一个进入2019年世界银行营商环境报告十大最佳改革者名单的经济体，为世界银行营商环境报告发布以来中国最好名次。2019年，道路运输行业扎实推进"放管服"改革，进一步优化营商环境，行业发展动力进一步释放，市场主体发展活力不断激发。

（一）政策环境持续优化

2019年，中国出台了一系列相关政策法规，营商环境政策法律体系不断完善。

2019年，我国政府出台了一系列政策法规，营商环境制度体系不断完善。10月8日，李克强总理主持召开国务院常务会议，审议通过《优化营商环境条例（草案）》，通过政府立法为各类市场主体投资兴业提供制度保障；11月21日，国家发改委、商务部发布《市场准入负面清单（2019年版）》，缩减清单事项，以服务业为重点试点进一步放宽市场准入限制。政府"放管服"改革全面纵深推进，3月6日，国务院决定取消25项行政许可事项，下放6项行政许可事项的管理层级。国家积极推进"互联网＋政务服务"和加快政务服务平台建设，以此推动全国政务服务平台不断提升建设集约化、管理规范化、服务便利化水平。2019年，道路运输领域聚焦群众反映强烈的突出问题，推出简政放权多项举措，破除市场壁垒，推进减税降费，持续优化营商环境。

表3-3-21　中国营商环境各项指标得分及排名

指　标	得　分	排　名
开办企业	94	27
办理施工许可	77	33
获得电力	95	12
产权登记	81	28
获得信贷	60	80
保护少数投资者	72	28
纳税	70	105
跨境贸易	87	56
合同执行	81	5
破产办理	62	51
合计	77.9	31

（二）对外开放再上新台阶

2019年，我国着力推动对外开放制度建设，加快完善与国际投资、贸易通行规则相衔接的基本制度体系和监管模式。2019年3月15日，十三届全国人大二次会议表决通过《外商投资法》，成为新时代我国外商投资领域新的基础性法律。2019年我国还发布了《外商投资准入特别管理措施（负面清单）（2019年版）》《市场准入负面清单（2019年版）》等，外资准入负面清单条目逐渐缩减。

2019年我国积极搭建对外开放合作新平台，先后举办了第二届"一带一路"国际合作高峰论坛、第二届中国国际进口博览会和首届中国—非洲经贸博览会。"一带一路"框架下，交通领域对外合作不断取得新进展，中国与"一带一路"沿线国家签订的国际道路运输协定总数已达22个，为对外开放奠定了良好的基础。

（三）信用体系建设成果显著

2019年，我国加快信用体系建设，法律法规不断完善，失信惩戒力度不断加强。7月16日，国务院办公厅发布《关于加快推进社会信用体系建设构建以信用为基础的新型监管机制的指导意见》，从全国层面推出信用监管政策性文件。交通运输部持续完善交通运输领域守信联合激励和失信联合惩戒工作，出台了《交通运输守信联合激励和失信联合惩戒对象名单管理办法（试行）》等制度文件，道路运输行业加快构建以信用为核心的新型监管机制。

（四）通关便利化水平逐步提升

2019年，我国进一步优化口岸营商环境、加快提升通关便利化水平。7月，海关总署、财政部、自然资源部、交通运输部等10个相关部门联合印发了《关于加快提升通关便利化水平的通知》，在进一步简化单证、优化流程、提升口岸信息化水平、降低口岸收费等方面提出了十条措施。2019年，国际贸易“单一窗口”建设取得显著成绩，口岸收费进一步降低，通关便利化水平得到进一步提升，对促进运输和贸易便利化，提高运输效率，降低国际运输成本起到了巨大作用。

二、行业治理能力提升

（一）法规标准体系不断完善

2019年，交通运输部继续加快推进重点领域立法进程，修订出台了《机动车维修管理规定》《道路运输从业人员管理规定》《道路货物运输及站场管理规定》《道路运输车辆技术管理规定》4个部门规章，建立健全运输服务法规政策体系。推动发布了《城市轨道设施设备分类与代码》等4项国家标准、《国内集装箱多式联运电子运单》《城市公共汽电车驾驶区防护隔离设施技术要求》等21项行业标准。印发了《网络平台道路货物运输经营管理暂行办法》，以及配套的《网络平台道路货物运输经营服务指南》《省级网络货运信息监测系统建设指南》《部网络货运信息交互系统接入指南》等标准，明确了网络货运新业态的法律定位、行为要求和监督管理的相关要求，为网络货运新业态发展创造有利的制度环境。发布实施了《道路冷链运输服务规则》，提升我国冷链物流发展整体水平。此外，各地也加快构建运输服务现代治理体系，积极加强行业制度化建设，如广东省组织制订《广东省道路运输领域信用分类管理制度》《广东省道路运输领域信用信息采集和报送制度》《广东省交通运输厅道路运输“双随机、一公开”监管工作实施细则》等规章制度，建立健全交通运输领域信用制度体系，加快构建道路运输市场监管新机制。

（二）“放管服”改革持续推进

2019年，道路运输领域“放管服”改革深入推进，取消了国际道路货物运输许可、道路货物运输站（场）经营许可等事项，下放道路客运经营许可层级，提升经营者在站点设置、班次安排、运力调配等方面的自主权，进一步降低企业负担，激发市场活力。优化了达标车型视同判定条件，不断加强达标车型管理信息化建设，积极用好“一网三系统”（道路运输车辆技术服务网，道路运输车辆达标车型申报系统、审查系统、核查系统），提升车型申报的便利性、减轻企业负担。

（三）信息化服务水平稳步提升

1. 互联网道路运输便民服务水平提升

2019年，印发了《交通运输部办公厅关于改进提升互联网道路运输便民政务服务工作的通知》，部署启动互联网道路运输便民政务服务系统建设，面向社会公众提供“一站式”网上办事服务，2019年底实现了道路运政普通货运车辆年度审验、道路运输驾驶员诚信考核、货运车辆道路运输证、货运驾驶员从业资格证、普通货运驾驶员学习教育等 13 个高频事项"一网通办"。研究起草了道路运输电子证照推广应用实施方案，在经营性客货运输、道路危险货物运输、出租汽车等领域推广应用电子证照，不断提升便民服务水平和行业监管效能。

联网售票服务水平显著提升。出台了《交通运输部办公厅关于进一步提升道路客运联网售票服务水平的通知》，对省域联网售票、部省联网售票、电子客票试点等工作作出全面部署。截至 2019 年 12 月，全国二级及以上客运站联网售票覆盖率达 98.6%，班次可售率为 80%，网上售票量超过 2 亿张。全国 22 个省（自治区、直辖市）已实现部省联网售票服务，高效协同的部省联网售票体系初步形成。同时，形成了《道路客运电子客票系统技术规范》报批稿，部省两级电子客票系统基本建成。截至 2019 年 12 月，率先在天津、河北、山东开展道路客运电子客票试点，218 个二级及以上客运站完成联调测试，166 个客运站启动电子客票试点应用，累计生成电子客票超过 290 万张。

2. 重点营运车辆联网联控系统应用水平提升

2019 年，发布了第 22～25 批道路运输车辆卫星定位系统平台和车载终端公告，发布了《道路运输车辆卫星定位系统 车载终端技术要求》（JT/T 794—2019）、《道路运输车辆卫星定位系统　终端通信协议及数据格式》（JT/T 808—2019）和《道路运输车辆卫星定位系统　平台数据交换》（JT/T 809—2019）等相关标准修订，印发了《关于印发〈加强营运车辆动态监控及营运客车安全带使用工作方案〉的通知》，开展了加强营运车辆动态监控及营运客车安全带使用专项督查工作。

三、推进运输服务高质量发展

2019 年，道路运输行业聚焦《交通强国建设纲要》目标任务，坚持推进供给侧结构性改革，着力促进道路运输价格改革，持续推进多式联运发展，加快道路客运转型升级，深入开展城市绿色货运配送示范工程创建，切实推动运输服务高质量发展。

（一）推进道路运输价格改革

价格机制是市场化机制的核心，市场决定价格是市场化在资源配置中起决定性作用的关键。为贯彻落实党中央、国务院决策部署，充分发挥价格机制在道路运输业资源配置过程中的关键性作用，激发道路运输市场主体活力，2019 年交通运输部联合国家发展改革委，制定印发了《关于深化道路运输价格改革的意见》（交运规〔2019〕17 号），深化道路客运价格市场化改革、完善汽车客运站收费分类管理、健全巡游出租汽车运价形成机制、规范道路运输新业态新模式价格管理，进一步提升和规范经营者制定和调整价格的自主权，更好适应市场供求关系变化，疏解价格矛盾，增强道路运输行业发展内生动力，促进经营者提供多元化、高品质的运输服务，更好满足人民群众美好出行需要。

（二）推进多式联运向纵深发展

多式联运是推动交通运输供给侧结构性改革、物流业降本增效的重要手段。2019 年，交通运输部持续推进多式联运向纵深发展，会同发展改革委印发了《关于组织开展第一批多式联运示范工程验收工作的通知》，按照"企业自评、省级审核、部级验收"程序开展验收工作，并梳理总结各地经验做法。组织召开 2019 年全国运输结构调整暨多式联运现场推进会，总结分析了多式联运发展成效和存在问题，公布了河北省"东部沿海—京津冀—西北"通道集装箱海铁公多式联运示范工程等 12 个项目为"国家多式联运示范工程"，并统筹部署下一阶段工作。发布了《商品车多式联运滚装操作规程》《国内集装箱多式联运电子运单》等多项标准，填补了行业空白。

监测数据显示，多式联运示范工程在畅通物流通道、降低物流成本中发挥了重要作用。2019 年，前三批 70 个多式联运示范工程项目，共完成集装箱多式联运量约 480 万 TEU，累计开通线路 390

余条，与公路运输相比，降低物流成本约150亿元，减少能耗192万吨标准煤，减少碳排放499万吨。

（三）推进道路客运转型加快升级

随着“互联网+”的快速发展，道路客运新业态不断涌现，运输服务呈现多元化发展，预约响应、定制公交、运游融合等服务在道路客运市场中纷纷出现，对传统客运市场造成了不小的冲击。为充分激发道路客运市场活力，提高道路客运服务质量和效率，交通运输部持续推进道路客运行业“放管服”改革，推动道路客运转型升级、高质量发展。鼓励规范发展道路客运定制服务，江苏、浙江、安徽、河北、江西等20余个省（自治区、直辖市）开展定制客运服务，积极探索城际专线、城际拼车等服务模式，充分激发市场活力，较好满足了“点到点”“门到门”的出行需求。

（四）推进城市绿色货运配送高效发展

为贯彻落实国务院办公厅《推进运输结构调整三年行动计划（2018—2020年）》文件精神，2019年，交通运输部联合公安部、商务部印发了《关于组织开展第二批城市绿色货运配送示范工程申报工作的通知》，在全国启动第二批城市绿色货运配送示范工程，在省级初审、专家评审的基础上，发布了第二批24个示范城市名单，全国城市绿色货运配送创建城市达到46个；编制发布了《城市绿色货运配送示范工程监测分析报告》，督促示范城市加快落实各项建设任务。组织开展城市绿色货运配送示范工程交流研讨会，深入总结和交流城市绿色货运配送示范工程建设经验，积极探索发展新举措与新模式，共同推动城市绿色货运配送高质量发展。

截至2019年9月，22个示范城市累计新增新能源物流配送车3万辆，保有量超过11万辆，平均日单车行驶里程提高10%，有效减少了汽车污染物排放，降低了货运配送成本，积极破解城市配送“进城难、停靠难、装卸难”等问题。

第十节　道路运输安全生产

一、安全生产总体情况

2019年，全国道路运输安全生产形势继续保持稳定向好态势，较大事故起数和死亡人数继续保持“双下降”，重特大事故得到有效遏制。截至2019年12月31日，共接报造成人员死亡（失踪）的行车事故83起、死亡（失踪）367人，同比下降13.5%、13.6%。其中，较大事故82起、死亡（失踪）331人，同比下降11.8%、13.1%；特别重大事故1起（江苏宜兴“9·28”特别重大非法营运客车事故）、死亡36人（2018年同期未发生特别重大事故）；未发生重大事故（2018年同期发生重大事故3起、死亡44人）。2019年，客车非法营运、货车超限超载有所抬头，危货运输安全风险继续加大，非传统安全防范压力不断上升，特别是宜兴“9·28”交通事故给人民生命财产带来了巨大损失，为行业安全生产再次敲响了警钟。

2019年，道路运输安全事故呈现出四方面特点：一是重型货车事故占比较高，12吨及以上的重型货车发生较大安全事故51起，造成200人死亡，分别占到全年较大事故的63%和61.5%。二是营运车辆与非营运车辆发生的事故比例上升，全年共发生营运车辆与社会车辆事故52起，造成207人死亡，分别占比64.2%和63.7%，反映出我国道路交通通行环境日趋复杂，驾驶员的防御性驾驶知识和技能水平有待进一步加强。三是人为因素仍是事故的主要致因，由驾驶员超速、操作不当、应急处置不当等行为导致的较大安全事故71起，造成286人死亡，占全年事故总数的85%以上，驾驶员的安全素质提升任重道远。四是非法营运事故抬头，江苏宜兴“9·28”特别重大事故暴露出，很多基层交通执法监管部门思想认识上不到位、执法权限不清晰、执法手段不完备，加之未与公安交管等部门形成合力，很难对非法营运实施有效打击。

就发展阶段而言，我国道路运输行业安全事故仍处于“高位波动期”，行业人、车、户信息化应用程度不高，事中事后监管力量薄弱，全链条、全过程监管体系尚未形成；管理理念、手段、方式都不适应新形势下改革发展需要，不想管、不敢管、不会管等问题仍然十分突出。行业治理手段单一，推动政策执行还主要靠督查指导、通报约谈等传统手段，综合运用法律、经济、舆论、市场引导等手段还不熟练。未来发展中，道路运输企业必须牢固树立安全发展理念，坚守安全生产底线，真正做到安全第一，把安全生产放到各项工作的首位，坚决遏制重特大安全生产事故发生，切实保障人民群众生命财产安全。

二、安全生产管理制度逐步完善

（一）安全生产规章制度体系进一步完善

2019 年 7 月 18 日，为贯彻落实《中华人民共和国安全生产法》，交通运输部印发实施了《道路运输企业主要负责人和安全生产管理人员安全考核管理办法》及《考核大纲》，按照“立足行业、依法依规，突出重点、分步实施，明确分工、统筹推进，平稳过渡、做好衔接”的总体原则，对道路运输企业两类关键人员安全考核工作，进行了统筹谋划。修订出台了《汽车客运站安全管理规范》，强化客运站安全生产责任制、关键人员管理要求，完善“三不进站、六不出站”制度和安全隐患排查整治要求，优化车辆安全例检项目，提升针对性、可操作性。

2019 年 11 月 10 日，交通运输部、工业和信息化部、公安部、生态环境部、应急管理部、市场监督管理总局六部门联合发布了《危险货物道路运输安全管理办法》，坚持问题导向，针对危险货物运输管理的薄弱环节，建立了危险货物托运清单、充装查验、运单管理、常压罐体检验、有限数量和例外数量等制度，坚持部门协同，构建基于全链条、全要素的危险货物安全管理体系，不断推进安全生产管理规范化、制度化建设。

2019 年，印发了《交通运输部办公厅关于贯彻落实习近平总书记重要指示批示精神切实加强道路运输安全生产工作的通知》，对加强道路运输安全隐患排查治理，严厉打击非法营运行为进行了重点部署。印发《省级危险货物道路运输安全监管系统建设指南》，加快推进基于危险货物电子运单的部省互联互通系统建设，充分利用信息化手段实现对危险货物全链条的安全监管。

此外，2019 年交通运输部定期开展安全生产形势分析，按季度组织召开全国道路运输安全生产形势分析电视电话会议，对一年各阶段运输安全生产形势进行研判分析，加强安全生产工作调度部署。道路运输行业点多线长面广，加之企业主体责任落得不实、安全生产投入不足、安全监管水平不高等问题，重特大事故依然易发多发。未来仍然需要全面落实安全生产改革行动计划，坚持安全生产季度分析例会制度，完善道路运输安全检查制度，切实增强制度的针对性和操作性。

（二）企业安全生产主体责任进一步落实

2019 年，积极贯彻落实《道路旅客运输企业安全管理规范》，不断推进运输企业安全生产管理制度化、标准化、规范化建设，促进企业安全生产主体责任的落实。各地严格落实《道路客运接驳运输管理办法（试行）》，依托接驳运输管理平台强化接驳过程监控，保障长途客运安全。截至 2019 年 12 月，共有 403 家客运企业、6000 辆班车开展接驳运输。未避开凌晨 2—5 时运行的 800 公里以上线路客运班车中，开展接驳运输的车辆占比超过 80%。接驳运输车辆未发生重大以上安全生产事故。印发了《交通运输部办公厅关于建立卧铺客车和 800 公里以上道路客运班线台账有关事项的通知》，基于台账加强重点安全监管。将 800 公里以上长途客运班线、省际旅游包车纳入安全生产重大风险，切实加强风险管控。截至 2019 年 12 月，全国存量卧铺客车 6031 辆，800 公里以上客运班线约 4800 条、车辆 1.03 万辆，与 2018 年相比，卧铺客车和长途客运班车数量分别下降 29%、26%。

三、车辆安全性能稳步提升

（一）营运车辆本质安全水平明显提升

2019 年，交通运输部发布《营运货车安全技术条件 第 2 部分：牵引车辆与挂车》（JT/T 1178.2—2019）、《营运车辆自动紧急制动系统性能要求和测试规程》（JT/T 1242—2019）等标准，以及《营运客车类型划分及等级评定》1 号修改单，制定了《危险货物道路运输车辆安全技术条件》标准，并举办了道路运输车辆技术管理培训班，对《营运货车安全技术条件 第 2 部分：牵引车辆与挂车》（JT/T 1178.2—2019）标准及相关车辆管理的最新政策进行了宣贯解读，健全完善了车辆技术管理标准体系。在评估达标管理工作的基础上，起草了《道路运输车辆达标管理办法》，积极推进道路运输车辆达标管理制度整合，优化调整道路运输车辆技术管理制度。开展了道路运输车辆达标管理“双随机、一公开”抽查，确保相关安全节能技术标准执行到位，理顺了营运车辆达标管理运行机制，车辆本质安全性能大幅提升。2019 年，全年累计发布 11 批（第 5～15 批）道路运输车辆达标车型。截至 2019 年底，有效车型共有 8357 个车型，其中客车有 774 个，货车有 7583 个，因新标准实施或标准新阶段要求实施撤销不达标车型 9446 个，大幅减少了车型数量。对不符合有关标准要求的车型暂时撤销，待企业进行相关安全性能和配置要求进行补充后，进行变更扩展，并重新公示公告。未来仍需积极抓好《营运客车安全技术条件》（JT/T 1094—2016）第三阶段、《营运货车安全技术条件 第 1 部分：载货汽车》（JT/T 1178.1—2018）第二阶段的实施工作，严格落实营运车辆安全技术条件系列标准，改革完善道路运输车辆达标车型管理制度，推广辅助自动驾驶技术在道路运输领域应用，切实提升营运车辆本质安全和主动安全水平。

（二）货运车型标准化持续推进

2019 年，交通运输部印发《关于进一步加强车辆运输车超长违法运输行为治理工作的通知》，要求各地持续强化源头装载监管，严格路面执法检查，加强违法信息共享，实施信用联合惩戒，巩固车辆运输车治理成效。按季度在《全国治超工作情况通报》中通报车辆运输车违法情况，并将公安交警、路政部门在路面执法中查处的违法信息 1.8 万余起转交车籍地交通运输管理部门进行源头处罚，涉及车辆运输车 1.6 万余辆、整车物流企业 3000 余家。起草了《常压液体危险货物罐车治理工作方案》，拟按照健全标准、消化存量、严把增量、循序推进的思路，对全国约 18 万辆常压液体危险货物运输罐车进行集中治理，全面提升危险货物运输安全管理水平。

四、重点领域专项治理深入推进

（一）重点整治行动取得显著成效

2019 年，道路运输重点领域专项整治行动有序推进，深入贯彻落实了《道路运输安全生产工作计划（2018—2020）》，加快推进营运客车安全监控及防护装置整治专项行动，在汲取了 2018 年重庆万州公交车坠江事件教训后，部署开展了城市公交车驾驶区域防护隔离设施治理，完成了全国 70% 以上的公交车安装防护隔离设施，大大降低了乘客对驾驶员的侵扰。汲取甘肃兰州“11・03”等事故教训，开展了营运驾驶员安全文明驾驶教育专项行动，提升职业道德、安全文明意识和应急处置能力，组织编写了道路运输安全驾驶口袋书，免费向全国驾驶员发放了 5 万本。组织制作了安全文明出行公益宣传片，在城市公交车、城市轨道交通列车、道路客运车辆及相关站点进行循环播放，提高乘客文明乘车、安全出行意识。在贵州建设了全国首个“体验式”警示教育基地，并系统总结了贵州道路运输安全警示教育基地建设和运营经验，按片区赴吉林、河南、广东、湖北等10余省市开展实地调研，组织编制了《全国道路运输安全警示教育基地建设规划方案》及《建设指南》，初步提出了基地布局方案、建设与运营管理模式、支持政策等，为全国道路运输安全警示教育基地建设提供了顶层制度设计和政策支撑。积极推动智能视频监控报警装置的安装使用，驾驶员不安全驾驶导致的道路运输安全事故大幅减少。

（二）行业稳定形势明显好转

2019年，各地坚持出租汽车、道路货运行业每日稳定“零报告”制度，密切关注行业稳定态势，依法及时处置不稳定事件。充分发挥道路货运行业维稳部际协调机制作用，积极协调有关部门统筹研判形势，协同做好货运行业维稳处置工作，全年道路货运行业未发生大规模聚集罢运事件。同时，强化重点时段、重点区域道路客运安全监督检查，对16个省（自治区、直辖市）道路客运安全管理工作进行督查，行业稳定形势总体良好，全年未发生群体性、造成恶劣影响的不稳定事件。

第十一节　机动车维修与检测

一、机动车维修

（一）维修业务量

2019年，全国机动车维修行业共完成维修量32644.4万辆次，同比下降了4.4%。

从完成的业务类型看，专项修理依然是主要维修业务，全年完成维修量23624.9万辆次，占全部维修量的72.4%，比上年增加了1.6个百分点；二级维护3255.5万辆次，同比下降6.5%；总成修理941.6万辆次，同比下降3.6%；整车修理502.2万辆次，同比上涨6.4%；维修救援503.5万辆次，同比下降2.4%。

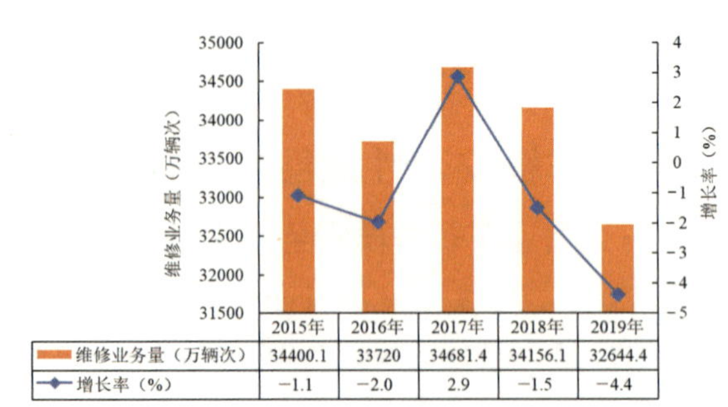

	2015年	2016年	2017年	2018年	2019年
维修业务量（万辆次）	34400.1	33720	34681.4	34156.1	32644.4
增长率（%）	−1.1	−2.0	2.9	−1.5	−4.4

图3-3-25　2015—2019年全国机动车维修业务量及增长率变化图

（二）经营业户

1. 经营业户规模及构成

截至2019年底，全国共有机动车维修经营业户41.9万户，同比减少1.1万户，降幅为2.6%。其中，三类汽车维修业户仍然是全国机动车维修业的主体，比重达到69.7%，比上年上涨1.1个百分点；摩托车维修业户数量则继续下降，降幅为7.0%。

2019年，全国机动车维修行业的结构基本稳定，一、二、三类汽车维修业户数量均有所下降，同比分别下降12.2%、3.6%、1.0%。2019年，平均每户机动车维修经营者完成维修量达779.8辆次，同比下降1.9%。

2. 地区分布

从地区分布来看，2019年全国机动车维修业户依然主要集中在东部地区，占比达到40.8%，同比减少0.4个百分点；其次是西部地区和中部地区，占比分别为36.9%和22.4%。

不同类型的机动车维修业务户的地区分布呈现差异化特点：一类维修业户主要集中在东部地区，东部占比为47.2%；二类维修业户在东、中、西部的数量分别占全国总数的45.4%、26.2%和28.4%；三类维修业户的分布相对均匀，东、中、西部的数量分别占全国总数的39.3%、21.0%和39.6%。

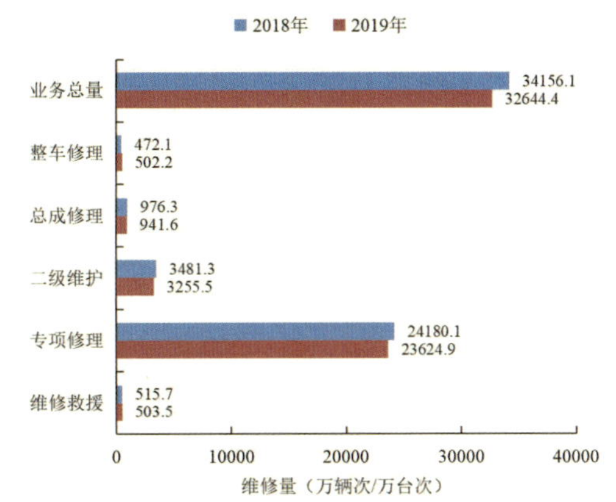

图 3-3-26 2018—2019 年全国机动车维修主要业务完成情况

（三）行业管理

2019 年，交通运输部出台了《关于修改〈机动车维修管理规定〉的决定》（交通运输部令 2019 年第 20 号），取消了机动车维修经营许可审批。删除了关于机动车维修经营许可的全部内容，明确了关于机动车维修经营备案的备案程序、备案材料、备案受理、备案变更、备案事项事后监督检查、备案不得收取费用、备案结果公布等规定，以及国务院规定的机动车维修经营者应符合国务院交通主管部门规定的机动车维修经营业务标准等内容，形成了完整的维修经营备案管理体系、流程，建立了机动车维修经营备案管理体系，依法调整优化了有关事中事后监管措施。

深入推进汽车维修电子健康档案系统建设工作，实现了全国维修行业统计与分析、维修企业查询、维修记录查询、维修服务评价、维修记录采集、数据交换共享、信息发布交流和统一公众服务八项基本功能，满足系统公益服务需要。截至 2019 年底，全国 31 个省（自治区、直辖市）均已完成汽车维修电子健康档案系统建设工作，累计采集维修记录 3.6 亿辆次，为 9700 余万辆汽车建立"健康档案"。

二、汽车综合性能检测

2019 年，交通运输部推进实现道路普通货运车辆网上年度审验，先后制定印发了《2019 年普通货运车辆网上年度审验工作方案》（交办运函〔2019〕287 号）、《道路普通货物运输车辆网上年度审验工作规范》（交办运〔2019〕46 号）、《道路普通货物运输车辆网上年度审验技术要求》（交通运输部公告 2019 年第 29 号），为网上年审工作有序组织推进提供了政策依据和技术标准。

研发全国网上便民运政系统网上年审模块，截至 2019 年底，全国 31 个省（自治区、直辖市）已全部完成省级运政系统及网上年审相关系统的升级改造，完成了省级运政系统与全国网上便民运政系统网上年审模块测试环境下的业务对接、测试联调以及业务办理宣传推广，全面开展了普通货运车辆网上年审业务，惠及全国 770 万普通货运车辆及运输经营者。

2019 年，全国共有汽车综合性能检测站 4747 个，同比增长 27.6%；完成检测总量 2461.7 万辆次，

表 3-3-22 2015—2019 年全国汽车、摩托车维修经营业户发展情况

年份		2015 年	2016 年	2017 年	2018 年	2019 年
机动车维修经营业户数（万户）		45.9	44.6	44.0	43.0	41.9
分类	一类汽车维修业户（万户）	1.5	1.5	1.6	1.7	1.5
	二类汽车维修业户（万户）	7.2	7.3	7.2	7.1	6.9
	三类汽车维修业户（万户）	30.6	30	29.8	29.4	29.2
	摩托车维修业户（万户）	6.4	5.5	5.1	4.2	3.9

表 3-3-23　2015—2019 年全国平均每户机动车维修完成情况

年份	维修业户数（万户）	维修量（亿辆次）	平均每户维修量（辆次 / 户）
2015 年	45.9	3.4	740.7
2016 年	44.6	3.4	762.3
2017 年	44.0	3.5	788.2
2018 年	43.0	3.4	795.1
2019 年	41.9	3.3	779.8

同比降低 4.9%。汽车综合性能检测站在车辆维修竣工检测、等级评定检测、维修质量监督检测方面检测次数大幅下降，同比分别下降 25.0%、14.0%、6.9%；其他检测方面检测次数有所上涨，同比增长 18.7%，其中排放检测、质量仲裁检测分别同比增长 21.2%、1.8%。

截至 2019 年底，全国东部地区的汽车综合性能检测站数量和检测完成量分别占全国总量的 36.8% 和 47.5%，占比均有所上升。东、中、西部地区汽车综合性能检测站数量最多的省份分别为广东省、湖南省和四川省。

第十二节　车辆技术管理

2019 年，交通运输部围绕道路运输服务升级、运输装备技术管理开展了系列工作，包括达标车型技术审查、制度体系建设、信息化建设、达标车型检测机构质量管理与服务、达标车型审核质量监督等工作，完善了道路运输车辆技术服务体系，构建了“三网一系统”信息化系统，为构建安全、便捷、绿色、高效、经济的交通运输体系提供了更为有效的技术支持。

一、制修订相关技术文件

起草道路运输车辆达标管理制度、道路运输车辆达标车型同一型式判定条件、道路运输车辆达标车型专项监督抽查实施方案等技术文件，进一步完善了达标车型管理工作制度，对达标车型试验检测、企业申报与技术审查等进行了规范，形成了较为完善的道路运输车辆达标车型技术管理制度框架和工作链条，确保达标车型公告工作科学、规范、严谨、有序地进行。

二、信息化技术服务能力建设

技术服务系统实现上线运行，功能不断完善。该系统是达标车型在线工作平台，可完成车型申报、检测报告出具、技术审核以及问题反馈与处理等达标车型全流程工作。该系统于 2019 年 5 月 1 日正式上线。结合《营运货车安全技术条件　第 2 部分：牵引车辆与挂车》（JT/T 1178.2—2019）和《危险货物道路运输营运车辆安全技术条件》（JT/T 1285—2020）的实施要求，在完成相关技术文件的基础上，对道路运输车辆技术服务系统进行了升级改造，初步实现了牵引车辆、挂车与危货车辆的网上申报功能，为交通运输部实施牵引车辆、挂车与危货车辆达标管理提供了支撑。

表 3-3-24　2019 年不同类型机动车维修业户地区分布情况

地区	东部地区		中部地区		西部地区	
	业户数（户）	比例（%）	业户数（户）	比例（%）	业户数（户）	比例（%）
一类	7113	47.2	4678	31	3281	21.8
二类	31137	45.4	17923	26.2	19456	28.4
三类	114728	39.3	61418	21.1	115639	39.6
合计	152978	40.8	84019	22.4	138376	36.8

表 3-3-25　2015—2019 年全国汽车综合性能检测完成情况

年份	检测站数量（个）	检测总量（万辆次）						
		合计	维修竣工检测（万辆次）	等级评定检测（万辆次）	维修质量监督检测（万辆次）	其他检测（万辆次）		
							排放检测（万辆次）	质量仲裁检测（万辆次）
2015 年	2524.0	3267.0	1767.1	1074.0	75.4	367.7	253.7	1.5
2016 年	2768.0	2608.5	1102.9	1045.4	52.1	394.5	283.3	1.5
2017 年	2952.0	2540.4	928.8	1073.7	50.4	526.4	386.1	1.4
2018 年	3719.0	2589.3	764.3	1057.8	47.1	626.6	471.6	1.5
2019 年	4747.0	2461.7	573.2	909.6	43.9	743.9	571.8	1.6

表 3-3-26　2019 年全国汽车综合性能检测站相关情况地区分布情况

指标	东部地区		中部地区		西部地区	
	检测站数量（个）	检测完成量（万辆次）	检测站数量（个）	检测完成量（万辆次）	检测站数量（个）	检测完成量（万辆次）
总计	1749	1170	1497	762.6	1501	529.2
比例（%）	36.8	47.5	31.5	31.0	31.6	21.5
各地区列前 5 位省（自治区）						
序号	省（自治区）	检测站数量（个）	省（自治区）	检测站数量(个)	省（自治区）	检测站数量（个）
1	广 东	372	湖 南	288	四 川	252
2	河 北	321	黑龙江	212	贵 州	232
3	山 东	308	吉 林	178	广 西	178
4	辽 宁	202	江 西	177	内蒙古	162
5	江 苏	168	河 南	177	新 疆	162

技术服务网车型不断优化，提升系统运行稳定性。将原营运客车等级评定、燃料消耗量达标、安全达标等整合为“道路运输车辆达标车型公告”，技术服务网也根据管理要求的调整不断变化。自 2019 年 5 月起，实现以车型为单位显示车辆信息，所有参数统一合并至对应项目中，实现了高度整合，方便运输企业和运管部门进行达标车辆的查询和核查。

达标车辆核查系统全面推广，核查工作提质增效。为切实保证道路运输达标车辆生产一致性，提高达标车辆核查质量和效率，更好地服务于各级道路运输管理机构、机动车检验检测机构开展达标车辆核查，交通运输部统一开发了“全国道路运输达标车辆核查系统”，具备“达标车型识别、在线核查、自动与达标车型公告信息比对、核查报告自动生成与管理、核查车辆统计分析、现场核查区域电子围栏”等功能，实现了行业道路运输达标车辆核查工作规范化、标准化和智能化。

三、加强事中事后监管

2019 年，为确保试验车辆与核查车辆的一致性，在道路运输车辆监督管理方面，交通运输部组织开展了达标车型“双随机、一公开”监督工作，针对检测机构、车辆生产企业、达标车型核查机构等监督抽查对象，形成了《道路运输车辆达标管理“双随机、一公开”监督抽查工作方案》；完成了 3 个达标车型检测机构和 4 个机动车检验检测机构的监督抽查工作。

四、达标车型公示与发布

2019 年度，交通运输部共发布 12 批次 12544 个具体达标车型，涉及车辆生产企业约 340 家；针对不满足最新《营运客车安全技术条件》（JT/T 1094—2016）、《营运客车类型划分及等级评定》（JT/T 325—2018）和《营运货车安全技术条件》（JT/T 1178.1—2018）标准实施要求的车型，撤销 9200 多个，车型与配置集中度不断提升。

2010 年至 2019 年间，通过实施营运车辆能耗准入后的达标车型，在道路运输市场中累计节油量为 1100 多万吨，累计二氧化碳（CO_2）减排量约 3900 万吨。

第十三节　机动车驾驶员培训

一、培训业务发展

2019 年，全国共完成机动车驾驶员培训 2705.3 万人次，同比上涨 0.8%；其中培训合格的为 2222.6 万人次，同比上涨 0.7%，合格率为 82.2%，与上一年基本持平。2019 年，完成道路运输从业资格培训 227.2 万人次，同比增加 12.1 万人次。

截至 2019 年底，全国残疾人驾驶员培训业户为 354 户，同比增加 13 户；培训合格残疾人驾驶员 12919 人次，与 2018 年相比大幅增长 80.3%。

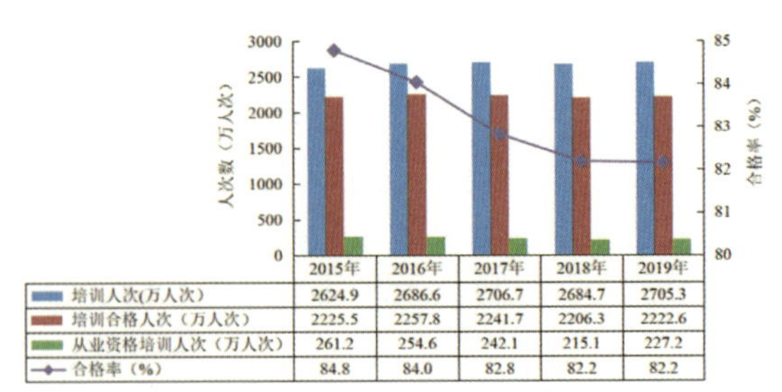

	2015年	2016年	2017年	2018年	2019年
培训人次(万人次)	2624.9	2686.6	2706.7	2684.7	2705.3
培训合格人次（万人次）	2225.5	2257.8	2241.7	2206.3	2222.6
从业资格培训人次（万人次）	261.2	254.6	242.1	215.1	227.2
合格率（%）	84.8	84.0	82.8	82.2	82.2

图 3-3-27　2015—2019 年全国机动车驾驶员培训完成情况

二、市场构成

（一）培训机构

1. 规模及类型

2019 年，全国共有机动车驾驶员培训业户 19741 户，同比增加 679 户，增幅为 3.6%。

从类型来看，普通机动车驾驶员培训业户持续保持以三级类型为主，三级类型比例为 61.0%；三级普通机动车驾驶员培训业户继续保持高速增长，增长率达 6.6%，一、二级普通机动车驾驶员培训业户有所下降，同比下降 3.3%、0.6%。

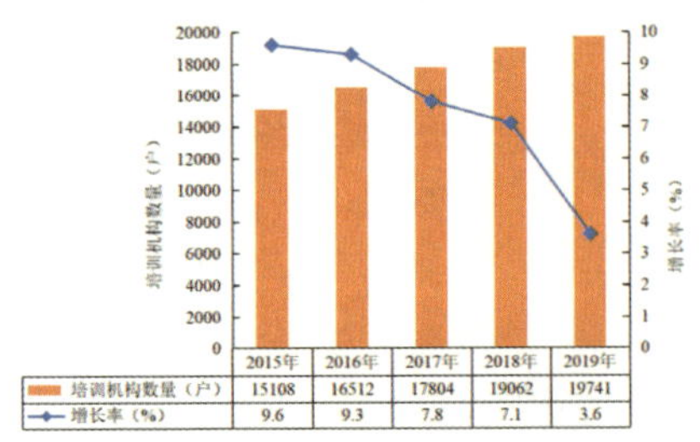

	2015年	2016年	2017年	2018年	2019年
培训机构数量（户）	15108	16512	17804	19062	19741
增长率（%）	9.6	9.3	7.8	7.1	3.6

图 3-3-28　2015—2019 年全国机动车驾驶员培训机构数量及增长率

2019 年，机动车驾驶培训行业集中度水平持续提高，全国机动车驾驶员培训机构户均拥有教学车辆达到 40.4 辆。其中天津、北京、上海、宁夏、广东、福建、山东、浙江、安徽、贵州、四川、重庆、江苏、海南、云南等 15 个省（自治区、直辖市）户均拥有的教学车辆数超过全国平均水平。

2. 地区分布

2019 年全国机动车驾驶员培训经营业户分布保持稳定，东部地区培训机构所占比重为 36.6%，同比上涨0.2个百分点；中部地区培训机构所占比重较上年持平；西部地区培训机构所占比重有所下降。其中，二级普通机动车驾驶员培训机构在东部地区集中的趋势更加明显，比重达51.9%。

（二）从业人员

2019年，全国共有机动车驾驶教练员92.5万人，同比增长0.8%。其中，理论教练员、驾驶操作教练员、危险货物运输驾驶员培训教练员分别为5.8万人、84.9万人、1678人，分别同比增长0.7%、0.8%、4.2%；道路客货运输驾驶员从业资格培训教练员为8330人，同比下降16.3%。

（三）教学车辆及装备

2019年，全国拥有机动车驾驶员培训教学车辆79.8万辆，同比增长1.7%。从设备的构成来看，仍然以小型汽车为主，所占的比例为93.0%。其中，大型客车4264辆，同比下降4.3%；通用货车半挂车（牵引车）5260辆，同比增长9.9%；城市公交车1581辆，同比增长5.9%；中型客车1762辆，比上年减少80辆，同比下降4.3%；大型货车2.7万辆，同比下降6.9%；小型汽车74.2万辆，同比增长1.7%；低速汽车1723辆，同比下降32.7%；摩托车11248辆，同比增长52.2%；残疾人教学车辆545辆，同比下降33.9%。2019年，全国继续加大机动车驾驶模拟器推广应用，共有机动车驾驶模拟器121669台，同比增长2.7%。

三、培训管理

2019年，交通运输部联合教育部、财政部、人力资源和社会保障部、中华全国总工会四部门印发了《关于开展道路运输重点领域驾驶员职业化培训考试试点工作的通知》，在江苏、浙江、云南3省部署开展试点工作，推进道路旅客运输、道路危险货物运输驾驶员由驾驶培训机构承担的社会化培训考试，向职业院校、技工院校承担的职业化培训考试转变，建立起基于行业类别和岗位安全风险的分类培训考试制度，探索提升"两客一危"驾驶员职业素质的新路子，筑牢道路运输安全生产管理的"第一道防线"。

2019年，交通运输部制定发布《机动车驾驶员计时培训系统 第1部分：计时终端技术规范》（JT/T 1302.1—2019）交通运输行业标准，自2020年3月1日起施行，为机动车驾驶员培训开展计时培训计时收费模式夯实基础，进一步促进机动车驾驶员培训机构按纲施训。

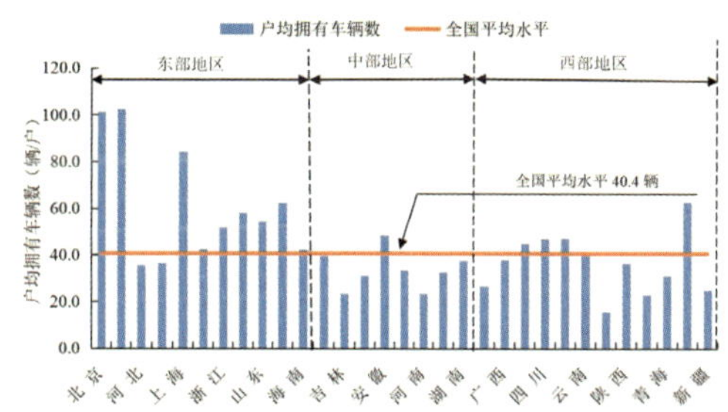

图3-3-29 2019年全国驾驶员培训机构户均拥有车辆数量情况

第十四节 国际道路运输管理

2019年，国际道路运输发展紧紧围绕服务支撑国家对外开放工作大局，积极推进"一带一路"建设，不断加强与沿线国家的双边和多边道路运输合作，取得了丰硕成果。

一、国际道路运输量及线路

（一）运输量

截至2019年底，我国与沿线国家共完成国际道路客运量717.5万人次，同比下降6.8%，旅客周转量2.8亿人公里，同比下降29.6%；完成国际道路货物运输量6145.2万吨，同比增长9.9%，货物周转量40.5亿吨公里，同比增长18.8%。其中，由中方完成的国际道路旅客运输量和货物运输量占比分别为52.8%和23.3%，分别同比减少0.7个、32.6个百分点。

表 3-3-27　2015—2019 年全国机动车驾驶员培训业户类型及数量变化情况（单位：户）

类型				2015 年	2016 年	2017 年	2018 年	2019 年
机动车驾驶员培训业户	总计			15108	16512	17804	19062	19741
其中	普通机动车驾驶员培训	合计		14912	16325	17552	18837	19471
		其中	一级	1908	1934	2011	2090	2022
			二级	5842	5870	5782	5595	5564
			三级	7162	8521	9759	11152	11885
	道路运输驾驶员从业资格培训	合计		2093	2014	2013	1989	2002
		其中	客货运输	2008	1926	1927	1902	1908
			危险货物运输	419	448	445	469	493
	机动车驾驶员培训教练场经营			531	807	836	941	1099
	残疾人驾驶员培训			304	305	413	341	354

表 3-3-28　2019 年全国东、中、西部地区机动车驾驶员培训机构分布具体情况

类型			东部地区		中部地区		西部地区	
			数量（户）	比例（%）	数量（户）	比例（%）	数量（户）	比例（%）
培训机构			7216	36.6	6557	33.2	5968	30.2
其中	合计		7102	36.5	6515	33.5	5854	30.1
	普通机动车驾驶员培训	一级	1049	51.9	404	20.0	569	28.1
		二级	2250	40.4	1522	27.4	1792	32.2
		三级	3803	32.0	4589	38.6	3493	29.4
	道路运输驾驶员从业资格培训		571	28.5	755	37.7	676	33.8
	机动车驾驶员培训教练场经营		424	38.6	128	11.6	547	49.8
	残疾人驾驶员培训		111	31.4	82	23.2	161	45.5

表 3-3-29　2019 年全国东、中、西部地区培训机构数量列前 5 位省（自治区）

序号	东部地区			中部地区			西部地区		
	省（自治区）	培训机构（户）	培训人次（万人次）	省（自治区）	培训机构（户）	培训人次（万人次）	省（自治区）	培训机构（户）	培训人次（万人次）
1	广东	1378	295.3	河南	2067	149.1	四川	816	143.8
2	江苏	1162	210.1	湖南	1052	210.1	广西	731	88.3
3	河北	1115	149.1	湖北	748	295.3	云南	693	82.8
4	山东	939	165.5	江西	737	132.6	内蒙古	685	43.4
5	浙江	828	132.6	安徽	615	165.5	新疆	670	61.3

表 3-3-30 2019 年全国东、中、西部地区机动车驾驶员培训从业人员分布情况

从业人员类型 \ 地区		东部地区		中部地区		西部地区	
		数量	比例（%）	数量	比例（%）	数量	比例（%）
教练员（万人）		45.9	49.6	23.0	24.8	23.7	25.6
其中	理论教练员（万人）	2.4	41.0	1.6	27.6	1.8	31.4
	驾驶操作教练员（万人）	43.1	50.7	20.8	224.5	21.0	24.7
	道路客货运输驾驶员从业资格培训教练员（人）	2648	31.8	2990	35.9	2692	32.3
	危险货物运输驾驶员从业资格培训教练员（人）	603	35.9	668	39.8	407	24.3

2019 年，参与国际道路运输的省（自治区）有内蒙古、辽宁、吉林、黑龙江、广西、云南、西藏和新疆。中方共完成客运量 378.6 万人次，同比下降 8.0%，完成客运量前三位的是内蒙古（191.9 万人次）、云南（77.1 万人次）、黑龙江（68.7 万人次）；中方共完成货运量 1432.9 万吨，完成货运量前三位的是云南（665.8 万吨）、内蒙古（248.8 万吨）、广西（211.8 万吨）。

（二）区域分布

从车辆出入境次数来看，2019 年全国与东北亚（包括俄罗斯、蒙古国、朝鲜）的出入境客运车辆 13.6 万辆次，同比下降 1.2%；货运车辆 88.8 万辆次，同比下降 28.3%。与中亚（包括哈萨克斯坦、吉尔吉斯斯坦和塔吉克斯坦）的出入境客运车辆为 1.1 万辆次，同比增长 29.0%；货运车辆为 19.5 万辆次，同比增长 5.7%。与东南亚及南亚（包括越南、巴基斯坦、老挝、缅甸和尼泊尔）的出入境客运车辆为 29.3 万辆次，同比下降 57.9%；货运车辆为 111.7 万辆次，同比增长 16.5%。

客运方面，2019 年全国与东北亚国家的客运量为 545.8 万人次，同比增长 12.0%，在周边区域的客运量中占比达到 76.1%，同比增加 12.8 个百分点；与东南亚及南亚国家的客运量为 155.3 万人次，同比下降 42.5%；与中亚国家的客运量为 16.3 万人次，同比增长 34.8%。

货运方面，2019 年全国与东北亚国家的国际道路运输货运量 4464.1 万吨，同比增长 7.7%；货物周转量 22.2 亿吨公里，同比增长 29.5%。与东北亚国家联系的货运量在周边区域的货运量中占比达到 72.6%。

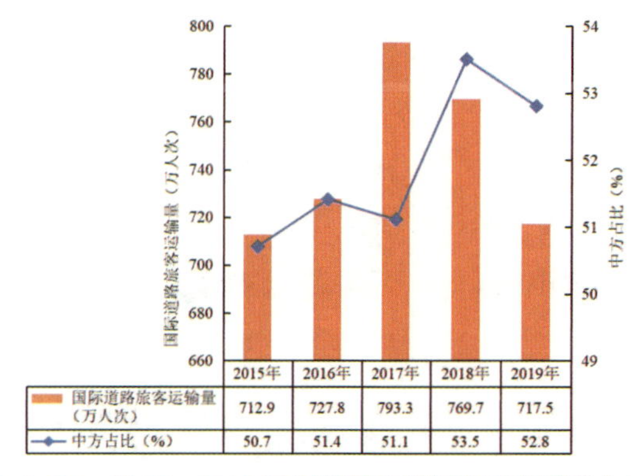

图 3-3-30 2015—2019 年全国国际道路运输客运量及中方所占比例情况

二、国际道路运输运输服务能力

（一）经营业户及车辆结构

1. 经营业户

截至 2019 年底，全国从事国际道路运输（含内地与香港、内地与澳门特别行政区间汽车运输）的业户为 693 户，同比下降 53.6%。其中广东和云

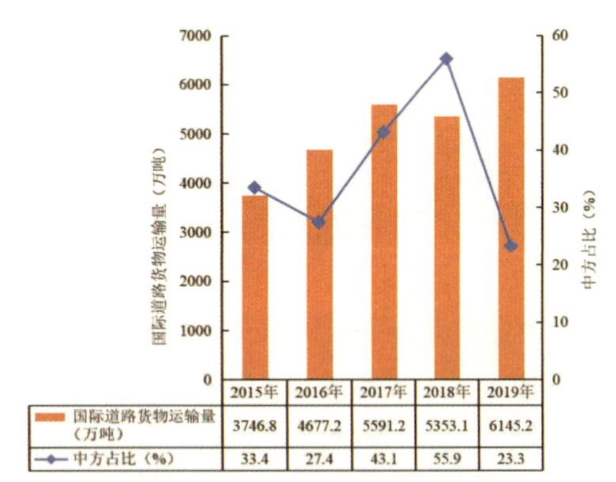

图 3-3-31 2015—2019 年全国国际道路运输货运量及中方所占比例情况

南从事国际道路运输的企业数量分列第一和第二位，为 256 户和 151 户。全国拥有车辆数 100 辆以上的国际道路运输业户有 80 户，占全部业户总数的 11.5%；拥有 50～99 辆的国际道路运输业户有 54 户，约占全部国际道路运输业户总数的 7.8%；拥有车辆数在 10～49 辆以下的国际道路运输业户有 272 户，占总数的 39.2%；拥有 9 辆以下的国际道路运输业户有 287 户，占总数的 41.4%。

分区域来看，云南是全国拥有 100 辆以上运输车辆的国际道路运输业户数最多的省份，共有 42 家；其次为新疆和广东，分别为 17 家和 8 家。

2. 车辆结构

截至 2019 年底，全国共有从事国际道路运输的车辆 26999 辆，其中客车 1325 辆，共计 52957 个客位；货车 25674 辆，共计 421866 吨位。

（二）行车许可证使用情况

国际道路运输行车许可证是国际道路运输车辆出入境的通行证。2019 年，使用的国际道路运输行车许可证中，A 种行车许可证使用量为 447 张，同比增长 31.1%；B 类行车许可证使用量达 29634 张，同比下降 65.6%；C 种行车许可证使用

表 3-3-31 2019 年全国与周边区域国际道路客货运量分布

区域	客运量（万人次）	比例（%）	旅客周转量（万人公里）	比例（%）	货运量（万吨）	比例（%）	货物周转量（万吨公里）	比例（%）
东北亚	545.8	76.1	17727.4	63.4	4464.1	72.6	222492.9	54.9
中亚	16.3	2.3	3454.2	12.3	244.2	4.0	92486.2	22.8
东南亚及南亚	155.3	21.7	6790.2	24.3	1436.9	23.4	89969.2	22.2
合计	717.5	100.0	27971.9	100.0	6145.2	100.0	404948.4	100.0

表 3-3-32 2019 年国际道路运输经营业户拥有车辆规模情况

业户类型		合计	根据车辆规模分组				
			100 辆及以上的企业	50～99 辆的企业	10～49 辆的企业	5～9 辆的企业	5 辆以下的企业
国际道路运输经营业户（户）		693	80	54	272	117	170
比例（%）		100.0	11.5	7.8	39.2	16.9	24.5
其中	国际道路客运经营业户（户）	258	14	13	102	47	82
	比例（%）	100.0	5.4	5.0	39.5	18.2	31.8
	国际道路货运经营业户（户）	483	70	43	179	76	115
	比例（%）	100.0	14.5	8.9	37.1	15.7	23.8

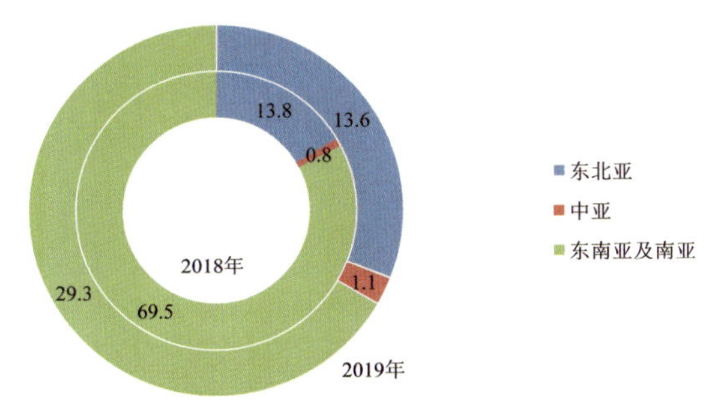

图 3-3-32　2018—2019 年全国国际道路运输客运车辆出入境分布对比情况（单位：万辆次）

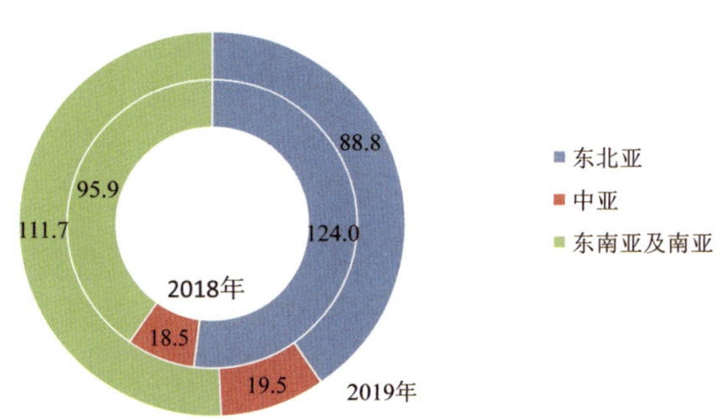

图 3-3-33　2018—2019 年全国国际道路运输货运车辆出入境分布对比情况（单位：万辆次）

表 3-3-33　2019 年国际道路客货运输车辆情况

类型		高级	比例（%）	中级	比例（%）	普通	比例（%）	总计	比例（%）
客运	车辆数（辆）	1141	86.1	144	10.9	40	3.0	1325	100
	客位数（位）	48662	91.9	2844	5.4	1451	2.7	52957	100
类型		大型	比例（%）	中型	比例（%）	小型	比例（%）	总计	比例（%）
客运	车辆数（辆）	23760	92.5	881	3.4	1033	4.0	25674	100
	吨位数（吨）	417443	99.0	3263	0.8	1160	0.3	421866	100

量为 615226 张，同比增长 5.3%。

2019 年全国 A 种行车许可证使用量前三的省（自治区）为内蒙古、新疆、黑龙江，分别为 170 张、122 张、85 张；B 种行车许可证使用量前三的省（自治区）为内蒙古、云南、黑龙江，分别为 20464 张、4030 张、2064 张；C 种行车许可证使用量前三的省（自治区）为云南、广西、新疆，分别为 263691 张、125458 张、98627 张。

表 3-3-34　2015—2019 年全国国际道路运输行车许可证使用情况[1]

年份	2015 年	2016 年	2017 年	2018 年	2019 年
A 种许可证使用量（张）	1134	850	519	341	447
B 种许可证使用量（张）	122473	112153	123561	86186	29634
C 种许可证使用量（张）	390515	420318	498987	584153	615226

[1] A 种行车许可证可适用于定期旅客运输，一年多次往返有效；B 种行车许可证适用于不定期旅客运输，一次往返有效；C 种行车许可证适用于货物运输，一次往返有效。

第四章 水路

第一节 水路规划与实施总体情况

一、水运规划编制情况

开展交通强国相关规划研究。按照国务院统一部署和交通运输部的总体要求，组织开展《交通强国建设纲要》水运篇——《内河航运发展纲要》、《国家综合立体交通网规划（2021—2050）》水运行业规划编制工作。

扎实推进水运专项规划。推进《全国沿海港口布局规划》《全国内河航道与港口布局规划》等国家级重大规划修订；联合国家发改委、国家能源局印发全国沿海与长江干线液化天然气接收站码头布局发展的意见；联合国家发改委印发《关于严格管控长江干线港口岸线资源利用的通知》。

积极开展水运“十四五”发展规划相关工作，指导长航局编制长航系统“十四五”发展规划编制。

二、“十三五”水运发展规划实施情况

交通运输部“十三五”水运发展规划涉重点任务为沿海万吨级以上泊位数、沿海港口通过能力适应度、大型专业化码头通过能力适应度、新增及改善内河航道里程和内河高等级航道达标率。

表 3-4-1 “十三五”水运发展规划和港口集疏运建设方案主要规划指标

主要指标	指标值	2019 年底完成情况	进展评估
沿海万吨级以上泊位数（个）	2527	2504	预计 2020 年高于规划目标
新增及改善内河航道里程（公里）	4500	4100	预计 2020 年高于规划目标
沿海港口通过能力适应度	>1	1	预计 2020 年有望实现
沿海大型专业化码头通过能力适应度	>1	1.1	预计 2020 年有望实现
内河高等级航道达标率（%）	90	83.4%	预计 2020 年有望实现

总体来看各目标进展均较为顺利，详见表 3-4-1。

三、重要文件

2019 年，交通运输部出台了《交通运输部办公厅 国家发展改革委办公厅关于严格管控长江干线港口岸线资源利用的通知》（交办规划〔2019〕62 号）、《交通运输部 自然资源部 生态环境部 水利部 关于做好长江主要支流非法码头整治工作的通知》（交规划函〔2019〕669 号）、《交通运输部 福建省人民政府关于厦门港总体规划（2035 年）的批复》（交规划函〔2019〕270 号）、《交通运输部推进长江生态环境问题整改工作方案》（部办公厅白头文）等重要文件。

第二节　港航基础设施建设

一、水运基础设施建设有序推进

深入落实"一带一路"倡议和京津冀协同发展、长江经济带发展、长三角一体化发展、粤港澳大湾区建设等国家战略，加快建设交通强国，大力推进水运高质量发展，不断加大水运基础设施补短板力度，扩大有效投资。

加强沿海港口基础设施建设，提升港口服务能力和水平。大连港、唐山港、福州港、广州港等一批码头项目建成并投入运营。天津港北疆港区C段智能化集装箱码头、江苏盛虹炼化一体化配套港储项目码头工程等工程开工建设，连云港30万吨级航道二期工程、湛江港30万吨级航道改扩建工程、广州港深水航道拓宽工程等工程稳步推进。

加快推进长江干支线航道系统治理，构建长江经济带综合交通运输体系。2019年5月20日，长江南京以下12.5米深水航道二期工程通过竣工验收。持续推进长三角内河高等级航道网建设，京杭运河浙江段三级航道、引江济淮航运工程、淮河出海通道和长江口南槽航道治理一期工程等建设顺利推进。

继续推进珠三角航道网和西江航运干线扩能工程建设，北江航道扩能升级完善工程、西江航运干线贵港至梧州3000吨级航道工程等项目稳步推进。

大力推进贫困地区内河水运建设和界河航运项目。赣江、嘉陵江、乌江、沙颍河等贫困地区航道建设项目稳步推进，鸭绿江、图们江、澜沧江等界河项目持续推进，不断改善贫困地区和边境地区航道通航条件，带动区域经济发展。

2019年7月29日，在江苏苏州组织召开了全国内河航运高质量发展现场推进会，提出推进内河航运高质量发展是当前和今后的一项重要任务，争取到2035年，建成安全、便捷、高效、绿色、经济的内河航运体系。

修订印发《交通运输部部属单位基本建设管理办法》《交通运输部部属单位船舶建造管理办法》，进一步规范部属单位基本建设和船舶建造管理，健全投资决策机制，提高政府投资效益。推进海事系统大型测量船、救捞系统海上救助中型直升机、长航系统泸州监管救助基地等一批重点项目前期工作，持续提升水上交通安全监管和救助能力。

2019年全年完成水运建设投资1137亿元，比上年下降4.4%。其中，内河建设完成投资614亿元，下降2.3%；沿海建设完成投资524亿元，下降6.8%。

2019年末全国港口拥有生产用码头泊位22893个，比上年减少1026个。其中，沿海港口生产用码头泊位5562个，减少172个；内河港口生产用码头泊位17331个，减少854个。年末全国港口拥有万吨级及以上泊位2520个，比上年增加76个。其中，沿海港口万吨级及以上泊位2076个，增加69个；内河港口万吨级及以上泊位444个，增加7个。

二、内河航道等级持续提升

2019年末，内河航道通航里程12.73万公里，比上年增加172公里。等级航道里程6.67万公里，占总里程的52.4%，提高0.2个百分点。三级及以上航道1.38万公里，占总里程的10.9%，提高0.3个百分点。

各等级内河航道通航里程分别为：一级航道1828公里，二级航道4016公里，三级航道7975公里，四级航道11010公里，五级航道7398公里，六级航道17479公里，七级航道17044公里。等外航道里程6.05万公里。

各水系内河航道通航里程分别为：长江水系64825公里，珠江水系16495公里，黄河水系 3533 公里，黑龙江水系 8211 公里，京杭运河 1438 公里，闽江水系 1973 公里，淮河水系 17472 公里。

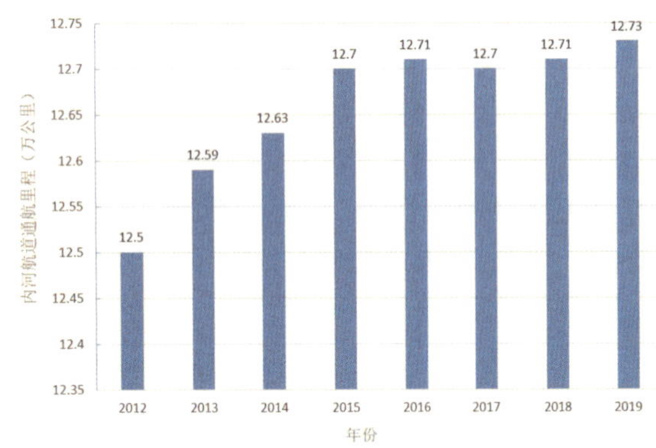

图 3-4-1　2012—2019 年全国内河航道通航里程

第三节　水上运输服务

2019 年，全国完成水路客运量 2.73 亿人，比上年下降 2.6%，旅客周转量 80.22 亿人公里，比上年增长 0.8%；完成货运量 74.72 亿吨，货物周转量 103963.04 亿吨公里，分别比上年增长 6.3% 和 5.0%。台湾海峡两岸间海上直航完成货运量 4835 万吨，同比下降 5.5%，客运量 226.9 万人次，同比增长 4.2%。全国港口完成旅客吞吐量 0.87 亿人，比上年下降 6.7%；货物吞吐量 139.51 亿吨，比上年增长 5.7%，其中外贸货物吞吐量 43.21 亿吨，比上年增长 4.7%，货物吞吐量超过亿吨的港口 38 个。截至 2019 年底，全国拥有水上运输船舶 13.16 万艘，比上年下降 4.0%，净载重量 25684.97 万吨，比上年增长 2.3%；平均净载重吨 1952.41 吨，比上年增长 6.5%；载客量 88.58 万客位，比上年下降 8.0%；集装箱箱位 223.85 万标准箱，比上年增长 13.76%。

2019 年，8 家国际邮轮公司在我国开辟始发航线，投入邮轮 13 艘、计 4.6 万客位，平均 3511 客位 / 艘，船舶进一步大型化。诺唯真邮轮退出中国市场；中旅集团与中远海运集团合资的星旅邮轮公司"鼓浪屿"号正式投入运营，中资邮轮进一步发展。全年我国港口接待国际邮轮 792 航次、旅客 221.4 万人，接待航次数同比下降 17.4%，接待旅客人数同比下降 11.7%，始发邮轮运力投入下降 21%。中国邮轮运输市场经历深度调整。

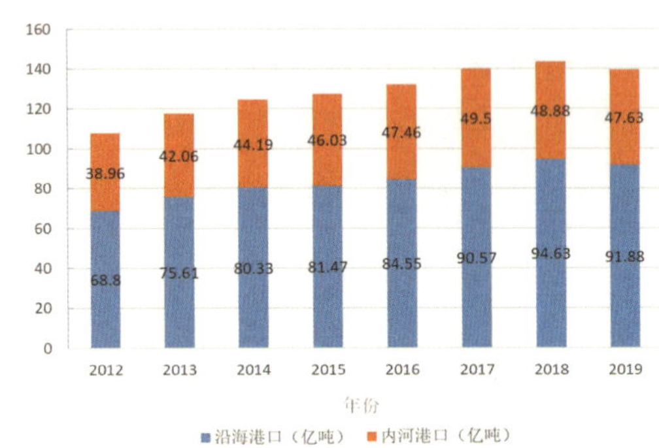

图 3-4-2　2012—2019 年全国港口货物吞吐量

图 3-4-3　2012—2019 年全国港口外贸货物吞吐量

图 3-4-4　2012—2019 年全国水上运输船舶拥有量

第四节 水运行业管理

一、交通强国水运篇建设开局良好

深入贯彻习近平总书记“经济强国必定是海洋强国、航运强国”重要指示，以“开放引领、海运先行、内河提升、勇创一流”为总体思路，制定交通强国水运篇2019年度行动计划，出台了《关于推进长江航运高质量发展的意见》《关于建设世界一流港口的指导意见》，研究制定《关于大力推进海运业高质量发展的指导意见》。组织召开全国内河航运高质量发展现场推进会，努力将长江航运打造成交通强国建设先行区、内河水运绿色发展示范区和高质量发展样板区。

二、供给侧结构性改革持续深化

加强了对长江干线、界河航道及其他航道养护管理的指导，严格规范重大建设项目航道通航条件影响评价审核，与相关部门协同推进航道采砂治理，推动实行了砂石采运管理单制度。

降本增效取得新进展。贯彻落实《政府工作报告》关于港口降费政策措施，与国家发改委联合修订发布《港口收费计费办法》，港口收费项目精简至11项，降低了4项政府定价或指导价的港口经营服务性收费标准，引导国际班轮公司下调部分收费标准。

运输服务水平不断提高。完成交通运输更加贴近民生实事，琼州海峡客滚运输服务质量提升明显，“定码头、定班期、定船舶”的班轮化运营和客滚运输联网售票运行有序，船舶装载时间严格限定在1.5小时以内，旅客平均过海时间较以往缩短30分钟，每年惠及1500万人次、350万辆车次。

水运发展注入新动能。推进海南三亚等邮轮港口海上游航线试点，制定发布邮轮港服务规范，推广实施邮轮船票管理制度，推动邮轮经济发展。

运输结构调整取得新成效。2019年环渤海、长三角地区沿海主要港口和唐山港、黄骅港等港口的大宗货物铁路和水路疏港比例较2018提高2.3个百分点。

三、海运业更高水平对外开放稳步推进

国际海运业实现全面开放，国内海运业扩大开放水平。推进取消外商投资国际海运业有关许可，全面放开外商投资国内船舶代理业务股比限制，允许外商独资成立国内船舶代理公司。配合制修订了《国际海运条例》《外商投资准入特别管理措施（负面清单）（2019年版）》。

提出交通运输支持海南自贸区、自贸港建设政策改革创新措施。推进制定海南自由贸易港建设航运改革创新政策，配合出台上海自由

表 3-4-2 2019年底全国水路运输工具拥有量

指标	总运力		远洋		沿海		内河	
	2019年	同比(%)	2019年	同比(%)	2019年	同比(%)	2019年	同比(%)
运输船舶数量（艘）	13.16万	-4.0	1664	-26.1	10364	-0.1	11.95万	-3.9
净载重量（万吨）	25684.97	2.3	5524.91	4.0	7079.98.06	2.8	13080.08	1.3
载客量（万客位）	88.58	-8.0	2.37	14.9	23.49	3.6	62.72	-12.4
集装箱箱位（万TEU）	223.85	13.8	121.41	14.2	63.26	11.7	39.17	15.8

贸易试验区临港新片区总体方案，并将自贸区5项改革船舶安全检查智能选船机制、海运危险货物查验信息化，船舶载运危险货物及污染危害性货物合并申报、国际航行船舶进出境通关全流程一单多报、保税燃油跨港区供应模式作为国务院第五批改革试点经验在全国复制推广。

国际交流合作不断深化。正式签署中国—沙特海运协定，与欧盟、俄、韩、日等举行了双边海运会谈，中德内河航运和水路交通合作按计划开展。

四、行业治理能力持续提升

一是行业立法工作不断推进。制定出台了《通航建筑物运行管理办法》《航道工程建设管理规定》《港口和船舶岸电管理办法》3部规章，修订发布了《港口经营管理规定》等7部规章。

“放管服”改革不断深化。持续推进简政放权，取消了3项、下放了2项部级行政许可事项；继续推进“证照分离”改革，推动水运工程监理企业乙级、丙级和机电专项资质认定等事项在自贸区实行告知承诺制。全面推进“双随机、一公开”模式，督查检查进一步规范，多个项目合并后实现了“统一前往、分组检查、集中反馈”。

事中事后监管力度不断加大。加强水路运输领域失信联合惩戒工作，上线运行全国水运建设市场信用信息管理系统，强化信息共享和联合监管。重点水运工程招标投标备案管理更加规范高效，专业技术人员职业资格“挂证”专项治理成效明显。

五、防范化解重大风险隐患坚决有力

行业安全风险管控得到加强。会同生态环境部等三部门发布了《内河禁运危险化学品目录（2019版）》，出台了油气化工码头设计防火规范、港口安全生产风险辨识管控指南，强化港口重大风险防控。

水运重点领域安全治理得到强化。巩固危险货物港口作业安全治理专项行动成果，加强通航建筑物和航运枢纽大坝运行安全管理，加强三峡船闸、升船机日常运行管理。

第五节　水运绿色发展

一、积极推进交通运输结构调整

推动大宗货物集疏港运输向铁路和水路转移，加快推进水运基础设施建设及铁水联运信息共享，完善内河水运网络，大力发展江海直达和江海联运。2019年，水路货运量完成74.7亿吨，同比增长6.3%。

继续推进国内水路运输船舶运力结构调整，不断提升运输船舶节能环保技术水平。2019年5月，联合财政部印发《关于开展船舶报废拆解和船型标准化中央补助资金清算工作的通知》（交办水函〔2019〕644号），明确内河船舶标准化中央补助资金收尾工作安排，支持高污染高耗能运输船舶提前淘汰。推动发布《内河过闸运输船标准船型主尺度系列》（GB 38030—2019）国家强制标准，促进内河运输船舶运力结构调整。

二、强化港口和船舶污染防治

大力推进船舶污染物港口接收设施建设。联合发展改革委、生态环境部、住房城乡建设部研究制定了《长江经济带船舶和港口污染突出问题整治方案》，起草《关于加快推进长江干线水上洗舱站建设的通知》并以推进长江经济带发展领导小组办公室名义发布，推动港口

所在地人民政府加快落实污染物接收转运处置设施建设方案和长江干线水上洗舱站布局方案，按月度调度洗舱站建设情况。发布《内河危险化学品洗舱趸船法定检验技术暂行规则（2019）》（海事局公告2019年第22号），为建设水上洗舱站提供技术保障。2019年末，长江干线港口已基本实现船舶垃圾接收设施全覆盖，列入布局方案的10座洗舱站已全部开工。

加强船舶水污染监管。联合生态环境部办公厅、住房和城乡建设部办公厅印发《关于建立完善船舶水污染物转移处置联合监管制度的指导意见》（交办海〔2019〕15号），组织开展防治船舶水污染物专项整治活动，严厉打击船舶水污染物非法违规排放，截至2019年12月，24个地市实施了船舶污染物接收转运处置联单。发布《需布设围油栏或签订船舶污染清除协议的散装液体污染危害性货物名录》（海事局公告2019年第9号）、《船舶污染清除协议制度监督管理办法》（海危防〔2019〕489号），完善制度运行机制。发布《国际航行海船法定检验技术规则（2019年修改通报）》（海事局公告2019年第15号），纳入国家最新环保标准和包括压载水管理在内的国际防污公约最新内容。

稳步推进船舶大气污染物排放控制区实施。全面开展《船舶大气污染物排放控制区实施方案》（交海发〔2018〕168号）宣贯工作。发布《2020年全球船用燃油限硫令实施方案》（海事局公告2019年第20号），将国际海事组织全球实施限硫令（国际航行船舶要使用硫含量不高于0.50%m/m的燃油）及其有关要求转化为国内监管要求。争取财政资金支持，为各级海事管理机构增配燃油硫含量快检仪，开展船舶尾气遥测试点工作，实现对在航船舶的有效监管。发挥部际协调机制作用，协调出台了船用低硫燃油出口财税政策。

三、加强新能源清洁能源应用

大力推进船舶靠港使用岸电。2019年12月，出台了《港口和船舶岸电管理办法》（交通运输部令2019年第45号）部门规章，进一步明确相关部门管理职责，规范岸电建设和使用行为。联合财政部、国家发改委等相关部门印发了《关于进一步共同推进船舶靠港使用岸电工作的通知》（交水发〔2019〕14号），加大船舶靠港使用岸电协同推进力度。制修订发布了《码头岸电设施建设技术规范》（JTS 155—2019）、《码头岸电设施检测技术规范》（JTS 155-1—2019），统一接口标准，规范检测要求。督促落实《港口岸电布局方案》（交办水〔2017〕105号），截至2019年底，全国共建成岸电设施5400多套，覆盖泊位7000多个（含水上服务区）。

积极推广应用液化天然气等新能源、清洁能源。协调国家发改委、住房和城乡建设部等部门，推动解决LNG加注站建设和运营难问题。指导芜湖、重庆、湖南等地LNG加注站建设，重庆LNG加注站已投入试运行。推动对LNG动力船通过三峡船闸开展试运行并给予优先过闸政策。印发《水上液化天然气加注作业安全监督管理办法》（海危防〔2019〕490号），保障安全应用。发布《浮式储存和再气化装置法定检验暂行规则》（海事局公告2019年第16号），填补了国内水上储存转化天然气设施的技术标准空白。发布《内河船舶法定检验技术规则（2019）》（海事局公告2019年第23号）、《内河小型船舶法定检验技术规则（2019年修改通报）》（海事局公告2019年第13号），纳入国家最新环保标准和应用锂电池等新能源技术要求。

四、实施碧海行动计划

全力推进2019年度3个海区“碧海行动”计

划，在黄渤海区、东部海区和南部海区全面实施沿海“碧海行动”。交通运输部海事局组织制订“碧海行动”实施方案，救助打捞局全力以赴做好组织建设，烟台打捞局、上海打捞局和广州打捞局投入打捞工程船 50 艘次、打捞工程技术人员 1000 余人次，克服了气象海况恶劣、潜水作业风险高、难船图纸资料缺失等困难，完成了全部 17 艘碍航或存在污染风险沉船的清除工作。救捞系统承担“碧海行动”沉船清除打捞任务 6 年来，共清除打捞沉船 79 艘，有力保障了中国沿海航道通畅和海洋环境清洁，有力改善了海洋生态环境、海上通航安全环境和港口发展环境。

第六节　长江航务管理

一、服务长江经济带发展

航道船闸畅通有序。全年共完成长江干线航道维护疏浚量 8592 万立方米（其中长江口 5552 万立方米），干线航道水深保证率、航标正常率均达 100%；船闸（升船机）高效运行，三峡枢纽通过量达 1.48 亿吨，再创历史新高。运输服务不断优化。全年长江干线货物通过量达 29.3 亿吨，同比增长 8.9%，干线港口货物吞吐量 31.6 亿吨，同比增长 11.3%，完成集装箱吞吐量 1940 万 TEU，同比增长 10.9%，均刷新历史纪录。规划建设稳步推进。全年共落实中央固定资产投资计划 42.8 亿元，实际完成投资 40 亿元，落实计划和完成数均达历史最好水平。

规划修编积极推进。编制完成了《长航系统“十四五”发展规划》《长江航运发展规划纲要（2021—2035）》等。

重点工程加快实施。完成 21 个项目工程可行性研究报告批复立项和 22 个项目竣工验收；武汉至安庆段 6 米水深、长江口南槽一期航道整治工程，以及 13800 立方米耙吸挖泥船、三峡—葛洲坝船舶监管系统、江苏海事局船舶交管系统改扩建等重点工程加快推进。

基建工程质量优良。积极开展“平安百年品质工程”创建工作，在建项目监督覆盖率、单位工程验收合格率均达到 100%，长江中游荆江河段航道整治工程昌门溪至熊家洲段工程荣获“国家优质工程金奖”。

二、服务长三角一体化发展建设情况

（一）内河航道网络化建设有序推进

长三角内河高等级航道网建设按期扎实推进，淮河出海通道建设取得阶段性进展，更高层次“通江达海”的目标正在逐步实现。其中，京杭运河高等航道网建设任务超期推进，湖州、杭州“四改三”段主体基本完成；芜申线、长湖申线、杭平申线、苏申内港线航道，以及浙北高等级航道网集装箱运输通道项目按计划推进。

（二）长三角区域港口一体化初见成效

港口功能布局得到进一步优化。按照长三角港口一体化发展的需要，各地正在开展对辖区港口功能定位的研究，抓紧推进相关港口规划调整或修编，已完成的包含常州港、马鞍山港、芜湖港、阜阳港、亳州港等沿海沿江港口。

长三角集装箱港口布局、近洋和远洋航线布局更为合理清晰，江海联运和江海直达系统得到进一步完善。江海直达、江海联运配套港口设施建设稳步推进。

（三）运输船舶标准化两大重点工作取得突破

内河船型标准化取得阶段性成果。京杭运河、淮河水系过闸船舶船型主尺度系列国家标准已在长三角三省一市贯彻实施，在完成内河船型标准化既定工作目标的基础上，各地加快淘汰、更新及改造环保不达标的老旧运输船舶。

（四）绿色航运协同发展行动多措并举

继续强化港口船舶污染防治。严格执行长三角船舶排放控制政策。长三角三省一市严格实施船舶排放防控，充实一线站点快速监测设备，持续加强执法检查。加快推进400总吨以下内河运输货船加装生活污水存储装置工作。持续完善船舶污染物接收处理。

积极推进新能源和清洁能源应用。加强港口岸电设施建设和应用。长三角区域按照交通运输部《港口岸电布局方案》要求的码头岸电设施改造任务已全部超目标完成。各地因地制宜研究引导政策，逐步提高港口码头岸电设施使用率。加强港口节能减排，各地持续推进港口作业机械和车辆的清洁化改造。

（五）信息资源共享化能力逐步提升

上海电子口岸与张江港电子口岸系统完成对接技术测试，初步实现两地口岸物流信息共享，并启动了沪皖单一窗口系统对接工作。长三角主要港口外贸集装箱设备交接单电子化工作持续推进。

两大港航物流公共信息平台日趋完善。舟山江海联运公共信息平台继续深化与国家交通运输物流公共信息平台、云上长航等数据交互，基本实现公共服务一张图、行业监管一条链、数据交换一张表、航运交易一张网的架构体系。

三、长江干线航道治理情况

航道通过能力持续提升。南京至长江出海口的12.5米深水航道全线贯通，5万吨级海轮可直达南京港，10万吨级海轮也可减载趁潮抵达；武汉至黄石段枯水期航道维护水深由4.5米试运行提高至5.0米、黄石至安庆段由4.5米正式提高至5.0米；长江口深水航道边坡自然水深得到有效利用。

加快推进重大项目前期工作。长江上游朝天门至涪陵河段航道整治工程可行性研究报告获国家发改委批复，长江上游羊石盘至上白沙河段航道整治工程可行性研究报告报交通运输部审查，完成长江上游涪陵至丰都、界石盘至九龙坡、合江门至界石盘生态航道建设工程和长江中游荆江河段航道整治二期、长江下游土桥水道航道整治二期工程等5个项目工程可行性研究报告编制，推进项目防洪影响评价、涉渔工程环境影响评价等前期工作，开展南京以下12.5米深水航道建设后续完善工程前期工作招标。

扎实推进重大项目建设。长江下游江心洲至乌江河段二期航道整治工程、长江口南坝田加高完善工程开工建设。续建项目正常推进，武汉至安庆河段6米、蕲春水道、新洲至九江河段二期、芜湖至裕溪口河段、长江口南槽航道治理一期等航道整治工程，以及三峡库区莲沱段航道整治工程有序开展施工，长江下游东北水道、江心洲水道、安庆二期等3个项目完成竣工验收。

四、三峡通航保障情况

实现辖区连续八年“零死亡、零沉船、零污染”的良好水上安全形势。初步构建三峡通航安全治理体系，顺利接管并履行葛洲坝下过闸船舶安检职责，严格过坝船舶联动控制，近坝河段待闸船舶数量控制在600艘以内。制定实施年通过量攻坚保障方案，加强通航建筑物运行及船舶疏解保畅工作。实现三峡枢纽年通过量1.48亿吨和葛洲坝船闸通过量1.53亿吨的历史新高。全年安全运行三峡船闸10627闸次、三峡升船机2902厢次、葛洲坝船闸18767闸次。三峡调度水域日均待闸船舶495艘，平均待闸时间83.33小时。

实现“美丽三峡、绿色通航”建设的良好开局。统筹推进绿色船闸、绿色锚地、绿色航道、绿色船舶、绿色基地建设，联合国家电网推进三峡坝区岸电实验区建设，与部环保中心联合共建三峡船舶污染检测室，实施LNG动力船、“低碳示范船舶”优先过闸，完成葛洲坝闸区污水管网改造。

五、长江航运运输服务发展情况

深入推进船型标准化，干线货船平均吨位提升至1880吨，比2018年增加了100吨；严格控制新增运力，淘汰老旧液货危险品船和客船121艘。

圆满完成长江干线春运组织及军事运输保障任务；大力发展江海联运、铁水联运，积极支持开辟武汉至日本江海直达集装箱班轮航线；精心维护安徽大型企业6.4万吨海船安全通过芜湖以下长江大桥及浅水道。

持续开展“春暖行动”，出台实施了优化营商环境增强港航企业发展活力的10项工作措施；简化行政许可流程，省际客船和危险品船水路运输许可办理时限由原来的20天缩短为10天；提升引航服务质量，全年安全引领中外船舶6万余艘次进出长江。

六、长江航运体制改革情况

长江航运行政管理体制改革纵深推进。长航公安转隶工作顺利完成，长江航道工程单位转企改制加快推进，长江通信管理运行机制不断完善。水上综合执法改革继续完善。航道、通信、运政等执法内容纳入现场执法履职标准，长江水上综合执法示范工程全面推进，行政执法“三项制度”有力推进。

第七节　珠江航务管理

2019年，珠江水路运输在国家“交通强国”战略的引领和粤港澳大湾区建设的推动下实现跨越式发展。全年珠江水系货运量突破10亿吨大关，位居世界第二。同时，西江航运干线长洲水利枢纽船闸货物通过量达到1.45亿吨，达到历史新高。

珠江水系“一横一网三线”和北江、左江等高等级航道建设及其通航保畅工作取得重大突破，全年完成航道和船闸（枢纽）项目建设投资29.3亿元。西江航运干线扩能升级持续推进，贵港至梧州3000吨级航道工程加快推进；珠三角航道实现“加密、提级”，倒运海、鸡鸦水道、泥湾门—鸡啼门水道、龙穴南水道等航道提档升级；重要支流都柳江、柳江—黔江、左江、北江等重要支流航道实施了一批重点工程。

2019年，珠江水系推进集约化、规模化公共码头建设，完善港口集疏运条件，全年完成港口建设投资19.6亿元。东莞港麻涌港区、江门港主城港区、贵港港中心港区、崇左港中心港区、云贵上游库区码头等一批专业化、规模化、集约化港区、码头建设加快推进。南宁、贵港、梧州、佛山、肇庆等主要港口加快拓展多式联运、现代物流、商贸服务等功能，成为临港产业和现代物流发展的重要平台。

一、珠江水运助力大湾区发展提出新举措

2019年，珠江水运发展高层协调会议于9月6日在广西南宁召开。会议以“珠江水运助力粤港澳大湾区建设发展”为主题，研讨进一步加强部省、省区之间的协调合作，以新的机制推动珠江水运重大事项决策和协调解决重点、难点问题。

此次会议为珠江水运助力粤港澳大湾区建设进行了顶层设计，会议审议并原则通过了《珠江水运助力粤港澳大湾区发展实施意见（讨论稿）》。此次会议贯彻落实习近平总书记关于推进粤港澳大湾区建设的重要指示精神，促进泛珠三角

区域与粤港澳大湾区融合发展，为粤港澳大湾区建设和促进流域经济社会协调发展绘制了“规划图”。

二、船舶运力结构实现新优化

2019年，珠江水系加快运力结构调整措施，船舶大型化、标准化趋势明显，水运生产服务能力进一步提升。珠江水系货运船舶平均净载重量在2019年底达到1530吨，通过长洲船闸船舶平均吨位增长至1839吨，在建船舶吨位超过4000吨的占70%以上，船舶大型化趋势明显。集装箱船、罐装水泥船等专业化船舶得到较快发展，全年新建货运船舶522艘，其中多用途集装箱船舶167艘，占32%，船舶专业化发展趋势明显。

2019年10月26日，大藤峡水利枢纽工程实现大江截流，此次截流断航为下一阶段的“西江亿吨黄金水道”腾飞赢得更广阔的发展空间。大藤峡水利枢纽工程是国务院确定“十三五”规划的172项重大水利工程中的标志性工程，是珠江流域防洪控制性工程和水资源配置骨干工程。大藤峡枢纽船闸通航和相关航道整治之后，柳江、黔江通航等级将提升至2000吨级，每年运输货物量较当前提高3倍以上。

三、水运服务能力获得新提升

2019年9月1日，琼州海峡客滚运输正式进入“班轮化”试运营时代，全面实现“定码头、定班期、定船舶”目标。实行班轮化试运营后，琼州海峡客滚运输乘船混乱的局面得到根本改观，琼州海峡客滚运输航班密度大大提高，乘客出行安排更具“计划性”，平均过海时间缩短30分钟，船舶作业安全系数有较大提高，港口企业调度工作进一步完善，航运企业提升服务质量的积极性高涨。

2019年，珠江水运综合服务水平有效提升，全年完成内河货运量达到10.03亿吨，西江航运干线长洲枢纽货物通过量达到1.45亿吨，有力支撑流域内国民经济和对外贸易快速发展。在中下游初步形成了以主要港口为中心的航运服务业；西江航运干线港口加快实施“散改集”工程，珠江三角洲加快推进集装箱运输“陆改水”工程，“华南公共驳船快线”“水上穿梭巴士”等驳船航线品牌效应明显提升，运输组织不断优化。

四、水运绿色发展实现新跨越

2019年，生态航道建设、绿色港口创建、船舶污染防治等工作取得了明显成效。形成了以贵港至梧州3000吨级航道工程、贵港二线船闸工程等为代表的生态航道示范工程；西江航运干线、珠三角主要港区港作设备基本完成“油改电”工作，广东省内河港口码头已实现岸电设施全覆盖；投入营运31艘LNG动力船舶和1艘2000吨级纯电动内河自卸船，在梧州、云浮各建成1座LNG加注站。截至2019年底，《推进珠江水运绿色发展行动方案（2018—2020年）》中的32项实施任务已完成超过三分之二。

根据交通运输部《港口岸电布局方案》，珠江水系积极推动“绿色港口”建设。截至2019年10月底，广东省已基本完成内河港口岸电设施的安装、供电和联网测试，实现全省内河港口岸电全覆盖，广东也成为全国最早实现岸电全覆盖的省份。广东内河港口全面使用岸电，每年可减排6800万吨的污染物，极大降低内河船舶排放对空气的污染影响。

五、安全应急管理取得新成效

2019年，珠江水系安全生产形势总体稳定。全面落实水运港航企业主体责任，开展企业安全生产标准化，建立健全隐患排查制度，强化水运主体本质安全；持续推进“平安交通”建设，加强日常安全监管，扎实开展“安全生产月”活动，健全安全监管保障体系；坚持深化改革，结合安全监管能力和水平的提升，加快布局水上安全应急救助体系，探索巡航救助一体化机制。

六、智能航运发展迈出新步伐

2019年，珠江水运大力提升与互联网、大数据的深度融合，以航运信息化带动珠江水运管理现代化。珠江航运综合信息服务系统工程（一期）建设项目三个单项工程全部完成交工验收，系统以“一张图、一中心、一张网”为核心，结合若干应用系统为港航企业提供精准服务。基本实现了VHF、CCTV、自动水位监测、航标遥控遥测等设备对西江航运干线和珠江三角洲重点航段、船闸和港口的覆盖；西江、北江建立了以信息化为基础的船闸联合调度模式，建有西江干线船舶过闸联合调度系统；“互联网+航运”在航运数据整合中初现成效。

七、机制体制改革跨入新进程

2019年，珠江水运治理体系和治理能力现代化持续推进，珠江水运体制改革迈入新阶段。2019年7月，国务院办公厅印发《交通运输领域中央与地方财政事权和支出责任划分改革方案》，将西江航运干线调整上划为中央财政事权，中央承担支出责任，改革目标和实施路径得以明确，权责清晰、科学规范、运行高效、服务优质的航道治理新格局加快构建。

第八节　海事管理

一、通航管理

（一）通航环境管理

研究我国沿海南北大通道、区域重点港口航道和公益性锚地布局规划，形成全国沿海通航功能区规划研究报告。推进渤海中西部通航资源共享共用。发布《闽江口水域船舶定线制》《闽江口水域船舶报告制》《长江安徽段船舶定线制规定》《长江三峡库区船舶定线制规定》，完成长江江苏段、湄洲湾、琼州海峡水域船舶定线制或报告制修订稿编制。

做好长江口深水航道利用边坡交会的运行保障，将交会船型由大型邮轮与大型集装箱船扩展到大型邮轮与大型邮轮、大型邮轮与大型滚装船。开展唐山港曹妃甸港区水域通航安全风险研究。做好深中通道建设期间水上交通安全保障和服务工作。

（二）通航秩序管理

巡航总里程662万海里，巡航时间67万小时，空中巡航出动632架次。完善巡航救助联动工作机制，基本实现全国沿海空中巡航救助联动机制全覆盖。优化沉船沉物碍航及污染风险等级划分标准。

开展为期一年的内河船涉海运输整治专项行动，全国共计查处非法从事海上运输的内河船舶2625艘次，拆解32艘，召回336艘，罚款9604万元，移交公安海警行政拘留139人，内河船舶非法参与海上运输行为得到有效遏制。

（三）船舶交通管理

修订《船舶交通管理系统安全监督管理规则》和《VTS用户指南》。全国共有55个VTS中心和275个雷达站。各VTS中心2019年共接收船舶报告844万次，提供交通组织服务122万次，向船舶提供879万次信息服务和0.9万次助航服务；通过VTS避免船舶险情1.3万艘次。

（四）水上无线电通信管理

制定《船舶制式无线电台执照、船舶识别码核发服务指南》《船舶制式无线电台执照、船舶识别码核发业务流程》和船舶无线电检查履职标准。自2019年6月1日起，调整下放船舶制式无线电台执照、水上移动通信业务标识码、船舶电台呼号等3项业务受理审批权限。

（五）北斗系统应用

印发《关于成立北斗卫星导航系统应用工作领导小组及其办公室的通知》和《海事系统北斗应用推广工作要点（2020—2025）》。推动北斗卫星导航系统成为全球海上遇险与安全系统（GMDSS）服务提供商的相关工作，向国际海事组织航行安全、通信与搜救分委会第7次会议报送《认可北斗报文服务系统作为GMDSS服务提供方》提案。

二、船舶监督

（一）船舶登记

现有登记船舶约23万艘，约1.89亿总吨。其中，海船2.90万艘，约8991万总吨；内河船20.33万艘，约9917万总吨。新建造并办理登记手续的船舶7533艘，约677万总吨。

（二）船舶进出港情况

办理国际航行船舶进出口岸查验49万艘次，全年国际航行船舶载运进出口货物超过51亿吨，载运旅客超过1314万人次。接收国内航行船舶进出港报告约2795万艘次。

（三）船旗国检查和港口国监督

实施国轮安全检查10.86万艘次，其中海船安检2.84万艘次，滞留1658艘次，滞留率为5.83%；河船安检8.01万艘次，滞留2037艘次，滞留率为2.54%。实施船舶现场监督检查29.05万艘次。

实施港口国监督检查7756艘次，其中滞留船舶435艘次，滞留率为5.61%。我国实施港口国监督检查艘次占亚太地区20个成员检查总数的24.72%，滞留率高于地区的平均滞留率2.47个百分点。中国籍国际航行船舶在外被滞留6艘次，我国国际航行船队在全球履约状况总体稳定，继续保持低滞留率。

185艘船舶被列入中国海事局公布的重点跟踪船舶名单，227艘船舶经过系统整改脱离重点跟踪船舶名单，“上榜”船舶总数为687艘。依据诚信船舶评选程序，评选317艘船舶为2019年度安全诚信船舶。

（四）口岸开放管理

验收6个水运口岸开放（扩大开放）；办理国际航行船舶临时进出非开放水域期限审批42件次。

三、危险品与防污染管理

（一）船舶载运危险货物管理

监管进出港危险货物33.76亿吨，监管载运危险货物船舶39.39万艘次，现场检查危险货物集装箱10.21万箱。

（二）船舶防治污染管理

实施船舶防污染检查19.24万艘次，船舶油污水接收处理5.82万艘次，船舶垃圾接收处理44.42万艘次，船舶其他污染物接收处理5.19万艘次，压载水排放或接收处理5.20万艘次。

（三）危防管理制度建设

发布《需布设围油栏或签订船舶污染清除协议的散装液体污染危害性货物名录》。印发《船舶污染清除协议制度监督管理办法》《水上液化天然气加注作业安全监督管理规定》。制定实施《海运固体散装货物安全监督管理规定》《船舶大气污染物排放控制区实施方案》《2020年全球船用燃油限硫令实施方案》。

（四）完善船舶污染应急和赔偿机制

召开船舶污染损害赔偿基金管委会会议及联络员会议，推进“桑吉”轮事故国家损失统一索赔，开展联合监视监测工作。开展国家溢油应急设备库年度巡检，加强船舶污染应急能力建设。

四、船员管理

（一）船员综合管理

改善船员发展环境，推动和配合财政部出

台远洋船员个税优惠政策。公布《2018年中国船员发展报告》。实施海员证改版工作，发布《特定人员申请海船船员适任证书考试和发证办法》，继续实施“口袋工程”。

(二) 船员培训、考试、发证

全国新注册海船船员46698人，新注册内河船舶船员37256人。全国共有注册海船船员78.44万名，注册内河船舶船员87.49万名。船员培训开班23908期，培训61.06万人次。组织内河船舶船员适任考试3185期，7.77万人次；海船船员适任考试2221期，18.30万人次。组织内河船舶船员培训考试2908期，6.89万人次；海船船员培训考试18198期，47.40万人次。开展引航员考试10期，参加考试人员402人。

全国共有有效海船船员适任证书41.85万本，内河船舶船员适任证书41.83万本，海员证39.96万本，健康证明54.20万本，全国共有有效引航员适任证书2311本。

(三) 船员权益保障

交通运输部与国际劳工组织签署在“21世纪海上丝绸之路”倡议下推动经修订的《2006年海事劳工公约》有效实施谅解备忘录。开展国内航行海船海事劳工条件检查试点，发布《推动国内航行海船和500总吨以下国际航行船舶履行〈2006年海事劳工公约〉实施方案》，积极处理船员投诉和处置船员伤病亡事件，维护船员权益。举办“世界海员日”系列庆祝活动，联合中国海员建设工会在舟山举办第五届中国海员技能大比武活动。

(四) 深化船员管理改革

修订《中华人民共和国船员培训管理规则》《中华人民共和国海员证管理办法》《中华人民共和国海员外派管理规定》等3个部令，及时修订发布相关配套实施文件。配合服务簿签发许可取消，发布《中华人民共和国海事局关于做好船员服务簿签发取消后衔接工作的通知》。发布《中华人民共和国内河船舶船员适任培训和考试大纲（2019版）》《海港引航员适任培训大纲（2019版）》，组织修订《内河船舶船员特殊培训合格证签发管理办法》。

五、水上交通事故调查与处理

(一) 水上交通事故情况

全国共发生一般等级以上中国籍运输船舶水上交通事故137件，死亡失踪155人，沉船46艘，直接经济损失17987万元，分别同比下降27.5%、34.6%、44.6%、39.4%。共发生0.1吨以上船舶污染事故8起，总泄漏量93.97吨，船舶污染事故主要发生在渤海、珠江口等水域。

(二) 事故调查和处理

组织调查上海“3·12”“VATHY”轮与“浙岱渔02611”轮碰撞事故、北海“3·23”“北游25”轮搁浅事故和三亚“4·7”“L”轮与“Q”轮碰撞事故等水上交通事故。共对11起事故进行挂牌督办，对14起挂牌督办事故解除挂牌。

六、航运公司安全与防污染管理

(一) 航运公司安全与防污染管理概况

升级航运公司安全管理系统“符合证明”和船舶“安全管理证书”电子证书签发功能，统一由海事管理机构履行上述证书的签发职责，方便行政相对人。

新评选3家“安全诚信公司”、撤销7家“安全诚信公司”资格，将2家航运公司列为“重点跟踪航运公司”。全国共有40家“安全诚信公司”，13家航运公司列为“重点跟踪航运公司”。开展第四批船舶实施NSM规则宣贯活动。

(二) 航运公司、船舶审核发证情况

全国共有持有效“符合证明”的国际航运公司80家、国际国内兼营公司140家、国内航运

公司 1248 家；持有效“安全管理证书”的国际航行船舶 1039 艘、国内航行船舶 7316 艘。

七、航海保障

（一）航标管理

共管理航标 17247 座，其中公用航标 9691 座、专用标 7556 座。航标正常率 99.97%，航标维护正常率 99.99%，RBN/DGNSS 信号可利用率 99.78%，AIS 正常率 99.98%。维护航标 3008909 总座天，及时、准确发布一类航标动态 1364 份，二类航标动态 397 份。

实施威海港、永兴岛等导标效能升级改造，烟台北长山灯塔、海南铜鼓咀灯塔等 6 座灯塔改造重建和宁波水老鼠尾巴灯桩等 12 个灯桩改造。开展甘肃、青海 6 座 AIS 基站的补点建设工作，组建北海、东海和南海航海保障中心海区导航中心，升级改造琛航 AIS 基站。组织北海、东海和南航航海保障中心开展沿海专用航标接收工作，全年共接收 1337 座。全国沿海航标遥测遥控终端总数达 6772 座，遥测遥控覆盖率达 99%，其中北斗遥测遥控航标灯器数量达到 4900 座，占总遥测遥控终端数的 72.36%。

（二）海道测量与编绘

测量面积 32900 换算平方公里，发布中、英文《改正通告》各 53 期，出版发行《中国海区助航标志表（北海海区 / 东海海区 / 南海海区）2019—2020》《2019 年中国沿海港口航道图目录》《中国沿海潮汐表（上海港、杭州湾）2020》等系列航海图书。持续开展纸海图即需即印（POD）服务，升级航海图书在线服务系统，形成电子海图与纸海图统一的在线发行与服务模式。按协议定期向香港海事处和东亚电子海图数据中心传送电子海图数据。

（三）水上安全通信管理

播发安全信息 697118 次，其中发布航行警告 479040 次，播发中英文气象预报 106872 次，安全信息播发准确率达 100%，通信事故及无线电报和无线电话差错率为零，机线完好率和设备维护率分别为 99.76%、100%。

（四）应急服务

共设置沉船标 63 座，应急扫测 734.5 换算平方公里，处理遇险紧急特殊通信 35 起，处理 DSC 遇险报警信息 2655 次。

八、规费征收征稽

2019 年，累计征收各类规费 252.93 亿元，同比增长 6.25%。其中港口建设费 243.41 亿元，船舶油污损害赔偿基金 1.66 亿元，船员考试费 0.89 亿元，分别同比增长 4.15%、8.50% 和 25.35%。

制定《港口建设费退费管理工作规程》。开展为期 1 个月的直属海事系统砂类货物港口建设费专项稽查。

第九节 海上搜救

2019 年，共组织协调搜救行动 1922 次，在我国搜救责任区内成功救助 1270 艘中外遇险船舶、13875 名中外遇险人员，搜救成功率为 96.3%。圆满完成全国两会、新中国成立 70 周年庆祝活动等重点时段的应急保障任务，成功防御了“韦帕”“利奇马”“塔巴”等多个台风，妥善处置了客船“北游 25”在涠洲岛附近海域搁浅、“琼琼海渔 01039”在西沙海域进水沉没等突发事件。

一、发挥部际联席会议制度优势，凝聚海上应急处置合力

各成员单位在实践中坚持和完善部际联席会议制度，充分发挥部际联席会议、联络员会议和务虚会等优势，统筹谋划海上应急发展。

发展改革委、财政部、交通运输部等共同落实全国政协双周协商座谈会议精神，合力推动国家海洋救助保障体系建设。

交通运输部、农业农村部深化商渔船安全会商及通报机制，加强商渔船安全监管、搜救协调、事故调查、宣传教育等领域合作。自然资源部、气象局健全气象联合会商机制，加强近海重点海域单点海洋气象服务，及时为海上应急处置提供天气和海况预报。应急管理部指导海洋石油企业科学应对极端天气灾害。发展改革委、自然资源部、生态环境部开展环渤海区域突发环境事件风险评估，实施海上环境风险防范行动。

二、强化应急能力建设，提升海上应急处置效能

推动规划落地实施。大力推进《国家水上交通安全监管和救助系统布局规划》《国家重大海上溢油应急能力建设规划（2015—2020年）》的实施。交通运输部在永暑礁挂牌成立三沙海上救助中心，积极推动长江干线万州、武汉、南京和广西梧州区域性救助基地建设。卫生健康委积极推动海南（三沙）、浙江（舟山）等国家海（水）上紧急医学救援基地建设试点。应急管理部、中海油积极建设国家海上油气应急救援渤海（天津）基地。国家能源局督促石油企业加强海上溢油应急能力建设。武警海警总队开通运行“95110”海上报警服务热线。

加快装备建设配备。交通运输部研究深潜装备轻型化远程投送，提升内陆深水打捞能力。自然资源部新增47个岸基观测站点，扩大海洋观测覆盖面。应急管理部配置水上浅水井喷事故应急救援关键装备300余套，强化海洋油气应急处置能力。中石油、中石化等加强溢油应急设备库建设和应急处置船舶配备，补齐海上溢油应急处置能力短板。

加强应急演习演练。交通运输部联合重庆市人民政府举办2019年长江干线水上联合搜救演习，举办救捞系统专项应急保障等演练；工业和信息化部常态化组织应急通信保障演练；卫生健康委举办了立体化紧急医学救援综合演练；海关总署加大缉私艇救生部署演练；军队大力开展实战背景下的应急处置演练和单科目训练。中石化、中海油等联合举办“2019年东营海域综合应急演习”。招商局每季度组织开展大型综合应急演练。

推广先进技术应用。交通运输部大力推进调度与应急指挥系统建设。工业和信息化部、国防科工局持续推进“天通一号”卫星等在海上搜救中的应用。自然资源部推动“国家海上搜救环境保障服务平台”示范运行，组织开展南中国海区域海啸预警中心业务化运行工作。

三、夯实应急管理基础，健全海上应急保障体系

健全制度体系。党中央、国务院印发了《交通强国建设纲要》。《国务院办公厅关于加强水上搜救工作的通知》正式印发，《中华人民共和国海上交通安全法》修订取得重大进展。生态环境部积极研究修订海洋石油勘探开发溢油环境应急预案，发挥中海油等涉海企业应急资源作用，推动构建政府主导、企业参与的海洋突发环境事件应急处置合作机制。

加强队伍建设。交通运输部牵头更新完善国家海上突发事件咨询专家库。人力资源社会保障部加强潜水员、水上救生员国家职业技能标准建设。卫生健康委推动实现紧急医学救援队伍省级100%覆盖。农业农村部组织开展首届全国渔业安全技能大比武活动。应急管理部建

表 3-4-3 2019 年组织协调海上搜救行动次数（共计 1922 次）

碰撞	搁浅	自沉	机损	火灾 / 爆炸	触礁	风灾	触损	浪损	伤病	其他
306	220	172	220	96	63	31	35	12	370	397

表 3-4-4 2019 年搜救部门组织、协调、指挥搜救行动次数（共计 1922 次）

单 位	次 数	单 位	次 数
黑龙江省水上搜救指挥中心	9	浙江省海上搜救中心	284
辽宁省海上搜救中心	147	福建省海上搜救中心	140
河北省海上搜救中心	45	广东省海上搜救中心（含深圳）	473
天津市海上搜救中心	39		
山东省海上搜救中心	88	广西海上搜救中心	120
连云港海上搜救中心	92	海南省海上搜救中心	122
上海海上搜救中心	247	长江干线水上搜救协调中心	115
贵州省地方海事局	1		

表 3-4-5 2019 年按遇险区域统计遇险次数（共计 1922 次）

区 域	次 数	区 域	次 数
渤海海区	211	长江上游	20
黄海海区	196	长江中游	15
东海海区	671	长江下游	79
南海海区	476	内河支流	121
黑龙江	9	水库湖泊	1
珠江	110	其他	13

表 3-4-6 2019 年按遇险等级统计遇险次数

遇险等级	一般	较大	重大	特大
次数	1676	221	22	3

表 3-4-8 2019 年救助遇险船舶情况（共计 1591 艘船舶遇险）

获救船舶数		沉没船舶数	
外籍船舶	中国籍船舶	外籍船舶	中国籍船舶
53	1217	9	312

表 3-4-7 2019 年救助遇险人员情况（共计 14413 人遇险，全年搜救成功率 96.3%）

获救人数		死亡失踪人数	
外籍人员	中国籍人员	外籍人员	中国籍人员
1018	12857	33	505

表 3-4-9 2019 年协调搜救船艇艘次（共计 11775 艘次）

海事	救捞	军队力量	社会力量	渔船	过往船舶
1840	458	250	2897	3749	2581

表 3-4-10　2019 年协调搜救飞机架次
（共计 354 架次）

救助飞机	海事飞机	军队飞机	社会飞机
279	15	10	50

表 3-4-11　2019 年搜救行动次数、遇险人员、获救人员、失踪死亡人员统计

搜救行动次数	遇险人员	获救人员	失踪死亡人员
1922	14413	13875	538

表 3-4-12　2019 年船舶遇险、获救、沉没统计（单位：艘）

遇险船舶	获救船舶	沉没船舶
1591	1270	321

立海洋石油应急管理专家队伍。武警部队建立海上抢险救援三级指挥体系。招商局加强海上突发事件应急人才资源储备。

强化资金保障。交通运输部、财政部加强船舶油污损害赔偿基金征收和使用管理。中央财政安排发放海上搜救奖励专项资金 700 万元；安排渔船、渔政船救助补助资金 1553.6 万元。

四、加强对外交流合作，提升海上搜救国际影响

积极履行国际公约义务。全力做好我国搜救责任区内海上突发事件处置工作，为 60 余艘外籍遇险船舶提供搜寻救助服务。密切跟踪国际海盗和武装劫船事件的发展动态，配合海军护航兵力完成 72 批次 107 艘船舶护航任务。

主动参与国际搜救事务。举行中日第十一轮海洋事务高级别磋商，推进中日海上搜救合作协定、指南落地生效。派员参加国际海事组织、国际民航组织、ReCAAP 信息分享中心以及《南海各方行为宣言》联合工作组会议、中日韩俄四国海上搜救操作级别会议等国际性事务。

深化推进低敏感领域合作。外交部积极推进中国-东盟国家双多边合作、澜湄流域国家搜救合作，推动商签中越、中菲、中马（马来西亚）海上搜救协议，推进中国-东盟国家海上紧急救助热线项目。中国海上搜救中心组团赴澳大利亚开展深远海海上搜救机制建设培训，举办面向东盟国家的海上搜救高级研修班等。

第十节　救助打捞

2019 年，救捞系统严格执行动态待命救助值班制度，在应对处置海上重特大突发事件中发挥了关键作用，有效保障了海上交通运输和人民生命财产安全，维护了海洋环境清洁。全年共执行应急救助和抢险打捞任务 1258 起，出动专业救捞力量 1987 次，救助遇险人员 2398 名（其中外籍人员 168 名），救助遇险船舶 89 艘（其中外籍船舶 7 艘），打捞沉船 22 艘，打捞罹难者遗体 121 具，直接获救财产价值约 38.963 亿元。

一、专项任务

（一）国家专业救捞力量进驻南沙应急值守常态化

1 月 29 日，“交通运输部南海救助局三沙海上救助中心”在南沙永暑礁正式挂牌，为国家专业救捞队伍更好履行国际公约义务，大力弘扬国际人道主义精神，提供国际公益性应急保障服务奠定了坚实基础。自 2018 年 7 月中国专业救捞力量进驻南沙应急值守以来，截至 2019 年底，共执行救助任务 26 起，成功救助遇险人员 133 人，救助遇险船舶 6 艘，获救财产价值约 7.4 亿元。

（二）完成中国火箭首次海上发射保障任务

6 月 5 日，北海救助局派遣 2 艘救助船拖带护航长征十一号火箭发射平台前往指定海域，

协助发射平台抛锚和精准定位，圆满完成专项保障任务，这是救捞系统服务保障中国航天事业的又一次新的成功探索。

（三）加强沿海空中巡航救助联动

2019 年，继续推进全国沿海空中巡航救助联动工作，救捞局指导北海、东海、南海 3 个救助局与相关海事局加大巡航救助联动力度，分别与河北海事局、江苏海事局、深圳海事局等签署巡航联动协议，完成了沿海巡航救助联动全覆盖。全年共组织沿海空中巡航救助联动任务 100 次，飞行时间达 180 小时，飞行里程总计 11336 海里。

（四）完成各类特殊政治保障任务

2019 年，救捞系统圆满完成了新中国成立 70 周年庆祝活动、海军成立 70 周年庆祝活动、第七届世界军人运动会、第二届进口博览会等国家重大政治、外交活动的专项保障任务。

二、应急救助

（一）救助搁浅客船“北游 25”轮

3 月 23 日，南海救助局、烟台打捞局密切配合，救捞船舶、救助直升机和应急救助队联合出动，成功救援在广西北海涠洲岛水域搁浅的旅游客船“北游 25”轮，保证了船舶和在船 800 多人的安全。

（二）救援失火香港籍集装箱船“广平”轮

4 月 15 日，北海救助局、烟台打捞局在威海东北海域对失火遇险的香港籍集装箱船“广平”轮及船上 20 名遇险船员成功实施救援，烟台打捞局潜水队员勇敢登船扑灭火灾，保障了中国海军成立 70 周年活动时段敏感海域通行安全。

（三）救助沉没渔船“琼琼海渔 01039”轮

7 月 11 日，南海救助局在西沙永兴岛东南约 200 海里处，成功救助沉没渔船“琼琼海渔 01039”轮上 32 名遇险人员。

（四）跨境拖救外籍遇险船舶“HTKHOPE”轮

7 月 17 日，南海救助局在西沙海域成功救助失控漂流的越南籍散货船“HTKHOPE”轮及船上 24 名越南籍船员，并由永兴岛出发将遇险船舶拖救至越南芽庄，用实际行动服务“一带一路”倡议实施。

（五）救助主机故障外籍遇险船舶“BARDU”轮

7 月 20 日，东海救助局派遣救助船在长江口鸡骨礁以东约 30 海里处，成功救助主机故障的马绍尔群岛籍集装箱船“BARDU”轮及船上 20 名遇险人员。

（六）连续成功救援“塔巴”台风期间遇险船舶

9 月，在防抗第 17 号台风“塔巴”期间，东海救助局连续完成救助触礁进水的蒙古籍集装箱船“VANWAH”轮等应急抢险救助任务 11 起，救助遇险人员 44 名，其中外籍人员 8 名，充分发挥了救助队伍的关键作用。

（七）海空立体救助沉没台湾货船“苌薪”轮

11 月 20 日，东海救助局船、机、艇联动，在福州闽江口琅岐岛附近海域，成功救助碰撞沉没的台湾货船“苌薪”轮上 9 名遇险人员。

（八）海空立体救援翻扣渔船“闽狮渔 07705”轮

12 月 5 日，东海救助局船机联动，在台湾海峡“中线”东侧成功救援翻扣渔船“闽狮渔 07705”轮上 13 名遇险人员，得到了福建省委省政府、厦门市政府领导的肯定和感谢。

三、抢险打捞

（一）完成“0407 工程”沉船应急处置任务

6 月，广州打捞局首次运用混合气潜水技术，在 68 米水深处完成了外籍沉船水下抽油、防油污和打捞作业，保护了海洋环境，得到了交通运输部和海南省政府的高度肯定。

（二）整体打捞翻沉货轮"龙汇达 6999"轮

7月，烟台打捞局在威海中航船厂完成整体打捞翻沉货轮"龙汇达 6999"轮工程。

（三）打捞外籍散货船"THORCOCLOUD"轮残骸

10月，广州打捞局在印尼海域完成打捞碰撞沉没的安提瓜及巴布达籍散货船"THORCOCLOUD"轮残骸工程。

四、海洋工程

3月11日，上海打捞局打捞工程船"威力"在卡塔尔完成2860吨大型模块吊装工程。

3—11月，烟台打捞局打捞工程船"德合"在卡塔尔完成海洋铺管工程。

3—11月，上海打捞局打捞工程船"创力"在阳江开展风电安装工程。

5—6月，上海打捞局打捞工程船"聚力"在渤海完成油田管系抢修工程。

5月，广州打捞局半潜驳船"重任1500"在广州完成金光东隧道首节沉管浮运工程。

5—11月，广州打捞局打捞工程船"华天龙"在阳江开展风电安装工程。

8月，广州打捞局打捞工程船"南天龙"在马来西亚完成钻井平台安装工程。

9月2—15日，烟台打捞局打捞工程船"德浮3600"在青岛完成海上浮式生产储卸油装置（FPSO）大型模块吊装工程。

9月15日—10月29日，广州打捞局打捞工程船"南天龙"在泰国完成了固定式井口平台（SWHP）和固定式处理平台（SPP）拆卸工程。

五、大件运输

1月15日，上海打捞局拖轮"德州"从厄瓜多尔曼塔港起航，历时72天，航程10000余海里，成功将搁浅的葡萄牙籍集装箱船"AS FORTUNA"轮拖带至舟山。

6月28日，烟台打捞局自航式打捞工程船"德渤3"装载4台集装箱桥吊从上海起航，经过近4000海里的航行，于7月16日抵达孟加拉国吉大港。

9月25日，广州打捞局自航半潜船"华海龙"装载插桩式钻井平台从南通起航，经过近6000海里的航行，于10月26日抵达迪拜。

12月11日，上海打捞局"德宏""德海"船组拖带35万吨级海上浮式生产储卸油装置（FPSO）从烟台前往巴西维多利亚，总航程约11550海里。

六、训练演练

（一）举办2019年救捞系统春运安全保障综合应急演练

1月18日，救捞局在厦门举办了2019年救捞系统春运安全保障综合应急演练。东海、南海救助局6艘专业救助船艇、2架专业救助直升机和1支应急救助队开展了海空搜救落水人员、直升机转运伤员、船舶消防灭火、水下封堵、船舶快速拖救等科目，为春运期间海上交通运输安全提供了坚实保障。

（二）举办2019年交通运输部救捞系统专项应急保障演练

10月22日，交通运输部救捞系统专项应急保障演练在烟台举办。北海救助局、烟台打捞局7艘专业救捞船艇、2架专业救助直升机和1支应急救助队，开展了落水人员搜救、船舶消防灭火、水下封堵、应急拖带等科目，进一步提升了国家海上专业救捞队伍专项应急保障能力。

（三）参加2019年南海搜救联合训练

11月，中国海上搜救中心组织开展了2019年南海搜救联合训练，南海救助局派遣2艘专业救助船开展了海上搜救、消防灭火、溢油清除、应急拖带等科目，进一步提升了海上应急处置实战能力。

（四）参加2019年琼州海峡客滚船海上大型应急救助综合演练

12月24日，海南省政府在海口组织开展了2019年琼州海峡客滚船海上大型应急救助综合演练，南海救助局3艘专业救助船艇和1架专业救助直升机开展了人员转移、落水人员搜救、水面救生、海上消防灭火等科目，进一步提升了国家专业救捞队伍应对琼州海峡大规模人命突发事件的处置能力。

（五）救捞系统持续深化救助飞行专项训练

2019年救捞系统深入开展船载机训练、直升机夜航训练、训练机训练，进一步增强了专业救助飞行队伍的应急处置能力。

七、科技装备

（一）救捞系统加强深潜水作业技术理论研究

上海打捞局承担的国家重点研发计划“深海关键技术与装备”重点专项“深水协同应急处置技术及专用工具系统研究”项目顺利通过中期检查，进一步夯实了救捞系统深潜水作业的理论研究基础。

（二）成功开展水下遥控机器人海试

1月19日，上海打捞局饱和潜水工作母船“深潜号”搭载6000米级水下遥控机器人（ROV）在太平洋开展海试，成功下潜至5760米，进一步提升了救捞系统深远海搜寻打捞实践能力。

（三）推进深远海搜救能力建设

南海救助局“南海救102”轮开展了深海拖曳系统海上实操训练，并顺利通过6000米级自主式无缆潜航器（AUV）海上测试验收，有力推进了救捞系统深远海搜救能力建设。

（四）上海打捞局“创力”轮列编

1月25日，上海打捞局4500吨打捞工程船“创力”轮正式列编。该船总长198.8米，型宽46.6米，型深14.2米，空船排水量41265.7吨，最大航速15节，具备DP3动力定位能力，并具备深水铺管安装等功能。

（五）上海打捞局“柯力”轮列编

4月16日，上海打捞局坐底式起重打捞工程船“柯力”轮正式列编。该船总长125.9米，型宽32米，型深12米，空船排水量12412.65吨，起重能力800吨。

（六）东海救助局“东海救151”轮列编

12月25日，救捞系统首艘4000kW中型海洋救助船“东海救151”轮在东海救助局正式列编。该船总长69.5米，型宽14.6米，型深6.8米，满载排水量3350吨，设计航速15节，采用全电力驱动全回桨推进方式，具备DP2动力定位能力。

第十一节 船舶检验

一、船舶检验管理

（一）船舶检验行业管理

印发《中华人民共和国海事局关于做好改革期间船舶检验工作的通知》等文件，指导地方船舶检验机构做好改革期间的船舶检验管理工作。制定出台我国首部渔业船舶检验管理的部门规章《渔业船舶检验管理规定》。印发《船舶检修检测服务管理办法》《船舶检修检测服务机构技术条件》，首次制定全国统一的技术条件。出台《关于放开自由贸易试验区国际登记船舶入级检验有关事项的公告》。优化全国船舶检验管理信息系统设计，推动系统检修检测、渔船检验发证功能上线，优化船用产品检验发证功能。组织开展寻找“最美验船师”主题宣传活动，与中国海员工会全国委员会联合举办首届中国船检业务技能比武大赛。

（二）船舶检验技术法规和行业标准

发布《国际航行海船法定检验技术规则

（2019年修改通报）》《浮式储存和再气化装置法定检验暂行规则》《内河船舶法定检验技术规则（2019）》《内河危险化学品洗舱趸船法定检验技术暂行规则（2019）》《内河小型船舶法定检验技术规则（2019年修改通报）》《青海湖载客船舶检验技术规则（2019年修改通报）》。

发布《内河渔船法定检验技术规则（2019）》《内河小型渔船法定检验技术规则（2019）》，推进《钢质内河渔船建造规范（2019）》《国内海洋渔船法定检验技术规则（2019）》等6部渔船技术法规的制修订工作。

推进《海上固定设施法定检验技术规则》《内河浮动设施法定检验技术规则》的制修订工作。开展船舶技术法规体系框架研究、海南省三沙市水域航区调整研究、船舶天然气动力设施改造技术规范研究等14项船舶技术法规项目研究。

开展《远洋渔船法定检验技术规则（2018）》《漓江旅游客船法定检验规定（2011）》等3项技术法规后评估。

（三）船舶检验和检验机构管理

国内船舶检验机构共检验登记船舶22.23万艘，总吨位1.86亿，其中国内航行船舶22.07万艘，总吨位1.55亿；国际航行船舶1657艘，总吨位3078万。全国共有28个省级船检机构、254个分支机构；中国船级社设立分社12个、办事处35个；经批准的国外船舶检验机构驻华验船公司机构22个。

对全国32个省级船舶检验机构（含渔船检验机构）进行监督检查，完成英国劳氏船级社（中国）有限公司等5家外国在华验船公司换证审核，召开外国验船公司年会。

全国经业务核定的渔业船舶检验机构1122个，其中省级渔业船舶检验机构29个，省级直属分局14个，地市级船舶检验机构287个，县级检验机构792个。

（四）船舶检验人员管理

全国共有注册验船师8184名，其中A级注册验船师3674名，B级验船师1848名，C级注册验船师2281名，D级注册验船师381名。

（五）船舶检验技术管理

开展船检质量监管，共抽查船舶14122艘，抽查比例均超过15%，属一般性质量的案例2017艘，属较重大缺陷案例171艘，中国海事局对上报的96艘重大案例进行具体督查。开展船舶救生设备专项检查活动，客船救生设备配备得到根本改观。

二、船舶检验

（一）检验船队快速增长、船队品质不断提升

2019年全年新造船完工817艘、776万总吨，批量40万吨超大型矿砂船、21000箱集装箱船、17.4万立方米液化天然气运输船等超大型、高附加值、高技术含量船舶加入中国船级社（CCS），第一艘13.5万总吨VISTA级豪华邮轮开工建设。截至2019年底，检验船队总规模为34974艘、15512万总吨，较2018年底增加383艘、1045万总吨，吨位增长7.2%。

国际航行入级船舶达4193艘、1.1亿总吨，平均船龄9.5年，成为国际船级社协会成员中国际入级船舶平均船龄最年轻的船级社；国内航行船舶全年完成营运检验27793艘次，同比增长71%，安全管理体系审核1078艘次；远洋渔船全年完成营运检验2446艘次，初次检验258艘、28.3万总吨，完成2艘国内吨位最大、设备最先进的3000吨级远洋渔业综合科学调查船的初次检验。海工方面全年检验移动平台和浮式装置168座、固定平台418座，新增海底管线24条近270公里，中标陵水17-2 ECA评估

项目，顺利完成CCS第一个海外重点项目文莱单点海管项目的发证检验。

2019年CCS还获得美国海岸警卫队法定船用设备认证资格，签发了CCS首张欧盟互认型式认可证书，打通欧盟船旗船用产品法定检验自主渠道。截至2019年底，共获得26个船旗国授权签发电子证书，中国旗船舶已全部持有电子证书。

（二）工业领域稳定发展，服务能力再上台阶

全年完成船舶及海工、路桥、港口设备等监理咨询项目140余个，船舶、路桥、特种设备等检测项目1300余个，船舶、海工等检验评估项目5200余个；新颁发体系证书4200余张，产品认证证书240余张，安全生产标准化评价证书680余张，集装箱检验48万只，工业产品检验监理项目140余个，节能减排审定核查项目1800余个；完成工程计算软件新功能升级19项，船舶应急响应服务新建有限元模型265艘，维护模型2100艘。为船舶管理系统550艘船舶用户提供技术支持。CCS工业服务能力和品牌得到广泛认可和不断强化。

（三）全力加强科技研发，技术能力取得突破

继续大力推动技术研发，加强智能、绿色、极地船、深海装备、智能制造区块链及工业互联网等关键核心技术攻关。全年发布规范／指南27部，包括国内外首发的《海上渔业养殖设施指南（2019）》《直流配电电力推进系统检验指南（2019）》等14部新规范。新开发满足"目标型标准"的集装箱船直接计算、冰载荷计算等工程软件4个，升级海船、河船及共同规范工程软件；完成薄膜型LNG运输船全船直接计算和极限强度标准的制定，并完成了17.4万立方米LNG运输船整船直接计算等验证；船舶服务管理系统2018全面上线试运行，实现全网络环境使用；完成客户服务系统和有害物质管理系统升级，知识管理系统阶段性上线，加强推进数字化船级社建设。

（四）持续优化服务管理，安全质量保持稳定

倡导"安全、技术、质量"共同体理念，开展安全质量提升专项活动，在水上安全链中积极发挥作用。顺利完成新中国成立70周年、上海第二届进博会等国家重大活动期间水上安全保障工作；建立船舶风险评估机制，稳步推动海事划转船舶"一体化、常态化"建设；优化完善管理体系，远洋渔船、海事船舶检验业务顺利纳入管理体系，为CCS持续优质服务提供保障；CCS级船舶在巴黎、东京、美国海岸警卫队三大备忘录中继续保持优秀，国内船舶安全检查责任滞留表现向好。

（五）不断加强机构建设，强力推进国际化进程

完成总部机关职能优化调整，将原境外四大中心调整为香港、新加坡、大阪、釜山、汉堡、雅典、纽约、开普敦八大分社，推行扁平化管理。增设阿布扎比、马尼拉、圣彼得堡等海外网点，推进海外技术中心建设，目前全球服务网点已达119个。全年新增蒙古国等5个船旗国主管机关法定检验授权，目前已接受54个国家和地区的政府授权。在国际船级社协会工作中，主导战略和发展方向及全球限硫标准的实施等重点工作，顺利完成检验专业委员会主席工作，成功竞选环境专业委员会、综合安全评估专家组主席。CCS国际化进程持续推进，品牌和国际影响力不断提升。

第五章 民用航空

第一节 民航规划与实施总体情况

一、民航规划的编制与实施情况

（一）统一民航规划体系

2019 年 6 月 18 日，中国民用航空局（以下简称民航局）制定了《民航局关于统一民航规划体系进一步提升规划工作质量的实施意见》，成立民航规划工作领导小组，进一步完善规划管理、健全实施机制，切实提升规划工作质量和战略导向作用。

（二）组织开展民航“十四五”规划编制

2019 年 11 月 4 日，民航局局长、规划领导小组组长冯正霖组织召开民航规划工作领导小组第一次会议，研究部署民航“十四五”规划编制工作，明确编制工作的指导思想和工作原则、规划体系、前期课题、时间安排和任务分工。

（三）积极推进世界级三大机场群建设

2019 年 7 月 11 日，民航局与上海市人民政府签署《关于推进新时代上海民航高质量发展战略合作协议》，以加快上海国际航运中心和上海航空枢纽建设，民航局局长冯正霖和时任上海市委副书记、市长应勇分别代表民航局、上海市签约。民航局在深入调研基础上，按照中共中央国务院关于长三角一体化发展规划纲要的要求，研究编制《长三角民航协同发展战略规划（初稿）》，待审定后印发实施。

为促进粤港澳大湾区世界级机场群建设和民航高质量发展，民航局组织编制《关于支持粤港澳大湾区民航协同发展的实施意见》，待审定后印发实施。

为进一步推动京津冀民航协同发展，打造世界级机场群，提升北京“双枢纽”国际竞争力，民航局与北京市人民政府签订《关于推动北京民航高质量发展的战略合作协议》，促进首都和北京大兴国际机场临空经济发展；共同印发实施《关于进一步发挥北京“双枢纽”航空货运比较优势 促进京津冀航空物流协调发展的实施意见》，提出了促进京津冀地区民航和货运物流高质量发展的具体意见。

（四）持续推进国际航空枢纽建设

2019 年 2 月 25 日，四川省人民政府、民航局联合印发《成都国际航空枢纽战略规划》，明确了将成都打造成为引领西部民航发展的国际航空枢纽、引领交通强国建设的国际性综合交通枢纽、引领西部开发开放高质量发展的新动力源和引领全国民航创新发展的示范高地的总体定位，确定了构建“两场一体”枢纽、加快机场设施建设、推进“四个机场”建设、提升空管保障能力、完善航线网络结构、打造综合交通枢纽、驱动区域经济发展、优化枢纽发展环境 8 项战略任务。

2019 年 9 月 30 日，重庆市人民政府、民航局联合印发《重庆国际航空枢纽战略规划》，明确了将重庆打造成为引领内陆开放的国际航空枢纽、支撑新时代西部大开发的现代综合交通枢纽、新时代民航高质量发展示范区和建设国际门户枢纽城市的新动力源的总体定位，确定了提升基础设施保障能力、增强空中交通保障能力、强化航空枢纽服务能力、完善综合交通服务体系、着力建设“四型机场”、优化航空枢纽发展环境、支撑国际门户枢纽城市建设 7 项战略任务。

（五）印发实施《关于加快海南民航业发展支持海南全面深化改革开放的实施意见》

按照国家战略部署，2019 年 6 月 19 日，民航局会同海南省印发《关于加快海南民航业发展支持海南全面深化改革开放的实施意见》。该《实施意见》指出，民航局将进一步深化航空运输供给侧改革，充分发挥航空运输业在海南经济社会发展中的比较优势和独特作用，在航线、基础设施建设、政策、资金、人才培养等多领域全面支持海南民航事业高质量发展，把海南打造成面向太平洋、印度洋的航空区域门户枢纽。

（六）组织参与综合立体交通网规划纲要编制

按照交通运输部统一部署，民航局组建民航行业工作组，参与《国家综合立体交通网规划纲要（2021—2050 年）》编制工作，负责编制《规划纲要（民航篇）》。

二、民航服务国家战略情况

（一）服务“一带一路”建设

一是加快提升“一带一路”航空互联互通水平。2019 年，中国航空公司新开 202 条国际定期航线，每周运营 720 班，其中新开至俄罗斯、巴基斯坦、泰国、缅甸等“一带一路”合作国家的航线共计 131 条，每周运营 449 班。截至 2019 年底，中国 36 家航空公司通航 48 个“一带一路”合作国家、99 个城市，运营国际定期航线 509 条，每周运营 3521 班。二是积极拓展“一带一路”民航合作平台和机制，继续利用中国民航对中亚地区合作平台、对非洲地区合作平台、中国-东盟区域航空运输安排工作组会议等机制，推进与“一带一路”合作国家和地区民航的全面合作。2019 年 5 月 20 日，民航局局长冯正霖与欧盟轮值主席国代表、罗马尼亚驻欧盟大使奥多贝斯库以及欧盟委员会负责交通事务的委员布尔茨与欧盟共同签署《中华人民共和国政府与欧洲联盟民用航空安全协定》和《中华人民共和国政府和欧洲联盟关于航班若干方面的协定》，强化了中欧民航合作平台建设，完善了中欧民航合作机制。2019 年 11 月 18—29 日，民航局举办第七期中国-东盟民航安全能力研修班，共有来自泰国、越南、马来西亚、印度尼西亚、老挝、柬埔寨、缅甸等七个东盟国家和尼泊尔一个南亚国家的民航局安全、运行、空管等部门 23 名官员参加。2019 年 10 月 8 日，首届中国-中东欧国家民用航空论坛在捷克举办，这是中国与中东欧国家首次在“17+1”合作框架下召开民航领域的合作会议，标志着中国与中东欧国家在民航领域的国际交流合作掀开新篇章。

（二）服务长江经济带发展战略

重点民航机场项目建设有序推进。湖南岳阳、四川巴中、重庆巫山机场竣工投产，成都新机场建设工程、浙江杭州机场扩建工程按计划稳步推进，民航基础网络进一步完善。

第二节 民航基础设施建设

一、民航基础设施建设总体情况

2019 年，民航运输全行业完成固定资产投资总额 1819.9 亿元。其中，民航基本建设和技术改造投资 969.4 亿元，比上年增长 13%，按系统划分如下：机场系统完成 751.4 亿元，空管系统完成 50.6 亿元，安保系统完成 1.7 亿元，信息系统完成 0.8 亿元，科教系统完成 5.3 亿元，油料系统完成 23.1 亿元，机务维修系统完成 0.5 亿元，运输服务系统完成 70.5 亿元，公用设施系统完成 65.5 亿元。

2019 年，新建巫山、巴中、北京大兴、甘孜机场，迁建宜宾机场建成投产。全年新开工、续建运输机场项目 126 个，新增跑道 10 条、停机位

444 个、航站楼面积 174.9 万平方米、油库容积 32 万立方米。

二、民航服务国家战略情况

民航局高度重视京津冀民航协同发展工作，专门出台系列政策措施，成立京津冀民航协同发展研究中心，在各方的共同努力下，成效初显。一是北京大兴国际机场建成通航，京津冀机场群服务水平大幅提升。北京大兴国际机场综合交通系统、空铁联运系统、高级机场场面活动引导控制系统等均达到了世界领先水平；伴随北京大兴国际机场通航，民航完成史上最大范围京津冀空域调整，涉及航路航线 200 余条。二是京津冀机场群主要机场功能定位更为清晰，初步形成了以北京首都国际机场和北京大兴国际机场两个大型国际航空枢纽、天津机场国际航空物流中心、石家庄机场区域航空枢纽为核心，若干非枢纽机场为支撑，各有分工、相互补充、协同配合的机场体系。三是京津冀地区机场实现统一运营管理，区域机场协同作用日益明显，基本实现了安全服务协同、市场营销联合、运营数据共享、口岸通关协作的一体化运营。

第三节　民航运输服务

一、统筹发展大局，实现民航运输协调发展

一是优化国内和国际航权配置政策。修订《中国民航国内航线航班评审规则》，构建公平公正的市场竞争环境。出台《国际航权监测管理办法》，持续推进为期 2 年的青海省基本航空服务。二是完成与香港运输及房屋局修订内地与香港航空运输安排备忘录，进一步扩大粤港澳间多式联运的范围，允许开展直升机跨境运输业务，促进内地与港澳航空运输的融合发展。三是积极落实《推进空铁联运战略合作协议》落地。以中国东方航空公司为试点推动与国家铁路集团 12306 售票系统销售互联，为后期开发新产品奠定基础。四是全力支持北京大兴国际机场投运。及时开展北京大兴国际机场航站楼及货运站流程及服务设施验收，印发《北京大兴国际机场转场投运及“一市两场”航班时刻资源配置方案》和《北京“一市两场”转场投运期资源协调方案》。推进国内外航空公司开航北京大兴国际机场。五是有效应对紧急突发事件。针对香港事件，积极做好旅客疏解工作。面对海航流动性危机，在确保风险可控和突出海航系主体责任的基础上，助其聚焦回归主业，恢复造血功能。积极配合国家相关部门应对联邦快递风波。

二、着力提质增效，航班正常工作率明显提升

一是组织召开 2019 年民航航班正常和服务质量工作会。总结成绩，并对全行业航班正常和服务工作进行总体部署。二是发挥督导和协调职能，细化分解航班正常 51 项工作任务，重点如 ACDM 建设、机坪管制移交、雷雨绕飞等。坚持“控总量、调结构”工作，严把新增资源需求，实现保障能力与飞行总量基本均衡。三是大力推进机场运行协调管理委员会（以下简称运管委）建设，进一步明确运管委在应对极端天气、调减航班方面的相关要求，37 家千万级机场均建立了运管委机制。

在航班总量同比增长 5.57%、极端天气增多以及其他用户活动大幅增加的情况下，全国航班正常率达 81.65%，同比提高 1.52 个百分点，航班正常率连续两年保持在 80% 以上。

三、坚持真情服务，服务质量工作提质升级

一是统筹修订国内、国际客规，出台《公共

航空运输旅客服务管理规定》，对客票销售、退改签、行李运输、超售等进行明确规定。二是在全行业开展“民航服务质量专项行动”，将民航工作会确定的“九件便民服务举措”落实到位。229个机场实现国内航班全安检通道支持无纸化出行，37家千万级机场国内旅客自助值机平均比例已达到70%以上，29家机场开展跨航司行李直挂服务试点，部分国际机场试行海关监管、民航安检合作检查模式实现旅客出境无感通关。三是坚持服务改革创新，编制完成《民航行李全程跟踪系统建设工作方案》，推进航空电子货运专家组建设和郑州机场航空电子货运试点，联合海关出台国际“通程航班”普适政策，破解运输航空发展难题。四是畅通民航服务监督渠道。正式开通12326民航服务质量监督电话，在接听量增加一倍的情况下，接听率达到95%以上，国内航空公司和机场的投诉响应率均达到100%，高于其他行业呼叫中心平均水平。

四、强化市场监管，促进民航运输健康运行

一是继续严控新设航空公司市场准入管理，贯彻《公共航空运输企业年度报告规定》，对5家公司提出整改要求。二是规范国际包机运行。大幅削减中外航国际包机数量，鼓励转为定期航班运行。上线试运行外航经营许可监管系统，提高行政审批透明度和审批效率。三是与市场监管总局、财政部相关司局成立规范航线补贴部际工作机制，形成《关于规范国际航线补贴政策的意见（初稿）》，正在征求市场监管总局、财政部意见。四是整合信息系统建设，提升监管能力。

五、坚守安全底线，做好危险品航空运输管理

一是修订《中国民用航空危险品运输管理规定》及配套文件，进一步简化许可程序和要求，加强事中事后监管。二是积极推进在华东地区开展的危险品航空运输信用体系建设试点，推进危险品信用管理体系建设。三是协调市场监管总局推进锂电池及充电宝强制性产品认证，提高锂电池及充电宝的航空运输安全性。四是规范货物、邮件、行李装卸管理。开展加强专项检查，2019年下半年未发生因装卸引发的事故征候。

第四节　民航安全管理

2019年，全国民航完成运输飞行1231.1万小时、496.6万架次，运输旅客6.6亿人次，同比分别增长6.7%、5.8%和7.9%，航班正常率达到81.6%。运输航空实现连续安全飞行112个月、8068万小时，运送旅客42亿人次，并连续17年保证空防安全。通航飞行106.5万小时，经营类无人机125万小时，同比分别增长13.6%和26.4%。

一、最强担当压实安全责任

（一）安全工作政治担当全面强化

习近平总书记重要指示精神落得实，北京大兴国际机场安全能力建设抓得紧，重大活动民航保障靠得住。从航空安全专业角度出发，在全球率先停止波音737MAX商业运行，充分体现了对生命高度负责的态度和作为民航大国的责任担当。

（二）民航安全责任体系更加完善

起草民航生产经营单位安全生产责任事故领导责任追究办法，推动“三个必须”的工作要求扎实落地；明确将党政主要领导干部纳入三部委安全管理培训体系，2019年累计培训企事业单位党务干部469名，其中党政主要领导干部185名，“一岗双责”履职能力得到提升；对105名违规专业技术人员给予行政处理，将11名从业人员、11117名影响航空安全的旅客列入失信黑名单，将违法

失信责任一追到底。

（三）安全领域深化改革释放活力

推动监管能力改革和安全作风建设专题改革，制定《关于促进民航安全从业人员工作作风建设的指导意见》，建立健全行业作风建设的长效机制。

二、最高标准防范安全风险

（一）隐患治理持续加力

深入开展以“防风险、保安全、迎大庆”为主题的行业安全大检查，排查各类安全隐患1606项，全部完成整改。贯彻实施跑道安全指导意见，健全基于信息驱动的跑道安全管理机制，深入排查治理隐患，首次实现全年军民合用机场跑道侵入事件“零发生”。持续开展机坪刮碰、载重平衡等专项治理，相关征候数量减少50%以上。

（二）风险防控成效显著

聚焦可控飞行撞地、跑道安全、飞行失控、空中相撞、发动机空停、危险品运输等重点风险管控，发布航空安全预警警示信息47期。针对北京大兴国际机场运行初期的46项典型风险进行安全提示，有效指导风险防范工作。督办核查机载GPS信号干扰和丢失问题，主动协调各方加以解决。严格落实客舱乘务员安全职责，提高颠簸伤人事件的安全标准。

（三）系统建设不断深化

中国民航飞行品质监控基站风险监测和趋势分析能力不断增强，实体化进程取得突破。组织对中国南方航空、厦门航空等单位开展SMS审核，安全管理效能有效提升。

三、最严要求实施安全监管

（一）监管力度在行业治理中不断加大

严肃查处责任原因安全事件，对行业安全大检查期间涉事相对人顶格处理，综合运用经济、法律、行政、信用等多种手段，严肃惩戒安全领域违法失信行为，全年实施行政处罚326起，行政约见128次，限制16家航空公司、9个机场加班包机，削减47641飞行小时。

（二）监管模式在创新轨道上持续改进

发布《民航局关于推进精准监管工作的意见》（民航发〔2019〕9号），总结试点经验，不断提升行业安全治理效能；协调建立联络机制，开辟以飞行品质监控数据辅助安委会排查GPS信号异常的新模式。

四、最实措施确保安全平稳可控

（一）“三基”建设扎实推进

持续加强专业技术人员资质排查评估，加大安全管理培训力度，累计培训企事业管理人员7987人次、局方监察员2132人次；组织“安康杯”、安全班组“三优”创建、优秀班组长训练营、安全事件调查等各类竞赛活动和技能大赛，班组安全堡垒作用得到加强；学习《作风建设永远在路上》宣教片，举办安全主题征文和宣讲活动，出版《“三基”建设永远在路上》图书，协助《中国机长》拍摄。

（二）宏观调控政策及时有效

严控换季期间航班增量，严禁超容量编排计划和超负荷运行；根据7、8月份严峻的安全形势，及时召开航空安全电视电话会议，部署安全工作，坚持“控总量、调结构”的政策定力，坚决推动硬措施落地，暂停国内红眼航班试点和新增航班时刻审批，调减航班量，9、10月份责任原因征候万时率环比下降58.7%，为国庆期间行业安全形势稳定好转，以及全年安全目标的顺利实现争取了主动。

中国民航经过70年发展蓄势和40多年锐意改革，即将进入航空运输大国加快跨入航空运输强国的历史新阶段，“一加快”战略目标进入冲刺阶段，凭借良好安全业绩和大国责任担当，在建设民航强国的大背景下，站在了“十三五”全面收官、承上启下的重要节点。

第五节　通用航空

一、加强顶层设计，汇聚发展合力

2019年印发《关于推进通用航空法规体系重构工作的通知》（民航发〔2019〕5号），加强法规体系建设，积极发挥协调作用，汇聚发展合力，通用航空发展呈现出传统业态持续增长，新业态迅猛发展的态势。截至2019年底，颁证通用机场总数已达246座，首次超过了运输机场的数量（238座）；通用航空企业478家，全年净增56家；机队规模2707架，净增212架；通航飞行106.5万小时，运输非生产3.2万小时，合计109.7万小时，与去年同口径比较，同比增长11.8%；除珠海、西安两大航展外，各地举办通用航空论坛、会展数量超过20场。

二、不断推进“放管服”改革

已报送《通用航空经营许可管理规定》全面修订送审稿；按照取消许可改为信息备案管理原则，完成《非经营性通用航空登记管理规定》修订草稿；定期督办《提升通用航空服务能力改革任务工作方案》任务分工进展；印发6期《通用航空管理“意见箱”》共计答复各类咨询、建议350条。发挥通航管理系统信息平台作用，合并通航统计渠道，减轻企业重复报送负担；支持监控中心建设通航飞行计划申报审批功能模块，部分飞行计划实施7×24小时在线审批。印发《关于加强运输机场保障通用航空飞行活动有关工作的通知》（民航规〔2019〕41号），规范运输机场保障通用航空飞行活动行为。开设“运输机场保障通用航空飞行活动投诉平台”，加强社会监督。

三、扶持新兴业态发展

为支持通用航空短途运输的发展，民航局放宽了对短途运输企业客票销售、公布班期等方面的限制要求。2019年，全国先后开通了43条短途运输航线，运输旅客约5.5万人次。为助力粤港澳大湾区融合发展，民航局积极促进大湾区直升机跨境运输服务业务，2019年6月起，深圳东部通航先后开通了“深圳—香港”“广州—香港”航线，并开展常态化跨境包机飞行业务。为扶持无人机新业态发展，批准相关企业在陕西全境、江西赣州、四川甘孜和浙江杭州等地开展多种应用场景的无人机物流配送应用试点。2018年9月—2019年12月，仅顺丰速运公司在赣州和甘孜两地就累计安全飞行5.58万架次、3.59万小时、106.03万公里，运送农产品33.09万单、314.66吨。这些新业态的蓬勃发展，有力地助推了当地经济社会发展与精准扶贫等工作。

四、统筹推进通航试点

继续推动“通用航空管理改革”“低空监视服务”“通用航空＋旅游”“航空医疗救护”“远程塔台保障”“通用航空监管模式调整”“无人机研发试飞基地建设”“无人机物流配送应用”等多项试点工作开展，其中多项试点工作已取得进展。总结经营许可与运行许可联合审定前期试点工作经验，印发《关于深化通用航空联合审定工作有关事宜的通知》，加以固化和推广。会同国家卫生健康委员会印发《航空医疗救护联合试点工作实施方案》，全国已有33家通用航空企业与313家医疗机构开展航空医疗救护合作，累计救助病患伤员超1000人。

第六节 空中交通管理

一、空管行业管理

（一）空管新技术研究与应用情况

国内首套高级场面活动引导与控制Ⅳ级系统（A-SMGCS）取得民航局颁发的使用许可证，推动北京大兴国际机场成为全球首个投产即具备 A-SMGCS Ⅳ级服务能力的机场。在张家界机场顺利开展基于 AeroMACS 及北斗的机场场面运行应用试点，该项目是中国乃至全球首个将 AeroMACS 结合北斗高精度定位技术用于机场场面运行的创新项目。向中电科西北集团有限公司颁发中国民航首张 GBAS 设备使用许可证，标志着国产精密进近导航设备实现了零的突破。颁布远程塔台技术标准并在新疆、东北等地区开展相关应用试点，解决偏远支线机场管制人员短缺和管制手段落后的问题。在东营机场开展无人机飞行校验试飞验证，是中国首次使用国产无人机搭载自主研制的飞行校验系统成功实施的科研验证任务。

（二）北斗系统国际标准化与民航应用情况

印发《中国民航北斗卫星导航系统应用实施路线图》，明确中国民航北斗系统应用的基本原则、总体目标与应用策略，是指导中国民航北斗系统应用与发展的纲领性文件。进一步推动北斗三号系统国际民航组织标准化工作取得重大突破。全面快速推进北斗通航应用，进一步完善实施方案，全面启动实施。推动完成基于北斗的运输航空器追踪监控项目立项，完成 B737 机型改装方案。组织中国商飞公司研究国产大飞机北斗应用问题，完成立项报告编制。

（三）航班时刻和空域容量等资源分配情况

2019 年，民航局开展了两次航季换季协调集中办公工作，保持“控总量、调结构”战略定力，通过精准调控和精细化管理扩容增效，深入开展民航供给侧结构性改革，尽力满足行业发展需求。全国 36 个航班时刻协调机场时刻执行率达 93.5%，远高于国际平均值 80%，同比提升 2 个百分点左右。2019 年共调整了广州、成都、重庆、浦东、武汉、昆明、西安 7 个繁忙机场的容量标准，增加航班时刻供给约 5%。

（四）民航无线电频谱的规划与管理情况

为支持航空器机坪管制移交工作加快推进，组织开展了机坪运行管理甚高频地空通信实施 8.33kHz 频率间隔可行性研究。为促进通用航空发展，提高低空通信监视能力，集约使用频率资源，减少审批程序，将 122.050MHz、129.750MHz 规划为全国统一的低空甚高频地空通信频率。针对航空无线电导航业务频率，组织对仪表着陆系统（ILS）、全向信标 (VOR)、测距台 (DME) 等导航设备应用场景开展分类研究，进一步细化 VOR/DME 频率指配原则，并在北京大兴国际机场成功实现了 ILS/DME 同跑道双向同频异呼号应用，不仅有效解决了北京地区导航频率资源紧缺问题，也为今后在全国多跑道机场推广该应用奠定了扎实基础。2019 年指配民航无线电专用频率共计 710 个。

为加强民用航空 24 位地址编码管理，规范其使用， 根据中国有关法规及国际民航组织相关规定，制定下发了《民用航空 24 位地址编码管理办法（暂行）》。2019 年指配民用航空 24 位地址编码共计 636 个。

二、空管运行管理

（一）落实习近平总书记对民航安全工作重要指示批示精神，空管安全形势持续向好

全系统坚持稳中求进工作总基调，从严落实

民航局26条措施和空管局27条措施，围绕“防风险、保安全、迎大庆”工作要求，全力打赢北京大兴国际机场投运、国庆阅兵保障以及10月10日航行情报资料生效三大攻坚战，共保障军航演习26天近400梯队次。10月1日，全国航班正常率高达91.1%，北京首都国际机场放行正常率达到92.2%。加强风险防控和隐患排查双重防控机制，精准识别和管控危险源2498个，做好大兴机场等重点项目投运前安全评估工作。全年完成各专业培训4860人次，开展资质能力排查4403人次。

（二）坚持以人民为中心的发展思想，运行效率和服务质量持续提升

全系统科学把握运行标准，正确处理好安全与发展、效益、正常、服务的关系，航班正常率达到81.65%，再创新高。杜绝“无结束时间、无目标容量”的流控行为，流量管理科学化水平进一步提升。加快CDM与A-CDM系统互联，充分发挥空管在运管委中的主导作用，提高放行协同精细化水平。机坪管制移交取得阶段性成果。昆明、广州两地实现CCO/CDO常态化运行，上海地区成功实施PMS试运行，在广深两场开展缩小航空器尾流间隔试点。飞行计划集中处理中心作用越来越明显。加大繁忙地区航班延误治理力度，开展复杂天气复盘工作，及时启动大面积航班延误应急响应，建立健全协同会商机制。

（三）坚持以供给侧改革为主线，综合保障能力稳步提升

北京新终端空域调整顺利过渡，京广大通道北段同步贯通。在全系统共同努力下，圆满完成了中国民航历史上范围最广、影响最大、复杂程度最高的一次空域调整。共调整航路航线200余条，班机走向4000多条，涉及民航运输机场38个。调整后北京终端管制区面积增加一倍，总体形成了八进十出的全新运行环境。启动西北地区空域调整，实现区内多个机场进离港分离运行。加强空管建设顶层设计，出台项目建设指导意见，明确了建设规范和标准。北京大兴国际机场空管工程如期投运，圆满完成上海终端管制中心等62个工程竣工验收。强化预算执行管理，在投资预算大幅增加的情况下，预算执行率连续四年保持90%以上。推进通航情报服务体系建设，成功发布全国低空目视航图，完成通用机场航空情报资料汇编，配合军地有关方面做好低空空域开放工作，积极推动障碍物管理立法工作，较好满足了通航发展需求。

（四）坚持科教创新引领空管发展，系统活力和创造力显著提高

全年累计投入科研资金超过2300万元。与中科院签署成立联合实验室。与中电科28所协同开展AMAN、DMAN、SMAN一体化研究，积极推进核心技术装备国产化，建成亚洲规模最大的ADS-B网络。成功开展四维航迹试验运行，成为全世界第二个运用该技术的国家。完成首套国产GBAS系统、首套国产大型空管自动化系统、首套国产A-SMGCS四级系统的合格审定工作。持续推进CAAMS和ASBU航行技术稳步实施，扎实开展空管数据中心前期研究，加快SWIM等关键技术研究，稳步推进PBCS监控平台建设，试点推进相控阵天气雷达、激光测风雷达等一批新设备应用。与波音、空客、泰雷兹等多家外方机构深化战略合作，建立了“2+2”培养体系，进一步拓展了空管高级人才国际化培养渠道。

（五）坚持全面深化改革，推动系统治理体系和治理能力不断完善

按照韩正副总理指示精神，加快推进民航管制区调整、平战转换、保密体系和空管体制机制改革等研究工作。完成民航管制中心布局规划，编制空管现代化战略实施路线图。加快各地区所

属企业分类改革，深入推进网络公司和电信公司合并重组，完成装备公司和航管科技整合，所属企业发展活力得到充分释放，有效发挥了安全保障、人员分流、服务主业的作用。空管培训改革取得重大突破，启动西南、西北地区培训机构改革，在西北、东北等地区完成“管制 +1”培训 237 人次，并在民航局教学质量评估中取得优异成绩。开展管制岗位复训改革试点，开发管制员选拔考核系统，推动局方进一步放宽管制员体检标准，空管人才活力进一步增强。组织开展系统联合督查，确保重大措施落地见效。顺利完成政府会计制度转轨衔接，健全内控和预算管理制度。配合民航局完成空管系统收费改革成本监审工作，完成审计署、民航局等重大审计监察。建立健全保密制度体系，规范定密管理工作，提升全员保密意识。

（六）坚持开放合作发展理念，推动各方面实现共赢发展

进一步巩固亚太跨界流量管理合作成果，与俄签订了空间天气服务双边合作协议，积极争取成为第 4 个全球空间天气中心。中美 ACP 合作取得阶段性成果，顺利完成上海地区空域和地面优化项目。精心组织实施中欧 APP 合作项目。加大国际民航事务参与力度，分别为柬埔寨、老挝、斯里兰卡援建天气雷达与闪电定位系统，充分展现了我作为民航大国的技术能力和发展水平。妥善推进解决福江走廊问题，切实维护国家利益。按照中央和民航局党组对港工作总体部署，有效防范化解输入性航空安全风险。研究推进粤港澳空域协同问题，共商共建大湾区机场群。加强校企合作，与民航局第二研究所共同研发了具有完全自主知识产权的防跑道侵入系统，与 3 所民航院校签署了人才培养合作协议，与北京航空航天大学、中国电子科技集团有限公司等高校和企业继续保持了良好合作势头。

第七节　飞行标准

一、加强顶层设计，完善体系建设

（一）完善规章标准体系

继续稳步推进《飞行标准管理条例》制定进程，全力支持《无人机管理条例》和《无人机适航和运行管理规则》（CCAR-92 部）的制定工作，发布修订版规章 1 部，持续推进 11 部规章修订工作，制修规范性文件 36 份，为安全工作打下坚实基础。

（二）大力推进系统建设

启动飞行标准监督管理系统（FSOP）三期建设和配套电子化监察员手册的调研和需求分析工作。完成无人机理论考试系统开发、FSOP 审定 / 监察工作单等多项工作持续优化改进。

（三）持续加强队伍建设

举办各类监察员培训班共计 105 期，4000 余人次参与。完成了两批通航安全运行监管能力提升培训，33 人次参与。平衡各地区管理局外航处工作负荷，赋予七个管理局外航处审定和监察职责，组织外航监察员参加国际航空运输协会运行安全审计认证（IOSA）培训交流。

二、保障重大任务，夯实安全基础

（一）保障北京大兴国际机场投运准备

按照北京大兴国际机场投运进度安排，积极协调和推进北京大兴国际机场飞行程序制定、低能见度运行及大兴机场三阶段试飞工作，使北京大兴国际机场通航即具备世界最高等级的低能见度运行保障能力；及时组织完成机场应急医疗救护设施评估、航线维修审批等工作。

（二）推进 CCAR-121 部 R5 补充审定

截至 2019 年 12 月，完成了在运行全部 53 家航空公司的补充审定，夯实了运输航空的机组资质和训练管理、疲劳风险管理、新技术应用推广、

老龄飞机安全改进等安全基础。

（三）积极支持国产民机发展

持续以飞行技术委员会和维修技术委员会为平台，督促ARJ21飞机驾驶舱、维修性设计改进和制造质量的不断提高，并通过定期评估制度促进制造厂家运行支持体系建设。

（四）妥善应对波音737MAX停飞事件

按照民航局统一确定的737MAX复飞路线图，积极与波音公司协调，促进其按照中方要求开展有针对性的飞行程序分析和培训需求分析，严把复飞的飞行训练关。

三、坚持安全底线，有效管控风险

（一）强化作风建设

在飞行作风方面，提前施行驾驶舱内全面禁止吸烟的管理规定，加大驾驶舱违章事件的处罚力度；在维修作风方面，持续强化班组建设培训，推广维修标准化（APS）理论规范一线工作；在运行控制作风方面，组织开展运行控制班组长培训，增强一线班组长的综合素质。

（二）从严飞行训练

在充分调研各运输航空公司训练现状及政策供给需求的基础上，制定深化飞行训练改革的指导意见，统一各航空公司对未来中国民航飞行训练体系改革目标和路径的思想认识，并提供实施路线图。

（三）关注高发事件

调整客舱安全管理政策，提升客舱运行安全水平，及时、有效遏制了连续出现的空中颠簸伤人事件；针对新型号发动机空停频繁的状况，建立持续跟踪机制并及时与制造厂家协调，督促从厂家根源上有效改进。

（四）强化运控体系和能力建设

发布运行监控实施指南、航空器重量与平衡控制规定、燃油政策优化等指导意见，为民航局监管提供依据，为航空公司运行监控建设、绿色飞行提供支撑，进一步提升航空公司安全水平和运行质量。

（五）提升飞行程序管理水平和应用能力

组织完成全国23个枢纽机场进离场程序优化工作。在上海地区和广州白云机场程序优化中引入点融合（Point Merge）技术，实践“扇形进场、等待外挂”等新飞行程序设计理念，实现既有空域资源的共享、灵活使用和效率提升。

四、持续深化改革，推动行业发展

（一）通航监管体系改革

通过积极协调经营和运行许可联合审定、调整水上飞机培训管理政策、推动私人娱乐飞行租赁业务试点、允许电动飞机开展运动类执照培训、试点简化私用驾驶员体格检查、医学鉴定和体检合格证申请等改革，全面释放通航活力，坚决避免过渡监管，加力促进通航产业发展。

（二）维修行业管理模式改革

通过实施“多证合一”维修许可证政策、取消外站从事航线维修单位申请许可证、创新维修人员执照管理体系试点等改革，破解了监管协调的难题，解决了监管资源不足与民航运输业持续快速发展的矛盾，拓宽人才培养渠道，助推行业高质量发展。

（三）全面推进航行新技术应用

继续深入推进PBN、ADS-B、HUD、GLS等技术的应用。完成北京大兴国际机场平视显示器（HUD）跑道视程（RVR）75米起飞和仪表着陆系统IIIB类进近着陆，完成高级机场场面活动引导与控制系统（A-SMGCS）四级引导功能验证，实现中国民航最高等级的低能见度运行。运输飞机全面实施ADS-B运行，积极试点推进通航ADS-B IN应用，逐步建立通用航空器空空监视能力。完成国产地基增强系统（GBAS）

验证飞行。北斗卫星导航系统在运输飞机全球追踪应用示范项目取得阶段性进展，首次实现北斗在运输飞机上的应用。开展航空器前后舱协同空地互联试点和装机取证工作，把宽带通信引入驾驶舱。

五、加深国际交流，扩大中国影响

（一）积极参与国际民航事务

主导 COSCAP-NA（国际民航组织北亚地区运行安全及持续适航合作项目）和 FPP（亚太地区飞行程序）项目、参加飞行运行、客舱安全等多个专业领域的专家组工作，承担与一类理事国相匹配的责任和义务。

（二）广泛开展对外合作交流

包括保持中美、中欧飞标年会交流，与 EASA 欧洲航空安全局联合开展 C919 飞机航空器评审（AEG）等政府层面的合作；同时，积极组织与中美航空合作项目（ACP）、中欧航空合作项目（APP）等企业层面的交流。会同 ACP 举办了低能见度运行研讨会。这是中国民航史上首次系统、全面地研讨低能见度运行和保障，具有里程碑式意义。

（三）深度拓展维修领域对外合作

与新加坡民航局签署了《中国民用航空局和新加坡民航局航空维修技术安排》。这是中国民航首次与其他国家签署持续适航维修互认协议，意味着两国维修单位在获得本国民航局的维修许可证件后，经过简单手续即可获得对方民航局的维修许可，无需接受对方民航局的现场审查。

（四）贡献中国经验和中国方案

积极参与并主导国际民航组织电子执照（EPL）标准的制定，努力推动高高原运行、公共 RNP AR 运行管理政策、无人机管理等逐步成为国际标准，与世界分享中国经验，推广中国方案。

第八节　适航审定

2019 年，新注册航空器 613 架，其中运输飞机 220 架，通用航空器 393 架。2019 年末在册民用航空器总数为 7533 架，其中运输飞机 3893 架，通用航空器 3640 架。民航适航审定部门共颁发 204 份航空器型号批准证件，33 份生产批准证件，航油航化产品批准函 154 份，有力支持了国产航空产品的使用，保障了民航行业发展。2010—2019 年度新注册航空器数量见图 3-5-1。2010—2019 年末在册航空器数量见图 3-5-2。2019 年底在册航空器分布见图 3-5-3。2019 年底在册、新注册运输飞机数量按制造厂家统计，分别见图 3-5-4、图 3-5-5。

图 3-5-1　2010—2019 年度新注册航空器数量（单位：架）

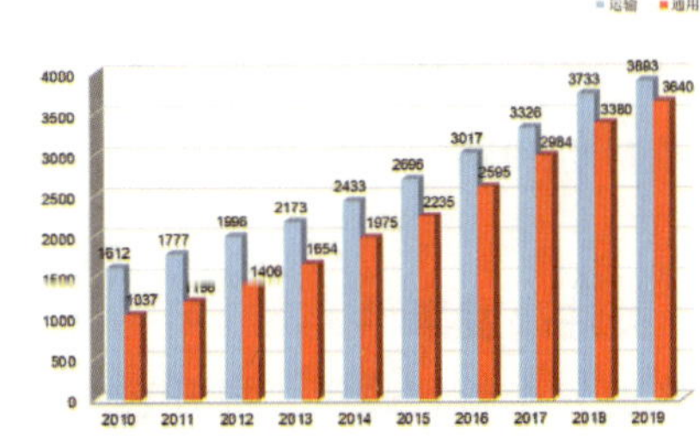

图 3-5-2　2010—2019 年末在册航空器数量（单位：架）

一、持续完善基础建设，稳步提升审定能力

（一）推进适航审定运行管理系统（AMOS 系统）建设，提高审定工作效率

为实现适航系统流程再造、审定全过程的统

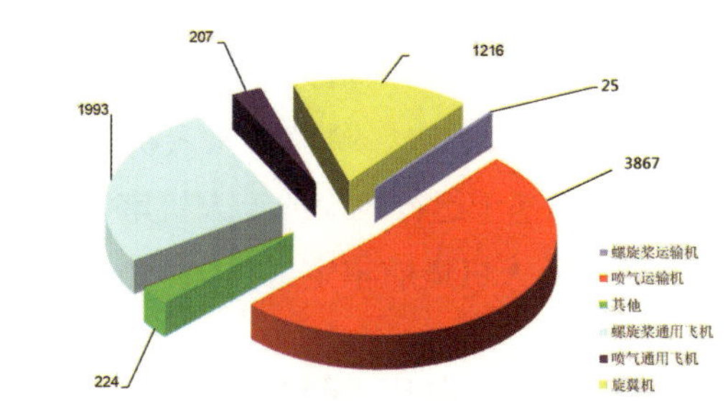

图 3-5-3　2019 年底在册航空器分布（单位：架）

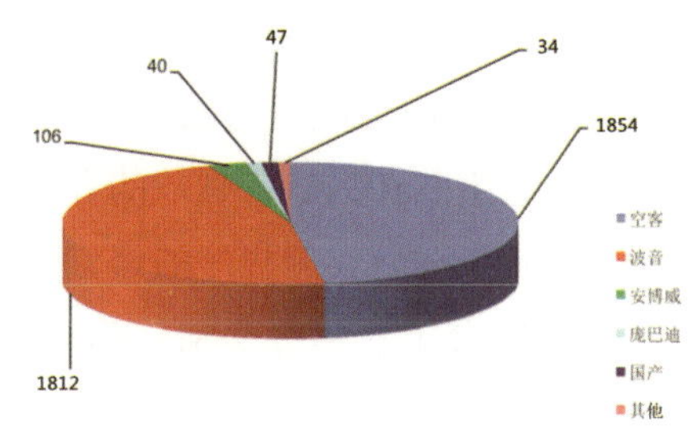

图 3-5-4　2019 年底在册运输飞机数量按制造厂家统计（单位：架）

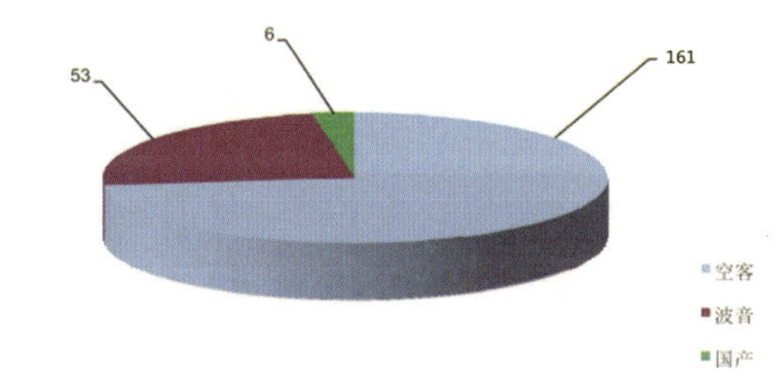

图 3-5-5　2019 年底新注册运输飞机数量按制造厂家统计（单位：架）

一管理，2019 年中国民用航空局航空器适航审定司重点着手了 AMOS 系统建设。12 月 16 日，AMOS 系统第一阶段全部模块（知识库、型号合格审定和国籍单机模块）建设完成，正式上线试用。随着 AMOS 系统建设，将实现审定系统的政务信息共享协同，对适航审查全过程进行监控，让业务流程更清晰，办事更方便、快捷、高效。

（二）完善系统教育培训，提高审定人员素质

中国民用航空局航空器适航审定司 2019 年持续完善培训工作，初步形成了具有自我造血能力的适航审定培训体系。全年完成了审定系统 1320 人次、委任代表 700 余名的培训，发布了《培训改革路线图》，全面落实审定系统专业人员“岗前有培训，岗中有复训，上岗必培训”的要求，完善了系统培训的课程大纲、教材及教员配置。以“统筹规划、急用先行”为原则，从三大航空公司和飞行学院补充审定试飞员队伍，联合飞行学院建立了试飞学院。

二、强化规章程序自主化，推动标准化管理改革

理顺适航审定规章体系，加强与工业方合作，共同推进中国适航审定规章治理的自主性，以促进民族工业发展、提高立法定标国际话语权。开展了 21 部《民用航空产品和零部件适航审定规定》修改决定及 23 部《正常类飞机适航规定》修订的起草工作，两部草案已提交政法司。在此基础上，为进一步结合国情，优化适航审定管理理念，组织开展了 21 部的全面修订，修订工作正在进行中。此外，还组织开展了其他 5 部规章和 9 份规范性文件的制修订工作，其中《生产批准和监督程序》已完成修订。为积累和传承审定工作经验，规划了适航审定工程师手册编写计划，并完成了其中技术卷全部编制工作，实现了适航审定工作手册零的突破。

按照民航局关于行业标准管理改革工作方案，协助中国民航科学技术研究院申请和组建民航法规与标准化研究所，全面推进民航标准化管理工作的优化升级；协调各司局，开展标准清理工作，已完成 10 个专业领域标准的清理工作；修订完善标准化相关文件，完善标准化工作管理办法。

三、推进重点型号审定，促进国产产品应用

2019 年，完成了国产 WZ16 发动机、初教 6 型飞机等重点项目审定。组织开展 C919 审定，推

进新舟700、AC352、ARJ21-700证后更改等项目审定，受理并开展CJ-1000A发动机审定筹备工作。组织召开煤制油发动机台架和试飞工作协调会。开展中国商用飞机有限责任公司和航空工业哈尔滨飞机工业集团有限责任公司生产联检工作，保障产品运行安全。推进国产产品应用，组织成立航空零部件和航油航化产品应用推进工作组，从产品、标准、制度三个方向推进国产化工作。形成ARJ21初步国产化清单和航油航化产品国产化清单，完成国产灭火瓶装机审定。组织召开煤制航煤发动机台架和试飞工作协调会，完成中国首家民营石化企业航煤的适航审定批准。

四、聚焦航线安全事件，保证航线机队持续适航

针对国内外机队发生的737MAX飞机失事、A330客机地面起火、A320NEO和A321NEO系列飞机过度俯仰、PW1100G和LEAP等系列发动机空停等多起国内外安全事件开展调查并制定措施，特别是对737MAX飞机有关适航问题开展专项评估，严格依据恢复飞行“三原则”，结合认可审查与联合当局技术审查，积极开展相关适航技术评估和型号认可审查工作，跟踪改进措施制定进展，保证航线机队持续适航和安全。

五、持续推动通航改革，无人机工作取得新突破

巩固并深化通用航空改革，2019年就初教6型飞机适航审定、轻型运动航空器适航管理、轻小型航空器审定流程等方面，发布了一系列放、管、服的文件。同时开展气球和飞艇的规章制修订工作。基于初教6型飞机的适航审定政策，实现了军转民飞机型号“零的突破”。

稳步推进无人机适航审定工作，通过建立局方综合管理平台，探索中国特色的无人机审定制度。无人机实名登记系统已于2017年5月底上线。2019年启动了民航局无人机标准编制，完成了货运无人机标准编写工作。颁发了无人机适航审定白皮书，制定了基于运行风险的无人机审定原则，已正式开始了无人机适航审定工作。

六、服务国家发展战略，深化双边适航合作

2019年完成中欧航空安全协定及适航审定附件的签署，这是中国与欧盟首次在民航领域签署的协定，将促进中欧在民航各领域的合作；完成中俄航空安全协定及适航实施程序的修订；与美国深化合作，编制联合工作指导手册。启动与乌克兰和瑞士的双边磋商，与匈牙利签署小型航空产品适航审定合作安排。

为支持国产飞机出口及在海外安全顺畅运行，2019年与老挝、柬埔寨修订适航谅解备忘录，与贝宁签署适航谅解备忘录；召开了首届新舟飞机运营国当局伙伴会议，与老挝、尼泊尔等八国民航当局就国产飞机海外运行情况进行研讨。

第九节　立法与执法

一、民航立法情况

（一）落实与时俱进机制化

持续落实民航局党组“法规建设与时俱进”各项要求，建立工作长效机制。7月，启动立法建议征集工作，首次将征集范围从全行业扩大到全社会，并将意见类型从具体条文扩展至立法项目。收集到的251条意见建议经研究处理后全部纳入2020年立法工作安排，并动态调整民航十三五立法规划，与具体立法项目全面对接。

（二）持续开展重点立法项目

坚持科学立法、民主立法、依法立法，推进重点立法项目的开展。法律层面，配合司法部开

展《中华人民共和国民用航空法》修订送审稿实质审查，配合有关部门继续做好《中华人民共和国航空法》制定研究工作；法规层面，完成了《民用机场管理条例》《外国民用航空器飞行管理规则》第一次修订（国务院令第709号，2019年3月2日），推进《飞行标准条例》《事故调查条例》制定工作，配合开展《无人驾驶航空器管理条例》制定相关工作；规章层面，积极开展事故调查、运输服务、飞行标准、空管、适航、机场、安保、投资和价格、科教等各领域34部规章的审查，经交通运输部部令公布5部。落实中央、国务院关于优化营商环境法规规章清理的部署，做好法规清理工作；主办、配合办理无人机、安全、通航立法等两会相关议案、建议，配合全国人大、各部委开展多部法律法规征求意见工作。

（三）推进通航法规重构

印发《关于推进通用航空法规体系重构工作的通知》（民航发〔2019〕5号文），制定了通用航空法规体系重构路线图，形成了通航业务框架和通航法规框架，明确了未来一段时间通用航空整体政策走向、立法思路和制度设计需要遵循的基本原则和具体要求。对通航相关规章开展贯穿式审查，对通航的行政规范性文件统一进行事前合法性审查；协调存量文件委托协会研究；按照深改工作要求，牵头推进通航法规重构改革专项任务，制定重构改革专项方案；多次开展通航调研。

（四）推进行政规范性文件审核工作

出台《民航局行政规范性文件合法性审核管理规定》（民航发〔2019〕38号）、《民航各地区管理局行政规范性文件备案管理规定》（民航发〔2019〕30号），废止《中国民用航空局职能部门规范性文件制定程序规定》，全年制发统一文号的民航局行政规范性文件74件。民航局和7个地区管理局全部建立了行政规范性文件合法性审核制度，文件审核机制全覆盖的要求得到落实。

（五）加强国际立法工作

加强国际公约立法各项工作，推动中国民航在国际规则的制定方面发挥更大作用。继续推进北京公约及议定书批准工作；积极参加ICAO法律委争端解决规则小组工作会议；协调研究ICAO40届大会涉及公约等各类相关法律问题；支持并推动国际航空法研究平台建设。

2019年，在民航局党组的坚强领导下，民航立法工作全面贯彻与时俱进要求，坚持“进度与质量”并重，在立法需求持续高涨、立法资源短缺的背景下，落实科学立法、民主立法、依法立法的原则，努力通过立法保障行业高质量发展。

二、民航行政执法情况

（一）行政执法的规范、指导和监督

1. 精准监管工作

下发了《民航局关于推进精准监管工作的意见》（民航发〔2019〕9号）及其任务分解表，正式启动精准监管工作。根据《意见》和《任务分解表》要求，积极推进精准监管工作：

（1）推动行政执法三项制度的落实。编制了《实施方案》，指明了工作方向。成立了民航法治建设领导小组，重点推进工作落实。印发了《任务分解表》，增加了工作的计划性和执行性。

（2）积极开展“互联网＋监管”工作。完成了监管事项目录清单和监管事项实施清单的梳理上报工作。完成了以SES为主的各监管系统同国家“互联网＋监管”系统的系统对接和数据传输工作，实现了民航局2019年全年执法的推送，数据正确率100%，监管事项覆盖率98%。

（3）充分应用“双随机”检查方式。明确了经济类监管事项和通用航空领域监管事项适用“双

随机”检查的范围，起草了民航“双随机”检查的工作制度，同步开发了SES“双随机”检查模块，使2020年检查计划的实施首次得以在系统上开展。

（4）建立检查内容符合性判断标准。建立了通用航空和运输机场检查内容符合性判断标准，录入到SES供民航各级行政机关和广大通用航空企业、运输机场试用并持续收集意见建议。

（5）积极推动非现场监管工作。向7个地区管理局征集非现场监管典型案例22个，经过案例筛选、合法性审查和格式统一等工作，第一批拟下发3个案例指导基层相关工作开展。

（6）SES系统建设。实现除飞标、机场专业之外的民航所有专业监察员均通过SES进行检查和对局方监管情况进行实时统计，将飞行标准监督管理系统（FSOP）具有法律法规的、除了通航之外的检查单，全部与SES检查单进行映射，为后续检察执法进行深度融合奠定了坚实的基础；智能法规库上线，开发了“科学抽样”功能，向企业共享SES系统数据资源，完成全国7场SES系统的培训，收集问题60余条，为系统的推广使用，以及升级迭代打下了坚实基础。

2. 行政执法制度建设

目前现行有效的行政执法指导规范类规章6部，文件32件。完成《民航局关于全面规范运用行业监管手段的指导意见》《关于外航定期航班有关违法问题的处理办法》等9份制度文件的修订。

此外，制定5份制度文件：《民用航空“双随机”检查实施规范（试行）》《民航行业法定自查容错规范》《关于进一步加强监察员资质能力建设的实施意见》《中国民航监察员行政执法能力考评暂行办法》《关于进一步落实在一定期限内适当限制特定严重失信人乘坐民用航空器相关要求的通知》。

3. 执法指导和监督

继续开展执法案卷交叉评查工作，组织管理局和监管局14名执法专家组成4个评查组，对河北、安徽、海南、四川、陕西、大连、喀什7个监管局开展了案卷的交叉评查。通过开展此项工作，相关专家得到了锻炼，相关监管局得到了督促，相关成果得到了总结，相关意见建议得到了收集，全方面提升了基层行政执法水平。

2019年全年共处理执法监督信箱投诉信203封，其中属于执法监督方面的投诉信3封，已全部依法依职权妥善办理。

4. 信用管理

（1）2019年公布了8批行业内的严重失信人名单，11个自然人进入严重失信人名单。

（2）限制严重失信人乘机。为加强信用监管，限制特定严重失信人乘坐除定期公共航空运输器之外其他的民用航空器，2019年8月与最高人民法院联合下发《关于进一步落实在一定期限内适当限制特定严重失信人乘坐民用航空器相关要求的通知》，完善了适当限制特定严重失信人乘坐民用航空器相关制度。截至12月31日，2019年共发布12期限制乘坐民用航空器失信人名单，共涉及失信人11117人，解除7期限制乘坐民用航空器失信人名单，共涉及5028人。指导中航协助办理异议复核3500多人次，其中涉及民航限飞的有效复核约1300件。自2019年11月起实现短信告知失信人员限飞情况。

（3）信用信息双公示工作。按照国家要求，2019年在民航局官网信用民航模块公布行政处罚信息148条，公布行政许可信息239669条。

（二）行政诉讼和复议

1. 行政复议

2019年民航局共收到行政复议申请11件，已全部审结。其中1件不予受理，10件进入复议审理阶段。进入复议审理阶段的10件行政复议申请中，从复议对象来看，民航局作为复议被申请人的4件，地区管理局作为被申请人的6件；从申请复议内容来看，4件涉及信息公开，5件涉及举报投诉处理，1件涉及其他情况；从复议结果来看，6件维持，1件撤销，2件确认违法，1件驳回复议申请。

2. 行政应诉

2019年民航局的行政诉讼一审案件3件，二审案件3件，6件均是民航局单独作为被告，目前法院均已办结。3件一审案件的结果分别为驳回原告起诉1件，驳回原告诉讼请求1件，撤销民航局信息公开并要求重新作出答复1件。3件二审案件的结果均为驳回上诉。

（三）监察员和公职律师队伍建设

1. 监察员管理和制度建设

（1）制度建设。在充分听取各单位意见的基础上，根据加强监察员资质管理的两个政策文件精神，基本完成了《中国民用航空监察员管理规定》（CCAR-18R4）的修订。

（2）证件办理。监察员制度自1999年建立以来，四类监察员共计2562人。目前，每年1月、4月、7月和11月集中办理监察员证件，2019年共办理198个监察员证件。目前监察员证件办理工作已形成固定工作机制，各单位反映较好。

落实民航局“加压、减负、撑腰、充电”的要求，通过规范临时检查任务下达、鼓励检查任务的融合、推广远程监管等为监察员“减负”；为更好地给监察员“充电”，研究切实提高监察员培训效能的途径，出台加强监察员资质能力建设的两个文件；通过开展科学抽样研究、建立执法指导机制、开展执法评查等为监察员“撑腰”。

（3）人员培训。为方便监察员参训，将年初发布年度培训计划形成工作惯例。5月发布培训计划，组织监察员培训班8期，共466人次参训。

为方便监察员就近参训，更好地与飞行标准各项工作对接，在局机关组织讲学堂、培训工作会5期，137人次参训。

2. 公职律师管理

按照司法部和民航局公职律师管理的要求，对民航80名公职律师开展年度考核工作；为1名同志办理公职律师证信息变更；组织开展对78名在职公职律师的持续法律培训。

三、对行业协会的指导和监督情况

民航局加强对行业协会的指导和监督，促进行业协会在民航行业治理体系中发挥重要作用。积极协调中国航空运输协会、中国民用机场协会等行业协会不断完善行业服务质量标准、规范，形成对民航现行法规、规章的有效补充，加强对会员单位服务事件的监督调查和督促整改，与行业管理部门形成合力，共同督促企业提升服务水平。

中国航空运输协会重点加大对销售代理企业的服务监管力度，严肃查处误导旅客购票、设置消费陷阱、违规收取退改签费用等票务违规行为。中国航空运输协会、中国民用机场协会发挥服务质量评价的引导作用，将机场餐饮同城同质同价等内容纳入评价范围，配置指标权重，激发航空公司、机场落实相关要求的内生动力，切实推动企业提升服务质量。积极鼓励支持飞行员协会在引导飞行员队伍开展技术交流、参与标准制定、自我规范行为作风等方面发挥作用；根据航空器拥有者及驾驶员协会的申请，审核后同意协会官网作为通用机场信息的发布媒体，发挥中介服务作用。

第六章　邮政

第一节　邮政规划与实施总体情况

国家邮政局扎实推进邮政业“十四五”规划编制工作，统筹部署了13项规划前期重大问题研究，明确“1+4+31+N”邮政业规划体系。国家邮政局成立规划编制工作领导小组，召开电视电话动员会，全面启动邮政业“十四五”规划编制工作，印发规划工作方案，明确工作重点和进度安排，提出了拟纳入国家“十四五”规划纲要的邮政业发展思路和邮政业发展“十四五”规划基本思路。

国家邮政局开展了2019年邮政业规划实施监测评估工作。监测评估认为：“十三五”以来，邮政业实现持续健康快速发展，在发展规模、创新能力、服务能力、服务水平、竞争实力五个方面实现了大幅跨越。邮政业发展规模实力迈上新台阶，截至2019年底，邮政业业务收入、快递业务量、快递业务收入、邮政业年服务用户人次等4个规模指标4年间平均增速分别为24.3%、32.4%、28.3%和22.5%，按此基础与趋势，预计到2020年能够超过规划预期。邮政业业务总量、快递电子运单使用率、建制村直接通邮率、乡镇快递网点覆盖率、快件有效申诉率、配备全自动分拣系统的枢纽型分拨中心数量等目标和指标已经超过或优于规划预期。重点企业实力大幅提升，2019年，中国邮政集团有限公司在《财富》世界500强位列101名，在全球邮政中排名第二。1家快递企业年业务收入超过1000亿元，2家快递企业年业务量超过100亿件。全行业新增就业20万人以上，支撑网上零售额超过8万亿元，行业收入占国内生产总值的比重接近1%。行业供给侧结构性改革顶层设计不断完善，年度计划和监督机制常态化运行。审批制度改革走向深化，在下放权限、优化流程、压缩时限、专项清理的基础上，进一步简政放权，申报取消经营境内邮政通信业务审批许可子项，印发自贸试验区“证照分离”改革实施方案，试点发放服务站和智能快件箱许可。湖北国际物流核心枢纽项目正式开工，全国快递专业类物流园区超过400个，入园企业超过2000家。寄递渠道安全监管“绿盾”工程加快实施。工厂快递、越洋快递和农商快递发展迅速，2019年支撑制造业产值超过1万亿元，支撑跨境网络零售额4400亿元，支撑工业品下乡和农产品进城超过8700亿元。绿色邮政建设走向规范，标准、评价、认证、试点示范等工作全面铺开。修正《快递暂行条例》和《快递业务经营许可管理办法》，推动颁布《智能快件箱寄递服务管理办法》。相继出台服务乡村振兴、支持民营快递企业发展、促进跨境电子商务寄递服务高质量发展、支持海南邮政业深化改革开放等一批政策文件。因地制宜破解车辆通行难，全国273个城市出台了政策文件。推进国家政策红利惠及行业，全年减税降费超过15亿元。持续增加标准供给，发布4项行业标准，制定2项国家标准。加强行业科技创新组织引领，认定18家行业首批技术研发中心，推进智能安检系统研发和样机生产。行业人才队伍建设和基层员工保障同步推进，“人才强邮”效果更加明显。

第二节　邮政基础设施建设

一、邮政普遍服务基础设施不断完善

2019 年，国家下达西部和农村地区邮政普遍服务基础设施建设项目投资 3.57 亿元，其中中央预算内投资 1.43 亿元，整修邮政网点 296 处、翻建网点 70 处、改造危旧县级业务用房 16 处、购置车辆 590 辆。

二、邮政企业提升寄递服务能力不断提升

2019 年，邮政企业安排处理中心建设项目 87 个，其中工艺改造项目 60 个，立项统建信息化项目 43 个，分别是 2018 年的 3 倍和 4 倍。累计在 225 个城市布设智能投递终端 9.4 万组。邮政企业新一代寄递业务信息平台、CRM 系统、在线业务平台等重大信息化建设项目有序推进，科技赋能进一步加强。

三、县乡村三级物流配送体系建设成效明显

加大能力投入，邮政企业农村自有网点 4 万个，全年新增邮乐购站点 3.1 万个，累计达到 53.8 万个。加强农村仓配中心建设，邮政企业农村电商仓配中心达到 1300 多处。建立农产品源头品控、包装、销售、客服等全流程管控体系，推进农产品进城、工业品下乡。全年邮政企业销售农副产品 33.2 亿元，实现批销额 184.4 亿元，电商扶贫助农创收 10.7 亿元，惠及贫困人口 28.4 万人。

四、分拣处理能力显著提升

2019 年，全国快递园区建设扎实推进，已建成快递物流园区 402 个，除上海、西藏外，基本实现快递物流园区省级覆盖。山东省济南、青岛跨境电子商务产业园初具规模，共计 44 个分拨中心分布在快递物流园区，占比 40%；江苏省苏南快递产业园、江宁快递产业园两家快递园区被纳入省级示范物流园区储备库，84 个分拨中心分布在快递物流园区，占比 65.6%；安徽省投资建设集物流中转、仓储托管、货物配送于一体的区域大型物流基地——皖东南智慧物流产业基地项目，共计 73 个分拨中心分布在快递物流园区，占比 54.89%。快递园区布局建设进一步完善，功能不断拓展，邮件快件处理信息化、自动化水平不断提高，涌现出一批综合型快递物流园区，辐射带动效应全面显现。

五、分拣中心向信息化、自动化迈进

2019 年，快递企业加强在全国各地新建、改扩建分拨中心推广全自动分拣技术，购置自动化设备。顺丰建立“转运中心自动化升级项目”，主要用于自动化分拣设备的配置，不断提升公司分拣转运业务流程的智慧化水平；百世新建转运中心 14 个，扩建及改造转运中心 50 个，配置履带式全自动分拣设备和矩阵式全自动分拣设备，提升中转处理效率，降低错分率；京东物流自主研发国内首套 IoT 分拣系统，每小时能够完成 4000 个集包袋的分拣任务，分拣准确率达到 99.99%。

六、末端服务网点及智能投递建设进一步加快

2019 年，乡镇快递网点覆盖率达到 96.6%，农村地区公共取送点达 6.3 万个。主要城市布设智能快件箱已达 40.6 万组，增幅接近 50%，城市快递末端公共服务站达到 8.2 万个。全国智能快件箱收寄量累计达 0.5 亿件，同比增长 56.8%；投递量累计 67.7 亿件，同比增长 54.6%。各家快递企业对末端的重视程度进一步加大，中通进一步推广

快递超市项目，圆通加大妈妈驿站铺设，快递企业服务网点和智能投递终端建设步伐进一步加快。

第三节 邮政普遍服务

一、全面实现建制村直接通邮

邮政管理部门和邮政企业通过三年不懈努力，投入资金约9.5亿元，增加乡邮员5697人，截至2019年9月，全国31个省（自治区、直辖市）均实现全部建制村直接通邮，提前一年完成国家“十三五”规划提出的任务目标，全国55万多个建制村的村民足不出村就可以收到邮件包裹，邮政普遍服务均等化水平得到明显提升。

二、开展重点城市包裹快递普通用户价格监测

2019年上、下半年的两次监测调查结果显示，邮政业市场价格基本平稳。邮政普通包裹和快递包裹的价格水平保持稳定态势，且企业公布价格和市场执行价格保持一致；直营快递企业的价格水平相对稳定，企业公布价格和市场执行价格具有较强的一致性；加盟制快递企业的价格存在一定的波动性，不同地区间的价格表现出较大的差异性。企业间价格水平比较，邮政普通包裹、快递包裹价格具有一定的竞争力，起到了稳定市场的基础性作用；直营快递企业价格较高，体现出品牌企业的高质高价的市场行情。

三、巩固和提升《人民日报》当日见报水平

2019年，在管理部门的积极推动下，福建厦门和湖南衡阳设立《人民日报》分印点，进一步巩固了当地县级城市当日见报稳定性。全国1574个县级行政区实现了当地党政机关当日见报，占比83.5%，同比提升2.8%，能够实现当日见报的县级行政区比去年增加51个，13个省（自治区、直辖市）的150个县级城市见报水平提升。

四、依法办理行政审批和备案管理

严格执行邮政普遍服务两项审批管理。各级邮政管理部门受理邮政企业撤销提供邮政普遍服务的邮政营业场所审批374件，受理邮政企业停止办理或者限制办理邮政普遍服务业务和特殊服务业务审批76件，受理邮政企业备案10392件。依法开展邮票发行审批和备案管理。2019年发行纪特邮票31套，其中纪念邮票17套，特种邮票14套。国家邮政局依法审批了2019年31套纪特邮票的计划发行数量；审查了17套纪念邮票图稿共计50个图案；批准北京、上海、浙江、贵州等省市仿印邮票图案及其制品申请73件。2019年度普通邮票发行8950.1万枚，金额10864.72万元。

五、开展邮件时限监测

2019年，国家邮政局继续开展邮件时限监测。时限达标情况：包裹和信件各层级指标均达到了《邮政普遍服务》标准要求。邮件损失情况：平常信函样本24432封，损失24封，损失率为0.98‰。给据邮件样本19612件，损失4件，损失率为0.02‰。日戳加盖情况：信件收寄日戳合格率为96.96%，同比提高0.4个百分点，投递日戳合格率为92.63%，同比下降0.36个百分点。按址投递情况：包裹按址投递率为99.17%。

六、开展邮政普遍服务满意度调查

2019年全国邮政普遍服务消费者满意度得分为84.9分，比上一年提高0.7分，连续8年稳步提升。从邮政设施、营业服务、寄递服务、寄递后服务4个二级指标来看，除寄递后服务满意度得分外，其他3个指标均比去年有所提升。从14个三级指标来看，多数指标得分均比上年略有提升。

第四节　快递业发展

一、快递业发展基本情况

2019 年，中国快递在经济社会发展中的作用不断增强。快递企业日均服务 3.5 亿人次，相当于每 4 个人中有 1 人在使用快递服务。年人均快件使用量为 45 件，同比增加 9 件。年人均快递费用支出 535.6 元，同比增加 102.9 元。“衣食住行递”成生活基本需要。

快递服务现代农业成果丰硕。2019 年，通过驻村设点、集中收寄、直配专线、电商快递融合发展和供应链等多种模式，全国培育快递服务现代农业“一地一品”年业务量超百万件项目 163 个，覆盖 25 个省（自治区、直辖市）。其中，业务量超千万件项目 37 个，新增昆明鲜花、烟台苹果、南宁沃柑、成都柑橘和哈尔滨大米等 20 个项目，江苏宿迁（沭阳）花木项目第一次快递业务量突破亿件，成为全国唯一超亿件项目。业务量超 10 万件“一县一品”项目 455 个，其中 75 个项目来自贫困县，覆盖贫困县 71 个。西部地区农产品项目快速崛起，企业综合服务能力进一步提升。科技创新手段广泛应用，绿色包装更加得到重视，生产组织运营模式得到优化，业务产品种类更加多元化，冷链运用深入到业务多环节，航空运力得到更多拓展运用。

快递服务制造业不断加强。2019 年，快递企业依托寄递网络拓展产业链、价值链和服务链，形成末端配送、仓配一体化、入厂物流、嵌入式电子商务快递等多种服务制造业模式。全国快递服务制造业业务收入超百万元的项目 510 个，业务量约为 24.31 亿件，业务收入约为 166.48 亿元。顺丰、EMS 等快递企业深化“仓储 + 配送”一体化服务；百世建成基于“云仓储物流”模式的百世供应链，为制造企业和电商企业提供仓配一体化的物流外包服务。

快递服务“走出去”持续推进。2019 年，全年国际 / 港澳台业务量累计完成 14.4 亿件，21 家企业获国际快递业务经营许可。邮政、快递企业国际快递网络和海外仓服务分别覆盖全球 60 多个和 50 多个国家及地区。圆通推出“全球闪送”业务，为国际急件市场提供短至 10 小时的安全急送服务；申通快递先后开通伯明翰、纽约、洛杉矶仓配分拨中心；韵达国际物流服务网络已开通至 30 个国家和地区。

快递与电商协同发展深入推进。2019 年快递业支撑实物商品网络零售额超过 8.5 万亿元，占社会消费品零售总额比重首次突破五分之一，成为支撑直播电商、社交电商、生鲜电商等新业态快速壮大的重要力量。江苏盐城电商快递产业园在 2019 年全国电子商务工作会议上获授“国家电子商务示范基地”称号；网上商城平泉特产馆运行稳定，各电商平台销售额超过 2800 万元。此外，百世电商包裹票量达到 33.4 万票；顺丰电商新品“特惠专配”带来的增量已经成功突破盈亏线，规模效应带来的综合效应正在显现。

二、市场规模

（一）业务量

业务量居全球领先地位。2019 年快递业务量完成 635.2 亿件，同比增长 25.3%；增量达 128.1 亿件，同比增长 20.3%；快递业务量及增量均创历史新高。2019 年，中国日均快件处理量超 1.7 亿件，同比增长 25.3%；最高日处理量达到 5.4 亿件，同比增长 28.5%。与 2010 年相比，快递业务量增长 26.1 倍，年均复合增长率达 44.3%，是同期国内生产总值增速的 6 倍以上，增速居现代服务业前列，成为新服务经济的代表性行业。近两年，中国快递业务量每年以新增 100 亿件的速度迈进，已成为世界上发展最快、最具活力的新兴寄递市场，业务量持续 6 年稳居世界第一，对世界快递业增长贡献率超过 50%，在推动流通方式转型、促进消费升级、助力生产发展中发挥着越来越重要的作用。

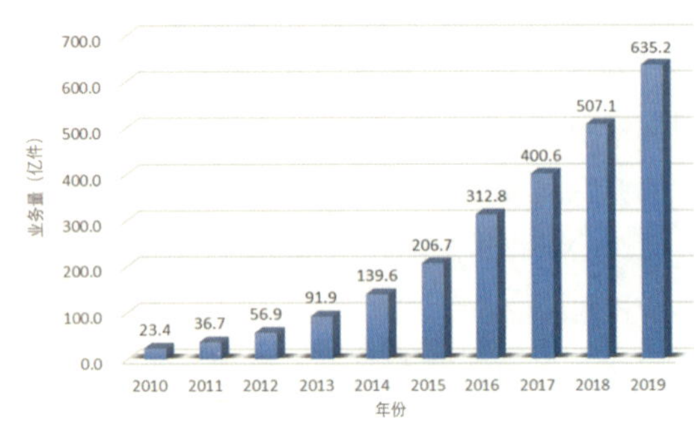

图 3-6-1　2010—2019 年快递业务量变动情况

（二）业务收入

快递业务收入同步提升。2019 年快递业务收入完成 7497.8 亿元，同比增长 24.2%。快递业务收入占邮政行业业务收入比重为 77.8%，同比提高 1.4 个百分点。快递业收入增加值占第三产业增加值比重为 0.27%，同比提高 0.05 个百分点[1]。快递业务收入占国内生产总值[2]的比重达 7.5%，同比提高 0.08 个百分点，快递业务收入增速是国内生产总值增速的 3.8 倍，快递业成为经济新动能的代表性行业。

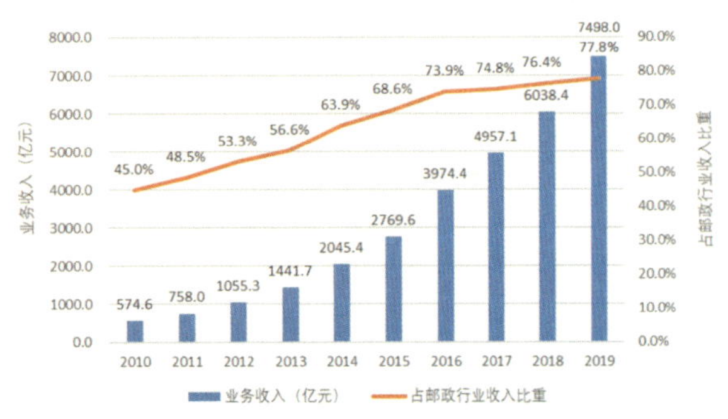

图 3-6-2　2010—2019 年快递业务收入及占邮政业比重变化

三、市场结构

同城快递供给呈现下滑态势。2019 年，同城快递业务量为 110.4 亿件，同比下降 3.3%，占全部快递业务量的 17.4%，同城快递业务量的比重下降 5.1 个百分点。同城快递业务收入为 751.8 亿元，同比下降 16.9%，占全部快递收入的 10%。与去年同期相比，同城快递量收占比增速降幅均在 5 个百分点左右。快递均价为 6.9 元，同比减少 1 元。在新零售不断发展、智能技术加强变革、消费体验持续升级以及同城快递模式衍生的新寄递作业模式陆续兴起的背景下，各行业对即时配送服务的需求呈上升态势，未来即时配送市场在用户规模扩大的同时，竞争程度也将进一步加大，这将对同城快递需求产生一定影响。

异地快递发展趋向保持良好。2019 年，异地快递业务量完成 510.5 亿件，同比增长 33.7%，异地快递业务量占全部快递业务量的 80.4%，相比 2018 年提升 5.1 个百分点。异地业务收入完成 3943.8 亿元，同比增长 27.1%，异地业务收入占全部快递收入的 52.6%，同比提升 1.2 个百分点，异地业务占比继续提升。在日益多元化的市场需求带动下，异地快递常年占据中国快递行业市场主要份额，保持良好发展趋势。

跨境寄递服务向更高水平发展。2019 年，国际 / 港澳台快递业务量为 14.4 亿件，占全部快递业务量的 2.2%，业务收入为 747.3 亿元，占全部快递收入的 10%。国际 / 港澳台业务量收的比重与去年同期相比大致持平[3]。快递企业积极经营高铁快递、电商快递班列、铁路跨境电商货运平台等业务，加快走出去步伐，在综合物流、海外仓建设等方面加强国际合作，着重在俄罗斯、

[1] 2019 年第三产业增加值 489700.8 亿元，国家统计局：http://data.stats.gov.cn/easyquery.htm?cn=C01.

[2] 2019 年国内生产总值为 990865 亿元，国家统计局：http://data.stats.gov.cn/easyquery.htm?cn=C01.

[3] 2018 年，国际及港澳台快递业务量达到 11.1 亿件，占全国的 2.2%；实现业务收入 585.7 亿元，占全部快递收入的 9.7%。

泰国、马来西亚、英国、巴西、越南、日本、法国等国家加大网络布局，构建全球寄递网络。

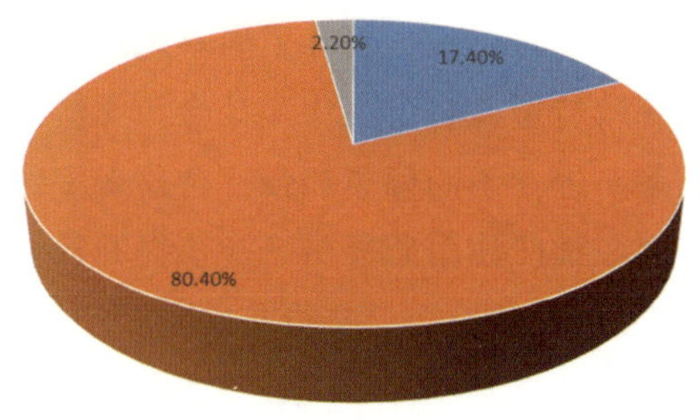

图 3-6-3 2019 年快递业务量结构图

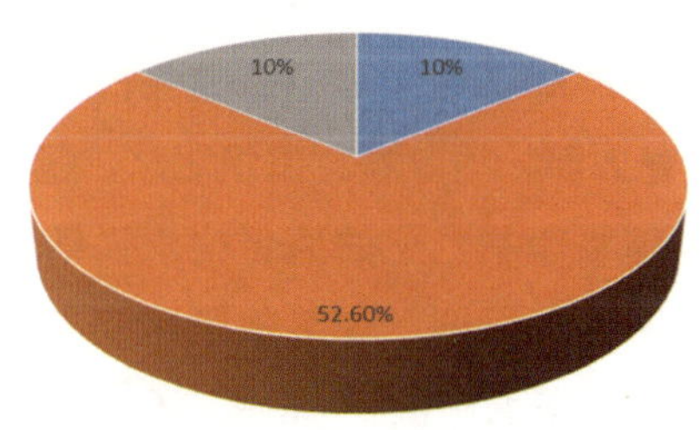

图 3-6-4 2019 年快递业务收入结构图

四、涉及快递投诉及处理情况

有效申诉率持续改善。2019 年，全国快递服务有效申诉率为百万分之零点五，同比改善 74.4%。快递服务申诉量为 532519 件，同比下降 35.3%；快递服务有效申诉量为 32770 件，同比下降 66.9%。其中，投递服务、快件延误和快件丢失短少占比较高，分别占 30.1%、26.3%和 25.6%。

第五节 邮政行业治理

一、深化“放管服”改革

一是推进行政审批事项改革。2019 年 10 月，配合国家发展改革委、商务部修订形成《市场准入负面清单（2019 年版）》，按照“全国一张清单”管理模式，完善邮政快递业市场准入制度体系。2019 年 12 月，申报取消“经营境内邮政通信业务审批”许可子项，精简事前准入，降低第三方市场主体的制度性交易成本。二是开展“证照分离”改革。2019 年 11 月，国家邮政局办公室印发“证照分离”改革优化审批服务实施方案，通过实施一网通办、精简审批材料、压缩审批时限、厘清审批边界、严格依法监管优化审批服务，持续改善自由贸易试验区邮政快递业营商环境。支持江苏省扩大“证照分离”改革区域范围，支持深圳开展综合改革试点，进一步推进政府职能转变。三是取消证明事项。2019 年 8 月，国家邮政局通过官方网站向社会公开重申，邮政用品用具境外生产企业资信证明已随相关行政审批的取消而失效，并宣布取消快递业务场地使用证明、邮政通信业务场地使用证明，允许申请人书面说明场地使用情况，接受其提供的场地产权证等法定证照、租赁合同协议等合同凭证。四是完善行业法规体系。开展邮政法修订施行 10 周年总结评估，全面总结行业法治建设经验。修改《快递暂行条例》，推动制修订《智能快件箱寄递服务管理办法》《邮政业寄递安全监督管理办法》《快递业务经营许可管理办法》《邮政行政执法监督办法》等 4 部部门规章和 1 部地方性法规，巩固邮政管理部门改革成果。全面清理国家邮政局行政规范性文件，规范邮政管理部门的行政行为。五是开展快递末端网点备案。自《快递暂行条例》实施以来，国家邮政局深入贯彻“放管服”改革精神，鼓励快递企业积极探索末端服务新模式，依法开展快递末端网点备案工作，全国已备案快递末端网点 17.5 万个，完善了快递服务网络布局，减轻了企业开办快递网点的负担，促进了快递业持续健康发展。六是开展“警邮合作”。国家邮政局主动转变服务方式，充分利用邮政企业网络优势，促进政企联动，打造综合政务服务平台，全国 31 个省（自治区、直辖市）共有 8924 个邮政网点打通“警邮合作”

渠道，实现市级邮政网点代办公安交管业务全覆盖。“车管智慧大厅”“警邮网办中心”等服务平台不断优化拓展，提升群众办事便利程度。七是开展“一网通办”。国家邮政局通过“互联网 + 监管”平台，丰富“互联网 + 政务服务”形式，配合对外受理窗口，行政许可等业务基本实现了国务院“一个窗口对外、一网通办、最多跑一次”的要求，提高了便民利企的办事能力和水平。

表 3-6-1　2019 年颁布的邮政业法律法规目录

序号	法律法规名称	颁布单位	文号
1	《快递暂行条例》（修正）	国务院	国务院令 709 号
2	《智能快件箱寄递服务管理办法》	交通运输部	交通运输部令 2019 年第 16 号
3	《快递业务经营许可管理办法》（修正）	交通运输部	交通运输部令 2019 年第 31 号
4	《邮政业寄递安全监督管理办法》（修订）	交通运输部	交通运输部令 2020 年第 1 号
5	《邮政行政执法监督办法》（修订）	交通运输部	交通运输部令 2020 年第 5 号
6	《沧州市快递条例》	河北省人民代表大会常务委员会	2019 年 8 月 27 日沧州市第十四届人民代表大会常务委员会第二十一次会议通过，2019 年 9 月 28 日河北省第十三届人民代表大会常务委员会第十二次会议批准

二、邮政普遍服务监督

一是加强邮政服务质量专项检查。国家邮政局组织对 8 个省（自治区、直辖市）18 个市（地）开展邮政服务检查，较真从严，注重实效，发现问题 484 个。各级管理部门检查营业场所 38347 个，下发整改通知书 2296 份，行政处罚 222 起，通过严格执法，进一步提升了邮政企业服务质量。二是推进邮政普遍服务营业场所分级监管。国家邮政局印发《关于开展邮政普遍服务营业场所分级监管工作的指导意见》，加强对分级监管的指导。全国 31 个省管局全部实行了邮政普遍服务营业场所分级监管，各省结合分级监管制度，有针对性地开展监督检查工作，监管效能进一步提升。三是改进社会监督工作。召开了国家邮政局组建以来首次邮政特邀监督员集中座谈会，交流经验，建言献策，进一步明确了加强社会监督工作的任务和方向。推广使用监督员 APP，提升社会监督信息化能力。全年社会监督员共反馈 2097 条问题，企业已整改完成 1951 条，整改率为 93%，取得了良好效果。

三、邮票发行监管

一是开展邮票印制与销售监督检查。邮票印制监督检查方面，2019 年，组织北京、辽宁、河南局开展对邮票印制企业的监督检查，细化完善监督检查标准和流程图，完善邮票印制工作每半年检查一次的常态工作机制。北京、辽宁、河南省（直辖市）管局逐步完善“季查年评”“逢重必查”工作机制。邮票销售监督检查方面，2019 年，各级邮政管理部门认真开展邮票销售日常监督检查，共组织工作人员 22175 人次、检查纪特邮票销售网点 15508 个次、监督范围基本覆盖地级以上城市，共向邮政企业下达责令改正通知书 31 份，作出行政处罚决定 6 个。二是加大仿印制品监督检查力度。国家局首次对 8 个省（自治区、直辖市）仿印邮票图案管理工作进行了省际交互检查，仿印审批纳入了规范化管理。北京、上海、辽宁等 17 个省（自治区、直辖市）开展仿印审批 73 例。三是开展纪特邮票销售服务与印制质量满意度调查。2019 年纪特邮票销售服务与印制质量满意度总体得分为 83.2 分，比 2018 年提高 0.9 分，基本维持稳定并略有上升。

四、快递市场准入

取消快递业务场地使用证明等 3 项证明事

项，全面实现许可审批一网通办。建立快递业务经营许可证、分支机构名录作废公告制度，制定分支机构编码规则，末端网点备案实现常态化。不断完善国际快递业务经营许可工作规则，下放审批权至海南局，天津、广东为21家自贸试验区企业发放国际快递业务（代理）经营许可。新业态准入迈出实质性步伐，江苏、广东、浙江、福建、山东、河南、重庆7省份发放运营智能快件箱和开办服务站许可。修正快递业务经营许可管理办法。

五、快递市场监管

一是加强邮政市场行政执法规范化建设。组织开展邮政市场一般程序行政执法案卷评议，举办邮政市场事中事后监管培训班，对案卷评议结果进行通报，就典型案例、重点问题进行分析讲解，指导各地提升执法案件办理和案卷制作水平。依据《快递暂行条例》《邮件快件实名收寄管理办法》《快递业务经营许可管理办法（修订）》等法规制发行政执法案件补充案由。依托“绿盾工程”建设，大力推进邮政市场行政执法信息系统升级改造，印发通知广泛征集系统升级改造建议。二是依法做好邮政市场行政执法工作。严厉查处陕西韵达快递暴力分拣快件等违法违规行为。2019年，全国各级邮政管理部门共计开展邮政市场行政执法检查116213次，检查市场主体128205家次，查处整改违法违规问题22891个，办理邮政市场行政处罚案件7120件。三是加强“双随机、一公开”。深入贯彻“放管服”改革、强化事中事后监管要求，严格落实《国务院关于在市场监管领域全面推行部门联合“双随机、一公开”监管的意见》要求，部署各地完善随机抽查“两库一清单”管理，加大随机抽查和结果信息公开力度。积极推进邮政市场监管随机抽查实施细则修订。按照“互联网＋监管”要求，进一步优化完善随机抽查事项清单，推送至国家市场监管综合信息平台。四是开展快递业信用体系建设。认真贯彻落实《快递业信用管理暂行办法》，加快推进快递业信用评定工作机制建设，目前，31省（自治区、直辖市）及357市（地）均成立了快递业信用评定委员会。印发《快递市场法人主体信用评定方案》及信用评定通用指标，研究制定《快递市场严重失信对象名单管理办法》，会同国家发改委等9部门联合研究制定《关于加强和规范运输物流行业失信联合惩戒对象名单管理工作的实施意见》，明确快递领域失信联合惩戒认定标准。积极推进快递业信用信息系统优化升级，推动《快递业信用信息采集和共享技术规范》编制，指导各地加快寄递企业信用档案管理建设。持续组织开展“诚信快递、你我同行3·15”主题宣传活动。认真做好快递码号登记受理工作，十多家企业已基本全面上线。

六、集邮市场监管

印发通知，部署各省（自治区、直辖市）进一步加大《集邮市场管理办法》贯彻实施力度，依法严厉打击集邮市场违法违规行为。加大与邮政集团公司的会商力度，研讨打击假邮票工作。积极配合证监会开展清理整顿工作。

七、快递服务质量评价

一是快递服务满意度稳步提升。2019年，快递服务总体满意度得分为77.3分，较2018年上升1.4分。其中，公众满意度得分为84.0分，较2018年上升2.3分，快递服务的公众评价持续向好；时测满意度得分为70.5分，较2018年上升0.4分。二是公众满意度提升幅度较大。2019年，涉及评价的5项二级指标较2018年均有上升。分环节来看，受理环节满意度得分为88.6分，较2018年上升1.7分；揽收环节满意度得分为86.7

分，较 2018 年上升 2.6 分；投递环节满意度得分为 86.2 分，较 2018 年上升 1.1 分；售后环节满意度得分为 73.3 分，较 2018 年上升 3.3 分；信息服务满意度得分为 86.7 分，较 2018 年上升 4.9 分，公众满意度进步明显。三是快递准时率普遍改善。2019 年全国重点地区快递服务全程时限为 56.2 小时，较 2018 年缩短 0.6 小时。72 小时准时率为 79.3%，较 2018 年提高 0.3 个百分点。从全年表现来看，业务旺季全程时限较长，第二、三季度时限水平较好且保持稳定。与 2018 年同期相比，2019 年各月时限水平普遍改善。寄出地处理环节平均时限为 9.0 小时，较 2018 年缩短 0.3 小时；运输环节平均时限为 33.7 小时，较 2018 年缩短 0.3 小时；寄达地处理环节平均时限为 9.1 小时，较 2018 年缩短 0.2 小时；投递环节平均时限为 4.5 小时，较 2018 年延长 0.1 小时。寄出地处理、运输和寄达地处理环节时限均有改善，投递环节时限基本稳定。

八、邮政快递业用户申诉情况

2019 年邮政快递业服务质量持续改善，申诉处理为邮政快递业用户挽回经济损失 7724.3 万元。一是用户申诉率同比明显下降。2019 年，邮政快递业用户申诉总量为 555076 件（日均 1521 件），同比下降 36.2 %。有效申诉为 35783 件，同比下降 67.6 %，其中，邮政服务有效申诉为 3013 件，同比下降 73.9 %，有效申诉率为百万分之零点一五，同比减少百万分之零点四；快递服务有效申诉为 32770 件，同比下降 66.9 %，有效申诉率为百万分之零点五，同比减少百万分之一点四五。二是用户对快递企业的有效申诉处理满意率同比提升。邮政快递业用户对邮政管理部门有效申诉处理满意率为 98.4 %，对邮政企业有效申诉处理满意率为 97.1 %，对快递企业有效申诉处理满意率为 97.3 %，同比增加 0.2 个百分点。三是邮政快递服务存在问题占比较高的仍然是投递服务、丢失短少和延误。邮政服务有效申诉中投递服务的 1231 件，占比为 40.9 %，邮件丢失短少的 811 件，占比为 26.9 %，邮件延误的 621 件，占比为 20.6 %；三项合计占比为 88.4%。快递服务有效申诉量中投递服务的 9863 件，占比为 30.1 %；快件延误的 8613 件，占比为 26.3 %；快件丢失短少的 8402 件，占比为 25.6 %；三项合计占比为 82%。

第六节　安全监管

全行业坚持以习近平新时代中国特色社会主义思想为指导，坚决贯彻落实党中央、国务院决策部署和国家局党组工作要求，扎实推进各项安全责任措施落实，积极化解风险隐患，有效防范和遏制了重特大事故、群体性事件等发生，全行业安全生产形势总体平稳。

一、坚决贯彻落实习近平总书记关于安全生产的重要指示精神

多次召开党组会、安全生产领导小组会、专题会议传达学习习近平总书记等中央领导同志重要指示精神，提高政治站位，全面加强对行业安全工作的领导。国家局结合“不忘初心、牢记使命”主题教育，将实名收寄专项整治作为全系统检视问题立行立改重点工作之一，组织力量系统梳理寄递渠道安全“三项制度”落实中存在的 12 个方面问题，开展专项整治。认真贯彻执行中央关于深化安全生产领域改革发展的指导意见，圆满完成驻部纪检监察组对行业安全生产领域的政治监督，进一步强化安全工作的政治引领。及时贯彻落实习近平总书记关于安全生产的最新指示精神，做好汛期和火灾防范工作，认真履行部门安全监管责任。

二、深入推进安全生产领域改革

健全安全监管体制机制，推动落实中央和地方安全监管共同事权。推动各地成立安全中心支撑机构，截至2019年底，全国已成立省级邮政业安全中心25个，市级67个。调整邮政业安全和应急工作领导小组，明确各成员单位职责。建立并执行安全生产月度统计分析制度。推动《邮政行业安全监督管理办法》修订，已报局长办公会审议通过，正按程序报部审议。印发《邮政企业、快递企业安全生产主体责任落实规范》，对企业安全主体责任实施清单化管理。起草《国家邮政局关于加强和规范邮件快件安全检查工作的指导意见》，推动过机安检规范化。开展主要企业总部督导检查，逐一反馈问题并督促整改到位。

三、圆满完成重大活动寄递安保任务

做好全国两会、第二届"一带一路"国际合作高峰论坛、北京世界园艺博览会开幕式、亚洲文明对话大会、国庆70周年庆祝活动、第七届世界军人运动会等重大活动期间寄递渠道安全服务保障工作。

四、严格落实寄递安全"三项制度"

开展实名收寄专项整治，围绕8个方面问题21项措施集中整治实名收寄未执行、落实制度不规范走过场以及虚假实名、替代实名等问题，及时推动解决邮政企业、外资企业实名率偏低问题，同时加快实施"绿盾"工程实名监管信息系统优化升级和建设应用。持续深入开展行业"扫黄打非"工作，完善并普及"画像法"，有效提高一线收寄人员辨识、鉴别能力。积极推广山东泰安彻底收寄验视经验。组建邮政业安全中心福建闽江安检培训基地，推动安检机联网试点。配合公安等部门，落实重大活动举办地落地二次安检要求，对发现的可疑问题件逐单通报收件地邮政管理部门进行倒查。截至2019年9月，全国日均实名业务量1.8亿件，实名率达99.77%；全国已配备安检机1.5万余台。

五、加强重点领域安全隐患整治

认真贯彻落实习近平总书记就严管严控枪支爆炸物品作出的重要指示批示精神，把寄递渠道涉枪涉爆隐患集中整治作为重要政治任务全力抓好。排查整治一批重大隐患，严肃查处了一批寄递涉枪涉爆物品等违法违规行为，确保了寄递渠道安全畅通，为维护国家安全和社会大局持续稳定贡献了行业力量。同时深入开展违法寄递危险化学品整治，全面加强用户个人信息保护，推进行业信息系统安全等级保护。

六、强化寄递安全综合治理

召开寄递渠道安全领导小组会议，联合中央政法委印发工作要点，开展寄递渠道安全管理综治考评，推动属地管理责任落实。与公安部建立安全监督、信息共享、试点破题、法规建设四个联动机制，共建寄递风险综合防控信息平台。做好寄递渠道芬太尼类物质安全管控和云南方向禁毒堵源截流工作，多次组织开展专题调研，结合实际制定工作方案，配合举办专题新闻发布会，与公安、海关等部门协作配合，突出强化重点口岸、重点企业和重点路向的监管，推动寄递企业芬太尼类物质技术检查设备配备。做好寄递渠道非洲猪瘟疫情防控和打击侵权假冒工作。

第七章　法治政府部门建设

2019 年，交通运输部围绕加快建设交通强国目标要求，全面推进交通运输法治政府部门建设，促进行业治理体系和治理能力现代化。

2019 年立法工作情况：

一是积极推进交通运输法律法规重点项目制修订工作。《中华人民共和国公路法》《中华人民共和国收费公路管理条例》《农村公路条例》制修订取得阶段性进展。积极推动《中华人民共和国海上交通安全法》《城市公共交通条例》《中华人民共和国民用航空法》《铁路交通事故应急救援和调查处理条例（修订）》等立法审核进程，加快推进《中华人民共和国铁路法》《中华人民共和国海商法》《中华人民共和国道路运输条例》等制修订工作，完善与交通强国相适应的法规体系。二是全力推进一批行业急需的规章出台。2019 年共颁布规章 46 件，其中制修订解决行业发展重难点问题规章 19 件，根据“放管服”改革要求修订、废止规章 12 件，根据现行开放政策及《外商投资法》、《政府投资条例》、中央与地方财政事权和支出责任改革要求等，修订规章 15 件。

第一节　规范文明执法

一、贯彻实施《交通运输行政执法程序规定》

为贯彻落实党中央、国务院严格规范公正文明执法的部署要求，适应交通运输综合行政执法改革需要，2019 年 4 月，交通运输部颁布实施了《交通运输行政执法程序规定》（简称《规定》）。各地积极部署开展《规定》的学习宣传和贯彻实施工作，通过辅导讲座、专家讲解等多种方式组织广大执法人员进行系统学习，实现所有综合行政执法人员学习培训的全覆盖。同时，各地以贯彻实施《规定》为契机，进一步完善执法程序、规范执法行为、统一执法文书、健全执法制度，提升了交通运输综合行政执法能力水平。

二、全面推行执法“三项制度”

交通运输部全面推行行政执法公示制度、执法全过程记录制度、重大执法决定法制审核制度。要求坚持“谁执法谁公示”的原则，规范信息公示内容的标准、格式，及时向社会公开行政执法基本信息、结果信息。要求利用执法文书、执法记录仪、音视频监控等，通过文字、音像等记录形式，对行政执法的启动、调查取证、审核决定、送达执行等全部过程进行记录，并全面系统归档保存，做到执法全过程留痕和可回溯管理。要求制定公布重大执法决定法制审核目录清单，明确法制审核的主体、程序、内容、责任等，注重提升审核人员能力水平，确保作出的重大行政执法决定合法有效。

三、积极推行“双随机”抽查检查

交通运输部制定实施《关于深化“双随机、一公开”监管工作的实施意见》，推动交通运输系统将“双随机、一公开”监管作为交通运输监管基本手段和方式，推动实现交通运输市场监管领域事项“双随机、一公开”监管全覆盖。规范和完善行政执法证据的收集、审查和认定，确保事实认定清楚、证据合法有效。树立程序意识，严格按照要求规范行政处罚行政强制措施行政强制执行等执法程序。切实加强涉案财物管理严禁乱执法乱罚款滥收费，依法保障和维护行政相对人的权益。

四、积极推进行政执法信息化建设

交通运输部积极推进交通运输行政执法综合管理信息系统工程建设，坚持部省共建、协同推进，统筹原有各交通运输行政执法信息系统建设，调整完善相关执法程序和执法文书，加快实现执法案件的智能化电子取证、规范化和实时化网上流转、标准化文书制作。打破信息壁垒，推进行政执法信息与许可准入、行业管理、信用监管等信息数据共享，推进行政执法信息数据跨地区跨部门的交换共享，加强执法信息纵向贯通、横向集成、全面共享，提升执法监管合力。

第二节　行政复议、行政诉讼和交通普法

一、行政复议

（一）案件办理情况

2019 年，交通运输部共办理行政复议案件 42 件（含上期结转 1 件），已经全部办结。其中，受理后作出行政复议决定的有 25 件（作出维持复议决定的 14 件，作出确认违法决定的 5 件，作出撤销决定的 2 件，作出驳回行政复议申请决定的 4 件），作出不予受理决定的有 12 件，申请人主动撤回行政复议申请的有 5 件。

（二）案件类型

从行政复议事由看，信息公开类行政复议案件 20 件，占全年案件的 47.6%；要求履职、投诉举报类行政复议案件 11 件，占全年案件的 26.2%；行政许可类行政复议案件 5 件，占全年案件的 12%；行政赔偿类和人事处理类行政复议案件各 3 件，分别占全年案件的 7%；高速公路收费引起的行政复议案件 1 件，占全年案件的 2.4%。

从涉案主体看，针对交通运输部提出的行政复议案件 15 件，占全年案件的 35.7%；针对省级交通运输主管部门提出的行政复议案件 26 件，占全年案件的 61.9%；针对地方高速公路公司提出的行政复议案件 1 件，占全年案件的 2.4%。

二、行政诉讼

（一）案件办理情况

2019 年度，交通运输部办理行政诉讼案件 53 件（含上期结转 6 件）。其中，一审案件 30 件，二审案件 21 件，抗诉案件 2 件。

在一审案件中，已审结 28 件，作出裁定的有 21 件（驳回起诉的 16 件，不予立案的 2 件，准予撤诉的 1 件，按照撤诉处理的 1 件，驳回诉讼请求的 1 件）；作出判决的有 7 件，全部驳回诉讼请求。在二审案件中，已审结 16 件，其中 8 件判决驳回上诉，维持一审判决，其中 8 件裁定驳回上诉，维持一审裁定。2 件抗诉案件已经全部审结，结果都不支持审判监督申请。尚有 2 件一审案件、5 件上诉案件未审结。

（二）案件类型

从诉讼事由看，信息公开类案件 27 件，占全年案件的 50.9%；投诉举报、要求履职类案件 11 件，占全年案件的 20.8%；行政许可类案件 9 件，占全年案件的 17%；其他类型的案件 6 件（2 件人事处理、2 件养老金计发纠纷、1 件行政赔偿、1 件分房纠纷），占全年案件的 11.3%。

2019 年已经审结的行政诉讼案件，交通运输部全部胜诉。从判决结果的类型来看（仅分析形

成判决结果的44件案件，其中2件审判监督案件和7件尚未审结的案件暂不予统计），裁定驳回起诉或者驳回上诉的案件25件，占全部案件的56.8%；裁定不予立案的案件2件，占全部案件的4.55%；裁定准予撤诉或者按照撤诉处理的案件2件，占全部案件的4.55%；判决驳回诉讼请求或者驳回上诉的案件15件，占全部案件的34.1%。

从应诉主体来看，原行政行为机关单独应诉的案件共23件，占全部诉讼案件的43.4%；复议机关单独应诉的案件19件，占全部诉讼案件的35.8%；原行政行为机关和复议机关共同应诉的案件11件，占全部诉讼案件的20.8%。

三、交通普法

2019年，交通运输普法工作深入贯彻落实部党组的决策部署，紧紧围绕交通运输中心工作，按照司法部、全国普法办的统一安排，严格落实普法责任制，行业普法有序开展，取得良好效果，交通运输系统两单位四个人获得全国“七五”普法中期先进集体和先进个人表彰。一是在部机关开展“全民国家安全教育日”普法宣传活动，推动国家安全法律走进机关日常生活，提高了国家安全法治宣传的影响力和传播力。二是在交通运输系统内组织开展“我与宪法”优秀微视频和法治动漫微视频作品征集、第十三届全国百家网站微信公众号法律知识竞赛活动，通过参展、竞赛等方式丰富行业普法形式。交通运输部法制司荣获“第十二届全国百家网站微信公众号法律知识竞赛活动”优秀组织奖。三是在部机关组织开展“宪法宣传周”相关活动，推动深入学习宣传宪法，弘扬宪法精神，维护宪法权威，包括举行国家工作人员宪法宣誓仪式、邀请中央党校杨小军教授讲授习近平全面依法治国新理念新思想新战略、在部“两微一端”展播交通运输系统选送的第三届“我与宪法”微视频征集活动7部获奖作品等。四是定期在部官方网站发布行政复议、行政诉讼典型案例，通过“以案释法”进一步拓展行业普法的深度和广度。

第三节　综合执法改革

中央《关于深化交通运输综合行政执法改革的指导意见》印发以来，交通运输部积极指导督促各省级交通运输主管部门在地方党委政府领导下，认真研究改革方案、积极争取政策支持，努力推进各项改革任务落地落实。

一、指导督促各地改革

交通运输综合行政执法改革是党中央部署交通运输部的一项重要政治任务，部党组高度重视，两次召开领导小组会议安排部署改革工作、压实工作职责。2019年1月，先后在南京、成都、太原召开华东中南、西南西北以及华北东北三个片区就改革推进情况开展调研座谈。3月8日，印发《交通运输部办公厅关于加快推进交通运输综合行政执法改革工作的通知》（交办法明电〔2019〕21号）。3—8月先后赴陕西、云南、四川、福建、安徽等多个省份开展集中督导调研。9月6日，李小鹏部长主持专题会议研究部署交通运输综合行政执法改革工作。9月25日，召开各省级交通运输主管部门改革座谈会。指导督促各省级交通运输主管部门在地方党委政府领导下积极推进改革工作，推动改革各项任务落地落实。同时，落实改革信息报送制度，定期统计改革进展情况。共印发4期工作简报、2期工作信息、1次材料汇编，供各地交流学习借鉴。

二、主动与中央编办沟通对接寻求支持

积极主动加强与中央编办有关司局的日常联系和工作对接。9月24日，到中央编办就综合行政

执法改革中省级执法队伍组建批复、机构和人员编制性质、划转安置等基层普遍关心关注的问题进行汇报沟通，将交通运输综合行政执法改革推进情况向中央编办进行书面报告，并反映交通运输部意见建议。同时，指导各省级交通运输主管部门在地方党委政府领导下，积极争取改革相关部门支持，特别是在队伍组建和人员定编、划转问题上主动通过多种方式与编制部门反复沟通协调，因地制宜提出综合执法队伍的组建方案并争取批复。

三、配合相关部门研究制定改革配套政策

12月11日，就统一执法证件样式，以及执法车船配备等执法保障问题，与司法部进行沟通，汇报交通运输综合行政执法改革需求及意见。积极配合中央编办做好《交通运输综合行政执法事项指导目录》的调整完善。配合财政部研究制定《综合行政执法制式服装和标志管理办法》。

四、着力提升综合执法队伍执法能力和水平

为进一步规范执法行为、提高执法效能，颁布实施《交通运输行政执法程序规定》，落实行政执法三项制度要求，举办2期行政执法规范化培训班，积极开展解读宣贯，推进严格规范公正文明执法。11月21日，组织召开各省级交通运输主管部门参加的执法信息化工作座谈会，安排部署执法信息化建设相关工作，稳步推进部行政执法综合管理信息系统（二期）建设，以信息化建设为抓手，提升交通运输综合行政执法能力和水平。

第四节　政府信息公开

一、全面做好主动公开工作

一是依照《中华人民共和国政府信息公开条例》（以下简称《条例》），第十九条、二十条规定，全年政府网站发布信息总量13.6万条，通过主动公开目录及时公开政府信息1280项，其中规章、规范性文件及相关解读文件130项，规划及标准规范89项，统计数据及分析公报116项，行政许可等相关信息153项，安全及应急管理信息50项，财政预决算及政府采购信息12项，公务员招考及录用结果4项。二是做好重点领域信息公开，通过"四好农村路""脱贫攻坚""放管服""深化收费公路制度改革取消高速公路省界收费站""春运"等8项专题，发布通知公告、政策解读、工作动态等信息1423条，全面公开政策贯彻执行情况。三是做好政策预公开，对涉及群众切身利益、需要社会广泛知晓的行业政策，开展网上征集调查71期，收到意见建议1237条，并及时公布意见征集及采纳情况。

二、依法依规办理依申请公开

一是全年受理依申请公开301件，目前均已办结。二是按照新《条例》要求，调整和完善公开申请工作程序、申请须知等配套制度，编印了工作手册，进一步规范和优化公开申请登记、审核、办理、答复、归档工作，确保了公开工作有序衔接、平稳过渡。三是持续优化依申请公开内网办理平台和外网接收平台，提升办理实效。

三、加强政府信息基础管理

一是加强信息制作源头管控，完善办公系统公文起草平台，严格明确公文主动公开、依申请公开、不公开等属性，准确把握工作秘密属性，不予公开的政府信息要依法依规说明理由，并随文一同报批。二是加强公开台账管理，建立部规章和规范性文件公开台账，确保公开的政府信息底数清晰、数据准确。三是加强公开结果管控，严格履行上网信息发布审核程序，把好政治关、政策关、文字关、

保密关，保证公开信息内容真实、准确、规范；同时，将政策解读与政策制定工作同步安排，确保政策精准解读、内涵透明、信号清晰。

四、注重公开平台建设

一是完善政府信息公开平台。认真贯彻落实《关于规范政府信息公开平台有关事项的通知》要求，统一规范名称，聚焦法定公开内容，坚持数据同源，优化检索和下载功能，打造社会公众便捷、全面获取重点政府信息的权威渠道。二是推进政府网站优质规范发展。持续优化政府网站“交通智搜”和“交通智数”，增加智能化搜索功能，及时发布铁路、公路、水运、民航、邮政等交通运输行业数据。

五、强化监督保障

一是开展新《条例》施行培训，组织公开工作人员对照学习新《条例》，准确理解掌握立法原意，增强主动公开意识。二是开展季度考评和通报提醒，对部机关司局及相关单位进行工作考评和通报，加强督促引导。三是精选并剖析交通运输行业政府信息公开案例并组织学习，为各单位规范依申请公开办理提供参考。四是认真开展分析评估。对多个申请人就相似政府信息提出公开申请的，分析研判相关政策公开及解读情况，进一步推进主动公开。

第五节　信用体系建设

一、以“信用交通省”创建为载体，部省共建信用交通

一是完善制度体系。印发《2018 年交通运输信用体系建设工作要点》，会同国家发展改革委印发《“信用交通省”建设指标体系（2019 年版）》，指导各地区开展“信用交通省”建设工作，并召开专题培训班进行宣贯。二是加强评估总结。组织第三方全面评估各省（自治区、直辖市）推进“信用交通省”建设的成效。9 月 19 日召开全国“信用交通省”阶段总结暨现场观摩交流会，公布了天津、湖南、河南、江苏等第一批 4 家典型省（直辖市），部署下一阶段“信用交通省”建设重点工作。三是做实监管应用。指导有关部门推出“信用 + 交通运输行政许可”“信用 + 出租车管理”“信用 + 二维码执法”“信用 + 船舶过闸管理”等 8 个典型应用场景，推动信用在基层交通运输部门落地生根。四是营造诚信氛围。推动行业内外新闻媒体广泛报道“信用交通省”建设成效，宣传应用案例，推出诚信典型，全行业重视信用、应用信用的氛围日渐形成。

二、坚持“内容为王”理念，夯实信用数据基础

一是加强数据归集。发布《部省交通运输信用信息交换指标要求（2019 年版）》，组织各省（自治区、直辖市）编制省市两级交通运输信用信息目录和共享需求目录，做好信用信息报送和归集工作。充分发挥全国交通运输信用信息共享平台的总枢纽作用，截至 2019 年底，累计归集信用信息 32.7 亿条，建立了 723 万家行业企业和经营业户、1988 万从业人员的“一户式”信用档案。二是做好信息共享。依法依规加强信用信息的共享共用和信息保护，交通运输信用信息共享平台月访问量超过 250 万次，通过平台接口方式有效支撑了部省有关交通运输业务系统。三是推进信息公开。通过“信用交通”网站累计发布资讯类信息 2815 条，对外公示信用信息超过 1.4 亿条，公开部级行政许可和行政处罚信息共 11 万余条，公布失信黑名单信息 5548 条，提供 9165 万条信用信息的一站式查询服务，访问量保持在 35 万次 / 天，峰值近 200 万，网站总窗口作用进一步彰显。四是加强分析应用。依法依规开展信用数据分析

工作，初步形成了“信用交通分”模型，为开展行业信用综合评价提供支撑。定期发布行业信用指数，推进信用舆情监测和信用预警监管系统建设。

三、突出“应用是生命力”，推动“信用管终身”

一是加强事前信用监管。印发《开展证明事项告知承诺制试点实施方案》，在上海海事局开展了专项试点。指导各地运用告知承诺优化信用许可，初步形成“你承诺，我先批，事后审，失信惩”的审批监管流程，加强许可前的诚信教育，为事中事后监管提供执法依据和数据支撑，27个省（自治区、直辖市）已在交通运输行政许可中应用了信用承诺制。二是加强事中信用监管。公布公路和水运工程施工企业、设计企业、监理企业、试验检测机构的信用评价结果，以及监理工程师、试验检测工程师的失信扣分情况。推进交通运输安全生产信用评价工作。发布安全诚信船企、船舶和船长评选名单。指导各地推动信用评价与“双随机、一公开”监管的融合，根据评价结果进行分级分类，进行重点监管、精准监管。三是加强事后信用监管。累计公布了12批3789条公路治超黑名单、1批177条交通运输工程建设红名单。研究在高速公路管理等领域推进失信联合惩戒工作。指导各级交通运输主管部门加快落实国家联合奖惩备忘录，建立本地联合奖惩的对象清单、措施清单和成效清单。鼓励行业协会加强信用自律，推出一批诚信典型企业。

四、讲好“信用交通”故事，营造行业诚信氛围

一是加强政策学习。梳理形成《社会信用体系建设政策汇编》《交通运输信用体系建设政策汇编》，创刊编印《信用交通月报》，不断提高做好信用工作的政治站位和业务本领。二是开展新闻宣传。组织开展“诚信建设万里行”“信用交通宣传月”等活动，开展“一把手谈信用”“吴老师谈信用交通”等专题宣传，推出关于信用工作的“焦蕴平”系列评论员文章，主动发声宣传行业信用建设成效。在人民日报、光明日报、澎湃新闻等新闻媒体刊发行业信用主题报道共417篇，转载超30万次，央视在《朝闻天下》《新闻直播间》等节目深度报道了交通运输部开展信用建设的成效，增进社会各界对信用工作的了解和支持。三是营造良好氛围。加强对信用热点的舆情监测和引导，建立信用交通舆情数据库，将失信情况纳入“信用交通省”建设指标中进行评估，部省合力为信用交通营造良好的舆论氛围。

第八章 科技创新

第一节 交通运输科技管理

一、交通运输科技管理总体情况

（一）交通运输科技发展总体情况

2019 年，交通运输部对全行业 166 家机构、800 家填报单位、6100 余项项目、70 万条基础数据进行统计。截至 2018 年底，交通运输科技活动人员总规模达到 53603 人。其中，高级职称 17574 人，占 32.8%；研究生学历 19734 人，占 36.8%；硕士以上学位 20890 人，占 39.0%；女性 12431 人，男性 41172 人，分别占 23.2% 和 76.8%。当年在研科技项目共计 6156 个，计划总投资 108.9 亿元，实际投入工作量 26166 人·年，分别较上年增长 1.3%、持平和增长 0.2%。其中，新签科技项目 1480 个，计划总投资 21.7 亿元，实际投入工作量 7855 人·年，分别较上年下降 6.4%、7.9% 和增长 1.8%；当年完成科技项目 1775 个，计划总投资 30.8 亿元，实际投入工作量 6375 人·年，分别较上年增长 8.2% 和下降 10.3%、13.0%。超前或按计划进度执行的项目 3066 个，计划总投资 66.8 亿元，分别占总数的 49.8% 和 63.2%。全年共形成研究报告 3331 篇，发表科技论文 12807 篇，出版专著 262 部；全年形成新产品、新材料、新工艺、新装置 732 项，专利申请受理 5535 项，获得专利授权 3950 项，登记软件产品 145 项；全年鉴定科技成果 622 项，推广应用研究成果 563 项；全年通过科技项目培养人才 6168 人，其中博士生 662 人，硕士生 3472 人。

（二）交通运输科技管理与改革创新情况

2019 年，交通运输科技管理工作继续推动转变政府科技管理职能，按照“抓战略、抓规划、抓政策、抓服务”的总体要求，做好交通运输科技创新工作。

1. 组织开展中长期科技发展战略规划研究

围绕服务国家中长期科技发展规划编制和推动《交通运输科技创新中长期发展纲要（2021—2035 年）》编制需要，组织开展关键核心技术调研，编制形成了调研报告。基于以上工作，编制形成了《交通运输科技创新中长期发展纲要（2021—2035 年）》征求意见稿。

2. 推动科技体制改革政策落实

组织召开了行业产学研单位参加的“构建适应交通强国要求的科技创新体系”座谈会，初步提出了引导和服务行业科技创新工作的方向。同时，继续推动落实“三评改革”和扩大高校及科研院所科研相关自主权等改革精神，持续推动《交通运输部促进科技成果转化暂行办法》的落实。

3. 做好行业科技创新服务

持续发挥交通运输行业重点科技项目清单统筹行业科技资源的作用，引导促进行业科技创新工作；发挥交通运输重大科技创新成果库在汇集、展示及推广行业科技成果方面的作用，发挥科技示范工程作为部科技成果推广工作重要载体和抓手的作用。发挥“一部三局”技术创新联席会议协调机制在统筹行业关键技术攻关重点作用。首次以部文出台了部《加强交通运输科学技术普及工作的指导意见》，并联合科技部启动了国家交通运输科普基地建设的调研论证工作。

持续推动与科技部“科交协同”合作协议各项重点合作任务落实；推动中国交通通信信息中心、中国公路工程咨询有限公司与自然资源部国土卫星中心、国家卫星海洋中心签署卫星遥感信息资源共享战略合作协议，加速推动卫星信息资源与交通运输行业深度融合应用，提升交通运输行业利用卫星数据提升工程勘察和防灾减灾能力。

4. 推动交通运输国际科技合作

对接国家国际科技合作部署，做好国际科技创新合作专项项目申报推荐及立项启动，其中中国 - 南非政府间合作项目“石榴石型固态电解质的研制及在节能全固态电池中的应用”获科技部立项；水运院、船级社承办了 2019 年科技部发展中国家培训班工作，进一步扩大了我国内河航运技术和船检技术的国际影响力。继续跟进国际航运协会（PIANC）工作，支持南京水利科学研究院成功申办国际航运协会内河委员会“SMART RIVER”双年会 2021 年会议，为世界各国更好地了解我国内河航道整治及航运技术发展提供交流平台。

二、民航领域科技管理情况

科技创新布局取得战略突破。依托民航科教创新攻关联盟，整合行业内外 17 家优势科研单位，集聚行业内外共 214 名专家，成立战略研究总体组、8 个专业领域组、5 个特色专题组，组织开展面向 2035 民航中长期科技规划战略研究，积极推动在国家重点研发计划中设立民航重点专项，这是民航史上的第一次。积极沟通国家自然科学基金委员会，签署设立了第五期民航联合研究基金，年度项目经费规模由第四期的 2000 万元扩大至 4500 万元。民航局是唯一一家持续设立国家级研究平台行业联合基金的国家部委机关。

开放合作格局迈向纵深高端。组建了民航科教创新攻关联盟，吸纳行业内外知名高校、科研院所和创新型骨干企业共 19 家单位成为联盟首批成员，进一步集聚民航科教创新优势力量，共同打造民航科教创新联合体。深化与四川省战略合作，推动民航科技创新示范区建设，目前示范区一期工程已完成可研阶段的专家评审。推动与河北省深化合作，启动北方民航科教产业园区建设，已面向 15 家民航单位征集项目建设需求。与中科院建立战略合作关系，协同提升民航自主创新能力，启动首批中科院科技网络服务计划民航领域项目，资助中科院单位和民航单位开展联合研究。与华为建立战略合作关系，联合推进智慧民航建设，借助其优势力量，支持民航网络安全工作。中科院和华为共同协助民航局举办民航科教单位内生动力提升战略研讨班。

三、邮政领域科技管理情况

国家邮政局始终把科技创新摆在邮政行业发展全局的重要位置，加大工作力度，促进行业高质量发展。

一是组织召开邮政行业 2019 年科技创新工作会议。会议全面贯彻党的十九大精神和习近平总书记关于科技创新系列重要讲话精神，加快落实中央关于新一代科技创新和人工智能发展重大决策部署，以加快人工智能与邮政业深度融合为主线，推进邮政业“互联网+”向“智能+”升级。

二是推动行业科技创新以及先进成果推广应用。组织认定公布18家行业首批技术研发中心，协助企业和科研单位申报国家和相关行业科研平台，国家邮政局发展研究中心申报成功交通运输部技术研发中心、顺丰公司申报成功深圳市企业技术研发中心、圆通公司申报成功国家级科技项目并获1000多万元资金支持，指导中国快递协会完成行业首届科技成果评选，推动科技成果加速转化。为产学研用搭建交流合作平台，指导成立邮政行业科技创新战略联盟。发挥科技专家智囊作用，组织专家深入基层一线调研，召开科技专题研讨会，指导企业开展科技工作，为行业科技发展出谋划策。引导企业增加研发经费投入，协助企业争取地方政策资金支持，着力推动大数据、云计算、人工智能等先进技术及无人机、无人仓、AGV机器人、北斗导航系统、自动化分拣系统等科技装备在行业加速转化应用和推广普及。推进行业北斗导航系统应用及邮政单北斗导航系统推广应用工作，定期汇总行业北斗应用数据。截至2019年底，邮政快递领域安装北斗终端的车辆为49331辆，相比2018年增加近1万辆。组织制作科技宣传片、出版行业科技月刊、发布全球快递业科技前沿趋势报告，充分利用行业“一报一刊一网”和微博微信等平台，加强科技宣传报道，营造浓厚的科技创新氛围。

三是组织邮政业智能安检系统研发工作。组建智能安检系统联合技术研发中心，组织行业内外企业强强联合、集智开展智能安检系统研发、生产和试点应用，发挥企业科技创新主体作用，研究起草智能安检设备技术标准，推动邮政业安全发展、创新发展。

第二节　重大科技创新

一、交通运输重大科技创新总体情况

2019年，交通运输领域重大科技创新成果继续涌现。拥有多项自主技术的北京大兴国际机场开通运营，时速600公里国产高速磁浮试验样车下线，海宏号盾构机成功启用，在国内外科技界相关领域产生了重大影响。

大力推动智能交通等重点领域科技创新。与科技部等部门协同推动国家重点研发计划“综合交通运输与智能交通”“先进轨道交通”等交通领域重点专项的实施，完成了2018年度立项项目启动，和2019年度项目“港珠澳大桥智能运维技术与示范”“在航船舶安全风险辨识与防控平台”等的申报推荐及立项工作，其中定向推荐港珠澳大桥管理局牵头申报的项目“港珠澳大桥智能运维技术与示范”项目国拨专项经费1.4亿元，为交通运输重大科技项目中迄今单项经费最高的项目，相关项目有望为智能交通技术发展及新一代人工智能技术在交通领域的典型应用提供重要支撑。

组织开展涉海领域在研重大科技项目技术交流。与中国21世纪议程管理中心在大连海事大学组织召开了“十三五”深海专项及海洋环境安全专项相关项目群交流会，相关单位围绕领域内已立项的国家重点研发计划项目实施及阶段成果开展了交流并听取了专家组的指导意见，为相关项目研究工作的顺利实施提供了保证。

针对《交通强国建设纲要》提出的相关科技创新重点任务，梳理形成了“交通基础设施长期性能观测网建设工程”“自动驾驶发展与应用先导示范工程”“智能航运创新发展先导示范工程”，作为重大科技工程纳入部相关项目清单，为未来一段时期依靠科技创新加快交通强国建设奠定了基础和条件。

二、铁路领域重大科技创新情况

铁路科技创新工作会议平台作用得到进一步发挥。2019年，铁路科技创新工作会议首次以现场会形式召开，聚焦铁路装备制造领域，组织与会人员现场参观中车长春轨道客车股份有限公司高速动车组制造中心、国家工程实验室及数据中心等，邀请路内外知名院士、专家作技术报告，既宣传铁路科技创新成果，又深入探讨未来铁路装备科技创新发展方向。

铁路重大科技创新成果库“蓄水池”作用日益显现。2019年是开展铁路重大科技创新成果入库工作的第三年，入库流程和评审办法进一步优化，入库成果质量进一步提升。共有280项铁路重大科技创新成果入库，其中铁路科技项目48项、铁路专利51项、铁路技术标准27项、铁路科技论文154项。

《铁道技术标准（中英文）》创刊发行。成立国家铁路局期刊出版管理领导小组，出台期刊出版管理办法，《铁道技术标准（中英文）》于2019年1月正式创刊发行。一年来，期刊运作良好，影响力不断提升。

大力推动铁路行业应用北斗系统。成立国家铁路局北斗铁路行业综合应用领导小组，建立机制，明确责任，力求把北斗铁路行业综合应用抓出成效。组织中铁第五勘察设计院、北方信息控制研究院等单位积极申请北斗重大专项《北斗铁路行业综合应用示范工程》，指导完善工程可行性研究报告，并与国家北斗办联合组织评审、下达批复文件，工程初步设计有序展开，示范工程将有力推动北斗在铁路行业的应用。

三、公路领域重大科技创新情况

（一）推进自动驾驶技术发展

一是加强政策研究。围绕推动出台促进道路交通自动驾驶发展的政策文件，积极与相关部门进行沟通研讨，为下阶段出台政策文件做好准备。二是推动技术研发。会同科技部推动“综合交通运输与智能交通”重点专项实施，组织行业相关单位申报2019年度项目指南中“高速公路智能车路协同系统”等与自动驾驶相关的项目。同时，积极推进同有关国家开展自动驾驶技术国际合作。三是推进测试基地及示范建设。联合工信部共同认定上海临港智能网联汽车研究中心有限公司、江苏中质智通检测技术有限公司、湖北襄阳达安汽车检测中心有限公司所属测试基地为智能网联汽车自动驾驶封闭场地测试基地。针对重大活动展示需要，开展自动驾驶技术应用场景构建研究。

（二）组织召开香山科学会议推动公路基础科学问题交流研讨

2019年10月17—18日，香山科学会议第S54次学术讨论会在京召开。会议以中国长寿命路面关键科学问题及技术前沿为主题，多学科跨领域专家学者围绕路面足尺试验的目标与科学问题、路面工程感知与科学数据交汇、长寿命路面服役性能的智能仿真理论与模型、路面工程的复杂力学问题与新体系等议题展开学术交流。

四、水路领域重大科技创新情况

组织做好工信部高技术船舶专项项目指南编制和项目申报及管理工作。2019年度，由部属单位牵头承担的“深远海多功能救助船工程开发与专用救助装备研制”“国际航行船舶岸电安全操作导则与技术标准研究”“高技术远洋客船安全返港系统设计技术研究”3项工信部高技术船舶科研项目启动实施，获国拨专项经费计1.16亿元，支撑水运交通装备技术现代化与绿色水运发展。

海事方面。推进科技年度项目计划执行工作，组织实施“‘十四五’规划前期研究”和“新型智库建设实施方略研究”等项目。共实施航保科技项目85项，其中中国海事局软课题项目22项、各航海保障中心自研项目60项、其他项目（航测专项）3项；共取得科技成果70项，其中获得省部级科技奖励12项、国家专利8项、软件著作权13项。

实施科技创新项目，推进智能航保建设，落实《智能航运发展指导意见》，北海航海保障中心牵头实施国家重点研发计划"基于船岸协同的船舶智能航行与控制关键技术"课题"智能航行支持保障关键技术与系统研发"项目，东海、南海航海保障中心参与实施课题一"基于船岸协同的船舶智能航行系统构建研究"项目，批复北方海区航海保障数据服务及精确导助航系统工程、南海航海保障中心e航海绿色航线服务系统等两个e航海示范项目建设方案。重点推广"四季通用灯浮标""轻便式碳纤维顶标""珠江口可量测三维地理场景辅助系统"等28项成果，并促进科技成果转化。

五、民航领域重大科技创新情况

中国民航机场建设集团的国家科技支撑计划项目"绿色机场规划设计、建设及评价关键技术研究"、民航空管局数据公司的国家科技支撑计划项目"空中交通航迹运行技术与验证"通过科技部验收；中国民航大学的国家重点研发计划项目"广域航空安全监控技术及应用"、中国民航飞行学院的国家重点研发计划项目"机场消防安全关键技术与装备研发"，取得阶段性成果；首都机场集团的国家重点研发计划项目"超大型空港综合交通高效运行与智能服务关键技术及示范应用"、中国民航科学技术研究院的国家重点研发计划项目"民用航空反恐技术研究与应用示范"，获得科技部立项批准，已完成项目启动和实施方案论证；中国民航第二研究所参与民航科技冬奥方向的国家重点研发计划项目获得科技部立项批准。

为解决高原和岛礁等复杂机场的飞行安全风险高（一险），飞行窗口受限、可飞空域受限（两限）和异常气象扰动、多电磁干扰（两扰）等因素，导致飞行校验存在畸变信号的特征"漏探"、缺失数据下性能"误判"等难题，中国民航飞行校验中心联合北京航空航天大学攻关，荣获国家技术发明一等项目《复杂机场高精度飞行校验技术及装备》，发明了飞行校验异质信号的自适应协同精细探测方法与装置；发明了异质信号自适应采集和负载均衡的协同探测方法，发明了多类多型机载天线的按需重构和优化复用方法，解决了复杂机场校验信号特征"畸"、采集"扰"条件下精细探测的难题；发明了多信号自适应协同探测装置，与国外同类先进产品相比，时间关联分辨率提高10倍，且异质信号自适应采样率跨1Hz～1MHz。发明了空管设施综合性能的可信准确验证方法与装置；发明了测量参数关联表征和可信反演方法，发明了位置姿态机动对准和多传感器参数动态解耦补偿方法，解决了复杂机场校验数据"缺"、测量参数"偏"条件下空管设施综合性能准确评估的难题；创新研制了空管设施综合性能评估装置，与国外同类先进产品相比，航向、下滑参数的评估精度分别提高约20%和50%。发明了新型多任务高精度飞行校验系统：发明了异质数据综合、多任务时空关联和资源分层优化的处理方法，发明了校验信号负载分布与带宽匹配的高效处理方法，解决了多通道异质校验信号下分布式协同综合处理的难题；创新研制了新型多任务高精度飞行校验系统，通过了美国联邦航空局（FAA）等的适航认证，在国际上首次实现了基于北斗卫星导航系统的空管设施校验能力。

第三节　创新能力建设

一、交通运输创新能力建设概述

（一）行业重点科研平台建设情况

截至2019年底，行业重点科研平台总规模已达162家，包括55个重点实验室、70个研发中心、19个协同创新平台，以及9个国家工程实验室和3个国家工程研究中心、3个国家重点实验室和3个国家工程技术研究中心。

2019年，交通运输部印发了《交通运输行业野外科学观测研究基地建设发展方案（2019—2025年）》，首次将野外科学观测基地纳入重点科研平台序列管理。目前，行业基本形成了国家、部两个层次，重点实验室、研发中心、野外科学观测基地和协同创新平台为有机组成部分的重点科研平台体系。该体系已经聚集了29个省（自治区、直辖市）205家企业、114家科研院所和高校。

2019年，交通运输部推进大连海事大学海洋运输工程学科实验楼、智能研究与实训两用船建造项目、水运科学研究所天津海上溢油应急处置实验系统等一批重点基本建设项目前期工作，不断改善科研教育基础条件，支撑科技创新和人才培养。

2019年，行业重点科研平台发展态势良好，在科技创新、人才培养、成果转化等方面取得明显进步。

一是着力突破关键核心技术，取得了一大批高水平研究成果。行业重点科研平台重点围绕桥隧结构健康监测、道路基础设施耐久与安全、自然灾害预防与应急处置、建筑信息模型（BIM）技术等8个方面，攻克了一系列技术难题。2019年，行业重点科研平台主持承担各类科研项目8258项，其中国家级课题783项；获国家级科技奖励28项，省部级科技进步奖481项；获专利授权3403项；制修订标准规范761项。二是加强高层次人才培养，为集聚和培养高层次科技人才提供重要载体。截至2019年底，重点科研平台有固定科技活动人员1.16万人，高级职称人员占比超过70%，院士34人，中青年科技创新领军人才148人。三是科研设施及关键仪器设备投入力度不断加大，为提升研究实验能力和水平奠定了基础。截至2019年底，重点科研平台科研用房建筑面积共计131.75万平方米，仪器设备6.08万台套，总值55.09亿元。四是持续加强学科建设，已成为学科发展和培育的重要载体。2019年在城市轨道交通安全应急、危险货物运输保障等重点急需领域认定了一批重点实验室和研发中心。落实国家区域发展战略，依托西藏、内蒙古等地科研单位，建设重点实验室和研发中心。加快了我国在智能交通、物流技术、新材料等新兴交叉领域的学科发展。对于符合国家要求、研发能力强的平台，加大沟通争取和扶持力度，力争进入国家科技创新基地序列。2019年，依据国家科技创新基地优化整合有关工作部署，交通运输部聚焦基础设施长期性能和重大工程结构安全开展国家野外科学观测研究基地申报工作；聚焦交通强国建设等重大战略任务，梳理形成了交通运输领域国家重点实验室、技术创新中心、科学数据中心和重大科研基础设施等布局建议，为下步国家正式认定建设奠定了基础。

（二）行业重点科研平台运行管理情况

一是着力强化制度建设。近年来，相继印发实施了《交通运输行业重点实验室管理办法》《交通运输行业研发中心管理办法》《交通运输行业野外科学观测研究基地管理办法》等一批管理制度。二是大力推进科技资源开放共享。率先出台《交通运输重大科研基础设施和大型科研仪器管理暂行办法》。在2019年科技部、财政部组织的科研仪器开放共享评价考核中，交通运输部组织参评的5家单位（交通运输部天津水运工程科学研究院、交通运输部公路科学研究院、大连海事大学、交通运输部水运科学研究院和交通运输部科学研究院）取得了优良成绩。三是不断完善重点科研平台主任联席会议机制。为加强沟通交流，科技创新基地自发成立了重点科研平台主任联席会议机制。行业重点科研平台的管理，已经从过去的探索、模仿，逐步形成了规模化、体系化、规范化的运转体系，行业重点科研平台的凝聚力、影响力和服务行业创新发展的能力不断增强。

二、铁路领域创新能力建设情况

一是完成科技创新中长期发展纲要（2021—2035年）铁路领域方案的编制报送。在前期工作的基础上，根据新的形势要求和科技发展需求，不断优化精炼，邀请专家专题研讨，结合贯彻《交通强国建设纲要》进一步修改完善，正式报送科技部、交通运输部。二是高铁学科建设取得阶段性成果。高铁经济学方面，启动12项课题的背靠背研究，召开课题推进会，组织10所高校围绕学科总体建设、课题研究思路进行交流探讨，截至2019年底，24本课题研究著作基本形成初稿。高铁工程学方面，多次组织项目组研究审定《高速铁路工程技术创新丛书》书目和编撰规范，组织相关高等院校和铁路设计院编写完成30个技术研究方向的丛书送审稿，邀请权威专家担任丛书主审，扎实推进稿件审改工作，为早日出版奠定坚实基础。三是印发2019年课题研究计划，共立项47项课题，重点围绕川藏铁路相关标准编制、概预算定额编制、材料技术参数、工程设计和设备选型等方面开展7项课题研究进行攻关，为川藏铁路建设做好技术支撑。

三、公路领域（含道路运输）创新能力建设情况

开展公路工程技术创新专题研究。面向公路行业加快转变发展方式的战略需求，广泛深入调研我国当前公路工程技术创新的阶段特征，把脉制约问题，系统提出推进公路工程技术创新的政策措施；全面总结我国公路工程领域取得的技术创新成果，提炼了具有重大推广意义的技术成果名单；分析论证行业技术发展趋势，面向关键战略需求和“卡脖子”技术瓶颈问题，初步梳理了公路工程行业共性关键技术清单。

上线公路工程技术创新信息平台。组织了省级交通运输主管部门、企业单位等用户注册，上传发布了创新技术成果信息，形成了基础数据库。该平台以自愿免费共享方式向社会发布公路工程创新产品、示范项目、工法、标准规范等技术成果，为技术成果信息发布和查询提供服务，为企事业单位开展技术转让、技术开发活动畅通了信息沟通渠道。

开展全国公路工程技术创新培训班。组织了以桥梁建设、隧道运营、结构安全等为主题的技术交流活动，开展了公路工程技术创新培训班，集中展示了公路工程技术创新工作思路、智慧公路、公路BIM技术、桥梁防撞及结构可靠性设计等成果，促进了关注技术创新、推动技术创新氛围的形成。

联合国家税务总局印发了《网络平台道路货物运输经营管理暂行办法》（交运规〔2019〕12号），规范网络平台道路货物运输经营活动，维护道路货物运输市场秩序。印发了《交通运输部办公厅关于印发〈网络平台道路货物运输经营服务指南〉等三个指南的通知》（交办运函〔2019〕1391号），引导网络货运经营者标准化、规范化运营，提高物流服务质量。

四、水路领域创新能力建设情况

水运工程技术创新方面。促进水运技术创新和水运行业重大技术应用。组织编制出版《水运工程建设创新技术（2009—2019年）》文集，系统总结推广10年来水运工程建设重大创新技术和重大工程关键技术。加快开展BIM技术应用和自动化码头建设技术相关标准制定，发布施行《水运工程信息模型应用统一标准》（JTS/T 198-1—2019）、《水运工程设计信息模型应用标准》（JTS/T 198-2—2019）、《水运工程施工信息模型应用标准》（JTS/T 198-3—2019）等3项BIM技术应用标准和《自动化集装箱码头设计规范》，启动《自动化煤炭矿石码头技术规范》编制，促进水运行业重大技术应用，不断推进水运工程建设创新发展、智能化发展。组织完成2019年度水运工程工法评选，共评选出一级工法14项、二级工法17项，不断提升水运工程施工技术水平，加快工程建设创新成果转化应用。“海上大型绞吸疏浚装备的自主研发与产业化”获得2019年国家科技进步特等奖，长江中游荆江河段航道整治工程获得2018—2019年度国家优质工程金奖。持续开展水运工程建设领军人才培养。为推动行业重大工程建设、关键技术和重大装备研发、重要标准规范编制，培养水运工程建设领军人才，持续开展水运工程勘察设计建造大师评选工作。组织完成2019届水运工程勘察设计建造大师选拔工作,评选出勘察设计大师2人、建造大师1人。截至目前，共选拔出全国水运工程勘察设计大师11位，建造大师7位。

海事方面。加强科技创新管理，举办首届“海事航保科技讲坛”，展示航海保障最新科技成果。北海航海保障中心组织开展项目创意大赛等系列化创业创新活动，东海航海保障中心成立智能航保工作委员会，南海航海保障中心成立拥有20余架大中型无人机和7名持证驾驶员的航保无人机飞行队。

五、民航领域创新能力建设情况

创新平台建设渐趋于全面完善。第二批8个民航重点实验室和工程技术研究中心通过了认定，5位院士担任学术（技术）委员会主任，进一步充实优化重点实验室和工程中心布局；加强创新能力建设，民航科研院航空安全实验基地二期项目、民航管理干部学院重点实验室建设项目进入可行性研究阶段。6家单位申报的第二批10个民航科技创新“四型”科研院所和“五大”基地通过评审；首批31家民航科技创新“四型”科研院所和“五大”基地完成发展规划编制，进一步明确近期、中期、远期发展目标和建设任务，加快提升行业科技创新整体效能。批准首批3个民航产业技术创新战略联盟开展试点工作，共吸纳了行业内外36家优势力量，在通用航空、机务维修和机场工程等领域打造科技研发、成果转移转化和产业化平台载体，强化创新链、产业链和应用链的有机衔接。

第四节　重大科技应用

交通运输作为北斗系统最大的民用行业用户之一，在部党组的领导下，在规划引领、政策支持、机制建设、国际推广等方面取得显著成效。

一、持续扩大北斗应用推广范围

《北斗卫星导航系统交通运输行业应用专项规划》实施以来，逐步建立“规划、政策、机制、标准、推广”五位一体的行业应用体系，行业各领域推广应用工作取得积极进展：在道路营运车辆、邮政快递运输车辆、公务船舶等重点领域持续扩大北斗应用规模。

二、不断优化北斗系统应用环境

不断完善北斗系统应用相关标准，发布《北斗卫星导航系统船载终端 第1部分：技术要求》

（JT/T 766.1—2019）、《北斗卫星导航系统船载终端 第2部分：数据交换协议》（JT/T 766.2—2019）、《北斗船用应急无线电示位标技术要求及测试方法》（JT/T 1300—2019）等3项北斗系统水上应用标准，修订发布《道路运输车辆卫星定位系统 车载终端技术要求》（JT/T 794—2019）等3项北斗系统车辆应用标准，为北斗系统在船舶、车辆领域的应用提供技术遵循。提前布局北斗高精度服务标准体系，完成行业卫星导航增强系统差分信息播发技术要求等3项标准送审稿审查。

三、围绕重点领域深入开展应用

在铁路领域，成立国家铁路局北斗铁路行业综合应用工作领导小组。与军方联合开展北斗系统铁路行业综合应用示范项目，围绕铁路勘察设计、建造施工及运营维护各阶段，搭建统一的高性能铁路北斗服务云平台和建设基于北斗的铁路工程测量、智慧工地、位置自动感知预警防护等9个示范应用。项目研究成果将打破国外导航技术对我国铁路行业的技术垄断。深入研究北斗高精度定位、导航、授时、短报文通信服务在铁路领域应用。开展融合北斗卫星定位技术的铁路新型列控系统技术攻关。

在公路领域，积极推进北斗系统在路网运行监测方面的应用，全国路网运行监测视频联网统一采用北斗授时，并在部、省两级尝试利用北斗定位计算路网运行情况。鼓励在公路勘察设计、施工安全监控、公路地质灾害监测等领域应用基于北斗的设备及系统。

在长江航运领域，落实《推进北斗卫星导航系统在长江航运应用全覆盖实施方案》，组织研发北斗AIS智能船载终端，开展长航系统公务船、长江干线客船客渡船推广应用。制定实施《长航局系统公务船舶北斗船载终端应用管理规定》，完成公务船舶北斗系统应用全覆盖。积极推动基于北斗的AIS终端性能标准纳入内河船舶法定检验技术规则，启动公务车辆北斗系统应用工作。在港口领域，结合智慧港口工程建设，在货物搬运、甩挂运输、场站管理、港区调度、车船货匹配、货物跟踪、多式联运等方面应用北斗系统，鼓励建立和使用基于北斗的物流管理系统。

在民航领域，印发《中国民航北斗卫星导航系统应用实施路线图》，推动以北斗为核心的全球导航卫星系统（GNSS）协同发展和全面应用。推进北斗国际民航标准研究，对189项系统技术指标进行了验证。在300架通用航空器上使用北斗终端。开展北斗运输航空器追踪应用示范。全国所有310个ADS-B地面站全部实现北斗授时。

在邮政领域，发布邮政行业标准，支持北斗短报文特色功能在邮政领域应用。积极引导快递企业应用北斗系统，新增车辆原则上要求安装北斗终端。建立北斗应用情况定期报送机制，按季度报送北斗终端的新增数量。完善北斗推广应用督导机制，定期督导企业按要求完成北斗终端安装任务，建立车辆台账。开展邮政运输车辆北斗短报文设备和北斗三号终端设备研发及测试工作。

在技术应用研发方面，认定2家研发中心，加快推动单北斗深耦合通信导航一体化技术装备、高精度导航与位置服务技术等方面的技术研发，推动北斗系统在基础设施健康监测、路网运行、安全监管等方面应用。

四、推动北斗“走出去”

积极推进北斗卫星搜救系统国际化应用，北斗卫星搜救载荷入网启用测试等6份报告，已通过国际搜救卫星组织（COSPAS-SARSAT）联合委员会审议。同时，在国际海事组织（IMO）框架下，配合军方持续开展北斗短报文服务系统加入全球海上遇险与安全系统（GMDSS）工作。推动国际海事组织（IMO）对北斗短报文服务系统开展评估。持续推进中俄北斗—格洛纳斯国际道路运输应用，完成中俄车辆动态信息交换验证，与俄方签订平台数据交换协议。起草北斗全球信号的国际民航组织标准及建议措施，推进北斗系统公开服务标准和建议措施验证。

五、央企积极推动北斗系统应用

中交集团推动“一带一路”重大工程北斗系统应用，获国家发展改革委批复和中央预算内资金支持。国家铁路集团、招商局集团积极参与交通运输部基于北斗的全球海上航运应用工程，提供150艘远洋船舶承担示范应用，在深圳妈湾港组织安装北斗车载终端设备40套，并同步建设港口机械建设和调度系统。中国远洋海运集团、中国交通运输部“基于北斗的全球海上航运应用工程”，积极开展论证工作。研发北斗双模的冷藏箱监控设备，并在7000个冷藏箱上进行安装。研发基于北斗三号高精度定位和短报文功能应用的散运船舶终端。在道路灾害监测产品中应用北斗模块。中国邮政集团对邮政车辆运行管控平台进行北斗系统升级改造，目前，一、二干线运输车辆实现北斗系统应用全覆盖。在邮政车辆开展单北斗系统应用测试，研制具有北斗三号短报文功能的单北斗定位设备。

第五节　信息化与网络安全

一、整体概况

（一）信息化发展规划实施情况

积极推动9个省级智慧公路试点，在基础设施数字化管理、车路协同应用、“互联网+”出行服务、北斗高精度定位综合应用、基于大数据的路网综合管理，以及交通控制网原型系统等方面形成了初步成果。会同文旅部持续推进9个交通旅游服务大数据应用试点，在运游一体化服务、旅游交通市场协同监管、景区集疏运监测预警、旅游交通精准信息服务等方面探索应用。

（二）重点工作情况

1. 加快推进国家综合交通运输信息平台建设

一是“五大功能”取得新成效。综合交通发展决策服务信息系统、交通运输调度与应急指挥系统、部电子政务外网行政办公业务平台核心功能基本开发完成，“综合交通一张图”投入试运行，调度与应急指挥移动APP实现在指挥中心与现场一线、31个省厅的视频联通。部信息资源交换共享平台和网络安全评估及监测预警信息平台稳定运行。二是持续优化强化“六个统一”。平台综合信息系统完成第五次迭代，交通运输部统一身份认证系统与国家和部内有关平台实现互联互认。印发实施移动平台总体技术要求、数据资源交换、统一地图服务、统一身份认证等相关11项平台技术标准。

2. 深化综合交通运输大数据共享融合应用

印发《推进综合交通运输大数据发展行动纲要（2020—2025年）》，行业信息化发展的顶层设计进一步完善。印发《交通运输政务信息资源目录（2019版）》，共计发布政务信息资源7140项。部数据共享交换平台实现1.3亿条数据入库和百余个接口转发，并在国家数据共享交换平台上发布信息资源共享服务302项，为业务工作提供了490万次、总量近491GB的数据交换服务。不断完善共享管理机制，印发《交通运输部政务信息资源共享交换平台管理规程》《交通运输部政务信息资源共享责任清单（第二批）》《部省水运政务数据共享工作方案》等。组织实施首批交通运输大数据融合应用试点并及时总结成果和经验。

3. 着力提升交通运输行业网络安全防护能力和水平

建立部属单位网络安全工作考核评价制度，推动部属各单位有效履职。完善基线管理制度，严格执行风险漏洞台账管理和整改“清零”要求，大幅提高部机关网络安全管理精细化、专业化水平。狠抓网络安全技术管理，实现安全定级、技术审核前置的有效执行，极大提升了网络安全建设水平。

4. 加快实现交通运输政务服务“一网一门一次”

按照全国一体化在线政务服务平台建设和交通运输部《关于加快建设完善交通运输部政务服务平台的工作方案》要求，交通运输部政务服务旗舰店已部署上线，接入交通运输领域高频服务10项，部级在线办理事项24项，接入自2014年以来的办件信息8万余条，身份认证系统、电子证照系统、电子印章系统等实现与国家平台互联互认，平台安全等级测评和接入安全检测已全部完成，全面完成了交通运输部对接国家平台的各项任务。

二、国家铁路局信息化与网络安全

（一）信息化建设工作情况

一是推进安全生产监管信息化工程（一期）国家铁路局建设项目。组织完成工程、技术、财务和档案等分项的初步验收工作。按照项目牵头单位统一安排，依托国家数据共享交换平台构建数据安全域，完成安全生产交换共享数据库建设。按照信息系统安全等级保护三级要求，经过安全策略补强与安全漏洞升级等工作，通过网络、主机及应用系统测试，形成信息系统安全等级测评报告。铁路安全监督管理信息系统等九大应用系统试运行期间，运行稳定，用户数量显著增长，使用频率稳步提升，业务数据支撑作用凸显。

二是稳步推进国家铁路局统计系统建设。按期完成国家铁路局铁路行业统计调查系统建设工程的招标采购工作，并于2019年11月启动项目，稳步推进项目实施工作。

三是积极推进电子政务内网项目建设。组织完成信任服务体系和电子认证系统建设，并通过分保测评。按照国务院办公厅网络互联互通相关要求，完成接入实施方案申请，积极筹备接入工作。

四是积极推进国家铁路局政务服务平台建设，2019年9月上线试运行。政务服务平台融合全局政务服务应用系统，完成了政务服务门户、工作门户、服务App、事项管理系统、统一身份认证、资源共享系统、电子证照系统、咨询投诉系统、电子监察系统、政务服务评估系统、用户体验监测系统等11个系统建设，在国务院各部门中率先完成了与国家平台8类43项对接任务指标，实现了全国统一身份认证和政务数据协同共享，为深入推进国家铁路局政务服务“网络通、数据通、业务通”提供了基础保障。

（二）网络安全工作情况

一是落实网络安全等级保护制度。组织对国家铁路局内8个应用系统开展等保定级、备案、测评、整改工作，有效提升应用系统网络安全防护能力。二是重点抓好网络安全应急处置。组织开展网络安全应急演练，持续收集和处置各类安全威胁和漏洞预警，及时分析问题并进行应急处置，切实提高网络安全应急处置能力。三是充分发挥网络安全通报机制作用。及时向局属各单位、机关各部门通报网络安全预警和风险提示，组织做好防范，提升整体网络安全防护能力。四是积极开展行业网络安全宣传。国家网络安全宣传周期间，组织全局和相关铁路企业采用多种方式，开展网络安全宣传教育，切实提高铁路行业网络安全防护意识。五是强化重大活动期间网络安全保障。在国庆70周年和全国两会期间，组织开展网络安全专项检查，严格执行7×24小时值班值守和每日“零报告”制度，确保网络运行安全平稳。

三、公路领域信息化

一是启动建设“公路建设市场与收费公路监管信息系统”。为实现“数据一平台，监管一张网，对外一窗口，决策一盘棋”，启动建设“公路建设市场与收费公路监管信息系统”。该系统包含全国公路建设市场监督管理、全国公路工程造价管理信息、全国收费公路监管信息、公众信息服务、综合决策分析5个子系统。

二是开展公路工程BIM技术相关标准的制定。为规范公路工程BIM信息化应用技术，开展了《公路工程信息模型应用统一标准》《公路工程建设信息模型应用标准》《公路工程施工信息模型应用标准》3部公路工程BIM技术相关标准的制定工作，目前均已完成报批稿。

三是大力发展ETC系统。印发《加快推进高速公路电子不停车快捷收费应用服务实施方案》及规范ETC推广发行、进一步规范ETC发行服务等有关工作的通知。成立全国ETC客户服务中心，开通95022ETC服务监督热线。2019年，各地共建设24588套ETC门架系统，改造48211条ETC车道。截至2019年12月31日，全国ETC客户累计达到2.04亿，其中，2019年新增ETC客户1.23亿，完成新增发行任务1.1亿的111.8%。全国高速公路入、出口客车ETC平均使用率分别达到71.3%和71.2%。

四是高质量完成撤站专项网络安全保障工作。印发《收费公路联网收费系统网络安全管理暂行办法》等系列文件。完成联网收费责任体系建设，梳理形成全网系统“责任清单”，绘制了全网拓扑“一张图”，以“两清单、一张图”实现“底数清、情况明”和精细化管理。印发《联网收费系统网络安全信息通报工作规范》《联网收费全国中心系统网络安全事件应急预案》。

五是有序推进信息化重点工程。印发《关于加快推进全国治超联网管理信息系统部省平台建设工作的通知》，截至2019年底，部级工程已完成招投标，正在开展工程建设；省级工程方面，全国已有8个省份完成项目前期工作，19个省份正在开展前期工作，5个省份直接在原有系统上升级改造。国家公路网综合养护管理平台已完成交工验收工作，实现国家公路网技术状况及养护科学决策可视化管理。全国汽车维修电子健康档案系统已覆盖31个省级系统，累计采集维修记录3.7亿辆次，超过9700万辆汽车建立了健康档案。20个省份启动了危险货物道路运输安全监管系统的前期建设工作。

六是提升交通出行服务水平。加快推进道路客运联网售票，全国20个省份实现部省联网售票服务，二级及以上客运站联网售票覆盖率达98.66%，班次可售率为80%。积极推进道路客运电子客票试点，基本建成部省两级电子客票系统。持续推进交通一卡通互联互通，全国已有275个地级以上城市实现交通一卡通互联互通。进一步推进城市轨道交通、出租汽车、城市轮渡、市域（郊）铁路等多种出行方式一卡支付，20个地级以上城市实现交通一卡通移动支付应用。

四、水路领域信息化

一是加快推进水运信息系统建设和应用。加快建设水路运输建设综合管理信息系统（二期），建设完善水路运输行政许可、备案、统计等功能。加快推进智慧港口工程建设，13个智慧港口示范工程除江苏省港口危险货物安全监管信息平台项目因综合行政执法改革职责调整而延期外，其余项目均已完成工程建设，并完成竣工验收工作。长江电子航道图APP新增下载量达3.3万余次，应用范围进一步扩大。水路客运联网售票系统建设方面，琼州海峡、台湾海峡实现了水路客运联网售票。

二是稳步推进智慧海事建设应用。印发《海

事信息化一体化发展总体方案》，提出了智慧海事发展目标，构建满足海事治理体系和治理能力现代化需要的信息化体系。完善海事协同管理平台、船舶检验管理系统、海事规费征稽管理系统、船舶危防管理系统。开展新版海事视频监控管理系统建设，接入2000余路视频监控信号，初步实现对客渡船码头和危化品装卸码头等重点监控区域的全覆盖。启动实施海事现场执法履职系统和海事监管指挥系统，统一规范海事现场执法行为。

三是持续推动水运海事数据共享工作。开展水运海事证照数据共享工作，通过跨部门数据共享和业务协同应用，提升行业管理水平和行政审批效率。

五、中国民用航空局信息化与网络安全

民航网络安全总体平稳可控。制定了民航关键信息基础设施认定规则，为下一步认定和保护工作打下扎实基础。协调国家发改委、中央网信办，率先组织申报关键信息基础设施安全可控产品应用示范工程项目，取得重大进展。组织重点时期和重大活动期间民航网络安全保障工作，完成"春运"、全国两会、"一带一路"论坛、世园会、亚洲文明对话、新中国成立70周年、军运会、进博会等民航网络安全保障任务，确保民航重要网络和信息系统运行正常，不发生影响航空运输的网络安全事件。民航局人事科教司被评选为"新中国成立70周年庆祝活动网络安全保卫工作先进单位"。

六、国家邮政局信息化与网络安全

围绕寄递渠道安全监管"绿盾"工程，推动网络安全和信息化同步发展。

一是高度重视，筑牢网络安全和信息化工作基础。国家邮政局党组高度重视网信工作，深刻认识到做好网信工作对邮政管理工作和行业发展的重要性和紧迫性，强化责任担当，狠抓工作落实。圆满完成"护网2019"演习、"国庆70周年"网络安全、"双11"旺季信息化保障等重点专项工作，获公安部表彰为"新中国成立70周年庆祝活动网络安全保卫先进单位"。

二是服从大局，贯彻落实党中央国务院有关要求。完成一体化在线政务服务平台建设，将三级邮政管理部门行政权力事项全部纳入国家政务服务事项管理系统，实现注册用户"一次登录、一网通办"。积极推进"互联网＋监管"系统建设与对接工作。扎实推进国产正版信息技术产品在邮政管理系统中的广泛应用。完成电子政务内网建设。组织制定《邮政业关键信息基础设施认定规则》，稳妥推动邮政业关键信息基础设施防护。

三是夯实基础，强化邮政管理信息化底盘。推动北京主机房和合肥灾备中心建设，筑牢信息化发展基础。按照"统一规划、深度整合、数据集中、运行高效、安全可靠"的原则，初步建成集中统一的邮政管理与服务大数据平台基本框架，推进云计算平台、大数据管理平台、数据资源和系统整合等关键信息系统的建设并投入试运行。

四是抓实见效，大力推进应用系统建设完善工作。根据"边建设、边应用、边完善"和系统整合的建设思路，坚持业务先行、服务基层和"管用、实用、好用、易用"的目标导向，基本完成运行监测、行政执法、公共服务、安全预警和应急指挥等六大应用系统上线试运行，完成30个省局和235个市（地）局的视频联网平台部署，接入15家重要快递企业、4400多个分拨中心和重要网点、63000多路视频信号，并初步实现视频巡检和智能分析功能，在提升行业监管水平、提高行政效率、增强服务能力、助力科学决策等方面发挥了积极作用。

第六节 标准体系建设

一、交通运输部标准体系建设情况

截至2019年底，公路水路交通运输领域共有国家标准579项、行业标准1448项，全国性专业标准化技术委员会和分技术委员会13个，行业性专业标准化技术委员会7个，各领域技术专家1000余人。

在行业标准化治理体系建设方面，印发部门规章《交通运输标准化管理办法》，以及《交通运输标准审查管理规定》《交通运输行业标准化技术委员会管理办法》等配套制度，进一步规范标准化管理。组织开展《交通运输标准化“十四五”发展规划》研究工作。

在落实国务院深化标准化工作改革任务方面，开展了83项强制性标准转化、整合、修订等工作。发布“四好农村路”等100余项地方标准。中国公路学会等团体开展港珠澳大桥施工技术等200余项团体标准制修订。

在高质量标准体系建设方面，2019年，发布综合交通运输、安全应急、运输服务、工程建设和养护、节能环保和信息化等重点领域标准170项。其中，制定发布公路工程标准15部。截至目前，公路工程行业标准现行标准共116部，其中强制性标准57部、推荐性标准59部。

在支撑重大国家战略实施、保障中心工作方面，落实深化收费公路制度改革精神，发布了《收费公路车辆通行费车型分类》等标准；落实乡村振兴战略和打赢脱贫攻坚战的总体要求，发布《小交通量农村公路工程技术标准》（JTG 2111—2019）等标准；支持京津冀协同发展，推动三地联合发布《公路养护施工作业安全防护设施设置规程》等2项区域性地方标准；服务长三角一体化发展，推动建立区域性地方标准协调机制，制定《内河船舶污染物接收设施建设规范》区域性标准；发布5项《内河过闸运输船舶标准船型主尺度系列》系列强制性国家标准，服务长江经济带发展、粤港澳大湾区建设等战略实施。

在完善综合交通运输标准体系方面，发布《综合客运枢纽导向系统布设规范》（JT/T 1247—2019）等标准10项。在提升安全监管能力方面，发布《城市公共汽电车驾驶区防护隔离设施技术要求》（JT/T 241—2019）等标准。在信息化技术应用方面，修订发布《交通运输信息化标准体系》，发布《营运车辆自动紧急制动系统性能要求和测试规程》（JT/T 1242—2019）等标准。在提升工程建设质量方面，发布《公路工程混凝土结构耐久性设计规范》（JTG/T 3310—2019）、《水运工程钢结构施工规范》（JTS 203—2019）等标准。在促进运输服务业转型升级方面，发布《道路冷链运输服务规则》（JT/T 1234—2019）、《邮轮港服务规范》（JT/T 1294—2019）等标准。在服务绿色交通建设方面，发布《码头岸电设施建设技术规范》（JTS 155—2019）等标准。结合部重点工作任务，将《跨海通道地质勘察规程》（JTG/T C21-02—2014）、《桥梁工程结构安全性评价规范》（JTG F90—2015）、《公路中小跨径钢-混组合梁桥标准图集》（JTG/T 3364-02—2019）等26项标准纳入公路工程标准体系。

在标准实施监督工作方面，面向北京等19个省（自治区、直辖市）以及主要生产企业组织

开展了ETC设备专项抽查，完成路面标线涂料、桥梁支座等8类公路工程用产品质量监督抽查。组织开展《农村公路养护技术规范》(JTG/T 5190—2019)等重点标准宣贯，共约18000余人次参与培训。

在标准国际交流与合作方面，我国牵头制定的《耙吸挖泥船疏浚监控系统》等4项国际标准发布实施。发布了《公路沥青路面再生技术规范》(JTG/T 5521—2019)等15项标准英文版和3本法文版，中国标准在海外应用取得新发展，缅甸仰光采购符合中国标准的公交监控终端和平台。

二、铁路标准体系建设情况

(一)技术标准方面

一是印发2019年铁路技术标准项目计划并组织实施，全年发布9批51项铁道行业技术标准和2项标准修改单，推动发布《铁路旅客运输服务质量》等15项铁道国家标准。二是梳理分析在编铁道国家标准和铁道行业标准计划项目进展情况，提前一年完成792项标准计划项目的编制和发布。三是启动铁道行业技术标准管理办法、铁道行业标准化技术委员会管理办法等标准管理制度研究。四是积极宣贯标准，配合国际标准日，开展《铁路站内道口信号设备技术条件》(GB 10493—2018)等26项新发布实施的强制性和重要标准的宣贯及培训活动，共培训技术人员425人。五是发布2019年铁道行业技术标准复审结果，分步开展标准公开工作。《铁道车辆心盘》(TB/T 46—2015)等970项铁道行业技术标准继续有效，其中781项标准将分批在铁路技术标准信息服务平台上公开。六是加强标准前期研究分析，针对ISO国际标准铁路项目规划、IEC国际标准列车通信网络以太网ETBN和TRDP一致性测试等开展研究分析。

(二)工程建设标准方面

一是标准体系建设取得新进展。新体系标准数量由原2010年版体系的246项精简整合到146项，有效解决了行业与企业标准管理界面不清晰等问题。二是重点领域标准实现突破。全年发布铁路工程建设标准26项，编制完成铁路工程施工安全系列技术规程，其中《磁浮铁路设计标准(试行)》统一了磁浮铁路限界、轨距、轨道基准面等主要技术要求和关键尺寸，明确了磁浮车辆主要技术规格，填补了铁路技术标准体系空白。三是标准基础研究扎实推进。完成《高速铁路设计标准体系评估》等研究并结题9项，对高速铁路、客货共线铁路、磁浮铁路、市域铁路相关技术标准提出优化建议。针对川藏铁路复杂地质环境，开展隧道、桥梁设计施工标准等4项基础研究。四是实施标准公开和宣贯。开通铁路技术标准信息服务平台，免费提供标准全文。加大标准宣贯力度，组织标准宣贯7场次，培训技术人员超过1200人次。

(三)工程造价标准方面

一是标准体系不断丰富完善。全年发布铁路工程造价标准8项，现行有效的铁路工程造价标准共计50项。二是标准制定更加贴近实际需求。修订《铁路工程工程量清单规范》(TZJ 1006)，首次纳入铁路旅客站房部分，实现铁路工程专业全覆盖。编制《铁路隧道大型机械钻爆法施工预算定额》，补充大型机械钻爆法开挖、支护、衬砌铁路隧道子目。三是造价标准研究不断深化。完成《高速铁路造价标准研究》等研究并结题4项。针对川藏铁路高海拔、高地应力、高地温的复杂地质环境，开展隧道TBM施工概预算定额及费用定额等基础研究。四是加大标准信息公开和宣贯力度。公开造价标准有关信息，按季度发布铁路工程主要材料价格信息。组织宣贯概算定额系列造价标准4场次，培训技术人员合计超过500

人次。

三、民航标准体系建设情况

（一）持续推进深化标准化改革工作

2019 年 4 月 23 日，民航局印发《民航行业标准管理改革工作方案（2019—2020）》，创新标准化管理体制机制和方式方法，构建新型民航标准体系规划，明确了民航标准化改革工作的总体要求、重点任务。成立了民航行业标准管理改革工作组，确定行业标准清理等 6 项重点工作任务。

全年完成民航 457 项现行行业标准的清理工作，废止 266 项，鼓励和指导民航社会团体承接转化废止的行业标准；启动标准化规章和配套的规范性文件修订和意见征集工作；制定了《关于培育发展民航团体标准的指导意见》，组织标准化技术机构向有关社会团体提供人员培训、标准编制和标准化技术咨询等服务。

（二）强化标准化技术机构建设

2019 年 9 月 2 日，民航局批准在中国民航科学技术研究院设立民航法规与标准化研究所（副司局级）。标准化专业技术机构的建设，将有效提升标准化技术支持能力和管理水平，实现对民航标准化工作的有效技术支撑。

（三）国家级标准化平台筹建

2019 年 10 月 17 日，国家标准化管理委员会正式批复同意中国民航科学技术研究院筹建国家技术标准创新基地（民航）。依托该基地建设，构建“资源共享、市场需求、项目孵化、产业协同、国际对接”的运行机制，整合民航行业和产业链上下游标准化、科技、产业优势资源，推动技术创新和标准研究相结合，提升标准技术水平，推进民航产业提质升级，发挥标准对新业态、新技术、新产品的培育和催化效应，支持重点领域自主创新技术成果依托标准的产品孵化、产业构建、市场推广和国际输出。

（四）实验验证能力建设

截至 2019 年底，全行业共有 30 余家检验检测机构获得了中国合格评定国家认可委员会（CNAS）认可资质，领域覆盖民航主体专业。

航空安全实验基地一期主体工程基本建成，二期工程获得立项批复，基地对标美国 FAA 技术中心，建成后将成为国家级民航航空安全技术验证机构。

依托国家技术标准创新基地，联合中国商飞、中国航天科工等工业单位，共建实验验证平台，支撑国产大飞机、北斗卫星导航等国家重点工程建设。

四、邮政标准体系建设情况

国家邮政局充分发挥标准的规范和引领作用，扎实开展标准制修订和培训宣贯工作，

一是组织完成 6 项重要标准，不断健全邮政业标准体系。组织制定《邮件快件包装基本要求》（YZ/T 0171—2019），进一步规范包装材料的选用和包装操作行为，推进资源节约，减少环境污染。组织制定《邮件快件实名收寄信息交换规范》（YZ/T 0169—2019）和《邮政业视频监控系统接入技术规范》（YZ/T 0170—2019），为“绿盾工程”建设提供技术规范，提升邮政业安全生产和监管水平。完成《快件处理场所基础数据元》（YZ/T 0168—2019）行业标准和《快递服务支付信息交换规范》（GB/T 39083—2020）《快件航空运输信息交换规范》（GB/T 38726—2020）国家标准研制工作，加强数据资源规划管理，促进跨领域数据信息的交换共享和综合利用。

二是统筹推进其他标准的研制，更好地服务于行业发展需要。开展《住宅信报箱》（GB/T 24295—2009）国家标准修订工作，大力推动智能化服务终端建设，促进邮政服务和快递服务一

体化发展。协调推动《绿色产品评价 快递封装用品》（GB/T 39084—2020）国家标准制定工作。开展快递无人机服务规范、无人车技术要求、智能安检系统相关标准研制以及新型寄递地址编码试点等工作，推进科技成果转化，提升运营能力，提高服务水平。组织完成《邮政与快递营业场所项目规范》《邮政与快递处理场所项目规范》研编工作，为推进后续标准制定、保障运营场所和配套设施安全可靠运行打下坚实基础。

三是组织开展标准培训宣贯工作，促进标准落地实施。举办全国邮政管理系统标准培训班，邀请专家对《邮件快件包装填充物技术要求》（YZ/T 0166—2018）、《快件集装容器 第2部分：集装袋》（YZ/T 0167—2018）和《邮政业信息系统安全等级保护实施指南》（YZ/T 0163—2018）3项行业标准进行解读，帮助省级标准化管理人员加深对标准的理解掌握，促进标准的落地实施。四是提升标准化服务和管理水平。加强全国邮政业标准化技术委员会秘书处服务支撑能力建设，健全工作制度，提升工作能力，创新服务方式，丰富服务内容，为标委会各项工作的顺利开展提供良好的服务保障。

表 3-8-1　2019 年邮政标准制修订情况一览表

序　号	标准类别	标准名称	标准号
1	国家标准	快件航空运输信息交换规范	GB/T 38726—2020
2	行业标准	快件处理场所基础数据元	YZ/T 0168—2019
3	行业标准	邮件快件实名收寄信息交换规范	YZ/T 0169—2019
4	行业标准	邮政业视频监控系统接入技术规范	YZ/T 0170—2018
5	行业标准	邮件快件包装基本要求	YZ/T 0171—2019

第七节　科技创新人才与科研成果获奖情况

一、基本概况

（一）科技创新人才队伍建设情况

2019 年度交通运输部继续实施行业科技创新人才推进计划，在工作组织上，扩大了征集范围，首次将具有交通运输相关优势学科的 11 所重点高校纳入征集范围，共面向 67 家推荐单位开展了征集工作，包括 32 个省级交通运输主管部门、3 家交通运输企业、20 所高校、12 个部属单位，并增加了各单位的推荐名额。首次实行网评和会评两阶段相结合的评选方式，并在评审过程中切实落实国家“三评”改革（项目评审、机构评估、人才评价）精神和支持西部地区、东北地区及企业人才发展的倾斜政策，经专家组评审，本年度创新人才推进计划共评选出 16 名中青年科技创新领军人才、8 个重点领域创新团队和 4 个创新人才培养示范基地入选，包括清华大学、同济大学、东南大学等著名高校、中交集团等企业和南京水利科学研究院的优秀人才和团队，较好地体现了“聚天下英才而用之”的精神。

为深入贯彻落实习近平总书记关于科技创新工作和人才工作的重要论述精神，进一步加强交通运输科技创新人才队伍建设，为交通强国和创新型国家建设提供有力的科技支撑和人才保障，根据年度培训工作计划安排，交通运输部举办了首届交通运输科技创新人才培训班，培训对象为 2015—2019 年度交通运输行业中青年科技创新领军人才、重点领域创新团队和创新人才培养示范基地的负责人，以及相关推荐单位科技人才工作分管领导。刘小明副部长出席开班式并作讲话，南京水利科学研究院张建云院士就长江大保护与绿色水运发展做了专题讲座，科技部有关专家就深化科技体制改革及重点政策、国家重点研发计划的组织管理、国家科技人才培养政策、科技监督与诚信政策进行了专题辅导与政策解读。

（二）交通运输科技成果获奖情况

2019年度交通运输领域共有15项科技成果获国家科技奖励。其中“海上大型绞吸疏浚装备的自主研发与产业化”获国家科技进步奖特等奖，“复杂艰险山区高速公路大规模隧道群建设及管运安全关键技术”和“ARJ21喷气支线客机工程”获科技进步奖一等奖，其他10项成果获科技进步二等奖（含铁路4项、民航2项、公路水路4项）；2项成果获国家技术发明奖二等奖（铁路领域）。

二、铁路行业科技人才与科研成果获奖情况

2019年，铁道行业获国家科学技术奖6项，由国家铁路局提名的“高压大电流IGBT芯片关键技术及应用”等2个项目获国家技术发明二等奖，“高速铁路高性能混凝土成套技术与工程应用”等4个项目获国家科技进步奖二等奖。

2019年，铁道行业共有28个项目通过第21届中国专利奖评审，其中中南大学“铁路大风监测预警系统及方法”、株洲中车时代电气股份有限公司“一种用于动车组的快速粘着控制方法”、中铁工程装备集团有限公司“隧道联络通道用盾构机及其联络通道掘进方法”等3个项目获得中国专利金奖，中车青岛四方机车车辆股份有限公司和中国铁路总公司“轨道车辆车头（2014-3）”项目获得中国专利外观金奖。

三、中国民用航空局科技人才建设与科技奖励情况

（一）民航科技人才建设情况

创新人才队伍日益优良壮大。第二批民航科技创新人才推进计划完成评审，共遴选出民航科技创新领军人才9名、拔尖人才20名、重点领域创新团队12个。至此，民航科技创新领军人才达21名，拔尖人才达53名，重点领域创新团队达32个，人才和团队覆盖全部12个民航主要科技创新领域，规模持续扩大，结构得到优化，6名人才入选国家“万人计划”，5名人才入选科技部“创新人才推进计划”，1名人才获得中国青年科技奖。继续加大对入选科技创新人才和创新团队的综合支持力度，4名人才牵头负责在研国家重点研发计划项目，1名团队负责人牵头项目获得今年国家科技进步二等奖，数十名人才和团队负责人作为骨干参与面向2035民航中长期科技规划战略研究，较好地体现了“聚天下英才而用之”的精神。

（二）民航科技奖励情况

国家级科技奖励情况。2019年度民航领域荣获国家科技奖2项。北京航空航天大学、中国民航校飞中心等单位联合研发，张军院士牵头的《复杂机场高精度飞行校验技术及装备》项目，荣获了2019年度国家技术发明一等奖。

北京航空航天大学、空管局民航数据通信公司等单位联合研发，朱衍波教授级高工牵头的《中国民航数字化协同管制新技术及应用》项目，荣获了国家科技进步奖二等奖。

民航局级奖励情况。民航局指导中国航空运输协会承办，评选出了2018年度民航科学技术奖共37项。其中，一等奖4个项目、二等奖13个项目、三等奖20个，较上一年度获奖数量增加了19项。

四、邮政领域科技人才与科研获奖情况

（一）邮政领域科技人才情况

制定《邮政行业科技英才推进计划管理办法》，组织开展首次推荐工作，首批38人入选

邮政行业科技英才推进计划。组织推荐1人参加2019年国家“万人计划”青年拔尖人才选拔、2人参加第十六届中国青年科技奖评选。

（二）邮政领域科研获奖情况

2019年，由中国快递协会组织完成邮政行业首次科学技术奖评奖工作。共有39个项目获奖，获奖单位40家，获奖个人200名。其中，一等奖5项、二等奖11项、三等奖23项，内容涉及电子运单、AGV分拣机器人、无人机、无人车、智能仓储、自动化分拣、大数据监管、环保包装、智能信报箱、重要标准制修订等多个领域，有利于激发企业科技创新热情，推动科技成果转化应用，促进行业高质量发展。

第九章　安全监管与应急管理

第一节　交通运输安全生产

一、交通运输安全生产基本情况

2019 年 1—12 月，交通运输行业安全生产形势总体稳定。共接报造成人员死亡（失踪）的安全生产事故 263.5 起，死亡（失踪）641 人，同比下降 6.2%、13.1%。其中，一般事故 158.5 起、死亡（失踪）181 人，同比上升 4.3%、13.1%；较大事故 103 起、死亡（失踪）412 人，同比下降 16.9%、19.8%；重大事故 1 起、死亡 12 人，同比下降 80.0%、81.3%；特别重大事故 1 起、死亡 36 人（2018 年未发生特别重大事故）。

二、主要做法及成效

（一）突出强化习近平总书记重要指示精神和中央决策部署落地落实

一是起草认真学习贯彻习近平总书记关于安全生产重要指示批示精神学习材料，及时传达学习习近平总书记重要指示和党中央国务院决策部署。二是贯彻落实《中共中央 国务院关于推进安全生产领域改革发展的意见》，持续跟踪《意见》和交通运输部《实施意见》各项任务措施落实情况，按进度推进交通运输安全生产领域改革发展重点任务。三是推进落实《安全生产“十三五”规划》《危险化学品安全综合治理方案》《“十三五”平安中国建设规划》《关于推进城市安全发展的意见》涉及部任务分工。四是积极推进《内河交通安全管理条例》修订工作。

（二）突出强化行业统筹指导

一是印发《2019 年交通运输安全生产工作要点》，组织召开国务院安全生产委员会全体会、办公会和安全生产视频会议共 7 次，及时传达上级要求，研究部署行业工作。二是组织举办交通运输安全生产改革发展厅局级培训班、交通运输综合安全培训班、公路水路行业班组（船舶）安全生产竞赛等，提升安全履职尽责能力。三是印发“3 · 21”江苏响水特别重大爆炸事故、“6 · 22”沪昆高速公路广丰境内旅游大巴侧翻事故、“10 · 3”安徽蚌埠多车追尾等事故警示通报 19 次，对行业警示提醒，加强举一反三。四是组织开展交通运输“安全生产月”活动，推进行业安全生产文化建设。五是上线运行安全生产监管监察信息系统，建立安全生产信息月报制度。六是大力实施科技兴安，组织开展“平安交通”安全创新案例征集。七是强化安全生产统计分析，将道路运输一般安全生产事故纳入统计分析，统一行业安全生产统计口径。

（三）突出强化重点领域风险防控

一是贯彻落实习近平总书记关于防范化解重大风险的重要论述，结合实际，印发《交通运输部安全委员会关于加强交通运输领域安全生产重大风险防控的通知》，提出7个重大风险领域的24个风险点；印发《交通运输领域安全生产重大风险防控任务分工方案》，进一步明确安全生产风险管控责任。二是印发《交通运输部安委会关于开展安全生产风险防控和隐患排查治理百日行动的通知》，开展为期100天的风险防控和隐患排查治理工作。三是配合国家铁路局、中国国家铁路集团有限公司开展京广高铁陆域安全环境综合整治，印发工作方案，部署京广高铁沿线风险防控和隐患治理工作。四是强化安全生产事故警示教育。分析重特大事故案例，印发安全生产事故警示通报；汇总分析半年、全年安全生产事故，制作2019年度安全生产警示片，促进行业强化风险管控和隐患排查治理。

（四）突出强化安全生产责任落实

一是根据中国共产党中央委员会办公厅、国务院办公厅要求，制定《2019年交通运输部安全生产检查计划》，部领导、部总工程师和相关司局主要负责人带队，对31个省（自治区、直辖市）、新疆生产建设兵团交通运输主管部门和长江航务管理局开展检查，并组织实施安全生产考核评价。二是部署开展安全生产危化品专项检查，部领导带队赴10个省（自治区、直辖市）开展检查。三是印发《2019年国庆期间交通运输安全稳定重点督导检查工作方案》，派出5个督导检查组，国庆期间赴重点地区开展安全工作督导检查。四是实行月度调度制度，指导和督促各地针对性地抓好安全生产工作，压实安全生产责任。

（五）突出强化重点时段安全工作指导

一是全力做好新中国成立70周年安全保障工作，配合公安部门做好焰火及彩车运输保障工作。二是配合开展第七届世界军人运动会、第二届中国国际进口博览会等重点时段的交通运输安全保障工作。三是部署春节、两会、五一及汛期等重点时段交通运输安全生产工作。四是起草《2020年重大会议期间加强交通运输安全生产工作专项方案》，部署2020年重大会议期间交通运输安全保障工作。

（六）突出强化安全生产研究工作

一是注重安全生产形势规律研究。组织交通运输部科学研究院安全研究中心开展交通运输安全生产阶段性、区域性、体制性、制度性特征及战略对策研究，探索交通运输安全生产的规律性特征，有针对性地提出强化安全生产的对策建议。二是注重总结安全生产经验。组织交通运输部科学研究院、国家铁路局安全技术中心、中国民航科学技术研究院、国家邮政局邮政业安全中心，起草发布《中国交通运输安全生产发展报告》，总结70年来交通运输安全发展经验，向社会发布新中国成立以来交通运输安全发展成果。三是注重安全生产教训吸取。组织交通运输行业相关科研院所，分行业对2018年公路水路重特大或社会影响较大的安全生产事故进行深入分析，查找事故发生的深层次原因，提出改进安全生产工作的意见建议。

第二节　工程质量监督

一、推动工程建设质量安全水平提升

（一）召开全国公路水运工程质量安全工作会议

8月19—20日，全国公路水运工程质量安全工作会议在河北省保定市召开，总结近年公路水运工程建设领域质量安全工作情况，部署行业全力推进“平安百年品质工程”建设，构建质

量安全管理七大体系。

（二）加快推进品质工程六大攻关行动

完成“两区三厂”施工安全标准化攻关行动，出版发行《“两区三厂”建设安全标准化指南》，在福建省组织开展中期研讨交流，推动加快其余5项攻关行动。

（三）推进平安百年品质工程研究

一是固化标准化建设成果，出版发行《水运工程建设项目质量管理体系实施指南》《水运工程施工标准化建设指南 现场布设篇》和《水运工程施工标准化建设指南 施工工艺篇[航运（电）枢纽工程]》。二是印发《“平安百年品质工程”建设研究推进方案水运共同行动计划(2019—2021年)》，加强行业指导和工作统筹，建立部省联合工作机制，组织召开高层次专家研讨会。三是充分发挥载体作用，深化平安工地建设，组织开展平安工地考核管理系统验证性调研和上线试运行工作。四是《平安百年品质工程》杂志（季刊）创刊，宣传推广各地公路水运工程质量安全管理典型经验，以“平安百年品质工程”树立行业标杆。

二、加强质量安全监管

（一）组织开展质量安全“红线行动”

印发《交通运输部办公厅关于开展“坚守公路水运工程质量安全红线”专项行动的通知》（交办安监〔2019〕80号），自2019年至2022年在公路水运建设工程领域开展为期三年的质量安全红线行动。

（二）组织开展公路水运建设工程质量安全检查

完成对陕西、山西、内蒙古、广西、上海、贵州、宁夏、甘肃、四川、湖北、黑龙江、福建等12个省（自治区、直辖市）及长江航务管理局的公路水运建设工程质量安全检查。同时，加强督查专家队伍建设，开展督查专家业务培训。

（三）强化重点项目监管

建立“京津冀一体化、雄安新区及冬奥会重大交通保障项目质量安全定期快报机制”，对相关工程建设项目进行质量安全调研督导，督促提升质量安全管理水平，服务国家重大战略。

（四）组织开展农村公路、扶贫公路质量检测志愿帮扶

296家公路试验检测机构对24个省(自治区、直辖市）2248条农村公路和扶贫公路开展了实体质量检测，涉及县道180条、乡道435条、村道1629条，共检测数据1.8万余组（个）。

（五）开展2019年公路水运工程质量状况统计

修订公路水运工程质量状况及质量监督信息统计调查制度，开展质量状况统计。2019年公路工程质量监督抽检数据2084.1万个（组），高速公路合格率为98.1%，干线公路合格率为97.0%，农村公路合格率为96.9%；水运工程质量监督抽检数据28.5万个，合格率为93.8%，公路水运工程建设质量总体平稳。

（六）开展安全生产约谈和预警教育

针对2019年工程建设领域事故多发情况以及几起典型隧道工程生产安全事故，组织对云南、四川、重庆等省（直辖市）交通运输主管部门以及相关参建企业开展安全生产约谈，并对云南、四川、重庆、贵州、陕西等隧道工程建设规模大的省（直辖市）开展施工安全风险集中预警教育。

三、加强生产安全应急管理

（一）做好生产安全（事故）事件应急处置

“4·1”云南扎西隧道瓦斯爆炸事故、“6·14”

广东河源大桥垮塌、“7 · 18”陕西勉县架桥机垮塌、“12 · 26”云南临沧安石隧道突泥涌水等事故（事件）发生后，第一时间派专业人员赶赴现场指导现场救援和应急处置工作。

（二）加强生产安全事故（事件）调查

针对几起典型的桥梁垮塌事故（事件），组织专家组赴现场开展调查，完成调查分析报告。

（三）举办应急演练活动和培训

举办全国公路工程隧道施工安全生产技术观摩暨应急演练活动，开展施工安全应急管理培训。

第三节　应急管理

一、公路水路应急管理工作

2019 年，交通运输部深入贯彻落实党中央、国务院决策部署，紧紧围绕“交通运输应急管理工作高质量发展”这一主题，突出目标和问题导向，着力补短板、强能力、促协同，稳步推进各项工作任务，不断提升交通运输应急管理水平。

（一）完善应急工作体制

坚决贯彻落实习近平总书记关于构建新时代国家应急救援体系的重要论述，指导各省级交通运输主管部门结合本单位机构改革，调整应急管理工作领导机构，明确应急管理工作职责，理顺行业应急管理工作关系。

（二）完善跨区域跨部门应急联动机制

加强与应急、气象、自然资源、公安等部门协同，加强区域联动，整合共享资源，提升监测会商能力。推动建立完善部级层面、地方层面以及部与各地间春运应急运输联动机制，制定应急运输工作预案，完善应急联动工作制度，加强跨运输方式的协同联动与应急响应。调度指挥京津冀地区交通运输主管部门开展了不预先通知、不预设脚本的应急通信及处置力量区域联动演练。

（三）完善法规和预案体系

公布了水路交通安全应急专家库，建立了水路紧急运输应急运力储备库。配合做好《中华人民共和国海上交通安全法》修订，制定《交通运输部救助航空器使用管理规定》，编制《第二届联合国全球可持续交通大会交通运输风险防控工作预案》等，对《海（水）上搜救奖励专项资金管理暂行办法》进行修订，指导省级海上搜救中心做好《邮轮大规模人命救助行动计划》编制工作。

（四）强化应急调度和指挥决策科技支撑

积极推进“调度与应急指挥系统”建设，接入海事船舶动静态管理数据、视频监控数据、海上溢油应急物资库信息、重点营运车辆运行数据、京津冀联网售票信息、全国气象预测预警信息等内容。加强技术创新，完成北斗卫星国际搜救载荷在轨测试关键任务，加快推进兼容北斗的中国中轨搜救卫星系统建设；疏通整合应急通信网络，初步形成了视频会议、视频监控、应急通信车、救助船、无人机组成的海陆空立体联合应急通信保障能力。

（五）加强应急演练和培训

组织开展全国公路交通军地联合应急演练。2019 年，地方各级交通运输主管部门、高速公路管理单位组织公路应急综合演练 1200 余次，专业演练 16000 余次，岗位练兵比武 1700 余次。组织举办了交通运输系统应急通信及处置力量区域联动演练等。

（六）强化应急队伍、物资管理和建设

加快推进国家区域性公路交通应急装备物资储备中心建设。河南、黑龙江、新疆兵团、西藏、青海等 5 个储备中心已经建成并投入使用，吉林、浙江、四川、甘肃等储备中心建设工作基本完成。目前，已陆续储备了应急机械化桥、多功能清

障车、动力舟桥、应急通信车和应急无人机等大型、专业化应急装备。

（七）做好自然灾害和生产事故风险防范

印发《交通运输部安委会关于加强交通运输领域安全生产重大风险防控的通知》；组织对云南、四川、重庆、陕西、甘肃、西藏等隧道建设任务重的省（自治区、直辖市）开展安全生产集中预警教育，有针对性地强化监管责任和预警预防工作。成功防御了“韦帕”“利奇马”“塔巴”等多个台风，实现了“不死人、少伤人、少损失”的工作目标；印发实施了《交通运输部办公厅关于提高交通运输系统自然灾害防治能力的意见》和配套任务分工方案。

（八）做好重大活动保障和突发事件处置

按照部统一部署，圆满完成全国两会、新中国成立70周年庆祝活动、第七届世界军人运动会、世界园艺博览会、第二届中国国际进口博览会、澳门回归祖国20周年庆祝活动等一系列重大活动和春节、国庆假期等节假日应急值守和交通运输保障工作。积极做好非洲猪瘟疫情联防联控工作，妥善处置“北游25”轮搁浅、“琼琼海渔01039”轮进水、“海记”轮在日本东南海域失火、四川长宁6.0级地震、江苏宜兴“9 · 28”特别重大道路交通事故等险情和灾害。

二、铁路应急管理工作

（一）夯实基础管理

制修订《国家铁路局总值班室（应急办）突发事件处置规定》《国家铁路局总值班室（应急办）值班信息报送规定》等39项部门规定，进一步完善铁路应急管理体系。对全国7个地区铁路监督管理局开展值班工作调研，进一步改进行业监管系统值班工作，完善应急反应工作机制。启用国家铁路局应急管理信息系统，充分发挥网络信息化平台作用，形成“互联网+应急”的管理模式。

（二）加强信息报告和应急处置

坚持局领导、司局级、处级干部带班值班和值班员24小时在岗值班值守制度，确保上情下达、下情上通及时有序。按照“有事报情况，无事报平安”的原则，及时向中央办公厅、国务院办公厅、应急管理部、交通运输部上报《国家铁路局值班信息》72期。抓好突发事件应急处置，落实铁路汛期、节假日重要时间节点突发事件信息“零报告”制度，切实加强应急值守和突发事件应对，妥善处置应对2019年4月11日中国铝业股份有限公司河南分公司铁路车辆脱轨事故、2019年8月14日四川省甘洛县境内成昆铁路山体垮塌事故等铁路突发事件。

三、民航应急管理工作

中国民用航空局应急工作领导小组各成员单位通力合作，积极推进提升应急处置能力改革工作，常备不懈夯实行业应急管理基础，不断提升系统应对各类突发事件的能力。2019年妥善处置了“8 · 24比利时ASL航空飞机轮胎起火”“8 · 27国航地面起火机身严重受损”等突发事件，及时暂停波音737MAX8型飞机商业运行消除安全隐患，圆满完成各项重大任务的应急保障工作。截至2019年底，民航运输航空实现持续安全飞行112个月、8068万小时的安全新纪录，连续17年7个月实现空防安全零责任事故。主要应急管理体系建设情况如下：

（一）推进专项改革工作

2019年中国民用航空局持续深入推进“提升应急处置能力专项改革工作”，全年共完成具体目标任务共20项，专项改革主要围绕应急管理“一案三制”建设、应急处置资源支持保障体系建设展开。通过推进改革工作，行业的应急管理体系得到了进一步加强，特别是在应急预案管理、高高原航空应急救援能力建设等方面取得了明显成效。

(二)强化制度机制建设

印发了《民用运输机场应急救护设施设备配备》《民用运输机场应急救护工作规范》《民航应急预案管理办法》等多部行业规范文件,组织制定了《国家航空高原(高高原)应急救援能力建设方案》和《民航高原(高高原)航空应急救援能力建设方案》,应急工作制度建设得到了进一步加强。

(三)加强培训与执法能力建设

全年共组织20余期应急管理业务培训,同时在195期日常业务培训、领导干部培训中增设应急管理类课程,共10400余人接受培训。结合民航局执法体系建设工作,组织搭建民航应急监管事项库,优化调整监察员课程大纲与课程设置,建立监察员培训档案,并对《应急监管事项库清单》进行修订、完善,进一步明确应急管理监察员的监管范围、程序和执法依据。

(四)强化技术支撑

下发《应急管理平台数据标准规范》,建立集信息传递、运行数据、资源调配、响应措施为一体的应急管理平台。建设"西南地区管理局应急基础数据库管理系统"和"应急资源管理网络图系统",搭建西北地区管理局应急救援视讯平台,以信息化手段推进应急管理现代化,全面提高民航突发事件应对能力。

(五)强化协同联动机制

与应急管理部签署《关于建立应急联动工作机制的协议》,在航空应急预案体系建设、人才队伍培训交流、物资储备体系建设、地方应急协同处置等方面全面加强合作。承办中哈两国《中华人民共和国政府和哈萨克斯坦共和国政府关于民用航空器搜寻与救援协议》签署,进一步深化与周边国家的民用航空器紧急事件应急处置合作,提高搜寻、救援航空器效率。

(六)广泛开展应急演练

加强对行业各企事业单位应急演练的监督指导,全年各单位针对反恐防爆、航空安全、航油运输管道泄漏、复杂天气应对等突发事件开展了一系列应急演练,达到了锻炼队伍、磨合机制、检验预案的良好效果,特别是针对北京大兴国际机场开航准备工作,扎实深入开展应急演练,确保了北京大兴国际机场"9·25"安全顺利投运。

四、邮政业应急管理情况

2019年,国家邮政局继续推进行业应急管理体系建设,强化各级邮政管理部门应急管理基本框架,提高行业应急管理工作效能,注重培养行业应急管理能力和水平,扎实有效做好行业运行监测预警,积极防范和科学应对处置行业内外安全风险和突发事件,切实维护行业整体安全稳定运行。

(一)推进应急管理体系建设

加强对全行业应急管理体系建设的谋划和引导。指导安徽省邮政管理局出台《安徽省邮政管理局关于进一步加强全省邮政业应急管理体系建设的通知》,并转发各省局参考借鉴。推广河北省各地市邮政业突发事件应急预案全部由地方政府发布等好的做法。

健全完善制度体系。对《国家邮政业突发事件应急预案》(2009年5月出台,2013年2月修订)进行再次修订,连同新制订的《邮政业人员密集场所事故灾难应急预案》《邮政业运营网络阻断事件应急预案》《邮政业用户信息泄露事件应急预案》《邮政业重大活动期间突发事件应急预案》等4个专项预案一并印发,初步构建形成行业应急预案体系,进一步促进应急管理法律法规在邮政行业有效贯彻落实。

（二）提高应急管理工作效能

进一步发挥国家邮政局应急管理办公室日常工作职能，加强与应急管理部、交通运输部等部门沟通协作，保障行业应急管理机制不间断运作。加强应急管理统筹协调，促进国家邮政局系统内部相关单位、部门的沟通配合，增强应急管理整体合力。加强信息科技手段应用，做好行业运行监测预警工作。加大对各省局的督导力度，综合运用电话、网络等多种通信手段，建立并保持与各省局市场监管部门的全天候工作对接机制，进一步巩固各级邮政管理部门之间突发事件信息报告工作主渠道。坚持做好行业突发事件信息每月通报工作，汇总、梳理全国情况，并及时向各省局反馈信息，引导和促进各省局应急管理能力不断提升。

（三）加强风险防范应对处置

加强行业运行监测预警，督促指导各省局及时妥善应对处置自然灾害、事故案件、经营异常、负面舆情等突发事件，防范化解各类风险。遇有地震、台风、龙卷风等重大自然灾害，严重安全事故和寄递物品安全事件等突发事件，主动提示省局了解情况、上报信息，并指导、协调相关省局做好事件调查和应对处置工作。继续做好对竞争力较弱快递企业运行情况的监测预警，定期编报监测报告。及时妥善处置安能、如风达、国通、优速、圆通“承诺达”、品骏等快递企业经营异常事件，以及快递企业派费调整、岁末年初企业员工聚集讨薪、收费公路制度改革等事件。针对其中情况严重的事件，在全国部署开展专项应对处置工作，会同相关部门组成工作专班，采取一系列有效工作举措，与相关部委、各省局和企业总部等各方面密切沟通协调，督促做好值班值守和信息报告工作，取得良好工作效果，积累大量成功经验。

（四）开展应急管理信息化建设

参与寄递渠道安全监管“绿盾”工程建设，针对“应急指挥系统”“应急预警系统”研究提出业务功能需求，会同工程建设管理和技术部门指导系统承建单位做好设计工作。

第十章　国际合作

第一节　交通运输国际合作概况

2019年，交通运输国际合作工作以服务国家外交大局和加快建设交通强国为主线，积极参与“一带一路”建设，深化多双边交通运输国际合作，加快行业“走出去”步伐，积极参与行业全球治理，努力开创交通运输开放合作新局面。

一、推进“一带一路”交通互联互通高质量发展

一是成功举办第二届“一带一路”国际合作高峰论坛设施联通分论坛。交通运输领域15项合作成果写入高峰论坛成果清单，另有15项成果写入设施联通分论坛成果清单。

二是扎实推进重大项目建设。中尼（中国—尼泊尔）友谊桥完成重建并恢复货运功能；中尼（中国—尼泊尔）跨境铁路前期工作取得重大进展；中国企业承建的首个使用欧盟基金的项目——克罗地亚佩列沙茨大桥建设进展顺利；中俄黑河公路大桥完工，同江铁路大桥中方侧主体完工；中巴“两大”公路建设顺利推进，其中，白沙瓦—卡拉奇高速公路（苏库尔—木尔坦段）提前竣工。

三是推进机制性合作。牵头召开中缅经济走廊交通合作组第1次会议、中巴经济走廊交通基础设施工作组第7次会议，推动两大走廊互联互通建设取得重要进展。

二、筹备第二届联合国全球可持续交通大会

第二届联合国全球可持续交通大会由联合国主办，中国政府承办，交通运输部会同外交部、北京市牵头具体负责，刘鹤副总理担任大会组委会主任，组委会办公室设在交通运输部。大会的主题为“可持续的交通，可持续的发展”，旨在加强交通领域国际合作，推进落实联合国2030年可持续发展议程。已制定筹办总体方案，商定东道国协议。

三、深度参与行业全球治理

一是中国第十六次当选国际海事组织A类理事国，中方人员连任国际海事组织理事会主席，中国国际影响力持续提升。

二是参加国际运输论坛峰会和达沃斯世界经济论坛，在国际场合宣讲“一带一路”倡议，展示中国交通发展成就和理念。

三是在国际海事组织积极推动设立非公约客船安全议题、北斗系统加入全球海上遇险与安全系统、以中方提案为基础审议船舶温室气体减排措施后续工作方案等工作，为中国履行大国责任、树立负责任大国形象作出积极贡献。

四、积极开展交流互访和机制性活动

出席第18次中国—东盟交通部长会议；举行大湄公河次区域国际道路运输启动仪式；与德国交通主管部门签署合作文件，成立部长级中德交通论坛；成功组织召开中俄、中哈、中乌

（兹别克斯坦）等交通运输部门间双边机制性会议和中荷部门间合作谅解备忘录联合指导委员会第6次会议，与泰国、新加坡、斯洛伐克、巴拿马、哥伦比亚、巴西签署部门间合作谅解备忘录，进一步服务交通运输全方位开放合作。

第二节　铁路国际合作

一、务实推进国际合作重点项目

推动中尼跨境铁路项目取得实质性进展，与尼泊尔签署推进中尼跨境铁路可行性研究合作的谅解备忘录，启动项目可行性研究工作。稳步推进巴基斯坦1号铁路干线升级改造项目，顺利完成项目一期工程初步设计评审，在第二届“一带一路”国际合作高峰论坛期间签署完成声明，为巴方加快项目立项审批奠定基础。成立中蒙俄经济走廊中线铁路项目可行性研究工作中方工作组，编制可行性研究方案。完成印度金奈至迈索尔既有线提速改造项目可行性研究报告。构建中越两国铁路领域政府间合作机制，有序推进中越老街至河口铁路新建连接线项目。加强对泰国、老挝、缅甸、巴拿马、朝鲜、非洲等国家及地区铁路项目相关研究工作。

二、推动国际铁路联运便利化

推动国际铁路联运规则制修订。研究《国际铁路货物联运协定》《国际旅客联运协定》修改补充提案，不断完善规则的适用性和操作性。参加统一铁路法研究，拓展国际铁路合作平台。参与大湄公河区域铁路联盟跨境铁路运输协议编制谈判。推动简化国际铁路联运手续。统计分析国境站车辆滞留情况和原因，推动中欧班列简化运输过境手续，压缩过境时间。深化中俄、中越国境铁路协定修订工作。推广使用统一运单，推动铁路运单电子化和物权凭证问题研究，提高国际铁路货物联运水平。促进国际联运运行线路优化，协调将精伊霍铁路纳入铁路合作组织第五走廊，组织企业参与跨里海运输走廊工作，推动中俄边境同江铁路界桥合龙。

三、扎实建设铁路国际合作双边、多边机制平台

持续在铁路合作组织改革过程中发挥积极作用，参加铁路合作组织，通过国际铁路直通联运公约国际会议第六次会议，参与国际会议主席选举以及公约内容修改。参加上海合作组织铁路部门负责人第二次会晤及工作组会议，推动并批准《上合组织成员国铁路部门协作构想》。参加国际铁路安全理事会会议，推介中国铁路发展成就，交流铁路安全监管经验。推进中俄运输合作分委会和中哈铁路合作分委会等双边合作机制建设。截至2019年底，中国铁路政府部门已建设形成以铁路合作组织、国际铁路联盟、联合国亚洲及太平洋经济社会委员会、上海合作组织铁路部门负责人会晤、大湄公河区域铁路联盟等国际组织和多边机制，中俄、中哈、中韩、中奥、中欧等定期会议机制，中印、中巴、中尼、中蒙、中吉乌、中越等项目机制为骨干，以对朝鲜、德国、法国、日本、英国、越南等国家铁路机构沟通交流为补充的国际合作交流平台。

四、积极推进中国标准国际化

2019年，中国在铁路领域共主持10项国际标准制修订工作，其中2项标准正式颁布，2项标准正式成立，2项特别工作组正式成立，参加所有在编38项国际标准制修订项目。累计主持19项国际标准制修订工作，其中11项已正式颁布，中国已成为国际标准化组织“铁路应用”技术委员会中最为活跃和具有影响力的国家，在国际电工委员会“铁路牵引电气设备与系统”技术委员

会的排名已上升至第5位。推进中国铁路技术标准翻译工作，全年共发布47项铁道行业标准英文译本，发布俄语、印尼语译本2项。参加国际标准化组织铁路应用技术委员会全体大会和主席顾问组会议、国际电工委员会轨道交通电气设备与系统技术委员会主席顾问组会议，利用国际标准化平台巩固前期成果，积极推动中国铁路技术纳入国际标准，扩大中国铁路影响力。推动2019年世界无线电大会就中方倡导的铁路无线电频率统一议题通过决议，协调各国将国际电信联盟研究结果纳入无线电系统规划。

第三节　公路国际合作

一、公路国际合作情况及效果

（一）推动实施中巴公路技术合作行动计划

《中巴公路技术合作五年行动计划》（简称《行动计划》）自2018年5月正式签署后被两国视为中巴经济走廊公路合作的亮点。2019年2月17—23日，巴基斯坦国家公路局与交通运输部公路局联合召开了2019年度工作协调会议，双方重点就推进《中巴公路技术合作五年行动计划》的实施进行商议，确定了2019年的重点工作并对合作技术研究内容进行优化调整。

同时，在《行动计划》框架下为巴基斯坦培养专业技术人才，利用中国政府奖学金及丝路奖学金安排4名巴国家公路局副处级领导赴长安大学和同济大学攻读博士、硕士学位。11月在华举办了为期两周的"2019年巴基斯坦公路施工技术培训班"，来自巴基斯坦国家公路局及地方公路管理机构和施工单位等的30名技术官员和工程技术人员参与了培训。

（二）深化外文版标准编译工作

公路工程标准外文版编译工作2019年重点抓深化标准内涵的解释说明，就部分中国特有国情的条款和特有技术，以及外文词汇内涵不同的用词以译者注的方式进行解释说明，确保外国读者的准确理解。2019年发布了《公路路线设计规范》《公路钢混组合桥梁设计与施工规范》及《公路悬索桥设计规范》三项法文版标准，以及《公路沥青路面再生技术规范》《公路路面技术状况自动化检测规程》《公路工程卫星图像测绘技术规程》的三项英文版标准编制。截至2019年底已累计发布公路工程行业标准外文版63项（英文版46项、法文版16项、俄文版1项），目前在实施期的外文版标准为46项。

（三）选派50名专家担任新一届世界道路协会技术委员

世界道路协会（PIARC）技术委员会2016—2019年度任期结束，于12月启动换届工作。在新一届任期（2020—2023）换届中，交通运输部公路局从全行业成功推选了50名优秀专家参与全部技术委员会工作。在新一届委员工作中，交通运输部公路局除要求委员们认真履职，完成协会分配的技术工作，掌握该领域国外发展最新动态并及时报告外，还强化了将中国经验、中国技术纳入委员会成果报告的要求，力求在新一届任期内更深入的发挥中国委员作用，促进国际公路技术合作交流。

（四）开展第23次和第24次中韩公路技术交流

根据中韩两国公路技术合作协议，第23次中韩公路技术交流于2019年4月2—5日在华举行，本次交流在交通运输部（北京）和广东省珠海市分别举行了一次。韩国代表团在粤期间还参观了深中通道建设现场，施工平台及智慧梁厂及港珠澳大桥。

12月8—12日应韩国国土交通部部长助理Yong-Seog Kim的邀请，交通运输部公路局周荣峰副局长率队访问韩国，开展第24次中韩公路技术交流。双方在韩国国土交通部及道路交通研究院开展了两次专题会议交流。代表团还参观了韩国高速公路多车道电子不停车收费系统（hi-pass）以及无人驾驶汽车测试城市（K-city）和道路安全运营中心等。

（五）开展第 34 次中日公路技术交流

根据中日两国公路技术合作协议，第 34 次中日公路技术交流于 2019 年 9 月 16—19 日在中国举行。本次交流在交通运输部（北京）和浙江省举办了两次技术交流会议。日本代表团在浙期间还参观了阿里巴巴杭州城市大脑、富春江大桥施工现场和杭州湾跨海大桥服务区等。

（六）组团参加第 26 届世界道路大会

第 26 届世界道路大会于 10 月 6—10 日在阿联酋首都阿布扎比举行，交通运输部公路局吴德金局长率团参会。交通运输部公路局张慧彧受邀在“道路安全战略”会议上介绍了中国公路建设成就及在道路安全领域尤其是在农村公路安全领域所做的努力和取得的成绩。同时经交通运输部公路局推荐的专家还在“无人机应用”“智能交通”等专题会议上介绍了中国经验。交通运输部公路局组织中国公路学会首次在世界道路大会上设立了中国国家展台，数家国有和民营企业随同参展。

二、道路运输国际合作情况及效果

2019 年，国际道路运输发展紧紧围绕服务支撑国家对外开放工作大局，积极推进“一带一路”建设，不断加强与沿线国家的双边和多边道路运输合作，取得了丰硕成果。

（一）国际道路运输量及线路

1. 国际道路运输量

截至 2019 年底，中国与沿线国家共完成道路旅客运输量 717.5 万人次，同比减少 6.8%，旅客周转量 2.8 亿人公里，同比减少 29.6%；完成国际道路货物运输量 6145.2 万吨，同比增加 9.9%，货物周转量 40.5 亿吨公里，同比增加 18.8%。其中，由中方完成的国际道路旅客运输量和货物运输量占比分别为 52.8% 和 23.3%，分别同比下降 0.7 个、32.6 个百分点。2015—2019 年全国国际道路客货运输量及中方所占比例情况见图 3-10-1 和图 3-10-2。

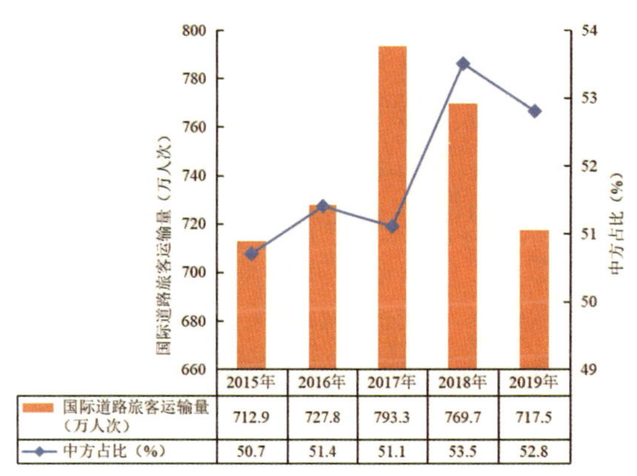

图 3-10-1 2015—2019 年全国国际道路旅客运输量及中方所占比例情况

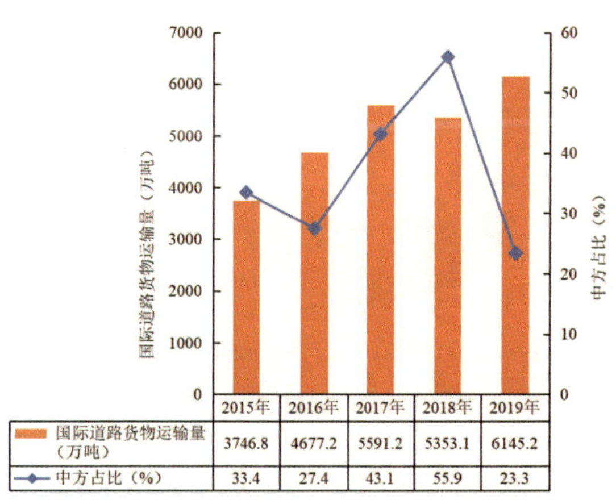

图 3-10-2 2015—2019 年全国国际道路货物运输量及中方所占比例情况

2019 年，参与国际道路运输的省份有内蒙古、辽宁、吉林、黑龙江、广西、云南、西藏和新疆。中方共完成客运量 378.6 万人次，同比下降 8.0%，完成客运量前三位的是内蒙古（191.9 万人次）、云南（77.1 万人次）、黑龙江（68.7 万人次）；

中方共完成货运量 1432.9 万吨，完成货运量前三位的是云南（665.8 万吨）、内蒙古（248.8 万吨）、广西（211.8 万吨）。

2. 国际道路运输区域分布

从车辆出入境次数来看，2019 年全国与东北亚一些国家（包括俄罗斯、蒙古国、朝鲜）的出入境客运车辆 13.6 万辆次，同比减少 1.2%；货运车辆 88.8 万辆次，同比减少 28.3%。与中亚一些国家（包括哈萨克斯坦、吉尔吉斯斯坦和塔吉克斯坦）的出入境客运车辆为 1.1 万辆次，同比增加 29.0%；货运车辆为 19.5 万辆次，同比增加 5.7%。与东南亚及南亚（包括越南、巴基斯坦、老挝、缅甸和尼泊尔）的出入境客运车辆为 29.3 万辆次，同比减少 57.9%；货运车辆为 111.7 万辆次，同比增加 16.5%。2019 年，全国国际道路运输客运、货运车辆出入境分布情况分别如图 3-10-3、图 3-10-4 所示。

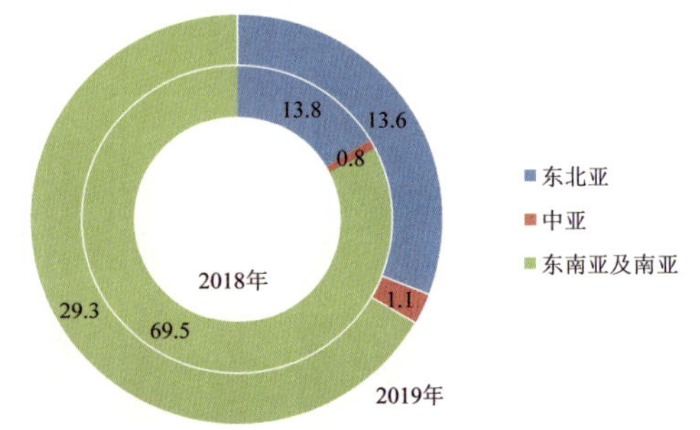

图 3-10-3　2018—2019 年全国国际道路客运车辆出入境分布对比情况（单位：万辆次）

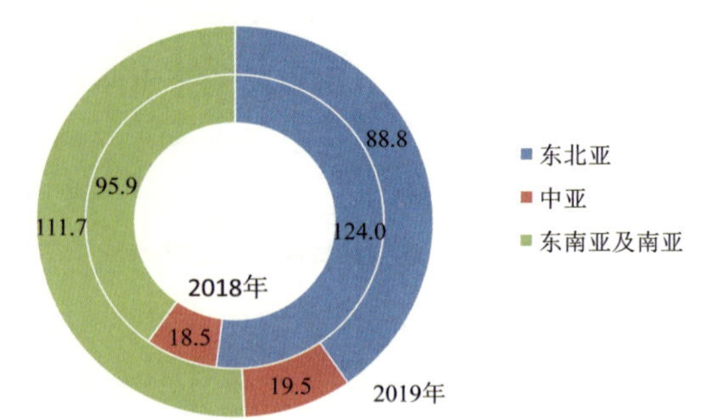

图 3-10-4　2018—2019 年全国国际道路货运车辆出入境分布对比情况（单位：万辆次）

客运方面，2019 年全国与东北亚一些国家的客运量为 545.8 万人次，同比增加 12.0%，在周边区域的客运量中占比达到 76.1%，同比增加 12.8 个百分点；与东南亚及南亚一些国家的客运量为 155.3 万人次，同比下降 42.5%；与中亚一些国家的客运量为 16.3 万人次，同比增加 34.8%。

货运方面，2019 年全国与东北亚国家的国际道路货运量 4464.1 万吨，同比增加 7.7%；货物周转量 22.2 亿吨公里，同比增加 29.5%。与东北亚一些国家的货运量在周边区域的货运量中占比达到 72.6%。2019 年全国与周边区域双边国际道路客货运量分布情况见表 3-10-1。

（二）国际道路运输服务能力

1. 国际道路运输经营业户及车辆结构

（1）经营业户

截至 2019 年底，全国从事国际道路运输的

表 3-10-1　2019 年全国与周边区域国际道路客货运量分布

区域	客运量（万人次）	比例（%）	旅客周转量（万人公里）	比例（%）	货运量（万吨）	比例（%）	货物周转量（万吨公里）	比例（%）
东北亚	545.8	76.1	17727.4	63.4	4464.1	72.6	222492.9	54.9
中亚	16.3	2.3	3454.2	12.3	244.2	4.0	92486.2	22.8
东南亚及南亚	155.3	21.7	6790.2	24.3	1436.9	23.4	89969.2	22.2
合计	717.5	100.0	27971.9	100.0	6145.2	100.0	404948.4	100.0

业户为 693 户，同比减少 53.6%。其中广东和云南从事国际道路运输的企业数量分列第一和第二位，为 256 户和 151 户。全国拥有车辆数 100 辆以上的国际道路运输业户有 80 户，占全部业户总数的 11.5%；拥有 50~99 辆的国际道路运输业户有 54 户，约占全部国际道路运输业户总数的 7.8%；拥有车辆数在 10~49 辆以下的国际道路运输业户有 272 户，占总数的 39.2%；拥有 9 辆以下的国际道路运输业户有 287 户，占总数的 41.4%。

分区域来看，云南是全国拥有 100 辆以上运输车辆的国际道路运输业户数最多的省份，共有 42 家；其次为新疆和广东，分别为 17 家和 8 家。2019 年国际道路运输业户拥有车辆规模情况见表 3-10-2。

表 3-10-2　2019 年国际道路运输经营业户拥有车辆规模情况

业户类型		合计	根据车辆规模分组				
			100 辆及以上的企业	50~99 辆的企业	10~49 辆的企业	5~9 辆的企业	5 辆以下的企业
国际道路运输经营业户（个）		693	80	54	272	117	170
比例（%）		100.0	11.5	7.8	39.2	16.9	24.5
其中	国际道路客运经营业户（个）	258	14	13	102	47	82
	比例（%）	100.0	5.4	5.0	39.5	18.2	31.8
	国际道路货运经营业户（个）	483	70	43	179	76	115
	比例（%）	100.0	14.5	8.9	37.1	15.7	23.8

（2）车辆结构

截至 2019 年底，全国共有从事国际道路运输的车辆 26999 辆，其中客车 1325 辆，共计 52957 个客位；货车 25674 辆，共计 421866 吨位。2019 年国际道路客货运输车辆情况见表 3-10-3。

表 3-10-3　2019 年国际道路客货运输车辆情况

类型		高级	比例（%）	中级	比例（%）	普通	比例（%）	总计	比例（%）
客运	车辆数（辆）	1141	86.1	144	10.9	40	3.0	1325	100
	客位数（位）	48662	91.9	2844	5.4	1451	2.7	52957	100
类型		大型	比例（%）	中型	比例（%）	小型	比例（%）	总计	比例（%）
货运	车辆数（辆）	23760	92.5	881	3.4	1033	4.0	25674	100
	吨位数（吨）	417443	99.0	3263	0.8	1160	0.3	421866	100

2. 行车许可证使用情况

国际道路运输行车许可证是国际道路运输车辆出入境的通行证。2019 年，使用的国际道路运输行车许可证中，A 种行车许可证使用量为 447 张，同比增长 31.1%；B 类行车许可证使用量达 29634 张，同比减少 65.6%；C 种行车许可证使用量为 615226 张，同比增长 5.3%。2015-2019 年全国国际道路运输行车许可证使用情况见表 3-10-4。

表 3-10-4　2015—2019 年全国国际道路运输行车许可证使用情况

年份（年）	2015 年	2016 年	2017 年	2018 年	2019 年
A 种许可证使用量（张）	1134	850	519	341	447
B 种许可证使用量（张）	122473	112153	123561	86186	29634
C 种许可证使用量（张）	390515	420318	498987	584153	615226

注：A 种行车许可证可适用于定期旅客运输，一年多次往返有效；B 种行车许可证适用于不定期旅客运输，一次往返有效；C 种行车许可证适用于货物运输，一次往返有效。

2019 年全国 A 种行车许可证使用量前三的省（自治区）为内蒙古、新疆、黑龙江，分别为 170 张、122 张、85 张；B 种行车许可证使用量前三的省（自治区）为内蒙古、云南、黑龙江，分别为20464张、4030张、2064张；C种行车许可证使用量前三的省（自治区）为云南、广西、新疆，分别为263691张、125458张、98627张。

第四节　水路国际合作

一、国际海运合作、港口合作、内河航运发展合作、绿色航运发展合作等

（一）加快与“一带一路”沿线国家海运协定签署工作

2019年2月2日，在双方国家领导人的见证下，中沙（特）两国政府代表在北京签署《中沙海运协定》，列为第二届“一带一路”国际合作高峰论坛成果。《〈中欧海运协定〉修订议定书》已正式生效。此外，已启动与科威特、安提瓜和巴布达海运协定的文本起草工作。

（二）继续推进与重点海运国家双边海运会谈磋商

与相关国家或地区海运主管部门举办第十六次中欧海运会谈、第四次中美欧国际海运监管峰会、中俄运输合作分委会海运河运工作组第二十三次会议、第二十六次中韩海运会谈、第六次中日海运政策论坛、第八次中丹海运会谈、第二次中挪海运会谈，就国际航运形势、市场竞争秩序监管、航运安全、智能航运、绿色航运等热点议题进行了交流，就双方航运企业关注的问题等进行了沟通。

（三）推动港口国际合作

中马港口联盟第四次会议在马来西亚吉隆坡召开，中国与马来西亚港口合作成效显著，两国港口联盟成员不断扩大，已达到21家（中方12家、马方9家）。推进关丹港等重点项目。中马“两国双园”港产城深度融合。召开第二十届东北亚港湾局长会议及东北亚港口论坛，中日韩三国以绿色港口政策为主题进行了交流。

（四）积极推进界河航道国际合作

召开中俄航联委第60次会议，双方就中俄界河航道疏浚测量、航标设置、开辟临时航道、联合检查等事项进行了磋商并达成协议。召开中朝国境河流航运合作委员会第53次会议，双方在中朝界河航道养护管理、航道工程建设、航行安全管理等方面进行了磋商并达成一致意见，签署了协议书。

（五）做好中德内河水路与交通合作

落实中德内河航运和水路交通合作第十六轮会谈纪要，推进相关合作事项落地；做好中方升船机建设运营代表团访德有关工作，务实推动合作交流，相关合作成果用于支持三峡升船机运营维护等。

二、国际搜救合作与交流

（一）与东盟国家海上搜救合作情况

举办了中国—东盟国家海上搜救高级培训班，来自东盟9个国家以及国内有关单位的共计29名学员参加了培训。成立中泰海上搜救联合工作组，推动中泰海上搜救领域合作。推动商签中越、中马海上搜救协议，在中柬、中老搜救热线成功开通的基础上，积极推进与其他东盟国家建立海上紧急救助热线。

（二）中日韩俄四国海上搜救合作情况

2019年10月，中日韩俄四国在俄罗斯召开第24届海上搜救会议，探讨交流各国海上搜救体系、海上搜救年度报告以及典型案例、船舶误报警形势分析以及应对措施等。中俄双方探讨加强双边搜救合作；中日双方探讨有关减少误报警的具体措施等；与韩方协商推动双方地区搜救部门签订合作协定，提高信息分享的准确性和针对性。

（三）反海盗领域国际合作

参与《亚洲地区打击海盗和武装劫船合作协定》（ReCAAP）信息分享中心反海盗领域国际合作事务，通过国际海事局、ReCAAP信息分享中心等多个防海盗组织搜集、整理有关海盗活动的重要信息，多种途径发布海盗活动动态和预警信息。做好亚丁湾海域护航行动的协同配合和服务保障工作，为渔船、拖轮等防海盗能力比较弱的船舶加入护航编队做好协调工作。2019年配合海军护航兵力共完成79批117艘船舶护航任务。

三、国际海事合作与交流

（一）参与国际海事事务

拓展参与国际海事事务的广度和深度，第16次连任国际海事组织A类理事国，向IMO提交45份提案，占中国提案总数的65.2%，提案质量进一步提高。

中国首次作为牵头国编制的《国际海运固体散装货物规则》全套示范课程经IMO审议通过。向联合国危险货物分委会提交的首份提案《UN3269和UN3527条目例外数量的修订》经会议审议通过，对联合国《关于危险货物运输的建议书—规章范本》中有关聚酯树脂套装的规定提出修订建议。在国际层面倡导加强非公约客船安全监管，成功主张和推动“非公约客船安全”议题在IMO海上安全委员会立项。倡议并牵头制定的《成员国信息通报指南》由IMO以大会决议形式向各成员国发布。完成第四轮中国履行STCW公约独立评价报告。

深化航海保障交流合作。连续第7次高票当选国际航标协会（IALA）理事会成员国。开展全球性多边交流与合作，派员参加国际航标协会（IALA）、国际海道测量组织（IHO）、国际搜救卫星组织（COSPAS-SARSAT）、国际电信联盟（ITU）等国际组织举办的会议，提交各类提案议案和会议文件20个，其中《VTS用户指南模板》成为首个由中国主导制定并获IALA通过的指南文件。积极参与区域多边事务，派员参加东亚海道测量委员会（EAHC）、远东无线电导航服务网理事会（FERNS）、澜沧江—湄公河商船通航协调联合委员会（JCCCN）等区域性国际组织举办的重要会议。

深化海事调查交流合作。参加IMO III会议、第22届亚洲海事调查官论坛会议、第15届欧洲海事调查官论坛会议、韩国2019年国际海上事故安全调查国际研讨会，起草“非公约船安全调查指南”。参加第28届国际海事调查官论坛会议，首次成功主持通航密集水域事故调查专项议题。深化中韩、中丹海事调查合作工作，举办中韩海事调查第十四届合作会议和第三届中丹海事调查与海上安全管理研讨会；继续开展中韩海事调查官交流培训。

（二）推动“一带一路”建设

对接“一带一路”支点国家，重点推进与希腊、利比里亚、中东欧16国等“一带一路”沿线支点国家的海事合作。与希腊共和国海岸警备队就落实《中华人民共和国交通运输部和希腊共和国海岸警备队海上安全、海洋环境保护、海事培训和便利运输合作意向书》的合作进行双边会谈，就双方2020年海事合作工作计划达成共识。与利比里亚海事局进行磋商会谈，就签署《中华人民共和国海事局与利比里亚海事局海事合作备忘录》达成一致。与新加坡海事及港务管理局成功进行船舶电子证书交换试验，并签署《中国与新加坡关于推广、接受和使用船舶电子证书的谅解备忘录》。英国政府认可中国海员健康证明，这是英方首次认可欧盟和英联邦以外国家的海员健康证明。与丹麦海事局确定在有效落实《中华人民共和国海事局与丹麦海事局合作计划》基础上，重点开展海上安全、数字化、信息化的应用和绿色航运发展的合作。

广泛深入开展能力建设示范合作项目，充分利用IMO技术合作项目基金、亚洲地区合作专项资金、中国—东盟海上合作基金等，面向“一带一路”沿线国家举办VTS操作员培训、航标管理人员培训、船员培训发证质量管理研讨、海事劳工公约履约培训、船检技术规范培训、IMO实施《国际海运固体散装货物规则（IMSBC）》地区研讨等一系列能力建设项目。

四、国际救捞合作与交流

（一）参加2019年国际海洋技术大会

5月，中国救捞代表团赴美国休斯敦参加2019年国际海洋技术大会（OTC），展示了中国救捞在人才、装备技术和应急处置能力建设等方面取得的成果，并与国际数十家打捞、油气机构深入沟通交流，达成了有关共识。

（二）参加第四届世界海上人命救助大会

6月，中国救捞代表团赴加拿大温哥华参加第四届世界海上人命救助大会，与会议代表就区域救助合作、大规模人命救助、北极安全和应急机制建设等议题进行了深入交流研讨。东海救助局副局长章荣军再次当选国际海上人命救助联盟（IMRF）董事。

（三）参加2019年国际救捞联合会第65届全体会员大会

9月，中国救捞代表团赴英国伦敦参加国际救捞联合会（ISU）第65届全体会员大会，就环境救助、大吨位沉船清除打捞、劳氏救助合同等议题进行了交流研讨。救捞系统所属华德海洋工程（香港）有限公司副总经理李建平再次当选ISU执行委员。

（四）马来西亚外交部代表团访问北海救助局

4月17日，马来西亚外交部海洋事务司司长阿迪娜一行赴北海救助局交流访问，双方围绕国际人道主义救援、海上应急处置、救捞装备技术等议题开展了深入交流。

（五）日本海上保安厅代表团访问东海救助局

5月31日，日本海上保安厅警备救难部参赞河村俊信一行赴东海救助局交流访问，双方围绕海上搜救、应急能力建设、救捞装备等议题开展了交流研讨。

（六）马来西亚海事执法局代表团访问救捞系统相关单位

7月，马来西亚海事执法局代表团赴东海救助局和上海打捞局交流访问，共同围绕推动“一带一路”倡议实施、应急救捞能力建设、保障海上人命环境财产安全等议题进行了交流。

第五节　民航国际合作

一、双边民航关系

2019年，中国民航以“一带一路”合作国家为主线，以周边国家 / 地区为重点，以北京大兴国际机场投运为契机，与25个国家 / 地区磋商扩充了航权资源，较好地为中外空运企业运营和中国国际航空枢纽机场建设，特别是北京大兴国际机场提供了航权资源支持，为扩大中国国际航线网络覆盖，加强与“一带一路”合作国家互联互通，推进国家更高水平对外开放创造条件。2019年，中国与巴哈马正式签署两国政府间航空运输协定。至此，中国已与127个国家或地区签署了双边政府间航空运输协定。

2019年，中国民航共完成50个中美 / 中欧合作项目；与欧盟签署了《中欧航空安全协定》和《平行协定》，进一步提升了中欧民航合作关系；利用中国民航对非、对东盟等合作机制，为发展中国家提供专业技术培训；开展非洲单一航空运输市场研究；启动中国与中东欧国家的合作，成功举办了首届中国—中东欧国家民用航空论坛，为加强与中东欧国家在航空战略规划、运输、安全、通航等方面的交流合作奠定了基础。

二、多边民航关系

持续深化与国际民航组织全方位合作，围绕民航技术交流，推动中国参与多边民航合作取得高质量发展。

2019年9月24日至10月4日，国际民航组织第40届大会在加拿大蒙特利尔召开，冯正霖局长、李健副局长率由民航局、外交部、生态环境部、国台办以及香港、澳门特别行政区政府民航主管部门组成的中国政府代表团出席会议。会上，中国以最高票连任一类理事国，这是自2004年以来，中国第六次连任一类理事国。会议期间，代表团向大会提交了28份工作文件，深度参与了国际航空减排谈判，与40多个代表团举行了双边会谈，圆满完成了各项参会任务，有效维护了国家利益，提升了中国民航的话语权和影响力。

2019年8月18日至24日，李健副局长率团赴尼泊尔加德满都参加了第56届亚太地区民航局长会议。代表团向会议提交了10份工作文件，与13个代表团就航空安全、空中航行、航空安保与便利化、航空运输经济发展、航空环境、区域技术与合作、《北京宣言》的后续落实等议题展开交流，积极推动中国民航技术标准和管理理念国际化。

第六节 邮政国际合作

一、不断拓展对外合作交流

国家邮政局与泛非邮联签署关于加强国际邮政领域和中非邮政领域合作的谅解备忘录，举办中欧邮政监管论坛和第十届中日邮政政策对话。与法国、坦桑尼亚、葡萄牙、比利时、波兰、泰国、柬埔寨、印度、越南和阿富汗等国家邮政领域交流合作。接待了美国、日本和以色列使馆、多米尼加、法国邮政、波兰青年政治家代表团、欧洲邮政监管委员会和泛非邮联等代表团的来访。举办面向亚洲和非洲国家的“中国—东盟自贸区框架下东南亚国家邮政跨境业务发展与合作研讨班”和“2019年发展中国家促进贸便利化邮政研修班”，为30多个国家和地区邮政行业60多位管理层人员提供了培训。

二、积极参与全球邮政治理

妥善应对了美国启动退出万国邮联程序和万国邮联终端费改革谈判、美国公民诉讼案等重大专项工作。特别是在万国邮联终端费改革谈判中，国家邮政局会同中国邮政集团有限公司成立了对美联合工作组，成功推动万国邮联第三次特别大会否决了美国主张的完全自定义终端费方案，一致通过了以中国方案e-为基础的融合方案。

组织参加万国邮联2019年行政理事会/邮政经营理事会、亚太邮联2019年执行理事会年会、亚太地区战略论坛，深入参与万国邮联会费改革、养老和保险体系改革、邮联产品与服务开放等重点研究工作，推进万国邮联法规修订核准。选派邮政管理系统青年公务员参加亚太邮联“邮政零售管理”等9个培训班和组织做好2019年国际少年书信写作比赛工作。邀请万国邮联参加武汉世界邮展，并举办万国邮联官方展。

三、成功举办万国邮政联盟电子商务时代跨境合作全球大会

2019年11月26日至28日，万国邮政联盟电子商务时代跨境合作全球大会在福建省厦门市成功召开。这是万国邮联与中国联合举办的首个以共促跨境电商发展为主题的全球性会议。大会通过并发布了万国邮联《厦门倡议》。国家邮政

局成功推动将服务“一带一路”建设的国际铁路运邮项目写入万国邮联《厦门倡议》，为推动全球邮政和贸易的可持续发展贡献了“中国智慧”和“中国方案”。

大会期间，国家邮政局与多米尼加签署了《关于响应“一带一路”倡议，加强邮政和快递领域合作的谅解备忘录》；与俄罗斯、柬埔寨、越南、朝鲜等国就深化国际邮政组织多边协作、开展人员培训、边贸合作等达成合作意向。中国邮政集团有限公司与万国邮联就进一步推动国际铁路运邮项目和完善推广铁路运邮规则达成共识，与俄罗斯、德国、荷兰、多米尼加和格鲁吉亚等国邮政企业签署了关于加强国际邮政业务合作的文件。

第十一章　党的建设

第一节　中共交通运输部党组党的工作综述

2019年，交通运输部党组以习近平新时代中国特色社会主义思想为指导，认真贯彻落实党的十九大和十九届二中、三中、四中全会以及十九届中央纪委历次全会精神，增强"四个意识"、坚定"四个自信"、做到"两个维护"，坚持和加强党的全面领导，坚决贯彻落实党中央各项决策部署，严格履行全面从严治党主体责任，为加快建设交通强国、以优异成绩庆祝中华人民共和国成立70周年提供坚强政治保证。

一、坚持把党的政治建设摆在首位，增强"四个意识"、坚定"四个自信"、做到"两个维护"

严格执行《中共交通运输部党组关于维护党中央集中统一领导的规定》，制定实施部党组贯彻落实《中国共产党重大事项请示报告条例》《中共中央关于加强党的政治建设的意见》《中共中央关于加强和改进中央和国家机关党的建设的意见》等具体措施，制定实施《中共交通运输部党组贯彻落实习近平总书记重要指示批示办法》，彰显国家机关政治属性和政治功能，努力建设让党中央放心、让人民群众满意的模范机关。制定《交通运输部庆祝新中国成立70周年工作方案》，精心组织实施，营造浓厚氛围。认真抓好中央脱贫攻坚专项巡视整改落实，制定工作方案，召开脱贫攻坚专项巡视整改专题民主生活会，深入开展调查研究，整改措施全部落实到位并转为常态化工作，认真配合做好中央脱贫攻坚专项巡视"回头看"各项工作。贯彻落实全国巡视工作会议精神，不断完善巡视巡察上下联动的监督格局建设，组织开展部党组第三轮、第四轮巡视，持续推动巡视发现问题整改落实。

二、坚持不懈用习近平新时代中国特色社会主义思想武装头脑，夯实不忘初心、牢记使命的思想基础

严格按照中央要求，深入开展"不忘初心、牢记使命"主题教育，党组同志带头讲授专题党课，党组理论学习中心组集中安排5天时间进行专题学习研讨，举办处级以上干部轮训班。将学习教育、调查研究、检视问题、整改落实贯穿主题教育全过程，认真严肃组织召开专题民主生活会、专题组织生活会，对部属单位进行全覆盖巡回指导。深入推进专项整治，狠抓督促整改。全面检视一部三局党组主题教育整改落实情况"回头看"工作，深化巩固主题教育成果。严格落实意识形态工作责任制，制定实施《交通运输部关于进一步提升交通运输发展软实

力的意见》，针对交通运输领域热点话题和重大突发事件做好舆论引导，定期开展干部职工思想动态调查分析工作，积极培树宣传“时代楷模”“2018年感动交通年度人物”先进典型，开展全国交通运输系统先进集体劳动模范和先进工作者评选，弘扬劳模精神、工匠精神。

三、贯彻新时代党的组织路线，推动基层党组织全面进步、全面过硬

认真实施公务员职务与职级并行制度，有序组织开展部机关干部选任和职级晋升工作，大力发现培养选拔优秀年轻干部。积极推进能上能下，对受到党内处分不适宜继续担任现职的干部职务进行调整。从严监督管理干部，坚持在干部考察等工作中体现从严要求，强化“一报告两评议”成果运用，做好领导干部个人有关事项报告工作，开展“领导干部配偶、子女及其配偶违规经商办企业问题”专项整治。充分发挥部党校教育培训党员的主阵地、主渠道作用，认真实施《2019年度交通运输部教育培训计划》，努力建设高素质专业化干部队伍。

制定实施部党组《关于全面加强新时代党支部建设的意见》《关于加强交通运输基层基础基本功建设的若干意见》，通过建强基层组织，推动交通运输基础工作和党员、干部基本功不断夯实。制定实施《关于优化改进基层党建考核工作的实施意见》，坚持把考核作为压实基层党建工作责任、推动全面从严治党向基层延伸的重要手段，促进基层党组织组织力和政治功能不断提升。组织开展2019年“两优一先”评选表彰，99个集体、300名个人受到了表彰，举办“建功新时代、岗位作贡献”先进典型报告会，引领各级党组织和广大党员、干部创先争优。加强党对群团工作、离退休干部工作的领导，有效发挥群团组织和离退休干部的作用。

四、坚持党的全面领导，加快建设人民满意交通

组织开展习近平总书记“四好农村路”重要批示五周年系列学习宣传活动，推动“四好农村路”高质量发展，具备条件的建制村全部通硬化路，24个省（自治区、直辖市）实现所有具备条件的乡镇、建制村通客车，推动打赢交通脱贫攻坚战取得决定性进展。超额完成ETC年度发行任务，全国高速公路省界收费站全部取消，督促指导各地依法依规稳妥做好人员安置工作。加快落实《交通强国建设纲要》，启动编制国家综合立体交通网规划纲要、研究“十四五”综合交通运输发展规划，完善有关指标框架，谋划重大项目、重大政策、重大改革，推动试点工作。推动川藏铁路、引江济淮等重大项目规划建设。京津冀暨雄安新区交通建设取得标志性成果，北京大兴国际机场正式投运，京张高铁建成投运。做好第二届联合国全球可持续交通大会筹办工作，各项工作有序推进。“一带一路”交通互联互通稳步推进。成功举办第二届“一带一路”国际合作高峰论坛设施联通分论坛，交通运输领域合作成果写入高峰论坛的成果清单。

五、持之以恒正风肃纪，坚决整治形式主义、官僚主义突出问题

严格落实中央八项规定及其实施细则精神，定期开展警示教育，通报有关典型案件，做到警钟长鸣、震慑常在。时刻防范“四风”隐形变异新动向、新表现，对享乐主义、奢靡之风等歪风陋习露头就打，严肃查处部直属机关单位违规接受宴请、违规收受礼品礼金等违反中央八项规定精神的问题。印发《关于深入贯彻落实习近平总书记重要批示精神集中整治交通运输行业形式主义、官僚主义的实施意见》等，对照负面清单及时纠正偏差。制定实

施《交通扶贫领域腐败和作风问题专项治理工作规则》，加强信息发布，畅通脱贫攻坚信访举报平台，及时受理、处置有关信访举报问题线索。组织开展违规决策投资担保等五个方面问题专项治理、违规公款吃喝等五个方面突出问题专项治理"回头看"，督促有关单位认真抓好整改。

六、全面加强纪律建设，深入推进党风廉政建设和反腐败斗争

组织召开2019年度交通运输部党风廉政建设工作会议，印发工作要点，明确任务分工，对全年党风廉政建设和反腐败工作作出部署。抓好国务院第二次廉政工作会议精神落实。围绕党章党规党纪，开展经常性知识测试和学习教育。紧盯重要时间节点，开展廉政提醒。加强警示教育，通报部机关、部属单位违纪违法典型案件，用身边事教育身边人，使党员、干部受警醒、明底线、知敬畏。牢牢把握监督第一职责、基本职责，综合运用信访举报、约谈函询、纪律检查建议书、党风廉政意见回复等手段强化对党员的日常监督。坚持以零容忍态度严肃惩治违纪行为，持续加大查办案件力度，形成有力震慑。

第二节　交通运输部系统党的工作

2019年，交通运输部系统坚持以习近平新时代中国特色社会主义思想为指导，认真落实中央和国家机关党的建设工作会议部署，增强"四个意识"、坚定"四个自信"、做到"两个维护"，聚焦建设让党中央放心、让人民群众满意的模范机关，着力推动全系统党的建设高质量发展。

一、坚持把党的政治建设摆在首位，以实际行动践行"两个维护"

一是坚持和加强党的全面领导。组织起草部党组贯彻落实习近平总书记重要指示批示办法，对党的十八大以来习近平总书记关于交通运输工作的批示落实情况"回头看"，确保件件有着落、事事有成效。组织起草部党组贯彻落实《中共中央关于加强党的政治建设的意见》的实施意见、贯彻落实中共中央《关于加强和改进中央和国家机关党的建设的意见》的实施意见、防范化解交通运输行业重大风险的若干意见、贯彻落实《中国共产党重大事项请示报告条例》实施办法和贯彻执行《党中央领导经济工作规定》的具体措施，督促抓好落实。完成中央脱贫攻坚专项巡视整改，积极配合专项巡视"回头看"，确保交通运输扶贫工作取得成效。

二是扎实推进"模范机关"建设。组织起草《关于建设让党中央放心　让人民群众满意的模范机关的意见》，召开专题座谈会部署推进，并开展试点。开展党的政治建设自查工作，印发党委、党支部和党员领导干部自查清单，督促对标对表、整改提高。

三是严肃党内政治生活。组织起草部党组工作规则、部重大行政决策程序规定和决策事项清单，督促部属各单位党委（党组）完善议事决策规则。完成部党组年度民主生活会整改季度督查和通报、报告等工作，加强对新形势下党内政治生活若干准则执行情况的日常监督，推动提高党内政治生活质量。

二、深化党的创新理论武装，推进学习贯彻习近平新时代中国特色社会主义思想往深里走、往实里走、往心里走

一是组织落实"不忘初心、牢记使命"主题教育相关工作。按照部党组主题教育工作部署，组

织制定实施意见和工作方案，筹备召开动员部署会，推进落实学习教育、调查研究、检视问题和整改落实等重点措施。组织落实部党组集中学习、处以上干部集中轮训相关工作，协调巡回指导组开展全覆盖巡回指导。深入推进各项专项整治，推动严肃认真召开专题民主生活会、组织生活会，组织完成整改落实“回头看”，持续巩固深化成果。

二是持续推进“两学一做”学习教育常态化、制度化。落实部党组理论中心组学习、专题调研和专题党课相关工作。组织司局级干部参加调训，举办年轻干部理论进修班，集中培训处级以上党员干部和党支部书记。及时配发学习资料，推广运用“学习强国”平台。推动成立青年理论学习小组，召开专题座谈会，开展征文活动，评选学习标兵，掀起学习热潮。

三是推动落实意识形态工作责任制。贯彻落实部党组意识形态工作责任制实施细则，突出政治导向和政治影响开展专项督查。开展庆祝新中国成立70周年主题宣传，推动交通成就入选大型成就展。组织起草《交通运输部关于进一步提升交通运输发展软实力的意见》，开展“建功新时代、岗位作贡献”群众性主题实践，凝心聚力加快建设交通强国。

三、全面贯彻新时代党的组织路线，强化基层党组织的政治功能和组织力

一是培养忠诚、干净、担当的高素质干部队伍。坚持好干部标准选人用人，持续优化领导班子和干部队伍结构。组织起草《关于适应建设交通强国要求大力发现培养选拔优秀年轻干部的实施意见》，开展优秀年轻干部调研。研究起草进一步激励干部担当作为的措施，组织制定做好扶贫挂职干部服务管理工作的意见。推进公务员分类改革、公务员职务与职级并行制度。

二是加强组织体系建设。组织开展部属单位党组清理规范工作，拟调整为基层党组织或撤销的99个党组中（含19个部属事业单位党组，80个部属单位所辖处级单位党组），已调整或撤销党组94个。组织制定《关于加强交通运输基层基础基本功建设的若干意见》，推进落实基层组织建设质量提升三年行动计划。针对高速公路“撤站”、筹备第二届联合国全球可持续交通大会成立临时党支部，指导推进重大工程项目、非公有制企业和社会组织党建工作，强化“两个覆盖”。

三是建强抓实基层党支部。组织完成“全面加强新时代党支部建设”专题调研，组织起草部党组关于全面加强新时代党支部建设的意见和部党组成员支部工作联系点实施办法。推进党支部标准化、规范化建设，组织开展试点，提炼典型案例。评选表彰“两优一先”，引领推动见贤思齐、创先争优。

四、持之以恒纠治“四风”，着力整治形式主义、官僚主义

一是严格落实中央八项规定精神。贯彻落实中央过“紧日子”要求，压减一般性经费支出。出台节庆活动管理办法，严格规范展会论坛活动。严肃查处违规接受宴请、违规收受礼品礼金等顶风违纪问题。

二是集中整治形式主义、官僚主义突出问题。印发实施集中整治交通运输行业形式主义、官僚主义的实施意见。建立部机关整治形式主义为基层减负专项工作机制，印发《关于实施大幅精简会议和文件切实为基层减负具体措施的通知》，细化实化贯彻落实中央精神的工作举措，圆满完成2019年度文件会议精简量化目标。督查检查事项大幅精简，统筹干部考核、党建考核和“一报告两评议”工作，有力减轻基层负担。

三是深入开展突出问题专项整治。组织开展违规决策投资担保等五个方面突出问题专项

治理、企事业单位违规公款吃喝等五个方面突出问题专项治理“回头看”，督促抓好整改。组织推进交通扶贫领域腐败和作风问题专项治理，组织起草专项治理工作规则，在部官网开设专栏公开信息。

五、全面加强纪律建设，一体推进不敢腐不能腐不想腐

一是加强经常性纪律教育。紧盯重要节点、重要岗位和关键环节，通过多种形式加强纪律教育。完成部警示教育大会相关工作，通报违纪违法案件，督促相关单位召开专题民主生活会或组织生活会，深刻反思，吸取教训。

二是做实做细日常监督。完成领导干部个人有关事项报告，做到“凡提必核”。严把干部选任“党风廉洁意见关”，推进落实党组织书记和纪检组织书记“双签字”制度。对部管干部配偶、子女及其配偶经商办企业情况进行全面摸底。对部属单位开展常规巡视，查找政治偏差。

三是坚持削减存量、遏制增量。坚持零容忍、重遏制、强高压、长震慑，持续保持高压态势，受理信访举报，处置问题线索，查处违纪案件。组织开展行业扫黑除恶专项斗争，推动各省级交通运输主管部门按期整改。

六、强化管党治党政治责任，提高党的建设质量

一是严格落实全面从严治党政治责任。严格党委（党组）书记抓基层党建工作述职评议考核工作。组织起草部党组《关于优化改进基层党建考核工作的实施意见》，明确考核要求、分类推进实施。坚持有责必问、问责必严，对29名干部进行严肃问责。不断提升巡视巡察工作质量，针对巡视巡察发现的党的建设方面的问题，对有关单位党组织主要负责人进行提醒谈话。

二是全面加强党建制度建设。贯彻落实中央党内法规精神，组织起草相关党建工作制度。统筹推进涉机构改革和第二次党内法规集中清理相关工作。加强制度落实情况的监督检查，督促提高制度执行力。

三是强化党建工作保障。加强党建带头人和专兼职党务干部党建业务培训。加强全面从严治党理论和实践问题研究。组织制定党建活动计划，加强党建活动经费保障，持续规范党费收缴使用管理。推动加强党支部活动场所建设。

第三节　国家铁路局系统党的工作

2019年，国家铁路局各级党组织坚持以习近平新时代中国特色社会主义思想为指导，深入贯彻落实党的十九大和十九届二中、三中、四中全会精神，落实新时代党的建设总要求，坚持以党的政治建设为统领，全面加强党的建设，深入推进全面从严治党，党组织的政治功能进一步凸显、组织力得到提升，广大党员干部的理想信念、理论武装和担当作为能力不断增强，为全局各项工作开展提供了坚强有力的保证。

一、坚定不移加强党的政治建设

一是强化政治教育。深入贯彻落实《中共中央关于加强党的政治建设的意见》《关于加强和改进中央和国家机关党的建设的意见》，教育引导广大党员始终牢记政治机关定位，时刻保持政治定力，自觉增强“四个意识”、坚定“四个自信”、做到“两个维护”。

二是坚决确保党中央决策部署落实落地。健全完善贯彻落实习近平总书记重要指示批示台账，优化工作机制，动态掌握更新工作情况，形成闭环。对照党中央要求、习近平总书记重要指

示批示精神，加大工作推进力度，确保坚决有力地落实。

三是严肃党内政治生活。严格执行民主集中制，提高民主决策、科学决策质量。严格重大事项请示报告制度，向党中央及中央有关部门请示报告有关事项。局党组成员和局属单位领导班子成员自觉带头落实双重组织生活制度。严肃认真召开民主生活会，有力有序推动各类问题得到解决。

二、深入学习习近平新时代中国特色社会主义思想

一是坚持制度推动。认真落实理论学习中心组学习制度，局党组全年集体学习 21 次，局属各单位累计开展学习 258 次。全体党员干部坚持组织生活日（党日）政治理论学习制度，开展集中学习 12 次。

二是紧密联系实际学懂弄通做实。紧密联系行业特点、履职监管和事业发展需要，局党组开展集中研讨 10 次，组织全体党员干部开展学习交流 3 次。分层次、分阶段开展党的十九届四中全会精神的学习。强化学思用贯通，知信行统一，坚持用习近平新时代中国特色社会主义思想武装头脑、指导实践、推动工作。

三是抓好年轻干部学习。组建年轻干部理论学习小组，坚持定期学习制度，开展各种形式学习 237 次。举办两期年轻干部专题培训班。

三、扎实开展“不忘初心、牢记使命”主题教育

按照党中央的统一部署，精心筹划、严密组织，确保主题教育扎扎实实开展，取得实效。

一是认真开展学习教育。集中 1 周时间，组织司局级以上党员领导干部学习规定书目，开展交流研讨。全体党员干部沉下心来读原著、学原文、悟原理。局党组同志带头讲党课，发挥示范引领作用。

二是深入开展调查研究。局党组成员带头深入基层、深入一线开展调研 22 次，各单位各部门开展调研 50 次。召开调研成果交流会，通报调研情况。

三是深查细照检视问题。认真梳理习近平总书记关于铁路工作的重要指示批示，逐条分析落实情况，补强工作措施。利用各种渠道广泛征集意见建议，召开专题民主生活会、组织生活会和对照党章党规找差距专题会议，深挖思想根源，梳理形成问题清单。

四是坚持立行立改、真抓实改。建立台账，对标对表抓整改。坚持边学边查边改，持续滚动完善问题清单，细化整改措施。深入开展专项整治，着力推动解决各类突出问题。

四、聚焦庆祝中华人民共和国成立 70 周年，抓实思想政治工作

一是开展系列庆祝活动营造氛围。组织开展摄影绘画展、主题征文和红歌赛，举行升国旗仪式，振奋精神、凝聚力量。

二是严格落实意识形态工作责任制。定期研究意识形态工作，提出要求，压实责任，研究解决问题。加强阵地管理，确保正确宣传导向。强化网络安全管理，维护清朗网络空间。

三是密切关注干部职工思想动态。开展干部队伍建设情况调研，深入分析问题症结，做好政策解读，推动解决干部职工关心关注的热点难点问题。

五、加强基层党组织建设

一是健全完善党的组织体系。选优配强基层党组织班子，调整优化党支部设置，加强事业单位纪检机构队伍建设。

二是规范党支部建设。贯彻党支部工作条例，修订党支部和党小组工作手册。印发党支部建设标

准化规范化手册，强化党建工作考核。开展民主评议党员和基层党组织书记抓党建述职评议考核。

三是加强党员教育管理。贯彻党员教育管理工作条例，加强教育管理。严格发展党员程序，组织入党积极分子和新党员培训。举办“国铁大讲堂”和党务干部培训班。规范佩戴党徽，增强党员意识。开展“两优一先”评选表彰。在落实党中央决策部署、推进各项重点任务中，广大党员冲锋在前、干在实处，攻坚克难，充分发挥先锋模范作用。

六、纠“四风”树新风，不断深化作风建设

一是严格贯彻执行中央八项规定精神。紧盯隐形变异新动向，严肃查处违规问题。紧盯重点环节，强化纪律和警示教育。坚持“服务群众、服务基层”专项制度，延伸服务广度深度。

二是下力量集中整治形式主义、官僚主义。落实为基层减负要求，制定具体措施。开展问题大排查，着力解决顽症痼疾。

三是深入开展专项治理，持续整治群众身边的腐败和作风问题。整治领导干部利用名贵特产类特殊资源谋取私利问题。开展扶贫领域腐败和作风问题专项治理、政府采购和招投标违规问题专项治理。有序推进干部违规多占住房问题专项治理。

七、狠抓纪律建设

一是深化经常性纪律教育。坚持在年节假日、干部选拔等关键时刻，强化党纪法规教育，坚持正面示范和反面警示教育并重。

二是健全完善监督体系。制定贯彻落实《关于深化中央纪委国家监委派驻机构改革的意见》实施措施，严格执行局属单位纪检机构履行全面从严治党监督责任暂行办法。动态更新干部廉政档案活页夹。深入开展实践监督执纪第一种形态工作调研。

三是严肃执纪问责。规范信访举报受理和问题线索处置，坚决查处违纪案件，做好案件“后半篇文章”，开展回访教育。

四是认真推进巡视工作。督促2018年被巡视党组织落实责任，抓好巡视问题整改。修订局党组巡视工作实施办法，启动对两个局属单位的巡视工作。

八、抓好群团组织建设

进一步健全工会组织架构及工作体系。不断完善直属机关团委工作机制。组织开展丰富多彩的群团活动，开展建功立业竞赛，评选表彰建功立业先进个人。评选表彰优秀共青团员、优秀团干部、红旗团支部。选派年轻干部参加中央和国家机关支教扶贫。深入开展“平安高铁”进校园科普普法宣传活动。

第四节　中国民用航空局系统党的工作

一、认真抓好习近平总书记重要指示批示和党中央决策部署的贯彻落实，政治建设成效更加凸显

举全行业之力，圆满完成北京大兴国际机场建设运营筹备工作，实现了习近平总书记提出的打造精品、样板、平安、廉洁工程的建设目标，2019年9月25日正式投运；在全球率先停止波音737MAX8机型的商业运行，消除了可能发生航空事故的隐患；及时对香港国泰航空发出重大安全风险警示并采取有力措施，有效防控涉及内地的输入性安全风险；在国际民航组织第40届大会上，我国以最高票第六次连任一类理事国；认真贯彻落实习近平总书记关于脱贫攻坚的重要论述精神，全面超额完成扶贫攻坚任务，于田、策勒两县贫

困发生率分别降至 4.88％、3.01%；以高度的政治责任感，零差错、零失误完成了党和国家领导人专包机出访等一系列重大航空运输保障任务。

二、认真抓好“不忘初心、牢记使命”主题教育，各项工作得到有力促进

紧扣学习贯彻习近平新时代中国特色社会主义思想这一主线，围绕“五句话”目标，把学习教育、调查研究、检视问题、整改落实贯穿主题教育全过程，紧密结合民航实际，创造性开展工作，分两批组织民航系统各单位扎实开展“不忘初心、牢记使命”主题教育，广大党员干部普遍经历了一次深刻的马克思主义中国化最新成果教育，思想认识达到新高度，政治品格得到新锤炼，增强“四个意识”、坚定“四个自信”、做到“两个维护”的行动更加自觉，有力推动了一系列热点、难点问题的解决，民航安全、发展、服务、改革等各项工作取得新成效。

三、持续强化理论武装，宣传思想文化工作亮点纷呈

通过中心组学习、“三会一课”、党员轮训等形式，认真抓好习近平新时代中国特色社会主义思想的学习宣传贯彻，突出抓好党的十九届四中全会精神的学习宣传。围绕庆祝新中国成立 70 周年、新中国民航成立 70 周年，统筹开展系列活动，成功举办纪念“两航起义”70 周年座谈会，会同中央广播电视总台做好“心连心”艺术团赴北京大兴国际机场开展慰问演出，积极做好电影《中国机长》协拍工作，在全社会热映；举办新中国民航发展历程展，支持各级工会、共青团组织开展丰富多彩的群众活动，进一步弘扬爱国主义精神，全方位展示当代民航精神、英雄机组精神，极大地激发了全行业干部职工的爱国热情，增强了行业的凝聚力、战斗力，向全社会展示了当代民航人的良好精神风貌。

四、切实领导班子和干部队伍建设，干事创业精气神进一步激发

全年调整配备局党组管理的干部 311 名，其中提拔使用 115 名。突出加强监管局主要领导调整配备，调整配备监管局“一把手”20 名。加强干部交流锻炼，全年交流配备干部 28 名，选派 6 名干部参加定点扶贫、海南自贸区等重大专项挂职锻炼，选派 8 名同志作为第九批援藏干部人才进藏工作。积极稳妥有序做好公务员职务与职级并行工作。着力抓好领导干部个人有关事项报告工作，2019 年民航系统领导干部个人有关事项如实报告率较 2018 年提高 10.3％。

五、大力加强基层党组织和党员队伍建设，基层基础不断夯实

贯彻落实《中国共产党支部工作条例（试行）》，对民航系统基层党支部建设情况进行深入调研，制定印发《民航系统党支部标准化规范化建设工作方案》，不断推动党支部建设质量提升。认真学习贯彻中央和国家机关党的建设工作会议精神，按照“三个带头、一个表率”的要求，切实加强机关党建工作，着力打造让党中央放心、让群众满意的模范机关。突出抓好国有企业和局属高校基层党建工作，推动首都机场集团、机场建设集团等局属国有企业解决基层党支部班子配备不齐、组织生活不规范、组织活动与生产经营“两张皮”等问题整改，推动整改局属各院校解决教师党支部书记“双带头人”比例偏低等问题，取得明显成效。

六、驰而不息反“四风”、转作风，作风建设持续深化

提出为基层监管一线“加压、减负、撑腰、

充电”的工作思路，制定具体措施，认真抓好落实，切实减轻基层负担。认真组织开展形式主义、官僚主义突出问题专项整治，对“一票否决”和签订责任状事项进行清理规范，持续整治“文山会海”。2019 年，局机关召开的各类会议同比减少 30.3%，发文数量同比减少 34%。锲而不舍抓好中央八项规定精神的贯彻落实，对发现的违纪违规问题进行严肃处理。认真组织开展违规决策投资、担保，违规大额物资采购、购买服务，违规招标投标，违规实施行政许可，违规收取专家费、评审费、劳务费 5 个方面问题的专项治理，共排查出 5 个方面 173 个问题，完成整改 111 个。

七、坚定不移推进反腐败斗争，反腐败压倒性态势进一步巩固

通报 27 起民航系统典型案例，通报中央和国家机关所属企事业单位近 80 起典型案例，督促违纪违法党员干部所在单位召开汲取案件教训专题民主生活会，教育引导党员干部知敬畏、存戒惧、守底线。深化政治巡视巡察，对新疆局等 6 家单位进行巡视，推动和指导 21 个单位开展巡察，对 10 家单位开展党政主要领导经济责任审计。认真抓好《关于深化中央纪委国家监委派驻机构改革的意见》和局党组实施意见的贯彻落实，坚定支持驻部纪检监察组开展工作。

第五节　国家邮政局系统党的工作

一、坚持把党的政治建设摆在首位，坚决维护以习近平同志为核心的党中央权威和集中统一领导

一是突出“政治性”，不断强化“四个意识”。深入贯彻落实习近平总书记关于推进中央和国家机关党的政治建设重要指示精神，严格落实局党组《关于维护党中央集中统一领导的规定》，制定印发《关于加强党的政治建设的实施意见》，切实加强全系统党的政治建设。

二是突出“规范性”，严肃党内政治生活。严格执行《关于新形势下党内政治生活的若干准则》，严格落实民主生活会、组织生活会制度，按照中央统一部署，开好 2018 年度民主生活会，及时向中共中央组织部报送有关材料，推动问题整改落实。严格落实党员领导干部参加双重组织生活制度，印发《局党组成员支部工作联系点实施办法》。

三是突出“全面性”，强化政治使命担当。局党组不断加强党建工作领导，7 次听取研究部署党建工作，及时解决工作中遇到的困难和问题；3 次召开机关党委全会，研究推进重点工作。制定印发《关于加强和改进国家邮政局机关党的建设的实施意见》《关于进一步完善国家邮政局机关党委有关工作制度的通知》，以及党建工作领导小组、党风廉政建设、机关党的建设、机关纪检《工作要点》，切实加强对党建工作全面部署和深入推进。

二、坚持用习近平新时代中国特色社会主义思想武装头脑，切实在学懂弄通做实上下功夫

一是充分发挥党组中心组示范龙头作用，加强理论学习。按局党组安排组织制定 2019 年度党组中心组学习计划，发放《党组中心组学习参考》，并将中心组学习与“不忘初心、牢记使命”主题教育相结合。在及时传达学习习近平总书记重要讲话精神的同时，中心组分别围绕学习十九届中央纪委三次全会精神、习近平总书记看望“快递小哥”作出的重要指示精神、《中国共产党重大事项请示报告条例》等，组织学习研讨参观 12 次。指导各省局制定和落实党组中心组学习计划，引导党员干部强化理论武装。

二是丰富学习形式，强化学习效果。国家

局机关通过集中理论学习、交流心得体会、红色革命教育、感受发展氛围、开展相互联学、义务植树活动等，发展积极健康的党内政治文化。各省局也分别以爱国电影、专题学习、教育培训、学习研讨、知识竞赛、集中讲座、集中测试和赴红色教育基地等方式，学习党章党规和党的创新理论。

三是加大宣传力度，营造浓厚氛围。积极向国家机关工委推报党建信息，旗帜网刊发17篇；中国邮政快递报和国家局网站刊发党建信息近700篇。加强学习教育阵地建设，统一制作33块宣传展板，宣传展示重点工作、重大活动。印发《党建工作交流》，总结每季度国家局、省局及快递企业党建、精神文明建设等工作，为相互学习提供有力平台。国家局机关充分运用“支部工作”App，各省局积极依托“学习强国”“党员e家”“在线学习平台”等网络平台，形成了浓厚的学习氛围。组织向中央和国家机关工委申报党建课题，6个课题均予立项。开展“快递从业群体的职业认同和权益维护”课题研究，并指导广东、北京、西安等局开展专题调研，强化工作智力支撑。

三、突出政治标准和政治功能，全面提升机关和系统基层党组织的组织力

一是抓基层强基础，集中发力推进党支部标准化规范化。持续对基层党建工作落实情况进行季度通报，比学党建成效。建立《党支部基本情况》《党小组名册》《党员名册》《预备党员名册》等系列台账，动态更新、掌握底数。编印《关于党支部换届工作的参考资料》手册，组织13个支部完成换届工作。支持机关基层党组织开展主题党日和学习调研活动。

二是抓业务强能力，精准用力加强党务干部队伍建设。设立了5个“国家邮政局干部党性教育基地”，加强全系统党员干部培训和党性教育。选派48名同志参加中共中央组织部、中共中央纪律检查委员会、中央巡视工作领导小组办公室、中国共产党中央和国家机关工作委员会举办的各类培训，组织330余名同志参加全系统党务干部、纪检干部、巡视工作培训。北京、山西、上海、江苏、安徽、福建、河南、青海等局组织党支部书记、党务工作者、科级干部等专题培训班，提升干部队伍整体素质。

三是创建特色党建品牌。以邮政业中心工作为重点，发挥党的建设示范作用、导向作用和辐射带动作用。山西、内蒙古等局深入开展“一支部一品牌”活动；北京、天津、吉林、江西等局通过开展“六个一”、参加志愿者活动、“4+X”等主题活动，增强基层支部活力。

四、全面加强邮政管理系统纪律建设，持之以恒正风肃纪

一是聚焦作风建设，营造良好政治生态。深入贯彻中央纪委三次全会精神，召开全系统党风廉政建设工作会议，系统梳理和推动13项重点工作。严格执行国家邮政局关于贯彻落实中央八项规定精神的实施细则，紧盯重要节点进行廉政教育提醒，严防“四风”反弹。指导各省局召开警示教育会议，加强对发文、会议、调研的统筹，切实为基层减负。

二是聚焦纪律建设，履行监督主责。先后召开3次机关纪委全会，研究执纪监督重要事项。研究制定《全体委员会工作规则（试行）》《纪律检查委员工作管理暂行规定》，促进纪检工作制度化规范化。深入开展经常性纪律教育，认真抓好党章、党内监督条例、纪律处分条例等学习教育。召开全系统警示教育电视电话会议，通报系统32起违规违纪案例。加强日常管理和监督，对36名新提任、转任党员干部组织集体廉政谈话，督促受约谈函询的党员干部在年度组织生活

会上对问题说清楚、谈透彻。深化运用“四种形态”，对12名党员领导干部实施函询、诫勉谈话、批评教育和通报。严把选人用人政治关廉洁关形象关，认真做好党风廉政意见回复。

三是聚焦执纪问责，形成有力震慑。认真执行《党组讨论和决定党员处分事项工作程序规定（试行）》等制度规定，落实6名党员领导干部党纪处分决定的下达、执行等工作。坚持严管厚爱结合，对5名受处分党员干部开展回访教育。认真开展受理范围问题线索的处置工作，对受理的54件纪检信访件进行分类处置。

四是聚焦巡视巡察，发挥利剑作用。不断加强巡视工作领导，及时调整领导小组和办公室成员，设置巡视工作处，同步指导省局做好巡察工作。强化政治监督，组建三个巡视组，完成8个直属单位巡视任务；扎实做好巡视“后半篇文章”，加强巡视反馈，推动整改落实。按照中央巡视工作领导小组办公室安排，带队完成了对3个国企巡视工作专项检查。江西、广西、甘肃等局实现了对市局党组政治巡察全覆盖。

五、抓创新增活力，持续有力推进非公快递企业“两个覆盖”

一是不断强化“抓行业必须首先抓党建”的责任意识，推动部分省、市局开展非公党建工作调研，加快推进非公快递企业党组织建设。持续推动党的组织和党的工作对快递从业人员的覆盖，目前全行业通过联建、共建、自建等方式共建立非公快递企业党组织610个、覆盖党员29944人。其中，河北、江苏、安徽、四川、辽宁实现了全省地市级非公党组织全覆盖，北京、四川、河南、江西等局积极探索与企业签订党建共建协议、纳入重点督办清单、选派党建指导员、建立“九三三”工作机制等做法，具有较好成效。

二是深化“抓总部、总部抓”联动机制，充分发挥企业能动性，京东打造“光明·京东非公党建展览馆”并推广实施“四三四工程”，顺丰广泛应用线上学习平台，韵达开展“党员示范岗”创建，苏宁、中通、申通、圆通、宅急送、德邦以开展“不忘初心、牢记使命”主题教育为契机，提高主题党课和党日活动的覆盖面、针对性。

三是坚持党建带团建，青海局推动非公快递行业工会实现市（州）全覆盖，钦州实现全市快递业工会组织全覆盖。内蒙古、江西、湖北等局推动成立快递行业协会工会（联合会），吕梁、马鞍山、盐城、重庆四分局等局推动成立快递行业团工委，积极建设职工之家、青年之家等，增强基层快递员归属感。

第十二章　精神文明建设

第一节　全国交通运输行业精神文明建设

一、交通运输部精神文明建设工作综述

2019 年，交通运输部坚持以习近平新时代中国特色社会主义思想为指导，全面贯彻党的十九大和十九届二中、三中、四中全会精神，紧紧围绕庆祝中华人民共和国成立 70 周年这条主线，高扬旗帜、守正创新、积极作为，确保精神文明建设在交通运输领域取得扎实效果。

（一）着眼为行业立心，深入学习宣传贯彻习近平新时代中国特色社会主义思想

一是编印《习近平论交通运输》作为党员干部培训教材，以习近平新时代中国特色社会主义思想为指导奋力开启建设交通强国新征程。

二是部党组在《学习时报》发表《大力推进"四好农村路"高质量发展》署名文章，在"学习强国"平台等积极宣传"四好农村路"建设成效，增强全行业干部职工学习贯彻习近平新时代中国特色社会主义思想的自觉性。

三是深入开展"两路"精神学习宣传教育专项行动，大力推介"两路"精神；会同国务院国有资产监督管理委员会、中华全国总工会印发《关于开展向港珠澳大桥建设者学习的决定》，积极弘扬奋斗精神。

（二）着眼为伟大时代立传，为庆祝中华人民共和国成立 70 周年营造良好社会氛围

一是推动 54 项交通成就入选"庆祝中华人民共和国成立 70 周年大型成就展"、10 人在英模人物展示区展出，24 件交通大事写入《中华人民共和国大事记》；编印《新中国成立 70 周年交通运输改革发展报道汇编》。

二是积极培树全国和行业重大典型，涌现出"时代楷模"其美多吉、"最美奋斗者"刘传健等一批典范，在人民大会堂举办其美多吉先进事迹报告会；7 名交通代表参加国庆花车游行。

三是注重调动全行业力量，广泛组织开展新中国成立 70 周年各类群众性主题教育活动。

（三）着眼为行业明德立德，深化交通运输行业群众性精神文明创建活动

一是连续 9 年组织开展"社会主义核心价值观主题实践教育月"，连续 3 年组织开展青年文明号开放周活动，以专题活动促主题实践，以主题实践促作风养成。

二是连续 6 年和中华全国总工会组织开展"感动交通年度人物"推选宣传，组织开展"最美搜救人""最美港口人""春运情满旅途"等群众性评议推选宣传活动，激励广大干部职工履职尽责、忠诚担当。

三是贯彻落实《交通强国建设纲要》，推进文明交通、文明出行宣传教育专项行动，大力培

育交通文明。

（四）着眼为行业夯基立制，扩大精神文明建设覆盖面和影响力

一是印发《2019年全国交通运输行业宣传思想和精神文明建设工作要点》，出台关于进一步提升交通运输发展软实力的意见，推动精神文明建设在基层不断得到加强。

二是全力办好用好新媒体平台，开设“@中国交通”官方微博，吸引网民参与分享“两路”故事，开设话题“我家门口那条路”“绿色出行看中国”“春运交通预报”。

三是指导各地深入开展文明交通公益宣传，2019年春运期间全行业投放约32.7万个刊播载体，刊播公益广告2800万小时。

（五）着眼为行业传声立言，繁荣交通文艺创作生产

一是编纂完成《中国桥谱·第二卷》，记录新世纪中国桥梁事业发展伟绩。

二是完善交通文博工程名录，系统梳理交通行业182个文博场馆，为有序推进交通文博工程建设奠定坚实基础。

三是指导拍摄完成我国首部海上救援题材电影《紧急救援》，有效展示行业精神。

四是持之以恒办好全国交通运输行业摄影、微视频和公益广告等三项大赛打造成为行业文化品牌。

二、国家铁路局精神文明建设主要举措与成就

（一）持续深化学习贯彻习近平新时代中国特色社会主义思想

国家铁路局党组和局属单位分党组（党委）两级理论学习中心组认真落实学习制度，带头学习习近平总书记重要讲话和重要指示批示精神以及党中央、国务院重要文件，全年累计开展学习279次；结合开展“不忘初心、牢记使命”主题教育，联系实际深入研讨交流，守初心、担使命，找差距、抓落实，用理论学习的新成效推动工作上水平。全体党员干部坚持组织生活日（党日）政治理论学习制度，全年开展集中学习12次。

（二）全面做好庆祝中华人民共和国成立70周年宣传

立足国家铁路局和铁路行业实际，坚持庄重、浓厚、适度的原则，组织开展红歌赛、摄影绘画作品征集、主题征文系列庆祝活动，调动干部职工广泛参与，宣传国家、行业取得的巨大成就、人民群众身边的巨大变化，极大激发了全局干部职工爱党、爱国、爱社会主义的热情。

（三）严格落实意识形态工作责任制

强化意识形态工作责任制实施办法和局党组实施细则贯彻落实，严格执行定期报告制度，加强对局属单位、机关各部门落实责任制的督促检查，把责任切实扛在肩上。加强阵地建设，严格发布程序和内容把关。举办新闻宣传培训班，提升新闻宣传能力水平。

（四）深入推动社会主义核心价值观宣传教育

贯彻落实《新时代公民道德建设实施纲要》，教育引导干部职工不断提升道德素养。贯彻落实《新时代爱国主义教育实施纲要》，加强理想信念和爱国主义教育，践行报国之志。开设“国铁大讲堂”，组织收看纪录片《筑梦路上》，深化党史、新中国史教育。深化“服务群众、服务基层”主题实践专项制度，在履职监管实践中践行服务宗旨、提升服务能力、展示良好形象。

（五）加强舆论引导，营造建设交通强国、推动铁路高质量发展的良好氛围

围绕《交通强国建设纲要》颁布出台、履职监管重点工作推进、重大工程项目建设等，利用国家铁路局政府网站、政务微博、政务微信等平

台载体，广泛开展宣传解读、展示工作作为。密切关注涉及行业的热点和舆情，及时分析研判，妥善引导。

三、中国民用航空局精神文明建设工作主要举措与成就

（一）强化创新理论武装

持续推进《习近平谈治国理政》（第一、二卷）等著作的学习运用，深入学习贯彻习近平总书记关于民航工作的重要指示批示精神，及时跟进学习习近平总书记的最新重要讲话精神。提高党组（党委）中心组学习质量，发挥好领学促学作用。坚持利用“三会一课”，学好用好“学习强国”平台，持续办好民航大讲堂，加强学习培训。印发《民航局直属机关党委关于推进青年干部深入学习习近平新时代中国特色社会主义思想的意见》的通知，指导各部门成立青年学习小组，组织青年干部学习习近平新时代中国特色社会主义思想座谈会，评选民航局直属机关青年理论学习标兵，推送参评交通运输部、工委层面的青年理论学习标兵，抓好青年理论武装。办好青年微课堂，持续开展读书活动，营造理论学习的浓厚氛围。按照中央部署和局党组安排，开展以学习贯彻习近平新时代中国特色社会主义思想为主要内容的主题教育，组织主题教育读书班、三次局党组中心组学习研讨。组织局直属机关党委、直属党支部观看“不忘初心、牢记使命——中央和国家机关定点扶贫工作成果展”，组织干部职工参观“伟大历程 辉煌成就——庆祝中华人民共和国成立70周年大型成就展”网上展馆。

（二）广泛开展庆祝中华人民共和国成立70周年系列活动

制定庆祝活动方案，抓好组织实施，唱响礼赞新中国、奋进新时代的昂扬旋律。指导民航博物馆举办中华人民共和国民航70周年成就展，依托中国民航报、中国民航网等行业媒体开展“壮丽70年·奋斗新时代”主题宣传，聚焦安全、发展、建设、改革等方面推出系列报道，全方位展示中华人民共和国成立70年来民航事业发展的光辉历程、巨大成就和宝贵经验。协调纪录片《大国交通》筹拍工作。

（三）大力弘扬英雄精神和当代民航精神

持续深入学习贯彻习近平总书记重要指示精神，学习英雄机组的先进事迹，深化“最美民航人”宣传展示，大力培树先进典型，举办民航系统劳模座谈会，引导民航广大干部职工立足平凡岗位，做好本职工作，彰显英雄精神和当代民航精神。持续做好当代民航精神进校园、进教材、进学生头脑等工作。做好电影《中国机长》协拍工作。

（四）深化理想信念教育

围绕庆祝中华人民共和国成立70周年、纪念“两航起义”70周年，加强党史、国史、民航史学习教育，指导民航出版社和航协推出图书《中国民用航空史》《立足小客舱、服务大世界》，深化理想信念教育。严格落实意识形态工作责任制，加强阵地管理和队伍管理，弘扬斗争精神，坚决反对和抵制各种错误思想和负面言论。认真落实重大情况党内通报、谈心谈话制度。围绕重要节点，及时关注干部职工思想动态，深入细致做好思想政治工作，维护队伍稳定。加强院校思想政治工作，做好高级政工师评选、文明出行、扫黄打非等工作。

四、国家邮政局精神文明建设工作主要举措与成就

（一）积极选树行业先进典型

联合中共中央宣传部等部门选树“时代楷模”其美多吉，指导快递报社出版其美多吉等典型事迹书籍，以国家邮政局党组名义在《求是》杂志

发表相关文章，在人民大会堂、交通运输部做事迹分享，并协调中央领导接见。指导开展寻找“最美快递员”活动，组织参与共青团“两红两优”、感动交通年度人物、五一劳动模范、2019北京榜样、全国青年岗位能手（标兵）、中国青年五四奖章、交通行业春运先进集体（个人）等各级各类评选表彰活动，已累计推动全行业120余个集体和个人获得省部级以上荣誉，弘扬行业正能量。国家邮政局结合建党98周年纪念活动，评选表彰机关优秀共产党员31名、优秀党务工作者9名、先进基层党组织4个，推荐4名同志、2个支部受交通运输部表彰，有力激励广大党员干部见贤思齐、建功新时代。

（二）加强岗位创先争优

推动国家邮政局新增为全国青年文明号创建活动组委会支持单位，在邮政业践行“敬业、协作、创优、奉献”的精神理念，引导广大快递员在行业发展第一线、民生服务主战场倡导职业文明、提高职业技能，本年度全行业共31个先进集体获得全国青年文明号称号。

第二节　行业精神文明建设重要活动

一、交通运输部精神文明建设重要活动

2019年，交通运输部自觉承担好举旗帜、聚民心、育新人、兴文化、展形象的使命任务，锐意改革创新，勇于担当作为，做好新时代交通运输行业精神文明建设工作。

（一）坚持以价值引领“聚气”，争做弘扬社会主义核心价值观的示范者

一是在全行业部署开展“社会主义核心价值观主题实践教育月”活动，深入开展“爱岗敬业 明礼诚信”社会主义核心价值观主题实践，不设时间表，强调长期坚持，指导行业各单位、各部门深化“学先进、树新风、建体系、创一流”群众性精神文明创建，打造行业文明单位、文明窗口、高速公路文明服务区、文明通道等。

二是开展“@我家门口那条路”“绿色出行宣传月”“公交出行宣传周”“节能宣传周”“信用交通宣传月”“我的公交我的城”等系列活动，组织各单位各部门大力宣传展示文明交通文明出行成果，吸引群众积极参与。

三是建立全国交通运输信用信息共享平台，形成国家、部、省级交通运输部门常态化共享机制，建立360.7万家企业、1240万从业人员的“一户式”信用档案。“信用交通”网站提供信用信息的一站式查询服务，加大对不文明交通行为的信用惩戒力度。

四是举办全国交通运输行业摄影、微视频和公益广告等三项大赛，大力弘扬社会主义核心价值观。

五是指导相关单位围绕长江生态航道、上海国际航运中心、“畅安舒美”农村公路网等重点项目建好文明交通走廊，为各地不断提升交通运输服务品质提供先行经验。

（二）坚持以精神感召“赋能”，争做新时代中国精神的传承者

一是组织开展“感动交通年度人物”“最美搜救人”“最美港口人”“最美验船师”等群众性评议推选宣传活动，激励广大干部职工以榜样为镜，向先进看齐，用实际行动践行初心使命。

二是发掘培树了以“时代楷模”其美多吉、“最美奋斗者”刘传健等为代表的一批来自基层的先进典型，推动全行业形成见贤思齐、争当先进、艰苦奋斗的良好氛围。

三是弘扬“两路”精神，成立“两路”精神工作室，定期举办“两路”精神研讨会，制作推广“两路”精神学习资料，筹建“两路”精神博物馆，川藏公

路、青藏公路建成通车发行 65 周年纪念邮票。

（三）坚持以文化自信“固本”，争做社会主义先进文化的弘扬者

一是坚持把提升文化软实力作为精神文明建设的重要内容，不断深化火车头文化、公路文化、水运文化、蓝天文化、鸿雁文化等行业主题文化研究，形成异彩纷呈的交通文化体系，推出铁路史、公路史、水运史等一批文化著作。

二是深入实施交通运输文博工程，发动全行业因地制宜建设交通主题的展览馆、陈列室，成为展示交通历史和成就，沟通过去和未来的重要载体。

三是指导拍摄完成我国首部海上救援题材电影《紧急救援》，有效展示行业精神，提高行业凝聚力。指导推进拍摄《大国交通》《寻路乡村中国》等电视纪录片，传递中国交通良好形象。

四是编印《与新中国同行——新中国成立 70 周年交通运输改革发展报道汇编》，宣传交通成就。

二、国家铁路局精神文明建设重要活动

（一）精心组织开展庆祝中华人民共和国成立 70 周年系列活动

举办“同心共筑中国梦 礼赞新时代”红歌赛；开展摄影绘画征集活动、主题征文活动；举行升国旗仪式，200 余名党员干部现场同唱国歌；组织部分同志参加国庆观礼和庆祝中华人民共和国成立 70 周年大会；组织参观“伟大历程 辉煌成就——庆祝中华人民共和国成立 70 周年大型成就展”，激发广大干部职工的爱国热情和奋进精神。

（二）组织开展决胜全面建成小康社会建功立业竞赛活动

印发活动通知作出安排部署，动员激励全局干部职工聚焦铁路行业履职监管，发扬实干精神，立足岗位拼搏奉献，在全面建成小康社会中担当作为。张庚等 73 名同志获得“2018 年度决胜全面建成小康社会建功立业竞赛先进个人”荣誉称号。

（三）开展信用宣传

结合 2019 年铁路春运形势任务，利用车站、列车重点场所，采取广播、电子屏、展板、宣传资料等多种形式，深入宣传铁路运输信用管理制度、典型案例，提升旅客文明诚信意识，维护春运良好秩序。督促铁路运输企业落实安全责任，实施便民利民举措，强化诚信出行服务保障。

（四）大力选树先进典型

“不忘初心、牢记使命”主题教育期间，组织先进典型事迹报告会，以播放宣传片、现场作报告形式，宣传 4 名同志忠于铁路履职监管事业、扎根脱贫攻坚一线、开展普法宣传、推动国际交流合作等方面的先进事迹，激发全局党员干部守初心、担使命的工作热情，形成“学先进、赶先进、争先进、当先进”的良好氛围。开展 2019 年优秀共产党员、优秀党务工作者和先进基层党组织评选表彰。

（五）广泛组织铁路企业参与交通运输部“2018 年感动交通年度人物”评选

组织推荐的中车长春轨道客车股份有限公司铁路车辆装调工、高级技师罗昭强荣获“2018 年感动交通十大年度人物”称号。

（六）积极参与中央和国家机关职工运动会

组织 50 余名同志参加交通运输部选拔比赛，举办直属机关第四届乒乓球比赛，营造热爱运动、健康向上、团结奋进的机关氛围。择优派员参加交通运输部代表队，在中央和国家机关运动会上赛出成绩、赛出水平、赛出国家铁路局职工风采。

三、中国民用航空局精神文明建设重要活动

（一）协调组织《中国机长》电影拍摄、首映、宣传推广

组织召开协调会，协调四川航空公司、西南

地区民航单位积极支持配合电影拍摄。指导宣教中心做好协拍保障工作，组织有关司局领导、英雄机组成员、业内专家介绍情况，审读剧本，提出专业性意见。加强与博纳影业的沟通，多次深入现场指导、审查样片，强调把"敬畏规章、敬畏职责、敬畏生命"作为主题主线贯穿影片始终，艺术再现"史诗级"备降过程，打造彰显英雄精神的精品力作。积极配合做好首映、宣传推广，影片在全社会热映，有力增强了民航干部职工的自豪感、荣誉感，收到了讲好民航故事、展示民航形象的良好效果。

（二）精心组织了央视"心连心"艺术团赴北京大兴国际机场慰问演出

加强与中共中央宣传部的请示汇报、与中央广播电视总台的协调沟通，积极参与节目创作，组织首都机场集团等单位做好保障。10 月 15 日，以"奋斗新时代"为主题的慰问演出成功举办。11 月 2 日在中央一台黄金时段首播，此后安排五次重播。演出生动诠释了习近平总书记出席北京大兴国际机场投运仪式时的重要指示精神，向全社会展示了大兴机场建设成果、中华人民共和国民航 70 年发展成就和民航人的新担当、新风采。

（三）联合举办第三届社会主义核心价值观主题微电影征集展示活动

为认真贯彻中共中央、国务院印发的《新时代公民道德建设实施纲要》《新时代爱国主义教育实施纲要》，围绕庆祝中华人民共和国成立 70 周年这一主题，聚焦"新时代 新气象 新作为"，中共中央宣传部牵头举办了第三届社会主义核心价值观主题微电影征集展示活动，选出了 135 部呈现核心价值观主题的微电影作品并面向社会集中发布。活动进一步强化社会主义核心价值观的宣传普及，生动形象地传递向上向善的价值追求，丰富节日期间广大观众文化生活，为元旦春节营造喜庆热烈的浓厚氛围。

四、国家邮政局精神文明建设重要活动

（一）弘扬宣传"小蜜蜂"精神

依托邮政管理系统报、刊、网和新媒体平台，大力挖掘和弘扬"小蜜蜂"精神的实践典型事迹，开展持续性、多角度的媒体宣传，不断强化正向引领。抓住关键节点，向全行业发出《"双 11"期间加强快递员权益保障和关心关爱工作的 11 条重点提示》，协调主要媒体积极参与转发评论，据不完全统计"关爱快递小哥"相关话题媒体阅读与互动量超 5 亿人次，成为新的社会热点。协助有关部门组织快递小哥参加中华人民共和国成立 70 周年"美好生活"方阵游行活动。鼓励基层首创，江苏省邮政管理局在高邮举办"中国邮文化节 · 江苏省首届快递员节"，北京市邮政管理局举办"8 · 28 快递员节"，辽宁省邮政管理局启动"加油，快递小哥"活动，上海市邮政管理局、广州市邮政管理局、伊春市邮政管理局、贵港市邮政管理局等发布倡议书，黑龙江省邮政管理局、陕西省邮政管理局、新疆维吾尔自治区邮政管理局等联合当地媒体录制快递小哥节目，宿迁市邮政管理局、淄博市邮政管理局、晋中市邮政管理局、中国邮政集团有限公司、中通快递股份有限公司、北京宅急送快递股份有限公司等积极拍摄《我和我的祖国》MV，向社会展示新时代快递员精神面貌，营造关爱理解快递小哥的良好社会氛围。

（二）开展行业各类联谊交流和爱心活动

举办 2019 年"黑马杯"快递行业篮球邀请赛，开展"快递员眼中的美好生活"手机摄影视频作品征集活动，协调中国广播艺术团筹拍"快递小哥"主题电视剧，推动专业团队创作"快递员之歌"等。指导各省局、市（地）局和快递企业开展"小蜜蜂"志愿者服务队、"快乐集市"公益行、青年联谊、集体婚礼、"春蕾计划"、绿色公益跑等公益活动；鼓励企业创新载体，圆通速递有限公司实施树苗

计划、圆梦者计划，上海韵达货运有限公司、德邦物流股份有限公司、北京宅急送快递股份有限公司设立"党员互助基金""不离不弃基金"，顺丰速运有限公司搭建官微"心理关爱"平台，京东物流集团实施"我在京东过大年"等公益项目、推出"321一线人才建设项目，促进企业之间、快递员之间的交流，提升行业凝聚力、向心力。

第三节　年度精神文明建设先进集体与个人

一、交通运输部精神文明先进集体与个人

（一）第七届全国道德模范荣誉称号（见表 3-12-1）

表 3-12-1　第七届全国道德模范荣誉称号

序号	个人 / 集体	简　介
1	徐前凯	中国铁路成都局集团有限公司重庆车务段荣昌站车站值班员，当选"全国见义勇为模范"
2	曲建武	大连海事大学公共管理与人文艺术学院辅导员，当选"全国诚实守信模范"
3	唐真亚	江苏省淮安市洪泽区邮政公司老子山邮政支局支局长兼投递员当选"全国诚实守信模范"
4	刘传健	四川航空集团有限公司飞行员、A320 机型 B 类教员，当选"全国敬业奉献模范"
5	张雪松	中车唐山机车车辆有限公司铝合金厂工人，当选"全国敬业奉献模范"
6	其美多吉	中国邮政集团公司四川省甘孜县分公司驾驶员，当选"全国敬业奉献模范"

表 3-12-2　"最美奋斗者"荣誉称号

序号	个人 / 集体	简　介
1	巨晓林	中国中铁电气化局一公司高铁分公司技术员、工匠技师，全国总工会兼职副主席、国家监察委特约监察员
2	李向前	中国铁路郑州局集团有限公司洛阳机务段首席技师
3	单杏花	女，中国铁道科学研究院集团有限公司电子所副总工
4	孙永才	中国中车集团有限公司总经理、党委副书记，中国中车股份有限公司董事、总裁、党委副书记
5	窦铁成	中铁一局电务公司电力试验所质量负责人
6	杨连弟	生前系原铁道兵某团一连副连长
7	铁飞燕	女，云南交投集团运营管理有限公司昆明东管理处团委副书记
8	白方礼	生前系天津市河北运输场退休职工
9	李素丽	女，北京公交集团客服中心原主任
10	包起帆	上海国际港务（集团）股份有限公司原副总裁
11	许振超	山东省青岛前湾集装箱码头有限责任公司固机高级经理
12	杨怀远	中国远洋海运集团有限公司上海中远海运服务员
13	孔祥瑞	天津港中煤华能煤码头有限公司孔祥瑞操作队原党支部书记、队长
14	刘传健	四川航空股份有限公司飞行技术管理部副总经理、党支部书记
15	其美多吉	中国邮政集团公司四川省甘孜县分公司驾押组组长
16	王顺友	四川省凉山州邮政公司副调研员，木里县邮政公司党支部专职副书记
17	曲建武	大连海事大学教授

续上表

序号	个人 / 集体	简　介
18	袁庚	生前系招商局集团原常务副董事长
19	茅以升	生前系九三学社中央名誉主席，中国铁道科学研究院院长
20	“毛泽东号”机车组	国家铁路集团公司北京局丰台机务段（集体）

（二）“最美奋斗者”荣誉称号（见表 3-12-2）

（三）全国民族团结进步模范（见表 3-12-3）

（四）人民满意的公务员（见表 3-12-4）

（五）国庆 70 周年大型成就展英模墙（见表 3-12-5）

（六）“时代楷模”荣誉称号（见表 3-12-6）

（七）全国城乡妇女岗位建功先进集体（个人）巾帼文明岗（见表 3-12-7）

（八）全国城乡妇女岗位建功先进集体（个人）巾帼建功标兵（见表 3-12-8）

（九）全国城乡妇女岗位建功先进集体（个人）巾帼建功先进集体（见表 3-12-9）

表 3-12-3　全国民族团结进步模范

序号	个人 / 集体	简　介
1	王东	交通运输部科学研究院副研究员
2	海书铭	中国民用航空新疆管理局公安局主任科员
3	刘仕超	国家邮政局昌都市邮政管理局行业管理科（机要通信科）科长
4	交通运输部公路局农村公路处（集体）	
5	中国民用航空西藏自治区管理局阿里航站（集体）	
6	国家邮政局和田地区邮政管理局（集体）	

表 3-12-4　人民满意的公务员

序号	个人 / 集体	简　介
1	汪自强	河北省秦皇岛市交通运输局驻市行政审批局主任科员
2	谢超群	福建省莆田市湄洲湾北岸经济开发区交通运输局局长
3	牛百龙	武汉海事局船员管理处原处长

表 3-12-5　国庆 70 周年大型成就展英模墙

序号	个人 / 集体	简　介
1	茅以升	20 世纪 80 年代，生前系九三学社中央名誉主席，中国铁道科学研究院院长，桥梁专家
2	袁庚	20 世纪 80 年代，生前系招商局集团原常务副董事长
3	杨怀远	20 世纪 80 年代，中国远洋海运集团有限公司上海中远海运服务员
4	包起帆	20 世纪 90 年代，上海国际港务（集团）股份有限公司原副总裁

续上表

序号	个人 / 集体	简　介
5	李素丽	20 世纪 90 年代，女，北京公交集团客服中心原主任
6	孔祥瑞	2000—2009 年，天津港中煤华能煤码头有限公司孔祥瑞操作队原党支部书记、队长
7	许振超	2000—2009 年，山东省青岛前湾集装箱码头有限责任公司固机高级经理
8	王顺友	2000—2009 年，四川省凉山州邮政公司副调研员，木里县邮政公司党支部专职副书记
9	白方礼	2000—2009 年，生前系天津市河北运输场退休职工
10	刘传健	2010—2019 年，四川航空股份有限公司飞行技术管理部副总经理、党支部书记

表 3-12-6　“时代楷模”荣誉称号

序号	个人 / 集体	简　介
1	其美多吉	中国邮政集团公司四川省甘孜县分公司驾押组组长

表 3-12-7　全国城乡妇女岗位建功先进集体（个人）巾帼文明岗

序号	个人 / 集体
1	国家铁路局综合司（外事司）国际合作办公室
2	中国航空油料有限责任公司浙江分公司杭州航空加油站调度班组
3	北京博维航空设施管理有限公司精英班组
4	国家邮政局普遍服务司服务监督处
5	中国邮政快递报社《快递》杂志编辑部
6	交通运输部天津水运工程科学研究院内河港航研究中心长江科研课题组
7	大连海事大学物理实验教学中心
8	交通运输部管理干部学院道路教研部
9	人民交通出版社传媒管理有限公司道路运输出版中心
10	交通运输部职业资格中心财务处

表 3-12-8　全国城乡妇女岗位建功先进集体（个人）巾帼建功标兵

序号	个人 / 集体	简　介
1	詹春珮	中华人民共和国海事局东海海巡执法总队“海巡 01”轮二副
2	陈建琼	长江泸州航道局江阳航道处烟灯房信号台台长

表 3-12-9　全国城乡妇女岗位建功先进集体（个人）巾帼建功先进集体

序号	个人 / 集体
1	交通运输部东海第一救助飞行队

（十）2018年感动交通十大年度人物（见表3-12-10）

表3-12-10 2018年感动交通十大年度人物

序号	个人/集体	简 介
1	罗昭强	中车长春轨道客车股份有限公司铁路车辆装调工
2	普布单增	西藏自治区公路局林芝公路分局八一公路养护段110道班养路工
3	李朋璇	山西省临猗县卓里镇百世快递网点快递员
4	姜龙	中华人民共和国海事局东海海巡执法总队“海巡01”轮船长
5	刘传健	四川航空公司教员机长
6	孙黎平	福建省三明市公共交通公司驾驶员
7	吉林	江苏交通控股有限公司长大桥总工程师
8	黄智斌	交通运输部东海第二救助飞行队搜救教员机长
9	张思思	宁夏回族自治区吴忠市客车运输有限公司乘务员
10	招商港口斯里兰卡团队	

（十一）事迹简介

刘传健，男，汉族，中共党员，1972年11月生，重庆市人，四川航空股份有限公司飞行技术管理部副总经理、党支部书记。飞行28年来，他把安全飞行规章标准踏踏实实地落实到每一个航班飞行的全过程。2018年5月14日，四川航空3U8633航班高空突发驾驶舱右侧风挡玻璃爆裂脱落、座舱释压的紧急状况，刘传健和机组成员临危不乱、果断处置，保证机上128名机组人员和乘客的生命安全，避免了一场事故的发生。此次成功降落被称为民航“史诗级壮举”，创造了国际民航客运史上在极其艰难的紧急突发情况下成功处置特情的奇迹。荣获中国民航英雄机长、最美退役军人等荣誉称号，获全国五一劳动奖章。

其美多吉，男，藏族，中共预备党员，1963年9月生，四川德格人，中国邮政集团公司四川省甘孜县分公司驾押组组长。30年来，他驾驶邮车往返于甘孜至德格平均海拔3500米的雪线邮路上。雀儿山隧道通车前，每次往返都要翻越海拔5050米的雀儿山垭口。他每年平均行驶5万公里，行车总里程140多万公里，从未发生过一起责任事故，他带领的班组连续30年保持机要通信质量全优，成为川藏线上的一面旗帜，被誉为“雪线邮路的幸福使者”。荣获时代楷模、全国邮政系统先进个人等荣誉称号，获全国五一劳动奖章。

二、国家铁路局精神文明先进集体与个人

2019年，国家铁路局直属机关团委被全国普法办评为全国“七五”普法中期先进集体；国家铁路局综合司（外事司）国际合作办公室被授予全国城乡妇女岗位建功先进集体（个人）巾帼文明岗称号；设备监督管理司文海同志荣获贵州省脱贫攻坚先进个人；综合司徐帅同志被评为贵州省脱贫攻坚优秀村第一书记。在全局评选表彰决胜全面建成小康社会建功立业竞赛先进个人73名。

三、中国民用航空局年度精神文明先进集体与个人

（一）重大典型“中国民航英雄机长”刘传健

2019年推荐“中国民航英雄机长”刘传健获得的重要奖项：2019年2月，获得“感动中国2018年度人物”荣誉称号；2019年4月，获得“2018年感动交通十大年度人物”荣誉称号；2019年9月，

获得“最美奋斗者”荣誉称号。

(二)最美职工(1人)

吴志晖，北京新机场建设指挥部高级业务经理(授予单位：中共中央宣传部、中华全国总工会，时间：2019年5月)。

(三)全国五一劳动奖和全国工人先锋号名单

(授予单位：中华全国总工会，时间：2019年4月)

1. 全国五一劳动奖状(1个)：中国国际航空股份有限公司湖北分公司。

2. 全国五一劳动奖章(3人)：张晓忻(女)，中国东方航空股份有限公司客舱服务部乘务二部高级经理；刘宇辉，中国南方航空股份有限公司机务工程部机载信息室主任；吴志晖，北京新机场建设指挥部高级业务经理。

3. 全国工人先锋号(10个)：民航快递有限责任公司成都分公司安全班组，中国东方航空集团有限公司(中国东方航空股份有限公司)北京大兴国际机场建设运营指挥部；中国南方航空股份有限公司深圳分公司飞行部二分部；华夏航空股份有限公司维修工程部航线一分部“劲节”班组；中航信移动科技有限公司航旅纵横产品部；中国航油烟台有限公司油库和谐动力班组；江西省机场集团公司安全检查部旅检室“空港卫士”班组；民航华东地区空管局空管中心终端管制室进近管制二室；中国民用航空飞行校验中心飞行部飞行中队；民航局信息中心运行保障处。

(四)第十六届全国职工职业道德建设表彰名单

(授予单位：中华全国总工会、中共中央宣传部、中央文明办、工业和信息化部、商务部、国务院国资委，时间：2019年12月)

1. 第十六届全国职工职业道德建设标兵个人(1人)：王艳玲，北京首都国际机场股份有限公司运行控制中心副总经理。

2. 第十六届全国职工职业道德建设先进个人(1人)：陆永东，民航中南空管局技术保障中心副主任。

3. 第十六届全国职工职业道德建设先进单位(2个)：中国东方航空股份有限公司客舱服务部，中国南方航空股份有限公司客舱部。

(五)全国五一巾帼奖

(授予单位：中华全国总工会，时间：2019年2月)

1. 全国五一巾帼标兵岗(2个)：中国东方航空股份有限公司北京分公司地面服务部旅客一分部“向日葵”班组，民航西南地区空中交通管理局管制中心终端管制一室“天韵”女子班组。

2. 全国五一巾帼标兵(2人)：范琳珂，中国国际航空股份有限公司客舱服务部高级经理；陆邓平，中国南方航空股份有限公司新疆分公司运行指挥部飞行签派室签派员。

(六)全国最美家庭(1个)

(授予单位：中华全国妇女联合会，时间：2019年5月)

民航上海适航审定中心揭裕文家庭

(七)全国优秀质量管理小组(1个)

(授予单位：中国质量协会、中华全国总工会、中华全国妇女联合会，时间：2019年8月)

北京飞机维修工程有限公司华北航线中心孔探班组

四、国家邮政局精神文明建设先进集体与个人

(一)第五届全国文明单位名单(见表3-12-11)

(二)第五届全国劳模名单(见表3-12-12)

(三)年度感动交通人物名单(见表3-12-13)

表 3-12-11 第五届全国文明单位名单

序号	个人 / 集体	序号	个人 / 集体
1	中国邮政集团中国集邮总公司（本部）	7	中国邮政集团公司淮南市分公司
2	中国邮政速递物流股份有限公司湖北省分公司（本部）	8	中国邮政集团公司安阳市分公司
3	中国邮政集团公司吉林市分公司	9	中国邮政集团公司衡阳市分公司
4	中国邮政集团公司徐州市分公司	10	中国邮政集团公司湛江市分公司
5	中国邮政集团公司南京市分公司	11	中国邮政集团公司广东省广州邮区中心局
6	中国邮政集团公司南通市分公司	12	中国邮政集团公司资阳市分公司

表 3-12-12 第五届全国劳模名单

序号	个人 / 集体	简 介
1	于兴三	北京市怀柔区邮政局投递员
2	陈兰颖（女）	北京市东城区邮电局东四邮政支局营业班长
3	刘保朝（满族）	河北省宽城满族自治县邮政局椁椤台邮政支局投递员
4	曹正富	河北省蔚县邮政局步班投递员
5	赵红	河北省邮政公司秦皇岛市分公司投递班班长
6	王收秋	山西省邮政公司太原市分公司万柏林区邮政局西山投递部投递员
7	赵月芳	山西省长治市壶关县邮政局乡邮员
8	陈宝林	山西省石楼县邮政局投递员
9	赵明枝（女）	辽宁省邮政公司大连市分公司中山区邮政局胜利桥投递部投递员
10	王明杰	吉林省临江市邮政局乡邮投递员
11	刘福义	黑龙江省邮政公司党组书记、总经理、高级经济师
12	叶其懂	上海市邮政公司普陀区分公司曹杨新村邮政支局邮递员
13	唐真亚	江苏省洪泽县邮政局老子山支局邮递员、初级工
14	殷勇	江苏省泗洪县邮政公司归仁支局局长、高级工
15	杨兵	合肥邮区中心局汽车运输分局局长
16	王树成	安徽省邮政公司蚌埠市分公司收投服务分局投递员
17	孙克兰（女）	安徽省阜南县邮政局投递员
18	王菊蓉（女）	福建省泉州市邮政报刊发行局泉港分局投递员
19	王国华	福建省顺昌县邮政局投递员
20	刘建春（女）	中国邮政速递物流公司烟台市分公司电商与物流业务营销中心营销管理
21	张友城（逝世）	湖北省监利县上车湾镇邮政支局投递员
22	张美冲（土家族）	湖北省恩施市新塘乡双河邮政支局投递员
23	唐青云	湖南省衡山县邮政局新桥支局投递员
24	杨长庚（苗族）	湖南省城步县邮政局西岩支局投递员
25	曾德春	湖南省永州市道县邮政局四马桥支局投递员
26	杨国荣（侗族）	湖南省新晃侗族自治县邮政局步头降支局乡邮员
27	谢坚	广东省邮政公司珠海市分公司外伶仃营业所营业投递员、邮政营业员

续上表

序号	个人 / 集体	简　介
28	李炳房（瑶族）	广东省阳山县邮政局秤架支局投递员
29	林亚业	海南省邮政运输局邮件转运中心接发班班长
30	朱正琴（女）	贵州省施秉县邮政局城市投递部甘溪段乡邮投递员
31	嘎发（珞巴族）	西藏自治区隆子县邮政局邮递员
32	赵明翠（女）	陕西省石泉县邮政局发投中心乡邮员
33	姬懿芳（女）	甘肃省邮政公司兰州市分公司工人
34	马建新	新疆邮政公司乌鲁木齐市分公司投递员
35	阿孜古·阿不都热合曼（女，维吾尔族）	新疆维吾尔自治区阿瓦提县邮政局乌鲁却勒镇邮政所主任
36	郭恩娟（女）	中国邮政集团公司邮票印制局质量管理部副主任、工程师

表 3-12-13　年度感动交通人物名单

序号	个人 / 集体	简　介
1	李朋璇	百世快递快递员
2	谭万彬	京东物流喀什站点负责人
3	益西卓嘎	西藏那曲双湖县邮政分公司副总经理
4	鸿雁天路司押投递团队	青海省格尔木市邮政分公司

第四节　交通文化建设

2019 年，交通运输部注重发挥文化对精神文明建设的载体作用，着眼多层次、分众化的行业文化需求，着力创作文化精品、丰富文化载体。

一、创作生产优秀文艺作品

一是编纂完成《中国桥谱·第二卷》，记录了新世纪中国桥梁事业的丰功伟绩。《中国大百科全书·交通运输卷》第三版电子版全文提交，成为新时代交通运输的权威工具书。《中国水运史》《中国水运工程建设实录（1978—2015）》编撰工作按计划推进。有序启动了《中国船谱·第二卷》编写工作。

二是完善交通文博工程名录，系统梳理交通行业 182 个文博场馆，发动全行业因地制宜建设交通主题的展览馆、陈列室，成为展示交通历史和成就，沟通过去和未来的重要载体。

三是指导拍摄完成我国首部海上救援题材电影《紧急救援》，有效展示行业精神，提高行业凝聚力。指导推进拍摄《大国交通》《寻路乡村中国》等电视纪录片，传递中国交通良好形象。

四是持之以恒办好全国交通运输行业摄影、微视频和公益广告等三项大赛，打造成为行业有力的文化品牌，进一步丰富交通图片和视频库，在各个媒体平台广泛宣传。

二、增强交通文化服务能力

一是着力打造独特的交通人文景观，在基础设施规划建设中更加注重体现文化内涵，让交通基础设施成为弘扬中华优秀文化和中国精神的重要载体。在基础设施硬件建设和软环境建设中融入文化元素，把道路运输的历史风貌和青山绿水的时代观念有机融合。

二是指导有关单位围绕长江生态航道、上海国际航运中心、“畅安舒美”农村公路网等重点项目建好文明交通走廊，助力提升交通运输服务品质。

第十三章　人才队伍建设

第一节　交通运输部人才队伍建设情况

一、不断完善人才工作体制机制

一是加强思想政治引领。以习近平新时代中国特色社会主义思想为指导，把学习宣传贯彻习近平总书记关于交通运输和人才工作的重要论述作为首要政治任务，强化人才思想意识形态领域建设。二是坚持党管人才原则。在部党组的统一领导下，部人才工作领导小组牵头抓总，成员单位各司其职、密切配合，发挥“一部三局”工作合力，统筹推进铁路、公路、水路、民航、邮政各领域人才工作。三是健全人才评价机制。持续推进“四唯”清理专项行动，形成科学的人才评价机制，健全人才考核和收入分配激励机制。

二、强化人才服务交通强国建设作用

一是支持国家重大战略。选派优秀人才赴雄安、海南等地挂职，发挥部长政策咨询委员会和部专家委员会在交通运输重大战略、决策、规划、工程建设的智囊作用，开展交通强国人才支撑保障体系研究工作。二是服务打赢脱贫攻坚战。选派23名干部人才到贫困地区开展扶贫挂职，印发《关于做好扶贫挂职干部服务管理工作的意见》。举办交通精准脱贫攻坚专题培训班，协调贫困地区骨干教师赴大连海事大学跟班学习，接收西藏、新疆等地干部到部机关挂职锻炼。

三、加强高端专业技术人才队伍建设

一是加强领军人才队伍建设。3人入选国家高层次人才特殊支持计划，2人入选百千万人才工程国家级人选，17人享受国务院政府特殊津贴，3人获评“全国水运工程勘察设计建造大师”称号。继续实施行业科技创新人才推进计划，遴选出中青年科技创新领军人才16名、重点领域创新团队8个、创新人才培养示范基地4个。继续开展行业高层次技术人才培养项目资助，30人获得资助。二是推进深化职称制度改革。研究起草《交通运输部关于深化职称制度改革的实施意见》，配合人力资源和社会保障部研究修订《关于深化船舶专业技术人员职称制度改革的指导意见》，规范职称评审工作。三是提升专业技术人才能力素质。推进落实行业专业技术人才知识更新工程，发挥国家级专业技术人员继续教育基地作用，举办行业人才工作培训班、科技创新人才培训班和专业技术人员高级研修班。

四、稳步推进技能人才队伍建设

一是完善高技能人才培养选拔体系。贯彻落实习近平总书记对中国技能选手在第45届世界技能大赛上取得佳绩作出的重要指示精神，成功举办2019年中国技能大赛——第十一届全国交通运输行业职业技能大赛。大力挖掘发现高技能人才，209名同志获评“全国交通技术能手”称号。二是推进职业资格管理和职业标准建设。与人力资源和社会保障部联合颁布6项国家职业技能标准，推进出台监理工程师职业资格制度。发挥部职业技能考评专家委员会作用，对6个职业的技能人员开展技能鉴定和高级技师评审。三是加强行业职业教育。会同教育部出台《关于加快促进交通运输职业教育高质量发展的通知》，开展优质职业院校遴选工作，组织交通职业院校“劳模工匠进校园、培塑交通职业精神”系列报告会。

五、优化配置管理人才队伍建设

一是健全新时代干部工作制度。落实《关于进一步激励交通运输系统广大干部新时代新担当新作为的实施意见》《关于进一步加强干部队伍建设的意见》，促进干部工作制度化、规范化。二是提高选人用人的科学性、精准性。贯彻落实《党政领导干部选拔任用工作条例》，落实新公务员法及配套制度，推进公务员职务职级并行。印发《关于适应新时代建设交通强国要求大力发现培养选拔优秀年轻干部的实施意见》，大力发现培养选拔优秀年轻干部。三是提升干部队伍能力素质。印发2019年度干部调训工作通知和2019年度交通运输部教育培训计划，组织干部轮岗交流，加强干部交流培养。

六、进一步提升国际化人才队伍建设

一是大力支持国际海事组织理事会主席工作。二是注重培养国际化人才。鼓励支持行业人才广泛参加国际学术交流与合作，派出25个团组出国学习培训。举办国际化人才培训班和国际海事热点高级研修班，选派26人参加国家公派出国留学项目。

七、不断规范人才发展和服务工作

一是推进从业人员信用体系建设。开展失信联合惩戒，在部网站和“信用交通”网站公示公路水运工程监理工程师失信扣分情况、检验检测工程师信用评价结果、严重违法超限超载运输失信自然人等。组织地方对出租车驾驶员、“两客一危”驾驶员等开展信用评价。二是加强对行业从业人员的关心关爱。推动出台远洋船员个人所得税优惠政策，关心关爱出租车司机、快递员等从业人员，加大对高技能人才的评选表彰力度。三是规范人才招聘工作。指导部属单位落实2019年度人才招聘计划，改进人才招聘计划审核批复制度，启动部属单位组团赴重点高校开展校园招聘试点工作，积极推进人才进京落户工作。

八、推进大连海事大学“双一流”建设，提高人才培养质量

2019年招生规模6861人，其中本科生4436人，研究生2425人；在校生22935人，其中本科生16850人，研究生6085人；2019届毕业生总计5363人，其中本科生3972人，研究生1391人。

开展“双一流”中期自评工作，完成“双一流”动态监测指标体系预填报工作。2019年入选全国交通强国建设试点单位。积极推进人才培养体系改革，制定《关于加快建设一流本科教育全面提高人才培养能力的实施意见》。加强学生创新创业教育，入选2019年度全国创新创业典型经验高校50强，在2015—2019年全国“双一流”建设高校学科竞赛排行榜中位列50。提升研究生培养质量，

全面实施研究生学业指导“导师组”制度，组建专业学位研究生教育指导委员会，与交通运输部所属科研院所共建研究生教育中心，新增辽宁省专业学位校企联合培养示范基地1个。

第二节 铁路人才队伍建设情况

一、加强人才工作组织领导

一是深入学习贯彻习近平新时代中国特色社会主义思想和党的十九大精神，认真落实全国组织工作会议、《中央人才工作协调小组2019年工作要点》等部署要求，谋划大局，把握方向，研究推进人才工作，保证党的人才工作方针政策得到全面贯彻落实。二是做好人才工作顶层设计。参加交通运输部人才工作领导小组工作，制定年度人才工作要点等，参与推进行业人才工作。落实新时代党的组织路线，拓宽渠道，促进优秀人才脱颖而出。三是加强调查研究。以问题为导向，采用书面调研、问卷调查、谈心谈话、综合分析等方式，进行全覆盖调研，全面掌握国家铁路局建局以来干部队伍建设总体情况，形成《国家铁路局干部队伍建设情况的调研报告》。贯彻落实中央关于加强产业工人队伍建设的部署要求，组织开展新时期铁路产业工人建设相关课题研究，形成《新时期铁路产业工人队伍建设指导意见研究》。四是促进人才工作制度化、规范化。深入贯彻中央和国家关于人才工作的部署要求，印发《中共国家铁路局党组关于加强年轻干部培养锻炼的实施意见》《国家铁路局综合司关于落实进一步激励干部担当作为有关措施的通知》，营造干事创业主动担当的氛围。

二、建设高素质专业化队伍

认真落实《国家铁路局2018—2022年干部教育培训纲要》，印发《国家铁路局2019年培训计划》，分专业、分层级、分批次开展干部培训。一是坚持政治引领，强化理想信念。始终把加强政治教育作为提高干部党性修养的永恒课题，用党的科学理论武装头脑，不断提升人才队伍理论素养。坚持组织生活日（党日）学习制度，跟进学习习近平总书记最新重要讲话和指示批示精神。二是加强教育培训，打造适应新形势、新任务的人才队伍。持续实施《国家铁路局干部交流和基层锻炼培养实施计划》，扎实推进铁路人才汇聚计划、青年英才培育计划、千人素质提升计划，着力提升干部队伍综合素质。

三、健全多层次培养体系

一是支持国家重大战略，服务打赢脱贫攻坚战。贯彻落实党中央关于规划建设川藏铁路的决策部署和习近平总书记等中央领导同志重要指示批示精神，配齐配强监管力量，科学扎实推进川藏铁路高起点、高标准、高质量规划建设。落实《国家铁路局服务决胜全面建成小康社会行动计划（2018—2020年）》，持续做好干部人才援派工作。二是加强高层次人才队伍建设。积极推荐铁路行业单位和专家参评各类奖项，做好共和国勋章、友谊勋章、中国青年科技奖表彰对象等评议推荐工作。三是推进干部交流培养，多渠道、多方式培养锻炼，加快提升干部综合素质。四是加强国际组织人才培养和储备，建立充实的国际组织人才库。

四、夯实人才工作基础

一是着力优化人才结构，多渠道引进人才。全年接收安置军转干部3人，接收高校毕业生2人，事业单位公开招聘42人。二是贯彻落实《职称评审管理暂行规定》等文件要求，发挥好人才评价“指挥棒”和“风向标”作用，进一步完善相关制度，理顺评审机制。三是推进职业标准和能力建设，加强职业资格目录管理和服务，组织编制《轨道列车司机国家职业技能标准》，做好铁路机车车辆驾驶证持证人员信息与职业资格证书全国联网查询系统数据对接工作，推进动车组标准化模拟驾驶考试示范基地建设。

第三节　民航人才队伍建设情况

一、持续推动民航教育开放办学

2019 年 5 月，中国民用航空局与中国商用飞机有限责任公司签署人才培养战略合作协议，围绕国产商用飞机进校园、联合培养专业人才以及共建教学实践基地等三个方面开展人才培养合作。2019 年 7 月，中国民用航空局与上海市签署共建上海民航职业技术学院协议，为上海职业技术学院的发展注入新的动力。

二、民航院校人才培养规模稳步增长

2019 年，5 所直属院校招生规模 2.36 万人，在校生 7.25 万人、毕业生 1.95 万人。中国民航大学安全与科学工程专业首次招收博士研究生6 名。民航招飞人数 6320 人，创历史新高，与教育部修订完成《普通高校飞行技术专业招收飞行学生实施办法》，将 3 年来“放管服”改革成效纳入新办法。

三、不断提升民航院校育人质量

积极推进本科教学国家“双万”计划，民航局直属院校获批国家级一流本科专业 3 项，省级一流本科专业 7 项。贯彻落实国家职业教育改革方案，广州民航职业技术学院获批纳入国家级“双高”建设计划。组织举办 2019 年全国职业院校飞机发动机维修大赛，开展高等职业学校专业教学标准及实训条件建设标准研制。2019 年 11 月，在中国民用航空飞行学院举办“全国职业教育与产业对话活动”——全国民航飞机维修人才培养校企对话会。继续开展“当代民航精神进校园”活动，鼓励和支持民航局共建院校、各招飞院校在民航相关专业中自主开展相关宣传教育活动。中国民航大学新校区、飞行学院天府校区、广州民航职业技术学院花都校区二期工程等项目进展顺利，上海民航职业技术学院浦东新校区投入使用。

四、继续加强民航培训基础建设

研究制定《关于贯彻落实〈2018—2022 年全国干部教育培训规划〉的实施意见》，把习近平新时代中国特色社会主义思想作为民航干部教育培训工作的首要任务和重中之重，切实加强干部的理论教育和党性教育。对标“三基”建设，研究制定《关于加强民航中小机场基层人员培养工作的实施意见》，对新建机场以及特殊地区的中小机场人才培养，在政策和经费保障方面予以更大支持。调整民航因公出国（境）培训审核报批流程，明确了责任分工，简化了审批程序。

五、组织实施民航重点培训项目

进一步统筹国际民航组织借调工作，改革国际组织人才选拔和培养推送机制，梳理规范借调人员选派程序。按照“为我所需、少而精”的原则，选派 6 名借调人员到国际民用航空组织（ICAO）总部及亚太地区办事处工作，实现了法律局关键岗位的突破。继续打造民航党校班、高级研修班、中青年干部培训班、中国民航高级管理培训项目（ACP-EMDT）培训班等品牌培训项目。完成中央组织部调训和专题研修等项目人选的推荐及跟踪服务工作。继续发挥民航教育培训在线平台作用，支持直属院校和共建院校优秀师资开展专项培训。完成 2019 年中小机场岗位培训，尤其突出对民航局定点扶贫地区所辖机场的培训支持。

2019年民航局组织出国（境）培训人数800余人。

六、积极推进民航职称制度改革

落实国家职称制度改革要求，与人力资源和社会保障部联合印发《关于深化民用航空飞行技术人员职称制度改革的指导意见》，按照中央新精神出台新的飞行技术职称评价条件，深化民航飞行职称改革。按照尊重历史、实事求是、平稳过渡、兼顾公平的原则召开首次民航正高级飞行员、正高级工程师、正高级经济师、正高级会计师职称评审会，开启民航高级专业技术人才队伍建设的新征程。按照国家新要求，尤其是科技部、教育部、人力资源和社会保障部、中国科学院、中国工程院联合发布的关于清理“四唯”的新精神，新制定和修订7个系列3个层级13个评审评价条件，改革更加深入，制度体系更加完善。

七、助力北京大兴国际机场人才储备

全力保障北京大兴国际机场建设运行和通航需要，持续助力大兴国际机场人才招聘和储备。积极与人力资源和社会保障部沟通协调，在京外生源毕业生指标配置上继续加大对大兴国际机场专业人才引进的支持力度。2019年大兴国际机场人才储备接收毕业生232人，华北空管系统储备接收毕业生144人。

第四节　邮政人才队伍建设情况

一、强化人才工作领导，优化人才发展环境

组织召开首次全国邮政行业人才工作会议，交流工作经验，系统总结邮政体制改革以来特别是党的十八大以来的行业人才工作，研究部署下一阶段主要任务。推动省级邮政管理部门全部成立人才工作领导小组，增强人才工作合力。经中央批准，会同人力资源和社会保障部开展首次全国邮政行业先进集体、劳动模范和先进工作者评选表彰活动。印发《全国邮政行业深入开展“弘扬爱国奋斗精神、建功立业新时代”活动实施方案》，团结引领服务知识分子。

二、加强专业技术人才队伍建设

总结2019年试点工作经验，会同人力资源和社会保障部印发《关于做好快递工程技术人员职称评审工作有关问题的通知》，推动评审工作在全国31个省（自治区、直辖市）全面开展，14000余人取得快递工程技术人员职称资格，在全国范围内搭建了快递企业，特别是民营快递企业专业技术人才的成长阶梯，畅通了职业发展通道。举办智能时代快递物流高质量发展国家专业技术人员知识更新工程高级研修班。

三、加快推进技能人才队伍建设

组织举办2019年中国技能大赛——第二届全国邮政行业职业技能竞赛，推动完善以企业岗位练兵为基础、省级竞赛为主体、国家级竞赛为龙头的行业职业技能竞赛体系。联合人力资源和社会保障部颁布《快递员国家职业技能标准》《快件处理员国家职业技能标准》。推动各地将快递从业人员职业技能培训纳入政府补贴目录。制定《邮政行业技术能手推进计划管理办法》，首批46人入选邮政行业技术能手推进计划。开展全国快递从业人员职业发展情况调查，基本掌握行业各类人才职业发展的现状、问题和需求。

四、推进现代邮政教育发展

成功举办第四届全国“互联网+”快递大学生创新创业大赛，增设“互联网+快递”精准扶贫

赛项。指导举办第二届“强邮论坛”、2019全国邮政职业教育快递技能大赛，推动行业人才培养供给侧和产业需求侧有机结合。支持指导重庆邮电大学举办“渝新欧”沿线国家邮政快递业合作高级研修班。开展中职快递运营管理专业教学标准制订。北京邮电大学现代邮政学院首届30名本科学生顺利毕业。四大邮电高校现代邮政学院在校生达2261人。

第十四章 离退休干部工作

第一节 离退休干部工作综述

2019 年，交通运输部离退休干部局坚持以习近平新时代中国特色社会主义思想为指导，深入贯彻落实“老干部工作是政治工作、是党建工作”的新定位、新要求，按照全国交通运输工作会议和全国老干部局长会议部署，紧紧围绕庆祝新中国成立 70 周年开展系列活动，不断推进信息化、精准化、规范化建设，取得了明显成效。

一、突出政治建设

一是“不降低标准，不降低质量”，在部机关及部属单位离退休干部中扎实开展“不忘初心、牢记使命”主题教育。组织开展了主题教育“十个一”活动。

二是通过多种形式，组织引导老同志持续深入系统学习习近平新时代中国特色社会主义思想和党的十九大及十九届四中全会精神，学习习近平总书记关于交通运输和老干部工作的重要论述，学习领会宣传贯彻《交通强国建设纲要》。指导支部利用“三会一课”，加强政治学习，过好集体政治生日；定期向支部推送学习资料与学习重点；局领导每月深入支部进行学习宣讲。2019 年共举办两期离退休干部党务工作人员专题学习班、4 期离退休干部大讲堂和 13 次中心组集体学习（扩大）。

三是把政治建设贯穿部机关老年大学办学全过程，精心组织讲好集体党课。

引导离退休干部不断增强“四个意识”、坚定“四个自信”、做到“两个维护”。

二、突出组织建设

一是率先制定出台《关于加强新时代离退休干部党支部标准化规范化建设的实施意见》。

二是推进党员管理全覆盖。推动建立流动党员数据库，开展送学上门，倡导居住地较远的党员就近就便参加组织生活。

三是加强党务工作人员队伍建设。80% 以上的离退休干部党支部书记由新退休司局级党员干部担任。首次将部属单位离退休干部工作人员及党支部书记纳入党务工作人员专题培训班。

四是指导 5 个离退休干部党支部完成换届选举工作，新调整设立离退休干部黄寺第四党支部。

五是指导支部制定党建活动计划，全年赴京内外开展党建活动 12 次，参加人数近 900 人次。

六是部办公厅等 10 个司局党组织与部机关 10 个离退休干部党支部以“不忘初心、牢记使命”为主题开展主题联学。

七是积极探索依托社区加强离退休干部党建工作的有效做法。

三、突出引导老同志发挥优势作用

一是在部系统广泛开展“我看新中国成立70周年新成就”专题调研活动。重点走访调研了98位部机关离休干部、共和国同龄人和部分退休干部，先后主持召开6场专题调研座谈会，引导老同志从不同视角忆往昔、说发展、谈变化，讲好交通故事，传承交通精神。部主要领导亲自带队推动，圆满完成“庆祝中华人民共和国成立70周年纪念章”颁发工作。

二是组织老同志开展“交通文化与交通精神传承及机制研究”，参与“迎接老龄时代的出行服务研究”等专题调研。

三是在部系统结合调研广泛开展“双先”表彰推荐和寻找“最美离休干部”“最美共和国同龄人”推选活动。12月16日，全国离退休干部“双先”表彰大会在京召开，部机关退休干部邬丹、部天津水运工程科学研究院分别获得先进个人、先进集体荣誉称号。

四是组织引导老同志通过助学助困、产业扶持等参与对口帮扶四川省小金县的脱贫攻坚工作。

五是建设老交通新型智库，成为交通智库联盟第一批成员单位。

四、以信息化带动精准化、规范化，用心用情做好服务管理工作

一是加大信息化建设力度。开展信息化平台二期建设。以信息化带动服务管理规范化精准化，动态完善离退休干部信息库。

二是贯彻落实《中国共产党党内关怀帮扶办法》，为有特殊困难的老同志做到“一人一策”。

三是每年根据老同志需求建议，提出为老同志服务10件实事。

四是围绕中心大局举办离退休干部第五届文化艺术节系列活动。举办新春团拜会、“我和我的祖国——庆祝新中国成立70周年”文艺汇演、“颂祖国、赞交通”书画摄影展、老照片征集等活动。

五、突出加强自身建设

一是推动党建工作和服务管理工作深度融合。深入开展大调研活动。每月组织开展支部集体学习和党小组政治学习。打造“用心用情增添正能量”党建品牌微信群。

二是研究制定《离退休干部局贯彻落实“三重一大”制度六项规定》《离退休干部祝寿工作规则》《接收新退休人员流程》等工作规程、办法。调研学习了20余家部委和地方兄弟单位。

三是加大宣传工作力度，全年编发信息专报近300期，转发微党课100篇。改版《情况交流》，编印《情况交流》主题教育专刊。

四是扎实做好群团组织工作。指导局妇工委开展“巾帼心向党，建功新时代”主题系列活动。支持团支部成立青年干部理论学习小组，开展双周志愿服务等。

第二节　国家铁路局离退休干部工作

一、始终坚持把政治建设摆在首位

不断夯实退休干部党支部基础建设，加强对退休党员的政治引领，不断增强“四个意识”、坚定“四个自信”、做到“两个维护”，坚决执行党的政治路线，在政治立场、政治方向、政治原则、政治道路上始终同以习近平同志为核心的党中央保持高度一致。引导退休党员永葆党员本色，弘扬良好家风传统，发挥社会责任担当。

一是严格按照党的组织程序，做好支部委员会委员候选人酝酿推荐和选举工作，产生新一届支部委员会委员、支部书记、副书记。

二是认真抓好支部“三会一课”和组织生活日（党日）学习，全年组织集中学习4次，组织退休党员集中观看中央重要会议直播。

三是开展“不忘初心、牢记使命”主题教育，组织多种形式的政治理论学习和研讨活动，取得扎实成效。

四是以庆祝新中国成立70周年为契机，开展主题党日活动，集中观看纪录片《奋进路上》，集体参观“庆祝新中国成立70周年大型成就展”，举办相关主题摄影展，进一步丰富支部活动形式和内容。

二、全力保障退休干部政治待遇和生活待遇

认真落实中央办公厅、国务院办公厅《关于进一步加强和改进离退休干部工作的意见》精神，全力做好退休干部政治生活待遇服务和保障工作。春节前组织召开新春团拜会，局党组同志向退休干部拜年并通报局内工作。落实退休干部阅读文件、听报告活动制度。认真做好《北京市老年人养老服务补贴津贴管理实施办法》文件精神传达宣传贯彻工作，让符合条件的退休干部应享尽享养老社会福利。协调配合相关部门，保证退休干部养老金代发部分和冬季取暖费等生活待遇及时发放到位。做好退休干部节日慰问、重病慰问工作，严格执行相关规定，不超支、不滥用。每月按时做好退休干部医药费报销工作，确保报销费用按时发放到位。全面掌握退休干部生活状况和家庭困难，及时送去组织的关怀温暖。认真做好退休干部年度健康体检服务保障工作，对体检中发现指标异常的退休老同志及时提示做好复查。

三、丰富退休干部文体活动

坚持开展退休干部声乐兴趣班、趣味运动会等活动，吸引老同志们“走出来、动起来、乐起来”，调动退休干部活动积极性。组织退休干部前往延庆世界园艺博览会、通州大运河森林公园开展春秋游活动。为全体退休党员购买《习近平在正定》《心胜》《老年人玩转手机》等党建、文化书籍。组织参与“庆祝新中国成立70周年”主题摄影书画比赛。积极向国家机关事务管理局申请，为7名退休干部办理中央国家机关活动站“共享卡”，方便退休干部就近参加活动。充分发掘资源，组织退休干部参加“中央国家机关退休干部合唱团迎国庆汇演”“文化大讲堂”等活动，不断丰富退休干部业余生活。

第三节　中国民用航空局离退休干部工作

民航系统现有离退休干部8548名，其中离休干部247名，局机关离退休干部278名，各单位老干部组织机构健全。民航局领导关心爱护老干部，带头走访慰问老同志，参加老干部的会议和活动，听取意见建议，协调解决工作中遇到的问题，较好地落实了“两项待遇”。离退休干部局坚持以习近平新时代中国特色社会主义思想为指导，围绕中心，服务大局，认真做好各项工作。

一、突出政治引领，引导老同志树牢“四个意识”、坚定“四个自信”、坚决做到“两个维护”

加强政治建设、思想建设和党支部建设。选好支部班子，规范支部学习、严肃支部生活，积极开展“不忘初心、牢记使命”主题教育。进一步发挥老年大学的阵地作用，办好办强民航老年大学。开办华东民航老年大学，局机关开

办光熙门新校区，受到老同志欢迎。

二、开展主题活动，发挥老同志正能量

围绕庆祝新中国成立70周年，开展各种活动，展示老同志良好精神风貌。民航局领导带队颁发庆祝新中国成立70周年纪念章，组织民航在京单位开展“我和我的祖国”文艺汇演、书画影展，组织参观大兴机场，观看国庆庆典及电影《中国机长》等。协助做好纪念“两航起义”70周年座谈会，使老同志共庆辉煌伟业，同享祖国荣光。发挥典型示范作用，开展主题宣讲。在“全国离退休干部先进集体和先进个人”表彰大会上，牛秀珍同志获先进个人称号。

三、夯实“三化”基础建设，促进工作提质增效

建设民航特色的离退休干部信息化平台，让老同志及时了解国家大事和行业动态，参加网上支部学习，实时查询活动通知、办事流程、工资和药费报销等事项，拓展了服务管理空间。开展内控建设，优化工作流程，制定完善15项制度办法及标准，形成科学规范的制度体系。通过信息化，开展大数据分析，为精准服务提供方向，通过规范化，增强服务有效性和针对性。信息化、规范化为精准化提供支撑，提高了服务质量和效率。

四、用心用情，精准服务，为老同志办实事做好事

根据老同志状况、需求等精准施策。在重要节日普遍走访的基础上，增加对离休干部、高龄、失能、住院等老同志的重点关怀，局机关对100多人上门慰问。畅通民航总医院就医绿色通道，开展健康综合评估试点，做好体检数据分析，指导老同志科学健康生活。有序安排老同志室内外活动。争取国管局资金支持，开展活动站维修改造和设备更新，为老同志学习活动创造更好的条件。

五、深化作风建设，打造暖心工作队伍

深入改进作风，加强廉政教育。坚持工作下沉，及时答疑解难、送医送药、收取票据、组织活动，真情服务，做到工作人员多跑腿，老同志少跑路。配备年轻工作人员担任支部书记助理、老年大学班主任，通过多渠道了解情况，协助老干部支部开展工作。

第四节　国家邮政局离退休干部工作

2019年，国家邮政局机关离退休干部工作按照全国组织部长会议和全国老干部局长会议的要求，积极落实国家局党组的部署，着力在加强离退休支部规范化建设、办好老年大学、精准提供服务等方面开展了卓有成效的工作。

一、以政治建设为统领，加强离退休干部党支部建设

一是开展“不忘初心、牢记使命”主题教育，认真学习宣传贯彻习近平新时代中国特色社会主义思想和党的十九大和十九届历次全会精神作为首要政治任务，引导老干部自觉增强“四个意识”、坚定“四个自信”、坚决做到“两个维护”。

二是加强支部组织建设。以党支部换届为契机，调整离退休干部党支部书记、副书记、支委和党小组长，研究完善党支部规章制度。落实支部书记、副书记、支委和党小组长工作补贴。

三是加强思想政治建设。共举办集体学习7次，开展“我和我的祖国”宣讲活动2次，规

范微信群安全管理，引导党员弘扬爱国主义精神，礼赞新时代、唱响主旋律。

四是持续加强纪律建设。召开党员大会，通报支部党员达瓦同志违纪情况，开展警示教育。

二、创办邮政老年大学，不断丰富离退休干部文化生活

一是积极创办老年大学。经广泛征求意见建议，开设了声乐合唱班和书法班，合理安排教学活动，进一步丰富了老干部的文化生活。

二是精心安排春季和秋季主题活动。5月组织“观世界文化遗产，坚定文化自信”主题活动，参观游览故宫。9月组织“赏世界园艺美景，赞祖国发展成就”主题活动，参观世园会。

三是持续支持摄影小组开展活动。以展示摄影作品的形式，支持摄影兴趣小组开展活动。

四是订阅报刊和邮品。为离退休干部订阅全年《老年博览》《生命时报》，订购生肖邮票和新中国成立70周年纪念邮品。

三、精准服务，把党组的关心关爱落到实处

一是精准落实生活待遇。做好年度工资调整表发放、政策解读，以及日常工资问题查询。协助做好日常医药费、住院费支票办理和年度体检等工作。协助10人次办理了出国审批手续。

二是加强人文精神关怀。元旦、春节期间举办了迎春团拜会，国家邮政局局长马军胜、副局长杨春光看望离退休干部。春节、“七一”等时间节点，集中发放困难补助81人次。全年走访慰问生病老同志15人次。协调夕阳红康复护理项目，安排100余次康复护理。新装“一键通”电话和健康手环项目5人次。

四、不断加强自身建设，积极拓展工作资源

一是加强工作研究。积极参与中共中央组织部、国家机关事务管理局有关调研课题，形成了专题调研报告，为制定政策提供参考。

二是整理历年工作档案。整理建局以来的离退休干部工作档案，熟悉政策文件，了解退休干部情况和工作。

三是不断拓展工作资源。积极配合中共中央组织部开展活动站测绘、设备清查盘点，年度经费预算、教师讲课费、宣讲费、活动站工作补贴申请等工作。

第四篇
重大工程

Section IV
Major Projects

第一章　铁路重大工程建设项目

第一节　铁路重大工程建设情况概述

2019 年，在以习近平同志为核心的党中央坚强领导下，铁路部门坚持以习近平新时代中国特色社会主义思想为指导，深入落实习近平总书记对铁路工作重要指示批示精神和党中央、国务院对铁路工作的部署要求，奋勇担当、攻坚克难，川藏铁路、京张高铁以及中老铁路等重大项目实施成效显著；《政府工作报告》部署的铁路投资任务全面完成；全面加强治理体系和治理能力现代化建设，铁路建设管理水平明显提升；铁路建设领域改革不断深化，铁路建设取得显著成就，为更好地服务国家战略，推动经济社会发展作出了积极贡献。全年全国铁路固定资产投资完成 8029 亿元，其中，国家铁路完成 7511 亿元；投产新线 8489 公里，其中高铁 5474 公里，工程质量安全形势总体稳定。截至 2019 年底，全国铁路营业里程达到 13.9 万公里以上，其中高铁 3.5 万公里以上。

第二节　铁路重大工程建设项目介绍

一、新建贵阳至南宁高速铁路

新建贵阳至南宁高速铁路（贵南高铁）是包头至海口高速铁路通道的重要组成路段。线路北起贵阳市，向南经贵州省龙里、都匀、独山、荔波和广西壮族自治区环江、河池、都安、马山、武鸣等地，到达南宁市。新建正线全长 481.12 公里，设计时速 350 公里，桥隧比为 90.93％，可行性研究批复项目总投资 757.6 亿元。2017 年 12 月，全线土建正式开工，建设工期 6 年。广西段正线全长 281.48 公里，正线引入既有南宁东站，是广西第一条时速 350 公里的高速铁路。

图 4-1-1　建设中的贵南高铁澄江双线特大桥

二、新建赣州至深圳高速铁路

新建赣州至深圳高速铁路（赣深高铁）是中国南北大通道京港高速铁路的重要组成部分。线路北起赣州市，经广东省河源市、惠州市和东莞市，终抵深圳市，全长 436.37 公里，设计时速 350 公里。广东段自和平东站至深圳北站，途经河源、惠州、东莞、深圳四市，新建正线全长 297.03 公里，联络线 38.10 公里，新建 9 座车站，工程总投资 444.89 亿元，于 2017 年 10 月 30 日开工建设，建设工期 48 个月，预计 2021 年 9 月 30 日开通投产。截至 2019 年底，开工后累计完成投资 205.05 亿元。

图 4-1-2　建设中的赣深高铁松岗山隧道

三、新建玉溪至磨憨铁路

新建玉溪至磨憨铁路（玉磨铁路）位于云南省南部地区，北接昆玉铁路玉溪站，向南经普洱市、西双版纳州，至中老边境口岸磨憨，与中老铁路国外段磨万铁路相连。线路全长 508.53 公里，初设批复总投资 505.45 亿元，其中玉溪至西双版纳段 364.14 公里为双线，西双版纳至磨憨段 144.39 公里为单线，研和至玉溪南联络线 4.35 公里。该项目为国家 I 级电气化铁路，设计时速 160 公里。新建车站 18 个，改建车站 2 个，预留车站 9 个，于 2016 年 5 月开工，计划 2021 年 12 月开通。

玉磨铁路项目工程地质条件极其复杂，桥隧占比大，达 87.3%。其中，隧道 93 座共计 397.98 公里，最长隧道为安定隧道，全长 17476 米；桥梁 136 座共计 49.8 公里，最复杂大桥为元江双线特大桥，桥长 832.2 米，桥高 234 米，主跨钢桁梁 249 米。

图 4-1-3　建设中的玉磨铁路元江双线特大桥

四、太原至焦作高速铁路

太原至焦作高速铁路（太焦高铁）北起太原枢纽太原南站，途经山西省太原市、晋中市、长治市、晋城市 4 个地市的 14 个县区，途经河南省焦作市的沁阳市、博爱县、焦作中站区、焦作解放区 4 个县区，终点为郑焦城际终点站焦作站。线路长度 358.76 公里，设计时速 250 公里。全线于 2016 年 10 月开工，计划于 2020 年 12 月建成运营，投资总额为 419.32 亿元。

图 4-1-4　建设中的太焦高铁

五、新建银川至西安铁路

新建银川至西安铁路（银西铁路）位于陕西、甘肃及宁夏回族自治区等三省（区）境内，连接关天经济区、陇东地区和沿黄城市带。线路南起西北地区中心城市西安，向西北经陕西省咸阳市、甘肃省庆阳市、宁夏回族自治区吴忠市后接入宁夏回族自治区首府银川市。正线长度 616.81 公里，其中陕西省境内线路正线 163.34 公里、联络线 6.2 公里，新建 5 座车站。2016 年 9 月开工建设，计划于 2020 年 12 月底开通投产。截至 2019 年底，开工后累计完成投资 171.83 亿元，占设计的 76.61％。

图 4-1-5　建设中的银西铁路

六、郑万铁路重庆段

郑万铁路重庆段正线全长 183.87 公里，全线大中桥共计 32 座 10.80 公里，占正线的 5.87%；隧道共计 27.5 座 169.73 公里，占正线 92.31%。全线共设 4 个车站，其中既有车站 1 个，新建车站 3 个。铁路等级为国铁Ⅰ级，速度目标值为 350 公里 / 小时。该工程于 2016 年 12 月 1 日开工，计划于 2022 年 11 月 30 日竣工，总工期 72 个月。

郑万铁路项目控制工程有“两隧”，即巫山隧道（全长 16570.5 米）、小三峡隧道（全长 18954 米）。重点工程有“四桥五隧”，四桥为巫山大宁河双线大桥（全长 372 米）、奉节梅溪河双线特大桥（全长 687.8 米）、汤溪河双线大桥（全长 472.7 米）、彭溪河多线特大桥（全长 741.6 米）；五隧为香树湾隧道（全长 12475.5 米）、草堂隧道（全

图 4-1-6　建设中的奉节梅溪河双线特大桥

长 8435 米）、奉节隧道（全长 13472.55 米）、干溪沟隧道（全长 11883 米）、太阳湾隧道（全长 9355 米）。

七、新建成都至兰州铁路

新建成都至兰州铁路（成兰铁路）起于成都青白江站，经成都平原向北偏西行进，经茂县、松潘、九寨沟县，再向北延伸跨越岷山山脉后，连接兰渝铁路的哈达铺站，最终到达甘肃兰州。成兰铁路与既有宝成铁路、兰渝铁路以及拟建设的成西线（成都至西宁）共同构建沟通西北、西南、华南的干线铁路通道。同时作为汶川地震灾后恢复重建重点公益性交通基础设施，对开辟川西北绿色生命救援通道，改善灾区交通运输条件，打通川西北与外围融通发展的大门，促进沿线社会经济发展具有积极作用和重要意义。成兰铁路属于国铁Ⅰ级双线电气化快速铁路，客货共线，客运设计时速为 200 公里。工程地质条件极为复杂，生态环境十分敏感，地质灾害影响深远，自然环境条件恶劣，沿线交通不便、物资匮乏，施工难度大、安全风险高。

图 4-1-7　建设中的成兰铁路平安隧道入口

八、新建商丘至合肥至杭州高速铁路

新建商丘至合肥至杭州高速铁路（商合杭

高铁）位于河南、安徽、浙江三省境内，自河南省商丘站（含）经安徽省合肥站至浙江省杭州东站（不含），线路全长 794.55 公里，其中新建 618.02 公里。最高设计时速为 350 公里，全线共设车站 29 个，其中河南段 2 个、安徽段 23 个、浙江段 4 个。2015 年 11 月，商合杭高铁全面开工建设；2019 年 12 月 1 日，商合段正式开通运营。商合杭高铁是中国高速铁路网“八纵八横”路网规划和北京至香港九龙高铁的重要组成部分，被誉为“华东第二通道”，开通后将实现河南、安徽、浙江三个省份交通动脉的“无缝对接”，并与长三角城际铁路网形成互联互通，对加强中、东部经济联系具有重要作用。

图 4-1-8　商合杭芜湖长江公铁大桥

第二章　公路重大工程建设项目

第一节　公路重大工程建设情况概述

2019年，公路交通运输行业服务“一带一路”倡议、京津冀协同发展、长江经济带发展、雄安新区建设、粤港澳大湾区建设，服务全面建成小康社会和脱贫攻坚，加快推进重点公路工程项目建设，不断完善公路基础设施网络，公路建设取得新的成就。

广东南沙大桥（虎门二桥）、安徽池州长江公路大桥、湖北嘉鱼长江公路大桥、湖北石首长江公路大桥以及北京新机场高速公路和新机场北线高速公路、京台高速公路安徽方兴大道至马堰段改扩建工程、沪陕高速公路安徽周庄至陇西立交段改扩建工程、南昌至九江高速公路改扩建工程、莆炎高速公路江西广昌至吉安段、青兰高速公路山东泰安至东阿段、青银高速公路山东济南至青岛段改扩建工程、兰海高速公路广西南宁至钦州至防城港段改扩建工程、榆蓝高速公路陕西绥德至延川段、京藏高速公路青海扎麻隆至倒淌河段改扩建工程、连霍高速公路乌鲁木齐至奎屯段改扩建工程、吐和高速公路新疆疏勒经叶城至墨玉段二期工程等一批重点项目建成通车。随着阳朔至鹿寨高速公路的建成，汕昆国家高速公路全线贯通。中俄黑河—布拉戈维申斯克（海兰泡）黑龙江大桥中方一侧工程通过交工验收，具备了通车条件。海南万洋高速公路、海三高速公路琼中至乐东段、海琼高速公路文昌至琼海段共计约358公里建成通车，海南省国家高速公路“田”字形骨干路网全部建成。

乌鲁木齐至若羌高速公路乌鲁木齐至尉犁段、呼北高速公路山西离石至隰县段、德令哈至马尔康高速公路久治（川青界）至马尔康段、德上高速公路赣皖界至婺源段、沪昆高速公路湖南醴陵至娄底段扩容工程、京秦高速公路河北遵化至秦皇岛段、雅叶高速公路西藏拉萨至日喀则机场段、国道G318线竹巴笼至林芝重点路段整治工程等国家重点公路建设项目初步设计通过交通运输部审批。

京雄高速公路河北段、荣乌高速公路雄安新区新线工程、新机场至德州高速公路京冀界至津石高速段、菏宝高速公路山西临猗黄河大桥及引线段工程、京哈高速公路黑龙江段改扩建工程、京沪高速公路江苏新沂至淮安至江都段改扩建工程、厦门第二东通道工程、京台高速公路山东德州至齐河段和泰安至枣庄段改扩建工程、呼北高速公路湖南官庄至新化段、沈海高速公路广东汕尾陆丰至深圳龙岗段及阳江至茂名、茂名至湛江段改扩建工程、乌玛高速公路兰州新区至兰州段、京新高速公路新疆伊吾至巴里坤段、精阿高速公路等一批重点项目开工建设。

第二节　公路重大工程建设项目介绍

一、黑河至布拉戈维申斯克（海兰泡）黑龙江大桥

黑河至布拉戈维申斯克（海兰泡）黑龙江

（阿穆尔河）大桥（简称黑龙江大桥）是中俄两国落实“一带一路”倡议，共同设计、建设、运营管理的重要跨境基础设施工程。

项目起自中国吉林市至黑河市国家高速公路相应路段，在黑河市境内长发屯南侧跨越黑龙江（阿穆尔河），止于俄罗斯布拉戈维申斯克市（海兰泡）卡尼库尔干村北的布哈公路，路线全长约 19.9 公里（中方侧约 6.5 公里、俄方侧约 13.4 公里）。黑龙江大桥全长约 1283 米，主桥采用（84.75+84+5×147+84+84.75）米矮塔斜拉桥方案，中俄双方工程分界点位于主桥中心线。中方侧工程采用二级公路标准建设，设计速度 80 公里／小时，路基宽度 16 米，桥宽 14.5 米。

黑龙江大桥项目由中俄两国共同动议建设。2017 年 12 月 24 日，双方在桥址冰面上共同举行开工仪式。2018 年 6 月，大桥下部结构全部完成。2019 年 5 月大桥上部结构完成并实现合龙。2019 年 11 月 28 日，中俄黑河至布拉戈维申斯克（海兰泡）黑龙江大桥中方一侧工程通过交工验收，具备了通车条件。

二、南沙大桥（原名虎门二桥）

南沙大桥，是连接广东省广州市和东莞市的重要公路通道，是继港珠澳大桥之后粤港澳大湾区核心区又一标志性工程。

图 4-2-1　南沙大桥坭洲水道桥（图片由广东省交通集团有限公司提供）

项目起于广州市南沙区东涌镇，先后跨越珠江大沙水道、海鸥岛、坭洲水道，与广深沿江高速公路相接。路线全长 12.89 公里，按双向八车道公路标准建设，设计速度 100 公里／小时，主线均采用桥梁方式，桥梁全宽 49.7 米，桥面宽 40.5 米。

该项目同时建设两座超千米级特大跨度悬索桥，在全世界尚属首次。其中坭洲水道桥主跨 1688 米，东西边跨分别为 658 米和 552 米，世界悬索桥主跨排名第二位；大沙水道桥主跨 1200 米，世界悬索桥主跨排名第 14 位。

图 4-2-2　南沙大桥效果图（图片由交通运输部公路局提供）

南沙大桥于 2014 年 6 月开工，2019 年 4 月 2 日通车。项目通车后，广州到东莞路程缩短约 10 公里，大大缓解了虎门大桥等珠江口跨江通道的交通压力，对加快粤港澳大湾区基础设施互联互通、完善区域综合交通体系、推动珠三角实现高质量发展具有重要意义。

三、池州长江公路大桥

池州长江公路大桥是山东德州至江西上饶国家高速公路的关键控制性工程，也是安徽省“五纵九横”高速公路网规划中跨越长江重大工程。

项目路线起自枞阳县会宫，在左家墩跨越长江，止于殷家汇，全长 41.03 公里，总投资约 60.2 亿元。其中长江大桥长约 5.83 公里，按双向六车道高速公路标准建设，北岸接线长16.15公里，南岸接线长19.05公里，主桥为主跨828米双塔双索面单侧混合梁斜拉桥。

图4-2-3　池州长江公路大桥（图片由交通运输部公路局提供）

池州长江公路大桥于2015年5月开工，2019年7月12日交工。它的建成对于完善区域路网布局，贯彻落实长江三角洲区域一体化发展国家战略，促进两岸经济社会协调发展等具有重点意义。

四、延庆至崇礼高速公路

延崇高速公路是2022年冬奥会和冬残奥会重点公路建设项目。赛时，该项目是连通延庆、崇礼最为便捷、高效的公路通道，也是实现两大赛区1小时快速转场的关键保障。

项目路线起自北京市延庆区营城子立交，与兴延高速公路顺接，止于河北省棋盘梁村附近的太子城（奥运村）互通，主线全长约115公里，采用双向四车道高速公路标准建设，总投资约323亿元。其中，主线北京段约33公里、河北段约82公里。此外，河北省同步建设赤城支线约15公里、延伸线工程约17公里。项目穿越京西北山岭区，沿线控制性因素多，地形地质条件复杂，其中京冀界松山特长隧道长约9.2公里，是本项目关键控制性工程，由北京、河北各实施约4.6公里，施工单位为中交一公局集团有限公司。在京冀两省市党委、政府的坚强领导下，两地交通运输主管部门周密谋划、通力合作，中交一公局集团等参建单位攻坚克难，通过加大投入、优化方案、高效组织等措施，全力以赴保障延崇高速公路顺利建成。

延崇高速公路北京平原路段约15公里于2019年1月1日建成通车，直接服务于2019年北京延庆世界园艺博览会。2020年1月23日，延崇高速公路主线建成通车。

图4-2-4　延庆至崇礼高速公路砖楼大桥（图片由交通运输部公路局提供）

图4-2-5　延庆至崇礼高速公路太子城互通主线桥（图片由交通运输部公路局提供）

五、湖北石首长江公路大桥

石首长江公路大桥是国道G234线（河北兴隆至广东阳江）的控制性工程。

项目起于湖北省石首市江陵县普济镇西，接潜江至江陵高速公路，止于石首市高基庙镇西，接岳阳至宜昌高速公路，全长39.72公里，按双向六车道高速公路标准建设，设计速度100

公里／小时。其中，长江大桥长10.45公里，跨江主桥为主跨820米双塔双索面非对称混合梁斜拉桥。

石首长江公路大桥于2015年12月开工建设，2019年9月28日建成通车。该项目的建成将石首市南北区域连成整体，对落实长江经济带发展战略，完善长江湖北段过江通道布局，促进江汉平原和洞庭湖平原的交流融合和区域一体化发展等具有重要意义。

图4-2-6 湖北石首长江公路大桥（图片由交通运输部公路局提供）

六、湖北嘉鱼长江公路大桥

嘉鱼长江公路大桥起自湖北省洪湖市燕窝镇团结村，接武汉市城市圈环线高速公路洪湖段，止于嘉鱼县新街镇，接武汉城市圈环线高速公路咸宁西段，是武汉城市圈环线高速公路西环孝感至仙桃至咸宁段跨越长江的控制性工程。

项目全长4.66公里，按双向六车道高速公路标准建设，设计速度100公里／小时。主桥全长1650米，采用主跨920米的双塔双索面非对称混合梁斜拉桥方案，是目前世界上最大跨度的非对称混合梁斜拉桥。

嘉鱼长江公路大桥于2016年2月开工，2019年11月建成通车。该项目是咸宁市第一座长江大桥，标志着湖北省沿江8市州全部建成了跨江通道，对推动鄂南地区经济社会发展，促进湖北长江沿线经济高质量发展具有重要意义。

图4-2-7 湖北嘉鱼长江公路大桥（图片由交通运输部公路局提供）

七、海南万洋高速公路（G9813）等

万宁至洋浦高速公路（G9813）是海南省公路骨干网络中唯一横贯全岛的高速公路，项目起自万宁市后安镇，接海南环线高速公路东段，止于儋州市白马井镇，接海南环线高速公路西段和洋浦大桥南连接线，全长163.42公里，按双向四车道高速公路标准建设，设计速度100公里／小时。万洋高速公路于2017年开工建设，2019年12月建成通车。

海口至三亚高速公路（G9811）琼中至乐东段是海南中线高速的重要组成部分，路线起自琼中县乌石二十四队附近（营根镇营根农场），接屯昌至琼中高速公路，止于乐东县利国镇，接乐东至三亚高速公路，全长128.80公里，按双向四车道高速公路标准建设，设计速度100公里／小时。琼乐高速公路于2016年开工建设，2019年9月建成通车。

海口至琼海高速公路（G9812）文昌至琼海段起自文昌市北，接海口至文昌高速公路，止于琼海市中原镇，接海南地区环线高速公路东段，全长 65.70 公里，按双向四车道高速公路标准建设，设计速度 100 公里 / 小时。该项目于 2016 年 11 月开工建设，2019 年 9 月建成通车。

上述三条高速公路通车后，海南省国家高速公路“田”字形骨干路网已全部建成。

第三节　重大综合运输枢纽场站

2019 年，交通运输部安排资金新支持了 23 个综合客运枢纽、16 个货运枢纽（物流园区）项目建设，新建成运营了一批典型综合交通枢纽项目。

一、长沙汽车南站综合交通枢纽

长沙汽车南站综合交通枢纽 2019 年 12 月启用，在原长沙汽车南站场地的基础上扩建，总用地 217 亩，总建设规模 50.3 万平方米。目前长沙汽车南站综合交通枢纽有 110 余条长短途客运班线，日发送 400 余班次，下一步还将根据客流情况逐步增加。按照设计，长沙汽车南站综合交通枢纽可满足公路客运日均发送旅客量 4.47 万人次、公交日均发送旅客量 3 万人次、出租车日均 3000 台次、城际铁路日均发送旅客量 3000 人次。

长沙汽车南站综合交通枢纽可实现铁路、班线客运、地铁、公交、空港直连、出租车、社会车辆等“七位一体”运输方式的便捷换乘，同时也是长沙唯一与长株潭城际铁路、地铁 7 号线零距离对接的枢纽。该枢纽是实现“长株潭城市一体化发展”的重要交通基础设施，将为长沙建设成为全国性综合交通枢纽节点城市提供强有力支撑。

枢纽内部的设计布局最大限度地满足了旅客便捷换乘要求，换乘大厅布置了城际铁路入口、公交乘车区、出租车上客区、网约车乘车区等，乘客所有换乘均可在楼内进行，不仅能让携带行李出行的乘客少走路，还能减少天气对乘客出行的影响。枢纽外围交通采用“高架 + 高架”的立体交通模式，客运车辆高进高出、市内车辆平进平出，过境车辆高架快速通过的方式进行交通疏导，解决了枢纽附近交通拥堵的问题。

长沙汽车南站综合交通枢纽内部除了普通候车区，还为残障人士、孕妇等需关怀人群设置了重点旅客候车室，为带婴幼儿出行的家长设置了母婴室。

为丰富旅客出行选择，运营公司推出多条定制客运服务 VIP 热门班线，为乘客提供“点到点、门到门”的定制出行服务，旅客可以通过服务热线、企业微信公众号、出行 App 等渠道进行预订，即刻享受“上车立即走，送到家门口”的出行体验。

二、南宁凤岭综合客运枢纽站

南宁凤岭综合客运枢纽站 2019 年 1 月启用，位于南宁铁路东站南广场东侧，总占地面积为 8.78 万平方米，是集长途公路客运站、公交站、出租车停车场等交通设施及配套服务设施为一体的综合客运枢纽站，主要分担南宁东站铁路客流和青秀片区公路客流，另外还承担一部分旅游集散功能。客运站的建设规模为一级客运站，设计年均日发送旅客 3 万人次，目前有 40 多条线路、近 180 个班次。

南宁凤岭综合客运枢纽站采取立体化设计，与已建成的南宁铁路东站相衔接。枢纽站地下二层与地铁站、地面一层与高铁均无缝衔接，直线距离均控制在 200 米内，枢纽站的顺利建成，实现了南宁铁路东站综合客运枢纽内高铁、长途车、地铁、公交、BRT、出租车零距离接驳，进一步完善南宁东站综合交通枢纽的配套衔接功能。

南宁凤岭综合客运枢纽站的建设，进一步完善了南宁市枢纽布局，加强了城市枢纽与对外通道的衔接，为建设全国性综合交通枢纽节点城市提供强有力支撑。基本实现以南宁为中心2小时通达北部湾经济区城市与港口，4小时通达全区14个地级市，一日通达邻省省会、邻国首都的发展目标。

三、龙岩火车北站综合客运枢纽站

龙岩火车北站综合客运枢纽2019年2月启用，位于福建省龙岩市罗龙路以南片区，总建筑面积为8.8万平方米，为龙岩火车站（福建省第三大高架跨线式火车站）的配套建筑。该枢纽是集长途客运站、公交枢纽站、出租车换乘区、社会车辆停车场、旅游集散等多功能于一体的综合交通枢纽，汽车客运站、公交枢纽分别位于新建火车北站站房东西两侧，出租车换乘区、社会车辆停车场则位于地下层。该项目的建成，实现了多种交通运输功能无缝对接、旅客出行零换乘，解决了火车北站片区与周边城市道路的交通衔接以及快速疏散人流、车流等问题。

龙岩地处闽、粤、赣三省交界处，是海峡西岸经济区延伸两翼、拓展腹地的交通枢纽与重要通道，随着区域交通条件的改善，已成为我国西南地区的交通枢纽之一。龙岩火车北站综合客运枢纽的建设，将进一步加强龙岩与闽、粤、赣枢纽城市的联系。

第三章　水路重大工程建设项目

第一节　水路重大工程建设情况概述

一、港口公用基础设施建设

继续推进广州港深水航道拓宽工程、湛江港30万吨级航道改扩建工程、连云港港30万吨级航道二期工程等工程建设。天津港10万吨级大沽沙航道扩能工程、钦州港东航道扩建一期工程竣工验收。

二、大型专业化智能化码头建设

天津港北疆港区C段智能化集装箱码头工程、江苏盛虹炼化一体化配套港储项目码头工程等工程开工建设。广州南沙国际邮轮码头工程、福州港罗源湾港区将军帽作业区一期工程、唐山港京唐港区23号至25号多用途泊位工程、大连港恒力石化（大连）炼化有限公司2000万吨/年炼化一体化项目配套码头工程等一批重大项目建成投运。全自动化集装箱码头建设稳步推进，广州港南沙港区四期工程、苏州港太仓港区四期工程等自动化集装箱码头项目有序建设。

三、长江干线航道建设

加快推进长江干线系统治理，构建长江经济带综合交通运输体系。长江南京以下12.5米深水航道二期工程通过竣工验收，长江南京以下12.5米深水航道全线贯通；长江下游江心洲水道、东北水道、安庆二期等航道整治工程完成竣工验收；长江中游宜昌至昌门溪二期工程、下游黑沙洲二期工程完成交工验收并投入试运行；长江上游九龙坡至朝天门段、库区炸礁二期，中游蕲春水道等航道整治工程已基本建成；长江中游武汉至安庆6米水深航道建设、新洲至九江二期工程、长江口南槽航道治理一期工程等持续推进实施。

四、西江黄金水道建设

大力推进珠三角航道网完善工程建设和西江航运干线扩能工程建设，服务粤港澳大湾区建设国家战略。西江（界首至肇庆）航道扩能升级工程、西江航运干线南宁至贵港Ⅱ级航道工程等完成竣工验收；北江航道扩能升级工程清远枢纽二线船闸、濛里枢纽二线船闸、飞来峡枢纽二三线船闸和白石窑枢纽二线船闸基本建成，联石湾船闸工程有序推进建设，崖门出海航道工程正在推进前期工作；贵港至梧州3000吨级航道工程、贵港航运枢纽二线船闸工程、西津水利枢纽二线船闸工程、柳江红花水利枢纽二线船闸工程等正在进行主体工程建设。

五、其他航道、通航设施建设

持续推进内河航道互联互通。引江济淮航运工程，京杭运河浙江段、山东段提等升级工程，小清河复航工程，淮河干流航道整治工程，湘江永州至衡阳三级航道一期工程，大芦线航道整治二期工程等重点项目稳步推进；通扬线运东船闸扩容工程、富春江船闸扩建改造工程等完成竣工验收；赣江石虎塘已交工验收并试运行；岷江犍为、龙溪口，赣江井冈山，信江八字嘴，汉江雅口等航电枢纽正在进行主体工程建设。

第二节　水路重大工程建设项目介绍

一、长江南京以下12.5米深水航道二期工程

长江南京以下12.5米深水航道工程是长江经济带发展规划纲要、国民经济和社会发展“十二五”规划及“十三五”规划明确的国家重点工程。为贯彻落实党中央、国务院决策部署，推进长江经济带、长三角区域一体化等国家发展战略实施，交通运输部和江苏省人民政府于2011年联合组织实施长江南京以下12.5米深水航道工程。

工程建设范围为长江干线江苏段南京至苏州太仓，河段全长约283公里。工程分两期组织实施，其中：一期工程为太仓至南通约56公里，工程总投资39.2亿元，2012年8月开工，2015年12月竣工；二期工程为南通至南京约227公里，工程概算总投资71亿元，2015年6月开工，2018年4月通过交工验收，2018年5月投入试运行，并于2019年5月20日竣工验收。

工程建成后航道水深从10.5米提升至12.5米，可满足5万吨级集装箱船（实载吃水不大于11.5米）双向通航、5万吨级其他海轮减载双向通航，兼顾10万吨级散货船减载通航（江阴长江大桥以下兼顾10万至20万吨级散货船减载通航）。

二期工程自2018年5月试运行以来，航道条件基本稳定，达到工程整治预期效果，航道维护尺度满足设计要求，通航水深保证率100%。整治建筑物结构稳定，生态型整治建筑物效果良好。工程以“共抓大保护、不搞大开发”为导向，将“生态优先、绿色发展”理念融入工程规划、设计和施工全过程，创新设计并大量采用了适合水生生物生长栖息的生态护底、护岸、护滩及坝体等结构，是长江绿色航道建设的重要实践。试运行期间，3万吨级及以上船舶到港数量增幅明显，较2017年同期增长10.3%，其中10万、20万吨级船舶到港数量为2017年同期的1.31倍、1.14倍。根据测算，工程实施后平均每年可直接为沿江地区实体经济企业节约水运物流成本15.5亿元。

图4-3-1　充填袋装沙施工（图片由长江航道局提供）

图4-3-2　铺排施工（图片由长江航道局提供）

图4-3-3　透水框架抛投施工（图片由长江航道局提供）

图 4-3-4 落成洲生态结构实景图（图片由长江航道局提供）

二、长江下游江心洲河段航道整治工程

长江下游江心洲河段航道整治工程，2015 年 7 月由交通运输部批准实施，2019 年 3 月通过竣工验收。工程地处长江下游安徽省境内，上距芜湖市约 7 公里，下距南京市 50 公里。航道建设等级为 I 级，建设标准为 7.5 米 ×200 米 ×1050 米（水深 × 航宽 × 弯曲半径），通航保证率为 98%。

工程实际完成投资 3.62 亿元。工程竣工验收后，遏制了工程初期航道不利变化趋势，稳定了江心洲水道滩槽形态和河势格局，达到了 7.5 米 ×200 米 ×1050 米航道建设目标的要求，通航条件明显改善，同时也为后续航道尺度提升创造了条件。

工程作为交通运输部施工标准化示范创建试点项目。通过现场布设标准化落实“绿色、安全和环保”理念，通过施工工艺标准化改进施工工艺、强化工程质量，通过管理行为标准化构建基于信息化的质量安全管理体系，总结航道整治工程施工标准化特点，提高管理水平，积累了可推广的标准化施工经验。

图 4-3-5 联锁块沉排施工（图片由长江航道局提供）

图 4-3-6 江心洲心滩护岸工程（图片由长江航道局提供）

三、长江下游东北水道航道整治工程

长江下游东北水道航道整治工程 2015 年 11 月由交通运输部批准实施，2019 年 11 月通过竣工验收。工程位于长江下游东北水道，水道上起八里江口，下至小孤山，全长 34 公里，建设标准为 4.5 米 ×200 米 ×1050 米，通航保证率为 98%。

工程实际完成投资 3.5 亿元。工程完工后，历经两届汛期洪水考验，整治建筑物结构稳定，守滩固洲的工程措施效果明显，既遏制了该水道内洲滩不利变化趋势，又稳定了该河段滩槽格局，东北水道 5 米深槽上下贯通，宽度大于 200 米，实际航道尺度超过了 4.5 米 ×200 米 ×1050 米（水深 × 航宽 × 弯曲半径）的工程建设目标，为进一步提升航道尺度奠定了基础。

工程通过组建品质工程创建领导小组，强化组织领导，实行分区分段责任制，推行以工程河段、施工水域、作业点“三环”区域为侧重点的安全风险管控机制及首件工程认可制，淘汰短臂挖机抛石落后工艺，持续推进小型预制构件通病防治，坚持“标准化、精细化、专业化、信息化”管理，在岸坡施工、抛石压载、单元排施工等方面均发挥了示范作用，工程品质创建取得成效。

图 4-3-7　上三号洲护岸工程（图片由长江航道局提供）

四、长江下游安庆河段航道整治二期工程

长江下游安庆河段航道整治二期工程 2016 年 10 月由交通运输部批准实施，2019 年 12 月通过竣工验收。工程位于长江下游安庆河段，安庆河段位于长江下游安庆至南京之间，上起皖河口，下至五更矶，全长 71 公里，由安庆、太子矶和贵池三个水道组成，建设标准为 6 米 ×200 米 ×1050 米，通航保证率为 98%。

工程实际完成投资 3.93 亿元。工程竣工验收后，新洲头部低滩得到守护，实现了改善左汊浅区水流动力的目标；中汊得到了进一步限制，前期工程效果得以巩固；贵池水道北港快速发展得到限制，稳定了汊道分流格局，巩固了中港的主汊及主航道地位。

航道整治采取总体治理分期实施的治理思路、坚持循序渐进因势利导的治理原则，达到了较好的整治效果。工程建设大规模应用 D 型联锁块软体排护底新结构，改进长臂挖机抛石施工工艺，首次在长江航道整治工程中应用 BIM 技术。工程建设贯彻生态环保理念，积极落实生态修复和生态环保措施，采用有利于生态环保的钢丝网格护面、透水框架等结构，实现了工程建设与环境保护协调发展。

图 4-3-8　兴隆洲护岸工程（图片由长江航道局提供）

图 4-3-9　崇文洲洲头及右缘守护工程（图片由长江航道局提供）

五、西江（界首至肇庆）航道整治工程

西江（界首至肇庆）航道整治工程是广东省“十一五”内河航运建设重点项目之一。2007 年 2 月由广东省发展和改革委员会批准实施，2008 年 12 月开工建设，2019 年 11 月通过竣工验收。工程位于西江干流，上起界首，下至肇庆大桥，全

长171公里，建设标准为界首至都城段（37公里）设计航道尺度3.5米×80米×550米（水深×航宽×弯曲半径，下同）；都城至肇庆段（134公里）设计航道尺度4.0米×80米×550米，通航保证率为98%。

工程实际完成投资3.2亿元。工程竣工验收后，西江中游的通航能力将由目前通航1000吨级船舶提高至通航2000吨级船舶。工程实施对促进流域经济发展、带动沿江经济走廊的形成以及完善综合运输体系具有重要意义。

工程结合实际采用新工艺和新技术，在确保工程进度与质量的同时，节约成本，提高效率。在丁坝抛筑方面，除坝面及护坡干砌须用人工完成外，其他筑坝各环节均为机械化施工，坝体抛石采用钩机上船进行抛石代替传统人工抛筑，从而使减轻了劳动量，提高了抛筑速度。在清礁、疏浚工程弃渣监控方面，采用GPS系统实时监控船舶弃渣施工，防止出现随意弃渣、破坏航道的现象。

图4-3-10　江口护岸工程（图片由广东省交通运输厅提供）

图4-3-11　界首滩筑坝工程（图片由广东省交通运输厅提供）

六、西江航运干线南宁至贵港Ⅱ级航道工程

西江航运干线南宁至贵港Ⅱ级航道工程2011年7月由广西壮族自治区发展和改革委员会批准实施，2019年12月通过竣工验收，工程上起南宁（民生码头），下止贵港航运枢纽，全长273公里。其中南宁（民生码头）至南宁港中心港区段（南宁五合大桥下游250米处）约45公里，按内河Ⅲ级航道标准建设，设计航道尺度为2.6米×60米×500米（航深×航宽×弯曲半径，下同）；南宁港中心港区至贵港航运枢纽段约228公里，按内河Ⅱ级航道标准建设，设计航道尺度为3.5米×80米×550米；通航保证率98%。

工程实际完成投资3.52亿元。工程竣工验收后，南宁（民生码头）至南宁港中心港区段航道水深由2.3米提高到2.6米；南宁港中心港区至贵港航运枢纽段航道水深由2.6米提高到3.5米，航道尺度明显提高，通航条件明显改善，船舶航行更安全，提升了航道通过能力和航运效益。

工程贯彻生态环保理念，积极落实生态修复和生态保护措施，选择环保型炸药，采取先进、环保的爆破工艺和疏浚机械，尽量降低工程的影响范围和影响程度。

图4-3-12　试通航仪式2000吨船舶驶出南宁港牛湾作业区（图片由广西壮族自治区交通运输厅提供）

七、通扬线运东船闸扩容工程

通扬线运东船闸扩容工程2013年11月由江苏省发展改革委批准实施，2019年9月通过竣工验收。项目位于江苏省高邮市南郊，是江苏省“两纵六横”干线航道网中连接京杭大运河和通扬线航道的重要节点枢纽，被誉为“里下河门户船闸”。该工程原址拆除老闸扩建，按三级通航建筑物标准建设，规模为23米×230米×4米（口门宽×闸室长×最小槛上水深）。

工程实际完成投资4.05亿元。该船闸的建成有效解决了通扬线航道“瓶颈”，为通扬线航道全线三级达标奠定了基础。

船闸建设中全面推行建设管理标准化、驻地建设标准化、施工工艺标准化及监理程序标准化体系，研发了“冷弯钢板桩水上静压植桩工法”“大面积连续钢板护面船闸闸室墙施工工法”获批为江苏省省级工法，“一种保证斜孔灌注桩钢筋笼保护层装置”“一种大面积连续钢护面平整度保证装置”获国家实用新型专利。该工程全面营造富有人文、历史、园林气息的景观，与现代化的船闸设备设施交相辉映，相得益彰，形成了一座环境优美、绿色人文的现代化船闸。

图4-3-13　船闸主体施工（图片由扬州市航道管理处提供）

图4-3-14　船闸建成后全景（图片由扬州市航道管理处提供）

八、富春江船闸扩建改造工程

富春江船闸扩建改造工程位于浙江桐庐县钱塘江航道中游的富春江水利枢纽右岸，下距杭州市约110公里，上距新安江大坝约68公里。工程由浙江省发展与改革委员会分别于2008年5月、2011年9月及2012年6月批复项目建议书、工程可行性研究及初步设计，并于2012年11月开工，2016年12月试通航，2019年4月竣工验收。

该工程为在现有船闸下紧接新建1座Ⅳ级标准船闸（兼顾1000吨级船舶过闸要求），原船闸作为上游引航渠道，新船闸有效尺度为300米×23米×4.5米（长×宽×门槛水深），设计双向年货物通过能力为近期2500万吨、远期3200万吨。新建船闸1座，新建上、下游引航道及节制分水闸，加固现有船闸结构，建设锚泊服务区，整治疏浚下游航道，以及其他配套助航安全和管理设施等。工程概算总投资10.61亿元，实际完成投资8.92亿元，节约率为15.94%。

富春江船闸扩建改造工程建成投入试运行以来，过闸货运量从老船闸的每年50万～75万吨，迅速提升到2017年（试运行第一年）的460万吨，

图4-3-15　富春江船闸扩建改造工程下闸首人字门安装施工现场（图片由杭州市港航管理服务中心提供）

图 4-3-16　富春江船闸扩建改造工程（图片由杭州市港航管理服务中心提供）

2018 年的 1090 万吨，2019 年的 1560 万吨，使浙江中西部地区，乃至赣东北、闽西北的大量物流弃陆走水，极大地带动了钱塘江中上游地区沿江产业带的形成和发展，以及钱塘江航道航运经济腹地的延伸，产生了良好的综合效益。

九、恒力石化（大连）炼化有限公司 2000 万吨 / 年炼化一体化项目配套码头工程

恒力石化（大连）炼化有限公司 2000 万吨 / 年炼化一体化项目配套码头工程建设 30 万吨级原油泊位 2 个，单个泊位长度为 428 米，泊位设计年通过能力 3200 万吨。该工程为恒力集团炼化一体化项目的配套码头工程，总投资约 9.1 亿元。

图 4-3-17　114 ～ 115 号泊位同时靠泊（孙鹏伟　摄）

十、唐山港京唐港区 23 号至 25 号多用途泊位工程

唐山港京唐港区 23 号至 25 号多用途泊位工程建设 2 个 7 万吨级和 1 个 3 万吨级多用途泊位（远期调整为集装箱泊位），水工结构分别按 10 万吨级、5 万吨级集装箱码头预留，码头岸线长度 945 米，3 万吨级多用途泊位兼顾汽车滚装船靠泊。码头年设计通过能力为集装箱 30 万标箱、木材 40 万方、钢铁 200 万吨，汽车 6 万辆等。工程总投资 12.47 亿元。

十一、福州港罗源湾港区将军帽作业区一期工程

福州港罗源湾港区将军帽作业区一期工程建设 1 个 15 万吨级（水工结构按靠泊 30 万吨级船舶预留）散货泊位及相应配套设施，设计年通过能力为 1000 万吨。工程 2019 年 5 月 5 日通过竣工验收，总投资 14.07 亿元。

图 4-3-18　工程鸟瞰图（图片由福建省交通运输厅提供）

十二、汕头港广澳港区二期工程

汕头港广澳港区二期工程建设 2 个 10 万吨级及 1 个 1 万吨级集装箱泊位（水工结构按 10 万吨级集装箱船舶预留），使用岸线长度 1016 米，项目年设计通过能力为 125 万 TEU，总投资约为 28.75 亿元。

图 4-3-19　沉箱正在运输上半潜驳（图片由中交四航局提供）

图 4-3-21　广州南沙国际邮轮母港开港首航（图片由广州中交邮轮母港投资发展有限公司提供）

图 4-3-20　广澳二期项目（图片由中交广航局提供）

图 4-3-22　广州南沙国际邮轮母港开港首航（图片由广州中交邮轮母港投资发展有限公司提供）

十三、广州南沙国际邮轮码头工程

广州南沙国际邮轮码头工程建设 1 个 10 万 GT 邮轮泊位和 1 个 22.5 万 GT 邮轮泊位及相关配套设施，结合广州港进出航道实际情况，邮轮码头港池支航道水域近期按照 10 万 GT 邮轮设计。工程岸线总长度 770 米，其中 10 万 GT 邮轮泊位长度 325 米，22.5 万 GT 邮轮泊位长度 445 米，年设计通过能力 75 万人次。工程总投资 22 亿元。

第四章　民航重大工程建设项目

第一节　民航重大工程建设情况概述

2019年，民航业着力推进机场基础设施建设补短板，新建运输机场4个，迁建运输机场1个，新增跑道10条，航站楼面积174.9万平方米，油库容积32万立方米，共完成民航基本建设和技术改造投资950亿元。加快推进枢纽机场建设，统筹协调综合交通运输体系中各种运输方式发展，注重机场与其他交通方式的无缝衔接，构建以枢纽机场为核心节点的综合交通枢纽，全年批复的昆明长水国际机场等9个4E级以上机场总体规划中，除拉萨贡嘎国际机场外，全部规划了综合交通枢纽，规划引入轨道交通或高速铁路，着力提升枢纽机场服务保障能力，适应快速增长的航空需求，满足广大人民群众便捷出行需要。补齐中西部机场覆盖不足，特别是边远地区、民族地区航空服务短板，建成投用重庆巫山机场、巴中恩阳机场、宜宾五粮液机场、甘孜格萨尔机场等机场。

第二节　民航重大工程建设项目介绍

一、北京大兴国际机场顺利投运

北京大兴国际机场（以下称“大兴机场”）位于天安门正南46公里处的永定河北岸，地跨北京市大兴区礼贤镇、榆垡镇和河北省廊坊市广阳区。距首都机场67公里，天津机场85公里，石家庄机场197公里，廊坊市中心26公里，雄安新区55公里，通州行政副中心54公里。本期按照2025年旅客吞吐量7200万人次、货邮吞吐量200万吨、飞机起降62万架次的目标设计，远期规划可满足年旅客吞吐量1亿人次以上、货邮吞吐量400万吨、飞机起降88万架次。

大兴机场建设过程中有民航、军队、北京、河北、铁路总公司等多个不同行业和地方政府主管的12个建设主体共同参与，项目由飞行区、航站区、工作区等机场主体工程，航空公司基地、航油设施、空管设施等民航配套工程，“五纵两横”综合交通体系和水电气等外围配套设施组成。总投资约4500亿元。地面服务、海关、边检、空管、航油、武警等32个驻场单位也需同步做好运营筹备工作，同期投入运营。

大兴机场本期红线内占地27平方公里。一次性建设4条跑道，飞行区道面面积达950万平方米，排水沟总长度144公里，围界长度80公里，巡场路长度38公里。143万平方米航站楼综合体，航站楼核心区总面积70万平方米，工作区建筑总面积达149万平方米。

大兴机场工程本期红线内征地拆迁涉及34个村庄，其中北京19个村庄，搬迁5427户，搬迁16000人，河北15个村庄，搬迁1889户，搬迁7423人。开展河道改移、水源地迁建、高压线迁改、天然气管线迁改、军事基地迁建、国防光缆迁改、洪泛区调整、净空整治、噪声影响治理等十几项重大拆改。

大兴机场施工难度极高，航站楼工程结构复杂，中心混凝土楼板513米×411米，是国内最大的单块混凝土楼板，高铁、地铁等南北纵贯整个场区，下穿航站楼并在航站楼下设站，综合交通中心总宽达 275 米。大兴机场于 2014 年 12 月 26 日正式开工建设，2019 年 6 月 30 日主体工程竣工，2019 年 9 月 25 日实现正式投运，全场工期仅 4 年 9 个月。

9 月 25 日，习近平总书记出席北京大兴国际机场投运仪式，宣布机场正式投运并巡览航站楼，亲切接见参加机场建设和运营干部职工代表，充分肯定大兴机场的建设成就。

图 4-4-1 北京大兴国际机场夜景

二、上海浦东机场卫星厅工程投入使用

上海浦东机场（以下称“浦东机场”）三期扩建工程于 2015 年 12 月全面开工。工程主要包括 4 大部分：航站区工程、飞行区工程、生产辅助设施工程，以及市政配套工程。其中，62 万平方米的卫星厅以及旅客捷运系统、95 万平方米的港湾停机坪、2 组飞行区下穿通道、满足航空公司中转的行李系统、5300 多个停车位的长时停车库、绿色节能的能源中心是其核心工程。

2019 年 9 月，浦东国际机场三期扩建主体工程建成启用，启用后浦东机场可满足年旅客吞吐量 8000 万人次的运行需求，将持续提升浦东机场运行服务品质，更好服务航空公司高效枢纽运作，更好服务旅客便捷出行。

浦东机场三期核心工程中的单体远距离卫星厅为重中之重。它位于浦东机场现有 T1、T2 航站楼南侧，由两座相连的 S1 和 S2 卫星厅组成，呈工字型，与航站楼成组运行，具备旅客的出发候机、到达和中转功能。西侧的 S1 地下 1 层，地上 6 层，与现有的 T1 航站楼共同运行，设计年旅客吞吐量 3680 万人次，服务中国东方航空、上海航空及天合联盟；东侧 S2 地下 1 层，地上 5 层，与现有的 T2 航站楼共同运行，设计年旅客吞吐量 4320 万人次，服务中国国际航空、中国南方航空、上海吉祥航空、春秋航空、星空联盟、寰宇一家等。卫星厅启用后，浦东机场新增的 90 个登机桥，可使靠桥率由目前的 50% 提高至 90%，绝大部分旅客能够通过登机桥上下飞机，出行更加便捷。

旅客通过捷运系统往返航站楼与卫星厅。浦东机场卫星厅是我国内地首个采用机场捷运与主楼相连的远距离卫星厅。捷运线路全长 7.2 公里，东线连接 T2 航站楼与 S2 卫星厅，西线连接 T1 航站楼与 S1 卫星厅。

浦东机场卫星厅被中国建筑钢结构行业协会授予了行业内最高荣誉——“中国建筑工程钢结构金奖”。

截至 2020 年春运前期，卫星厅航班量占浦东机场航班总量的 48%，卫星厅航班靠桥率实现 100%，受此带动，浦东机场客运航班的靠桥率显著提升，浦东机场总航班靠桥率由卫星厅启用之前的 50% 提升至 90%。

三、西部地区机场建设有序推进

中西部地区机场覆盖不足，特别是边远地区、民族地区航空服务短板突出，增加中西部地区机场数量、提高密度，进一步扩大航空运输服务的覆盖面。2019 年共完成云南玉溪、楚雄、黑龙江宝清、四川遂宁、山西晋城等 5 个机场场址批复，会东、普洱、广安、周口、威海、南通、潢川、防城港等8个机场选址完成评审。加快推进巫山等一批机场的基础设施建设，巫山、巴中、宜宾、甘孜机场已建成投入运营。

（一）巴中恩阳机场

2016年2月，巴中恩阳机场开工建设，2019年1月机场工程竣工。机场飞行区等级4C，占地面积1.76平方公里，远期按照满足2045年旅客吞吐量180万人次、货邮吞吐量8000吨目标规划，现有工程按照满足2025年旅客吞吐量90万人次、货邮吞吐量3000吨目标设计、建设。建设内容包括：1条长2600米、宽45米的跑道，7个机位的站坪；1.3万平方米的航站楼，同步建设了通信、导航、气象、供油、消防救援等其他配套设施。项目总投资16.96亿元。

机场通航以来，陆续开通了北京、上海、深圳、成都、银川、温州、南宁、昆明等城市航线，积极响应国家民航通航发展号召，开展了训练飞行、应急救护、地质测绘等通用航空业务。巴中恩阳机场建成通航，对构建四川立体交通网络、形成四川省航空运输规模化网络化经营、促进巴中全域旅游事业发展、推动秦巴山连片地区及川陕革命老区核心区经济社会可持续发展具有十分重要的作用。

（二）甘孜格萨尔机场

2017年6月，甘孜格萨尔机场开工建设，2019年9月竣工。位于四川省甘孜藏族自治州甘孜县来马镇和德格县错阿镇交界六十六道班，海拔高度4068米，是我国第5个海拔4000米以上的民用运输机场。机场飞行区等级4C，建设内容包括：1条长4000米、宽45米的跑道，4个机位的站坪；3000平方米的航站楼，同步建设了通信、导航、气象、供油、消防救援等其他配套设施。能满足空中客车320、波音737-800及以下的客机起降，设计年吞吐量22万人次。项目总投资24.25亿元。

机场自投入运营以来，开通了成都至格萨尔机场航线，运行情况良好。机场的建成将四川省会成都到甘孜藏族自治州康北腹地的距离从过去的八九个小时车程缩短至1小时航程。甘孜格萨尔机场的建成通航，改善了甘孜藏族自治州康北片区的交通状况，在提升应急救援、抢险救灾能力，促进地方经济社会发展、助力脱贫攻坚和全面建成小康社会等方面具有重要的意义。

（三）宜宾五粮液机场

2016年10月，宜宾五粮液机场开工建设，2019年9月竣工。机场飞行区等级4C，建设内容包括：1条长2600米、宽45米的跑道，13个机位的站坪；2.4万平方米的航站楼，同步建设了通信、导航、气象、供油、消防救援等其他配套设施。能满足空中客车320、波音737-800及以下的客机起降，设计年吞吐量200万人次。项目总投资16.88亿元。

机场通航以来，开通了北京、上海、广州、深圳等城市的航线，连接国内最发达的航空运输网络，不仅提升了区域的运输能力，对增进社会繁荣、提高区域经济效率、改善产业结构和增加就业方面都起着积极的作用；同时，增加了本地以及周边辐射区域与外地人员、资本、信息的沟通和交流，从而对促进经济增长、社会和谐具有重要作用。

（四）巫山机场

2015年12月，巫山机场开工建设，2019年8月通过行业验收并正式通航。巫山机场位于重庆市巫山县与奉节县交界处，场址海拔高程为1771.48米，是重庆地区目前海拔最高的机场。机场飞行区等级4C，建设内容包括：1条长2600米、宽45米的跑道，5个机位的站坪；3500平方米的航站楼，同步建设了通信、导航、气象、供油、消防救援等其他配套设施。能满足空中客车

320、波音 737-800 及以下的客机起降，设计年吞吐量 28 万人次。项目总投资 16.42 亿元。

该机场的建成投用，打通了渝东北地区连接世界的空中交通通道，助力巫山县摘下了贫困县的帽子，完善了机场布局和综合交通运输体系，有效发挥了三峡库区集水、陆、空多种运输方式于一体的综合优势，提高了三峡库区应对社会公共突发事件的效率，新冠疫情期间，巫山机场克服冰雪、大雾等天气影响，全力保障航班稳定性。

图 4-4-2　巫山机场鸟瞰图

第五章　邮政重大工程建设项目

寄递渠道安全监管“绿盾”工程(以下简称“绿盾”工程)是党中央、国务院交给邮政业的重要政治任务，对保障邮政业长治久安和持续健康发展具有重要意义。2019年，是“绿盾”工程全面开展建设之年，也是“绿盾”工程建设的关键之年，建设任务非常繁重。经过一年的建设实施，“绿盾”工程土建机房和信息化建设均取得重要进展，为全面建成“绿盾”工程(一期)奠定了坚实的基础。

一、充分发挥全系统力量参建工程

一是国家邮政局高度重视。国家邮政局党组书记、局长马军胜多次以召开会议或批示的形式指导“绿盾”工程建设。局党组成员、副局长刘君靠前指挥，亲自参与问题研究，部署落实工作，确保了工程建设进度和质量。二是扎实推进工作。拟定2019年工作安排，确定了2019年“绿盾”工程建设路线图、任务书和时间表，各项目建设任务具体到事、明确到点、细化到人。三是坚持集体决策。“绿盾”工程重要工作决策均做到了充分讨论、严守纪律、程序合规、公开透明。全年绿盾办召开全体会议19次，各类协调会、专题会41次，研究议题119个。四是基层积极参与。所有省邮政管理局均按照国家邮政局要求成立了“绿盾”工程建设领导小组及其办公室，主要负责同志亲自担任领导小组组长，并召开专门会议研究“绿盾”工程建设相关事项。各级邮政管理部门在业务需求调研、现场勘察、到货验收、相关系统试点和协调辖区内企业等方面做了大量富有成效的工作。五是狠抓廉政工作。绿盾办对廉政工作常抓不懈，做到了逢会必讲，反复强调廉政工作重要性，要求“零违规”，对违规违纪行为“零容忍”，持续强化参建人员廉政意识，先后要求63名同志签订了廉政承诺书和保密承诺书。

二、统筹推进信息化项目建设

信息化项目建设是“绿盾”工程建设的关键和重点。目前，13个改造升级和9个新建信息系统已全部完成需求分析、详细设计、开发测试，部分重点应用系统已上线试运行。

一是不断完善功能需求。各项目需求分析论证和评审等工作均已完成。绿盾办先后组织召开了7批次较大规模需求研讨论证会议和2批次需求评审会议，多次书面征求意见，广泛听取业务部门和基层一线单位的意见建议，吸纳意见达1200余条。同时，积极借助外部专家力量，对云计算平台、大数据管理平台和数据资源等重点应用支撑项目的需求和建设方案进行了技术把关，确保科学合理。

二是圆满完成“双11”信息化保障任务。各项目组在2019年“双11”前完成了一批重点项目的建设。国家邮政局新建299平方米监控中心投入运行，监控大屏达32.8平方米。市场监管和电商协同等应用系统改造基本完成。视频联网初具规模，完成30个省局和235个市(地)局的平台部署，共接入15家重要快递企业、4400多个分拨中心和重要网点、63000多路视频信号，并初步实现视频巡检和智能分析功能。

三是构建三级管局共享工程。各省监控中心建设取得突破，各省局和市(地)局新建95个监控中心已投入运行，综合前期各管局自建的监控中心，省市级监控中心覆盖率超过55%。安检机联网试点取得初步成效，基本完成36个品牌共607台安检机的联网接入。移动执法设备试点基本完成，第一批4省32套移动执法设备经过半年多的试点应用，软硬件模式已基本成形，将适时在全国推广建设，减轻一线执法人员工作负担。各应用系统具备向各省局和市（地）局开放系统使用权限的条件，将进一步推动部分行业监管数据共享，助力地方管局更好科学决策。

四是强化国家邮政局信息化底盘。“绿盾”工程积极应用先进信息技术，按照“统一规划、深度整合、数据集中、运行高效、安全可靠”的原则，初步建成集中统一的邮政管理与服务大数据平台基本框架，基本完成云计算平台、大数据管理平台、数据资源和系统整合等关键信息系统建设并投入试运行。

五是大力推进应用系统建设完善工作。为满足业务部门特别是基层一线部门的管理需要，根据“边建设、边应用、边完善”和系统整合的建设思路，坚持“管用、实用、好用、易用”的目标导向，在保障各既有应用系统平稳运行的同时，大力推进各应用系统建设完善工作。基本完成运行监测、行政执法、公共服务、安全预警和应急指挥等六大应用系统的详细设计和开发测试等工作，全面进入上线试运行阶段，在提升行业监管水平、提高行政效率、增强服务能力等方面发挥了积极作用。

三、大力推进两个机房建设

北京主机房和合肥灾备中心两个机房的建设，将彻底改变国家邮政局机房硬件条件较弱的现状。北京主机房和合肥灾备中心均按照主机房建设标准进行建设，将为国家邮政局信息化工作提供充足保障。

一是完成合肥灾备中心建设。截至2019年12月底，已完成土建工程、机房配套工程和外电工程的建设，完成信息化设备等基础支撑环境的安装部署与集成等工作，完成主体工程竣工验收并投入试运行，并为机房扩容和升级预留了充足空间，圆满完成了合肥灾备中心建设任务。二是积极推进北京主机房建设。截至2019年12月底，完成了施工设计图纸强审，基本确定建设方案，有关招标工作正在紧张进行中，力争在2020年6月全面动工建设，并于同年底竣工投入运行。

第五篇
重大事件

Section V
Major Events

第一章　行业重大事件

一、铁路行业重大事件

（一）超长版时速350公里“复兴号”亮相京沪高铁

2019年1月5日零时起，全国铁路实行新的列车运行图，17辆超长版时速为350公里的“复兴号”首次亮相京沪高铁。超长版“复兴号”动车组全长439.9米，载客定员1283人，载客能力较16辆编组提升了7.5%。

（二）《铁路行业统计规则》出台

2019年1月27日，国家铁路局印发《铁路行业统计规则》（国铁综〔2019〕4号）。《规则》是对《铁路行业统计调查制度》的说明和解释，全文共13章、143条，明确了铁路旅客运输、货物运输、运输设备、固定资产投资、能源消耗与节约、交通事故、装备制造、财务及电子商务、大型施工设备等统计内容，以及铁路行业统计指标名称、指标涵义、计算方法、指标间的相互关系。

（三）中国时速600公里高速磁浮试验样车下线

2019年5月23日，时速600公里高速磁浮试验样车在青岛下线，标志着中国在高速磁浮技术领域实现重大突破。高速磁浮具有速度高、安全可靠、噪声低、震动小、载客量大、耐候准点、维护量少等优点，可以填补高铁和航空运输之间的速度空白，对于完善中国立体高速客运交通网具有重大的技术和经济意义。

（四）中国国家铁路集团有限公司挂牌成立

2019年6月18日，由中国铁路总公司改制成立的中国国家铁路集团有限公司在北京挂牌。中国国家铁路集团有限公司由中央管理，承担国家规定的铁路运输经营、建设和安全等职责，负责铁路运输统一调度指挥，统筹安排路网性运力资源配置，承担国家规定的公益性运输任务，负责铁路行业运输收入清算和收入进款管理。

（五）《中华人民共和国铁路法（修订草案）》向社会公开征求意见

2019年7月30日，国家铁路局发布《中华人民共和国铁路法（修订草案）》（征求意见稿），向社会公开征求意见。自2014年起，国家铁路局积极开展《铁路法》修订工作，经过基础研究、框架构建、集中起草、修改完善等阶段，形成初稿。同时组织征求相关部委、企业和地方人民政府意见，充分听取各方面建议；深入铁路运输企业、建设企业、装备制造企业和铁路公安机关，广泛开展调研和论证，形成《铁路法（修订草案）》（征求意见稿）。

（六）五部门加快推进铁路专用线建设

2019年9月1日，国家发改委、自然资源部、交通运输部、国家铁路局、中国国家铁路集团有限公司联合印发《关于加快推进铁路专用线建设的指导意见》（发改基础〔2019〕1445号）。《意见》指出，到2020年，一批铁路专用线开工建设，沿海主要港口、大宗货物年运量150万吨以上的大型工矿企业、新建物流园区铁路专用线接入比例均达到80%，长江干线主要港口基本引入铁路专用线。到2025年，沿海主要港口、大宗货物年运量150万吨以上的大型工矿企业、新建物流园区铁路专用线力争接入比例均达到 85%，长江干线主要港口全部实现铁路进港。

（七）浩吉铁路开通运营

2019 年 9 月 28 日，世界上一次性建成并开通运营里程最长的重载铁路——浩（勒报吉）吉（安）铁路开通运营，中国铁路版图新增一条纵贯南北的能源运输大通道。线路全长 1813.5 公里，途经内蒙古、陕西、山西、河南、湖北、湖南、江西 7 省区，规划年运输能力 2 亿吨以上，衔接沿线各地的多条煤炭集疏运线路，并实现铁水联运功能。浩吉铁路的开通运营，有利于促进西部地区资源开发，保障鄂湘赣等华中地区能源供应，增强中国铁路能源运输南北通道能力，对于扩大煤炭“公转铁”运量、助力打好污染防治攻坚战和打赢蓝天保卫战、促进区域经济社会协调发展，具有十分重要的意义。

（八）《铁路机车车辆驾驶人员资格许可办法》修订颁布

2019 年 12 月 2 日，新修订的《铁路机车车辆驾驶人员资格许可办法》（交通运输部令 2019 年第 43 号）颁布，自 2020 年 3 月 1 日起施行。《办法》优化铁路机车车辆驾驶人员资格许可申请条件，明确驾驶资格申请和执业等管理要求及禁止性行为，在拓宽驾驶人员培养路径、缩短培养周期的同时，进一步强化企业安全生产主体责任。

（九）习近平总书记对京张高铁开通运营作出重要指示

2019 年 12 月 31 日，中国的第一条时速 350 公里的自动驾驶高铁——京张高铁正式开通运营。习近平总书记重要指示指出，1909 年，京张铁路建成；2019 年，京张高铁通车。从自主设计修建零的突破到世界最先进水平，从时速 35 公里到 350 公里，京张线见证了中国铁路的发展，也见证了中国综合国力的飞跃。回望百年历史，更觉京张高铁意义重大。

京张高铁是国家《中长期铁路网规划》中“八纵八横”京兰通道的重要组成部分，也是北京冬奥会重要配套基础设施工程。线路全长 174 公里，最高设计时速 350 公里，通车后张家口至北京最快运行时间压缩至 47 分钟。

二、水路行业重大事件

（一）海上搜救重大事件

1. 在马绍尔群岛海域救助渔船“欧亚冷 6”轮

2019 年 1 月 2 日下午，远洋渔船“欧亚冷 6”轮在马绍尔群岛海域塔卡环滩触礁搁浅，船舶进水倾斜，船上 24 人遇险求救。接报后，中国海上搜救中心会同外交部领保中心、中国驻密克罗尼西亚使馆、农业农村部、火奴鲁鲁搜救中心等单位，全力组织救助行动。经各方力量全力救助，24 名船员成功转移至马绍尔巡逻署救援船和中国远洋渔船，并随船于 1 月 6 日安全抵达马绍尔群岛。

图 5-1-1 远洋渔船“欧亚冷 6”轮在马绍尔群岛海域塔卡环滩触礁搁浅

2. 在涠洲岛附近海域救助搁浅客船“北游 25”轮

2019 年 3 月 23 日 15 时许，客船“北游 25”轮在涠洲岛附近水域搁浅，现场阵风 7 级，船上 794 人遇险。事件发生后，交通运输部党组书记杨传堂、部长李小鹏第一时间坐镇综合应急指挥中心调度指挥。广西壮族自治区党委、区人民政府迅速成立现场指挥部，全力组织开展险情处置工作。部省联动，坚持“生命至上、安全第一”的原则，科学制定多套施救方案。23日23时许，救援人员克服风高浪急等困难，为在船旅客提供了食品、饮料等紧急物资。24日凌晨2时许，公安、卫生、消防、海事等派员涉险登船做好医疗保障、旅客安抚等工作。24日7时45分，经专业救助船“南海救202”轮及“德渝”“德浜”轮联合作业，“北游25”轮成功脱浅，全体在船人员转危为安。

图5-1-2　3月24日8时“北游25”轮成功泊港下客

3. 在浙江温州外海海域救助失火渔船“闽福鼎渔06999”

2019年2月9日上午，渔船“闽福鼎渔06999”轮在浙江温州南麂岛以东约27海里处驾驶台着火，船上11人遇险求救。接报后，浙江省海上搜救中心立即协调派出专业救助船和专业救助直升机前往现场救助，协调过往商船和附近作业渔船协助搜救。12时30分，专业救助直升机将11名遇险渔民全部安全接下。

图5-1-3　“闽福鼎渔06999”在温州南麂岛以东20海里水域航行时驾驶台发生火灾

4. 在广东汕头海域救助货船“金源轮6号”

2019年4月15日9时50分，散货船“金源轮6号”在广东汕头广澳湾东南约13海里处翻扣，船上11人登上救生筏求救。接报后，广东省海上搜救中心立即协调派出专业救助力量前往救助，发布航行警告提醒过往船舶注意安全并协助搜寻，协调航保部门设置沉船标志。13时25分，过往商船“紫桐”轮将11名遇险人员接下并全部安全转移至广澳码头。

图5-1-4　“金源轮6号”翻沉

5. 在山东烟台海域救助客滚船“渤海玛珠”轮

2019年5月9日0时40分，客滚船“渤海玛珠”轮在烟台开往大连途中，第三层车辆舱所载甩挂车起火，船上610人遇险。事件发生后，交通运输部高度重视，指导山东省海上搜救中心组织海事、港口、船公司等单位开展救助，协调消防、医疗部门前往码头待命。“渤海玛珠”轮紧急扑灭明火，并对车辆舱采取二氧化碳封舱措施。经各方力量全力、科学处置，3时20分许，船上乘客全部安全疏散上岸并得到妥善安置，无人员伤亡。17 时 30 分，除事故车辆外，其余车辆全部安全撤出。

图 5-1-5　“渤海玛珠”轮船舱有浓烟冒出

6. 在贵州北盘江流域搜救自用船“黔西南自 6030”

2019 年 5 月 23 日 18 时 30 分许，自用船“黔西南自 6030”航经贵州省黔西南州贞丰县鲁容乡板绕村北盘江河段时倾覆，船上 29 人落水遇险。事件发生后，交通运输部高度重视，指导贵州省交通运输厅、地方海事局在当地党委政府领导下全力组织开展搜救工作，通过船艇和无人机水面搜寻、水底拉网、沿岸搜寻等方式开展搜寻，共投入海事巡航船艇 8 艘次、社会船舶 14 艘次，潜水员 120 人次。经各方力量全力搜救，16 人获救，13 人死亡。

图 5-1-6　“黔西南自 6030”翻船后多人抓扶已翻沉的船舶

7. 在永兴岛以南海域搜救沉没渔船“琼琼海渔 01039”

2019 年 7 月 11 日 6 时 46 分，渔船“琼琼海渔 01039”在永兴岛以南约 200 海里处进水沉没，船上 32 人遇险求救。事件发生后，交通运输部主要领导第一时间坐镇综合应急指挥中心调度指挥。中国海上搜救中心立即协调派出专业救助船、中远海运集团所属油轮“远洋湖”轮和“业池”轮前往现场搜救，协调军队、海警、渔业部门派力量前往搜救，协调香港海上搜救协调中心派遣固定翼飞机前往搜救。11 时许，全部遇险渔民被附近一艘越南渔船救起后，先后安全转移至“远洋湖”轮及专业救助船“南海救 116”轮。7 月 12 日 16 时 58 分，“南海救 116”轮载获救渔民安全靠泊三亚救助码头。

图 5-1-7　飞机在事发海域发现“琼琼海渔 01039”遇险人员

8. 在厦门东南海域救助翻扣渔船“闽狮渔 07705”

2019 年 12 月 5 日 8 时许，渔船“闽狮渔 07705”在厦门东南约 60 海里处遭风浪袭击而翻扣，船上 17 人遇险，其中，3 人被附近渔船救起，10 人在船底壳上待救，4 人失踪，请求救助。接报后，福建省海上搜救中心立即协调救助打捞部门及附近商渔船前往救助；通报台湾中华搜救协会，请其协调力量前往救助；发布航行警告，提醒过往船舶注意航行安全，防止发生次生事故。东海救助局调派“东海救113”轮、东海第二救助飞行队救助直升机“B-7328”和“B-7346”赶往现场救援，成功救起船底壳上10名遇险渔民。

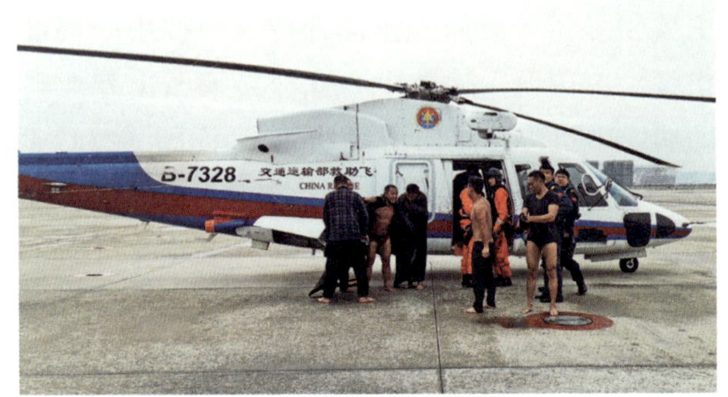

图5-1-8　救助直升机安全转移“闽狮渔07705”船员

9. 在广东汕尾海域救助进水倾斜工程船“中科航5”轮

2019年10月9日6时10分，工程船“中科航5”轮在广东汕尾以南约45海里处作业时进水倾斜，准备弃船，船上14人遇险求救。接报后，广东省海上搜救中心立即协调专业救助直升机、过往商船及附近渔船前往搜救。7时30分，14名船员被一艘巴拿马籍集装箱船安全救起。10时10分，交通运输部所属专业救助直升机将14名遇险船员全部安全接下。

图5-1-9　10月9日救助直升机安全转移“中科航5”轮遇险船员

10. 巴拿马籍渔业冷藏运输船“海记”轮在日本东南海域机舱失火

2019年12月18日，山东中鲁水产海运有限公司所属渔业冷藏运输船“海记”轮在日本东京东南约700海里处，机舱失火，船上23人遇险。中国海上搜救中心立即协调日本海上保安厅和台湾中华搜救协会全力组织搜救，并会同外交部、农业农村部、应急管理部、军委联合参谋部、海军、中远海运集团等部际联席会议成员单位，做好多种施救预案准备。18日21时33分，23名遇险人员全部安全转移至“GOLDEN ASPIRANT”轮。21日2时30分，23名获救船员随商船“GOLDEN ASPIRANT”轮抵达日本横滨外港锚地。27日10时许，23名获救中国船员全部返回青岛。

图5-1-10　巴拿马籍渔业冷藏运输船“海记”轮在日本东南海域机舱失火

（二）救捞重大事件

1.《交通运输部关于推进现代化专业救捞体系建设的意见》出台

在交通运输部党组书记杨传堂的关心、指导和支持下，交通运输部副部长刘小明牵头负责，组织力量围绕建设现代化专业救捞体系开展专项研究论证，印发了《交通运输部关于推进现代化专业救捞体系建设的意见》（交救捞发〔2019〕111号，以下简称《意见》）。

《意见》明确了现代化专业救捞体系建设的总体要求、主要任务、保障措施，要求健全设施装备、科技创新、人才队伍、应急联动管理、国际合作、法规标准、安全管理、救捞文化八个体系，提出建设现代化专业救捞体系“两个阶段”目标，即：到2025年，全方位覆盖、全天候运行、海江兼备、快速反应、处置高效的现代化专业救捞体系基本建成，交通救捞应急效率和处置效果达到世界先进水平，适应交通强国建设要求；到2035年，现代化专业救捞体系全面建成，整体实力、保障效果位居世界前列，有效支撑交通强国战略目标实现，专业救捞力量在我国重点水域形成多重覆盖，高效应对水上重大突发事件，有效实施深远海重要通道救捞力量机动部署和应急保障。

2. 500米饱和潜水系列技术研发列入交通强国试点

按照交通运输部的决策部署，救捞系统全力推进500米饱和潜水系列技术研发，加强顶层设计，将饱和潜水系列技术研发等项目申报纳入交通强国试点项目，编制完成了深潜水救捞能力提升重大专项建设规划；强化技术保障，完成500米饱和潜水系列技术方案和保障预案理论基础研究工作，并通过了科技部组织的专家评审，上报了深远海应急救捞关键装备和技术研发“十四五”交通运输重大研发需求清单；加强装备建造，500米饱和潜水生理监测及环境分析设备已投入使用，饱和潜水系统已按设计基本完成了建造任务，工作母船建造进度完成了三分之二，为按要求完成500米饱和潜水系列技术研发任务和成果转化奠定了坚实的基础。

3. 获国际海事组织（IMO）海上特别勇敢奖荣誉

在国际海事组织（IMO）组织的年度海上特别勇敢奖评选中，由中国提名的广州打捞局赴马来西亚执行“荣昌8”轮抢捞任务救援队获特别勇敢奖状，黄智斌机长获特别勇敢奖表扬信，中国驻英国大使馆海事参赞王宏伟代领了国际海事组织秘书长林基泽颁发给中国救捞的“2019年海上特别勇敢奖”证书。“海上特别勇敢奖”由IMO每年评选1次，全球仅有1个名额，自2007年参评以来，救捞系统业绩得到国际同行的高度认可，已荣获1个奖章、8份奖状和21封表扬信，有力提升了中国救捞的国际影响力，向全世界彰显了中国政府国际人道主义精神及“把生的希望送给别人，把死的危险留给自己”的中国救捞精神。

4. 获国际海上人命救助联盟（IMRF）国际海上杰出搜救奖

2019年9月10日，国际海上人命救助联盟（IMRF）2018—2019年度国际海上杰出搜救奖颁奖典礼在英国伦敦举行，东海救助局东海第二救助飞行队教员机长黄智斌荣获杰出个人奖，东海第一救助飞行队搜救机长宋寅荣获杰出女性提名奖。

（三）海事系统重大事件

2019年1月8日，国家科学技术奖励大会在人民大会堂召开。由工业和信息化部提名，武汉大学、北京航空航天大学等单位负责研究攻关，中国交通通信信息中心、交通运输部海事局、中国交通建设股份有限公司等单位负责推广应用的“中国高精度位置网及其在交通领域的重大应用”项目获国家科学技术进步奖一等奖。

1月11日，交通运输部海事局印发《船舶压载水和沉积物管理监管管理办法（试行）》。1月22日，《2004年国际船舶压载水和沉积物控制与管理公约》对我国正式生效。同日，河北海事局港口国监督检查官于京唐港10号泊位登轮，对“ER MADEN”轮开展了我国首次压载水公约港口国监督检查。

1月28日，交通运输部海事局、深圳市人民政府、香港特别行政区环境局共同在深圳建立大鹏湾船舶大气污染物排放控制监测监管试验区，按照船舶大气污染防治"区域监管、精准筛查、有效治理"总体目标，整合各方优势资源，推动深港两地大气污染监管形成合力，促进船舶大气污染控制和监测技术研究。

3月1日，在韩国釜山国际航标协会（IALA）船舶交通服务（VTS）委员会46次会议上，由中国代表团主持起草的《VTS用户指南模板》标准获得审议通过，将提交IALA理事会审议发布。这是我国在IALA首次提出工作项目、以中国经验为基础，由中国作为工作组主席主持完成的IALA标准。

3月23日，"北游25轮"在涠洲岛西角码头离岸约200米处搁浅，794名游客和船员滞留海上。接报后，交通运输部会同中共广西壮族自治区党委、自治区政府第一时间组织救助。经过17个小时的全力救援，"北游25轮"船上人员全部获救。

4月22日，厦门海事局向裕民（厦门）国际船舶管理有限公司颁发了《海洋船舶船员服务机构资质证书》，标志着"惠台31条"后大陆首家可外派海员至全世界的台商独资海员外派机构正式落户厦门。

4月27日，交通运输部部长李小鹏在京会见了来华出席第二届"一带一路"国际合作高峰论坛的国际劳工组织（ILO）总干事盖·莱德，并共同签署了《在"21世纪海上丝绸之路"倡议下推动经修订的<2006年海事劳工公约>有效实施谅解备忘录》。

5月16日，交通运输部海事局印发《中华人民共和国海事局关于调整水上无线电行政许可有关事项的公告》，调整下放3项业务受理审批权限。自2019年6月1日起，船舶制式无线电台执照、水上移动通信业务标识码、船舶电台呼号等水上无线电业务申请的受理和审批由交通运输部海事局调整到交通运输部海事局下属的各直属海事局或其分支机构负责，交通运输部海事局不再受理相关申请。

7月10日，由福建省海上搜救中心、台湾中华搜救协会、福建省台湾同胞联谊会首次共同举办的2019年闽台小学生航海夏令营正式开营，将水上交通安全教育推向海峡对岸。

7月20日，在东京举办的第二十九届世界制图大会上，由北海航海保障中心天津海事测绘中心编制的光栅版立体《北方海区图》获得一等奖。该奖项由世界制图大会（ICC）组织国际专家评审团统一评估后给出，是世界范围内最高级别地图作品奖项。

9月13日，由天津海事局组织编写的《固体散装货物安全操作和运输示范教程》，经国际海事组织货物和集装箱运输分委会第6次会议审议通过。该示范教程是我国首次承担开发的国际海事组织全套规则示范教程。

9月27日，中央党史和文献研究院编写《中华人民共和国大事记（1949年10月—2019年9月）》，南海灯塔建设列入其中。

11月20日，国务院总理李克强主持召开国务院常务会议。会议决定，为促进海运业发展，适应国内对海产品较快增长的需求，从2019年1月1日起到2023年底，对一年在船航行超过183天的远洋船员，其工资薪金收入减按50%计入个税应纳税收所得额。

11月29日，在英国伦敦召开的国际海事组织（IMO）第31届大会举行了新一届理事会选举，中国再次以高票当选A类理事国。

12月4日，联合国危险货物运输专家分委会第56次会议在瑞士日内瓦举行，审议通过了我国提交的提案《对UN3269和UN3527例外数量进行修订的建议》。这是我国首次在联合国危险货物运输领域的专业委员会通过提案。

三、民航行业重大事件

（一）习近平总书记宣布北京大兴国际机场正式投运

2019 年 9 月 25 日，北京大兴国际机场投运仪式在北京举行。中共中央总书记、国家主席、中央军委主席习近平出席仪式，宣布机场正式投运并巡览航站楼，代表党中央向参与机场建设和运营的广大干部职工表示衷心的感谢、致以诚挚的问候。

北京大兴国际机场是习近平总书记特别关怀、亲自推动的首都重大标志性工程，对于提升我国民航国际竞争力、更好服务全国对外开放、推动京津冀协同发展具有重要意义。大兴机场航站楼是目前全球最大规模的单体航站楼，创造了许多世界之最。机场于 2014 年 12 月开工建设，本期工程主要建设“三纵一横”4 条跑道、70 万平方米的航站楼、268 个机位的站坪以及相关配套设施。大兴机场正式投运后，北京开始了“一市两场”运行，已有 66 家航空公司意向入驻，预计到 2025 年旅客吞吐量将达 7200 万人次。

图 5-1-11　北京大兴国际机场正式投运

（二）中国民航率先停飞波音 737MAX8

2019 年 3 月 10 日，埃塞航空波音 737MAX8 飞机发生空难事故后，为确保航空安全，中国民用航空局在全球率先发出禁飞令，要求各航空公司暂停波音 737MAX8 飞机的商业运行。

2019 年 3 月 11 日，按照民航局发出的通知要求，国内各运输航空公司于当日 18 时前暂停了所有波音 737MAX8 飞机的商业运行，并通过调换机型、优化航班计划、合理调配运力等举措，确保运行安全平稳，保障旅客出行顺畅。

中国民用航空局表示，恢复该机型运行，必须确认飞机的适航性得到重新核准、需要的飞机改装和飞行员训练得到有效贯彻、事故调查结论指出的安全问题得到相应解决，确保飞行安全万无一失。

图 5-1-12　中国民航率先停飞波音 737MAX8

（三）纪念两航起义 70 周年座谈会举行

纪念两航起义 70 周年座谈会 2019 年 11 月 8 日在人民大会堂举行。会前，中共中央政治局常委、全国政协主席汪洋会见与会代表并与大家合影留念。

1949 年 11 月 9 日，在中国共产党直接领导下，原中国航空公司总经理刘敬宜和中央航空公司总经理陈卓林，率领 2000 多名员工在香港起义，两公司的 12 架飞机胜利飞抵北京、天津，回到了新中国的怀抱。这就是震惊中外的两航起义。两航起义的爱国壮举，在中国人民解放战争史和新中国民航史上具有重要意义，为新中国民航事业奠定了物质、技术和人才基础，成为新中国民航事业的起点。70年来，新中国民航事业与共和国一道成长、壮大，民航事业发展取得了历史性成就。

图5-1-13 纪念两航起义70周年座谈会举行

（四）民航推出多项真情服务措施“12326”民航服务质量监督电话开通

2019年3月15日是国际消费者权益日，“12326”民航服务质量监督电话于当天正式开通，主要功能是督促航空公司和机场等妥善处理旅客投诉。

2019年，中国民航开展“民航服务质量重点攻坚”专项行动，进一步提升民航服务品质，打造“中国服务”品牌，通过促进民航“无纸化”服务提质升级，鼓励人脸识别、自助值机、自助托运、智能问讯等系统建设，探索人工智能、生物特征识别等新技术与民航安保工作的融合，推进行李全流程跟踪系统建设，提升中转旅客服务体验，提高旅客对机场餐饮服务的满意度等服务措施，让旅客、货主有更多的真情服务获得感。41家航空公司实行国内机票退改手续费阶梯费率，“特价机票不得退改签”的规则成为历史。

图5-1-14 民航推出多项真情服务措施“12326”民航服务质量监督电话

（五）中国高票连任国际民航组织一类理事国

当地时间2019年9月28日，中国在加拿大蒙特利尔举行的国际民航组织第40届大会上，高票连任一类理事国。这是自2004年以来，中国第六次连任一类理事国。当天参加投票选举的国家共有168个，除中国外，澳大利亚、巴西、加拿大、法国、德国、意大利、日本、俄罗斯、英国、美国也同时继续当选一类理事国。

作为国际民航组织的创始国之一，中国不断完善行业管理体系，推进行业持续快速发展。中国积极参加国际民航组织的各项活动和项目，在国际民用航空管理体系的建立和实施中发挥着积极的建设性作用，对推动国际民用航空的安全和有序发展作出了积极的贡献。

图5-1-15 中国高票连任国际民航组织一类理事国

（六）中国与欧盟首次签署民航领域协定

2019年5月20日，中国民用航空局局长冯正霖与欧盟轮值主席国代表罗马尼亚驻欧盟大使奥多贝斯库，以及欧盟委员会负责移动运输事务的布尔茨委员在布鲁塞尔共同签署了《中华人民共和国政府和欧洲联盟民用航空安全协定》和《中华人民共和国政府和欧洲联盟关于航班若干方面的协定》。我国驻欧盟使团大使张明见证了上述协定的签署。

上述两个协定的签署是落实第二十一次中欧领导人会晤联合声明的具体举措，是中国与欧盟首次在民航领域签署协定，是双方民航领域合作的重要里程碑，将进一步促进中欧在民航各领域的合作，丰富中欧全面战略伙伴关系内涵。

图 5-1-16 中国与欧盟首次签署民航领域协定

（七）民航局向香港国泰航空发出重大航空安全风险警示

2019 年 8 月 9 日，针对香港国泰航空在多起事件中暴露出的安全风险及隐患，民航局向香港国泰航空发出重大航空安全风险警示。

民航局在安全风险警示中，对香港国泰航空明确提出三点要求：一是自 2019 年 8 月 10 日零时起，对所有参与和支持非法游行示威、暴力冲击活动，以及有过过激行为的人员，立即停止其执飞内地航班或执行与内地航空运输活动相关的一切职务活动；二是自 2019 年 8 月 11 日零时起，向其在内地的运行合格审定机构报送所有飞往内地和飞越内地领空的机组人员身份信息，未经审核通过，不予接收该航班；三是于 2019 年 8 月 15 日零时前，向其在内地的运行合格审定机构报送公司加强内部管控、提升飞行安全和安保水平的措施方案。

图 5-1-17 民航局向香港国泰航空发出重大航空安全风险警示

（八）民航局发布《中国民航北斗卫星导航系统应用实施路线图》

2019 年 11 月 26 日，民航局正式发布《中国民航北斗卫星导航系统应用实施路线图》，提出要大力推进北斗系统应用，积极构建以北斗为核心的全球卫星导航系统（GNSS）技术应用体系，推动以星基定位、导航与授时技术为核心的新一代空中航行系统建设与运行，按照“从易到难，从便携到机载，从监视到导航，通用运输统筹推进”的总体实施路径，促进民航高质量发展。这是北斗系统在中国民航应用的首个系统性实施路径。

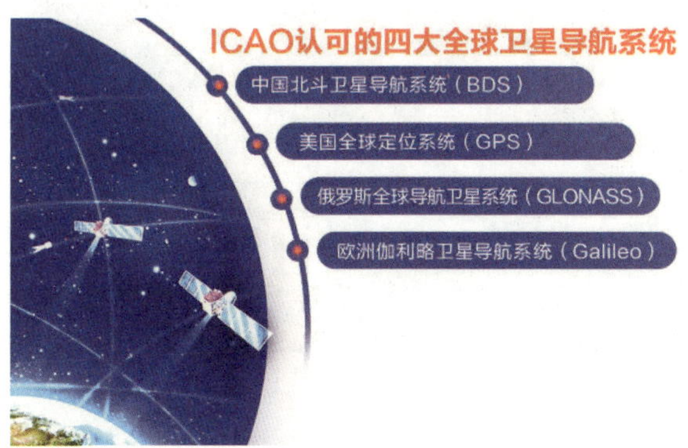

图 5-1-18 民航局发布《中国民航北斗卫星导航系统应用实施路线图》

2019 年 12 月 25 日下午，首架安装北斗卫星导航系统的运输飞机在新疆喀什平稳着陆。这是北斗卫星导航系统在中国民航运输航空领域的首次应用，实现了基于北斗的运输飞机全程定位和追踪，对提升民航安全水平、提升民航国际竞争力和话语权意义重大。

（九）《中国机长》国庆节热映 观众盛赞当代民航精神

2019 年 9 月 30 日，由中国民航系统多家单位协拍的电影《中国机长》作为新中国成立 70 周年的献礼片在全国上映。电影根据 2018 年 5 月 14 日川航 3U8633 航班“中国民航英雄机组”成功备降的真实事件改编，通过荧幕呈现了民航人敬畏生命、敬畏职责、敬畏规章的职业理念和价值追求，展示了当代民航人的精神风貌，在业内外获得了极高的口碑。共计 10 多个民航单位、1000 多位民航人参与了电影协拍工作。约 7700 万人次的观众观看了这部影片，观众纷纷为当代民航精神点赞。

电影《中国机长》被国家电影局列为“庆祝中华人民共和国成立 70 周年优秀国产新片展映”活动的重点影片。《中国机长》的热映增强了民航的行业凝聚力，也让社会公众进一步加深了对民航的理解和支持。

图 5-1-19 《中国机长》国庆节热映 观众盛赞当代民航精神

（十）全国目视飞行航图发布

2019 年 12 月 26 日，民航局空管局正式发布全国目视飞行航图，同步推出的中国民航通用航空信息服务平台升级上线，为通航飞行提供“看得见、摸得着、拿得起、用得了”的基础工具。

目视飞行航图是低空飞行中领航的主要手段，是影响低空飞行安全的重要因素。数字化目视飞行航图的正式发布，能够促进通用航空发展、满足低空飞行需要，提高低空空域资源利用率，提升民航安全性，带动我国通用航空产业上下游和相关领域发展。而中国民航通用航空信息服务平台将作为公布目视飞行航空图和通用机场资料等基础信息的唯一官方渠道，免费为用户提供目视障碍物、地形地貌、山川河流等飞行航空数据，还可以提供运输航空数据的查阅功能，包括航路航线、运输机场、管制区域、通信频率、导航设施等信息。

图 5-1-20 全国目视飞行航图发布

四、邮政行业重大事件

（一）习近平总书记亲切关怀邮政业发展

习近平总书记在 2019 年新年贺词中亲切问候快递小哥等劳动者，他说：“这个时候，快递小哥、环卫工人、出租车司机以及千千万万的劳动者，还在辛勤工作，我们要感谢这些美好生活的创造者、守护者。大家辛苦了。”

2 月 1 日，农历春节来临之际，习近平总书记在北京看望慰问基层干部群众时，看望了仍在工作的快递小哥。习近平指出，快递小哥工作很辛苦，起早贪黑、风雨无阻，越是节假日越忙碌，像勤劳的小蜜蜂，是最辛勤的劳动者，为大家生活带来了便利。

9 月 17 日，习近平总书记在河南省光山县文殊乡东岳村考察时强调，要积极发展农村电子商务和快递业务，拓展农产品销售渠道，增加农民收入，要注意节约环保，杜绝过度包装，避免浪费和污染环境。

（二）提前一年实现“村村直通邮”

在国务院新闻办公室 9 月 17 日举行的中国邮政业改革发展成效发布会上，国家邮政局局长马军胜指出，截至 2019 年 8 月底，全国建制村基本实现直接通邮，提前一年完成党中央、国务院赋予的重大任务。目前，全国 55 万多个建制村的村民足不出村就可以收到邮件包裹。

（三）其美多吉等邮政业先进集体和个人获得国家级高规格荣誉

1 月 25 日，中央宣传部向全社会发布其美多吉的先进事迹，授予他“时代楷模”称号。四川省甘孜州甘孜县邮政分公司长途邮运驾驶员其美多吉爱岗敬业，意志坚强，珍爱团结，以螺丝钉精神紧紧钉在川藏线上，将来自党中央的声音、祖国四面八方的邮件送往雪域的各个角落，被群众誉为“雪线邮路的幸福使者”。

9 月 27 日，全国民族团结进步表彰大会在北京举行，新疆和田地区邮政管理局荣获全国民族团结进步模范集体称号，西藏昌都市邮政管理局行业管理科（机要通信科）科长刘仕超、其美多吉荣获全国民族团结进步模范个人称号。习近平总书记亲自为其美多吉颁发奖章和证书。

在 9 月 25 日举行的“最美奋斗者”表彰大会上，其美多吉还和四川省凉山州木里县分公司投递员王顺友一起，荣获了“最美奋斗者”荣誉称号。其美多吉接受表彰后作为 8 位发言代表之一在大会上作了题为《传递奋斗精神　点亮幸福生活》的发言。

6 月 25 日，第九届全国“人民满意的公务员”和“人民满意的公务员集体”表彰大会在京举行。湖北省恩施州邮政管理局获评“人民满意的公务员集体”。全国“人民满意的公务员”和“人民满意的公务员集体”称号是公务员奖励的最高荣誉。这是邮政体制改革以来，邮政管理系统首次获此殊荣。

（四）中国积极参与全球邮政治理推动邮政领域国际交流合作

2018 年 10 月以来，在党中央国务院的坚强领导下，国家邮政局为应对万国邮联终端费改革做了大量工作。2019 年，国家邮政局成功推动 9 月 24 日至 26 日举行的万国邮联第三次特别大会否决了美国主张的完全自定义方案 B，一致通过融合方案 V，美国宣布将继续留在万国邮联。这充分反映了大多数成员国支持万国邮联多边机制和维护单一邮政领域的意愿，是多边主义战胜单边主义和极限施压的重大胜利。

11 月 26—28 日，万国邮联电子商务时代跨境合作全球大会在厦门召开，这是万国邮联与中国联合举办的首个以跨境电商全球合作为主题的大会。大会发布了万国邮联在跨境电子商务领域达成的一项重要全球性共识——《厦门倡议》，传递出万国邮联与其他利益相关方在跨境电子商务全球合作的强烈信号。本次大会共有 102 个国家和地区邮政部门和利益相关方、万国邮联、世界海关组织等 8 个国际组织，380 余名代表参加会议。

（五）中国邮政集团有限公司揭牌成立

2019 年 12 月 28 日，中国邮政集团有限公司在京正式揭牌成立。经国务院批准同意，中国邮政集团公司改制更名为中国邮政集团有限

图 5-1-21　2019 年 11 月 26 日—28 日，万国邮联电子商务时代跨境合作全球大会在厦门召开（图片由国家邮政局提供）

公司。改制后的中国邮政集团有限公司由中央管理，是依照《中华人民共和国公司法》组建的国有独资公司。公司注册资本 1376 亿元，以邮政、快递物流、金融、电子商务等为主业，实行多元化经营。公司及各级分支机构对国家规定范围内的邮政业务提供普遍服务，按照国家规定办理机要通信、国家规定的报刊发行，以及义务兵平常信函、盲人读物和革命烈士遗物的免费寄递等特殊服务业务。公司中文简称为“中国邮政”。

第二章 重大宣传成就

一、交通运输部重大宣传成就

（一）深入学习宣传贯彻习近平新时代中国特色社会主义思想和党的十九大和十九届二中、三中、四中全会精神

一是坚持不懈以习近平新时代中国特色社会主义思想武装行业，指导实践。编印《习近平论交通运输》，形成“以习近平新时代中国特色社会主义思想为指导奋力开启建设交通强国新征程”学习成果，作为党员干部培训教材。

二是深入开展“不忘初心、牢记使命”主题教育宣传报道。坚持学习教育、调查研究、检视问题、整改落实贯穿始终，全面梳理贯彻落实习近平总书记重要思想，大力宣传交通运输部门开展主题教育情况及成效。

三是深化习近平新时代中国特色社会主义思想在交通领域的成功实践研究。部党组在《学习时报》发表《大力推进“四好农村路”高质量发展》署名文章，在“学习强国”平台等积极宣传“四好农村路”建设成效，增强交通运输干部职工学习贯彻习近平新时代中国特色社会主义思想的自觉性和坚定性。开通“我家门口那条路”主题活动官方微博，微博粉丝超过300万，微博阅读量超过6亿次。

四是贯彻落实习近平总书记要求，大力弘扬“两路”精神、奋斗精神、英雄精神。围绕习近平总书记关于“两路”批示五周年，组织专题采访，发行纪念邮票，举办座谈会，在央视节目中推介“两路”精神，深入开展“两路”精神学习宣传教育专项行动。会同国务院国资委、中华全国总工会印发关于开展向港珠澳大桥建设者学习的决定，大力弘扬奋斗精神。

（二）大力营造庆祝中华人民共和国成立70周年的舆论氛围

一是加强主题宣传报道。围绕庆祝中华人民共和国成立70周年，浓墨重彩宣传交通行业70年来的奋斗历程、成功实践和伟大成就。人民日报4个整版、新华社长篇通讯、经济日报头版头条和7个整版、央视《新闻联播》《焦点访谈》关注交通、报道交通。指导行业媒体开设“壮丽70年 奋进新时代”专题专栏，营造浓厚氛围。

二是充分做好成就展示。推动54项交通成就入选“伟大历程 辉煌成就——庆祝中华人民共和国成立70周年大型成就展”，10人在70周年大型成就展英模人物展示区展出，24件交通大事写入《中华人民共和国大事记》。编印《与新中国同行——新中国成立70周年交通运输改革发展报道汇编》。

三是积极培育宣传先进典型。积极培树宣传全国和行业重大典型，涌现出“时代楷模”其美多吉、“最美奋斗者”刘传健等一批全行业学习的典范，在人民大会堂举办其美多吉先进事迹报告会。7名交通代表参加国庆花车游行。

四是发动行业全方位参与。注重调动全行业力量，发挥行业合力，广泛组织开展新中国成立70周年各类群众性主题教育活动，大力营造全行业积极向上的舆论氛围。

（三）讲好交通故事，营造加快建设交通强国氛围

一是加大宣传引导。做好新闻发布和政策解读，举办24场新闻发布会，其中9场在国务院新闻办公室举行。加强和全行业互动，会同部分

交通厅联合发布新闻。组织8场热点讲坛，积极正本清源。

二是做好主题宣传。围绕“不忘初心、牢记使命”主题教育、加快建设交通强国、交通脱贫攻坚、取消高速公路省界收费站、深入推动长江经济带发展等重大主题，组织媒体开展系列专题宣传。印发宣传贯彻《交通强国建设纲要》的通知，推广学习《纲要》单行本，交通强国宣传标语及海报在“车、船、机、路、港、站”广泛展示。

三是加强创新发展。全力办好用好新媒体平台，截至2019年11月，部政务微信粉丝超过100万，部抖音、头条号等新媒体平台累计发布信息4696篇，总阅读量超8000万。

二、铁路重大宣传成就

（一）先进典型宣传取得新突破

2019年，中央宣传部评选表彰新中国成立以来涌现的英雄模范，铁路系统“毛泽东号”机车组、茅以升、杨连弟、巨晓林、单杏花、李向前、孙永才、窦铁成荣获新中国成立70周年“最美奋斗者”称号。向全社会公开发布2018年“最美铁路人”先进事迹，系列专题片《最美铁路人》在央视播出，《2018最美铁路人》报告文学集、《2018年度新时代铁路榜样风采录》出版，在路内外产生热烈反响。中央文明办等6部门开展表彰第七届全国道德模范活动，中国铁路成都局集团有限公司徐前凯当选第七届全国道德模范，中国铁路兰州局集团有限公司陈忠祥荣获提名奖。

（二）铁路文化建设深入推进

制作完成反映百年铁路发展历程的电视专题片《不忘初心 砥砺前行》，分解为5个短视频和17个抖音产品进行全网推送，产生广泛积极的影响。开展“铁路老物件会说话”宣传活动，推出“0”号蒸汽机车等11个老物件的新媒体产品，其中4件当选“新中国70年 镇馆之宝70件”文物。7个铁路单位成功入选第八批全国重点文物保护单位，南京长江大桥被命名为全国爱国主义教育示范基地。参与京张高铁站房建设文化设计，制作电视专题片《圆梦京张》，设计《筑梦京张——京张高铁开通纪念站台票册》，积极培育高铁文化。铁路作家王雄创作的长篇报告文学《丝路大通道——中欧班列纪行》出版，并推出英、法、德、意、俄、阿6个外国语种版本面向国内外发行。铁路作家孟广顺创作的长篇小说《高铁作证》出版，根据小说改编的同名电影、电视连续剧已报中央宣传部、国家广播电视总局审批立项。加强站车文化宣传，组织播出张富清同志先进事迹宣传片等60余部公益宣传片，制作推送8集高铁文明出行宣传片。

（三）新时代铁路故事深入人心

以庆祝新中国成立70周年宣传为主线，中央主要媒体赴铁道科学研究院集团有限公司、京沪高铁、青藏铁路开展“壮丽70年·奋斗新时代”调研采访，推出了一批反映铁路发展成就的新闻报道。编印《新中国成立70年铁路行业发展历程与成就》。出版《快速发展的中国高速铁路》外宣图书。抓好铁路一线人物宣传，先后推出“相约零点37分的爱情故事”“韩军甲的八本火车驾照”“郑州站离休职工左春秀”等一大批感人至深的先进人物报道。

（四）新媒体融合发展取得新成绩

发挥铁路系统全媒体矩阵联盟作用。《铁道政言》政务微博关注量达117万，人民铁道微信公众号关注量达133.6万，中国铁路微信、微博、抖音账号关注量分别达248.8万、224万、88.9万，人民铁道和中国铁路微信公众号阅读量达10万+的作品有95个。

三、民航重大宣传成就

（一）深入学习宣传贯彻习近平总书记新时代中国特色社会主义思想

按照学懂弄通做实的要求，组织广大党员、

干部认真学习《习近平谈治国理政》，及时跟进学习习近平总书记最新重要讲话，深入学习对民航工作的系列重要指示批示精神，深入开展“不忘初心、牢记使命”主题教育宣传报道，深化习近平新时代中国特色社会主义思想在民航领域的成功实践研究。

（二）大力弘扬英雄精神和当代民航精神

持续深入学习贯彻习近平总书记重要指示精神，学习英雄机组的先进事迹，深化“最美民航人”宣传展示，大力培树先进典型，举办民航系统劳模座谈会，引导民航广大干部职工立足平凡岗位，做好本职工作，彰显英雄精神和当代民航精神。持续做好当代民航精神进校园、进教材、进学生头脑等工作。

（三）广泛开展庆祝新中国成立 70 周年系列活动

制定庆祝活动方案，抓好组织实施，唱响礼赞新中国、奋进新时代的昂扬旋律。指导民航博物馆举办新中国民航 70 周年成就展，依托中国民航报、中国民航网等行业媒体开展“壮丽 70 年 · 奋斗新时代”主题宣传，聚焦安全、发展、建设、改革等方面推出系列报道，全方位展示新中国成立 70 年来民航事业发展的光辉历程、巨大成就和宝贵经验。协助工会开展“我和我的祖国”等群众性主题教育活动，激励民航广大干部职工投身民航强国建设、建功新时代。协调纪录片《大国交通》筹拍工作。

（四）深化理想信念教育

围绕庆祝新中国成立 70 周年、纪念“两航起义”70 周年，加强党史、国史、民航史学习教育，指导民航出版社和航协推出《中国民用航空史》《立足小客舱、服务大世界》图书，深化理想信念教育。严格落实意识形态工作责任制，加强阵地管理和队伍管理，弘扬斗争精神，坚决反对和抵制各种错误思想和负面言论。认真落实重大情况党内通报、谈心谈话制度。围绕重要节点，及时关注干部职工思想动态，深入细致做好思想政治工作，维护队伍稳定。加强院校思想政治工作，做好高级政工师评选、文明出行、扫黄打非等工作。

（五）联合举办第三届社会主义核心价值观主题微电影征集展示活动

为认真贯彻中共中央、国务院印发的《新时代公民道德建设实施纲要》《新时代爱国主义教育实施纲要》，围绕庆祝中华人民共和国成立 70 周年这一主题，聚焦“新时代 新气象 新作为”，中宣部牵头举办了第三届社会主义核心价值观主题微电影征集展示活动，选出了 135 部呈现核心价值观主题的微电影作品并面向社会集中发布。活动进一步强化社会主义核心价值观的宣传普及，生动形象地传递向上向善的价值追求，丰富节日期间广大观众文化生活，为元旦春节营造喜庆热烈的浓厚氛围。

（六）持续推进民航精神文明建设

一是协调组织《中国机长》电影拍摄、首映、宣传推广。组织召开协调会，协调川航、西南地区民航单位积极支持配合电影拍摄。指导宣教中心做好协拍保障工作，组织有关司局领导、英雄机组成员、业内专家介绍情况，审读剧本，提出专业性意见。加强与博纳影业的沟通，多次深入现场指导、审查样片，强调把“敬畏规章、敬畏职责、敬畏生命”作为主题主线贯穿影片始终，艺术再现“史诗级”备降过程，打造彰显英雄精神的精品力作。积极配合做好首映、宣传推广，影片在全社会热映，有力增强了民航干部职工的自豪感、荣誉感，收到了讲好民航故事、展示民航形象的良好效果。

二是精心组织了央视“心连心”艺术团赴北京大兴国际机场慰问演出。加强与中宣部的请示汇报、与中央广播电视总台的协调沟通，积极参与节目创作，组织首都机场集团等单位做好保障。10 月 15 日，以“奋斗新时代”为主题的慰问演出成功举办。11 月 2 日在央视一套黄金时段首播，此后安排五次重播。演出生动诠释了习近平总书记出席北京大兴国际机场投运仪式时的重要指示精神，向全社会展示了大兴机场建设成果、新中国民航 70 年发展成就和民航人的新担当、新风采。

三是选树重大典型“中国民航英雄机长”刘传健。2019 年推荐“中国民航英雄机长”刘传健获得的重要奖项：2019 年 2 月，获得“感动中国 2018 年度人物”荣誉称号；2019 年 4 月，获得“2018 年感动交通十大年度人物”荣誉称号；2019 年 9 月，获得“最美奋斗者”荣誉称号。

四、邮政重大宣传成就

（一）深入学习宣传贯彻习近平总书记关于邮政业重要指示批示精神

国家邮政局党组成员带头深入学习宣传习近平总书记关于邮政业重要指示批示精神，印发《贯彻落实习近平总书记近期对邮政业系列重要指示批示精神的实施方案》，协调 18 个部门联合印发《关于认真落实习近平总书记重要指示推动邮政业高质量发展的实施意见》，扎实推动打好三大攻坚战、偏远地区邮政普遍服务、邮政绿色发展、关爱快递小哥等工作。

（二）扎实开展庆祝新中国成立 70 周年主题宣传教育

广泛组织开展“我和我的祖国”群众性主题宣传教育活动。组织 1000 名快递小哥参与国庆群众游行展示行业风貌，制作《中国与万国邮联》专题片亮相大型成就展，国家邮政局党组主要负责同志参加国务院新闻办发布会介绍 70 年来邮政业改革发展情况。组织主要中央媒体和行业媒体前往北京东四邮局和安徽黄山、安庆蹲点，开展“壮丽 70 年 奋斗新时代”主题采访活动。出版了反映我国邮政业特别是快递业 40 年发展历程的大型主题图书《无处不在》，为改革开放 40 周年和新中国成立 70 周年献礼。在局网站和行业媒体开设专栏专题，巩固壮大决胜全面小康、推动改革发展的舆论强势。

（三）大力培育践行社会主义核心价值观

联合中宣部、交通运输部举办两场其美多吉先进事迹报告会，国家邮政局党组在《求是》杂志发表相关文章，出版行业首部党建读本《时代楷模其美多吉》。开展“快递员眼中的美好生活”手机摄影视频作品征集和寻找“最美快递员”“黑马杯”行业篮球赛等文体活动，打造快递员文宣产品链，使培育和践行核心价值观落细落小落实。

（四）持续加强新闻发布和宣传报道

全年共参加国务院新闻办新闻发布会 3 场，举行国家邮政局例行新闻发布会、专题新闻发布会、新闻通气会 8 场，并通过人民日报、新华社、中央广播电视总台等权威渠道，及时主动发布信息、解读政策，回应社会关切，引导主流舆论。在万国邮联电子商务时代跨境合作全球大会的新闻宣传中，实现组织外国媒体采访报道零的突破。深入宣传全行业贯彻落实习近平总书记关于邮政业重要指示批示精神的举措和效果，重点做好行业打好三大攻坚战、服务现代农业和先进制造业、服务“一带一路”建设等行业发展重点和群众关心的热点难点问题的宣传报道，为行业改革发展营造良好舆论氛围。

（五）加强新闻宣传阵地和队伍建设

制定《2019 年全国邮政管理系统新闻宣传工作要点》，对 2018 年度全系统新闻发布和政务新媒体工作情况进行评估。充分发挥“3+X”行业新闻宣传平台和三级行业新闻宣传体系作用，研究部署打造新型传播平台、建设新型主流行业媒体。大力加强思想教育、纪律教育和业务教育，提升从业人员政治能力和意识形态工作水平。

第六篇
专题特辑

Section VI
Special Subjects

专题一 “四好农村路”

“四好农村路”是习近平总书记亲自提出、亲自推动的一项民生工程、民心工程、德政工程。党的十八大以来，习近平总书记高度重视“四好农村路”建设，先后三次作出重要指示。2019年是习近平总书记首次作出“四好农村路”重要指示批示五周年，交通运输行业锐意进取、聚力攻坚，从打赢脱贫攻坚战、实施乡村振兴战略、推进农业农村现代化的高度，推动“四好农村路”高质量发展。

一、强化组织领导，深入学习贯彻落实总书记指示精神

推动“四好农村路”高质量发展，必须坚持以习近平总书记关于“四好农村路”重要指示精神为指导。交通运输部党组书记杨传堂、部长李小鹏多次组织召开党组会、部务会、领导小组会、党组中心组学习会，学习总书记重要指示精神，并对“四好农村路”工作进行安排部署。

一是组织召开全国视频会。2月，交通运输部组织召开全国交通运输系统深入学习落实习近平总书记重要指示、推进“四好农村路”高质量发展视频会议，提出了牢记使命、勇于担当、加快迈上“四好农村路”高质量发展新台阶的要求。

二是协助筹备远程协商会。3月，协助全国政协筹备了推进“四好农村路”建设网络议政远程协商会，梳理了网络议政平台上345位发言委员提出的794条建议，并就反映最集中的农村公路养护责任、资金筹集等十个方面问题提出了答复建议，充分听取意见建议，最大限度凝聚共识。

三是继续召开全国现场会。11月，在过去四年分别以“建设、管理、养护、运营”为主题召开四次现场会的基础上，在四川蒲江县召开全国推动“四好农村路”高质量发展现场会，实地考察了蒲江县“四好农村路”发展情况，8家单位分享了典型经验，同时全面总结经验部署工作、贯彻落实习近平总书记重要指示精神，推动“四好农村路”高质量发展。

四是报送工作进展情况。报送了《交通运输部关于贯彻落实习近平总书记重要指示精神深入推动“四好农村路”高质量发展的报告》（交公路发〔2019〕166号），将党的十八大以来农村公路发展取得的成绩、主要认识和体会以及下一步工作安排报送中共中央、国务院。

二、加强路网建设，农村公路基本实现通村畅乡

2019年全年新改建农村公路29万公里，实施“畅返不畅”整治工程7.9万公里，实现全国具备条件的乡镇和建制村全部通硬化路。

一是开展通硬化路数据核实工作。印发了《交通运输部办公厅关于进一步加强和规范交

通运输扶贫统计工作的通知》（交办规划函〔2019〕408号）、《交通运输部办公厅关于加快核实乡镇和建制村通硬化路通客车基础数据的通知》（交办规划函〔2019〕510号），组织全国开展了建制村通硬化路基础数据核实工作，全面掌握建制村通硬化路进展情况，确保数据真实可靠。

二是推进交通建设项目进村入户。印发《交通运输部关于贯彻落实习近平总书记重要指示精神做好交通建设项目更多向进村入户倾斜的指导意见》（交规划发〔2019〕118号），全面推进交通建设项目向进村入户倾斜，分类有序推进较大人口规模自然村（组）通硬化路工作。

三是进一步完善农村公路网络。继续实施窄路基路面农村公路加宽改造、国有林场林区道路建设，农村公路安全生命防护工程建设稳步推进，四、五类危桥逐步减少，农村公路交通安全条件明显改善。推动贫困地区建成农村地区资源路、旅游路、产业路9000余公里，进一步支撑脱贫攻坚工作。加强乡镇运输服务站建设，保障广大农村地区客运出行，健全农村地区三级物流网络节点体系。

四是加强农村公路项目质量监管。开展农村公路建设质量安全督查，完成对陕西、山西、内蒙古、广西、贵州、宁夏、甘肃、四川等省（自治区）的16个农村公路项目质量安全督查，推动农村公路质量安全管理水平提升。印发《关于开展2019年度农村公路扶贫公路质量检测志愿帮扶工作的通知》（交安监公函〔2019〕19号），开展农村公路质量检测志愿帮扶，296家试验检测机构对24个省（自治区、直辖市）2248条农村公路进行了实体质量检测，涉及县道180条、乡道435条、村道1629条，抽检数据1.8万组（个）。

三、完善法规政策，农村公路基本实现有章可循

交通运输部深入贯彻落实十九届四中全会精神，坚持和完善中国特色社会主义法治体系，推进农村公路法律法规政策体系建设。在出台《农村公路建设管理办法》《农村公路养护管理办法》等部门规章的基础上，不断完善有关法规政策，实现农村公路治理有法可依。

一是做好顶层设计。加快推进《中华人民共和国公路法》《农村公路条例》制修订工作，明确农村公路的涵盖范围、职责分工、资金渠道、管理机制，为农村公路的建设、管理、养护、运营提供法制保障。4月，《农村公路条例（送审稿）》报送国务院，国务院批转司法部研究办理。推动司法部启动了征求意见和立法审核工作。

二是推动八大工程。印发《交通运输部　国家发展改革委　财政部　自然资源部　农业农村部　国务院扶贫办　国家邮政局　中华全国供销合作总社关于推动"四好农村路"高质量发展的指导意见》（交公路发〔2019〕96号），以补短板、促发展、助增收、提服务、强管养、重示范、夯基础、保安全"八大工程"为载体，推动"四好农村路"高质量发展。

三是完善技术标准。出台《小交通量农村公路工程技术标准》（JTG 2111—2019），明确了小交通量农村公路的技术指标要求。出台《农村公路养护技术规范》（JTG/T 5190—2019），推进农村公路"专群结合"的养护方式，规范了养护技术要求，进一步完善了技术标准体系。

四、聚焦管养短板，农村公路基本实现有路必养

9月，国务院办公厅印发了《关于深化农村公路管理养护体制改革的意见》（国办发〔2019〕45号），着力构建农村公路管理养护组织保障、资金保障、技术保障、考核保障四个体系，加快完善农村公路管理养护长效机制。

一是明确农村公路管养目标。到2022年，要基本建立权责清晰、齐抓共管的农村公路管理养护体制机制，形成财政投入职责明确、社会力量积极参与的格局。到2035年，全面建成体系完备、运转高效的农村公路管理养护体制机制，基本实现城乡公路交通基本公共服务均等化，路况水平和路域环境根本性好转，农村公路治理能力全面提高，治理体系全面完善。

二是完善农村公路管养体制。省级人民政府要加强统筹和指导监督，制定农村公路管理养护权力和责任清单，建立健全规章制度。市级人民政府要发挥好承上启下作用，完善支持政策和养护资金补助机制，加强指导监督。县级人民政府履行主体责任，大力推广县、乡、村三级“路长制”，各级路长负责相应农村公路管理养护工作，建立“精干高效、专兼结合、以专为主”的管理体系。同时要发挥乡村两级作用和农民群众积极性。

三是强化农村公路管养资金保障。落实成品油税费改革资金，完善转移支付政策，合理确定转移支付规模。加大财政资金支持力度，明确了省、市、县三级公共财政资金用于农村公路日常养护的标准。强化养护资金使用监督管理，建立农村公路管理养护考核机制。创新农村公路发展投融资机制，地方各级人民政府要用多种方式支持农村公路养护。

四是建立农村公路管养长效机制。加快推进农村公路养护市场化改革，逐步建立政府与市场合理分工的养护生产组织模式。加强安全和信用管理，实施守信联合激励和失信联合惩戒。提高农村公路养护技术，完善路政管理指导体系，建立县有路政员、乡有监管员、村有护路员的路产路权保护队伍。

五、提升运输服务水平，农村公路基本实现运有所达

2019年，各地交通运输部门坚决贯彻习近平总书记重要指示批示精神，按照党中央、国务院决策部署，在地方党委、政府的坚强领导下，开拓创新、攻坚克难，农村客货运输发展取得显著成效。

一是开展乡镇和建制村通客车数据核实工作。组织全国开展了乡镇和建制村通客车基础数据核实工作，全面掌握已通客车乡镇和建制村、未通客车乡镇和建制村、不具备通客车条件的乡镇和建制村等台账，确保情况明、底数清。

二是全力推进建制村通客车民生实事。2019年，全国新增通客车建制村创历年来新高，全年新增通客车建制村11264个，其中贫困地区新增7002个，截至2019年底，24个省（自治区、直辖市）已实现所有具备条件的乡镇、建制村通客车，具备条件的乡镇、建制村通客车率分别达到99.9%和99.8%。

三是开展第一批城乡交通运输一体化示范县创建。指导各地加快开展第一批城乡交通运输一体化示范县创建，涌现出安徽舒城全域公交、富裕城乡客运公交化改造、湖北竹山客货运统筹等典型发展模式。全国城乡交通运输一体化发展水平达到AAA和AAAA级以上的区县比例分别超过94%和64%。

四是不断完善农村客运发展长效机制。印发《交通运输部办公厅关于推动乡镇和建制村通客车任务纳入地方脱贫攻坚考核目标的通知》，要求各省（自治区、直辖市）交通运输

厅抓紧向省级人民政府汇报，积极争取将乡镇和建制村通客车任务纳入地方政府考核体系。截至2019年底，已有山西、黑龙江等15个省（自治区、直辖市）将具备条件的乡镇和建制村通客车指标纳入政府考核体系。协调财政部落实农村客运油补延续政策，确定2020年农村客运油补继续按现有政策执行。

五是加强督导调研和工作指导。将建制村通客车工作纳入交通运输综合督查，赴安徽、江西、福建等10个省（自治区、直辖市）开展督导，赴甘肃、四川、黑龙江、福建、广西等地开展调研，督促指导各地因地制宜加快推进建制村通客车。

六是加强针对落后地区农村客运发展的指导。组织山西、广东、广西等进度滞后的省（自治区）交通运输主管部门召开贫困地区农村客运发展座谈会，组织四川、云南、甘肃、新疆等省（自治区）交通运输部门同志赴安徽舒城、贵州雷山调研学习农村客运发展经验。11月下旬，在河南潢川组织开展农村客运发展现场调研，10个省（自治区、直辖市）及其贫困地区交通运输部门参加调研。编制发布《农村客运发展典型案例》，供贫困地区参考学习。

七是农村物流网络建设不断加强。联合国家邮政局、中国邮政集团公司印发《关于深化交通运输与邮政快递融合推进农村物流高质量发展的意见》（交运发〔2019〕107号），推动交通运输与邮政快递在农村地区融合发展，提高农村物流服务覆盖率，为打赢脱贫攻坚战、实施乡村振兴战略提供更加坚实的运输服务保障。印发了《交通运输部办公厅关于深化交邮融合推广农村物流服务品牌的通知》（交办运函〔2019〕1359号），联合国家邮政局在全国范围内组织开展“农村物流服务品牌”推广工作，进一步深化交邮融合，引领农村物流高质量发展。

六、注重宣传示范，农村公路在基层凝聚民心

“四好农村路”为广大农民致富奔小康、加快推进农业农村现代化提供坚强的交通运输保障。“四好农村路”全国示范县创建工作取得显著成效，在“四好农村路”高质量发展过程中起到了引领示范作用。

一是开展实地复核。印发《交通运输部办公厅关于开展2019年“四好农村路”全国示范县实地复核工作的通知》（交办公路函〔2019〕1212号），围绕《交通运输部　农业农村部　国务院扶贫办关于联合开展“四好农村路”全国示范县创建和命名工作的通知》（交公路发〔2018〕76号）明确的示范县创建标准，采用省际交叉互检方式，针对各省（区、市）申报县进行复核。

二是强化示范引领。印发《交通运输部　农业农村部　国务院扶贫办关于命名“四好农村路”全国示范县的通知》（交公路发〔2019〕137号），经县级申请、对标遴选、省市核查、专家评审、实地复核等严格过程，完成“四好农村路”全国示范县评选与命名工作，共同命名了新一批83个县（市、区）为“四好农村路”全国示范县，推广有益经验。

三是创新宣传阵地。6月，交通运输部以“我家门口那条路”为主题开通微博、组织线上线下展示活动，反映“四好农村路”服务脱贫攻坚、助推乡村振兴成效，充分体现了“四好农村路”是民心所向的民生工程。推荐反映“四好农村路”建设成效的图片参展“庆祝中华人民共和国成立70周年大型成就展”，组织新华社、中央广播电视总台等中央及行业媒体赴湖北恩施和宁夏固原开展2019年交通扶贫重大主题宣传活动，均取得了良好效果。

专题二 脱贫攻坚

一、交通运输脱贫攻坚情况

2019 年，交通运输部坚持以习近平总书记关于扶贫工作的重要论述和指示批示精神为指导，切实落实党中央、国务院决策部署，始终把打赢交通运输脱贫攻坚战作为头号政治任务和第一民生工程，将中央脱贫攻坚专项巡视整改与“不忘初心、牢记使命”主题教育紧密结合，以深度贫困地区为重点，扎实推进交通扶贫、定点扶贫、对口支援和联系六盘山片区工作，圆满完成了 2019 年各项目标任务，为贫困地区打赢打好脱贫攻坚战提供坚实保障。交通运输部 2019 年定点扶贫工作考核等次连续三年被评为第一档“好”。

（一）加强对脱贫攻坚工作的全面领导

一是深入学习领会习近平总书记关于扶贫工作重要论述和指示批示精神。交通运输部先后召开 12 次党组会、15 次部务会、6 次领导小组会，传达学习贯彻，研究推进交通运输脱贫攻坚工作。及时组织部机关司局及部属在京各单位党组织，结合理论学习中心组学习、“三会一课”、组织生活日等形式开展专题学习。二是完善工作机制。强化组织领导，调整充实交通运输服务乡村振兴战略、推进“四好农村路”建设和脱贫攻坚领导小组，杨传堂、李小鹏同志担任组长，形成党组领导、小组主抓、司局落实的责任体系。在部综合规划司投资计划处加挂扶贫处牌子，充实稳定专职扶贫工作队伍。着眼于综合交通全局视野，构建交通运输部与国家铁路局、中国民用航空局、国家邮政局“一部三局”大交通扶贫格局。

（二）聚焦抓好中央脱贫攻坚专项巡视反馈问题整改工作

部党组切实履行巡视整改主体责任，杨传堂、李小鹏同志任部党组专项巡视工作领导小组组长，对巡视整改负总责。对照巡视反馈问题，明确 20 项巡视整改任务，制定 52 条整改措施，由党组成员分工抓好整改落实。将巡视整改纳入“不忘初心、牢记使命”主题教育重要内容，党组成员分别深入定点扶贫县、对口支援县、六盘山片区、“三区三州”实地调研检查 17 次，将调研发现问题与巡视整改任务并账管理。各类问题均已全部整改完成并转入常态化工作。

（三）扎实推进交通扶贫规划实施

一是制定《打赢交通扶贫脱贫攻坚战 2019—2020 年实施方案》，压实责任，分省细化分解两年交通扶贫建设任务。印发《关于贯彻落实习近平总书记重要指示精神做好交通建设项目更多向进村入户倾斜的指导意见》，指导各地因地制宜推进通自然村道路建设。二是会同各省（区、市）交通运输部门抓好交通扶贫基础底数核查确认，建立了县对外通道、乡镇通硬化路通客车、建制村通硬化路通客车三级项目台账。将交通扶贫规划目标任务量化指标全部纳入统计制度，并对“三区三州”单独管理，严防数据虚假。

（四）加快推进贫困地区交通基础设施建设

一是加快补齐交通建设短板。2019年，安排车购税资金2154亿元用于贫困地区交通基础设施建设，其中519亿元用于农村公路建设。新增国家高速公路通车里程约1880公里，建成普通国道约6200公里，新改建农村公路18.2万公里，实现了所有具备条件的乡镇和建制村100%通硬化路。二是着力攻克深度贫困堡垒。部党组对“三区三州”交通扶贫脱贫攻坚作出专项安排。新增资金、新增项目、新增举措进一步向深度贫困地区倾斜，2019年安排车购税资金602亿元支持“三区三州”交通项目建设，其中安排农村公路切块资金99亿元。

（五）强化贫困地区农村公路管理养护

推动国办印发《关于深化农村公路管理养护体制改革的意见》，加快建立农村公路管理养护长效机制。出台了《小交通量农村公路工程技术标准》《农村公路养护技术规范》《农村公路养护预算编制办法》等标准规范，为贫困地区农村公路建设标准确定和养护预算编制提供依据。推动贫困地区为建档立卡贫困户提供护路员等公益性岗位，助力贫困群众脱贫。

（六）提升贫困地区运输服务水平

一是督导各地因地制宜采取公交、班线客运、区域经营、预约响应等模式，加快推进具备条件的乡镇和建制村通客车目标任务，推动将通客车工作纳入地方脱贫攻坚考核目标。2019年，贫困地区新增7000余个具备条件的建制村通客车，具备条件的乡镇和建制村通客车率达99.8%和99.6%。二是制定《营运客车类型划分及等级评定》标准修改单，增加普通级乘用车，以适应贫困地区农村客运发展需求。协调财政部并经国务院批准，2020年农村客运油补政策继续延续现有政策。三是大力推进县乡村三级物流网络节点建设，有序整合交通运输、农业、供销、商务、邮政等资源，构建“多站合一、资源共享”农村物流基础设施体系。印发《关于深化交通运输与邮政快递融合推进农村物流高质量发展的意见》，推动交通运输与邮政快递在贫困地区融合发展。

（七）扎实推进定点扶贫、对口支援和联系六盘山片区工作

一是杨传堂、李小鹏等领导同志赴定点扶贫县、对口支援县和六盘山片区督导调研，压实地方主体责任，落实各项帮扶任务，协调解决问题困难。李小鹏部长在陕西咸阳组织召开了六盘山片区脱贫攻坚部省协调推进会，协调有关部委帮助解决片区难题。二是深化结对帮扶机制。超额完成《中央单位定点扶贫责任书（2019年度）》全部任务。制定年度帮扶工作要点和9个结对帮扶工作组年度计划，印发消费扶贫实施方案，持续强化消费扶贫、教育培训、支部共建、帮助就业、捐款捐物、技术援助，形成行业带动社会各方参与的合力攻坚局面。2019年底，帮扶地区均实现了“两通”兜底目标，定点扶贫四县和对口支援县均已脱贫摘帽，牵头联系的六盘山片区61个县中55个已经脱贫摘帽。

（八）持续做好干部选派和“扶志”“扶智”工作

一是积极做好扶贫干部轮换和管理工作。选派储备各级各类干部人才58人，轮换定点扶贫、六盘山片区挂职干部12人，轮换第九批援疆专业技术人员4人、轮换6名援藏干部人才和2名援青干部人才。印发《关于做好扶贫挂职干部服务管理工作的意见》，切实做好后方保障。二是通过专题培训、送教上门等方式举办精准扶贫专题培训班36期，涵盖26个省（区、市），累计培训3076人次。启动第二轮《对口援助新疆交通职业技术学院行动计划（2018—2020年）》，选派2批20名骨干教师支援建设。组织开展2019年度

全国交通运输行业领导干部培训班，不断夯实贫困地区人才基础。

（九）驰而不息推进交通扶贫领域腐败和作风问题专项治理

一是制定专项治理2019年工作要点和专项治理工作规则，构建常态化工作机制。印发《交通扶贫项目和资金监督管理办法》，开展交通扶贫资金审计调查，加强交通扶贫项目和资金监管。二是对中央和有关部门在各类监督检查中发现的涉及交通扶贫有关问题及内部检查发现问题，建立台账统一归口管理，系统推进整改落实。

（十）积极做好交通扶贫宣传引导

一是组织开展2019年交通扶贫重大主题宣传活动，由《人民日报》、新华社等20多家媒体记者采访团，深入地方报道交通扶贫成就经验。配合《人民日报》、中央广播电视总台深入报道漠视侵害群众利益问题专项整治工作。二是通过部官方微信发表“我的扶贫故事”系列文章，充分宣传扶贫挂职干部感人事迹。利用官方微博和组织“四好农村路”示范县开展线下展示周、行业主题征文、月度特色农村路评选等，大力宣传“四好农村路”建设和交通扶贫成效。

二、交通行业各领域扶贫

（一）铁路方面

1. 突出重点，抓好定点扶贫榕江县工作

印发《国家铁路局定点扶贫榕江县2019年工作推进计划》，对定点扶贫工作进行统一部署。局党组成员带头，先后5次到贵州省黔东南苗族侗族自治州榕江县开展调研，深入掌握贫困县第一手情况，慰问贫困户和贫困学生，指导县委县政府开展扶贫工作。全年共向榕江县捐赠资金100万元，引进帮扶资金851万元，用于人居环境整治和基础设施建设。帮助榕江县培训干部120名，培训技术人员108名。购买农特产品25万元，帮助销售榕江县产品121万余元。联系协调国家林草局，帮助榕江县新增护林员指标905名。协调贵阳职业技术学院、贵州铁路技师学校招收榕江籍学生62名。通过倾情帮扶和大力支持，截至2019年底，榕江县累计实现16个乡镇减贫摘帽、137个贫困村出列，贫困发生率从2014年的35.54%下降到3.52%。

2. 统筹兼顾，推动对口支援永丰县工作

局党组成员带头深入江西省吉安市永丰县实地开展调研，全面了解情况，并与县委县政府有关同志就对口支援工作推进情况交流了意见。发挥铁路运输优势，协调建设永丰高铁无轨站，实现永丰与吉安站、吉安西高铁站公铁联运，使永丰人民的铁路出行从县市铁的三级换乘变成点到点的无缝衔接。利用行业资源，协调衡水铁路电气化学校、郑州铁路技师学院、中铁十五局技工学校（永丰分校）开展联合办学，协调华东交通大学、永丰县人民政府联合签署关于合作办学的三方会议纪要，并积极帮助永丰籍铁路专业学生就业。加强文化交流，协调帮助永丰县建设滨江公园铁路主题区，助力永丰县旅游文化宣传推介。

3. 立足行业，强化集中连片特困地区扶贫工作

积极实施《铁路“十三五”发展规划》，推进深度贫困地区铁路建设。组织开展滇中城市群、广西等区域铁路网规划评审，指导地方政府推进铁路规划。开展《中西部铁路发展政策研究》等课题研究，为乡村地区、贫困地区铁路网规划布局提供理论支撑。密切关注老少边穷地区群众出行难问题，研究修订《铁路旅客运输规程》，努力让各地区群众充分享受到更好的铁路服务。

（二）公路方面

2019年，交通运输部公路局按照脱贫攻坚巡视整改工作要求，继续在重点公路建设领域加大了脱贫攻坚力度。一是建立贫困地区国家高速公路和普通国省道项目、贫困地区县城通二级路情况台账，对待贯通路段，定期跟踪了解进度，加强督导，保障项目建设顺利推进。二是加快推进贫困地区国家高速公路前期工作，提前对各地拟报部进行设计审批的重点公路项目进行梳理，加快办理贫困地区国家高速公路项目初步设计审批，推动项目尽快开工，全年共批复贫困地区重点公路建设项目28个，3262公里，总投资2763亿元，其中三区三州21个，2711公里，2058亿元。三是重点加强贫困地区特别是“三区三州”等深度贫困地区国家高速公路、对外骨干通道等重点公路项目的协调和指导，推进绿色公路建设、钢结构桥梁建设和BIM技术应用，提升发展理念，促进贫困地区公路建设转型升级和高质量发展；重点推进“三区三州”国家高速公路G4216成都至丽江段、G4217成都至马尔康段、G4218雅安至康定段、G7611西昌至昭通段等项目建设；年内先后对福建、广西、江西、四川、西藏五省区重点公路建设项目进行了现场督导，调研有关情况，督促建设任务按时完成。四是业务培训向贫困地区技术、管理干部倾斜，指导贫困地区重点项目提升公路建设理念，提高发展理念。

9月初，在交通运输部管理干部学院专门举办了脱贫攻坚公路重点工程转型发展培训班，培训各地从事扶贫工作的管理和技术干部70人；5月、11月举办的两期公路建设转型升级发展培训班，培训人员也重点向贫困地区技术干部倾斜，共培训扶贫任务较重的中西部省（自治区、直辖市）管理和技术干部68人，占全部参训人员的比例超过40%。

（三）水运方面

一是全面完成脱贫攻坚专项巡视水运整改任务。二是定点扶贫黑水县年度任务圆满完成。三是加强贫困地区水运工作监督指导，开展了3省水运建设市场检查和2省检查整改“回头看”，帮助贫困地区提高建设管理水平。四是贫困地区外联内通取得进展，红水河龙滩水电站、右江百色水利枢纽通航设施建设前期工作取得阶段性成果。五是加强贫困地区行业管理人才培训。举办了2期全国港航系统领导干部培训班，培训人员重点向贫困地区倾斜，共培训中西部省（自治区、直辖市）行业管理干部47人，占总培训人数的46%。

（四）海事方面

大力推进以西部海员培养为代表的海员职业技能培训，实施“东西协作蓝海扶贫计划”，帮扶甘肃省六盘山片区、湖南省武陵山区等全国集中连片特困地区和延安革命老区等地区开展船员培养精准脱贫，逐渐形成“校企结合定向培养船员”精准扶贫模式，得到国务院扶贫办和当地政府的充分肯定。在甘肃等地方开展应急救援船舶船员实操培训、通航水域测绘和全国内河AIS网络补点建设，服务偏远地区人民安全便捷出行。各级地方海事机构按照当地政府部署，深入开展结对帮扶、社区共建等帮扶活动。

（五）民航方面

2019年，民航局聚焦“两不愁三保障”，持续定点帮扶新疆和田地区于田、策勒两县，在推进机场建设、产业扶贫、教育扶贫、医疗扶贫、扶志扶贫“五大工程”的同时，进一步动员行业力量、强化产业引领。全年民航系统对定点扶贫县投入和引进帮扶资金6201万元，培训基层干部和技术人员1165名，购买和帮助销售贫困地区农产品664万元，超额完成定点扶贫责任书承诺的目标任务。于田、策勒两县贫困发生率分别从2018年底的19.38%、23.93%降至2019年底的4.88%、3.01%。

1. 组织领导和体制机制

民航局党组高度重视定点扶贫工作，将脱贫

攻坚列为“不忘初心、牢记使命”主题教育的重要内容。党组成员多次率队赴两县调研，深入了解两县在脱贫攻坚中面临的问题，研究帮扶举措。制定印发《2019年定点扶贫工作计划》和《任务分解书》，确定2019年帮扶项目和任务。建立定期协调工作机制和督导常态化机制，定期召开工作推进会，加强联系和督导。大力选派挂职干部，确定郭成宏等3名同志赴两县分别任县委、县政府副职或贫困村第一书记，民航新疆管理局和新疆空管局派出19名干部赴策勒县开展驻村工作。

2. 帮扶举措

全面动员行业力量，在北京大兴国际机场举办“国家扶贫日”主题活动，发布《关于进一步深入推进民航局定点扶贫工作的倡议书》，动员全行业行动起来。第一，大力推进机场建设，于田机场可研报告获国家发改委批复，10月25日正式开工，预计投资7.71亿元，全部免除地方配套资金约1亿元。第二，着力推进产业扶贫，先后投入716万元实施畜牧托管站、獭兔产业等项目，举办“民航精准扶贫示范项目”授牌仪式暨定点扶贫产品推介会，在首都国际机场、大兴国际机场免费设立销售专柜，积极推动扶贫产品“进机场”“上飞机”。第三，持续推进教育扶贫，投入80万元支持“民航蓝天教育扶贫助学金”和中国扶贫基金会新长城项目，资助贫困户大学生和高中生375名。第四，积极推进医疗扶贫，民航总医院组织赴两县为800余名贫困村民开展义诊，为270余名医护人员组织业务培训，与于田县人民医院签订人才培养协议，接收两县医疗人才跟班实习。第五，坚持扶智与扶志相结合，拨付党费200万元新建或改建贫困村党建活动中心，增加基层组织凝聚力和向心力，组织16名村镇干部到北京、广州等发达地区学习培训，增强贫困地区群众主动脱贫内生动力。

（六）邮政方面

国家邮政局积极履行定点扶贫政治责任，成立扶贫工作领导小组，由党组书记、局长马军胜任组长，分管副局长杨春光任副组长，领导小组定期召开会议，研究部署脱贫攻坚工作；设立扶贫办，负责脱贫攻坚工作的组织协调；选派干部到定点扶贫一线挂职帮扶；全系统各地邮政管理局和国家邮政局机关各部门各单位协同推进，形成了“前方攻坚作战、后方全力支撑、前后统筹联动”的工作格局。2019年，全系统选派扶贫挂职干部142人，各级负责同志赴定点县（村）调研督导2066人（次），直接投入资金和物资折款890.19万元，帮助引进各类资金8709.88万元，实施帮扶项目437个，举办劳务输出和技能培训11336人，帮助建档立卡贫困户实现劳务就业2804人、脱贫16700人。从全系统定点帮扶任务来看，国家邮政局机关帮扶的河北省平泉市已于2017年提前3年脱贫摘帽，27个省（自治区、直辖市）邮政管理部门定点帮扶的150个贫困村已脱贫摘帽103个。

1. 着力加强邮政业政策研究和制度供给

联合有关部门出台《关于认真落实习近平总书记重要指示推动邮政业高质量发展的实施意见》等政策文件，进一步加大行业助力脱贫攻坚的政策支持力度。联合交通运输部、中国邮政集团公司出台《关于深化交通运输与邮政快递融合推进农村物流高质量发展的意见》，积极推进交邮合作、邮快合作，进一步推动农村网络共享发展。

2. 着力提升农村邮政服务能力

各级邮政部门攻坚克难，全国55.6万个建制村提前一年多完成国家“十三五”规划纲要提出的“村村直接通邮”目标。落实西部和农村地区邮政普遍服务基础设施建设，安排西部和农村地区邮政网点和危旧县局房改造382处，车辆购置590辆，项目总投资3.57亿元。推进村级“邮乐购”电商配送站点建设，新增邮乐购站点2.5万个，累计达到53万个，带动邮政包裹快递1.1亿件，同比增长10%。持续创新“寄递+电商+农特产品+合作社（农户）”服务链条，培育“一市一品”精品项目1188个，配送农特产品29.2万吨，实现交易额40.3亿元，项目惠及贫困人口7.1万户，增收2.3亿元。邮乐网建立扶贫地方馆657个，实现了国家级贫困县的全覆盖。

3. 着力推进“快递下乡”进程

印发《加快推进“快递下乡”工程实施方案》，组织召开“快递下乡”座谈会，对贫困地区比较集中的西部9省进行重点部署。快递网点已覆盖乡镇超过3万个，覆盖率达到96.36%。深度贫困的贵州省实现了快递网点乡镇全覆盖，新疆的覆盖率一年内提升了30%以上。大量贫困地区人口享受到快递服务的便利，农村地区收投快件量超过120亿件，带动农产品进城和工业品下乡超过7000亿元，快递企业打造服务农业“一地一品”项目505个，覆盖国家级贫困县92个，有效增强了精准脱贫能力。

4. 着力构筑保障、激活潜力推进脱贫攻坚

深入推进扶贫领域腐败和作风问题专项治理。26个省（自治区、直辖市）的157个省、市管局对照6个方面、31个问题的治理重点，全面深入开展自查自纠，梳理出的问题共计210条，提出整改举措256条，2019年底全部整改到位。将扶贫工作纳入领导班子和领导干部年度考核。引导鼓励邮政行业人才培养基地招收贫困学生600多名，帮助就业400多名。引导行业民营企业参与脱贫攻坚，直接投入资金和物资（折价）5.18亿元，消费贫困地区特色农产品1.17亿元，吸纳贫困地区务工人员26.86万人，帮助销售贫困地区农产品3.67亿元。安排发行《精准扶贫》专题邮票，将福建赤溪村、湖南十八洞村、宁夏闽宁镇、河南兰考县、江西井冈山市等典型印上邮票，向全国进行推介，扩大扶贫影响。

专题三　服务国家重大战略

2019 年，交通运输行业把服务党和国家工作大局作为工作的根本宗旨，主动服务支撑国家重大战略实施。

一、“一带一路”倡议

（一）共建“一带一路”总体情况

设施联通是共建“一带一路”的优先方向，也是各方合作发展的基础，目前取得了丰硕成果。一是在共商方面，以政策、规则、标准对接为重点的“软联通”合作不断加强。二是在共建方面，以“六廊六路多国多港”合作为主线的“硬联通”持续推进，一大批互联互通项目成功落地，一批重大项目取得早期收获。三是在共享方面，“一带一路”已经从倡议转化成全球广受欢迎的公共产品，让共建国的民众有了明显的参与感、获得感、幸福感。

下一步，交通运输部将努力构建高效畅通、经济便利的陆海空邮一体化物流网络，努力构建基础设施、制度规章、人员交流“三位一体”的互联互通大格局，推动“一带一路”建设向高质量发展转变。

（二）铁路方面

顺利完成巴基斯坦 1 号铁路干线升级改造项目一期工程初步设计评审，并签署完成声明。与尼泊尔签署中尼跨境铁路可行性研究工作谅解备忘录，启动可研工作，依托与尼泊尔政府间铁路合作机制，开展技术人员培训，夯实中尼铁路合作基础。制定中蒙俄经济走廊中线通道可行性研究方案。有序推进中越老街至河口铁路新建连接线项目。举办 8 期印度铁路人员高速铁路技术培训班，完成印度金奈至迈索尔既有线提速改造项目可行性研究报告。推动建成肯尼亚内罗毕至马拉巴铁路一期工作，并开通货运。加强蒙内铁路安全督导，积极探索对境外铁路安全服务保障的有效途径，提高铁路“走出去”项目的国际影响力。完成第二届“一带一路”国际合作高峰论坛铁路领域国际合作交流工作，协调推进中老铁路、中泰铁路、马来西亚东海岸铁路、雅万高铁、俄罗斯莫喀高铁和非洲一大批铁路建设。推进铁路领域国际产能合作，培育国际经济合作和竞争新优势，推动中国铁路工业装备大规模整装出口海外。

（三）公路方面

中俄黑河公路大桥完工。中巴“两大”公路建设顺利推进，其中白沙瓦—卡拉奇公路（苏库尔—木尔坦）提前竣工。中国企业承建的塞尔维亚 E763 高速公路、黑山南北高速公路、克罗地亚佩列沙茨大桥等工程项目建设顺利推进。加快与六大走廊对接的境内高速公路待建路段以及口岸公路和界河桥梁建设。

召开中蒙俄《关于沿亚洲公路网国际道路运输政府间协定》联委会第一次会议，正式启动《协定》实施。分别与格鲁吉亚、白俄罗斯、老挝签署双边国际道路运输协定，与尼泊尔签署《关于实施‹中尼过境运输协定›的议定书》，推进《中缅国际道路运输合作谅解备忘录》商签工作并与缅方就后续安排达成共识。联合塔吉克斯坦、乌兹别克斯坦交通运输主管部门成功举行中塔乌国际道路运输试运行活动，会同越南、老挝举行大湄公河次区域（GMS）国际道路运输启动仪式，开通了GMS国际道路运输线路。实施《中巴公路技术合作五年行动计划（2018—2022)》，协助巴方制订公路技术标准，就全天候开放红其拉甫口岸达成一致。

（四）海运方面

分别与利比里亚和沙特阿拉伯签署双边海运协定，与国际劳工组织签署关于“21世纪海上丝绸之路”倡议的合作谅解备忘录。与巴拿马签署部门间关于开展中巴“海运海事奖学金”项目的合作谅解备忘录，并招收首批8名学员到大连海事大学学习。推进水运工程标准“走出去”，完成32项水运工程标准外文版翻译。支持行业企业和院校合作举办了“一带一路”港口管理高级研修班。巩固“海上丝绸之路”港口合作机制，举办了第五届海丝港口国际合作论坛。召开中马港口联盟第四次会议，联盟成员扩大到21家。加强与日本、韩国在东北亚港湾局长会议框架下的港口发展和互联互通合作。组织开展《中华人民共和国海上交通安全法》《中华人民共和国海商法》修订工作并取得重要进展，为“21世纪海上丝绸之路”建设提供海上交通安全保障和系统完善的海商事制度体系。

（五）海事方面

对接“一带一路”支点国家，重点推进与希腊、利比里亚、中东欧16国等共建“一带一路”国家的海事合作。与希腊共和国海岸警备队就落实《中华人民共和国交通运输部和希腊共和国海岸警备队海上安全、海洋环境保护、海事培训和便利运输合作意向书》下的合作进行双边会谈，就双方2020年海事合作工作计划达成共识。与利比里亚海事局进行磋商会谈，就签署《中华人民共和国海事局与利比里亚海事局海事合作备忘录》达成一致。与新加坡海事及港务管理局成功进行船舶电子证书交换试验，并签署《中国与新加坡关于推广、接受和使用船舶电子证书的谅解备忘录》。英国政府认可我国海员健康证明，这是英方首次认可欧盟和英联邦以外国家的海员健康证明。与丹麦海事局确定在有效落实《中华人民共和国海事局与丹麦海事局合作计划》基础上，重点开展海上安全、数字化、信息化的应用和绿色航运发展的合作。

广泛深入开展能力建设示范合作项目，充分利用IMO技术合作项目基金、亚洲地区合作专项资金、中国—东盟海上合作基金等，面向“一带一路”沿线国家举办VTS操作员培训、航标管理人员培训、船员培训发证质量管理研讨、海事劳工公约履约培训、船检技术规范培训、IMO实施《国际海运固体散装货物规则（IMSBC）》地区研讨等一系列能力建设项目。

（六）民航方面

一是加快提升“一带一路”航空互联互通水平。2019年，我国航空公司新开202条国际定期航线，每周运营720班，其中新开至俄罗斯、巴基斯坦、泰国、缅甸等“一带一路”合作国家的航线共计131条，每周运营449班。截至2019年底，我国36家航空公司通航48个“一带一路”合作国家、99个城市，运营国际定期航线509条，每周运营3521班。二是积极拓展“一带一路”民航合作平台和机制，继续利用中国民航对中亚地区合作平台、对非洲地区合作平台、中国—东盟区域航空运输安排工作组会议等机制，推进与“一带一路”合作国家和地区民航的全面合作。2019年5月20日，民航局局长冯正霖与欧盟轮值主席国代表、罗马尼亚驻欧盟大使奥多贝斯库以及欧盟委员会负责交通事务的委员布尔茨共同签署与欧盟共同签署《中华人民共和国政府与欧洲联盟民用航空安全协定》和《中华人民共和国政府和欧洲联盟关于航班若干方面的协定》，强化了中欧民航合作平台建设，完善了中欧民航合作机制。2019 年 11 月 18 日至 29 日，中国民用航空局举办第七期中国—东盟民航安全能力研修班，共有来自泰国、越南、马来西亚、印度尼西亚、老挝、柬埔寨、缅甸、尼泊尔等七个东盟国家、一个南亚国家的民航局安全、运行、空管等部门 23 名官员参加。2019 年 10 月 8 日，首届中国—中东欧国家民用航空论坛在捷克举办，这是中国与中东欧国家首次在“17+1”合作框架下召开民航领域的合作会议，标志着中国与中东欧国家在民航领域的国际交流合作掀开新篇章。

（七）邮政方面

2019 年，国家邮政局全面贯彻落实习近平总书记在党的十九大、“一带一路”国际合作高峰论坛系列重要讲话精神和批示指示精神，全面落实党中央作出的“一带一路”重大决策部署，有序推进邮政业服务“一带一路”建设工作，取得了较好的效果。

一是推动基础设施建设，构建国际寄递服务网络。积极开展国际邮政互换局（交换站）设立工作。结合国内各地区在“一带一路”建设中的定位，优化国际邮件互换局（交换站）布局，加强国际快件监管中心建设，提升国际邮件快件处理能力。在南昌、无锡和贵阳设立国际邮件互换局。鼓励邮政快递企业提升国际化运营能力，规范海外经营行为，重点在跨境电商零售交易量大的国家加快布局，提升面向东亚、东南亚、南亚、中亚等周边国家的国际寄递服务能力。推动中欧班列运邮（快）件工作取得进展。组织召开中欧班列运邮（快）件工作领导小组和联合工作组全体会议，持续推进铁路运邮常态化工作，开展了立陶宛新入欧通道运邮测试和进口运邮测试、班列快件（货）运输试点等工作。继续推进义新欧快件运输试点工作。提升跨境寄递服务全程通关便利。

二是优化政策环境，促进“一带一路”寄递服务高质量发展。联合商务部、海关总署印发《关于促进跨境电子商务寄递服务高质量发展的若干意见（暂行）》（国邮发〔2019〕17 号）。开展国际邮件快件航空运输网络布局研究，加强对国内、国际航空枢纽选择等重点问题攻关。完善国际邮快件进出境通道，支持将国际邮件互换局、国际快件监管中心和国际海运快件监管中心以及试点航空快件国际中转集拼业务等纳入有关自由贸易试验区总体方案，支持自贸试验区内寄递企业创新开展跨境寄递业务，服务“一带一路”贸易畅通。

三是推进沟通协调，深化“一带一路”邮政业国际合作。组织做好国家邮政局领导和邮政快递企业高层出席第二届“一带一路”国际合作高峰论坛及设施联通分论坛会议服务保障工作。推动将邮政业服务“一带一路”建设国际合作成果列入高峰论坛和分论坛成果清单。与多米尼加签署《关于响应“一带一路”倡议，加强邮政和快递领域合作的谅解备忘录》。成功举办“万国邮联电子商务时代跨境合作全球大会”。大会宣传了共建“一带一路”倡议，展示了我国邮政业改革发展成就。成功举办中国 2019 世界集邮展，组织“一带一路与集邮”中国 2019 国际集邮论坛等系列集邮文化活动，促进了我国与沿线国家的民心相通，展示和传播了中华文明的风采，推动了中华文明与世界文化的互鉴交流。

四是加强创新能力合作，培育“一带一路”邮政业发展新动能。推动行业科技创新合作。发挥行业内国家工程实验室等科研机构作用，与沿线国家交流邮政业和互联网、大数据、云计算、人工智能及区块链等融合发展的经验，联合开展科技应用示范。与沿线国家有关企业、科研机构等共同研发智能收投、柔性装卸、集装化运输、冷链服务等技术装备，联合推进人工智能、无人装备等创新应用。联合亚太邮联举办了中国快递在东盟国家网络创新培训班。

二、京津冀暨雄安新区交通建设取得标志性成果

（一）京津冀协同发展战略总体情况

一是加强统筹协调。组织召开了京津冀暨雄安新区交通建设第9次领导小组会议。交通运输部李小鹏部长赴京津冀地区开展交通运输一体化、机场群协同发展、轨道上的京津冀等专题调研，印发《交通运输部关于印发 < 京津冀三省市等希望交通运输部协调解决事项的办理意见 > 的通知》，协调解决领导小组成员单位提出的40项请求事项。二是加强规划引领。联合国家发展改革委印发《河北雄安新区综合交通专项规划》。印发《京津冀暨雄安新区交通建设2019年工作要点》《贯彻落实习近平总书记考察京津冀三省市重要指示精神扎实推进京津冀暨雄安新区交通建设的实施方案》等文件。三是加快推进重点项目建设。北京大兴国际机场正式投运，与之配套衔接城市轨道交通新机场线、新机场高速公路等建成运营；京张高铁全线通车，延崇高速建成运营，京雄高速等雄安新区对外骨干通道项目加快推进，京津冀交通一体化率先突破取得决定性进展。

（二）铁路方面

一是结合京津冀交通一体化要求、雄安新区建设和铁路建设项目前期工作进展以及《京津冀城际铁路网规划》中期评估工作，指导完善《京津冀城际铁路网规划》修编工作，完善雄安新区及周边铁路网规划。二是结合“十四五”铁路规划前期研究，同步开展雄安新区对外骨干交通路网建设方案重点项目的研究工作。三是加强对京津冀地区铁路项目的技术指导，协同推动京雄城际等在建铁路项目建设，积极推动规划内京港台高铁京雄段、石雄城际、津雄城际等项目前期研究，谋划开展相关项目行业评审工作。

（三）水运方面

推动津冀港口协同发展。统筹港口发展定位，促进合理分工、错位发展。完成曹妃甸煤码头二期工程竣工验收，强化煤油气运输保障。

推动交通运输部办公厅与天津市、河北省人民政府办公厅联合印发《津冀沿海锚地布局方案》，推进渤海中西部通航资源共享共用。签署《京津冀区域内河船员管理协同发展框架协议》，全力支持雄安新区建设，助力国际自由贸易试验区建设。

（四）民航方面

中国民用航空局高度重视京津冀民航协同发展工作，专门出台系列政策措施，成立京津冀民航协同发展研究中心，在各方的共同努力下，成效初显。一是北京大兴国际机场建成通航，京津冀机场群服务水平大幅提升。北京大兴机场综合交通系统、空铁联运系统、高级场面活动引导控制系统等均达到了世界领先水平；伴随大兴国际机场通航，民航完成史上最大范围京津冀空域调整，涉及航路航线200余条。二是京津冀机场群主要机场功能定位更为清晰，初步形成了以首都机场和大兴机场两个大型国际航空枢纽、天津机场国际航空物流中心、石家庄机场区域航空枢纽为核心，若干非枢纽机场为支撑，各有分工、相互补充、协同配合的机场体系。三是京津冀地区机场实现统一运营管理，区域机场协同作用日益明显，基本实现了安全服务协同、市场营销联合、运营数据共享、口岸通关协作的一体化运营。四是促进京津冀地区空铁联运。中国民用航空局会同大兴国际机场、东方航空、南方航空等单位以

促进空铁联运为重点，在机场快线草桥站设立城市航站楼，推出值机手续办理、行李托运等便民举措，实现“一站式购票”，与国家铁路集团对接，研究开发空铁联运产品。石家庄机场、天津机场积极开展空铁联运工作，积极疏解北京首都机场非国际枢纽功能。

（五）邮政方面

国家邮政局坚决贯彻党中央、国务院战略决策，推动京津冀邮政业协同发展。印发了《促进京津冀邮政业协同发展2019—2020年重点任务分工》。与河北省政府签订了《推进河北快递产业集聚发展战略合作协议》。扎实推进雄安新区邮政业发展规划编制工作。《廊坊一级快递枢纽节点专项规划》顺利通过专家评审。积极推进北京六环路内区域性快递分拨集散功能疏解，向天津武清、河北廊坊等地转移快递分拨中心和处理场所。天津加快建设空港快递航空物流园、东疆港快递跨境物流园和武清快递电商物流园，形成由“市级园区—区域处理中心—末端投递网点—综合服务平台”组成的快递物流四级服务网络。做好天津国际邮件互换局选址。河北推进快递物流园区项目建设。石家庄国际邮件互换局项目主体已完工。鼓励企业开展高铁快递、电商快递班列服务。组织召开支持雄安新区邮政业建设与发展领导小组会议，就雄安科技创新、政企规划衔接等召开研讨会，多轮修改并完成新区邮政业发展规划编制工作，明确规划审批发布形式。深度衔接安新、雄县等区县改造提升规划，争取末端寄递设施用地入规进图。支持中国邮政集团公司开展雄安新区邮政基础设施规划建设。

三、长江经济带综合立体交通走廊加快构建

（一）总体情况

召开2次长江经济带交通运输发展部省联席会议，印发《推动长江经济带交通运输发展2019工作要点》《交通运输部推进长江经济带生态环境问题整改工作方案》《强化长江经济带综合交通运输体系建设工作方案》《关于严格控制长江干线港口岸线资源利用的通知》《关于做好长江主要支流非法码头整治工作的通知》等。切实抓好生态环境突出问题整改、船舶港口污染防治、非法码头整治等专项工作，船舶污染物接收、水上洗船站、港口岸电等设施建设步伐加快，生态环保成效显著。大力推进长江综合立体交通走廊建设，组织完成长江经济带综合立体交通走廊专题评估，开展长江经济带综合交通运输体系规划研究。长江南京以下12.5米深水航道竣工验收，沿江高铁，省际待贯通高速公路等重点项目加快推进，港口、铁水联运设施联通工程全面开工，民航、邮政基础网络进一步完善。

（二）铁路方面

按照《长江经济带发展规划纲要》《长三角地区一体化发展三年行动计划（2018—2020年）》，参加国家发展改革委组织的沿江铁路规划及铁水联运设施联通调研，在组织开展沿江高铁通道研究和翻坝铁路等长江货运通道规划研究的基础上，重点推进沿江高铁、合宁高铁、合武高铁、成达万高铁、郑万高铁等项目的前期工作，完善沿江货运通道规划建设，指导完成《提升长江经济带立体综合交通走廊运输能力的铁路规划方案》，组织开展《基于一体化发展的长三角地区铁路网规划研究》等课题研究。组织完成对《浙江省都市圈城际铁路二期建设规划（2019—2025年）》行业意见评审。

（三）公路方面

省际间待贯通路段等重点项目有序推进。溧宁高速黄山至千岛湖段等项目加快推进，武深高速嘉鱼北段、兰海高速遵义至贵阳段扩容等高速公路项目建成通车，池州、石首等长江大桥建成，

官新高速、麻安高速麻城段等项目开工建设。同时，以西部地区、集中连片特困地区、“老少边穷”地区通县国道为重点，加快推进普通国道低等级公路段升级改造和未贯通路段建设。

（四）水运方面

交通运输部以长江经济带生态环境突出问题整改为重点，全面推进长江经济带综合交通运输体系建设，有力推动长江经济带高质量发展。

指导沿江省市交通运输主管部门对涉及交通运输的长江生态环境突出问题进行整治。发布船舶水污染物转运处置联合监管制度、加快水上洗舱站建设的指导性文件，完成港口岸电设施年度建设目标。出台《关于严格管控长江干线港口岸线资源利用的通知》，指导沿江有关省市开展长江主要支流非法码头整治。

加快长江黄金水道建设。长江南京以下12.5米深水航道试运行顺畅并完成竣工验收，武汉至安庆6米水深航道整治等工程进展过半，上游两坝间航道整治等项目推进顺利，“深下游、畅中游、延上游”有序推进。

发布推进长江航运高质量发展的意见。加快推进武汉至安庆、新九二期、芜裕河段、长江口南槽一期等重点工程。推动沿江省市整合省内港口资源，重点指导江苏省、安徽省以省级港口集团为平台深化港口资源整合。推动江海直达运输发展，制定特定航线江海直达船舶法定检验技术规则，舟山—马鞍山2万吨级散货船、武汉—洋山1140TEU集装箱船相继投入运营。推进港口铁水联运设施联通和多式联运发展，九江城西港区铁路专用线等6个港口集疏运铁路项目开工建设，武汉、重庆等港口多式联运示范工程稳步推进。

多措并举服务长江经济带发展。长江口深水航道利用边坡交会实现常态化运行，通航效率大幅提升；长江干线2700公里水域全部实施船舶定线措施；宁波舟山港核心港区实现船舶交通组织一体化。修订《特定航线江海直达船舶船员考试和发证办法》和《特定航线江海直达船舶最低安全配员标准》，促进江海联运服务长江经济带发展。

（五）民航方面

重点民航机场项目建设有序推进。湖南岳阳、四川巴中、重庆巫山机场竣工投产，成都新机场建设工程、浙江杭州机场扩建工程按计划稳步推进，民航基础网络进一步完善。

（六）邮政方面

国家邮政局坚决贯彻党中央、国务院战略决策，推动长江经济带邮政业发展。实施《加快长江经济带邮政业发展的指导意见》，发挥长江经济带邮政业发展联席会议作用，制定落实《国家邮政局关于贯彻落实习近平总书记深入推动长江经济带发展重要讲话精神的工作方案》，各项工作有序推进。大力实施快递包装治理“9571”工程，区域电子运单使用、电商快件不再二次包装、循环中转袋使用、网点设置包装废弃物回收装置情况均大幅优化。区域新能源和清洁能源投递车保有量达1.5万台。邮政基础设施建设有序推进。湖北国际物流核心枢纽项目建设进展顺利。中欧班列邮件运输取得积极进展。引导企业发挥梯度优势，在长江上中下游依托交通运输网络，布局建设航空快递货运枢纽、集散中心等处理设施。11省市全部实现建制村直接通邮，持续推动解决邮件、快件、党报党刊等“最后一公里”投递问题。区域快递服务网点乡镇覆盖达到99.08%，已有10个省市实现全覆盖。打造“快递+”金牌项目，服务农副产品进城和工业品下乡。各地出台促进快递业发展的实施意见和产业协同、寄递安全等多项产业政策。加强寄递渠道安全监管，保障国庆七十周年等重大活动期间、生产旺季寄递渠道安全平稳运行。

四、粤港澳大湾区交通运输加快发展

（一）粤港澳大湾区建设战略总体情况

建立粤港大湾区交通运输发展领导小组工作机制。印发《关于支持粤港澳大湾区交通运输发展的实施意见》。港珠澳大桥通车运行助推粤港澳大湾区加快融合发展。南沙大桥建成通车，深中通道、西江航运干线扩能等一批重点工程有序建设，大湾区快速交通网络不断完善，综合运输服务水平不断提升。

（二）铁路方面

国家铁路局深入贯彻落实党中央、国务院印发的《粤港澳大湾区发展规划纲要》精神，参与研究《粤港澳大湾区铁路网规划》，配合交通运输部、国家发展改革委开展规划研究，制定粤港澳大湾区当前和今后一个时期合作发展行动指南，助力粤港澳大湾区建设。组织完成对《粤港澳大湾区（城际）铁路建设规划》行业意见评审。

（三）水运方面

积极服务粤港澳大湾区建设。指导推动区域港口加强合作协同发展，规范内地与港澳间水路运输管理，持续完善西江水运基础设施，大力推进珠三角航道网完善工程建设和西江航运干线扩能。

助推粤港澳大湾区建设，内地与港澳海事主管机关达成大湾区海事交流合作意向。出台海事支持深圳建设中国特色社会主义先行示范区意见。服务自贸区建设取得突破性进展，开放自贸区国际登记船舶入级检验，4项创新成果被纳入国务院第五批复制推广经验。顺利推动境外游艇临时开放水域审批权下放海南，实施琼港澳游艇自由行。

（四）邮政方面

2019年2月，中共中央、国务院印发了《粤港澳大湾区发展规划纲要》。一年来，国家邮政局在战略制定、规划指引、政策支持等方面做了一系列工作，行业在服务粤港澳大湾区建设战略方面展现特色。一是不断完善顶层设计。制定3年行动计划，提出“拓展粤港澳大湾区寄递发展格局”专项任务，助推“城市群寄递服务大同城”；编制《促进粤港澳大湾区邮政业发展的实施方案》，设定阶段性目标任务；开展促进跨境电商寄递服务高质量发展专项行动，推动跨境寄递业务量大的企业和国际货代企业纳入行业统计。二是助力夯实消费和流通底盘。依托粤港澳大湾区是我国快递服务主要类型产品输出地和货源地的优势，邮政业规模迅速增长、结构持续优化、基础网络逐步完善、服务水平不断提升，在全国的增长极地位更加巩固，辐射和引领作用更加显著。三是有效服务一、二、三产业。“快递＋电商”协同发展，带动了新零售新业态发展，“快递＋农业”蓬勃发展，有效支撑了农产品进城，快递物流为制造业的原材料运送和产成品线上线下销售提供了新渠道。

五、长三角交通运输一体化发展步伐加快

（一）长三角一体化战略总体情况

建立长三角地区交通运输更高质量一体化发展领导小组工作机制，召开长三角地区交通运输一体化发展领导小组第1次会议，民航协同发展工作机制有效建立，印发《推进长三角地区交通运输更高质量一体化发展工作方案》。研究编制长三角地区交通运输更高质量一体化发展规划。实现上海、南京、杭州等主要城市间1.5小时快速通达，7个城市地铁实现“一码通行”，长三角港航一体化、海事一体化融合发展有序推进。

（二）铁路方面

按照《长江经济带发展规划纲要》《长三角地区一体化发展三年行动计划（2018—2020年）》，参加国家发展改革委组织的沿江铁路规划及铁水

联运设施联通调研，在组织开展沿江高铁通道研究和翻坝铁路等长江货运通道规划研究的基础上，重点推进沿江高铁、合宁高铁、合武高铁、成达万高铁、郑万高铁等项目的前期工作，完善沿江货运通道规划建设，指导完成《提升长江经济带立体综合交通走廊运输能力的铁路规划方案》，组织开展《基于一体化发展的长三角地区铁路网规划研究》等课题研究。组织完成对《浙江省都市圈城际铁路二期建设规划（2019—2025 年）》行业意见评审。

（三）水运方面

推动长三角港航一体化发展。组织实施推进长三角港航一体化发展六大行动方案，长江口南槽航道治理一期工程、淮河出海通道等重点工程建设进展顺利。

交通运输部海事局牵头成立了长三角海事一体化融合发展领导小组，组织召开了领导小组会议，签署了《长三角海事一体化融合发展战略合作备忘录》，印发了《关于推进长三角海事一体化融合发展的意见》。

创新推动海事发展。海事“一网通办”平台上线试运行，实现部分行政许可一次认证、全网通办，试点海事政务服务证明事项告知承诺制。国际航行船舶进出境通关全流程“一单多报”、保税燃油跨港区供应模式等 2 项服务自贸区制度创新成果被国务院采纳为自由贸易试验区第五批改革试点复制推广经验。

（四）邮政方面

国家邮政局坚决贯彻党中央、国务院战略决策，推动长三角邮政业一体化发展。推动邮政业重点内容衔接纳入国家长三角一体化规划纲要，配合交通运输部编制《长江三角洲地区交通运输更高质量一体化发展规划纲要》。落实邮政和快递基础设施建设相关规划，积极参与地方综合立体交通网规划工作，加强规划衔接，争取将涉邮内容纳入相关空间布局规划。积极利用铁路运输资源，推动解决长三角电商快递高峰期运力不足的问题。推进中欧班列运输邮件快件常态化运营，自长三角始发的中欧班列通达欧洲 8 个国家 15 个城市。争取地方服务业发展引导资金支持，加快智慧服务平台、高速分拣系统、自动化调度等智慧邮政相关项目建设。支持企业建设物流信息互通共享技术及应用国家工程实验室，与产业链上下游企业联合申报重大科技项目，推进自动驾驶、车联网等新技术在快递物流场景下的应用。

六、推动黄河流域交通运输生态保护和高质量发展高标准起步

按照党中央决策部署，认真贯彻“共同抓好大保护，协同推进大治理”要求，高标准启动有关方案编制工作。会同国家局赴山西、河南、甘肃等地调研，起草黄河域交通运输生态保护和高质量发展的意见形成征求意见稿。

专题四　取消高速公路省界收费站

一、工作背景

我国高速公路以省为单位建设和运营管理，在运营初期，每条路段、每个项目各自设立收费站，按路段进行收费。省界收费站是以省为单位进行收费管理的产物。伴随着高速公路的快速发展，其联网收费进程也不断加快。

交通运输部一直致力于提升高速公路网的网络化运营服务水平，早在20世纪90年代末就开始大力推动联网收费。2004年，基本实现了省内联网收费，取消了各地的省内主线收费站，2010年完成了京津冀、长三角区域的ETC联网示范工程，并成功实现了跨区域联网。2015年9月，实现了全国高速公路ETC联网运营，开启了全国高速公路网无站一体化运营的新篇章，但是省界收费站还存在。随着我国经济社会快速发展，人员和物资长距离流动日益频繁，车辆跨省行驶大幅度增长，在部分省界收费站排队交费现象日益凸显，严重影响了高速公路通行效率。

取消高速公路省界收费站，是在拆除省界实体收费站的同时，通过技术手段实现车辆跨省行驶时不停车快捷交费，是对高速公路收费体系的一次重构。取消高速公路省界收费站、实现不停车快捷收费，是党中央、国务院部署的一项重要工作，是关系人民群众切身利益的民心工程，对于提高综合运输网络效率、降低物流成本、改善出行体验具有重要的意义，将为进一步深化收费公路制度改革，推动5G在交通运输领域应用，加快智慧交通、车路协同、自动驾驶研发与应用，促进交通运输与信息通信和制造业的融合发展奠定良好基础，也将为提升全国高速公路治理体系和治理能力，更好服务人民群众，实现高质量发展创造有利条件，是一项既利当前又利长远的重大工程。

二、工作概述

党中央、国务院高度重视深化收费公路制度改革取消高速公路省界收费站工作。2018年5月，国务院常务会议部署了推动取消高速公路省界收费站的工作任务，交通运输部迅速贯彻落实，指导江苏和山东、四川和重庆两组省份先行先试，于2018年12月28日，率先取消了相互之间所有的15个高速公路省界收费站。据统计，正常通行情况下，客车平均通过省界的时间由原来的15秒减少为2秒，下降了86.7%，货车通过省界的时间由原来的29秒减少为3秒，下降了89.7%，车辆整体通行效率大幅提高。同时，由于车辆不再需要排队交费，节能减排效果明显，省界交通拥堵现象彻底解决，取得了良好的社会效果。

2018年12月，习近平总书记在中央经济工作会议上要求“提高综合交通运输网络效率，降低高速公路、机场、港口、铁路等收费，降低物流成本”。2019年3月，国务院对取消高速公路省界收费站工作做出新部署，李克强总理在《政府工作报告》中提出，两年内基本取消全国高速公路省界收费站，实行不停车快捷收费，减少拥堵、便利群众，并要求“力争提前实现”。2019年5月，国务院常务会议明确政策举措，力争2019年年底前基本取消全国高速公路省界收费站，便利群众出行，提高物流效率。

交通运输部深入学习领会、认真贯彻落实习近平总书记和李克强总理的重要指示批示精神，明确把取消高速公路省界收费站工作作为2019年交通运输的重大政治任务和头等攻坚工程来抓，行业上下主动担当、迎难而上，倒排工期、挂图作战，于2019年12月31日顺利取消了全国487个高速公路省界收费站，充分体现了中国特色社会主义制度集中力量办大事的优势。

三、工作措施和成效

取消高速公路省界收费站是一项复杂的系统工程，涉及建设和完善高速公路收费体系、加快电子不停车收费系统推广应用、修订完善法规政策等大量基础性工作。2019年3月国务院做出部署后，交通运输部高度重视，会同各地各部门，精心谋划，奋力攻坚，全力推进各项工作，取得积极成效。

（一）加强组织领导

成立了交通运输部牵头，国家发展改革委、工业和信息化部、公安部、司法部、财政部、人力资源社会保障部、中国人民银行、国资委、银保监会等参加的深化收费公路制度改革取消高速公路省界收费站工作领导小组，明确了任务分工及协作机制。2019年5月17日，召开全国视频会议进行了动员部署。交通运输部成立了深化收费公路制度改革取消高速公路省界收费站总指挥部，下设综合协调组和9个专项工作组，建立了“月计划、周安排”工作推进机制和“月调度、周督导”督查机制，同时成立了工作组临时党支部，结合“不忘初心、牢记使命”主题教育活动，统筹指导协调相关工作。各地成立了省级工作领导小组和指挥部，加强调度督导和组织实施。其中，31个省（自治区、直辖市）均由副省级领导担任领导小组组长，16个省（自治区、直辖市）由副省级领导担任指挥部指挥长。长三角区域省级交通运输主管部门共同签署了撤站合作协议。云贵川渝陕甘等西部六省市召开专题会议，建立了工作对接机制。通过部省协同、区域联动，形成了良好工作局面。

（二）科学研究全面部署

交通运输部在全面总结2018年试点工作经验的基础上，会同相关部门研究起草了《深化收费公路制度改革取消高速公路省界收费站实施方案》，2019年5月16日，由国务院办公厅印发实施。为贯彻落实国办文件精神，交通运输部印发通知，将《实施方案》明确的40项任务逐项细化分解到各地各部门，形成了时间表、路线图，印发了作战总方案及九大战役详细作战计划，实施挂图作战。经过深入调研论证，制定印发了总体技术方案、工程建设方案、运营和服务规则、网络安全管理办法、关键设备技术要求、并网接入安全技术要求等一系列指导性文件和标准规范，组织开展了2期技术培训。各地结合实际，制定印发了本地区工作方案、ETC推广发行方案和工程实施方案，全面推进落实工作。

（三）加快推进工程建设

完成了高速公路收费系统全网中心工程建设，开发了高速公路通行费优惠预约通行系统。顺利完成全网收费系统联调联试，具备系统切换条件。研究制定了撤站省级工程资金补助方案。各地按照应急工程简化基建程序，采取措施加快进度，全面完成了建设任务。29个联网省份建成ETC门架系统24588套、完成ETC车道改造

48211条、安装高速公路入口不停车称重检测系统11401套、完成487个高速公路省界收费站正线改造。

（四）大力推进ETC发展

交通运输部将ETC普及推广作为实现不停车快捷收费的核心措施，强化部省协同、部门联动，全力予以推进。

强化政策引导，会同国家发展改革委联合印发《加快推进高速公路电子不停车快捷收费应用服务实施方案》，明确了免费发行、便捷安装、加大优惠、拓宽场景、规范管理等27条措施。

细化分解任务，印发《关于大力推动高速公路ETC发展应用工作的通知》，将2019年新增发行任务分解到各省（自治区、直辖市）。

调动各方力量，充分调动政府和市场两种资源，利用线上和线下两种渠道，指导各地采取“四发动、两统一”（“四发动”即充分发动行政事业单位和国企力量、充分发动基层政府力量、充分发动金融机构力量、充分发动社会资本力量。“两统一”即统一对ETC车辆给予不少于5%的通行费基本优惠政策，统一对通行本区域的ETC车辆实现无差别基本优惠政策）等多种有效措施，大力推动ETC推广发行。交通运输部路网中心与12家银行总行签订《合作备忘录》，建立总对总合作机制，形成全网一体化的发行合作模式。

加强通报交流，每周在《中国交通报》和交通运输部微信公众号通报各地发行进展情况，督促指导各地比学赶超、奋勇争先。

提升客户服务，成立了全国ETC客户服务中心，ETC服务监督热线95022开通运行，坚持统一受理、全网联动、多方协同、限时办结、回访反馈”，为公众提供24小时服务。

广泛宣传引导，组织开展了“安装ETC，畅行高速路”主题宣传活动，推动形成支持和使用ETC的良好舆论氛围。

截至2019年底，全国ETC客户累计达到2.04亿，完成全年发行总任务1.9亿的106.7%。其中，2019年5月中旬以来，新增ETC客户1.23亿，完成新增发行任务1.1亿的111.8%。全国高速公路入、出口客车ETC平均使用率分别达到71.3%和71.2%。

（五）积极优化完善政策

交通运输部会同国家发展改革委和农业农村部，赴山东潍坊、济南等地开展了相关政策专题调研。制定印发了关于贯彻《收费公路车辆通行费车型分类》行业标准（JT/T489—2019）有关问题的通知，明确了新旧标准衔接工作。

会同国家发展改革委和财政部，联合印发了关于进一步优化鲜活农产品运输“绿色通道”政策、全面清理规范地方性车辆通行费减免政策和切实做好货车通行费计费方式调整工作等指导性文件，明确了相关政策的调整思路和有关要求。

会同相关部门联合发布了《危险货物道路运输安全管理办法》，规范危险化学品运输车辆通行高速公路政策。

各地按照相关文件要求，对本地区货车通行费费率进行了调整、复核，确保不增加货车通行费总体负担，对地方性车辆通行费减免政策进行了清理规范，实现了全网收费政策科学统一。

（六）不断强化网络安全

交通运输部印发了联网收费系统网络安全管理办法、技术要求和并网接入网络安全检测规程，梳理了系统安全责任清单和网络数据权限管理清单，绘制了全网网络结构拓扑图，建立了网络安全信息通报和应急处置工作机制，加强了监测预警，多次组织全网安全教育培训，开展了高风险隐患整治、网络权限规范化2个专项行动，加强了安全设计合规性抽查、现场督导检查和攻击性测试，网络安全防护能力不断增强。

（七）有序开展人员安置

交通运输部开展了收费人员安置工作深度调

研，摸清了人员底数。会同财政部、人力资源社会保障部、国资委联合印发了《关于做好取消高速公路省界收费站人员安置工作的指导意见》，建立了人员安置动态监测机制。各地坚持属地负责和转岗不下岗的原则，制定了本地区人员安置工作实施方案，依法依规开展安置工作。截至2019年底，累计安置1.2万人，收费员队伍总体稳定。

2019年12月31日，高速公路联网收费系统顺利切换完成，省界收费站拥堵成为历史，保留的出入口收费站ETC车道畅通，人工收费车道拥堵缓行同比明显下降，高速公路网整体通行效率明显提升，取消高速公路省界收费站和推广电子不停车快捷收费的效果初步显现。

四、下步工作思路

（一）继续深化收费公路制度改革

按照“用路者付费、差别化负担”的理念，继续深化收费公路制度改革，完善投融资机制，加快推进《公路法》《收费公路管理条例》修订，强化顶层设计，实现控规模、调结构、降成本、防风险、强监管、优服务，进一步推进收费公路健康可持续发展。

（二）优化完善不停车收费系统

不断巩固、提升系统功能，提高系统的稳定性、可靠性和安全性，确保系统能够支撑全网各项业务的顺利开展。

（三）积极探索高速公路收费技术拓展

开展高速公路收费技术研究，健全完善ETC服务保障体系，推动ETC从单一的收费功能逐步向道路立体化管控和综合应用演进；依托ETC门架开展公路数字化、精细化服务；研究利用北斗、5G等信息技术，开展车路协同、自动驾驶、基于ETC的自由流收费等研究，助力交通强国建设。

专题五　城市交通

2019年，城市客运行业坚持以供给侧结构性改革为主线，不断优化行业结构，持续升级服务品质，加快行业智能化、标准化建设，行业发展势头良好。全年完成城市客运量1279.17亿人，同比增长1.3%。

一、城市公共汽电车

截至2019年底，我国拥有城市公共汽电车运营车辆69.33万辆（折合79.15万标台），其中新能源运营车辆（包括纯电动客车、混合动力车）40.97万辆。运营线路65730条，运营线路长度133.62万公里，公交专用车道长度14951.7公里。经营业户数4144户。全年完成运营里程354.13亿公里，客运量691.76亿人次。2019年我国城市公共汽电车发展情况详见表6-5-1。

（一）设施装备

1. 运营车辆

截至2019年底，我国城市公共汽电车运营车辆数69.33万辆（折合79.15万标台），比2018年增加1.98万辆（折合2.36万标台），同比增长2.9%（标台数同比增长3.1%）。其中，新能源运营车辆数（包括纯电动客车、混合动

表6-5-1　2019年我国城市公共汽电车发展情况

数据类型	单位	2019年	比2018年新增	同比增长率（%）
运营车辆数	辆	693263	19833	2.9
	标台	791472.2	23563.5	3.1
新能源运营车辆数	辆	409712	67843	19.8
BRT运营车辆数	辆	9502	392	4.3
运营线路条数	条	65730	5140	8.5
运营线路长度	公里	1336177.4	136722.4	11.4
BRT线路长度	公里	6149.8	1030.8	20.1
无轨电车线路长度	公里	1162.8	25.8	2.3
公交专用车道长度	公里	14951.7	2101.5	16.4
场站面积	万平方米	8919.4	1069.7	13.6
经营业户数	户	4144	131	3.3
运营里程	亿公里	354.13	8.03	2.3
客运量	亿人次	691.76	-5.24	-0.8
BRT客运量	亿人次	17.47	1.6	10.1

力车）40.97万辆，占我国城市公共汽电车运营车辆总数的59.1%，比2018年增加6.78万辆，同比增长19.8%。BRT运营车辆数9502辆，占我国城市公共汽电车运营车辆总数的1.4%，比2018年增加392辆，同比增长4.3%。2019年我国城市公共汽电车运营车辆燃料类型情况详见图6-5-1和表6-5-2。

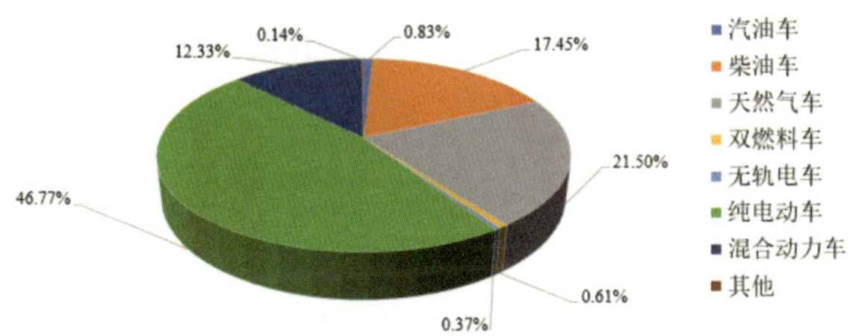

图6-5-1 2019年我国城市公共汽电车运营车辆燃料类型情况

2. 运营线路

截至2019年底，我国共有城市公共汽电车运营线路65730条，比2018年增加5140条，同比增长8.5%。运营线路长度133.62万公里，比2018年增加13.67万公里，同比增长11.4%。公交专用车道长度14951.7公里，比2018年增加2101.5公里，同比增长16.4%。无轨电车运营线路长度1162.8公里，比2018年增加25.8公里，同比增长2.3%。

3. 公交场站

截至2019年底，我国城市公共汽电车场站面积8919.4万平方米，比2018年增加1069.7万平方米，同比增加13.6%。车均场站面积112.7平方米/标台，比2018年增加10.5平方米/标台，同比增加10.2%。

（二） 经营主体

截至2019年底，我国城市公共汽电车经营业户共计4144户，比2018年增加131户，同比增长3.3%。

（三）运营指标

截至2019年底，我国城市公共汽电车运营里程354.13亿公里，城市公共汽电车客运量691.76亿人次，占城市客运量的54.1%。

（四）快速公交系统（BRT）

1. 总体情况

截至2019年底，我国共有37个城市开通了BRT。全国BRT运营车辆数为9502辆，比2018年增加392辆，同比增长4.3%。全国BRT线路总长度达6149.8公里，比2018年增加1030.5公里，同比增长20.1%。

2. 运营车辆

截至2019年底，我国开通BRT城市的平均运营车辆数为257辆，10个城市高于平均水平，其中郑州1667辆，合肥1511辆，广州977辆。呼和浩特、大连、上海等27个城市运营车辆数低于平均水平。

3. 运营线路

2019年全国BRT运营线路长度同比增长20.1%。截至2019年底，我国BRT运营线路平均长度为166.2公里。共有12个城市超过全国平均水平，其中郑州市BRT运营线路长度1028.9公里、广州705.1公里、贵阳486.0公里。

表6-5-2 2019年我国城市公共汽电车运营车辆燃料类型情况

数量 \ 燃料类型	汽油车	柴油车	天然气车	双燃料车	无轨电车	纯电动车	混合动力车	其他
2019年车辆数（辆）	5775	120954	149022	4232	2582	324231	85481	986
占总量比例（%）	0.83	17.45	21.50	0.61	0.37	46.77	12.33	0.14

二、城市轨道交通

截至2019年底，全国共计开通城市轨道交通运营线路190条，同比增长11.1%。运营里程6172.2公里，同比增长16.6%，其中地铁5480.6公里，轻轨217.6公里，单轨98.5公里，有轨电车215.1公里，磁悬浮56.7公里，自动导向6.3公里，市域快速轨道97.4公里。车站4007个，同比增长17.6%。其中，换乘站为368个，同比增长15.4%。配属车辆共计40998辆，同比增长20.5%。2019年我国城市轨道交通运营员工数329367人，经营业户59户。2019年我国城市轨道交通总体发展情况见表6-5-3。

（一）行业规模

1. 运营线路

截至2019年底，我国已有41个城市开通了城市轨道交通线路。2010—2019年我国城市轨道交通运营里程变化情况如图6-5-2所示。

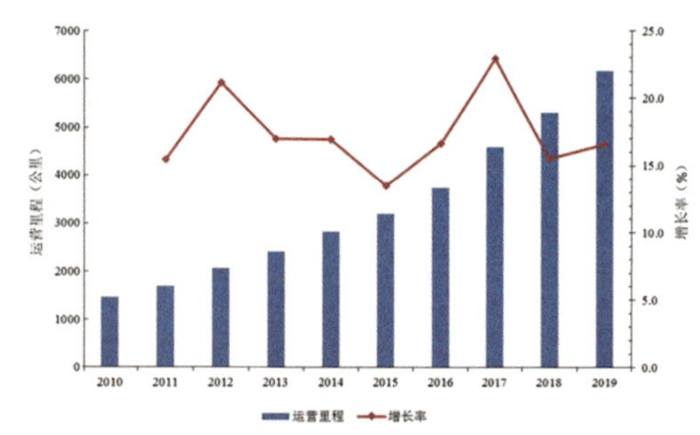

图6-5-2　2010—2019年我国城市轨道交通运营里程变化情况

2. 车站

截至2019年底，我国城市轨道交通共有车站4007个，比2018年新增599个，同比增长17.6%。其中，换乘站368个，比2018年新增49个，同比增长15.4%，换乘站占车站总数的9.2%。

3. 车辆

截至2019年底，我国轨道交通共有配属车辆数40998辆（配属列车数7104列），比2018年新增6986辆（1142列），同比增长20.5%。其中，地铁配属车辆38084辆，轻轨配属车辆897辆，单轨配属车辆792辆，有轨电车配属车辆890辆，磁悬浮列车配属车辆95辆，自动导向系统配属车辆44辆，新增市域快速轨道配属车辆196辆。

4. 经营业户

截至2019年底，我国轨道交通共有经营业户数59户，其中江苏居首，共9户；上海和广东次之，均为6户；浙江5户；北京4户；辽宁、福建、山东各3户；天津、湖南各2户；河北、内蒙古、吉林、黑龙江、安徽、江西、河南、湖北、广西、重庆、四川、贵州、云南、陕西、甘肃、新疆各为1户。

5. 运营员工

截至2019年底，我国城市轨道交通运营员工数共计329367人，其中工人或生产人员

表6-5-3　2019年我国城市轨道交通总体发展情况

数据类型		单位	2019年	比2018年新增	同比增长率（%）
开通运营城市数		个	41	6	17.1
运营线路条数		条	190	19	11.1
运营里程		公里	6172.2	877.1	16.6
车站数		个	4007	599	17.6
	换乘站数	个	368	49	15.4
配属车辆		辆	40998	6986	20.5
经营业户数		户	59	9	18.0
运营员工数		人	329367	56670	20.8
客运量		亿人次	238.78	26.01	12.2
旅客周转量		亿人公里	1994.90	199.69	11.1

272075 人，工程技术人员 18593 人，管理人员 24398 人，其他人员 14301 人。

（二）运输量

截至 2019 年底，我国城市轨道交通进站量共计 150.84 亿人次，完成客运量 238.78 亿人次，客运量比 2018 年新增 26.01 亿人次，同比增长 12.22%。全年完成城市轨道交通旅客周转量达 1994.90 亿人公里，比 2018 年新增 199.69 亿人公里，同比增长 11.1%。全国客运强度平均水平 0.72 万人次 / 公里。

（三）运营指标

2019 年，我国城市轨道交通完成运营车公里 41.43 亿车公里，比 2018 年新增 6.17 亿车公里；13 个城市轨道交通最大载客率大于 100%；各城市列车兑现率、列车正点率均超过 99%；各城市列车服务可靠度大于 10 万车公里 / 件。

三、出租汽车

截至 2019 年底，我国拥有巡游出租汽车（以下简称“出租汽车”）139.16 万辆，比 2018 年增长 0.27 万辆，同比增长 0.2%，其中，新能源车辆（纯电动车）7.72 万辆，比 2018 年增加 3.08 万辆，同比增长 66.4%。我国拥有出租汽车经营业户数 15.03 万户，其中个体经营业户数 13.74 万户。

2019 年，全年完成出租汽车客运量 347.89 亿人次，占城市客运量 27.2%，比 2018 年减少 3.77 亿人次，同比减少 1.1%。全年完成出租汽车运营里程 1476.66 亿公里，比 2018 年减少 30.18 亿公里，同比减少 2.0%；里程利用率 66.1%，同比减少 0.1%；次均载客人数 1.89 人，同比无变化。2019 年我国出租汽车总体发展情况见表 6-5-4。

（一）营运车辆

截至 2019 年底，我国拥有出租汽车 139.16 万辆，比 2018 年增长 0.27 万辆，同比增长 0.2%，其中，新能源车辆（纯电动车）7.72 万辆，比 2018 年增加 3.08 万辆，同比增长 66.4%。2015—2019 年我国出租汽车营运车辆数变化情况见图 6-5-3。2015-2019 年我国新能源出租汽车车辆数与占比变化情况见图 6-5-4。

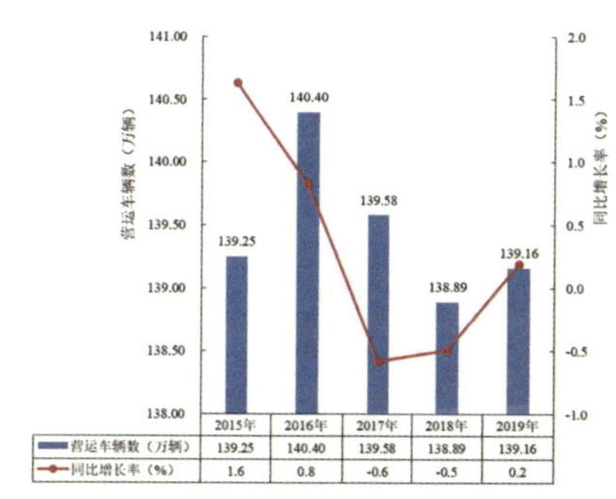

图 6-5-3　2015—2019 年我国出租汽车营运车辆数变化情况

（二）经营主体

截至 2019 年底，我国拥有出租汽车经营业

表 6-5-4　2019 年我国出租汽车发展情况

数据类型	单位	2019 年	比 2018 年新增	同比增长率（%）
运营车辆数	万辆	139.16	0.27	0.2
新能源车辆数	万辆	7.72	3.08	66.4
经营企业	万户	15.03	0.99	7.0
个体经营业户	万户	13.74	0.56	4.3
客运量	亿人次	347.89	-3.77	-1.1
运营里程	亿公里	1476.66	-30.19	-2.0
里程利用率	%	66.1	-0.1	-0.2
次均载客人数	人次	1.89	0	0

户数150290户，比2018年增加9878户，同比增长7.0%，其中，我国出租汽车个体经营业户数137379户，较2018年增加5603户，同比增长4.3%；出租汽车企业共计12911户，较2018年增加4275户。2019年我国出租汽车企业按车辆规模划分及所占比例情况见图6-5-5和表6-5-5。

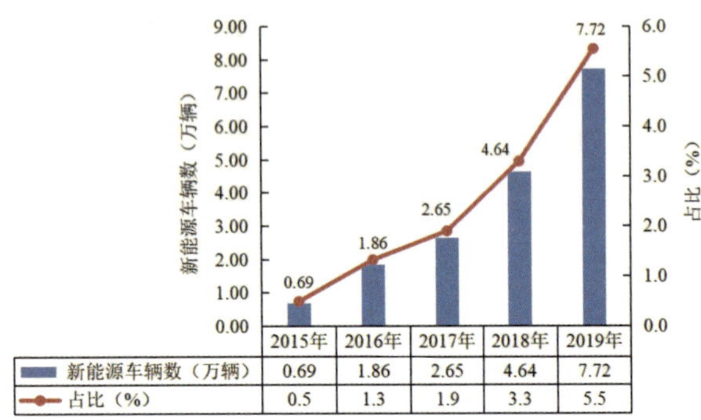

图6-5-4 2015—2019年我国新能源出租汽车车辆数与占比变化情况

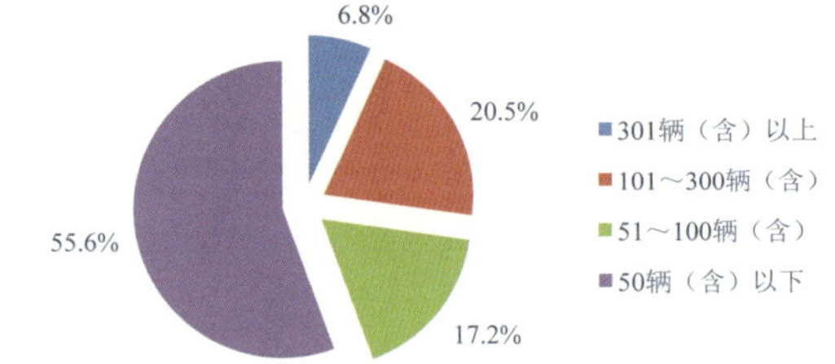

图6-5-5 2019年我国出租汽车企业按车辆规模划分及占比情况

（三）运营指标

2019年，我国出租汽车共完成客运量347.89亿人次，出租汽车运营总里程1476.66亿公里，其中载客里程976.23亿公里，里程利用率66.1%。2015—2019年我国出租汽车运营里程变化情况见图6-5-6。2015—2019年我国出租汽车客运量变化情况见图6-5-7。

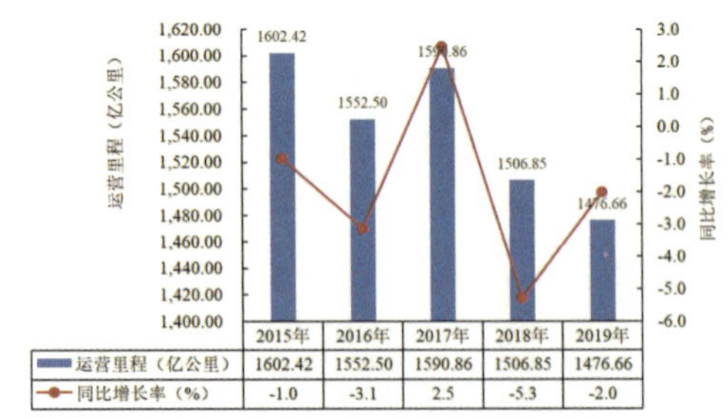

图6-5-6 2015—2019年我国出租汽车运营里程变化情况

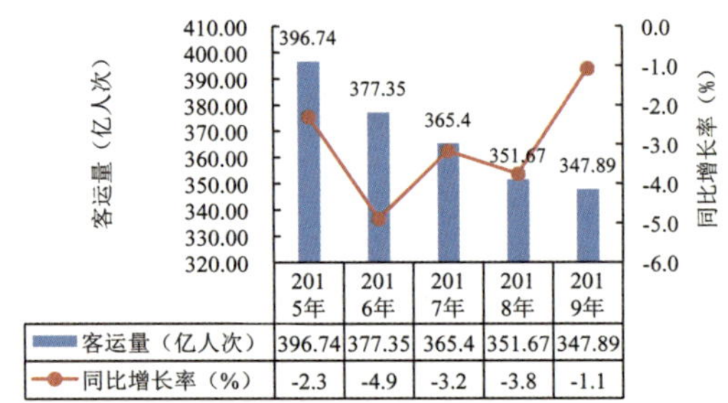

图6-5-7 2015—2019年我国出租汽车客运量变化情况

四、汽车租赁

截至2019年底，我国纳入统计的汽车租赁车辆22.88万辆，比2018年减少0.11万辆，同比减少0.5%，其中客车22.87万辆，9座及以下客车22.45万辆，分别比2018年减少0.11万辆和0.05万辆，同比减少0.5%和0.2%。纳入统计的汽车租赁企业共6987户，比2018年增长41户，同

表6-5-5 我国出租汽车企业按车辆规模划分及占比情况

企业类型 数量	合计	车辆301辆（含）以上	车辆101～300辆（含）	车辆51～100辆（含）	车辆50辆（含）以下
2019年企业数量（户）	12911	877	2643	2218	7173
所占比例（%）	—	6.8	20.5	17.2	55.6
2018年企业数量（户）	8636	878	2649	2262	2847
所占比例（%）	—	10.2	30.7	26.2	33.0

表 6-5-6 2019 年我国汽车租赁发展情况

数据类型	单位	2019 年	比 2018 年新增	同比增长率（%）
租赁车辆数	万辆	22.88	−0.11	−0.5
客车	万辆	22.87	−0.11	−0.5
9 座及以下客车	万辆	22.45	−0.05	−0.2
经营企业	户	6987	41	0.6
从业人员	万人	10.22	3.44	50.8

比增长 0.6%，从业人员 10.22 万人，比 2018 年增加 3.44 万人，同比增长 50.8%。2019 年我国汽车租赁总体发展情况见表 6-5-6。

（一）租赁车辆

截至 2019 年底，我国拥有汽车租赁车辆 22.88 万辆，比 2018 年减少 0.11 万辆，同比减少 0.5%。其中 5 座及以下客车 19.85 万辆，6~9 座客车 2.60 万辆，10 座及以上 0.42 万辆。2015—2019 年我国汽车租赁车辆数变化情况见图 6-5-8。2019 年我国汽车租赁车辆不同类型划分情况见图 6-5-9 和表 6-5-7。

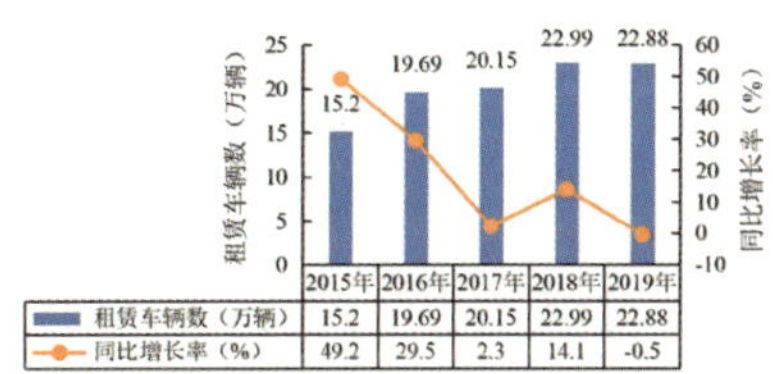

图 6-5-8 2015—2019 年我国汽车租赁车辆数变化情况

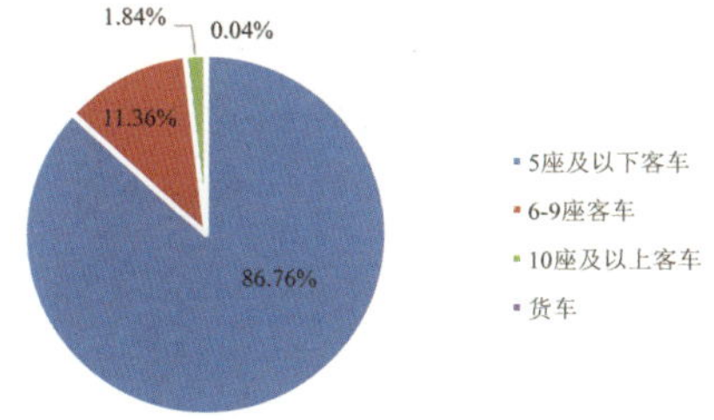

图 6-5-9 2019 年我国汽车租赁车辆不同类型划分情况

（二）经营主体

1. 租赁企业

截至 2019 年底，我国汽车租赁企业共 6987 户，比 2018 年增长 41 户，同比增长 0.6%。2015—2019 年我国汽车租赁企业数变化情况见图 6-5-10。2019 年我国汽车租赁企业按车辆规模

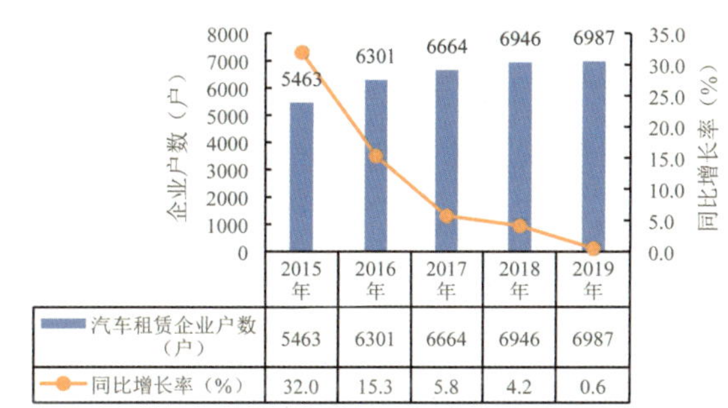

图 6-5-10 2015—2019 年我国汽车租赁企业数变化情况

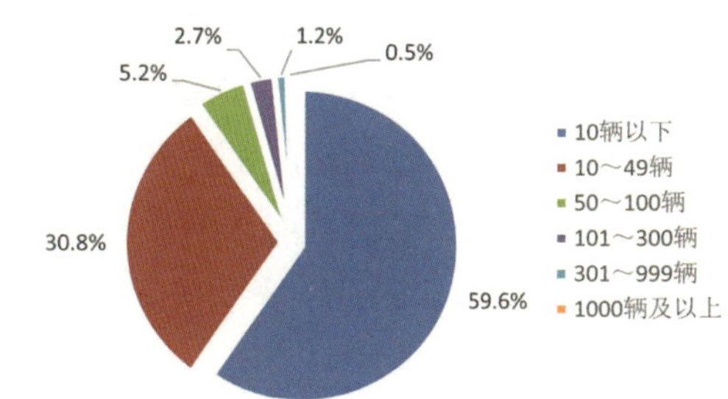

图 6-5-11 2019 年我国汽车租赁企业按车辆规模划分情况

表 6-5-7 2019 年我国汽车租赁车辆不同类型划分情况

车辆类型 / 车辆数	客车				货车
		5 座及以下	6 ～ 9 座	10 座及以上	
2019 年车辆数（万辆）	22.87	19.85	2.60	0.42	0.01
占总量比例（%）	99.9	86.7	11.4	1.8	0.1

表 6-5-8　2019 年我国汽车租赁企业按车辆规模划分情况

业户数 \ 车辆数	10 辆以下	10 ～ 49 辆	50 ～ 100 辆	101 ～ 300 辆	301 ～ 999 辆	1000 辆及以上
2019 年业户数（户）	4163	2149	362	194	85	34
占总量比例（%）	59.6	30.8	5.2	2.7	1.2	0.5

划分及所占比例情况见图 6-5-11 和表 6-5-8。

2. 从业人员

截至 2019 年底，我国汽车租赁从业人员 10.22 万人，比 2018 年增长 3.44 万人，同比增长 50.8%。2015—2019 年我国汽车租赁从业人员呈持续上升趋势，2019 年我国汽车租赁从业人员数大幅增长。

五、交通运输新业态

（一）行业发展现状

2019 年，交通运输新业态持续健康稳定发展。截至 2019 年底，全国 150 余家网约车平台公司获得经营许可，共发放网约车驾驶员许可 185 万、车辆许可 86 万。互联网租赁自行车行业目前主要有哈啰出行、摩拜单车、青桔单车、ofo 小黄车 4 家运营企业在全国经营，据运营企业上报信息，共有 360 余个城市（覆盖了全部直辖市、省会城市和计划单列市，地级市 287 个，县级市 53 个）投放车辆运营，在营车辆 1950 余万辆，注册用户数 3.4 亿，日均订单量 4700 余万单。分时租赁注册企业约 300 家，实际运营企业超过 80 家，投放车辆约 20 万辆，其中 90% 以上为纯电动汽车。

（二）开展的主要工作

出台交通运输新业态用户资金管理办法。2019 年 5 月 9 日，交通运输部、人民银行、国家发展改革委、公安部、市场监管总局、银保监会 6 部门联合印发了《交通运输新业态用户资金管理办法（试行）》（交运规〔2019〕5 号），对用户资金收取、开立专用存款账户存管，以及建立联合工作机制强化监管等方面做出了具体规定。

开展专项调研工作。为进一步加快推进行业法规制度建设，促进互联网租赁自行车与汽车分时租赁规范发展，运输服务司成立了专项工作小组，组织开展了专项调研工作。2019 年 3 月 16 日，正式启动互联网租赁自行车与汽车分时租赁调研准备工作。

加强网约车顺风车安全管理。一是督促平台公司安全整改。2019 年 9 月，交通运输部会同中央网信办、市场监管总局有关司局赴滴滴公司就安全整改工作开展了联合调研。11 月，交通运输部会同中央网信办、工业和信息化部、公安部、应急管理部、市场监督管理总局，联合约谈滴滴出行、首汽约车、神州优车、曹操出行、美团出行、高德、嘀嗒出行、哈啰出行等 8 家网约车顺风车平台公司。二是交通运输部、公安部指导各地交通运输主管部门、公安机关在重大活动、重大节假日期间开展联合执法，督促企业落实安全防范主体责任，加大非法营运打击力度，保障乘客生命和财产安全。

（三）各地典型经验

1. 开展新业态试点示范建设

海南省交通运输厅联合省发改委、省自规厅等十一部门印发《海南省共享出行试点实施方案（2019—2025 年）》（琼交运输〔2019〕624 号），探索海南省共享经济发展新模式在网络预约出租汽车、汽车分时租赁、互联网租赁自行车等出行服务领域开展试点示范建设。

2. 强化信用监管

为强化运营企业和用户自律，形成有效的信用约束，各地积极利用信用手段引导互联网租赁自行车规范发展。北京市交通委编制并印发了《北京市交通委员会信用管理工作办法》；深圳印发了《互联网租赁自行车行业信用管理实施办法（试行）》；兰州通过建立企业“红黑榜”引导运营企业诚信经营。

3. 探索行业准入退出机制

为有效利用车辆资源和城市空间，防止互联网租赁自行车过度投放，杭州、成都、郑州等城市委托研究机构根据城市空间承载能力、停放设施资源、公众出行需求等因素建立系统模型，测算城市合理投放车辆总量。广州探索运营企业进入市场招投标制度。

部分城市在管理实践中，将分时租赁纳入汽车租赁行业管理，经营企业实行备案制。广州市要求提供分时租赁车辆的客车租赁经营者要根据《市管理办法》《市指导意见》，取得工商营业执照、制订企业章程以及相关管理制度、具有固定的经营和办公场所、具有专职管理人员等；对于租赁车辆，要求是自有车辆、取得机动车行驶证、符合环保要求及购买法定保险等，鼓励使用新能源车辆开展分时租赁业务。

4. 依托信息化平台加强行业监管

为提升监管效能，北京、上海、天津、杭州、南京、成都、武汉、合肥、郑州、深圳、宁波、厦门、湖州 13 个城市建设了互联租赁自行车信息监管平台，广州、南昌、无锡、梧州等城市信息监管平台正在筹建中。北京市汽车租赁行业管理与服务信息系统建设项目，目前已完成包括质量信誉考核系统、行业运行监测系统、车辆 GPS 监控示范系统、企业服务支撑系统等 9 个系统的开发工作，其中中小企业服务支撑系统中具备承租人身份核验记录查询功能。目前，平台已接入 7 家开展分时租赁业务的汽车租赁企业数据。

5. 建立汽车租赁反恐怖防范长效管理机制

2019 年 1 月 18 日北京市交通委员会、北京市公安局印发《北京市汽车租赁行业反恐怖防范工作规范（试行）》（京交安全法〔2019〕6 号）。《工作规范》规定了汽车租赁行业反恐怖防范目标分类管理、反恐怖防范工作等级管理以及反恐怖应急管理的基本要求。

专题六　民生实事与建议提案办理

一、交通运输部民生实事完成情况

2019年，交通运输部以习近平新时代中国特色社会主义思想为指导，坚持以人民为中心，紧紧抓住人民最关心最直接最现实的利益问题，不断提升交通运输公共服务供给质量和水平，不断满足人民日益增长的美好生活需要，实施了12件更贴近民生实事，已全部完成。

一是新改建农村公路20万公里。

二是新增通客车建制村5000个（其中贫困地区不低于3000个）。

三是实施乡道及以上公路安全生命防护工程24万公里、危桥改造4700座。

四是推进100个“司机之家”建设试点。

五是实现普通货运车辆全国年审网上办理。

六是实现汽车维修电子健康档案省级系统全覆盖。

七是实现高速公路人工收费车道手机移动支付全覆盖。

八是组织开展公交都市创建活动。

九是实现全国260个地级以上城市交通一卡通互联互通。

十是建立琼州海峡客滚运输班轮化运营模式。

加强顶层设计，会同广东、广西、海南三省区人民政府办公厅联合印发《提升琼州海峡客滚运输服务能力三年行动计划（2019—2021）》；制定实施方案，细化“定码头、定班期、定船舶”运营规则；强化督促检查，加强琼州海峡客滚运输现场指导，确保班轮化运输平稳有序。

2019年9月1日，琼州海峡客滚运输“定码头、定班期、定船舶”的班轮化运营模式已全面实现，客滚船准点发班率达90%，船舶装载时间由原来的平均2小时减少至不超过1.5小时，旅客平均过海时间较2018年缩短30分钟，旅客和车辆运输过海慢、服务弱的问题得到明显解决，大幅提高了旅客出行的便利性、舒适性。

十一是建设长江三峡通航综合服务区。

十二是扩大船舶大气污染排放控制区范围助力沿海和内河港口城市改善空气质量。

2019年1月1日起，船舶大气污染排放控制区范围扩大到全国沿海海域、港口及长江干线等内河水域，提高排放控制要求。分阶段实施船舶大气污染物排放控制措施，同步推进船舶岸电等清洁能源使用，有序开展低硫燃油供应和联合保障工作，减少船舶大气污染物排放。实现船舶减排硫氧化物34.5万吨、颗粒物5万吨，同比减少60%，促进绿色航运发展，助力沿海和内河港口城市空气质量持续改善，满足人民群众改善空气质量的要求。

拓展船舶大气污染物排放控制区实施范围至长江、西江干线和沿海水域，在深圳建立排放控制检测监管试验区。发布2020年全球船用燃油限硫令实施方案和配套海事监管指南。推动出台低硫燃油出口退税及配套政策，保障燃油供应。落实船舶水污染物转移处置联合监管意见，推动多部门联合建立全链条闭环管理机制。

其中，有5项超额完成。分别为：一是新建改建农村公路29万公里；二是新增11246个建制村通客车，其中贫困地区7002个；三是完成乡道及以上公路安全生命防护工程26万公里、危桥改造5291座；四是建成182个“司机之家”；五是实现全国275个地级以上城市、448个县级城市交通一卡通互联互通。

其他7项民生实事，均按计划圆满完成。

二、交通运输部建议提案办理情况

2019年公路局共承办人大代表建议和政协委员提案58件，其中，人大建议41件，政协提案17件。按照承办类别，包括主办类41件（人大31件、政协10件），协办类13件（人大7件、政协6件），参阅类4件（人大3件、政协1件）。

2019年水运局共承办人大代表建议和政协委员提案44件，其中，主办21件，协办、会办17件，参阅6件。建议提案主要针对长江经济带绿色发展和污染防治、加快长三角港口群建设、大力发展中国本土游轮等。其中内部重点提案2件，分别为“关于协同推进长江流域港口岸电建设全覆盖，助力长江大保护的建议”（人大建议第2769号）及“关于协调推进长三角港航一体化，支持打造世界级港口集群的建议”（人大建议第4571号），均申报为2019年交通运输部优秀建议提案及优秀公文。根据部人大建议和政协提案办理工作规程及部领导要求，所有均于2019年6月30日前办结，代表满意率100%。

2019年交通运输部海事局共承办人大代表建议和政协委员提案11件，内容涉及船舶电动化，加快建设粤港澳大湾区基础设施互联互通，国际船舶登记制度及相关配套政策改革，粤港澳共谋游艇经济开辟湾区融合新天地，出台全国统一的台轮停泊点管理办法，大力推广使用天然气船用发动机，加快推进“气化长江，美丽中国”项目，应对IMO低硫排放新政的政策，构建长江水域船舶污染物排放监测网络，大力推进长江水域环境保护，加快船员立法、支持航运强国建设，加快推进内河船舶污染责任强制保险机制建设和关于城市景观河道船舶管控等方面。这些建议提案充分体现了广大代表、委员对我国海事事业的关心关注，部海事局均给予详细答复，阐明有关政策规定和下步工作，做到了“办理有速度、有力度、有温度”。

三、国家铁路局建议提案办理情况

2019年，全国两会涉及国家铁路局的人大代表建议和政协委员提案共241件，是国家铁路局组建以来承办数量最多的一年，内容主要集中在加强铁路规划建设、加快铁路修法立法、加强铁路外部环境整治、推动铁路国际合作交流等方面。截至2019年9月底，国家铁路局建议提案办理工作全部完成，办复率为100%。

（一）主要做法

1. 国家铁路局领导高度重视

国家铁路局领导就建议提案办理工作专门作出批示：“办好人大建议和政协提案是依法行政的重要内容，是业务工作，更是政治任务，必须增强‘四个意识’、坚定‘四个自信’、做到‘两个维护’，切实提高政治站位，把办理工作作为落实政府工作报告的一项重要抓手，加强组织领导，加大沟通力度，改进工作作风，增强服务意识，提高办理质量，使人大建议和政协提案办理出成果、见成效。”

2. 党组成员带队调研

围绕重要建议提案内容，党组成员分别多次带队调研扶贫工作，深入了解扶贫项目推进情况和前期成效，对接贫困地区地方政府，了解人民群众关于脱贫攻坚工作诉求，推动脱贫攻坚工作深入开展。

3. 重点建议重点办理

2019 年国家铁路局办理重点建议 4 件，内容主要涉及推动实施淮河生态经济带规划、构建长三角中部纵向高铁走廊、加快推进长三角区域交通基础设施互联互通、支持湘鄂西和湘鄂川（渝）黔革命老区振兴发展等。分管局领导和承办部门主要领导亲自拟定办理方案，亲自审批答复意见，亲自与代表沟通，指定专人做好日常办理工作，及时督促指导，确保重点建议办理顺利完成。

4. 完善制度强化落实

着眼健全完善国家铁路局人大建议和政协提案工作机制，提高建议提案办理工作质量和效率，研究制定了《国家铁路局关于承办全国人大代表议案、建议和全国政协委员提案办理办法》。

5. 加强联系沟通

承办部门通过座谈交流、上门走访、出差顺访、联合调研等方式积极与代表委员沟通联系。

6. 强化复文质量和公开力度

承办部门强化审核把关，综合司统筹推进办理进度，加大督办力度；所有复文均由分管局领导签发。涉及公共利益、公众权益、社会关切及需要社会广泛知晓的建议提案复文，在局政府网站全文公开，主动接受社会监督。

（二）主要成效

1. 有力促进区域协调发展

开展粤港澳大湾区铁路发展规划研究，形成基础设施、轨道交通规划研究成果；指导修编《京津冀城际铁路网规划》；指导完成《提升长江经济带立体综合交通走廊运输能力的铁路规划方案》；开展《铁路“十四五”发展规划思路研究》《2021—2050 年铁路网布局》研究。

2. 有力推动铁路法规制度建设

围绕《铁路法》修订工作，组织专家广泛开展研讨调研评估论证，形成《铁路法（修订草案）》（送审稿）。会同交通运输部、中国国家铁路集团有限公司深入一线调研，充分听取各方建议，有效推动《铁路法》修订工作。

3. 有力推动铁路运输安全和服务质量提升

推动高铁沿线环境安全整治，推进铁路安全地方立法，开展联合执法，实现安全保护区隐患清零；修订完善运输监管领域相关规章制度，研究规范互联网第三方购票服务、打击违法违规“抢票”行为；改进投诉处理方式，提升投诉处理工作效能，督促铁路运输企业不断优化服务；开展危险货物运输安全监督检查，强化危险货物运输规律研究，开展液化天然气铁路运输有关工作。分管局领导和承办部门主要领导亲自拟定办理方案，亲自审批答复意见，亲自与代表沟通，指定专人做好日常办理工作，及时督促指导，确保重点建议办理顺利完成。

4. 有力推动政府间铁路合作交流

扎实推进重点项目合作。尼泊尔加德满都至兰毗尼、博卡拉等规划研究取得阶段性成果，加快推进巴基斯坦 1 号铁路干线工程。加强多边双边合作。开展中越铁路合作对话，组织召开中韩铁路合作会议，务实推动中吉乌、中印、中蒙俄等铁路合作交流，加快与周边国家铁路互联互通建设。积极推进标准国际化工作。《铁道技术标准》英文版创刊发行。发布 25 项铁道行业技术标准和 22 项铁道行业工程建设标准英文译本，发布《高速铁路设计规范》俄语、印尼语等小语种译本。参加国际标准制修订工作，推动中国铁路技术纳入国际标准。

四、中国民用航空局民生实事与建议提案办理情况

（一）民生实事

2019 年，民航局开展“民航服务质量重点攻坚”专项行动，推出并认真落实九项改进服务品质措施，进一步打造“中国服务”品牌。

一是"无纸化"服务提质升级。229个机场和主要航空公司可实现"无纸化"出行。

二是鼓励人脸识别、自助值机、自助托运、智能问讯等系统建设。37家千万级机场国内旅客平均自助值机比例达71.6%。

三是探索人工智能、生物特征识别等新技术与民航安保工作的融合。首都机场、大兴机场试点海关监管、民航安检合作查验模式，实现旅客"一次过检"、无感通关。

四是大力推进全民航行李全流程跟踪系统（RFID）建设。

五是提升中转旅客服务体验。在8家航空公司、29家机场开展跨航司行李直挂试点。推动出台国际"普通航班"普适政策，国际旅客中转更加便捷。

六是提高旅客对机场餐饮服务的满意度。将"同城同质同价"纳入机场服务质量评价指标。

七是推进空中接入互联网工作取得更大成效。15家航空公司410架飞机为805万旅客提供了客舱WIFI服务。

八是提升航空物流服务水平。航空货运电子运单使用突破160万票。

九是推出12326民航服务质量监督电话。2019年3月15日开通12326民航服务质量监督电话，国内航空公司投诉响应率100%。

（二）建议提案

1. 基本情况

2019年，民航局共办理全国人大议案2件、代表建议134件、全国政协委员提案52件，共计188件，全部按期办理完毕，办结率100%。从数量上看，同比增幅36%，总量创历年之最。从内容上看，质量较高、反映问题深刻；选题较准，针对性较强；综合性较强，协调难度较大。从办理效果上看，出台政策措施17项，采纳意见72项，推动解决21项问题。从答复满意度上看，相关人大代表、政协委员对民航办理工作总体满意。

2. 主要做法

领导高度重视。全国两会召开前后，民航局分别组织行业内代表委员座谈会、全系统电视电话会议，认真传达贯彻两会精神，提出明确要求。收到建议提案后，局长冯正霖批示"抓紧抓实，确保办理质量"，副局长董志毅批示"按计划认真落实，确保建议提案办理工作高质高效完成"。建立完善机制。建立内部各项工作制度，修订办复指南，健全电子台账，加强督促检查，规范办理程序。密切沟通联系。采取多种形式，积极与代表委员沟通，推动问题解决。冯正霖在海南调研座谈上，当面回应符宣朝代表提出的《关于支持在海南省东方市建设航空物流枢纽机场的建议》。突出办理重点。遴选10件建议提案，作为2019年民航局内部重点建议提案，制定专门工作方案，列入年度重点督查事项范畴。加大公开力度。在政府网站公开建议提案复文145件，占办理总量的77%；在《中国民航报》连续三年设置"全国两会建议提案回声"专栏，头版刊发专栏文章20篇，并在中国民航网、民航微信客户端同步推送。

3. 成果转化

将办理成果转化为服务国家重大战略发展的举措。开展长三角民航协同发展专题调研，加快编制《长三角民航协同发展战略规划》；充分研究优化粤港澳大湾区航空体系、综合交通枢纽建设等相关意见建议，吸纳到《推进粤港澳大湾区民航协同发展的指导意见》中。印发《航空医疗救护联合试点工作实施方案》，在12个省（市）71家医疗机构开展航空医疗救护联合试点。开通12326民航服务质量监督电话。形成了《关于深化空域精细化管理改革推进空管高质量发展的调研报告》，推动发布首张区域性的四川省数字化目视飞行航图。将办理成果转化为促进地方经济协调发展的举措。针对建设国际航空货运枢纽、临空经济示范区建设有关内容，会同有关部门协调解决项目重点、难点问题，推进项目建设，带动区域和地区经济社会提质增效。

五、国家邮政局民生实事与建议提案办理情况

（一）贴近民生七件实事

一是实现建制村直接通邮。中央部署的55.6万个建制村直接通邮任务提前一年完成，开发建制村直接通邮App，基本实现对农村投递服务网上实时监管。

二是快递末端投递服务持续改善。全国建成快递末端公共服务站8.2万个，农村快递公共取送点6.2万个，布设智能快件箱超40万组。城市快递自营网点标准化率超过96%。283个城市出台规范快递末端服务车辆管理政策，覆盖率达83%。

三是服务乡村振兴和精准脱贫。深入推进“邮政在乡”工程，新增邮乐购站点超3万个，累计建成邮乐网扶贫地方官网729个，实现国家级贫困县全覆盖。大力提升邮政服务农村电商能力，全年带动农特产品进城配送量48.5万吨，同比增长62.9%，惠及457个国家级贫困县8.3万户贫困人口，农民增收2.4亿元。大力推动“快递下乡”工程，全国乡镇快递网点覆盖率达96%以上，全国特色小镇快递网点覆盖率达98%以上。大力培育“一地一品”项目，为462个国家级贫困县7.2万户贫困人口平均每户增收3260元。

四是推动邮政综合服务平台建设。积极推动邮政企业入驻地方政务服务大厅，与地方政务系统对接，提供线下政务服务，27个省邮政已实现省级政务线上平台对接。全国8291个邮政网点开办交管业务，已实现市级全覆盖。全国29个省1.7万个邮政网点开办代缴税款业务，累计代征税款超过750亿元。

五是实施“放心安全消费工程”。印发《快递市场法人主体信用评定方案（试行）》《快递业信用信息采集和共享技术规范》。按季度通报快递服务满意度调查、时限准时率测试和邮政业消费者申诉等情况。建立健全邮政业安全生产事故（件）信息报送机制，定期通报分析邮政业安全生产工作落实情况。继续抓好“三项制度”落实，开展实名收寄专项整顿工作和寄递渠道涉枪涉爆专项整治，新增安检机2000余台。全力抓好行业反恐、禁毒、芬太尼类物质管控、非洲猪瘟疫防控等工作。

六是提高行业绿色发展水平。大力实施“9571”工程，全国电子运单使用率达98%，电商快件不再二次包装率达52%，循环中转袋使用率达75%，设置包装废弃物回收装置的邮政快递网点达2万个，“瘦身胶带”封装比例达75%，新能源和清洁能源车辆新增3万台。

七是加强快递员（投递员）权益保护。开展“快递从业青年服务月”、邮政行业青年文明号创建、青年安全示范岗创建、12335维权热线服务活动等。年内推动各地两会提交关爱快递员建议提案1325件，为4500名快递小哥开展免费体检义诊。开展快递工程技术人员职称评审，目前1.3万余人获职称，共80余人入选行业科技英才和技术能手计划。大力纠正企业“以罚代管”“层层罚款”现象。

（二）提案、建议的办理

2019年，国家邮政局共收到建议提案68件，同比增长58%。其中，主办件47件（建议23件，提案24件），协办会办件17件（建议9件，提案8件），参阅件4件。内容涉及行业绿色发展、快递员权益保护、基础设施建设、行业发展和监管政策等。其中代表委员关注重点依然是快递绿色发展问题，涉及19件建议提案，占总量的28%。国家邮政局承办的所有建议提案已按照要求在规定时间前全部办复。

专题七 节假日和快递高峰运输

一、节假日出行保障总体情况

2019年重大节假日期间，全行业统筹安排节假日出行保障工作，切实改进旅客出行体验，提升运输服务质量。

春运期间，全国旅客发送量达29.8亿人次，与上一年基本持平。其中，铁路旅客发送量4.07亿人次、增长6.67%；道路24.6亿人次、下降0.83%；水运4076.9万人次、下降5.67%；民航7288.2万人次、增长11.38%。全国交通运输系统充分发挥不同运输方式的比较优势和组合效能，加强运输组织，强化安全监管，确保旅客安全便捷出行。

一是加强统筹部署安排。会同国家发展改革委等部门印发专项通知，并联合召开电视电话会，对春运工作进行全面部署。制定综合运输春运工作总体方案，建立部、省、市动态联动机制，以北京等12个城市为重点联络城市，上海火车站等26个枢纽场站为监测节点，加强动态监测。联合组织开展"情满旅途"活动、春运安全检查、拥堵路段排查等工作，共同举办春运新闻发布会，凝聚部门合力，加强协同配合。

二是强化运输方式衔接。春运启动前，交通运输部会同中国铁路总公司、中国民用航空局梳理汇总了临客列车、夜间到达动车组、夜间航班以及重点水域水路夜间客运班期等信息，指导各地统筹安排道路客运、城市公交、出租汽车运力，全力做好旅客到站（港）的接续接驳工作。

三是提升运输服务品质。各地按照"情满旅途"活动要求，深入开展主题服务活动，扩大联网售票、刷脸进站等服务范围，加大老幼病残孕等群体帮扶力度，落实军人优先服务举措。会同中国铁路总公司推动北京南站、长沙南站、天津站等枢纽跨方式安检流程优化，减少旅客重复安检。加强高速公路收费站和服务区管理，梳理发布春运期间易发生拥堵的57条路段、全国各服务区2000余个充电站、7400余个充电桩点位信息。加大12328交通运输服务监督电话力量投入，及时响应旅客咨询和投诉。

四是加大安全管理力度。会同应急管理部、国家铁路局等派出3个跨部门联合检查组、5个行业检查组、7个地方交叉检查组，围绕"两客一危"车辆、农村客运、轨道交通、"六区一线"重点水域等关键节点，深入开展明察暗访，覆盖全国除西藏以外的所有省（自治区、直辖市），共检查了50余个城市、70余个客运场站、企业、服务区，暗访乘坐120余趟车（船）。召开电视电话会，印发专项通知和整改方案，点名通报检查发现的隐患问题，督促立行立改。

五是加强应急运输管理。指导各地制定春运应急运输预案，加强应急运力储备，强化值班值守，密切与相关部门的沟通联络，切实增强春运应急保障能力。各级交通运输部门严格执行24小时值班和领导带班制度，及时协调解决各类问题。

春运后半程，部分地区出现强降温、雨雪天气，交通运输部会同公安、气象等部门，加强路网运行监测，及时发布气象和路网信息，引导旅客安全有序出行。

六是深化大数据分析应用。春运期间，交通运输部会同有关部门共同委托第三方机构，充分利用行业信息平台和社会化网络平台数据资源，开展春运大数据分析和服务体验调查评估，深入了解旅客需求，客观评估春运服务效果，分阶段发布旅客出行预测报告和旅客调查评估报告，为引导旅客合理安排出行，改进春运服务提供了有力支撑。从第三方调查结果看，近77.9%的旅客对今年春运工作表示较为满意或认为较往年有所改善，满意度同比提升了3.1个百分点。

二、铁路节假日保障情况

（一）春运监督检查

一是深入分析春运形势，印发《国家铁路局关于做好2019年春运监督检查工作的指导意见》，明确春运监督检查主要任务、检查重点，编制监督检查指导手册，做到统一检查方式、统一检查内容、统一检查标准。二是成立由国家铁路局党组成员担任组长、副组长，各司负责人为成员的春运监督检查工作领导小组，负责组织领导春运监督检查工作。三是派出检查组496个，检查铁路相关单位和场所985家，添乘旅客列车458趟次，针对问题隐患发放整改通知书68份。四是派出4个督查组，分春节前、春节后两个阶段，对春运监督检查工作进行督导，并对现场重点单位进行抽查。五是国家铁路局会同交通运输部、应急管理部成立联合检查组，深入浙江、福建等省份春运一线排查隐患，督促被检查地区立即整改隐患问题，全面消除事故苗头。

（二）暑运监督检查

一是制定暑运监督检查方案、细化手册，统一标准，对表检查。二是做好重要活动期间运输保障工作。北京铁路督察室、沈阳铁路监督管理局分别加强北京世界园艺博览会、夏季达沃斯论坛期间监督检查，确保铁路运输安全和服务质量稳定。三是改进监督检查方式，采取交叉暗访形式，通过抽签确定行政执法单位和对应区域，随机抽取检查车站，提升监督检查效果。8个交叉暗访检查组共检查26个车站、添乘16趟旅客列车，及时向受检单位通报问题，督促整改销号。四是开展铁路客货车务专业安全及服务质量监督检查工作，对安全基础、车务、客运、货运、许可检查等进行重点检查。五是各地区铁路监督管理局持续强化日常监督检查和专项监督检查，督促铁路运输企业落实安全生产主体责任。

三、公路节假日保障情况

一是加强数据分析，提前研判，组织相关单位，综合运用大数据、云计算等科技手段，初步尝试多元数据融合，形成较为全面的路网运行分析研判报告。

二是开展气象会商，提前预报预警，结合历年节假日期间气象特征，研判、分析、梳理受影响路段，针对可能发生的长时间、大范围恶劣天气，及时预报预警，提醒相关省（自治区、直辖市）周密部署，强化措施。

三是强化值班值守力量，加强对重点运输通道、省界主线收费站、跨江河特大桥梁、特长隧道、旅游风景区周边道路等运行情况的监测，与各地交通运输主管部门建立音频会商机制，及时了解各省（自治区、直辖市）节假日期间路网运行情况。

四是通过中央广播电视总台、中国气象频道、“中国路网”融媒体信息服务平台、微信、微博、一直播等多渠道提供公路出行信息服务，引导公众合理安排出行。

五是加强技术应用，利用全国智慧路网监测

平台和视频监控云平台，实时监控全国路网运行情况；对全国高速进行拥堵指数和流量指数的分析，重点梳理监测通行压力大、易发生拥堵缓行的部分路段和收费站。

四、水路节假日保障情况

2019 年，各级交通运输管理部门认真组织开展春运和国庆假期全国水路运输服务保障工作，加强运行监测和形势研判，强化运输组织，确保重要水路运输通道畅通和人民群众安全便捷出行。

一是统计重点水域夜间水路客运班期信息，加强水路与其他运输方式衔接和信息实时共享，增加运力投入，延长运营时间，确保接续接驳衔接顺畅。

二是督促水路客运企业做好重点群体服务，落实军人依法优先出行措施，完善老年人和残疾人水路出行便利设施，提升水路客运服务品质。

三是督促港航企业做好煤油气等重点物资运输保障工作，加强产运需衔接，为重点物资运输船舶靠离泊、过闸、装卸作业等提供优质服务。

四是密切跟踪监测水路客运运行情况，指导完善应急保障措施，完善应急预案，加强应急防范，妥善做好重点水域旅客应急疏运工作和三峡船闸通航保障工作。

五是印发《交通运输部办公厅关于进一步加强假日水路客运信息报送工作的通知》（交办水函〔2019〕1076 号），进一步规范信息报送工作，推动信息报送制度化、规范化、科学化。

2019 年春运期间，全国主要地区水路累计发送旅客 4076.9 万人次，比 2018 年减少 5.7%；重点水域累计发送旅客 788.4 万人次，比 2018 年增加 1.3%。“十一”黄金周期间，全国主要地区水路累计发送旅客 1442.4 万人次，比 2018 年增加 9.6%。

五、道路运输节假日保障情况

在春运及元旦、清明节、劳动节、端午节、中秋节、国庆节等节假日期间，加强专项部署、监督检查和应急值守，指导各地切实做好道路运输安全与服务保障。

一是强化道路运输组织。指导各地交通运输主管部门加强节假日客流特点分析，强化与铁路、民航等部门的协同联动，统筹安排道路客运、城市公交、出租汽车运力，优化行车组织和班次安排，全力做好铁路、民航旅客到站（港）接续接驳工作，有效解决旅客出行“最后一公里”问题。

二是提升运输服务品质。组织各地交通运输主管部门深入开展“情满旅途”等主题服务活动，扩大联网售票、定制客运服务范围，加大老、幼、病、残、孕等群体帮扶力度，落实军人优先服务举措。加大 12328 交通运输服务监督电话力量投入，及时响应旅客咨询和投诉。

三是加大安全监管力度。指导各地交通运输主管部门督促企业深入开展隐患排查治理和风险管控，做好车辆技术状况检查，加强运行线路安全评估和动态监控，加强从业人员安全警示教育，及时发现和纠正不安全从业行为，保障运输安全。督促运输企业、特别是“两客一危”、农村客运企业，密切关注天气和路况信息，加强恶劣天气运行安全风险评估研判，及时按规定调整运行安排，严防重特大安全事故发生。严格落实汽车客运站“三不进站、六不出站”制度。会同有关部门增派执法力量，加强客重点地区执法检查，强化安全秩序管控，严格查处非法营运等各类违法经营行为。

四是加强值班值守和信息报送。指导各地交通运输主管部门严格落实关键岗位 24 小时值班制度和领导带班制度，强化值班人员的责任意识，确保到岗到位、尽职尽责，妥善处置涉道路运输各种突发事件和险情，并按规定及时做好信息报送。

六、航空节假日保障情况

2019 年春运期间，民航全行业坚守安全底线，协同配合运行，克服恶劣天气及突发事件影响，圆满完成了春运以来的各项保障任务。

一是旅客运输再创新高。在春运 40 天（1 月 21 日—3 月 1 日）期间，民航共运送旅客 7288.2 万人次，比 2018 年春运同期增长 11.4%，在各种交通运输方式中增速最快；全国共保障航班 665126 班次，同比增长 6.32%；国内客运航班平均正常率约 80.42%，同比增长 0.34%，确保了航空运输安全、顺畅、有序，充分满足了旅客出行需求。

二是组织保障更加到位。春运期间，民航系统认真落实组织保障各项要求，切实发挥好各级春运工作领导小组的指导、监督、协调、沟通作用。民航各单位一方面切实做好系统内的对接保障工作，另一方面积极配合国家发展改革委、交通运输部、各级地方政府和其他交通方式，加强综合运输服务衔接保障，及时交换信息，保障春运工作有序开展。中国民用航空局、各管理局、监管局采取“四不两直”、“双随机”等方式，深入一线，督促检查春运运行保障工作，取得了积极的成效。

三是运行品质有新提升。各航空公司科学预测市场需求，合理调配运力，在满足春运旅客出行需求的同时，运行效率也比同期有了较大提升。民航局一方面在确保安全的前提下，允许适度提升国内各机场保障容量；另一方面在上海浦东、广州、深圳、成都、昆明、杭州、重庆、西安、乌鲁木齐、三亚等 10 个枢纽机场开展国内航班延长运行时间试点，以增加运力供给。在各单位的共同努力下，春节期间民航平均航班正常率达到 83.31%，保障了绝大多数旅客顺畅出行。

四是便民利民有新举措。为更好满足广大人民群众对更高品质出行的需求，让旅客不仅“走得了”，还要“走得好，走得满意”。全行业坚持“真情服务”理念，为广大旅客从购票、办理值机手续、候机、客舱服务、抵离机场提供全方位、一体化、智能化、网络化的优质服务；推广“无纸化”便利出行，餐饮同城同质同价，全面实现残疾军警网络优惠购票，完善无障碍设施设备配备，全面推进并优化机场“母婴室”、军人依法优先通道等措施，有效提升了春运旅客服务品质。针对航班不正常情况，各单位加强了航班延误后的应急处置，做好延误后的退改签、食宿安排等服务工作。

七、邮政服务保障情况

2019 年“双 11”业务高峰期间（11 月 11—18 日），全行业共处理邮快件 27.59 亿件，最高日处理量达到 5.35 亿件，同比增长 28.6%，是日常处理量的 3 倍。全行业服务国民经济发展大局，有效支撑电商销售，促进消费增长，发挥“错峰发货、均衡推进”的核心机制作用，实现了“全网不瘫痪、重要节点不爆仓，保畅通、保安全、保平稳”的工作目标。

全网旺季应对更加稳健。行业基础设施建设的效果在旺季期间得到充分发挥，为旺季而开放的邮政业安全监管信息系统在监测、预警、调度指挥中发挥重要作用，自动化设备和储备的人力、运力、场地基本都得到应用。随着末端服务以按址投递为主，智能快件箱和末端服务平台投递为补充的多元投递格局逐渐完善，2019 年末端压力普遍有效缓解。全网揽收、分拨、运输和末端保障能力上了一个台阶。

服务乡村振兴效果显著。2019 年开展的农村末端违规收费清理整顿使各企业加大了对农村网络的投入，各地方政府也对农村快递服务给予了大力支持。旺季期间，3 万多个乡镇快递网点保持稳定运行，实现了农民网购产品下得去、网销产品出得来。快递服务现代农业项目505个，业务量超千万的金牌项目32个，发挥了脱贫攻坚的积极示范效应。

科技助力作业效率提升。旺季期间1亿件包裹从发货到签收的全程处理时间已从2013年的9天减少至2.4天，压缩73%。多家快递企业实现在重点地区当日寄达。其背后是行业大数据预测得到深度应用，前置仓和直发的覆盖范围进一步扩大，自动化流水线保证精准作业，区块链技术与配送服务的有机结合。

综合交通运输优势凸显。公路、铁路、飞机多种运输方式齐头并进，快件运输体现中国速度。30多万辆汽车在干线运输和末端作业中发挥主力军作用。116架全货机全部投入使用，快件航空运输网络四通八达。“公转铁”进一步应用，800列载客动车组、181列预留车厢的载客动车组、22列高铁列车、450列旅客行李车、6列特快电商班列实现降本增效。

快递包装治理形成共识。旺季期间行业绿色发展工作力度不减，水平不降。各地政府更加注重再生资源循环利用，浙江、江苏、四川等省市建设再生资源回收站点。全行业推进绿色发展“9571”工程，快递企业通过循环包装、瘦身胶带、电子运单、绿色回收、绿色运配等一系列举措，减少快递垃圾。菜鸟联合申通、韵达、圆通、中通、百世在全国铺设了3万余个绿色回收箱，接收快递包装进行回收利用。电商平台协同配合，开展“绿色双11”环保活动，倡议消费者将纸箱回收。全社会快递包装绿色化、减量化、可循环意识明显增强。

快递员工得到更好关爱。国家邮政局“双11”前向全行业发出关心关爱快递员11条重点提示。各企业积极响应，通过优化快递员工作负荷管理、发放数亿元末端派费补贴、纠正“以罚代管”、提供食宿支持、发放慰问物资等措施，保障快递员合法权益和生命健康。全国1万多家快递爱心驿站、关爱站、“小蜜蜂”驿站有效发挥了服务阵地作用。

专题八 “不忘初心、牢记使命”主题教育

2019年5月31日“不忘初心、牢记使命”主题教育工作会议召开后，在习近平总书记和党中央的坚强领导下，在中央主题教育领导小组和中央第二十一指导组、中央第十一巡回督导组的有力领导、指导下，交通运输部党组以身作则、扛稳责任，立足加快建设交通强国、建设人民满意交通，扎实组织开展“不忘初心、牢记使命”主题教育，经过部党组指导组、部系统各级党组织共同努力并在广大职工和社会各界支持下，较好地完成了主题教育各项任务，达到了预期的目的。

一、坚持学习教育贯彻始终

一是原原本本精细学。坚持以自学为主，通读精读《习近平关于“不忘初心、牢记使命”重要论述选编》《习近平新时代中国特色社会主义思想学习纲要》、党章党规，结合实际、联系职责深入学习习近平总书记关于交通运输工作的重要论述，持续跟进学习习近平总书记最新重要讲话文章，学习党史、新中国史，深化对党的初心和使命的认识，深化对党面临风险考验的认识，进一步深入学习掌握习近平新时代中国特色社会主义思想的核心要义、精神实质、丰富内涵、实践要求。党组先后专门安排5个半天组织党组成员带动系统内党员干部同步读原著、学原文。各单位普遍采用领导领学、举办读书班和个人自学等多种方式，组织党员干部静下来、坐下来，认真学、认真悟，努力使每一次学习都有新思考、新理解、新收获。

二是集中研讨重点学。部党组坚持带头学、带头研讨，带领部机关司局级领导和部属在京单位班子成员集中分专题开展学习和研讨交流。主题教育期间，部党组理论学习中心组共组织集中学习10天，交流研讨11次，分两期对部直属机关处以上党员干部、基层党支部书记进行集中培训，持续推动学习贯彻习近平新时代中国特色社会主义思想往深里走、往心里走、往实里走。各单位领导班子采取理论学习中心组学习等形式，列出专题，深入思考，相互交流，集体学习普遍达到一周以上。各党支部依托“三会一课”、主题党日等制度，组织党员开展学习研讨活动。

三是多种形式辅助学。围绕庆祝新中国成立70周年，组织党员干部就近就便用好红色资源，重温入党誓词，重温入党志愿书，结合学习部史部风，做好革命传统教育。用好“学习强国”等平台，通过专题讲座等，做好形势政策教育。编印主题教育先进事迹学习资料，组织学习重大典型事迹，开展“两优一先”表彰，做好“两周一星”事迹宣传，做好先进典型教育。坚持以案示警、以案为戒、以案促改，组织学习对形式主义、官僚主义等典型案件通报的精神，召开警示教育会议通报违法违纪典型案例，深刻

剖析反面典型，加强专题警示教育。围绕“不忘初心、牢记使命”开展的各种学习教育，增强了主题教育的针对性、实效性和感染力。

二、坚持调查研究贯彻始终

一是坚持问题导向，增强针对性。党组结合党中央部署正在做的事情，确定13个调研题目，安排党组成员带着45个具体问题，开展25次专题调研。机关各司局、部属各单位聚焦服务国家重大战略实施、紧盯重点难点问题，开展专题调研。

二是一竿子插到底，突出深入性。党组同志深入地方、深入基层、深入群众开展高频次的实地调研，共赴15个省（自治区、直辖市），深入查找存在的问题和不足，真正把情况摸清楚，把症结分析透，研究提出解决问题、改进工作的办法和措施。系统各单位普遍采取走访基层一线、工作服务对象等，沉下去深入具体调研。

三是提出实招硬招，确保实效性。对调研发现的问题，能解决的马上就办，调研成果有情况、有分析、有解决问题的思路和举措，把调研中查出的问题和形成的对策建议纳入整改的内容和措施。党组和各单位全部召开调研成果交流会。按照中央要求，党组和各单位领导班子成员在深入学习理论和扎实开展调研的基础上开设专题党课。党组同志每人讲专题党课1次以上。

三、坚持检视问题贯彻始终

一是明确重点，全面梳理问题。党组和各单位重点查找在增强“四个意识”、坚定“四个自信”、做到“两个维护”方面的差距，在做到“不忘初心、牢记使命”方面的差距，在群众观点、群众立场、群众感情、服务群众方面的差距，在知敬畏、存戒惧、守底线方面的差距，在思想觉悟、能力素质、担当作为、道德修养、作风形象方面的差距，形成检视问题清单。

二是听取意见持续查找问题。党组广开言路、畅通渠道，主动向部属各单位、部内各司局党组织书面征求对党组和党组成员的意见建议。先后召开4场检视问题征求意见座谈会，面对面听取各方面的意见建议，并现场回应办理有关诉求。党组同志之间相互提醒、听取意见建议。三个方面收集到的原始意见原汁原味分送党组各位同志，并充实到检视问题清单。各单位采取个别访谈、召开座谈会、设立征求意见箱、发放征求意见表、新媒体留言等方式，听取基层党员群众、工作服务对象的意见建议。

三是对照党章党规检视深挖问题。党组同志和各单位领导班子成员对照党章党规党纪，进行自我检查，看党中央决定的是不是坚决执行，党中央禁止的是不是坚决不做，对不符合的表现情形，一条一条列出问题。在对照党章党规找差距专题会议上，逐一对照检查交流发言，逐项实实在在地回答有没有问题。对党组成员查找出来的一些共性问题，纳入党组需要解决的重点问题。各单位领导班子成员梳理的问题、相互之间提醒的意见和建议涉及思想、政治、作风、能力、廉政等方面。

四、坚持整改落实贯彻始终

一是狠抓重点任务落实。把习近平总书记重要指示批示作为党内政治要件，系统梳理党的十八大以来习近平总书记对交通运输工作作出的重要指示批示贯彻落实情况，以高度的政治自觉，严格督查督办。严格时间节点推进交通运输脱贫攻坚、深化收费公路制度改革、取消高速公路省界收费站、法律法规规章制度的制修订等工作，重点组织实施了主题教育5项便民惠民举措、5项推动行业高质量发展举措和5项“强基固本”举措，确保习近平总书记关于交通运输重要指示批示精神和党中央决策部署在交通运输系统落地生根。

二是推进现有问题整改。聚焦脱贫攻坚专项巡视反馈的问题、国务院大督查发现的问题、2018年度民主生活会查摆的问题、调研发现的问题、群众反映强烈的问题、巡视巡察反馈的问题和部系统有关专项治理发现的问题，从严督查，强化立行立改，推进即知即改，推动逐项整改。特别是将专项巡视整改作为主题教育整改落实工作的重要内容，统筹谋划、一体推进。部属各单位坚持问题导向，按照三个月主题教育“立竿见影”整改一批，经专题民主生活会确认年底前完成整改一批，制定长期整改计划和目标任务整改一批的要求列出清单，抓实整改。

三是集中开展专项整治。部党组和各单位不等不靠、主动作为，以正视问题的自觉和刀刃向内的勇气，扎实开展专项整治工作。把中央部署的各个专项整治，与职能职责和部党组正在推进的重点工作结合起来，与主题教育之前已经开展的整治工作结合起来，进一步提高标准，逐一提出细化的专项整治工作方案，既切实落实“规定动作”，又积极确定“特色做法”，既注重突出交通运输行业的特点特色落实落细，又注重力戒形式主义、官僚主义，落实减轻基层负担要求。

五、坚持高质量、高标准召开专题民主生活会、组织生活会

一是解剖自己、揭短亮丑。系统梳理学习研讨中查摆的问题、对照党章党规找出的问题、调研发现的问题、群众反映的问题、谈心谈话指出的问题等，梳理汇总上级党组织巡视巡察、干部考察、工作考核中反馈的问题和意见、上年度民主生活会和有关专题民主生活会尚未整改到位的问题，找思想差距、工作缺项，找理论短板、政治弱项，找能力盲区、作风不足，把职责摆进去、把工作摆进去、把自己摆进去，分析问题症结，分析问题根源，党员领导干部还在专题民主生活会上对本人重大事项、巡视反馈和组织约谈函询等问题逐项说明或检讨。

二是开展积极健康的思想斗争。党员干部按照“照镜子、正衣冠、洗洗澡、治治病”的要求，坚持“团结——批评——团结”的方针，以强烈的自我革命精神，以对党、对事业、对工作、对同志高度负责的态度，拿起批评和自我批评的武器，结合本单位、本部门改革发展稳定任务、纠治形式主义和官僚主义、加强党的领导和党的建设、加强党风廉政建设等，真点问题、点真问题，从具体事情、具体问题入手，从政治上、思想上、作风上提出有“辣味”的批评意见，让同志们红了脸、出了汗，达到了排毒治病的效果。通过思想交锋，进一步明确了症结所在、整改所行，在新的基础上达到了新的团结。

三是细化明确具体整改措施。领导班子和党员干部把抓好专题民主生活会、专题组织生活会整改，作为巩固提高主题教育成效的重要措施，根据对照党章党规找差距找出的问题和专题民主生活会、专题组织生活会上查摆出的问题以及相互批评的意见，细化完善整改措施。各单位突出学懂弄通做实习近平新时代中国特色社会主义思想，突出增强“四个意识”、坚定“四个自信”、做到“两个维护”，突出加快建设交通强国、建设人民满意交通，突出推动全面从严治党向纵深发展，提出整改安排，做到有过硬措施、有规定时限、有明确责任。实行专题民主生活会整改事项、检视问题整改和各个专项整治等并账管理，部党组确定了整改措施24条，各单位班子结合自身实际提出整改措施。

2019年11月，按照中央主题教育领导小组部署要求，交通运输部党组、部机关司局和部属

各单位通过认真开展自查、深入分析研判等，对“不忘初心、牢记使命”主题教育整改落实情况进行了“回头看”，评估成效、梳理问题、明确推进措施，形成并上报了有关专题报告。党员干部认真梳理和报告了个人整改措施落实情况。

这次主题教育中，交通运输部党组、部机关和部属各单位认真贯彻落实习近平总书记关于主题教育的重要指示精神，坚决做到抓思想认识到位、抓检视问题到位、抓整改落实到位、抓组织领导到位，实现了理论学习有收获、思想政治受洗礼、干事创业敢担当、为民服务解难题、清正廉洁作表率的目标。

第七篇
地方篇

Section VII
Provincial Subjects

北京

第一节 整体概况

2019年，北京市交通行业在市委、市政府领导下，以习近平新时代中国特色社会主义思想为指导，全面贯彻党的十九大和十九届二中、三中、四中全会及中央经济工作会议精神，深入落实全国交通运输工作会、市委十二届十一次全会和市十五届人大三次会议精神，以国庆70周年庆祝活动交通保障为重中之重，全面推进交通各项工作落实。2019年，全市完成交通行业固定资产投资1142.2亿元，同比下降11.0%，完成交通行业建安投资724.6亿元，同比下降3.8%；全年完成城市客运量74.27亿人次，同比上升0.66%；绿色出行比例达到74.1%，上升1.1个百分点；中心城区高峰时段平均交通指数5.48，同比下降1.08%；高峰时段地面公交运行速度17.02公里/小时，同比上升1.92%；公交、小汽车速度比0.69：1，同比上升1.47%，交通运行状况好于往年、高于预期；交通行业未发生较大以上等级安全生产责任事故，交通运行总体安全平稳有序。

2019年，北京市交通行业坚决贯彻“精精益求精，万万无一失”的工作要求，高标准完成国庆70周年庆祝活动交通保障，交通系统提前谋划，精心研究，制定国庆庆祝活动和社会交通保障方案，构建扁平高效的“三级体系、二级指挥”战时指挥调度机制，确保活动保障和社会交通和谐运转。演练和正式活动期间：一保道路安全顺畅。在前期荷载试验和道路整修工作基础上，持续开展净空清障、环境整治、设施巡查工作，保障设施安全可靠。二保人员快速集散。采取“公路、地铁、公路＋地铁”的方式，快速有序完成65.2万人次参加活动人员的集散工作。三保货物平稳转场。跨越六省市安全完成活动焰火进京运输，灯光、音响等五大类物资按照规定的时间、线路、地点，实现有序转场、无缝衔接。社会交通保障从“优供、控需、强治”三方面，统筹协调、综合施策，累计运送乘客9569万人次，实现社会交通平稳有序。高水平完成世界园艺博览会交通保障，世园会开园时间长、保障线路长，与篮球世界杯等多项重大活动和中秋假期重叠，交通保障任务重。为此，专门成立世园会交通运行调度指挥中心，搭建交通运输保障信息化系统，强化现场指挥调度能力。坚持公交优先的保障策略，开设7条公交专线和S2线世园直通车；清理整修道路458公里，安装专用道标志版面147块；公安警力、交通执法累计出动8万人次，维护世园会周边及专用道秩序；完成162天596.2万人次交通运输服务保障任务，入园游客集约化出行比例达48%。高质量完成重大外事活动交通保障，第二届“一带一路”高峰论坛、亚洲文明对话大会和“亚洲文明嘉年华”交通服务保障期间，整治维修147条道路、736座桥梁；筹措上会车辆1804辆，运送与会人员73429人次、安全行驶90775公里；累计出动交通执法力量1.5万人次，维护会场、代表驻地周边交通运输秩序。

第二节 综合交通基础设施建设

围绕重大战略实施，全力推进93项交通基础设施建设项目，2019年末，北京市公路总里程达到22366公里，比上年增加110公里。公路密度136.38公里/百平方公里，增加0.76公里/百平方公里。其中高速公路里程1168公里，增加53公里。年末全市公路桥梁6877座、741827米，比上年增加200座、68352米，全市公路隧道145处、125188米，增加10处、22635米。全市城市道路里程6156公里、面积10459万平方米。其中快速路390公里、1340万平方米，主干路1006公里、3642万平方米，次干路657公里、1587万平方米，支路及以下道路4103公里、3890万平方米，快速路和主干路道路里程占城市道路总里程的22.7%。城六区道路面积密度7.5万平方米/平方公里，五环以内（含五环）道路面积密度10.8万平方米/平方公里。城市桥梁2165座，城市立交桥系437座。全市远郊区县城道路里程2151公里，其中主干道525公里，独立桥梁185座。

一、京津冀交通一体化取得重大进展

完成北京大兴国际机场开航交通保障任务。新机场高速、新机场北线（中段）建成通车。京雄城际（北京段）、轨道交通大兴机场线同步开通运营，承担47%进出港旅客的接驳出行。开设6条机场巴士和4条省际客运班线，日运送乘客1500人次。建立跨区域陆侧综合交通联合保障机制，实现空、地双方信息实时互通和集中统一调度。持续推进京津冀一体化项目建设，京雄高速、国道109新线高速、东六环改造实现进场施工，确定首都地区环线高速公路全线绕出北京市域，环球主题公园六环立交完工；大运河北京段第一阶段11.4公里通航。

图7-1-1 2019年9月26日，大兴机场线正式开通试运营（图片由轨道公司提供）

二、冬奥会交通保障筹备积极推进

严格按照冬奥组委任务要求和标准，高质量完成京礼高速北京段和阪泉服务区建设，有序推进松闫路、国道110线大修项目。落实冬奥承诺任务，研究制定P+R停车场建设政策和认定考核标准，瀛海站南侧P+R停车场投入运营。组织开展竞赛场馆周边交通规划、赛会交通运力分析等方案研究。

三、城市交通设施建养水平持续提高

长安街西延等4条道路建成通车，天通苑北综合交通枢纽开通试运营，清河站枢纽主体完工；北清路快速化提级、望京西枢纽等实现开工。助力中轴线申遗，完成南中轴路重修工程，实现景观御道贯通。实施四环辅路等13项126万平方米城市道路大修和29座天桥整治、景观

提升；完成46项公路、桥梁大修和481公里公路生命防护工程。完成25条次支路建设，全市3891个建制村全部实现“村村通公交”。

图7-1-2　2019年9月29日，长安街西延（三石路—古城大街）道路工程建成通车。图为新首钢大桥（图片由首发集团提供）

图7-1-3　2019年9月29日，天通苑北综合交通枢纽工程建成投入运营（图片由首发集团提供）

第三节　运输服务保障能力

2019年，北京市完成客运量79.19亿人次，其中轨道交通客运量39.62亿人次，公共电汽车客运量31.34亿人次，出租汽车客运量3.31亿人次，郊区客运客运量4.34亿人次，旅游客运客运量0.44亿人次，省际客运（站）客运量0.14亿人次。完成营业性货运量2.23亿吨，货物周转量275.7亿吨公里。完成机动车维修量993.15万辆次。

一、轨道融合发展取得新进展

大兴机场线、7号线东延、八通线南延3段城市轨道交通新线开通；市郊铁路城市副中心线东延至乔庄东站，怀密线完成适应性改造、实现全线贯通运营。完成13号线拨线改造，轨道清河站随京张高铁开通同步投入运营，实现国铁与城市轨道同站换乘、安检互认。轨道乘车码使用范围延伸到市郊铁路，实现全市轨道网一码通乘和移动支付全覆盖。完成6号线东夏园站A、C口新改建工程；开通7号线双井站A口，实现与10号线换乘。6号线等10条线路15次缩短发车间隔，运力最大提升35.7%；4号线、10号线高峰时段通过拆除座椅措施，运力提升5%；市郊铁路通过调图、增开班列等措施提升运力，客运量同比增长49.3%。

截至2019年末，北京市拥有轨道交通运营线路23条，比上年增加1条，运营里程699公里，增加62.2公里。拥有轨道交通车站405个，增加14个，换乘站62个。拥有市郊铁路线路3条，运营里程241公里。

二、公交线网优化迈出坚实步伐

持续推进公交线网规划编制，明确“八横、六纵、三环、十放射”的“棋盘＋环＋放射”网络结构和27条走廊的骨干线网规划方案。优化调整公交线路141条，新增线路171.4公里，削减重复线路178.6公里。上述线路调整后，日均客运量同比增长5.8%，方便513个小区居民出行。优化副中心定制公交服务，新增至昌平、大兴等8条专线，定制公交线路达21条，日均客运量增至1500人次。

截至2019年末，北京市拥有公共电汽车运营线路1158条，比上年增加270条，运营线路总长度2.76万公里。其中公交专用车道952公里，与上年持平；BRT线路长度102公里。

三、慢行出行环境得到明显改善

2019年，北京市第一条自行车专用路建成通车，全长6.5公里，总骑行量突破百万人次，有效提升回龙观至上地通勤出行效率。完成894公里慢行系统综合治理，打造CBD西北区、回龙观慢行系统示范区，慢行系统细节品质得到明显改善。互联网租赁自行车监管与服务平台正式投入使用，接入6家企业90万辆自行车动态数据；建立企业月度考核评价通报机制，逐步实现对企业经营动态的实时监管；开展互联网租赁自行车专项治理，停放秩序月均投诉下降50%左右，重点区域周转率提升77.1%。

第四节　行业治理体系建设

一、交通秩序治理能力进一步提升

道路停车改革全面实施。16个区和亦庄施划6.1万个道路停车位，实行电子收费和非税收入管理，视频设备覆盖率65.6%。全年累计服务车次4047.2万，实收停车费2.3亿元。组建1012名停车协管员队伍，共享和新增摄像头1.26万套，230辆警车安装“鹰眼”摄录设备，全年违停执法量650万次。持续推进停车自治管理，实施停车设施有偿错时共享。道路停车秩序明显好转，现场议价、“黑收费”、乱收费现象基本杜绝。年末全市拥有备案停车场5402个、车位1703607个。

交通堵点治理持续推进。完成10个一级堵点、20个二级堵点、292个三级堵点年度治理任务，启用莲石路移动潮汐车道，CBD、五道口、灯市口等区域交通指数分别下降1%、2.9%、7.2%。完成北京南站、北京西站和北京站第一轮交通综合治理任务。强化学校和医院周边交通综合治理，合理调配不同年级学生错峰上下学时间，组织志愿者协助交通疏导，治理效果得到家长和周边居民肯定；20家重点监测医院预约诊疗比例达到80%，上、下午号源分布基本达到1:1，缓解了集中就诊引发的交通拥堵。

图7-1-4　2019年1月14日，北京市首条城市快速路潮汐车道正式启用（图片由首发集团提供）

交通违法治理持续发力。搭建“一组两办”组织架构，建立“黑车”治理长效机制，强化属地主责，明确部门任务，统一治理标准，共查扣各类“黑车”1.9万辆，“黑车”投诉举报量下降33.4%。稳妥实施外埠客车进京证管控、国三柴油货车全市域限行政策。集中打击货车“闯禁行”、非法改装等行为，皮卡车周注册量比治理前下降约60%。开展京牌租售治理，清理违法租售指标广告。启动218个高速公路入口治超工作，率先在全国实施公路超限非现场执法，路网超限率0.5%，居全国前列。

二、交通信用治理深化拓展

出台交通信用管理工作办法，构建信用治理体系框架，推进信用信息平台建设，全面开展交通行业信用信息归集、推送、评价、共享和应用工作，实施轨道不文明乘车、高速逃缴费等领域信用联合惩戒。京津冀联合签署信用一体化建设合作协议，搭建信用区域一体化平台，重点推进省际客运、公路治超领域的联合惩戒。

三、“放管服”改革任务有效落实

“一门、一窗”高效运行，全部111项市级政务服务事项进驻市政务服务中心，实现“网上可办”，10个高频事项实现“最多跑一次”“一网、一次”初成体系。取消、下放政务服务事项55项，申报材料压减60%，办理时限压减58%，在全国率先实施机动车维修经营备案制管理，并实现即时办理。持续优化营商环境，交通影响评价时间由20个工作日压缩至12个工作日；占掘路审批时间由8个工作日进一步减至5个工作日；对标世行评价标准，制定出台公路养护工程招投标管理办法和建设项目招投标实施细则，压缩招标时间和成本，放宽资质要求。

第五节　科技创新

一、智慧交通建设取得重要进展

2019年，北京在全国率先出台交通出行数据开放管理办法，深化交通大数据应用。推出国内首个绿色出行一体化服务平台（MaaS），覆盖全市95%以上的公交线路，实时信息匹配准确率超过97%。取消手机一卡通押金，开展公共交通“一码通乘”公众测试。率先推出应用5G、人工智能技术的驾驶培训模拟器和自动驾驶机器人教练，打造全国首个“智能驾驶培训示范基地”。开展自动驾驶载人载物测试，北京经济技术开发区基本实现全区域道路对自动驾驶车辆开放，全市共开放测试道路151条504公里，13家企业77辆测试车取得号牌，自动驾驶发展水平全国领先。

二、交通行业能源结构调整初见成效

实施重点货类公铁联运、“公转铁”运输试点等六大工程，年度货物铁路到发量2034万吨，同比增长3.5%，货物到发铁路运输比重达8.1%，生产用煤全部实现铁路运输。推动行业营运车辆能源结构优化，制定实施公交车辆更新计划，新能源公交车达1.4万辆、占比达50%；出台电动出租汽车推广奖励政策，完成出租行业“油改电”3500余辆；实施绿色货运奖励、新能源货车通行权优先政策，五环内轻型物流配送持证车辆中纯电动车比例达70.8%。全市汽柴油动力运营游船全部停运。

第六节　安全与应急

一、安全管理机制持续完善

定期分析研判行业安全形势，科学谋划防范应对措施，深入开展隐患排查治理，排查整改各类隐患4442项，按照“属地管理、企业主责”的原则，全面落实风险管控措施。强化重点行业领域的专项治理，加强公交车行驶安全，安装驾驶室隔离设施；强化“两客一危”车辆动态监控；开展17次、10项在施工程考核；完成5100余名施工企业安管人员考核。铁路道口连续9年实现无安全责任事故。高质量完成中央扫黑除恶专项督导任务。

2019年，北京实现交通行业突发事件起数、亡人数、伤人数“三下降”。

二、应急管理体系平稳运转

构建统筹协同、扁平高效的安全应急制度体系、预案体系和运转体系，印发交通行业突发事件综合应急预案，积极应对空气重污染日，汛期，大风、雨雪等极端天气及非洲猪瘟，完成北京城

市副中心、大兴国际机场应急演练和京津冀相邻区域铲冰除雪协同联动，妥善处置69起行业突发事件。

第七节 合作与交流

一、京津冀协同发展战略深入实施

2019年京津冀交通一体化任务分工表及领导小组规程印发，形成11大类、93项工作任务。交通运输部及三省市交通委（厅）共同签署《首都地区环线高速公路全线绕出北京市域方案备忘录》。京津冀三地之间的公路建设速度加快，一个四通八达的完善路网体系正在成型，1小时生活圈加速形成。京津冀交通一卡通逐步实现全覆盖，“轨道上的京津冀”初具规模，区域一体化公共交通服务水平持续提升，三地群众真切体会到前所未有的“异地同城感”。

二、取消省界收费站工作顺利完成

按照交通运输部统一部署，积极推进工程建设、系统改造、ETC推广、政策调整、人员安置等工作。如期完成341套ETC门架系统建设、1076条ETC/MTC车道改造任务，提前完成8处省界收费站拆除、264套入口称重检测系统建设和121万ETC推广任务，ETC发行总量达468万套。完成系统切换，实现高速公路跨省无感支付。收费政策调整平稳实施，收费人员安置有序推进。

天津

第一节　整体概况

2019 年，天津交通运输系统以习近平总书记视察天津为政治动力、精神动力和工作动力，认真贯彻落实党中央、国务院和市委、市政府决策部署，全市交通运输经济呈现稳中有进、稳中有优的运行态势。

2019 年天津市累计完成交通运输固定资产投资 153.11 亿元，同比增长 132.5%。北方航运核心区和一流大港建设取得突破，港口服务辐射和要素聚集效应显著增强，航运指数影响力向腹地不断延伸。加快推动京滨、京唐、津兴城际铁路和津石高速公路建设，加快打通省际接口路，区域交通一体化建设成效显著。实施高速公路差异化收费政策，积极推动取消高速公路省界主线收费站工作，行业降费提效转型升级步伐不断加快。成立综合交通运输行政执法总队，稳步推进委属事业单位机构改革。“一委、两局、一总队、多中心”的综合交通运输管理格局基本形成。制定出台《天津市贯彻落实交通强国实施意见》，加快建设交通强市，为实现交通强国贡献天津力量。

第二节　综合交通基础设施建设

一、铁路

进一步加快京滨铁路、京唐铁路、南港铁路等重点续建工程建设，南港铁路实现全线拉通；开工建设华电国际铁路专用线，建成荣程钢铁扩能改造工程、南疆港区矿石铁路专用线，开展南港港铁物流铁路专用线前期工作，推动“公转铁”运输结构调整；完成津兴铁路前期工作，推进津潍铁路、津承城际等项目前期工作，进一步提升天津铁路枢纽地位。

二、公路

高速公路全年建设里程 49 公里，投资 38 亿元。高速公路通车里程达到 1295 公里，较上一年增加了 33.4 公里。唐廊高速公路的天津段一期工程已开通运营。津石高速公路天津西段工程、津石高速公路（海滨大道—荣乌高速公路）工程、京津塘高速公路北辰开发区出入口及互通立交工程、津宁高速公路未来科技城互通立交工程等四项工程在建。

普通公路建设项目 29 项，建设里程 453 公里，投资 33.4 亿元。截至 2019 年底，完成 G104 国道（荣乌高速辛口立交—至西青静海界）等 4 项工程，仓桑公路（平宝公路—津冀界）改建工程、邦喜公路（津冀界—五龙山大道）改建工程等 15 项工程正在施工，前期准备 9 项工程。

“四好农村路”建设，500 公里乡村公路维修改造工程按期完成，总投资 7.3 亿元，启动蓟州西井峪路、武清区北运河漫水路等 6 条美丽乡村示范路建设，将天津市武清区、蓟州区成功打造成全国“四好农村路”示范区。

三、港口

重点码头工程完工或投入使用，天津港高沙岭港区新兴建材产业基地通用码头一期工程、天津港南疆港区圣瀚石化码头工程完工，天津港南疆港区27号通用散货码头工程完成竣工验收投入使用；高等级深水航道工程建设取得突破性进展，天津港10万吨级大沽沙航道扩能工程通过竣工验收，正式投入使用。重点工程相继开工建设，天津海洋工程装备制造基地项目码头工程（一期）、天津港北疆港区C段智能化集装箱码头工程等项目开工建设，世界一流智慧港口、绿色港口建设稳步推进。重点工程前期工作稳步推进，北京燃气天津南港液化天然气（LNG）应急储备项目（码头部分）、中国石化天津液化天然气（LNG）项目扩建工程（二期）码头工程等项目前期工作正在全力推进。

第三节　运输服务保障能力

一、铁路运输服务

天津市境内铁路已形成以天津西站、天津站、滨海西站为主要客运站和滨海站、天津南站等为辅助客运站的“三主多辅”布局，形成多个与机场、地铁衔接的综合交通枢纽站；货运系统以南仓站为区域性编组站，已建成西南环线、大北环铁路、进港三线和新港北集装箱中心站，基本形成“南进南出、北进北出”的“C字形”集疏港通道。全年铁路完成旅客发送量5075.3万人，货物发送量9247.7万吨，货物到达量11318.1万吨，旅客周转量199.90亿人公里，货物周转量245.0亿吨公里。

二、道路运输服务

促进道路货运转型升级，积极参与国家公路甩挂运输试点项目，2019年，天津进一步加强对甩挂运输试点工作的组织协调和监督指导。共有6个项目（7家企业）分3个批次成为国家甩挂运输试点项目，共开通线路34条，投入牵引车784部、挂车1452部，累计获得国家补贴资金4595.96万元。开展无车承运人国家级试点，天津8家国家级试点整合货运车辆45171辆，累计完成货物运输量954.08万吨，总运费12.91亿元；我市天津地方级试点整合货运车辆8240辆；累计完成货物运输量217.9万吨，总运费1.97亿元。积极与京冀交通部门对接，协商推动开通“廊坊—天津机场”“天津机场—廊坊”“北京大兴国际机场—天津”的客运班线。持续开展客运联网售票建设工作。全年累计道路货运量3.13亿吨，周转量599.36亿吨公里；完成道路客运量1.22亿人次，周转量78.67亿人公里，同比分别下降0.42%和增长2.97%。

三、港口运输服务

改革港口经营企业管理模式，激发港口经营市场活力。截至2019年底，天津共有开展码头及其他港口设施服务、货物装卸服务、仓储服务、港口客运、港口拖轮服务等经营活动的港口经营人120家；从事船舶港口服务、港口设施设备和机械租赁维修的经营人193家，在备案管理的模式下，新增100余家经营主体；从事港口理货业务经营的企业6家，新增4家经营主体。全市共有航运企业76家，运输船舶427艘，总运力335万总吨、541万载重吨、3334客位。全年完成水路货运量8954.92万吨，水路货物周转量1546亿吨公里，较2018年同比分别增长8.4%和16.5%。共有国际船舶代理企业142家，国内船代企业151家；国内船管企业24家，国际船管企业13家；无船承运企业800余家；国内水路货物运输代理企业158家。全年引领各类船舶18526艘次。检验船舶364

艘次，总吨位 504645。

四、航空运输服务

天津机场完成旅客吞吐量 2381.3 万人次，同比增长 0.9%。其中国内 2043.3 万人次，同比下降 1.1%；国际及地区 338.1 万人次，同比增长 15.4%。天津机场完成货邮吞吐量 22.6 万吨，同比下降 12.6%。其中，国内 13.2 万吨，同比下降 6.9%；国际及地区 9.4 万吨，同比下降 19.5%。天津机场共完成运输航班 16.6 万架次，同比减少 5.8%。全年先后执行正班航线 281 条，同比增加 1 条；其中国内航线 236 条（含港澳台 5 条），国际航线 45 条。正班通航城市 167 个，同比持平；其中国内城市 134 个（含港澳台 4 个），国际城市 33 个。平均每周执行航班 3175 架次，同比减少 5.8%。

五、邮政服务

2019 年，天津市邮政业务总量完成 148.8 亿元，比上年增长 29%；业务收入完成 115.9 亿元（不包括邮政储蓄银行直接营业收入），同比增长 10.7%。全年共受理消费者申诉 1.7 万件，为消费者挽回经济损失超 68 万元，消费者申诉处理满意率达 98.6%。2019 年，天津市快递业务量 6.97 亿件，比上年增长 21.1%；快递业务收入 95.8 亿元，增长 9.6%。快递业务经营许可审批平均办结时限压缩至 9.9 个工作日，完成快递末端网点备案 3085 处。

第四节　行业治理体系建设

一、法规体系

2019 年，天津统筹推进综合交通运输法规体系建设，进一步加快重点领域立法项目。加快《天津市轨道交通运营安全条例》等重点项目立法进程，加强和拓宽行业基础领域的立法项目调研和储备。同时，适应政府机构改革的部署要求，修订交通运输行业《行政规范性文件管理办法》，规范性文件备案管理更加科学规范。

截至 2019 年末，天津市交通运输领域现行地方性法规 4 部，政府规章 9 部，行政规范性文件 37 件；列入天津市人大常委会、市政府 2020—2022 年三年立法规划的地方性法规项目 2 件，政府规章项目 3 项。

二、执法监督

2019 年，天津严格行政执法监督，保障“三项制度”在交通运输执法领域的全面实施。制定《关于全面推行行政执法公示制度执法全过程记录制度重大执法决定法制审核制度实施方案》，加强执法数据在天津市执法监督平台的归集公示，全年归集处罚案件 7911 件。加强案件抽查监督，抽查执法案卷 130 余份，平台案件监督 10% 以上，重大案件监督 100%。严格执法人员动态管理，完成市区两级 240 名执法人员市证考试换证，分两批次对港航局、执法总队 143 名执法人员进行封闭式取证培训。

三、管理体制改革

2019 年，整合公路路政、道路运政、城市客运管理、交通工程质量监督管理、轨道交通运营监督管理等方面的执法职责，成立天津市交通运输综合行政执法总队，形成“一委、两局、一总队、多中心”的综合交通运输管理格局，实行“一支队伍执法”，解决了天津市交通运输行业多年存在的多头执法、力量分散的局面。深入推进放管服改革，推动“一制三化”改革升级，取消下放合并审批事项 24 个，减少申请材料 49 个，实行信用承诺办理事项 72 项，59 个事项办理时限比原来缩短80%。

第五节　科技创新

一、科技管理

加强科技管理，在改革创新上主动作为。2019年共验收项目20项，获得了8项新型实用专利、2项国家发明专利、1项软件著作权和8项标准规范。与此同时，天津统筹行业科技资源促进行业科技创新工作，印发《关于实施交通运输行业新技术推广清单管理的通知》（津交发〔2019〕157号）、《关于加强科技创新平台管理的实施意见》（津交发〔2019〕172号）等文件，形成了科研政策的完整链条，拓展了科技创新平台管理。

二、信息化建设

制定印发了《天津市交通运输委员会信息化项目建设管理办法》，进一步规范了智能交通项目建设程序和管理流程；加快了"10+5"个重点信息化项目的建设实施；打造"智慧公路""智慧港口"示范工程。在津石高速公路天津西段的智慧公示范工程中应用了"BIM技术、无感收费"等智能场景。在天津港智慧港口建设中应用了"自动化码头、物流信息平台、无人驾驶集卡"等智能场景，建成了"京津冀港口智慧物流协同平台"。发布了网络安全预警信息通报20余次、整改各种网络安全漏洞10余次，各单位每日"零报告"700余次，确保全行业各网络系统安全可靠运行。

三、标准化建设

完成13项地方标准及5项公路建设标准的立项工作，推动了20项在编标准取得进展，其中《高架轨道胶轮有轨电车系统设计规范》《汽车污染物排放维护治理站建设条件》等13项标准已正式发布实施，填补了天津市在机动车尾气排放治理M站、沥青拌和站管理方面的标准空白，规范了农村公路建设和港口危险品管理，支撑智能信息中心建设和云巴项目在天津市的推动实施。

四、科技创新人才及获奖情况

2019年，天津有1人荣获2019年"最美科技工作者"称号，1人荣获"第十五届天津青年科技奖提名奖"；2项交通运输专利、4篇论文和4部专著被纳入2019年交通运输重大科技创新成果库。2项行业科研成果荣获2019年度天津市科学技术二等奖；"天津港绿色智慧专业化码头科技示范工程项目"荣获交通运输部科技示范工程。

第六节　安全与应急

一、专项整治和督查检查

2019年，天津交通运输系统突出重点领域，开展了事故隐患排查集中行动、危化品等重点行业领域专项整治、"保平安迎大庆"隐患整治、"大干60天确保两节安全"等专项行动；采取企业自查、监管部门督查、领导带队抽查、专家参与检查等方式，累计检查企业1417家次，排查整治隐患5120项，处罚企业44家，投入整改资金326万元。上、下半年各开展1次安全巡查，实现对14家区交通运输部门、29家委直属单位、8家行业市属集团公司和中央驻津企业的全面覆盖，查阅各类档案资料3200余份，发现基础管理及现场隐患问题264项，均已逐项整改落实，实现闭环管理。

二、重大活动和重点时段安全保障

在庆祝中华人民共和国成立70周年之际，

天津交通运输系统紧紧围绕天津市委、市政府部署要求，专题部署，全面覆盖，突出港口营运、道路运输、轨道交通、公交客运、水上交通、工程建设等重点领域，扎实开展历时40天的全方位、全链条、全过程、地毯式的隐患排查整治，坚决做到一般隐患立即整改、较大隐患限期整改、重大隐患督办整改、反弹隐患持续整改，确保彻底消除到位。国庆期间，共检查企业873家（次），排查隐患2587项并全部整改完毕，处罚企业20余家，国庆期间未发生任何安全生产事故。圆满完成了世界智能大会、残运会等重大活动和重点时段的反恐防范和消防安全检查工作。2019年，天津交通运输全系统共出动检查4968人次，检查桥梁54座、企业1825家（次），严格落实各项反恐安保措施，得到了天津市反恐办的充分肯定。同时，2019年全系统共开展消防演练120余次，查出消防隐患1575处，督促相关单位制定消防安全风险管控措施并积极推进隐患清零，切实保障了行业消防安全。

三、应急保障

2019年，天津交通运输系统组织市、区两级交通部门开展安全生产事故、自然灾害、消防等各类应急演练376次，参演人数6800余人。组织开展天津市轨道交通运营突发事件应急预案演练和京津冀相邻区域铲冰除雪协同处置暨天津市交通运输委员会突发事件应急总体预案演练，受到交通运输部和天津市政府总值班室、市应急管理局的充分肯定。组织行业单位参加交通运输部应急办京津冀协同无脚本、不打招呼应急演练，针对模拟蓟州区汛期险情与北京、河北交通部门开展协同处置，圆满完成演练任务。

河北

第一节 整体概况

2019年，在河北省委、省政府正确领导和交通运输部等国家有关部委有力指导下，河北交通运输厅深入学习贯彻习近平新时代中国特色社会主义思想，全面落实习近平总书记对河北工作、对交通运输工作重要指示批示和党中央重大决策，交通强国河北篇章大幕开启，圆满完成全年各项目标任务，全省交通运输经济运行总体平稳，呈现出稳中有进、稳中向好态势，有力服务和保障全省经济社会发展大局。

固定资产投资超额完成。交通基础设施固定资产投资完成908亿元，为计划的101%。全年争取中央车购税、港建费、燃油价格、公交车运营补助资金129亿元，同比增长21%。争取收费公路专项债券68.7亿元并全部发行，同比增长114%。

第二节 综合交通基础设施建设

基础设施规模持续扩大。2019年，河北建成高速公路217公里，为计划的108.5%，总里程达到7476公里。普通干线公路建成470公里，为计划的104%，总里程达到1.96万公里。农村公路新改建9741公里，为计划的162.4%，总里程达到16.9万公里。港口新增生产性泊位11个，新增通过能力1391万吨、30万标准箱，总通过能力达到11.1亿吨、426万标准箱。北京大兴国际机场通航，张家口宁远机场改扩建工程主体完工，运输机场总数达到7个。

京张、崇礼铁路通车运营，实现了设区市全部通高铁。唐廊高速公路与天津连通，新机场北线高速廊坊段主体建成，G105线京冀和G205线津冀接线段、G228线沧州段开工建设。运输一体化程度不断拓展。开通唐山、廊坊、保定至北京大兴国际机场公路客运班线，陆侧运输服务保障体系不断完善。石家庄机场空铁联运130.3万人次，同比增长15%，其中北京旅客占比30%。冀津港口干支联动、相互喂给，新增内陆港7个，达到34个。

第三节 综合交通服务保障能力

运输服务品质不断提升，持续向多元化、个性化发展。地方铁路货运量完成4.8亿吨，同比增长11.9%。营业性公路货运量完成22.7亿吨，同比增长0.2%。港口货物吞吐量完成11.6亿吨，同比增长0.6%。水路货运量完成4160万吨，同比增长24.1%。公路水路营业性客运量完成3.2亿人次，同比下降9.7%。省内机场旅客吞吐量1463.4万人次，同比增长5.2%。

公共服务水平持续提升。新购置新能源公交车2200余辆，保有量2019达到1.9万辆，占比居全国前列。张家口市投放氢燃料公交车100辆。

各设区市市区实现65周岁以上老人免费乘公交，石家庄市地面公交出行幸福指数排名全国第二。县城20公里范围内农村客运班线公交化运行率达到70%，基本完成农村客运班线公交化改造的乡镇达到55%，分别超年度目标21和8个百分点。道路客运联网水平进一步提升，定制客运发展迅速。客运站联网售票工作进一步优化，全国首张道路电子客票在雄安新区售出。一、二类维修企业汽车电子健康档案实现全覆盖。建成“司机之家”8个。

第四节　行业治理体系建设

2019年，河北以供给侧结构性改革为主线，坚持“巩固、增强、提升、畅通”方针，不断推进行业治理体系和治理能力现代化。

一、“放管服”改革不断深化

坚决“放”。2019年，河北省交通运输厅面向全省取消下放行政许可事项6项，面向雄安新区下放15项，落实“一会三函”制度。

强化“管”。出台《河北省小型客船运输管理规定》，邯郸市出台城市公共汽车客运条例，唐山市出台港口条例。制定“双随机、一公开”实施意见、行政执法“三项制度”实施方案、行政处罚自由裁量权执行标准等规范行业管理文件68件。

优质“服”。河北省交通运输厅本级38项服务事项进驻省政务服务大厅，省市县151项服务事项实现“三级四同”，执法领域二维码服务入选省“双创双服”第一批创新案例。制定《关于深化改革充分发挥市场作用筹集公路资金的意见》等系列服务举措。深化高速公路收费制度改革。全面完成ETC门架、车道改造、入口称重检测设施建设和联网设施设备改造并投入使用，新增ETC725万户，出台货车车（轴）型收费标准和差异化收费政策，取消高速公路省界收费站46个，2019年12月31日24时顺利实现与全国并网切换运行。

二、政事企改革扎实推进

2019年，河北省交通运输厅完成厅机关机构改革，厅属公路、港航、民航3个副厅级事业发展中心获中央编办批准，部分事业单位机构编制调整获省委编办批复。印发《关于深化交通运输综合执法改革的实施方案》，省级综合行政执法机构设置方案上报国家，唐山、保定、邢台、邯郸、衡水、雄安新区完成机构组建。制定推进和规范监管企业改制的意见以及企业监管权责清单，稳步推进省高管局转企改制，河北高速集团挂牌运行。

三、深化交通运输法治政府部门建设

加强综合法规制度体系建设，以政府令形式出台《河北省小型客船运输管理规定》，填补河北省内河小型客船监管无法可依的空白；《河北省公路条例》《河北省民用航空条例》被列为立法调研项目并完成调研工作；印发《行政规范性文件管理办法》，开展法规规章规范性文件清理工作，建议废止、修改4部规章，决定废止4件厅发规范性文件；推进京津冀交通运输政策法规对接协作，联合京津出台《京津冀“两严一消”联合治超专项行动方案》《京津冀内河船员管理协同发展框架协议》《北京大兴国际机场陆侧交通保障合作框架协议》等一系列制度文件，完成京津冀区域标准《5米以下小型船舶检验技术规范》。

严格规范公正文明开展执法，结合实际修订印发《河北省交通运输行政处罚自由裁量权执行标准（2019）》和《河北省交通运输省级执法事

项清单》，压实执法责任；全面推行行政执法“三项制度”，形成“三项制度”3个具体办法、4类文本、5个清单和3个配套文件。

强化行政权力监督工作，持续推进法治社会建设，河北省交通运输厅本级共受理行政复议案件10起，配合支持法院行政诉讼工作；持续强化议事规则和决策程序规范化，严格落实重大行政决策有关制度办法，注重吸收人大代表政协委员意见，将办理议案提案与规范行政决策相结合，决策过程中认真听取代表委员观点意见，撰写《2019年代表建议政协提案综合分析报告》，对代表委员关注的热点问题进行分析研判并指导决策。

拓展法治宣传教育培训覆盖面，加强对法治政府部门建设有关专项工作督促检查，对公路超限超载、高速公路入口称重检测等执法领域重点工作进行监督检查和专项调查；利用“国家宪法日”等重要节点，组织新提拔处级领导干部和新录用公务员宪法宣誓仪式，邀请有关法学专家举办“弘扬宪法精神，维护宪法权威”专题讲座；创新开展“路政宣传月”宣传活动，全方位宣传交通运输法律法规。

第五节 科技创新

一、科技创新取得新进展

加快推动河北全省交通运输科技创新驱动发展，深入开展与省科技厅战略合作，2019年，河北省交通运输厅与省科技厅联合印发《关于推动全省交通运输科技创新驱动发展的意见》，河北省交通综合运行协调与应急指挥中心正式试运行，“雄安新区智能交通专项规划编制工作”列入河北省委雄安新区规划建设领导小组重点工作，编制完成2019年唯一一项京津冀区域标准《5米以下小型船舶检验技术规范》，组织申报“自动驾驶技术与装备交通运输部行业研发中心”，并通过交通运输部认定；“高速公路多模式协同交互关键技术装备研究”等3个课题列入省重大科技专项计划，争取补助资金210万元，取得历史性突破。

2019年共下达科技计划项目69项，资金共计5663万元。制定并印发了《省厅创新工作室管理办法》，明确了河北省交通运输厅创新工作室的建设原则、建设目的、任务目标、管理流程、支持政策等。

推进科研平台培育建设工作。组织申报“河北省道路设施安全监测与智能养护决策技术创新中心”和“河北省道路交通智能控制与管理技术创新中心”2个省级科研平台，并被河北省科技厅列入省级科研平台建设计划；组织申报“自动驾驶技术与装备交通运输部行业研发中心”，并通过交通运输部认定，进一步完善了科研平台布局。

智能交通方面，编制完成《河北雄安新区智能交通专项规划（报审稿）》。开展与新区上位规划及相关专项规划的衔接和咨询工作，并委托中国国际工程咨询有限公司开展了2次咨询工作。组织开展场景征集活动，收集了10大方向、52家单位、106份方案。经认真研究、比选，专项规划充分吸纳了场景方案相关成果，提高了规划的可实施性和可操作性。推进京雄高速公路、延崇智慧高速公路试点工作。组织召开了“延崇高速公路（河北段）智慧公路试点建设方案专家咨询会”，按照咨询意见对方案修改完善，邀请交通运输部规划司、冬奥组委、北京交通委相关领导及有关专家进行审查。为全面提升河北省路网信息化水平，在全省新建高速公路推广应用基础设施数字化、车路协同、北斗高精度定位、基于大数据的路网综合管理与服务等关键技术，在运营高速公路改造升级通信、收费、监控等管理和服务系统。加强信息化基础设施安全防御和数据安全建设。

二、提高网络安全保障能力和防护水平

河北省交通运输厅组织厅直单位报送了网络安全工作机构及相关人员名单、签订了网络安全工作责任书。建立了网络安全风险清单，研究并完善了网络安全应急预案（修订稿）。印发了《关于做好高速公路联网收费系统网络安全工作的通知》，组织开展了高速公路联网收费系统高风险隐患、网络权限规范化专项整治行动。

第六节　安全与应急

一、交通重大风险有效化解

2019 年，河北省交通运输厅贯彻总体国家安全观，落实河北省委、省政府意见，制定《打好交通运输领域防范化解重大风险攻坚战建设平安交通的实施意见》，统筹政治、经济、社会等 9 个领域，落实 170 项防范措施，全部 54 个风险点实现可防可控，以实际行动当好首都政治“护城河”。

拓宽融资渠道，优化支出结构，规范国有资产管理，强化定额造价管理，完成政府隐性债务化解任务。加大审计监督服务力度，强化内审培训，审计项目 939 个，增收节支 3 亿元，追回资金 2.78 亿元。河北高速集团、交投集团负债率由 2019 年初的 75.6%、72.2% 分别降至 64.59%、71.3%。

强化安全生产责任，推进质量安全监督，开展风险隐患大排查大整治，深化平安交通攻坚行动，治理隐患 5712 个，建成公路安防工程 4091 公里，道路运输事故起数和死亡人数分别下降 12%、10.4%，未发生重特大事故。沧州市深入开展“两客一危”专项治理，实施“清车销户行动”。发挥铁路沿线环境安全联席会议牵头作用，整治隐患 45812 处，得到国家领导赞誉。完成用地整改 9642 亩。

深化扫黑除恶专项斗争，累计摸排涉黑涉恶线索 224 条并及时移交公安部门，牵头破获石青高速公路偷逃通行费典型案件。社会综治防控体系建设深入推进，圆满完成庆祝新中国成立 70 周年、全国两会、暑期等一系列重大活动和重点时段交通安保任务。

落实省部信访合作机制，聚焦“事要解决”，进京赴省上访分别同比下降 52%、26%。持续强化招投标管理，有力解决农民工工资拖欠问题，有效化解共享单车押金风险。

提前 6 个月完成干线公路沿线 21308 座广告设施清理，受到中央领导和河北省委、省政府主要领导肯定。

二、应急处置工作稳妥有序

应急物资方面：按照规定储备一定规模的桥梁抢险、防汛抗洪、除雪保畅、公路抢险等应急物资，对于演练、突发事件消耗的物资及时进行补充。经统计，2019 年，河北省交通运输系统共建立应急物资库 377 个，各类应急车辆 6864 辆、应急机械 2990 台及其他应急物资。

应急演练方面：1 月 21 日，在西兆通服务区举行“空地一体”综合应急救援演练。本次演练标志着河北交通运输空中救援通道正式开通，“空地一体”的立体化救援网络正式实现，填补了空中救援的空白。5 月 27 日，在邯郸市开展 2019 年道路运输防汛应急保障演练。7 月 16 日，河北省交通运输厅组织开展了 2019 年交通运输防汛应急演练。此次演练着眼于今年防汛工作要求，采用不预设脚本、不事先通知的方式进行。11 月 21 日，交通运输部在河南省巩义市举行以

“公路交通综合应急能力比武”为主题应急演练。演练共设5个科目。河北省交通运输厅此次比武中荣获团体三等奖以及“塌方体清理”科目一等奖、“圆管涵铺设”科目二等奖和“灾情侦察”科目三等奖，全面体现了河北省公路交通“召之即来、来之能战、战之必胜”的良好形象。经统计，2019年，河北省交通运输全系统集中开展应急演练1500余次，有效检验了应急队伍的快速反应、协调联动和险情处置能力。

应急联动方面：按照《京津冀三地交通应急联动合作备忘录》要求，4月17日，在天津交通委召开三地应急联动第三次会议，签署了《京津冀三地相邻区域交通应急保障联动合作协议书》《京津冀高速企业应急联动合作协议》；8月6日，北京大兴区交通运输局与河北省廊坊市交通运输局签署了《关于两地联动应急服务保障协议》；11月15日，在天津交通委召开三地应急联动第四次会议，签署了《京津冀三地相邻区域交通应急保障联动合作协议书》。通过京津冀三地合作联动，全面提升了京津冀道路交通突发事件协同应对能力，为京津冀交通应急联动发展提供了有力保障。

加强应急值守，河北省交通运输厅严格执行领导带班和24小时值班制度，加强与气象部门沟通联系，做好恶劣天气下安全应急防范措施，保持通信联络畅通，确保汛情、险情、灾情和突发事件第一时间发现，第一时间报告，第一时间处置。

第七节　合作与交流

对外开放不断扩大。2019年，河北省交通运输厅出台“一带一路”交通互联互通等9项指导或实施意见。开通4条中欧中亚班列，总数达到13条。新开通京唐港至日本九州、韩国京仁集装箱国际航线，航线总数达到61条。河北省机场累计运营国际、地区民航航线21条，通达15个城市和2个地区城市。

山西

第一节　整体概况

2019年，山西省交通运输厅坚持稳中求进工作总基调，坚决贯彻中央决策部署，认真落实山西省委、省政府和交通运输部工作要求，圆满完成高速公路省界收费站撤站、旅游公路首批建成路段启用、厅属事业单位改革、一批重大复杂项目开工等急难险重任务，部署全省交通强国建设推进工作，组织申报并成功入列全国第二批交通强国建设试点。

第二节　综合交通基础设施建设

交通固定资产投资持续加大。完成投资545亿元，完成年度目标任务的127%，同比增长17.6%，在建项目总投资规模达到1829亿元。同时，投资方式和结构发生积极变化，一批公路PPP项目落地见效，社会资本投资占比70%以上。

一是高速公路建设稳步推进。新开工黎城至霍州、太原西北二环等6个项目，建成右玉至平鲁、阳城至蟒河2个项目。新增通车里程106公里，总里程达到5711公里。打通1个出省口，规划的33个出省口已建成27个。

二是普通国省干线公路升级改造加快实施。新开工和续建项目37个，国道209线杨家营至堡子湾改建工程等10个项目完工，累计完成新改建及路面改造329公里。PPP模式路面改造工程开工建设。隧道提质升级做法受到交通运输部充分肯定，全国公路隧道提质升级专项行动现场调研活动在省内成功举办。

三是“四好农村路”和三大板块旅游公路建设深入推进。新改建农村公路2.45万公里，占到全国新改建里程的1/12。全省所有具备条件的建制村实现通硬化路。自2018年以来累计开工建设3040公里，建成1981公里。

四是民航机场加快发展。太原、运城、大同、长治、临汾机场改扩建稳步推进，晋城、朔州机场已获场址批复，芮城、阳城通用机场开工建设，原平、河曲、武乡、沁源、平遥、孟县等通用机场加快前期工作。

五是综合交通枢纽有序实施。全省第一个综合客运枢纽太原客运东南站主体工程完工，大同综合客运枢纽基本完工，阳泉、长治、晋城等综合客运枢纽站场项目加快推进。

六是水运基础设施进一步完善。忻州偏关黄河万家寨客运码头基本建成，东寨等“十三五”规划的22个渡口码头改造工程已完成15个。

第三节　运输服务保障能力

综合交通运输网络加快构建。

一是公路水路民航运输稳中有升。全年公路、水路营业性货运量分别完成12.8亿吨和23.86万吨，同比增长1.4%和3.1%；民航货邮运输量完成6.7万吨，同比增长9.6%；公路、水路营业性客运量分别完成1.4亿人次和142万人次，虽然同比下降10.9%和11.5%，但充分发挥了兜底保障作用；民航旅客运输量完成2037.1万人，同比增长10.5%，太原武宿机场吞吐量突破1400万人次。

二是车辆通行费收入基本平稳。在积极落实降税减费政策和大幅度撤销普通国省干线公路到期收费站的情况下，全省累计收取车辆通行费226.09亿元，保持稳定向好的基本面。

第四节　行业治理体系建设

一、厅属事业单位改革和综合行政执法改革全面实施

作为山西省委、省政府确定的先行先试单位，将清理规范、分类改革与承担行政职能事业单位改革、公益性事业单位改革、从事生产经营活动事业单位改革同步推进，推动省委编委审议通过《厅属事业单位改革实施意见》，6个新组建事业单位挂牌成立，8个事业单位重构，厅属处级以上事业单位从65个减少为31个，厅直事业单位由18个减少为9个，瘦身健身效果明显。

综合执法改革方面，全面梳理、规范和精简执法事项，下发和公布省、市、县三级交通运输部门执法事项试行清单，在全国率先出台《关于深化交通运输综合行政执法改革的实施意见》，交通运输部在山西召开华北、东北片区综合行政执法改革座谈会，对山西省做法给予充分肯定。省级层面，推动山西省委编委审议通过《关于组建省高速公路综合行政执法队伍的意见》，并正式报请中央编办审批，实行高速公路综合执法省以下垂直管理体制；市县层面，将普通国省干线公路路政和工程质量安全监督执法职责及相关编制和人员划转市县交通运输综合行政执法机构，市、县交通运输综合行政执法机构已全部挂牌。

二、取消高速公路省界收费站工作圆满完成

一是工程建设全面完工。共建设861套门架系统，改造1135条ETC车道、306处治超系统，拆除23处省界收费站并进行正线改造。

二是ETC推广发行目标超额完成。多方协同联动，大力宣传推广ETC，全省新增发行364.24万户，累计完成560.74万户，超额完成交通运输部下达的发行任务。

三是有序推进收费政策调整。高速公路车辆通行费收费标准调整和清理规范地方性车辆通行费减免政策经省政府批准并执行。

四是保持并网切换后正常运行。2020年1月1日0时，全省高速公路收费系统成功切换，与全国同步并网运行，实现高速公路收费革命性变革。

三、法治政府部门建设不断深化

一是落实党政主要负责人履行推进法治建设第一责任人职责，明确工作清单18项。修订地方性法规和政府规章4项，完成合法性审查的重大行政决策34件，完成规范性文件合法性和公平竞争审核20件，办理行政复议案件131件、行政应诉和民事应诉8件，重大行政决策程序、规范性文件制定、依法行政复议和应诉更加规范化、制度化。

二是网约车行业规范有序发展。出台《山西省网约车经营者申请线上服务能力认定工作指引》，进一步规范流程，优化服务。联合网信等相关部门推动建立网约车事中事后联合监管工作机制，全省有7个设区市开展网约车运输证许可工作，9个设区市开展网约车驾驶员证许可工作，网约车合规化进程不断加快。

三是高速公路沿线广告设施清理全面完成。从9月至12月底，历时4个月将全省高速公路沿线5105处广告设施全部清理完毕，进一步优化路域环境，省委书记楼阳生作出批示予以表扬。

四是民生实事高效落实。建制村通客车取得重大进展，全省新增通客车建制村818个，完成年度目标的164%，建制村通客车率达99.4%，晋中、运城、大同、朔州、晋城5市提前实现“全覆盖”。道路普通货运车辆实现全省范围内异地网上年审。汽车维修电子健康档案系统实现省级系统全覆盖和部省系统数据互联互通。“司机之家”和船员“口袋工程”按计划完成。“12328”综合服务水平保持在全国前列。

第五节　科技创新

智慧绿色交通进一步发展。稳步推进信息化建设，公路建设智慧监管平台上线试运行。

一是加强绿色公路建设。2019年9月底，全国第五届绿色公路技术交流会在阳蟒高速公路公司成功召开，向全国推广山西经验。

二是持续推进道路运输节能减排。全省新增更新公交车新能源占比100%，朔州、忻州、阳泉、长治、临汾五市率先实现中心城区新能源公交车全覆盖，太原、大同绿色货运配送示范工程顺利推进。

三是不断提升科技创新能力。积极调动行业和社会力量开展科技攻关，7项研究成果获省科学技术奖，获奖数量在省直单位中名列前茅，29个科技项目完成验收，产生良好经济社会效益。

四是深入开展品质工程攻关行动。长临等10个建设项目平安工地考核全部合格，运宝黄河大桥项目创造目前世界同类型桥梁最大跨径记录，荣获第十三届“中国钢结构金奖”。

第六节　安全与应急

交通运输安全生产形势保持稳定。一年来，各级领导切实把安全生产工作摆在头等重要位置抓紧抓实。

一是强化责任落实。深入开展高速公路风险较高路段排查整治、团雾多发路段排查整治、隧道提质升级、桥梁安全防护能力提升、长陡坡安全通行能力提升等一系列安全生产专项整治行动，全系统累计排查各类安全隐患8285项，已整改8081项，整改率97.54%。

二是推进科技兴安。不断完善应急值班视频点名系统建设，实现与部、与各市交通局及厅直相关单位的视频连线快速响应；强力推进全省“两客一危”重点营运车辆智能视频监控报警系统安装工作，超额完成省政府下达的安装任务；扎实推进农村公路平交路口“一灯一带”建设工作，最大限度减少平交路口安全事故，新增平交路口减速带1390个，超额完成年度目标任务；坚定“抓治超就是抓安全”的理念，推动路警联合执法，加强源头监管，超限超载率始终控制在0.2%以内，继续保持全国领先地位。民航方面，构建起全省机场净空和电磁环境保护综合管理体系，进一步提升民航安全管理水平。水运方面，清理整顿黄河“三无”采砂船舶445艘。

三是社会治安综合治理得到加强。深入开展“平安交通”创建活动，积极开展扫黑除恶专项斗争、反恐维稳、“扫黄打非”、禁毒等工作，共向省政法委移送涉黑涉恶线索200条。稳步推进重点治乱，有效整治5218个乱点。春运、全国两会、“二青会”、新中国成立70周年庆典期间，全系统保持和谐稳定。

四是积极夯实基础。大力开展安全生产宣传教育“七进”活动和“安全生产月”活动，加强应急演练，全系统全年安全生产形势总体平稳。

第七节 合作与交流

一、交通运输供给侧结构性改革不断深入

一是推进物流业降本增效。继续深化高速公路差异化收费政策，全年优惠通行费14.49亿元，同比增长12.13%，惠及货车4035.74万辆次，占全省货车总量次的36.4%。

二是调整优化运输产业结构。印发《山西省推进运输结构调整实施方案》。2019年，全省铁路货物运输总量完成9.13亿吨，同比增加6054万吨，增长7.1%，多式联运、甩挂运输等先进运输组织方式呈现良好发展势头。省厅两次在全国专项会议上作了经验介绍。

三是拓宽互联互通空间。推进民航航线开通工作，太原至芝加哥、大阪、莫斯科，大同至暹粒，五台山至曼谷航线相继开通，太原至莫斯科航线进一步加密，全省累计开通国际及地区航线23条。助推中欧铁路班列市场化开行，开拓至明斯克、塔什干、杜伊斯堡等物流通道，覆盖9国22城市，已开行中欧中亚班列167列，节约运输时间50%～67%。

四是进一步优化营商环境。继续深化“放管服效”改革，再次取消行政审批1项、下放6项。政务服务窗口全年办理审批事项10.16万件，全部按时办结，进驻省政务服务大厅的审批事项可网办率达100%，全年全程网上共办理73667件，占比达到72.7%。组织开展大件运输许可大走访和入企服务活动，保障太重集团特大重产品顺利安全运输，央视《新闻联播》进行专门报道。

五是推进城乡区域交通运输一体化。实施公交优先发展战略，全省新增更新公交车1904辆，公交专用道总长度达到398公里，11个设区市城市公交车全部实现交通“一卡通”。太原、临汾“公交都市”创建工作稳步推进，在临汾市开展“我的公交我的城”重大主题宣传活动。全省开通定制公交16条，微循环公交6条，太原、晋城、长治、临汾4市加快发展城际公交、旅游公交，开创性地满足了人民群众多样化出行需求。推动山西中部盆地班线公交化改造，介休至孝义客运班线改造已完成，两市群众出行更加方便。加快推进城乡货运物流一体化建设，完善农产品物流服务，统一全省农村物流站点标识，助推城乡经济进一步融合发展。

二、三大攻坚战取得重大阶段性成果

一是债务风险防范取得重大进展。积极协助山西交控集团推进《山西省高速公路债务风险化解方案》落实，交控集团与国开行签订的2607亿元银团贷款已全部投放到位，以省厅为承贷主体的高速公路债务置换和主体变更工作全面完成，全省高速公路政府债务风险基本化解。

二是交通精准扶贫成效显著。以10个深度贫困县和年度退贫摘帽县为重点，加大资金补助力度，全年共安排贫困县“四好农村路”建设补助资金19亿元，占全省70%。全省贫困地区完成“四好农村路”新改建1.31万公里，完成投资111亿元，交通扶贫富民的基础进一步夯实。持续巩固天镇县玉泉镇6个贫困村专项帮扶和大宁县“一县一策”扶贫成效，两县已实现脱贫摘帽。

三是交通运输污染防治全面巩固。在2018年集中开展柴油货车和散装物料运输车污染治理的基础上，2019年重点建立长效机制，通过制定落实治理方案、联合监管执法、实施绕城公路改线和环境保护课题研究等举措，实现交通运输污染治理的精准管控和常态治理。全力推动中央环保督察“回头看”及大气污染防治专项督察反馈意见整改工作，实施道路扬尘污染综合治理，推动路域环境综合整治，助推环境空气质量进一步

改善。开展机动车排放污染维修治理站建设工作，全省尾气检测及维修信息管理系统平台及第一批 132 个维修站建成并实现数据互通。

同时，落实河湖长制工作要求，推进“一河一策”工作任务落实，进一步加强了河湖航道的治理保护。

第八节　党的建设

党的建设质量不断提高。2019 年，山西省交通运输厅党组坚定贯彻新时代党建总要求，以高质量党建引领交通运输高质量发展。

一是扎实开展“改革创新、奋发有为”大讨论。认真贯彻省委部署要求，以大讨论牵引全年工作开局，聚焦“六个破除”“六个着力”“六个坚持”，开展对标一流，激励干部担当作为，实现首季开门红。

二是深入开展“不忘初心、牢记使命”主题教育。教育引导全系统各级党组织、全体党员增强“四个意识”、坚定“四个自信”、做到“两个维护”。全系统发扬斗争精神，把学习教育、调查研究、检视问题、整改落实贯穿始终，高标准完成各项工作，受到中央电视台、山西电视台等多家主流媒体报道。扎实开展中央八个专项整治，落实省委五个专项查改任务，圆满完成省纪委牵头的漠视群众利益专项整治工作，切实以工作成效彰显主题教育实效。

三是扎实推进“三基建设”。制定“三基建设”2019 年度重点工作任务清单，调整厅机关和厅属事业单位党支部设置。实施干部能力提升工程，举办党政干部履职能力、交通强国新理念等 17 个专题培训，培训干部 1980 人次。在省直单位率先出台《干部人事档案管理办法》，进一步夯实基础工作。

四是持续深化党风廉政建设。修订完善厅党组和班子成员的党风廉政建设主体责任清单。认真落实意识形态工作责任制，两次向省直工委报告有关情况。持之以恒落实中央八项规定精神，扎实开展第 7 次“党风廉政宣传教育月”活动，坚决纠治“四风”，力戒形式主义。用好监督执纪问责“四种形态”，全年给予批评教育 8 人、提醒谈话 8 人、诫勉谈话 5 人、党纪政务处分 3 人。梳理汇总十八大以来违纪违法案件处理情况，责令有关单位党组织整改到位，始终保持高压震慑态势。

五是抓好干部和人才队伍建设。始终把政治标准放在首位，调整提拔一批处级干部，树立良好用人导向。多措并举引进人才，全年从高等院校选调 2 名公务员、面向社会招录 4 名公务员、面向基层遴选 4 名公务员、面向社会招聘 37 名事业单位工作人员、引进高层次人才 3 名，为全省交通运输事业发展增添动力、注入活力。

六是不断提升行业软实力。认真组织开展庆祝新中国成立 70 周年活动，积极开展文明出行公益广告宣传，抓好文明单位创建，深入推进工青妇等群团组织建设以及交通战备、交通教育、史志宣传、离退休人员管理、后勤服务等工作。厅机关被省直文明委破格授予“省直文明单位标兵”荣誉称号，一批单位和个人被授予山西省“模范单位”“模范集体”“劳动模范”等荣誉。

内蒙古

第一节　整体概况

2019 年，内蒙古自治区交通运输厅以习近平新时代中国特色社会主义思想为指导，全面贯彻落实党的十九大精神，深入贯彻落实中央经济工作会议和自治区经济工作会议、全国交通运输工作会议精神，稳步推进机构改革，全区交通运输系统行政机构改革基本完成；打好防范化解重大风险、精准脱贫、污染防治三大攻坚战，为确保如期全面建成小康社会当好先行；加快基础设施建设进度，提升公路建设等级，完善和优化服务功能；积极推动落实《交通强国纲要》精神，不断完善内蒙古交通运输各项规划，通过积极争取，已进入交通强国建设第二批试点省份。截至 2019 年底，内蒙古公路总里程达 20.6 万公里，全国排名第 10 位。

一、综合交通规划

2019 年，内蒙古自治区交通运输厅联合自治区发改委印发《内蒙古自治区高速公路网规划（2019—2030 年）》，自治区交通运输厅印发《内蒙古自治区交通运输支撑乡村振兴战略、推进“四好农村路”建设三年行动计划（2018—2020 年）》和《内蒙古自治区交通运输支撑乡村振兴战略推进“四好农村路”建设规划（2018—2022 年）》。启动《内蒙古自治区“十四五”公路水路交通运输发展规划》《内蒙古自治区综合立体交通网规划（2021—2050 年）》《内蒙古自治区“十四五”综合交通运输发展规划》和《内蒙古自治区交通与文化旅游融合发展规划》的编制工作，积极推进全区交通基础设施国土空间控制规划编制工作。

二、三大攻坚战

防范化解重大风险方面，2019 年，内蒙古交通运输厅出台自治区本级存量公路建设债务化解方案，组建 1086.3 亿元融资再安排银团贷款，完成年度化债目标的 165%，有效防范化解重大风险隐患。

脱贫攻坚方面，聚焦贫困旗县、边境旗县，改造窄路基路面 1200 公里，新增通硬化路撤并建制村 220 个，建设乡镇客运站 4 个、嘎查村候车亭 55 个，均超额完成交通运输部下达的年度扶贫目标任务。截至 2019 年底，贫困地区公路通车里程 15.8 万公里，占全区公路总里程的 76.7%，全区 66 个贫困旗县已有 64 个通一级及以上公路，提前 1 年实现具备条件的乡镇苏木和建制村嘎查全部通硬化路、通客车目标。

污染防治方面，落实自治区《推进运输结构调整三年行动计划实施方案（2018—2020 年）》，推动多式联运发展，引导大宗货物运输“公转铁”。开展柴油货车超标排放和船舶水污染专项整治行动，推行在用机动车排放检测和强制维护制度，推广应用新能源和清洁能源车辆，全区清洁能源巡游出租车占比 53.7%，清洁能源与新能源公交车占比69.9%，同比分别增加2.2和6.6个百分点。

第二节　综合交通基础设施建设

截至2019年底，内蒙古公路总里程达20.6万公里，其中高速公路6633公里、一级公路8443公里，国省干线路网覆盖全区85%以上的人口，连接了所有旗县及以上行政节点、重要资源基地和经济开发区，连通了70%以上的苏木乡镇。2019年，落实国家和自治区投资159.4亿元，发行收费公路专项债券132亿元，全年完成投资407亿元，圆满完成年度投资任务。

一是开工建设公路里程1.9万公里，海拉尔—满洲里、白音查干—安业等高速公路顺利推进，嘎鲁图—乌兰镇、长流水—中卫等国省干线公路建成通车，新改建农村牧区公路8219公里，建设林区公路3013公里，创建8个自治区级“四好农村路”示范旗县，鄂尔多斯市伊金霍洛旗、赤峰市松山区、包头市达茂旗荣获2019年度全国“四好农村路”示范县称号。

图7-5-1　2019年6月17日，海（拉尔）满（洲里）高速公路整治进行路面摊铺　（塔娜　摄）

二是公路养护管理持续强化。实施公路养护大中修工程168项，完成沥青路面灌缝2670万延米、修补坑槽48万平方米、预防性养护1174万平方米，全区普通国省干线公路优良路率提升至73.1%。

图7-5-2　2019年8月，伊金霍洛旗龙虎渠通村公路。（次宇飞　摄）2019年11月，鄂尔多斯市伊金霍洛旗、赤峰市松山区、包头市达茂旗荣获2019年度全国“四好农村路”示范县称号

第三节　运输服务保障能力

2019年，内蒙古自治区拥有客运车辆（包括班线客车、旅游包车客车）10970辆，营运货车25.6万辆，城市公交12203辆，巡游出租车67819辆，登记注册船舶867艘。全年累计完成公路客运量0.7亿人、旅客周转量101.6亿人公里，同比分别下降16.7%、17.0%；货运量11.1亿吨，货物周转量1954.5亿吨公里。（按2019年全国道路货物运输量专项调查重新核算2019年全年货运量，与2018年不做同期对比）

一、物流成本持续降低

全面取消19处高速公路省界收费站，圆满完成撤站工程，基本完成ETC发行任务，实现手机移动支付在高速公路人工收费车道全覆盖。

调整公路通行费收费标准，全年累计减免通行费16.4亿元，同比增长4.5%。

全面完成营运货车“三检合一”，实现普通货运车辆异地年审和跨省大件运输许可网上办理。

二、服务品质持续提升

建设改造93处普通国省干线服务设施，投

入运营 4 个“司机之家”。如期完成国省干线公路命名编号调整，形成标识清晰、视认方便的路网交通标识体系。

图 7-5-3　2019 年 7 月 31 日，内蒙古取消高速公路省界收费站工程首座 ETC 门架顺利安装（冀云洁　摄）

呼和浩特市“公交都市”建设示范工程通过验收、进入公示阶段；加快乌海市“公交都市”创建进程，乌海市创建方案已报交通运输部待批。

8 个盟市实现“交通一卡通”互联互通，汽车维修电子健康档案实现自治区级系统全覆盖。

三、运输服务新业态蓬勃发展

网约车合规化进程加快推进，发放平台公司网约车经营许可证 32 张、发放网约车运输证 4200 张、1.3 万名从业人员获得网约车驾驶员从业资格证。76 家无车承运试点企业累计整合社会货运车辆 7 万余辆，完成货运量 1709.9 万吨。

第四节　行业治理体系建设

管理体制机制改革进展顺利。内蒙古交通运输系统行政机构改革基本完成，交通运输综合行政执法改革和事业单位分类改革稳步推进。内蒙古公路交通投资发展有限公司获批比照副厅级单位设置，完成与交通设计研究院有限责任公司和交通物资有限责任公司的整合。

国有企业和行业协会改革卓有成效。内蒙古高等级公路建设开发有限责任公司完成脱钩，正式移交自治区国资委。内蒙古道路运输协会、道路客运班车小件快运网路联合会、交通建设监理协会完成与行政机关脱钩。

营商环境日趋优化。厅本级取消下放压减一批行政许可事项，行政权力压减率达 61.6%，首批 30 项政务服务事项全部进驻政务服务大厅办理，“互联网 + 政务”“互联网 + 监管”系统接入国务院政务平台，初步实现“一网通办”和“只进一扇门”。全面开展行业扫黑除恶专项斗争，集中整治行业乱象，行业秩序更加规范。

法治政府部门建设稳步推进。研究起草内蒙古自治区《农村牧区公路条例》。完成地方性车辆通行费减免政策清理规范工作。“信用交通省”通过中期评估，“双随机、一公开”监管机制初步见效。制定实施行政执法“三项制度”，强化行政执法与刑事司法衔接，基层执法站所“四基四化”取得成效。

第五节　科技创新

信息化与网络安全。一是建立完善规章制度。制定了《内蒙古自治区交通运输厅网络安全管理办法》《内蒙古自治区交通运输信息化建设项目管理办法》《内蒙古自治区交通运输厅网络安全事件应急预案》和《内蒙古自治区交通运输行业网络安全信息通报管理办法》。二是交通运输数据资源整合稳步推进。开工建设交通运输调度和应急指挥中心，完成公路水路安全畅通和应急处置系统开发，逐步形成统一高效、互联互通、安全可控的交通运输数据资源体系。

科技化和标准化。一是科技创新能力稳步提高。新增国家科研创新平台 2 处，启动公路建设绿色节能关键技术院士专家工作站，生态安全屏障区交通网设施管控及循环修复技术实验室成为内蒙古自治区交通运输行业首个重点实验室，“寒区道路稳定技术”科研项目获自治区科技进步二等奖。二是标准化建设稳步推进。组织开展2019年内蒙古自治区地方标准制修订工作，《冷拌冷铺沥青混合料防水联结层施工技术规范》等7项地方标准经自治区质量技术监督局审查通过，列入2019年度地方标准编制计划。内蒙古自治区交通运输标准化技术委员会年度考核结果为A级。

人才队伍建设取得实效。一是组建专家库。组建内蒙古自治区交通运输行业科技项目评审专家库，全区各盟市交通运输系统、厅直各单位、区内外有关院校和科研院所等相关单位共有118人入选自治区交通运输科技项目评审专家库。二是人才获奖情况。厅直系统56人次获国家、自治区荣誉称号和奖项，2人入选自治区“草原英才”工程，2人入选自治区“新世纪321人才工程”。

第六节　安全与应急

2019年，内蒙古交通运输行业共发生安全生产事故6起，死亡9人，未发生较大及以上安全生产事故，安全生产形势总体平稳。

一、公共安全体系建设

2019年，出台《内蒙古自治区关于贯彻落实交通运输行业消防安全责任制的指导意见》；启动公路水路运输和建设工程安全生产事故应急预案等突发事件应急预案的修订工作；联合内蒙古大学编制了道路旅客运输安全生产风险管理和隐患治理指南，启动内蒙古危险货物道路运输安全生产双重预控相关编制工作；起草《内蒙古自治区交通运输厅行业安全生产与应急管理专家库管理办法》，同时组建交通运输安全生产和应急管理专家库，为内蒙古自治区交通运输行业发展提供技术支撑和咨询服务。

二、交通运输安全生产

一是隐患排查治理成效明显。深入开展安全生产风险防控和隐患排查治理百日行动，实行隐患排查整改交办制、台账制、销号制、通报制闭环管理，整改安全隐患3914项，整改率近100%。二是本质安全水平有效提升。推广应用“两客一危”车辆智能视频监控和公交车辆安全防护装置，智能视频监控装置安装率81.9%，防护隔离设施安装率72.86%。联合公安部门强化公路超限治理，推行高速公路入口称重检测，高速公路超限率降至0.6%，进入全国前列。建设公路安全生命防护工程4500公里，改造公路危桥245座。

三、应急管理

严格执行24小时值班制度，在特殊天气等时段，及时发布预警信息，更新应急装备物资储备。

有针对性地开展应急演练活动，6月16日，在清水河县举办了长途客车消防安全应急演练；8月31日，在乌海市举办了全区渔船水上事故技术调查和救援处置现场演练；9月11日，在鄂尔多斯市联合举办“防风险、除隐患、遏事故”为主题的交通运输突发事件应急演练；9月19日，在呼和浩特哈素海举办了水上交通安全应急演练，切实提高了内蒙古自治区交通运输应急处置及救援能力。

四、打造“平安百年品质工程”

2019年，内蒙古自治区交通运输厅稳步推进“品质工程”建设，推动施工标准化，交工验收合格率100%，全区工程质量处于可控状态，总体质量水平稳中有升。

一是加大监督检查力度。继续推行"监督组+专家"模式监督，对重大工程、重点部位、重要环节、薄弱环节进行督查，突出对质量安全问题整改情况"回头看"。

二是严格开展"专项治理"。开展桥梁隧道质量安全专项整治工作，继续深入推进公路水运建设工程领域电线电缆及电气设备综合治理工作，将隐患扼杀在萌芽状态；开展"坚守公路工程质量安全红线"专项行动工作，强化公路水运工程质量安全意识和关键环节控制。

三是大力推动品质工程示范创建工作。与苏张高速苏尼特右旗至化德（蒙冀界）段公路项目建设单位、施工单位联合成立了"品质工程施工班组规范化管理攻关行动"推进组，编制的《施工班组规范化管理指南》正在全国征求意见。

四是组织《内蒙古自治区公路工程质量监督条例》宣贯以及施工班组规范化管理培训。

第七节 合作与交流

一、服务国家战略

《中俄国际道路运输协定》顺利实施，中俄国际道路运输进入全境全域开放时代。中蒙俄《关于沿亚洲公路网国际道路运输协定》第一次联委会在我区召开，三国多边运输实现突破。新巴尔虎右旗至蒙古国乔巴山苏木等4条线路获交通运输部批复，乌拉特中旗至蒙古国南戈壁省罕宝格达苏木国际运输线路成功试运行。中蒙煤炭集装箱运输开始实施。全年国际道路运输累计完成客运量约347.0万人次，货运量约为3931.0万吨，货运量连续13年排名全国第1。

二、促进国际道路运输便利化

一是贯彻落实国家"放管服"决策部署，将国际道路货物运输许可取消改为备案。

二是积极与俄罗斯、蒙古国协商，消除俄罗斯、蒙古国国内有关制约双方国际道路运输公平发展的"技术性壁垒"和"非物理"障碍。2019年彻底解决了中蒙原油运输领域中方车辆"挂两国牌照"问题。

三是认真落实双边汽车运输协定关于定期旅客、绿色果蔬、易腐货物运输等优先通关政策。

四是因地制宜积极探索国际道路运输便利化措施。

辽宁

第一节　整体概况

2019年，辽宁交通运输系统深入贯彻习近平总书记关于东北振兴、辽宁振兴和交通运输发展系列重要指示批示精神，坚决贯彻中央决策部署，认真落实省委、省政府和交通运输部部署要求，统筹推进“五位一体”总体布局，协调推进“四个全面”战略布局，紧扣全面建成小康社会目标任务，坚持稳中求进工作总基调，坚持贯彻新发展理念、落实高质量发展总要求，着力服务振兴发展，着力构建现代交通运输体系，着力突破重点工作，着力提升交通治理能力和水平，着力建设平安交通，推动全省交通运输发展迈上新台阶。

一年来，全省交通运输行业累计完成固定资产投资217.6亿元，其中公路水路完成投资111.6亿元、铁路完成投资98亿元、民航完成投资8亿元。交通运输综合行政执法改革、全省港口资源整合、高铁沿线外部环境隐患整治、取消高速公路省界收费站等一批重大攻坚任务落实落地，沈康四期高速公路、沈山高速路面病害处治和沈白高铁、朝凌客运专线、大窑湾港区汽车滚装码头等一批重点项目有序推进，交通运输服务保障更加有力，交通脱贫攻坚成效显著，行业治理能力稳步提升，交通运输安全生产形势稳中向好，全省交通运输事业实现高质量发展，为新时代辽宁全面振兴、全方位振兴当好先行。

第二节　综合交通基础设施建设

一、公路建设与发展

高速公路。2019年，辽宁省持续加强高速公路建设养护与管理，努力提升路网服务水平。取消高速公路省界收费站工作走在前列，通过靠前指挥、挂图作战、形成合力，共完成10个省界物理站拆除、1540条ETC收费车道改造及694套收费门架系统和293个入口称重系统建设，省界收费站拆除、车道改造、门架建设、入口称重检测设施建设4项工程进度全国第一，专项任务较部要求提前36天完成，交通运输部在辽宁省召开现场会推广辽宁经验。新增ETC用户432万，提前超额完成目标任务。全面完成高速公路货车通行费计费方式调整和地方性减免政策清理规范工作。高标准实施沈康连接线项目品质工程，扎实推进“两区三厂”施工安全标准化攻关行动试点建设，打造具有辽宁特色的“品质工程”品牌。妥善解决沈山高速公路通车运营年限长、重载车辆多造成的路面技术状况差问题，共处理路面病害352万平方米、折合车道里程907公里，处置桥面病害15.5万平方米、维修加固桥梁873座，线路主通道通行能力明显增强。

普通公路。全省实施国省干线公路建设改造工程1321.6公里，其中干线维修改造947.8公里、新改建124公里，旅游路、园区路等项目249.8公里。印发《辽宁省国省干线公路建设养护工程项目管理法人管理办法》等制度文件，加强监督考核和政策指导，夯实管理基础。积极开展日常养护，实施路基标准化整修10966公里，设施维修29995处，路域环境治理3471处。“四好农村路”高质量发展水平显著提升，全年完成农村公路新改建工程4396公里、维修改造工程4501公里，完成危桥改造154座、村道安防工程4003公里，全面完成“畅返不畅”整治任务。组织召开全省“四好农村路”高质量发展现场会，强化督导，确保各项工作要求落实到位。出台《推行农村公路“路长制”的工作指导意见》，明确各级路长职责和主要任务，层层压实责任，着力提升农村公路养护管理水平。持续开展示范创建工作，大连庄河市、盘锦盘山县获评2019年“四好农村路”全国示范县。印发《“四好农村路”示范乡镇创建实施方案》，评选“四好农村路”示范乡镇20个。

二、水运建设与发展

2019年，全省水路基础设施建设完成投资9.81亿元，大连长兴岛恒力石化（大连）炼化配套30万吨原油码头工程、大连港大窑湾港区汽车滚装码头4号泊位工程、盘锦港荣兴港区1号、2号油品及液体化工品泊位改扩建工程、盘锦港荣兴港区西作业区304号油品及液体化工品泊位工程和葫芦岛港绥中港区绥中电厂二期配套码头工程5个新建、续建项目稳步推进，其中盘锦港荣兴港区西作业区304号油品及液体化工品泊位工程建成投产，新增港口综合通过能力280万吨。

三、铁路建设与发展

2019年，辽宁省6个在建铁路项目及2个开通项目完成投资98亿元。到2019年底，全省铁路运营里程达到6582公里（国铁6172公里、地方铁路114公里、企业铁路296公里），其中全省高铁运营里程突破2000公里，达到2026公里。

新建沈阳至白河高速铁路（简称“沈白高铁”）。该项目是《中共中央国务院关于全面振兴东北地区等老工业基地的若干意见》和《中共中央国务院关于支持东北地区深化改革创新推动高质量发展的意见》中涉及的重要项目，项目可研报告已获批，初步设计审查已完成。辽宁省政府于12月27日在抚顺市召开建设启动现场会议，标志着项目开工建设。

四、民航建设与发展

沈阳桃仙国际机场。加快推进沈阳桃仙国际机场二跑道建设，2019年7月组建了辽宁沈阳桃仙机场第二跑道建设管理有限公司，加快推进总规修编和二跑道预可研、可研编制，完成了综合交通及市政配套外网规划和规划环评招标。二跑道项目预可研报告完成民航行业评审，上报工作取得阶段性成果。

大连国际机场。终端年规划保障能力由2200万人次提升至2800万人次。加快推进西机坪扩建、围界及巡场路综合改造、平滑东段北移、T2流程优化等项目前期工作，对远机位候机厅、跑道及滑行道封层等项目进行提前谋划。新机场手续办理取得突破。新机场预可研报告行业审查意见取得民航局批复。填海工程历史遗留问题处置方案已上报自然资源部。

五、邮政建设与发展

2019年，全省邮政行业业务收入（不包括邮政储蓄银行直接营业收入）累计完成151亿元，同比增长9%；业务总量累计完成194亿元，同比增长21%。全面加强快递服务网络建设，推动交邮、邮快、快快合作，快递末端基础设施建设水平显著提升。全省城区自营标准化网点2797个，标准化率99.2%；快递末端公共服务站2399个，同比增长63.2%；铺设智能快件箱6726组，格口近70万个。

第三节 运输服务保障能力

公路运输服务。2019年，辽宁省完成公路货物运输19.2亿吨、周转量3200亿吨公里，公路旅客运输5.5亿人、周转量282.4亿人公里。在全国率先出台取消4.5吨及以下普通货运从业资格证和车辆营运证改革配套政策。推进货车检验检测"两检合一"改革，全省175家综合性能检测站累计完成综合性能检测24万辆次、异地检验检测2万辆次。持续加大"司机之家"建设力度，新建设"司机之家"项目5个，建成应用总数达到12个。

水路运输服务。2019年，全省完成水路客运量530万人、客运周转量6亿人公里，完成货运量1.2亿吨、货运周转量5027亿吨公里。水路运输服务功能布局更优化，客货运输供给能力稳步提升，有力推动了腹地经济社会和临港产业的快速发展。沿海港口已与世界160多个国家和地区建立了海上贸易往来，承担了东北地区70%以上的海运货物、80%以上的外贸运输及90%以上的集装箱外贸运输。新增三条日韩邮轮航线，为大连建设中日韩自由贸易试验区奠定了良好基础。编制印发《辽宁省交通运输推进物流降本增效工作方案》，大力发展多式联运，大连港、营口港成功创建"国家多式联运示范工程"。

铁路运输服务。2019年，全省完成铁路旅客发送量1.5亿人，同比增长5.0%，其中动车旅客发送量7416.0万人，同比上升18.6%；旅客周转量完成65526.7百万人公里，同比增加2.2%，其中动车旅客周转量完成27287.6百万人公里，同比增加12.4%。完成铁路货物发送量19359.9万吨，同比增长8.8%；铁路货运周转量12275230万吨公里，同比增长4%。铁路发货量增长2000万吨。集装箱铁路发运量93.93万TEU，同比增长16%。全年开行中欧班列161列。

民航运输服务。积极主动适应民航局"控总量、调结构"政策，全省机场实现货物吞吐量36.7万吨，旅客吞吐量4201.4万人次，沈阳、大连机场旅客吞吐量均突破2000万人次。沈阳桃仙国际机场正式跻身国内大型繁忙机场行列，新增、恢复国际通航城市5个，旅客吞吐量全国排名提升至22位，货邮吞吐量全国排名提升至17位。大连国际机场新增札幌、北九州定期航班，加密了大阪、名古屋航线，恢复至仙台航线。全年出港航班正常率为83.95%，位列全球大中型机场第9位，成为中国最准点大型机场。

邮政运输服务。2019年，全省邮政行业完成快递业务量7.8亿件，同比增长19%，服务满意度继续保持优秀水平，全省建制村直接通邮率继续保持100%。推培育快递服务现代农业项目19个，其中全国金牌项目1个，实现业务收入8.68亿元，拉动农村就业人口1.2万人，有效帮助贫困地区实现精准脱贫目标。严格按照法规标准开展许可审批、核查等工作，实现全流程网上办理许可审批。

第四节 行业治理体系建设

一、积极做好交通运输综合行政执法改革

按照中央文件精神和省委工作安排，制定印发全省交通运输综合行政执法改革实施意见，成立领导小组和4个专项工作组，推动全省综合行政执法改革尽快落实落地。在40天内完成了人员、资产和职责划转，整合组建市县两级执法队伍，9个执法门类、6000余名执法人员平稳下放各市。

二、加强法治政府部门建设

辽宁省制定了《2019年全省交通运输法制工作要点》和《辽宁省交通运输厅关于加强法治政府建设若干意见》，确定了全省交通运输系统法制工作重点，推进厅机关、所属事业单位及工作人员法治政府建设职责落实。起草完成了《辽宁省人民代表大会常务委员会关于防止侵害公共交通驾驶员的决定》，2019年7月30日经省第十三届人大常委会第十二次会议通过，自2019年9月1日起执行，为保护公共交通驾驶员合法权益提供保障。

三、规范行政权力运行

加快政务服务标准化建设，完善全省统一的《政务服务事项目录》和《政务服务办事指南》，形成了交通运输厅《权责清单》《中介服务事项清单》《行政处罚和行政检查事项清单》《行政许可事项目录》《政务服务事项目录》《工商登记前置审批事项目录》《政务服务办事指南》等行政职权运行体系。

第五节　科技创新

围绕辽宁省交通运输重点工作任务，按照"政府引导、企业主体、市场主导"的原则，组织科技项目计划立项26项，继续实施结转科技项目29项，完成了"中小跨径钢混组合桥梁关键技术研究及工程示范"等科技攻关项目验收13项，获省科学技术进步奖4项，中国公路学会科学技术奖2项，中国交通运输协会科学技术奖6项。支持中车大连公司成功申报轨道交通装备新能源及节能减排技术应用交通运输行业研发中心，交通运输部首个绿色节能技术研发中心落户辽宁，成为我国轨道交通装备领域唯一一家以绿色节能技术研发为核心的国家部委级科技创新平台。

持续完善网络安全和信息化管理机制，修订了《辽宁省交通运输厅网络安全事件应急预案》。编制完成了《辽宁省交通运输政务信息资源目录编制指南》，颁布了2019版辽宁省交通运输政务信息资源目录。开展全厅网络安全检查，完成等保备案系统74个，排除高中风险安全隐患174个。组织开展网络安全突发事件应急演练，落实重要节点网络安全保卫工作要求，保证了系统安全稳定运行。推进智慧交通建设，集成应用云计算、大数据、区块链等技术，完成大连港"壹港通"智慧物流跨界服务大平台智慧港口示范工程建设，推动港口从单纯的装卸运输服务向复合港口供应链服务转变。

积极参与交通行业标准体系制定工作，完成了交通运输部交办的93项标准规范意见征求工作。协调交通运输部有关部门完成《公路冬季养护技术规范》等2项行业标准立项，协调省市场监督局完成《水泥稳定钢尾渣碎石基层施工规范》等3项地方标准立项。完成《水运工程混凝土结构冲击弹性波法检测技术规程》等地方标准验收5项。

第六节　安全与应急

一、安全生产工作

制定了贯彻落实《辽宁省党政领导干部安全生产责任制实施细则》的实施意见和《辽宁省交通运输厅安全生产权力和责任清单》等文件，明确了各级交通运输主管部门及其行业管理机构安全生产监督管理职责。制定了全省道路水路运输、城市公交和轨道交通、公路水路运营与建设等领域19项安全生产重大风险清单，督促全省65家港口危险货物作业企业、992家危险货物运输企业严格进行风险辨识评估，纳入风险管控"一张图一张表"。

二、工程质量监督

扎实推进公路水运品质工程建设，制发《辽宁省公路水运品质工程示范创建工作实施方案》，组织品质工程示范创建工作，6 个项目被评为省级品质示范工程，33 个试点项目开展品质工程提升行动。组织开展京哈高速公路维修项目、全省水运工程和在建干线公路桥隧工程等质量安全检查活动，进一步规范工程建设行为，推动全省工程建设质量和安全管理水平进一步提升。扎实做好全省公路水路工程试验检测机构等级评定的监督管理工作，完成 26 家试验室的资质复审、7 家新增试验室的资质审批，配合交通运输部完成全部 5 家甲级试验室的资质复审工作。

三、应急管理工作

根据机构改革调整后职能，及时修订编制《辽宁公路水路重特大突发事件应急预案》和《辽宁省交通运输综合应急预案》，更新了全省交通运输系统应急资源数据，准确掌握系统应急救援队伍和物资装备等资源情况。指导开展了虎跃快客突发事件道路运输指挥调度、丹东港口火灾救援等演练活动，进一步提高了应急队伍处置突发事件能力。切实做好应急值守和信息报送工作，指派专人负责，加强突发事件应急信息的收集、整理和报告。积极做好防灾减灾相关工作，配合省减灾委做好全省灾害风险调查和重点隐患排查工作。制发了《关于提高交通运输行业自然灾害防治能力的指导意见》，明确了 4 个方面共 12 项自然灾害风险防范工作任务，指导行业提高自然灾害防治能力。

第七节　交流与合作

一、承办科研平台联席会议

成功举办全国交通运输行业重点科研平台主任联席会议，邀请了部科技司领导、知名专家、行业重点科研平台代表、知名科技创新企业代表 400 余人出席会议，总结和交流了交通行业科技创新工作经验，研究部署今后一个时期行业重点科研平台发展的任务。

二、开展技术培训交流及科普工作

通过组织科技成果技术交流会等形式，面向交通行业技术和管理人员开展桥梁养护、土壤固化剂等新技术交流培训 6 次。组织收看交通运输部科技大讲堂 4 次，180 余人参加。积极响应交通运输部和省政府要求，依托交通运输行业重点科研平台，组织东北大学等高校 200 余人参加了 2019 年交通运输科技活动周活动，接待大连理工大学 90 余人次的参观实习。

三、加强科技创新外部合作

围绕行业研究领域和需求，与部科研院、同济大学、哈尔滨工业大学、长安大学、大连海事大学和华为公司、阿里巴巴等科研院所、高校企业开展业务合作与技术交流，分享科技成果，共同探讨科研方向及内容。

吉林

第一节　整体概况

2019 年，全省公路总里程达到 106660 公里，等级公路 101967 公里，占总里程的 95.6％。全省公路密度为 56.92 公里 / 百平方公里。所有乡镇和建制村 100% 实现通达通畅。全省交通运输基础设施完成投入 301.8 亿元，同比增长 16.2%。全省公路养护投入 20 亿元，其中：高速公路投入 7 亿元，普通公路投入 13 亿元。全省通行费征收 46.82 亿元，其中：高速公路通行费征收 42.59 亿元，普通公路通行费征收 4.23 亿元。全省通航里程为 1621.06 公里，其中，三级航道 128.5 公里、四级航道 251.37 公里、五级航道 730 公里、六级航道 312.42 公里、七级航道 123.65 公里、七级以下航道 75.12 公里。全省有营业性汽车 21.54 万辆（不含出租车、公交车及 4.5 吨及以下货车），其中，载客汽车 1.33 万辆，载货汽车 20.21 万辆。完成营业性公路客运量 22881 万人次、旅客周转量 148.59 亿人公里，完成营业性公路货运量 37217 万吨、货物周转量 1262.77 亿吨公里。

第二节　综合交通基础设施建设

一、高速公路

全年新改建 10 个项目 1307 公里，完成高速公路建设投资 209 亿元，同比增长 4.6%；伊通至开原、集安至通化、榆树至松原、珲乌高速公路吉林至机场改扩建项目建成通车，新增通车里程 284 公里，全省高速公路通车总里程达到 3584 公里。完成取消高速公路省界收费站工作，共建设 468 个 ETC 门架系统，改造 434 条 ETC 车道，拆除 12 个省界收费站，安装 182 套称重检测系统，有 348.4 万辆汽车使用 ETC。

二、干线公路

普通国省干线公路建设完成投资 26.1 亿元，占年度计划的 100%，共建设 21 个项目 502.6 公里，其中，建成国道珲阿公路敦化至威虎岭等 6 个项目 119.1 公里，新开工国道嘉临公路江源至靖宇等 5 个项目 106.3 公里和 3 个平改立项目。完成普通国省干线公路养护投资 13 亿元，改建大中修工程 54.8 公里，新改建服务区和停车区 18 处，完成标线恢复工程 1642 公里，完成国家公路网命名编号调整 6304 公里，新（改）建标志 2519 块。

三、农村公路

全省完成“四好农村路”建设投资 22.7 亿元，占年度目标的 124%，新改建农村公路 1589.9 公里，实施危桥改造 102 座、安防工程 2530.3 公里。临江市、梅河口市、磐石市获得全国“四好农村路”示范县称号。完成“畅返不畅”整治任务，投资 40.8 亿元，整治“畅返不畅”路段 14162 公里，全省90个乡（镇）、4109个建制村农村公路恢复通畅。交通脱贫投资5.7亿元，建设贫困地区国省干线公路69.3公里；投资9.7亿元，新改建农村公路594公里，实施农村公路危桥改造27座，安防工程793公里。

四、交通枢纽与航道养护

2019年，客运基础设施完成总投资1.85亿元，新改建客运站项目28个、补助安全设备、农村候车亭等。全省共有等级客运站555个。其中，一级客运站25个，二级客运站49个，三级客运站33个，四级客运站64个，五级客运站384个。全省共有候车亭1672个，站牌176个。

2019年，累计巡护航道里程25471公里，完成了180公里重点航道助航标志维护工作，布设航标107座，船舶行驶里程16161公里，累计维护航标17246座天，维护正常率99%以上。

第三节　运输服务保障能力

一、公路客运服务

2019年，全省运行客运班线5575条，线路平均日发班次2.66万班次/日，其中，开通高速公路线路226条，高速公路线路平均日发班次665.1班次/日。

全省首条省际定制客运专线开通。6月11日，通化至沈阳省际定制客运专线开通，专线实行统一车型、统一服务标准、统一票价、统一结算、统一管理的“五统一”管理模式，提供客运站内售票窗口、自助终端和Bus365（通化）、兴途App（沈阳）三种购票方式，满足了旅客个性化、多样化、高效化出行需求。

全省首条城际公交线路开通。6月20日，白山至通化城际公交开通，该线路投入纯电动公交车14辆，全程58公里，单程运行时间约为1小时，班线实行白山、通化两端同时对发（始发），循环排班发车，发车间隔时间平均20分钟。

全省农村客运乘车环境持续改善。全省投入运营的农村客运车辆5579辆、14.9万客位，其中高级客1652辆、5.4万客位；现有农村客运站（含简易站、招呼站）1866个，开通农村客运线路3588条，年平均日发班次1.79万班次/日；2019年，全省完成农村客运线路公交化改造15条，建制村客车通车率达到100%。

鼓励运输与旅游业融合发展。省交通运输厅、省文化和旅游厅联合印发《2019年促进交通运输与旅游业融合发展实施方案》，鼓励开通城市、机场、车站等直达旅游目的地的旅游专线，指导各地加快旅游专线许可办理流程。

全省首家高速服务区房车营地投入运营。吉林至延吉高速公路江密峰服务区房车营地占地9480平方米，为广大旅客准备了10个房车停车位，配备了10套水、电桩，可以为房车提供用水和电力补给等服务。

全省建设“司机之家”6个，其中高速服务区类型“司机之家”1个，物流园区类型“司机之家”5个，分布于长春、吉林、四平、白山等地，总计占地面积55.5万平方米，建筑面积20.5万平方米，提供餐座位约2000个，住宿床位约1100个。

二、城市公共交通运输服务

2019年，全省共有公共汽电车12730台，营运线路1265条，营运线路总长20926公里，营运里程66152.8万公里，年客运量161688.3万人次；设有公交专用车道244.4公里，综合客运枢纽3个，公共汽电车停保场118.2万平方米；经营业户123户，其中国有企业18户，国有控股企业5户，私营企业92户，个体经营业户2户。

全省共有出租汽车70846辆，其中个体车辆34107辆，载客车次总数99175.1万车次，客运量182689.1万人次，营运里程730221.5万公里；出租汽车经营业户34374户，其中车辆301辆以上的企业39户，车辆101～300辆的企业46户，车辆51～100辆的企业58户，车辆50辆以下的企业124户，个体经营业户34107户。

全省有轨道交通运营线路7条，分别为地铁线路2条（长春地铁1号线、2号线），轻轨线路3条（长春轻轨3、4、8号线），有轨电车线路2条（长春有轨电车54、55路）；全省拥有轨道客车848辆，其中地铁264辆，轻轨537辆，有轨电车47辆，线路总长度达到117.6公里，年客运量21761.6万人次，旅客周转量131002.2万人公里，最高日客运量93.8万人次，正点率99.7%，运行图兑现率99.99%。

三、公路货运服务

2019年，全省加速推进运输结构调整，省交通运输厅印发《吉林省道路运输行业运输结构调整三年行动实施方案》，组织省内146家企业与铁路部门签订运输合作协议，全年完成铁路货运量5885万吨，比2018年增加515万吨。开通长春至北京“高铁极速达”快递班列，累计发车798班次，运送快件3.5万件。省内吉高物流等4家企业开展无车承运业务，34家甩挂运输试点企业加入甩挂运输联盟。经省政府同意，明确建立由省交通运输厅、省发改委等14个部门参加的吉林省道路货运行业转型升级促进高质量发展联席会议制度。

四、国际道路运输

2019年，全省从事国际道路运输的经营业户共有43户，其中，旅客运输经营业户4户，货物运输经营业户38户，客货运输兼营经营业户1户；投入从事国际道路运输的载客汽车60辆，载货汽车916辆；开通国际道路运输客运线路10条，货运线路14条。年内通过全省边境口岸完成国际道路运输客运量42.5万人次，旅客周转量5035万人公里；货运量32.4万吨，货物周转量1498.5万吨公里。2019年1月1日《中华人民共和国政府与俄罗斯联邦政府国际道路运输协定》正式实施，中俄国际道路运输开放范围扩大至双方全境，并且不定期旅客运输与国际道路运输普通货物运输不再受线路限制。经珲春公路口岸进口运输俄罗斯液化石油气试运输顺利进行，自4月试运输开展以来，入境危险品运输车辆80台次，液化石油气1580吨。

五、水路运输

2019年，全省拥有营业性运输船305艘（包含机动船、驳船），总功率2.7万千瓦，净载重量1.6万吨，载客量1万客位。完成营业性水路客运量94.4万人次、旅客周转量1433.4万人公里、货运量14.4万吨、货物周转量576万吨公里。全年巡护航道里程25471公里；完成180公里重点航道助航标志维护工作，布设航标107座，船舶行驶里程17903公里，累计维护航标17246座天，维护正常率达到99%。“界河航标更新及松花江助航标志采购项目”“第二松花江松花湖库区助航标志建设工程”“航道测量控制点标志设立工程”“航道宣传牌功能改造工程”通过竣工验收。

加强鸭绿江通航水域联合巡航。9月16—19日，吉林省地方海事局与辽宁省海事局在鸭绿江通航水域开展联合巡航工作，针对渡船与排筏安全管理、内河航运企业安全主体责任落实、水上搜救应急装备建设和界河管理协作等相关情况进行了深入的探讨。

完成渔业船舶检验职责交接工作。4月24日，吉林省交通运输厅与吉林省农业农村厅联合发布《关于加强机构改革过渡期渔船检验和监督管理工作的通知》。5月7日，省地方海事局与省渔政渔港监督管理站召开渔业船舶检验职责移交会，将吉林省渔政渔港监督管理站、中华人民共和国吉林省图们江边境渔政渔港监督管理站、中华人民共和国云峰水库边境渔政渔港监督管理站等3个事业单位的渔船检验的职责、渔业船舶检验基础资料及档案正式移交省地方海事局。

六、邮政快递

2019年，全省建成快递园区6个，在建5个，占地面积180万平方米，入驻企业31家，实现集聚发展。全省建立快递末端公共服务站251个，同比增长79.2%；布放智能快件箱1707组，同比增长22.9%。全省累计建成村邮站8895个，2885个村实现直投到户，建制村通邮率、通邮频次、深度达标率均达到100%。农村地区公共取送点达266个，快递服务实现乡镇全覆盖。

第四节　行业治理体系建设

深化交通运输综合行政执法改革。完成交通运输权力清单修订，经过调整，现有权力事项共计209项，经省政府审议通过。全面实现“双随机一公开”监管，对录入国家企业信用信息公示系统数据进行了调整和更新，调整后，省交通运输厅随机抽查事项有14项，检查人员名录库中涉及交通运输执法人员160人，检查对象名录库中涉及交通运输部门检查对象931家。加强行政执法监督，建立协同管理机制，联合公安部门、信用主管部门建立长效管理机制，依托“互联网＋道路运政服务系统”，对运输企业和驾驶员实行“黑、橙、黄、绿”四色分级分类管理，采集道路运输经营业户、从业人员、车辆等信息，公示信用状况，并与全国交通运输信用信息共享平台、信用吉林网站实现信息共享。

加强公路治超工作。全省确定、公示重点货运源头企业286家，会同省交警总队集中约谈运输车企业，督促规范装载运输行为。与省公安交警总队联合开展车辆超限超载运输集中治理专项行动，全年共检测车辆151.9万台次，卸载货物25.3万吨，持续保持治超高压态势。同时，重点针对超限车辆不主动入站接受检测等问题，启动46套车辆引导电子抓拍系统建设。

第五节　科技创新

吉林省鹤大高速公路小沟岭至抚松段工程荣获2018—2019年度中国建设工程鲁班奖（国家优质工程），该项目被交通运输部确定为“资源节约循环利用科技示范”和“绿色循环低碳主题项目”的“双示范”工程，并以交工验收97.98分创造了吉林省高速公路建设史上最高评分纪录；吉林省交通规划设计院与吉林省高速公路集团有限公司共同研发的“基于BIM技术的高速公路建设管理平台”项目获中国公路学会“交通BIM工程创新奖”二等奖；吉林省交通规划设计院设计的同江至三亚国道主干线长春至珲春支线江密峰至延吉高速公路、鹤岗至大连高速公路小沟岭至抚松段，参与设计的济青高速公路南线工程等项目被中国勘察设计协会授予“新中国成立70周年62项公路交通勘察设计经典工程”；吉林省交通规划设计院和中国中铁股份有限公司、吉林省高速公路集团有限公司联合申报的“基于BIM技术的高速公路建设管理应用”荣获吉林省第一届建设工程BIM大赛一等奖；吉林省交通规划设计院研发的“基于BIM技术的高速公路建设管理平台”荣获中国勘察设计协会第十届“创新杯”BIM应用大赛拓展应用类BIM应用二等奖；吉林省交通规划设计院“BIM技术在双辽至洮南高速公路工程全生命周期中的应用”荣获中建协“第四届中国建设工程 BIM 大赛”二等奖；吉林省交通科学研究所编制的吉林省地方标准《公路工程火山灰材料应用技术指南》《沥青路面热再生技术规范》分别获吉林省人民政府颁发的第四届吉林省标准创新贡献一等奖和二等奖；省交通科学研究所承担的鹤大高速小沟岭至抚松段施工图设计项目获中国勘察设计协会“新中国成立 70 周年 62 项公路交通勘察设计经典工程”荣誉称号。

第六节　安全与应急

吉林省圆满完成了交通运输部确定的“平安交通”安全体系建设试点工作。该试点研究和建设成果通过了由应急管理部、中国公路学会、交通运输部公路科学研究院、北京工业大学和北京市道路工程质量监督站等单位专家的评审。2014 年，吉林省成为交通运输部确定的“平安交通”安全体系建设试点唯一省级试点。经过 5 年的研究和试点运用，构建了省级“平安交通”安全体系框架结构，提出了建设安全体系的目标、路径和方法，摸索出“平安交通”安全体系建设“五步走”（调查研究、清单管理、规范管理、监督管理和指数管理）模式，总结提出了交通运输安全生产免责条件定律，建立了安全生产管理能力成熟度评估模型，为推动行业进一步落实安全责任、履行安全职责提供了理论基础。

全省累计完成行业应急演练 121 次。其中，道路危险货物运输事故应急演练、查干湖水上综合搜救演习、吉草高速消防和扫黑除恶应急处置综合应急演练、松通现场支架坍塌和交通事故联合应急演练以及龙蒲高速防洪防汛综合应急演练等五项规模型的应急演练活动涵盖了行业突发事件，贴近实战，效果明显，起到了示范引领作用。在抗击“利奇马”“罗莎”和“玲玲”3 次台风中，全省各级公路管理部门共完成 126 条 199 处阻断的抢险任务和 5148 处水毁路段抢通保畅任务，全省未发生公路阻断事件；各级公路管理部门全年共实施 9 次大暴雪紧急除雪防滑抢险，及时打通雪阻公路，确保了公路畅通安全。

“互联网 + 质量安全”信息化系统已在全省 8 个高速公路建设项目全面开始试点应用，实现对公路工程建设过程中安全与质量监管全过程可追溯。全省公路水路行业双重预防机制信息化管理平台已在道路旅客运输、城市公交和工程建设施工领域完成应用测试。联网联控系统较好地实现了对全省班线客车、旅游包车和危货车辆的动态监控。

第七节　合作与交流

3 月 27—29 日，省交通运输厅及相关单位参加了交通运输部赴珲春调研中俄自动驾驶技术合作工作，并与省工业和信息化厅、商务厅、一汽集团、轨道客车、北斗公司等单位代表进行座谈交流。

6 月 6 日，吉林省交通科学研究所与浙江交通运输科研院共同签订在重点科技项目联合攻关、科技成果互为转化应用、行业标准制定与推广、行业重点实验室和研发中心建设、科技创新团队协同等方面的合作框架协议，搭建省际间交通科技交流平台。

10 月 21—27 日，中朝国境河流航运合作委员会第 53 次会议在长春召开，省交通运输厅及相关部门参加会议，双方签订了《中朝国境河流航运合作委员会第 53 次会议协议书》，双方确认了吉林省多个航道建设养护项目。

黑龙江

第一节　整体概况

2019年，黑龙江省交通运输系统以习近平新时代中国特色社会主义思想为指导，全面贯彻落实党中央、国务院和省委省政府、交通运输部的各项工作部署，坚持稳中求进工作总基调，坚持新发展理念，以推动龙江交通运输高质量发展为主题，以全面深化行业改革为动力，着力落实“巩固、增强、提升、畅通”八字方针，加快建设发展，提升管理服务，强化自身建设，大力构建安全、便捷、高效、绿色、经济的现代综合交通运输体系，为龙江全面振兴、全方位振兴提供了有力支撑。

一年来，坚决落实省委省政府决策部署，抓项目、抓投资，实现了开工、建设、投资“加速度”，交通“百大项目”、公路水路建设双双提前超额完成省、部下达的年度投资任务，全年综合交通基础设施完成投资410亿元，创近年来新高。坚持把打赢脱贫攻坚作为头号政治任务和第一民生工程，向贫困地区精准施策、精准发力，提前完成交通扶贫“两通”兜底目标。主动服务国家和省重大战略，加快推进对外互联互通，黑河大桥历经28年会谈、3年建设，实现了合龙和交工，取得了交通运输服务对外开放的新突破。坚决落实党中央国务院重大决策部署，克服困难、务实苦干，夺取了取消高速公路省界收费站任务的全面胜利。坚决落实交通强国战略，全面启动《全省综合立体交通网规划》和《全省交通运输“十四五”规划》编制工作。牢固树立以人民为中心的思想，聚力效能提高，转变工作作风、优化发展环境，强化综合治理能力，交通运输服务保障能力持续提升。认真贯彻国家和省关于深化机构改革的部署要求，全省交通运输机构实现了整体性、革命性的重塑，迈出了综合交通运输建设发展的历史性步伐，为推进全省交通运输高质量发展提供了体制机制保障。

截至2019年底，全省公路总里程168710公里，二级以上公路19911公里，其中高速公路4512公里、一级公路3038公里、二级公路12361公里、三级公路34028公里、四级公路91027公里、等外公路23744公里；全省1105个乡镇全部实现通畅，通畅率100%，11107个行政村11038通畅，通畅率99.4%。全省铁路线路85条，其中客运专线3条，干线23条，支线12条、联络线46条，运营里程6030.595公里，铁路正线延展长度9048.239公里。全省机场13个，通航城市121个，航线245条，其中国内航线225条、国际航线19条，特殊管理地区航线3条。

第二节　综合交通基础设施建设

聚焦抓项目、补短板、扩投资，积极发挥交通运输先行官作用，以交通“百大项目”为抓手，抓项目、抓前期、抓开工、抓进度、抓保障，全力扩大有效投资，助力全省经济社会发展。一是公路水路完成投资229亿元，同比增长35%，提前超额完成交通运输部下达的目标任务。高速公路开工建设京哈高速“四改八”、绥满高速大庆过境段等5项403公里。普通国省道开工建235公里、续建1964公里，交工一二级公路项目974公里，是“十三五”时期以来最多的一年。农村公路交工5509公里。水运实施界河航道维护管理船舶建造22艘、完工9艘。二是铁路完成投资145亿元，建设牡佳高速铁路、佳鹤铁路改造工程、绥化铁路专用线、大庆铁路专用线等项目。三是民航完成投资36亿元，实施哈尔滨机场本期扩建工程及4个支线、通用机场项目，完成哈尔滨机场二期扩建前期工程，经验做法得到省政府主要领导肯定并转发全省。

第三节　运输服务保障能力

聚焦优服务、提效能、重落实，持续提升交通运输服务保障能力。

大力推进“交旅融合”发展。编制《交通旅游融合发展专项规划》，启动2600公里“醉美龙江331边防路”建设，国务院领导给予批示。建设景区连接公路800公里，交工50座普通国省道服务区，新建交通标志4000架、更换标志板2700块、新建路侧护栏2.2万延米，增设通往AAA级及以上旅游区指引标志，有力服务了旅游强省战略。

全面完成取消高速公路省界收费站改革任务，完成420套ETC门架建设、5座省界收费站拆除、1070条ETC车道改造、193套入口称重检测设施建设任务。克服诸多困难，完成ETC发行422万户，为总任务的109%，累计发行进度全国排名第九。全省高速公路正式并入全国网，开启ETC时代。

持续提高综合运输服务水平。全年公路、铁路、水路完成货运量分别为3.8亿吨、1.2亿吨、0.1亿吨，分别下降12.4%、增长8.6%、下降12.3%；快递业务量完成3.5亿件，增长16.3%。公路、铁路、民航、水路完成客运量分别为1.8亿人、1.1亿人0.3亿人、316万人，分别下降12.2%、增长6.7%、2.6%、3.1%。扎实推进公交发展，哈尔滨通过交通运输部公交都市验收考核，牡丹江公交都市创建工作稳步推进。全省累计发行“一卡通”卡片114万张，5个市（地）实现互联互通。建成雪乡、五大连池等23个铁路无轨站，超计划28%。启动城际道路旅客运输公交化改造试点，完成21条农村客运班线公交化改造。全省绿色通道、重大节假日累计免收通行费1.2亿元和2.8亿元，惠及车辆886万台次，有效服务和保障了重点物资流通。

第四节　行业治理体系建设

聚焦转作风、强管理、优环境，不断提升行业治理治理能力。

一、法制政府部门建设持续深化

开展“会前学法”、专题法制教育、宪法宣传周活动，强化法制意识。推动修改地方性法规3件。开展规范性文件集中清理，废止15件、修改1件。严格规范行政执法行为，推行行政执法三项制度，推进“双随机、一公开”“互联网+监管”。认真落实关于解决形式主义突出问题为基层减负的部署要求，厅印发各类文件、召开大型会议同比分别减少45%、42%。

二、持续深化“放管服”改革

严格落实权责清单，推动取消行政权力事项19项、删除12项、下放1项、属地化管理27项。承接国家下放的8项行政许可，抓好纳入“证照分离”改革试点的36项交通运输涉企许可事项落实。

三、着力优化营商环境

印发《重塑营商新环境任务实施方案》《“办事不求人”工作实施方案》，重新梳理和编制了行业行政许可目录。制定《“信用交通·黑龙江”建设指标体系（2019版）》，归集整合行业信用信息520万条，完成1500多家交通运输从业企业信用评价，推进落实行政许可和处罚信用信息公示、信用承诺制度。“12328”服务监督平台全年受理电话业务21.4万件、发送短信270万人次、微信关注22万人次，荣获“全国交通运输行业文明示范窗口”。

四、积极开展行业专项整治

深入推进扫黑除恶专项斗争，认真开展问题线索排查，完成中央督导组交办事项核查，抓好反馈意见整改落实。组织开展非法营运、偷逃通行费、公路治超等重点领域专项整治。

第五节　科技创新

聚焦重科技、抓创新、强支撑，扎实推进智慧绿色交通建设。一是智慧交通发展水平稳步提升。旅游交通网正式投入使用，满足了游客售票、约车、旅游出行等一站式综合服务需求。完成县级视频会议、治超不停车检测、治超站监控等系统建设。二是积极推进新技术研发和应用。加强技术研究和应用，5项科研成果达到国内领先水平、1项获交通运输协会科技进步二等奖、1项获省科技进步三等奖。在黑龙江上游安装智能化航标灯256盏，实现航标遥测遥控225公里。三是绿色交通发展不断深化。积极推进绿色公路、航道、港口建设，黑龙江省第一条交通运输部绿色公路典型示范工程吉东项目进展顺利。组织开展行业“节能周”“绿色出行月”等活动。

第六节　安全与应急

聚焦抓安全、保稳定、守底线，全系统安全稳定形势保持总体稳定。全年交通运输行业未发生重特大事故，全省港口码头和公路水运施工领域未发生安全生产亡人事故，道路运输事故死亡和受伤人数同比分别下降53%和20%。新中国成立70周年、全国两会等重要敏感时段行业安全平稳有序。

强化责任落实，全力抓好道路运输、水路运输、基础设施管养、施工建设和人员密集场所管控。

强化安全整治，先后组织完成全省公路隧道提质升级行动、提升公路桥梁安全防护和连续长陡下坡路段安全通行能力专项行动、农村公路平交路口“千灯万带”示范工程、重点旅游公路安全隐患排查和整改等工作。

强化督导检查，持续开展安全生产重点领域、行业消防安全、危化品运输专项整治，发现各类问题隐患5056个，整改率达98%以上。

强化教育培训，全系统有100多万从业人员参加各类安全教育培训，提升了安全工作能力水平，促进了企业安全生产主体责任落实。

强化应急保障，全系统时刻高度戒备、充分准备、闻令而动，圆满完成除雪保通、运输保障，应对突发险情、极端天气和自然灾害各项任务，做到了召之即来、战之能胜。

第七节　合作和交流

聚焦抓外联、强协作，保畅通，积极服务对俄延边开发开放。一是加快推进跨境基础设施互联互通，黑河大桥交工具备通车条件，同江铁路大桥主体工程完工，黑河索道实现开工，提升了服务“一带一路”区位优势。二是积极推进国际运输发展，哈欧、哈俄班列开通运营，《国际公路运输公约》在绥芬河、密山口岸落地实施。三是开展中俄口岸国际道路危险货物运输试点。推动中方运输车辆轻量化，提高市场占有比例。四是组织召开中俄航联委第60次工作例会，认真开展界河联检任务，切实维护国家事权。

上海

第一节　整体概况

2019 年，上海交通行业以习近平新时代中国特色社会主义思想为指导，全面贯彻落实党的十九大及十九届二中、三中、四中全会精神，深入贯彻落实习近平总书记考察上海重要讲话精神，认真贯彻落实市委、市政府的决策部署，坚持稳中求进工作总基调，贯彻新发展理念，按照高质量发展要求，围绕"交通强国""长三角区域一体化发展"国家战略，以落实综合交通和上海国际航运中心"十三五"规划为主线，以提高综合交通运输网络效率为核心，长三角交通更高质量一体化发展稳步推进，规划体系加快完善，交通强国建设加快推进，上海成功获评第二批试点单位。第二届进博会交通保障任务圆满完成。上海国际航运中心建设取得实质性突破。加大改革创新力度，继续完善和提升一体化综合交通体系，服务上海城市能级和核心竞争力提升，以实干实效庆祝新中国成立 70 周年，完成了全年各项工作目标。

第二节　综合交通基础设施建设

一、规划体系加快完善

落实国家战略，推进相关专项工作，开展《综合交通"十四五"规划》《上海综合立体交通网规划》《长三角生态绿色一体化发展示范区综合交通专项规划》等规划研究，上海市内河港区布局规划修编，浦东国际机场总体规划修编已正式上报审批。上报小洋山北侧规划方案和沈家湾作业区规划调整方案。

新一轮《上海市交通发展白皮书》编制工作有序开展。第六次综合交通调查工作正式启动。

2019 年 9 月，国家铁路集团和上海市政府联合批复了《上海铁路枢纽总图规划（2016—2030 年）》，总图规划作为上海铁路发展的总蓝图和纲领性文件，将指引今后上海铁路更高质量规划建设和发展。

二、重大工程建设稳步推进

2019 年，上海市重大交通工程年度投资 584.4 亿元，完成全年计划 124%。全力推进 52 项市重大交通工程项目。

机场方面，3 月 27 日，浦东机场 1 号航站楼 6 米层中转厅全面启用。标志着可以高效便捷地实现三种旅客中转模式。9 月 16 日，浦东机场卫星厅和捷运系统正式启用。浦东机场航班靠桥率从 50% 提升至 90%，商业、餐饮、免税等配套设施面积均大幅提升，旅客体验提升显著。旅客捷运系统是国内首个完全自主研发的捷运系统，所采取的钢轮钢轨 A 型车技术，是国际上首次将地铁 A 型车应用于机场空侧的交通新模式。

铁路方面，沪通铁路一期上海段基本完工。12 月 15 日，沪通铁路二期太仓至四团段工程开工，本次率先开工的项目为吴淞口长江隧道越江段及外高桥集装箱作业站。

港口及航道方面，吴淞邮轮码头后续工程通过竣工验收；平申线G1503泖港大桥建成通车；赵家沟东段航道整治工程桥梁建成通车；大治河西枢纽新建二线船闸完成交工验收；长湖申线航道完成建设。

路网建设方面，G228奉贤段一期、G320金山段一期建成通车。省界断头路8个项目有序推进，城北路结构贯通。加快农村公路建设，建成26条共34.7公里，开工建设16条，推进建设32条，完成177项农村公路提档升级项目。

邮政方面，全年共实施79处网点的装修改造立项工作。

第三节　运输服务保障能力

一、概况

海港方面：已成为中国大陆集装箱航线最多、航班最密、覆盖面最广的世界一流海洋港口；已建成海港码头泊位1075个，海港码头长度107.04公里，货物年通过能力5.50亿吨；截至2019年底，上海港集装箱吞吐量连续10年保持世界第一。货物吞吐量位列全球第二。

航空方面，上海成功构建国内首个"一市两场"城市机场体系，拥有2个机场、4座航站楼、1个卫星厅、7条跑道、5个货运区，客货设计保障能力1.2亿人次、520万吨。上海机场旅客运输量连续位居全球城市第四，货邮吞吐量连续十二年位居全球第三。在上海两大机场运营的航空公司总共有108家，开通定期客货运航班共直飞全球314个航点，其中，通航国家51个、国际通航点142个，国内通航点172个。

铁路方面，上海市铁路营业里程466.5公里，其中高铁里程148.0公里，上海市铁路平均密度740.5公里/万平方公里、高铁平均密度234.8公里/万平方公里。拥有京沪、沪昆2个方向5条通道，形成了上海站、上海南站、上海虹桥站为主和上海西站、安亭北站、松江站为辅的"三主三辅"铁路客运枢纽布局。拥有南翔、新桥"一主一辅"两个编组站；桃浦、北郊、何家湾、杨浦、杨行、闵行、芦潮港、松江等8个主要货运站。2019年12月13日，上海局集团公司完成年旅客发送量7亿人次，为中国铁路（18个铁路局集团公司）第一个年旅客发送量突破7亿人次的铁路局集团公司。

二、客运

全年铁路旅客发送量11723万人，同比增长4.9%；公路客运量3167万人，同比增长0.5%；水路客运量115万人，同比下降27.2%；民航客运量6121万人，同比增长3.4%。接待国际邮轮靠泊259艘次，同比下降36.2%，邮轮旅客吞吐量189.3万人次，同比下降31.2%。

三、货运

全年全社会货物运输量完成10.96亿吨，同比增长2.1%，其中铁路货运量471.8万吨，同比增长0.7%；公路货运量3.87亿吨，同比下降2.1%；水路货运量6.99亿吨，同比增长4.6%；航空货运量405.7万吨，同比下降2.8%。全港货物吞吐量完成7.20亿吨，同比下降1.4%，其中内贸货物吞吐量3.24亿吨，同比下降1.4%；外贸货物完成3.96亿吨，同比下降1.4%。集装箱吞吐量4330.3万TEU，同比增长3.1%。全市快递服务企业业务量累计完成31.3亿件，同比下降10.1%；业务收入累计完成1288.8亿元，同比增长26.3%。

四、国际航运中心加快建设

全面巩固国际集装箱第一大港地位，集装箱

吞吐量、港口连接度保持全球首位。高端航运服务功能进一步提升，上海国际海员服务中心开业，德国物流联盟上海代表处等一批功能性机构落户上海。发布全球班轮准班率指数。航运保险业务稳健发展，上海船舶和货运险年保费收入 43.7 亿元，全国占比达 23.5%，其中船舶险全国占比 42.8%，国际市场份额仅次于伦敦和新加坡。吴淞口国际邮轮港具备四船同靠设施能力，成为亚洲第一、全球第四邮轮母港。上海刷新亚洲邮轮港单日接待旅客之最。8 月 6 日，上海获批创建中国首个邮轮旅游发展示范区。两机场全年实现航班起降 78.48 万架次，旅客吞吐量 1.22 亿人次，货邮吞吐量 405.78 万吨。其中，出入境旅客吞吐量 4193.44 万人次，出入境货邮吞吐量 332.70 万吨，分别占我国境内民航机场总量的 25.08% 和 44.95%，保持境内第一航空口岸地位。基地设在上海的运输航空公司有 9 家。东航在浦东机场全面实施通程联运，提升枢纽中转能级。浦东机场形成国际三大集成商 UPS、DHL、FedEx 和顺丰等新型承运人集聚发展格局。

第四节　行业治理体系建设

一、行业改革加快推进

2019 年，上海交通行业积极稳妥推进机构改革。调整市交通委“三定”职责；组建市道路运输管理局，负责全市道路运输、交通设施管理工作；深化本市交通运输综合行政执法改革。行政审批制度改革不断深入，综合业务平台建设基本完成，实现与“一网通办”平台对接。

落实水运行业行政审批制度改革，国际船舶管理经营资格登记审批和无船承运业务审批取消，承接交通运输部下放审批事项（内地与港澳间客船、散装液体危险品船运输）。国际航运业务实行“不见面”审批。港口经营许可、海事证明材料实行告知承诺制度。启运港退税政策覆盖 13 个启运港，离境港扩大至洋山保税港区、外高桥港区，并突破直航限制。世界银行发布的“2020 年跨境贸易营商环境”排名中，中国（以上海、北京为样本）提升至 56 位。

重点行业改革加快推进。严格执行成本规制制度，完成轨道交通、公交、出租汽车、轮渡及三岛客运企业成本监审或审计调查工作。建设本市巡游车统一调度平台。加强网约车平台监管，大力清退不合规车辆和驾驶员。汽车维修行业落实国家“放管服”改革工作。推进汽车维修电子健康档案管理工作。推进货运行业“三检合一”。完成国家级市级无车承运人试点企业向交通运输部全国货运平台报送相关运营数据。

二、精细化管理不断深入

民航建立高效协同便捷的人体捐献器官转运工作绿色通道机制，器官转运时间明显缩短，数以千计患者得到了救治机会。印发《民航华东地区机场换季航班时刻增量配置办法》，确保实现航班总量与保障能力的平衡匹配。

2019 年，浦东、虹桥机场放行正常率分别为 84.81%、88.86%，平均滑出时间分别为 18.98 分钟、14.02 分钟，比上年分别减少 0.77 分钟、0.52 分钟。全力推动航运领域深化改革和扩大开放，吸引航运服务企业在沪集聚。海事部门推出“四双”服务举措（双档靠泊、双套作业、双向通航、双窗口离泊），有效提升港口营运效率。2019 年 4 月 10 日，上海铁路行业被授予 2017—2018 年度（第十届）上海市文明行业称号，系 2010 年以来第五次、连续三届获此称号。

三、法治政府部门建设持续深化

制定出台《上海市航道条例》出台《上海

市小型客运船舶运输管理办法》，全面贯彻落实行政执法“三项制度”，修订公交、港口、水路运输行业行政处罚自由裁量基准，累计查处各类交通违法案件4万余件，其中查处四轮机动车非法客运案件8千余件。制定《上海“四好农村路”建设工作实施意见》《上海市农村公路建设规划（2018—2022年）》及《农村公路规划设计导则》，崇明区全力打造部级示范县，11月6日被正式列为全国第三批“四好农村路”示范县。

第五节　科技创新

一、智慧交通水平稳步提升

推进洋山港自动驾驶集卡示范运营，累计完成上路测试里程5.4万公里，初步实现示范运营线路自动驾驶功能。推进城运系统智能交通平台建设。

积极推进智慧高速公路建设。跨境贸易管理大数据平台初步建成，实现贸易、供应、物流数据共享。

全面完成洋山港、长江口E航海项目，形成综合航海保障系统，强化安全监管和服务保障。

上海港打造一门式业务受理服务平台，网上业务受理占比达94%；“E卡纵横”集卡预约平台对集卡和货物运输需求进行配对，有效提高运输效率。集装箱设备交接单、提货单无纸化全覆盖，口岸申报、查验、放行等各环节通关无纸化率达98%。

机场重点推动以A-CDM共享平台为核心的高效信息协同和智能决策，补齐空地联合运行的信息链条，实现决策本地化。

实现汽车维修电子健康档案省级系统全覆盖，部省系统数据实现互联互通。2019年2月18日，首个5G火车站建设启动仪式暨华为5G室内数字系统全球首发仪式在上海虹桥站举行。

二、绿色交通发展大力推进

大力发展新能源车辆，更新新能源公交车1809辆，更新新能源出租汽车1908辆，崇明区公交、出租汽车全部使用新能源车辆。新建公共充电桩1.1万个，全市累计建成充换电设施约27.7万个，其中公共充电桩5.06万个，专用充电桩4.02万个。上港集团下属港区内集卡LNG比例达到90%，RTG油改电或混合动力比例达到78%。加强节能减排，发布并实施机动车排放检验与强制维护制度。实施国三标准柴油车提前报废补贴，鼓励提前淘汰。建成规模以上岸电设施22台套，覆盖29个港口泊位。

第六节　安全与应急

2019年，上海市交通委推进交通工程建设、交通设施、道路运输、轨道交通领域安全生产监督管理工作责任体系建设，安全管理制度进一步完善。

加强隐患排查，开展“上海交通行业迎大庆保进博安全生产风险防控和隐患排查治理百日行动”，累计检查企业9435户次，落实整改9128项。编制桥梁防撞设计导则，推进实施55座市管桥梁防撞项目。

积极开展安全生产月活动，开展警示教育活动3778场，开展专题教育培训2982场。扎实推进安全生产“七进”活动。

做好汛期安全保障工作。强化稳定基础，受理群众来信、来电、来访、电子邮件6154件9771人次。受理热线工单110.9万件，解决率97.8%，市民综合满意率99.1%。

各项国防战备保障任务顺利完成。2019年11月3日，上海局集团公司实现无责任一般A类及以上铁路交通事故2000天，创集团公司（上海铁路局）安全天最高纪录。

第七节　合作与交流

基础设施加快联通，8 条省际断头路建设持续推进，城北路结构贯通。管理服务高效协同，长三角交通一体化研究中心成立。沪浙两大港口集团签署《小洋山港区综合开发合作协议》。上海港集装箱支线班轮已对接长江中下游主要港口，实现与洋山深水港区江海直达。

取消高速公路省界收费站工作按期完成。长三角生态绿色一体化发展示范区区域公交开行。完成地面公交和轨道交通“交通联合”一卡通升级改造，实现全国通用。联合江苏、浙江、安徽交通执法部门，开展长三角货运车辆治超联合整治行动。

完成《长三角民航协同发展战略规划之上海篇（2020—2035 年）》研究编制及报送民航局工作。完成市政府和民航局《关于推进新时代上海民航高质量发展战略合作协议》研究起草及签约工作。与市旅游局联合印发相关意见，促进上海交通运输与旅游融合发展。

做好长三角邮件提速工作，开设“长三角”专线，增开直达邮路。上海局集团公司年内投产（开通）新线 874.8 公里、创新线开通历史新纪录；推进“旅游 + 产业链开发”，与地方政府联合开发高铁旅游产品，打造展示地方旅游资源和特色文化的旅游地始发高铁列车冠名，全年共组织开行 87 趟旅游专列。上海局集团公司按照 160 公里 / 小时、120 公里 / 小时、80 公里 / 小时 3 个速度等级设计（图定每日）开行 7 类 33 个流向的快运货物班列（含服务长江经济带发展国家战略，配套设计开行 5 趟沿江班列）。

图 7-9-1　浦东国际机场卫星厅港湾机坪（潘东华　摄）

图 7-9-2　上海“四好农村路”建设（董晖　摄）

图 7-9-3　2019 年 12 月 19 日，长湖申线（上海段）航道整治工程完工（图片由上海城投（集团）有限公司提供）

图 7-9-4　2019 年 12 月 28 日，上海郊环隧道（浦西牡丹江路—浦东 S20 外环线）通车（图片由上海城投（集团）有限公司提供）

江苏

第一节 整体概况

2019 年，交通运输部和江苏省委、省政府高度重视交通运输发展，交通运输部杨传堂书记、李小鹏部长多次就江苏交通运输工作作出指示批示。

2019 年 2 月 12 日，江苏省委、省政府在南京召开“交通强省暨现代综合交通运输体系建设推进会议”，4 月份印发《关于加快推进全省现代综合交通运输体系建设的意见》。省委书记娄勤俭将本人联系的重点改革任务定为“加快推进综合交通运输体系建设”；省长吴政隆要求紧紧围绕构建现代综合交通运输体系补齐短板，紧紧围绕建设“人民满意交通”提升品质。常务副省长樊金龙、副省长费高云多次专题研究推动交通运输工作。江苏省各有关部门和单位、地方各级党委政府对交通重点项目、重大专项行动倾力支持。

2019 年，江苏综合交通网络更加完善。高铁建设实现历史性突破，长江过江通道建设规模化推进，机场改扩建快速推进，公路网络效能进一步提升，水运通过能力继续增强。

支撑服务国家重大战略规划。2019 年，江苏省交通运输厅提请江苏省政府印发《江苏省推进国际综合交通体系拓展计划专项行动方案》《江苏交通运输服务和支撑乡村振兴战略实施的指导意见》。编制《长江三角洲区域一体化发展江苏交通运输实施方案》，积极争取到通州湾长江集装箱运输新出海口、南通新机场、苏南硕放区域性枢纽、淮安航空货运枢纽等事关长远发展的重大项目列入国家“长三角”一体化发展规划纲要。

谋划综合交通运输长远发展，综合立体交通网规划研究形成初步成果。2019 年，江苏省交通运输厅印发《江苏省沿江砂石码头布局方案》。南京临空经济区获批为国家级临空经济示范区。苏南硕放机场空域优化方案获军民航认可，新辟 4 条临时航线。制定《交通强国江苏方案》，创造性提出打造交通强国建设江苏十大样板，2019 年 10 月，江苏省被交通运输部列为交通强国建设第一批试点单位。

第二节 综合交通基础设施建设

2019 年，江苏综合交通基础设施（含公路、铁路、水运、民航）建设完成投资 1396.5 亿元，同比增长 16.6%。投资完成额占年度交通建设投资计划的 101%，超额完成年度投资目标，再创历史新高，其中铁路、机场建设完成投资分别达到 501 亿元、33.1 亿元。

2 月 12 日，在“交通强省暨现代综合交通运输体系建设推进会议”上集中开工的 41 个交通项目，全部开工建设。

一、铁路方面

2019 年 12 月 16 日，徐宿淮盐铁路、连淮铁路开通运营。截至 2019 年底，江苏铁路总里程达到 3550 公里，其中高铁 1561 公里，比上年分别增长 13.6%、37.3%。苏北五市迈入高铁时代，进入“高铁俱乐部”的设区市由 8 个增加至 10 个，设区市实现动车全覆盖。

宁淮城际铁路江苏段加快推进；北沿江高铁可研报告已通过国家铁路集团有限公司评审；沪苏湖铁路初步设计鉴修文件通过审查，批复前置要件正在加快办理。连徐高铁、沪通铁路一期、盐通铁路、苏南沿江城际铁路等项目均加快推进。

二、机场

连云港民用机场迁建工程全面开工建设，2019 年完成投资 8.3 亿元，超额完成年度投资计划，飞行区场道完成地基处理排水板、排水垫层等工序，正在进行土方堆载，航站楼和旅客过夜用房基础工程基本完成，其他附属工程的基础工程均已过半。

南京禄口机场 T1 航站楼改扩建工程进展顺利，2019 年完成投资约 14 亿元，飞行区道面完成，航站楼人防结构施工完成。无锡硕放机场航站楼改造和机坪改造已完工，2019 年完成投资约 1.1 亿元，航站楼改造和机坪改造已完工。南通兴东机场航站区扩建工程完工。

三、公路及过江通道

京沪高速公路新沂至淮安段扩建工程先导段、射阳至盐城高速公路有序推进；海安至启东高速公路、锡通过江通道南北公路接线工程建成通车，新增高速公路里程 163 公里。建成普通国省道公路 400 公里，新改建农村公路 5887 公里、改造桥梁 2208 座。沪通长江大桥、五峰山过江通道合龙，龙潭、常泰长江大桥开工建设，过江通道在建项目达到 8 个，均进展顺利。

四、水运港航

长江南京以下 12.5 米深水航道通过竣工验收；新增沿江沿海万吨级以上泊位 12 个；完成三级航道整治 26.2 公里，建成跨航桥梁 15 座。通扬线南通市区段通栟线至幸福竖河段、京杭运河施桥船闸至长江口门段航道整治工程已开工建设。魏村枢纽扩容改建工程全面开工建设，连云港盛虹炼化一体化配套港储项目码头工程进展顺利。连云港港 30 万吨级航道二期工程徐圩 3 区、4 区围堤主体结构基本建成。

五、邮政

建成住宅小区邮政服务用房 2.4 万平方米，新建智能信报箱格口 9.8 万个，每个设区市建成了 1 个智能信报箱建设示范点；江苏主要智能快件箱运营企业建成使用智能快件箱 4.22 万组、格口 329.45 万个，箱投率达 15.2%。高等院校快递服务提档升级，江苏省 167 所高校全部实现规范收投，“摆地摊”现象基本杜绝。快递园区建设进展加快，江苏省 28 个快递园区已完成投资超 270 亿元，进驻园区企业达 255 家。建制村通邮水平逐步提高，在保持直接通邮率 100% 的基础上，投递打卡率达 99.15%，89.6% 的村每周投递 5 天以上。农村快递服务网点逐步健全，乡镇快递网点继续保持全覆盖，建制村快递直投率达到 93.87%，同比提高 11.67 个百分点，其中 10 个设区市的建制村快递直投率达到 100%。

第三节　运输服务保障能力

一、客运

2019 年，江苏省综合运输客运结构不断优化，高品质旅客出行持续较快增长。

（一）铁路方面

2019年，江苏省完成铁路客运量2.3亿人次，同比增长7.9%，增速较2018年同期加快0.7个百分点；铁路客运量占综合客运量比重为18.9%，同比提高1.5个百分点；完成铁路旅客周转量846.8亿人公里，同比增长5.4%，增速较2018年同期回落1.7个百分点；铁路旅客周转量占综合旅客周转量比重达48.7%，较2018年同期提高1.2个百分点。这反映出，随着铁路网加快织密，特别是高速铁路建设加速推进，江苏省居民越来越青睐乘坐铁路出行。

（二）民航方面

2019年，江苏9家机场共完成机场旅客吞吐量5843.8万人次，同比增长13.2%；其中，南京禄口国际机场年旅客吞吐量突破3000万人次，实现新量级的跨越，跻身世界级大型机场行列。从国际（地区）旅客吞吐量占比来看，随着江苏国际航线网络布局不断加快和国际客运通航城市持续增长，国际（地区）旅客吞吐量占比逐步上升，2019年江苏完成国际（地区）旅客吞吐量628.8万人次，占旅客吞吐量的比重达10.8%。

（三）公路水路方面

2019年，江苏完成营业性公路客运量9.4亿人次，旅客周转量698亿人公里，同比均下降2.6%，降幅较2018年同期分别收窄4.6个和1.4个百分点。完成营业性水路客运量2083万人次、旅客周转量3.6亿人公里。

二、货运

2019年，江苏省综合运输货运结构调整有序推进。

（一）铁路方面

2019年江苏完成铁路货运量6170万吨，同比增长3.3%，增速较1—11月提高了1.2个百分点；其中12月份铁路货运量同比增速达16.6%，创年内单月最高。完成铁路货物周转量322亿吨公里，同比增长8.7%，增速较2019年上半年提高了6.6个百分点。

（二）民航方面

2019年，江苏9家机场共完成机场货邮吞吐量64.2万吨，同比增长7.5%，其中完成国际（地区）货邮吞吐量9.3万吨，同比增长23%。

（三）水路方面

2019年，全省完成营业性水路货运量9.6亿吨、货物周转量6841亿吨公里。全省港口货物吞吐量快速增长，2019年完成货物吞吐量28.3亿吨，同比增长9.5%。其中，完成外贸吞吐量5.2亿吨，同比增长7%。从重点港口来看，苏州港、镇江港和南通港三大港口完成的货物吞吐量再创新高。苏州港突破5亿吨，货物吞吐量达5.2亿吨；镇江港和南通港均突破3亿吨，货物吞吐量分别为3.3亿吨和3.4亿吨，同比分别增长108.7%和26.4%。2019年，全省港口完成集装箱吞吐量1877万标准箱，同比增长4.3%。其中，受益于“散改集”大力推进和内河集装箱发展扶持政策红利持续释放，全省完成内河集装箱吞吐量43.4万标准箱，同比大幅增长28.8%，有力支撑了徐州工程机械、淮钢特钢、江苏井神盐化、中石化清江石化等一批大型适水企业的运输生产。集装箱铁水联运方面，江苏共完成集装箱铁水联运量40.1万标准箱，同比增长26.9%；其中连云港港完成铁水联运量37.9万标准箱，同比增长34.7%。

（四）公路方面

2019年，全省完成营业性公路货运量16.5亿吨、货物周转量3235亿吨公里。

第四节　行业治理体系建设

深化放管服改革。梳理完成江苏交通运输

“四级四同”行政权力事项清单，编制完成全省交通运输行业统一的监管事项基本目录清单和检查实施清单，实现与国家、省“互联网＋监管”平台对接和数据共享。

深化交通运输行业改革。江苏省交通运输厅提请省政府办公厅印发《江苏省交通运输领域省级与省以下财政事权和支出责任划分改革实施方案》《关于加快道路货运转型升级促进高质量发展的意见》，指导推进市、县交通运输综合行政执法改革工作。

深化法治政府部门建设。2019年，江苏出台策应综合执法改革的省地方性法规——《江苏省水路交通运输条例》；《江苏省农村公路条例（草案）》经省人大常委会一审通过；开展“规范执法行为、推进廉洁执法”专项整治活动，推进跨区域交通执法联动；深入开展扫黑除恶专项斗争，江苏省交通运输厅被全国扫黑办表彰为先进单位。

深化建设“信用交通省”。2019年，江苏省交通运输厅制订公路水路建设市场、道路水路运输信用管理办法和港口经营信用评定等制度文件，完成信用信息共享应用服务平台（一期）项目数据库建设。2019年，江苏省被交通运输部、国家发展和改革委员会联合授予“信用交通省建设典型省份”称号。

第五节　科技创新

拓展绿色交通示范省创建成果。2019年，江苏在全省更大范围推广绿色高效物流、绿色出行、船舶LNG清洁能源等。江苏省籍400总吨以上货运船舶防污设施使用抽检合格率达到69.5%，400总吨以下船舶防污改造试点全面启动。

提升科技创新能力。新一代国家交通控制网试点完成测试场地、车路协同驾驶的应用场景建设。江苏首个自动驾驶封闭测试基地顺利通过交通运输部、工业和信息化部联合认定。

推进科技攻关与成果转化。2019年，江苏省共组织实施7个重大科技专项、16个部省科技示范工程。制定实施《综合客运枢纽换乘导向系统建设指南》等45项地方标准。

第六节　安全与应急

完善安全生产制度体系。2019年，江苏省交通运输厅提请省安委会印发《关于以更高标准更严措施管控交通运输领域重大安全风险的通知》，印发《从严开展公路超限超载运输治理工作实施方案》《关于联合开展全省道路旅客运输安全严管严控工作的通知》。

强化安全监管。2019年，江苏省交通运输厅组织开展各类明察暗访143次，排查整改各类隐患2350个。全面启动高速公路入口拒超，全省干线公路平均超限率降至2.12%。基本实现江苏省籍船舶载运危险货物安全动态管控。公路水运重点建设工程质量安全监督覆盖率100%。更大力度提升科技兴安水平。完成15座干线公路桥梁健康监测系统建设；江苏省“两客一危”主动安全智能防控系统实现全覆盖，省级监管平台上线试运行。2019年，江苏省按照更高要求，提升交通基础设施安全水平。普通国省道、农村公路分别实施安防工程2057公里、7990公里；推进农村公路平交路口“千灯万带”示范工程建设，完成399个交叉路口减速带设置；完成铁路道口“平改立”工程84处。

第七节　合作与交流

2019年，“长三角”区域一体化迈入发展快车道。江苏省委、省政府研究出台《〈长江三角洲区域一体化发展规划纲要》江苏实施方案》，提出了要重点推进"产业创新、基础设施、区域市场、绿色发展、公共服务、省内全域"六个一体化，江苏省交通运输厅编制出台《江苏交通运输服务"长三角"一体化发展实施方案》。2019 年，"长三角"三省一市交通运输主管部门建立定期沟通协调机制，频繁互动、强化协作、携手共进，积极推动交通基础设施和运输方式互联互通、快联快通。

具体工作方面，一是打通省际断头路，江苏省的 11 个项目已建成 3 个、在建 5 个。二是开行毗邻公交，"长三角"区域新增 21 条毗邻公交客运衔接线路，江苏已累计开通 39 条线路。三是铁路建设进展顺利，特别是宁淮铁路仅用 7 个月时间就获得中国国家铁路集团有限公司的可研咨询意见和江苏省发改委可研批复，于 9 月 20 日开工建设。

浙江

第一节　整体概况

2019 年，在部省坚强领导下，浙江交通围绕交通强国和“两个高水平”建设，全力实施“1210 交通强省”行动，加快综合交通“三区”建设，高质量完成各项任务，集中力量谋划、部署、实施了一批具有开创性的重大工作，特别是浙江省成为全国仅有的两个全领域、全方位交通强国建设试点省之一；认真落实《交通强国建设纲要》，成立由省领导任组长的起草组，迅速研究编制浙江省贯彻实施意见，开展一系列基础性、支撑性专题研究；同步编制全省综合立体交通网规划，形成“1+9+11”规划体系；制订交通强国建设试点方案，细化编制三年行动计划，筹备全省动员大会。

2019 年，浙江综合交通投资首次突破 3000 亿元大关；宁波舟山港货物吞吐量连续 11 年稳居世界第一，集装箱吞吐量保持全球前三；龙丽温高速公路文瑞段、文泰先行段建成通车，基本实现陆域县县通高速；全面取消高速公路省界收费站；普通国省道路况国检连续两年全国第一；出台首个“四好农村路”省级标准；湖州内河水运转型发展示范经验全国推广；全省机场旅客吞吐量突破 7000 万人次，萧山机场跃升至“4000 万级”全球最繁忙机场行列；浙江成为全国唯一的低空飞行服务体系建设试点省和全国首批应急救援航空体系建设试点省。

稳妥完成省级交通机构改革；成功举办第二届浙江国际智慧交通产业博览会和长三角综合交通发展大会；“浙里畅行”指尖出行服务正式上线；主题教育、“三服务”、交通战备等多项工作得到部省领导充分肯定，“十三五”交通运输发展取得新的突破，为全省经济社会发展提供了有力支撑。

第二节　综合交通基础设施建设

面对经济下行压力加大和资金、土地要素制约等困难，浙江交通牢牢把握交通建设主责主业，紧扣“四大”建设年活动，提前下达年度投资计划，创纪录地争取到部省资金 416 亿元，获国务院通报表扬并得到 5000 万元资金激励；联合浙江省发改委、自然资源等部门出台专项政策，加快项目前期、强化用地保障；深化“十百千”督查服务，建立“每周协调、每月预警”等机制，一项一项攻坚、一项一项突破。

初步统计，全省综合交通建设投资 3040 亿元、占全国近 1/10、同比增长 12%，其中公路水运投资 1745 亿元，居全国前列、华东首位。建成舟山绿色石化基地等 14 个万吨级以上码头泊位，穿山港区支线 29 公里铁路，龙丽温文瑞段等 6 项 225 公里高速公路、350 公里普通国省道和宁波机场三期新航站楼工程。开工金甬、杭温、湖杭等 5 项铁路，申嘉湖安吉孝源至唐舍段等 5 项高速公路，湖嘉申航道嘉兴段二期、萧山国际机场三期、台州机场改扩建等工程项目。推进梅山集装箱码头、杭绍台铁路、宁波舟山港主通道、京杭运河浙江段等项目建设。全省综合交通骨干网络更趋完善，沿海万吨级以上泊位达254个、铁路里程2877公里、高速公路里程4646公里、内河高等级航道里程1595公里、机场航站楼面积75万平方米。

第三节　运输服务保障能力

综合运输继续保持良好增势，完成客货运量10.5亿人、28.9亿吨，同比分别增长3.8%、7.5%。沿海港口货物、集装箱吞吐量13.5亿吨、3064万标准箱，同比分别增长8%、5.7%，其中宁波舟山港货物、集装箱吞吐量达11.2亿吨、2757万标准箱，同比分别增长7.7%、4.6%。机场旅客、货邮吞吐量7015万人次、90万吨，同比分别增长7.3%、6.6%，投用省低空飞行服务中心，开通运营4条通用航空短途运输航线。邮政业务总量3050亿元、同比增长31%，快递业务量突破132亿件、占全国五分之一、同比增长30.7%，成为全国快递业“两进一出”工程唯一试点省份。落实运输结构调整三年行动计划，推进“四港”联动发展，组建运营商联盟，实施“141”示范工程，“宁波舟山港—浙赣湘（渝川）”海铁公联运列入国家多式联运示范工程。江海河联运、集装箱海铁联运量超3.3亿吨、80万标准箱，同比分别增长13.8%、33%，铁水比重提高0.4个百分点。落实鲜活农产品绿色通道等减费政策，全年降低企业物流成本35亿元。

高标准办好民生实事。实施高水平“四好农村路”攻坚年行动，新建和改造提升农村公路1.9万公里，实现安防工程“三年任务两年完成”。纵深推进城市治堵，排查整治51个群众反映强烈的堵点乱点，推进轨道交通建设668公里、新增停车位13.7万个，新建改建公交站点1800余个，公交移动支付基本覆盖县级节点。打好污染防治攻坚战，累计淘汰老旧营运货车2.4万辆，新增清洁能源公交、出租车1.6万辆，改装内河船舶污水收集装置超3000套，实现船舶排放控制区省域全覆盖、京杭运河水上服务区岸电设施全覆盖。推广机制砂应用，高速公路路面材料循环利用率超90%。

第四节　行业治理体系建设

一、平稳推进机构改革

坚决落实中央、省委改革要求，聚焦“优化、协同、高效”，圆满完成机构改革各项任务，实现交通机构职能整体性、系统性重构。

进一步强化综合交通统筹，明确“组织编制综合交通规划”、划归“海港规划建设管理”、划入“渔船检验监管”、拓展“民航机场管理”等职能，形成“规划一张图、建设一盘棋、管理一体化”格局。

进一步优化机构职能，整合下属5局并新设3中心，省级行政职能全面回归，机构调整、人员转隶平稳有序。进一步完善工作体系，扎实开展后评估工作，全面厘清职责界面，工作运行高效顺畅、整体合力显著增强、实干氛围更加浓厚。省级事业单位改革、地方交通部门机构改革、公务员职级并行等工作有序推进。

二、认真开展“不忘初心、牢记使命”主题教育

围绕“守初心、担使命，找差距、抓落实”总要求，突出高质量、交通味、真效果，提前谋划、精心组织、统筹推进。厅党组带头践行“五个一定”“六个示范”承诺，9次专题研究部署，高标准组织集中学习、专题党课、支部研讨和专题

民主生活会等百余场活动。

实施“心路相连”民生调研，开展“百人蹲点”“千人微访”。制订调查研究、民生实事、破难攻坚、提能增效、建章立制等5张清单，完成188项重点任务和整改项目，有效破解新奥LNG运输等事关全局的重大难题，以实际行动践行“四个意识”“四个自信”和“两个维护”。省委书记车俊专题调研浙江省交通运输厅主题教育开展情况并予高度肯定，省委主题教育办将省交通运输厅做法作为典型案例上报中央主题教育办、并印发各地各单位。

三、扎实开展“双领双联三服务”活动

围绕省委“三服务”统一部署，紧密结合交通实际，聚焦“项目、企业、群众、基层”四大重点，做到早启动、早部署、早推进。厅班子成员领衔服务一批重大项目，领衔破解一批重点难题，联系服务一批基层点，联系结对一批基层支部。组建11个厅专项服务组，深入杭州绕城西复线、临金高速、舟山绿色石化基地等110余个重大项目一线，密集走访省交通集团、机场集团、海港集团、曹操专车等50余家企业和基层站所，跟踪服务庆元、淳安、泰顺等26个加快发展县，收集梳理6大类270项问题清单，现场协调解决131项，持续跟踪服务139项，形成“真服务、深服务、大服务”浓厚氛围。浙江省交通运输厅在首次省直单位厅局长工作交流会上做典型发言。

四、深化“最多跑一次”改革和法治政府部门建设

全面梳理、规范和精简权力事项，取消、下放18项省级审批事项。打造“浙里畅行”特色品牌，出台向公共服务领域延伸“五畅”行动、20条便民举措，杭州火车东站实现单向“免检换乘”、网约车合规率全国居前。加快数字交通建设，“掌上办”“跑零次”事项达95%以上，“掌上执法检查”率达99%，5类电子证照实现长三角互通互认。积极创建“信用交通省”，全面推广容缺受理、“红黑”名单和联合奖惩机制，建立交通工程领域信用评价负面清单。

加快法治政府部门建设，《浙江省公路条例》通过省人大初审，废止139件规范性文件，统一执法文书等标准，出台重大行政决策、监管清单等15项制度。启动执法能力建设三年行动计划，推进非现场执法试点，省交通运输厅获全国“七五”普法中期先进集体称号。

五、全面完成撤站工作

认真落实国务院要求和部省部署，成立由省领导牵头的领导小组和指挥部，迅速制订浙江省实施方案，组建工作专班集中办公，7次召开全省撤站工作推进会，建立“每周例会研究、定期通报进度、实时督导服务”等机制，高质量落实6大类30项重点任务。全面完成15个省界收费站拆除和近2000套门架系统、2200余条车道改造、423个收费站入口称重检测设备安装联调。出台浙江省收费政策调整方案。

超额完成交通运输部ETC推广任务，全省用户数达1377万户，在籍汽车安装率83%，高速入口使用率76%，公务车、特种车安装率100%。

高速公路超限率长期居高不下的老大难问题得到实质性突破，从7.2%大幅降至1%以内。

六、持续深化全面从严治党

践行“三不”要求，加强清廉交通建设，扎实开展“廉政建设无盲区”“清廉交通宣教月‘八个一’”等活动，排查梳理10大类146项风险点、全面完善防控制度，开展厅管厅属8家单位内部审计，

加强日常监督和执纪问责。

深入落实"基层减负年"要求，出台实施细则，全省性督查考核减至3项，会议、文件和"三公"经费进一步精简。加强干部队伍建设，出台发现培养使用优秀年轻干部实施意见，开展新时代交通精神大讨论、"我和我的祖国·70年一路同行"等主题活动，营造崇尚实干、风清气正良好氛围。

第五节　科技创新

着力补齐科技创新短板。提升交通智慧化水平，宁波舟山港成为国内首个集装箱进出口全程"无纸化"港口，梅山自动化码头进入试运行阶段，杭绍甬、沪杭甬、杭州绕城西复线等智慧高速项目加快推进，同步开展标准体系、车路协同等关键技术研究，推进智能网联汽车路测工作。

组建未来交通科创中心，实现首批8个科研和高端人才平台落地，筹建长安大学杭州研究院，成功申报人工智能等行业研发中心。

纳入省部级重点研发计划、部重大科技创新成果16项，发布及编制地方标准15项。

优化综合交通智慧云平台，完成信息系统评估，推出智慧高速云控平台1.0版。浙江交通职业技术学院入选国家级高职高水平专业群建设单位。

浙江交通技师学院高水平技能竞赛获奖总数再创历史新高。

第六节　安全与应急

防范化解交通安全风险。加强港口危化品等重点领域监管，落实道路交通安全攻坚战要求，积极联动公安部门，合力推进公路安全防护提升工程、"两客一危"和新业态监管等工作。

集中开展"双百日"整治、扫黑除恶等专项行动，发现并处置问题隐患1.4万个。加强高速公路夜间危化品运输管理。

修订完善综合交通安全应急预案，加快公路、水上应急基地建设，开展各类应急演练305场次，圆满完成平安护航新中国成立70周年等重大活动安保维稳工作，成功防抗超强台风"利奇马"，全省交通领域无一人因灾死亡、无一起重大安全事故发生、近千个在建工程均无较大损失。行业安全生产形势持续平稳向好，事故起数、死亡人数同比分别下降37.2%和35.6%。

第七节　合作与交流

围绕长三角交通高质量一体化发展，先行谋划沪甬、沪舟等战略通道并成功纳入国家规划；开工临金高速临建段，建成杭州湾跨海大桥北接线二期等省际"断头路"；沪浙小洋山北侧合作开发取得突破，完成规划编制并具备报批条件，开工配套围垦工程；开通13条省际毗邻公交线路，深化联合治超等专项行动。

服务"一带一路"持续推进，宁波舟山港航线数增至244条、其中"一带一路"航线达89条，海丝港口合作宁波倡议、中印尼港口合作、"16+1"贸易指数及宁波港口指数列入第二届"一带一路"高峰论坛成果清单，西班牙阿尔赫西拉斯港、"一带一路"迪拜站等合作项目加快推进；新开通民航国际及地区航点19个，国际航点总数达102个、延伸至五大洲。积极参与长江经济带建设，加强长江沿线港口合作，着力解决船舶、港口污染问题并形成常态化工作机制。

大力培育综合交通产业，坚持"一手抓项目建设、一手抓产业培育"，健全常态化协调机制，完善统计监测体系，发布数字化产业地图。深入对接中交集团等龙头企业，实现总投资300亿元的一批产业项目落地，谋划布局萧山智慧交通小镇等园区建设。成功举办第二届浙江国际智慧交通产业博览会，吸引800余家国内外知名企业参与，观展人数超5万人次、项目签约374亿元，得到《人民日报》等权威媒体广泛关注。

安徽

第一节　整体概况

2019年，安徽省交通运输系统坚持抓主抓重、抓主要矛盾和矛盾的主要方面，统筹推进交通运输发展改革稳定和党的建设，交通运输高质量发展迈出新步伐。

加力推进长三角交通一体化发展，制订推进交通强国建设实施意见、试点实施方案，成功入选交通强国建设试点单位。启动编制综合立体交通网、"十四五"交通运输发展等规划，出台贯彻长三角一体化发展规划纲要实施方案。坚决落实中央决策部署，圆满完成取消省界高速公路收费站任务。深入推进交通运输体制机制改革，厅属行政事业单位改革、省级交通运输综合执法改革基本完成。积极应对经济下行等多重挑战，开展深度调研全面摸清底数，着力破解项目建设要素制约，抓开工、保进度、扩投资，全年完成交通固定资产投资788亿元，超额完成年度计划并提前完成"十三五"投资任务。

第二节　综合交通基础设施建设

一、公路

加快推进高速公路建设，完工高速公路232公里，其中八车道高速公路191公里。池州长江公路大桥如期建成；合宁、合安、合芜高速公路改扩建工程实现八车道通车，合肥周边交通拥堵问题得到缓解，安徽六车道以上高速公路总里程达到600公里。德上高速公路皖鲁省际"断头路"顺利贯通。合肥至大顾店、芜湖至林头高速公路PPP改扩建工程、来六高速公路顺利开工。

推进干线路网优化升级，安徽全省44个县与所在市实现一级公路短直连接，占比69%。2019年新增一级公路513公里，一级公路总里程达到5377公里，提前并超额完成"十三五"规划目标。建成农村公路扩面延伸工程2.5万公里。

二、水运

稳步推进水运工程，引江济淮航运工程全面开工，淮河干支流等航道整治工程进展顺利，沱浍河航道临涣至南坪段整治工程全面完成，淮河临淮岗复线船闸工程开工建设。

三、民航

合肥新桥机场改扩建启动实施，芜湖宣州机场加快建设。加快推进通用机场前期工作及项目建设。庐江通用机场建设有序推进，砀山通用机场获安徽省发展改革委核准，肥西官亭、肥东白龙、界首、泗县、天长、桐城、旌德、黄山区等8个通用机场通过场址审查。

四、邮政

安徽邮政普遍服务营业场所达1971处，全省共有许可快递企业 501 个，分支机构 3607 个，末端服务网点 5017 个。快递园区一体五区多点格局基本形成，累计建成区域性快递产业集聚区 38 个，入驻企业逾 200 家。建成快递末端公共服务站点 2449 个，快递网点建制村覆盖率达 17.8%。

第三节　运输服务保障能力

一、客运

深入推进"四好农村路"通达工程。2019 年，安徽新增通客车建制村 465 个（含"通返不通"部分），具备条件建制村 100% 通客车，提前一年完成"两通"兜底性目标。枢纽站场进展有序，14 个客货站场项目序时推进，10 个乡镇客运综合服务站项目全部开工。

加快推进城乡客运一体化发展。30 个城乡客运一体化示范县创建加速推进。组织开展城乡客运一体化发展水平评价，61 个县级参评单位中，37 个达到 5A 级，23 个达到 4A 级，4A 及以上等级占比达 98.4%。

全国交通一卡通实现市级全覆盖，累计发卡 110 万张。合肥地铁 3 号线开通运营。

2019 年，安徽累计完成公路客运量 4.6 亿人、旅客周转量 340.2 亿人公里；完成水路客运量 222 万人、旅客周转量 3039 万人公里；城市客运系统运送旅客 38.6 亿人，同比下降 0.2%。

二、货运

2019 年，安徽省交通运输厅提请省政府印发《推进运输结构调整工作实施方案》，推进实施运输结构调整，马鞍山、合肥国家级多式联运示范工程建设初见成效，省级第一批多式联运示范工程创建实施。

加快建立安徽省县乡村三级物流体系，印发《安徽省农村物流网络节点建设标准规范》，推动农村物流三级节点的标准化建设。全省 66% 县城建立物流配送中心，60% 乡镇建立综合运输服务站，57% 建制村建立物流服务点。

省港航集团加盟"海洋联盟"，以芜湖至上海直达航线为核心，合肥至芜湖、安庆经池州铜陵至芜湖两条省内支线为两翼的"一核两翼"集装箱运输体系全面运行，芜湖港集装箱年吞吐量首次突破 100 万标准箱（TEU）。

2019 年，安徽累计完成公路货运量 23.5 亿吨、货物周转量 3267.6 亿吨公里；完成水路货运量 12.5 亿吨、货物周转量 6224.7 亿吨公里；完成港口吞吐量 5.6 亿吨、集装箱吞吐量 179.4 万标准箱。

三、民航

2019 年，安徽省政府成立民航发展工作领导小组，出台加快民航业发展的意见。2019 年开通国际客运航线 14 条、国际国内及地区定期货运航线 4 条，完成民航旅客吞吐量 1519 万人、货邮吞吐量 9.29 万吨，同比分别增长 11.7%、23.92%。

2019 年，安徽省机场集团与上海机场集团签订战略合作框架协议，民航领域合作持续深化。

四、邮政

2019 年，安徽省邮政业务总量完成 440.76 亿元，同比增长 39.15%；业务收入完成 227.71 亿元，同比增长 20.82%。全省快递业务量完成 15.45 亿件，同比增长 37.59%；业务收入完成 138.38 亿元，同比增长 24.65%。

五、运输装备

截至 2019 年底，安徽拥有公路营运汽车 67.0 万辆，比上年末下降 7.0%；拥有水上运输船舶 2.5 万艘，净载重量 4843.2 万吨，同比增长 3.0%；集装箱箱位 13.2 万标准箱，同比增长

16.9%；船舶功率 1078.1 万千瓦，同比增长 1.9%。

全省城市及县城拥有公共汽电车 2.7 万辆、3.1 万标台，其中 BRT 车辆 1511 辆，同比增长 19.9%；出租汽车营运车辆 5.5 万辆，同比下降 0.2%。地铁营运车辆 594 辆，比上年末增长 83.3%。

六、维修驾培

2019 年，安徽全省完成车辆维修量 429.91 万辆次，其中整车修理 1.28 万辆次，总成修理 64.12 万辆次，二级维护 87.96 万辆次，专项修理 274.52 万辆次，开展维修救援 6.62 万辆次。截至 2019 年底，安徽全省共有机动车检验机构 138 家，全年完成检测量 106.9 万辆次，其中维修竣工检测 47.15 万辆次，综合性能检测 43.06 万辆次。全省共计保有 611 家驾校，其中一级驾校 95 家，二级驾校 201 家，三级驾校 315 家。教练车 2.97 万辆，在岗教练员 3.2 万人。2019 年全年共培训人数 140.09 万人次。

第四节 行业治理体系建设

一、交通运输体制机制改革

深入推进交通运输综合执法改革。2019 年，安徽省交通运输厅提请省委、省政府印发《关于深化全省交通运输综合行政执法改革的实施意见》，召开全省改革推进工作视频会和座谈会，指导行业抓好改革任务落地。省级改革任务基本完成，省交通运输综合执法监督局挂牌成立并运行，全省 13 个市出台改革实施方案。

2019 年，安徽交通运输厅加快推进厅属行政事业单位改革，全面推进机构改革工作组织实施、加快推动机构职能调整到位，统筹做好干部选配划转工作，全面完成职能梳理调整、人员转隶划转、干部选拔配备等工作，部门职责边界更加清晰，干部队伍结构更加优化。

同时，持续抓好重点领域改革，交通运输领域财政事权和支出责任划分改革稳步实施，投融资体制改革有序开展。巡游出租汽车经营权管理和运价制度改革成效显著。

二、法治政府建设

2019 年，全面宣贯实施《安徽省公路安全保护条例》。“双随机、一公开”监管工作稳步推进，省、市、县三级“互联网 + 监管”目录及实施清单完成认领编制，累计交换数据 33 万余条。

基层执法规范化不断加强，全面推进实施行政执法公示制度、执法全过程记录制度、重大执法决定法制审核“三项制度”。

做好简政放权，分批核减政务服务申请材料 365 个、核减率达 60%，所有省级政务服务实现网上办理，所有审批事项实现“最多跑一次”。

“芜湖市依法打造网约车治理新业态新模式”，被安徽省委依法治省办公室评为年度“十大法治事件”；“淮北市构建交通科技非现场执法体系”被省司法厅评为年度“行政执法十大事件”。

第五节 科技创新

一、科技创新与标准化建设

2019 年，由交通运输部认定的交通基础设施智能制造技术交通运输行业研发中心挂牌运行。至 2019 年底，安徽共有 5 个省部级科技创新平台，初步形成交通运输创新平台体系。

2019 年，安徽积极推进交通运输部科技示范工程项目建设。“安徽长江公路大桥建设部科技示范工程”完成预验收准备，“德上高速工业化智能制造技术科技示范工程”通过交通运输部审查。以部省重点科技项目为依托，推进“全体外预应力节段预制拼装箱梁轻型化技术”“同向回转拉索体系部品化技术”“系列根式基础技术”等关键技术研究应用。2019 年，安徽 20 余项科技成果获省部级科技进步奖，其中“芜湖长江公路二桥建设关键技术研究及应用”获 2019 年中国公路学会科学技术一等奖；“斜拉桥塔间分组集聚式锚固体系关键技术研究”“望东长江大桥建设成套技术研究”分别荣获 2019 年度安徽省公路学会交通科技进步奖特等奖。

2019 年，安徽共申报省地方标准 31 项，完成 17 个地方标准报批工作，7 个省级地方标准成功获批。

二、信息化与网络安全

2019 年，交通运输部、安徽省共建交通运输行政执法综合管理信息系统等重点项目建设加快推进，完成省交通运输政务服务事项网上办理系统与省政务资源共享平台的互联互通，实现一次认证、全网通行。

深化网约车监管服务平台、联网治超、智能公交、驾驶员安全教育等系统应用，完成芜湖港“面向内河中小港口多式联运智慧物流平台示范工程”项目建设。

加快智慧交通试点工程建设，推动移动互联网、大数据、车联网、人工智能等新技术在交通运输行业的应用，推进高速公路移动支付、水上 ETC 等系统应用。

加强网络安全管理，定期开展网络安全教育培训、网络安全检查，严格落实等保定级测评、24 小时监测与预警、网络安全应急演练、重要时期 7×24 小时值班值守等制度，形成自上而下网络安全体系，有力地保障重要时期网络安全。

第六节　安全与应急

一、安全生产

2019 年，安徽交通运输系统严格开展安全生产管理。

开展旅游包车市场整治，吊销旅游包车客运车辆道路运输证 11 辆，查处涉嫌非法营运行为车辆 55 台次。

常态化推进货运车辆超限超载治理，查处超限超载车辆 4.3 万辆。联合公安部门挂牌整治公路安全隐患路段 346 处。查处违章船舶 2139 艘，责令船舶整改 1604 艘次。

加强安全基础设施建设，全年实施公路安防工程 1.08 万公里，改造加固公路危桥 268 座，推动营运客运汽车安装安全防护设施 11861 套。

强化安全培训教育，实施营运客车和货车驾驶员安全文明驾驶教育培训、文明交通文明出行宣传教育专项行动，培训从业人员 15.6 万人；持续开展水上交通安全知识进校园、“随船学安全”“海事开放日”等特色活动，联合省渔政部门开展商渔船防碰撞安全警示教育活动，取得良好社会效果。

2019 年，全省公路水路重点工程建设领域未接到安全生产责任事故报告；水上交通领域发生事故 28.5 起（其中一般等级事故 3.5 起、小事故 25 起）、沉船 8 艘、经济损失 512 万元、3 人死亡，事故减少 8.5 起、沉船减少 2 艘、经济损失减少 464.66 万元、死亡增加 2 人；道路运输领域发生事故 111 起、死亡 153 人，同比分别上升 15.6% 和 16.8%，全行业未发生重大以上安全生产事故。

二、应急管理

2019 年，安徽修订完善《城市轨道交通运营突发事件应急预案》《安徽省高速公路路政支队公路交通突发事件总体应急预案》《安徽省港口危险货物事故应急预案》《港口重大生产安全事故的旅客紧急疏散和救援预案》《港口预防自然灾害预案》，完善《防范恶劣天气应急预案》《水路危险品运输应急预案》等若干专项预案，增强预案实效性和针对性。

扎实开展应急演练，先后组织高速一路三方联合开展冰雪雨雾等恶劣天气条件下事故救援和应急保通综合演练、安庆危化品道路运输事故应急演练、万佛湖水上搜救应急演练、合肥水上交通安全应急救援演练，着力提升应急处置能力。组织参加 2019 年度全国公路交通军地联合应急演练比武，在 5 个演练科目中获得第一、二、三名各 1 个的好成绩和“最佳精神风貌奖”团体三等奖。

积极抢险保通，参与“利奇马”等灾害的应急抢险工作，最大限度控制和解除险情，减轻灾害损失。

据不完全统计，2019 年，全省交通部门共投入抢险人力 6759 工日，机械 11766 台班，投入抢险资金 7231 万元，抢修、排除各种险情 878 余处，抢通公路 333 处 /104 条。

三、工程质量监管

扎实推进“平安工地”创建，深入实施隧道提质升级等专项行动。践行“安徽精度”，实施“品质工程”创建，高速公路、干线公路、水运工程、农村公路一次抽检合格率分别达到 98.4%、97.4%、95.9%、95.7%，位居全国前列。六安至岳西至潜山高速公路荣获鲁班奖，黄山至祁门、宁国至绩溪高速公路荣获李春奖。

第七节　合作与交流

2019 年，安徽深入推进长三角区域交通运输交流合作，认真履行轮值牵头职责，有序推进长三角交通专题组各项工作。

牵头制定 2019 年长三角交通专题合作组工作计划，先后召开长三角交通更高质量一体化发展座谈会（上海）、毗邻地区公交化客运推进会（南京）、超限超载治理联席会议（宣城）、长三角区域一体化发展交通专题座谈会（滁州）等 6 次会议，共商共推长三角交通一体化发展。

强化长三角交通一体化顶层设计，编制印发《安徽省交通运输厅贯彻 < 关于协同推进长三角港航一体化发展六大行动方案 > 实施方案》。加力推进互联互通。省际“断头路”“断头航道”加速贯通，溧宁高速黄千段加快建设，新汴河等航道整治工程有序实施。13 条省际毗邻地区公交客运线路相继开通，合肥与长三角 8 个城市实现地铁乘车“一码通行”，交通一体化进一步拓展延伸。

深化长三角区域合作，浙皖加强江海联运合作框架协议、沪皖机场管理企业合作协议等多项协议相继签订，港航一体化、民航领域合作持续深化，区域合作工作机制逐步健全。

福建

第一节　整体概况

2019 年，福建省继续扎实组织实施交通运输部与福建省人民政府联合签署的《加快福建交通运输发展 2018—2020 年合作协议》和《福建省“十三五”综合交通运输发展专项规划》，持续推进交通运输高质量发展，推动综合交通现代化水平稳步提升。

一、综合交通发展情况

福建着力构建安全、便捷、高效、绿色、经济的现代化综合交通体系，实现了“市市通快铁，县县通高速，镇镇通干线，村村通客车”，交通运输发展水平总体适应经济社会发展需求，局部适度超前，有效服务新时代新福建建设。

公路网络四通八达。截至 2019 年底，福建省公路通车里程达 109785.16 公里，其中：高速公路通车里程 5535.32 公里，路网密度居全国各省第三位；普通国省道通车里程 11074 公里，每个县城至少通一条二级及以上公路；农村公路通车里程 9.3 万公里，实现“村村通水泥路”。

铁路基本形成“三纵六横”框架。三纵，为沿海铁路通道［温福、福厦、厦深铁路、福厦客运专线（在建）］、南三龙铁路、双龙铁路（在建）、浦梅铁路建宁至冠豸山段（在建）；六横，为衢宁铁路（在建）、合福铁路、峰福铁路、向莆铁路、兴泉铁路（在建）和赣龙厦通道（龙厦铁路及赣龙铁路扩能工程），形成相邻设区市之间 1 小时交通圈，设区市到省会福州 2 至 3 小时交通圈，省会福州到相邻省会城市 3 至 5 小时交通圈。截至 2019 年底，全省铁路营业里程达 3509.5 公里，其中时速 200 公里及其以上营业里程 1764 公里、占全国近十分之一。

现代化港口群加速崛起。福建省沿海港口实际年通过能力达 7 亿吨，拥有万吨级以上深水泊位 185 个，具备了停靠世界最大集装箱船、散货船、油轮、邮轮能力。厦门港、福州港年货物吞吐量均超过 2 亿吨，2019 年厦门港集装箱吞吐量位居全球第十四位。

群众城乡出行舒适便捷。新能源公交车推广应用走在全国前列，城市公交电动化率达 75.9%。开通运营的城市轨道交通有福州地铁 1 号线、2 号线，厦门地铁 1 号线、2 号线。各设区市拥有至少各一个便捷换乘的综合客运枢纽和高效衔接的货运枢纽。全省建制村实现 100% 通客车。

民航发展水平不断提高。2019 年，福建省运输机场旅客吞吐量首次突破 5000 万人次，达到 5173.75 万人次，完成货邮吞吐量 53.85 万吨。厦门新机场、福州机场二期扩建工程立项获批复。武夷山机场迁建军地协议正在报批，民航局已组织项目民用部分预可研报告评估论证。积极推动通用航空发展，协调推进部分通用机场前期工作。

邮政业持续健康发展。2019 年，福建省邮政业业务总量完成 646.01 亿元，居全国第 6 位，同比增长 29.45%；业务收入完成 323.62 亿元，居全国第 8 位，同比增长 24.69%。其中，快递业务量完成 26.20 亿件，居全国第 6 位，同比增长 23.79%；快递业务收入完成 259.16 亿元，居全国第 7 位，同比增长 25.39%。泉州、福州、厦门快递业务量和业务收入保持全国前 50 强。泉州、厦门保持“中国快递示范城市”称号，福州、晋江新获“中国快递示范城市”称号，示范城市全国最多。

二、综合交通运输发展规划编制情况

福建省综合立体交通网规划：按照国家综合立体交通网规划纲要编制工作要求，2019 年 4 月，经福建省人民政府同意，福建省交通运输厅会同福建省发改委、自然资源厅、生态环境厅、住建厅、铁路建设发展中心、中国铁路南昌局集团有限公司、省邮政管理局、民航福建监管局、民航厦门监管局等单位成立了福建省综合立体交通网规划编制工作组，开展“1+8”报告（总报告和轨道、民航、高速公路、普通公路、水运、枢纽、管道、邮政 8 个行业专题）编制工作。2019 年 11 月，规划总报告和轨道、民航、高速公路、普通公路、水运、枢纽、管道、邮政 8 个行业专题规划形成初稿。

“十四五”综合交通运输规划：2019 年 7 月，交通运输部召开“十四五”综合交通运输发展规划编制工作启动视频会。10 月中旬，福建省发改委会同福建省交通运输厅专题研究，确定由福建省发改委牵头全省“十四五”现代综合交通运输体系专项规划编制工作，由福建省交通运输厅负责其中的公路和水运部分。规划研究工作已启动，并已向交通运输部报送“十四五”规划思路、重大工程项目等。

三、交通强国建设福建试点实施方案编制情况

2019 年 9 月，中共中央、国务院印发《交通强国建设纲要》，交通运输部部署在全国分地区、分主题、分批次开展交通强国试点工作。福建省于 2019 年 12 月底获批列入第二批“交通强国建设试点单位”，并围绕交通运输治理能力现代化建设、“四好农村路”助推苏区老区高质量发展、海峡两岸交通运输融合发展、交通运输新业态新模式发展、公路水运“平安百年品质工程”建设五方面内容制定了《交通强国建设福建试点实施方案》。

第二节　综合交通基础设施建设

一、公路

2019 年，福建省累计完成高速公路建设投资 261 亿元，建成投用高速公路 191.27 公里；普通公路固定投资 382 亿元，建成投用普通国省道 355 公里。全省公路密度达 90.43 公里 / 百平方公里，同比提高 0.8%，公路基础设施进一步完善，通行能力进一步提升。

加快推动全省高速公路和干线公路重点项目建设，厦门第二东通道、翔安机场北段等 3 个项目开工建设，建成福州东南绕城、南平顺邵等 10 个项目（路段），世界最长跨海公铁大桥平潭跨海坛海峡公铁大桥（公路部分）顺利合龙。国省干线累计完成 G228 线罗源碧里至鉴江等项目 40 个，新开工 S213 线仙游游洋双峰至钟山麦斜段等项目 25 个 193 公里，累计在建项目 145 个 1276 公里。通乡达村路网不断优化，新改建农村公路 1930 公里，增设错车道 3144 公里，实施安保工程 5190 公里；实施农村公路

养护示范提升10650公里，福安、上杭、松溪获评第三批“四好农村路”全国示范县。

二、铁路

2019年，福建省累计完成铁路投资247.1亿元，占铁总下达年度投资计划247.35亿元的99.9%，完成福建省下达年度投资计划230亿元的107.43%，投资完成量年累增长11.61%。2019年全省在建铁路项目共10个，年度主要建设项目：干线铁路6条，分别是福平铁路、衢宁铁路、浦梅铁路（建宁至冠豸山段）、兴泉铁路（福建段）、福厦客运专线、龙龙铁路（龙岩至武平段）；其他铁路4条，分别是福州至长乐机场城际铁路、湄北支线收尾，长乐松下支线、宁德上汽专用线项目。批复了福州、厦门枢纽总图规划，漳汕高铁、昌福（厦）高铁、温福高铁、温武吉铁路、福州港口后方通道等项目前期工作有序推进。

三、水路

2019年，福建省累计完成港航固定资产投资90亿元，新增生产性泊位15个，全省沿海港口生产性泊位达481个，其中万吨级以上185个。福州港罗源湾港区将军帽作业区一期工程（15万吨级散货泊位）通过竣工验收，湄洲湾30万吨级主航道正式投入使用，湄洲湾港罗屿作业区9号泊位规模等级调整至30万吨级，港口接待能力持续提升。完工宁德蕉城雷东等陆岛码头7座，全省沿海陆岛交通码头增至274座，开通岛际和沿海客渡运航线78条，年渡运量达540万人次。

四、民航

2019年，厦门新机场、福州机场二期扩建工程立项获批复。福州和厦门开展积极申报国家级临空示范区的前期准备工作。晋江机场新增的13个机位及附属设施建成投用，扩能改造工程立项获批并完成可研报告；武夷山机场塔台改造通过行业验收；省重点建设项目三明机场机坪扩建工程顺利完成；龙岩冠豸山机场完成围界改造，龙岩新机场开展选址报批等前期工作。

五、邮政

截至2019年底，邮政基础设施不断完善，全省共设置邮政普遍服务营业场所1356处，其中城市320处，乡镇政府所在地营业场所892处，乡镇其他地区及交通不便边远地区营业场所144处，建设村邮站2280个，所有乡镇和建制村通邮率达100%。快递基础设施不断夯实，快递物流园区和产业园区网络布局合理，全省快递经营许可法人企业630家，分支机构3260家，快递末端网点6431个，快递网络乡镇网点覆盖率均达100%。

第三节　运输服务保障能力

一、道路运输

公共汽电车：截至2019年底，福建省共有公共汽电车经营业户105户，同比增长2.9%；共有运营车辆2.05万辆、折合2.26万标台，同比分别下降0.9%和0.5%；运营线路2090条、总长度3.71万公里，同比分别增长9.6%和11.9%。2019年，福建省完成公共汽电车客运量21.65亿人次，与2018年基本持平。

城市轨道交通：截至2019年底，福建省共有地铁经营业户3户，同比增长50.0%；地铁运营线路4条，同比增长100.0%；运营里程125.3公里，同比增长133.8%；配属车辆数834辆，同比增长104.4%。2019年，福建省完成地铁客运量 1.65 亿人次，同比增长 61.3%。

巡游出租汽车：截至 2019 年底，福建省共有巡游出租汽车经营业户 185 户，同比增长 0.5%；运营车数 2.29 万辆，同比增长 1.9%。2019 年，福建省完成巡游出租汽车客运量 5.82 亿人次，同比增长 0.8%。

道路旅客运输：截至 2019 年底，福建省共有道路旅客运输经营业户 438 户，同比增长 1.6%；共有营运载客汽车 1.46 万辆、43.49 万客位，同比分别下降 1.1%、0.2%。2019 年，福建省完成公路客运量 3.12 亿人、旅客周转量 189.99 亿人公里，同比分别下降 8.5%、10.4%。

道路货物运输：落实总质量 4500 千克及以下普通货运车辆营运证以及企业道路运输经营许可证有关政策要求，截至 2019 年底，福建省共有道路货物运输经营业户 5.25 万户，同比下降 43.3%；共有营运载货汽车 19.52 万辆、288.95 万吨位，同比分别下降 23.9% 和增长 10.2%。2019 年，福建省完成公路货运量 8.73 亿吨、货物周转量 962.48 亿吨公里，同比分别增长 13.1%、8.9%。

二、铁路

旅客运输：2019 年，福建省铁路旅客发送量完成 12741 万人，同比增长 5.3%；全省旅客周转量完成 396.25 亿人公里，同比增长 2.9%。

货物运输：2019 年，福建省货物发送量完成 4086 万吨，同比增长 16.1%；全省货物周转量完成 191.61 亿吨公里，同比增长 30%，连续第三年实现了福建省铁路运输客、货双增长。

三、水路

水路运输：截至 2019 年底，福建省拥有营运船舶 1690 艘、净载重量 1154.33 万吨位、载客量 3.28 万客位、集装箱位 27.75 万标准箱（TEU）、功率 322.23 万千瓦，同比增长 -6.1%、6.1%、-1.3%、9.8% 和 4.7%。全省完成水路旅客运输量 1820.58 万人、2.66 亿人公里，同比下降 5.6%、3.5%。完成水路货运量 4.23 亿吨，货物周转量 7135.60 亿吨公里，分别同比增长 14.7%、14.9%。

港口生产：2019 年，福建省港口货物吞吐量完成 5.95 亿吨，同比增长 6.0%。其中外贸货物吞吐量完成 2.38 亿吨，同比增长 13.0%；集装箱吞吐量完成 1725.97 万标准箱，同比增长 4.8%。

四、民航

机场旅客吞吐量：2019 年，福建省 6 个运输机场旅客吞吐量 5173.75 万人次，同比增长 4.6%。其中，福州机场完成 1476.02 万人次，同比增长 2.5 %；厦门机场完成 2741.34 万人次，同比增长 3.2%；泉州晋江机场完成 843.58 万人次，同比增长 13.3%；武夷山机场完成 64.11 万人次，同比下降 0.3%；三明机场完成 25.56 万人次，同比增长 25.3%；冠豸山机场完成 23.14 万人次，同比增长 11.6%。

机场货邮吞吐量：2019 年，全省民航运输机场累计完成货邮运输吞吐量 53.85 万吨，同比下降 1.1%。其中，福州机场完成 13.11 万吨，同比下降 1.6%；厦门机场完成 33.05 万吨，同比下降 4.3%；泉州晋江机场完成 7.53 万吨，同比增长 17.9%；武夷山机场完成 816 吨，同比下降 16.4%；三明机场完成 259 吨，同比下降 6.3%；冠豸山机场完成 473 吨，同比增长 31.7%。

民航运输：2019 年，全省民航旅客运输量完成 3618.06 万人、601.13 亿人公里，同比增长 8.7%、8.6%；民航货物运输量完成 27.71 万吨、6.94 亿吨公里，同比增长 2.7%、4.4%。其中，福州航空公司安全飞行 5.28 万小时，同比增长 6.7%；完成运输总周转量 4.59 亿吨公里，同比增长4.7%。厦门航空公司安全飞行56.56万小时，同比增长4.6%；完成运输总周转量55.30亿吨公里，同比增长8.3%。福建空管分局保障各类飞行27.66万架次，同比增长3.8%。中航油福建分公司保障福州、武夷山、三明机场5.9万架次，加油量38.21万吨。

五、邮政

福建省邮政业持续保持快速健康发展态势，2019年，行业日均服务超过1800万人次，全年新吸纳就业人员1.2万人，约占全省新增就业人员的2%。支撑网络零售约3500亿元，约占全省消费零售总额的20%。跨境业务持续快速增长，全年国际及港澳台快递业务量达5222万件，同比增长27.04%。重点快递企业国内重点城市间实现48小时送达。邮政普遍服务和快递服务满意度稳中有升，邮政业消费者对邮政企业有效申诉处理满意率为98.28%，对快递企业有效申诉处理满意率为97.15%。

第四节　行业治理体系建设

一、取消高速公路省界收费站

福建省在全国取消省界收费站工作中，工程建设进度全国第三、设备安装全国第六、系统联调联试全国第一；ETC全年发行总量是前10年总和的1.6倍，全国第八；ETC入口使用率达87%，全国第一。

二、法治建设不断深化

完善交通运输法治体系，积极推动《福建省交通建设质量安全监督条例》和《福建省渡运管理办法》，加快立法进程。

推行交通运输行政执法“三项制度”，推动执法行为过程信息全程记载、执法全过程可回溯管理、重大执法决定法制审核全覆盖。持续深化交通综合执法改革，构建省、市、县三级交通执法网络，推动交通执法重心下移力量下沉。全面推行“双随机、一公开”“三项制度”执法监管新模式，自改革至2019年底累计办结执法案件近100万件。

三、深化交通运输安全生产“五零”导向

启动交通运输安全生产六项重点行动，建立严格的警示、约谈及责任追究机制，内河水上客运、港口作业实现“零死亡”，道路运输乘客死亡事故和危货运输亡人事故分别下降20%和80%。全面开展安全生产风险防控和隐患排查治理，建立重大风险企业、地区和领域三张清单，首次组织第三方机构完成全省所有港口危货企业安全指导检查。建成全国首个省级港口危险货物安全监管综合服务平台。重点营运车辆动态监控考核指标居全国前列。

第五节　合作与交流

一、闽台交通融合发展

2019年，福建省与台湾地区海上客运直航船公司全年运送旅客225.05万人次，同比增长4.6%。完成厦门（泉州）—金门、福州—马祖“通桥”项目初步工程技术方案，以及向金门、马祖通气的运输保障工作方案，成功举办台湾海峡通道暨金马通桥专题研讨会。开通厦门、平潭至高雄的客、货滚装航线，湄洲湾港对台铁矿石保税中转常态化、多元化，新开辟台湾经厦门到莫斯科海铁联运通道，台湾货物抵达莫斯科时间节省15天。临时恢复开通至高雄、澎湖邮轮航线，厦门五通客运码头（三期）、福州马尾琅岐客运码头、台湾海峡两岸海上客运票

务平台建成投用。

二、推动两岸通用航空合作发展

贯彻落实习近平总书记在《告台湾同胞书》发表40周年纪念会上提出的两岸应通尽通“新四通”主张，经国台办和民航局港澳台办批准，2019年10月，民航厦门监管局应海峡两岸通航飞行员协会邀请，组团赴台开展海峡两岸通用航空交流研讨。10月底，民航厦门监管局向民航局、华东局及厦门市委、市政府提交了《应通尽通　先行先试　推动海峡两岸通用航空产业合作发展》的报告。

江西

第一节　整体概况

2019 年，江西省公路水路交通固定资产投资稳步增长，重点工作提速完成，赣江如期具备三级通航条件。服务经济发展能力稳步增强，服务民生再创佳绩，“放管服”改革成效明显。机构改革稳步推进，综合行政执法改革稳步实施。江西紧紧抓住并用好战略机遇期，持续推进运输结构调整，为建设交通强国作出更大贡献。

第二节　综合交通基础设施建设

公路水路交通固定资产投资稳步增长。面对持续加大的经济下行压力，江西全年固定资产投资完成 703 亿元，同比增长 12%，提前一个月超额完成交通运输部下达的投资任务。高速公路完成投资 140 亿元，广吉、鄱阳湖二桥、昌九改扩建、抚州东外环等 4 个项目建成通车，大广高速公路南康至龙南扩容工程、赣皖界至婺源、宜井遂、宜春西绕城（三阳至新田段）、上饶至浦城 5 个项目开工建设。普通国省道完成投资 281 亿元，完成升级改造 704 公里，“畅安舒美”示范路建设 937 公里，养护大中修 2981 公里，危桥改造 165 座，安全生命防护工程 2173 公里。农村公路完成投资 230 亿元，完成县道升级改造 1627 公里，窄路面拓宽改造 4415 公里，组组通水泥路 5063 公里，危桥改造 1537 座，安全生命防护工程 14691 公里，全面完成乡镇建制村“畅返不畅”整治任务。综合客货运枢纽完成投资 3.98 亿元。吉安、高安综合客运枢纽基本建成，横峰、鄱阳、安远 3 个县级客运站建成。

水运建设完成投资 47 亿元，赣江全线 6 个梯级枢纽船闸（万安枢纽、石虎塘航电枢纽、峡江水利枢纽、新干航电枢纽、龙头山枢纽、井冈山航电枢纽船闸）全部建成，具备三级通航条件。信江八字嘴航电枢纽、双港航运枢纽、界牌枢纽船闸改建工程、信江界牌至双港渠化航道整治工程稳步推进。九江红光码头主体工程基本完成。鹰潭港余江港区中童作业区综合码头一期工程、九江赤湖公用码头等项目开工建设。

铁路建设成果丰硕。昌赣客运专线开通运营；福平铁路平潭海峡公铁两用大桥全桥合龙，浦梅铁路莲花山隧道顺利贯通，赣深、福厦客运专线及福平、昌景黄铁路等在建项目有序推进，龙龙铁路龙岩至武平段开工，昌九、长赣客运专线铁路前期工作进展顺利。推进赣江新区多式联运中心、向塘物流枢纽、昌北物流基地、赣州无水港二期工程和赣江货运码头建设。

江西“航空强省”战略深入实施。2019 年省市政府针对南昌机场航空发展资金投入累计近 7 亿元。省机场集团狠抓重点项目建设管理，各重点建设项目顺利推进。南昌机场重点项目加速推进，加速推进南昌机场 T2 航站楼 C 指廊延伸及飞行区配套工程工作，南昌机场三期建设完成预可研报告的编制，南昌机场三期建设先行工程正式开工。口岸建设取得重大进展，南昌机场“一货站三中心”（快件中心、邮件中心、通关中心、新国际货站）已全部投入运营。南昌机场T1航站楼全面投入使用。支线机场建设工作稳步推进，赣州机场T2航站楼顺利转场，吉安机场新航站楼顺利启用。宜春机场扩建工程完成竣工和行业验收，九江机场复航改造工程已竣工并通过行业验收。

2019年，邮政快递企业总部在赣投资项目17个，投资总额80.47亿元，其中外资2亿美元，创历史新高。昌北机场空侧综合邮件处理中心等一批重大建设项目进展顺利。快递企业开通5条全货机航线和42条高铁邮路。推动南昌国际快件监管中心和国际邮件互换局设立运营。实施快递网点标准化提升工程，城市自营快递网点标准化率达到93%，高校快递规范化服务覆盖率达到100%。

第三节　运输服务保障能力

江西加快交通项目进村入户，在2018年完成25户以上自然村通水泥路的基础上，全省所有村民小组通水泥路，在全国率先实现“组组通”。完成贫困地区农村公路新改建7678公里，推动“四好农村路”发展，新增全国示范县3个、累计达7个，新增省级示范县8个，累计达32个。

加快推进取消高速公路省界收费站工作，完成918套ETC门架系统建设、1569条ETC车道和28个省界站正线工程改造。发行ETC347.17万套，全省累计发行544.77万套。完成收费公路收费车型分类及车辆通行费标准调整，对地方性通行费减免政策进行清理。认真执行高速公路差异化收费、鲜活农产品运输“绿色通道”等优惠政策，全年减免通行费60.33亿元，同比增长7.12%。

公路运输完成货运量17亿吨、货物周转量4064亿吨公里，均同比增长8.1%。全省集装箱吞吐量71.4万标准箱，同比增长14.8%。赣州国际陆港年吞吐能力由原来20万标准箱提升到120万标准箱。积极推进“互联网＋货运”发展，无车承运试点企业车辆利用率提高近50%，交易成本下降约10%。

网约车合规化进程加速，主要运营平台许可数量位居全国前列。扎实推进城乡客运一体化发展，南昌市通过交通运输部“公交都市”创建验收，赣州市、上饶市通过省级“公交城市”创建验收。新增8个镇村公交试点县（市），累计达34个。永修服务区等4个“司机之家”试点建设项目投入运营。加快客运转型升级，上饶市在全省率先探索“互联网＋班线＋旅游”模式。

推进交通“厕所革命”，新建交通公厕52座，改建37座。大力推行“交通＋产业”“交通＋旅游”等扶贫新模式。淘汰营运老旧车16571辆、老旧船舶228艘。新增及更换公交车1454辆，其中新能源车占比96.4%。运输结构调整取得实效，铁路货运量增加178万吨，提前一年超额完成交通运输部下达铁路增量目标。86座取缔类非法码头全部拆除并复绿。51座规范提升类码头，完成手续24座、拆除19座，保留8座作为民生应急通道。争取中央和省级财政预算资金100.5亿元。

申请到政府专项债146亿元，较去年增加103亿元。省高速集团融资672亿元，其中25亿元中期票据创全国同期最低利率。省港投集团融资51.08亿元，增加授信50.1亿元，累计获得201.6亿元银行授信。省公路投资公司融资19.62亿元。严格油补资金管理，农村客运和出租汽车行业油补资金绩效评价位列全国第一。

2019年，中国铁路南昌局集团有限公司管辖赣闽两省全部和湘鄂浙皖四省部分铁路，营业里程8145.7公里。全年完成旅客发送量2.45亿人、同比增加1202.9万人、增长5.2%，其中动车组1.82

亿人、同比增长8.2%。完成货物发送量9057.3万吨、同比增运477.7万吨、增长5.6%。

围绕运输供给侧结构性调整战略，大力推进货运增量行动，畅通公转铁项目落地“最后一公里”，实现公转铁运量339.5万吨。抓好互保运量兑现，大宗货物稳中有增。拓展机制砂和石子等项目，实现增量312.66万吨。依托赣州港二期、向塘物流园二期开通运营及新图线条优势，开行中欧中亚班列589列，增幅93.1%。发挥长江经济带地域及海铁联运政策优势，开发赣州至厦门港、深圳港出口项目。优化装卸车运输组织方案，实现日均装车4332辆，同比增加295辆，增幅7.3%，为近8年同期最好成绩，10月21日装车5111辆、10月26日卸车7111辆，双双创下历史纪录。大力推进客运提质计划，动态优化“一日一图”，建立动车票价灵活调整机制；深化“厕所革命”，投入284.5万元改造20个重点车站厕所，站车卫生环境得到改善；巩固客站畅通工程，推进高铁电子客票、站车智能化服务、铁路与地铁安检互认。推行无人售票厅、动车组网络点餐等一系列便民措施。大力推进实施“复兴号”品牌战略，5对直达列车升级为复兴号。4个车站、22对列车获得全路“文明车站”“红旗列车”称号。通过推行机车长交路、乘务区段化，提高主要货运通道牵引定数，优化困难区段货车标尺，全面提升了运输效率。

南昌昌北国际机场完成全年货邮吞吐量12万吨的目标任务，成功处置“8•24”全货机占用跑道特情事件。省机场集团完成运输架次15.25万架次，同比增长5.58%，旅客吞吐量1845.7万人次，同比增长6.47%，货邮吞吐量12.99万吨，同比增长42.14%。南昌机场完成运输架次10.65万架次，同比减少0.88 %，旅客吞吐量1363.7万人次，同比增长0.84%，货邮吞吐量12.25万吨，同比增长48.32%，国际（地区）旅客吞吐量达89.8万人次，同比增长18.3%。

2019年，全省邮政快递业业务总量完成230.18亿元，全国排第14位，同比增长30.31%；业务收入完成139.03亿元，全国排第15位，同比增长19.58%。全省快递服务企业业务量完成7.77亿件，同比增长25.50%；业务收入完成84.30亿元，同比增长25.66%。全省人均年使用快递服务51次。新增社会就业1万余人。邮政普遍服务和快递服务满意度稳中有升，消费者申诉处理满意率达到99.2%，为消费者挽回经济损失87.6万元。圆满完成新中国成立70周年、世界VR产业大会等重大活动期间寄递服务和安保任务，以及“双11”旺季服务保障工作。

第四节　行业治理体系建设

省交通运输厅“放管服”改革成效明显。推行“互联网＋监管”175项、“一次不跑、只跑一次”101项，率先在全省推行交通政务服务“六统一”，大件运输许可实现全国“一次不跑”“一地办证、全线通行”。机构改革稳步推进，厅属5家单位行政职能划归厅机关，综合行政执法改革稳步实施，省委办公厅、省政府办公厅印发实施《关于深化全省交通运输综合行政执法改革的实施意见》，所有设区市及74个涉改县（市、区）均出台了综合行政执法改革方案。完成海事（船检）职能下放和人员划转，厅属11家涉改生产经营类事业单位改企工作全面完成，3家正在推进。“放管服”改革纵深推进，进一步简政放权，行政许可取消2项、改为备案1项、承接2项、下放1项。加大“证照分离”，完成11项“双随机一公开”任务。提前实现普货运输车辆“两检合一”、全国异地综合性能检测和网上年度审验，为全省货运业主减负3.72亿元。线下统一推行交通政务服务事前事中事后“四有四免”、延时错时服务。线上积极对接“赣服通”应用，公交卡、道路运输证、大件运输、ETC 等业务实现手机申报、办理和查询，68 项事项实现“网上办”，政务服务 ETC 办理一次不跑被国务院作为经验典型。港口资源整合工作扎实推进。制定出台了《江西省港口资源整合工作方案》和《江西省港口资源整合工作实施细则》。确立了港口资源整合主体，组建江西省港口集团。摸清了现有货运码头基本情况，同步推动码头新、改、扩建前期工作。按整合要求分类施策，积极推动合作商谈，已与 14 家码头企业签订合作或划转协议，与 9 家码头企业达成合作意向，清产核资、审计与资产评估全面展开，整合工作取得阶段性成效。

中国铁路南昌局集团有限公司大力推进非运输企业产品升级和产业升级，站车商业、广告、旅游酒店业务得到巩固提升；积极拓展城市配送、供应物流、第三方物流服务业务，推动运输服务与现代物流融合发展，物流商贸实现转型升级；深化涉铁工程一体化经营，大力发展 EPC 项目模式，建筑施工产业经营效益大幅提升；发挥国家政策与铁路土地资源优势，创新开发方式，土地综合开发取得新突破；加大新产品开发力度，加工制造产业链条得到延伸；充分利用各系统、各单位自身资产资源特点，合力推进其他业务经营开发，其他业务实现快速发展。

省机场集团出台《南昌机场空空中转团队旅客奖励办法》，充分调动航空公司、旅行社资源。完善中转服务保障流程，发布“经昌飞”中转服务品牌。南昌昌北国际机场积极开拓航空货源市场，与 20 多家航空公司、货运代理企业及货主企业签订新的货邮增量合作协议，推动顺丰等快递公司加大“陆转航”货量。省机场集团开展服务质量重点攻坚专项行动，着力提升航班正常管理水平。南昌机场不断优化地面指挥流程，制定《南昌机场航班正常管理实施方案》，充分挖掘运管委平台协同运行效能，挽救临界不正常航班 726 班，以 85.72% 的放行正常率排在全国千万级大型机场第 10 名。积极落地民航局“无纸化”登机、自助值机、行李自助托运服务等 9 项便民举措。

持续优化快递业务经营许可审批流程，审批时限压缩一半，许可办理实现了“一次不跑”。助力政务事项“一网通办”，引导邮政企业入驻各级行政服务中心，实现了“线上办事 + 线下寄递”。深入开展企业安全生产标准化建设，狠抓寄递安全“三项制度”落实。

第五节　科技创新

信息化建设方面。启动信息化项目建设 16 个，建成 8 个，完成新一代国家交通控制网和智慧公路试点工程昌九试验段建设，实现国内首个高速公路货车 3 车编队车路协同自动驾驶测试。成功举办“2019 年中国（江西）国际移动物联网博览会”智慧交通分论坛。科技创新方面，获省级科技进步奖二等奖 1 项，中国公路学会科技奖一等奖 1 项、二等奖 2 项、三等奖 1 项，“交通 BIM 工程创新奖”二等奖 1 项，科技示范工程项目 1 个，列入部重大创新成果库 1 项。交通设计院成功申报“江西省公路三维数字化工程研究中心”。

教育培训方面，交通职业技术学院被教育部认定为国家优质高等职业院校，并成功入选中国特色高职院校高水平专业群建设单位。交通干部学院培训质量和服务保障水平进一步提升。交通技工学校被评为国家高技能人才培训基地，办学能力不断增强。

第六节　安全与应急

全年交通运输行业未发生重特大事故，水上交通领域未发生安全生产亡人事故，道路客运事故死亡人数同比下降 12%。新中国成立 70 周年大庆等重要敏感时段行业安全平稳有序。排查五大领域安全隐患 14.1 万处，并基本完成整改。持续开展“打非治违”专项行动，查处道路运输类违法违规经营行为 1.5 万起，查处“黑车”非法营运 7214 起，责令企业停业整顿 61 家，将 917 名驾驶员列入黑名单管理。完成全省 13155 辆危货运输车辆 4G 视频监控设备安装，启动道路运输车辆智能监控设备安装。92 家客运企业、1334 条客运线路开展“线长制”管理试点。全省交通运输系统辨识风险点 7251 处，采取管控措施 1.3 万条。编制完成交通运输行业安全生产风险“一图一牌三清单”通用参考指南和风险等级判定指南。启动购买第三方安全监督服务试点，引进第三方机构参与全省交通运输安全监督管理。落实平安交通建设，强化矛盾纠纷排查化解，全年未发生非法上访事件。

铁路运输安全持续稳定。深化“万无一失”理念，坚守确保高铁和旅客列车安全的政治红线和职业底线。完善全员安全生产责任制，强化安全红线管理和纪律约束，干部履职质量考评机制逐步健全，安全生产主体责任有效落实。强化超前防范，推进落实安全双重预防机制，以高铁及客车径路为重点，推动行车主要设备质量整治常态化。加快推进标准化规范化建设，系统性安全保障水平得到提升。落实主要行车工种“三年轮训”工程。开展 12 项安全关键整治，推动 29719 件隐患销号闭环。实施专业部室 24 小时应急联合值守制度，提升应急处置效能。动态修订岗位作业指导书。推进高铁综合维修一体化，39 个综合工区全部实现生产一体化。强化季节性安全风险监督检查和专业管理，确保全国两会、新中国成立 70 周年等重要时期安全稳定。

第七节　合作与交流

国家“一带一路”倡议提出以来，省交通建设企业认真把握机遇积极实施走出去战略。2019 年，江西省交通集团海外公司等交通建设企业继续赴埃塞俄比亚、肯尼亚、波黑等非洲和欧洲国家进行工程承包市场调研、参与当地工程项目建设与管理。江西省交工集团与江西中煤组成联合体中标埃塞 MOTA 公路项目。该项目于 2017 年 9 月 9 日正式动工，2019 年项目建设进展顺利，项目总长 63.04 公里，工程工期 3.5 年，合同金额为 16.18 亿比尔。

省交工集团肯尼亚公司签约的肯尼亚 Kendu Bay 供水及污水处理工程项目开工建设。交工集团肯尼亚公司连续中标两个非洲发展银行融资的肯尼亚市政供水项目，合同金额分别为 576 万美元和 1732 万美元，合计人民币近 1.6 亿元。

山东

第一节　整体概况

2019年是山东交通运输发展极不平凡、具有重要里程碑意义的一年。在交通运输部和山东省委、省政府坚强领导下，山东交通运输系统以习近平总书记视察山东时提出的“加快交通互联互通、为高质量发展提供强力支撑”重要指示为指引，围绕中心、服务大局，担当作为、狠抓落实，着力提升服务能力和保障水平，在已有的良好工作基础上取得重要突破。

加快构建综合交通管理体制，省市县机构改革把地方铁路、机场、轨道交通、城市地铁的规划建设管理和组织协调综合运输的职能，统一划入交通运输部门，从根本上改变了过去公、铁、水、空等多种运输方式各自规划、分头建设、分散管理的局面，全省形成了真正意义上的“大交通”管理体制。

山东省委、省政府以整合交通运输资源为切入点、以国有企业为骨干，全面整合高速公路、铁路、港口、机场、水上运输等交通资源，在做大做强山东高速集团、齐鲁交通发展集团的基础上，组建了省铁路投资控股集团、机场管理集团、港口集团、海洋及水运发展集团，形成了六大省属交通类企业，打造了交通运输投融资、建设和运营的大平台。

截至2019年底，山东公路通车总里程达28.03万公里，公路密度达178.9公里/百平方公里，分别居全国第3位、第3位；高速公路通车里程达到6447公里，实现“县县通高速”。全省铁路营运里程达到6589公里，其中高速铁路1987公里，形成了环鲁高铁网。全省沿海港口7处，共有万吨级以上泊位326个。内河通航航道1150公里，京杭运河山东段“三改二”升级改造全线推进，小清河复航工程全面启动。民用运输机场形成“两枢纽一干六支”9个机场格局，通用机场达到11个。全省初步形成8个综合客运枢纽，等级客运站基本覆盖全省所有乡镇。济南、青岛城市轨道交通运营里程达到232.5公里。

第二节　综合交通基础设施建设

2019年，山东省抓住稳投资、补短板的重大机遇，强力推进交通基础设施建设，全年完成投资1750亿元，创历史新高，为山东经济社会发展作出重要贡献。

铁路建设取得重大进展。国家铁路集团、山东省政府签订推进山东铁路建设会谈纪要，共同成立推进高铁建设工作专班，山东省政府办公厅印发《关于促进高速铁路建设的意见》，鲁南、德龙烟等8个合资铁路公司完成“一省一公司”整合组建。2019年，山东铁路建设累计完成投资375亿元，鲁南高铁日照至临沂至曲阜段提前一年建成通车，结束了沂蒙革命老区不通高铁的历史，省内高铁成环运行，高速铁路里程达到 1987 公里。鲁南高铁菏泽至曲阜段、潍莱高铁加快建设，鲁南高铁菏泽至兰考段、济莱高铁、济郑高铁、黄台联络线开工建设。邯济胶济联络线等干线普速铁路和 7 条铁路专用线开通运营，全省铁路运营里程达到 6589 公里。

公路建设高质量推进。山东全年公路建设累计完成投资 1120 亿元，公路总里程达到 28.03 万公里，公路密度达到 178.9 公里 / 百平方公里。济青高速、巨野至单县等 9 条、771 公里"四改八"和新建高速公路建成通车，高速公路通车里程达到 6447 公里，六车道以上占比提升到 24%，实现"县县通高速"。濮阳至阳新高速公路菏泽段、沾化至临淄、济南至高青等 5 条高速公路开工建设。普通国省道实施 1240 公里断头路、瓶颈路及低等级路段提升，养护大中修 1323 公里。"四好农村路"三年集中攻坚专项行动取得阶段性成果，新改造农村公路 1.4 万公里，两年完成 3.2 万公里改造任务，行政村通沥青（水泥）路率达到 100%。围绕服务乡村振兴，全面启动农村通户道路硬化工作。

港航建设发展不断加快。累计完成投资 106 亿元，青岛港全自动化码头二期工程、日照港岚山港区 20 万吨级大宗散货码头等建成投产，沿海港口新增万吨级以上泊位 19 个，港口总通过能力达到 9.1 亿吨。京杭运河山东段"三改二"升级改造工程和湖西航道整治工程全线推进，万年复线船闸工程交工验收。小清河复航工程 PPP 项目公司注册成立，项目建设已启动。

机场建设有力推进。累计完成投资 110 亿元，青岛胶东国际机场、临沂机场改扩建工程基本建设完成，菏泽牡丹机场、烟台机场二期、威海机场扩建工程开工建设。加快通用机场发展，截至 2019 年底，山东省通用机场达到 11 个。济南国际机场二期改扩建工程扎实推进，中国民用航空局正式批复机场总体规划修编。

城市轨道交通建设取得新进展。青岛地铁 6 号线开工建设，济南轨道交通 R1 线、R3 线一期工程及青岛地铁 2 号线西段开通运营。山东省城市轨道交通运营里程达到 232.5 公里。

第三节　运输服务保障能力

运输结构调整步伐加快。2019 年，山东省综合运输累计完成客运量 7.4 亿人、货运量 30.75 亿吨。铁路运输完成货运量 2.4 亿吨，同比增长 9.3%。全省港口资源整合后，发展势头强劲，沿海港口吞吐量累计达到 16.1 亿吨，同口径较去年增长 9%，居全国第 2 位。其中，山东省港口集团完成货物吞吐量 13.2 亿吨，同比增长 10.7%。

物流降本增效成效显著。2019 年，山东省高速公路共减免通行费 35.29 亿元，撤销 7 处普通国省道收费站点。大力发展多式联运，组织 130 家企业、协会成立多式联运发展企业联盟，国家级多式联运示范项目达到 4 个，省级示范项目 33 个。"齐鲁号"欧亚班列运行突破千列。青岛港集装箱海铁联运完成量连续 4 年居全国沿海港口第一位。深化无车承运人试点，10 家试点企业累计整合车辆 6.1 万辆，运量 8100 万吨。积极推进城乡绿色配送体系建设，青岛、临沂列入国家城市绿色货运配送示范城市，淄博、烟台、潍坊列入国家城乡高效配送试点城市。

公共交通发展成绩突出。济南、青岛公交都市示范城市创建通过交通运输部验收。城乡客运一体化发展有力推进，山东 5A 级市县达到 92 个，占比达到 73%。全省 16 市与全国 255 个中心城市实现交通一卡通支付互联互通。全省网约车平台公司达到 46 家，合规网约车达到 3.5 万辆，驾驶员 6 万余名。

道路货运健康发展。建成20个“司机之家”试点项目，交通运输部、中华全国总工会在山东泰安召开“司机之家”建设现场推进会。普通货运车辆年审正式上线运营，建成全省汽车维修电子健康档案系统，实现汽车维修业户联网。335家道路运输车辆综合性能检测机构实现“三检合一”。

第四节　行业治理能力

“放管服”改革持续深化。2019年，在省级行政审批事项压减60%的基础上，山东省交通运输系统梳理形成行政权力和公共服务事项清单279项。全面开展省级行政许可流程再造，共精简申请材料14个、压减办理时限533个工作日、减少办理环节49个。推进“信用交通省”建设，建成全省交通运输信用信息管理平台。

执法建设和治超工作全面加强。制定交通运输行政处罚裁量基准和违法行为处理、非现场执法等工作规范，在山东省交通运输系统开展严格规范执法专项整治。山东省交通运输厅联合省高院、省检察院、省公安厅，在全国率先构建交通运输重点领域行政执法和刑事司法衔接机制。加大治超力度，强化交通、公安联合执法，查处超限超载案件60余万件。大力推进非现场执法，规划非现场执法站点481处，试点40处。比全国统一时间提前一个月实施高速公路入口称重检测治超。

绿色循环低碳交通运输体系建设加快推进。山东是交通运输部确定的4个绿色交通示范省之一，2019年高标准通过部考核验收。2015—2018年四年创建期内，全面完成24个重点支撑项目建设，累计完成投资231.5亿元，实现节能量23.8万吨标准煤，替代燃料59.2万吨标准油，减排二氧化碳75.6万吨，形成了一批绿色交通城市、绿色公路、绿色港口、绿色航道等示范样板项目，基本建立起山东绿色循环低碳交通运输体系。

行业文明建设更加有力。全面推进新时代文明行业创建工作，梳理山东省交通运输行业文化品牌，总结提炼行业精神，深化“凡人善举 一路有爱”先进典型选树，山东省交通运输系统10个集体、8名先进工作者和16名劳动模范获评全国交通运输系统先进。全面做好新中国成立70周年交通发展成就、加快交通基础设施建设等重大主题宣传，提升了山东交通运输影响力。

第五节　科技创新

立足大交通，以完善行业科研平台体系为主线，促进各类科研要素有效聚集，全行业科技创新更富活力。加快交通创新体系建设，山东省交通运输厅下达2019年度全省交通运输科技计划69项，涵盖道路、机场、轨道等综合运输领域。完善省级交通运输行业科研平台体系，组织开展省级行业科研平台认定工作，组建智慧交通重点实验室，认定13家省级行业实验室和12家省级行业研发中心。以山东高速集团为依托单位的公路交通节能与环保技术及装备研发中心，获全国交通运输行业“十大创新平台”称号。

第六节　为民服务

圆满完成取消高速公路省界收费站任务。按照国家下达任务，山东省2019年底前需新增ETC用户1247万，占全国的11.5%，数量全国第一，任务十分艰巨。山东省交通运输系统经过艰苦努力，到2019年底，ETC发行量完成1357.93万，超过计划8.17%，全面完成3456条ETC车道升级改造，建设完成ETC门架1108套、不停车称重检测设施 472 个，取消全部省界收费站。

交通扶贫攻坚成效显著。2019 年，山东省完成扶贫道路改造提升 482 公里，客运公交改造比例超过 70%，建设黄河滩区脱贫迁建道路 305 公里。全年新增 396 个建制村通客车，建制村通客车率达到 99.8%。

群众关切得到有力回应。山东省交通运输厅 3 次参加省人大常委会现场问询、2 次参加山东卫视《问政山东》电视直播、5 次参加省政府新闻发布会，对反映的问题及时开展专项整治。整合各类受理渠道，打造了“12328”服务监督热线综合平台。全省各级交通运输部门认真参加当地问政节目，解决了一批群众诉求和反映的问题。

第七节　安全与应急

全面加强安全生产和维稳工作。2019 年，山东省交通运输系统较大事故起数、死亡人数大幅下降，未发生重特大事故。建立战时工作机制，圆满完成庆祝新中国成立 70 周年、青岛海军节、上海进博会等重大活动交通运输安保维稳任务。巩固危化品运输车辆本质挂靠整治成果，组织开展“回头看”，问题整改率达到 97.85%。开展道路危险货物运输、道路客运、危险货物港口作业专项治理，切实加强铁路道口安全管控。扎实推进公路安全生命防护整治提升工程和公路隧道提质升级专项行动。全面做好交通战备工作，重新组建了省级国防交通专业保障队伍。认真履行扫黑除恶、综治、维稳、反恐、禁毒、打私等职责，圆满完成行业综合治理任务。

第八节　队伍建设

按照中央和山东省委统一部署，山东省交通运输系统深入组织开展“不忘初心、牢记使命”主题教育，党员党性觉悟、宗旨意识有了较大提高。全面加强党风廉政建设，集中整治形式主义、官僚主义，开展基层党支部标准化建设。加强干部人才队伍培养，山东交通职业学院成功入选国家“双高计划”和省双优职业院校，山东公路技师学院设立省委党校（山东行政学院）交通运输厅分校。

丰富职工文体生活，开展多层次、多类型群众性建功立业活动，激发广大干部职工积极投身交通运输高质量发展的热情。

切实做好离退休干部、群团、机关服务和后勤保障等工作，有效凝聚发展合力。

河南

第一节 整体概况

2019 年是河南交通运输发展极不平凡的一年，9 月 16 日至 18 日，习近平总书记亲临河南视察指导工作，要求河南要在中部地区崛起中奋勇争先，强调要加强重大基础设施建设，加快构建便捷畅通的综合交通体系。9 月 4 日，交通运输部杨传堂书记专程赴河南调研指导取消高速公路省界收费站工作，强调要突出重点聚力攻坚确保如期优质完成撤站任务。3 月 17 日至 18 日，李小鹏部长赴河南调研了交通运输脱贫攻坚和“四好农村路”建设工作并给予充分肯定，指出河南在“四好农村路”示范引领、运邮结合、管养长效机制探索、护路员公益岗位、路域环境整治等方面做法值得推广。戴东昌副部长、刘小明副部长先后赴河南对交通运输项目建设、道路运输发展、安全生产等工作进行了指导。省委书记王国生 3 次到省交通运输厅调研指导工作，两次查看交通重点项目。省长陈润儿主持召开全省“双千工程”建设推进会，有力促进了高速公路“双千工程”项目顺利开工。全省各有关部门和单位、地方各级党委政府对交通重点项目、重大工程倾力支持，全省交通运输发展取得了显著成效。

2019 年，河南省交通运输系统以“1+3+3”重点工作为抓手（1 即以党建高质量推动交通运输发展高质量，两个 3 即高速公路“双千工程”、农村公路“百县通村入组工程”、乡村客运“万村通客车提质工程”三大工程和高速公路管理“百站畅通”“百区创星”“一线安居”三大行动），奋勇拼搏，真抓实干，全年交通投资创历史新高，高速公路“双千工程”全部开工建设；“四好农村路”建设全国领先，示范县数量全国第一，全国多式联运示范工程 3 个；提前半年完成交通脱贫兜底性任务，成功入选国家首批交通强国建设试点，全省交通运输高质量发展迈出了坚实步伐。

截至 2019 年底，全省公路通车总里程达 27 万公里，居全国第 5 位；公路密度达 161.6 公里 / 百平方公里。其中：高速公路 6967 公里，位列全国第 5 位，全省高速公路日均车流量约 160 万辆，每天通行费收入超过 1 亿元；国省普通干线公路 3.1 万公里，居全国第 5 位；农村公路 23.2 万公里，居全国第 4 位。全省拥有营运车辆 88.9 万辆，其中货运车辆 79 万辆、客运车辆 3.6 万辆、出租车 6.3 万辆。全省水运通航里程 1675 公里，港口码头泊位 97 个，年吞吐能力 1967 万吨，形成了沙颍河、淮河两条“通江达海”的水运通道。全省铁路营运里程 6407 公里，其中高速铁路 1936 公里，时速 350 公里以上的高速铁路 1728 公里，分别位居全国第 7 位、第 5 位、第 1 位。全省各种运输方式货物运输总量 21.86 万吨、增长 8.4%，货物周转量 8596 亿吨公里、增长 9%，旅客运输量 11.15 亿人次，旅客周转量 2013 亿人公里，增长 1.7%。郑州新郑国际机场旅客发送量 2913 万人次、货邮吞吐量 52.2 万吨，保持中部双第一。快递业务量同比增长 38.3%，增速排名全国第一。郑州轨道交通通车里程 151.6 公里，年末客运量超过 4.1 亿人次、增长 41%。

按照交通强国建设、加快中部崛起、黄河流域生态保护和高质量发展等国家战略要求，统筹推进郑州航空港经济综合实验区、中国河南自由贸易试验区、郑洛新国家自主创新示范区、中国郑州跨境电子商务综合试验区、国家大数据河南综合试验区等五区联动发展，加快空中、陆上、网上、海上四条丝绸之路协同建设，组织起草了《河南省关于贯彻落实交通强国建设纲要的实施意见》，开展了《河南省综合立体交通网规划纲要》《河南省"十四五"综合交通运输发展规划》《河南省现代高速公路网规划》《河南省内河水运网规划》编制工作，着力打造"一核两圈三网五极十通道"综合交通体系。"一核"为郑州大都市区；"两圈"为 123 出行交通圈和全球 123 快货物流圈；"三网"为国际层面的"丝绸之路网"、区域层面的"九州通豫网"和省域层面的"中原畅行网"；"五极"为洛阳、商丘、南阳、信阳、"安阳—鹤壁—濮阳"五大综合交通枢纽；"十通道"为"米 + 井 + 人"字形综合运输通道，初步确定了未来 30 年河南综合交通发展方向。

第二节　综合交通基础设施建设

2019 年全省交通基础设施建设完成投资 1191 亿元，同比增长 10%。公路水路方面，克服土地环保制约、资金筹措压力、投资主体更换、审批时间紧张等多重困难，总里程 1002 公里、总投资超过 1000 亿元的高速公路"双千工程"全部开工建设。全年完成公路水路基础设施投资 609.9 亿元，创历史新高。周口至南阳等 5 条 367 公里高速公路建成通车，全省高速公路通车里程达到 6967 公里。官渡和焦荥等 4 座黄河大桥建成通车，全省通车黄河公路桥达到 21 座；沙颍河周口至漯河段通航，漯河港开港，综合交通设施网络不断完善。铁路方面，郑渝高铁郑襄段、郑阜高铁、京港高铁商合段三条高铁同日开通运营，南阳、平顶山、周口 3 市齐步迈入"高铁时代"，有效改善了沿线 3000 多万群众的出行条件，全省新增高速铁路 610 公里，米字形高铁网成形在即；万吨重载煤运通道浩吉铁路建成投用，河南形成"四纵五横"大能力干线铁路网；全省铁路里程达到 6407 公里，复线率、电气化率分别达到 84.2%、85.8%。民航方面，郑州机场三期工程前期工作稳步推进，航站区规划及 T3 航站楼概念性设计方案已经省政府研究审定，机场总体规划修编形成初步成果，北货运区工程和南飞行区改造工程可研审批手续加快完善；安阳、商丘两个支线机场项目可研要件齐备；周口西华通用机场建成投用，洛阳龙门通用机场开工建设。邮政方面，中国邮政航空邮件处理中心等项目加快推进，物流快递设施网络进一步优化。

图 7-16-1　官渡黄河大桥（侯凯耀　摄）

第三节　运输服务保障能力

全省公路客运量达到 9.1 亿人次，旅客周转量699亿人公里；货运量25.5亿吨，同比增长8.2%，货物周转量6446.5亿吨公里，同比增长9.4%。全省高速公路客车流量增长11.1%，货车流量增长14.5%，货物运输量增长10.3%，分别居全国第6、2、10位，绝对量分别居全国第5、6、6位。全省铁路完成客运量1.8亿人次，同比增长6.9%，旅客周转量1091.3亿人公里，同比增长2.8%；货运量1.1亿吨，同比增长4.9%，货物周转量2079.8亿吨公里，同比增长3.2%。郑州、洛阳、南阳、信阳4个机场共完成旅客吞吐量3257.3万人次，同比增长9.9%；货邮吞吐量52.58万吨，同比增长1.6%，其中郑州机场完成旅客吞吐量2912.93万人次，同比增长6.6%；货邮吞吐量52.2万吨，同比增长1.4%，保持中部地区"双第一"。水路客运量达到306万人，旅客周转量6556万人公里，同比增长7.1%；货运量1.7亿吨，同比增长21%，货运周转量212.3亿吨公里，同比增长18.7%。邮政行业业务总量累计完成590.5亿元，同比增长35.2%。其中，快递业务量累计完成21.1亿件，同比增长38.3%，增速居全国首位。多式联运方面，郑州国际陆港公司多式联运示范工程被正式命名为国家级示范工程，总数达到3家。联合8部门印发文件，提出了多式联运提单物权化实施路径，为推动"一单到底"奠定了基础。全省开通多式联运示范线路24条，集装箱公铁、铁水联运量超过47万标准箱。周口港开通集装箱货运航线，实现了省内河集装箱运输零的突破。

第四节　"四好农村路"建设

创新实施农村公路"百县通村入组工程"，全年新改建农村公路1.02万公里，新增1.1万个自然村通硬化路，65个县基本实现20户以上自然村通硬化路。实施乡村客运"万村通客车提质工程"，全省所有具备条件的行政村全部实现通客车，潢川、兰考等30个县（市、区）被评为第一批省级示范县，鹤壁、平顶山、济源、濮阳、安阳等农村客运公交化率达60%以上，洛阳、信阳、周口、巩义等14个市县全域取消预约班。新增孟州、孟津、鄢陵、桐柏等4个"四好农村路"全国示范县，全省国家级示范县达到10个，位居第一。全国政协"四好农村路"网络议政远程协商会选定河南作为分会场，焦作市在全国"四好农村路"高质量发展会议上就全域创建作经验交流发言。汤阴、封丘等14个县获评全省第三批"四好农村路"示范县，省级"四好农村路"示范县达到31个。

图7-16-2　内乡县农村公路

第五节　交通脱贫和惠民服务建设

2019年全省贫困地区完成交通基础设施投资329.1亿元，拟退出的14个贫困县提前半年完成"通硬化路、通客车"目标。卢氏、台前、淅川、嵩县等4个深度贫困县和1235个深度贫困村交通面貌明显改善，39个已脱贫县交通脱贫成果持续巩固，全省所有易地搬迁安置区实现至少有一条通畅的对外出口路。台辉高速公路台前至范县段提前一年通车，结束了台前县不通高速公路的历史。建成快递社区末端综合服务站5418个、智能快件箱21629组，乡镇快递网点3195个；打造三门峡苹果、南阳猕猴桃、焦作山药、信阳茶叶等10个快递服务现代农业“一地一品”精品示范项目。郑州机场全年航班放行正常率达到87.6%，高于全国平均水平2个百分点，中转服务、通关保障等综合服务不断改善，旅客体验感和满意度进一步提升。铁路部门组织开展客运提质专项计划，大力改善普速、高铁的候车、乘车环境，针对太行山等贫困地区群众出行需求，坚持开行“慢火车”。

第六节　行业治理体系建设

按照河南省委省政府新“三定”方案，河南省交通运输厅顺利完成综合交通运输规划等职能承接任务。提请省委出台了《交通运输综合行政执法改革实施意见》，扎实推进执法改革。积极推进行业事业单位改革，省公路局、航务局整合组建省交通事业发展中心，省道路运输管理局更名为省运输事业发展中心。省级政务服务事项全部实现“一网通办”，公路超限运输许可等55项行政许可全部实现“最多跑一次”，“放管服”改革工作走在全省前列。扎实开展高速公路管理三大行动。制定实施“车辆通行费收费标准与养护和服务质量挂钩管理办法”，全面开展高速公路“百站畅通”“百区创星”“一线安居”行动。印发“高速公路收费站畅通工程实施意见”，对28个常态化拥堵收费站采取一站一策、一岛多亭、潮汐车道等措施，打通“堵点”，收费站通行效率显著提升。2019年全省高速公路收费站出口总流量达到5.7亿辆，通行费收入375.9亿元，同比分别增长12.3%、14.1 %。在全国率先实现高速公路空地一体应急救援。行业规范管理持续加强。制定《河南省公路水运工程施工招标投标管理实施细则》，三淅高速公路卢氏至西坪段等4个项目荣获“李春奖”，机西高速公路一期工程等9个项目获评“中州杯”。在全国率先出台“网络平台道路货物运输经营管理实施细则”，成立首个无车承运人行业协会，认定网约车平台6家，开通了普货异地检测业务和网上年审业务。深入开展公交优先发展示范创建，部省示范城市覆盖全省80%的省辖市和60%的直管县，所有省辖市和汝州等30个县（市、区）实现全国公交一卡通互联互通。开展交通出行领域失信专项治理，完成公路水运建设市场和道路运输领域信用评价，河南被确定为国家首批4个“信用交通省”典型省份。持续提升交通执法效能。开展道路客运领域突出问题专项整治等行动，查处违法违规客车和出租车2.1万台次；开展联合治超“天网行动”，查处超限超载车辆6.2万辆。全面实施高速公路入口称重、超限劝返，实现了超限车辆“零驶入”。开展公路桥下违建违放专项整治，清除桥下隐患1140处，查处涉路案件6125起，路域环境得到改善。

第七节　科技创新

编制《河南省智慧交通顶层设计》《河南省智慧交通发展规划（2019—2023年）》，新一代国家交通控制网和智慧公路（河南）试点工程进入建设阶段；绿色高性能材料应用技术研发中心获交通运输部认定，全省行业研发中心达到4个；周南高速公路平原微丘区绿色公路成功申报部科技示范工程；波形钢腹板组合梁桥技术与产业化应用获国家专利56项，荣获2019年度省科技创新一等奖，实现了近十年来零的突破。启动河南省新一代国家交通控制网与智慧公路试点工程、河南省综合交通服务大数据平台、河南省危险货物道路运输监管平台和河南省水路路网运行监测系统建设；建成河南省交通运输厅信息网络监测预警系统（二期）并投入使用，行业网络安全预警能力和防护水平进一步提升。

第八节　安全与应急

强力整治交通运输安全隐患，持续加大对“两客一危”车辆监督检查力度。省政府出台《关于加强道路客运企业和车辆管理的实施意见》，制定《全面整治客车挂靠或变相挂靠经营实施方案》《全面取消800公里道路客运班线实施方案》，全省556家客运企业、395家道路运输危险品企业全面完成双重预防体系建设工作；公路安防设施等安全基础设施不断完善，建成普通公路安全生命防护工程8706公里，改造危桥920座、5万延米，整治高速公路团雾多发路段30处；高铁沿线环境安全整治成效明显，隐患问题库销号率100%；铁路普速车站安检危查模块化改造加快实施，铁路责任行车事故同比下降47.4%；交通运输安全生产形势总体平稳，行业治理能力进一步增强。

湖北

第一节　整体概况

截至2019年底，湖北省综合交通网总里程约31万公里（不含民航航线、城市内道路），综合交通网密度达到166.9公里/百平方公里。全省铁路营业里程约5200公里，其中高速铁路和城际铁路约1600公里；公路总里程28.9万公里，其中高速公路6860公里；内河航道通航总里程8667公里，其中高等级航道2038公里；油气管道7404公里。全省港口货物吞吐能力3.3亿吨，集装箱吞吐能力433万标准箱；全省民用机场6个、通用机场5个，民航旅客吞吐量3531万人次。

2019年，全省完成"十三五"综合交通规划中期评估工作，印发《湖北省铁路中长期规划》等系列规划，启动"十四五"综合交通规划编制工作，谋划全省综合交通长远空间布局，科学指导湖北综合交通运输体系建设。

第二节　综合交通基础设施建设

铁路建设。2019年完成铁路投资284亿元，新增铁路通车里程约830公里，成为有史以来新增铁路营业里程最多的一年。新增铁路营业里程约占全国的12%，其中高铁里程约500公里，占全国新增高铁里程的16%。全省已建在建高铁网覆盖除荆门以外的所有市州，"五纵三横"铁路通道全面建成。

公路建设。2019年全省高速公路完成投资467.1亿元，普通公路完成投资563.6亿元。开工建设4个142公里高速公路项目，建成14个493公里高速公路项目，建成石首等5座长江大桥。建成一级公路556公里，总里程达到6465公里；建成二级公路1035公里，总里程达到23936公里。新改建农村公路33210公里，全面完成20户以上自然村通公路建设任务，实现农村公路组组通。

水运建设。2019年全省港航建设完成投资58.6亿元。"645工程"先期项目蕲春水道、宜昌至昌门溪河段航道整治二期等5项工程加快建设。汉江兴隆至汉川段航道整治等3个项目通过竣工验收。黄石新港二期等港口工程开工建设。全省新增三级航道46公里，新增港口吞吐能力2058万吨。武汉、宜昌、荆州、黄石、襄阳等五大港口集群加速建设，武汉阳逻港成为长江南京以上最大内河港。

民航建设。湖北国际物流核心枢纽项目全面开工，襄阳刘集机场改扩建工程顺利完工，宜昌三峡机场改扩建工程、荆州民用机场建设加快推进。通用航空发展迅速，麻城等一批通用机场加快建设。

综合交通枢纽建设。2019年全省站场建设完成投资76.3亿元。10个客运站、8个货运枢纽（物流园区）基本建成。至此，全省建成综合客运枢纽15个、公路货运枢纽（物流园区）63个。

管道建设。干支管道及联络线建设重点开展，新疆煤制气外输通道湖北段一期工程、荆门—襄阳成品油管道等项目建设加快推进，管道网络进一步完善。

第三节　运输服务保障能力

2019 年，客货运量总体呈现“客降货增”发展趋势，运输服务水平稳步提升。全省完成客运量 8.89 亿人次，比上年下降 10.8%，旅客周转量 1386.79 亿人公里，比上年下降 2.2%；完成货运量 22.10 亿吨，比上年增长 8.2%，货物周转量 7237.85 亿吨公里，比上年增长 8.4%。

铁路客运量稳中有升，货运量高位增长。全省铁路累计发送旅客 18807.7 万人次，比上年增长 3.2%。每日途经武汉地区运行的“复兴号”动车组列车突破 100 列。全省铁路货运量 8186.1 万吨，比上年增长 11.0%。

干线路网运行平稳，出行服务安全便捷。2019 年，全省高速公路通行收费车辆 3.08 亿辆次，通行费收入 251.13 亿元，通过 ETC 优惠、部分路段免费通行等方式让利社会 78.85 亿元。7 月 11 日正式启动“撤站”工作，仅用 200 天时间出色完成“撤站”各项工作任务，ETC 发行排名由工作启动之初的全国倒数第 3 上升为全国第 2，成为全国先进典型。全省新增 ETC 用户 464.1 万，累计达 722.1 万。

道路客运量降幅持续扩大，货运量稳步增长。全省完成公路客运量 69584.37 万人次，比上年下降 14.1%。完成公路货运量 17.64 亿吨，比上年增长 8.1%，货物周转量 3372.22 亿吨公里，比上年增长 14.1%。

水路客运量稳中趋降，主要货运指标保持增长。全省完成水路客运量 631.63 万人，比上年下降 2.5%，旅客周转量 4.76 亿人公里，比上年增长 0.4%。完成水路货运量 3.91 亿吨，比上年增长 7.3%，货物周转量 2925.55 亿吨公里，比上年增长 2.7%。全省港口完成货物吞吐量 30661 万吨，比上年增长 26.7%。全省完成集装箱吞吐量 209 万 TEU，比上年增长 11%。全省港口集装箱铁水联运货运量完成 5.1 万标准箱。

民航客运稳定增长，货运增速略有回落。湖北民航运送旅客 1494.37 万人次，比上年增长 8.1%；完成旅客周转量 186.43 亿人公里，比上年增长 17.3%。武汉、襄阳、宜昌等地 6 个机场开通航线 200 条，国际（地区）航线 63 条，形成与国内、东南亚主要城市“4 小时航空交通圈”，与全球主要城市“12 小时航空圈”。全省民航运输完成货邮量 9.98 万吨，比上年下降 1.8%，货物周转量 1.34 亿吨公里，比上年增长 15.7%。

快递市场持续高速发展，异地业务比重提升。全省邮政行业业务收入（不包括邮政储蓄银行直接营业收入）完成 272.54 亿元，比上年增长 18.13%；业务总量完成 458.51 亿元，比上年增长 32.81%。全省快递服务企业业务量完成 16.85 亿件，比上年增长 24.53%；业务收入完成 173.89 亿元，比上年增长 20.95%。

全省综合客运、货运枢纽网络进一步完善。形成武汉杨春湖客运换乘中心、武汉天河机场交通中心、襄阳市东津公铁换乘中心、十堰客运换乘中心、宜昌汽车客运中心站、武汉东西湖保税物流中心、襄阳国际陆港物流园、十堰林安综合物流园、宜昌三峡物流园等大型综合客、货运枢纽。

城市绿色配送示范工程加快推进。襄阳、十堰入选第一批城市绿色货运配送示范工程创建城市，黄石、咸宁入选全国第二批绿色货运配送示范工程创建城市。

农村物流“互联网 +”逐步拓展。至 2019 年底，全省建成农村综合运输服务站 433 个，基本构建物流园区—物流中心—农村物流服务站的三级物流节点体系。全年新建成综合运输服务站32个，先后培育建设农村交通物流试点示范项目23个。

中欧班列（武汉）发展迅速，中欧班列（武汉）进出口总货运量和进口货运量位居全国前列。武汉完成国家公交都市创建目标，宜昌、襄阳入选国家第三批公交都市创建城市。城乡客运一体化加快推进，进一步巩固“村村通客车”成果，确保农村客运开得通、留得住。

第四节　行业治理体系建设

湖北省交通运输厅建立健全处务会制度、勤政考核制度、处内学习制度、互融合作制度、工作基础内容数字化制度、高质高效工作机制“六大制度”。凡涉及“三重一大”事项，经厅党组会、厅长办公会集体讨论决定，对重大决策进行合法性审查，实行档案管理。2019年，无一件重大决策事项因合法性审查不规范产生负面影响，无一件重大决策事项因违法被省政府撤销。厅机关和厅直单位全面建立法律顾问制度。全年办理应诉案件2件、行政复议案件6件，无一件被判决撤销或确认违法。

完善依法行政制度体系。《湖北省道路运输条例（修订）》申报为省十三届人大常委会2018—2022年立法规划项目，《湖北省高速公路服务区管理办法》申报为省政府2018—2022年立法规划项目。对《湖北省高速公路建设和运营管理办法》《湖北省公路水运工程平安工地建设监督管理制度》等5件规范性文件草案进行审查，正式印发2件。

持续推进交通机构改革。省政府成立省综合交通运输工作领导小组，办公室设在省交通运输厅，行使全省综合交通运输统筹规划等职能。省交通运输厅机关三定调整方案获省委编办批复。厅属行政类事业单位改革方案获国家批复。交通运输综合执法改革工作取得阶段性成果。

深入推进“放管服”改革。承接落实国务院取消、下放事项（国发〔2019〕6号），按规范办理并加强事中事后监管：3个国务院事项取消审批改为备案由省交通运输厅实施，1个省级事项取消审批改为备案，3个下放事项中省交通运输厅已提前下放1个。开展无谓证明事项清理，落实“减证便民”，2019年湖北省政府2次发文公布取消省交通运输厅5项省级证明事项。组织开展中介事项清理，推进“证照分离”改革，组织省市县三级清单制定。

稳步推进“互联网＋政务服务”。推动7个事项实施“一网通办”，核实证照23个。梳理确认交通运输省市县三级政务服务事项105项（其中省级52项）。开展12个信息系统与省政府网对接工作。42项便民服务事项对接加入“鄂汇办”。继续做好投资事项并联审批工作，落实交通运输部跨省大件运输平台升级改造相关工作。

大力推进信用体系建设。出台《湖北省道路运输行业信用信息管理办法（试行）》。制定《湖北省道路运输信用信息目录》。按时完成“信用交通省”道路运输市场信用信息报送工作，全省运管机构共上报信用信息617.6万条，合格信息594.3万条，合格率96.2%。开展质量安全服务“亮剑行动”，4批次5家企业被列入交通建设市场“黑名单”。

加快推进多式联运等试点示范。湖北被列入第一批交通强国建设试点省份。加快推进试点示范工程建设，大力发展铁水联运、江海直达、滚装运输，探索试点铁路驮背运输。

持续深化交通运输相关领域改革。改革出租汽车经营权管理和利益分配制度，理顺价格形成机制，规范发展网约车和私人小客车合乘。印发《关于进一步促进道路客运转型升级的通知》。高位推进道路货运行业转型升级，推出17条措施，为公路减负、充分发挥“铁”“水”优势。

第五节　科技创新

2019 年，湖北省研发推进综合交通、智慧交通、绿色交通、平安交通新技术、新材料、新设备、新工艺，立项 33 个课题作为 2020 年度湖北省交通运输厅科技计划项目，预算补助资金 360 万元。2019 年结题科技计划项目 17 个。

体制机制建设。2019 年 10 月启动全省交通运输科技专家库信息更新工作。积极支持原创性科技项目研究。立项科技项目主要面向基层单位征集。建立创新合作和科技成果共享机制，提高科技成果产业化水平。

科技创新成果及创新能力。襄阳达安汽车检测中心有限公司被交通运输部、工业和信息化部认定为“智能网联汽车自动驾驶封闭场地测试基地”。依托湖北国创高新材料股份有限公司的交通运输部“公路交通节能与环保技术及装备交通运输行业研发中心”，科技创新累计投入 800 万元。依托湖北省交通投资集团有限公司的交通运输部“公路建设与养护技术、材料及装备研发中心”，科技创新累计投入 3208 万元。“功能型超高性能混凝土（UHPC）经济化配制、生产与应用技术研究（改扩建、养护领域）”课题研究完成配方研究，申报 3 项专利。分散式污水处理技术和工艺的迭代和升级，具备远程数字化运维功能，被鉴定为“湖北省重大科技成果”，在省内 8 个高速公路服务区及 5 个收费站推广应用，累计实现转化产值 1.2 亿元。

信息化与网络安全。成立“撤站”网络安全专班，建立“撤站”网络安全通报工作机制。出台省交通运输网络安全管理办法等 3 项网络安全制度，发布专项信息通报 6 期。圆满完成新中国成立 70 周年和“第七届世界军人运动会”两次重大网络安保任务。2019 年，湖北省交通运输厅获交通运输部网络安全通报考评工作年度总分第 1 名。出台省交通运输政务信息资源共享管理办法，完成 8 个信息系统与省大数据平台对接。省交通运输厅门户网站在 2018 年度部、省政府网站绩效评估工作中均排名第 2，被评为部优秀网站。与时俱进强化智慧交通建设，提出湖北省智慧交通“四通工程”（行业通、部门通、区域通、社会通）总体方案。

标准体系建设。湖北省地方标准《公路边坡监测技术规程》《公路工程地质调绘术规程》《公路工程地质钻探技术规程》于 2019 年 4 月 28 日实施，《道路工程碳纤维电缆电热法融雪化冰技术规程》于 2019 年 5 月 28 日实施。

表 7-17-1　科研成果获奖情况

项目名称	所获奖项
深长隧道施工安全风险管理与灾害控制关键技术及应用	2019 年度湖北省科学技术进步二等奖
变质软岩区公路隧道建设关键技术及应用研究	2019 年度湖北省科学技术进步三等奖
恶劣海洋环境下桥梁基础超大直径钻孔桩施工技术	2019 年度中国公路学会科学技术二等奖
越江公路隧道与大型换乘地铁车站“公铁合建”关键技术研究	
高承载高耐久再生路面材料开发与应用成套关键技术	
市政桥梁辅助设计软件（MBCAD）	2019 年度中国公路学会科学技术三等奖
城市干道快速大中修成套技术研究	2019 年度全国建材行业技术革新三等奖

第六节　安全与应急

一、交通运输安全生产

2019 年，全省发生道路运输行车事故 15 起，死亡 32 人，其中“两客一危”行车事故 7 起，死亡 16 人，与上年相比，事故起数下降 67%，死亡人数下降 45%；全省地方海事管辖水域发生船舶交通事故 1 起，死亡 1 人，与上年持平；全省交通重点工程发生事故1起，死亡1人，与上年相比，事故起数、死亡人数分别下降50%、50%；城市轨道交通未发生人员死亡事故。

强化安全责任。修订《关于进一步加强全省公路水运工程建设安全管理的若干规定》，制定《湖北省公路水运工程平安工地建设监督管理制度》，严格执行安全生产一票否决制。推动建立高速公路桥隧长制。全面加强在建长江大桥、长大隧道施工安全管控。印发《湖北省"两客一危"车辆动态监控违规信息闭环处理基本规范（试行）》。

整治风险隐患。大力构建风险防控管理体系，对行业领域安全风险进行系统梳理。交通运输安全风险分级管控信息系统进行试点。全面加强重点车、船、港、站监测预警，联合交管、气象、旅游等部门，提前做好防范和处置工作。

补齐安全短板。多措并举，高位推进公路安全生命防护"455"工程，累计完成计划内安防工程8.3万公里，提前实现"四年任务，三年完成"总体目标。

二、工程质量监督

2019年，湖北省在建高速公路工程项目25个，在建独立长江公路大桥8座、独立汉江大桥4座，高速公路新改建互通3处。在建水运重点工程项目8个，其中航运枢纽工程1个、港口码头工程6座、航道整治工程1个。全年开展综合检查、安全专项督查14次，累计检查施工项目41个、施工标段112个、监理标段64个，下达"隐患整改通知书"64份，发现隐患或问题1800余个。

平安工地建设。出台《湖北省公路水运工程平安工地建设监督管理制度》。全省公路水运工程开展平安工地考核2次，抽查项目16个，抽查比例33.3%。

"品质工程"建设。制定《湖北省公路水运工程质量提升行动实施方案》《湖北省公路重点工程"微创新"攻关行动实施方案》。严格落实工地标准化建设要求。

三、应急管理

编制湖北省公路桥梁、隧道、雨雪冰冻灾害、安全生产事故、处置恐怖袭击事件等应急预案。建立完善高速公路突发事件处置事后评估及检查考核制度。推进防治船舶及其他相关作业活动污染水域环境应急能力建设。研究构建全省高速公路应急储备中心，建立健全全省公路应急物资装备综合保障体系。加强与公安交警、应急管理、气象、自然资源等部门沟通协作机制，建立多部门天气预警视频会商机制加强灾害预报预警和风险研判评估。湖北省获2019年度全国公路交通军地联合应急演练团体二等奖。

第七节　合作与交流

2019年8月2日，由湖北省政府、中国驻大阪总领事馆共同举办的"日本关西地区对话湖北"活动在武汉开幕。省交通运输厅承办的"江海联运"物流专场推介会，武汉新港大通国际航运有限公司与边行（日本）有限公司签订"汉亚"中日集装箱水路运输代理服务业务。长江新丝路国际投资发展有限公司与日本东正咨询有限公司签订合作协议。11月28日，武汉首条集装箱国际直航航线开通，长江中上游首艘近洋直达航线集装箱船"华航汉亚1号"轮驶离阳逻港一期码头开往日本。航线开通后，武汉出口日本关西地区货物运输时间缩短3天。

湖南

第一节 整体概况

2019年是新中国成立70周年。70年来，在交通运输部、省委省政府的坚强领导和全省交通人的不懈奋斗下，湖南交通取得了历史性成就、实现了跨越式发展。全省公路总里程达到24万公里、全国第6，是新中国成立初期的76倍；高速公路通车里程6802公里、全国第4；航道通航里程1.2万公里、全国第3；铁路营运里程达5572公里，其中高铁1986公里、全国第3；形成了“一枢纽一干六支”高效民航网；安全便捷、优质高效、绿色智能、一体畅联的现代化交通运输服务体系逐步形成，开启了从交通大省阔步迈向交通强省的新征程。

2019年，全省交通人勠力同心、奋力拼搏，统筹推进稳增长、促改革、调结构、惠民生、防风险各项工作，圆满完成年度目标任务。

综合交通运输管理体制改革不断深化。湖南省于2017年10月在协调机制层面成立了省综合交通运输工作领导小组，由分管副省长担任组长，省政府副秘书长、省交通运输厅厅长担任副组长，办公室设在省交通运输厅。2019年，省综合交通运输工作领导小组在公路治超、高速公路前期工作推进、综合立体交通网规划编制等工作层面上发挥重要的统筹协调作用，有效地推动了相关工作开展。

综合交通规划深入实施。“十三五”预计可完成投资3329亿元，可完成中期调规3250亿元投资任务，将较好完成“十三五”规划目标。特别是25户/100人以上自然村通硬化路全覆盖、所有具备条件建制村通客车、“县县通高速”、污染防治、防范化解债务风险等关键性目标可确保完成。

积极服务区域及国家重大战略。积极推动广清永铁路前期工作，加快融入粤港澳大湾区。黔张常铁路建成通车，湘江二级航道二期工程全线贯通，长岳九铁路相关研究工作有效推进，加快融入长江经济带发展。推进湘赣边区域合作综合交通服务体系战略研究，合作共建“湘赣边区域合作示范区”，推动中部崛起。长株潭“一圈三干两轨”加快建设，长株潭城市群现代综合立体交通不断完善，引领全省交通发展格局不断优化。

交通强国试点建设有序推进。2019年10月，湖南省获批交通强国建设首批13个作试点单位之一，将试点推进城乡客运一体化、交通科技兴安、湘赣边区域合作示范区综合交通运输发展、全域旅游生态景观路建设等4个专项工程，湖南省交通运输继续加快发展迎来新的契机。

第二节 综合交通基础设施建设

一、交通基础设施建设投资

2019年，全省完成公路水路交通固定资产投资554.31亿元。其中高速公路、国省干线、农村公路、站场、水运（信息化）分别完成投资208.29亿元、157.95亿元、137.58亿元、32.04亿元、18.44亿元。铁路完成固定资产投资298.3亿元；民航完成固定资产投资17.18亿元；邮政完成投资1814万元。

二、重大项目建设

南益、怀芷高速公路全线贯通，新增通车里程94公里，完成9条约690公里高速公路项目前期工作。新改建国省干线873公里，启动建设路网有效衔接项目35个。建成农村公路2.4万公里。湘江2000吨级主航道上溯至衡阳。建成长沙汽车南站等综合客货运枢纽。建成了浩吉、黔张常铁路，全省铁路营运里程达5572公里，其中高铁1986公里，居全国第3位。形成“一枢纽一干六支”高效民航网，湘西、郴州机场进入主体施工，常德机场改造升级完成，衡阳机场改造升级加快实施。

三、综合交通枢纽

开工建设4个综合客运枢纽、建成3个综合客运枢纽，充分发挥各种运输方式的整体优势和组合效率，满足零距离换乘要求。货运枢纽（物流园）建设迅速，开工建设4个货运枢纽（物流园区），建成11个货运枢纽（物流园区），加快交通供给侧结构性改革、推动全省物流业降本增效、培育经济发展新动力。

第三节　运输服务保障能力

一、公路运输量

2019年，湖南省客运车辆36836辆，客位数928725客位。货运车辆204823辆，吨位数2762671吨。公路客运量84162.02万人，公路旅客周转量4334651.43万人公里。公路货运量218236.23万吨，公路货物周转量32976754.62万吨公里。

二、水路运输量

机动船4484艘，总载重量4291656吨位；载客量59886客位；标准箱位10769TEU。驳船240艘，净载重量34967吨位；载客量1924客位。水路客运量1640.56万人，水路旅客周转量34516.13万人公里。水路货运量20090.44万吨，水路货物周转量4215475.95万吨公里。

三、城市客运

公共汽车运营车辆31851辆，运营线路2290条，运营线路长度39378.4公里，客运量284947.7万人次。巡游出租汽车运营车辆35338辆，客运量152094.5万人次，载客车次74766.6万车次，运营里程446352.7万公里。长沙市轨道交通运营车辆540辆，运营线路长度100.5公里，客运量33789.1万人次。

四、邮政

湖南省邮政普遍服务网点2674个，投递段道8709条，单程总长度335651公里；运营邮政综合服务平台23191个，许可企业749家，末端网点6441个，建成村级快递网点3545个，快递服务直接覆盖1502个行政村。

五、综合运输

春运、国庆70周年湖南彩车运输、国防等重点运输保障任务圆满完成。湖南省具备条件建制村实现通客车全覆盖。所有县市区实现交通一卡通互联互通。绿色公交、新能源公交占比均居全国首位。大件运输审批优化提速。

第四节　行业治理体系建设

一、公路水路管理体制改革

湖南省公路管理局、湖南省水运管理局分别

更名为湖南省公路事务中心、湖南省水运事务中心，均为湖南省交通运输厅直属副厅级公益一类事业单位，其承担的行政管理职责回归厅机关。

二、重大改革事项推进

交通运输综合行政执法改革取得初步成效。省本级不设综合执法队伍，省级承担的交通运输行政执法职责由省交通运输厅内设机构承担。全省高速公路路政执法职责调整下放至市州，县市区不承担高速公路路政执法职责；省管干线航道航政执法职责下放至市、县，实行属地执法。行政审批体制改革不断深化。湖南省交通运输厅64项依申请类事项全部进驻湖南省政务服务中心，审批服务事项实现网上办理。商事制度改革成效明显。清理规范行政审批中介服务事项13项，出台交通运输工程建设领域守信联合激励办法，获评全国首批“信用交通省”典型示范省份。收费公路制度改革实现突破。实行高速公路通行费减免优惠政策，实施大件运输车辆按基本费率收费的优惠政策，对载货类汽车（含客货两用）开展高速公路差异化收费试点，取消高速公路省界收费站25个，新增ETC用户481万。供给侧结构性改革取得积极进展。制定运输结构调整三年行动计划，出台支持网络货运发展政策，积极推动无车承运人试点。

三、交通运输法治政府部门建设

深入学习习近平总书记关于全面依法治国重要论述，严格推进法治建设第一责任人责任，广泛持续深入开展宪法、法律、党内法规宣传教育。修订行政规范性文件管理办法，审查行政规范性文件24件。全面落实法律顾问制度。完善研究论证、公开听证、集体决策、风险评估等重大决策机制。《湖南省货物运输车辆超限超载治理办法》颁布施行，《湖南省铁路安全管理条例》《湖南省高速公路条例（修订）》分别申请列入2020年省地方性法规计划出台项目和重点调研论证项目。

四、行业治理体系建设及治理能力提升

加大政务公开力度，权力清单、年度部门预算和“三公”经费等全部在门户网站公开。开展交通运输领域顽瘴痼疾问题整治，加强基本建设招投标领域突出问题整治。强化“12328”交通运输服务监督，严肃查处公路水上“三乱”行为。推进交通运输领域扫黑除恶专项斗争。

第五节　科技创新

一、开展重点领域科技攻关

围绕综合交通、智慧交通、平安交通、绿色交通、品质交通五个领域，开展系列重点科技攻关，支持51项交通科研课题研究，取得了山区高速公路立交匝道高墩超小半径曲线桥建设关键技术、智慧高速道路结冰检测系统、农村公路安全保障工程技术等47项研究成果。遴选11项优秀科研成果列入2019年度《湖南省交通运输科技成果推广目录》。

二、推进智慧交通与信息化发展

完成智慧交通顶层设计，构建以“交通大脑”为核心的智慧交通体系总目标和“163”城堡型构架思路。依托长益复线长沙段及绕城高速公路，通过引入人工智能、5G、边缘计算等新兴技术，推进基于车路协同技术的智慧高速公路示范工程建设。完成“两客”车辆智能监管平台建设，在全省1.6万辆“两客”（三类以上班线客车和旅游包车）车辆内部署主动安全防范智能终端。

三、推进行业地方标准制修订

9项行业标准列为地方标准计划项目。推荐

13项交通行业地方标准参与2020年度省地标立项审查。

四、推动科技创新人才建设

开展8个专项35个教育项目培训，培训人员达6000余人次。湖南省交通规划勘察设计院贺耀北、湖南省路桥建设集团有限公司万钢被授为交通运输部青年科技英才。

第六节　安全与应急

一、交通运输安全生产

2019年安全生产事故起数和死亡人数同比分别下降51%、61%。安全生产责任有效落实。制定领导干部安全生产责任清单等系列规章制度。开展“两客一危”车辆、重点船舶等监督检查。压实企业安全生产主体责任。安全发展基础不断筑牢。完成危桥改造751座、普通公路安防1.8万公里。事故多发路段整治扎实有效。全省危化品水路运输视频监控系统基本建成。1369艘100总吨以上运砂船全部安装船载定位设备。专项整治扎实有效。开展交通问题顽瘴痼疾集中整治。升级“隐患清零”行动，排查整改隐患546项。开展“强执法防事故”行动，责令停产停业838家，问责领导干部118人。高铁安全环境隐患整治完成。强力开展省域内高铁安全环境集中整治，排查清零安全隐患2978处，整治力度和速度居全国前列。

二、工程质量监督

深化平安工地、品质工程创建。深入贯彻落实“工程质量安全年”“平安工地”等各项举措，开展在建项目安全隐患排查治理，构建监督组+抽查复核（交叉巡查）随机制的质量安全监管新模式，确保工程质量稳中向好，安全可控。大力弘扬“心忧天下、敢为人先、经世致用、坚忍不拔”的湖湘精神和“品质匠心、精益建造”的工匠精神，推进品质工程建设，建立完善现代化工程建设质量安全管理体系，提升施工模块化、工厂化、装配化、机械化、自动化水平，加快推动“互联网+交通基础设施”建设，打造“智慧工地”。

三、应急处置管理

建立健全应急管理体系。编制修订《湖南省交通运输厅防汛应急预案》《湖南省交通运输厅突发性群体上访事件应急处置预案》，成立湖南省交通运输厅应急专家库，确定35名应急专家名单。严格执行应急值班和信息报送制度。落实领导带班制度和24小时应急值班，及时、准确和高效报送突发事件信息。完善跨部门应急联动机制。完善湖南高速公路与周边省市区高速公路协作机制，完善与省公安、气象、地震、国土和应急等部门的协调联动机制。

第七节　合作与交流

湖南交通国际经济工程合作有限公司是国家商务部最早授予有对外承包经营权的企业之一，2019年海外共中标项目7个，承接合同额为159776万元，实现营收51061.5万元。2019年，积极参加首届中非经贸博览会，新开辟了马达加斯加、科特迪瓦、摩洛哥等国外市场，驻外机构3家，在建项目覆盖4个国家，业务范围涵盖公路、桥梁、市政道路、农田整治、房屋建筑等。

2019年，马里巴马科社会福利房区域市政及雨水排放工程、马里跨尼日尔河卡优大桥、马里卡伊—沙焦娜道路项目主体工程、马里卡伊二桥连接线主体工程4个项目完工。合同金额2.05亿元的马里拉哈公路项目开工在建，中标科特迪瓦首都阿比让市阿贾美地区市政工程项目。

跨境寄递情况。建成湖南邮政国际金霞跨境

操作中心，引进代表性跨境电商企业5家，实现了出口贸易额1.02亿美元。中国邮政集团公司湖南省国际速递分公司2019年共计实现物流服务收入3.15亿元，业务量2309万件。开行“中国邮政号”出口中欧班列132趟，发运集装箱5527个，进口班列49趟，集装箱2009个，运输线路覆盖亚欧大陆，运输货物179670吨，货值36.47亿元，收入约1.4亿元。

广东

第一节　整体概况

2019 年，广东省交通运输系统圆满完成各项年度目标任务。

高铁基础设施建设不断加强。广东省铁路营业里程 4718.5 公里，其中地方铁路 283.3 公里，时速 200 公里及以上铁路运营里程 2100 公里。梅汕铁路、穗深城际开通运营，梅龙高铁、广州至湛江高铁开工建设。

高速公路网络持续完善。2019 年末，高速公路通车里程 9495 公里，新增通车里程 492.140 公里；国家高速公路 6041.258 公里，高速公路里程连续 6 年居全国第一。全省公路通车里程 22.0 万公里，同比增加 2591.295 公里，其中，普通国省道总里程 2.81 万公里，二级及以上公路里程 1.85 万公里，占比 65.8%；农村公路通车里程 18.27 万公里，其中，县道 0.92 万公里、乡道 9.87 万公里、村道 7.48 万公里。2019 年末，全省一级公路里程 1.15 万公里，二级公路里程 1.92 万公里，三级及以下公路里程 18.011 万公里，公路网密度 123.83 公里 / 百平方公里；桥梁 4.97 万座、439.77 万延米；等级公路 17.73 万公里，占比 97.0%；硬化路 18.68 万公里，占比 84.8%。粤港澳大湾区快速交通网和粤东西北交通大通道持续完善，续建 62 项（段）3193 公里进展顺利，深中通道等粤港澳大湾区重点工程进展良好，珠海鹤港高速公路二期等 3 个项目如期开工。港珠澳大桥运行安全、便民、有序、通畅，探索构建大桥共建共治共享模式，为粤港澳三地繁荣合作发展贡献经验智慧。完成滨海旅游公路全线工程可行性研究编制，部分先行示范段开工建设；南岭生态旅游公路规划完成评审。

港航扩能升级有力推进。2019 年，广州港南沙港区四期等 21 项续建项目顺利推进，广州南沙国际邮轮母港开港试运行，珠海港高栏港区 5 万吨黄茅海航道一期工程等 15 项建成完工。全省通航千吨级船舶的高等级航道 1380 公里。北江航道扩能升级工程取得阶段性成果，飞来峡枢纽二三线等 5 座千吨级船闸投入试运行，千吨级船舶可以直达韶关；西江实现自界首经虎跳门、经西伶通道 2 条 3000 吨级出海通道；积极推进东江航道复航和扩能升级。

2019 年，广东省、深圳市被列为交通强国试点单位，牵头开展省级综合立体交通网规划编制工作，统筹铁路、公路、水运、民航、管道、邮政等基础设施规划建设。全面推进高速公路网、航道、港口、服务区、邮政业等规划编制工作，启动省综合交通运输体系发展“十四五”规划、国家公路国土空间控制规划、数字交通发展规划等编制，通过规划先行全面系统推进广东省交通强国建设。

第二节　综合交通基础设施

2019 年，广东省公路水路交通基础设施建设投资完成超过 1833 亿元，同比增长 15.6%，创历史新高。其中，高速公路、普通国省道、农村公路完成投资分别为 1185.9 亿元、275.6 亿元、192.2 亿元，同比分别增长 6.0%、61.9%、31.0%；港口、航道项目完成投资分别 99.6 亿元、14.8 亿元，同比分别增长 11.8%、下降 44.5%。公路客货站场项目等完成投资 65.4 亿元，同比增长 87.1%。

铁路方面，深化铁路供给侧结构性改革，年度铁路建设任务圆满完成，广州至湛江高铁、梅龙高铁、茂名东站至博贺港区铁路项目开工建设。

高速公路及过江通道方面，南沙大桥提前建成通车，打通大湾区联通新动脉，深中通道首个钢壳沉管完成浇筑，为世界上首例双向八车道海底沉管隧道安装打下基础；续建 62 个高速公路项目 3193 公里进展顺利，粤港澳大湾区重点工程进展良好；珠海鹤港高速公路二期、宁莞高速潮州东连接线等 3 个项目如期开工；广州南沙至中山等 8 个储备项目完成核准，“国高网”拥堵路段改扩建等储备项目前期工作加快推进。完成高速公路服务区新建改建厕所 103 处。2019 年，广东完成普通国省道新改建和路面改造工程 1374 公里，国道 G325 线鹤山大雁山至桃源段改线工程等 35 项建成通车；完成 116 个普通国省道公路服务设施建设改造任务。

“四好农村路”建设方面，至 2019 年底，全省“畅返不畅”整治任务完成约 1 万公里，完成贫困村路面硬化 1654 公里、通村组路面硬化 5517 公里、安防整治约 2 万公里、危桥改造 538 座，纳入 2019 年省十件民生实事的任务全部完成；完成通产业园、旅游景区路改造 172 公里、砂土路改造 6079 公里、等外路改造 2622 公里。新增广州市增城区等 3 个“四好农村路”全国示范县。全省五级以上公路客运站场 441 个（其中一级站 71 个、二级站 99 个），公路货运站场 86 个（其中一级站 33 个、二级站 10 个）。

港航方面，至 2019 年底，全省港口生产性泊位 2296 个，其中万吨级以上泊位 322 个，亿吨大港 5 个，分别是广州港、湛江港、深圳港、东莞港、珠海港；千吨级及以上的内河高等级航道 1380 公里，同比增长 7.7%。

邮政基础设施建设方面，广州、深圳、东莞、佛山、揭阳成为全国快件转运的集聚中心；建立快递末端公共服务站超 2.5 万个；全省布设智能包裹柜、快件箱 6 万余组，箱投率超 10%；主要快递企业城区自营网点 6588 个，实现标准化率 100%。促进快递与电信企业合作，共同做好末端网点升级改造，实现资源共享。

第三节　运输服务保障能力

运输服务保障能力不断增强。2019 年，全省完成铁路旅客发送量 3.80 亿人，货物发送量 4786.77 万吨，货物周转量 248.85 亿吨公里。全省完成公路水路客运量 10.4 亿人、货运量 42.8 亿吨，港口货物吞吐量 19.2 亿吨；其中，公路客运量、旅客周转量分别为 10.1 亿人次、1093.0 亿人公里，同比分别下降 4.0%、2.5%；公路货运量、货物周转量分别为 31.9 亿吨、4113.6 亿吨公里，同比分别增长 4.8%、5.7%；水路客运量、旅客周转量分别为 0.26 亿人次、9.7 亿人公里，同比分别下降 5.8% 和 12.8%；水路货运量 10.8 亿吨、货运周转量 2.5 万亿吨公里，同比分别增长 5.9% 和 1.4%；港口完成货物吞吐量 19.2 亿吨，同比增长 11.4%，其中，沿海港口、内河港口分别完成 16.8 亿吨、2.4 亿吨，同比分别增长 10.8%、15.4%；集装箱吞吐量 6711 万标准箱，同比增长 5.2%。城市公共汽（电）车、城市轨道交通、出租汽车客运量 61.27 亿人次、53.87 亿人次、14.16 亿人次，同比分别下降 1.32%、增长 8.79%、下降 5%。健全完善重大节假日、特殊节点的交通运行服务和安全保障长效机制，圆满完成春运和新中国成立 70 周年庆祝活动交通运输保安全保畅通任务。全省 1134 个乡镇通行客车，19412 个建制村开通农村客运，乡镇和建制村客车通达率均达 100%；推进农村物流网络节点建设，新建成 12 个乡镇运输服务站。全省公交车辆实现全国交通一卡通互联互通，累计发行标准票卡超过 210 万张。省道路客运联网售票平台接入站场 438 家，2019 年联网售票约 1415 万张。广州、深圳市获“国家综合运输服务示范城市”称号。琼州海峡北岸航运资源整合取得实质性进展，琼州海峡客滚运输实现班轮化。推进西江、北江畅通运营和船闸统一管理。

粤港澳大湾区综合立体交通网络加快形成。港珠澳大桥通车运行助推粤港澳大湾区加快融合发展，推动大湾区运输服务一体化发展，加快形成分工合理、优势互补、互惠共赢的世界级港口群。2019 年，大湾区内地港口群货物吞吐量 15.3 亿吨，其中集装箱吞吐量 6415 万标准箱。

物流成本进一步降低。2019 年，广东推进运输结构调整，加快多式联运发展，大力推进物流降本增效，全省共 65 条路段 5652 公里高速公路实施货车通行费八五折优惠，深入贯彻绿色通道、小型客车节假日免费等政策，全年实现车辆通行费优惠 82.67 亿元。全省具备“三检合一”资质的道路货运车辆检测机构 373 家，为货运行业降低成本 5.4 亿元。汽车维修电子健康档案系统实现全省一、二类汽车维修企业全覆盖，为 687 万辆汽车建立“健康档案”。全省免征涉企船舶排筏过闸费，实现企业船舶过闸费全免，有效减轻航运企业的负担。规范围油栏服务收费，为船公司年节约成本 2.5 亿元。

圆满完成取消高速公路省界收费站工作。2019 年，广东省完成 ETC 门架系统设备安装使用 1998 套，新建改造 ETC 车道 6272 条，1076 条车道全面实施入口称重检测；全省 ETC 发行量逾 1900 万。完成货车从计重收费转车（轴）型收费调整工作，重新确定全省高速公路分段收费标准，完成地方性通行费减免政策清理规范。2020 年 1 月 1 日零时，广东实现新旧系统切换，18 个省界收费站全部取消，正式并入全国一张网。

第四节　行业治理体系建设

综合交通运输管理体制机制改革扎实推进。2019 年，新增综合交通规划及铁路民航专项规划、省管铁路建设运营等职能。综合行政执法改革持续深化，全省综合交通运输管理体制机制进一步理顺完善。交通运输投融资体制机制进一步完善，积极防范化解债务风险，深化推进预算绩效管理改革。

综合交通运行监测和应急处置中心加快建设。2019 年，广东加快完善综合交通运输法规体系，施行《广东省农村公路条例》《港珠澳大桥广东水域通航安全管理办法》，推进《广东省水路运输管理条例》《广东省城市轨道交通运营安全管理办法》等立法工作。深入落实行政执法公示、执法全过程记录、重大执法决定法制审核等“三项制度”。

行业“放管服”改革成效明显。落实国务院取消和下放行政许可事项要求，取消行政许可事项 4 项，下放 1 项；落实省政府省级行政权力事项压减工作，省交通运输厅原 106 项省级行政权力事项压减至 54 项；跨省、省内大件运输许可审批时限压缩 70%；深化“互联网 + 车辆年审”，实现货运车主办理车辆年审业务“零上门”；实现道路运输证件与省电子证照平台对接，签发从业资格电子证照 106 万张。

完成交通运输部“信用交通”省创建工作中期评估。积极推进信用联合奖惩，协调推进联合奖惩一键式嵌入省级公路工程建设项目电子投标交易平台工作，建立全国联网后高速公路通行信用联合奖惩制度。

第五节 科技创新

智慧交通加快发展。2019 年，印发《广东省交通运输行业 5G 技术和北斗卫星导航系统试点推广应用方案》，“重大跨海交通集群工程智能安全监测与应急管控”等一批重点研发项目列入省重点领域核心攻关计划，“港珠澳大桥智能化运维技术集成应用”列入国家重点研发专项。全国交通运输行业首个由粤港澳三地联合共建的工程技术研究机构——粤港澳大湾区交通建设智能维养与安全运营工程技术研究中心挂牌成立。“隧道工程长期安全实体实验室”挂牌成立。港珠澳大桥科研获得包括 2018 年广东省科学技术奖特等奖在内的国内 27 项省部级科技奖项。加快“数字交通运输厅”建设。广东省航运公共信息服务平台上线试运行，电子航道图实现千吨级及以上高等级航道全覆盖，应用遥测遥控技术的航标实现一级航道全覆盖。研发了全国交通工程建设领域首个“从业人员实名制管理系统”。交通工程建设项目双套制电子档案工作走在全国前列。成功举办 2019 粤港澳大湾区数字交通技术交流会。

绿色交通建设持续推进。2019 年，广东在绿色公路、新能源汽车推广应用、公共交通优先战略、港口岸电建设、大宗货物绿色运输北江示范项目等取得阶段性成果；惠清高速公路等 8 个示范项目带动全省重点公路工程建设积极推进绿色建造；新增新能源营运车辆 2.6 万辆，同比增长 26.5%；完成全省 671 个内河泊位岸电设施改造，在全国率先实现省级内河港口岸电全覆盖。

标准化工作取得新突破。2019 年，广东省交通运输（公路水路）标准化技术委员会正式获批成立，作为技术组织负责全省公路水路交通运输标准化的技术归口工作；研究并编制《广东省交通运输标准化工作管理办法》《广东省交通运输标准化标准审查工作方案》《广东省交通运输领域地方标准审查人制度》等系列标准审查制度，进一步规范全省交通领域的标准编制审查流程；开展多项标准领域研究，基于研究成果，在广东省交通科技协同创新信息平台上，构建广东省交通运输行业标准库系统，初步实现标准项目的可查可用可跟踪。

第六节 安全与应急

平安交通稳步推进。2019 年，广东聚焦公路桥梁、危险化学品、营运车辆、网络安全等重点领域开展多项专项整治。开展全省公路桥梁安全保障专项整治提升行动，高等级航道通航尺度不达标桥梁加建桥梁净高显示系统；开展全省道路客运变相挂靠排查整治，全省完成 16960 辆客车变相挂靠审核验收工作，企业自纠自查违规车辆 4889 辆，责令整改 2593 辆，撤销经营许可 38 辆；开展公交车安全监控及防护装置整治专项行动，提高客车安全性；开展营运客货运驾驶员安全文明驾驶教育培训专项行动、道路运输“驾驶员培训师”体系应用试点和“两客一危”驾驶员专项考核排查，对 1762 家企业、66088 名驾驶员进行考核，合格率达 99%。进一步推进港口危险货物从业人员安全技能水平提升；推进公路治超“非现场执法”，积极推进高速公路入口治超。基本完成全省高速公路违法广告标牌设施专项整治。全省查处道路、水路运输等各类违法违规案件22万宗。编制国内首个体系完整的施工安全防护设施技术标准。

应急保障工作有力。河源市“6·10”“6·12”灾后重建进展顺利，69个交通灾毁项目已全部确定施工单位和开工，紫金桥重建工程推进顺利。加强行业维稳，开展道路运输从业人员利益诉求问题专项整治，深入推进扫黑除恶专项斗争。全年行业共发生生产安全事故158起，死亡190人，同比分别下降19.8%和26.36%，未发生重特大事故。

第七节　合作与交流

2019年，组织做好广州大朗、东莞石龙始发的中欧国际班列开行工作，由广东始发的国际班列262列、同比增长42%。持续深化与深圳、广州、珠海、惠州、阳江5大港口的合作，拓展“一带一路”铁水联运货源，更好地服务广东对外贸易发展。广东省港口开通国际集装箱班轮航线366条，其中挂靠“一带一路”沿线国家的航线250条。全省港口与国际港口缔结友好港84对，2019年新增7对，其中与“一带一路”沿线国家港口结对21对。广州成功举办世界港口大会，湛江加入西部陆海新通道省际协商合作机制，珠海加快川贵广—南亚国际物流大通道项目建设。

第八节　2019年通车重点项目

南沙大桥（原虎门二桥项目）全长约12.89公里，2013年12月28日开工，2019年4月2日建成通车。全线采用桥梁方案，按双向八车道标准建设，设计时速100公里/小时，设计使用年限100年。大桥横跨珠江坭洲水道和大沙水道，主桥由两座超千米跨江特大悬索桥组成，其中坭洲水道桥为双塔双跨悬索桥（主跨658m+1688m+522m），大沙水道桥为双塔单跨悬索桥（主跨360m+1200m+480m），引桥分3个区域，4个立交工程。大桥拥有全宽49.7米的八车道钢箱梁、主跨1688米的钢箱梁悬索桥、直径90米壁厚1.5米的锚碇地下连续墙基础、面积达13万平方米的桥面热拌环氧沥青铺装，均为世界首创；坭洲水道桥主塔260米高度、散索鞍总承重230吨、主缆第一次采用1960兆帕国产高强度镀锌铝钢丝新材料也创下国内纪录。

图7-19-1　南沙大桥（图片由广东省交通集团有限公司提供）

广西

第一节 整体概况

2019 年，广西交通运输工作呈现全面发力、多点突破、纵深推进的崭新局面。交通固定资产投资首次突破 1000 亿元大关，达到 1222.4 亿元。高速公路开工里程近 1000 公里，在建里程达到 2800 公里，通车总里程突破 6000 公里。深化收费公路制度改革，如期与全国同步取消高速公路省界收费站。农村公路全面实施“四建一通”工程，三年投资 742 亿元启动 1.4 万个项目。全区全面实现具备条件建制村 100% 通硬化路。广西首条自主审批的时速 350 公里的南宁至玉林城际铁路开工建设。南宁轨道交通 3 号线开通运营。北部湾港货物吞吐量突破 2.5 亿吨，集装箱吞吐量 382 万标准箱，同比增长 34.6%，增速位居全国前列。

2019 年，广西现代综合交通运输体系建设开启新征程。

一是综合交通运输管理体制改革取得重大突破。广西综合交通大部门体制进一步完善，铁路、公路、水运、民航实行集中统一管理，工作机制进一步健全；全区交通运输系统行政事业单位改革基本完成，厅直属事业单位职能调整到位，实现政事分开；交通运输综合行政执法改革深入推进，普通公路路政执法机构实行属地管理，市级、县级交通运输综合行政执法机构“三定”方案编制工作基本完成，人员转隶等工作进展顺利。二是引领高质量发展规划蓝图加快绘就。服务“三大定位”新使命，立足“一湾相挽十一国，良性互动东中西”的独特区位，统筹开展事关长远的规划研究，拟定《广西贯彻落实〈交通强国建设纲要〉实施方案》《广西交通强国建设试点实施方案》草案，启动《广西综合立体交通网规划（2021—2050 年）》和《广西综合交通运输发展“十四五”规划》编制，为广西建设交通强国做好顶层设计。三是交通投融资渠道不断拓宽。印发《改革创新投融资方式和建设模式加快推进广西高速公路高质量发展工作方案》，成功设立 1000 亿元的交通投资基金，筹划组建 500 亿元的水运基础设施建设基金。以债券、基金为杠杆，以“资源换资金”等多种方式，带动银行信贷资金、社会资本约 800 亿元投入我区公路水运建设，为交通运输发展提供有力的资金保障。

第二节 综合交通基础设施建设

广西充分发挥重大项目指挥长制度、厅际协调联动工作机制的作用，采取高速公路项目前期工作代办、重大项目定期调度督查、特殊项目专班跟进等措施，全面掀起交通基础设施建设新高潮。

铁路方面，南宁至玉林城际铁路实现开工建设，柳州站站房扩建工程、柳州动车存车场工程建成，贵阳至南宁铁路等 4 个项目稳步推进。

公路方面，高速公路实行前期工作代办制，半年内基本完成 54 个项目 4383 公里的可研和初步设计；新开工项目 13 个 956 公里，项目个数和里程创历史新高；续建项目 19 个 2152 公里；建成项目 7 个 644 公里，停工多年的阳朔至鹿寨高速公路建成通车，崇左至水口高速公路提前至 2019 年建成通车；新增昭平县通高速公路，县县通高速率达 92%。路网建设新开工项目 27 个 1138 公里，续建 118 个 3228 公里，建成广西滨海公路山口支线等 24 个项目 754 公里。农村公路新开工 4499 个项目 8688.5 公里，完工 4670 个项目 8828.7 公里。

水运方面，开工钦州港东航道扩建二期工程、贵港至梧州 3000 吨级航道工程等 9 个项目，续建 27 个项目，建成钦州港东航道扩建一期工程等 4 个项目，新增港口吞吐能力 1719 万吨。

民航方面，北海机场站坪扩建工程实现开工建设，玉林福绵机场飞行区、南宁机场国际物流单一窗口服务中心通过验收，梧州西江机场建成使用。

邮政方面，建成村邮站 1.2 万个，村邮乐购站点 1.18 万个，全面实现建制村直接通邮。

枢纽方面，南宁国际空港综合交通枢纽工程开工建设，南宁市中国—东盟国际物流园区、梧州龙圩综合客运枢纽站、南宁凤岭综合客运枢纽站（一期工程）等枢纽项目以及百色地州、胡润等乡镇客运综合服务站顺利建成。

图 7-20-1　2019 年建成通车的广西崇左至水口高速公路（卢军　摄）

第三节　运输服务保障能力

一是全面取消高速公路省界收费站。完成 862 套 ETC 门架、1511 条车道和 328 套入口称重检测系统建设改造，如期完成广西高速公路联网收费系统升级改造及联调联试，累计发行本籍车 ETC 用户 423 万户，ETC 安装率 70% 以上，高速公路入口客车 ETC 使用率 80% 以上。2019 年 12 月 16 日零点，全区顺利实施高速公路入口货车称重检测，比国务院原定目标提前 15 天。2020 年 1 月 1 日零时起，全区 16 个省界收费站与全国同步取消，广西高速公路正式接入全国联网收费系统运营。

二是运输结构调整实现预期目标。“公转铁”“公转水”保持增长态势，铁路货运量 1.19 亿吨，同比增长 13.2%；水路货运量 3.2 亿吨，同比增长 5.84%；公路货运量 16.5 亿吨、货物周转量 2865 亿吨公里，同比分别增长 7.54% 和 6.77%，铁路、水运货运量在综合运输体系比重逐年提高，符合运输结构调整预期。全区港口货物吞吐量 3.79 亿吨、集装箱吞吐量 495 万标准箱，同比分别增长 27%、34.2%。集装箱多式联运量 33 万标准箱，同比增长 37.5%。

三是运输服务能力大幅提升。铁路旅客发送量 1.22 亿人，同比增长 6%。公路客运量 3.45 亿人，同比下降 4.4%。水路客运量 770 万人，同比增长 10.5%。民航客运量 2903 万人，同比增长 5%。检验船舶 13051 艘次，其中新建船舶检验 433 艘，57.37 万总吨，总吨增长 77.1%，位居全国内河造船前列。安全引航船舶 9095 艘次，同比增长 6.4%。桂林市综合运输服务示范城市完成国家验收。柳州国家公交都市建设示范城市验收合格。14 个设区市的城区和 46 个县城实现交通一卡通互联互通。普通国省道实施公路养护工程 1125 公里，建成 40 个服务区（停车区）。完成 1.51 万公里国省道路网命名编号调整工作，完善交通标志 8461 块，新建和改造高速公路服务区公厕187座，建成"司机之家"3个。开行南宁至北京标杆动车，运行时间压缩了2小时46分；首开南宁至香港直达动车、桂林经南宁至丽江等动车，广西境内开行动车达到304对。北部湾港新增集装箱班轮航线6条，共开通46条。长洲水利枢纽双向过闸船舶货运量1.45亿吨，同比增长10.3%，实现十连增。全区民航飞行客运航线330条，全货机航线3条，通航国内外110个城市。首航南宁—胡志明往返货运包机航线，开行东盟的客运航线达28条，覆盖东盟10国22个城市，南宁机场东盟航线旅客吞吐量首次突破100万人次。广西首条通航短途运输航线"金桂飞"正式开通。

第四节　行业治理体系建设

一是交通运输法治建设深入推进。加强交通运输地方性立法，修订出台《广西水路运输管理条例》，完成《广西农村公路条例》起草以及《广西高速公路管理办法》立法后评估工作。组织开展行政规范性文件合法性和公平性审查，重大行政决策程序更加规范化、制度化。全面推行行政执法公示、执法全过程记录、重大执法决定法制审核等三项制度。

二是营商环境持续优化。"放管服"改革深入推进，取消总质量4.5吨及以下普通货运车辆道路运输证和驾驶员从业资格证。将国际道路货物运输许可审批改为备案管理。下放省际、市际、毗邻县行政区域间道路旅客运输经营许可。梳理交通运输厅82项依申请政务服务事项，通过邮寄送达、网上办理等方式落实"最多跑一次""一次不用跑"，大力推进自贸区"证照分离"改革。实现普通货车"三检合一"和道路运输车辆综合性能检测全国联网。降本增效行动持续推进，继续清理规范涉企收费，货车计费方式由计重收费调整为按车（轴）型收费，开展地方性车辆通行费减免政策清理，实施高速公路差异化收费、ETC车辆高速公路通行费5%无差别优惠，进一步优化落实鲜活农产品绿色通道政策，降低港口作业费，公路水路领域可量化措施降低物流成本约21.2亿元。

三是政策和标准体系加快建立。出台"四好农村路"、高速公路等高质量发展的一系列政策措施，制定交通新业态监管的制度办法，全区12个城市出台网约车配套政策。开展32项广西交通运输标准化技术规范编制工作，颁布实施地方标准10项、广西交通运输行业指南8项。

四是信用体系建设取得新成效。"信用交通省"建设完成中期考核，交通运输信用信息平台（三期）完成建设，收集信息350万条，水路运输信用信息系统通过验收。

第五节　科技创新

一是智慧交通蓬勃发展。综合交通大数据应用技术国家工程实验室（广西）、广西综合交通大数据研究院挂牌成立，初步形成"三中心一院""政产学研用"五位一体新格局。广西交通运输云数据中心（一期）工程建成，每日可处理数据10亿条以上；政务数据"聚通用"整合汇聚广西交通运输行业50个信息系统，打破"信息孤岛"。珠江航运综合信息服务系统广西单项工程建成。北部湾港港口基本实现生产管理信息化、生产运营一体化管控。31个高铁车站应用人脸识别技术、电子客票，旅客实现"无纸化"乘车。310个高速公路收费站、1079条出口收费车道实现通行费手机移动支付。

二是绿色交通成效显著。打好污染防治攻坚战，与中国海油合作共同推动LNG应用，南宁港、贵港港水上加气站前期工作进展顺利。全区建设港口岸电设施83套，沿海港口100%完成污染物接收转运处置设施建设。全区新增新能源公交车充电桩576个、新能源公交车1324辆，注销淘汰重型老旧柴油货车4628辆。全区干线公路绿化率超过80%，打造2万多公里“绿色长廊”，柳南绿色公路示范项目成为全国绿色公路典范。

三是科技创新水平稳步提升。申报23项交通科研课题，钦州至北海段高速公路改扩建工程入选交通运输部科技示范工程。百色至靖西高速公路项目获国家优质工程奖，河池至都安、马山至平果高速公路项目获李春奖（公路交通优质工程奖）。5项成果获广西科学技术奖，其中“绿色高性能复合式路面成套技术”获科学技术进步类一等奖。

第六节　安全与应急

全区发生涉及人员死亡的道路客货运行车事故起数、死亡人数同比分别下降15.2%、21.69%。发生较大道路运输行车事故起数、死亡人数同比分别下降63.64%、68.29%。全区未发生重特大道路运输安全事故，安全生产形势稳中向好。

一是安全监管体系不断健全完善，重点领域安全专项治理成效显著。制定港口重大危险源管理指南等一批制度规范，建立交通运输系统道路交通安全管理长效机制，进一步推动安全主体责任和安全监管责任落实。牵头建立厅际治超联席会议制度，完善联合执法、协同监管机制，查处违法超限超载运输车辆3.77万辆次，卸载货物91.21万吨。第四季度高速公路超限超载率约为2.63%，“百吨王”车辆数约为0.22万辆次，同比分别下降78.44%和95%，其中12月超限超载率降至1.11%，超额完成自治区下达降至5%的目标。深入开展高铁环境安全综合治理，通过“路地联动”，建立“双段长”工作机制，短短2个月整治隐患3672处，提前完成综合治理任务。开展交通安全隐患大排查大整治百日攻坚行动、公路桥梁隧道和连续长陡下坡路段安全防护能力提升等专项行动。实施农村公路平交路口“千灯万带”示范工程，安装减速带228个。实现2.12万辆“两客一危”车辆安装智能视频监控装置并上传数据，7014辆城市公交车完成驾驶区域安全防护隔离设施安装改造。开展船舶救生设备专项检查，核查船舶6040艘，更换救生衣超7万件。深入开展扫黑除恶专项斗争，强化监管排查，及时收集上报涉黑涉恶涉乱线索202条。

二是安全监管模式持续创新。启动广西交通运输安全生产监管监察系统等3个试点工作，推进交通运输行业安全生产责任保险工作，公路公众责任险制度初显成效。兰海高速边坡监测与预警系统入选交通运输部“平安交通”重点推荐案例，企路警“保畅四个一”模式等5个案例入选“优秀案例”。

三是应急保障能力稳步提升。圆满完成新中国成立70周年、中国—东盟博览会、“环广西”公路自行车世界巡回赛等重大活动期间的交通运输保障任务，组织开展节假日等重点时段的运输服务，妥善应对台风“木恩”“韦帕”等极端恶劣天气和“10·12”玉林北流地震等自然灾害。

图7-20-2　圆满完成“环广西”公路自行车世界巡回赛的交通运输保障任务（图片由广西壮族自治区公路管理局提供）

第七节　合作与交流

一是西部陆海新通道建设取得新突破。建成启用钦州铁路集装箱中心站（一期）、南宁国际铁路港（一期）等关键项目，海铁联运和多式联运打通“最后一公里”取得重大突破。钦州铁路集装箱中心站年装卸能力由过去的每年15万标准箱跃升至105万标准箱。陆海新通道主干线物流规模快速扩大，北部湾港至重庆、四川、云南等3条海铁联运班列线路实现常态化运行；开通2条北部湾港至东盟国家港口的班轮航线，以及首条至南美远洋直航航线。海铁联运班列开行2243列，同比增长94%，集装箱发送量11万标准箱。第一批多式联运示范工程——“贯通欧亚大陆的公铁联运冷链物流通道示范工程”多式联运场站初步建成。

图7-20-3　6月30日钦州铁路集装箱中心站开通仪式发出的首趟列车（钦州中心站—德国杜伊斯堡）（徐志雁　摄）

二是粤港澳大湾区互联互通体系加快构建。积极打造直达大湾区的高速铁路，南深高铁南宁至玉林段实现开工建设，玉林至深圳段前期工作加快推进，两省区间每日图定开行高铁动车290列，实现“公交化”运行，全区11个设区市、10个县级行政区实现动车“一乘直达”广州。全面打造面向大湾区的省际高速公路大通道，玉林至湛江、贺州至连山等粤桂省际高速公路加快建设；西江“一干七支”航道网络扩能改造工程全面推进，加快形成以高速铁路和高速公路为主、空运和水运为支撑的全面对接大湾区的东融通道和连接大湾区与东盟的西部通道。

三是合作交流多领域开展。推动多边运输协定下跨境运输（中国—老挝—越南）启动实施，推进大湄公河次区域跨境运输便利化，推动中越两国汽车运输协定和议定书实施，中国南宁至越南海防货运直通车正式开通运行，经友谊关、东兴口岸的中越国际道路货物直达运输和跨境自驾游实现常态化。北部湾港与缅甸仰光港缔结姐妹港，中国—东盟信息港股份有限公司与上海航运交易所签署战略合作协议。加强省际通道规划对接，与广东、湖南、贵州省商定自治区新增省际高速公路通道的接线和建设时序等事项。

海南

第一节　整体概况

2019 年，海南省完成公路水路固定资产投资约 163 亿元，比交通运输部下达的 135 亿元任务增长 20.7%。全省完成公路水路营运性货运量 23795 万吨、货运周转量 1682 亿吨公里，分别同比增长 13.5%、95.9%。全省完成港口货物吞吐量 1.98 亿吨，同比增长 8.5%，特别是外贸吞吐量完成 3581 万吨，同比增长 11.7%，增长趋势明显。全省完成公路客运量 9366 万人、公路旅客周转量 736606 万人公里，同比分别减少 2.81% 和 0.97%；公路货运量 13242 万吨、公路货物周转量 919781 万吨公里，同比分别增加 9.88% 和 8.91%。全省完成民航旅客吞吐量 4580 万人次，同比增长 2.3%。其中，境外航线起降 2.05 万架次，同比增长 21.2%，旅客吞吐量 260.21 万人次，同比增长 28.2%，货邮吞吐量 5160.7 吨，同比增长 88.1%。

争取民航局出台支持加快海南民航业发展 18 条政策，协调指导海口市和三亚市开通和加密国际航线，开放第 7 航权列入中国民用航空局 2020 年工作报告。全省执飞境外航线达到 103 条，提前一年完成执飞境外航线 100 条的总目标。境外航线网络覆盖东盟十国和英国、意大利等 19 个国家及港澳台地区的 59 个境外城市，构建“4 小时 8 小时飞行经济圈”，打造面向太平洋和印度洋的重要对外开放门户。同时，加大宣传促销力度，让离岛免税宣传在航班进行语音播报，有效拉动离岛免税购物消费，推动国际旅游消费年活动取得良好效益。多项发展指标稳中向好，兑现了交通人的发展承诺和责任担当。

第二节　综合交通基础设施建设

公路方面。至 2019 年底，全省公路通车总里程 38323 公里，其中国道 2288 公里，省道 1519 公里，县道 2851 公里，乡道 6526 公里，村道 25138 公里；二级及以上公路 3229 公里，高速公路通车里程 1126 公里；路网里程达到 3.8 万公里；路网密度达到 111.2 公里 / 百平方公里。高等级公路比例显著提升，路网技术等级和服务水平有了新的提高。目前，全省已建成以“田字型”高速公路为主动脉，以“三纵四横”的国省道公路为主骨架，旅游公路为补充，高等级公路沟通市县，辐射开发区和旅游区，乡乡通油路，村村通公路，县乡村道支干相连，各市县互联互通、贯通东西南北、辐射全岛的“安全、高效、集约、绿色”的公路网格局。被列为全国绿色公路建设首批典型示范工程的万宁至洋浦高速公路建成通车；G360 文昌至临高公路开工建设，启动了“丰字型”高速公路网建设的新征程；屯昌至琼中段、海文高速公路工程首次荣获李春奖；海文大桥建成通车。

水路方面。全省已初步建成北有海口港、南有三亚港、东有清澜港、西有八所港和洋浦港的“四方五港”格局。以上港口均为国家一类口岸。截至 2019 年底，全省港口共有生产性泊位 148 个；其中万吨级以上深水泊位 74 个。万吨级以上深水泊位中海口港 34 个、洋浦港 26 个、八所港 9 个、三亚港 4 个、乐东 1 个。“十三五”期继续推进全省港口资源整合，构建全省港口“一盘棋”格局，完善“四方五港”建设，提升港口服务能力和管理水平，促进港、产、城联动融合发展，将海南打造成为面向东南亚的航运枢纽、物流中心和出口加工基地。2019 年新增管养航标 14 座，管养航标增至 154 座，全年完成航标巡检 1143 次、瞭望 4254 次、浮鼓灯架轮换保养 69 套、紧急抢修 40 次，确保航标维护正常率达 100%。结合生态航道景观建设，对万泉河内河航道 11 座杆标进行发光改造并新布设 1 座航标，在三亚河航道投放 8 座船型航标。积极探索符合省情的航道通航条件影响评价审核管理模式，逐步完善航道通航条件影响评价审核工作。海口港秀英港区 3 万吨级航道维护疏浚工程通过交工验收。

客货站场建设方面。旅游客运市场化改革激发了市场活力，旅游客运管理体制弊端得到有效解决。屯昌枫木服务区首个“司机之家”投入运营，普通货运车辆实现网上年审，建立了覆盖全省的汽车维修电子健康档案，完成海口市创建工作。在全国率先实现了省域巡游和网约出租汽车驾驶员从业资格“两考合一”“两证合一”“一地认定，全省通用”的新模式，为民办实事承诺兑现。加强运输组织和应急协调，先后圆满组织完成“春运”、博鳌亚洲论坛、国庆等重点时段和重要活动的运输保障任务。提前完成新增建制村通客车任务，截至 2019 年 11 月 30 日，海南省 19 个市县 2560 个具备条件的建制村已经实现 100% 通客车目标，提前一年完成国家预期目标。

第三节　运输服务保障能力

2019 年，海南交通系统加强运输组织和应急协调，先后圆满组织完成“春运”、博鳌亚洲论坛、清明、环岛自行车赛等重点时段和重要活动的运输保障任务。加强旅游客运运力保障和应急协调，不断提升旅游客运服务质量和水平，旅游客运继续实现重特大安全事故“零记录”和重大服务质量“零投诉”。开展“助力春运”志愿服务活动，帮助因大雾滞留的旅客。组织养护单位、同时指导市县政府做好 1481 公里的环岛自行车赛赛道养护工作，保障环岛自行车赛顺利进行。严格规范道路运输行政许可，做好客货各项审批业务服务，全年共办理行政许可 308 件。

公路方面。2019 年全省公路系统按照交通运输部“改革攻坚、养护转型、管理升级、服务提质”十六字工作方针，紧紧围绕“生态路、景观路、旅游路、交通路、幸福路”建设目标，以“畅化、净化、绿化、彩化、亮化”示范路建设为抓手，有条不紊地推进公路养护管理各项工作，取得了较好成效，公路通行服务水平全面提升。一是推进“五化”公路建设。积极落实海南省委提出的“五化”公路目标要求，完成“五化”公路 3892 公里的规划，继续巩固“五化”示范路建设成果。截至 2019 年 12 月底，高速公路、国道、省道路况综合指数较去年同比均有所提升。二是完善信息服务功能。利用高德交通信息平台发布高速公路通行即时信息，及时服务公众出行。三是持续开展高速公路服务区整顿提升工作。继续深化落实“厕所革命”的各项任务，优化环境卫生服务，协调完善商业功能，完成服务区 50 个汽车充电桩的建设任务。四是优化国省干线服务设施。建成并投入使用服务区、驿站、停车区等服务设施 39 个。五是加强“四好农村路”建设。制订了 2019 年路况指标，指导各市县做好“四好农村路”建设和县道接管养护，加强农村公路养护巡查。琼中县获评全国“四好农村路”示范县。六是路政管理工作成果丰硕。落实联合治超常态化、制度化，积极参加“雷霆行动”，第一次实现春运期间高速公路零投诉；全省高速公路、国省干线公路超限率为5.6%，同比2018年下降0.48%；整治路域环境，全面完成高立柱广告牌拆除，恢复了高速公路美丽生态的路域环境。

水运方面。琼州海峡一体化工作取得新成果，过海运输服务能力有显著提升。多次与广东对接，共同推进琼州海峡港航一体化发展。按照“先港后航”思路，实现了南岸轮渡码头一体化整合。新海港综合客运枢纽，锚地、航道、疏港道路等配套设施正在加快推进。推行无纸化通关，海口港客票电子系统、人脸识别验票系统、小客车车票电子通关系统投入使用。积极推动《提升琼州海峡客滚运输服务能力三年行动计划》落实，琼州海峡客滚运输从2019年9月1日开始实施“定码头、定班期、定船舶”班轮化运营，“琼州海峡联网售票服务信息系统”同步上线，“网络预约购票模式”有效减少了车辆待港时间。

第四节　行业治理体系建设

交通管理体制改革取得明显成效，交通运输深化改革“试验田”成为对外开放新窗口。

海南港航控股重组圆满完成，航运产业朝全球转向启航。海南港航控股重组正式挂牌运作。结合西部陆海新通道总体规划，对全省“四方五港”的规划定位进行调整，重点打造洋浦港区域国际集装箱枢纽。中远海运集团将30艘船舶注册至海南，为海南新增注册船舶运力160万吨。共开通国际集装箱班轮航线10条，内贸集装箱班轮航线33条，基本形成了覆盖全国沿海各主要港口的内贸航线网络及连接东南亚、辐射亚欧的外贸航线布局。推动交通运输部批准中远海运58艘中资非五星红旗船舶，在国内沿海对外开放港口与上海、海南等自由贸易试验区开放港口间，试点外贸进出口集装箱沿海捎带业务。

海南游艇制度政策创新破冰试水，为国际旅游消费中心建设注入新动能。被列入海南A类制度创新项目的《海南省游艇租赁管理办法》已经颁布，这项革命性的制度政策创新，将为海南游艇产业提档加速发展创造重大政策利好，促进交通与旅游融合发展。以促进海南国际旅游消费中心建设为目标的“琼港澳游艇自由行”被列入海南第六批制度创新案例，琼港澳游艇自由行实现开门红，全省游艇总出海人次大幅激增接近100万人次大关，游艇旅游成为国际旅游消费年的新热点。

进出岛物流管理平台建设取得阶段性成果，为构建自由贸易港风险防控体系贡献交通智慧。协同相关部门推进海南社会管理信息平台建设，规划设计运输出岛货物申报、“一站式”核验放行子系统，作为物流监管系统项目的补充，实现程序与监管流程配套，向社管平台共享进出岛车辆、物流数据，范围覆盖全省主要国省干线路段，全方位实现进出岛人流、物流实时高效管控，获得了国务院第六次大督查的全国通报表扬。此外，北斗交通融合技术研发已列入海南制度创新A级事项，正在加快推进。

养护管理体制改革取得新突破。完成铺前大桥和文昌东郊至铺前旅游公路的五年期养护项目公开招标；G98环岛高速公路东线段、G9811海三高速公路琼中至乐东段和万宁石梅湾至大花角旅游公路市场化养护与考核工作正常进行。省管县道移交圆满顺利，截至2019年底，移交省养县道里程1863公里，移交养护人员663名，涉及移交道班165个，调整县道移交养护资金2031.7万元，移交后省养普通国省干线里程为3548.652公里。

综合行政执法改革稳步推进。配合海南省编办开展交通运输综合行政执法改革和事业单位改革的前期调研工作，三个路政大队涉及改革人员62人，市县公路分局改革正按要求稳步推进。深化“放管服”改革，优化审批流程，国家、省重点项目和便民、扶贫工程涉路施工审批办结时限缩短至10个工作日；全年所有行政许可申请均在办理期限内提前完成，办结率达到100%。

第五节　交通扶贫

2019年，交通发展始终坚持服务人民、服务大局、服务基层，集结火力打好交通脱贫攻坚战，交通扶贫攻坚兜底性任务胜利在望。全省“四好农村路”建设再传捷报，琼中县获评全国示范县，海南已成功创建3个全国示范县。农村公路六大工程累计完成里程1.33万公里，在全国率先实现100%具备条件的自然村通硬化路、实现100%具备条件的行政村通客车，提前一年完成交通运输部下达的任务，实现农村地区“出门有路、出行有车”出行愿望。农村公路车购税补助资金综合绩效被交通运输部评定为优秀。

第六节　交通污染防治

绿色交通发展取得明显成效。以万洋高速创建全国绿色公路典型示范工程为契机，探索具有海南特色的绿色公路建设体系。所有新开工项目拌合站实现“油改气”清洁能源替换，大力推广温拌沥青和橡胶沥青技术。琼乐高速公路坚持造价服从生态，宜桥则桥，宜路则路，提高桥隧所占比例，完美展现沿线自然风貌。大力推广应用新能源汽车，全省新能源公交车占公交车总数达80%；出租汽车中使用清洁能源车型达90%以上。

第七节　安全与应急

交通行业安全生产形势持续稳定，成功化解海口港集装箱压港问题，道路治超工作再创新业绩，实现生产经营性事故起数、死亡人数“双下降”目标，扫黑除恶工作获得中央扫黑除恶第18督导组充分肯定。

打好道路交通安全专项整治三年攻坚战，全省交通运输安全形势总体稳定。严格落实公路安全专项检查和治理工作，重点突出隧道、桥梁、山区公路以及在建项目等高风险隐患路段的监控、预防与治理，组织开展高速公路隧道山体滑坡和桥梁水毁塌方应急处置综合演练。落实扫黑除恶线索摸排专项斗争，自专项工作开展以来，公路系统出动人员972人次，路政车辆190辆次，组织开展各类宣传活动48场次，悬挂横幅536条，发放宣传资料1万余份。排查涉路涉黑线索3条，上报线索2条。

深入开展道路交通安全专项整治三年攻坚战，强化行业重点领域和重点时段安全生产监管，坚决清剿安全隐患。广泛开展“扫黑除恶”“打击运霸”“防控非洲猪瘟”等专项行动，有效维护了道路运输市场秩序和持续稳定。全省2997辆“两客一危”车辆安装智能视频监控报警装置，最大限度消除安全隐患。强化安全生产法律法规的宣传教育和突发事件应急能力建设，夯实了企业主体责任和安全基础。

开展全省客车非法营运专项联合整治工作，摸排非法营运车辆线索615起，查处非法营运行为数173起，实施行政处罚137起，执收罚没款数额177.67万元。开展2019年国庆期间旅游客运市场综合整治工作，执法检查1000多次，查处违法违规车辆66辆。开展打击机动车未取得道路运输经营许可非法营运专项整治工作，查处非法营运“黑车”179辆次。建立和健全“打非治违”通报制度，查处违法违规行为数9481起，其中查处“黑车”841起，实施行政处罚数6198起，执收罚没款数额约计2590万元。

重庆

第一节　整体概况

重庆市2019年完成交通投资863亿元。全力推动重大项目建设，交通发展滚动接续机制已经形成。一年来，渝昆高铁等2条铁路145公里、渝湘扩能等4条高速公路445公里、嘉陵江利泽等3个航电枢纽、江北机场T3B航站楼和第四跑道先期工程等重大项目相继开工，重庆市铁路营业里程达到2394公里，高速公路在建规模接近1400公里，均为历史之最。重庆市公路总里程达到17.4万公里，路网密度达到212公里／百平方公里，同比增长11%。

落实中央和市级资金338亿元，引入社会资本1092亿元，均创历史新高。获批国家首批交通强国建设试点，《高速公路网规划》《国际航空枢纽战略规划》印发实施。与西部地区合作持续加强，川渝等协同推进机制已经建立。重庆市上下发展合力持续凝聚，干部职工干事动力不断增强。

大力推进交通脱贫攻坚和品质提升，人民群众获得感、满意度持续提高。一年来，贫困地区交通面貌明显改善，全面建成小康社会支撑有力。高速公路省界收费站全部取消，部市领导多次高度肯定。城市公共交通优先发展，智能公交技术走出国门。交通品质再换“新颜”，群众出行体验更加“巴适”。安全出行再添“保障”，重大运输组织高效有序。

第二节　综合交通基础设施建设

重庆市高铁建设有序推进。2019年，重庆组建专班、进京蹲守，密集与国铁集团对接，全力推进项目建设，渝昆高铁、成渝铁路主城至江津段改造开工建设，郑万高铁、渝湘高铁主城至黔江段、重庆东站、枢纽东环线、涪怀二线等项目加快建设，黔张常铁路开通运营，全市铁路在建规模超过1000公里。

高速公路网络逐步完善。完成渝武扩能等8个项目540公里招商引资，奉节至建始、渝湘扩能主城至彭水、彭水至酉阳、巫溪至云阳至开州和渝遂扩能开工建设，石柱至黔江、南川至两江新区等续建项目加快推进，潼南至荣昌建成通车，重庆市高速公路通车总里程达到3235公里，省际出口通道增至22个。

航道港口建设稳步实施。长江朝天门至涪陵段4.5米水深航道整治工程可行性研究报告获批、朝天门至九龙坡段3.5米水深航道整治基本完成，嘉陵江利泽、乌江白马和涪江双江航运枢纽开工建设。主城果园等枢纽港加快完善，忠县新生等重点港稳步推进，主城佛耳岩二期开港运行。

国际航空枢纽有序建设。民航完成投资15.04亿元，第二枢纽机场基本完成选址研究，仙女山机场建设和万州、黔江机场改扩建加快。巫山机场、永川大安通用机场通航。

高速路网效能不断增强。按照国家统一部署

要求，强化统筹协作，提速攻坚推进，取消省界收费站各项工作如期完成，实现路网管理服务提档升级。工程建设率先完工。建成686套ETC门架系统，新建936条ETC车道，实施20个省界收费站正线改造，投用279个入口称重检测车道，升级结算中心、收费站和车道软件系统，全国第二个全面实现收费全流程联调联试。ETC发行量再创新高。多方协同联动，大力宣传推广，ETC安装发行新增200余万户、超过前6年总和、达到378万户，渝籍汽车ETC安装率突破80%。政策保障体系调整完善。全国第二个调整完善收费政策，清理规范地方性优惠政策，修订完善营运及服务规范，全面实施入口超限检测，妥善分流安置收费人员863名。

干线路网通行持续优化。2019年，重庆市实施普通干线公路改造4200公里，国道二级及以上达到81%、省道三级及以上达到61%，普通国道优良路率达到84.9%。期间，分片区开展“促改督战”，组织综合检查所有区县865个项目，研究解决困难问题60余项，实现监督检查全覆盖；G319酉阳至涪陵路面技术状况、奉节夔门长江大桥管理规范化顺利通过交通运输部检查并名列前茅；普通国省道完成路网命名编号调整，并获得交通运输部通报表扬；整合信用管理工作平台，全年纳入评价从业单位192家，全市所有景区之间，乡镇之间，区县之间全部实现高等级公路相连。

“四好农村路”加快建设。2019年，重庆市建成“四好农村路”2.5万公里，新增4065个村民小组通公路、8426个村民小组通油路或水泥路，全市村民小组通达率、通畅率分别达到97.3%、73.6%。新增38个建制村通客运，重庆市建制村通客运率达到99.6%。创建大足、石柱2个全国示范区县及6个市级示范区县。普通干线公路有序改造。实施改造4479公里，国道二级及以上、省道三级及以上占比分别达到81%、61%，3A级及以上景区基本实现快速通达。精准方略深入贯彻。完善对口帮扶机制，加大倾斜支持力度，18个深度贫困乡镇对外通道稳步实施、通组公路基本完工。巡视整改全面完成。中央脱贫攻坚专项巡视重庆反馈意见中，涉及交通问题整改到位，“四好农村路”监管平台建成运行，“路长制”加快推行。

第三节　运输服务保障能力

重庆市2019年民航完成飞机起降33.4万架次，同比增长6.6%；旅客吞吐量4645.1万人次，同比增长8.3%；货邮吞吐量41.4万吨，同比增长7.7%。江北机场旅客吞吐量达到4478万人次、同比增长7.5%。2019年江北机场新开通重庆—曼德勒、重庆—仰光、乌鲁木齐—重庆—济州岛、乌鲁木齐—重庆—普吉、重庆—富国岛、重庆—万象、重庆—琅勃拉邦、重庆—冲绳、重庆—布达佩斯9条国际客运航线，及无锡—重庆—哈恩、西安—重庆—首尔、上海浦东—重庆—德里—亚的斯亚贝巴、重庆—德里—亚的斯亚贝巴—圣保罗—圣地亚哥4条全货机航线。江北机场开通航线总数366条，通航城市215个，其中国内航线271条（客运268条、货运3条），通航城市142个；国际及地区航线95条（客运77条、货运18条），通航城市73个，直飞航线86条，占比90.5%；其中，“一带一路”沿线国家航线64条，占比67.4%；“陆海新通道”航线42条。2019年11月28日，永川大安通用机场建成投用。该通用机场为A1类通用机场，总投资4.8亿元，占地面积1200亩，机场建设一条长1000米、10个B类机位和4个直升机机位以及相关配套设施。机场可为飞行训练、应急救援、通勤运输、空中游览等通用航空业务提供保障服务。

重庆市2019年道路运输完成客运量5.10亿人次，客运周转量242.98亿人公里，分别下降2.2%

和 6.7%，货运量 9.00 亿吨，货运周转量 952.59 亿吨公里，分别下降 15.97% 和 17.36%。

2019 年水路运输稳步增长。全年完成货运量 2.11 亿吨，增长 8.4%；货物周转量 2453.4 亿吨公里，增长 9.6%；集装箱运输量 99.8 万标准箱，增长 10.34%；客运量 756.3 万人次，增长 3.6%，其中两江都市游客运量 325.4 万人次，增长 38%，豪华游客运量 66.5 万人次，增长 3%。

全市港口货物和集装箱吞吐能力分别达到 2.1 亿吨、480 万标准箱，2019 年完成货物吞吐量 1.71 亿吨，同比增长 8.9%，其中集装箱吞吐量 125.11 万标准箱，同比增长 7.1%。货运船舶运力规模达到 780 万载重吨，平均吨位 3350 载重吨，船型标准化率达 83%。

实施路面灌缝 152 万延米、病害修补 55 万平方米，预防养护 456 公里；完成千灯万带专项工程 300 个，普通公路金属护栏 3469 公里，危桥改造 111 座、危隧改造 10 座、渡改公路桥 14 座、灾害防治工程 100 公里，抢通阻断国省干线 52 条 220 处，组织开展长大桥隧监测和养护规范化检查 11 座；九龙坡、巴南、酉阳等隧道交通安全等设施提档升级，建成服务设施 123 个，打造北碚缙云山彩色生态路等 109 公里示范，全市 3A 级及以上景区基本实现快速通达，百姓出行更加安全、便捷、舒适。

交通品质大幅提升。绕城高速外 314 座隧道照明条件显著改善，9 对中心区域服务区完成改造提升。全市 138 艘餐饮船舶整治完成，主城区“两江四岸”完成 114 艘停泊船舶整治，关闭 28 座货运码头货运功能。主城区出租车服务质量专项治理扎实开展，服务投诉同比下降 20.5%。网约车发展不断规范，依法审批平台公司 46 家。主城公交优先道增至 160 公里，新增调整公交线路 119 条，累计开行穿梭巴士 180 条、1000 辆，公交与轨道接驳不断加强。轨道交通运营里程达到 329 公里，单日最高客运量达到 374 万人次。邮政寄递服务更加便捷。撤销交通不便边远地区建制村划定，邮政普遍服务营业场所达到 1771 处，全面实现建制村每周投递 3 次及以上。重大运输保障扎实有力。协调重点物资优先通过三峡船闸 844 艘次、21.8 万标准箱，完成西洽会、智博会、70 周年大庆等重点运输和执法保障任务。

第四节　行业治理体系建设

机构改革平稳有序。重庆市交通局机关内设机构到位、工作职责到位、人员定岗到位，市公路事务中心、道路运输事务中心、港航海事事务中心和交通运输综合行政执法总队挂牌成立，市船舶检验中心成立运行，重铁集团组建运营，系统国企改革、区县交通部门机构改革基本完成。“放管服”改革深入推进。动态调整权力清单、责任清单，积极实施“双随机、一公开”监管，完成“信用交通市”创建中期评估，大力推行“不见面”审批模式，高频事项实现全市跨区域通办，普货车辆实现全国网上年审。法制体系逐步完善。《重庆市铁路条例》《重庆市交通建设工程质量安全监督管理条例（修订）》等 6 个立法项目积极推进，规范性文件管理切实加强，普法工作扎实开展，法治氛围更加浓厚。执法水平稳步提升。出台行政执法公示、全过程记录、重大执法法制审核等办法，修订行政处罚裁量基准，深化执法联勤联动，交通执法日益规范高效。

突出队伍建设，干部能力素质更加过硬。抓住“关键少数”。修订完善《局属单位领导班子和领导干部年度考核办法》，配合市委组织部做好 6 个市管领导班子和 33 名市管干部年度考核工作，评选出“好班子”5 个、优秀领导干部 14 名，干部创业激情充分激发。树好鲜明用人导向。坚持“二十字”好干部标准，配合市委组织部开展 4 名厅级领导干部选拔任用，完成局系统29名处级领导干部选拔任用，在局机关、局属单位、国有企业交流中层及以上领导干部11名，选派14名精锐力量担任脱贫攻坚驻村第一书记，通过遴选方式补充25名年轻干部到局机关。严格干部监督管理。严格落实个人有关事项报告和抽查核实、提醒函询诫勉等制度，组织218名副处级以上干部集中填报个人有关事项，随机抽查23名、重点查核55人、函询17人，对查核不一致的18名同志进行批评教育，2名同志给予诫勉处理。用心用情抓实老干部工作。突出精准服务理念，积极提供个性化亲情化服务，定期组织老干部集中学习、参观考察、情况通报，坚持定期走访、困难帮扶、健康体检，及时兑现护理费、生活补贴等政策，全年慰问帮扶老干部、老党员和离休干部遗孀近2000人次，切实增强老干部政治荣誉感、组织归属感、生活幸福感。

第五节　科技创新

科技兴交成效明显。"山区高速公路隧道群建设及运营安全关键技术"获国家科技进步一等奖，山区桥梁及隧道工程国家重点实验室获科技部与市政府联合批准建设、实现省部共建"零"的突破，新一代人工智能技术研发中心获交通运输部授牌，奉节至巫溪高速公路列入交通运输部示范，《公路瓦斯隧道施工技术规范》等2个地方标准编制完成，《高速公路沥青路面技术规范》广泛应用。智慧交通服务持续优化。2100余项交通政务数据纳入市级共享平台，建成高速公路固定测速242处、区间测速86处，主城区公交轨道全部实现扫码支付、一码通乘，智慧公交在缅甸等国家成功推广。绿色交通建设有序实施。新增纯电动公交车107辆，投放新能源出租车200辆、新能源城市配送示范车130辆，淘汰老旧客货柴油车3.7万辆，新建高压岸电设施1处、船舶污染物接收转运点4处，400吨以上船舶全部安装生活污水处理设施。中央生态环保督察整改有力推进。迅速办理375件投诉案件，强力整改船舶码头污染等问题。

加强专业人才培养，发挥交通干部学校交通行业人才培训主阵地作用，开展专题培训103期，培训行业人才近6万人次。组织技能鉴定150余人次、从业资格考试6200余人次，新增正高级工程师56人、副高级工程师186人、高级政工师1人。

第六节　安全与应急

基础条件明显改善。重庆市具备条件的1.39万辆公交车全部安装防护设施，建成公路安全生命防护工程3469公里，改造危桥危隧121座，实施渡改桥14座，整治地灾路段100公里，桥梁防护设施升级等专项治理深入推进，高铁沿线2100余处安全隐患全部整改销号。安全监管力度加大。扎实开展"平安交通"三年攻坚、防范化解安全生产重大风险攻坚战等专项行动，行业事故数持续下降，高速公路百公里死亡3.5人、创历史新低，地方水域等级以上交通事故"零发生"，全行业无重特大事故发生，确保了新中国成立70周年运行安全有序。应急能力持续提升。修编突发事件综合应急预案，建成化龙桥应急基地，成功承办部市2019年长江干线水上联合搜救演习，有效应对乌江"6·22"洪峰过境等突发事件。稳定形势总体向好。纵深推进扫黑除恶专项斗争，扎实抓好中央督导组"回头看"整改，大力整治非法营运等行业乱象，妥善处置各类稳定问题，全行业保持和谐平稳。

第七节　合作与交流

2019年，重庆市充分发挥长江黄金水道的黄金效益，做足水运文章，助推内陆开放高地建设。周边省市货物通过重庆港中转比例达45%。多式联运发展力度持续加大。加快推进铁水、公水等多式联运发展，“渝黔桂新”铁水联运通道实现常态化运营，果园港开通至四川、贵阳等地多趟铁水联运集装箱班列。

定期召开与三峡通航局季度联席会，积极争取重庆籍船舶优先过闸，全年协调重点物资优先通过三峡船闸844艘次、21.8万标准箱，成功开通外贸集装箱水路运输“渝沪直达快线”。成功举办上海、南京、武汉、重庆长江沿岸四中心城市地方水运协调会，共商区域协调合作，共护航运企业健康发展，务实推动长江经济带高质量发展。

重庆航运交易所2019年与广东湛江市霞山区劳安安全咨询服务有限公司、湖南东固安全科技有限公司、江苏海事学院大学科技园有限公司三家单位签订了战略合作协议，为省外业务拓展奠定了基础；获取内河船舶管理资质、劳务派遣经营许可证；组织两次“151”高端人才培养，100余家企业160余人参加航运人才专题培训，并与贵州省交通运输厅达成了水运售票平台信息共享的初步意向。

重庆城市交通开发投资（集团）有限公司与阿里云、华为、德勤会计师事务所等多家知名企事业单位签署战略合作协议。中标郑州、柳州、大连等地轨道交通项目，为缅甸仰光市公共交通系统提供技术服务，参与美国、埃及、巴拿马、柬埔寨、新加坡等海内外单轨项目推广和投标工作，进一步壮大重庆轨道产业影响力。收购重庆中车四方所智能装备技术公司40%股权。

部分省级运游联盟合作发展专题座谈会在重庆隆重召开，10月20日，部分省级运游联盟合作发展专题座谈会在重庆召开，17个省市道路运输协会、旅游集散中心联盟、运输企业相关负责人共计49人参加了会议。商议了《部分省级运游联盟战略合作协议》内容，并表态将共同致力于提高两地联盟的市场竞争力，加快推进两地交旅深度融合发展进程。会议签署了《部分省级运游联盟战略合作协议》，协议的签订为扎实推进省际间交通与旅游深度融合发展，共同建立长期稳定、优势互补的战略联盟伙伴关系打下了坚实基础。

8月25日上午，泰国清迈府副府尹马努斯·坎塞和老挝万象市副市长阿萨潘同·西潘敦一行莅临重庆东盟国际物流园参观考察。考察团一行首先参观了重庆南彭公路保税物流中心（B型），了解招商情况及仓库布局情况。随后，工作人员向考察团介绍了重庆东盟国际物流园的基本建设情况及东盟班车的运营情况。介绍了东盟班车从东南亚各国运回的手工艺展示品和中国出口东南亚的机电产品。考察结束后，两地领导均表示希望能加强与东盟国际物流园的合作。

重庆东盟公路班车单月突破100班次，重庆交通运输控股（集团）有限公司公运东盟公司积极拓展重庆东盟公路班车平台发展，在东南亚的国际货运代理、国际物流运输及通道建设等方面取得了较好成绩。2019年7月，东盟班车共计发车119车次，总重约1681吨，总货值超11000万元。货物主要为国内摩配、机电设备、电子产品等，目的地包括越南、缅甸、马来西亚等国家。较2018年7月，东盟班车发车车次同比增长约170%，货物重量同比增长约803%，货值同比增长43%。在7月高峰时期，班车单日发车达10班次。

四川

第一节 整体概况

2019 年，在交通运输部和四川省委、省政府坚强领导下，四川省交通运输系统以习近平新时代中国特色社会主义思想为指导，全面落实“巩固、增强、提升、畅通”八字方针，持续推动交通运输高质量发展，取得九个方面成就：一是交通投资继续保持高位运；二是交通脱贫攻坚取得决定性进展；三是交通强省建设规划体系加速完善，成功纳入全国第二批交通强国建设试点省份；四是运输服务加快转型升级；五是绿色智慧交通稳步实施；六是重点领域改革有序推进；七是安全生产形势总体稳定；八是行业治理能力持续提升；九是全面从严治党扎实推进。

第二节 综合交通基础设施建设

建设投资再创新高。全年公路水路建设完成投资 1805 亿元，连续 9 年投资超千亿元。

高速公路建成里程提档增位。全省高速公路通车总里程达到 7520 公里，通车总里程在全国跃升 1 位，排名全国第二，西部第一。实现所有市（州）政府所在地通高速公路，新增通江 1 个贫困县通高速公路，新增 2 条出川高速公路大通道，出川高速公路通道达到 21 条。新开工宜宾至威信、绵阳至苍溪、苍溪至巴中、德阳中江至遂宁、久治至马尔康段、泸定至石棉、绵阳至成都扩容、西昌至昭通、乐山至西昌高速公路乐山至马边段等 9 个项目、1066 公里，高速公路建成和在建总里程突破 1.1 万公里。

国省干线、重点水运顺利推进。完成国省干线公路提档升级 1868 公里，九寨沟地震、白格堰塞湖等交通恢复重建项目全面推进；普通国道 PQI 达到 88.6，路况水平总体良好。岷江港航电综合开发工程有序推进，犍为航电枢纽船闸试运行，尖子山航电枢纽开工建设；嘉陵江川境段全线通航。

运输基础设施建设成效显著。建设道路运输站场 5586 个（含建成 5558 个）。其中，建设客运枢纽全覆盖工程项目 31 个（含建成 5 个）；精准扶贫地区建成县级客运站 6 个，乡镇客运站 241 个，村级招呼站 5303 个；建设 5 个公路货运枢纽（含建成 3 个）。

交通脱贫攻坚取得决定性进展。全年新改建农村公路 2.5 万公里，整治通乡通村破损路面 2697 公里，特别是“啃”下了最后一个不通硬化路的村——阿布洛哈村这个“硬骨头”，实现了乡乡通油路、村村通硬化路；新增 4520 个建制村通客车，具备条件的建制村通客车率达 98.9%；建制村通邮率达到 100%。建成贫困地区安全生命防护工程 1.5 万公里、渡改桥 65 座。全面启动实施新“甘推”“凉推”方案，两州交通投资均超百亿元。高水平举办全国和全省推动“四好农村路”高质量发展现场会，成功创建4个全国示范县、17个省级示范县，国家级示范县总数达10个，并列全国第一。部定点帮扶的小金、黑水、壤塘、色达4个县全部高质量脱贫摘帽；厅定点帮扶的沐川县和金口河区脱贫成果得到持续巩固，越西县初步具备脱贫摘帽条件。

第三节　运输服务保障能力

成功举办全国取消高速公路省界收费站工作推进会，全面取消剩余9个省界收费站，完成车道改造、门架系统和入口治超安装联调。全省ETC用户数达930万，安装率80%、居全国第三。完成货车收费政策调整，清理规范地方性通行费减免政策，全年优惠减免通行费53亿元。省政府印发《四川省推进运输结构调整三年行动计划实施方案》，四川省交通运输厅与中国铁路成都局公司签订《共同推进多式联运、联程运输发展合作协议》，推动大宗货物运输“公转铁、公转水”。全年完成铁路货运量7410万吨、比上年增长7%，集装箱铁水联运量4万标准箱（TEU）、比上年增长14%，水路货物周转量305亿吨公里、比上年增长13.3%。成都国际铁路港集装箱铁公水多式联运示范工程上升到国家示范。公路货运枢纽（物流园区）覆盖70%以上市（州），综合客运枢纽覆盖95%的高铁站。规范推进新业态发展，新增定制客运试点线路72条，整合网络货运车辆8.6万辆。成德眉资毗邻城市间客运班线公交化进程加快。新改建交通厕所336座。建成“司机之家”3个、“五好”高速公路15条。

全年全省道路运输客运量、旅客周转量、货运量、货物周转量分别完成7.2亿人次、437.7亿人公里、16.3亿吨、1527.5亿吨公里，比上年分别增长-11.1%、-6.1%、-6.1%、-15.8%。水路运输客运量、旅客周转量、货运量、货物周转量、集装箱吞吐量分别完成1920万人次、1.82亿人公里、6897万吨、306亿吨公里、44万标准箱，比上年分别增长-3.57%、-4.69%和0.51%、13.33%、-55.03%（2019年港口集装箱吞吐量统计口径发生变化，不含件杂货折算）。

一、推进多式联运示范工程建设

2019年11月，交通运输部、国家发展改革委正式命名成都国际铁路港集装箱铁公水多式联运示范工程项目为“国家多式联运示范工程”。该项目由成都国际陆港运营有限公司联合泸州港申报，2016年入选全国首批示范创建项目；三年来，创建单位着力打造以成都为枢纽的“四向”多式联运互联互通网络格局。

二、深入发展农村物流

2019年，建成42个乡镇运输服务站，农村物流网络节点覆盖率（通邮率）达到94.71%。推进邮政、快递进站经营，试点开通9条“交邮、交快”合作线路。指导地方人民政府与大型物流企业开展务实合作，12月31日，全省四个试点县（市）、十五个市（州）交通运输局与杭州溪鸟科技有限公司签订农村智慧物流提质增效项目合作协议，推动全省农村物流配送降本增效。

三、综合运输服务示范城市建设

泸州市综合运输服务示范城市建设通过交通运输部验收。2019年底，交通运输部正式公布，北京、唐山、沈阳、上海、南京、镇江、宁波、济南、临沂、武汉、湘潭、广州、深圳、泸州等14个城市通过综合运输服务示范城市建设验收，泸州市也是西部唯一、中西部地区仅有的3个获此殊荣的城市。

第四节 行业治理体系建设

2019 年，完成《四川省道路旅客运输管理办法》修订，配合省人大出版《〈四川省高速公路条例〉释义》。强化行政执法“三项制度”“四基四化”建设。高速公路“一路四方”联动机制向乡镇一级延伸。深入推进扫黑除恶专项斗争，查处“黑车”和违规经营车辆 1.45 万余辆，取缔地下班线 19 条；查获高速公路非法营运行为 1425 起，追缴高速公路通行费 522 万余元。修订《四川省高速公路投资人信用管理办法》。出台《四川省通行高速公路严重违法失信行为信用联合惩戒管理办法》，在全国率先建立守信联合激励和失信联合惩戒制度，累计曝光重点监管营运驾驶员 3202 名，纳入“黑名单”管理人员 272 名，对 220 家交通运输诚信企业实施联合激励。

重点领域改革有序推进。推进综合交通运输管理体制改革，成都、泸州等市已实现“大交通”管理，泸州、甘孜等 17 个市（州）已出台交通运输综合行政执法改革方案。完成厅机构编制事项调整，厅属事业单位行政职能已划转厅机关。推进组建省港投集团，泸州、宜宾、乐山三港整合加速。深化交通投融资改革，发行收费公路专项债券 20 亿元，四川交通投资基金撬动社会资本投入 16.82 亿元，通过股权转让、资产证券化等方式经营性项目存量资产逐渐盘活。省政府出台《四川省高速公路“建设—运营—移交”项目管理办法》，成功招商高速公路项目 10 个、总里程 1019 公里、总投资 1757 亿元。深化“放管服”和“最多跑一次”改革，取消下放行政许可事项 5 项；省本级“最多跑一次”改革事项实现全覆盖，绝大部分市县“最多跑一次”改革事项覆盖比例达到 90% 以上；交通运输网上审批服务省市县“一张网”试运行成效显著。建立“一带一路”友好稳定战略合作关系，与老挝、孟加拉国等签署合作备忘录。四川交职学院招收“一带一路”国家留学生 307 名，居全省高职院校首位。

第五节 科技创新

绿色智慧交通稳步实施。实施打赢蓝天保卫战等 5 大专项行动，强力推进中央环保督察反馈意见整改，高质量完成长江经济带生态环境警示片问题整改。严格船舶港口污染防控，与生态环境厅、住房建设厅联合发文加强船舶水污染转移处置监管，全省主机功率 22 千瓦以上船舶均配备油水分离器。新增和更新城市公交车辆中新能源车比重超过 50%。持续深化“交通 + 旅游”融合发展，完成九黄机场至红原机场公路、G318 线康定至雅江段等示范项目，建成幸福美丽乡村旅游示范路 557 公里，宣汉县大窝村村道、雅安市名山区至美茶园绿道获评“2019 全国美丽乡村路”。普通公路路域环境综合整治持续推进，高速公路路域景观绿化品质全面提升。交通运行监测与应急指挥、市场信用、道路运输、高速公路、航务海事等行业综合管理与服务系统基本建成，灾备中心、物流信息平台、智慧高速公路、智能公交等项目加快推进，成都绕城、二绕西、雅康等平安智慧高速公路试点初见成效。

成功申报“四川省钢管混凝土桥梁工程技术研究中心、四川省长大公路隧道（群）运营安全工程实验室、四川省现代道路行车安全保障工程技术研究中心”等 3 个科研基地。发布行业标准 1 项、地方标准 8 项。“复杂艰险山区高速公路大规模隧道群建设及营运安全关键技术”成果获 2019 年度国家科技进步一等奖，合江长江一桥、泸定大渡河大桥分别获得世界桥梁顶尖奖项：乔治 · 理查德森奖和古斯塔夫 · 林德撒尔奖。西攀高速公路等 4 个项目入选“新中国成立 70 周年公路交通勘察设计经典工程”。

2019年，四川全面推动交通运输信息化高质量发展。

一、基础设施智能化

全省高速公路75个路段2.3万余路视频接入省厅统一视频平台，基本实现路网收费站、路段、服务区、隧道等关键点位的可视、可测、可控，部分路段实现人工智能监测及报警；依托成都绕城高速、成都二绕西、雅康等高速公路，围绕智慧监控、智慧养护、智慧信息服务开展智慧高速公路示范建设。

二、生产组织和运输服务智能化

宜宾市3个客运站完成智慧客运枢纽主体工程及智能信息化示范试点工程。全省29.7万辆道路运输车辆安装卫星定位装置，2.66万辆客运车辆安装使用车载视频监控系统，3.28万辆道路营运车辆完成主动安全智能防控系统建设。21个市（州）的69个客运站启用电子客票，2019年新增20个试点车站。成都新南门车站、北门汽车站、成都东客站、凉山西昌客运站等部分车站开展了基于人脸识别的电子客票应用试点。智能公交系统示范试点工程在成都、自贡、泸州、眉山等四个城市开展试点。

三、政务信息系统整合共享应用

加快推进政务信息资源整合，完成67个系统的清理、整合。完成省政府第二批数据共享责任清单中厅41项数据资源的目录编制，完成和四川省政务信息资源共享网站的编目和数据挂接，已累计编目和挂接70项数据资源。推进数据共享应用，配合省大数据中心开展农民工App、打造主题式套餐式服务应用、高频事项纳入"天府通办"移动端办理、高频应用电子证照采集、省一体化政务服务平台电子印章采集等工作。配合完成省政府"互联网＋监管"项目建设。印发实施《厅网络和信息系统安全责任清单》《厅网络安全信息通报工作实施办法》。

第六节　安全与应急

安全生产形势总体稳定。开展平安交通三年攻坚行动和"防风险保安全迎大庆"等专项行动，处置安全生产违法行为3600余起，排查整治安全隐患7800余项，新建农村公路安防工程2.1万公里，拆解老旧船舶1300余艘，安装安全智能防控系统"两客一危"车辆3.2万辆，全省交通运输安全生产事故起数和死亡人数同比分别下降14.9%、13.7%，水上交通、公路管理领域生产安全责任事故"零发生"。完成宜宾长宁"6·17"地震、汶川"8·20"强降雨特大山洪泥石流等抢通保通保运任务。建成国家区域性公路交通应急装备物资储备（四川）中心。重要节点、重点时段持续安全平稳，没有发生重大群体性事件。

一、安全生产

2019年，在交通运输部的坚强领导下，四川省交通运输系统深入贯彻落实习近平总书记关于安全生产的重要指示批示精神和部、省安全工作安排部署，坚持安全发展战略，围绕重点时段、重点领域、重点环节，紧盯一线强化监管，聚焦问题综合治理，取得良好成效。通过实施公路水路安全生产七项行动等一系列专项治理，特别是针对新中国成立70周年重要时段，扎实开展交通运输"防风险保安全迎大庆"专项行动，采取27项保安全的超常规措施，确保了行业安全生产形势持续稳定。共发生行业事故172起、死亡208人，同比下降15%和14%，没有发生重特大事故，行业安全形势持续稳定。

二、工程质量监督

2019年，四川交通质监机构充分发挥合力，全面落实巩固、增强、提升、畅通“八字方针”，以“品质工程”“平安工地”建设为抓手，着力提升监管能力、创新监管方式、加大监管力度、规范行业管理，对全省高速公路项目32个3405公里、重点水运项目3个、地方铁路项目7个376公里、国省干线公路项目171个5592公里、农村公路项目2600多个1800余公里实现质量安全监督全覆盖。全年全省交通建设工程发生生产安全事故17起，死亡23人，受伤5人，16起为一般事故，1起为较大事故，无重特大事故发生。其中在建高速公路项目安全生产事故13起、死亡17人，在建地方公路项目安全生产事故4起、死亡6人，1起为较大事故。发生事故项目共计9个，其中两个项目发生3起事故，两个项目发生2起事故，五个项目各发生1起事故。事故发生时间集中在4—6月。

三、应急管理

2019年，四川交通运输系统持续推进应急管理制度化、值班值守规范化、应急演练常态化，着力加强地震等自然灾害防治能力、交通运输突发事件处置能力建设，不断提升极端天气预警预防和重点时段应急保障水平。全省交通运输应急管理体制进一步健全，应急预案体系不断完善，应急值班值守规范化持续加强，高效应对并妥善处置宜宾长宁“6·17”地震、汶川“8·20”强降雨特大山洪泥石流灾害、凉山甘洛7月暴雨灾害等重大自然灾害，圆满完成抢通保通保运保安全工作任务。主汛期，全省各地采取强力措施，快速处置塌方量在千方以上道路阻断36条、80处。

第七节　合作与交流

2019年，四川交通运输系统加强合作交流，重视交通运输国际合作及与区域各省份的合作交流。

2019年，厅与老挝公共工程和运输部签署《老挝公共工程和运输部与四川省交通运输厅关于共同推进“一带一路”交通运输领域合作的谅解备忘录》，加快中老两国共建“一带一路”合作进程，进一步提升两国互联互通水平。

省交科院与日本日建设计集团签署《关于共同推进TOD项目设计合作的谅解备忘录》，建立长期战略合作伙伴关系，加快中日双方TOD项目设计的合作进程。

四川交通职业技术学院与孟加拉达卡绕城高速公路开发有限公司签署合作备忘录，在孟本土人才培养、技术服务和共建“一带一路”人才合作上达成共识。

在丹麦驻重庆总领馆的推动下，四川交通运输职业学校与丹麦职业教育联盟签署合作备忘录，结成姊妹学校，开展长期互惠互利的教育合作。

四川交通职业技术学院与美国康科迪亚大学欧文分校签署学术合作备忘录，加深两个姊妹学校在教育领域的联系。

贵州

第一节　整体概况

2019 年，贵州交通发展面对风险挑战明显上升的复杂局面，全省交通运输系统认真贯彻落实省委、省政府决策部署，牢记初心使命，勇于担当作为，交通运输工作取得显著成绩。截至 2019 年年底，贵州公路总里程达 196907.59 公里。

全省公路水路固定资产投资完成1207亿元，其中公路 1199 亿元、水路 8 亿元，投资总额连续 6 年实现超千亿元，约占新中国成立 70 年完成投资总额的 10%，继续保持全国第一方阵。公路运输总周转量同比增长 10%，保持两位数增长，增速排名继续保持全国靠前。

重点交通项目建设方面。建成高速公路项目（路段）15 个 551 公里，贵州省高速公路总里程突破 7000 公里，总里程跃升至全国第四位、西部第二位，新增省际通道 4 个，累计达 22 个，高速公路综合密度继续保持全国第一。新增四级高等级航道 175 公里，全省高等级航道建成里程突破 1000 公里。新增 3 座世界级大桥，累计达 50 座，成为世界级桥梁最多的省份。

重大风险防范化解方面。化解交通系统政府隐性债务 671 亿元，为全省防范化解债务风险作出重要贡献。安全生产事故起数和死亡人数连续 8 年"双下降"，水上交通连续 9 年"零事故、零死亡"，连续 7 年获省政府考核优秀等次。

重大交通政策调整方面。2019 年，完成 17 个高速公路省界收费站撤站任务，与全国高速公路实现"一张卡"联网收费。顺利将地方实施的 15 个在建高速公路项目调整由省级统筹，形成全省高速公路"一盘棋"格局，极大减轻地方政府支出压力。完成收费公路货车通行费计费方式调整，开展高速公路差异化收费试点，全省路网运行效率明显提升。

交通运输领域获得重大荣誉。贵州省成功纳入"交通强国建设第一批试点单位"。贵州交通职业技术学院成功入围"中国特色高水平高职学校"，就业率创历年新高。毕都高速公路北盘江特大桥、息黔高速公路六广河特大桥双双荣获"李春奖"。盘州、玉屏、贞丰成功跻身"四好农村路"全国示范县行列，累计创建全国示范县达 9 个，居全国前列。贵州省交通运输厅职能绩效目标考核继续被列为省直"免检单位"，连续 8 年保持"一等奖"。

图 7-24-1　12 月 31 日，重庆江津至贵州习水至四川古蔺高速公路赤水河红军大桥开通试运营（刘叶琳　摄）

第二节　综合交通基础设施建设

2019 年，贵州省交通运输系统抢抓机遇、开拓创新、克难奋进，综合交通基础设施建设体现在以下几个方面。

一、公路、水路建设方面

2019 年，新增纳雍至晴隆高速公路等一批项目纳入国家资金安排"总盘子"，争取财政部第四批 PPP 示范项目"以奖代补"资金 2900 万元。创新采用"基金滚动投资 + 投贷联动"模式运作交通产业发展基金，鼓励交通企业采取融资再安排、注册发行短期融资债券等业务，有效缓解流动资金压力。全年公路、水路建设融资到位 1907.7 亿元，同比增长 138.5%。探索运用国高与省高"肥瘦搭配"、整体招商引资等"四化合一"模式，完成 10 个 1052 公里高速公路社会资本招标，截至 2019 年底，通过 PPP 模式累计吸引社会资本投资高速公路达 57 个 4391 公里，占全省高速公路已建在建总里程的 51%。建成普通国省道 730 公里，实现普通国道二级及以上、普通省道三级及以上公路比例分别达 75%、39%；完成新改建农村公路 7386 公里，农村公路等级公路、硬化路面比例分别达 80.6%、77.1%；实施普通公路安防工程 2.98 万公里、危桥改造 325 座。红水河龙滩 1000 吨级通航设施建设获国家发改委同意，乌江航道二线工程前期工作有力推进，朗洞、温寨航电枢纽成功实现下闸蓄水，平寨航电枢纽成功实现二期截流，北盘江董箐、乌江渡库区航运工程基本建成，完成渡改桥 15 座、便民码头 21 座。持续加大运输场站建设，贵阳北综合客运枢纽、习水城西客运站及 28 个乡镇运输服务站、20 个乡镇客运站等顺利完工。

图 7-24-2　12 月 30 日，世界第一高混凝土塔平塘至罗甸高速公路平塘特大桥建成通车（刘叶琳　摄）

二、铁路建设方面

中国铁路成都局集团贵阳建设指挥部与贵阳市域铁路有限公司、黄织铁路有限公司合署办公。主要负责在建及新开工项目 1 个，续建及开通收尾项目 4 个。各项目共完成基本建设投资 15.83 亿元。其中，新建小碧经清镇东至白云联络线（西南环线）完成投资 11.43 亿元；贵定南铁路物流基地完成投资 0.35 亿元；叙毕铁路贵州段完成投资 3.61 亿元；渝贵引入贵阳枢纽完成投资 0.25 亿元；贵南客运专线引入贵阳枢纽完成投资 0.19 亿元。

贵开、久永、黄织、织纳、织毕、林织、六沾 7 个项目已通过环、水保自主验收；贵开、久永、黄织、织纳、织毕、林织、六沾 7 个项目土地办证工作，已按照集团公司年初工作计划全部完成。

贵南客运专线引入贵阳枢纽项目完成的实物工作量，主要为该项目与西南环项目同步实施的先期开工段牛王阁大桥改扩建工程。站前工程由于弃渣场变更设计未稳定，施工图设计未上报批复，无法开展招标工作，站前工程不能进场开工。

新建小碧经清镇东至白云联络线（西南环线）项目路基土石方累计完成 766.49 万立方米，完成设计 786.29 万立方米的 97.5%；隧道完成 9544 折合米，完成设计 9577 折合米的 99%；桥梁完成 47125 折合米，完成设计 48719 折合米的 97%；房建工程完成 2.6 万平方米，完成设计 48280 平方米的 53.8%；站后“四电”完成设计的 15%；架梁累计完成 1339 孔，完成设计 2316 孔的 57.8%。

贵定南铁路物流基地项目受地方资金、征地拆迁影响，2019 年主要进行路基土石方及附属工程。设计 100.01 万立方米，2019 年完成 91.80 万立方米，累计完成 91.80 万立方米，占设计的 91.75%；桥梁工程设计 354.70 米，2019 年完成 81.8 米，累计完成 81.80 米，占设计的 23.06%；涵洞工程设计 45.09 米，累计完成 14.09 延米，占设计的 31.3%.

叙毕铁路贵州段项目路基土石方自开工以来累计完成 130.16 万立方米，完成设计 257.20 万立方米的 54%，桥梁自开工以来累计完成 4507 桥米，完成设计 7626 折合米的 59.1%，全线隧道开累完成 13827 折合米，完成设计 19021 折合米的 73%。永久征地开累完成 99%，临时征地开累完成 84%，房屋拆迁开累完成 72%。

渝贵引入贵阳枢纽项目路基土石方设计 361 万立方米已全部完成；桥梁工程设计 13075 米已全部完成；涵洞工程设计 1226 米已全部完成；隧道工程设计 13878 米全部完成。铺架工程：架梁设计完成 467.5 座；客车线铺轨完成 27.5 公里；货车线正线铺轨完成 22.57 公里。2019 年完成实物工作量主要是声屏障变更设计。

三、机场建设方面

2019 年，贵阳机场三期扩建工程正在建设中，将新建一条长 4000 米的跑道、T3 航站楼一栋及其他配套设施，工程计划 2021 年 8 月完工。三期扩建工程建成投用后，贵阳机场航站楼总面积将达到 36 万平方米，总机位达到 114 个，可满足 2025 年旅客吞吐量 3000 万人次、货邮吞吐量 25 万吨、飞机起降量 24.3 万架次目标。2019 年，三期建设持续加速，占位房屋搬迁、高铁交叉施工等问题取得关键突破。土石方填筑完成总量的 94%，东跑道道面完成总量的 85%，西北机坪及 6 个机位提前投用，13 个配套项目集中开工，3 号航站楼桩基浇筑完成总量的 79%，地上区域主体开始施工。全年完成投资 30.68 亿元，累计完成投资 121.19 亿元。

四、邮政基础设施网络建设方面

2019 年，贵州省邮政管理局推进建制村直接通邮和“快递下乡”工程，民营快递网点实现乡镇全覆盖，全省建制村实现直接通邮。全省共有邮政普遍服务营业网点 1830 处，全部为电子化网点，其中，城市网点 367 处、农村网点 1463 处；自办网点 900 处、委代办网点 930 处。全省普邮投递段道 4087 条，较 2018 年增加 105 条，其中，农村投递段道 3301 条，城区投递段道 786 条，总长度单程为 122499.7 公里。全省城市快递末端公共服务站 1958 个，智能快件箱 3771 组，城市自营快递网点标准化率 97.40%，智能快件箱投递率 9.06%。全省乡镇快递网点 3379 个，村级快递网点 423 个。省邮政管理、住建、自然资源部门联合发文推进邮政智能信包箱建设。

第三节　运输服务保障能力

2019 年，贵州推动形成绿色出行体系，出台《贵州省绿色出行创建行动方案》。加快国家公交都市和省级优先示范城市创建，贵阳、遵义、凯里中心城区公共交通机动化出行分担率超过 55%，其余地级市均突破 30%。稳步提升城乡交通运输一体化水平，湄潭、都匀达到国家示范县标准，全省城乡客运一体化发展水平 4A 级县（市、区）比例超过 72%，同比提升近 20 个百分点。整合民航、地铁等数据资源建成全省公众交通出行服务平台，全新的“黔通途”App 成功上线，实现“一站式”出行定制。在全省范围内推广使用道路运输达标车辆核查系统，成为全国第一个实现全域使用的省份。道路运输新业态、新模式高速发展，网络预约车平台、从业人员、车辆等数量大幅增加，城市绿色配送、网络货运、多式联运、甩挂运输等蓬勃兴起。新时代“多彩贵州·最美高速”品牌影响力持续提升，完成8对服务区、停车区和26个独立加油站改造，成功打造“特色+综合体”服务区6对，营运服务区实现四星级标准全覆盖。

一、公路运输

2019年，贵州省公路客运量为84255万人，比上年增长0.24%，客运周转量为4714653万人公里，比上年增长0.51%；公路货运量为99605万吨，比上年增长3.94%，货运周转量为12670570万吨公里，比上年增长10.51%。

二、水路运输

水路客运量为2305万人，比上年增长4.26%，客运周转量为75037万人公里，比上年增长10.81%；货运量为1674万吨，比上年增长0.24%，货运周转量为451916万吨公里，比上年增长0.27%。

三、铁路运输

2019年，中国铁路成都局集团贵阳客运段共担当图定列车100对，其中包括直通普速客车8对，管内普速客车16对，直通动车39对，管内动车37对，共有乘务班组218个，全段乘务区段总里程13.63万公里。12月16日成贵新线开通，新增贵阳北至成都南2对、贵阳北至毕节9对。

全年共运送旅客6362.46万人，完成598149.0千辆公里，其中担当动车65对，占担当总对数的73%，辐射范围达14个方向，运送旅客3941.08万人，与上年同比增加28.74%。完成运输收入14569万元。

2019年，中国铁路成都局集团货运收入完成154亿元，同比增加2.7亿元、增长1.8%；装卸收入完成9.1亿元，同比增加161万元、增长0.11%；接取送达收入完成3.62亿元，同比增加6000万元，增长20%；保价收入完成9986.6万元，同比增加156.1万元。

全年货发量完成11506万吨，同比增加250万吨、增长2.2%。日均接入管重9545车、同比增加687车、增长7.8%，日均卸12699车、同比增加745车，增长6.2%，单日卸车最高纪录14492车。

四、民航运输

2019年，贵州省民航完成旅客吞吐量3030万人次，起降航班25.94万架次，完成货邮12.7万吨。全省共有贵阳、遵义、茅台、兴义、毕节共5个机场旅客吞吐量超过百万人次。其中，贵阳机场旅客吞吐量达2191.1万人次，同比增长9.0%，连续三年超过沈阳、大连、三亚市，2019年超过哈尔滨机场，位居全国机场第20位。2019年，贵阳机场年货邮吞吐量120110.2吨，同比增长6.86%，飞机起降架次167063架次，同比增长5.36%，保持平稳增长。

五、邮政快递

2019年，贵州省邮政行业业务总量完成76.05亿元，同比增长20.57%；业务收入完成78.95亿元，同比增长12.04%。快递业务量累计完成24584.40万件，同比增长16%，其中同城业务量累计完成6141.45万件，同比下降10.32%，异地业务量累计完成18420.78万件，同比增长28.53%，国际/港澳台业务量累计完成22.17万件，同比增长56.78%。快递业务收入完成46.11亿元，同比增长13.97%。由于5G等电信传输条件的改善，网络媒体、通信方式、支付手段有了质的转变，邮政传统业务进一步下滑，全省邮政函件业务累计完成6092.17万件，同比下降34.41%，包裹业务累计完成5.76万件，同比下降44.13%，报纸业务累计完成37814.33万份，同比下降3.48%；杂志业务累计完成1795.63万份，同比下降4.79%，汇兑业务累计完成59.09万笔，同比下降39.38%。

第四节　行业治理体系建设

2019年，贵州交通运输厅有序推进全面深化改革任务落实，获贵州省委改革办督查考核第一名。完成省领导牵头的“交通运输综合体制改革”课题调研并获“贵州全面深化改革优秀调研成果一等奖”。贵州高速公路集团顺利划转至国资委履行出资人职责，省交通医院整体平稳划转贵州中医药大学第一附属医院，整合组建省公路建设养护集团有限公司，省航电公司顺利实现由全民所有制向国有独资改革。持续优化营商环境，省本级交通政务服务事项网上可办率达到100%。在线办理大件运输许可2.5万余件，办理时限较法定时限缩短80%，按期办结率达100%。跨机构交叉培训驾培科目覆盖全省，实现“一站式”办理。在安顺公路管理局开展普通国省道养护市场化改革试点取得积极成效。

稳步推进法治建设，连续4年进入省政府考核评价第一梯队；“信用交通省”创建排名大幅提升，进入全国第一方阵。工程招投标管理、设计变更、质量监督等相关制度规范日趋成熟定型。全面开展公路技术状况监测工作，建立覆盖高速公路、国省干线公路、农村公路的公路技术状况监测体系。圆满完成国道路网命名编号调整。创建高速公路管养示范路段14条、普通国省道“畅安舒美”示范路451公里。完成66个项目造价审查，累计核减不合理费用12.22亿元，出台公路工程建设项目概预算、投资估算等编制办法。认真开展预算执行专项审计、离任经济责任审计，审减高速公路项目投资6亿元，促进增收节支1786万元。累计完成745艘生活污水排放不达标船舶改造，港口污染接收设施建设进度达80%。深入开展“扫黑除恶”专项斗争，查处非法营运案件1.5万余件，高速公路入口治超检测设施实现所有收费站全覆盖，超限运输车辆控制在0.8%以下。取得高速公路沿线土地等不动产登记证660份，涉及面积约9469公顷，有效降低交通企业债务。深入推进“品质工程”和“平安工地”建设，质量安全指标合格率大幅提升。建成全国首个部省共建西部山区道路运输安全警示教育基地，开创了“体验式”安全教育培训新模式。

第五节　科技创新

成功举办2019中国国际大数据产业博览会“数字高速公路建设发展论坛”，完成交通领域“一云一网一平台”建设试点，挂牌成立贵州数字交通研究院，在全国率先实现交通领域政务数据“全网搜索”。

农村公路信息化建设得到财政部、交通运输部高度认可，并选取贵州作为全国“车辆购置税”项目和资金全链条管理省级信息化动态监管平台试点省。

积极推进“高速公路峡谷大跨径桥梁建设关键技术”申报国家科技进步奖。发布省地方标准《公路隧道地质雷达检测技术规程》。“贵州兴义环城高速公路绿色建造科技示范工程”纳入交通运输部科技示范工程。高速集团编制的全国第一部《公路机制砂高性能混凝土技术规程》，由中国工程建设标准化协会发布实施。

在全国率先完成ETC推广发行目标，共计发行贵州省籍ETC卡240余万张，建成ETC收费门架1277个，改造ETC车道3025条，收费站ETC车道覆盖率达100%。

第六节　安全与应急

2019年，贵州省交通运输安全生产继续保持了持续稳定，全年共发生道路运输事故43起、死亡56人。事故起数和死亡人数与去年同比分别下降10.4%、12.5%。交通建设工程领域共发生安全生产事故5起、死亡5人，事故起数同比持平，死亡人数同比下降16.7%；水上交通方面，没有发生统计口径内的安全生产事故。

2019年，贵州省交通运输厅党委高度重视应急管理工作，分别通过党委会、专题会议、工作例会等形式，深入贯彻落实习近平总书记、李克强总理及部、省领导指示、批示精神。印发《2019年贵州省交通运输应急管理工作要点》，部署年度应急管理工作。厅主要领导及分管领导靠前指挥，亲自安排各类安全生产事故与突发事件的调查处理工作，并约谈有关责任人，对责任分解落实情况进行跟踪督查，确保隐患整改到位。将应急管理、安全生产、防灾减灾工作职能调整合并，进一步完善应急协调机制，强化了安全监管力量。并严格落实应急值守有关规定、持续完善应急管理“一案三制”，大力推进了应急处置能力建设。

云南

第一节　整体概况

2019 年，云南交通运输行业坚持把贯彻落实习近平总书记关于云南工作和交通运输工作重要指示批示精神作为首要政治任务，按照省委、省政府和交通运输部的决策部署，坚定方向、把握重点、抓好落实，有力保障全省综合交通运输延续稳中有进的发展态势，向新中国成立 70 周年交出了满意答卷。

2019 年，云南被交通运输部列为第二批交通强国建设试点省份。云南积极推进“十四五”综合交通运输规划及各专项规划编制，基本完成国家公路国土空间控制规划编制。启动《县域高速公路“互联互通”工程方案》编制，积极推进大滇西旅游环线交通基础设施规划研究和建设工作，助力滇西旅游和一体化发展。上报了国家“十四五”铁路发展规划和新时代中长期铁路网规划编制建议。完成《云南省关于完善省内航线网络的实施方案》，“昆明长水国际机场总体规划（2019 年版）”获得批准。

2019 年，云南坚持抓好建设资金保障，综合交通建设争取到中央资金 334 亿元，省级财政资金支持从 75 亿元提高至 100 亿元，大力推进发行专项债券，融资再安排成效显著，保障了建设资金需求。全省综合交通建设投资完成 2668.28 亿元，完成任务目标 2120 亿元的 125.86%，同比增长 21.5%。其中，公路建设完成 2330.31 亿元，同比增长 24.52%，水路建设完成 10.53 亿元，铁路建设完成 281.83 亿元，同比增长 3.16%，民航建设完成 45.51 亿元，同比增长 11.6%，其他投资完成 1092 万元。公路水路固定资产投资连续两年位居全国第一。高速公路建设拉动全省生产总值增长 1.16%，贡献率达到 14.35%。全省邮政行业业务总量、业务收入分别完成 118.32 亿元、90.14 亿元，同比增长 30.84%、17.83%。

第二节　综合交通基础设施建设

云南着力抓在建促新开，加快推进重大项目建设。

公路方面：全力决战县域高速公路“能通全通”工程，82 个项目累计建成 30 个，新建成 805 公里、总里程达 6003 公里，新增 8 个县通高，通高县达到 90 个。新改建国省干线 637 公里；新改建农村公路 1.97 万公里；全面推动“四好农村路”高质量发展，全面推行“路长制”，陆良、鹤庆、香格里拉入选“四好农村路”全国示范县。出台《云南省“美丽公路”示范路创建实施方案》，怒江美丽公路全线建成通车，推动完成昆明至丽江、昆明至西双版纳、长水机场至昆明主城区 3 条美丽高速公路主要工程建设，开展农村公路“千灯万带”示范工程建设，国省干线、农村公路美丽示范路建成 1.1 万公里，完成 9 个读书铺模式服务区二次升级改造。

铁路方面：渝昆高铁工程可行性研究报告获批，云南段于 2019 年 12 月 20 日开工建设，成贵铁路云南段、成昆铁路永广段扩能改造工程通车运营；威信、镇雄通高铁，宣威、河口通动车，实现复兴号首次开抵国门口岸。加快推进大临、玉磨、大瑞、丽香等在建项目。昆明轨道交通1号线西北延、4号线、5号线初设获批复。铁路运营里程达4031公里，其中高铁及动车运营里程1105公里。

民航方面：全年获得各类批复60项，昆明机场公务机候机楼建成投入使用，国内首个高高原通用机场——怒江兰坪机场通航投运，完成大理机场改扩建和昆明机场东侧场地平整项目，加快推进昆明机场航站区改扩建、丽江机场改扩建工程试验段、保山和临沧机场改扩建及陇川、凤庆通用机场建设。丘北机场新建、昆明机场改扩建预可研和昭通机场迁建可研获得行业意见；勐腊、玉溪、楚雄机场场址获批复，加快推进怒江机场军地协议签署、普洱机场迁建、元阳机场新建等前期工作。

水运方面：推动水富港扩能一期、滇池航运建设一期项目交工验收投入试运营，持续推进新开工水富港扩能工程二期项目，澜沧江244界碑至临沧港四级航道、金沙江中游库区航运基础设施综合建设等6个在建项目，推进绿色航道建设，加大防污染监管，新增航道里程199公里，航道通航里程达4538公里，其中四级以上高等级航道达1374公里，重点航段通航保证率达95%以上，新增千吨级泊位3个。

第三节　运输服务保障能力

印发《云南省推进运输结构调整工作实施方案》，推动运输结构调整，打造昆明至钦州港、海防港班列品牌和云南卷烟“公转铁”运输示范品牌，腾晋物流“一心三支、点轴辐射型”集装箱公铁海项目被列为“国家多式联运示范工程”。推进跨境运输便利化，相关物流企业依托GMS开展跨境运输业务。“云菜出滇”班列试运行，助推云南绿色食品牌建设。省内环飞稳步推进，滇西机场实现“保腾芒”空地一体化协调联运。加快高铁及城际动车快速客运体系建设，推进城市网约车与巡游车融合发展，全面推动“互联网＋汽车租赁”，“一部手机游云南”平台租车模块全新上线，同步完成昆明、大理等地110个线下车门店和网点布局，共投入租赁车1432辆。昆明盘龙江复航开通“水上巴士”，建立路网阻断信息倒查机制，群众便捷出行有了更多选择。首次承担全省春运组织协调工作，受到国家春运办表彰。圆满完成全国运输服务厅局长研讨班承办和新中国成立70周年国庆云南花车进京返昆专项运输保障等重大任务。

公路运输：2019年，完成公路运输总周转量1666.61亿吨公里，同比增长9.92%；公路客、货运输周转量在综合运输体系中的比重分别为39.73%和76.34%；完成客运量3.07亿人次、旅客周转量251.27亿人公里，同比分别下降11.43%、6.81%；完成货运量14.51亿吨、货物周转量1641.48亿吨公里，同比分别增长7.26%、10.22%。农村客运线路达5116条，新增通客车建制村564个，通客车建制村达14197个，建制村通客车率达98.26%，全省所有建制村通硬化路，农村出行条件明显改善。

开通国际客运输线路29条、国际货运输线路28条，完成国际道路运输客运量147.44万人次、货运量1083.85万吨。全省提供“一次上线、一次检测、一次收费”的综检站131个。2019年，全省累计拥有道路运输经营户30.45万户，同比减少29.23%；道路运输从业人员94.23万人，同比减少8.40%；经营性道路运输车辆39.38万辆，同比减少26.11%，其中，载货汽车34.77万辆，载客汽车4.61万辆。机动车驾驶培训机构693个，同比增长8.96%；年培训学员82.80万人，同比增长8.75%；全面取消机动车维修经营许可，机动车维修业户 3.11 万户，同比减少 0.27%；年维修车辆 2020.25 万辆次，同比减少 7.31%。

铁路运输：2019 年，完成铁路运输总周转量 671.9 亿吨公里，同比增长 14.4%；铁路客、货运输周转量在综合运输体系中的比重分别为 28.77% 和 22.7%；完成客运量 7972 万人次、旅客周转量 181.95 亿人公里，同比分别增长 16.9%、20.5%；完成货运量 1.42 亿吨、货物周转量 489.86 亿吨公里，同比分别增长 8.8%、12.3%。

民航运输：2019 年，云南省内运行机场总数 16 个，累计开通客货运航线 466 条，国内外通航城市 185 个。完成民航运输总周转量 18.92 亿吨公里，同比增长 15.3%；完成客运量 1472.33 万人次、旅客周转量 196.99 亿人公里，同比分别增长 9.2%、14.4%；完成货运量 8.75 亿吨、货物周转量 1.5 亿吨公里，同比分别增长 15.1%、27.7%。

2019 年，共保障飞机运输起降 54.6 万架次，同比增长 2.5%，旅客吞吐量 7053 万人次（含非运输性质旅客），货邮吞吐量 46.3 万吨，同比增长 4.3%、减少 2.6%。其中，昆明长水国际机场保障运输起降 35.6 万架次，同比减少 1.0%；完成旅客吞吐量 4807.6 万人次，同比增长 2.1%；完成货邮吞吐量 41.6 万吨，同比下降 2.9%，全年载运率为 72.9%，2019 年昆明长水国际机场货运量排名位列全国第九位。

水路运输：2019 年，完成水路客运量 1146.85 万人、货运量 695.77 万吨，同比减少 14.54%、增长 1.28%；客运周转量 22955 万人公里、货运周转量 174375 万吨公里，同比减少 24.08%、增长 0.65%；综合周转量达 18.2 亿吨公里。开通了中国景洪—泰国清盛—老挝会晒旅游航线；以昆明盘龙江为重点的城市水上公交和旅游观光客运开始试验性运行。澜沧江—湄公河货运量首次突破 50 万吨，澜沧江—湄公河短途客运达 108 万人次；金沙江货物运输量达 457 万吨。

邮政服务：2019 年，云南省实现建制村通邮率 100%，云南省内互寄标快次日递率提升 13 个百分点，快包次日递率提升 22 个百分点。昆明下行 129 个县的时限水平不断提升，从 86 个县市次日递优化提升到 119 个县市次日递。在菜鸟平台，标准快递排名第 2 位，快递包裹排名第 5 位。打通丽江、腾冲等 5 个州市县直航北京、上海、广州等 14 个重点城市的省际通道，提升州市省际出口时限 0.5 ～ 1 天。EMS 省际次日递率达到 78.6%。开展覆盖农产品、鲜花冷链、邮政快递等领域的农村物流网点建设，“四好农村路 + 快递 + 电商 + 物流”有效带动农村产业发展。打造具有云南邮政特色的“对内创客、对外创业”的创客机制运营模式，2019 年共组建创客单元 2210 个，建设进度为 147.04%。

第四节　行业治理体系建设

2019 年，云南组织开展综合交通运输体制机制改革、优化营商环境、“放管服”改革调研，及时掌握、研究存在的问题，深入推进交通运输行业改革工作。推动出台交通运输综合行政执法、交通运输领域省以下财政事权和支出责任划分等改革方案。牵头组织柴油货车污染治理攻坚战，积极协调生态环境、公安交警等部门推动工作。研究出台“数字交通”建设方案，持续推进智慧交通建设。政务服务事项由原 130 项精简为 88 项，全部上线“一网通办”，审批效能进一步提高。落实法治政府部门建设责任，加强规范性文件合法性审查，全面推行行政执法“三项制度”、规范行政执法自由裁量权，行政执法信息系统、道路运输互联网便民服务系统上线试运行，道路旅客经营许可等率先实施信用承诺制，“信用交通省”建设中期评估大幅提升、居全国第七。深化收费公路制度改革，提前完成835套ETC门架建设、2016条ETC车道改造、381个高速公路入口不停车称重检测设施建设和8个省界收费站正线取直改造，按期完成取消高速公路省界收费站任务。全年完成ETC发行任务的107.08%。严格落实通行费优惠政策，通过开展分时段差异化收费试点等措施，减少社会出行成本52.89亿元。

第五节　科技创新

制定、修订科技创新管理制度，开展重大科技联合攻关，两项科技成果荣获“2019年度云南省科学技术奖”科技进步三等奖。云南省交通运输厅门户网站公众服务水平不断提升，在行业绩效评估中居全国第五。大丽高速公路荣获国家优质工程金奖，潞江坝、读书铺服务区在第三届中国旅游交通大会上，分别获评“2019全国高速公路旅游主题服务区”和“2019全国高速公路旅游特色服务区”。

第六节　安全与应急

2019年，云南省交通运输厅深入推进实施安全工程三年行动计划，完成“两客一危”安全闭环管理目标；完成国省干线2606公里、农村公路4.79万公里的安全生命防护工程和581座危桥改造，累计超过三年行动的计划目标。加强工程质量监管，开展坚守公路水运工程质量安全红线专项行动和省内铁路建设工程安全质量联合执法检查工作，组织开展公路隧道超前地质预报、监控量测、隐蔽工程检测等课题研究，指导35条高速公路应用了基于BIM的一体化管理系统。组织开展地震应急、水上应急搜救等演练，全力做好庆祝新中国成立70周年及春运、“十一”黄金周等重点时段安全生产工作。落实综治维稳、反恐怖防范、信访责任制，组织开展全行业扫黑除恶专项斗争“深挖整治”和行业治理等行动。

第七节　合作与交流

2019年，云南省交通运输厅牵头成立云南省便利运输委员会，承办大湄公河次区域（GMS）国际道路运输启动仪式，中老越三国之间首次开通了GMS国际道路运输线路。参加2019年珠江水运发展高层协调会议、第三届长江上游地区省际联席会议和全国公路科普工作会议等，交流云南交通基础和设施互联互通建设情况，与周边省份达成互联互通共识。多次牵头组织或参加中老缅泰澜沧江—湄公河国际航运审查及航道整治活动，推动形成四国澜湄国际航运“共商、共建、共享”良好局面。坚持党对综合交通运输工作的全面领导，扎实开展“不忘初心、牢记使命”主题教育、“基层党建创新提质年”活动等，认真落实“基层减负年”要求。注重宣传教育，组织云南交通70年成就图片展、“让身边人讲身边事、让身边事激励身边人”等活动，视频短片《长路如虹云之南》入选“学习强国”App，不断用新中国成立70年伟大辉煌成就激发干部职工队伍干事创业热情。

西藏

第一节　整体概况

截至2019年12月底，西藏自治区交通运输厅机关内设16个正县级处室和4个科室，2个副县级事业单位和1个科级事业部门。直管1个副厅级、7个县级事业单位，监管国有企业1家。全系统干部职工总数14437人，其中在职4062人、离退休7436人、聘用2939人。

全区公路总里程104546.15公里（含青海省境内G109线格尔木至唐古拉山路段594.71公里），二级及以上公路2269.47公里，铺装路面里程36504.65公里。同比分别增长6.27%、0.16%、29.13%。全区公路养护总里程为100486.60公里，同比增长11.13%。国省道设养率达100%，农村公路设养率为94.58%。全区685个乡镇，591个已通畅，93个已通达（未通畅）；全区5253个建制村，3157个已通畅，2086个已通达（未通畅）。（因统计方式改变，2018年12个街道办事处、204个居委会及2019年10个新增居委会不纳入统计）

全年公路交通固定资产投资完成457亿元，超额完成交通运输部和自治区人民政府下达的目标任务。《西藏自治区高等级公路布局规划（初稿）》编制完成，国家公路网调整意见建议及时上报。《西藏自治区综合立体交通网规划(2021—2050年)》《西藏自治区综合交通运输“十四五”发展规划》编制顺利推进，已完成《西藏自治区公路“十四五”发展规划（送审稿）》，《西藏自治区面向南亚公路发展规划(2019—2035年)》编制和交通强国试点项目申报工作启动。同步启动了《西藏自治区综合立体交通网规划(2021—2050年)》编制工作。为响应交通运输部关于开展交通强国建设试点工作的要求，西藏紧紧围绕强化西部地区补短板发展目标，基于全区交通运输现状，从设施领域、服务领域寻找突破口，拟定了一批试点任务，力争纳入部交通强国建设试点范畴。

第二节　综合交通基础设施建设

西藏“十三五”规划内20个重点公路续建项目全部建成通车，计划新建项目中除斜尔瓦桥外其余23个项目全部开工建设。

高等级公路方面。米拉山隧道建成，林拉高等级公路全线贯通。交通运输部批复G4218拉萨至日喀则机场段高速公路初步设计，控制性工程有序推进，全线开工准备就绪。日喀则市至吉隆高速公路前期设计工作已启动。交通运输部加快审批G6那曲至拉萨高速公路项目。

普通国省道方面。珠角拉山隧道、矮拉山隧道，国道563线萨迦桥至萨迦县城，国道219线萨嘎至康马、康马至措美县古堆乡等项目顺利建成，国省道通畅水平进一步提升。国道559线波密至墨脱新改建工程黑色路面贯通，全区74个县全部实现通油路目标任务。国道318线樟木镇至友谊桥段、友谊桥、热索桥重建完成，支撑樟木口岸及时恢复货运通关功能。金沙江堰塞湖省道201线灾毁恢复重建工程和墨脱至察隅公路多龙岗至布孔拉山段进展顺利。

农村公路方面。全年共实施农村公路项目1288个，完工720个，新改建农村公路4700公里，年度新增22个乡镇，669个建制村通硬化路，超额完成自治区政府工作报告确定的“新增20个乡镇，580个行政村通硬化路”目标。具备条件的乡镇、建制村通硬化路率分别达到86%和60%，提前超额完成交通运输部下达80%和30%的“十三五”规划目标任务。加快推进《西藏自治区农村公路管理养护体制改革实施方案》编制工作。改造农村公路危桥197座/9934延米，整治农村公路安全生命防护工程14478公里，极大地提升了农村公路安全通行能力，农牧民安全出行条件显著改善。琼结县推广实行农村公路“路长制”，谢通门县成立“养护公司”列养农村公路，被交通运输部授牌为“四好农村路”全国示范县。“四好农村路”全国示范县增至3个，自治区示范县达到11个。

第三节　运输服务保障能力

2019年，西藏自治区交通运输厅联合自治区发改委等十部门制定印发《西藏自治区推进运输结构调整三年行动计划实施方案(2018—2020年)》。59个普通国省干线公路服务区、288座国省干线厕所全部完工。实施国道公路安全生命防护工程648公里，改造国省道危桥106座/6161延米。14个客货运站6个已完成主体工程，210个乡镇综合运输服务站已开工188个。

全区完成客运量1016万人，旅客周转量27.18亿人公里；完成货运量2545.31万吨，货物周转量125.52亿吨公里。全区道路运输从业人140433人，经营性客货运车辆53670辆，其中经营性客运车辆5188辆、经营性货运车辆48482辆。客货运输场站352个，开通客运班线443条，其中跨省12条、跨地(市)56条、跨县206条、县内169条。编制完成《西藏自治区农村客运补贴实施细则》。

全区成立农村客运公司51家，开通农村客运班线203条，运营班车达到411辆，建成等级客运站89个。具备条件的乡镇、建制村通客车率分别达到70%和47%，农牧民群众“出行难”问题逐步得到解决。

拉萨市共有公交车528辆，其中新能源公交车422辆，新能源公交车占比达到80%，万人公交保有量已达16.8标台；拉萨市共有公交线路42条，线路总长903.2公里；全年公交客运量8539万人次，同比增长1.4%。拉萨市首条公交专用车道双向全长46公里，起点为纳金公交总站，途经纳金路、林廓西路、北京路、金珠路、江苏路、纳金路，已于2019年10月15日开始运行，专用道共服务公交线路36条、公交车410辆。

第四节　行业治理体系建设

“两库一单”补充更新，“双随机、一公开”制度巩固完善。深入推进法律顾问制度。“放管服”改革持续深化，完成权责清单调整，下放审批项目3项，取消5项，保留审批项目16项。“互联网+政务服务”成效突出，认领交通运输部监管事项清单152项，梳理行业政务服务和公共服务事项，编制目录清单、实施清单以及服务事项指南。从83项国家清单事项中认领31项、网上可办事项31项，发布率达到了100%。政务服务网上办件量达120.2万件，签发电子证照2440个，办件量居全区首位。已制定《西藏自治区深化交通运输综合行政执法改革的实施方案》《西藏自治区交通运输厅关于进一步规范交通运输重大事项决策行为的实施意见》。基本完成“西藏自治区道路运输车辆综检联网系统”平台的建设，全区各市

（地）均能实现数据上传，基本实现了“一次上线、一次检测、一次收费”。

第五节　科技创新

西藏交通运输发展面临的许多世界级技术难题还有待攻克，科技进步水平还远不能满足发展需求。且自身创新能力缺乏积累，科技研发主要靠区外的技术力量牵头承担，西藏自身科研设备比较简陋，科研人才严重短缺；科技管理体制不够完善、制度不够健全，科研经费投入不足，科技项目组织、科技成果转化科技研发与实际需求结合不够紧密，不能满足西藏交通运输科技事业持续健康发展的需要。

依托国家支持和自治区自身投入，“藏北高寒草地区公路建设草皮剥离与利用技术研究”已立项批复。“SMC常温改性沥青筑路技术在西藏地区的适应性研究与推广应用（2017年）”、“高原高海拔地区公路隧道建设与运营关键技术研究”（2018年）、“高海拔大温差地区耐紫外老化沥青材料应用技术研究”（2018年）、“高海拔公路隧道施工粉尘控制技术研究”（2018年）正在研发。交通运输部西部科技计划项目“西藏地区公路路面典型结构及筑路材料研究”“西藏地区高耐久性混凝土技术研究”“西藏公路典型地质灾害危险性评估技术推广应用”“西藏地区公路建设技术标准与关键指标体系研究”已验收。

制定印发《西藏自治区交通运输厅科技项目管理办法》《西藏自治区高等级公路机电系统联网总体要求》。2019年6月28日，在林芝召开了中国公路学会报奖鉴定会议，交通运输部科技示范工程“高寒高海拔地区公路工程质量监测与控制科技示范工程”（2016）等8个科研项目获得国际领先的鉴定结果。共同以“复杂环境下西藏公路路面修筑关键技术及应用研究”的名称成功申报了2019年度中国公路学会科技进步奖，并获得2019年度中国公路学会科技进步一等奖。2019年11月获批交通运输部“生态安全屏障区交通网设施管控及循环修复技术交通运输行业重点实验室”。

每年定期派科技干部参加由交通运输部科学研究院举办的交通科技统计工作业务交流会。派科研人员参加由自治区科学技术厅组织的“科技兴藏人才培养工程”西藏科技管理干部培训班。通过开放式的协作研究组织模式，协同内地知名的科研院所共同开展课题研究，致力培养出一批西藏自己的应用型科研人才。

第六节　安全与应急

2019年，西藏交通运输系统层层落实安全生产责任，深入开展“安全生产风险防控和隐患排查治理百日行动”及“安全生产月”“安全生产西藏行”等活动，2019年，组织开展4期公路工程施工企业主要负责人和安全生产管理人员培训考试，500余家企业2600余人参加。积极开展风险分级管控与隐患排查治理双重预防试点工作，推进安全生产关口前移。向驻拉萨市部分客运企业、公交企业、危货企业送教上门，开展安全生产讲座，培训1200余人次。及时部署启动公交车驾驶区域安全防护隔离装置安装工作。全区交通运输行业连续两年未发生一般及以上生产安全事故。圆满完成“三大节日”和3月敏感期、新中国成立70周年等重要时段综治维稳和安全生产工作。区联网联控平台接入3家运营服务商，汇总接入“两客一危”企业平台82家。深入开展“扫黑除恶、打非治乱”专项斗争，积极整改中央扫黑除恶督导检查组反馈问题，共接转办线索中央督导组11起，区扫黑办1起，已全部办结。系统内摸排线索14起，6起办结，6起移交区扫黑办，2起立案。积极化解调处矛盾纠纷，共办理（接待）群众来信来访576批（件）1459人次，办结574批（件），信访化解率99.6%。

共承担34个重点建设项目的质量安全监督工作，完成9个项目质量安全监督交底工作。派出监督人员400余人次参与综合督查、专项督查及随厅督查工作，下发质量安全抽查意见通知书76份，累计抽查73485点（组）数据，保证重点项目监督检查覆盖率100%。完成8个项目交工验收，交工验收合格率100%；完成7个项目竣工验收工作，其中4个项目评为优良工程，优良率57.1%。

全区国省干线因灾累计中断400次/2929小时，交通运输部门累计出动抢险人员1.9万人次、机械设备6000余台次。圆满完成中央领导赴藏调研、第二届环喜马拉雅公路自行车极限赛等10余次重大专项保通任务。建成拉萨、昌都国家区域性公路交通应急装备物资储备中心。顺利完成可可西里盐湖溢水应急钢架桥架设，盐湖引流疏导应急工程进展有序；积极推进隧道提质升级、连续长陡下坡和桥梁防护3个专项行动；109国道唐古拉山段16.5公里应急便道修建完成；累计举办各类应急抢险救援演练10余次，成功举办2019年全区公路交通应急钢架桥架设技能大赛。

第七节　合作与交流

按照交通运输部安排部署，积极推动《中华人民共和国政府和尼泊尔政府过境运输协定》落地实施，2019年4月正式签署《中华人民共和国政府和尼泊尔政府关于实施〈中华人民共和国政府和尼泊尔政府过境运输协定〉的议定书》。

积极协调区直、中直相关单位，组织开展尼泊尔借道自治区公路进行运送货物事宜。2019年审批借道运输11批次，运送货物3649余吨，因尼方因素未完成2批次。

第八节　“两路”精神

2019年，西藏自治区“两路”精神纪念馆被国家民委命名为“全国民族团结进步教育基地”，“两路”精神纪念馆林芝分馆顺利开馆。“两路”精神纪念馆已成为红色基地，累计接待190家单位11700余人次参观。西藏天顺路桥工程有限公司、阿里养护段被分别授予“全国五一劳动奖状”“西藏自治区青年五四奖状”荣誉称号，自治区交战办、青藏公路分局荣获“十二五”全国国防交通工作先进单位。西藏天顺路桥工程有限公司普布扎西同志被评为第五届西藏自治区劳动模范，昌都公路分局仁青拉姆同志被评为“全国五一巾帼标兵”，阿里养护段普布卓玛同志被评为“2019年全国岗位学雷锋标兵”，青藏公路分局次军同志被评为“全国模范退役军人”，林芝公路分局八一公路养护段普布单增同志被评为“2018年度感动交通十大人物”，自治区交战办钱宏同志、林芝公路分局张建同志被评为“十二五”全国国防交通工作先进工作者。送温暖、献爱心活动积极开展，发放困难职工生活救助金、医疗救助金等各类专项帮扶资金56.164万元；为基层养护一线职工、困难家庭、遗属遗孀、驻村工作队发放慰问金26.8万元；全系统看望慰问困难职工299人次，发放慰问金30.04万元，解决问题68个。

第九节　党建工作

2019年，西藏交通运输全系统深入学习贯彻习近平新时代中国特色社会主义思想，认真贯彻落实习近平总书记关于治边稳藏和交通运输的重要论述，扎实开展“不忘初心、牢记使命”主题教育，集中开展不作为慢作为、文山会海等形式主义、官僚主义专项整治。中央第三巡视组脱贫攻坚专项巡视反馈问题12项，整改完成5项，取得阶段性成效并长期坚持的7项；自治区党委巡视工作领导小组反馈问题17项，整改完成12项，取得阶段性成效并长期坚持的5项。推进党建工作信息化，积极推广运用“西藏自治区交通运输行业党建工作管理系统”，做到了党建工作进展成效共享和先进经验的交流互动。举办党务、纪检、入党积极分子培训班6期603人次。发展党员272名，入党积极分子270名。完成26家基层单位党组织标准化党员活动室建设。在青川藏高山养护工区新建9个，集党员学习室、党员活动室、职工之家、职工书屋等“四位一体”的基层党建、工建阵地。深入扎实推进强基惠民驻村工作，举办村“两委”班子和第一书记培训班，制定《交通运输厅机关开展结对帮扶活动实施方案》，积极开展党员干部结对帮扶工作。各级领导班子成员多次带队前往驻村点看望慰问，结对认亲。驻村工作队为农牧民群众办实事好事425件，投入资金989万元。

陕西

第一节　整体概况

2019 年是新中国成立 70 周年，是决胜全面建成小康社会的关键之年。一年来，陕西省交通运输行业在习近平新时代中国特色社会主义思想指引下，在省委、省政府的坚强领导下，在交通运输部的大力支持下，全省交通运输系统统筹推进稳增长、促改革、调结构、惠民生、防风险、保稳定各项工作，主动担当作为，聚力攻坚克难，全面超额完成年度目标任务，为全省经济社会发展作出积极贡献。

全年，省交通运输厅以服务“三个经济”发展大局，创新提出加快建设“枢纽交通、综合交通、人民满意交通”的发展思路，切实发挥交通运输先行引领作用。紧跟交通强国重大战略，编制完成《交通强国建设陕西行动方案》，拟定一批试点工程，跻身交通强国建设试点单位。强化规划引领，统筹推进“十四五”规划和综合立体交通网规划编制，制定“1+5+N”的“十四五”规划编制体系，完成综合立体交通网规划初稿，梳理出一批重点项目。服务乡村振兴发展，编制印发了《陕西交通运输服务乡村振兴战略实施方案（2019—2022 年）》，助力实现农业农村现代化。加快推进项目前期工作，西安至延安、西安至安康 2 条高铁和西安至韩城等 4 条城际铁路初步设计获批，京昆高速蒲城至涝峪改扩建、吴起至华池等 6 个项目 380 公里高速公路、307 国道靖边东坑至彭滩等一批干线公路和红色旅游路工程可行性研究报告获得批复，沿黄公路、西安大环线高速公路等初步纳入国家公路网规划，建设项目接续有力，发展后劲不断增强。

第二节　综合交通基础设施建设

2019 年，陕西交通运输行业全年累计完成交通投资 811 亿元（其中，完成交通固定资产投资 775 亿元，同比增长 11.3%，较全省固定资产投资增长率高约 9 个百分点），创历史新高，为省委、省政府下达目标任务 650 亿元的 125%；其中公路水路完成固定资产投资 707 亿元，为交通运输部下达目标任务 480 亿元的 147%。高速公路保持加快节奏，建设规模近 1500 公里，19 个续建项目全面加快，澄城至韦庄项目开工建设，建成绥德至延川、黄龙至蒲城项目白水至蒲城段 118 公里。干线公路进展总体平稳，建设规模约 2300 公里，建成通车 310 国道西安过境公路等项目 500 公里以上。铁路项目加快建设，银川至西安高铁主体工程大部分完工，2019 年 9 月 29 日，全长 29.31 公里的西安北客站至西安咸阳国际机场城际铁路开通运营，西安至韩城等 4 条城际铁路控制性工程有序推进。神木至靖边铁路、浩吉铁路运煤专线、阳平关至安康铁路扩能改造工程建成投运。西安咸阳国际机场三期工程前期工作取得突破性进展，新建宝鸡机场各项工作稳步推进，安康、榆林等支线机场建设不断提速。汉江洋县至安康航运建设工程全面完工，安康火石岩至紫阳汉王智慧航道开工建设。建成投用杨凌综合客运枢纽站等 7 个、开工建设咸阳中信等 7 个客货运站。中国邮政西安邮件处理中心建成投产，中国邮政西北航空电商物流中心加快建设。邮政普遍服务网点、快递企业、综合便民服务站点分别达到 1804 个、422 家、1.07 万个，邮政普遍服务水平不断提升。

交通脱贫攻坚方面，2019 年，陕西省交通运输厅围绕“两通”目标，强化重点攻坚，精准施策发力。全年新改建农村公路约 1.2 万公里，实施深度贫困村集中居住 30 户以上自然村通组路 1258 公里，整治通村公路“油返砂”路段 4994 公里，巩固建制村通畅成果。出台省级补助政策，新增通客车建制村 556 个，实现所有具备条件建制村通客车。加快“四好农村路”建设，累计创建 9 个全国示范县、25 个省级示范县。认真履行六盘山片区和驻长武县扶贫团牵头单位职责，7 个片区县全部摘帽，包扶的 8 个贫困村实现贫困退出。扎实推进中央脱贫攻坚专项巡视、成效考核反馈问题整改工作，全面排查梳理，逐项整改落实。陕西省交通运输厅被省委、省政府脱贫攻坚成效考核评为综合评价好的单位。

第三节　行业公共服务

2019 年，陕西省交通运输厅加强公路日常养护管理，强化路况检测和桥隧巡检，科学安排养护工程。在交通运输部路况抽检中，陕西省路况水平持续位居全国前列。全省 5500 公里国省道创建成美丽干线公路。全面完成国家公路网命名编号调整，加强路域环境综合整治，基本完成高速公路两侧广告牌拆除任务，大力推进高铁沿线环境隐患集中整治。强化超限超载运输治理，优化大件运输许可和护送服务。加强路网运行监测和指挥调度，编制印发《陕西省公路网运行白皮书》，受到社会广泛好评。全力做好公路应急保通，完成 108 国道周至段崩塌灾害等应急抢险任务。优先发展城市公共交通，西安市创建国家公交都市示范工程顺利通过验收。首批 4 个高速公路“司机之家”建成投入试运行，乡镇运输服务站建设等一批贴近民生实事成效显著，切实增强人民群众获得感和满意度。

第四节　行业供给侧结构性改革

2019 年，陕西省交通运输厅着力调结构，印发《推进运输结构调整工作实施方案》，细化目标任务，强化督导考核，完成铁路货运增量 5492 万吨，“公转铁”成效明显。推动多式联运发展，研究制定实施意见，培育 2 条卡车航班示范线。西安、宝鸡、安康成功入选全国第二批绿色货运配送示范工程创建城市。加快农村物流高质量发展，遴选推荐西安市鄠邑区、安康市白河县等 5 县（区）创建全国农村物流服务品牌。深化无车承运人试点，10 家全国试点、71 家省级试点工作成效显著。着力降成本，开展差异化收费试点，认真落实绿色通道、重大节假日小客车免费通行等优惠政策，累计减免通行费 48.5 亿元。实现普通货运车辆“三检合一”、网上异地年审，切实降低物流成本。着力优环境，持续深化“放管服”改革，进一步取消下放行政许可事项，推进“证照分离”，开展证明事项告知承诺制试点，推进“互联网 + 监管”和“双随机、一公开”行业监管，全面梳理完善交通政务服务事项，实现线上线下多渠道多窗口受理、政务服务事项“一网通办”，助力优化营商环境取得重要进展。着力强保障，圆满完成国庆、春节等重点时段运输保障工作。全省公路运输完成营业性客、货运量8.5亿人次、17.4亿吨；水路运输完成客运量285万人次、旅客周转量4999万人公里，货运量197万吨、货物周转量5853万吨公里。省内各机场共完成旅客量、货邮量5109万人次、39.3万吨，其中西安咸阳国际机场完成旅客量、货邮量4722.1万人次、38.2万吨，增速分别居全国十大机场第3、第1位。第五航权客货运航线取得突破，144小时过境免签政策落地。全省完成快递业务量7.3亿件，同比增长28%。西安北客站至西安咸阳国际机场城际铁路日均客运量近1.9万乘次，列车运行图兑现率100%。中欧班列“长安号”全年开行2133列，开行量、重载率、货运量居全国前列。

第五节　重点领域改革

2019年，陕西省交通运输厅贯彻新一轮机构改革要求，全面落实厅机关新“三定”方案，同步实施公务员职务与职级并行制度，全面完成厅属承担行政职能事业单位改革任务，稳步推进全省交通运输综合执法改革。积极推进财政事权和支出责任划分改革，研究改革方案和事权清单。深化筹融资体制改革，发行收费公路政府专项债券144.5亿元，争取中央车购税资金147亿元，积极利用PPP模式实施940公里高速公路建设，占全省在建高速公路规模的64%。积极推进出租汽车行业改革，强化服务质量信誉考核，规范网约车健康发展，加快巡游车转型升级。全力推进收费公路制度改革，全面取消高速公路省界收费站，按期完成844套ETC门架、1681条ETC车道建设和21处省界收费站拆除改造，以及441个入口称重设施改造。大力推广ETC收费，建设服务网点158处，新增陕西省ETC用户241.1万，陕籍车辆ETC发行总数达到540.5万。统筹推进清理规范减免政策、货车收费标准调整等各项任务，圆满完成交通运输部确定的目标任务。

第六节　行业治理体系建设

2019年，陕西省交通运输厅法治部门建设不断深化，推进《陕西省治理货物运输车辆超限超载条例》《陕西省公路桥梁安全保护办法》立法进程。审查并向省司法厅报备《陕西省高速公路设计变更管理办法》等9件规范性文件。着力推动全省交通建设项目进入省公共资源交易平台，陕西省公路建设市场信用信息服务系统上线运行，建立督查专家库，对在建项目进行综合督查。智慧交通建设成效显著，编制印发《陕西省智慧交通发展指导意见（2019—2035年）》。有序推进省交通运输云平台等信息化项目建设。狠抓网络安全，主动防御、发现预警、快速处置能力进一步提升。抗裂耐久沥青路面等5项科研成果获得省科技进步奖。生态环保工作力度加大，持续推进过境货车避让西安绕城高速公路，联合开展柴油货车污染治理，超额完成新能源公交车推广任务。加大秦岭范围内交通建设项目的生态环境监管力度，积极参与打击乱捕乱猎秦岭野生动物专项行动。平安交通建设持续加力，深入开展公路隧道提质升级、公路桥梁安全防护能力提升、连续长陡下坡路段安全通行能力提升等专项行动，实施农村公路安全生命防护工程10563公里。加强重点建设项目、重点区域安全监管，打通危险化学品运输车辆通行豫陕省际通道。推进公交汽电车隔离设施改造和“两客一危”重点营运车辆4G终端换装工作。深入开展扫黑除恶专项斗争，组织开展专项整治行动6000余次，推动中央督导和“回头看”反馈问题得到全面整改落实，建立健全扫黑除恶专项斗争长效机制，有效净化了行业发展环境。

甘肃

第一节　整体概况

2019年，甘肃省交通运输行业坚持以习近平新时代中国特色社会主义思想为指引，全面贯彻落实党的十九大和十九届二中、三中、四中全会精神，深入贯彻落实习近平总书记对甘肃重要讲话和指示精神，牢牢把握交通运输高质量发展总要求，提请省政府成立由省长任组长的推进交通强国建设工作领导小组，统筹推进全省交通强国建设研究和实践。启动甘肃省综合立体交通网规划和“十四五”交通运输发展规划等编制工作，编制完成榆中生态创新城综合交通规划和大敦煌文化旅游经济圈旅游交通专项规划。全力推进交通脱贫攻坚，努力扩大交通固定资产有效投资，持续深化供给侧结构性改革，交通发展品质和交通服务水平不断提升，各项工作取得显著成效。全年公路水路交通固定资产投资完成819.1亿元，较2018年同比增长15.6%，完成投资总量居全国第11位，增速居全国第12位，为全省经济社会发展提供了有力支撑。

第二节　综合交通基础设施建设

一、铁路基础设施建设

2019年，全省铁路项目建设实现“三通三开”，即：兰新客运专线至敦煌铁路联络线及敦煌铁路既有线提速改造工程、敦煌至格尔木铁路、兰州轨道交通1号线一期工程建成通车，兰州至张掖三四线铁路中川机场至武威段、酒泉至额济纳铁路酒泉至东风段、兰州至合作铁路黄家岭隧道开工建设。

2019年底，全省铁路营业里程达到5195公里，其中高速铁路1153公里，铁路网密度114.5公里/万平方公里，为全国平均水平的80%；铁路复线率和电化率分别达到60%和80%，高于全国平均水平（57%、67%），路网结构由“通道型”逐步向“通道+局部路网型”转变。

二、公路基础设施建设

（一）公路建设基本情况

2019年底，甘肃省公路总里程达到15.14万公里，比上年末增加0.82万公里。公路密度为33.33公里/百平方公里，增加1.81公里/百平方公里。

全省等级公路里程14.64万公里，比上年末增加1.83万公里，占公路总里程96.65%，提高7.24个百分点。其中二级及以上等级公路里程达到1.58万公里，增加0.17万公里，占公路总里程10.40%，提高0.61个百分点。

全省高速公路里程4453.13公里，比上年末增加211.03公里。其中，国家高速公路3679.62公里，增加132.06公里。全省高速公路车道里程1.81万公里，增加844.10公里。

国道里程1.32万公里，省道里程1.71万公里。农村公路里程12.09万公里，其中县道里程2.42万公里，乡道里程2.74万公里，村道里程6.93万公里。

（二）持续加快公路重大项目建设

2019年，甘肃省交通运输厅加大重大项目建设调度和督查力度，积极协调解决项目建设中的困难和问题，全力推进重大项目实施。全年建成高速公路211公里，新改建普通国省道及旅游公路1442公里。全省首条采用PPP模式建设的两当至徽县高速公路建成通车，实现经营性公路零的突破。渭源至武都高速公路陇南段提前建成通车。新增两当、宕昌、舟曲、岷县4个县通高速公路，全省通高速公路县区达到60个。兰州中通道高速公路全线开工建设，庄浪至天水、临夏至大河家等7条479公里省级高速公路开工建设。2019年底，在建高速公路达到29条2852公里、普通国省道及旅游公路达到51条2483公里。9个综合客货运枢纽项目加快建设，陇南、定西综合客运枢纽主体完工。环兰高速公路收费站"撤五建二"工程建成运营，极大改善兰州主城区周围道路通行状况。

（三）扎实推进"四好农村路"建设

2019年，甘肃省交通运输厅"查缺补漏、冲刺清零"，扎实开展交通脱贫攻坚，全年新改建农村公路9013公里，其中建成自然村组路4691公里，实施农村地区资源路、旅游路、产业路以及窄路加宽等4322公里。整治"畅返不畅"路段2271公里。建成乡镇综合服务客运站18个，新增333个建制村通客车，实现所有具备条件的乡镇、建制村通客车。县乡村三级路长制实现全覆盖，39个县区农村公路灾毁保险试点取得初步成效，"有路必养、养必到位"基本得到落实，贫困地区群众出行条件明显改善。"交通＋旅游""交通＋电商"等扶贫模式良性发展，乡镇快递网点覆盖率达到96.5%，建制村直接通邮率实现100%目标。定点帮扶的临潭县实现整县脱贫摘帽，12个帮扶贫困村整体脱贫退出。广河、合水被命名为"四好农村路"全国示范县，累计创建全国示范县7个、省级示范县19个。甘肃省交通运输厅在2020年全国交通运输工作会议上就"四好农村路"建设工作作了经验交流。

第三节　运输服务保障能力

2019年，甘肃省交通运输行业努力建设人民满意交通，交通运输综合服务水平不断提升。加强公路日常养护管理，积极有效应对各类极端恶劣天气和自然灾害，全力维护路网畅通运行，完成12783公里国家公路网命名编号调整，高速公路和普通国省干线公路优良路率分别达到99.72%和81.1%。积极推进降低交通运输物流成本，全年减免车辆通行费16.99亿元。交通惠民便民力度持续加大，11个市州实现交通一卡通互联互通，建成4个"司机之家"，普通货运车辆实现综检联网和网上年审，汽车维修电子健康档案系统实现一、二类维修企业100%全覆盖，出租汽车行业管理以及网约车等新业态发展不断规范。12328交通运输服务监督电话综合考核连续6个月排在全国前10位，服务公众能力不断提升。全面完成取消高速公路省界收费站任务，全省共拆除撤销省界收费站11个，建设ETC门架400套、入口治超系统161处，改造ETC车道899条。全年新增ETC用户186.48万辆，全省ETC在用用户量达262.8万辆，ETC安装率达81.56%，货车ETC累计发行24.57万辆。从2020年1月1日零时起，我省高速公路与全国同步实现切换并网运行，全面实现省界不停车快捷通行。

2019年，全省营运客车累计完成公路客运量3.6亿人，旅客周转量227.8亿人公里，同比分别下降1.5%和2.4%。全省营运货车累计完成公路货运量6.8亿吨，货物周转量1193.8亿吨公里，同比分别增长6.4%和6.7%。全省公路运输总周转量累计完成1216.54亿吨公里，同比增长6.5%。全省累计完成水路客运量79.74万人，旅客周转量1292.24万人公里，同比分别增长2.6%和2.4%；累计完成水路货运量16.2万吨，水路货物周转量269.9万吨公里，同比分别下降41.8%和42.4%。

2019年，全省铁路旅客发送量、旅客周转量、换算周转量等同比显著增长，但货物发送量、货物周转量等指标出现下降。旅客发送量全年完成6548.3万人，比上年同期增加498.8万人，增长8.25%；货物发送量全年完成7533.6万吨，比上年同期减少132.1万吨，下降1.72%；换算周转量全年完成1921.51亿吨公里，比上年同期增加16.17亿吨公里，增长0.85%；旅客周转量全年完成432.68亿人公里，比上年同期增加19.90亿人公里，增长4.82%；货物周转量全年完成1487.89亿吨公里，比上年同期减少3.72亿吨公里，下降0.25%；运输收入全年完成2025048.9万元，同比增加44183.0万元，增长2.2%。

2019年，全省民航旅客吞吐量、货邮吞吐量、运输起降架次累计完成1825.2万人次、7.6万吨、14.7万架次，同比分别增长11.3%、18.3%、8.68%。累计执行客运航线250条（其中国际、地区航线24条），货运航线10条（其中国际航线5条），累计通航城市123座（其中国际、地区城市23座）。兰州中川国际机场共保障完成运输起降11.91万架次，同比增长8.43%；旅客吞吐量1530.30万人次，同比增长10.43%；货邮吞吐量7.20万吨，同比增长17.17%。

2019年，全省邮政行业业务收入（不包括邮政储蓄银行直接营业收入）累计完成43.49亿元，同比增长16.72%；邮政行业业务总量累计完成38.63亿元，同比增长24.41%。邮政服务业务总量累计完成19.09亿元，同比增长16.71%。全省快递服务企业业务量累计完成10371.22万件，同比增长16.38%；业务收入累计完成22.64亿元，同比增长20.09%。

第四节　行业治理体系建设

2019年，甘肃省交通运输厅认真贯彻落实党政机构改革要求，优化调整了厅机关“三定”规定，厅属事业单位承担的行政职责全部划入厅机关，成立甘肃省邮政业安全中心，完成厅属事业单位公车改革。深入推进交通运输综合行政执法改革，全面完成省属国省干线路政执法人员、事权和资产的移交工作。持续深化“放管服”改革，印发公路工程设计变更审核负面清单，取消下放4项审批事项和7项证明事项，清理规范性文件41件，公布交通运输行业省市县三级权责清单目录439项；44项政务事项实现“一网通办”，全年政务服务事项网上办件总量达到6924件，在线申报率100%，在省直部门中排名第2。大件运输许可按时办结率达到100%，甘肃高速公路路政二维码信用执法系统全面推广运行。办理省人大代表意见建议87件、政协提案62件。提请省政府印发了公路省级存量债务风险化解方案，积极防范化解交通运输领域债务风险。大力推行“基于资源换资金的建养一体化”模式，在16个试点市州和县区推进普通国省道、旅游公路及农村公路建设和养护，累计投资规模达到55.32亿元，完成投资31.8亿元，双塔水库至石包城等5条省道和旅游公路项目建成通车。支持省属交通企业积极探索建设项目融资新模式，通过融资租赁、可续期企业债等多元化手段积极筹措发展资金，在利用权益类债券解决资本金缺口方面实现破题。积极探索路衍经济发展新路子，开工建设敦煌悬泉置世界遗产与现代服务区交旅融合项目。

第五节　科技创新

2019 年，甘肃省交通运输厅加强行业创新发展，智慧交通和绿色交通建设加快推进。成功举办中国（西部）智慧交通创新发展“黄河论坛”。建成甘肃省交通运输行业数据资源交换共享与开放应用平台，交旅融合“智联”项目顺利推进，“互联网 + 道路”养护平台、农村公路信息管理平台投入试运行。4 项成果入选交通运输部重大科技创新成果库，2 项技术创新成果获首届交通 BIM 工程创新奖，2 项技术荣获省科技进步奖，甘肃路桥行业研发中心再度评为 2019 年行业重点科研平台十大“创新平台”。全面加强交通运输生态保护，坚持把生态环境保护贯穿于交通项目规划、前期、建设、运营、管护全过程，在项目规划阶段加强前置审核，坚决守住“基本农田保护、自然保护区、水源地保护”三条红线，切实做到“不破坏就是最大的保护”要求。组织开展了“绿盾”2019 公路项目自然保护区专项行动，启动黄河流域交通运输生态保护和高质量发展有关研究工作。武九、张扁和北仙高速公路绿色生态示范项目加快推进。行业污染防治工作不断深入，场站、码头以及公路路域环境整治初见成效。全省新增及更新新能源公交车 703 辆，公交、共享单车等绿色出行方式比例显著提升。

第六节　安全与应急

2019 年，甘肃省交通运输行业持续强化平安交通建设，交通运输安全生产形势保持稳定。强化红线意识和底线思维，制定了全省公路水路行业安全生产重大风险清单，道路运输、工程建设、邮政快递物流等重点领域安全生产风险防控和隐患排查治理不断深入。持续推进“品质工程”示范创建，项目设计、施工、管理标准化体系建设加快推进。全省高速及一级公路、普通国省道建设工程质量抽检加权合格率达到 97.5%、96.2%。完成乡道及以上公路生命安全防护工程 13390 公里，改造危桥 294 座。5413 辆公交车安装司机安全防护装置，4306 辆营运车辆安装智能视频监控报警装置。圆满完成新中国成立 70 周年等重大活动和重大节假日交通运输保障。成功处置“8 · 28”乌鞘岭隧道客车自燃事故。行业发生生产安全责任事故起数同比持平，死亡和受伤人数同比下降 11.1% 和 25%，未发生较大以上生产安全责任事故，行业安全生产形势总体稳定。

第七节　合作与交流

2019 年，甘肃省交通运输厅主动加强与周边陕西、青海、宁夏等省区交通运输厅的对接，并于 2019 年 7 月签订了《陕西、甘肃、青海、宁夏四省（区）共同推进六盘山片区省际公路建设合作协议》，合力助推省际公路通道和交通互联互通规划建设。深化甘肃与重庆、内蒙古等省（自治区、直辖市）之间交通基础设施发展合作，制定了甘渝、甘蒙等省（自治区、直辖市）交通基础设施合作专项行动计划。

积极参与“一带一路”建设，兰州南亚国际班列公铁联运示范工程被命名为“国家多式联运示范工程”。兰州陆港型物流枢纽入选首批国家物流枢纽建设名单。兰州中川国际机场旅客吞吐量突破 1500 万人次，开通“中巴经济走廊”兰州至拉合尔定期全货机航线等 5 条国际货运包机航线，新开敦煌直飞柬埔寨暹粒国际航线。国际货运班列发运车数增长 50% 以上，新开运“金张掖”号中欧货运班列。

青海

第一节　整体概况

2019 年，青海省交通运输行业以习近平新时代中国特色社会主义思想为指导，在省委省政府的坚强领导下，在省直有关部门的大力支持和各级人民政府的全力配合下，攻坚克难、担当作为，在困难挑战中求稳，在化解风险中求进。全年完成交通固定资产投资 203.6 亿元，新建成 8 条近 700 公里的高等级公路。完成公路客运量 5070.59 万人、旅客周转量 50.05 亿人公里，公路货运量 1.61 亿吨、货物周转量 290.46 亿吨公里。完成水路客运量 93.83 万人、旅客周转量 1021.59 万人公里。截至 2019 年底，全省公路通车总里程达 8.38 万公里。其中，高速公路（含一级）4040 公里，二级公路 8717 公里。全省通航航道里程达 663 公里。

第二节　综合交通基础设施建设

路网规划方面，青海省深入学习宣传贯彻《交通强国建设纲要》，扎实推进《青海省综合立体交通网规划（2021—2050 年）》等规划编制，认真开展“十四五”规划研究，交通运输服务国家和全省发展战略的作用日趋明显。

杂多至查吾拉等 5 个穿越自然保护区重点项目前期工作取得突破性进展。征地拆迁滞后、地材供应不足、审批要件办理困难等突出问题得到逐步解决。重大项目扎实推进，全省首条八车道高速公路——扎麻隆至倒淌河公路等 8 个项目全面建成。川口至海石湾跨省大桥建成通车。加定至西海、扁都口至门源等 18 个重点续建项目稳步推进。新开工建设盘坡至大通河、格尔木至老茫崖等 3 个项目。投入资金 11.32 亿元，全力支持“畅通西宁”建设。“四好农村路”建设取得新进展。新改建农村公路 5807 公里，便民桥梁 152 座。创建 1 个“四好农村路”国家示范县和 4 个省级示范县。

邮政基础工作更加扎实，完成业务总量 8.2 亿元，同比增长 15%。邮政快递服务网络逐步健全，累计建成邮政普遍服务网点 457 个，村邮站 743 个，实现建制村直接通邮率 100%。快递企业规模不断壮大，年业务量超百万件快递企业达 7 家。转型升级步伐加快：积极推进邮政业与电子商务、综合交通、现代农牧业等关联产业的协同发展。智慧邮政建设步伐加快。民生服务深入推进：建成快递末端综合服务站 252 个，智能快件箱 848 组。深入推进“邮政在乡”和“快递下乡”工程，建成邮乐购站点 1214 个，乡镇快递网点覆盖率达 68.5%。

建设资金保障有力，落实中央车购税资金 135 亿元、燃油税补助资金 10.75 亿元。发行收费公路建设专项债 30 亿元、普通公路建设一般债 1.5 亿元。完成通行费收入 20.3 亿元。

脱贫攻坚目标任务如期“清零”，全面完成

362个乡镇、4146个建制村通硬化路和366个乡镇、4061个建制村通客车，全省具备条件的乡镇、建制村100%通硬化路、100%通客车的“两通”兜底性目标顺利实现。省厅补助的192个易地扶贫搬迁集中安置点配套道路工程全面建成，补助资金1.94亿元，建设里程828公里。省厅和省邮政管理局结对帮扶的22个贫困村全部脱贫摘帽。

债务风险防范化解取得突破，按照省委省政府决策部署，加快交通运输体制机制改革，牵头组建省交控集团。完成涉改单位法律尽职调查、资产评估、清产核资、财务审计等工作。全省收费公路融资再安排银团贷款获国开总行审议通过。事业单位改革、人员分流安置、资产划转等工作有序推进。

生态环保和污染防治取得新进展，扎实开展公路沿线生态环保工作和路域环境综合治理。完成第二轮中央环保督察迎检工作。推进运输结构调整，配合做好柴油货车淘汰治理工作。完成西宁市绿色交通城市主题性项目验收。制定完善新能源公交车推广应用政策。全省新能源和清洁能源公交汽车、出租汽车占比分别达93.79%、81.46%，绿色低碳发展取得新进展。

第三节　运输服务保障能力

道路运输改革稳步推进，持续推进道路客运转型升级，鼓励引导“互联网+道路客运”发展，加快推进出租汽车行业改革，实现汽车维修电子健康档案二类以上维修企业全覆盖。推进道路货运行业健康稳定发展，实现4.5吨以上道路普通货运车辆异地检验和全国网上年审。协调推进运输结构调整，完成“公转铁”货运增量目标任务。收费公路制度改革取得阶段性成果：打赢了取消高速公路省界收费站这场硬仗，完成579条ETC车道改造、170套ETC门架系统和68套入口称重检测设施建设任务。新增ETC客户68.5万户，完成全年ETC发行目标任务的107.9%，全省ETC客户累计达94.6万户。货车计费方式由计重收费调整为按车轴（型）收费。清理规范22类享受地方性通行费减免政策的车辆。顺利实现联网收费新旧系统并网切换，入口劝返车道设备和收费系统运行良好。多项工作名列全国前茅。“放管服”改革持续深化：下放行政许可事项5项、行政服务事项6项，取消行政许可事项3项。全面加强交通运输领域“双随机一公开”监管，组织开展权责清单调整更新和数据汇聚工作，认领交通运输部监管事项目录清单85条，新增监管事项目录清单42条，编制监管事项检查实施清单91条，进一步理清监管责任。

运输服务更加优化，以高速直达客运、干线客运为主的道路客运网络不断优化完善。网约出租车、定制客运服务有序发展，城市公共交通线网不断织密，农牧区客运覆盖范围有效拓展，三级及以上汽车客运站普及全省各市县，各种运输方式间的衔接更加顺畅。集装箱运输、冷链运输、城市绿色配送有序发展，大宗物资长途货运“公转铁”取得实效，农村物流设施不断完善，县乡村三级农村物流体系有序构建。

交通保障更加有力，投入资金6245万元，处治各类路面病害52.8万平方米，全力保障“环湖赛”“青治会”等重大赛事活动顺利举行。加强重大节假日期间的运力组织和服务保障，全省未出现旅客滞留、物资积压等现象。加强货运源头治超监管和路面综合治理，持续深化跨省区治超执法协作和路警联合治超执法，全省公路平均超限率为1.65%。圆满完成部队机动道路交通保障任务。民生工程持续推进：建设乡镇运输服务站28个，建成“司机之家”试点项目

3 个。积极落实公路通行费优惠减免政策，优惠减免通行车辆 2702.87 万辆，减免通行费 2.47 亿元。稳步推进“厕所革命”，建成 51 处公路公共服务设施。

青海省交通学院持续提升人才培养服务社会能力，连续 5 次荣获全国高等职业院校服务贡献 50 强。省交通医院狠抓医疗服务体系建设，稳步实施改善医疗服务行动计划，医疗服务能力持续增强。

第四节　行业治理体系建设

地方性法规和行业制度建设取得新成效，《青海省高速公路条例》颁布实施。深入宣传贯彻实施《青海省农村公路条例》。全面落实行政执法“三项制度”，努力营造更加公开透明、规范有序、公平高效的法制环境。修订完善《青海省交通运输厅工作规则》。报省政府印发《加快全省农牧区客运发展的指导意见》《青海省推进运输结构调整实施方案》《青海省深化收费公路制度改革取消高速公路省界收费站实施方案》，全力推进相关工作。

依法治理能力实现新提升，深入推进“七五”普法教育，全行业法治意识不断增强。有效发挥厅法律顾问团参谋助手作用。严格落实规范性文件备案审查制度。开展全省交通运输行政执法案卷评查和行政执法主体及执法人员资格清理工作。完成省级交通运输综合行政执法改革阶段性任务。积极推动法治政府部门建设，依法行政能力水平全面提升。扫黑除恶专项斗争迈入新阶段：深入推进行业扫黑除恶专项斗争，组织开展重点领域专项治理行动。累计摸排问题线索 220 条，查处 39 家投标人串通投标、弄虚作假、非法转包等违法行为，整治 137 处运输领域乱点乱象，处理逃费车辆 687 辆，补缴通行费 235.13 万元。完成中央扫黑除恶督导组反馈问题整改，扫黑除恶阶段性任务基本完成。

第五节　科技创新

科研能力水平逐步提升，完善科技项目管理制度，依托“青藏高原交通建设生态效应与生态安全保障协同创新平台”，开展《三江源地区道路工程对野生动物阻隔影响评价》等 3 项课题研究。科技项目立项 9 项、结题验收 13 项，推广科研成果 18 项。

信息化及网络安全工作扎实推进：继续推进交通运输部三年滚动计划内信息化项目建设。严格落实网络安全责任制，制定《青海省交通运输行业网络安全信息通报实施细则》，组织开展网络安全“五个一”活动，全面筑牢网络安全“防火墙”。行业标准化建设不断加快：组织制定地方标准，《高速公路建设模式技术规范》等 21 项标准获批立项，“青海省高速公路服务区服务标准化试点”通过国家验收。

第六节　安全与应急

质量监管更加严格规范：深化品质工程提升三年攻关行动。实施公路隧道提质升级、桥梁安全防护设置、长陡下坡治理等专项行动，全面提升工程质量和管理水平。完成公路建设市场秩序与质量安全综合督查和交通运输部公路建设市场监管及造价管理督查迎检工作。全省公路工程质量状况总体平稳，高速公路、干线公路抽检指标总体合格率分别达 97.04%、95.96%。

安全监管更加有力有效：持续开展道路客货运输综合治理，重点营运车辆联网联控平台等信息化手段作用日益明显，推广使用智能视频监控自动报警装置，全力保障“两客一危”运输车辆安全运行。深化交通建设工程领域安全生产监管，实施避险车道安全隐患治理专项行动。开展宁缠高瓦斯隧道等重大安全风险隐患排查治理。高效完成湟倒一级公路安全隐患整改工作，受到交通运输部和省委省政府的充分肯定。强化重点通航水域水上交通安全和隐患排查整治力度，严密防范和坚决遏制重特大事故。全年事故起数、死亡人数、受伤人数实现“三下降”，分别下降 11.1%、27.3%、5%。应急保障能力有效提升：全力开展玉树、果洛雪灾受阻公路保通和救灾物资运输保障工作，圆满完成 G227 线西久公路滑坡路段应急抢通任务。稳步推进应急物资储备中心建设。深入开展低温雨雪冰冻天气公路阻断问题研究。修订完善应急预案，组织实施大型应急演练 7 次，突发性事件应急处置能力进一步提升。

第七节 合作与交流

一年来，青海省发改委、财政厅、自然资源厅、生态环境厅、水利厅、林草局等省直部门在项目前期办理、地材供应保障、建设资金筹措和交通债务化解等方面综合施策、全力支持。各级地方人民政府真抓实干、积极作为，为全省交通运输行业各项目标任务的实现贡献了力量。西宁市多策并举、全力攻坚，超额完成 3.74 万张 ETC 发行任务，有力支撑了全省发行任务的超额完成；海东市认真落实农村公路建设主体责任，开展“畅返不畅”集中整治，推进窄路加宽，有力巩固了交通脱贫攻坚成果；海西州积极整合涉农资金，率先完成集中安置点配套道路建设，确保了贫困群众“搬得出，稳得住”；海南州积极推进资源路、旅游路、产业路建设，有力支撑了地方特色扶贫产业发展；海北州积极协调配合，圆满完成了“全面建成小康社会交通发展试点”省州层面资金核算收尾工作；玉树州在实现具备条件建制村通客车基础上，完成了 34 个不具备条件的建制村通客车工作，进一步提升了州域农牧区客运通达水平；果洛州积极筹措资金，形成农牧区客运资金保障机制，有力支持了农牧区客运发展；黄南州主动对接国家相关部委，协调服务重点公路建设项目早日落地，为干线公路建设创造了良好条件。交通运输工作成绩的取得，是省委省政府坚强领导和交通运输部大力支持的结果，得益于省直各部门的鼎力支持和地方各级党委政府的通力配合，靠的是行业广大干部职工的艰苦奋斗。

宁夏

第一节　整体概况

2019 年，宁夏交通运输保持良好发展势头。一是路网结构进一步优化。加快构建高速公路网络，京藏高速“四改八”主体通车、泾源至华亭高速公路主体完工、全自治区首个公路 PPP 项目——石嘴山红崖子黄河大桥建成通车；加快国省道升级改造，国道 341 线寨科至黑城等 8 个国省道升级改造项目建成通车，其中国道 307 线盐池至高沙窝等 3 个项目，开创了宁夏国省道改造当年开工、当年建成的先河。全年新增高速公路 110 公里，完成普通国省干线改造建设 303 公里。二是提前实现“两通”目标。农村交通运输服务水平持续提升，2019 年新改建农村公路 1694 公路。2019 年 5 月全区 193 个乡镇、2256 个行政村提前实现“两通”目标，提前一年完成交通扶贫兜底任务。发挥示范导向作用，红寺堡区迈入“四好农村路”全国示范县行列，开展宁夏 “美丽农村路”评选活动，彭阳县韩（寨）财（神崾岘）公路等 10 条农村公路荣获宁夏“美丽农村路”称号。三是深化改革增添新动能。基本完成公路交通投融资改革，向宁夏交投集团公司移交人员 5560 人，资产 670 亿元，推动形成收费和非收费公路“建管养运”一体化两大体系。市县运管机构整体移交属地管理，交通运输领域 7 个执法门类全面整合，初步建立起两个层级、适应宁夏交通运输发展的行政执法体系。四是服务保障“提速增效”。全面完成 228 套门架系统、384 条 ETC 车道改造任务，2020 年 1 月 1 日零时，宁夏 7 座高速公路省界收费站全部取消，实现无需停车、“无感出省”。

第二节　综合交通基础设施建设

铁路方面：截至 2019 年底，宁夏境内共有铁路线路 1551 公里（干线铁路里程 1190 公里，其中高铁里程 212 公里；地方铁路里程 361 公里），电气化率 82%，复线率 27.3%，电气化率高于全国平均水平（70%），复线率低于全国平均水平（58%）。其中：银中城际 212 公里、包兰线 336 公里、宝中线 249 公里、平汝线 82 公里、干武线 11 公里、太中线 199 公里、定银线 183 公里、宁东铁路 279 公里。2019 年，全区铁路在建银西、中兰、包银（银川至惠农南段）3 个高铁项目，总投资 386 亿元，累计完成投资 205 亿元。

公路方面：截至 2019 年底，宁夏公路通车总里程 36576 公里，较 2018 年末增加 1171 公里，公路密度 55 公里 / 百平方公里。按技术等级分：高速公路 1788 公里（其中国家高速公路里程 1450 公里），一级公路 1939 公里，二级公路 4015 公里，三级公路 5850 公里，四级公路 22944 公里，等外公路 41 公里。按行政等级分：国道 3822 公里（其中国家高速公路 1450 公里），省道里程 2865 公里（其中地方高速公路 338 公里），农村公路里程 28273 公里，其中县道 826 公里，乡道 9357 公里，村道 18090 公里，另有专用公路 1616 公里。截至 2019 年底，全区拥有公路营运汽车 108016 辆，同比增长 7.4%。其中载客汽车 4660 辆、载货汽车 103356 辆，同比分别下降 1.6%、增长 7.8%。全年完成公路水路固定资产投资 141 亿元，为自治区计划任务的 118%。争取交通运输部车购税补助资金 31.1 亿元、自治区政府债券 56.4 亿元用于公路建设。

民航方面：截至 2019 年，宁夏现有银川河东国际机场 1 个干线机场和固原六盘山、中卫沙坡头 2 个支线机场，以及银川月牙湖和盐池 2 个通用机场。2019 年，宁夏机场公司统筹推进无线站坪调度系统、围界报警监控系统改造、飞行区及航站区安防监控、场区视频监控系统补盲、固原机场站坪扩建等年度重点项目建设，组织开展银川机场电动车辆购置与充电桩建设，启动银川、中卫、固原机场飞行区整治项目、银川机场助航灯光更新改造项目建设。

水路方面：截至 2019 年，黄河宁夏段航运工程建设稳步推进，黄河吴忠段、中卫段、银川段基本完成航运一期整治工程，黄河吴忠段航运二期工程已进入施工图审批阶段，黄河石嘴山段航运工程正在进行可研立项阶段，按内河 V 级航道标准共计整治航道总里程 210 公里，共争取交通运输部专项补助资金 29540 万元。

邮政方面：强化农村“电商配送”渠道建设，全区快递服务乡镇覆盖率 100%。通过企业自建、联合共建等形式建成快递末端公共服务站点 650 处，布放智能快件箱 1467 组，全区高校全部实现快递入校区，投递规范率 100%。引导邮政企业、快递企业积极参与全区“电子商务进农村综合示范”建设，增强“邮乐购”站点辐射能力，开办代收代缴、代购、包裹收投等便民业务，新增行政村快递电商服务站 51 个。颁布《快递服务质量规范》和《快递企业管理规范》两项邮政行业地方标准。

城市交通方面：截至 2019 年底，全区拥有巡游出租车 16348 辆，同比增长 0.7%；拥有城市公共汽电车 4007 辆、4715.3 标台，同比分别下降 7.0%、4.6%。

第三节 运输服务保障能力

铁路方面：2019 年，宁夏铁路完成旅客发送量 665.2 万人，完成货物发送量 8150.6 万吨。

公路方面：全年完成公路营业性客运量 4905 万人，旅客周转量 46 亿人公里，同比分别下降 8%、3%，完成公路营业性货运量 3.4 亿吨，货物周转量 437 亿吨公里。一是促城乡客运稳定发展。稳步推进西吉县、沙坡头区城乡交通一体化示范县创建，指导原州区、隆德县试点“全微通”互联网服务平台，隆德县农村客运典型案例入选交通运输部《全国农村客运发展典型案例》。推进银川都市圈公交同城化发展，制定《银川都市圈城际公交改造实施方案》，确定 8 条城际公交线路，已开通 4 条城际公交。推进公交优先发展，实现银川、吴忠、石嘴山、固原市公交一卡通全国互联互通。开展“互联网 + 客运”、定制客运服务模式，积极推广“宁夏出行”“石嘴山出行”“全微通”等服务平台，开通银川至定边、银川至石嘴山定制客运，开通石嘴山、利通区、青铜峡、盐池至河东机场线路；许可宁东 3 家网约车公司，颁发经营许可证，109 辆（名）合规车辆及驾驶员参与运营。二是促道路货运转型升级。提请自治区政府印发《自治区贯彻落实〈推进运输结构调整三年行动计划（2018—2020 年）〉实施方案的通知》（宁政办发〔2019〕18 号）。推动货运集约化发展，印发《关于加快全区道路货运行业转型升级促进高质量发展的实施意见》（宁交办发〔2019〕209 号）。强化货运行业服务水平，建成 G20 青银高速公路盐池、G2012 定武高速公路马儿庄高速公路服务区 2 个“司机之家”。开展道路货运驾驶员免费网络继续教育培训，全年37378名货运驾驶员参加网络继续教育培训。三是促维修驾培服务提升。推动实现普通货运车辆年审网上办理，全区48家汽车综合性能检测站完成部省系统衔接，宁夏成为全面推行网上年审应用的12个省（自治区、直辖市）之一，道路普通货运车辆实现“三检合一”，一站式审批。实现自治区级汽车维修电子健康档案系统与交通运输部互联互通，完成各市县区汽车维修电子健康档案系统全覆盖，全区一类企业覆盖率100%、二类企业98.47%，三类企业覆盖1300余家。创新驾培教学模式，全区75家驾校全部提供“计时培训、计时收费、先培后付”服务模式。

民航方面：2019年，宁夏机场公司累计完成运输起降9.2万架次、旅客吞吐量1122万人次、货邮吞吐量6.2万吨，同比分别增长11.1%、19.2%和21.1%。其中，银川河东机场三项指标分别完成8.4万架次、1057.5万人次、6.1万吨，同比分别增长11.8%、18.2%和20.7%。中卫、固原机场旅客吞吐量分别完成26.6万人次、37.9万人次，同比分别增长9.1%、67.7%。

水路方面：宁夏水路运输主要以水上旅游客运为主，渡运为辅。截至2019年，全区有营运资质的水路运输企业共23家，其中从事水上旅游客运的18家（AAAAA级景区3家），经营公路渡口（黄河浮桥）运输的5家；个体营运渡口13道，营运性渡船22艘。全区共有各类船舶和水上浮动设施1500余艘，其中符合法定检验的1024艘（其中478艘为休眠船舶，即已登记检验，但超过1年以上未投入运营或中断运营），船舶种类主要有车客渡船、浮桥承压舟、拖轮、采砂船和旅游客船（包括普通旅游客船、快艇等）。另外约500艘（架、座）为5米以下非机动游乐船舶，分布于各城市公园。水路运输从业人员约2100名，在册船员1145名。2019年，累计完成水路客运量183万人，水路旅客周转量980万人公里。

邮政方面：2019年，全区邮政行业业务总量完成19.98亿元，同比增长12.30%；业务收入完成（不含邮政储蓄银行直营业务收入）18.56亿元，同比增长10.47%。全区快递服务企业业务量完成4891.61万件，同比增长4.72%。全区快递服务企业业务收入完成94877.36万元，同比增长16.70%。邮政寄递业务服务量完成8093.86万件，同比持平；邮政寄递业务服务收入完成7049.32万元，同比增长2.64%。

第四节　行业治理体系建设

统筹推进各项改革，进一步完善治理体系，促进交通运输转型升级。

深化改革：2019年1月1日零时，授权范围内的高速公路“投融建管养运”事权移交宁夏交投集团。截至2019年底，公路交通投融资改革基本完成，形成收费和非收费公路“建管养运”两大一体化运营体系。2019年4月，完成厅机关行政机构改革，新成立海事港航管理处、行政审批处，将原建设管理处、公路监管处合并为建设与管理处。2019年7月31日至8月2日，由自治区党委组织部、编办、财政厅、人力资源社会保障厅、交通运输厅组成的联合工作组，在银川、吴忠、石嘴山、中卫、固原五市分别召开市县运管机构整体移交属地管理工作会，签署《市县（区）道路运输管理局（所）整体移交属地管理备忘录》，将各市、县（区）道路运输管理局（所）整体移交所属市、县（区）管理。2019年12月31日，自治区编制委员会下发了《关于调整自治区交通运输厅部分所属事业单位机构编制事项的通知》（宁编办发〔2019〕148号），涵盖了《宁夏公路管理中心机构编制方案》《自治区交通运输综合执法监督局机构编制方案》，交通运输承担行政职能事业单位改革顺利完成。宁夏将公路路政、道路运政、水路运政、航道行政、地方海事行政、交通运输工程质量监督管理、交通运输安全生产监督管理等行政执法部门整合，成立了自治区交通运输综合执法监督局，主要负责全区车辆超限超载治理、路政执法、大件运输管理等重点工作。

重要法规规章制定及修改：对交通运输领域地方性法规、政府规章进行清理，报请自治区人大、政府对《宁夏回族自治区道路运输管理条例》《宁夏回族自治区道路货物运输管理办法》《宁夏回族自治区道路旅客运输管理办法》《宁夏回族自治区机动车驾驶员培训管理办法》《宁夏回族自治区机动车维修管理办法》《宁夏回族自治区治理货运车辆超限超载办法》等地方性法规政府规章进行修订。

公路建设领域监管：制定《宁夏回族自治区公路工程建设项目招标投标管理实施细则》，其中增加“随机分配标段法”和“评标基准价随机抽取法”等内容，从应用情况看，对控制围标串标行为办法可行，效果良好。启用电子招投标模式，强化公路招投标全过程监管，2019年推动交通项目全流程电子化招投标。开展宁夏公路建设市场秩序专项整治行动，对京藏高速改扩建工程、乌玛高速、银百高速等公路建设项目进行检查，同时对宁夏五市开展了公路建设领域专项整治督查，重点从招标投标、转包分包、建设程序等6个方面36类问题进行督查检查。

深化公路管养：扎实开展公路综合大整治等专项行动，2019年，全区高速公路和普通国省干线MQI（公路技术状况指数）值分别为94.02、84.93，PQI（路面使用性能指数）值分别为93.37、81.52，优良路率分别为99.92%、77.31%，均较2018年有所提高。2019年实施普通公路安全生命防护工程907公里，改造危桥17座。全年完成养护工程项目57项，完成率100%，当年开工、当年投入使用。在日常养管方面，开展了春秋季公路大整治专项行动，整修普通国省干线公路路肩、边坡4962公里、处治各类路面病害69.7万平米、路面灌缝175.8万延米等，路况性能大幅提升。

依法治路：全区高速公路所有入口实现阻截劝返，禁止超限超载车辆驶入，2019年超限超载率控制在0.5%以内；普通国省干线利用34个固定超限检测站，采取固定检测加流动稽查方式，严厉对超限超载车辆进行治理，超限超载率控制在2%以内。全年共发生路政赔（补）偿案件1588起、查处1587起、结案1563起，查处率99.94%，结案率98.43%。2019年，全区共办理大件运输许可21162件。

“放管服”改革：梳理精简服务流程，取消4项、下放1项行政许可事项。自治区本级政务服务事项减少申请材料11项，减少办理环节31个，压缩审批时间130个工作日，40个事项做到“应进必进”，39个事项实现不见面办理，营商环境进一步优化。

第五节　科技创新

加强交通运输行业创新试验研发平台建设，指导宁夏交通建设股份有限公司成功申请组建自治区交通运输行业首个工程技术研究中心——宁夏道路养护工程技术研究中心。“道路用废旧沥青活性恢复及低碳节能施工技术研究”项目，获2019年度宁夏回族自治区科学技术奖对外合作奖，目前，该项目已在新疆、内蒙古、陕西、甘肃等十多个省（自治区）进行了示范应用。通过厅科研项目“BIM技术在公路勘察设计中的应用研究”，形成宁夏回族自治区交通工程BIM模板库，发表学术论文两篇，依托该科研项目成功申报自治区科技厅首家公路数字信息化科研创新平台——宁夏公路数字信息化工程技术研究中心。对原有ETC发行系统进行改造升级，实现扫码支付通行，提升快速通行效率。升级改造现有视频监控系统，实现对路网情况实行24小时监控，实现全区高速公路监控零盲区。推出"乐行宁夏"App、微信小程序等新的旗舰服务产品，为公众提供高质量高水平出行服务信息。

第六节　安全与应急

2019年，全年全行业发生生产安全事故13起，死亡21人、受伤31人，事故起数和受伤人数同比分别下降13.33%和24.39%，死亡人数同比上升5%，其中公路养护、水路运输和城际铁路建设领域没有发生亡人事故，全区交通运输安全生产形势总体保持稳定。

一是强责任。指导27家规模以上道路运输企业设立安全总监，引导企业建立领导班子成员安全"包干"管理制度，推动落实安全生产主体责任。

二是防风险。指导全区234家危货运输企业开展风险源辨识、评估、管控，建立分类分级管理台账和风险管控"一张图一张表"。组织对26个工程建设项目进行风险总体评价，提高公路建设施工风险管控能力。

三是严监管。投入资金8200余万元，实施普通公路安全生命防护工程907公里，改造危桥17座。全区4791辆客车、4926辆危货车辆安装4G或智能视频监控装置，2108辆城市公交车安装改造驾驶区域防护隔离装置。组织水上交通安全检查60批次，水上交通全年零事故。

四是除隐患。组织安全生产百日专项整治行动，排查治理一般隐患459项，整改率100%。牵头治理银中高铁沿线安全隐患，114处隐患全部销号整改。

五是强应急。修订完善《宁夏交通运输厅交通运输综合应急预案》等6项应急预案，重新构建交通运输应急组织指挥体系。加强应急队伍建设，以5个应急保障中心为骨干，厅属单位成立了32支应急保障队。安排实施5场次较大规模实战化应急演练，提升应急反应和指挥能力。

新疆

第一节 整体概况

2019年，新疆维吾尔自治区完成交通固定资产投资529.18亿元，新增高速（一级）公路917公里、二级公路376公里，全区高速公路突破5200公里，通车总里程达到19.4万公里，所有地州市迈入高速公路时代。新改建农村公路15162公里、整治“畅返不畅”路段2299公里，建成农村地区旅游路、资源路、产业路1064公里。成功入选全国首批交通强国建设试点。全面完成深化收费公路制度改革。成功举办中塔乌国际道路试运行活动，“中欧卡车特快专线”双向TIR甩挂运输正式运行。全区3级以上客运站实现全国联网售票，货运车辆全面实施“三检合一”。交通运输行业管理体制机制改革稳步推进，法治政府部门建设持续加强，行政执法“四基四化”水平逐步提高，科技创新能力进一步增强。

体制机制改革方面，完成新疆交通运输厅本级行政机构改革，交通运输综合行政执法改革稳步推进，印发了《新疆维吾尔自治区关于深化交通运输综合行政执法改革的实施意见》。投融资改革取得创新突破，G0711乌鲁木齐—尉犁、G7梧桐大泉—木垒2个重大PPP项目包落地实施，若羌—民丰等PPP项目全面推进。“放管服”改革持续深化，“减证便民”“一网通办”和“最多跑一次”改革持续推进，“双随机、一公开”监管、信用监管加快推广。

交通规划编制方面，编制完成《新疆维吾尔自治区综合立体交通网规划（2021—2050年）》和《新疆维吾尔自治区公路网规划（2021—2050年）》送审稿，并稳步推进《新疆维吾尔自治区交通运输“十四五”发展规划》编制工作。

交通强国建设方面，编制完成《新疆维吾尔自治区关于贯彻落实〈交通强国建设纲要〉的实施方案》初稿和《自治区交通强国建设试点工作实施方案》，并不等不靠着力推进交通强国试点工作。一是协助克拉玛依市积极争取国家轨道交通综合实验与系统测试验证环境项目试点；二是推进互联互通综合运输大通道建设试点；三是推进综合交通一体化枢纽建设试点；四是做好交通运输高水平对外开放试点；五是推进交通和旅游融合试点；六是加快推进G0711乌鲁木齐—尉犁高速公路等标志性重大工程建设。

第二节 交通基础设施建设

2019年，在交通基础设施建设中，坚持以问题、目标、结果为导向，采取多项措施推进项目建设。一是坚持自治区公路建设月调度会制度；二是实行厅领导片区负责制和项目推进会制度；三是与铁路、电力等部门达成协作机制；四是强化招投标管理与市场信息系统管理；五是推进交通建设项目管理运行机制建设，印发《新疆维吾尔自治区公路建设市场督查工作规则（试行）》和《自治区公路建设市场信用信息管理办法实施细则》；六是建立健全“品质工程”评价、创建体系，进行“品质工程”评价。G30乌鲁木齐—奎屯“四改八”高速公路、G7大黄山—乌鲁木齐“四改八”高速公路、G3012喀叶墨二期高速公路、G218线墩麻扎至那拉提公路、G216线富蕴至五彩湾公路等公路项目全面建成通车，至2019年末，全区高速公路优等路率达87.8%、普通公路优良路率达77.9%。全区（含兵团）公路通车里程达到19.42万公里，其中高速公路5293公里。全区国省干线里程达到约3.44万公里，农村公路15.98万元公里。公路桥梁共15273座63.26万延米，其中特大桥37座5.64万延米，大桥1066座21.57万延米。隧道共40道3.88万延米，其中长隧道15道2.93万延米。全区公路密度以国土面积计为11.7公里／百平方公里。

第三节　运输服务保障能力

一、道路客运

（一）道路客运转型升级

印发《新疆维吾尔自治区深化改革加快推进道路客运转型升级的实施意见》，建立以市场为导向的准入退出机制，扩大道路客运企业经营自主权，加快构建与铁路客运站、民航机场、景区等相衔接的道路客运集疏运网络，推动道路客运与互联网深度融合，鼓励社会资本进入汽车客运站场建设和经营。全年完成经营性道路运输客运量1.57亿人次、客运周转量111.38亿人公里，完成国际道路客运量20.79万人次、客运周转量0.46亿人公里。

（二）出租汽车行业改革

印发《新疆维吾尔自治区汽车租赁经营备案办法（试行）》和《关于巩固和深化出租汽车行业改革加快推进出租汽车健康发展的通知》，明确汽车租赁经营者、车辆市场准入条件和备案管理，在汽车租赁行业实行实名制登记和查验，建立身份核查工作制度。

（三）公交都市建设

2019年，乌鲁木齐轨道交通1号线全线贯通，乌鲁木齐市“公交都市”通过专家组验收；喀什市、伊宁市“十三五”“公交都市”建设稳步推进。

（四）建制村通客车工作

实行建制村通客车月报制度，全区乡镇通客车率100%，建制村通客车率99.85%，具备条件的建制村已100%通客车。

二、道路货运

（一）物流业发展

研究起草《新疆维吾尔自治区运输结构调整工作实施方案（2018—2020年）》和《新疆维吾尔自治区深化道路货运行业改革促进高质量发展的实施意见》，并经自治区人民政府印发全区执行。全年，完成道路货运量69290万吨、道路货物周转量801.8亿吨公里，完成国际道路运输货运量505.63万吨、货物周转量17.02亿吨公里。

（二）运输组织方式发展改革

按照无车承运人试点监测和多式联运示范工程监测工作要求，利用自治区现有信息平台资源，加强区内试点和示范工程企业监测工作。

（三）物流信息化建设

整合自治区物流信息资源，推动自治区物流公共信息平台建设，截至2019年末，新疆交通运输物流公共信息平台，已拥有注册车辆12.2万辆，平均日在线车辆达3.7万余辆，平台日均发布信息1000余条。

（四）农村物流发展

新疆交通运输厅印发《关于推进农村物流基础设施建设　加快完善农村物流网络节点体系的实施方案》，并会同自治区邮政管理局印发《关于自治区深化交通运输与邮政快递融合推进农村物流高质量发展的实施意见》。明确“县级农村物流中心”“乡镇运输服务站”和“村级农村物流服务点”三级物流网络建设标准。

(五) 营运货车“三检合一”

新疆交通运输厅会同自治区相关部门印发《新疆维吾尔自治区营运货车安检、综检、环检“三检合一”工作实施方案》及配套文件，全面实施货运车辆“三检合一”。

第四节　行业治理体系建设

一、法治政府建设

印发《关于进一步深入推进交通运输系统法治政府部门建设的实施意见》和推动自治区出台《新疆维吾尔自治区公路建设工程质量监督管理条例》；完成交通运输系统监管事项目录清单和检查实施清单的梳理和认领工作；结合自治区一体化政务服务平台，将交通运输政务服务事项纳入自治区政务服务平台办理，明确交通运输行业纳入“一网通办”的5个事项。

二、行业治理体系信息系统建设

完成自治区交通运输信用信息系统建设平台及公路建设信用信息子系统、道路运输信用信息子系统、安全生产信用信息子系统、政务诚信信息子系统的验收工作；完成交通运输行政执法综合管理信息系统设备采购及平台框架搭建；编制《新疆维吾尔自治区交通运输行业信用信息归集目录（2019版）》等制度；印发《新疆维吾尔自治区交通运输行业“信用交通·新疆”建设指标体系（2019版）》。

三、法治宣传与普法

将宪法法律学习列为厅系统各级党委（党组）中心组集体学习的重要内容；依托法宣在线平台和党支部理论学习制度，组织系统内党员干部通过网络学习、集体学习、个人自学等方式开展学法活动；组织《交通运输行政执法程序规定》等法律法规规章宣贯活动，全面提升交通运输综合行政执法规范化水平；强化普法责任制制度建设，印发《自治区交通运输厅系统普法依法治理工作实施方案》，编制了普法责任清单；参与“法律与你同行”（维吾尔语）广播节目，开展以案释法，宣传交通运输法律法规。

第五节　科技创新

一、科技工作

深化科技体制改革，发挥市场对技术研发的方向、路线选择，激发科研人员创新活力，鼓励创新创业，努力推进新疆交通运输高质量发展和交通强国建设。

(一) 支持重点工程建设

开展特殊地质复杂条件下的交通改扩建、管理及养护关键技术研究；利用技术支持单位优势技术资源，加强东天山隧道全寿命周期质量技术控制；开展高速公路雪害、智能交通等方面的科研技术支持工作。

(二) 科技项目征集工作

2019年，将科技项目申报内容调整为征集科技项目研究方向和主要研究内容，简化申报流程及审核程序，以全国、全行业之力征集新疆地域特色的交通运输科技需求。在征集项目中，扩大企业科研的主动权和积极性，鼓励各单位自筹资金积极参与科研活动。

(三) 实行科技项目清单制管理

首创“自筹经费科技项目清单”，制定下发《2019年自筹经费科技项目清单》，全年下发

2 批 17 项科技项目，涵盖产品研发、新材料应用、病害处置、隧道建设等多方面。

（四）重点科技项目

依托“中巴公路奥布段泥石流成灾机制与防治关键技术研究及应用”研究成果，成功申报中国公路学会团体标准《公路泥石流工程地质勘察技术指南》；《新疆罗布泊盐岩地区公路修筑关键技术研究》入选 2019 年度《交通运输部交通运输行业重点科技项目清单》，并依托本项目成果开展了新疆维吾尔自治区地方标准《盐岩路基设计与施工技术规范》申报工作。

二、信息化与网络安全

（一）信息化工作

1. 推进云计算和大数据应用

一是搭建新疆交通运输专属云。已完成专属云的数据中心区域、交换服务区域、应用服务区域和外网服务区域的部署；二是升级新疆交通数据中心，推进行业基础数据内外部的共享和交换。

2. 推进重点信息化项目建设

新疆交通运输信息化指挥平台工程初步验收；新疆交通运输行政执法综合管理信息系统工程进入验收阶段；新疆公路监控视频时间同步监测系统初步验收；新疆交通运输信用信息管理系统工程试运行；交通运输安全生产监管监察和工程质量监督信息系统工程等项目建设进入前期工作阶段。

（二）网络安全

制定并发布《新疆维吾尔自治区收费公路联网收费系统网络安全管理暂行办法》；完成厅信息系统网络安全等级保护工作，梳理全厅 40 余个信息系统，开展等级保护定级、备案、测评等工作。全年组织 4 次网络安全自查、1 次网络安全应急演练、1 期网络安全培训班，并在自治区网信办网络安全检查中获得优异成绩。

三、标准化工作

一是标准化项目的申报。2019 年，审核并上报自治区市场监督管理局 8 项交通运输行业地方标准修订计划，立项 4 项。二是完成 2 项地方标准的清查工作，并终止执行。

第六节　安全与应急

一、安全生产

一是“两客一危”运输车辆安全监管。共成立联合检查组 1030 余个，检查企业 3950 余家次，打击违法行为 130 余起，下发执法文书 320 余份。二是“平安工地”建设。共对在建项目分析排查 96 项防控重点，编制重大危险源清单和重大事故隐患清单 176 项，开展 6 次安全检查。三是公路生命防护工程建设。实施路网结构改造工程 119 个，其中安全生命防护工程 44 个、危桥改造工程 51 个、公路灾害防治工程 24 个。四是开展安全生产风险防控和隐患排查治理百日行动。五是推进公交车行驶安全和桥梁防护专项治理。六是集中开展“公路建设、道路运输、公路服务、交通执法”四个重点领域专项整治行动，坚决整治交通运输行业“乱象”。

二、工程质量监督

一是创新和改进监督方式，推进“放管服”改革，完善事中事后监管，深化“双随机、一公开”监管、信用监管、“互联网 + 监管”。二是推进《新疆维吾尔自治区公路建设工程质量监督管理条例》宣贯工作，依法开展质量监督。三是建立健全公路工程质量责任及质量责任追究制度，落实质量责任登记、各方责任和质量终身责任制。四是推进品质工程创建工作，对我区品质工程攻关试点项目进行专项监督检查。五是完善监督工作体系，实行“工程质量监督局主要领导全面负责、片区监督组对片区负总责和项目监督工程师对项目负全责”的监督工作机制。六是强化监督结果的应用。及时下发“抽查意见通知书”和“监督检查通报”，责令从业单位对相关问题限期整改，并采用“回头看”方式，严格核查问题整改。

三、应急管理

一是健全监测网络体系。加大道路交通安全监测网络体系建设，确保重点路段和桥梁在监控之中；安装使用卫星定位系统，确保长途营运车辆，特别是客运班车和危货车辆都在监控之中。二是顺畅内部应急合作机制，做好各类应急保障预案衔接、装备应用和应急人员调度，有效处置交通运输突发事件。三是完善外部应急联动机制，做到信息共享、反应迅速、联合处置。分别与自治区气象局、新疆人民广播电台、自治区交警总队高速公路支队等签订相关合作框架协议。四是加强应急演练。2019年，厅系统共组织开展公路水毁抢通、地质灾害、钢架桥、反恐安全防范等各类应急演练300余场次。五是加强应急物资储备。全区落实道路运输应急保障企业434家，储备客运应急运力1377辆、普货应急运力884辆、危货运输运力12872辆、应急救援抢险机械1527（台、辆）、除雪车311辆、雪犁64台、装甲运兵车2辆。六是推进国家区域性公路交通应急装备物资储备中心建设。叶城储备中心、昌吉储备中心建设工程项目前期工作按照要求完成了工程可行性研究报告，相关工作正在按照程序有序推进。

第七节 合作与交流

按照“巩固双边、拓展多边”的原则，积极做好双边国际道路运输，通过双边例会、工作会晤等多种形式，协商解决影响新疆与周边国家之间在国际道路运输、贸易发展、车辆标准、签证等方面遇到的问题。一是成功举行中巴、中蒙、中吉2019年国际道路运输事务级会谈，完成2019年中巴、中乌、中吉乌行车许可证交换工作。二是加快提升国际道路运输便利化水平，自2019年6月25日起全面实施《国际道路运输公约TIR》，同时有效推动《中乌国际道路运输协定》的落实。三是成功举行中塔乌三国国际道路运输试运行活动。中塔乌国际道路货物运输试运行车队首次实现了贯穿喀什—杜尚别—铁尔梅兹等城市的多边国际道路运输。四是配合国家发展改革委、交通运输部、国家铁路局等，圆满完成中吉乌三方专家技术交流会谈。

新疆生产建设兵团

第一节　整体概况

交通运输对于保障新疆生产建设兵团（简称兵团）守边稳疆、富民固边都具有不可替代的基础性、先导性作用。兵团要完成党中央赋予的重大使命，要实现新疆工作总目标，发展交通十分关键，不可或缺。兵团党委、兵团高度重视交通工作，兵团主要领导多次对交通工作做出批示，对交通重大项目、重点规划、交通支持向南发展等方面都提出过明确要求。

兵团交通运输系统认真贯彻落实兵团党委、兵团的决策部署，紧紧围绕兵团经济社会发展大局，聚焦兵团深化改革和向南发展核心任务，坚持稳中求进工作总基调，贯彻新发展理念，深刻检视交通运输系统"五个不适应"问题，改革创新、攻坚克难、团结拼搏，各项工作取得了明显成效，为兵团经济社会发展作出了积极贡献。

兵团交通运输局（原为兵团交通局，于2018年4月获批更名）于1995年底在兵团行政机关序列正式单设，主要职责是负责兵团管辖范围内国省道、专用公路的建设、养护和路政管理，客、货运输业的行业管理及直属运输企业的管理和服务，下设办公室、政策法规处、综合规划处、财务处、公路管理处、运输管理处6个职能处室，行政编制定编44人，在编38人。直属事业单位2个，兵团公路质监站和公路养护中心。14个师设有师交通运输局（正处级），有12个师成立了建管处和项目办，14个师建立了公路养护管理所；14个师设有交通综合行政执法支队，96名路政执法人员。管理公路35926公里，管理114个水库和流域。

第二节　综合交通基础设施建设

一、公路建设

2019年，兵团新建重点和国省干线项目36个，建设里程1399公里，累计完成投资331254万元；续建重点和国省干线项目49个，建设里程2472公里，累计完成投资486752万元；通营连公路（农村公路）项目69个，总投资41035万元，建设里程594公里，已累计完成投资39228万元；运输项目、养护工程项目（客运站、物流园区项目和养护工程），累计完成投资19650万元。师市自建项目，累计完成投资145204万元。客运站建设项目4个，货运枢纽建设项目1个，总投资57070万元。2019年，兵团新增公路里程为303公里，其中国道103公里，省道128公里，县道26公里，乡道8公里，村道90公里。截至2019年底，兵团公路总里程达35926公里，其中国道1255公里，省道7942公里，县道7821公里，乡道9432公里，专用公路3212公里，村道6265公里；一级公路564公里，二级公路4857公里，三级公路5862公里，四级公路12996公里，等外公路11647公里。沥青混凝土路面8240公里；水泥混凝土路面122公里，简易铺装路面15987公里，未铺装路面11577公里。桥梁878座，34271延米，其中特大桥6座；大桥28座；中桥191座；小桥653座；隧道1道，90公里。

到2019年底兵团共有建制连3021个，通达率和通畅率均达到100%，受益人口基本覆盖全兵团。

二、航空建设

（一）民用航空

兵团有2个民用支线机场，第八师石河子花园机场和第三师图木舒克唐王城机场。石河子花园机场是兵团首个民用机场，于2013年5月动工建设，2015年底正式通航，项目总投资5.61亿元。石河子花园机场位于八师143团石南农场西南侧，建设用地2214亩，有3个民用停机位，40个通航停机位，为国内4C级支线机场，可满足波音737和空客320/319全系列中型客机起降。截至2019年，石河子花园机场已累计保障民航航班5000余架次，旅客吞吐量28.9万余人次，保障飞行训练、空中巡线、航拍航测、旅游观光等各类通用飞行6.4万余架次，取得了良好的社会效益。其中2018年是石河子机场运行量快速增长的一年，旅客吞吐量16.95万人次，同比增长109.1%，货邮吞吐量107.56吨，同比减少2.7%，航班起降2684架次，同比增加121.8%。

图木舒克唐王城机场于2010年8月启动前期工作，2014年1月，机场获得国务院批复。2016年3月，机场开建，于2018年10月26日正式通航，项目总投资5.41亿元。机场位于第三师44团境内，距图木舒克市中心城区15公里，建设用地2128.95亩，有1条2800米长、45米宽的跑道，8个机位站坪，6000平方米航站楼以及各类公用配套设施，为国内4C级支线机场，可满足波音737-800、波音737-700等机型起降。2019年，图木舒克唐王城机场旅客吞吐量为15万人次、货邮吞吐量为360吨。根据总体规划，远期（2040年）旅客年吞吐量将达到35万人次、货邮年吞吐量将达到1500吨。

（二）通用航空

兵团通用航空目前包括航空公司、航空学院、支线机场通用航空区和通用机场4部分。一是通用航空公司。新疆通用航空公司为兵团国有资产独资公司，成立于1983年，注册地石河子市是国内通用航空骨干企业，综合实力较强。二是航空学院。新疆天翔航院，注册地石河子市，由中国民航大学与新疆通航公司于2010年共同出资设立。三是支线机场通用航空区。石河子花园机场设通用飞机机坪机位40个，维修机库面积3800平方米，主要用于通用航空作业飞行和天翔航院训练。图木舒克唐王城机场设通用飞机机坪机位4个，维修机库面积2000平方米。四是通用机场。目前在使用的有山丹湖机场，位于石河子市东北约11公里，飞行区等级2B，主要用于新疆通用航空公司农林作业飞行等；一师10团机场，位于10团西北，目前为临时起降点，用于新疆通用航空公司农林作业飞行等。

目前，兵团已开建及完成A2级通用机场2个，其中北屯市机场已开工，10团机场已建设完成；到2020年，将新建A2级通用机场3个，分别为22团机场、91团机场、103团机场；改扩建A2级通用机场9个，分别为14团机场、16团机场、33团机场、126团机场、142团机场、184团机场、185团机场、186团机场和224团机场。

第三节　运输服务保障能力

兵团道路运输行业转型升级迈出坚实步伐。客货运输同比稳步增长，加快推进农村班线公交化改造试点、客运站“运输＋旅游”试点等创新模式发展。联合十二个部门印发《兵团道路货运行业转型升级促进高质量发展实施方案》，推进物流降本增效和货运行业健康稳定发展。联合十部门印发贯彻落实《兵团运输结构调整工作实施方案（2019—2020 年）》的通知，建立协调机制，统筹推进运输结构调整工作。落实《兵团打赢蓝天保卫战三年行动计划》部署要求，推动兵团交通运输行业柴油车污染治理攻坚行动。

2019 年，兵团道路运输行业完成客、货运量分别为 1.6 亿人和 5.6 亿吨；旅客、货物周转量分别为 92.06 亿人公里和 740.97 亿吨公里，分别完成年计划的 84.5% 和 113%。截至 2019 年底，兵、师从事公路建设专业施工队伍 20 家，监理公司 2 家；道路运输经营业户 2072 个（含个体），其中，城市客运经营业户 730 户（含个体）；各类民用车辆 25.67 万辆，营运车辆 7.2 万辆，班线客运车辆 1623 辆，客运班线 391 条，公交线路 85 条，公交车 787 辆，出租车 2713 辆。机动车驾驶员培训机构 53 家，三类及以上机动车维修业户 635 户。兵团交通系统现有从业人员 10.6 万人，已成为新疆交通运输系统的重要组成部分。

第四节　行业治理体系建设

一、全力推进行政审批制度改革

2018 年，根据《新疆维吾尔自治区人民政府授予新疆生产建设兵团行政职能和行政执法权的决定》（新政发〔2018〕7 号），兵团交通运输局承接 136 项行政职能和行政执法权，按照“简政放权、放管结合、优化服务”的要求，下放师市行使的职权 126 项（其中兵师共同实施的职权 96 项）。

2019 年，兵团交通运输局结合法定职能，依托兵团政务服务事项动态管理系统，对照交通运输部基本目录对政务服务事项进行了梳理，共计 141 项，涉及规划 5 项、公路 27 项、运输 30 项、路政 64 项、质监 15 项。

2019 年 7 月，兵团交通运输局对外公布的兵团机关行政部门权力清单和责任清单的基础上，结合兵团交通运输局“三定”规定，参照国家政务服务事项基本目录库，对权责清单进行了重新梳理。其中 12 项其他类行政职权，依据相关法律法规调整为行政检查。同时，完成了事项目录清单及检查实施清单的确认，历史办件的录入、所有事项的质检、运行管理平台事项流程的配置工作；电子证照采集、互联网 + 监管事项梳理、信息资源目录梳理工作并通过审核。

二、规范行政审批行为、优化审批流程

为进一步转变机关职能，完善和规范审批程序，提高办事效能，建立长效监督机制，现有的行政审批事项全部进入行政服务中心交通局窗口办理，明确了办理审批的具体程序。根据《国务院办公厅关于印发全国深化“放管服”改革转变政府职能电视电话会议重点任务分工方案的通知》精神，兵团交通运输局推进道路货运车辆检验检测改革。向各师交通局转发了《交通运输部办公厅关于做好推进道路货运车辆检验检测改革工作的通知》，并结合兵团实际，提出了具体要求。鼓励机动车检验检测机构同时申请开展安全技术检验业务和综合性能检测业务。统一检验检测周期和标准，自 2018 年起，货车的综合性能检测、安全技术检验实行统一的检验检测周期，货车 10 年以内每年检验一次，超过 10 年的，每年 6 个月检验 1 次。

三、推进交通行政审批制度改革与“减、放、服、监”相结合，加强事中事后监管。

“减”：减少行政审批事项。

“放”：下放一批行政审批权，根据兵团交通

行政执法的实际情况，适时对兵团14个师下放公路执法中的审批与许可，除此之外，对道路运输许可和兵团城镇出租公交的审批也下放到各师交通主管部门，从而改变了过去一家行政审批，一个积极性变成多个积极性，既方便了群众也发挥了师级交通主管部门的作用，建立了良性的工作机制。

“服”：服务职工群众，履行使命。进一步增强服务大局、服务企业、服务群众、服务基层的观念意识，把服务职工群众的思想和行动变成今后的自觉行动，更好地履行屯垦戍边的历史使命。

“监”：监督和管理。对于下放的行政审批、许可并非放而不管，而是按照国家有关规定履行好监督和指导的职能，兵团交通运输局对各师交通主管部门进行监督和管理。

第五节　科技创新

在公路建养方面，抓住交通运输部启动西部科研项目的机遇，先后承担了交通运输部西部交通运输科技建设项目“杜仲胶与相变材料复合改性沥青在西部公路建设中的应用研究”“动载下兵团干线公路沥青路面开裂机理及常温灌缝研究”“垦区公路风吹雪雪害防治技术研究”等数十个项目的研究。其中“风积沙在兵团公路垫层中的应用”“兵团垦区公路灾害分析评估及防治技术”项目的研究成果，填补了兵团利用风积沙修筑垦区公路及公路病害防治领域的空白，总体上达到了国内先进水平。在信息化方面，积极开展科技研发和技术推广，组织开展了兵团公路集成管理信息系统、兵团交通运输信息网研究和兵团交通运输信息化建设近期规划等项目的研究，开发了兵团公路地理信息系统，实现了兵团公路属性数据库和空间数据库的计算机化管理。开发“兵团交通运输应急指挥系统”，建成并启用“兵团交通运输应急指挥中心”和11个师应急指挥分中心，实现了应急指挥调度、交通运输信息感知、日常值班监控、战备调度、通信保障和信息发布的全覆盖。2013年起分别在石河子、五家渠、北屯等市建立了公交智能调度系统，2017年完成兵团交通运输“一卡通”系统的搭建，覆盖六个师市、25条公交线路，241辆公交车辆；在13个师中心客运站建成了客运站智能信息管理系统，率先在疆内实现师团客运站微机联网售票工作。建立了兵团物流公共信息平台建设工作，实现全兵团物流信息统一发布、GPS货物跟踪、在线服务结算、信用服务。

“兵团垦区公路特殊路基处治适用技术与设计参数研究”和“极端气候与荷载对新疆沥青路面的综合影响机理和等效试验技术研究”2项课题获得国际先进；“兵团干线公路沥青路面开裂机理与常温灌缝料研究”和“沥青路面裂缝灌缝新材料研发”两项课题获得国内领先；“可储式沥青路面冷补（铺）沥青混合料开发及养护技术研究”获得国内先进。交通运输部西部项目“兵团垦区公路特殊路基处治适用技术与设计参数研究”成果获得2011年“中国公路学会科学技术奖二等奖”与“兵团科技进步三等奖”；兵团科技局科技攻关项目“可储式沥青路面冷补（铺）沥青混合料开发及养护技术研究”项目成果，获兵团2012年“科技进步三等奖”。2018年3月，兵团公路科学研究所与交通运输部公路科学研究所、河南高远公路养护设备公司合作完成的“兵团公路应急保通及救灾保障关键技术及装备研究”科研项目，荣获“2017年度中国公路学会科学技术奖三等奖”。

第六节　安全与应急

兵团交通运输系统贯彻落实交通运输部党组和兵团党委安全生产的决策部署，以坚决防范和遏制重特大生产安全事故，持续减少生产安全事故总量为目标，认真落实“防风险、补短板、堵漏洞、强责任、建体系”各项措施。2019 年，开展综合督查 1 次，专项督查 1 次，现场安全生产巡查暗访 2 次，干线公路督查率 100%；抽检关键质量指标合格率达 96.8%，一般质量指标合格率达 94.3%。

各师市交通运输部门组织了不同形式的交通安全生产应急救援、逃生、消防和维稳应急演练 37 场，参演人员 1400 余人，提高突发事件处置能力，增强了应急处置的科学性、及时性和有效性。大力实施科技兴安，率先应用“道路运输车辆主动安全智能防控系统”，对驾驶员不安全驾驶行为和车辆不安全状态进行实时干预，1—9 月累计预警 9.8 万余次，实时干预不安全驾驶行为为 1.4 万次。兵团 21 个三级及以上汽车客运站建立了实名制售票系统，95 个三级以上客运站共配备了行包安检仪 82 套、“人证合一”查验设备 74 套和手持安检设备 250 个。全年，兵团辖区未发生一般以上安全生产责任事故。

第八篇
附录

Section VIII
Appendixes

附录 1　组织机构与负责人

交通运输部领导和内设机构负责人名单

十三届全国政协副主席、交通运输部党组书记　杨传堂

十九届中央委员、交通运输部部长、党组副书记　李小鹏

十九届中央候补委员、交通运输部党组副书记、副部长、中国民用航空局党组书记、局长（正部长级）　冯正霖

交通运输部党组成员、国家邮政局党组书记、局长　马军胜

十九届中央纪委委员、中央纪委国家监委驻交通运输部纪检监察组组长、交通运输部党组成员　宋福龙

交通运输部党组成员、副部长　戴东昌

交通运输部党组成员、副部长兼直属机关党委书记　刘小明

交通运输部党组成员、国家铁路局党组书记、局长　刘振芳

交通运输部党组成员兼总规划师、综合规划司司长　王志清

交通运输部总工程师、公路局局长　汪洋

交通运输部总工程师　姜明宝

交通运输部安全总监、水运局局长　李天碧

办公厅主任　徐成光

办公厅副主任、党组机要秘书　刘鹏飞

办公厅副主任　王华春

办公厅副主任　刘昕

政策研究室主任　吴春耕

政策研究室副主任　舒驰

政策研究室副主任　孙文剑

法制司司长　魏东

法制司副司长、一级巡视员　王海峰

法制司副司长　张雅萍

交通运输部党组成员兼总规划师、综合规划司司长　王志清

综合规划司副司长　张大为

综合规划司副司长、一级巡视员　苏杰

综合规划司副司长　范振宇

财务审计司司长　许春风

财务审计司副司长 卢尚艇
财务审计司副司长 胡荣明
人事教育司（巡视办）司长（主任） 李良生
人事教育司副司长 时骏
人事教育司副司长 王韬
交通运输部总工程师、公路局局长 汪洋
公路局副局长 王太
公路局副局长 周荣峰
交通运输部安全总监、水运局局长 李天碧
水运局副局长、一级巡视员 杨华雄
水运局副局长 易继勇
水运局副局长 柳鹏
水运局副局长 郑清秀
运输服务司司长 徐亚华
运输服务司副司长 蔡团结
运输服务司副司长 王绣春
安全与质量监督管理司司长、部应急办副主任 彭思义
安全与质量监督管理司副司长 丁彦昕
安全与质量监督管理司副司长 彭付平
科技司司长 庞松
科技司副司长 洪晓枫
科技司副司长 林强
国际合作司（港澳台办公室）司长（主任） 李扬
国际合作司（港澳台办公室）副司长（副主任）、一级巡视员 张晓杰
国际合作司（港澳台办公室）副司长（副主任） 单红军
直属机关党委常务副书记（正局级） 柯林春
直属机关党委副书记、机关纪委书记（正局级） 刘鹏
离退休干部局局长、党委书记 张晓冰
离退休干部局副局长、党委常委 霍凌
离退休干部局副局长、党委常委 王利军
中国海上搜救中心副主任（正局级）、部应急办主任 李国平
中国海上搜救中心副主任（副局级）、部应急办副主任 卓立
海事局局长、党组书记、中国海上搜救中心常务副主任 曹德胜
海事局副局长、党组成员、一级巡视员 刘晴
海事局副局长、党组成员、一级巡视员 李宏印

海事局副局长、党组成员、一级巡视员 杨新宅
海事局副局长、党组成员 徐春
海事局纪检组组长、党组成员 寿涛
海事局党组成员 唐金龙

国家铁路局领导和内设机构负责人名单

交通运输部党组成员、国家铁路局党组书记、局长 刘振芳（2019.11 任）
国家铁路局副局长、党组成员 于春孝
国家铁路局副局长、党组成员 刘克强
国家铁路局副局长、党组成员 苏全利
国家铁路局副局长、党组成员 安路生
国家铁路局总工程师、科技与法制司司长 严贺祥
综合司（外事司）司长 朱雪源
综合司（外事司）副司长 张庚
综合司（外事司）副司长 王嘉彧
综合司（外事司）副司长 梁成谷
科技与法制司副司长 曾会欣（2019.04 退休）
科技与法制司副司长 王平
科技与法制司二级巡视员 冯双洲
安全监察司司长 田军
安全监察司副司长 范宝链
安全监察司副司长 韩晓根
安全监察司二级巡视员 宋力榕（2019.05 任）
运输监督管理司司长 白晓春
运输监督管理司副司长 查艾军
运输监督管理司副司长 董建民
工程监督管理司司长 米隆
工程监督管理司副司长 崔珑
工程监督管理司副司长 石峰
工程监督管理司二级巡视员 黄晋昌
设备监督管理司司长 郭福安
设备监督管理司副司长 陈永庆（2019.12 免）
设备监督管理司副司长 胡文君
设备监督管理司副司长 吴奉（2019.12 任）

人事司司长 郭家宏
人事司副司长 张清
人事司副司长 吴奉（2019.12免）
人事司副司长 陈永庆（2019.12任）
直属机关党委常务副书记 张忠
直属机关党委副书记、纪委书记 王成贵
直属机关党委二级巡视员 沈慧
驻铁路合作组织委员会工作组组长 张群
沈阳铁路监督管理局局长、分党组书记 高文
沈阳铁路监督管理局副局长、分党组成员 刘帆
沈阳铁路监督管理局副局长、分党组成员 潘福棣
上海铁路监督管理局局长、分党组书记 唐士晟（2019.12退休）
上海铁路监督管理局副局长、分党组成员 李双
上海铁路监督管理局副局长、分党组成员 陈国忠
广州铁路监督管理局局长、分党组书记 隋瑞政
广州铁路监督管理局副局长、分党组成员 朱霆军
广州铁路监督管理局副局长、分党组成员 夏滨
成都铁路监督管理局局长、分党组书记 黄卿
成都铁路监督管理局副局长、分党组成员 罗加明
成都铁路监督管理局副局长、分党组成员 舒华武
武汉铁路监督管理局局长、分党组书记 马良民
武汉铁路监督管理局副局长、分党组成员 尚书亭
武汉铁路监督管理局副局长、分党组成员 窦慧东
西安铁路监督管理局局长、分党组书记 李桂明
西安铁路监督管理局副局长、分党组成员 石玉海
西安铁路监督管理局副局长、分党组成员 郑武雄
兰州铁路监督管理局局长、分党组书记 邢斌
兰州铁路监督管理局副局长、分党组成员 陈辉
兰州铁路监督管理局副局长、分党组成员 刘向东
信息中心副主任 单武
信息中心党委副书记、纪委书记，派驻纪检组组长 崔大鹏
安全技术中心主任、党委书记 耿家文
安全技术中心副主任 刘伟
安全技术中心纪委书记，派驻纪检组组长 王成贵
装备技术中心主任、党委书记 王启铭

装备技术中心副主任 韩玉皓
装备技术中心纪委书记，派驻纪检组组长 王九辉
工程质量监督中心主任、党委书记 郑宏波
工程质量监督中心副主任 顾秋来
工程质量监督中心副主任 刘利生
工程质量监督中心纪委书记，派驻纪检组组长 顾军清
市场监测评价中心主任、党委书记 李先进
市场监测评价中心副主任 俞缨
市场监测评价中心副主任 高德胜
市场监测评价中心副主任、党委副书记、纪委书记，派驻纪检组组长 王九辉
规划与标准研究院院长、党委书记 王忠刚
规划与标准研究院副院长 谢晓东
规划与标准研究院副院长 党立
规划与标准研究院纪委书记，派驻纪检组组长 崔大鹏
机关服务中心主任、党委书记 周烈
机关服务中心副主任 赵秀险
机关服务中心副主任 岳石军
机关服务中心党委副书记、纪委书记，派驻纪检组组长 顾军清

中国民用航空局领导和内设机构负责人名单

十九届中央候补委员、交通运输部党组副书记、副部长、中国民用航空局党组书记、局长（正部长级）冯正霖
民航局副局长、党组成员（副部长级），十三届全国政协委员 李健
民航局副局长、党组成员，全国民航工会主席，民航局直属机关党委书记 董志毅
民航局副局长、党组成员 吕尔学
民航局副局长、党组成员 崔晓峰
民航局总飞行师 万向东
民航局总工程师 殷时军
民航局安全总监 唐伟斌
民航局综合司司长 刘鲁颂
民航局综合司副司长、一级巡视员 朱云祥
民航局综合司副司长、二级巡视员 高俊
民航局综合司二级巡视员 李京花
民航局航空安全办公室主任（正司局长级） 熊杰
民航局航空安全办公室副主任、二级巡视员 乔以滨

民航局航空安全办公室二级巡视员 周红
民航局民航安全监察专员、政策法规司司长 颜明池
民航局政策法规司副司长、二级巡视员（原国家局巡视员） 郭仁刚
民航局发展计划司司长（正司局长级） 韩钧
民航局发展计划司副司长 包毅
民航局发展计划司二级巡视员 张清
民航局财务司司长兼首都机场集团公司监事会主席、一级巡视员 周传华
首都机场集团公司监事会副主席、二级巡视员 赵婷芬
民航局财务司二级巡视员 赵德成
民航局人事科教司副司长、二级巡视员（原国家局巡视员）陈朝霞
民航局人事科教司副司长、二级巡视员 刘志宏
民航局人事科教司二级巡视员 张静
民航局国际司（港澳台办公室）司长 梁楠
民航局国际司（港澳台办公室）副司长（副司局长级） 丁春宇
民航局国际司（港澳台办公室）副司长兼港澳台办公室主任、二级巡视员 丁明
民航局国际司（港澳台办公室）副司长 白文利
民航局国际司（港澳台办公室）二级巡视员 杨继如
民航局运输司司长 于彪
民航局运输司副司长、二级巡视员 廉秀琴
民航局运输司副司长兼国防动员办公室主任 徐青
民航局运输司二级巡视员 靳军号
民航局飞行标准司司长 朱涛
民航局飞行标准司副司长、二级巡视员 薛世俊
民航局飞行标准司副司长 韩光祖
民航局飞行标准司二级巡视员 涂卫军
民航局航空器适航审定司司长（正司局长级） 徐超群
民航局航空器适航审定司副司长、二级巡视员（原国家局巡视员） 杨桢梅
民航局航空器适航审定司二级巡视员 孙长华
民航局民航安全监察专员、机场司司长 刘春晨
民航局机场司副司长 张锐
民航局空管行业管理办公室主任（正司局长级） 许浩
民航局空管行业管理办公室副主任（副司局长级） 张瑞庆
民航局空管行业管理办公室副主任 陈向阳
民航局空管行业管理办公室二级巡视员 刘连喜
民航局直属机关党委（思想政治工作办公室）常务副书记（主任） 张冲峰

民航局直属机关党委（思想政治工作办公室）副书记（副主任）兼民航局直属机关纪委书记，全国民航团委书记，二级巡视员（原国家局巡视员） 陈丽娟

全国民航工会副主席（副司局长级）毕务芳

全国民航工会经费审查委员会主任（副司局长级）、一级巡视员 李跃华

全国民航工会副主席（副司局长级）王铎

民航局离退休干部局局长、一级巡视员 周勇

民航局离退休干部局副局长、二级巡视员 王本前

驻国际民航组织理事会代表处代表（正司局长级） 杨胜军

驻国际民航组织理事会代表处副代表（副司局级） 陈卫

国家邮政局领导和内设机构负责人名单

交通运输部党组成员、国家邮政局党组书记、局长 马军胜

国家邮政局副局长、党组成员 戴应军

国家邮政局副局长、党组成员 刘君

国家邮政局副局长、党组成员 杨春光

国家邮政局副局长、党组成员 赵民

办公室（外事司）主任 沈鸿雁

政策法规司司长 金京华

普遍服务司（机要通信司）司长 马旭林

市场监管司（安全监督管理司）司长 冯力虎

人事司司长 刘良一

机关党委常务副书记 张星朝

附录 2　统计公报

2019 年交通运输行业发展统计公报

2019 年是新中国成立 70 周年，是全面建成小康社会关键之年，也是《交通强国建设纲要》印发实施之年，全国交通运输系统在以习近平同志为核心的党中央坚强领导下，以习近平新时代中国特色社会主义思想为指导，全面贯彻党的十九大和十九届二中、三中、四中全会精神，按照党中央、国务院决策部署，坚持稳中求进工作总基调，坚持新发展理念，坚持推动高质量发展，坚持以交通运输供给侧结构性改革为主线，坚持深化市场化改革、扩大高水平开放，全力打好三大攻坚战，统筹推进稳增长、促改革、调结构、惠民生、防风险，扎实做好“六稳”工作，各项目标任务圆满完成，为推动经济社会平稳发展、全面建成小康社会提供了坚强的交通运输保障。

一、基础设施

（一）铁路

年末全国铁路营业里程 13.9 万公里，比上年增长 6.1%，其中高铁营业里程达到 3.5 万公里。全国铁路路网密度 145.5 公里 / 万平方公里，增加 9.5 公里 / 万平方公里。

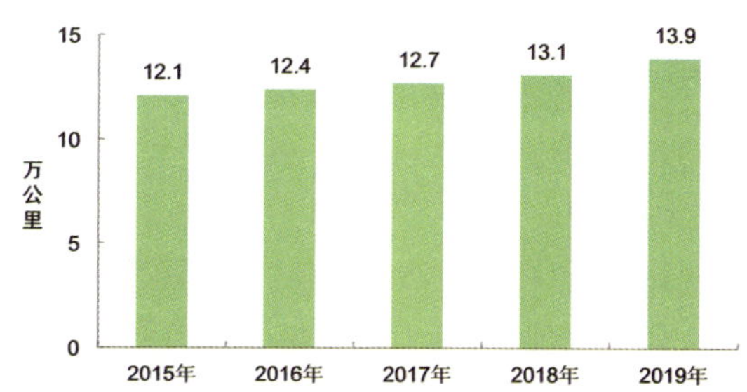

图 1　2015—2019 年全国铁路营业里程

（二）公路

年末全国公路总里程 501.25 万公里，比上年增加 16.60 万公里。公路密度 52.21 公里 / 百平方公里，增加 1.73 公里 / 百平方公里。公路养护里程 495.31 万公里，占公路总里程 98.8%。

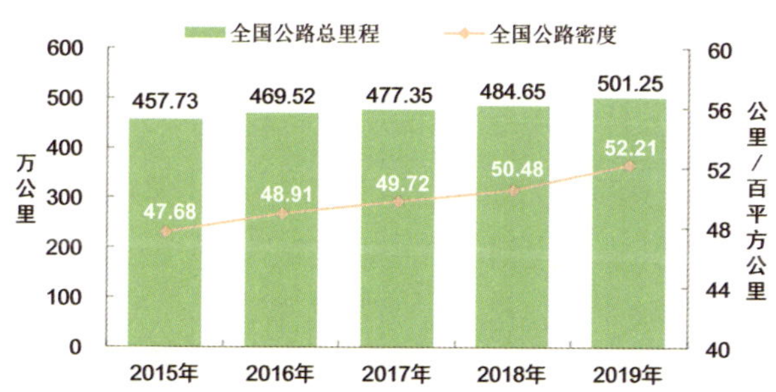

图 2　2015—2019 年全国公路总里程及公路密度

年末全国四级及以上等级公路里程 469.87 万公里，比上年增加 23.29 万公里，占公路总里程 93.7%，提高 1.6 个百分点。二级及以上等级公路里程 67.20 万公里，增加 2.42 万公里，占公路总里程 13.4%，占比与上年基本持平。高速公路里程 14.96 万公里，增加 0.70 万公里；高速公路车道里程 66.94 万公里，增加 3.61 万公里。国家高速公路里程 10.86 万公里，增加 0.31 万公里。

年末国道里程 36.61 万公里，省道里程 37.48 万公里。农村公路里程 420.05 万公里，其中县道里程 58.03 万公里，乡道里程 119.82 万公里，村道里程 242.20 万公里。

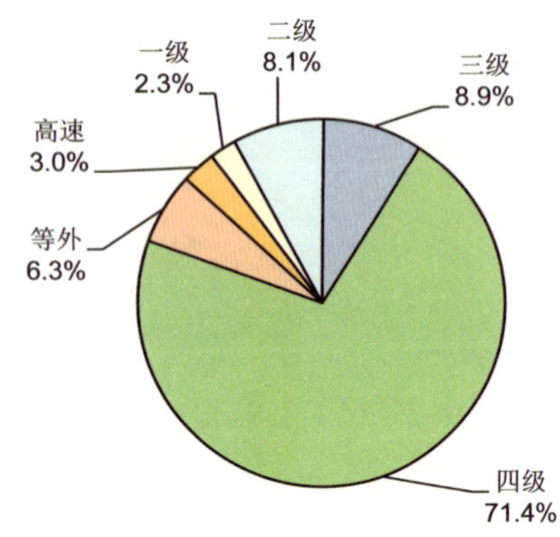

图 3　2019 年全国公路里程分技术等级构成

年末全国公路桥梁 87.83 万座、6063.46 万米，比上年增加 2.68 万座、494.86 万米，其中特大桥梁 5716 座、1033.23 万米，大桥 108344 座、2923.75 万米。全国公路隧道 19067 处、1896.66 万米，增加 1329 处、173.05 万米，其中特长隧道 1175 处、521.75 万米，长隧道 4784 处、826.31 万米。

（三）水路

1. 内河航道

年末全国内河航道通航里程 12.73 万公里，比上年增加 172 公里。等级航道里程 6.67 万公里，占总里程 52.4%，提高 0.2 个百分点。三级及以上航道里程 1.38 万公里，占总里程 10.9%，提高 0.3 个百分点。

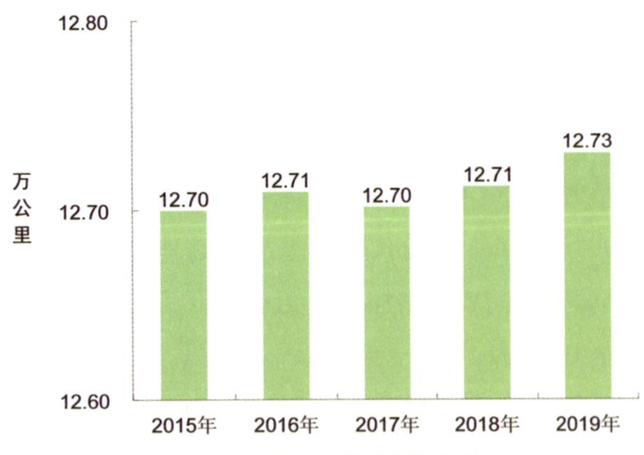

图 4　2015—2019 年全国内河航道通航里程

各等级内河航道通航里程分别为：一级航道 1828 公里，二级航道 4016 公里，三级航道 7975 公里，四级航道 11010 公里，五级航道 7398 公里，六级航道 17479 公里，七级航道 17044 公里。等外航道里程 6.05 万公里。

各水系内河航道通航里程分别为：长江水系 64825 公里，珠江水系 16495 公里，黄河水系 3533 公里，黑龙江水系 8211 公里，京杭运河 1438 公里，闽江水系 1973 公里，淮河水系 17472 公里。

2. 港口

年末全国港口拥有生产用码头泊位 22893 个，比上年减少 1026 个。其中，沿海港口生产用码头泊位 5562 个，减少 172 个；内河港口生产用码头泊位 17331 个，减少 854 个。

年末全国港口拥有万吨级及以上泊位 2520 个，比上年增加 76 个。其中，沿海港口万吨级及以上泊位 2076 个，增加 69 个；内河港口万吨级及以上泊位 444 个，增加 7 个。

表 1　全国港口万吨级及以上泊位数量（计量单位：个）

泊位吨级	全国港口	比上年增加	沿海港口	比上年增加	内河港口	比上年增加
合计	2520	76	2076	69	444	7
1~3 万吨级（不含 3 万）	859	14	670	14	189	—
3~5 万吨级（不含 5 万）	421	5	297	3	124	2
5~10 万吨级（不含 10 万）	822	36	703	31	119	5
10 万吨级及以上	418	21	406	21	12	—

全国万吨级及以上泊位中，专业化泊位 1332 个，比上年增加 35 个；通用散货泊位 559 个，增加 28 个；通用件杂货泊位 403 个，增加 7 个。

表 2 全国万吨级及以上泊位构成（按主要用途分）(计量单位: 个)

泊位用途	2019 年	2018 年	比上年增加
专业化泊位	1332	1297	35
# 集装箱泊位	352	338	14
煤炭泊位	256	252	4
金属矿石泊位	84	85	-1
原油泊位	85	82	3
成品油泊位	143	140	3
液体化工泊位	226	217	9
散装粮食泊位	39	41	-2
通用散装泊位	559	531	28
通用件杂货泊位	403	396	7

（四）民航

年末共有颁证民用航空机场 238 个，比上年增加 3 个，其中定期航班通航机场 237 个，定期航班通航城市 234 个。

年旅客吞吐量达到 100 万人次以上的通航机场有 106 个，比上年增加 11 个，年旅客吞吐量达到 1000 万人次以上的有 39 个，增加 2 个。年货邮吞吐量达到 10000 吨以上的有 59 个，增加 6 个。

（五）公路交通流量

全国国道观测里程 21.75 万公里，机动车年平均日交通量为 14852 辆，比上年增长 3.7%，年平均日行驶量为 322599 万车公里，增长 1.9%。其中，国家高速公路年平均日交通量为 27936 辆，增长 4.1%，年平均日行驶量为 147826 万车公里，增长 3.4%；普通国道年平均日交通量为 10641 辆，增长 3.1%，年平均日行驶量为 174788 万车公里，增长 1.0%。

二、运输装备

（一）公路

年末全国拥有公路营运汽车 1165.49 万辆，比上年下降 18.8%。

拥有载客汽车 77.67 万辆，比上年下降 2.5%，共计 2002.53 万客位，下降 2.2%。其中大型客车 30.31 万辆，增长 0.11%，共计 1334.35 万客位，增长 0.03%。

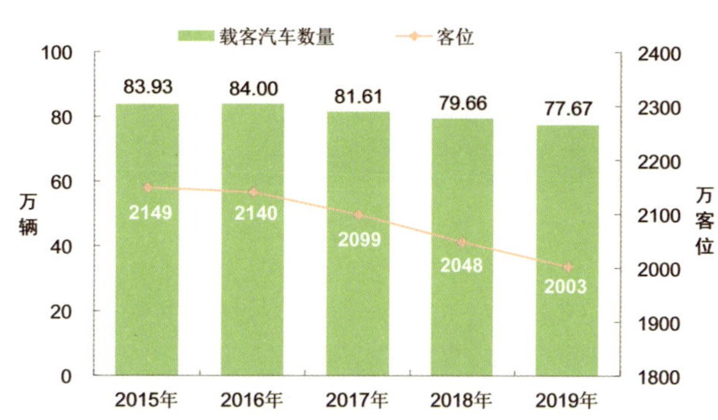

图 5 2015—2019 年全国载客汽车拥有量

拥有载货汽车 1087.82 万辆，比上年下降 19.8%，共计 13587.00 万吨位，增长 5.5%。其中，普通货车 489.77 万辆，下降 40.0%，共计 4479.25 万吨位，下降 6.5%；专用货车 50.53 万辆，下降 4.0%，共计 592.77 万吨位，增长 8.3%；牵引车 267.89 万辆，增长 12.7%；挂车 279.63 万辆，增长 12.4%。

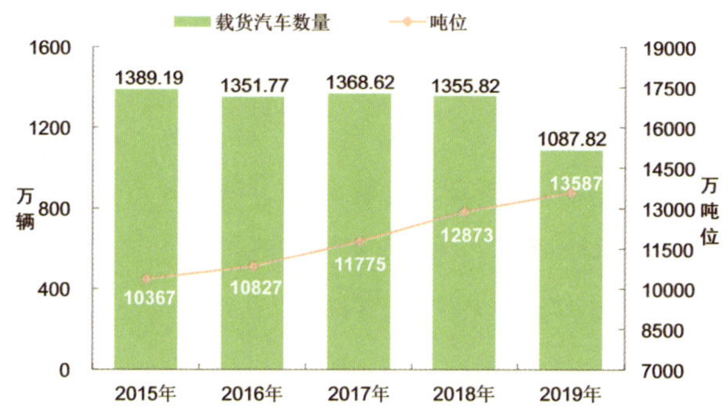

图 6 2015—2019 年全国载货汽车拥有量

（二）水路

年末全国拥有水上运输船舶 13.16 万艘，比上年下降 4.0%；净载重量 25684.97 万吨，增长 2.3%；载客量 88.58 万客位，下降 8.0%；集装箱箱位 223.85 万标准箱，增长 13.8%。

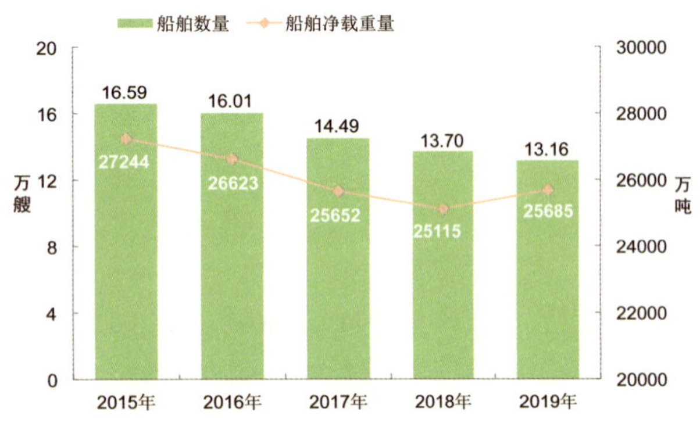

图7　2015—2019年全国水上运输船舶拥有量

表3　全国水上运输船舶构成（按航行区域分）

指标	计量单位	实绩	比上年增长(%)
内河运输船舶			
运输船舶数量	万艘	11.95	-3.9
净载重量	万吨	13080.08	1.3
载客量	万客位	62.72	-12.4
集装箱箱位	万TEU	39.17	15.8
沿海运输船舶			
运输船舶数量	艘	10364	-0.1
净载重量	万吨	7079.98	2.8
载客量	万客位	23.49	3.6
集装箱箱位	万TEU	63.26	11.7
远洋运输船舶			
运输船舶数量	艘	1664	-26.1
净载重量	万吨	5524.91	4.0
载客量	万客位	2.37	14.9
集装箱箱位	万TEU	121.41	14.2

（三）城市客运

年末全国拥有公共汽电车69.33万辆，比上年增长2.9%，其中BRT车辆9502辆，增长4.3%。按车辆燃料类型分，柴油车占17.4%，天然气车占21.5%，纯电动车占46.8%，混合动力车占12.3%。

拥有轨道交通车站4007个，增加599个；拥有轨道交通配属车辆40998辆，增长20.5%。

拥有巡游出租汽车139.16万辆，增长0.2%。拥有城市客运轮渡船舶224艘，下降10.4%。

表4　全国城市客运装备拥有量

年份	公共汽电车（万辆）	轨道交通配属车辆（辆）	巡游出租汽车（万辆）	城市客运轮渡船舶（艘）
2015年	56.18	19941	139.25	310
2016年	60.86	23791	140.40	282
2017年	65.12	28707	139.58	264
2018年	67.34	34012	138.89	250
2019年	69.33	40998	139.16	224

三、运输服务

2019年，完成营业性客运量176.04亿人，比上年下降1.9%，完成旅客周转量35349.06亿人公里，增长3.3%；完成营业性货运量462.24亿吨，增长4.8%，完成货物周转量194044.56亿吨公里，增长3.4%。

（一）铁路

全年完成旅客发送量36.60亿人，比上年增长8.4%，完成旅客周转量14706.64亿人公里，增长4.0%。

全国铁路完成货物总发送量43.89亿吨，比上年增长7.2%，完成货物总周转量30181.95亿吨公里，增长4.3%。

（二）公路

全年完成营业性客运量130.12亿人，比上年下降4.8%，完成旅客周转量8857.08亿人公里，下降4.6%。完成营业性货运量343.55亿吨，增长4.2%，完成货物周转量59636.39亿吨公里，增长0.4%。

（三）水路

全年完成客运量2.73亿人，比上年下降2.6%，完成旅客周转量80.22亿人公里，增长0.8%。完成货运量74.72亿吨，增长6.3%，完成货物周转量103963.04亿吨公里，增长5.0%。其中，内河运输完成货运量39.13亿吨、货物周转量16302.01亿吨公里；沿海运输完成货运量27.27亿吨、货物周转量33603.56亿吨公里；远洋运输完成货运量8.32亿吨、货物周转量54057.47亿吨公里。

全国港口完成旅客吞吐量0.87亿人，比上年下降6.7%。其中，沿海港口完成0.82亿人，下降6.5%；内河港口完成0.05亿人，下降10.7%。全年我国邮轮旅客运输量221.4万人，下降11.7%。

全国港口完成货物吞吐量139.51亿吨，比上年增长5.7%。其中，沿海港口完成91.88亿吨，增长4.3%；内河港口完成47.63亿吨，增长9.0%。

全国港口完成外贸货物吞吐量43.21亿吨，比上年增长4.7%。其中，沿海港口完成38.55亿吨，增长4.8%；内河港口完成4.65亿吨，增长4.3%。

全国港口完成集装箱吞吐量2.61亿TEU，比上年增长4.4%。其中，沿海港口完成2.31亿TEU，增长3.9%；内河港口完成3015万TEU，增长8.5%。全国港口完成集装箱铁水联运量516万TEU，增长14.2%，占全国港口集装箱吞吐量1.97%。

全国港口完成煤炭及制品吞吐量26.26亿吨，增长4.4%；完成石油、天然气及制品吞吐量12.14亿吨，增长7.9%；完成金属矿石吞吐量22.20亿吨，增长2.6%。

（四）民航

全年完成旅客运输量6.60亿人，比上年增长7.9%，完成旅客周转量11705.12亿人公里，增长9.3%。其中，国内航线完成旅客运输量5.75亿人，增长7.0%，港澳台航线完成旅客运输量1107.6万人，下降1.7%；国际航线完成旅客运输量7425.1万人，增长16.6%。

完成货邮运输量753.2万吨，比上年增长2.0%，完成货邮周转量263.19亿吨公里，增长0.3%。

民航运输机场完成旅客吞吐量13.52亿人，比上年增长6.9%。完成货邮吞吐量1710.0万吨，增长2.1%。

（五）邮政

全年完成邮政行业业务总量16229.63亿元，比上年增长31.5%。

邮政普遍服务完成函件业务21.67亿件，比上年下降19.0%；包裹业务完成2154.4万件，下降10.5%；报纸业务完成168.28亿份，下降2.7%；杂志业务完成7.47亿份，下降5.1%；汇兑业务完成1639.6万笔，下降34.9%。

快递业务量完成635.23亿件，比上年增长25.3%。快递业务收入完成7497.82亿元，增长24.2%，快递业务收入占邮政行业业务收入的77.8%，提高1.4个百分点。

（六）城市客运

年末全国拥有公共汽电车运营线路65730条，比上年增加5140条，运营线路总长度133.6万公里，增加13.7万公里。其中，拥有公交专用车道14951.7公里，增加2101.5公里；BRT线路长度6149.8公里。拥有轨道交通运营线路190条，增加19条，拥有轨道交通运营里程6172.2公里，增加877.1公里；其中，拥有地铁线路159条、5480.6公里，拥有轻轨线路6条、217.6公里。拥有城市客运轮渡运营航线88条，减少3条，拥有运营航线总长度397.9公里，增加21.3公里。

全年完成城市客运量1279.17亿人，比上年增长1.3%。其中，公共汽电车完成客运量691.76亿人，下降0.8%，其中BRT完成客运量17.47亿人，完成公共汽电车运营里程354.13亿公里，增长2.3%；轨道交通完成客运量238.78亿人，增长12.2%，完成运营车公里41.43亿车公里，增长17.5%；巡游出租汽车完成客运量347.89亿人，下降1.1%；客运轮渡完成客运量0.73亿人，下降9.0%。

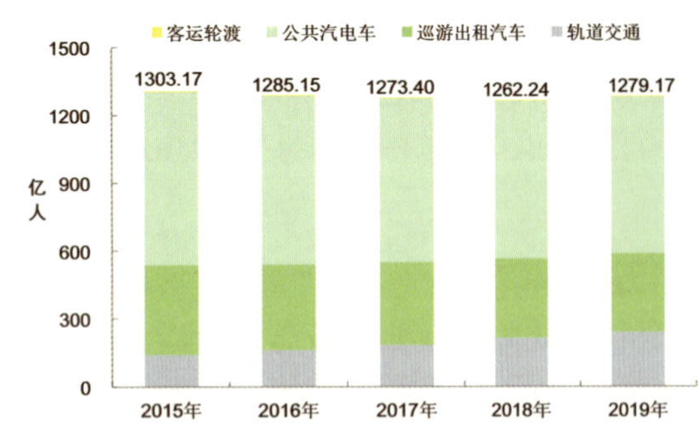

图 8　2015—2019 年全国城市客运量

四、交通固定资产投资

全年完成交通固定资产投资 32451 亿元，比上年增长 3.1%。

（一）铁路

全年完成铁路固定资产投资 8029 亿元。

（二）公路水路

1. 公路

全年完成公路建设投资 21895 亿元，比上年增长 2.6%。其中，高速公路建设完成投资 11504 亿元，增长 15.4%；普通国省道建设完成投资 4924 亿元，下降 10.3%；农村公路建设完成投资 4663 亿元，下降 6.5%。

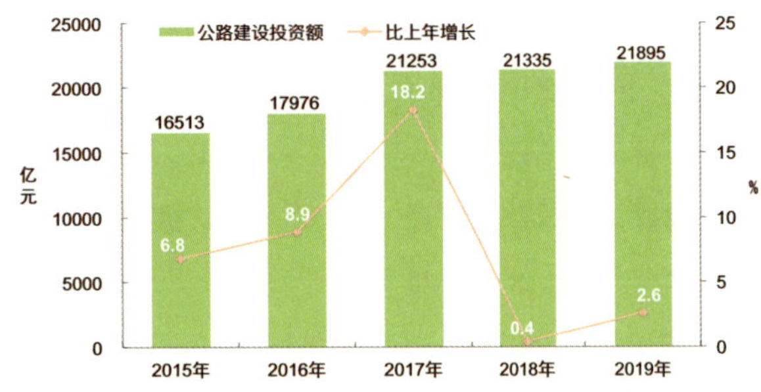

图 9　2015—2019 年公路建设投资额及增长速度

2. 水路

全年完成水运建设投资 1137 亿元，比上年下降 4.4%。其中，内河建设完成投资 614 亿元，下降 2.3%；沿海建设完成投资 524 亿元，下降 6.8%。

3. 公路水路其他

全年完成公路水路支持系统及其他建设投资 420 亿元。

（三）民航

全年完成民航建设固定资产投资 969.4 亿元，比上年增长 13.0%。

五、生产安全

全年未发生特别重大、重大铁路交通事故，铁路交通事故死亡人数比上年下降 8.1%。

全年共发生运输船舶水上交通事故 137 件，下降 27.5%，死亡失踪 155 人，下降 34.6%，沉船 46 艘，下降 44.6%。全国各级海上搜救中心共组织、协调搜救行动 1922 次；在我国搜救责任区内成功搜救 1270 艘中外遇险船舶，13875 名中外遇险人员，搜救成功率 96.3%。

公路水路交通运输建设领域全年共发生生产安全事故 67 起，比上年增长 59.5%，死亡 110 人，增长 71.9%，其中重大事故 1 起，死亡 12 人。未发生特大事故。

六、能源消耗

全年共监测公路水路运输企业 123 家。监测的城市公交企业每万人次单耗 1.5 吨标准煤，与上年持平，百车公里单耗 38.1 千克标准煤，下降 8.6%；公路班线客运企业每千人公里单耗 13.1 千克标准煤，下降 10.3%，百车公里单耗 26.8 千克标准煤，下降 7.9%；公路专业货运企业每百吨公里单耗 1.7 千克标准煤，下降 15.0%；远洋和沿海货运企业每千吨海里单耗 4.8 千克标准煤，增长 17.1%；港口企业每万吨单耗 2.1 吨标准煤，下降 8.7%。

七、科技与人才队伍建设

全年铁路行业获国家技术发明二等奖 2 项、国家科技进步二等奖 4 项。

全年公路水路交通运输科研基础条件建设完成投资17亿余元。年末交通运输行业共有55个行业重点实验室，70个行业研发中心以及19个协同创新平台，比上年增加3个行业重点实验室、22个行业研发中心。6项科技成果获2019年度国家科学技术进步奖，其中特等奖1项，一等奖1项，二等奖4项。

全年获得“全国交通技术能手”称号265人。

注释：

1. 香港、澳门特别行政区及台湾省统计数据未包括在本公报内。
2. 按照《国家公路网规划（2013—2030年）》，结合各省（区、市）路网调整情况，公报中国道、省道、县道、乡道、村道里程的统计口径做了部分调整。
3. 按照《交通运输部办公厅关于取消总质量4.5吨及以下普通货运车辆道路运输证和驾驶员从业资格证的通知》（交办运函〔2018〕2052号），2019年1月1日起，各地交通运输管理部门不再为总质量4.5吨及以下普通货运车辆配发道路运输证，货运车辆数相应同比下降。
4. 公报中营业性旅客运输量为铁路、公路、水路、民航完成数，不包括城市客运量；营业性货物运输量为铁路、公路、水路、民航完成数，不包括管道数据。根据2019年道路货物运输量专项调查，对公路货物运输量统计口径进行了调整，数据与上年比按可比口径计算。自2019年起，对港口统计范围进行了调整，数据与上年比按可比口径计算。自2019年起，对公路水路交通固定资产投资统计口径进行了调整，数据与上年比按可比口径计算。
5. 铁路运输数据为确报数据，其余数据为速报数据，国家铁路含国铁集团及其控股合资铁路。
6. 民航运输数据为快报数据。

资料来源：

本公报数据来自交通运输部、国家铁路局、中国民用航空局、国家邮政局和中国国家铁路集团有限公司。

《2019 年交通运输行业发展统计公报》解读

2019 年，交通运输行业坚持以习近平新时代中国特色社会主义思想为指导，全面贯彻党的十九大和十九届二中、三中、四中全会精神，认真落实中央经济工作会议决策部署和《政府工作报告》任务目标，聚焦交通脱贫攻坚、扩大有效投资、取消高速公路省界收费站、提高综合交通运输网络效率、降低物流成本等重点任务，主动作为、狠抓落实、攻坚克难，全力做好“六稳”工作，交通运输经济延续了近年来总体平稳、稳中有进、稳中向好的运行态势，主要指标保持增长势头，设施网络更加完善、交通装备更加先进、客运服务更加高效、货运结构更加优化、投资增长持续高位运行，为加快交通强国建设、实现高质量发展奠定了坚实基础。

一、交通基础设施网络加快完善

快速交通网持续加密。截至 2019 年末，全国铁路营业里程达到 13.9 万公里，较上年末增加 0.8 万公里，其中高速铁路营业里程增加 0.6 万公里。全国公路总里程 501.25 万公里、增加 16.60 万公里，其中高速公路里程增加 0.7 万公里。新增 3 个民用航空运输机场、4 个定期航班通航城市。

普通干线网加快升级。2019 年末铁路复线率、电气化率较上年末分别提高 1.0 和 1.9 个百分点，二级及以上公路里程同比增加 2.4 万公里，普通国省道高等级路面铺装率达到 87.0%。三级及以上航道里程、沿海港口万吨级以上泊位数量分别增加 357 公里和 69 个。

基础服务网不断拓展。截至 2019 年末，农村公路里程达 420.05 万公里，较上年末增加 16.08 万公里，其中县、乡、村道分别增加 3.1 万公里、2.4 万公里和 10.6 万公里。

二、运输装备持续提档升级

更加大型化。截至 2019 年末，大型载客汽车总客位数达 1334.35 万客位，占全部营业性载客汽车比重的 66.6%，较上年末提高 1.5 个百分点。载货汽车平均吨位数由上年末的 9.5 吨位提高至 12.5 吨位，运输船舶平均净载重量 1952 吨 / 艘，较上年末增长 6.5%。

更加专业化。截至 2019 年末，公路专用载货汽车吨位数达 592.77 万吨，较上年末增长 8.3%，牵引车、挂车车辆数分别增长 12.7% 和 12.4%。油船净载重量达 2771.12 万吨、增长 9.9%，集装箱箱位数达 223.85 万标准箱、增长 13.8%。

更加绿色化。截至 2019 年末，全国拥有电动机车 1.37 万台，占全部铁路机车比重的 63.0%，较上年末提高 1.7 个百分点。城市公共汽电车中，绿色能源车辆占比 80.6%，提高 5.3 个百分点。

三、便捷高效舒适出行方式较快发展

铁路、民航客运量实现较快增长。全年铁路完成客运量 36.6 亿人，较上年增长 8.4%，占全社会营业性客运量比重达 20.8%，较上年提高 2.0 个百分点，其中动车组客运量 22.9 亿人、增长 14.1%，占铁路客运量比重超过 62.6%。民航完成客运量 6.6 亿人、增长 7.9%，占全社会营业性客运量比重由上年的3.4%提高至3.8%。

城市轨道交通客运量比重持续提高。全年轨道交通完成客运量238.78亿人，占城市客运总量18.7%、较上年提高1.8个百分点，其中36个中心城市轨道交通客运量占比达34.7%、提高3.0个百分点。

四、运输结构调整取得积极进展

货运结构不断优化。全年铁路完成货运量43.9亿吨，较上年增长7.2%，占全社会货运量比重达到9.5%、较上年提高1.5个百分点。公路完成货运量343.6亿吨、增长4.2%，增速较上年放缓3.1个百分点。水路完成货运量74.7亿吨、增长6.3%，占全社会货运量比重达到16.2%、提高2.3个百分点。

货物多式联运加快推进。全年全国港口完成集装箱铁水联运量516万标准箱，较上年增长14.2%，占全国港口集装箱吞吐量2.0%、较上年提高0.2个百分点。

五、交通固定资产投资持续高位运行

交通运输行业多措并举稳投资，充分发挥车购税、港建费等专项资金带动作用，多渠道吸引社会资金，全力保障建设项目资金需求，推动交通固定资产投资继续保持高位运行，全年完成投资3.25万亿元，较上年增长3.1%。分方式看，铁路完成投资8029亿元，与上年基本持平；公路水路完成投资2.35万亿元，增长3.8%，其中高速公路完成投资1.15万亿元、增长15.4%；民航完成投资969.4亿元，增长13.0%。北京大兴国际机场、京张高铁等一批重点工程正式投运，京雄高速公路推进顺利，“十三五”新改建农村公路100万公里任务目标提前完成。

2019 年全国收费公路统计公报

根据《政府信息公开条例》的有关规定，经汇总各省（区、市）已公布的收费公路统计数据，现将2019年全国收费公路统计汇总结果公报如下：

一、收费公路总体情况

（一）里程构成

2019年末，全国收费公路里程17.11万公里，占公路总里程501.25万公里的3.4%。其中，高速公路14.28万公里，一级公路1.86万公里，二级公路0.87万公里，独立桥梁及隧道1024公里，占比分别为83.5%、10.9%、5.1%和0.6%。

全国收费公路里程比上年末净增加3022公里。其中，高速公路净增加4954公里，一级公路净减少1014公里，二级公路净减少992公里，独立桥梁及隧道净增加73公里。

（二）主线收费站

2019年末，全国收费公路共有主线收费站1267个，比上年末净减少49个。其中，高速公路753.5个，一级公路323个，二级公路132个，独立桥梁及隧道58.5个，占比分别为59.5%、25.5%、10.4%和4.6%。

（三）建设投资

2019年末，全国收费公路累计建设投资总额95096.1亿元，较上年末净增加6272.6亿元，增长7.1%。其中，累计资本金投入29818.1亿元，资本金比例31.4%；累计债务性资金投入65278.0亿元，债务性资金比例68.6%。

（四）债务余额

2019年末，全国收费公路债务余额61535.3亿元，比上年末增加4621.7亿元，增长8.1%。其中，年末银行贷款余额50753.4亿元，年末其他债务余额10781.9亿元，占比分别为82.5%和17.5%。

（五）收入支出

2019年度，全国收费公路通行费收入5937.9亿元，比上年增加385.5亿元，增长6.9%；支出总额10787.7亿元，比上年增加1165.8亿元，增长12.1%；通行费收支缺口4849.8亿元，比上年增加780.4亿元，增长19.2%。

2019年度支出总额中，偿还债务本金5592.6亿元，偿还债务利息2816.9亿元，养护支出825.9亿元，公路及附属设施改扩建工程支出363.8亿元，运营管理支出758.1亿元，税费支出420.2亿元，其他支出10.1亿元，占比分别为51.8%、26.1%、7.7%、3.4%、7.0%、3.9%和0.1%。

二、政府还贷公路情况

2019年末，全国政府还贷公路里程9.39万公里，累计建设投资总额46549.9亿元，债务余额33147.7亿元，年通行费收入2309.0亿元，年支出总额4823.9亿元，分别占全国收费公路的54.9%、49.0%、53.9%、38.9%和44.7%。

（一）里程构成

政府还贷公路总里程9.39万公里，其中，高速公路7.45万公里，一级公路1.44万公里，二级公路0.48万公里，独立桥梁及隧道186公里，占比分别为79.3%、15.4%、5.1%和0.2%。政府还贷高速公路占收费高速公路里程的52.1%。

（二）建设投资

政府还贷公路累计建设投资总额46549.9亿元，其中，高速公路42374.2亿元，一级公路3084.8亿元，二级公路253.7亿元，独立桥梁及隧道837.3亿元，占比分别为91.0%、6.6%、0.5%和1.8%。

政府还贷公路累计建设投资总额中，累计资本金投入 13947.3 亿元，资本金比例 30%；累计债务性资金投入 32602.6 亿元，债务性资金比例 70%。

（三）债务余额

2019 年末政府还贷公路债务余额 33147.7 亿元，其中，高速公路 30889.7 亿元，一级公路 1787.5 亿元，二级公路 39.1 亿元，独立桥梁及隧道 431.5 亿元，占比分别为 93.2%、5.4%、0.1% 和 1.3%。

（四）收入支出

2019 年度政府还贷公路通行费收入 2309 亿元，其中，高速公路 2182.9 亿元，一级公路 72.2 亿元，二级公路 17.7 亿元，独立桥梁及隧道 36.2 亿元，占比分别为 94.5%、3.1%、0.8% 和 1.6%。

2019 年度政府还贷公路支出总额 4823.9 亿元，其中，偿还债务本金 2456.5 亿元，偿还债务利息 1540 亿元，养护支出 371.8 亿元，公路及附属设施改扩建工程支出 48.7 亿元，运营管理支出 334.7 亿元，税费支出 69.4 亿元，其他支出 2.7 亿元，占比分别为 50.9%、31.9%、7.7%、1.0%、6.9%、1.4% 和 0.1%。

2019 年度政府还贷公路通行费收支缺口 2514.9 亿元，其中，高速公路缺口 2389.2 亿元，一级公路缺口 123.2 亿元，二级公路盈余 5.8 亿元，独立桥梁及隧道缺口 8.2 亿元。

三、经营性公路情况

2019 年末，全国经营性公路里程 7.72 万公里，累计建设投资总额 48546.1 亿元，债务余额 28387.6 亿元，年通行费收入 3628.9 亿元，年支出总额 5963.8 亿元，分别占全国收费公路的 45.1%、51%、46.1%、61.1% 和 55.3%。

（一）里程构成

经营性公路总里程为 7.72 万公里，其中，高速公路 6.84 万公里，一级公路 0.41 万公里，二级公路 0.39 万公里，独立桥梁及隧道 839 公里，分别占经营性公路里程的 88.5%、5.4%、5.0% 和 1.1%。经营性高速公路占收费高速公路里程的 47.9%。

（二）建设投资

经营性公路累计建设投资总额 48546.1 亿元，其中，高速公路 45864.7 亿元，一级公路 915.7 亿元，二级公路 171.4 亿元，独立桥梁及隧道 1594.3 亿元，占比分别为 94.5%、1.9%、0.4% 和 3.3%。

经营性公路累计建设投资总额中，累计资本金投入 15870.8 亿元，资本金比例 32.7%；累计债务性资金投入 32675.4 亿元，债务性资金比例 67.3%。

（三）债务余额

经营性公路债务余额 28387.6 亿元，其中，高速公路 27154.9 亿元，一级公路 403.1 亿元，二级公路 63.5 亿元，独立桥梁及隧道 766.1 亿元，占比分别为 95.7%、1.4%、0.2% 和 2.7%。

（四）收入支出

2019 年度经营性公路通行费收入 3628.9 亿元，其中，高速公路 3368.1 亿元，一级公路 41.9 亿元，二级公路 23.5 亿元，独立桥梁及隧道 195.3 亿元，占比分别为 92.8%、1.2%、0.6% 和 5.4%。

2019 年度经营性公路支出总额为 5963.8 亿元，其中，偿还债务本金 3136.1 亿元，偿还债务利息 1276.9 亿元，养护支出 454.1 亿元，公路及附属设施改扩建工程支出 315 亿元，运营管理支出 423.4 亿元，税费支出 350.8 亿元，其他支出 7.4 亿元，占比分别为 52.6%、21.4%、7.6%、5.3%、7.1%、5.9% 和 0.1%。

2019 年度经营性公路通行费收支缺口 2334.9 亿元，其中，高速公路缺口 2284.7 亿元，一级公路缺口 53.1 亿元，二级公路缺口 3.7 亿元，独立桥梁及隧道盈余 6.6 亿元。

四、通行费减免情况

2019 年度，全国收费公路共减免车辆通行费 1009.7 亿元，比上年增加 91.9 亿元，增长 10%。其中，鲜活农产品运输“绿色通道”减免350.8亿元，重大节假日免收小型客车通行费343.7亿元，高速公路差异化收费、ETC通行费优惠、抢险救灾车辆免费通行等其他政策性减免315.3亿元，占比分别为34.7%、34%和31.2%。

附表：2019年全国收费公路统计汇总表

注释：

1. 政府还贷公路：是指县级以上地方人民政府交通运输主管部门利用贷款或者向企业、个人有偿集资建设的公路，收费时使用财政票据。
2. 经营性公路：是指国内外经济组织投资建设或者依照公路法的规定受让政府还贷公路收费权的公路，收费时使用税务票据。
3. 累计建设投资总额：是指历年建设投资和当年新增建设投资之和，包括征地拆迁、土木工程、交通工程及沿线设施的投资，不含养护、大中修投资。
4. 财政性资本金投入、非财政性资本金投入：是指累计建设投资总额中分别属政府财政和其他来源（如社会资本投资、企事业单位自筹）的资本金部分。
5. 举借银行贷款本金、举借其他债务本金：是指累计建设投资总额中通过举借银行贷款和举借其他债务（如发行债券、对外借款）筹集的债务性资金，即原始银行贷款本金和原始其他债务本金，不考虑偿还因素。
6. 养护支出：是指公路日常小修保养（含养护人员薪酬）、大中修工程、预防性养护、养护设施设备购置、养护检查检测、应急养护、机电系统改造维护、生产及照明用电等费用支出之和。
7. 公路及附属设施改扩建工程支出：是指公路及附属设施的改建支出，如收费站、收费广场，部分路段线位调整、提升技术等级、增加车道数和出入口，以及立交工程的改建工程。
8. 税费支出：是指税务部门征收的所有税金与政府财政等有关部门按相关规定征收或提取的规费之和，包括增值税、所得税、城建税、房产税、教育附加费、水利基金、交警经费等。
9. 运营管理支出：是指收费业务、日常管理、路政管理及治超工作支出之和，包括收费人员、管理人员、后勤人员和路政治超人员薪酬、收费业务费用、日常管理办公经费（含）、其他管理支出、路政治超办公及业务费用、执法装备使用及维修、路产巡查等支出。
10. 其他支出：是指除还本付息支出、养护支出、公路及附属设施改扩建工程支出、税费支出和运营管理支出之外，应由通行费收入列支的所有费用支出。
11. 通行费收支缺口：是指使用通行费收入减去支出总额，通行费收入大于支出总额为盈余，通行费收入小于支出总额为缺口。
12. 部分数据因四舍五入的原因，存在着与分项合计不等的情况；占比率根据四舍五入前数据计算。

附表

2019年全国收费公路统计汇总表

项目		编号	收费公路里程	主线收费站	建设投资情况				
					累计建设投资总额	财政性资本金投入	非财政性资本金投入	举借银行贷款本金	举借其他债务本金
			公里	个	万元	万元	万元	万元	万元
甲		乙	1	2	3	4	5	6	7
总　计		1	171,092.9	1,267.0	950,960,679	168,118,961	130,061,730	602,260,885	50,519,103
还贷性		2	93,872.1	676.0	465,499,210	121,145,882	18,326,910	306,903,430	19,122,988
经营性		3	77,220.8	591.0	485,461,469	46,973,079	111,734,820	295,357,455	31,396,115
高速	小　计	4	142,831.1	753.5	882,389,468	153,630,528	118,299,581	565,538,517	44,920,842
	还贷性	5	74,457.8	384.5	423,741,971	108,544,653	14,697,473	283,749,937	16,749,909
	经营性	6	68,373.3	369.0	458,647,497	45,085,875	103,602,108	281,788,581	28,170,933
一级	小　计	7	18,577.9	323.0	40,005,039	11,215,894	4,206,091	21,273,443	3,309,612
	还贷性	8	14,431.3	242.0	30,847,651	9,870,167	1,814,161	17,012,348	2,150,975
	经营性	9	4,146.6	81.0	9,157,388	1,345,727	2,391,929	4,261,095	1,158,637
二级	小　计	10	8,659.5	132.0	4,250,866	1,455,881	754,839	1,502,077	538,070
	还贷性	11	4,797.4	40.0	2,536,821	1,340,294		1,064,849	131,677
	经营性	12	3,862.1	92.0	1,714,045	115,587	754,839	437,228	406,392
独立桥梁	小　计	13	899.4	49.5	21,951,902	1,661,576	5,971,319	12,950,830	1,368,177
	还贷性	14	169.6	7.5	7,927,233	1,235,806	1,815,275	4,808,601	67,551
	经营性	15	729.7	42.0	14,024,670	425,770	4,156,044	8,142,230	1,300,626
独立隧道	小　计	16	125.0	9.0	2,363,403	155,082	829,901	996,017	382,403
	还贷性	17	15.9	2.0	445,535	154,962		267,696	22,877
	经营性	18	109.1	7.0	1,917,868	120	829,901	728,321	359,526

续上表

项目		编号	债务余额情况			年通行费收入	年支出总额	还本付息支出小计		
			年末债务余额小计	年末银行贷款余额	年末其他债务余额				偿还债务本金支出	偿还债务利息支出
			万元	万元	万元	万元	万元	万元	万元	万元
甲		乙	8	9	10	11	12	13	14	15
总　计		1	615,353,143	507,534,127	107,819,016	59,378,669	107,876,507	84,095,369	55,926,045	28,169,324
还贷性		2	331,477,359	279,041,891	52,435,468	23,090,022	48,238,561	39,965,004	24,564,685	15,400,320
经营性		3	283,875,784	228,492,236	55,383,547	36,288,647	59,637,945	44,130,365	31,361,361	12,769,004
高速	小　计	4	580,445,782	483,224,051	97,221,731	55,510,271	102,249,449	79,877,354	53,118,007	26,759,348
	还贷性	5	308,896,679	263,029,891	45,866,788	21,828,929	45,720,969	37,927,976	23,415,492	14,512,484
	经营性	6	271,549,103	220,194,161	51,354,942	33,681,342	56,528,480	41,949,378	29,702,515	12,246,863
一级	小　计	7	21,905,840	13,859,895	8,045,945	1,141,358	2,904,157	2,339,396	1,528,438	810,958
	还贷性	8	17,875,012	11,540,177	6,334,835	722,137	1,954,112	1,621,448	964,287	657,161
	经营性	9	4,030,828	2,319,718	1,711,110	419,221	950,045	717,948	564,151	153,797
二级	小　计	10	1,025,862	629,101	396,760	411,689	391,463	193,090	145,139	47,952
	还贷性	11	390,938	388,847	2,091	176,770	119,131	38,091	18,598	19,493
	经营性	12	634,923	240,254	394,669	234,919	272,333	154,999	126,541	28,458
独立桥梁	小　计	13	10,832,398	9,094,186	1,738,212	2,173,509	2,203,355	1,591,851	1,090,295	501,556
	还贷性	14	4,083,554	3,851,916	231,638	341,902	426,822	365,061	165,386	199,675
	经营性	15	6,748,844	5,242,270	1,506,574	1,831,607	1,776,532	1,226,790	924,909	301,881
独立隧道	小　计	16	1,143,262	726,894	416,368	141,843	128,083	93,678	44,167	49,511
	还贷性	17	231,176	231,060	117	20,284	17,527	12,428	922	11,506
	经营性	18	912,086	495,834	416,252	121,559	110,556	81,250	43,245	38,005

续上表

项目		编号	养护支出	公路及附属设施改扩建工程支出	运营管理支出	税费支出	其他支出	通行费减免情况 年绿色通道减免金额	年节假日小型客车减免金额	年其他政策性减免金额
			万元	万元	万元	万元	万元	万元	万元	万元
甲		乙	16	17	18	19	20	21	22	23
总　计		1	8,259,337	3,637,539	7,580,734	4,202,172	101,356	3,508,078	3,436,526	3,152,578
还贷性		2	3,717,906	487,440	3,346,790	694,245	27,176	1,635,035	1,289,237	1,123,176
经营性		3	4,541,431	3,150,099	4,233,943	3,507,928	74,180	1,873,044	2,147,288	2,029,402
高速	小　计	4	7,785,945	3,553,232	7,082,193	3,859,854	90,871	3,374,685	3,279,712	2,924,192
	还贷性	5	3,523,891	467,755	3,113,134	664,825	23,388	1,594,512	1,247,033	1,036,295
	经营性	6	4,262,054	3,085,477	3,969,059	3,195,029	67,482	1,780,173	2,032,680	1,887,897
一级	小　计	7	197,567	42,068	256,955	65,537	2,634	27,212	38,843	75,911
	还贷性	8	114,474	11,777	182,985	22,818	610	13,184	23,074	44,965
	经营性	9	83,093	30,291	73,970	42,719	2,024	14,028	15,770	30,946
二级	小　计	10	101,149	1,763	66,853	27,698	910	12,418	7,062	28,067
	还贷性	11	55,232	1,402	24,406			11,091	2,986	15,508
	经营性	12	45,917	360	42,447	27,698	910	1,327	4,076	12,559
独立桥梁	小　计	13	158,367	39,774	164,986	243,398	4,978	92,697	105,724	118,064
	还贷性	14	21,515	6,506	23,994	6,599	3,148	16,041	14,906	23,462
	经营性	15	136,852	33,268	140,992	236,800	1,830	76,656	90,817	94,602
独立隧道	小　计	16	16,309	702	9,746	5,685	1,963	1,066	5,185	6,344
	还贷性	17	2,795		2,272	3	30	207	1,239	2,947
	经营性	18	13,514	702	7,474	5,682	1,933	859	3,946	3,397

注：1. 同一收费公路项目中若包含不同技术等级的路段，按交公路 51 表所填报的项目技术等级计算；2. 收费站按所属项目技术等级计算；3. 省界主线共管收费站，各省分别按 0.5 个计算。

《2019 年全国收费公路统计公报》解读

2019 年，各地、各有关部门坚决贯彻落实党中央、国务院决策部署，协调推进“四个全面”战略布局，坚持稳中求进工作总基调，按照统筹做好稳增长、促改革、调结构、惠民生、防风险、保稳定各项工作的要求，加快推进公路基础设施建设，为全面建成小康社会和人民群众安全便捷出行提供优质高效的公路交通保障。

一、政策实施成效

改革开放初期，我国经济持续快速发展，群众出行需求日益旺盛，国内外贸易规模不断扩大，但公路基础设施发展严重滞后。为破解公路基础设施严重落后对经济社会发展的瓶颈制约，1984 年 12 月，国务院第 54 次常务会议作出“贷款修路，收费还贷”的重大决定，打破了公路建设单纯依靠财政投资的体制束缚，形成了“国家投资、地方筹资、社会融资、利用外资”的多元化投融资机制，对我国公路交通的快速发展起到了至关重要的作用。

2019 年末，全国公路通车总里程达到 501.25 万公里，是 1984 年末的 5.4 倍。其中，高速公路达到 14.96 万公里。公路基础设施的快速发展，大幅提高了公路通行能力和运输效率，加快了物流业发展，促进了经济社会持续健康发展。2019 年，全国公路旅客周转量为 8857.08 亿人公里，是 1984 年的 6.6 倍；公路货物周转量为 59636.39 亿吨公里，是 1984 年的 113.1 倍。

二、收费公路发展状况

（一）总体情况

1. 里程规模

2019 年末，全国收费公路里程 17.11 万公里，占公路总里程 501.25 万公里的 3.4%。其中，高速公路 14.28 万公里，一级公路 1.86 万公里，二级公路 0.87 万公里，独立桥梁及隧道 1024 公里，占比分别为 83.5%、10.9%、5.1% 和 0.6%。

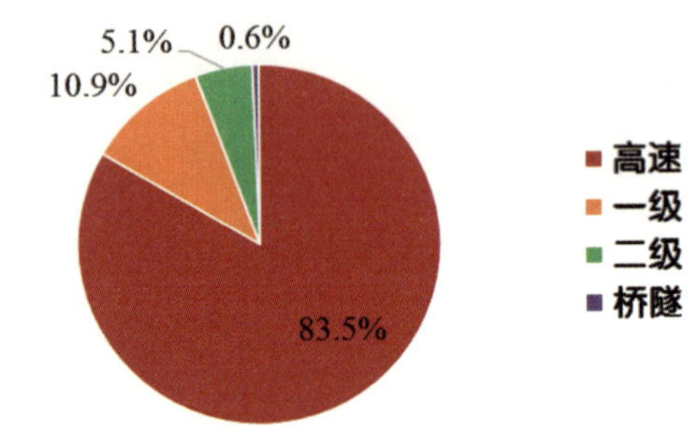

图 1　收费公路技术等级构成（2019）

与上年末相比，全国收费公路总里程由 168071 公里增加到 171093 公里，净增加 3022 公里，增长 1.8%。其中，高速公路里程由 137877 公里增加到 142831 公里，净增 4954 公里，增长 3.6%；一级公路里程由 19592 公里减少到 18578 公里，净减 1014 公里，下降 5.2%；二级公路里程由 9651 公里减少到 8659 公里，净减 992 公里，下降 10.3%；独立桥梁及隧道里程由 951 公里增加到 1024 公里，净增 73 公里，增长 7.7%。随着高速公路里程不断增长和普通收费公路逐步到期停止收费，全国收费公路结构进一步优化。

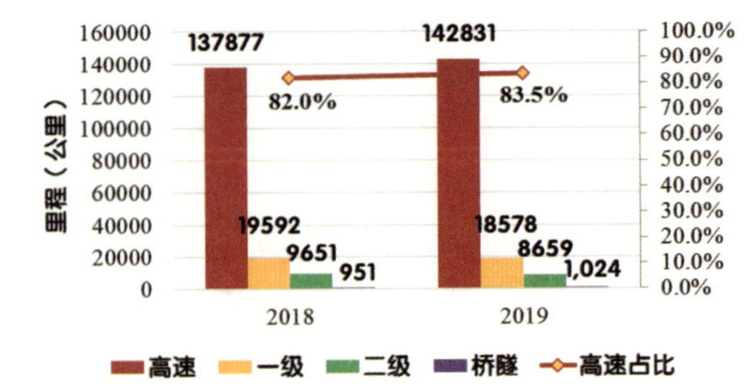

图 2　收费公路里程（2018—2019）

2. 主线收费站

2019年末，全国收费公路共有主线收费站1267个，比上年末净减少49个。其中，高速公路753.5个，一级公路323个，二级公路132个，独立桥梁及隧道58.5个，占比分别为59.5%、25.5%、10.4%和4.6%。

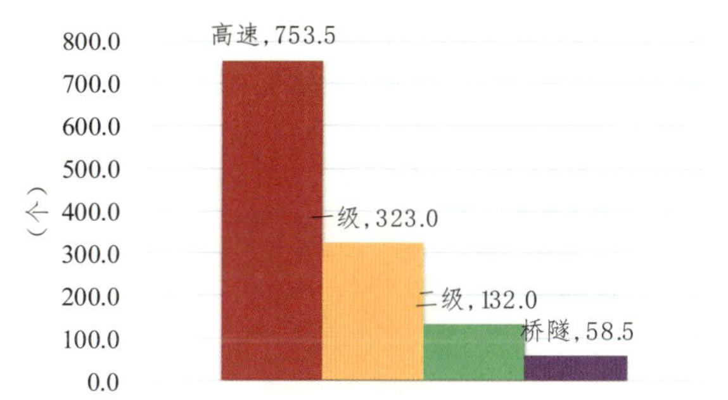

图3 主线收费站数量（2019）

与上年末相比，全国收费公路主线收费站由1316个减少至1267个，净减49个，下降3.7%。其中，高速公路主线收费站由755个减少至753.5个，净减1.5个，下降0.2%；一级公路收费站由354.5个减少至323个，净减31.5个，下降8.9%；二级公路收费站由144个减少至132个，净减12个，下降8.3%；独立桥梁及隧道收费站由62.5个减少至58.5个，净减4个，下降6.4%。

3. 建设投资

2019年末，全国收费公路累计建设投资总额95096.1亿元，比上年末净增6272.6亿元，增长7.1%。其中，高速公路累计建设投资总额88238.9亿元，一级公路4000.5亿元，二级公路425.1亿元，独立桥梁及隧道2431.5亿元，占比分别为92.8%、4.2%、0.4%和2.6%。

在累计建设投资总额中，累计资本金投入29818.1亿元，资本金比例31.4%；累计债务性资金投入65278.0亿元，债务性资金比例68.6%。与上年末相比，全国收费公路累计债务性资金投入由61778.8亿元增加到65278.0亿元，净增3499.2亿元，增长5.7%。

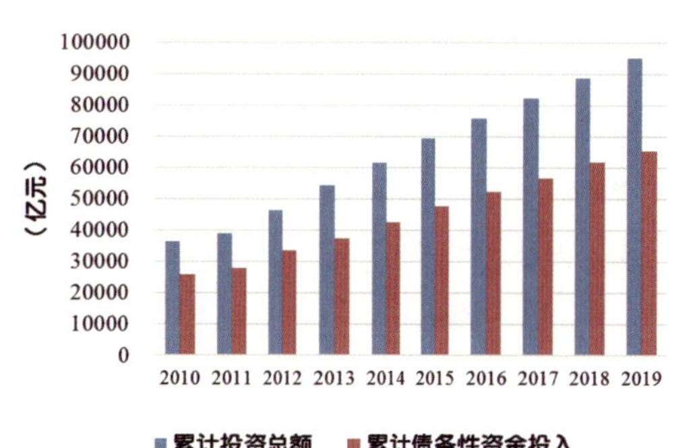

图4 累计建设投资总额（2010—2019）

（注：累计建设投资总额指历年和当年收费公路建设投资额的合计）

4. 债务余额

受高速公路里程增加和建设投资总额扩大的影响，收费公路债务余额持续上升。2019年末，全国收费公路债务余额61535.3亿元，比上年末净增4621.7亿元，增长8.1%。其中，高速公路58044.6亿元，比上年末净增4378.4亿元；一级公路2190.6亿元，比上年末净增160.1亿元；二级公路102.6亿元，比上年末净减10.8亿元；独立桥梁及隧道1197.6亿元，比上年末净增94.0亿元；占债务余额的比例分别为94.3%、3.6%、0.2%和1.9%。

5. 收入支出

（1）通行费收入

2019年度，全国收费公路车辆通行费总收入5937.9亿元。其中，高速公路5551.0亿元，一级公路114.1亿元，二级公路41.2亿元，独立桥梁及隧道231.5亿元，占比分别为93.5%、1.9%、0.7%和3.9%。

全国收费公路车辆通行费总收入比上年净增385.5亿元，增长6.9%。其中，高速公路净增382.6亿元，一级公路净减11.9亿元，二级公路净减1.1亿元，独立桥梁及隧道净增15.8亿元。

（2）支出情况

2019 年度，全国收费公路支出总额 10787.7 亿元。其中，偿还债务本金 5592.6 亿元，偿还债务利息 2816.9 亿元，养护支出 825.9 亿元，公路及附属设施改扩建工程支出 363.8 亿元，运营管理支出 758.1 亿元，税费支出 420.2 亿元，其他支出 10.1 亿元，占比分别为 51.8%、26.1%、7.7%、3.4%、7.0%、3.9% 和 0.1%。

全国收费公路支出总额比上年净增 1165.8 亿元，增长 12.1%。其中，偿还债务本金支出净增 525.9 亿元，偿还利息支出净增 169.0 亿元，养护支出净增 236.6 亿元，公路及附属设施改扩建工程支出净增 172.3 亿元，运营管理支出净增 50.9 亿元，税费支出净增 42.9 亿元，其他支出净减 31.8 亿元。

（3）收支对比

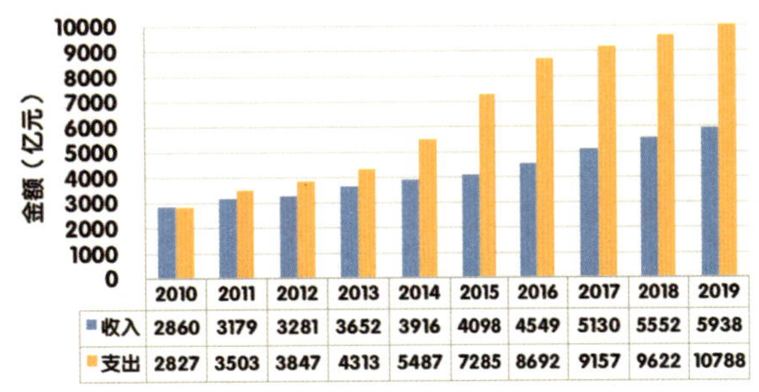

图 5　收入与支出（2010—2019）

2019 年度，全国收费公路收支平衡结果为 -4849.8 亿元。其中，高速公路收支缺口 4673.9 亿元，一级公路收支缺口 176.3 亿元，二级公路收支盈余 2.0 亿元，独立桥梁及隧道收支缺口 1.6 亿元。

2019 年度全国收费公路通行费收支缺口比上年增加 780.4 亿元，增长 19.2%。主要原因是 2019 年度通行费支出总额较上年增加。一是 2019 年度部分收费公路债务到期，偿还债务本金支出较上年净增 525.9 亿元；二是随着债务规模的扩大，偿还利息支出净增 169.0 亿元；三是新建 ETC 门架系统、改造 ETC 车道、安装入口不停车称重检测系统、省界收费站正线设施改造工程等支出。

（二）政府还贷公路

1. 里程规模

2019 年末，全国政府还贷公路里程 9.39 万公里，占全国收费公路里程的 54.9%。其中，政府还贷高速公路 7.45 万公里，一级公路 1.44 万公里，二级公路 0.48 万公里，独立桥梁及隧道 186 公里，占比分别为 79.3%、15.4%、5.1% 和 0.2%。政府还贷高速公路占收费高速公路里程的 52.1%。

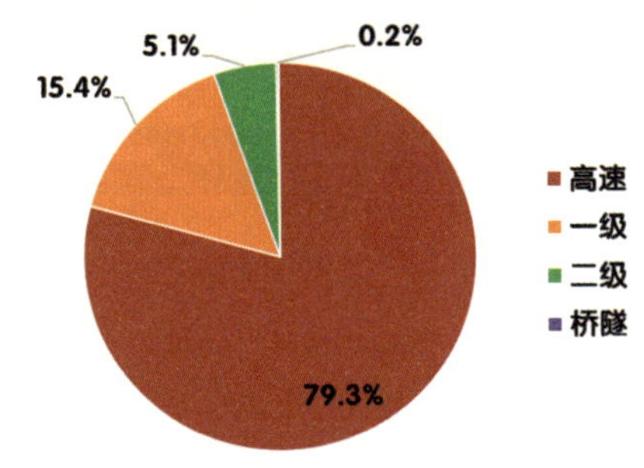

图 6　政府还贷公路技术等级构成（2019）

与上年末相比，政府还贷公路总里程由 93257 公里增加到 93872 公里，净增 615 公里，增长 0.7%。其中，高速公路里程由 72578 公里增加到 74458 公里，净增 1880 公里，增长 2.6%；一级公路里程由 15132 公里减少到 14431 公里，净减 701 公里，下降 4.6%；二级公路里程由 5345 公里减少到 4797 公里，净减 547 公里，下降 10.2%；独立桥梁及隧道里程由 203 公里减少到 186 公里，净减 17 公里，下降 8.4%。

2. 建设投资

2019 年末，政府还贷公路累计建设投资 46549.9 亿元，占收费公路累计建设投资总额的 49%。其中政府还贷高速公路累计建设投资 42374.2 亿元，一级公路 3084.8 亿元，二级公路 253.7 亿元，独立桥梁及隧道 837.3 亿元，占比分别为 91%、6.6%、0.5% 和 1.8%。

与上年末相比，政府还贷公路累计建设投资总额由44870.5亿元增加到46549.9亿元，净增1679.4亿元，增长3.7%。其中，政府还贷高速公路累计建设投资总额由40626.2亿元增加到42374.2亿元，净增1748.0亿元，增长4.3%。

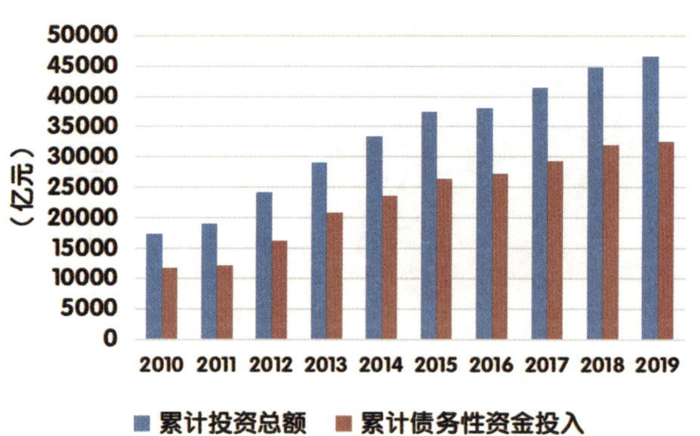

图7 政府还贷公路累计建设投资总额（2010—2019）

2019年末，政府还贷公路累计建设投资中，累计资本金投入13947.3亿元，资本金比例30%；累计债务性资金投入32602.6亿元，债务性资金比例70%。

3. 债务余额

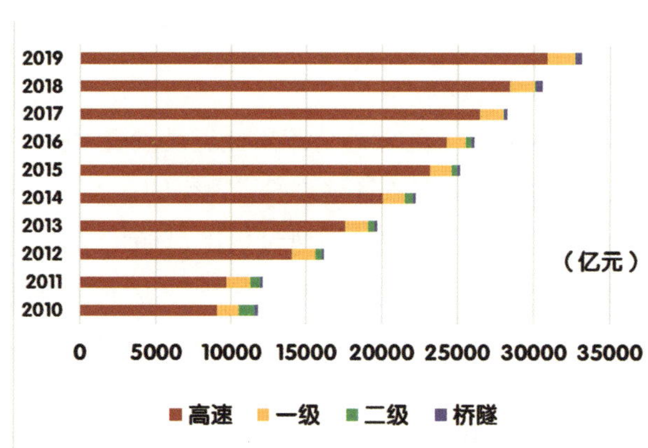

图8 政府还贷公路债务余额（2010—2019）

2019年末，政府还贷公路债务余额33147.7亿元，占全国收费公路债务余额的53.9%。其中，政府还贷高速公路债务余额30889.7亿元，一级公路1787.5亿元，二级公路39.1亿元，独立桥梁及隧道431.5亿元，占比分别为93.2%、5.4%、0.1%和1.3%。

与上年末相比，政府还贷公路债务余额由30536.1亿元增加到33147.7亿元，净增2611.6亿元，增长8.6%。其中，政府还贷高速公路债务余额由28420.3亿元增加到30889.7亿元，净增2469.4亿元，增长8.7%。

4. 收入支出

（1）通行费收入

2019年度，政府还贷公路通行费收入2309.0亿元，占收费公路通行费收入总额的38.9%。其中，政府还贷高速公路通行费收入2182.9亿元，一级公路72.2亿元，二级公路17.7亿元，独立桥梁及隧道36.2亿元，占比分别为94.5%、3.1%、0.8%和1.6%。

与上年相比，全国政府还贷公路车辆通行费总收入由2142.3亿元增加到2309亿元，净增166.7亿元，增长7.8%。其中，高速公路由2016.0亿元增加到2182.9亿元，净增166.9亿元，增长8.3%；一级公路由78.1亿元减少到72.2亿元，净减5.9亿元，下降7.5%；二级公路由16.8亿元增加到17.7亿元，净增0.8亿元，增长5.0%；独立桥梁及隧道由31.4亿元增加到36.2亿元，净增4.8亿元，增长15.4%。

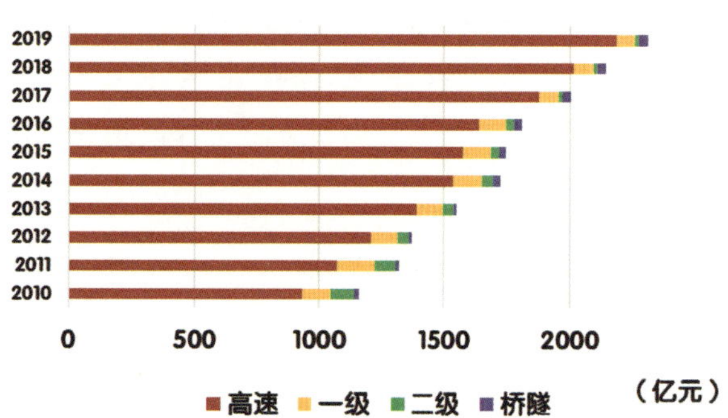

图9 政府还贷公路通行费收入情况（2010—2019）

（2）支出情况

2019 年度，政府还贷公路支出总额为 4823.9 亿元，占收费公路支出总额的 44.7%。其中，偿还债务本金 2456.5 亿元，偿还债务利息 1540 亿元，养护支出 371.8 亿元，公路及附属设施改扩建工程支出 48.7 亿元，运营管理支出 334.7 亿元，税费支出 69.4 亿元，其他支出 2.7 亿元，占比分别为 50.9%、31.9%、7.7%、1.0%、6.9%、1.4% 和 0.1%。

与上年相比，全国政府还贷公路支出总额由 4160.7 亿元增加至 4823.9 亿元，净增 663.1 亿元，增长 15.9%。其中，偿还债务本金支出净增 444.2 亿元，偿还债务利息支出净增 87.8 亿元，养护支出净增 85.7 亿元，公路及附属设施改扩建工程支出净增 22.0 亿元，运营管理支出净增 20.2 亿元，税费支出净增 4.1 亿元，其他支出净减 0.8 亿元。

（3）收支对比

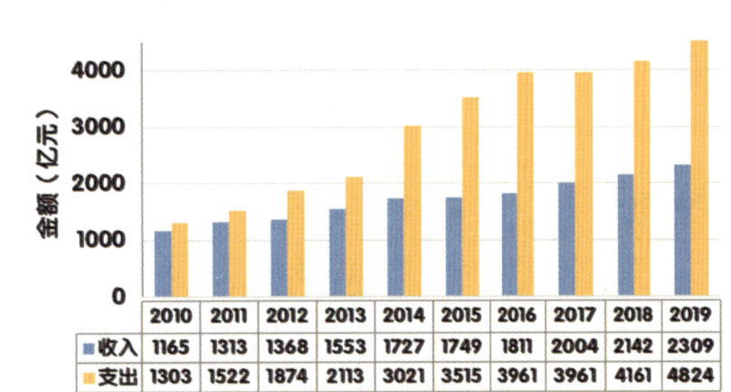

图 10　政府还贷公路收入与支出（2010—2019）

2019 年度，政府还贷公路收支平衡结果为 -2514.9 亿元。其中，政府还贷高速公路收支缺口 2389.2 亿元，一级公路收支缺口 123.2 亿元，二级公路收支盈余 5.8 亿元，独立桥梁及隧道收支缺口 8.2 亿元。

（三）经营性公路

1. 里程规模

2019 年末，全国经营性公路里程 7.72 万公里，占全国收费公路里程的 45.1%。其中，经营性高速公路 6.84 万公里，一级公路 0.41 万公里，二级公路 0.39 万公里，独立桥梁及隧道 839 公里，分别占经营性公路里程的 88.5%、5.4%、5.0% 和 1.1%。经营性高速公路占收费高速公路里程的 47.9%。

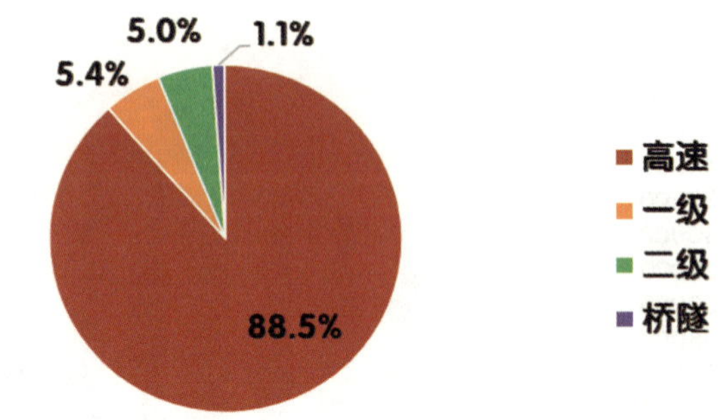

图 11　经营性公路技术等级构成（2019）

与上年末相比，经营性公路总里程由 74814 公里增加到 77221 公里，净增 2406 公里，增长 3.2%。其中，高速公路里程由 65299 公里增加到 68373 公里，净增 3074 公里，增长 4.7%；一级公路里程由 4460 公里减少到 4147 公里，净减 314 公里，下降 7.0%；二级公路里程由 4307 公里减少到 3862 公里，净减 444 公里，下降 10.3%；独立桥梁及隧道里程由 749 公里增加到 839 公里，净增 90 公里，增长 12.0%。

2. 建设投资

2019 年末，经营性公路累计建设投资 48546.1 亿元，占收费公路累计建设投资总额的 51.0%。其中，经营性高速公路累计建设投资 45864.7 亿元，一级公路 915.7 亿元，二级公路 171.4 亿元，独立桥梁及隧道 1594.3 亿元，占比分别为 94.5%、1.9%、0.4% 和 3.3%。

与上年末相比，经营性公路累计建设投资总额由 43953 亿元增加到 48546.1 亿元，净增 4593.2 亿元，增长 10.5%。其中，经营性高速公路累计建设投资总额由 41443.3 亿元增加到 45864.7 亿元，净增 4421.5 亿元，增长 10.7%。

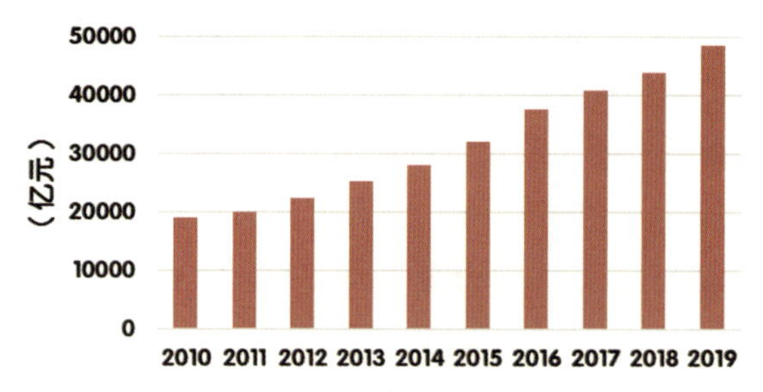

图 12 经营性公路累计建设投资总额（2010—2019）

经营性公路累计建设投资总额中，累计资本金投入 15870.8 亿元，资本金比例 32.7%；累计债务性资金投入 32675.4 亿元，债务性资金比例 67.3%。

3. 债务余额

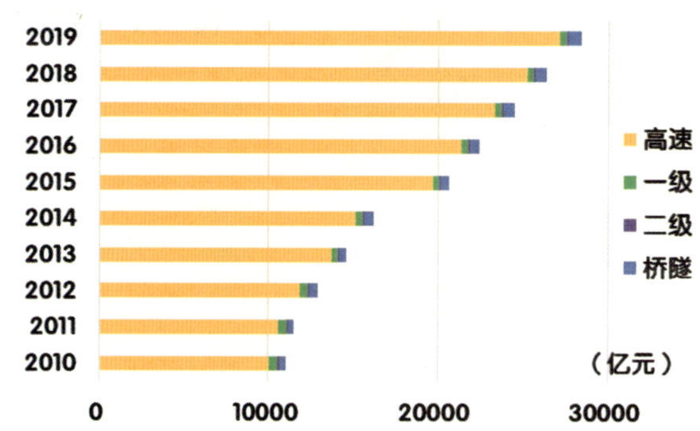

图 13 经营性公路债务余额（2010—2019）

2019 年末，经营性公路债务余额 28387.6 亿元，占收费公路债务余额的 46.1%。其中，经营性高速公路债务余额 27154.9 亿元，一级公路 403.1 亿元，二级公路 63.5 亿元，独立桥梁及隧道 766.1 亿元，占比分别为 95.7%、1.4%、0.2% 和 2.7%。

与上年末相比，经营性公路债务余额由 26377.5 亿元增加到 28387.6 亿元，净增 2010.1 亿元，增长 7.6%。其中，经营性高速公路债务余额由 25245.9 亿元增加到 27154.9 亿元，净增 1909.0 亿元，增长 7.6%。

4. 收入支出

（1）通行费收入

2019 年度，经营性公路通行费收入 3628.9 亿元，占收费公路通行费收入总额的 61.1%。其中，经营性高速公路通行费收入 3368.1 亿元，一级公路 41.9 亿元，二级公路 23.5 亿元，独立桥梁及隧道 195.3 亿元，分别占经营性公路通行费收入的 92.8%、1.2%、0.6% 和 5.4%。

与上年相比，经营性公路车辆通行费总收入由 3410.1 亿元增加到 3628.9 亿元，净增 218.7 亿元，增长 6.4%。其中，高速公路由 3152.4 亿元增加到 3368.1 亿元，净增 215.7 亿元，增长 6.8%；一级公路由 48.0 亿元减少到 41.9 亿元，净减 6 亿元，下降 12.6%；二级公路由 25.4 亿元减少到 23.5 亿元，净减 1.9 亿元，下降 7.6%；独立桥梁及隧道由 184.3 亿元增加到 195.3 亿元，净增 11 亿元，增长 6.0%。

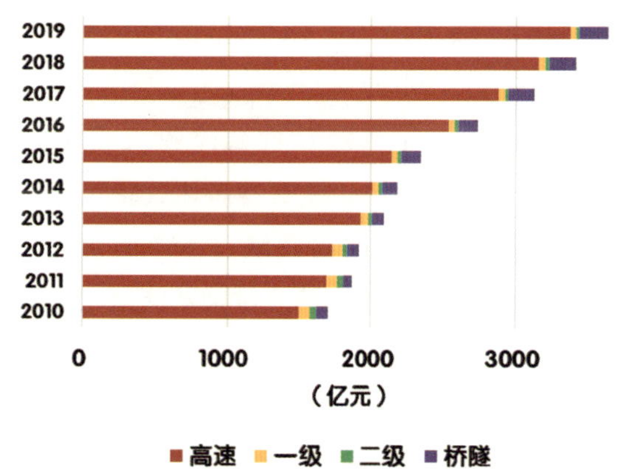

图 14 经营性公路通行费收入情况（2010—2019）

（2）支出情况

2019 年度，经营性公路支出总额为 5963.8 亿元，占收费公路支出总额的 55.3%。其中，偿还债务本金支出 3136.1 亿元，偿还债务利息支出 1276.9 亿元，养护支出 454.1 亿元，公路及附属设施改扩建工程支出 315 亿元，运营管理支出 423.4 亿元，税费支出 350.8 亿元，其他支出 7.4 亿元，分别占经营性公路支出总额的52.6%、21.4%、7.6%、5.3%、7.1%、5.9%和0.1%。

与上年相比，经营性公路支出总额净增502.7亿元，增长9.2%。其中，偿还债务本金支出净增81.7亿元，偿还债务利息支出净增81.2亿元，养护支出净增150.9亿元，公路及附属设施改扩建工程支出净增150.3亿元，运营管理支出净增30.7亿元，税费支出净增38.8亿元，其他支出净减30.9亿元。

（3）收支对比

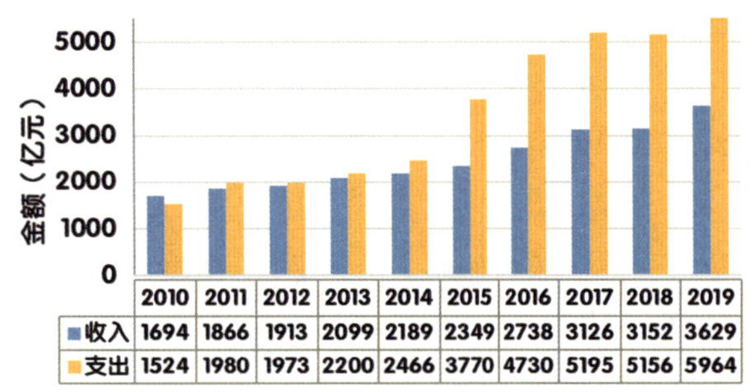

	2010	2011	2012	2013	2014	2015	2016	2017	2018	2019
收入	1694	1866	1913	2099	2189	2349	2738	3126	3152	3629
支出	1524	1980	1973	2200	2466	3770	4730	5195	5156	5964

图15　经营性公路收入与支出（2010—2019）

2019年度，全国经营性公路收支平衡结果为-2334.9亿元。其中，经营性高速公路收支缺口2284.7亿元，一级公路收支缺口53.1亿元，二级公路收支缺口3.7亿元，独立桥梁及隧道收支盈余6.6亿元。

（四）通行费减免情况

2019年度，全国收费公路共减免车辆通行费1009.7亿元，占2019年度应收通行费总额的14.5%，比上年增加91.9亿元，增长10%。其中，鲜活农产品运输“绿色通道”减免350.8亿元，占全年通行费减免总金额的比例为34.7%，比上年增加5.8亿元，增长1.7%；重大节假日免收小型客车通行费343.7亿元，占全年通行费减免总金额的比例为34.0%，比上年增加35.7亿元，增长11.6%；高速公路差异化收费、ETC通行费优惠、抢险救灾车辆免费等其他政策性减免315.3亿元，占全年通行费减免总金额的比例为31.2%。比上年增加50.4亿元，增长19%。

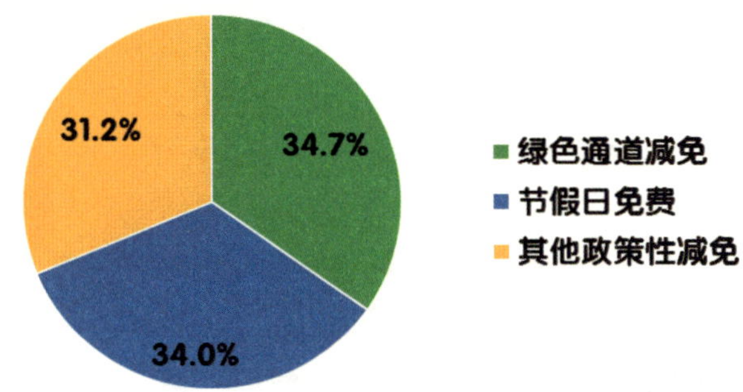

图16　通行费减免构成（2019）

2019年，交通运输行业深入贯彻落实党中央、国务院关于推进供给侧结构性改革的决策部署，进一步加大惠民措施力度，在继续严格执行鲜活农产品运输“绿色通道”政策、重大节假日免收小型客车通行费等惠民政策的基础上，鼓励各地推广高速公路差异化收费，为促进物流业降本增效、便捷人民群众出行作出了贡献。

2019 年铁道统计公报

2019 年，铁路行业以习近平新时代中国特色社会主义思想为指导，全面贯彻落实党的十九大和十九届二中、三中、四中全会及中央经济工作会议精神，牢固树立以人民为中心的发展思想，坚持稳中求进工作总基调，坚持新发展理念，坚持推动铁路高质量发展，坚持以铁路供给侧结构性改革为主线，深入实施服务决胜全面建成小康社会行动计划，开展安全质量服务创新年，服务交通强国建设，客货运输、铁路安全、建设发展、科技创新取得明显成效。

表 1　全国铁路旅客运输量

指标	单位	2019 年	比上年 ±%
旅客发送量	万人	366002	8.4
国家铁路	万人	357860	7.9
旅客周转量	亿人公里	14706.64	4.0
国家铁路	亿人公里	14529.55	3.3

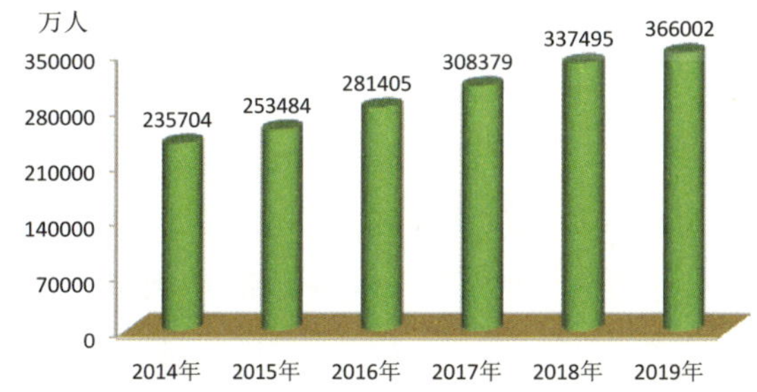

图 1　全国铁路旅客发送量

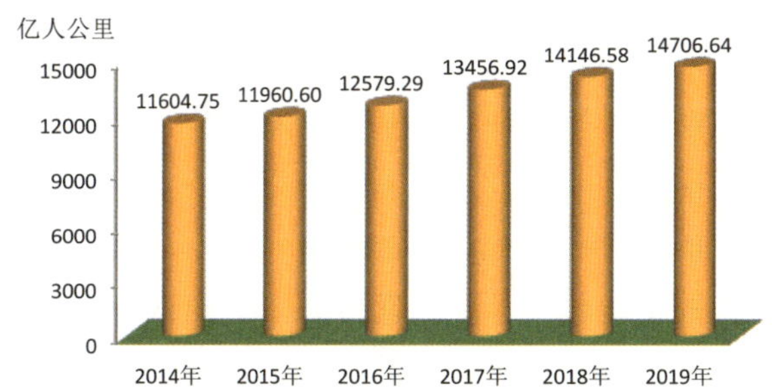

图 2　全国铁路旅客周转量

一、运输生产

旅客运输。全国铁路旅客发送量完成 36.60 亿人，比上年增加 2.85 亿人，增长 8.4%。其中，国家铁路 35.79 亿人，比上年增长 7.9%。全国铁路旅客周转量完成 14706.64 亿人公里，比上年增加 560.06 亿人公里，增长 4.0%。其中，国家铁路 14529.55 亿人公里，比上年增长 3.3%。

货物运输。全国铁路货运总发送量完成 43.89 亿吨，比上年增加 2.96 亿吨，增长 7.2%。其中，国家铁路 34.40 亿吨，比上年增长 7.8%。全国铁路货运总周转量完成 30181.95 亿吨公里，比上年增加 1254.11 亿吨公里，增长 4.3%。其中，国家铁路 27009.55 亿吨公里，比上年增长 4.7%。

表 2　全国铁路货物运输量

指标	单位	2019 年	比上年 ±%
货运总发送量	万吨	438904	7.2
国家铁路	万吨	344010	7.8
货运总周转量	亿吨公里	30181.95	4.3
国家铁路	亿吨公里	27009.55	4.7

图 3　全国铁路货运总发送量

图 4　全国铁路货运总转量

换算周转量。全国铁路总换算周转量完成44888.59 亿吨公里，比上年增加 1814.17 亿吨公里，增长 4.2%。其中，国家铁路 41539.10 亿吨公里，比上年增长 4.2%。

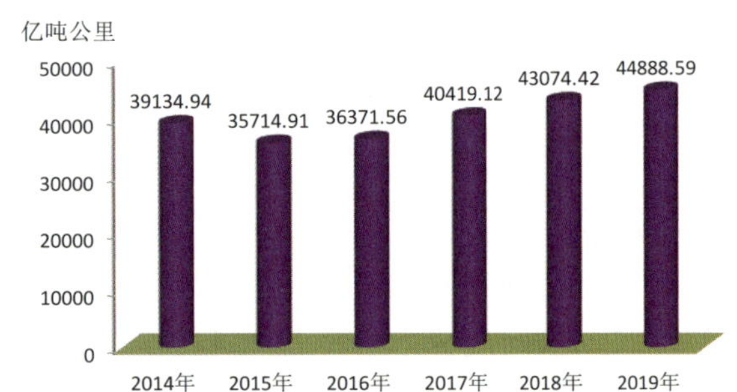

图 5　全国铁路总换算周转量

运输安全。全年全国铁路未发生铁路交通特别重大、重大事故；发生较大事故 4 件，同比增加 3 件。铁路交通事故死亡人数比上年下降 8.1%。

二、铁路建设

全国铁路固定资产投资完成 8029 亿元，投产新线 8489 公里，其中高速铁路 5474 公里。

路网规模。全国铁路营业里程达到 13.9 万公里，其中，高速铁路营业里程达到 3.5 万公里；复线里程 8.3 万公里，复线率 59.0%；电气化里程 10.0 万公里，电化率 71.9%；西部地区铁路营业里程 5.6 万公里。全国铁路路网密度 145.5 公里 / 万平方公里。

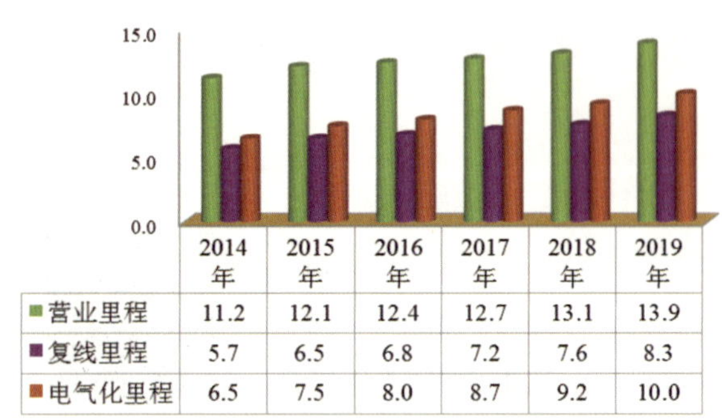

	2014年	2015年	2016年	2017年	2018年	2019年
营业里程	11.2	12.1	12.4	12.7	13.1	13.9
复线里程	5.7	6.5	6.8	7.2	7.6	8.3
电气化里程	6.5	7.5	8.0	8.7	9.2	10.0

图 6　全国铁路营业里程

移动装备。全国铁路机车拥有量为 2.2 万台，其中，内燃机车 0.8 万台，电力机车 1.37 万台。全国铁路客车拥有量为 7.6 万辆，其中，动车组 3665 标准组、29319 辆。全国铁路货车拥有量为 87.8 万辆。

三、技术标准和科技创新

重要技术标准制修订。

报经国家标准委审批发布《铁路旅客运输服务质量》《道砟清筛机》《机车车辆动力学性能评定及试验鉴定规范》等铁道国家标准 15 项。

发布铁道行业标准（技术标准）公告 9 批，《机车车辆强度设计及试验鉴定规范 总则》《铁路站场无线通信系统技术条件》和《铁路机车车辆驾驶人员健康检查规范》等技术标准 51 项，《ZD9/ZDJ9 系列电动转辙机》（TB/T 3113—2015）和《铁路货车篷布》（TB/T 1941—2013）标准修改单 2 项。发布铁道行业标准（工程建设标准）公告 8 批，《磁浮铁路技术标准（试行）》《高速铁路安全防护设计规范》和《铁路专用线设计规范（试行）》等工程建设标准 19 项。发布铁路工程造价标准公告 1 批，《铁路工程估算定额（第一册　通信工程）》等工程造价标准 8 项。发布关于下调铁路工程造价标准增值税税率的公告 1 批。发布《铁路列车荷载图式》《交流传动电力机车》《交流传动内燃机车》等铁道行业标准（技术标准）英文译本25项。发布铁路工程施工质量验收系列标准、《铁路旅客车站设计规范》和《铁路工程环境保护设计规范》等铁道行业标准（工程建设标准）英文译本22项，发布《高速铁路设计规范》俄文译本1项、印尼文译本1项。

报经国家市场监管总局审批发布《数字指示轨道衡检定规程》国家计量规程规范1项。发布《动车组测量仪表量值保证规范》《铁路接触网张力测量仪检定规程》铁道行业计量规程规范2项。

科技创新获奖情况。

2019年铁道行业获国家科学技术奖6项。其中国家技术发明二等奖2项：株洲中车时代电气股份有限公司“高压大电流IGBT芯片关键技术及应用”、中南大学“高速列车—轨道—桥梁系统随机动力模拟技术及应用”。国家科技进步二等奖4项：中国铁道科学研究院集团有限公司“高速铁路高性能混凝土成套技术与工程应用”、中铁第一勘察设计院集团有限公司“长大深埋挤压性围岩铁路隧道设计施工关键技术及应用”、中南大学“强风作用下高速铁路桥上行车安全保障关键技术及应用”、西南交通大学“重载列车与轨道相互作用安全保障关键技术及工程应用”。

铁路重大科技创新成果库2019年度入库280项，其中铁路科技项目48项、铁路专利51项、铁路技术标准27项、铁路科技论文154项。

四、节能减排

综合能耗。国家铁路能源消耗折算标准煤1634.77万吨，比上年增加10.57万吨，增长0.7%。单位运输工作量综合能耗 3.94吨标准煤/百万换算吨公里，比上年减少0.13吨标准煤/百万换算吨公里，下降3.2%。单位运输工作量主营综合能耗3.84吨标准煤/百万换算吨公里，比上年减少0.03吨标准煤/百万换算吨公里，下降0.9%。

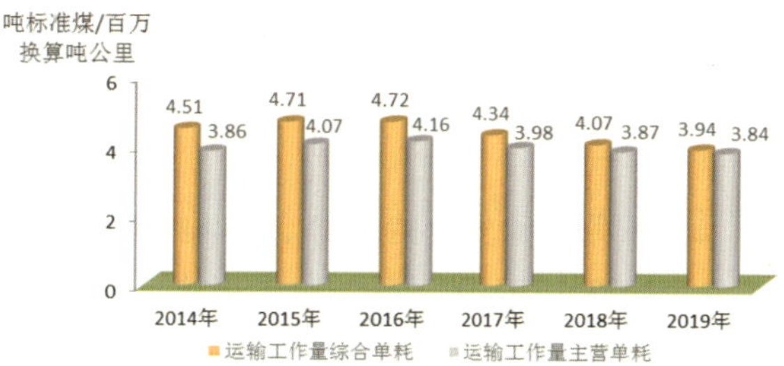

图7 国家铁路运输工作量综合单耗、主营单耗

主要污染物排放量。国家铁路化学需氧量排放量1764吨，比上年减排114吨，降低6.1 %。二氧化硫排放量5438吨，比上年减排4398吨，降低44.7 %。

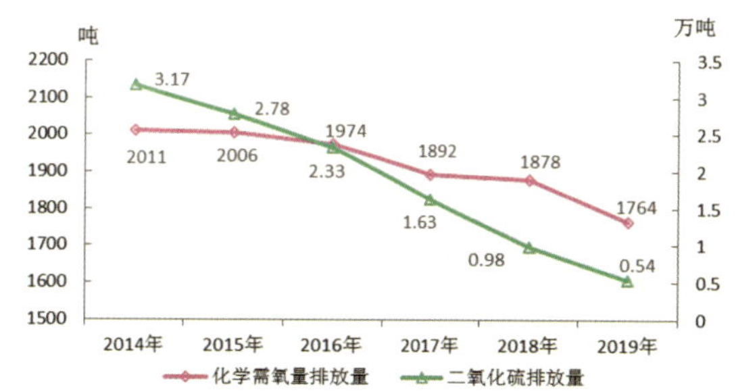

图8 国家铁路化学需氧量、二氧化碳排放量

注释：

1. 除注明外，国家铁路含控股合资铁路。
2. 客货发送量、客货周转量、运输设备为确报数，其余数据均为速报数。
3. 统计范围不含港澳台。
4. 除注明外，比上年为同口径。

《2019 年铁道统计公报》解读材料

《统计公报》显示，2019 年全国铁路客货运量实现持续增长，铁路运输安全保持持续稳定，铁路建设投资规模达到历史高位，铁路科技创新取得新成绩，铁路绿色发展成效明显，铁路行业共有 93 项国家标准或行业标准陆续发布。

一是铁路客货运量持续增长。2019 年全国铁路旅客发送量完成 36.60 亿人，增长 8.4%。全国铁路货运总发送量完成 43.89 亿吨，增长 7.2%。

二是铁路运输安全持续稳定。2019 年全国铁路未发生铁路交通特别重大、重大事故。

三是铁路建设投资规模达到历史高位。2019 年全国铁路固定资产投资完成 8029 亿元，连续六年保持在 8000 亿以上。全国铁路营业里程达到 13.9 万公里，其中高速铁路达到 3.5 万公里。

四是铁路科技创新取得新成绩。2019 年铁道行业获国家科学技术奖 6 项，其中国家技术发明二等奖 2 项、国家科技进步二等奖 4 项。铁路重大科技创新成果库 2019 年度入库 280 项。

五是铁路绿色发展成效明显。2019 年国家铁路单位运输工作量综合能耗比上年下降 3.2%；化学需氧量排放量比上年降低 6.1 %；二氧化硫排放量比上年降低 44.7 %，为持续推进污染防治、打赢蓝天保卫战发挥了重要作用。

六是铁路行业相关标准陆续发布。2019 年报经国家标准委审批发布铁道国家标准 15 项。国家铁路局制定发布铁道行业技术标准 51 项、工程建设标准 19 项、工程造价标准 8 项。

2019 年民航行业发展统计公报

2019 年，全行业以习近平新时代中国特色社会主义思想为指导，全面贯彻党的十九大和十九届二中、三中、四中全会以及中央经济工作会议精神，以新发展理念为引领，按照“一加快、两实现”的新时代民航强国建设战略进程，全面落实“一二三三四”新时期民航总体工作思路，扎实推动民航高质量发展，民航工作取得了显著成绩。

一、运输航空

2019 年，我国面临的外部风险挑战明显增多，国内经济下行压力持续加大。民航行业保持“控总量、调结构”的战略定力，确保行业发展稳中有进。

1. 运输周转量

2019 年，全行业完成运输总周转量 1293.25 亿吨公里，比上年增长 7.2%。国内航线完成运输总周转量 829.51 亿吨公里，比上年增长 7.5%，其中港澳台航线完成 16.90 亿吨公里，比上年下降 3.5%；国际航线完成运输总周转量 463.74 亿吨公里，比上年增长 6.6%。

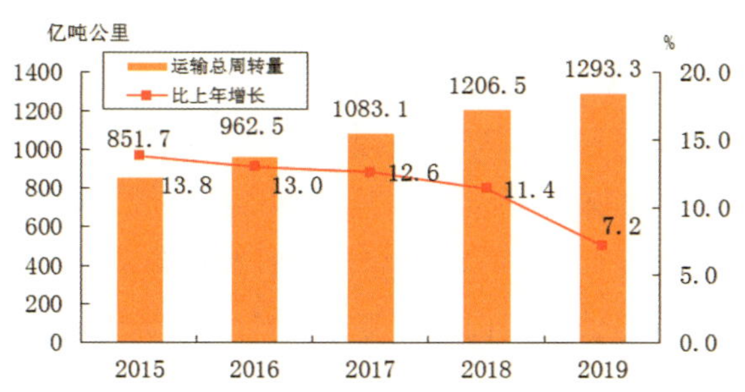

图 1　2015—2019 年民航运输总周转量

全行业完成旅客周转量 11705.30 亿人公里，比上年增长 9.3%。国内航线完成旅客周转量 8520.22 亿人公里，比上年增长 8.0%，其中港澳台航线完成 160.46 亿人公里，比上年下降 2.8%；国际航线完成旅客周转量 3185.08 亿人公里，比上年增长 12.8%。

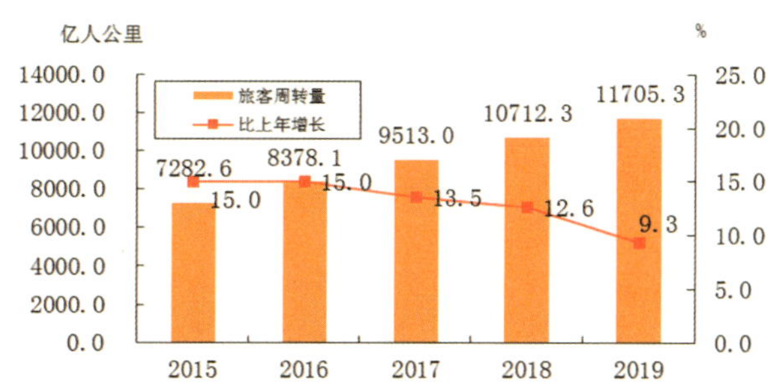

图 2　2015—2019 年民航旅客周转量

全行业完成货邮周转量 263.20 亿吨公里，比上年增长 0.3%。国内航线完成货邮周转量 78.59 亿吨公里，比上年增长 4.1%，其中港澳台航线完成 2.81 亿吨公里，比上年下降 6.9%；国际航线完成货邮周转量 184.61 亿吨公里，比上年下降 1.3%。

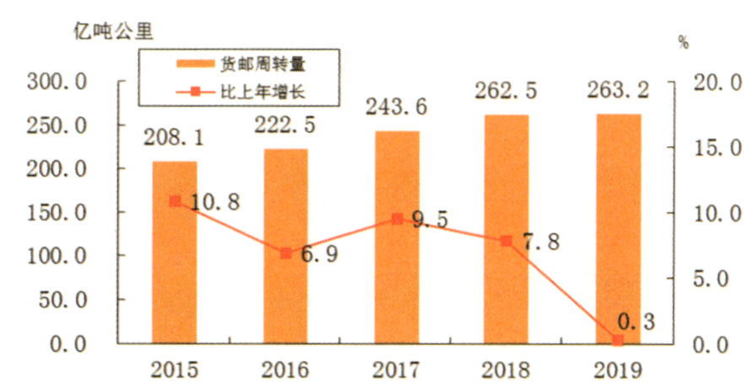

图 3　2015—2019 年民航货邮周转量

2. 旅客运输量

2019 年，全行业完成旅客运输量 65993.42 万人次，比上年增长 7.9%。国内航线完成旅客运输量 58567.99 万人次，比上年增长 6.9%，其中港澳台航线完成 1107.56 万人次，比上年下降 1.7%；国际航线完成旅客运输量 7425.43 万人次，比上年增长 16.6%。

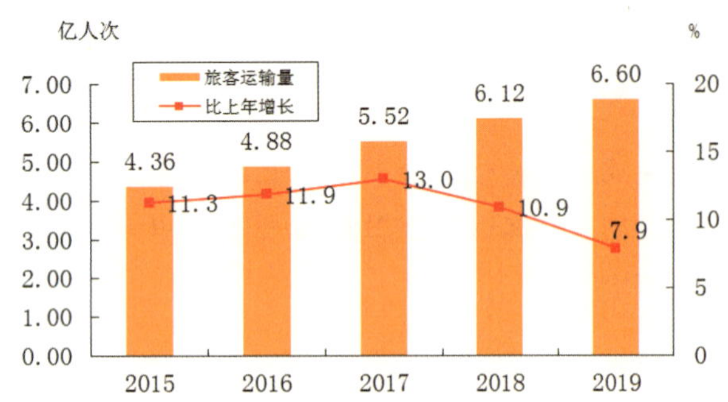

图 4　2015—2019 年民航旅客运输量

3. 货邮运输量

2019 年，全行业完成货邮运输量 753.14 万吨，比上年增长 2.0%。国内航线完成货邮运输量 511.24 万吨，比上年增长 3.1%，其中港澳台航线完成 22.22 万吨，比上年下降 5.4%；国际航线完成货邮运输量 241.91 万吨，比上年下降 0.3%。

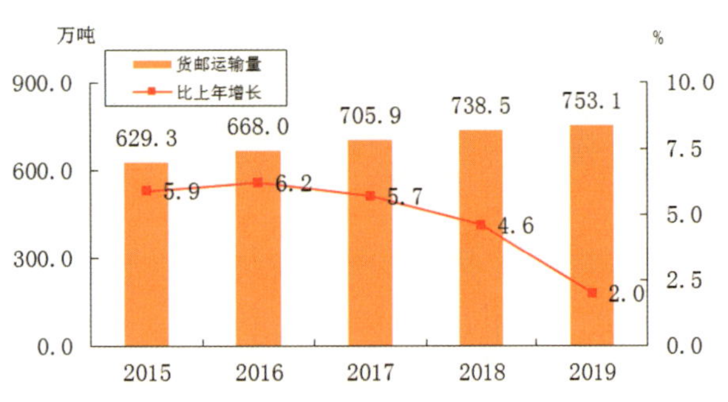

图 5　2015—2019 年民航货邮运输量

4. 飞行小时和起飞架次

2019 年，全行业运输航空公司完成运输飞行小时 1231.13 万小时，比上年增长 6.7%。国内航线完成运输飞行小时 991.62 万小时，比上年增长 6.2%，其中港澳台航线完成 20.08 万小时，比上年增长 1.8%；国际航线完成运输飞行小时 239.51 万小时，比上年增长 9.1%。

2019 年，全行业运输航空公司完成运输起飞架次 496.62 万架次，比上年增长 5.8%。国内航线完成运输起飞架次 447.78 万架次，比上年增长 5.1%，其中港澳台航线完成 8.38 万架次，比上年增长 2.0%；国际航线完成运输起飞架次 48.84 万架次，比上年增长 12.2%。

2019 年，全行业运输航空公司完成非生产飞行小时 3.21 万小时，其中训练飞行 1.47 万小时；完成非生产起飞架次 6.69 万架次。

5. 运输航空企业数量

截至 2019 年底，我国共有运输航空公司 62 家，比上年底净增 2 家，按不同所有制类别划分：国有控股公司 48 家，民营和民营控股公司 14 家。在全部运输航空公司中，全货运航空公司 9 家，中外合资航空公司 10 家，上市公司 8 家。

6. 运输机队

截至 2019 年底，民航全行业运输飞机期末在册架数 3818 架，比上年底增加 179 架。

表 1　2019 年运输飞机数量

飞机分类	飞机数量	比上年增加	在运输机队占比（%）
合计	3818	179	100.0
客运飞机	3645	166	95.5
其中：宽体飞机	457	48	12.0
窄体飞机	2997	114	78.5
支线飞机	191	4	5.0
货运飞机	173	13	4.5

7. 航线网络

截至 2019 年底，我国共有定期航班航线 5521 条，国内航线 4568 条，其中港澳台航线 111 条，国际航线 953 条。按重复距离计算的航线里程为 1362.96 万公里，按不重复距离计算的航线里程为 948.22 万公里。

截至 2019 年底，定期航班国内通航城市 234 个（不含香港、澳门、台湾）。我国航空公司国际定期航班通航 65 个国家的 167 个城市，内地航空公司定期航班从 30 个内地城市通航香港，从 19

表 2　2019 年我国定期航班条数及里程

指标：单位	数量
航线条数：条	5521
国内航线	4568
其中：港澳台航线	111
国际航线	953
按重复距离计算的航线里程：万公里	1362.96
国内航线	917.66
其中：港澳台航线	16.71
国际航线	445.30
按不重复距离计算的航线里程：万公里	948.22
国内航线	546.75
其中：港澳台航线	16.71
国际航线	401.47

个内地城市通航澳门，大陆航空公司从 49 个大陆城市通航台湾地区。

8. 运输航空（集团）公司生产

2019 年，中航集团完成飞行小时 279.88 万小时。完成运输总周转量 318.61 亿吨公里，比上年增长 1.9%；完成旅客运输量 1.43 亿人次，比上年增长 4.2%；完成货邮运输量 204.68 万吨，比上年下降 2.1%。

2019 年，东航集团完成飞行小时 243.57 万小时。完成运输总周转量 252.41 亿吨公里，比上年增长 8.5%；完成旅客运输量 1.30 亿人次，比上年增长 7.5%；完成货邮运输量 146.92 万吨，比上年增长 1.8%。

2019 年，南航集团完成飞行小时 295.07 万小时。完成运输总周转量 326.24 亿吨公里，比上年增长 7.5%；完成旅客运输量 1.52 亿人次，比上年增长 8.4%；完成货邮运输量 176.36 万吨，比上年增长 1.8%。

2019 年，海航集团完成飞行小时 190.18 万小时。完成运输总周转量 201.27 亿吨公里，比上年增长 3.5%；完成旅客运输量 1.14 亿人次，比上年增长 4.6%；完成货邮运输量 84.19 万吨，比上年下降 2.6%。

2019 年，其他航空公司共完成飞行小时 222.43 万小时。完成运输总周转量 194.73 亿吨公里，比上年增长 19.1%；完成旅客运输量 1.22 亿人次，比上年增长 15.8%；完成货邮运输量 141.00 万吨，比上年增长 12.4%。

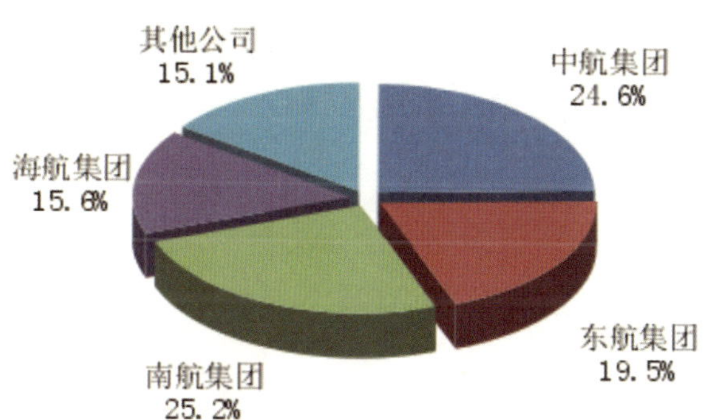

图 6　2019 年各航空（集团）公司运输周转量比重

9. 运输机场

截至 2019 年底，我国共有颁证运输机场 238 个，比上年底净增 3 个。2019 年新增机场有北京大兴国际机场、巴中恩阳机场、重庆巫山机场、甘孜格萨尔机场。

2019 年，北京南苑机场停航，宜宾菜坝机场迁至宜宾五粮液机场。

颁证运输机场按飞行区指标分类：4F 级机场 13 个，4E 级机场 38 个，4D 级机场 38 个，4C 级机场 143 个，3C 级机场 5 个，3C 级以下机场 1 个。

2019 年，全行业全年新开工、续建机场项目 126 个，新增跑道 7 条，停机位 444 个，航站楼面积 174.9 万平方米。截至 2019 年底，全行业运输机场共有跑道 261 条，停机位 6244 个，航站楼面积 1629 万平方米。

表3　2019年各地区颁证运输机场数量

地区		颁证运输机场数量（个）	占全国比例（%）
全国		238	100.0
其中：	东部地区	54	22.7
	中部地区	36	15.1
	西部地区	121	50.8
	东北地区	27	11.3

10. 机场业务量

2019年，全国民航运输机场完成旅客吞吐量13.52亿人次，比上年增长6.9%。

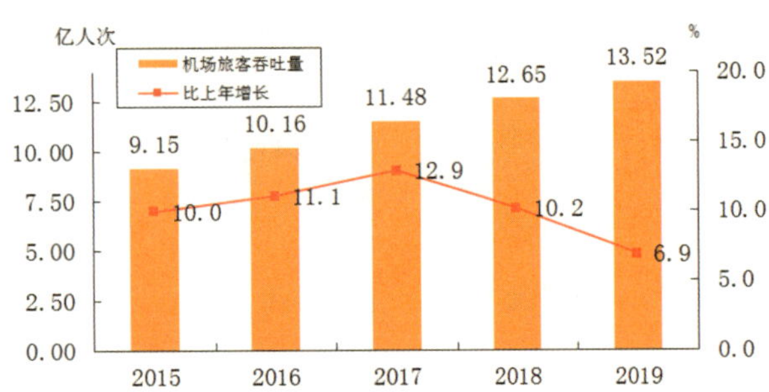

图7　2015—2019年民航运输机场旅客吞吐量

其中：2019年东部地区完成旅客吞吐量7.10亿人次，比上年增长5.4%；中部地区完成旅客吞吐量1.56亿人次，比上年增长10.8%；西部地区完成旅客吞吐量4.03亿人次，比上年增长8.3%；东北地区完成旅客吞吐量0.84亿人次，比上年增长6.2%。

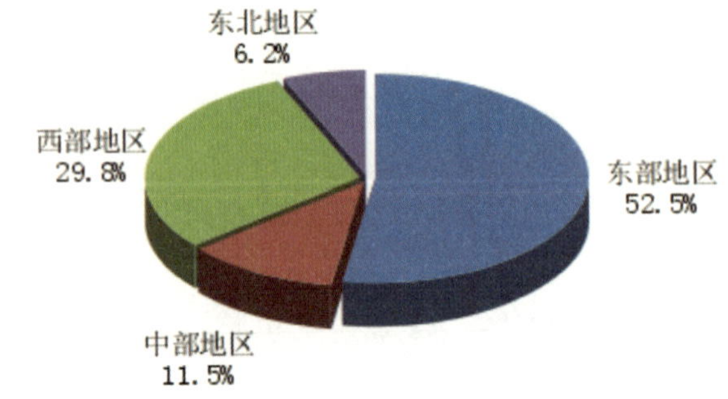

图8　2019年民航运输机场旅客吞吐量按地区分布

2019年全国民航运输机场完成货邮吞吐量1710.01万吨，比上年增长2.1%。

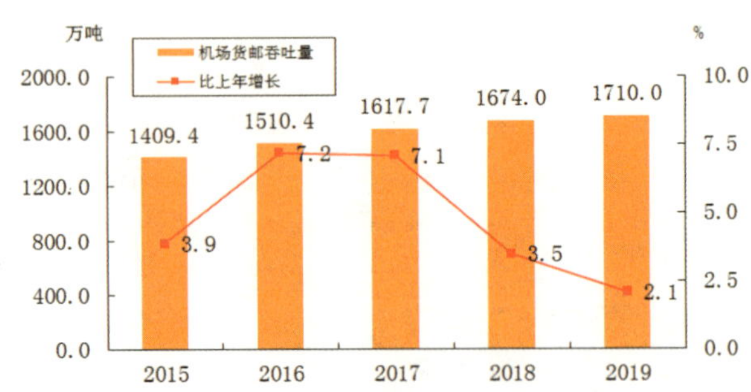

图9　2015—2019年民航运输机场货邮吞吐量

其中：2019年东部地区完成货邮吞吐量1245.92万吨，与上年持平；中部地区完成货邮吞吐量124.70万吨，比上年增长9.9%；西部地区完成货邮吞吐量279.04万吨，比上年增长7.4%；东北地区完成货邮吞吐量60.36万吨，比上年增长9.6%。2019年民航运输机场货邮吞吐量按地区分布如图10所示。

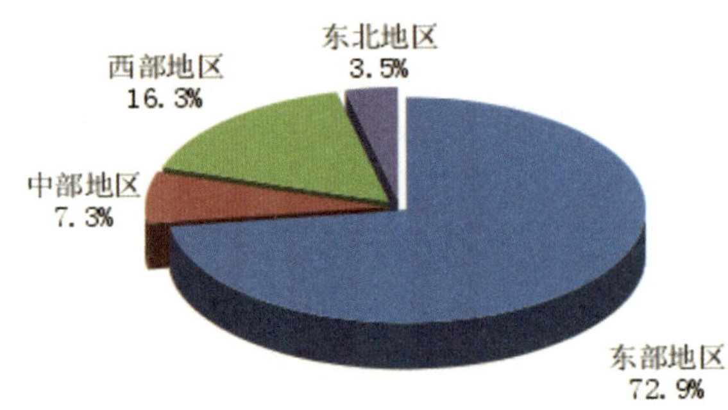

图10　2019年民航运输机场货邮吞吐量按地区分布

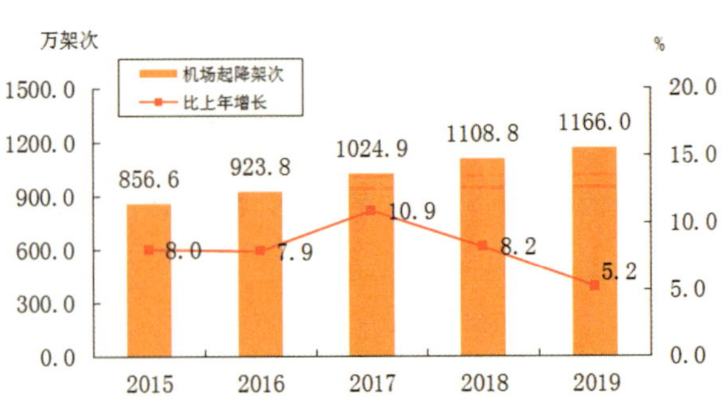

图11　2015—2019年民航运输机场起降架次

2019 年，全国民航运输机场完成起降架次 1166.05 万架次，比上年增长 5.2%。其中运输架次 986.82 万架次，比上年增长 5.3%。

2019 年，年旅客吞吐量 100 万人次以上的运输机场 106 个，其中北京、上海和广州三大城市机场旅客吞吐量占全部境内机场旅客吞吐量的 22.4%，比上年降低 0.9 个百分点。

表 4 2019 年旅客吞吐量 100 万人次以上的机场数量

年旅客吞吐量	机场数量（个）	比上年增加（个）	吞吐量占全国比例（%）
1000 万人次以上	39	2	83.3
100 万～1000 万人次	67	9	13.2

2019 年，年货邮吞吐量 1 万吨以上的运输机场 59 个，其中北京、上海和广州三大城市机场货邮吞吐量占全部境内机场货邮吞吐量的 46.5%，比上年降低 2.3 个百分点。

表 5 2019 年货邮吞吐量万吨以上的机场数量

年货邮吞吐量	机场数量（个）	比上年增加（个）	吞吐量占全国比例（%）
10000 吨以上	59	6	98.4

2019 年，北京首都机场完成旅客吞吐量 1.00 亿人次，连续 10 年位居世界第二；上海浦东机场完成货邮吞吐量 363.42 万吨，连续 12 年位居世界第三。

二、通用航空

1. 通用航空企业数量

截至 2019 年底，获得通用航空经营许可证的通用航空企业 478 家。其中，华北地区 104 家，东北地区 39 家，华东地区 113 家，中南地区 116 家，西南地区 55 家，西北地区 33 家，新疆地区 18 家。

2. 机队规模

2019 年底，通用航空在册航空器总数达到 2707 架，其中教学训练用飞机 849 架。

3. 通航机场

2019 年，共有 44 座通用机场获得颁证，全行业颁证通用机场数量达到 246 座。

4. 飞行小时

2019 年，全行业完成通用航空生产飞行 106.50 万小时，比上年增长 13.6%。其中，载客类作业完成 9.95 万小时，比上年增长 17.5%；作业类作业完成 16.05 万小时，比上年增长 4.3%；培训类作业完成 38.66 万小时，比上年增长 26.1%；其他类作业完成 5.32 万小时，比上年增长 6.6%；非经营性完成 36.52 万小时，比上年增长 6.7%。

5. 无人机情况

截至 2019 年底，全行业无人机拥有者注册用户达 37.1 万个，其中个人用户 32.4 万个，企业、事业、机关法人单位用户 4.7 万个。全行业注册无人机共 39.2 万架。

2019 年，全行业无人机有效驾驶员执照 67218 本。

2019 年，参与民航局无人机云交换系统的无人机飞行小时共有 125 万小时。

三、运输效率与经济效益

1. 运输效率

2019 年，全行业在册运输飞机平均日利用率为 9.33 小时，比上年减少 0.03 小时。其中，大中型飞机平均日利用率为 9.49 小时，比上年提高 0.01 小时；小型飞机平均日利用率为 6.39 小时，比上年减少 0.52 小时。

2019 年，正班客座率平均为 83.2%，与上年持平。

2019 年，正班载运率平均为 71.6%，比上年降低 1.6 个百分点。

表 6　2019 年正班客座率和正班载运率

指标	指标值（%）	比上年增长（百分点）
正班客座率	83.2	0.0
国内航线	84.6	-0.2
其中：港澳台航线	77.8	-3.1
国际航线	79.5	0.6
正班载运率	71.6	-1.6
国内航线	73.6	-2.0
其中：港澳台航线	64.5	-3.2
国际航线	68.2	-1.3

2. 经济效益

据初步统计，2019 年，全行业累计实现营业收入 10624.9 亿元，比上年增长 5.0%；利润总额 541.3 亿元，比上年增加 57.6 亿元。其中，航空公司实现营业收入 6487.2 亿元，比上年增长 6.5%；利润总额 261.1 亿元，比上年增加 57.3 亿元。机场实现营业收入 1207.0 亿元，比上年增长 8.1%；利润总额 161.1 亿元，比上年减少 5.5 亿元。保障企业实现营业收入 2930.6 亿元，比上年增长 0.7%；利润总额 119.2 亿元，比上年增加 5.9 亿元。

据初步统计，2019 年，全行业运输收入水平为 4.62 元 / 吨公里，比上年降低 0.06 元 / 吨公里。其中，客运收入水平 5.47 元 / 吨公里，比上年降低 0.14 元 / 吨公里；货邮运输收入水平 1.45 元 / 吨公里，比上年降低 0.06 元 / 吨公里。

据初步统计，2019 年，民航全行业应交税金 357.9 亿元，比上年减少 68.5 亿元。

四、航空安全与服务质量

1. 航空安全

2019 年，民航安全运行平稳可控，运输航空百万架次重大事故率十年滚动值为 0.028（世界平均水平为 0.292）。发生通用航空事故 15 起，死亡 8 人。

自 2010 年 8 月 25 日至 2019 年底，运输航空连续安全飞行 112 个月，累计安全飞行 8068 万小时。

2019 年，全年共发生运输航空征候 570 起，同比下降 2.23%，其中运输航空严重征候 11 起，同比下降 31.25%。严重征候和人为责任原因征候万时率分别为 0.009 和 0.023，各项指标均较好控制在年度安全目标范围内。

2019 年，全行业共有 39 家运输航空公司未发生责任征候。

2. 空防安全

2019 年，全国民航安检部门共检查旅客 6.60 亿人次，检查旅客托运行李 3.49 亿件次，检查航空货物（不含邮件、快件）5.32 亿件次，检查邮件、快件 2.44 亿件次，处置编造虚假恐怖威胁信息非法干扰事件 38 起，查处各类安保事件 14582 起，确保了民航空防持续安全。截至 2019 年底，民航实现 17 年零 7 个月的空防安全零责任事故记录。

3. 航班正常率

2019 年，全国客运航空公司共执行航班 461.11 万班次，其中正常航班 376.52 万班次，平均航班正常率为 81.65%。

2019 年，主要航空公司共执行航班 330.47 万班次，其中正常航班 269.11 万班次，平均航班正常率为 81.43%。

2019 年，全国客运航班平均延误时间为 14 分钟，同比减少 1 分钟。

4. 服务质量

截至 2019 年底，229 个机场和主要航空公司可实现“无纸化”出行；37 家千万级机场国内旅客平均自助值机比例达 71.6%；在 8 家航空公司、29 家机场开展跨航司行李直挂试点；15 家航空公司 410 架飞机为旅客提供客舱网络服务，其中 9 家航空公司 202 架飞机实现地空互联，为 805 万次旅客提供了空中接入互联网服务；航空货运电子运单使用突破 160 万票；12326 民航服务质量监督电话开通，国内航空公司投诉响应率达 100%。

2019 年，民航局、各地区管理局、民航局消费者事务中心和中国航空运输协会共受理航空消费者投诉 30462 件。

2019 年，旅客对航空公司和机场服务满意度分别为 4.26 分和 4.32 分（满分 5 分）。

表 7　2019 年航班不正常原因分类统计

指标	占全部比例（%）	比上年提高百分点
全部航空公司航班不正常原因	100.00	0.00
其中：天气原因	46.49	-0.96
航空公司原因	18.91	-2.22
空管原因（含流量原因）	1.43	-0.88
其他	33.17	4.08
主要航空公司航班不正常原因	100.00	0.00
其中：天气原因	47.47	-1.15
航空公司原因	18.36	-2.64
空管原因（含流量原因）	1.79	-0.96
其他	32.38	4.75

五、教育与科技创新

1. 教育情况

2019 年，民航直属院校共招收学生 23610 人，其中：研究生 1144 人，普通本专科生 20614 人，成人招生 1852 人。全年招收飞行学生 6232 人。

2019 年，民航直属院校在校生数达到 72512 人，其中：研究生 3015 人，普通本专科生 64902 人，成人在校生 4595 人。

2019 年，民航直属院校共毕业学生 19490 人，其中：硕士研究生 858 人，普通本专科生 16930 人，成人学生 1701 人。

2. 科技创新

2019 年，全行业遴选出民航科技创新 9 名领军人才，20 名拔尖人才和 12 个创新团队。8 家民航重点实验室和民航工程技术研究中心通过认定。10 家民航科技创新“四型”科研院所和“五大”基地通过评审。3 家民航产业技术创新战略联盟经批准试点。国家重点研发计划项目立项 2 项。

2019 年，民航共验收科技成果 32 项，评选中国航空运输协会民航科学技术奖 37 项。

3. 航行新技术应用

截至 2019 年底，全行业 19 家航空公司具备 HUD 运行能力，1256 架运输飞机具备 HUD 能力，具备 HUD 特殊 I 类标准的机场 97 个（2019 年新增 15 个），具备 HUD 特殊 II 类标准的机场 21 个，具备 HUD RVR150 米起飞标准的机场 11 个。

全行业 230 个运输机场具备 PBN 飞行程序，地形复杂的 26 个机场配备 RNP AR 程序，98% 的运输飞机具备 ADS-B 能力，39 家航空公司应用了电子飞行包（EFB）。

六、专业技术人员

1. 飞行员数量

截至 2019 年底，中国民航驾驶员有效执照总数为 67953 本，比上年底增加 6461 本。其中，运动驾驶员执照（SPL）1173 本，私用驾驶员执照（PPL）4352 本，商用驾驶员执照（CPL）35329 本，多人制机组驾驶员执照（MPL）193 本，航线运输驾驶员执照（ATPL）26906 本。

2. 其他专业技术人员

截至 2019 年底，全行业持照机务人员 59124 名，比上年增加 3881 名；持照签派员 8450 名，比上年增加 807 名。

截至 2019 年底，空管行业四类专业技术人员共 30964 人，比上年新增 3257 人。其中，空中交通管制人员 13828 人，比上年新增 700 人。

表 8　2019 年中国民航驾驶员执照分类统计表

执照种类		数量	比上年增加（个）
在职	121 部运输航空公司（运行人员）	42870	3435
	121 部运输航空公司（非运行人员）	6540	1347
	通用航空公司	3599	95
	141 部飞行学校教员	1198	213
	政府事务	108	4
在训	141 部私照持有人	2671	485
	141 部商照持有人	435	-35
	61 部训练机构在训学生	457	42
非在职	141 航校毕业待注册运输公司人员	1919	1919
	私用驾驶员	1214	413
	运动航空器驾驶员	1173	279
	待飞行就业人员	1514	-1520
非活跃		4255	-216
合计		67953	6461

七、对外关系

2019 年，我国先后与 25 个国家或地区举行双边航空会谈或书面磋商。截至 2019 年底，我国与其他国家或地区签订双边航空运输协定 127 个，比上年底增加 1 个（巴哈马），其中，亚洲有 44 个（含东盟），非洲有 27 个，欧洲有 37 个，美洲有 12 个，大洋洲有 7 个。

2019 年，我国与新加坡签署适航维修互认协定。

2019 年，我国与俄罗斯修订签署适航实施程序，与柬埔寨、老挝修订签署适航谅解备忘录，与贝宁签署适航谅解备忘录，与匈牙利签署适航技术安排。截至 2019 年底，与我国建立双边适航关系的国家或地区为 39 个，现行有效的双边适航文件共 238 份。

八、适航审定

2019 年，全行业新增 613 架航空器国籍登记。其中，新注册运输航空器 220 架，通用航空器 393 架，新注册通用航空器连续四年超过 300 架。

2019 年，民航适航审定部门共颁发 204 份设计批准类证件，33 份生产批准类证件，154 份航油航化批准证件，为航空产品的安全使用提供了有力支持，保障了民航行业发展。

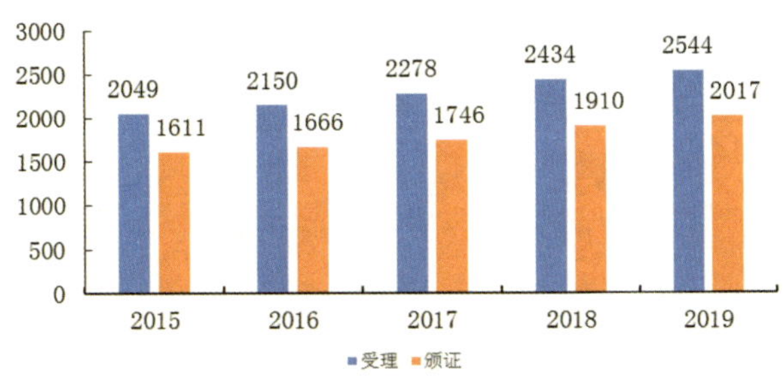

图 12　2015—2019 年型号合格、认可审定数量

九、固定资产投资

2019 年，民航固定资产投资总额 1819.9 亿元，其中，民航基本建设和技术改造投资 969.4 亿元，比上年增加 3.5%（见图 13）。

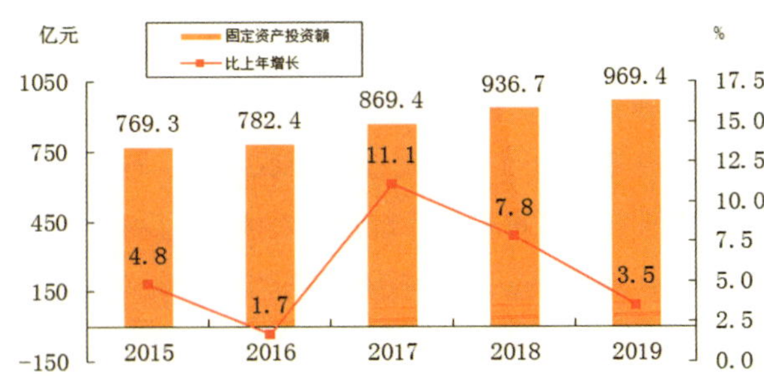

图 13　2015—2019 年民航基本建设和技术改造投资额

基本建设和技术改造投资按系统划分如下：机场系统完成 751.4 亿元，空管系统完成 50.6 亿元，

安保系统完成 1.7 亿元，信息系统完成 0.8 亿元，科教系统完成 5.3 亿元，油料系统完成 23.1 亿元，机务维修系统完成 0.5 亿元，运输服务系统完成 70.5 亿元，公用设施系统完成 65.5 亿元。

十、节能减排

2019 年，中国民航吨公里油耗为 0.285 公斤，较 2005 年（行业节能减排目标基年）下降 16.2%，机场每客能耗较“十二五”末（2013—2015 年）均值下降约 15.8%。

2019 年，共有 37.3 万架次航班使用临时航路，缩短飞行距离 1570 万公里，节省燃油消耗 8.5 万吨，减少二氧化碳排放约 26.7 万吨。

截至 2019 年，全国年旅客吞吐量 500 万人次以上机场中 95% 以上的单位已完成 APU 替代设备安装并投入使用，千万级以上机场基本实现应用尽用。

截至 2019 年，民航机场地面保障车辆设备中，共有电动车辆 2700 台，充电设施 1400 个，电动车辆占比约 7.5%。

2019 年，机场能源清洁化水平稳步提升，电力、天然气、外购热力占比达到 83%，太阳能、地热能等清洁能源占比约 1.4%。

十一、法规和信用体系建设

2019 年，5 部民航规章完成修订或废止工作并予以公布。

2019 年，全行业共发生行政处罚案件 326 起；全年共 11 个自然人因实施《民航行业信用管理办法（试行）》规定的严重失信行为而被列入民航行业严重失信人名单；10168 名旅客被列入限制乘坐民用航空器特定严重失信人名单。

十二、工会工作

2019 年，经中国民航工会申报，民航系统 1 个先进单位被授予“全国五一劳动奖状”、3 名先进个人被授予“全国五一劳动奖章”、10 个先进班组被授予“全国工人先锋号”荣誉称号。

2019 年，在全行业“安康杯”竞赛活动中，共有 444 个单位、3.27 万个班组、67.31 万名职工参加。

2019 年邮政行业发展统计公报

2019 年是新中国成立 70 周年，是决胜全面建成小康社会第一个百年奋斗目标的关键之年。全行业在以习近平同志为核心的党中央坚强领导下，全面贯彻落实中央决策部署，坚持稳中求进工作总基调，坚持以供给侧结构性改革为主线，坚持新发展理念和以人民为中心的发展思想，坚定不移推动邮政业高质量发展，邮政业改革发展取得了新成效，保持了总体平稳、稳中有进的良好态势。全行业业务总量和业务收入分别完成 1.6 万亿元和 9642.5 亿元，同比分别增长 31.5% 和 22%，快递业务量突破 600 亿件。

一、业务发展情况

全年邮政行业业务总量完成 16229.6 亿元，同比增长 31.5%。全年邮政行业业务收入（不包括邮政储蓄银行直接营业收入）完成 9642.5 亿元，同比增长 22%。

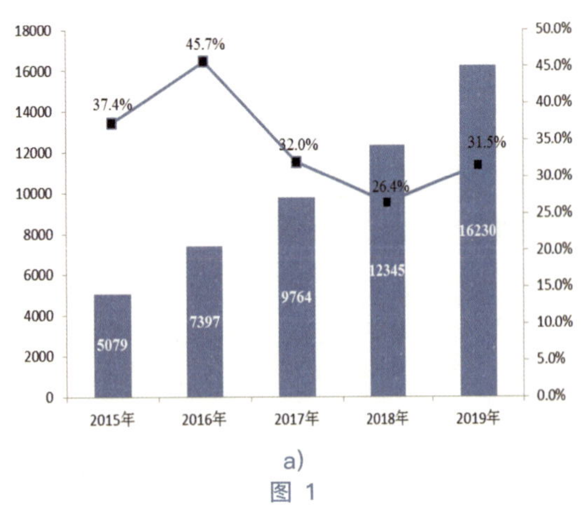

a)

图 1

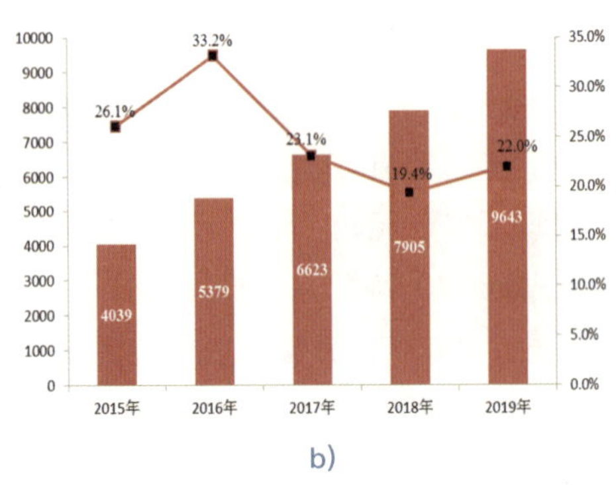

b)

图 1　2015—2019 年邮政行业业务发展情况

（一）邮政寄递服务业务

2019 年邮政寄递服务业务量完成 247.2 亿件，同比增长 4.3%；邮政寄递服务业务收入完成 428.7 亿元，同比增长 16.4%。

全年函件业务量完成 21.7 亿件，同比下降 18.9%；包裹业务量完成 2155 万件，同比下降 10.5%；订销报纸业务完成 168.1 亿份，同比下降 2.7%；订销杂志业务完成 7.3 亿份，同比下降 5.8%；汇兑业务完成 1640 万笔，同比下降 34.9%。

（二）快递业务

快递业务快速增长。全年快递服务企业业务量完成 635.2 亿件，同比增长 25.3%；快递业务收入完成 7497.8 亿元，同比增长 24.2%。

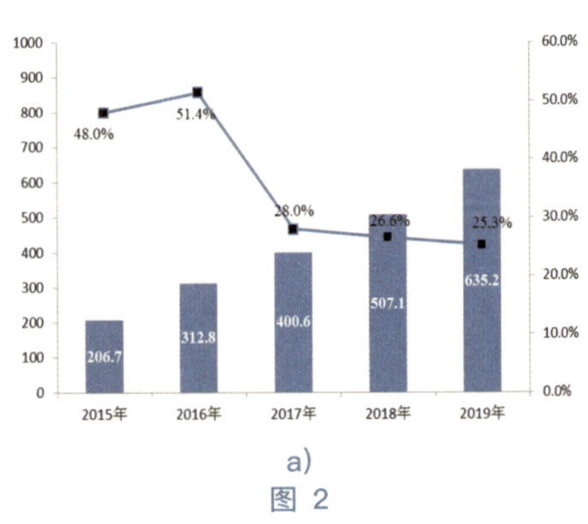

a)

图 2

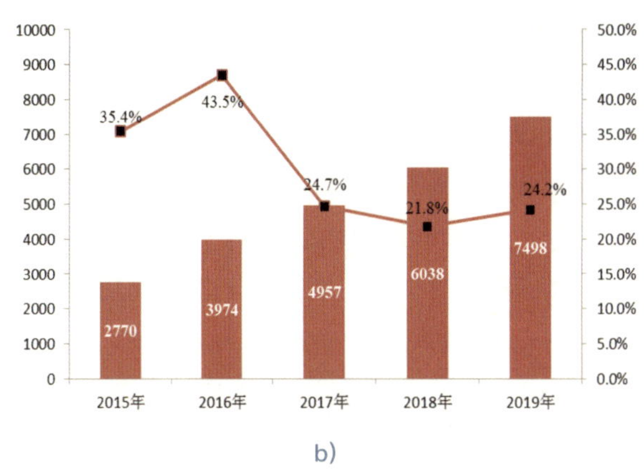

b)

图 2 2015—2019 年快递业务发展情况

快递业务收入在行业中占比继续提升。快递业务收入占行业总收入的比重为 77.8 %，比上年提高 1.4 个百分点。

同城快递业务小幅下降。全年同城快递业务量完成 110.4 亿件，同比下降 3.3%；实现业务收入 751.8 亿元，同比下降 16.9%。

异地快递业务快速增长。全年异地快递业务量完成 510.5 亿件，同比增长 33.7%；实现业务收入 3941.2 亿元，同比增长 27.1%。

国际 / 港澳台快递业务持续增长。全年国际 / 港澳台快递业务量完成 14.4 亿件，同比增长 29.9%；实现业务收入 747.3 亿元，同比增长 27.6%。

异地业务占比提升。同城、异地、国际 / 港澳台快递业务量占全部比例分别为 17.4%、80.4% 和 2.2%，业务收入占全部比例分别为 10%、52.6% 和 10%。

东、中、西部地区各项快递业务均保持了持续稳定的增长势头，中部地区业务增长持续提速，市场份额继续上升。全年东部地区完成快递业务量 506.2 亿件，同比增长 25%；实现业务收入 6015.9 亿元，同比增长 24.5%。中部地区完成快递业务量 81.7 亿件，同比增长 30.9%；实现业务收入 844.2 亿元，同比增长 24.5%。西部地区完成快递业务量 47.4 亿件，同比增长 19.4%；实现业务收入 637.8 亿元，同比增长 20.4%。东、中、西部地区快递业务量比重分别为 79.7%、12.9% 和 7.4%，快递业务收入比重分别为 80.2%、11.3% 和 8.5%。

快递业务量排名前五位的省份合计在全国占比较上年有所上升。快递业务量排名前五位的省份依次是广东、浙江、江苏、上海和山东，其快递业务量合计占全部快递业务量的比重达到 65.9%，较上年前五位占比提高 0.5 个百分点。快递业务收入排名前五位的省份依次是广东、上海、浙江、江苏和北京，其快递业务收入合计占全部快递业务收入的比重达到 66.8%，较上年同期上升 0.2 个百分点。

快递业务量排名前十五位的城市依次是广州、金华（义乌）、深圳、上海、杭州、北京、苏州、东莞、揭阳、成都、泉州、武汉、温州、宁波和南京，其快递业务量合计占全部快递业务量的比重达到 56.5%。

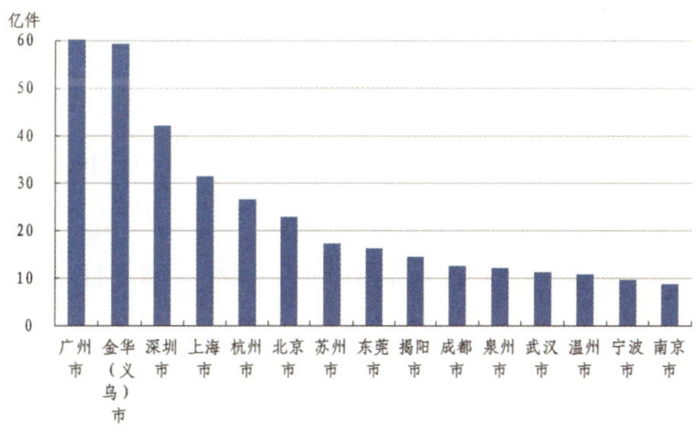

图 3 快递业务量前 15 名城市情况

快递业务收入排名前十五位的城市依次是上海、广州、深圳、北京、杭州、金华（义乌）、苏州、东莞、成都、武汉、揭阳、南京、宁波、天津、泉州，其快递业务收入合计占全部快递业务收入的比重达到 60.7%。

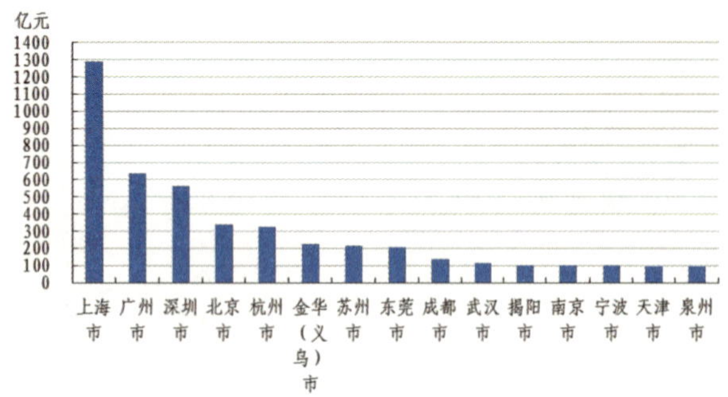

图 4　快递业务收入前 15 名城市情况

国有、民营、外资企业业务量占全部快递与包裹市场比重分别为 10.8%、88.8%、0.4%，国有、民营、外资企业业务收入占全部快递与包裹市场比重分别为 9.8%、85.3%、4.9%。

快递与包裹服务品牌集中度指数 CR8 为 82.5。

二、通信能力和服务水平

（一）机构设备

全行业拥有各类营业网点 31.9 万处，其中设在农村的 10.5 万处。快递服务营业网点 21 万处，其中设在农村的 6.5 万处。全国拥有邮政信筒信箱 11.9 万个，比上年末减少 0.3 万个。全国拥有邮政报刊亭总数 1.3 万处，比上年末减少 0.3 万处。

全行业拥有国内快递专用货机 116 架，与上年同期持平。全行业拥有汽车 32.8 万辆，比上年末增长 1.8%，其中快递服务汽车 23.7 万辆，比上年末减少 0.9%。

（二）通信网路

全国邮政邮路总条数 3.6 万条，比上年末增加 7619 条。邮路总长度（单程）1222.7 万公里，比上年末增加 237.6 万公里。全国邮政农村投递路线 10.2 万条，比上年末增加 7208 条；农村投递路线长度（单程）419.9 万公里，比上年末增加 16.8 万公里。全国邮政城市投递路线 10.3 万条，比上年末增加 3.3 万条；城市投递路线长度（单程）221 万公里，比上年末增加 49.8 万公里。全国快递服务网路条数 16.7 万条；快递服务网路长度（单程）2863.2 万公里。

（三）服务能力

全行业平均每一营业网点服务面积为 30.1 平方公里；平均每一营业网点服务人口为 0.4 万人。邮政城区每日平均投递 2 次，农村每周平均投递 5 次。全国年人均函件量为 1.6 件，每百人订有报刊量为 8 份，年人均快递使用量为 45.4 件。年人均用邮支出 688.7 元，年人均快递支出 535.5 元。

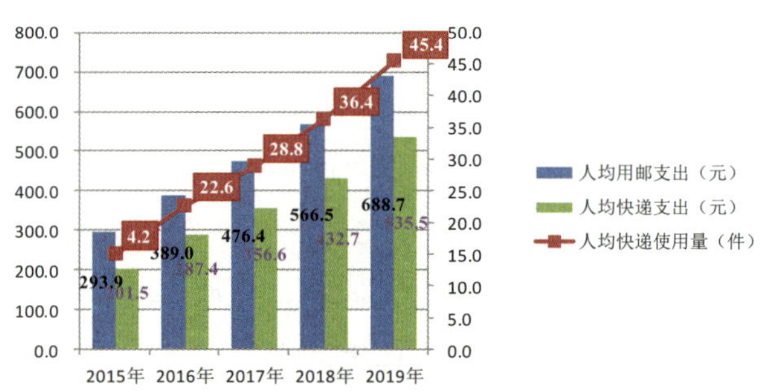

图 5　2015—2019 年人均用邮支出、快递支出和快递使用量情况

注释：

1. 本公报中邮政寄递服务业务、通信能力和服务水平有关数据来自年报，其他数据为月报统计数据。
2. 各项统计数据未包括香港和澳门特别行政区及台湾省。
3. 部分数据因四舍五入的原因，存在着与分项合计不等的情况。
4. 邮政行业业务总量按 2010 年不变价格计算。
5. 全国人口数据来自国家统计局《2019 年国民经济和社会发展统计公报》。

《2019 年邮政行业发展统计公报》解读

2019 年，我国邮政行业制度供给加强，政策环境进一步优化，中央决策部署得到有效落实，供给侧结构性改革深入推进，三大攻坚战取得积极进展，高质量发展迈上新台阶，依法治邮成效明显，国际和港澳台交流合作开创新局面。邮政业在经济社会发展中的作用不断增强，为“六稳”工作作出了积极贡献。

一、行业规模保持快速增长

2019 年，邮政全行业完成业务总量 16229.6 亿元，同比增长 31.5%；实现业务收入 9642.5 亿元，同比增长 22%。规模上，行业业务总量、业务收入分别为 2015 年的 3.2 倍和 2.4 倍。增速上，相较往年增速有所提升，业务总量增速为同期 GDP 的 5 倍。

二、邮政寄递服务调整优化

2019 年，邮政寄递服务业务量、收分别完成 247.2 亿件和 428.7 亿元，分别增长 4.3% 和 16.4%。业务结构上，邮政传统业务继续萎缩，新兴业务成为邮政寄递业务的主要增长极。服务形式上，从普遍服务向综合平台服务转型，便民利商综合效能逐步显现。

三、快递业务规模突破 600 亿件

2019 年，快递服务企业业务量完成 635.2 亿件，同比增长 25.3%；快递业务收入完成 7497.8 亿元，同比增长 24.2%。

快递业务收入在行业中占比继续提升，快递业务收入占行业总收入的比重为 77.8%，比上年提高 1.4 个百分点。

异地快递业务增速加快。2019 年，同城、异地和国际三项业务的业务量增速分别为 -3.3%、33.7% 和 29.9%，异地快递业务增速超过同城和国际 / 港澳台快递业务，高于整体增长水平。

民营快递企业市场份额继续提升，民营快递成长为绝对主力。2019 年，民营企业的快递与包裹市场份额进一步提高，业务量占比达到 88.8%，收入占比达到 85.3%。

快递服务质量持续向好，准时率、满意度、申诉率全面改善。市场集中度明显提升。2019 年，快递与包裹服务品牌集中度指数 CR8 达到 82.5，年内呈现出逐月上升趋势，行业龙头企业市场份额持续扩大，地位进一步巩固。

四、快递业务区域分化有所加剧

2019 年，东、中、西部地区快递业务量比重分别为 79.7%、12.9% 和 7.4%，与去年同期相比，东部和西部分别下降 0.2 和 0.4 个百分点，中部上升 0.6 个百分点，中部地区业务量市场份额继续呈上升趋势。

龙头省份排名基本稳定，快递业务量收排名前五位的省份合计在全国占比较上年有所上升。快递业务量排名前五位的省份依次是广东、浙江、江苏、上海和山东，其快递业务量合计占全部快递业务量的比重达到 65.9%，较上年上升 0.5 个百分点。快递业务收入排名前五位的省份依次是广东、上海、浙江、江苏和北京，其快递业务收入合计占全部快递业务收入的比重达到 66.8%，较上年同期上升 0.2 个百分点。

龙头城市排名保持稳定，快递业务量排名前十五位的城市快递业务量合计占全部快递业务量的比重达到56.5%，快递业务收入排名前十五位的城市快递业务收入合计占全部快递业务收入的比重达到60.7%。

五、行业通信能力和服务水平不断提升

“邮政在乡”和“快递下乡”工程不断推进，建制村通邮率和快递乡镇覆盖率不断提升，快递下沉效益持续增强。全国打造快递服务现代农业“一地一品”年业务量超百万件项目163个，超千万件“快递+”金牌项目达37个。

行业内汽车、飞机等装备设备基本稳定，国内快递专用货机达116架。

通信网路不断完善，年内邮路总条数、邮路总长度有所增长，全国快递服务网路条数、快递服务网路长度因部分企业停网运行，总数有所下降。

行业普惠程度更加突出，2019年年内人均快递使用量及支出较2018年显著提升，同时，快递平均单价继续下降，人民群众用邮满足感和获得感不断增强。

附录 3 权威媒体报道

一、交通运输好新闻和重大报道

（一）真刀真枪解决问题

中央“不忘初心、牢记使命”主题教育领导小组对开展专项整治作出部署安排。各单位如何认真学习贯彻习近平总书记重要指示精神，以正视问题的自觉和刀刃向内的勇气，真刀真枪解决问题，切实抓好主题教育列出的突出问题的专项整治？交通运输部党组书记杨传堂接受了本报专访。

（《人民日报》2019 年 8 月 5 日 02 版）

（二）中共中央 国务院印发《交通强国建设纲要》

建设交通强国是以习近平同志为核心的党中央立足国情、着眼全局、面向未来作出的重大战略决策，是建设现代化经济体系的先行领域，是全面建成社会主义现代化强国的重要支撑，是新时代做好交通工作的总抓手。为统筹推进交通强国建设，制定本纲要。

（《人民日报》2019 年 9 月 20 日 04 版）

（三）奋力建设交通强国

日前，党中央、国务院印发了《交通强国建设纲要》。建设交通强国，是以习近平同志为核心的党中央作出的重大战略决策，也是新时代做好交通工作的总抓手。我们要认真学习贯彻，奋力建设交通强国。建设交通强国，事关民生福祉增进，事关经济高质量发展，事关国家竞争力提升，意义十分重大。

（《人民日报》2019 年 9 月 28 日 14 版）

（四）着力打造“三张交通网”和“两个交通圈” 吹响建设交通强国的号角

“三张交通网”包括：发达的快速网，主要包括高铁、高速公路、民航，主要突出高品质、速度快等特点；完善的干线网，主要由普速铁路、普通国道、航道，还有油气管线组成，具有运行效率高、服务能力强等特点；广泛的基础网，主要由普通的省道、农村公路、支线铁路、支线航道、通用航空组成，覆盖空间大、通达程度深、惠及面广。“两个交通圈”则是指围绕国内出行和全球的快货物流建立起来的快速服务体系。

（《人民日报》2019 年 10 月 4 日 04 版）

（五）让亿万百姓出行更便利

今年 9 月，中共中央、国务院印发《交通强国建设纲要》，提出“推进出行服务

快速化、便捷化”“优先发展城市公共交通，鼓励引导绿色公交出行”。未来，我国公交事业有望再上新台阶，城市百姓出行还将更加方便快捷。

（《人民日报》2019 年 10 月 30 日 07 版）

（六）让农民出行不再烦恼——交通运输部积极牵头开展“畅返不畅”专项整治

今年国庆假期，苍岩山脚下的河北省石家庄市井陉县寺垴村好热闹，北京、天津车牌的轿车开进了村庄，10 多家农家乐户户爆满。“多亏县里出资在节前修好了破损多年的村路。宽 3.5 米、长 2.5 公里的新水泥路一通，带来了人气、财气，让咱村里人的腰包鼓起来了！”寺垴村党支部书记赵彦芳高兴地说。寺垴村村民的喜悦，折射着交通运输部牵头开展“畅返不畅”专项整治的成效。

（《人民日报》2019 年 11 月 20 日 02 版）

（七）流动的中国很繁忙

交通是基础性、服务性、引领性、战略性产业，是兴国之要、强国之基。新中国成立 70 年来，特别是改革开放以来，我国交通基础设施加速成网，运输服务能力连上台阶，为百姓生活带来巨大便利，也在国民经济发展中发挥了重要的先行作用。

（《人民日报》2019 年 11 月 25 日 02 版）

（八）农村公路总里程超 404 万公里

今年年底，全国农村公路总里程已超 404 万公里，具备条件的乡镇和建制村将 100% 通上硬化路。下一步将加大推进力度，加强政策、资金支持，压实地方政府主体责任，加强督导调研，确保到 2020 年底，如期实现具备条件的乡镇、建制村全部通客车的目标。

（《人民日报》2019 年 12 月 18 日 02 版）

（九）2020 年春运：30 亿人次出行如何更顺畅？

面对春运压力，铁路、公路、民航将继续增强运力，推动换乘更加方便，出行更加智能，票价优惠扩围，保证旅客不仅“走得了”，还要“走得好”“走得快”。

（《人民日报》2019 年 12 月 26 日 11 版）

（十）这一年，出行更温暖，物流更高效

12 月 27 日，交通运输部有关负责同志在国新办新闻发布会上介绍了 2019 年交通运输领域发展情况，并就降低物流成本、推广发行 ETC 等问题回应了社会关切。全年公路水路领域降低物流成本约 800 亿元，ETC 客户净增 1.2 亿。

（《人民日报》2019 年 12 月 28 日 06 版）

（十一）归途，开启家的记忆——写在 2019 年春运之际

40 天的时间里，近 30 亿人次将踏上旅途。一年一度，春运开启着我们对家的记忆。今年是新中国成立 70 周年，春运又有什么新改变、新特点？让我们一起走近春运。

（新华社北京 1 月 20 日电）

（十二）一季度我国交通运输经济开局平稳稳中有进

今年一季度全国交通固定资产投资高位运行，运输结构不断调整优化，港口货物吞吐量保持平稳增长，交通运输经济运行开局平稳、

稳中有进。一季度交通固定资产投资完成 4889 亿元，同比增长 4.8%，高于去年全年 0.7% 的增速。

（新华社北京 4 月 28 日电）

（十三）彻底解决高速公路省界交通拥堵——交通运输部有关负责人回应取消高速公路省界收费站

“取消省界收费站，实现不停车快捷收费，不仅是深化公路收费制度改革的重要部分，还是降低物流成本的重要措施，这是相互关联的。”交通运输部副部长戴东昌说。

（新华社北京 5 月 10 日电）

（十四）六部门联合印发办法 要求共享单车企业原则上不得收取用户押金

交通运输部、中国人民银行、国家发展改革委、公安部、国家市场监管总局、银保监会日前联合印发了《交通运输新业态用户资金管理办法（试行）》，明确运营企业原则上不得收取用户押金，该办法将于 6 月 1 日起施行。

（新华社北京 5 月 16 日电）

（十五）交通运输部：力争 2020 年 9 月底前建制村全部通客车

今年以来，全国新增通客车建制村 2944 个，其中贫困地区 1698 个，具备条件的建制村通客车率已达到 98.02%，建制村通客车工作有序推进，力争 2020 年 9 月底前建制村全部通客车。

（新华社北京 6 月 11 日电）

（十六）端午小长假圆满收官 “流动中国”显蓬勃活力

公路完成客运量约 1.34 亿人次，铁路累计发送旅客 5074.4 万人次，民航共保障航班 4.7 万班……在刚刚过去的端午小长假，“铁公机”出行均呈火爆态势，展现了“流动中国”的蓬勃活力。

（新华社北京 6 月 11 日电）

（十七）我国已有注册船员 157.5 万人 居世界第一

今年 6 月 25 日是第九个“世界海员日”。截至 2018 年年底，我国共有注册船员 157.5 万人，同比增长 6.2%，其中女性船员 23.9 万人。外派海员 14.6 万人次，同比增长 5.1%。今年“世界海员日”的主题为“船上工作性别平等”，交通运输部在全国组织开展了一系列活动。

（新华社北京 6 月 25 日电）

（十八）交通运输部：北京大兴机场高速已基本建成

今年，我国交通基础设施建设保持平稳发展态势，重要项目进展比较顺利。目前连接北京新机场的大兴机场高速公路和大兴机场北线高速公路中段，都已经基本建成。服务 2022 年北京冬奥会延崇高速公路主线工程，也将在今年年底建成通车。

（新华社北京 6 月 25 日电）

（十九）港口“晴雨表”透出经济新气息——新华社记者年中经济调研采访札记之五

港口，是国民经济变化的“晴雨表”。连日来，新华社基层调研小分队记者进港区、登码头，走进航运企业，与工人面对面交流，触摸港口

上半年律动脉搏，从中感受到，顽强拼搏，化解困难，我国经济具有强大的韧性与潜力。

（新华社北京 7 月 9 日电）

（二十）“四好农村路”：通向幸福，通向远方

沿着一条条连接十里八乡的农村公路，农民群众走出了一条条“脱贫路”“致富路”“幸福路”。“四好农村路”为广大农村地区带去了人气、财气，也为党在基层凝聚了民心。

（新华社北京 8 月 16 日电）

（二十一）人畅其行、货畅其流——共和国交通运输业发展成就巡礼

交通基础设施加速成网，运输服务能力连上台阶，人们出行更加便利……新中国成立以来，特别是改革开放以来，我国在经济社会发展中坚持交通运输先行理念，交通运输领域发生了历史性变化，人畅其行、货畅其流，为国民经济发展发挥了先行官作用。

（新华社北京 9 月 8 日电）

（二十二）奋力推进交通强国建设——访交通运输部副部长戴东昌

交通运输部副部长戴东昌表示，四大亮点描绘发展蓝图，一是突出创新引领。二是突出综合交通。三是突出高质量发展。四是突出中国特色。

（新华社北京 9 月 26 日电）

（二十三）规范 ETC 发行 有序推进“撤站”工作——交通运输部公路局局长吴德金谈取消高速公路省界收费站进展

“按照工作安排，今年底前全国要取消 487 个高速公路省界收费站。从 11 月 1 日开始，‘撤站’工作转入部省系统联调联试的冲刺阶段，目前正在开展网络通信链路测试、系统功能测试、门架系统及收费站系统等三项测试，总体进度正常，符合有关安排。”交通运输部公路局局长吴德金表示。

（新华社北京 11 月 22 日电）

（二十四）聚焦重点难点 加快运输结构调整——交通运输部部长李小鹏谈运输结构调整工作进展

“从综合交通运输体系来看，运输方式结构性矛盾仍较突出，结构不平衡、不合理，特别是在货运领域，公路承担了过多的中长距离货物及大宗货物运输，各种运输方式衔接协调不畅，综合运输组合效率和服务水平总体不高。”李小鹏表示，加快调整运输结构，是建设现代化综合交通体系，加快建设交通强国的重要任务。

（新华社北京 12 月 6 日电）

（二十五）交通运输部：年底前具备全面取消全国高速公路省界收费站条件

12 月 16 日，全国将全面启动实施高速公路入口称重检测；省界收费站正线改造完工率达 93.02%，剩余省界收费站正线改造按计划在 12 月 20 日前完工。取消高速公路省界收费站，不是取消收费，而是在拆除省界实体收费站的同时，通过技术手段实现车辆跨省行驶时不停车快捷交费，是收费方式的改变。

（新华社北京 12 月 12 日电）

（二十六）交通运输部：今年底实现具备条件的乡镇和建制村通硬化路

截至目前，我国农村公路总里程已超过404万公里。下一步，交通运输部将加大推进力度，加强政策、资金支持，多方合力、多措并举，确保到2020年底实现具备条件的乡镇建制村全部通客车。

（新华社北京12月17日电）

二、铁路权威媒体报道

（一）国家铁路局参加2019年春运形势和工作新闻发布会

2019年1月18日，国务院新闻办公室举行2019年春运形势和工作新闻发布会，国家铁路局总工程师、新闻发言人严贺祥出席发布会并回答记者提问。

中国政府网、新华社、中央电视台等媒体以《国新办举行2019年春运形势和工作安排发布会》为题进行报道。人民网以《国家铁路局加强监督检查 提高投诉处理质量和效率》和《国家铁路局：做好春运监督检查工作　维护铁路安全稳定》为题进行报道。中国网以《国家铁路局谈春运工作加强安全和服务质量监督检查》和《国家铁路局总工程师严贺祥：三方面开展春运工作》为题进行报道。

（二）2019年“6·16”铁路安全宣传咨询日暨京广高铁沿线环境综合整治动员会在京举行

2019年6月16日，国家铁路局、中国铁路总公司、住房和城乡建设部、交通运输部联合组织全国铁路2019年“6·16”安全宣传咨询日暨京广高铁沿线环境综合整治动员会，国家铁路局副局长于春孝出席动员会并发表讲话。

人民网、中国网等10余家媒体以《“6·16”铁路安全宣传咨询日暨京广高铁沿线环境综合整治动员会在京举行》为题进行报道。

（三）国家铁路局发布《中华人民共和国铁路法（修订草案）》（征求意见稿）

2019年7月30日，国家铁路局政府网站发布《关于公开征求〈中华人民共和国铁路法（修订草案）〉（征求意见稿）意见的通知》。

央广网、人民网、中国青年网等媒体以《铁路法修订草案征求意见稿发布 禁止霸座与惩戒失信行为等拟入法》和《铁路法修订草案征意见：禁止霸座与惩戒失信行为等拟入法》为题进行报道。人民网、中国网等媒体以《高铁时代安全与秩序比什么都重要》为题进行报道。

（四）国家铁路局参加《交通强国建设纲要》新闻发布会

2019年9月24日，国务院新闻办公室举行《交通强国建设纲要》新闻发布会，国家铁路局副局长于春孝出席发布会并回答记者提问。

中国政府网、新华社、中央电视台、中国网等媒体以《国新办举行〈交通强国建设纲要〉新闻发布会》为题进行报道。中央电视台以《国家铁路局：2050年实现3万吨级重载列车、时速250公里级轮轨高速货运列车突破》为题进行报道。人民网、央广网以《铁路局：2050年实现时速250公里级轮轨高速货运列车突破》为题进行报道。央视网以《国家铁路局副局长：统筹安排时速600公里磁浮技术储备研发》为题进行报道。人民网、中国网、中新网等媒体以《中国将研发时速400公里高铁　研发时速600公里磁悬浮》为题进行报道。

（五）国家铁路局召开年度工作会议

2019年12月30日，国家铁路局召开年度工作会议。

新华网以《贯彻落实新发展理念　推动铁路高质量发展　国家铁路局工作会议在京召开》为

题进行报道。中国政府网以《国家铁路局工作会议在京召开》为题进行报道。中国交通新闻网以《杨传堂出席2020年国家铁路局工作会议 强调学思想铸理念稳基调守底线加快建设交通强国铁路篇章》《贯彻落实新发展理念 推动铁路高质量发展》为题进行报道。

三、民航权威媒体报道

中国民航报2019年国内民航十大新闻

序号	标　题	二维码
1	习近平总书记宣布北京大兴国际机场正式投运	
2	中国民航率先停飞波音737MAX8	
3	纪念两航起义70周年座谈会举行	
4	民航推出多项真情服务措施 “12326”民航服务质量监督电话开通	
5	中国高票连任国际民航组织一类理事国	
6	中国与欧盟首次签署民航领域协定	
7	民航局向香港国泰航空发出重大航空安全风险警示	
8	民航局发布《中国民航北斗卫星导航系统应用实施路线图》	
9	《中国机长》国庆节热映 观众盛赞当代民航精神	
10	全国目视飞行航图发布	

中央媒体报道民航业情况一览表

序号	媒　体	标　题	刊次及版面信息
1	新华社	春节假期民航共运送旅客逾1258万人次	2月11日
2	人民日报	去年我国航班正常率80.13%	2月13日04版
3	人民日报	春运23天来民航旅客创新高	2月14日02版
4	新华社	2019年春运民航共运送旅客7288万人次	3月2日
5	新华社	民航局要求国内运输航空公司暂停波音737—8飞机商业运行	3月11日
6	新华社	“12326”民航服务质量监督电话正式开通	3月17日
7	新华社	中国民航四维航迹精细化管制新技术试验飞行取得圆满成功	3月20日
8	人民日报海外版	“12326”民航监督电话开通 确保旅客投诉有门	3月20日11版
9	新华社	民航局发布我国首张数字化“目视飞行航图”	3月26日
10	新华社	全国民航2019年夏秋航季航班计划3月31日起执行	3月29日
11	新华社	清明假期民航运送旅客475万人次	4月7日

续上表

序号	媒　体	标　题	刊次及版面信息
12	人民日报	每年为近 500 万民航旅客节省出行成本约 2.4 亿元	4 月 11 日 04 版
13	新华社	民航局：恢复波音 737MAX8 运行需把握三个原则	4 月 17 日
14	新华社	民航发展基金征收标准降低 50%	5 月 16 日
15	人民日报	航空运输市场 4 月增速平稳	5 月 16 日 11 版
16	新华网	聚焦 5G 时代的智慧民航之路	5 月 17 日
17	新华网	民航局局长：将制定新一代智慧民航运输系统建设战略规划	5 月 17 日
18	新华社	中国与欧盟首次签署民航领域协定	5 月 21 日
19	新华社	前 5 月全国民航完成旅客运输量 2.68 亿人次	6 月 13 日
20	新华社	民航局：暑运期间增加航班以满足旅客出行需求	7 月 9 日
21	人民日报	上半年民航旅客增 8.5%	7 月 16 日 02 版
22	新华社	民航局向香港国泰航空发出重大航空安全风险警示	8 月 9 日
23	人民日报	民航局向香港国泰航空发出重大航空安全风险警示	8 月 10 日 04 版
24	人民日报	民航局部署保障内地与香港间旅客正常出行	8 月 14 日 04 版
25	新华社	民航局：针对近期香港机场安全风险已作出部署	8 月 15 日
26	人民日报	7 月民航旅客运输量同比增 10.2%	8 月 17 日 02 版
27	人民日报	国产 ARJ21 飞机进行首次高原示范飞行（礼赞 70 年）	8 月 20 日 01 版
28	人民日报	29 机场试点中转客跨企行李直挂	8 月 20 日 11 版
29	新华社	全国民航最大终端管制中心正式运行	8 月 22 日
30	新华社	北京大兴国际机场完成民航专业验收和许可审查	8 月 30 日
31	新华社	民航局在广州白云国际机场试点推动智慧安检新模式	9 月 19 日
32	人民日报	习近平：人民是真正的英雄	9 月 26 日 03 版
33	新华社	中国民航完成史上最大范围空域调整	10 月 10 日
34	人民日报	大兴机场总体运行良好	10 月 13 日 02 版
35	新华社	全国民航冬春航季航班计划 27 日执行	10 月 27 日
36	人民日报	大兴机场新航季新开 119 条航线	10 月 30 日 11 版
37	人民日报	全国机场年旅客吞吐量达 12.6 亿	11 月 12 日 02 版
38	新华社	未来 20 年我国民航货机规模将增长近 3.5 倍	12 月 4 日
39	新华社	2035 年底北斗系统将在民航实现“全覆盖、可替代”	12 月 12 日
40	新华社	2020 年春运民航旅客预计将再创新高	12 月 12 日
41	人民日报	民航旅客运输量预计达 7900 万人次	12 月 13 日 02 版
42	人民日报	中国国内航空客运市场增速领跑全球	12 月 16 日 03 版
43	新华社	中国民航运行大数据将实现全覆盖共享	12 月 24 日

四、邮政行业权威媒体报道

中央媒体报道邮政业情况一览表

序号	媒 体	标 题	刊次及版面信息
1	人民日报海外版	“快递保”助力快递行业健康发展	1月1日
2	新华社	去年突破500亿件，今年将有哪些变化？——中国快递业发展前瞻	1月3日
3	人民日报	【数读】505亿件 25.8%	1月4日
4	新华社	国家邮政局：年底前基本实现全国建制村直接通邮	1月16日
5	新华社	从地下室到楼房——模式创新给快递小哥带来家之温暖	2月18日
6	人民日报海外版	国家邮政局发布春节期间邮政业运行情况——春节期间递出十六亿个包裹	2月19日
7	新华社	国家邮政局调查数据：80后、90后构成快递员队伍的主体	2月20日
8	人民日报	【数读】45.2亿件 1月快递业务完成量	2月20日
9	人民日报	代表委员参加主题交流 关爱“快递小哥” 助力成长发展	2月22日
10	人民日报	我在乡间送快递（经济聚焦）	2月22日
11	新华社	孕育希望的大平台——三位“小哥”的快递人生	2月24日
12	新华社	提高快递包装绿色化、减量化、可循环——国家邮政局扎实推动落实委员建议提案	2月24日
13	新华社	中国2019世界邮展定于6月在武汉举行	2月25日
14	新华社	邮政快递业为城乡架起产销衔接桥梁	2月28日
15	人民日报海外版	国家邮政局近日对31个省份、6000名快递员的基本状况进行了调查——“熟悉的陌生人”有了新画像	2月28日
16	新华社	这个快递小哥把自己“寄”到了人民大会堂	3月4日
17	人民日报	为“快递小哥”说句话	3月12日
18	人民日报	为了梦想奋力奔跑（记录中国·我们都是追梦人）	3月17日
19	新华社	国家邮政局：跨境寄递服务将加强全过程监管	4月11日
20	人民日报	国家邮政局发布数据 去年我国人均使用快递36件	4月12日
21	人民日报海外版	中国快递业务量连续五年居世界第一，去年日均一点四亿件——今年快递量将超六百亿件	4月16日
22	人民日报海外版	牛！这名快递小哥6年送货28万件	5月2日
23	新华社	快递对国内新增就业贡献率超2%	5月4日
24	新华社	我国去年快递新增 就业人数超20万人	5月5日
25	新华社	中国2019世界集邮展览将首次集中展出新中国邮票“全家福”	5月14日
26	人民日报	已有87个国家和地区报名参展，送展展品达4700框 世界集邮展将在武汉举行（权威发布）	5月15日

续上表

序号	媒 体	标 题	刊次及版面信息
27	人民日报海外版	2019 世界集邮展览 6 月在武汉举行 新中国邮票“全家福”首次展出	5 月 15 日
28	新华社	全国建制村 2022 年实现快递送到村——七部门合力推进邮政业服务乡村振兴	5 月 23 日
29	人民日报	快递下乡，跑出加速度（经济发展亮点多韧性足）	5 月 24 日
30	人民日报海外版	前 4 月农村快递业务量增速超过 30%，比城市高 7 个百分点以上	5 月 28 日
31	新华社	七部门合力推进邮政业服务乡村振兴——三年后，村村都能通快递	6 月 2 日
32	新华社	国家邮政局局长马军胜：外资快递企业在华经营必须遵守中国法律法规	6 月 11 日
33	新华社	中国 2019 世界集邮展览开幕 众多国际邮票珍品参展	6 月 15 日
34	新华社	中国家书首次亮相世界邮展讲述家国故事	6 月 15 日
35	新华社	《中欧班列》特种邮票在世界邮展首发	6 月 16 日
36	新华社	多国邮政在世界邮展首发纪念邮票	6 月 17 日
37	人民日报	2019 世界集邮展览公布获奖名单 中国展品斩获诸多奖项	6 月 19 日
38	新华社	从规模驱动转向技术驱动 从满足需求转向精准服务 快递业瞄准“数字化”（产经观察）	6 月 20 日
39	新华社	当邮票使用日少，集邮还能走多远？	6 月 26 日
40	人民日报海外版	电商和快递数据互联共享将有章可循	7 月 3 日
41	新华社	快递包装治理每年可减少一次性塑料编织袋超 2 亿条	7 月 11 日
42	人民日报	上半年快递业务量达 277.6 亿件 同比增长 25.7%	7 月 13 日
43	人民日报海外版	让快递绿起来	7 月 17 日
44	新华社	国家邮政局：针对快递末端服务违规收费集中开展清理整顿	8 月 1 日
45	新华社	农村快递末端违规收费调查：每件多收三五元	8 月 1 日
46	中央电视台	简讯：国家邮政局：集中清理整顿快递末端违规收费	8 月 2 日
47	人民日报海外版	“懒人快递”当休矣（云中漫笔）	8 月 2 日
48	人民日报	前 7 月快递业务收入超 4000 亿元	8 月 14 日
49	新华社	国家邮政局：快递服务要把农村末端扎牢扎稳	8 月 14 日
50	新华社	清理农村快递二次收费	8 月 14 日
51	新华社	整治快递末端服务违规收费取得阶段性成效	8 月 15 日
52	人民日报	图片报道：根治快递“二次收费”	8 月 15 日

续上表

序号	媒 体	标 题	刊次及版面信息
53	人民日报	麻辣财经： 快递末端二次收费，严格禁止！	8月16日
54	新华社	国内首个快递学院落地江苏 面向全国从业者招生	8月27日
55	新华社	交通运输部：2022年基本实现建制村电商配送全覆盖	8月30日
56	新华社	新华时评：快递业评职称拼的是行业转型	9月3日
57	新华社	“包邮区”福利再升级 长三角快递推“24小时必达”服务	9月5日
58	新华社	包裹中的方案——快递行业“巨头”对话“中国快递之乡”	9月10日
59	新华社	《全球快递发展报告》在杭发布 中国快递业务量继续领跑全球	9月11日
60	新华社	这次，我国村村直接通邮任务提前一年完成了！	9月17日
61	新华网	国新办举行中国邮政业改革发展成效发布会	9月17日
62	人民日报	70年间我国邮政业务总量增长7700多倍 中国成为世界邮政业的动力源和稳定器（权威发布）	9月18日
63	新华社	快递量“600亿+”时代，“绿色包装”计划如何提速？	9月18日
64	新华社	70年，中国快递从零到全球第一	9月18日
65	人民日报	万国邮联达成新方案，美国改主意不退群了！	9月26日
66	人民日报海外版	中国已有各类主题邮局近700家——主题邮局，独特的“邮政绿”	10月7日
67	人民日报	加快建设与小康社会相适应的现代邮政业	10月9日
68	新华社	中国快递2018年支撑网络零售交易额近7万亿元	10月9日
69	人民日报海外版	中国已有各类主题邮局近700家——主题邮局，独特的“邮政绿”	10月10日
70	人民日报海外版	快递出海，给世界一个“加速度”（品牌论）	10月12日
71	新华社	未来5年我国出口国际小包终端费将累计增长164%	10月14日
72	人民日报	麻辣财经：万国邮联新方案，会带来海淘资费上涨吗？	10月16日
73	新华社	全国超过55万个建制村“足不出村”收包裹	10月23日
74	人民日报	如何减少快递包裹破损（咱有好行规 · 关注快递业①）	10月23日
75	新华社	北京开通快递小哥工伤认定“绿色通道”	10月24日
76	新华社	进口、绿色、下沉：2019“双十一”迎来三大新关键词	10月24日
77	人民日报	别让包裹搁浅在最后一米（咱有好行规 · 关注快递业②）	10月24日
78	人民政协报	邮政业发挥行业优势助力精准脱贫 农村寄递从“寄包裹”到“产包裹”	10月24日
79	人民政协报	全国快递电子运单使用率达97% 邮政行业污染防治工作成效明显	10月24日
80	人民日报	快递网点乡镇覆盖率达95%	10月25日

续上表

序号	媒　体	标　题	刊次及版面信息
81	新华社	全总将划拨 70 万元慰问“双十一”一线快递员	11 月 8 日
82	新华社	备战“双十一”　快递公司增添了哪些新技能?	11 月 8 日
83	新华社	全国快递四分之一来自农村——打通城乡渠道让消费者“买得顺、收得快”	11 月 10 日
84	人民日报	11 月 11—18 日，邮快件业务量预计达 28 亿件　快递企业临时补充近 40 万人	11 月 11 日
85	新华社	双 11 快递仓库来一场苹果直播	11 月 11 日
86	新华社	“双 11”当天全国处理 5.35 亿快件同比增长 28.6%	11 月 12 日
87	新华社	“双 11”11 年：中国迈向消费大国的鲜明印记	11 月 12 日
88	新华社	更快捷 · 更智能 · 更绿色：“双 11”背后的快递转型	11 月 12 日
89	新华社	今年“双 11”当天中国邮政订单量超过 1 亿件	11 月 13 日
90	人民日报海外版	“双 11”，目击快递站点极限时速	11 月 19 日
91	新华社	全球跨境包裹寄递市场中国占比近 4 成	11 月 26 日
92	人民日报（海外版）	中国占跨境包裹寄递市场近四成	11 月 26 日
93	人民日报	再创新高！双 12 快递揽件 4.01 亿件，你贡献了多少	12 月 13 日
94	人民日报	今年第 600 亿件快递诞生！我国包裹量占全世界一半多	12 月 16 日
95	新华社	我国快递年业务量突破 600 亿件	12 月 16 日
96	人民日报	我国快递年业务量破 600 亿件　占全世界包裹快递总量一半以上	12 月 18 日
97	新华社	特写：全国道德模范为“快递小哥”送“爱心礼包”	12 月 26 日

附录 4　2019 年大事记

2019 年交通运输部大事记

1 月

2 日，杨传堂出席 2019 年中国铁路总公司工作会议。

2 日，交通运输部召开 2019 年部安委会第一次全体会议，总结 2018 年交通运输安全生产工作，部署 2019 年重点工作。

3 日，李小鹏出席 2019 年全国邮政管理工作会议。

7 日，交通运输部、国家发展改革委等联合召开 2019 年春运电视电话会，分析今年春运形势，对春运工作作进一步动员和部署。

7 日，杨传堂出席 2019 年全国民航工作会议。

8 日，国家科学技术奖励大会在北京人民大会堂隆重召开。由工信部提名，武汉大学、北京航空航天大学等单位负责研究攻关，中国交通通信信息中心、交通运输部海事局、中国交通建设股份有限公司等单位负责推广应用的“中国高精度位置网及其在交通领域的重大应用”项目获国家科学技术进步奖一等奖。

9 日，交通运输部印发《2019 年交通运输安全生产工作要点》。

11 日，交通运输部召开全国交通运输安全生产视频会，传达国务院安委会全体会议和全国安全生产电视电话会议精神，总结 2018 年交通运输安全生产工作，部署 2019 年重点工作。

11 日，在中共中央组织部党员教育中心主办的第四届全国党员教育培训教材展示交流活动中，由交通运输部选送的《廉镜漫笔》获评全国党员教育培训优秀教材。

14 日，中共交通运输部党组召开 2018 年度民主生活会。

15 日，《国内海洋渔船法定检验技术规则（2019）》等 6 部渔船技术规范实施。

18 日，国务院新闻办公室召开《2019 年春运形势和工作安排》新闻发布会。

20 日，中共中央政治局委员、国务院副总理刘鹤在北京检查春运工作，李小鹏陪同参加。

20 日，交通运输部部长李小鹏分别会见应邀来访的马来西亚交通部部长陆兆福和克罗地亚海洋、交通和基础设施部部长布特科维奇，就中马、中克交通运输合作深入交换了意见。

21 日，交通运输部、公安部、应急管理部、全国总工会、共青团中央和广东省政府在广州联合举行 2019 年全国春运“情满旅途”活动启动仪式。

21 日，交通运输部印发《交通运输部关于加强交通运输科学技术普及工作的指导意见》。

24 日，交通运输部召开新闻发布会，公布推进 12 件交通运输更贴近民生实事。

25 日，交通运输部举行离退休干部情况通报会暨春节团拜会。

25 日，2019 年国家海上搜救和重大海上溢油应急处置部际联席会议在交通运输部召开。

25 日，中共中央宣传部授予中国邮政集团公司四川省甘孜县邮政分公司邮车驾驶员其美多吉"时代楷模"称号，号召广大干部群众向他学习。

25日，交通运输部联合广东、广西、海南3省（自治区）印发《提升琼州海峡客滚运输服务能力三年行动计划（2019—2021年）》。

28日，交通运输部天津水运工程科学研究院在悬浮隧道研究专用水池，开展了水弹性整体物理模型首次试验，标志着悬浮隧道工程技术研究进入实质性科学试验阶段。这也是全世界范围首次开展此项试验。

28日，交通运输部印发《海运固体散装货物安全监督管理规定》（中华人民共和国交通运输部令2019第1号）和《中华人民共和国水上水下活动通航安全管理规定》（中华人民共和国交通运输部令2019第2号）。

28日，交通运输部召开2019年党风廉政建设工作视频会议，总结2018年党风廉政建设工作，部署2019年重点任务。

29日，交通运输部印发《城市轨道交通初期运营前安全评估管理暂行办法》，于7月1日施行。

29日，三沙海上救助中心在南沙群岛永暑礁挂牌成立。

30日，交通运输部办公厅印发《2019年交通运输法制工作要点》。

31日，交通运输部、国务院国资委、中华全国总工会联合印发《关于开展向港珠澳大桥建设者学习的决定》。

31日，交通运输部、生态环境部、住房和城乡建设部联合印发《关于建立完善船舶水污染物转移处置联合监管制度的指导意见》。

2月

1日，交通运输部印发《交通运输部2019年立法计划》。

2日，交通运输部、财政部、国家发展改革委、国家能源局、国家电网公司、南方电网公司联合印发《关于进一步共同推进船舶靠港使用岸电工作的通知》。

3日，交通运输部印发《铁路机车车辆设计制造维修进口许可办法》（中华人民共和国交通运输部令2019第3号）。

5日，交通运输部印发《中华人民共和国海员证管理办法》（中华人民共和国交通运输部令2019第4号）、《关于修改〈中华人民共和国船员培训管理规则〉的决定》（中华人民共和国交通运输部令2019第5号）、《通航建筑物运行管理办法》（中华人民共和国交通运输部令2019第6号）、《公路水路行业内部审计工作规定》（中华人民共和国交通运输部令2019第7号）。

11日，交通运输部办公厅、教育部办公厅联合印发《关于开展2019年"水上交通安全知识进校园"活动的通知》，连续第7年在全国部署开展此项活动，以持续提升小学生和社会公众的水上安全文明出行意识。

14日，交通运输部直属机关党委召开2019年部直属机关党建工作会议暨中共交通运输部直属机关第三届委员会第三次全体会议（扩大）。

18日，中国邮政集团四川省甘孜县分公司长途邮运驾驶员、"雪线邮路的幸福使者"其美多吉和四川航空股份有限公司3U8633航班机长、"中国民航英雄机长"刘传健当选"2018年度感动中国人物"。

19日，交通运输部发布《小交通量农村公路工程技术标准》(JTG 2111—2019)，于7月1日施行。

22日，交通运输部召开服务乡村振兴战略、推进"四好农村路"建设和脱贫攻坚领导小组扩大会议，传达学习中央有关会议精神，研究2019年重点工作。

22日，交通运输部、公安部、中华全国总

工会在北京联合举办“最美货车司机”事迹报告会。

22 日，在中共中央政治局常委、国务院副总理韩正和来华出席中沙（特）高级别联合委员会第三次会议的沙特阿拉伯王国王储兼副首相、国防大臣穆罕默德·本·萨勒曼·阿勒沙特见证下，交通运输部部长李小鹏与沙特商业和投资大臣马吉德·卡斯比分别作为各自政府授权代表，在北京人民大会堂共同签署了《中华人民共和国政府和沙特阿拉伯王国政府海运协定》。这是中沙两国共建“一带一路”合作在交通运输领域的最新成果。

25 日，在习近平总书记对“四好农村路”作出重要指示批示五周年之际，交通运输部召开全国交通运输系统深入学习落实习近平总书记重要指示推进“四好农村路”高质量发展视频会。

25 日，交通运输部部长李小鹏在北京会见突尼斯发展、投资和国际合作部部长齐亚德·拉扎里，双方就深化中突交通基础设施合作交换了意见。

26 日，国家发展改革委、交通运输部等 24 个部门联合发布《关于推动物流高质量发展促进形成强大国内市场的意见》。

28 日，国务院新闻办召开新闻发布会，李小鹏介绍了交通运输行业 2018 年工作，并就今年重点工作回答记者提问。

3 月

1 日，2019 年春运顺利结束。春运 40 天，全国旅客发送量达 29.8 亿人次，比去年同期增长 0.33%。

1 日，交通运输部部长李小鹏在北京会见阿塞拜疆经济部部长穆斯塔法耶夫。

1 日起，《长江上游界石盘至成贵高铁宜宾金沙江大桥段船舶分道航行规则（试行）》正式实施。至此，长江海事辖区 2700 公里长江干线水域实现了分道航行和定线制全覆盖。

2 日，国务院公布《关于修改部分行政法规的决定》（国务院令第 709 号），对《中华人民共和国国际海运条例》《中华人民共和国道路运输条例》《中华人民共和国船员条例》《中华人民共和国外国籍船舶航行长江水域管理规定》《中华人民共和国船舶和海上设施检验条例》《中华人民共和国内河交通安全管理条例》《国际航行船舶进出中华人民共和国口岸检查办法》《外国民用航空器飞行管理规则》《民用机场管理条例》《快递暂行条例》进行了修订。

3 日，李小鹏在中央广播电视总台 2019 两会特别节目《央广会客厅》中，畅谈交通强国建设，交流春运保障、脱贫攻坚、服务国家战略、“互联网+”交通运输、供给侧结构性改革等话题。

6 日，中华全国妇女联合会在北京举行“三八”国际妇女节纪念暨表彰大会，翁优灵等多名交通女干部职工受到表彰。

13 日，交通运输部、国家发展改革委联合修订印发《港口收费计费办法》，自 4 月 1 日起下调 4 项港口经营服务性收费标准。

14 日，交通运输部印发《农村公路养护技术规范》(JTG/T 5190—2019)，于 7 月 1 日施行。

14 日，交通运输部成立推进粤港澳大湾区交通运输发展工作组。

15 日，交通运输部召开传达全国两会精神干部大会，结合交通运输工作实际，对抓好贯彻落实进行部署。

15 日，交通运输部发布《营运货车安全技术条件 第 2 部分：牵引车辆与挂车》（JT/T 1178.2—2019），于 7 月 1 日施行；发布《营运车辆自动紧急制动系统性能要求和测试规程》（JT/T 1242—2019），于 4 月 1 日施行。

18 日，我国首座跨越活动断层的特大型跨海桥梁——海南海文（铺前）大桥建成通车。

20日，中俄同江——下列宁斯阔耶铁路大桥正式合龙。

21日，交通运输部部长李小鹏在北京会见德国驻华大使葛策博士，双方就深化中德交通运输领域合作交换了意见。

22日，中共交通运输部党组召开脱贫攻坚专项巡视整改专题民主生活会。

22日19时15分许，从河南郑州开出的“豫AZ8999”旅游包车，行驶至湖南长张高速公路常德市汉寿县太子庙服务区附近时突然起火，导致26人死亡。

23日15时许，客船“北游25”轮在涠洲岛附近水域搁浅，船上794人遇险。事件发生后，交通运输部党组书记杨传堂、部长李小鹏坐镇综合应急指挥中心调度指挥。经我部与广西壮族自治区党委、政府全力组织施救，“北游25”轮于24日7时45分许成功“脱浅”，全体在船人员转危为安。

25日，《学习时报》头版头条刊发了交通运输部党组署名文章《大力推进“四好农村路”高质量发展》。

25日，交通运输部召开2019年部安委会第二次全体会议，深刻领会习近平总书记重要指示精神，总结一季度安全生产工作，针对当前安全生产形势安排部署下一阶段重点工作。

25日，交通运输部、海关总署、国家移民管理局联合复函，批准实施琼港澳游艇自由行。

26日，广东海事局大型海事巡逻船建造合同签约仪式在中船黄埔文冲船舶有限公司长洲厂区举行。船舶交付后将成为我国首艘万吨级海事巡逻船。

26日，交通运输服务乡村振兴战略、推进“四好农村路”建设和脱贫攻坚领导小组召开会议，通报脱贫攻坚专项巡视整改进展情况，审议《中央单位定点扶贫责任书（2019年度）》，研究实现“两通”目标有关工作。

27日，交通运输部部长李小鹏在北京会见柬埔寨国务兼公共工程和运输部大臣孙占托，双方就深化拓展中柬交通运输合作深入交换了意见。

27日，交通运输新业态协同监管部际联席会议2019年第一次全体会议召开，总结2018年工作情况，研究部署2019年重点工作。李小鹏出席会议。

27日，交通运输部印发《关于公布十项交通运输行政许可事项取消后事中事后监管措施的公告》（2019第15号），取消下放了10项行政许可事项。

29日，交通运输部召开2019年促进交通有效投资暨推进交通扶贫视频会议。

29日，全国政协在北京召开推进“四好农村路”建设远程协商会议。中共中央政治局常委、全国政协主席汪洋主持会议并讲话。

4月

2日，杨传堂到大连海事大学调研，为大连海大师生作报告，会见“时代楷模”、大连海大教师曲建武，并与学校指导员代表、学生代表座谈。

2日，交通运输部、财政部联合印发《对交通建设领域真抓实干成效明显地方进一步加大激励支持力度的实施方案》。

2日，交通运输部成立深化收费公路制度改革取消高速公路省界收费站总指挥部，李小鹏任总指挥长。

2日，广东虎门二桥（南沙大桥）建成通车。

3日，交通运输部党组书记杨传堂到营口港，就辽宁区域港口一体化情况开展调研和座谈。调研期间，杨传堂与辽宁省委副书记、省长唐一军就推动辽宁交通运输改革发展交换了意见。

4日，杨传堂到江苏徐州京台高速公路苏鲁省界，就取消高速公路省界收费站工作开展调研和座谈。

8日，交通运输部印发《关于推进海南三亚等邮轮港口海上游航线试点的意见》。

8日，交通运输部设立中华人民共和国大港海事局、中华人民共和国董家口海事局。

8日，交通运输部印发《城市轨道交通服务质量评价管理办法》，于7月1日施行。

9日，由我国自主研发、目前世界上最大的自升平台式碎石铺设整平船“津平2”轮，在上海振华重工南通制造基地顺利下水。

9日，交通运输部发布《关于修改〈港口经营管理规定〉的决定》（中华人民共和国交通运输部令2019第8号）。

9—11日，李小鹏到北京市、河北省、天津市，就北京城市副中心交通服务保障、北京大兴国际机场及京津冀机场群协同发展、雄安新区交通网规划建设、冬奥会交通保障、“轨道上的京津冀”、取消高速公路省界收费站等工作开展调研和座谈。

12日，交通运输部发布《2018年交通运输行业发展统计公报》。

12日，交通运输部印发《2019年交通运输信用体系建设工作要点》；交通运输部、国家发展改革委联合印发《“信用交通省”建设指标体系（2019年版）》。

12日，交通运输部发布《交通运输行政执法程序规定》（中华人民共和国交通运输部令2019第9号）、《关于修改〈中华人民共和国海上海事行政处罚规定〉的决定》（中华人民共和国交通运输部令2019第10号）和《关于修改〈中华人民共和国内河海事行政处罚规定〉的决定》（中华人民共和国交通运输部令2019第11号）。

13日，中共交通运输部党组印发《贯彻落实〈中共中央关于加强党的政治建设的意见〉的实施意见》。

15日，交通运输部召开警示教育会议。

15—17日，第20次亚太海事局长会议在韩国首尔召开。

17日，交通运输服务乡村振兴战略、推进“四好农村路”建设和脱贫攻坚领导小组召开会议，传达学习习近平总书记在重庆考察调研和主持召开解决“两不愁三保障”突出问题座谈会情况，通报脱贫攻坚专项巡视整改进展情况。

17日，交通运输部办公厅印发《道路普通货物运输车辆网上年度审验工作规范》，于5月1日施行。

18日，“时代楷模”其美多吉先进事迹报告会在人民大会堂举行，国务委员王勇会前会见报告团全体成员。

18日，交通强国战略研究成果研讨会暨《交通强国战略研究》新书发布会在北京举行。

19日，交通运输部召开《国家综合立体交通网规划纲要（2021—2050年）》编制工作启动会。

19日，交通运输部举行“时代楷模”其美多吉同志先进事迹视频报告会。

23日，中华全国总工会在人民大会堂举行2019年庆祝“五一”国际劳动节暨全国五一劳动奖和全国工人先锋号表彰大会，中国交通通信信息中心李晶荣获全国五一劳动奖章。

25日，习近平主席会见蒙古国总统巴特图勒嘎，杨传堂陪同参加。

25日，交通运输部部长李小鹏在北京会见了来华出席第二届“一带一路”国际合作高峰论坛的国际海事组织（IMO）秘书长林基泽，双方就海运海事领域彼此关心的话题交换了意见。

25日，第二届“一带一路”国际合作高峰论坛设施联通分论坛在国家会议中心举办。李小鹏致开闭幕辞。

26日，世界上海拔最高的特长公路隧道——

米拉山隧道正式通车，标志着西藏自治区拉萨至林芝高等级公路全线通车。该隧道平均海拔4750米，是318国道拉林段高等级公路重点控制性工程。

27日，交通运输部部长李小鹏会见格鲁吉亚副总理兼区域发展和基础设施部部长玛雅·茨基季什维利并签署《中格政府间国际道路客货运输协定》。

27日，交通运输部部长李小鹏会见来华出席第二届"一带一路"国际合作高峰论坛的国际劳工组织总干事盖·莱德，双方签署了《"21世纪海上丝绸之路"倡议下推动〈2006年海事劳工公约〉有效实施谅解备忘录》。

28日，习近平主席为哈萨克斯坦首任总统纳扎尔巴耶夫举办中华人民共和国"友谊勋章"颁授仪式。李小鹏陪同参加。

28日，交通运输部部长李小鹏在北京会见来华出席第二届"一带一路"国际合作高峰论坛的肯尼亚交通、基础设施、住房和城市发展部部长詹姆斯·马查里亚，双方就深化中肯交通运输务实合作交换了意见。

28日，交通运输部第五结对帮扶工作组对口支援的江西省赣州市安远县顺利完成"脱贫摘帽"。

29日，在国家主席习近平和尼泊尔总统班达里的共同见证下，交通运输部部长李小鹏与尼泊尔外交部部长贾瓦利分别代表两国政府，在北京签署了《中华人民共和国政府和尼泊尔政府关于实施〈中华人民共和国政府和尼泊尔政府过境运输协定〉的议定书》。

29日，交通运输部在北京召开视频报告会，揭晓"2018年感动交通十大年度人物"推选结果。

30日，在中共中央总书记、国家主席习近平和老挝人民革命党中央总书记、国家主席本扬的共同见证下，交通运输部部长李小鹏与老挝公共工程与运输部部长本占·辛塔冯分别代表两国政府，在北京签署了《中华人民共和国政府与老挝人民民主共和国政府国际道路运输协定》。

30日，2019年"全国向上向善好青年"、山东威海海事局船舶交通管理中心主任王伟受邀参加纪念五四运动100周年大会。

30日，交通运输部直属机关召开"青春心向党·建功新时代"主题座谈会，传达学习习近平总书记在纪念五四运动100周年大会上的重要讲话精神。

5月

5日，国务院总理李克强主持召开国务院常务会议，明确政策举措力争今年年底前基本取消全国高速公路省界收费站，便利群众出行，提高物流效率。

6日，交通运输服务乡村振兴战略、推进"四好农村路"建设和脱贫攻坚领导小组召开会议，传达学习习近平总书记在解决"两不愁三保障"突出问题座谈会、中央政治局会议、中央财经委员会第四次会议上关于脱贫攻坚的重要讲话精神等。

7日，交通运输部组织召开推进长三角地区交通运输更高质量一体化发展领导小组第一次会议。李小鹏主持会议。

7日，交通运输部发布《道路普通货物运输车辆网上年度审验技术要求（暂行）》，于6月1日施行。

8日，交通运输部召开视频会，传达学习习近平总书记等中央领导同志关于道路货运行业转型升级高质量发展的重要指示精神，解读《国务院办公厅转发交通运输部等部门关于加快道路货运行业转型升级促进高质量发展意见的通知》，并部署贯彻落实工作。

8日，2019年世界港口大会在广东省广州市开幕。

8日，交通运输部、国家发展改革委、财政部、应急管理部、国家铁路局、中国民用航空局、中国铁路总公司联合印发《关于保障国家综合性消防救援队伍人员交通出行优待权益有关事项的通知》。

8—10日，交通运输部党组书记杨传堂到甘肃省兰州市召开六盘山片区脱贫攻坚现场办公会，分省区了解片区脱贫攻坚、交通扶贫进展情况。在兰州期间，杨传堂与甘肃省委书记林铎就推动甘肃交通运输改革发展交换了意见。

9日0时40分，客滚船“渤海玛珠”轮从烟台驶往大连途中车辆舱起火，船上610人遇险。经各方密切配合、科学处置，3时20分，船上乘客全部安全疏散上岸，事件得到妥善安置，无人员伤亡。

9日，交通运输部办公厅印发《深入开展消费扶贫助力打赢脱贫攻坚战实施方案的通知》。

9日，交通运输部、中国人民银行、国家发展改革委、公安部、市场监管总局、银保监会6部门联合印发《交通运输新业态用户资金管理办法（试行）》。

13日，交通运输部发布《交通运输标准化管理办法》（中华人民共和国交通运输部令2019第12号）。

14日，杨传堂到北京市三元桥地铁站、轨道交通指挥中心，就智慧安检、智慧调度指挥和应急处置、自动售检票系统（AFC）运行等开展调研和座谈。

15日，中共交通运输部党组印发《贯彻落实中共中央〈关于加强和改进中央和国家机关党的建设的意见〉的实施意见》。

15日，交通运输部部长李小鹏在北京会见亚美尼亚交通、通讯和信息技术部部长哈克博·阿尔沙克扬，双方围绕两国在“一带一路”倡议下的交通运输合作进行了探讨。

16日，杨传堂到部天津水运工程科学研究院海洋水动力中心党支部参加主题党日活动，开展支部工作联系点调研。

16日，交通运输部联合中央网信办、国家发展改革委、教育部、科技部、工业和信息化部、财政部七部门，联合印发《智能航运发展指导意见》。同日，交通运输部在青岛召开2019智能航运发展工作推进会。

16日，国务院办公厅印发《深化收费公路制度改革取消高速公路省界收费站实施方案》。

17日，交通运输部召开全国深化收费公路制度改革取消高速公路省界收费站视频会。

17日，载着99名旅客的“安麒6号”轮在“海巡08208”轮和“海巡08216”轮的护航下，驶离福建福州马尾琅岐对台综合客运码头，驶向马祖南竿，标志着“两马”新航线首航。

17日，深化收费公路制度改革取消高速公路省界收费站工作领导小组正式成立。领导小组由交通运输部牵头，国家发展改革委、工业和信息化部、公安部等9个部门参加，李小鹏任领导小组组长。

20日，中央和国家机关工委反馈交通运输部2018年定点扶贫工作考核等次为第一档“好”。

20日，经过一年试运行，长江南京以下12.5米深水航道二期工程顺利通过竣工验收，进入正式运行阶段。这标志着历经8年努力，长江南京以下12.5米深水航道工程已完成全部建设任务，实现工程预期目标。

20日，交通运输部、中央宣传部等12部门和单位联合印发《绿色出行行动计划（2019—2022年）》。

当地时间5月22—24日，国际运输论坛（ITF）2019年峰会在德国莱比锡举行。中国交通运输部部长李小鹏应邀出席峰会，并在开幕式全会和开放式部长级会议上发言。

23—26日，交通运输部党组书记杨传堂到四川省阿坝藏族羌族自治州壤塘县、甘孜藏族自治州色达县，就定点扶贫县“两不愁三保障”落实、“两通”目标完成等情况开展调研，并在阿坝州召开定点扶贫县脱贫攻坚推进现场办公会。调研期间，杨传堂与四川省委副书记、省长尹力就推动四川交通运输改革发展交换了意见。

当地时间5月24日，中国交通运输部部长李小鹏与德国联邦交通和数字基础设施部部长安德里亚斯·朔伊尔在柏林举行工作会谈，双方签署了两部门《关于提升交通运输领域合作意向的联合声明》。

25日，交通运输部发布《关于废止2件规章的决定》（中华人民共和国交通运输部令2019第13号）。

27日，大湄公河次区域（GMS）国际道路运输（中国—老挝—越南）启动仪式在云南昆明举行。

30日，交通运输部部长李小鹏在北京会见上海合作组织秘书长诺罗夫。

31日，中俄合建首座跨黑龙江（阿穆尔河）界河公路大桥——黑河—布拉戈维申斯克（海兰泡）黑龙江（阿穆尔河）大桥合龙。

31日，中共交通运输部党组印发《关于全面加强新时代党支部建设的意见》。

6月

1日，部机关和部属行政单位全部完成公务员职级套转，部公务员分类改革工作正式启动。

3日，交通运输部发布《关于修改〈中华人民共和国港口设施保安规则〉的决定》（中华人民共和国交通运输部令2019第14号）和《关于修改〈中华人民共和国国际船舶保安规则〉的决定》（中华人民共和国交通运输部令2019第15号）。

4日，交通运输部成立部第二届联合国全球可持续交通大会工作组。

6日下午，交通运输部召开“不忘初心、牢记使命”主题教育动员部署会，传达学习习近平总书记在“不忘初心、牢记使命”主题教育工作会议上的重要讲话精神，对交通运输部系统开展“不忘初心、牢记使命”主题教育进行部署。部党组书记杨传堂出席会议并作动员讲话。中央第二十一指导组组长林军作重要讲话。部长、部党组副书记李小鹏主持会议。

8日，中国高等航海教育暨大连海事大学建校110周年纪念大会召开。

11日，主题为“繁荣互促、和平互信、文化互鉴、生态互助”的中国2019世界集邮展览在湖北武汉开幕，李小鹏、马军胜出席。

11日，李小鹏到湖北省交通运输厅、部长江航务管理局，就开展“不忘初心、牢记使命”主题教育、取消高速公路省界收费站等工作开展调研和座谈。

11日，交通运输部党组书记杨传堂出席指导部海事局“不忘初心、牢记使命”主题教育动员部署会。

13—16日，由中国科学技术协会、交通运输部、中国工程院主办的2019世界交通运输大会在北京国家会议中心召开。会议主题为“智能绿色引领未来交通”。

14日，交通运输服务乡村振兴战略、推进“四好农村路”建设和脱贫攻坚领导小组召开会议，传达学习习近平总书记在解决“两不愁三保障”突出问题座谈会和中央财经委员会第四次会议上的重要讲话精神，通报脱贫攻坚专项巡视整改进展情况，审议中央单位定点扶贫考核反馈意见整改情况报告，研究全国“两通”基础数据核实和确认工作情况、内外部监督检查发现的交通扶贫有关问题整改情况。

16日，交通运输部党组理论学习中心组召开“不忘初心、牢记使命”主题教育集中学习交流会。中央第二十一指导组组长林军等有关同志到会指导。

17日，李小鹏到京津塘高速公路、部公路科学研究院公路试验场，就高速公路电子不停车收费（ETC）门架系统开展调研和座谈。

17日22时55分，四川省宜宾市长宁县发生6.0级地震，交通运输部贯彻落实习近平总书记等中央领导同志的重要指示批示精神，迅速作出部署。

17—21日，国际航标协会（IALA）第69次理事会在荷兰鹿特丹举行。会议审议通过了由我国主导制定的IALA标准《VTS用户指南模板》，将作为IALA“G1144”号指南正式生效。

20—21日，交通运输部发布《智能快件箱寄递服务管理办法》（中华人民共和国交通运输部令2019第16号）、《关于修改〈道路货物运输及站场管理规定〉的决定》（中华人民共和国交通运输部令2019第17号）、《关于修改〈道路运输从业人员管理规定〉的决定》（中华人民共和国交通运输部令2019第18号）、《关于修改〈道路运输车辆技术管理规定〉的决定》（中华人民共和国交通运输部令2019第19号）、《关于修改〈机动车维修管理规定〉的决定》（中华人民共和国交通运输部令2019第20号）、《关于修改〈中华人民共和国国际海运条例实施细则〉的决定》（中华人民共和国交通运输部令2019第21号）和《关于废止5件交通运输规章的决定》（中华人民共和国交通运输部令2019第22号）。

20—22日，交通运输部党组书记杨传堂到甘肃省兰州市、临夏回族自治州，就深度贫困地区脱贫攻坚工作开展调研，并在临夏州主持脱贫攻坚现场办公会。调研期间，杨传堂与甘肃省委书记林铎、省长唐仁健就甘肃交通运输改革发展交换了意见。

21日，李小鹏到部路网监测与应急处置中心，就“不忘初心、牢记使命”主题教育开展情况、取消高速公路省界收费站有关工作、路网运行及安全生产等开展调研和座谈。

25日，在国务院新闻办公室举行的新闻发布会上，交通运输部发布了《2018年中国船员发展报告》白皮书。25日是第九个“世界海员日”。截至2018年年底，我国共有注册船员157.5万人，位居世界第一，同比增长6.2%，其中女性船员23.9万人；外派海员达14.6万人次，同比增长5.1%。

25日，第九届全国“人民满意的公务员”和“人民满意的公务员集体”表彰大会在京举行。习近平、李克强、王沪宁在人民大会堂亲切会见受表彰的先进个人和集体代表。交通运输行业3名个人和3个集体受到表彰。

当地时间6月26日，中国驻巴拿马大使魏强和巴拿马海事局局长巴拉卡特分别代表双方主管部门在巴拿马城共同签署了《中华人民共和国交通运输部与巴拿马共和国海事局关于开展“中巴海运海事奖学金”项目的合作谅解备忘录》。根据该文件，2019年至2023年，中国交通运输部每年将为5～8名巴拿马籍留学生提供中国政府全额奖学金，用于资助其在华攻读硕士学位。

27日，交通运输部部长李小鹏到山东省济南市，就交通运输行业开展主题教育、取消高速公路省界收费站及ETC发行等工作开展调研和座谈。调研期间，山东省委书记刘家义与李小鹏就推进山东交通运输改革发展交换了意见。

28日，交通运输部举行党员干部大会暨“七一”主题党日，隆重纪念中国共产党成立98周年，表彰2019年交通运输部系统优秀共产党员、优秀党务工作者、先进基层党组织和部机关2019年获三等功奖励的优秀公务员。

29日，杨传堂参加指导部救捞局领导班子“不忘初心、牢记使命”主题教育集中学习研讨。

30日，国家公路网命名编号调整工作圆满完成。

7月

1日，交通运输部召开2019年部安委会第三次全体会议，总结2019年上半年交通运输安全生产工作，部署下半年安全生产重点工作。

1日，交通运输部发布《海上滚装船舶安全监督管理规定》（中华人民共和国交通运输部令2019第23号）。

1日，交通运输部印发《交通运输部关于推进长江航运高质量发展的意见》。

1—3日，杨传堂到湖北省武汉市、宜昌市，就长航系统改革发展等情况开展调研和座谈。

3—4日，中蒙俄三方代表团和联合国亚太经社会代表在内蒙古自治区满洲里市举行了《关于沿亚洲公路网国际道路运输政府间协定》联委会第一次会议。

4日，教育部、交通运输部联合印发《关于共建北京交通大学的意见》。

5日，交通运输部印发《数字交通发展规划纲要》。

5日，交通运输部在国务院新闻办公室举行中外记者见面会，请五位“交通长”围绕“‘五长’说交通，共话70年”与中外记者见面交流。

9日，杨传堂参加指导中国交通通信信息中心领导班子“不忘初心、牢记使命”主题教育集中学习研讨。

10—12日，交通运输部党组书记杨传堂到新疆维吾尔自治区乌鲁木齐市、喀什地区、克孜勒苏柯尔克孜自治州，就深度贫困地区交通扶贫工作特别是“两通”目标完成情况等开展调研，并在乌鲁木齐主持召开“三区三州”交通扶贫现场办公会。调研期间，杨传堂与中共中央政治局委员、自治区党委书记陈全国，自治区政府主席雪克来提·扎克尔就新疆交通运输改革发展交换了意见。

11日，6时46分，渔船“琼琼海渔01039”轮在永兴岛以南约220海里处进水沉没，船上32人遇险求救。经全力搜救，7月12日16时58分，“南海救116”轮载获救渔民安全靠泊三亚救助码头。

11日，2019年中国航海日论坛主论坛在浙江省宁波市成功举办。

12日，李小鹏以“对照初心使命，找差距抓落实，奋力开启交通强国建设新征程”为题讲主题教育专题党课。

18日，交通运输部、国家发展改革委、财政部联合印发《关于切实做好货车通行费计费方式调整有关工作的通知》《关于进一步优化鲜活农产品运输“绿色通道”政策的通知》《关于全面清理规范地方性车辆通行费减免政策的通知》，为取消高速公路省界收费站提供了政策保障。

18日，交通运输部印发《道路运输企业主要负责人和安全生产管理人员安全考核管理办法》《道路运输企业主要负责人和安全生产管理人员安全考核大纲》，于10月1日施行。

19日，交通运输部、国家发展改革委、财政部、自然资源部、农业农村部、国务院扶贫办、国家邮政局、中华全国供销合作总社联合印发《关于推动“四好农村路”高质量发展的指导意见》。

25日，杨传堂以“学习贯彻习近平总书记在中央和国家机关党的建设工作会议上的重要讲话精神，以政治建设为统领，全面提升机关党的建设质量”为主题讲主题教育专题党课。

26 日，中俄总理定期会晤委员会运输合作分委会第二十三次会议在广东省广州市举行。

27 日，交通运输部印发《城市轨道交通运营安全风险分级管控和隐患排查治理管理办法》《城市轨道交通设施设备运行维护管理办法》《城市轨道交通运营突发事件应急演练管理办法》，于 11 月 1 日起施行；印发《城市轨道交通运营险性事件信息报告与分析管理办法》，于 8 月 1 日起施行。

29 日，交通运输部在江苏省苏州市召开全国内河水运高质量发展现场推进会。

31 日，在国家主席习近平和来华访问的哥伦比亚总统杜克见证下，交通运输部部长李小鹏与哥伦比亚交通部部长奥罗斯科在北京人民大会堂共同签署了《中华人民共和国交通运输部和哥伦比亚共和国交通部交通运输合作谅解备忘录》。签字仪式后，李小鹏和奥罗斯科举行工作会谈，就落实上述合作谅解备忘录、深化中哥交通运输合作交换了意见。

31 日，交通运输部印发《关于推进交通运输领域全面实施预算绩效管理工作的实施意见》。

31 日，交通运输部发布《飞行模拟训练设备管理和运行规则》（中华人民共和国交通运输部令 2019 第 24 号）。

8 月

1 日，交通运输部、国家邮政局等部门联合印发《关于认真落实习近平总书记重要指示推动邮政业高质量发展的实施意见》。

1—2 日，全国取消高速公路省界收费站工作推进会在四川省遂宁市召开。

5 日，杨传堂接受《人民日报》专访，强调求深求真求准求实，确保“不忘初心、牢记使命”主题教育取得实效。

6 日，交通运输部离退休干部局与中国交通报社联合举行“我看新中国成立 70 周年新成就”专题调研会，交通运输部原部长李盛霖，原交通部副部长王展意、刘松金、刘锷、胡希捷，交通运输部原党组成员李建波，分享了他们眼中的 70 年交通运输变迁。

7 日，联合国在其官网正式上线第二届联合国全球可持续交通大会网站。

8 日，交通运输部党组召开对照党章党规找差距专题会议。

12 日，交通运输部、国家邮政局、中国邮政集团公司联合印发《关于深化交通运输与邮政快递融合 推进农村物流高质量发展的意见》。

18 日，中国 ETC 服务平台正式上线提供服务。

18 日，雄安新区对外骨干路网建设推进会在雄安新区召开，标志着雄安新区公路对外交通网由规划阶段正式转入实质性开工建设阶段。

18 日，交通运输部、中华全国总工会在山东省泰安市召开“司机之家”建设工作推进现场会。

19—20 日，全国公路水运工程质量安全工作会议在河北省保定市召开。

20 日，交通运输部同意撤销长江南京以下深水航道建设工程指挥部。

20 日，中共交通运输部党组召开“不忘初心、牢记使命”专题民主生活会。

20 日，交通运输部办公厅印发《关于建设让党中央放心 让人民群众满意的模范机关的意见》。

21 日，交通运输部、公安部、文化和旅游部、海关总署、移民局联合印发《关于推广实施邮轮船票管理制度的通知》。

27 日，杨传堂参加指导中国船级社领导班子“不忘初心、牢记使命”专题民主生活会。

27 日，交通运输部办公厅印发《交通扶贫项目和资金监督管理办法》。

29日，交通运输部发布2018年全国收费公路统计公报。公报显示，2018年年底全国收费公路里程达16.81万公里，全年共减免车辆通行费917.8亿元。

29日，交通运输部召开新闻发布会，发布“不忘初心、牢记使命”主题教育相关成果与取消高速公路省界收费站工作进展等相关内容，并回答记者提问。

29日，交通运输部办公厅与天津市、河北省人民政府办公厅联合印发《津冀沿海锚地布局方案》。

29日，李小鹏参加指导部公路局领导班子“不忘初心、牢记使命”专题民主生活会。

30日，交通运输部部长李小鹏在北京会见特斯拉公司首席执行官埃隆·马斯克。

9月

1日，琼州海峡客滚运输开启“定码头、定班期、定船舶”的班轮化运营模式。

2日，中共交通运输部党组召开“不忘初心、牢记使命”主题教育工作总结（视频）会议。

4—5日，交通运输部党组书记杨传堂、部长李小鹏分别到河南省郑州市、河北省石家庄市，就取消高速公路省界收费站工作开展调研和座谈。期间，部领导分别与河南省委书记王国生、省长陈润儿，河北省委书记王东峰、省长许勤就推动本省交通运输改革发展等交换了意见。

5日，我国与新加坡签署《中国与新加坡关于推广、接受和使用电子证书的谅解备忘录》，促进两国登记船舶使用电子证书，加强双方在船舶电子证书领域的合作。

6日，国务院办公厅印发《关于深化农村公路管理养护体制改革的意见》。

6日，交通运输部、国家税务总局联合印发《网络平台道路货物运输经营管理暂行办法》。

9日，由交通运输部主办、中国港口协会承办的“最美港口人”推选宣传活动在湖北武汉落下帷幕。青岛前湾集装箱码头有限责任公司电动港机机械装卸司机郭磊等10名港口行业杰出代表荣获“最美港口人”称号。

10日，是第35个教师节。交通运输部向交通运输行业全体教师、教育工作者发出慰问信，向他们致以节日的问候与祝福。

12日，交通运输部发布《油气化工码头设计防火规范》。

14日，中共中央、国务院印发《交通强国建设纲要》并发出通知，要求各地区各部门结合实际认真贯彻落实。

14—27日，“中国—东盟国家海上搜救高级培训班”在辽宁省大连市举办。

17日，交通运输部召开2019年部安委会第四次全体会议。

18日，交通运输部印发《关于贯彻落实习近平总书记重要指示精神做好交通建设项目更多向进村入户倾斜的指导意见》。

19日，交通运输部办公厅印发《关于做好〈交通强国建设纲要〉宣传贯彻工作的通知》。

19日，交通运输部、国家发展改革委联合召开全国“信用交通省”创建阶段总结暨现场观摩交流会。

20日，交通运输部印发新修订的《汽车客运站安全生产规范》。

23日，“伟大历程辉煌成就——庆祝中华人民共和国成立70周年大型成就展”在北京展览馆举办，其中有54项交通运输展示内容。

24日，在国庆、重阳双节来临之际，交通运输部召开部级离退休干部和离退休干部党支部书记座谈会。杨传堂、李小鹏等部领导与原部领导黄镇东、李盛霖、王展意、林祖乙、刘锷、李居昌、胡希捷、杨利民、高宏峰、李建波及离退休干部党支部书记共聚一堂、共话交通、共谋发展。

24日，国务院新闻办公室举行《交通强国建设纲要》新闻发布会。交通运输部部长李小鹏、副部长戴东昌，国家铁路局副局长于春孝，中国民用航空局副局长董志毅，国家邮政局副局长戴应军出席发布会。

24日，交通运输部办公厅关于印发《网络平台道路货物运输经营服务指南》等三个指南的通知。

24—27日，杨传堂、李小鹏等部领导走访慰问部机关中华人民共和国成立前参加革命工作的老同志、老党员，并为他们佩戴上由中共中央、国务院、中央军委颁发的“庆祝中华人民共和国成立70周年”纪念章。

25日，北京大兴国际机场投运仪式在北京举行。中共中央总书记、国家主席、中央军委主席习近平出席仪式，宣布机场正式投运并巡览航站楼，代表党中央向参与机场建设和运营的广大干部职工表示衷心的感谢、致以诚挚的问候。李小鹏、冯正霖参加投运仪式。

25日，交通运输部直属机关党委举办“迎国庆当先行 建功新时代”先进事迹报告会和图片展。

25日，在“最美奋斗者”表彰大会上，刘传健、其美多吉等19名交通干部职工和“毛泽东号”机车组受到表彰。

26日，杨传堂到北京交通大学开展调研并为师生作报告。

27日，全国民族团结进步表彰大会在北京召开，习近平总书记等党和国家领导人为受表彰的模范集体和个人代表颁奖。我部公路局农村公路处被授予“全国民族团结进步模范集体”荣誉称号。

27日，南海华阳灯塔等五座灯塔建成发光并投入使用列入《中华人民共和国大事记（1949年10月—2019年9月）》。

28日，《人民日报》刊发中共交通运输部党组的署名文章《奋力建设交通强国》。

30日，长江干线数字航道全面联通，实现正式运行。

10月

1日，庆祝中华人民共和国成立70周年大会在北京天安门广场隆重举行，20余万军民以盛大的阅兵仪式和群众游行欢庆共和国70华诞。群众游行队伍中，港珠澳大桥岛隧工程总工程师林鸣、交通运输部上海打捞局工程船队副队长金锋亮相“创新驱动”方阵彩车，川航“英雄机长”刘传健、中国邮政集团公司四川省甘孜县邮政分公司邮车驾驶员其美多吉亮相“凝心铸魂”方阵彩车。十九大党代表、全国先进工作者上海海事局陈维受邀参加国庆阅兵观礼系列活动。

9日，交通运输部召开视频会议，学习领会宣传贯彻重在落实《交通强国建设纲要》，部署加快建设交通强国，启动交通强国建设试点工作，并为试点单位授牌。

9日，交通运输部部长李小鹏在北京会见巴基斯坦计划发展部部长巴赫蒂亚尔和铁道部部长艾哈迈德，双方就推进中巴经济走廊交通基础设施建设交换了意见。

12日，第二届联合国全球可持续交通大会组委会办公室第一次会议在交通运输部召开。

13日，在国家主席习近平和尼泊尔总理奥利的共同见证下，中国驻尼泊尔大使侯艳琪代表中国交通运输部与尼泊尔政府基础设施和交通部常秘卡尔基在加德满都签署了《中华人民共和国交通运输部与尼泊尔政府基础设施和交通部关于推进中尼跨境铁路项目可行性研究合作的谅解备忘录》。

14—16 日，杨传堂到上海市，就海运业高质量发展和上海综合交通运输发展情况等开展调研和座谈。调研期间，杨传堂与中共中央政治局委员、上海市委书记李强、市长应勇就推动上海交通运输改革发展稳定工作交换了意见。

16 日，交通运输部印发《城市轨道交通行车组织管理办法》《城市轨道交通客运组织与服务管理办法》《城市轨道交通正式运营前和运营期间安全评估管理暂行办法》，于 2020 年 4 月 1 日施行。

17 日，交通运输部获得中央和国家机关职工运动会甲组总成绩第八名。

18 日，交通运输部部长李小鹏在北京会见白俄罗斯驻华大使基里尔 · 鲁德。

21 日，交通运输部发布《关于修改〈运输机场使用许可规定〉的决定》（中华人民共和国交通运输部令 2019 第 25 号）、《关于修改〈定期国际航空运输管理规定〉的决定》（中华人民共和国交通运输部令 2019 第 26 号）、《关于废止〈中国民用航空总局职能部门规范性文件制定程序规定〉的决定》（中华人民共和国交通运输部令 2019 第 27 号）。

21—22 日，2019 年六盘山片区脱贫攻坚部省协调推进会在陕西省咸阳市召开。李小鹏出席会议。

23 日，杨传堂到河北省张家口市怀来县，就冬奥会重大交通保障项目推进情况等开展调研和座谈。

23 日，中乌政府间合作委员会交通合作分委会第六次会议在乌兹别克斯坦塔什干举行。

23 日，交通运输部、财政部、人力资源社会保障部、国资委联合印发《关于做好取消高速公路省界收费站人员安置工作的指导意见》。

25 日，国家统计局 2019 年第九统计督察组进驻交通运输部，并与部党组对接沟通统计督察工作。

25 日，李小鹏到中央党校，为 1600 余名在校学员作“为加快建设交通强国而努力奋斗”的专题报告。

29 日，2019 年城市轨道交通运营发展论坛在北京开幕。

29 日，交通运输部公布认定的 2019 年交通运输 22 家行业研发中心和 3 个重点实验室。

30 日，国务院办公厅印发《关于成立第二届联合国全球可持续交通大会组委会的通知》。

30 日，交通运输部召开城市轨道交通运营管理工作座谈会。杨传堂主持会议。

30 日，交通运输部、国家发展改革委联合印发《关于深化道路运输价格改革的意见》。

31 日，《国务院办公厅关于加强水上搜救工作的通知》正式印发，将进一步促进我国水上搜救工作高质量发展、增强水上搜救整体能力。

11 月

1 日，中哈合作委员会交通合作分委会第 12 次会议在北京举行。

2 日，交通运输部部长李小鹏陪同李克强总理出席在乌兹别克斯坦塔什干举行的上海合作组织成员国政府首脑（总理）理事会第 18 次会议及中乌双边活动。

3—4 日，杨传堂到大连海事大学宣贯《交通强国建设纲要》，为海大师生和部在连单位干部代表讲授“不忘初心、牢记使命，为加快建设交通强国而努力奋斗”专题党课，开展第二批“不忘初心、牢记使命”主题教育调研。

4 日，交通运输部、农业农村部、国务院扶贫办联合印发《关于命名“四好农村路”全国示范县的通知》。

5 日，交通运输部部长李小鹏在上海分别会见了来华出席第二届中国国际进口博览会的斯洛伐克交通和建设部部长阿帕德·埃尔谢克、格鲁吉亚经济与可持续发展部部长那提雅·特娜娃、法国生态与团结化转型部部长伊丽莎白·博尔内，就深化双方交通运输领域务实合作交换了意见。

6日，交通运输部、国家发展改革委、财政部、自然资源部、生态环境部、应急部、海关总署、市场监管总局和国家铁路集团联合印发《关于建设世界一流港口的指导意见》。

6—7日，2019年全国推动“四好农村路”高质量发展现场会在四川省成都市蒲江县召开。李小鹏出席会议。

7日，杨传堂、李小鹏分别到快递园区、邮政支局和快递企业，调研“双11”业务旺季服务保障工作，并向邮政、快递企业员工和邮政管理干部表示亲切慰问。

8—9日，李小鹏到四川省甘孜藏族自治州、阿坝藏族羌族自治州的色达县、小金县等地，就部定点扶贫县脱贫攻坚工作开展调研和座谈。

11日，中共交通运输部党组印发《关于深入学习宣传贯彻党的十九届四中全会精神的通知》（交党明电〔2019〕1号），要求推进落实围绕坚持和完善党的领导制度体系抓落实等九项重点任务，把交通运输行业全体干部职工的思想和行动统一到全会精神上来，凝聚加快建设交通强国的磅礴力量。

12—14日，杨传堂到山东省烟台市、青岛市，就贯彻落实《交通强国建设纲要》、推进交通运输治理体系和治理能力现代化以及谋划明年重点工作等开展调研和座谈。

当地时间11月13日，国家主席习近平出席金砖国家领导人第十一次会晤期间，中华人民共和国驻巴西大使杨万明和巴西基础设施部部长弗雷塔斯分别代表两国交通运输主管部门签署了《中华人民共和国交通运输部与巴西联邦共和国基础设施部合作谅解备忘录》，这是中巴两国在交通运输领域合作取得的重要成果。

14—15日，交通运输部部长李小鹏应邀出席了在越南河内举行的第18次中国—东盟交通部长会议，并与越南交通运输部部长阮文体共同主持会议。东盟十国交通部部长、副部长和东盟秘书处副秘书长与会。

15日，由交通运输部与重庆市政府联合主办的长江干线水上联合搜救演习在重庆涪陵区黄旗码头水域成功举行。

15日，交通运输服务乡村振兴战略、推进“四好农村路”建设和脱贫攻坚领导小组召开会议，通报脱贫攻坚专项巡视整改进展情况，研究关于全面建成小康社会交通扶贫目标任务推进情况和定点扶贫、对口支援、联系六盘山片区工作自查评估情况。

20日，交通运输部发布《渔业船舶检验管理规定》（中华人民共和国交通运输部令2019第28号）；交通运输部、工业和信息化部、公安部、生态环境部、应急管理部、市场监管总局联合发布《危险货物道路运输安全管理办法》（中华人民共和国交通运输部令2019第29号）。

20日，国务院常务会议决定，从2019年1月1日起到2023年底，对一年在船航行超过183天的远洋船员，其工资薪金收入减按50%计入应纳税所得额。12月29日，财政部、税务总局发布《关于远洋船员个人所得税政策的公告》（2019年第97号），执行期为2019年1月1日至2023年12月31日。

21日，全国政协副主席、交通运输部党组书记杨传堂主持召开交通运输行业部分全国政协委员座谈会，就深入贯彻落实党的十九届四中全会精神，谋划好明年工作思路，加快推进交通强国建设以及交通运输发展形势、发展重点等方面听取意见建议。

21日，交通运输部、河南省政府、武警某部联合主办的2019年度全国公路交通军地联合应急演练在河南省巩义市举行。

23日，2019年中国技能大赛——第十一届全国交通运输行业职业技能大赛闭幕式在天津交通职业学院举行，交通运输部党组书记杨传堂出席闭幕式。在津期间，杨传堂与中共中央政治局委员、天津市委书记李鸿忠，市委副书记、市长张国清就推进天津交通运输改革发展交换了意见。交通运输部部长李小鹏对行业职业技能大赛和技能人才队伍建设作出批示。

24—26日，交通运输部党组书记杨传堂先后到广西壮族自治区百色市、南宁市，就贯彻落实《交通强国建设纲要》、推进交通运输治理体系和治理能力现代化、交通脱贫攻坚等工作开展调研和座谈。调研期间，杨传堂与自治区党委书记鹿心社、政府主席陈武就推进广西交通运输改革发展交换了意见。

25日，我国政府提名的广州打捞局赴马来西亚执行“荣昌8”轮救援任务的救援队获得国际海事组织“特别勇敢奖”表彰证书，东海第二救助飞行队黄智斌机长获得表扬信。

25日，港珠澳大桥海事局成立。

26日，李小鹏到中国国家铁路集团有限公司，就铁路改革发展、加快建设交通强国等开展调研和座谈。

28日，李小鹏到中国邮政集团公司，就邮政集团改革发展、明年重点工作和加快建设交通强国等开展调研和座谈。

28日，交通运输部发布《关于修改〈通用航空经营许可管理规定〉的决定》（中华人民共和国交通运输部令2019第30号）、《关于修改〈快递业务经营许可管理办法〉的决定》（中华人民共和国交通运输部令2019第31号）、《关于修改〈港口工程建设管理规定〉的决定》（中华人民共和国交通运输部令2019第32号）、《关于修改〈港口设施保安规则〉的决定》（中华人民共和国交通运输部令2019第33号）、《关于修改〈港口危险货物安全管理规定〉的决定》（中华人民共和国交通运输部令2019第34号）、《关于修改〈航道通航条件影响评价审核管理办法〉的决定》（中华人民共和国交通运输部令2019第35号）、《关于修改〈港口经营管理规定〉的决定》（中华人民共和国交通运输部令2019第36号）、《关于修改〈公路水运工程监理企业资质管理规定〉的决定》（中华人民共和国交通运输部令2019第37号）、《关于修改〈公路水运工程试验检测管理办法〉的决定》（中华人民共和国交通运输部令2019第38号）、《关于修改〈海员外派管理规定〉的决定》（中华人民共和国交通运输部令2019第39号）、《关于修改〈船舶污染海洋环境应急防备和应急处置管理规定〉的决定》（中华人民共和国交通运输部令2019第40号）、《关于修改〈国际海运条例实施细则〉的决定》（中华人民共和国交通运输部令2019第41号）和《关于修改〈道路危险货物运输管理规定〉的决定》（中华人民共和国交通运输部令2019第42号）。

28日，交通运输调度与应急指挥系统核心功能实现部署上线运行。

29日，《交通运输部救助航空器使用管理规定》颁布实施。

当地时间11月29日，在英国伦敦召开的国际海事组织（IMO）第31届大会举行了新一届理事会选举，中国再次以高票当选A类理事国。这是我国自1989年起，连续第16次连任，彰显了我国在国际海运界的地位和影响。

12月

2日，交通运输部发布《铁路机车车辆驾驶

人员资格许可办法》（中华人民共和国交通运输部令2019第43号）。

3日，交通运输部举行国家工作人员宪法宣誓仪式。李小鹏监誓。

3日，交通运输部部长李小鹏在北京会见了荷兰驻华大使贺伟民，双方就共同关心的话题交换了意见。

3日，李小鹏先后到中国铁道建筑集团有限公司、中国交通建设集团有限公司，就企业改革发展、加快建设交通强国等工作开展调研和座谈。

5—6日，全国运输结构调整暨多式联运现场推进会在交通运输部管理干部学院召开。李小鹏出席会议。

6日，交通运输部发布《航道工程建设管理规定》（中华人民共和国交通运输部令2019第44号）。

6日，交通运输部办公厅印发《关于贯彻落实习近平总书记重要指示批示精神切实加强道路运输安全生产工作的通知》。

6日，交通运输部办公厅印发《交通扶贫领域腐败和作风问题专项治理工作规则》。

9日，交通运输部举行"加快交通强国建设"专题新闻发布会，发布交通强国建设试点工作进展情况等内容。

9日，交通运输部印发《关于加强政策创新推动雄安新区现代综合交通运输体系建设的指导意见》。

9日，交通运输部召开2019年部安委会第五次全体会议，传达学习贯彻习近平总书记在中央政治局第十九次集体学习时的重要讲话精神，分析交通运输安全生产形势，研究部署岁末年初重点工作。

9日，交通运输部发布《港口和船舶岸电管理办法》（中华人民共和国交通运输部令2019第45号）。

9日，交通运输部印发《推进综合交通运输大数据发展行动纲要（2020—2025年）》。

10日，全国政协提案委员会副主任郭庚茂、陈因带领部分政协委员赴交通运输部走访，围绕"确保春运旅客安全便捷出行"主题进行交流。

10日，全国海上劳动关系三方协调机制第4次工作会议在北京召开。

10日，全国ETC客户服务中心在河南省郑州市举行揭牌仪式，全国ETC服务监督热线95022也于当日正式开通试运行。

12日，交通运输部、北京冬奥组委印发通知，成立北京冬奥会交通工作协调小组。

16日，全国离退休干部先进集体和先进个人表彰大会在北京举行。中共中央总书记、国家主席、中央军委主席习近平在人民大会堂亲切会见受表彰代表。会议表彰了150个离退休干部先进集体和450位先进个人，其中，交通运输部天津水运工程科学研究院离退休第三党支部荣获"全国离退休干部先进集体"称号，原交通部办公厅副主任邬丹荣获"全国离退休干部先进个人"称号。

17日，交通运输部举行"脱贫攻坚"专题新闻发布会。"十三五"以来，交通运输部持续加大中央资金支持力度，累计投入约7100亿元车购税资金支持贫困地区交通项目建设，占全国车购税总规模的70%，为打赢脱贫攻坚战提供了有力资金保障。

18日13时许，远洋冷藏运输船"海记"轮在太平洋海域机舱失火，23人遇险。经全力协调救助，21时，23名船员全部获救。

19日，交通运输部召开警示教育大会。

19—20日，全国城市绿色货运配送示范工程交流研讨会在江苏省南京市召开，会上公布了全国第二批24个城市绿色货运配送示范工程名单。

23日，交通运输部印发《关于进一步提升交通运输发展软实力的意见》。

24日，中央第九巡视组召开对交通运输部党组开展脱贫攻坚专项巡视"回头看"进驻见面沟通会，中央第九巡视组组长吴瀚飞通报巡视任务并对做好巡视工作提出要求。

25日，交通运输部联合国家发展改革委、公安部、人力资源和社会保障部、应急管理部、国家铁路局、民航局、中国国家铁路集团有限公司等召开2020年全国春运电视电话会，对春运工作做进一步动员和安排。

26—27日上午，全国交通运输工作会议召开。会议传达学习中共中央政治局委员、国务院副总理刘鹤重要批示精神。杨传堂、李小鹏、冯正霖出席会议并讲话。

27日，交通运输部在国务院新闻办公室举行新闻发布会，介绍交通运输高质量发展成效有关情况。

28日，中国邮政集团有限公司在北京揭牌成立。经国务院批准同意，中国邮政集团公司改制更名为中国邮政集团有限公司，改制后由中央管理，是依照《中华人民共和国公司法》组建的国有独资公司。

28日，交通运输部、工业和信息化部、公安部、商务部、市场监管总局、国家网信办联合发布《关于修改〈网络预约出租汽车经营服务管理暂行办法〉的决定》（中华人民共和国交通运输部令2019第46号）。

30日，杨传堂出席2020年国家铁路局工作会议。

31日，全国高速公路联网收费系统顺利实施并网切换，同步取消了全国487个高速公路省界收费站。

31日，设立"中非友谊"交通运输专业人才短期培训项目，实施"中国政府交通运输奖学金"项目。

31日，交通运输部办公厅印发《交通运输标准审查管理规定》。

2019年国家铁路局大事记

1月

1日，国家铁路局开放铁路技术标准信息服务平台，为社会公众提供铁路工程建设标准文本免费在线查阅。

3日，国家铁路局召开党组扩大会议，中央组织部宣布杨宇栋同志不再担任国家铁路局党组书记、局长，调任中国国家铁路集团有限公司总经理。

7日，国家铁路局召开安全生产委员会2019年第1次会议，总结分析2018年铁路安全形势，研究提出下一阶段重点工作任务。

7—9日，国家铁路局与香港特别行政区政府机电工程署共同开展广深港高铁运营安全首次综合检查。

8日，国家科学技术奖励大会在人民大会堂举行。铁路行业有8个项目荣获2018年度国家科学技术奖，由国家铁路局提名的"中南大学轨道交通空气动力与碰撞安全技术创新团队"获科技进步创新团队奖，"地下工程穿越高速铁路的精密化控制技术及应用"获技术发明二等奖，"高速铁路弓网系统运营安全保障成套技术与装备"获科技进步二等奖。

11日，印发《国家铁路局关于做好2019年铁路安全监督管理工作的意见》（国铁安监〔2019〕1号）。

11 日，印发《国家铁路局关于做好 2019 年春运监督检查工作的指导意见》（国铁运输监函〔2019〕7 号），启动 2019 年铁路春运监督检查工作。

15 日，印发《2019 年铁路工程监管工作要点》（国铁工程监函〔2019〕9 号）。

17 日，国家铁路局党组召开 2018 年度民主生活会。党组领导班子及成员以中央政治局民主生活会为标杆，紧紧围绕主题，严肃开展批评和自我批评，明确整改方向措施。中央第 32 督导组全体同志，中央组织部和中央纪委国家监委驻交通运输部纪检监察组有关同志到会指导。

18 日，国务院新闻办公室举行 2019 年春运工作新闻发布会，国家铁路局总工程师、新闻发言人严贺祥参加发布会并介绍 2019 年铁路春运形势和工作安排。

18 日，印发《2019 年铁路专用设备产品质量安全监管工作重点》（国铁设备监函〔2019〕11 号）。

20 日，国家铁路局党组成员、副局长于春孝陪同中共中央政治局委员、国务院副总理刘鹤在北京站检查春运工作。

1 月 21 日—2 月 14 日，国家铁路局党组成员带队，深入 7 个地区铁路监督管理局辖区，围绕旅客列车运输安全和春运服务质量开展春运监督检查。

27 日，印发《铁路行业统计规则》（国铁综〔2019〕4 号），明确了铁路旅客运输、货物运输、运输设备、固定资产投资、能源消耗与节约、交通事故、装备制造、财务及电子商务、大型施工设备等统计内容，以及铁路行业统计指标名称、指标涵义、计算方法、指标间的相互关系。

28 日，发布《国家铁路局 2018 年党组巡视、专项巡察工作通报》。2018 年，国家铁路局完成了对 7 个局属单位党组织的巡视工作和对所有局机关党支部的专项巡察工作，持续推动全面从严治党不断向纵深发展。

28 日，国家铁路局公布铁路计量规程规范复审结果。经复审，40 项铁路部门计量规程规范保留由铁路行业管理；66 项铁路部门计量规程规范不再作为铁路行业管理或已不适用，自 2019 年 1 月 28 日起废止。

2 月

1 日，国家铁路局召开党风廉政建设工作会议，党组成员、副局长于春孝作题为《以习近平新时代中国特色社会主义思想为指导推动国家铁路局全面从严治党向纵深发展》的报告。中央纪委国家监委驻交通运输部纪检监察组副组长胡志彬出席会议并讲话。

3 日，新修订的《铁路机车车辆设计制造维修进口许可办法》（交通运输部令 2019 年第 3 号）颁布，将铁路机车车辆的维修许可证有效期按不同型号产品调整为 5 年、8 年、10 年，进一步减轻企业负担。

25 日，国家铁路局副局长安路生在北京会见越南国会科技与环境委员会副主任黎鸿静一行，双方就铁路行业发展等问题进行交流。

26 日，国家发展改革委、工业和信息化部、交通运输部、国家铁路局等 24 部门联合印发《关于推动物流高质量发展促进形成强大国内市场的意见》（发改经贸〔2019〕352 号），旨在巩固物流降本增效成果、增强物流企业活力、提升行业效率效益水平、畅通物流全链条运行。

3 月

6 日，印发《国家铁路局综合司关于做好高速铁路基础设施运用状态检测监督检查工作的指导意见》（国铁综设备监〔2019〕8 号），对做好高速铁路基础设施运用状态检测监督检查工作提出具体要求，明确监督检查的重点内容，为铁路监管部门实施对标检查提供了依据。

19 日，国家铁路局召开铁路工程监管工作会议，总结 2018 年铁路工程监管工作，分析当前面临的形势任务，部署 2019 年铁路工程监管重点工作。党组成员、副局长苏全利出席会议并讲话。

19 日，印发《国家铁路局 2019 年宣传思想工作要点》（党建办〔2019〕5 号）。

20 日，国家铁路局召开 2019 年第 1 次安全生产委员会联络员会议，通报 2018 年全国铁路安全情况和 2019 年春运监督检查情况，分析 2019 年铁路运输安全面临的形势，并就加强铁路安全工作提出要求。

21 日，国家铁路局召开铁路设备监管工作会议，分析铁路设备监管工作面临的新形势、新任务，就贯彻落实局年度工作总体部署提出具体措施。

21 日，国家铁路局副局长安路生在北京与巴基斯坦铁道部部长拉希德共同主持召开视频会议，就加快推进巴基斯坦 1 号铁路干线升级改造项目初步设计评审交换意见。

22 日，国家铁路局发布《2018 年铁路安全情况公告》。

25—29 日，经中国外交部长全权授权，国家铁路局副局长刘克强率中国政府代表团赴波兰参加铁组通过国际铁路直通联运公约文本国际会议第六次会议，深化研究国际铁路直通联运公约草案。

25 日，印发《关于开展 2019 年汛期防洪监督检查的通知》（国铁安监函〔2019〕34 号），对 2019 年汛期防洪监督检查工作作出部署。

28 日，印发《国家铁路局全面推行行政执法公示制度执法全过程记录制度重大执法决定法制审核制度实施方案》（国铁综安监〔2019〕9 号），在行政检查、行政处罚、行政许可等工作领域，聚焦行政执法关键环节，通过落实行政执法“三项制度”，实施全过程记载、可回溯管理、重大决定法制审核全覆盖，进一步提升铁路行政执法能力和水平。

29 日，印发《国家铁路局关于下调铁路工程造价标准增值税税率的公告》（国铁科法〔2019〕12 号），落实国家深化增值税改革有关政策，降低企业税收负担。

4 月

1 日，国家铁路局公开 2019 年部门预算。

2 日，印发《铁路建设工程质量安全监督机构和人员考核管理办法》（国铁工程监〔2019〕13 号），对加强铁路建设工程质量安全监督机构和人员的考核管理、提高依法行政及铁路建设工程质量安全监管水平具有重要意义。

3 日，国家铁路局公布 2017—2018 年度铁路工程建设部级工法评审结果和铁路优质工程（勘察设计）奖评审结果。高速铁路隧道的减震型交叉渡线施工工法等 187 项工法被评为 2017—2018 年度铁路工程建设部级工法；新建长沙至昆明铁路客运专线北盘江特大桥等 34 个项目获 2017—2018 年度铁路优质工程奖，新建宝鸡至兰州铁路客运专线古城岭隧道工程地质勘察等 38 个项目获优秀工程勘察奖，新建郑州至徐州客运专线总体设计等 129 个项目获优秀工程设计奖，铁路路基边坡防护系列通用参考图等 11 个项目获优秀工程标准设计奖，面向 BIM 的铁路线路三维设计系统关键技术等 18 个项目获优秀工程设计软件奖。

11 日，国家铁路局副局长安路生在北京与巴基斯坦铁道部部长拉希德共同主持召开视频会议，双方明确巴基斯坦 1 号铁路干线升级改造项目初步设计评审最终完成时限，确定第二届“一带一路”国际合作高峰论坛期间拟签署的成果文件。

15—18 日，国家铁路局副局长安路生率团赴越南开展中越铁路合作对话。17日，安路生与越南交通运输部副部长阮玉东举行会谈，双方就进一步加强中越铁路领域合作交流交换意见。期间，安路生踏勘老街—河内—海防规划铁路河内—海防段，参观沿线车站，添乘河内轻轨2号线文冠—吉灵段，调研我国在越南铁路企业工作情况。

15日，国家铁路局及所属的7个地区铁路监督管理局在北京西站、西安站、兰州站、沈阳北站、成都东站、济南东站、武昌站等重要火车站和国家铁路局机关同步开展全民国家安全教育日集中普法宣传活动。

24日，国家铁路局发布《2018年铁道统计公报》。

27日，国家铁路局副局长安路生在北京会见巴基斯坦铁道部长拉希德，双方就进一步推进中巴经济走廊铁路基础设施项目合作交换意见。

28日，印发《国家铁路局关于修改〈铁路机车车辆设计制造维修进口许可实施细则〉的通知》（国铁设备监〔2019〕18号），对《铁路机车车辆设计制造维修进口许可实施细则》部分条款予以修订，适当延长部分铁路机车车辆的维修许可证有效期，并公布《铁路机车车辆维修许可证有效期清单》。

29日，交通运输部联合中华全国总工会举办“2018年感动交通十大年度人物”视频报告会，国家铁路局组织推选的中车长春轨道客车股份有限公司铁路车辆装调工、高级技师罗昭强当选“2018年感动交通十大年度人物”。

5月

8—10日，国家铁路局党组成员、副局长于春孝带队赴大凉山、小凉山、秦巴山片区开展“慢火车”开行情况调研，总工程师严贺祥参加调研。

13日，国家铁路局党组成员、副局长安路生主持召开铁路规划编制工作启动会，研究部署国家综合立体交通网规划（2021—2050年）、交通强国“铁路篇”、“十四五”铁路发展规划等编制工作。

14日，国家铁路局副局长刘克强与韩国国土交通部铁道局局长黄晟圭在北京共同主持召开第13次中韩铁路合作会议。双方就两国铁路发展战略与构想、铁路建设融资模式与管理、铁路运输服务管理政策、铁路无线电技术等内容进行交流。

6月

4—7日，国家铁路局副局长苏全利率团赴乌兹别克斯坦参加铁路合作组织第47届部长会议。

5日，国家铁路局党组成员、副局长于春孝主持召开党组扩大会议暨“不忘初心、牢记使命”主题教育启动会，审议主题教育实施方案，宣布国家铁路局“不忘初心、牢记使命”主题教育正式启动。党组成员、副局长刘克强、安路生，总工程师严贺祥参加会议。

5日，国家铁路局、吉尔吉斯斯坦国有铁路公司、乌兹别克斯坦铁路股份公司在北京共同组织召开中吉乌铁路三方专家技术交流会议，围绕中吉乌铁路技术方案、第四方参与和发挥中吉乌公路运输作用等议题进行交流磋商。

11日，国家铁路局召开“不忘初心、牢记使命”主题教育动员大会，学习贯彻习近平总书记在“不忘初心、牢记使命”主题教育工作会议上的重要讲话精神，对国家铁路局开展“不忘初心、牢记使命”主题教育进行部署。党组成员、副局长于春孝作动员讲话，中央第21指导组组长林军出席会议并讲话，党组成员、副局长安路生主持会议，党组成员、副局长刘克强、苏全利，总工程师严贺祥参加会议。

12—16日，国家铁路局党组成员、副局长苏全利赴川藏铁路开展工程质量安全监督检查。

13日，印发《中共国家铁路局党组关于在全局开展"不忘初心、牢记使命"主题教育的实施方案》（国铁党发〔2019〕17号）。

16日，国家铁路局、中国铁路总公司、住房和城乡建设部、交通运输部联合组织全国铁路2019年"6·16"安全宣传咨询日暨京广高铁沿线环境综合整治动员会。党组成员、副局长于春孝出席活动并讲话。

20日，国家铁路局副局长安路生与尼泊尔基础设施和交通部常秘卡尔基在北京共同主持召开中尼铁路合作第四次工作会议并签署会议纪要。

24—27日，国家铁路局开展"不忘初心、牢记使命"主题教育集中学习研讨，党组成员、副局长于春孝、刘克强、苏全利，总工程师严贺祥参加学习研讨。

28日，国家铁路局召开"不忘初心、牢记使命"主题教育集中学习研讨体会交流和2019年度"两优一先"表彰会议，党组成员、副局长刘克强主持会议，党组成员、副局长于春孝、苏全利，总工程师严贺祥参加会议。

7月

1日，国家铁路局党组成员、副局长于春孝、刘克强、苏全利带队赴中国铁路北京局集团有限公司丰台机务段开展"不忘初心、牢记使命"主题党日活动，参观"毛泽东号"教育基地。总工程师严贺祥参加活动。

4—5日，国家铁路局在北京组织召开新建川藏铁路雅安至林芝段可行性研究报告行业评审会议，党组成员、副局长安路生出席会议并讲话。

11日，国家铁路局召开2019年铁路安全监察工作会议。

19日，国家铁路局公开2018年度部门决算。

23日，国家铁路局组织召开川藏铁路工程监管工作座谈会，党组成员、副局长苏全利出席会议并对做好川藏铁路工程监管工作提出要求。

24日，国家铁路局副局长于春孝与俄罗斯联邦运输部副部长托卡列夫在广州共同主持召开中俄运输合作分委会铁路工作组第23次会议，总结两国铁路部门和企业在推动落实"一带一路"建设与欧亚经济联盟战略对接、深化中俄铁路务实合作等方面所开展的工作，围绕促进两国铁路客货运输发展、对接铁路电子数据交换、推动国境铁路协定修订工作、加快铁路基础设施建设等议题交换意见并达成共识，签署了会议纪要。

30日，国家铁路局党组成员、副局长于春孝主持召开局党组"不忘初心、牢记使命"主题教育调研成果交流会。中央主题教育第21指导组组长林军到会指导，党组成员、副局长刘克强、苏全利、安路生参加会议。

30日，国家铁路局发布《中华人民共和国铁路法（修订草案）》（征求意见稿），向社会公开征求意见。

8月

1日，国家铁路局党组成员、副局长于春孝主持召开局党组对照党章党规找差距专题会议。

2日，国家铁路局副局长安路生在北京会见巴基斯坦新任驻华大使哈什米，双方就中巴经济走廊框架下铁路领域合作取得的进展及下步工作交换意见。总工程师严贺祥参加会见。

14日，成昆铁路凉红至埃岱间K310+857处突发高位高速远程滑坡地质灾害，造成成昆铁路中断行车和10余名现场抢险作业人员失联。国家铁路局党组成员、副局长苏全利带队连夜赶赴现场，参与组织抢险救援工作。

20日，国家发展改革委、工业和信息化部、住房城乡建设部、交通运输部、水利部、商务部、国家铁路局、中国民用航空局等 8 部门联合印发《工程项目招投标领域营商环境专项整治工作方案》（发改办法规〔2019〕862 号）。

22 日，国家铁路局公布《磁浮铁路技术标准（试行）》（TB 10630—2019）行业标准，自 2020 年 1 月 1 日起实施。这是我国磁浮铁路领域的基础性行业标准，将为规范和引领磁浮铁路建设和装备制造提供重要的技术支撑。

23 日，国家铁路局党组召开“不忘初心、牢记使命”专题民主生活会。

28 日，国家铁路局副局长安路生在北京会见孟加拉国铁道部部长苏简一行，双方就加强中孟铁路交流合作交换意见。

29 日，国家铁路局党组成员、副局长于春孝主持召开“不忘初心、牢记使命”主题教育总结大会。

9 月

1 日，国家发展改革委、自然资源部、交通运输部、国家铁路局、中国国家铁路集团有限公司五部门联合印发《关于加快推进铁路专用线建设的指导意见》（发改基础〔2019〕1445 号），更好发挥铁路在综合交通运输体系中的骨干作用和绿色低碳优势，解决铁路运输“最后一公里”问题，促进多式联运，降低物流成本。

4 日，印发《中共国家铁路局党组“不忘初心、牢记使命”主题教育问题整改方案》（国铁党发〔2019〕25 号）。

6 日，国家铁路局党组成员、副局长于春孝对京雄城际铁路北京段、大兴机场站进行现场检查。

6—11 日，国家铁路局副局长安路生率团参加在印度新德里举办的第六次中印战略经济对话并调研印度铁路基础设施。

10 日，国家铁路局、应急管理部、住房和城乡建设部、交通运输部、中国国家铁路集团有限公司联合召开铁路沿线环境综合整治推进会，对京广高铁沿线环境综合整治工作进行阶段性对标总结，部署全国铁路沿线环境综合整治工作。国家铁路局副局长于春孝出席会议并讲话。

16 日，国家铁路局公布铁道行业技术标准复审结果。经复审，970 项铁道行业标准继续有效，94 项铁道行业标准不再作为铁道行业标准管理，自 2019 年 9 月 16 日起废止。

17—18 日，国家铁路局在长春召开 2019 年铁路科技创新工作会议，全面总结中国铁路装备技术发展成就，深入探讨铁路装备科技创新发展方向，发布《磁浮铁路技术标准（试行）》，公布 2019 年度铁路重大科技创新成果并颁发铁路优质工程奖、铁路优秀工程勘察设计奖等奖项。

17—19 日，国家铁路局副局长刘克强率中方代表团参加在哈萨克斯坦努尔苏丹市举办的上海合作组织成员国铁路部门（铁路）负责人第二次会晤，讨论有效利用和进一步发展上海合作组织成员国铁路部门合作机制相关问题，核准《上海合作组织成员国铁路部门（铁路）负责人会晤工作组规则》《上海合作组织成员国铁路部门（铁路）负责人会晤 2020—2022 年工作计划》，商定《上海合作组织成员国铁路部门（铁路）在铁路领域的协作构想》草案等合作文件，并签署会晤纪要。

17 日，国家铁路局党组成员、副局长苏全利陪同交通运输部部长李小鹏赴北京西站开展国庆 70 周年及“十一”黄金周交通运输安全生产和运输服务综合督查活动。

23—29 日，国家铁路局党组成员、副局长安路生赴西藏林芝等地开展川藏铁路可行性研究调研。

26—27 日，国家铁路局、住房和城乡建设部、交通运输部、应急管理部、中国国家铁路集团有限公司组成联合督导检查组，对京广高铁沿线环境综合整治开展督导检查，推进高铁安全防护体系建设。

29 日，国家铁路局举行庆祝新中国成立 70 周年升旗仪式。

10 月

10 日，国家铁路局副局长安路生会见来访的巴基斯坦铁道部部长拉希德一行。

12—17 日，国家铁路局副局长于春孝赴澳大利亚珀斯参加国际铁路安全理事会 2019 年度会议。

15 日、21 日、25 日、29 日，国家铁路局分别在天津市、上海市、广州市、西安市组织召开 2021—2050 年铁路网暨铁路“十四五”规划方案片区座谈会，就研究初步成果征求地方政府有关部门意见。

22 日，国家铁路局党组召开全局电视电话会议，传达学习习近平总书记重要指示精神和中央领导同志批示要求，安排部署高铁外部环境安全监管工作。党组成员、副局长于春孝、刘克强，总工程师严贺祥参加会议。同日，印发《国家铁路局关于坚决贯彻落实习近平总书记重要指示精神全力维护高铁沿线环境安全的意见》（国铁安监〔2019〕38 号）。

10 月 27 日—11 月 2 日，国家铁路局副局长苏全利赴埃及沙姆沙伊赫参加 2019 年世界无线电通信大会。

10 月 28 日—11 月 1 日，国家铁路局副局长刘克强赴日本东京参加国际铁路联盟亚太分部第 28 次全体会议。

31 日，国家铁路局党组成员、副局长于春孝会见来访的香港特别行政区政府运输及房屋局局长陈帆一行，双方就运输安全监管、提升运输服务、大湾区铁路运输规划等议题进行交流。

11 月

4 日，国家铁路局党组成员、副局长于春孝主持召开党组扩大会议，传达学习党的十九届四中全会精神，研究贯彻落实措施。

5 日，国家铁路局公布《高速铁路安全防护设计规范》（TB 10671—2019）行业标准，自 2020 年 2 月 1 日起实施。该规范的制定公布是贯彻落实中央领导同志对加强高速铁路安全有关批示精神的重要举措，实施后将为统一高速铁路安全防护工程设计标准、保障高速铁路建设和运营安全提供重要技术支撑。

7 日，中共中央组织部（组任字〔2019〕465 号）：任命刘振芳同志为交通运输部党组成员。

11 日，国家铁路局党组成员、副局长于春孝主持召开干部大会，中央组织部干部四局局长钟海东到会宣布刘振芳同志任交通运输部党组成员、国家铁路局党组书记的通知，交通运输部党组书记杨传堂到会并讲话。

11 日，国家铁路局党组书记刘振芳主持召开党组理论学习中心组扩大学习会议，传达学习党的十九届四中全会精神。

12—15 日，国家铁路局、住房和城乡建设部、交通运输部、应急管理部、中国国家铁路集团有限公司组成联合督导检查组，对京广高铁南段沿线环境综合整治开展督导检查，添乘检查京广高铁沿线环境，现场检查广州市、佛山市、长沙市、汨罗市等 8 处安全隐患处所整治情况。

13—15 日，国家铁路局副局长于春孝赴越南河内参加第 18 次中国—东盟交通部长会议。

14 日，国家铁路局组织召开川藏铁路工程监管督导组会议，部署深入贯彻落实习近平总书记关于规划建设川藏铁路的重要批示指示精神、科学扎实推进川藏铁路工程监管工作等任务。党组成员、副局长苏全利出席会议并讲话。

18 日，印发《中共国家铁路局党组关于深入学习宣传贯彻党的十九届四中全会精神的通知》（国铁党发〔2019〕31号）。

20日，国务院“国人字〔2019〕255号”文件任命刘振芳为国家铁路局局长。

25—29日，国家铁路局副局长安路生率团赴尼泊尔访问，与尼泊尔基础设施与交通部常秘卡尔基共同主持召开中尼跨境铁路合作第5次工作会议，双方就中尼跨境铁路可行性研究工作方案及双方需要承担的工作达成共识，就继续深化铁路领域合作交换意见，并签署会议纪要。

27—28日，国家铁路局党组书记、局长刘振芳带队赴贵州省榕江县调研定点扶贫工作情况。

28日，国家铁路局在昆明市组织召开2021—2050年铁路网暨铁路“十四五”规划方案西南片区座谈会，就研究初步成果征求重庆、四川等6省（自治区、直辖市）政府有关部门意见。

12月

2日，新修订的《铁路机车车辆驾驶人员资格许可办法》（交通运输部令2019年第43号）颁布，优化铁路机车车辆驾驶人员资格许可申请条件，明确驾驶资格申请和执业等管理要求及禁止性行为，在拓宽驾驶人员培养路径、缩短培养周期的同时，进一步强化企业安全生产主体责任。

3日，国家铁路局公布《铁路专用线设计规范（试行）》（TB 10638—2019）行业标准，自2020年3月1日起实施。该规范的制定公布是贯彻落实党中央关于调整运输结构、打赢蓝天保卫战决策部署的具体举措，实施后将为推进和规范铁路专用线建设提供重要技术支撑。

15—18日，国家铁路局副局长于春孝赴肯尼亚出席内马铁路一期货运通车仪式，访问肯尼亚交通部，并添乘考察蒙内铁路。

16日，印发《国家铁路局行政规范性文件制定和管理办法》（国铁综〔2019〕43号），进一步规范国家铁路局行政规范性文件的制定、管理及合法性审核工作。

24—27日，国家铁路局、住房和城乡建设部、交通运输部、应急管理部、中国国家铁路集团有限公司联合组成督导检查组，对陕西省境内徐兰高铁、大西高铁和四川省境内西成高铁、成渝高铁沿线安全环境治理工作进行抽查，推进综合治理工作，并组织指导各地区铁路监督管理局开展高铁沿线环境安全整治工作。

30日，国家铁路局召开2020年度工作会议，党组书记、局长刘振芳作题为《贯彻落实新发展理念推动铁路高质量发展为全面建成小康社会努力奋斗》行政工作报告和《守初心担使命扛起政治责任全面推动国家铁路局党的建设高质量发展》的党建工作报告。交通运输部党组书记杨传堂出席会议并讲话。

2019年中国民航大事记

1月

2日，国家发改委批复呼和浩特新机场可行性研究报告。该工程按照满足2030年旅客吞吐量2800万人次、货邮吞吐量32万吨的目标设计，南跑道飞行区等级指标4F，北跑道飞行区等级指标4E，总投资223.7亿元。

4日，国家发改委批复江苏连云港军民合用机场民用部分迁建项目可行性研究报告。该工程按照满足年旅客吞吐量 250 万人次、货邮吞吐量 2.4 万吨设计，飞行区等级指标 4D，总投资 23.13 亿元。

7—8 日，2019 年全国民航工作会议在北京召开。会议传达学习中共中央政治局委员、国务院副总理刘鹤对交通运输工作以及对民航工作的重要批示精神，回顾总结民航 2018 年主要工作，全面分析当前民航发展的新形势，科学谋划引领新时代民航高质量发展的思路和重点，明确提出 2019 年民航工作的总体要求和主要任务。

8—9 日，2019 年全国民航航空安全工作会议在北京召开。

11 日，国家发改委批复陕西西安咸阳机场三期扩建工程项目建议书。该工程按照满足 2030 年旅客吞吐量 8300 万人次、货邮吞吐量 100 万吨的目标设计，南飞行区等级指标 4F，北飞行区等级指标 4E，总投资 471.4 亿元。

11 日，国家发改委批复新建湖北鄂州民用机场项目可行性研究报告。该工程飞行区跑道滑行道系统按照满足 2030 年旅客吞吐量 150 万人次、货邮吞吐量 330 万吨的目标设计；航站区、转运中心等设施按照满足 2025 年旅客吞吐量 100 万人次、货邮吞吐量 245 万吨的目标设计。飞行区等级指标 4E，总投资 320.63 亿元。

18—19 日，民航局副局长王志清率团访问越南，参加中国—越南民航高官会第四次会议。双方回顾了各自民航发展情况及各领域合作情况，围绕空管协调、航空公司运营、时刻分配、航空安保等议题进行深入交流，并签署会议纪要。

19 日，民航局印发《关于驾驶舱内全面禁止吸烟的通知》，正式实施 CCAR-121-R5 第 121.597 条相关禁烟规定。

20 日，国务院副总理刘鹤到北京首都国际机场检查春运保障工作。

22 日，北京大兴国际机场首场飞行校验圆满成功。

22 日，民航局为天骄航空有限公司颁发经营许可。

22 日，民航局印发《关于进一步明确航空煤油销售价格有关问题的通知》，取消航空油料公司在进销差价以外向航空公司和通航企业收取的运输费、出车费等第三方费用。

23 日，广西梧州西江机场通航。该机场飞行区等级 4C，新建跑道长 2600 米，总投资 17.65 亿元。

23 日，民航局印发《基于运行风险的无人机适航审定指导意见》，针对无人机运行场景丰富、运行风险多样的特点，开展基于运行风险的适航管理，推动形成基于运行风险的民用无人机适航管理模式。

23 日，民航局为珠海市海卫科技有限公司自主研发制造的“天恋”TRITON SPORT SkyTrek 轻型运动飞机颁发生产许可证，标志着该机型正式进入量产阶段。

28 日，民航局信息中心与中国南方航空集团（股份）有限公司在北京签署《AMS 系统服务平台数据服务协议》。这是自民航政务信息系统整合共享以来，首次向企业用户开放数据。

1 月，中国首个基于 AeroMACS 及北斗的机场场面运行应用试点工作基本完成建设，接近实际运行。该项目是中国乃至全球首个将 AeroMACS 结合北斗高精度定位技术用于机场场面运行的创新项目。

2 月

1 日，民航局印发《特定类无人机试运行管理规程（暂行）》。

3 日，四川巴中恩阳机场通航。该机场飞行区等级 4C，新建跑道长 2600 米，总投资 14.90 亿元。

15日，手机版中国民用航空安全信息系统上线运行。

19日，民航局与香港运输及房屋局、民航处和机场管理局在北京召开粤港澳大湾区民航协同发展座谈会，落实中共中央、国务院18日出台的《粤港澳大湾区发展规划纲要》中关于“加快基础设施互联互通，构建现代化的综合交通运输体系，建设粤港澳大湾区机场群”的要求。会前签订了更加开放的《内地和香港特区航空运输安排》。

19日，中国与老挝两国民航当局签署修订的《中国民用航空局（CAAC）和老挝民用航空局（DCAL）关于中国设计制造航空器在老挝注册运行的持续适航谅解备忘录》。

19日，国家发改委批复甘肃兰州中川国际机场三期扩建工程项目建议书。该工程按照满足2030年旅客吞吐量3800万人次、货邮吞吐量30万吨的目标设计，飞行区等级指标4E，总投资316.9亿元。

22日，民航局与中国船舶工业集团有限公司在北京签署战略合作框架协议。

22日，中国与柬埔寨两国民航当局签署修订的《中国民用航空局（CAAC）和柬埔寨民用航空局（SSCA）关于中国设计制造航空器在柬埔寨注册运行的持续适航谅解备忘录》。

24日，历时34天、112小时飞行的北京大兴国际机场飞行校验圆满结束，标志着该机场飞行程序和导航设备具备投产通航条件。

25日，中国东方航空集团有限公司召开领导班子（扩大）会议，中组部有关负责同志宣布关于中国东方航空集团有限公司总经理调整的决定：李养民同志任中国东方航空集团有限公司董事、总经理。

25日，民航局、四川省人民政府联合印发《成都国际航空枢纽战略规划》。

26日，民航局印发《关于推进精准监管工作的意见》，推进精准监管工作，进一步提高行业监管效能，加强行业治理能力现代化建设。

26日，人力资源和社会保障部、民航局联合印发《关于深化民用航空飞行技术人员职称制度改革的指导意见》。

27日，山东省机场管理集团挂牌成立。

28日，民航局为中国航空工业集团有限公司旗下洪都公司研制的初教6型飞机颁发型号合格证和生产许可证仪式在南昌瑶湖机场举行，标志着中国第一个军用转民用的飞机型号——初教6型飞机正式进入国内民用航空市场。初教6型飞机是中国自行研制的高性能初级教练机，是国内航空院校用于飞行员筛选、初级培训的唯一自主研制机种。

28日，民航局局长冯正霖在北京会见四川省委书记彭清华、省长尹力一行，双方签署《关于推动四川民航业高质量发展的深化合作协议》。

3月

1日，中华全国总工会授予中国东方航空股份有限公司北京分公司地面服务部旅客一分部“向日葵”班组、民航西南地区空中交通管理局管制中心终端管制一室“天韵”女子班组“全国五一巾帼标兵岗”称号，授予范琳珂、陆邓平“全国五一巾帼标兵”称号。

11日，民航局就10日埃塞俄比亚航空1架波音737-8型飞机发生坠机空难事故发布《关于暂停B737-8飞机商业运行的通知》，在全球率先发出禁飞令，要求国内运输航空公司于2019年3月11日18时前暂停波音737-8型飞机的商业运行。21日，民航局发布《关于暂停受理波音737-8飞机适航证申请的通知》。

13日，国家发改委批复新建新疆昭苏机场项目可行性研究报告。该工程按照满足年旅客吞吐量20万人次、货邮吞吐量600吨设计，飞行区等级指标4C，总投资6.5亿元。

13—15日，中国民航代表团与韩国民航代表团在南京举行新一轮双边航空会谈。

15日，“12326”民航服务质量监督电话正式开通，由民航局消费者事务中心承担运营工作。

18日，民航局印发《关于修订中国民用航空局基本建设项目竣工财务决算审核评审管理办法的通知》，进一步下放决算审批权限，强化基本建设项目审核批复程序管理。

19日，民航局、国家卫健委联合印发《航空医疗救护联合试点工作实施方案》，决定从即日起至2020年12月31日，在12个省（市）开展航空医疗救护联合试点工作。

20日，中国民航首次四维航迹精细化管制新技术试验飞行取得圆满成功。中国成为全世界第二个运用该技术的国家。

21—22日，民航局副局长董志毅率团与莫桑比克民航局主席兼首席执行官阿布鲁率领的民航代表团在莫桑比克首都马普托举行双边航空会谈。双方就两国航空运输协定文本及双边航权安排进行磋商并达成一致，草签两国航空运输协定文本，并签署航权安排谅解备忘录。

25日，民航局副局长董志毅率团访问肯尼亚，与肯交通、基础设施、房屋、城市发展与公共事业部民航国务部代理首席秘书博多在肯尼亚首都内罗毕举行双边航空会谈，就进一步扩大两国双边航权安排进行磋商并达成一致，并签署航权安排谅解备忘录。

26—27日，民航局副局长董志毅率团访问沙特阿拉伯，与沙特阿拉伯民航总局助理局长巴德尔·阿尔萨格利共同主持中沙两国新一轮航空会谈，并签署了扩大航权安排的谅解备忘录。

28日，国家发改委批复深圳机场三跑道扩建工程项目建议书。该工程按照满足2030年旅客吞吐量8000万人次、货邮吞吐量260万吨的目标设计，飞行区等级指标4F，总投资93.5亿元。

28日，民航局印发《民用航空安全保卫审计规则》，中国民航全面实施新安保审计制度。

4月

3日，民航局、财政部联合印发《关于调整民航支线机型的通知》，对支线机型范围进行调整，调整后的支线机型由原来的7种扩大到13种，ARJ21-700、CRJ-900等主力支线飞机被纳入支线机型范围。

9日，国务院副总理韩正视察北京区域空管中心，并举行座谈会。民航局局长冯正霖陪同视察。

9日，民航国产卫星导航地基增强系统（GBAS）首次验证飞行活动在天津滨海国际机场顺利完成。验证结果表明，国产GBAS设备能够提供航空器精密进近引导服务。

23日，中华全国总工会授予中国国际航空股份有限公司湖北分公司“全国五一劳动奖状”，授予张晓忻等3人“全国五一劳动奖章”，授予民航快递有限责任公司成都分公司安全班组等10个集体“全国工人先锋号”称号。

25日，由民航华北空管局建设的北京大兴国际机场空管工程导航工程通过行业验收，这是北京大兴国际机场首个完成行业验收的工程。

26日，民航局局长冯正霖与乌拉圭外交部长鲁道夫·尼恩·诺沃亚在北京签署《中国民用航空局与乌拉圭东岸共和国国家民用航空和航空基础设施局民用航空运输谅解备忘录》，并草签两国间航空运输协定文本。

29日，全国民航劳模先进座谈会在北京召开。

30日，民航局副局长李健在北京会见芬兰航空安全局局长亨图一行，双方就无人机管理、航空安全合作等议题交换意见，并签署关于扩大两国航权安排的谅解备忘录。

5月

3日，中共中央宣传部、中华全国总工会授予北京大兴国际机场建设指挥部吴志晖“最美职工”称号。

8日，民航局印发《关于统筹推进民航降成本工作的实施意见》，进一步贯彻落实党中央、国务院关于降低实体经济企业成本的决策部署，聚焦民航企业降成本的需求和关切，统筹推进民航降成本工作，从减税、降费、降低制度性交易成本等三个方面提出民航降成本具体措施。6月24日，民航局印发《统筹推进民航降成本工作方案（2019—2020年）》，将降成本工作纳入民航局“1+10+N”改革总体框架。

8—10日，中国民航代表团和日本民航代表团在东京举行新一轮中日航空会谈。双方就进一步扩大北京、上海和东京的航空客货运输市场准入进行磋商并达成一致。9月2日，双方签署关于扩大航权安排的会谈纪要。

13日，北京大兴国际机场开始真机验证，南方航空公司空客A380飞机、东方航空公司空客A350-900飞机、中国国际航空公司波音B747-8飞机、厦门航空公司波音B787-9飞机先后在北京大兴国际机场西一、西二、东一、西一跑道降落，飞行程序试飞拉开序幕。这标志着北京大兴国际机场的工作重心由基础建设转向了投运通航准备。8月26—27日北京大兴国际机场进行第二阶段试飞，完成HUD（平视显示器）RVR（跑道视程）75米起飞和ILS（仪表着陆系统）IIIB类进近着陆，以及A-SMGCS（高级机场场面活动引导与控制系统）四级功能验证为主要内容的低能见度专项试飞，标志着北京大兴国际机场开航即具备世界最高等级的低能见度运行保障能力，将有效减少雾、霾等天气原因造成的航班延误，提高航班正点率。9月17日，北京大兴国际机场完成第三阶段试飞。

14日，民航局与中国科学院战略合作座谈会暨签约仪式在北京举行。

15日，民航局与华为技术有限公司在北京签署战略合作协议。双方将推动以第五代移动通信系统（5G）、人工智能、物联网、云计算、大数据等为代表的新一代信息与通信技术在民航的广泛应用和深度融合。

16日，民航局印发《国际航权监测管理办法》。

16—17日，以“智慧民航——新一轮科技革命和产业变革进程中的民航高质量发展”为主题的第十届中国民航发展论坛在北京开幕。

17日，国家发改委批复青海西宁曹家堡机场三期扩建工程项目建议书。该工程按照满足2030年旅客吞吐量2100万人次、货邮吞吐量12万吨的目标设计，飞行区等级指标4E，总投资107.2亿元。

20日，民航局局长冯正霖与欧盟轮值主席国代表罗马尼亚驻欧盟大使奥多贝斯库以及欧盟委员会负责移动运输事务的布尔茨委员，在布鲁塞尔签署《中华人民共和国政府和欧洲联盟民用航空安全协定》和《中华人民共和国政府和欧洲联盟关于航班若干方面的协定》。这是中国与欧盟首次在民航领域签署协定。

20日，民航局向国航AMECO（北京飞机维修工程有限公司）颁发首张“十证合一”维修许可证。标志着维修企业集团化、集约化、标准化高质量发展新局面的开始。7月5日，民航局发布《多地点维修单位和异地维修》（AC-145-016 R2），并于8月16日、8月26日、12月26日分别完成了南航、东航、海航维修系统的“多证合一”，共计减少44个许可证件。

24日，民航局印发《关于调整航空煤油销售价格有关问题的通知》，落实国家增值税税率由16%降至13%的调整政策，下调航空煤油进销差价；据实调整海上运保费等与航空煤油销售价格相关的收费标准；明确北京大兴国际机场航空煤油销售价格政策。

28 日，民航局印发《关于民用机场收费有关问题的通知》，降低和规范民用机场收费标准，暂停与飞机起降费相关的收费标准上浮，下调货运航空公司机场收费标准。

28 日，民航局与中国商用飞机有限责任公司人才培养战略协议签约仪式在北京举行。

28—30 日，由中国民用航空局、欧盟航空安全局和中欧民航合作项目（APP）共同主办的中欧无人机研讨会在北京召开。

30 日，以“品质服务、智慧启航”为主题的第四届中国机场服务大会亮相 2019 中国国际服务贸易交易会。

6 月

2 日，无人机飞行校验首次试飞验证在东营胜利机场进行。这是中国首次使用国产无人机搭载自主研制的飞行校验系统成功实施的科研验证任务，实现了飞行校验无人机在民用运输机场空域的首飞和安全运行。

5 日，民航局局长冯正霖与俄罗斯联邦航空运输署署长涅拉季科在莫斯科修订签署《根据中华人民共和国政府和俄罗斯联邦政府促进航空安全协议下的设计批准、生产活动、出口适航批准、设计批准证后活动和技术援助的实施程序》。中国国家主席习近平与俄罗斯总统普京出席签字仪式。该实施程序在《中华人民共和国政府和俄罗斯联邦政府关于促进航空安全的协议》框架下磋商达成。

10 日，民航局党组召开民航系统“不忘初心、牢记使命”主题教育动员部署会，传达学习贯彻习近平总书记在“不忘初心、牢记使命”主题教育工作会议上的重要讲话精神，认真落实中央会议精神，对民航系统开展“不忘初心、牢记使命”主题教育进行动员部署。民航局党组书记、局长冯正霖作动员讲话，中央第二十一指导组组长林军出席会议并讲话。从即日起，民航系统先后举办 2 批“不忘初心、牢记使命”主题教育活动。9 月 3 日，民航局召开第一批主题教育活动总结大会。9 月 11 日，民航系统第二批“不忘初心、牢记使命”主题教育活动部署会议在北京召开。

13 日，中共中央组织部任命崔晓峰为民航局党组成员、副局长。

16 日，民航局为中国南方航空雄安航空有限公司颁发经营许可。

17 日，民航局建成通航监管事项库，明确通航领域监管范围，建立通航检查内容符合性判断标准，统一通航领域局方和企业的认识和工作依据，为企业更好地遵守和落实规章提供指引。

18 日，民航局印发《关于统一民航规划体系 进一步提升规划工作质量的实施意见》。

19 日，民航局印发《关于加快海南民航业发展支持海南全面深化改革开放的实施意见》。

19 日，民航局授予中国民航飞行校验中心“通用飞行安全一星奖”。

21 日，民航局印发《关于全面深化运输航空公司飞行训练改革的指导意见》。

27 日，国家发改委批复新建新疆于田机场项目可行性研究报告。该工程按照满足年旅客吞吐量 18 万人次、货邮吞吐量 400 吨设计，飞行区等级指标 4C，总投资 7.6 亿元。

27—28 日，民航局副局长李健率团访问巴西，与巴西民航局签署《中国民用航空局与巴西民用航空局在通航合作领域的谅解备忘录》。

30 日，北京大兴国际机场各建设主体负责的主要工程项目均如期顺利竣工，完工项目一次验收合格率均达 100%。北京大兴国际机场工作重心从工程建设转入准备投入运营。

7月

1日，民航局贯彻落实党中央、国务院减费降税工作有关要求，将航空公司应缴纳民航发展基金征收标准降低一半。

1日，民航局副局长李健率团访问匈牙利，与匈牙利民航局就双方适航合作进行磋商，签署《中国民用航空局和匈牙利创新与科技部、民用航空局关于设计批准、出口适航批准、设计批准证后活动及技术支持的技术安排》。

4日，民航局政务信息系统统一认证平台正式投入使用，民航局机关公务员可跨系统进行数据访问查询，民航“智慧政务”建设迈出重要一步。

5日，民航新型智库平台（ATT）正式上线。这是民航局建立健全决策咨询制度，推动民航科学、民主决策，推进民航治理体系和治理能力现代化的重要举措。

11日，民航局与上海市政府签署《关于推进新时代上海民航高质量发展战略合作协议》，民航局局长冯正霖和上海市委副书记、市长应勇出席仪式并在协议上签字。

15日，民航局印发《关于委托地区管理局开展民用航空器有关适航证件管理工作的通知》。

23—24日，中俄总理定期会晤委员会第23次运输合作分委员会民航工作组会议在北京召开。

24日，民航局印发《关于加强运输机场保障通用航空飞行活动有关工作的通知》，对运输机场保障通航飞行的地面服务、收费标准、空管运行等方面工作做出明确要求和规定。

26日，内蒙古天骄航空有限公司获得民航华北地区管理局颁发的《大型飞机公共航空运输承运人运行合格证》，并于当日正式开航。

28日，国家发改委批复四川阆中民用机场项目可行性研究报告。该工程按照满足年旅客吞吐量65万人次、货邮吞吐量2000吨设计，飞行区等级指标4C，总投资11亿元。

7月28日—8月2日，民航局副局长吕尔学率团访问香港、澳门，就推动粤港澳大湾区建设、进一步加强内地与港澳民航交流与合作进行深入调研，民航局与香港、澳门分别签署《粤港澳大湾区空域协同发展三方协定书》《内地与港澳关于加强航空安保协作安排》。

30日，民航局成立民航法治建设领导小组，深入推进依法行政、加快民航法治建设。

31日，经民航局局务会议审议通过的《飞行模拟训练设备管理和运行规则》（交通运输部令2019年第24号）发布，自2019年10月1日起施行。

31日，全球最大的空管自动化系统——华北空管局空管自动化系统上线运行。

8月

2日，中国民用机场协会印发《民用机场无人驾驶航空器系统监测系统通用技术要求》（T/CCAATB-0001-2019），这是中国民用机场业发布的首个团体标准。

8日，民航局印发《民用航空工程技术人员中、高级职称评价基本标准条件》。9月30日，印发《民航运输经济人员高级职称评价基本标准条件》和《民航会计人员高级职称评价基本标准条件》。民航适应国家职称改革工作要求的职称制度体系更加完善。

9日，根据中央有关要求，针对香港国泰航空近期在多起事件中暴露出的安全风险及隐患，民航局将符合民航国际惯例的技术处置与扩大政治影响力的精准打击措施相结合，制定“三控一备”原则，及时发出重大航空安全风险警示，持续加强监控施压，督促香港国泰航空严格执行，坚决打击和削弱香港国泰航空支持港独立场的势力和影响力。

16日，重庆巫山机场通航。该机场飞行区等级4C，新建跑道长2600米，总投资16.42亿元。

20日，在第56届亚太民航局长会议期间，民航局副局长李健与新加坡民航局局长岑景祺在尼泊尔首都加德满都签署《中国民用航空局和新加坡民航局航空维修技术安排》。这是中国民航首次与其他国家签署持续适航维修互认协议。

22日，国家发改委批复福州长乐国际机场二期扩建工程项目建议书。该工程按照满足2030年旅客吞吐量3600万人次、货邮吞吐量45万吨的目标设计，飞行区等级指标4F，总投资212.5亿元。

22日，北京新终端管制中心正式启用。

23日，民航局局长冯正霖和北京市市长陈吉宁签署《关于推动北京民航高质量发展的战略合作协议》。

28—30日，北京大兴国际机场完成民航专业工程行业验收总验和使用许可审查终审。

29日，为保障北京大兴国际机场如期顺利开航，民航局向中国电科集团颁发第一张国产四级高级场面活动引导与控制系统（A-SMGCS IV）设备使用许可证。

30日，无人机适航审定中心正式成立。

30日，中国民用航空北京大兴国际机场安全监督管理局揭牌成立。

30日，民航科教创新攻关联盟成立大会暨联盟战略咨询委员会第一次会议在北京举行。

9月

6日，民航局印发《关于取消一批证明事项的公告》，对外公布民航证明事项清理工作结果，持续开展“减证便民”工作。

11日，民航局局长冯正霖与哈萨克斯坦共和国工业和基础设施发展部部长罗曼·斯克里亚尔在北京签署《中华人民共和国政府和哈萨克斯坦共和国政府关于民用航空器搜寻与救援协议》。中国国家主席习近平和哈萨克斯坦总统托卡耶夫出席签字仪式。

16日，四川甘孜格萨尔机场通航。该机场飞行区等级4C，新建跑道长4000米，总投资24.25亿元。

16日，上海浦东国际机场三期扩建主体工程建成启用。

18日，中国驻瓦努阿图大使周海成代表民航局与瓦努阿图总理萨尔维在瓦努阿图首都维拉港签署《中国民用航空局与瓦努阿图民用航空局民用航空运输谅解备忘录》，并草签航空运输协定文本。

18日，民航离退休干部信息化平台正式上线。

19日，中共中央、国务院印发《交通强国建设纲要》，其中涉及通用机场建设、打造国际航空枢纽、加强适航审定体系建设、发展支线航空、发展航空物流枢纽、深化空域体制改革等民航有关领域。

19日，厦门航空上海分公司成立。

23日，民航局、北京市人民政府联合印发《关于进一步发挥北京“双枢纽”航空货运比较优势　促进京津冀物流协调发展的实施意见》。

24—28日，在加拿大蒙特利尔召开的国际民航组织第40届大会上，中国高票连任一类理事国。这是自2004年以来，中国第六次连任一类理事国。

25日，北京大兴国际机场投运仪式在北京举行。中共中央总书记、国家主席、中央军委主席习近平出席仪式，宣布北京大兴国际机场正式投运并对民航工作作出重要指示。中共中央政治局常委、国务院副总理韩正出席仪式并致辞。当日下午，民航局党组召开扩大会议传达学习习近平总书记重要指示精神。27日，民航局下发通知，进一步就全行业认真学习贯彻习近平总书记重要指示精神作出全面部署。

25日，16时22分至16时42分，南航、东航、国航、中联航、首都航、河北航、厦航的7架大型客机依次从北京大兴国际机场起飞，分别飞往广州、上海、成都、延安、杭州、福州、厦门，标志着北京大兴国际机场正式通航。该机场飞行区等级4F，新建4条跑道，其中3条长3800米、1条长3400米，总投资800.01亿元。

25日，23时21分，中国联合航空公司的最后一架航班飞离南苑机场，标志着中国历史上第一座机场——南苑机场正式结束民航运营。

25日，国家发改委批复新建新疆塔什库尔干机场项目可行性研究报告。该工程按照满足年旅客吞吐量16万人次、货邮吞吐量400吨设计，飞行区等级指标4C，总投资16.3亿元。

26日，民航局局长冯正霖在加拿大蒙特利尔参加国际民航组织第40届大会期间会见巴哈马旅游和民航部长阿奎拉一行，双方签署《中华人民共和国政府和巴哈马国政府民用航空运输协定》，并就加强两国民航合作交换意见。

30日，旨在展现新中国民航70年发展成就的民航局展厅在局机关办公楼16楼正式开展。

30日，民航局、重庆市人民政府联合印发《重庆国际航空枢纽战略规划》。

30日，根据四川航空3U8633航班机组成功处置特情真实事件改编，上千名民航人参与创作和拍摄的电影《中国机长》正式上映。

10月

8日，首届中国——中东欧国家民用航空论坛在捷克举办，这是中国与中东欧国家首次在“17+1”合作框架下召开的民航领域合作会议，标志着中国与中东欧国家在民航领域的国际交流合作掀开新篇章。

8日，民航局向中国航发哈尔滨东安发动机有限公司颁发WZ16发动机型号合格证（编号TC0039E）。

8日，民航局授予春秋航空股份有限公司“飞行安全二星奖”。

10日，北京大兴国际机场航行情报生效运行，由此涉及的新建机场跑道、重大飞行程序调整、重大空域调整和航路航线走向调整共同生效启用。全国范围内共调整航路航线超过200条、调整班机航线走向4000多条，形成了全新的空域运行环境。这是中国民航史上最大范围的空域调整。

14日，民航局印发《民航行政机关空勤公务员参加航空公司飞行运行管理规定》。

15日，民航局向中龙欧飞公司颁发全国首张飞机拆解维修许可证，标志着中国正式开启航空器拆解时代，打通了民用飞机从设计制造、使用维修直至退役再循环使用的最后一公里，形成中国民航完整产业链。

15日，中央广播电视总台“心连心”艺术团赴北京大兴国际机场举办以“奋斗新时代”为主题的慰问演出。

21日，经民航局局务会议审议并通过，修订的《运输机场使用许可规定》（交通运输部令2019年第25号）、修订的《定期国际航空运输管理规定》（交通运输部令2019年第26号）发布，自2020年1月1日起施行。

22日，民航局向恒力石化（大连）炼化有限公司颁发3号喷气燃料的技术标准规定项目批准书（CTSOA），标志着中国首家民营石化企业生产的航空煤油正式获得适航批准，可以投入商业使用。

23日，民航局局长冯正霖率团访问爱沙尼亚，与爱沙尼亚经济事务与交通部负责运输事务的副秘书长库宁格举行双边航空会谈。双方就修订1999年航空运输协定、扩大两国间航权安排等达成协议，并签署谅解备忘录。

24日，在国家发改委、商务部联合印发《市场准入负面清单（2019版）》，其中涉及民航领域的措施共八大类33项。

24日，民航局空管局“防止跑道侵入技术研究与示范”项目完成飞行测试，标志着中国已经实现具有完全自主知识产权的防止跑道侵入关键技术和系统，具有重要的应用推广价值。

25日，民航局局长冯正霖率团访问希腊，与希腊基础设施与运输部副部长凯法洛扬尼斯举行双边航空会谈。双方就商签新的航空运输协定进行深入探讨，就进一步扩大两国间航权安排等达成协议，并签署谅解备忘录。

29日，民航局党组印发《民航公务员职务与职级并行制度实施方案》。

11月

1日，民航局印发《民航局关于促进机场新技术应用的指导意见》。

1日，民航局授予深圳航空有限责任公司“飞行安全五星奖”，授予云南祥鹏航空有限责任公司“飞行安全一星奖”。

4日，国台办、国家发改委等部门公布的《关于进一步促进两岸经济文化交流合作的若干措施》中规定，符合条件的台资企业可与大陆企业同等投资航空客货运输、通用航空服务，参与符合相关规划的民航运输机场和通用机场建设，开展咨询、设计、运营维护等业务。

5日，民航局发布《中国民用机场百科》。这是中国民航史上第一套机场大型工具书，填补了民用机场领域综合类工具书的空白。

8日，纪念“两航”起义70周年座谈会在北京人民大会堂举行。

8日，“新中国民航70年发展历程展”开幕式暨庆祝新中国民航成立70周年图书首发式在民航博物馆举行。

18日，民航局发布民航财政支出预算绩效指标库，累计设置指标501个，建立起覆盖民航财政资金的预算绩效指标体系。

19日，民航局印发《轻小型民用无人机飞行动态数据管理规定（AC-93-TM-2019-01）》。

19日，中国民航高质量发展研究中心成立暨首批课题研究与试点启动工作会在中国民航大学召开。

20日，民航局、教育部联合印发《普通高校飞行技术专业招收飞行学生实施办法》。

26日，民航局在北京召开全国军民合用机场融合发展联席会议。

26日，民航局印发《中国民航北斗卫星导航系统应用实施路线图》，明确中国民航北斗系统应用的基本原则、总体目标与应用策略，是指导中国民航北斗系统应用与发展的纲领性文件。

28日，经民航局局务会议审议并通过，修订的《通用航空经营许可管理规定》（交通运输部令2019年第30号）发布，自2020年1月1日起施行。

29日，按照国务院部署，民航局印发《民航局落实“证照分离”改革全覆盖试点实施方案的通知》，在全国18个自贸试验区范围内对民航涉企经营许可事项实行清单管理，按照审批改为备案、优化审批服务等方式分类推进改革，对民航21项涉企行政审批事项逐项明确了改革方式和举措，确保改革方案落实落地。

12月

1日，“合力打造世界级机场群”写入中共中央、国务院印发《长江三角洲区域一体化发展规划纲要》。

2 日，深圳湾 1 号云逸停机坪举行启航仪式，这是中国首例取证的商用写字楼高架直升机场。

4 日，按照国家持续推进“互联网 + 政务服务”的要求，民航局完成民用航空器权利登记全流程电子化系统建设并投入使用。通过简化程序，优化服务，便利航空器跨境交易和融资，降低企业交易成本。

5 日，四川宜宾五粮液机场通航。该机场飞行区等级 4C，新建跑道长 2600 米，总投资 11.19 亿元。

8 日，民航局印发《关于加强国产运输类民用飞机质量监管的指导意见》。

9 日，民航局授予山东航空股份有限公司“飞行安全四星奖”。

12 日，民航局印发《民用航空“双随机”检查实施规范（试行）的通知》。

12 日，国家发改委批复新建江西瑞金民用机场项目可行性研究报告。该工程按照满足年旅客吞吐量 55 万人次、货邮吞吐量 2000 吨设计，飞行区等级指标 4C，总投资 16.6 亿元。

18 日，中国与贝宁两国民航当局签署《中国民用航空局与贝宁国家民航局关于中国设计和生产航空器在贝宁注册和运行的持续适航谅解备忘录》。

18 日，民航局授予四川航空股份有限公司“飞行安全四星奖”。

24 日，民航局向中电科西北集团有限公司颁发中国民航首张 GBAS 设备临时使用许可证，标志着国产精密进近导航设备实现了零的突破。

24 日，中国南方航空货运有限公司成立，注册资本 10 亿元人民币，由中国南方航空股份有限公司独资持有，注册地在广州市白云区。

24 日，经教育部批准，中国民航大学电子信息工程、交通运输和中国民航飞行学院飞行技术 3 个专业，成为 2019 年度国家级一流本科专业建设点；通信工程等 7 个专业成为 2019 年度省级一流本科专业建设点。

25 日，首架安装北斗卫星导航系统的运输飞机在新疆喀什平稳着陆。这是北斗卫星导航系统在中国民航运输航空的首次应用，实现了基于北斗的运输飞机全程定位和追踪，对提升民航安全水平、提升民航国际竞争力和话语权具有重要意义。

25 日，国际航空运输协会实时结算服务在中国正式上线，这是国际航空运输协会 BSP 在线支付（BOP）的一项升级服务，标志着中国成为首个实现机票实时结算服务的航空市场，旨在为航空公司提供更快、更安全和更灵活的现金流管理方案。

26 日，民航局印发《中国民航监察员行政执法能力考评暂行办法的通知》和《民航局关于进一步加强监察员资质能力建设的实施意见》，严格监察员行政执法能力考评工作，提高监察员行政执法能力，加强监察员资质能力建设。

26 日，民航局空管局正式发布全国目视飞行航图，同步推出中国民航通用航空信息服务平台升级上线，打破了通航用户“孤岛式”的信息获取方式，构建起“全国一张图”的服务模式，在中国通用航空发展史上具有里程碑意义。

30 日，民航总医院就杨文医师被害事件召开新闻发布会并发布相关通报。

31 日，民航局向哈尔滨哈飞航空工业有限责任公司颁发 H425-100 直升机型号合格证（编号 TC0018A）。

2019 年国家邮政局大事记

1 月

3—4 日，2019 年全国邮政管理工作会议在北京召开。会议传达学习了刘鹤副总理重要批示精神，明确提出了 2019 年邮政工作的总体要求和主要任务。

4—5 日，国家邮政局召开全系统电视电话会议，组织开展邮政管理系统领导班子和领导干部年度考核述职工作。

11 日，国家邮政局党组书记、局长马军胜主持召开局党组会议，传达学习习近平总书记在《告台湾同胞书》发表 40 周年纪念会上的重要讲话精神、习近平主席二〇一九年新年贺词重要精神，以及中央农村工作会议精神、国务院安委会全体会议精神，强调全系统要切实用习近平总书记重要讲话精神统一思想和行动，坚决贯彻落实党中央、国务院决策部署，加快推进与小康社会相适应的现代邮政业建设。

14—15 日，2019 年中国邮政集团公司工作会议在北京召开，总结 2018 年工作，回顾邮电分营以来集团公司改革发展成就，分析当前面临的形势，安排部署 2019 年工作任务。

16 日，国家邮政局局长马军胜同万国邮联国际局总局长侯赛因通电话。双方互相致以新年问候和良好祝愿，并就国际邮政业改革发展有关问题交换了看法。

17 日，国家邮政局党组书记、局长马军胜主持召开 2019 年第一次局长办公会议，听取 2018 年第四季度邮政业经济运行情况汇报，审议《2019 年邮政行业标准项目评议结果》等文件。

18 日，国家邮政局党组书记、局长马军胜发表署名文章：开启现代化邮政强国建设新征程。

21—24 日，国家邮政局党组书记、局长马军胜赴湖北宜昌、恩施、武汉等地，密集调研湖北省邮政业改革发展、服务精准脱贫和服务社会经济发展等情况。

29 日，国家邮政局召开全国邮政管理系统党风廉政建设工作电视电话会议。

2 月

1 日，国家邮政局党组书记、局长马军胜主持召开今年第二次局长办公会，传达学习国务院常务会议精神，审议《2019 年全国邮政普遍服务监督管理工作会议方案》《2019 年全国邮政市场监管工作会议方案》《国家邮政局 2019 年行业生态环境保护工作要点（送审稿）》《加快推进“快递下乡”工程实施方案》和《关于全力推进邮政业落实减税降费工作的通知》，听取关于开展邮政业“十四五”规划前期重大问题研究的汇报。

2 日，国家邮政局党组书记、局长马军胜主持召开局党组会议，集体观看习近平总书记亲切看望“快递小哥”的视频，传达学习习近平总书记近期重要讲话精神，以及中央和全国有关会议精神。

14 日，国家邮政局党组书记、局长马军胜一行来到中华全国集邮联合会、北京邮电会议中心、职业技能鉴定指导中心、中国快递协会和邮政业安全中心，调研工作并慰问干部职工、送上新春祝福。

14—15 日，2019 年全国邮政普遍服务监督管理工作会议在西安召开。

21—22 日，2019 年全国邮政市场监管工作会议在四川成都召开。

22 日，中国 2019 世界集邮展览执委会第三次会议在北京召开。

25日，国家邮政局与河北省人民政府在石家庄签署了《推进河北快递产业集聚发展战略合作协议》，推动河北快递业由高速发展迈向高质量发展。

27日，国家邮政局党组书记、局长马军胜主持召开今年第三次局长办公会，听取第一届邮政行业科学技术奖评奖和组建邮政业智能安检机联合研发中心工作情况的汇报。

28日，国家邮政局党组书记、局长马军胜主持召开局党组会议，原则通过《邮政强国建设行动纲要》《邮政普遍服务中长期发展纲要》《快递服务中长期发展纲要》3个重要文件。

3月

1日，国家邮政局在京召开寄递企业生态环保工作座谈会，解读2019年行业生态环保工作要点，对行业污染防治攻坚进行再动员、再部署，切实增强攻坚意识，有效提升工作能力，确保党中央、国务院及国家局党组各项部署在邮政业落地执行。

2日，《快递暂行条例》修正施行（国务院令第709号）。

5日，国家邮政局召开机关党委全委（扩大）会议，传达学习《中共中央关于加强党的政治建设的意见》等文件和会议精神。

7日，国家邮政局在北京召开科技工作座谈会，贯彻落实国家创新驱动发展战略和国家邮政局局长办公会议精神。

7日，国家邮政局召开2019年邮政行业对台工作会议，贯彻学习中央对台工作会议精神，研究邮政行业2019年对台重点工作安排。

11日，在植树节设立40周年之际，发行《中国植树节》纪念邮票。

14日，国家邮政局联合商务部在京召开快递电商绿色包装协同治理座谈会，进一步贯彻落实习近平生态文明思想，研究探讨快递电商绿色包装协同治理工作，加强沟通交流、凝聚共识，确保党中央、国务院有关部署在快递电商领域得到有效贯彻落实。

15日，国家邮政局党组书记、局长马军胜主持召开全体干部大会，对全系统全行业深入贯彻落实全国两会精神进行部署。

18日，国家邮政局党组书记、局长马军胜主持召开党组会，听取并审议通过了《国家邮政局关于贯彻落实习近平总书记近期对邮政业系列重要指示批示精神的工作安排》。

19日，国家邮政局党组书记、局长马军胜主持召开2019年第四次局长办公会议，听取“绿盾”工程2019年工作安排汇报，强调要举全系统之力扎实有效推进“绿盾”工程建设，保障行业持续健康安全发展。

20日，国家邮政局在深圳召开邮政行业生态环保工作专题研讨会。

24—25日，国家邮政局局长马军胜率五人代表团访问法国。25日，代表团在巴黎分别与法国欧洲与外交部、经济财政部和法国邮政有关负责人举行会谈，就中法两国邮政市场发展、深化两国邮政管理部门和邮政企业在万国邮联等国际邮政事务中的合作交换了意见。

26—30日，国家邮政局局长马军胜率团访问坦桑尼亚。3月26日，马军胜与泛非邮联秘书长尤努斯·吉布里纳在阿鲁沙举行会晤并共同签署了《中华人民共和国国家邮政局与泛非邮联谅解备忘录》。

27日，中欧班列运邮（快）件工作领导小组和联合工作组举行第五次全体会议，总结2018年工作进展情况，部署2019年工作。

4月

2日，在雄安新区建设两周年之际，国家邮

政局党组书记、局长马军胜主持召开支持雄安新区邮政业建设与发展领导小组第三次会议，传达学习习近平总书记相关重要讲话精神及国务院京津冀协同发展领导小组会议精神，审议《雄安新区邮政业发展规划》，扎实推进支持雄安新区邮政业建设和发展工作。

3 日，国家邮政局局长马军胜同万国邮联国际局侯赛因总局长通电话，就国际邮政业务改革有关事宜交换了意见。

10—11 日，国家邮政局党组书记、局长马军胜一行深入调研北京邮政业发展情况。

12 日，国家邮政局党组书记、局长马军胜主持召开 2019 年第五次局长办公会议，听取 2019 年一季度邮政行业经济运行情况汇报，审议《国家邮政局落实〈政府工作报告〉重点工作实施方案》和《邮政行业科技英才推进计划管理办法（送审稿）》《邮政行业技术能手推进计划管理办法（送审稿）》。

16 日，国家邮政局召开电视电话会议，全面推进“绿盾”工程建设。

19 日，国家邮政局召开 2019 年全国两会建议提案交办会，传达国务院常务会议、全国人大代表建议交办会和全国政协委员提案交办会精神，总结 2018 年办理工作，部署安排今年办理工作。

19 日，国家邮政局在重庆召开长江经济带暨试点城市行业生态环保工作推进会，就行业生态环保工作进行再动员、再部署。

20 日，第十二届全国政协副主席王家瑞在国家邮政局党组书记、局长马军胜陪同下，进车间访网点，走实地询实情，调研云南邮政行业建设发展情况，强调要扎实推进邮政行业高质量发展，为全面建设小康社会贡献力量。

20 日，第三十九届全国最佳邮票评选颁奖大会在云南省昆明市举行。《四景山水图》最终力压群芳获最佳邮票奖。

20—22 日，国家邮政局党组书记、局长马军胜赴云南昆明、昭通调研邮政业发展情况。

24 日，中国快递协会在京举办成立十周年庆典活动。

29 日，国家邮政局党组书记、局长马军胜主持召开 2019 年第六次局长办公会议，传达学习国务院第二次廉政工作会议精神，听取 2019 年全国两会建议提案办理工作汇报，审议并通过《促进跨境电子商务寄递服务高质量发展专项行动方案》。

29 日，《2019 年中国北京世界园艺博览会》纪念邮票首发仪式在北京延庆世园会园区内举办。

5 月

6 日，国家邮政局局长马军胜在京会见了由波兰法律与公正党议员兹比格涅夫·古格拉斯先生率领的波兰青年政治家代表团。双方就在“一带一路”框架下促进两国在邮政领域务实合作和推动中欧班列运邮项目建设等事宜交换了意见。

7 日，国家邮政局在江西井冈山召开邮政业团员青年纪念五四运动 100 周年专题学习交流活动，继续深入学习总书记重要讲话精神，引领青年建功新时代。

12 日，国家邮政局党组书记、局长马军胜一行到圆通速递总部视察调研。

13 日，2019 年全国邮政管理系统第一批巡视工作动员会暨培训班在北京举行。

13 日，国家邮政局在吉林省长春市召开东北三省行业生态环保工作推进会，就行业生态环保工作进行再动员、再部署。

14 日，国务院新闻办公室举行中国 2019 世界集邮展览有关情况新闻发布会。

15 日，国家邮政局、共青团中央联合组织开展了“青春心向党 快递新梦想”快递业团员青年学习习近平总书记在纪念五四运动100周年大会上重要讲话精神主题团日活动。

20日，第二届全国邮政行业职业技能竞赛和第四届全国“互联网+”快递大学生创新创业大赛宣布正式启动。

23日，国家邮政局党组书记、局长马军胜主持召开局党组会议，学习贯彻中央政治局重要会议和习近平总书记近期重要讲话精神，强调全系统要坚决落实党中央决策部署，奋力推进行业高质量发展。

26—28日，国家邮政局党组书记、局长马军胜赴黔调研邮政业助力精准扶贫和服务好乡村振兴战略等工作并强调，“邮政在乡”要加力，“快递下乡”要加速，全力服务精准扶贫和精准脱贫，推动贵州乡村振兴再上新台阶。

5月28日—6月1日，2019年中国国际服务贸易交易会在国家会议中心正式举行，多家快递企业参展。

30日，国家邮政局党组书记、局长马军胜主持召开2019年第七次局长办公会，审议并原则通过《2018年邮政普遍服务监管报告》《关于规范快递与电子商务数据互联共享的指导意见》等文件。

6月

2日，针对美国联邦快递在中国未按名址投递快递事件，国家邮政局党组书记、局长马军胜接受中央广播电视总台央视独家采访表示，任何快递企业都必须遵守中国法律法规，不得损害中国企业和用户的合法权益。

3—4日，在中国2019世界集邮展览即将开幕之际，邮展组委会常务副主任、国家邮政局党组书记、局长马军胜赴武汉检查世界邮展各项筹备工作情况，要求筹办各方进一步提高政治站位，增强使命感、责任感和紧迫感，全力做好最后阶段筹备的各项工作。

6日，国家邮政局召开“不忘初心、牢记使命”主题教育动员部署电视电话会议。

11—17日，中国2019世界集邮展览在湖北省武汉市举行。这是中国继1999年、2009年之后，再次举办世界集邮展览。来自80多个国家和地区的代表携3500框优秀集邮展品相聚武汉，参与10多个类别的同场竞技。

12日，国家邮政局局长马军胜在湖北武汉会见了前来参加中国2019世界集邮展览开幕式活动的香港邮政署长梁松泰及澳门邮电局代表。

14日，2019年世界交通运输大会（WTC）在北京国家会议中心开幕。大会首设“邮政快递论坛”，论坛由国家邮政局指导，国家邮政局发展研究中心主办，以“智能绿色引领邮政快递未来”为主题，凝聚国内外政产学研用精英，深刻剖析科技革命给邮政业带来的巨大变革，诠释邮政行业绿色发展方向。

14日，中国武汉2019世界邮展期间，万国邮联和国家邮政局共同举办了“集邮行业邮票安全创新”主题研讨会。

17日，中国2019世界集邮展览在湖北武汉圆满闭幕。

19日，国家邮政局党组书记、局长马军胜主持召开局党组会议，传达学习习近平总书记、李克强总理重要讲话精神，强调全系统要坚决贯彻落实党中央重大决策部署，密切联系实际推进行业高质量发展。

20—21日，国家邮政局2020年部门预算布置会暨预算编制培训班在国家邮政局南戴河培训中心召开。

20日，《智能快件箱寄递服务管理办法》公布，自2019年10月1日起施行。

25日，国家邮政局党组书记、局长马军胜

主持召开2019年第八次局长办公会议，审议并原则通过《国家邮政局关于支持民营快递企业发展的指导意见》《2018年快递市场监管报告》等文件。

26日，全国第一个现代邮政学院——北京邮电大学现代邮政学院首届本科生毕业典礼隆重举行，2019届30名毕业生正式毕业，这标志着邮政快递高等人才教育培养工作取得阶段性成果。

27日，国家邮政局党组书记、局长马军胜会见了刚刚获评第九届全国“人民满意的公务员集体”的湖北省恩施土家族苗族自治州邮政管理局代表。

27日，国家邮政局召开纪念建党98周年暨“两优一先”表彰大会。

27—29日，欧盟邮政监管委员会及美西葡邮联联合研讨会和美西葡邮联邮政监管论坛在葡萄牙蓬塔德尔加达举行。来自欧洲和美西葡地区的近50个国家120多名邮政管理部门代表参加了会议，国家邮政局应邀出席。

28日，国家邮政局在京组织召开寄递企业生态环保工作座谈会，部署下半年工作，推动落实企业主体责任，确保党中央、国务院及国家邮政局各项部署落地执行，坚决打好行业污染防治攻坚战。

7月

5—8日，国家邮政局党组书记、局长马军胜密集调研江苏苏州、无锡和浙江嘉兴邮政业发展情况。

6—8日，“不忘初心、牢记使命”主题教育集中学习研讨暨2019年全国邮政管理局长座谈会在苏州召开。

15日，国家邮政局党组书记、局长马军胜主持召开今年第九次局长办公会议，审议《2019—2022年全国邮政管理系统干部教育培训规划（送审稿）》，部署下半年重点工作。

17日，国家邮政局党组书记、局长马军胜主持召开局党组中心组（扩大）学习会，学习习近平总书记在中央政治局第十五次集体学习、中央和国家机关党的建设工作会议上的重要讲话精神。

19日，为认真贯彻落实中央“不忘初心、牢记使命”主题教育工作精神，国家邮政局党组书记、局长马军胜为全系统讲授题为《高举习近平新时代中国特色社会主义思想旗帜　守初心担使命找差距抓落实 走好新时代邮政业改革发展的长征路》的专题党课。

28日，南京邮电大学专题座谈会在北京召开，近40位在京校友代表围绕“邮电”人才培养，为学校发展建言献策，为人才培养现场支招。

29日，根据国家邮政局“不忘初心、牢记使命”主题教育工作安排，国家邮政局召开党组理论学习中心组（扩大）学习会。

29日，马军胜局长与应邀来华访问的泛非邮政联盟秘书长尤努斯·吉布里纳在京举行了双边会谈。双方同时就万国邮联终端费改革以及有关事务、中非在邮政领域开展合作等议题坦诚交换了意见。

30日，国家邮政局召开“不忘初心、牢记使命”主题教育领导小组第四次工作会议，总结主题教育开展以来的工作情况，进一步研究推进全系统主题教育工作。

31日，为进一步规范市场秩序，维护用户权益，推动行业“不忘初心、牢记使命”主题教育走向深入，国家邮政局召开电视电话会议，对全行业将于8月份集中开展的快递末端服务违规收费清理整顿工作进行专项部署。

8月

1日，国家邮政局召开邮政业安全和应急工

作领导小组全体会议，深入学习贯彻习近平总书记关于加强安全生产的重要指示精神，传达学习李克强总理重要批示要求和全国安全生产电视电话会议精神，总结上半年邮政业安全生产工作情况，分析面临的形势，安排部署下半年重点工作。

5—7日，国家邮政局党组书记、局长马军胜率调研组赴山东省临沂市和青岛市调研邮政业发展情况。

7—8日，第十届中日邮政政策对话在山东青岛举行。国家邮政局局长马军胜、日本总务省副部长山田真贵子出席会议并致辞。

9日、15日、21日，国家邮政局分别在上海、北京召开邮政领域中央与地方财政事权和支出责任划分改革专题座谈会，对国务院办公厅《关于印发交通运输领域中央与地方财政事权和支出责任划分改革方案的通知》（国办发〔2019〕33号）进行宣贯培训，就《国家邮政局关于邮政领域中央与地方财政事权和支出责任划分改革实施的指导意见》（国邮发〔2019〕68号）进行解读，先后听取31个省（区、市）邮政管理局推进工作情况汇报。

14日，以“聚智末端、洞见未来”为主题的2019中国快递“最后一公里”峰会在北京召开。发布了《2019中国快递绿色发展现状与趋势报告》和《2019中国快递末端服务创新发展现状及趋势报告》。

15日，为了解乡镇快递末端网点生存状况和末端违规收费问题专项整治行动成效，国家邮政局党组书记、局长马军胜一行不发通知、不打招呼、不听汇报、不用陪同，直奔基层、直插现场，随机暗查了京津冀三省市五镇一村9个快递末端网点。

19日，国家邮政局党组书记、局长马军胜主持召开局党组会议暨“不忘初心、牢记使命”主题教育领导小组工作会议，传达学习习近平总书记近期重要指示和重要讲话精神。

20日，国家邮政局在北京召开邮政业生态环保工作座谈会。

23—24日，国家邮政局在内蒙古自治区锡林浩特市召开全国快递服务现代农业暨“交邮合作”现场推进会，进一步落实中央文件精神，扩大“交邮合作”成果，加快推进“快递下乡”工程，进一步发挥快递服务现代农业的支撑作用，并对快递末端服务违规收费清理整顿工作进行了再动员。

27日，为认真贯彻落实习近平总书记重要指示精神，充分发挥反面典型案例的警示教育作用，国家邮政局根据“不忘初心、牢记使命”主题教育工作安排和局党组年度工作计划，召开全国邮政管理系统警示教育电视电话会议，传达中央和国家机关所属企事业单位警示教育大会精神，通报邮政管理系统违规违纪违法案例。

30日，国家邮政局在京召开部分省局快递工程技术人员职称评审工作督导推进会，深入贯彻国家职称改革精神，认真落实国家邮政局党组关于全面推开快递工程技术人员职称评审工作的部署要求。

9月

4—6日，国家邮政局党组书记、局长马军胜率调研组赴广东省广州市、东莞市和深圳市调研邮政业发展情况。

5—6日，2019年邮政业科技创新工作会议在深圳召开。

7—9日，国家邮政局党组书记、局长马军胜在浙江调研，深入温州和义乌的部分邮政、快递企业，了解企业生产经营情况，看望慰问干部职工。

10日，由国家邮政局、浙江省人民政府、中国快递协会主办，杭州市人民政府承办的第三届中国（杭州）国际快递业大会在桐庐召开。

11日，国家邮政局召开监督员座谈会，回顾总结邮政社会监督工作开展情况，交流经验体会，研究进一步做好邮政社会监督工作的措施。

12日，国家邮政局党组书记、局长马军胜主持召开局党组会议，传达学习习近平总书记近期重要讲话精神，审议并原则通过《邮政业“十四五”规划编制工作方案》，强调要以习近平总书记重要讲话精神为指导，全力以赴推动行业改革发展再上台阶。

17日，国家邮政局党组书记、局长马军胜出席国务院新闻办新闻发布会，介绍新中国成立70年来邮政业改革发展有关情况。

19日，国家邮政局党组书记、局长马军胜主持召开局党组会议，集体观看习近平总书记17日在河南省光山县文殊乡东岳村考察当地脱贫攻坚工作成效和中办在光山县扶贫工作情况的视频，传达学习总书记“要积极发展农村电子商务和快递业务，拓宽农产品销售渠道，增加农民收入，要注意节约环保，杜绝过度包装，避免浪费和污染环境”的重要指示精神。

20日，海峡两岸邮政交流协会第二届会员大会在雄壮的国歌声中开幕。会议深入贯彻落实习近平总书记在《告台湾同胞书》发表40周年纪念会上重要讲话等对台工作重要论述，审议第一届理事会工作报告等，选举产生新一届协会领导班子。

24—26日，万国邮联第三次特别大会在瑞士日内瓦国际会议中心召开。来自151个成员国的800多名代表出席。国家邮政局局长马军胜率领国家邮政局、中国邮政集团公司、香港邮政署和澳门邮电局组成的中国代表团出席本次特别大会。本次特别大会正式批准了关于终端费改革方案所涉及的《万国邮政公约》修订。

10月

9日，国家邮政局局长马军胜发表2019年世界邮政日致辞。

9日，世界邮政日当天，中欧邮政监管论坛在京举办。国家邮政局局长马军胜、欧洲邮政监管委员会2019年主席马托斯出席会议并讲话。

11—12日，国家邮政局在南戴河培训中心主持召开邮政领域中央与地方财政事权和支出责任划分改革专题研讨会，进一步研究完善《邮政领域财政事权和支出责任划分改革项目明细清单》。

18日，国家邮政局召开学习宣传贯彻落实《交通强国建设纲要》暨邮政业“十四五”规划编制工作电视电话会议。

18日，第十三次局长办公会召开，听取三季度经济运行分析汇报。

19—21日，国家邮政局党组书记、局长马军胜率调研组赴河北省张家口市、承德市，调研“不忘初心、牢记使命”第二批主题教育开展情况和定点扶贫工作情况。

25日，国家邮政局党组书记、局长马军胜主持召开局党组会议，学习贯彻习近平总书记近期重要讲话、重要指示精神和李克强总理批示精神，听取快递包装治理联合调研有关情况汇报，强调全系统各级党组织要坚决贯彻习近平总书记重要讲话和指示精神，集中精力高标准完成好年度工作任务。

11月

5日，国邮智库专家沙龙在北京举行。来自政产学研的8位专家代表受邀与国家邮政局党组书记、局长马军胜面对面，围绕“新时代邮政业高质量发展路径研判”主题，共同展开富有成效的对话研讨。

7日，交通运输部党组书记杨传堂、部长李

小鹏分别到快递园区、邮政支局和快递企业，调研“双 11”业务旺季服务保障工作，并向邮政、快递企业员工和邮政管理干部表示亲切慰问。

8—9 日，国家邮政局在京召开 2020 年工作务虚会。

13—15 日，国家邮政局党组书记、局长马军胜赴江西省南昌市、赣州市调研第二批“不忘初心、牢记使命”主题教育开展情况及旺季服务保障工作。

25 日，国家邮政局局长马军胜在厦门会见了来华出席“万国邮联电子商务时代跨境合作全球大会”的万国邮联总局长比沙尔•侯赛因。双方在亲切友好的气氛中，就大会筹备情况，邮政在跨境电子商务发展中的作用等问题交换了意见。

26 日，万国邮联电子商务时代跨境合作全球大会在厦门召开。这是万国邮联与中国联合举办的首个以跨境电商全球合作为主题的大会，由万国邮联主办，中国国家邮政局、中国邮政集团公司和厦门市政府联合承办。

26—28 日，在万国邮联电子商务时代跨境合作全球大会召开期间，国家邮政局局长马军胜分别会见出席大会的有关国家和地区邮政部门与利益相关方、万国邮联、有关国际组织等代表，就举办此次大会有关事项和推动全球邮政发展交换意见。

27 日，万国邮联电子商务时代跨境合作全球大会在厦门圆满闭幕。大会发布了万国邮联在跨境电子商务领域达成的一项重要全球性共识——《厦门倡议》，呼吁邮政、海关、航空和铁路等各利益相关方在跨境电子商务领域通力合作。

27 日，国家邮政局局长马军胜分别会见出席万国邮联电子商务时代跨境合作全球大会的香港邮政署长朱曼玲、澳门邮电局长刘惠明一行，就推动粤港澳大湾区邮政业发展等事宜交换意见。

28 日，江苏省邮政管理局南京邮电大学邮政快递大数据技术与应用研究中心揭牌，并签署《邮政业大数据应用及企业末端服务路径优化》科技创新合作项目协议。

28 日，交通运输部部长李小鹏到中国邮政集团公司，就邮政集团改革发展、明年重点工作和加快建设交通强国等开展调研和座谈。

28 日，第四届全国“互联网 +”快递大学生创新创业大赛全国总决赛第二轮在陕西西安落下帷幕。

28 日，《快递业务经营许可管理办法》修正施行。

29 日，“中国邮文化节”以及首届江苏省快递员颁奖大会在江苏高邮开幕。

12 月

5 日，国家邮政局党组书记、局长马军胜主持召开今年第十五次局长办公会议，审议并原则通过《邮政强国建设行动纲要》《国家邮政局关于支持海南邮政业深化改革开放的意见（送审稿）》《国家邮政局关于加强和规范邮件快件安全检查工作的指导意见（送审稿）》等文件和相关行业标准。

11 日，为贯彻落实党中央对西藏、新疆和青海地区作出的系列重要指示和国家邮政局党组在“不忘初心、牢记使命”主题教育中的具体要求，扎实开展邮政管理系统干部援藏援疆援青工作，国家邮政局召开 2019 年度援派干部座谈会。

18 日，第二届“强邮论坛”暨区块链技术与行业高质量发展峰会在京举办，聚焦邮政快递业人才培养，5G、区块链技术应用和产业创新变革等议题。

18 日，《邮政业寄递安全监督管理办法》

通过交通运输部部务会议审议。

20日，为深入贯彻落实习近平总书记关于快递包装绿色治理工作的重要指示批示精神，做好行业生态环境保护工作，加快推进快递绿色包装应用，国家邮政局在浙江嘉兴召开快递包装绿色治理暨试点工作总结会。

25日，国家邮政局党组书记、局长马军胜主持召开局党组会议，学习贯彻中央农村工作会议精神，全国离退休干部先进集体表彰大会暨全国老干部局长会议、《2019—2023年全国党政领导班子建设规划纲要》座谈会精神，部署“不忘初心、牢记使命”主题教育总结工作，审议并原则通过《邮政强国建设行动纲要》，强调要按照中央统一部署要求，服务实施乡村振兴战略，扎实推进邮政强国建设。

26日，中国快递协会三届一次会员大会在京召开。

27日，国家邮政局召开2019年第十六次局长办公会，审议通过《国家邮政业突发事件应急预案（修订稿）》及《邮政业人员密集场所事故灾难应急预案》等4个专项预案。

27日，国家邮政局党组书记、局长马军胜主持召开局务会，审议2020年全国邮政管理工作会议报告，安排部署新一年工作。

30—31日，国家邮政局党组书记、局长马军胜调研上海邮政业建设发展情况。

附录 5　交通运输各行业有关统计数据

综合统计

交通运输主要指标

指 标 名 称	计算单位	2019 年
一、交通设施及运输线路拥有量		
公路线路里程	万公里	501.25
其中：高速公路里程	万公里	14.96
高速公路车道里程	万公里	66.94
二级及以上公路里程	万公里	67.20
等级公路里程	万公里	469.87
公路桥梁　数量	万座	87.83
长度	万米	6 063.46
公路隧道　数量	万处	1.91
长度	万米	1 896.66
公共汽电车运营线路总长度	万公里	133.62
其中：无轨电车	公里	1 163
公交专用车道长度	公里	14 952
轨道交通运营里程	公里	6 172
内河航道通航里程	万公里	12.73
其中：等级航道	万公里	6.67
港口生产用码头泊位	个	22 893
其中：沿海	个	5 562
内河	个	17 331
其中：万吨级及以上码头泊位	个	2 520

续上表

指 标 名 称	计算单位	2019年
二、交通运输工具拥有量		
公路		
公路营运汽车	万辆	1 165.49
载货汽车	万辆	1 087.82
	万吨位	13 587.00
载客汽车	万辆	77.67
	万客位	2 002.53
城市客运		
公共汽电车	万辆	69.33
	万标台	79.15
其中：无轨电车	辆	2 582
轨道交通配属车辆	辆	40 998
出租汽车	万辆	139.16
客运轮渡营运船舶	艘	224
营业性民用运输轮驳船		
艘数	万艘	13.16
净载重量	万吨	25 684.97
载客量	万客位	88.58
集装箱箱位	万 TEU	223.85
总功率	万千瓦	6 849.13
（1）机动船		
艘数	万艘	12.14
净载重量	万吨	24 862.64
载客量	万客位	88.28
集装箱箱位	万 TEU	223.61
总功率	万千瓦	6 849.13
（2）驳船		
艘数	万艘	1.01
净载重量	万吨	822.34
载客量	万客位	0.30
集装箱箱位	万 TEU	0.24

铁路统计

全国铁路主要指标基本情况（2019 年）

指 标	单 位	2019 年	2019 年比 2018 年同比增长 ±%
货运发送量	万吨	438904	7.2
货运周转量	亿吨公里	30181.95	4.3
旅客发送量	万人	366002	8.4
旅客周转量	亿人公里	14706.64	4.0

公路统计

全国公路里程（按行政等级分）

单位：公里

地 区	总 计	国 道	省 道	县 道	乡 道	专用公路	村 道
全国总计	5 012 496	366 135	374 812	580 287	1 198 160	71 093	2 422 008
北 京	22 366	1 921	2 075	3 870	7 507	1 376	5 617
天 津	16 132	1 487	2 461	1 308	3 643	968	6 264
河 北	196 983	15 710	11 359	11 814	46 007	1 771	110 322
山 西	144 283	11 394	6 866	19 944	48 331	399	57 349
内蒙古	206 089	22 353	17 511	39 623	40 394	945	85 264
辽 宁	124 767	10 665	10 453	8 675	30 095	815	64 066
吉 林	106 660	10 160	4 902	10 710	28 332	1 540	51 015
黑龙江	168 710	14 728	13 164	3 327	50 004	18 838	68 649
上 海	13 045	729	1 085	3 155	6 637	—	1 439
江 苏	159 937	8 360	8 776	25 402	53 565	36	63 798
浙 江	121 813	7 864	4 785	29 210	19 790	600	59 564
安 徽	218 295	11 108	16 657	20 374	36 249	571	133 336

续上表

地区	总计	国道	省道	县道	乡道	专用公路	村道
福建	109 785	10 875	5 520	15 151	42 104	123	36 012
江西	209 131	12 020	12 691	21 778	41 815	16	120 811
山东	280 325	13 305	12 896	28 256	38 191	2 127	185 549
河南	269 832	14 000	23 866	27 420	59 142	—	145 403
湖北	289 029	14 205	19 905	27 777	85 181	602	141 360
湖南	240 566	13 735	24 255	36 195	57 009	1 025	108 347
广东	220 290	15 241	22 389	9 136	98 677	—	74 847
广西	127 819	15 053	10 707	17 997	28 460	197	55 405
海南	38 107	2 518	2 194	2 230	6 819	19	24 327
重庆	174 284	8 051	10 290	7 078	13 071	348	135 446
四川	337 095	22 548	23 696	22 584	49 688	4 376	214 203
贵州	204 723	11 875	21 422	36 422	48 568	—	86 436
云南	262 409	19 481	13 519	62 821	106 745	3 046	56 797
西藏	103 951	14 000	15 146	18 753	12 126	13 085	30 842
陕西	180 070	14 001	11 726	9 577	22 539	2 027	120 200
甘肃	151 443	13 172	17 131	24 165	27 425	252	69 298
青海	83 761	13 231	8 647	9 148	21 887	1 543	29 305
宁夏	36 576	3 822	2 865	826	9 357	1 616	18 090
新疆	194 222	18 524	15 856	25 560	58 800	12 834	62 648

全国公路里程（按技术等级分）

单位：公里

地区	总计	等级公路						等外公路
		合计	高速	一级	二级	三级	四级	
全国总计	5 012 496	4 698 725	149 571	117 061	405 345	446 107	3 580 640	313 771
北京	22 366	22 366	1 168	1 494	4 024	4 059	11 621	—
天津	16 132	16 132	1 295	1 221	2 912	1 130	9 574	—
河北	196 983	193 001	7 476	6 844	21 312	21 027	136 342	3 982
山西	144 283	142 660	5 711	2 768	15 874	20 029	98 277	1 622

续上表

地区	总计	等级公路						等外公路
		合计	高速	一级	二级	三级	四级	
内蒙古	206 089	199 362	6 633	8 443	18 778	30 408	135 100	6 727
辽宁	124 767	117 943	4 331	4 152	18 478	31 200	59 780	6 825
吉林	106 660	101 967	3 584	2 204	9 760	9 226	77 192	4 693
黑龙江	168 710	144 966	4 512	3 038	12 361	34 028	91 027	23 744
上海	13 045	13 045	845	553	3 664	2 623	5 359	—
江苏	159 937	157 954	4 865	15 260	23 878	16 286	97 665	1 983
浙江	121 813	121 710	4 643	7 383	10 673	9 205	89 807	103
安徽	218 295	217 791	4 877	5 377	11 676	22 111	173 750	503
福建	109 785	93 753	5 347	1 477	11 148	8 814	66 968	16 032
江西	209 131	195 458	6 144	2 765	11 862	15 764	158 923	13 673
山东	280 325	279 931	6 447	11 562	26 512	31 972	203 438	394
河南	269 832	248 155	6 967	4 007	27 813	21 474	187 895	21 677
湖北	289 029	281 422	6 860	6 465	23 936	11 330	232 830	7 607
湖南	240 566	226 590	6 802	2 232	15 298	5 953	196 306	13 976
广东	220 290	214 923	9 495	11 534	19 152	19 764	154 977	5 368
广西	127 819	118 793	6 026	1 591	13 789	8 950	88 437	9 026
海南	38 107	37 878	1 163	459	1 930	1 577	32 748	229
重庆	174 284	155 186	3 233	953	8 777	5 697	136 526	19 098
四川	337 095	318 092	7 523	4 310	16 652	14 653	274 954	19 003
贵州	204 723	170 883	7 005	1 397	9 280	6 937	146 264	33 840
云南	262 409	231 741	6 003	1 546	12 770	10 265	201 158	30 668
西藏	103 951	91 762	38	582	1 055	11 704	78 384	12 189
陕西	180 070	166 132	5 593	1 919	10 121	15 117	133 382	13 937
甘肃	151 443	146 377	4 453	763	10 538	13 492	117 130	5 066
青海	83 761	71 955	3 451	589	8 717	4 997	54 201	11 806
宁夏	36 576	36 535	1 788	1 939	4 015	5 850	22 944	41
新疆	194 222	164 263	5 293	2 236	18 590	30 463	107 680	29 959

全国公路里程（按路面类型分）

单位：公里

地 区	总 计	有铺装路面	简易铺装路面	未铺装路面
全国总计	5 012 496	3 940 411	347 709	724 376
北 京	22 366	22 366	—	—
天 津	16 132	16 132	—	—
河 北	196 983	176 451	7 769	12 763
山 西	144 283	118 043	13 877	12 363
内蒙古	206 089	148 105	11 075	46 909
辽 宁	124 767	78 185	21 526	25 057
吉 林	106 660	90 412	35	16 212
黑龙江	168 710	125 183	649	42 878
上 海	13 045	13 045	—	—
江 苏	159 937	155 841	1 490	2 606
浙 江	121 813	118 667	2 453	693
安 徽	218 295	206 874	7 711	3 709
福 建	109 785	92 034	1 308	16 443
江 西	209 131	190 932	1 901	16 298
山 东	280 325	218 061	51 663	10 601
河 南	269 832	229 152	13 969	26 711
湖 北	289 029	252 106	12 524	24 399
湖 南	240 566	221 381	1 329	17 856
广 东	220 290	186 807	4 370	29 113
广 西	127 819	94 514	12 447	20 857
海 南	38 107	37 782	97	227
重 庆	174 284	122 596	7 400	44 288
四 川	337 095	299 211	7 804	30 079
贵 州	204 723	132 720	31 426	40 578

续上表

地区	总计	有铺装路面	简易铺装路面	未铺装路面
云南	262 409	165 082	6 047	91 280
西藏	103 951	35 262	648	68 041
陕西	180 070	133 193	17 573	29 304
甘肃	151 443	106 771	27 344	17 327
青海	83 761	53 124	2 231	28 406
宁夏	36 576	30 423	2 502	3 651
新疆	194 222	69 955	78 540	45 727

公路桥梁、隧道

地区	桥梁总计		# 特大桥		隧道总计		# 特长隧道	
	数量（座）	长度（米）	数量（座）	长度（米）	数量（处）	长度（米）	数量（处）	长度（米）
全国总计	878 279	60 634 580	5 716	10 332 325	19 067	18 966 620	1 175	5 217 475
北京	6 877	741 827	109	260 685	145	125 188	11	44 342
天津	2 951	507 859	114	206 791	5	7 997	—	—
河北	43 882	3 442 219	329	619 432	779	786 641	55	239 491
山西	15 232	1 388 444	103	155 832	1 025	1 144 061	98	516 650
内蒙古	22 135	1 097 300	41	75 161	45	67 912	8	28 699
辽宁	48 429	1 992 710	98	180 617	268	238 124	4	13 624
吉林	17 052	750 353	30	45 999	210	273 053	9	39 512
黑龙江	23 170	995 673	35	65 804	4	4 435	—	—
上海	11 438	775 735	84	235 270	2	10 815	1	8 955
江苏	71 282	3 764 727	287	585 553	34	38 471	2	7 460
浙江	51 106	3 603 182	438	1 031 298	1 989	1 471 510	57	239 255
安徽	38 448	2 539 172	324	660 924	344	267 952	14	46 877
福建	31 174	2 896 327	330	595 360	1 747	2 235 660	176	760 990
江西	28 061	1 734 119	76	171 816	310	299 640	14	61 650
山东	50 332	2 490 071	131	340 206	98	105 059	5	26 461

注："#"表示"其中"。

续上表

地区	桥梁总计		#特大桥		隧道总计		#特长隧道	
	数量（座）	长度（米）	数量（座）	长度（米）	数量（处）	长度（米）	数量（处）	长度（米）
河南	54 428	3 146 330	157	290 228	513	265 076	4	13 662
湖北	42 900	3 047 962	374	771 829	1 072	1 065 829	80	360 199
湖南	47 317	2 484 391	168	331 210	856	731 076	34	136 658
广东	49 685	4 397 710	673	1 142 957	804	894 167	62	266 634
广西	19 975	1 375 738	60	67 053	843	619 093	24	83 342
海南	7 986	428 309	20	28 450	39	21 367	—	—
重庆	12 911	917 495	98	92 061	729	754 985	60	272 778
四川	43 715	3 231 586	303	454 735	1 402	1 744 410	139	652 793
贵州	24 646	3 492 585	376	405 560	2 047	2 091 155	86	326 502
云南	30 563	3 306 281	275	359 551	1 263	1 160 811	54	216 020
西藏	11 879	475 154	42	59 604	101	72 233	6	28 304
陕西	27 522	2 980 085	398	704 151	1 571	1 364 791	83	416 040
甘肃	14 863	1 183 252	139	219 923	570	719 431	56	266 991
青海	8 035	496 931	44	69 327	181	303 567	31	124 618
宁夏	4 990	317 973	23	48 516	30	42 441	2	18 970
新疆	15 295	633 081	37	56 424	41	39 671	—	—

全国公路营运车辆拥有量

地区	汽车数量					轮胎式拖拉机	其他机动车
	总计	#载客汽车		#载货汽车			
	辆	辆	客位	辆	吨位	辆	辆
全国总计	11 654 925	776 710	20 025 278	10 878 215	135 870 040	1 906	40 292
北京	160 975	75 357	843 196	85 618	810 984	—	—
天津	109 621	8 976	376 782	100 645	1 393 248	—	—
河北	1 181 799	22 140	670 683	1 159 659	15 272 752	—	4 434
山西	502 946	14 798	364 765	488 148	7 749 965	—	—
内蒙古	266 599	10 970	383 598	255 629	2 779 970	—	22

续上表

地 区	汽车数量					轮胎式拖拉机	其他机动车
	总计	# 载客汽车		# 载货汽车			
	辆	辆	客 位	辆	吨 位	辆	辆
辽 宁	499 399	27 925	843 056	471 474	6 479 982	—	1 572
吉 林	215 358	13 278	442 581	202 080	2 315 017	—	16
黑龙江	356 471	16 330	525 638	340 141	4 097 449	75	72
上 海	269 275	45 105	657 842	224 170	3 084 619	—	—
江 苏	807 316	50 561	1 546 142	756 755	8 764 714	—	1 277
浙 江	307 902	20 758	745 566	287 144	4 012 782	—	—
安 徽	669 591	22 597	710 023	646 994	8 116 936	—	—
福 建	209 822	14 606	434 916	195 216	2 889 542	—	107
江 西	331 904	13 222	401 818	318 682	4 074 467	—	8 063
山 东	1 070 084	20 088	731 724	1 049 996	14 730 152	—	—
河 南	823 452	35 627	1 106 215	787 825	10 134 524	—	2 836
湖 北	332 336	31 468	783 717	300 868	3 797 213	—	1 559
湖 南	241 517	36 836	928 752	204 681	2 762 488	—	142
广 东	525 923	38 040	1 633 810	487 883	6 753 869	—	17
广 西	346 568	25 312	811 446	321 256	3 687 052	—	17 737
海 南	32 569	5 685	194 535	26 884	324 954	—	—
重 庆	283 370	19 821	457 177	263 549	2 761 777	31	26
四 川	539 762	48 267	1 131 913	491 495	4 886 624	1 596	—
贵 州	125 304	27 068	635 077	98 236	907 246	—	—
云 南	393 450	46 084	785 794	347 366	2 646 540	204	102
西 藏	53 238	4 756	87 900	48 482	527 957	–	–
陕 西	249 264	19 015	563 639	230 249	3 147 057	—	141
甘 肃	253 516	18 906	422 592	234 610	1 570 160	—	—
青 海	74 895	3 630	108 760	71 265	565 337	—	—
宁 夏	108 016	4 660	150 077	103 356	1 336 406	—	—
新 疆	312 683	34 824	545 544	277 859	3 488 257	—	2 169

公路客、货运输量

地 区	客运量（万人）	旅客周转量（万人公里）	货运量（万吨）	货物周转量（万吨公里）
全国总计	1 301 173	88 570 794	3 435 480	596 363 915
北 京	48 151	1 047 824	22 325	2 756 801
天 津	12 206	786 691	31 250	5 993 624
河 北	31 719	2 214 741	211 461	80 271 637
山 西	14 010	1 588 194	100 847	26 915 974
内蒙古	6 518	1 016 393	110 874	19 545 134
辽 宁	54 599	2 823 592	144 556	26 625 384
吉 林	22 881	1 485 925	37 217	12 627 745
黑龙江	18 212	1 392 731	37 623	7 951 455
上 海	3 168	1 084 865	50 656	8 391 834
江 苏	94 475	6 981 857	164 578	32 348 155
浙 江	72 799	3 783 883	177 683	20 821 052
安 徽	45 643	3 401 726	235 269	32 675 925
福 建	31 199	1 899 862	87 317	9 624 793
江 西	45 933	2 442 452	135 554	30 403 181
山 东	49 581	4 925 562	266 124	67 461 998
河 南	91 281	6 990 287	190 883	52 997 637
湖 北	69 584	3 920 924	143 549	22 681 143
湖 南	84 162	4 334 651	165 096	13 166 513
广 东	101 012	10 929 672	239 744	25 639 640
广 西	34 539	3 326 552	142 751	14 708 777
海 南	9 366	736 606	6 770	408 023
重 庆	50 990	2 429 780	89 965	9 525 918
四 川	72 387	4 376 586	162 668	15 275 471
贵 州	84 255	4 714 653	76 205	5 484 829
云 南	30 681	2 512 718	117 145	10 151 959

续上表

地 区	客运量（万人）	旅客周转量（万人公里）	货运量（万吨）	货物周转量（万吨公里）
西 藏	1 020	272 256	3 969	1 144 664
陕 西	59 015	2 797 125	109 801	17 314 191
甘 肃	36 085	2 278 312	58 228	9 795 607
青 海	5 071	500 460	11 722	1 263 324
宁 夏	4 905	460 087	34 360	4 373 913
新 疆	15 726	1 113 827	69 290	8 017 614

注：根据2019年道路货物运输量专项调查，对公路货物运输量统计口径进行了调整。

国道交通量

地 区	观测里程（公里）	年平均日交通量（辆／日）		行驶量（万车公里／日）	交通拥挤度
		当量数合计	汽车当量数		
全国合计	217 457	14 852	14 128	322 599	0.52
北 京	1 179	29 014	28 983	3 413	0.78
天 津	780	26 811	25 679	2 092	0.86
河 北	5 819	23 814	23 027	13 852	0.64
山 西	7 245	14 421	13 878	10 440	0.70
内蒙古	13 820	7 005	6 862	9 661	0.26
辽 宁	6 454	10 924	10 430	7 041	0.46
吉 林	6 505	7 376	6 942	4 785	0.37
黑龙江	10 340	5 747	5 373	5 931	0.30
上 海	415	63 925	63 534	2 653	1.26
江 苏	5 826	30 445	30 427	17 731	0.71
浙 江	5 863	32 686	31 773	19 159	0.78
安 徽	5 553	16 908	16 128	9 382	0.61
福 建	7 436	14 147	13 060	10 513	0.33
江 西	8 376	13 616	12 748	11 389	0.35
山 东	9 561	30 942	30 011	29 558	0.80

续上表

地区	观测里程（公里）	年平均日交通量（辆/日）		行驶量（万车公里/日）	交通拥挤度
		当量数合计	汽车当量数		
河南	9 618	23 405	22 566	22 495	0.56
湖北	9 986	11 704	11 006	11 679	0.50
湖南	6 651	22 080	21 644	14 679	0.53
广东	12 601	35 081	32 248	44 193	0.85
广西	5 260	13 271	11 495	6 975	0.61
海南	1 578	17 074	15 941	2 693	0.49
重庆	4 680	9 516	8 642	4 443	0.52
四川	13 305	11 079	10 591	14 723	0.61
贵州	5 983	6 754	6 148	4 034	0.38
云南	14 480	6 996	6 114	10 115	0.31
西藏	2 954	2 053	1 855	602	0.26
陕西	6 236	13 654	13 333	8 507	0.45
甘肃	6 997	7 266	6 862	5 079	0.33
青海	4 118	4 793	4 660	1 968	0.26
宁夏	3 320	12 196	11 946	4 044	0.44
新疆	14 505	6 064	5 843	8 782	0.27

国家高速公路交通量

地区	观测里程（公里）	年平均日交通量（辆/日）	行驶量（万车公里/日）	交通拥挤度
全国合计	52 904	27 936	147 826	0.45
北京	420	62 382	2 623	0.87
天津	77	39 517	306	0.47
河北	2 051	38 673	7 929	0.54
山西	609	14 713	897	0.27
内蒙古	3 185	10 214	3 252	0.19

续上表

地 区	观测里程（公里）	年平均日交通量（辆／日）	行驶量（万车公里／日）	交通拥挤度
辽 宁	671	28 548	1 915	0.41
吉 林	709	9 990	707	0.22
黑龙江	1 708	8 524	1 462	0.17
上 海	255	87 583	2 236	1.25
江 苏	1 577	47 537	7 497	0.69
浙 江	2 198	48 132	10 582	0.71
安 徽	1 103	27 818	3 064	0.43
福 建	3 030	19 589	5 934	0.27
江 西	2 304	21 472	4 943	0.26
山 东	3 202	42 758	13 685	0.70
河 南	4 161	32 959	13 714	0.46
湖 北	1 526	28 549	4 357	0.52
湖 南	4 184	28 083	11 749	0.49
广 东	5 101	43 168	22 041	0.69
广 西	810	26 422	2 138	0.47
海 南	623	28 824	1 798	0.54
重 庆	419	29 484	1 236	0.48
四 川	1 504	45 884	6 903	0.82
贵 州	591	21 976	1 299	0.40
云 南	1 347	14 885	2 005	0.22
西 藏	263	6 140	162	0.24
陕 西	2 287	23 598	5 396	0.38
甘 肃	1 663	10 307	1 714	0.20
青 海	453	14 795	670	0.28
宁 夏	1 293	14 553	1 882	0.33
新 疆	3 567	10 324	3 729	0.20

公路建设投资

单位：万元

地 区	投资完成额	国家投资	国内贷款	利用外资	自筹及其他资金
全国总计	218 950 415	81 676 684	51 810 848	63 794	48 315 263
北 京	1 419 337	560 413	348 000	—	21 372
天 津	773 671	509 777	30 798	—	244 295
河 北	8 050 098	2 934 927	1 979 127	—	2 736 491
山 西	5 369 390	1 060 719	628 649	—	1 242 086
内蒙古	3 866 499	2 471 728	202 660	—	444 387
辽 宁	740 553	541 862	7 393	—	208 833
吉 林	3 028 981	1 620 850	1 460 429	—	210 075
黑龙江	2 130 518	1 493 809	—	—	142 171
上 海	1 625 768	1 189 029	—	—	78 932
江 苏	7 329 241	1 808 063	1 035 837	—	3 881 110
浙 江	16 303 622	5 517 381	1 777 114	—	4 561 386
安 徽	6 785 968	5 151 876	392 294	25 685	641 391
福 建	6 733 804	4 667 572	1 579 931	—	413 872
江 西	6 570 411	5 590 279	383 616	—	849 838
山 东	11 318 976	3 104 062	4 468 494	—	2 593 942
河 南	5 800 805	3 809 882	785 902	—	1 240 640
湖 北	10 715 558	4 311 846	2 276 572	—	1 755 730
湖 南	5 084 850	2 866 701	1 272 332	—	1 416 207
广 东	17 075 483	3 509 379	5 179 808	230	6 383 244
广 西	9 840 354	3 080 349	2 532 121	—	649 231
海 南	1 588 935	1 464 061	—	—	64 638
重 庆	5 783 942	2 421 899	2 022 522	—	392 262
四 川	17 158 908	3 042 646	5 107 127	—	5 947 754
贵 州	11 685 302	3 110 289	4 067 762	—	1 156 904
云 南	23 303 068	3 602 441	7 917 964	29 611	7 291 768
西 藏	4 551 929	3 576 135	—	—	—

续上表

地　区	投资完成额	国家投资	国内贷款	利用外资	自筹及其他资金
陕　西	6 830 976	1 412 565	1 386 376	—	473 231
甘　肃	7 996 191	2 398 278	3 004 149	—	897 840
青　海	1 924 658	1 365 377	414 204	—	384 693
宁　夏	1 409 695	512 062	357 440	8 268	239 191
新　疆	6 152 925	2 970 427	1 192 227	—	1 751 753

水路统计

全国内河航道通航里程（按技术等级分）

单位：公里

地区	总计	等级航道								等外航道
		合计	一级	二级	三级	四级	五级	六级	七级	
全国总计	127 298	66 749	1 828	4 016	7 975	11 010	7 398	17 479	17 044	60 550
北　京	—	—	—	—	—	—	—	—	—	—
天　津	88	88	—	—	—	47	—	42	—	—
河　北	—	—	—	—	—	—	—	—	—	—
山　西	467	139	—	—	—	—	118	21	—	328
内蒙古	2 403	2 380	—	—	—	555	201	1 070	555	23
辽　宁	413	413	—	—	56	—	140	217	—	—
吉　林	1 456	1 381	—	—	64	227	654	312	124	75
黑龙江	5 098	4 723	—	967	864	1 185	490	—	1 217	375
上　海	2 028	1 002	125	—	148	116	88	403	121	1 027
江　苏	24 372	8 764	370	506	1 520	790	1 004	2 104	2 471	15 608
浙　江	9 767	5 029	14	12	318	1 251	477	1 555	1 401	4 738
安　徽	5 651	5 073	343	—	514	703	423	2 379	712	577
福　建	3 245	1 269	108	20	52	264	205	46	574	1 977
江　西	5 638	2 349	78	175	321	87	147	382	1 160	3 289
山　东	1 117	1 029	–	9	272	72	57	381	238	88

续上表

地区	总计	等级航道								等外航道
		合计	一级	二级	三级	四级	五级	六级	七级	
河南	1 403	1 334	—	—	—	456	200	431	247	69
湖北	8 488	6 031	229	688	1 026	320	827	1 734	1 206	2 457
湖南	11 496	4 131	—	454	604	274	67	1 546	1 186	7 365
广东	12 112	4 414	551	69	761	236	500	961	1 336	7 698
广西	5 707	3 487	—	582	621	717	321	406	839	2 221
海南	343	76	9	—	—	7	1	22	37	267
重庆	4 352	1 863	—	533	531	140	183	126	350	2 490
四川	10 818	3 965	—	—	288	1 110	389	589	1 588	6 853
贵州	3 751	2 530	—	—	—	988	302	801	438	1 221
云南	4 223	3 488	—	—	14	1 329	271	1 008	866	735
西藏	—	—	—	—	—	—	—	—	—	—
陕西	1 146	558	—	—	—	137	9	164	248	588
甘肃	911	456	—	—	—	—	325	13	118	455
青海	674	663	—	—	—	—	—	663	—	12
宁夏	130	115	—	—	—	—	—	105	11	15
新疆	—	—	—	—	—	—	—	—	—	—

全国营业性民用运输轮驳船拥有量

地区	轮驳船总计				
	艘数（艘）	净载重量（吨）	载客量（客位）	集装箱位（TEU）	功率（千瓦）
全国总计	131 555	256 849 747	885 808	2 238 460	68 491 250
北京	—	—	—	—	—
天津	255	2 500 370	3 222	6 568	799 045
河北	1 899	1 853 967	24 142	1 348	439 961
山西	263	7 241	4 317	—	16 820
内蒙古	—	—	—	—	—
辽宁	456	10 568 619	33 070	16 304	1 516 546
吉林	305	15 986	10 071	—	27 112
黑龙江	1 403	279 111	23 990	—	136 502

续上表

地区	轮驳船总计				
	艘 数（艘）	净载重量（吨）	载 客 量（客位）	集装箱位（TEU）	功 率（千瓦）
上 海	1 558	24 717 607	39 276	1 142 390	12 698 164
江 苏	30 415	39 037 576	48 430	73 676	9 429 171
浙 江	13 913	30 810 642	89 186	64 758	7 435 957
安 徽	24 950	48 432 157	12 985	131 646	10 781 261
福 建	1 690	11 543 260	32 805	277 495	3 222 347
江 西	2 386	2 543 435	13 360	4 843	752 355
山 东	10 493	17 133 203	71 810	9 551	3 440 891
河 南	5 467	9 806 404	14 680	—	2 184 443
湖 北	3 366	7 277 910	34 747	3 783	1 846 820
湖 南	4 724	4 300 598	61 810	10 769	1 420 332
广 东	7 143	22 516 930	79 664	227 685	6 102 984
广 西	6 532	10 518 890	28 653	107 596	2 197 290
海 南	498	3 580 487	41 306	44 166	1 039 876
重 庆	2 818	7 569 902	42 765	111 482	1 964 243
四 川	5 160	1 322 171	45 878	4 358	549 535
贵 州	2 081	144 579	55 446	—	168 978
云 南	1 244	173 257	30 181	42	131 962
西 藏	—	—	—	—	—
陕 西	1 270	36 039	19 093	—	53 811
甘 肃	489	1 650	9 403	—	54 450
青 海	117	1 772	2 977	—	19 702
宁 夏	657	—	12 541	—	36 480
新 疆	—	—	—	—	—
不分地区	3	155 984	—	—	24 212

全国港口生产用码头泊位拥有量

地区	泊位长度（米）		生产用码头泊位（个）		# 万吨级泊位（个）	
	总长	公用	总数	公用	总数	公用
全国总计	1 977 538	1 085 228	22 893	10 870	2 520	1 933
沿海合计	869 884	582 994	5 562	3 066	2 076	1 641
天　津	37 157	37 157	144	144	118	118
河　北	59 576	50 004	236	192	201	174
辽　宁	81 883	69 144	416	342	232	205
上　海	75 818	38 262	560	216	185	115
江　苏	26 564	21 030	155	114	81	66
浙　江	139 534	48 854	1 118	282	253	131
福　建	80 599	59 564	481	328	185	155
山　东	117 592	95 682	596	433	326	290
广　东	184 752	118 983	1 440	770	322	255
广　西	39 502	28 351	268	156	95	78
海　南	26 907	15 963	148	89	78	54
内河合计	1 107 654	502 234	17 331	7 804	444	292
山　西	180	—	6	—	—	—
辽　宁	345	345	6	6	—	—
吉　林	1 726	1 238	31	19	—	—
黑龙江	11 834	10 435	154	138	—	—
上　海	41 650	5 957	833	126	—	—
江　苏	421 717	146 078	5 397	1 365	428	278
浙　江	127 558	22 540	2 643	665	—	—
安　徽	70 656	49 849	859	645	16	14
福　建	1 733	964	40	19	—	—

续上表

地区	泊位长度（米）		生产用码头泊位（个）		# 万吨级泊位（个）	
	总长	公用	总数	公用	总数	公用
江 西	33 622	13 587	574	137	—	—
山 东	15 216	14 429	208	199	—	—
河 南	3 213	360	71	6	—	—
湖 北	75 415	38 461	689	328	—	—
湖 南	50 847	38 054	1 112	897	—	—
广 东	57 975	22 840	833	323	—	—
广 西	33 856	17 654	528	243	—	—
重 庆	61 659	47 386	632	476	—	—
四 川	50 257	47 289	1 623	1 583	—	—
贵 州	24 379	6 087	441	92	—	—
云 南	9 090	4 206	194	86	—	—
陕 西	11 127	11 127	258	258	—	—
甘 肃	3 599	3 348	199	193	—	—

水路客、货运输量

地 区	客运量（万人）	旅客周转量（万人公里）	货运量（万吨）	货物周转量（万吨公里）
全国总计	27 267	802 202	747 225	1 039 630 352
北 京	—	—	—	—
天 津	141	2 152	8 955	15 460 099
河 北	1	895	4 160	5 990 355
山 西	142	604	24	1 328
内蒙古	—	—	—	—
辽 宁	530	60 059	12 498	50 272 669
吉 林	94	1 433	14	576

续上表

地 区	客运量（万人）	旅客周转量（万人公里）	货运量（万吨）	货物周转量（万吨公里）
黑龙江	317	3 546	780	55 562
上 海	441	7 689	69 981	294 711 195
江 苏	2 084	36 718	90 670	63 794 937
浙 江	4 785	69 486	106 878	100 737 050
安 徽	222	3 039	124 982	62 246 781
福 建	1 821	26 597	42 263	71 355 995
江 西	198	2 751	10 331	2 553 766
山 东	2 014	143 864	17 758	18 955 465
河 南	307	6 556	17 235	12 123 283
湖 北	632	47 583	39 105	29 255 507
湖 南	1 641	34 516	20 090	4 215 476
广 东	2 614	97 064	108 371	245 082 632
广 西	770	35 044	31 881	17 654 585
海 南	1 736	40 836	10 552	15 904 594
重 庆	756	57 294	21 094	24 533 774
四 川	1 930	18 192	6 896	3 055 727
贵 州	2 305	75 037	1 674	451 916
云 南	1 147	22 955	696	174 375
西 藏	—	—	—	—
陕 西	285	4 999	197	5 853
甘 肃	80	1 292	16	270
青 海	94	1 022	—	—
宁 夏	183	980	—	—
新 疆	—	—	—	—
不分地区	—	—	124	1 036 582

全国港口吞吐量

地 区	旅客吞吐量（万人）	货物吞吐量（万吨）		集装箱吞吐量	
			外贸	箱量（万 TEU）	重量（万吨）
总 计	8 713	1 395 083	432 069	26 107	304 796
沿海合计	8 206	918 774	385 525	23 092	263 989
天 津	83	49 220	27 842	1 730	19 024
河 北	1	116 315	33 487	413	5 003
辽 宁	619	86 124	28 914	1 689	24 184
上 海	230	66 351	39 664	4 330	42 314
江 苏	21	31 575	14 899	505	5 068
浙 江	333	135 364	53 478	3 063	30 576
福 建	902	59 484	23 752	1 726	22 986
山 东	1 480	161 064	88 771	3 010	34 578
广 东	2 986	167 871	57 364	5 976	67 448
广 西	25	25 568	13 772	382	7 822
海 南	1 526	19 839	3 581	268	4 988
内河合计	507	476 309	46 544	3 015	40 807
山 西	—	—	—	—	—
辽 宁	—	—	—	—	—
吉 林	—	—	—	—	—
黑龙江	39	215	91	1	11
上 海	—	5 326	—	1	25
江 苏	—	251 539	37 627	1 373	17 969
浙 江	5	39 681	177	95	1 108
安 徽	—	55 488	1 591	179	1 623
福 建	—	—	—	—	—

续上表

地区	旅客吞吐量（万人）	货物吞吐量（万吨）		集装箱吞吐量	
			外贸	箱量（万 TEU）	重量（万吨）
江　西	—	15 971	386	71	1 069
山　东	—	5 891	—	—	—
河　南	—	173	—	—	—
湖　北	225	30 661	1 971	209	3 149
湖　南	7	15 337	512	69	929
广　东	35	23 948	3 444	734	10 007
广　西	—	12 348	99	113	2 411
重　庆	196	17 127	567	125	1 758
四　川	—	1 909	79	44	730
贵　州	—	27	—	—	—
云　南	—	669	—	1	17
陕　西	—	—	—	—	—
甘　肃	—	—	—	—	—

民航统计

2019 年度航空公司主要

单 位	飞行小时	运输总周转量（万吨公里）		
		2019 年	2018 年	增长（%）
总计	12311331	12932529.99	12065276.22	7.2
国内航线	9916182	8295104.30	7715087.36	7.5
其中：港澳台地区航线	200772	168954.40	175129.59	-3.5
国际航线	2395149	4637425.69	4350188.86	6.6
中国南方航空股份有限公司	1902184	2341102.44	2196423.00	6.6
中国国际航空股份有限公司	1423943	1837738.84	1818458.39	1.1
中国东方航空股份有限公司	1347103	1484034.80	1317456.66	12.6
海南航空控股股份有限公司	644912	829391.47	796216.52	4.2
厦门航空有限公司	565535	552711.48	510359.92	8.3
四川航空股份有限公司	542570	549990.46	472068.72	16.5
深圳航空有限责任公司	615358	508793.96	480567.27	5.9
山东航空股份有限公司	434167	362767.54	353802.30	2.5
春秋航空股份有限公司	351566	343293.44	301621.06	13.8
中国货运航空有限公司	41412	273259.03	280257.19	-2.5
中国国际货运航空有限公司	48214	271635.43	302422.71	-10.2
北京首都航空有限公司	238214	259341.56	266585.87	-2.7
上海吉祥航空股份有限公司	282986	251162.06	213354.05	17.7
上海航空有限公司	294872	220170.70	235851.43	-6.6
天津航空有限责任公司	254020	208182.47	187972.96	10.8
东方航空云南有限公司	266832	189292.77	167873.17	12.8
中国东方航空江苏有限公司	243047	177434.59	162923.26	8.9
云南祥鹏航空有限责任公司	168122	151869.50	137857.20	10.2
西部航空有限责任公司	134625	129039.02	114352.12	12.8
浙江长龙航空有限公司	146672	123482.64	91689.46	34.7
中国新华航空集团有限公司	131772	111178.33	112175.39	-0.9
成都航空有限公司	133911	106779.59	90651.30	17.8
中国联合航空有限公司	137121	104588.93	94908.79	10.2

生产指标完成情况统计表

旅客运输量（人次）			货邮运输量（吨）		
2019 年	2018 年	增长（%）	2019 年	2018 年	增长（%）
659934231	611737718	7.9	7531426.1	7385098.4	2.0
585679912	548065014	6.9	5112375.9	4957864.1	3.1
11075600	11270874	-1.7	222169.0	234807.3	-5.4
74254319	63672704	16.6	2419050.2	2427234.3	-0.3
91526738	85301696	7.3	1343490.5	1323400.8	1.5
68067978	66751210	2.0	979170.7	1040562.8	-5.9
69740308	63298897	10.2	652099.7	569199.4	14.6
35261834	35039332	0.6	401087.0	383062.6	4.7
32863860	30103244	9.2	265606.0	259870.9	2.2
30646086	27669669	10.8	274057.9	235692.4	16.3
32533693	30677993	6.0	371335.1	344630.2	7.7
25908169	25527399	1.5	182212.4	170150.5	7.1
22392516	19523445	14.7	65060.1	58359.1	11.5
			492684.8	527917.9	-6.7
			408553.8	447307.8	-8.7
14592722	15456411	-5.6	72100.9	66673.4	8.1
17245487	15060601	14.5	100341.9	72336.9	38.7
16226702	17181710	-5.6	93186.6	116653.8	-20.1
15843216	14079058	12.5	59691.2	53701.7	11.2
14726338	13486042	9.2	87487.7	75988.6	15.1
13646996	12741630	7.1	74640.9	76410.3	-2.3
12094453	11084612	9.1	50756.7	47052.2	7.9
9230094	8546411	8.0	30649.9	23589.7	29.9
8306365	6343369	30.9	44787.1	41402.4	8.2
7757377	7898841	-1.8	47157.2	45013.4	4.8
8297867	7300985	13.7	25712.9	17626.4	45.9
9176497	8301211	10.5	24268.1	30529.7	-20.5

单 位	飞行小时	运输总周转量（万吨公里）		
		2019 年	2018 年	增长（%）
金鹏航空股份有限公司	59941	91903.10	130956.13	-29.8
中国南方航空河南航空有限公司	108634	81175.44	80705.87	0.6
顺丰航空有限公司	72216	80317.34	62924.17	27.6
西藏航空有限公司	107024	79619.82	69849.57	14.0
华夏航空股份有限公司	168338	77453.21	50146.20	54.5
中国东方航空武汉有限责任公司	105305	75342.84	67979.98	10.8
奥凯航空有限公司	75657	69718.78	82379.46	-15.4
昆明航空有限公司	88428	69514.25	57244.79	21.4
九元航空有限公司	69962	67218.01	56189.22	19.6
河北航空有限公司	86524	66995.69	56467.85	18.6
东海航空有限公司	80047	62391.32	52408.69	19.0
瑞丽航空有限公司	69936	60519.35	48572.73	24.6
贵州航空有限公司	71831	57087.94	51458.47	10.9
重庆航空有限责任公司	82934	55209.72	45390.03	21.6
青岛航空股份有限公司	70525	54994.55	39287.93	40.0
乌鲁木齐航空有限责任公司	50037	53594.70	47572.90	12.7
广西北部湾航空有限责任公司	76507	53452.64	43554.95	22.7
福州航空有限责任公司	52796	45726.70	43722.78	4.6
汕头航空有限公司	54232	42164.18	39046.23	8.0
长安航空有限责任公司	40949	38165.09	30922.36	23.4
珠海航空有限公司	47277	37809.59	32831.96	15.2
桂林航空有限公司	35857	30172.41	23277.95	29.6
云南红土航空股份有限公司	32658	28647.91	13918.82	105.8
大连航空有限责任公司	39304	28631.34	25347.88	13.0
江西航空有限公司	31581	28115.14	20690.37	35.9
友和道通航空有限公司	8475	23142.85	14185.80	63.1
中国国际航空内蒙古有限公司	32359	21202.05	16899.55	25.5
多彩贵州航空有限公司	32487	16237.39	12945.23	25.4
中国邮政航空有限责任公司	33982	14221.21	15212.90	-6.5
大新华航空有限公司	10035	8168.11	9046.34	-9.7
北京航空有限责任公司	10043	6148.03	712.51	762.9
杭州圆通货运航空有限公司	8462	5573.89	5246.58	6.2

续上表

旅客运输量（人次）			货邮运输量（吨）		
2019 年	2018 年	增长（%）	2019 年	2018 年	增长（%）
2943281	2325152	26.6	121729.5	207351.0	-41.3
6056155	6051893	0.1	42752.3	43654.4	-2.1
			536008.2	465488.8	15.1
5278535	4745637	11.2	37612.3	32530.9	15.6
7719938	5556776	38.9	9348.5	5527.2	69.1
6777990	6188977	9.5	44826.1	46279.4	-3.1
4991868	5844503	-14.6	18671.7	24157.7	-22.7
5331021	4872817	9.4	35891.6	30084.3	19.3
4777480	3828708	24.8	22504.2	20924.8	7.5
4790878	4056106	18.1	19542.8	16629.0	17.5
4667236	3903212	19.6	25600.2	20126.1	27.2
4532222	3870087	17.1	13930.6	14123.7	-1.4
3965276	3566963	11.2	26867.3	26226.7	2.4
4392630	3659476	20.0	21316.5	20686.3	3.0
3928814	3002461	30.9	16313.0	13395.9	21.8
2544073	2341368	8.7	9952.3	6543.6	52.1
4147545	3673531	12.9	5621.6	7830.8	-28.2
3316743	3195046	3.8	11461.5	9940.7	15.3
3330208	3218527	3.5	18063.4	19184.9	-5.8
3041625	2577919	18.0	9011.6	6008.5	50.0
2495479	2192529	13.8	12587.4	13967.5	-9.9
2223456	1669627	33.2	4196.0	2176.1	92.8
1817174	1054666	72.3	6829.4	3844.1	77.7
2553085	2408562	6.0	15889.8	14097.4	12.7
2210819	1734608	27.5	13343.3	8676.6	53.8
			42589.5	50320.7	-15.4
2142701	1790454	19.7	11466.7	11228.8	2.1
1537929	1188453	29.4	3283.3	2644.7	24.1
			134348.8	142765.0	-5.9
559523	629691	-11.1	2786.6	2471.7	12.7
727294	81025	797.6	4654.1	522.8	790.2
			36987.9	33260.9	11.2

单 位	飞行小时	运输总周转量（万吨公里）		
		2019 年	2018 年	增长（%）
龙江航空有限公司	5566	4609.30	4271.68	7.9
幸福航空有限责任公司	30694	3722.21	3624.88	2.7
中原龙浩航空有限公司	6457	3585.86	3136.68	14.3
天津货运航空有限公司	4022	2469.24	560.82	340.3
天骄航空有限公司	1090	267.75		
中航货运航空有限公司			737.20	-100.0

续上表

旅客运输量（人次）			货邮运输量（吨）		
2019 年	2018 年	增长（%）	2019 年	2018 年	增长（%）
238346	215330	10.7	1446.7	974.2	48.5
774274	919848	-15.8	182.2	16.0	1037.6
			31976.9	26483.7	20.7
			15692.8	2826.2	455.3
35337					
				4994.5	-100.0

2019 年度飞行 1000 小时

单位	通用航空作业小时合计						
					载客类作业小时		
	名次	2019 年	2018 年	增长（%）	2019 年	2018 年	增长（%）
总计		1,065,011	937,149	13.6	99,537	84,692	17.5
中国民航飞行学院	1	299,112	283,807	5.4			
中国民航大学	2	52,936	44,479	19.0			
海南航空学校有限责任公司	3	39,611	35,022	13.1			
青岛九天国际飞行学院股份有限公司	4	37,668	35,678	5.6			
湖北蔚蓝国际航空学校股份有限公司	5	35,106	34,435	1.9			
新疆天翔航空学院有限公司	6	33,966	31,624	7.4			
中信海洋直升机股份有限公司	7	33,868	30,775	10.1	31,194	27,694	12.6
山东南山国际飞行有限公司	8	30,186	24,249	24.5			
四川龙浩飞行驾驶培训有限公司	9	30,159	10,092	198.8			
珠海中航飞行学校有限公司	10	20,414	23,369	-12.6	431		
河北致远通用航空有限责任公司	11	20,200	16,021	26.1			
西安航空基地金胜通用航空有限公司	12	18,330	14,327	27.9			
陕西凤凰国际飞行学院有限责任公司	13	17,584	12,961	35.7			
南航通用航空有限公司	14	15,164	13,865	9.4	9,977	8,738	14.2
国网通用航空有限公司	15	13,993	13,699	2.1	75	1	5,183.5
中国飞龙通用航空有限公司	16	13,876	14,238	-2.5	524	648	-19.1
北大荒通用航空有限公司	17	13,471	11,810	14.1	450	271	66.3
中国民用航空飞行校验中心	18	10,286	10,564	-2.6			
上海金汇通用航空股份有限公司	19	9,110	11,106	-18.0	1,686	1,399	20.5
北京翔宇通用航空有限公司	20	7,209	3,403	111.8			
四川驼峰通用航空有限公司	21	6,395	8,133	-21.4	721	1,136	-36.5
中国通用航空有限责任公司	22	6,081	6,553	-7.2	4,250	4,476	-5.0
湖北同诚通用航空有限公司	23	5,832	4,319	35.0	1,557	52	2,868.2
上海新辰通用航空有限公司	24	5,612					
领航通用航空有限公司	25	5,601	4,599	21.8	283	215	31.8
亚联公务机有限公司	26	5,252	4,930	6.5			
海直通用航空有限责任公司	27	5,132	5,133	0.0	2,568	2,240	14.6
亚捷通用航空无锡有限公司	28	5,065	4,258	19.0	1,198	293	309.4

以上通用航空公司统计表

经营性小时									非经营性小时		
作业类作业小时			培训类作业小时			其他类作业小时					
2019 年	2018 年	增长（%）	2019 年	2018 年	增长（%）	2019 年	2018 年	增长（%）	2019 年	2018 年	增长（%）
160,523	153,938	4.3	386,627	306,515	26.1	53,171	49,865	6.6	365,153	342,139	6.7
									299,112	283,807	5.4
									52,936	44,479	19.0
			39,611	30,271	30.9		4,751	-100.0			
			36,825	35,126	4.8	843	552	52.7			
79			34,921	34,435	1.4	107					
41	150	-72.9	33,856	31,474	7.6	69					
393	423	-7.1	1,920	2,092	-8.2	360	566	-36.3			
			30,113	23,101	30.4	73	1,148	-93.7			
			30,159	10,092	198.8						
			19,983	23,361	-14.5		8	-100.0			
			20,200	15,932	26.8		89	-100.0			
			18,330	14,322	28.0		6	-100.0			
	1	-100.0	17,584	12,959	35.7						
4,486	4,328	3.6				701	798	-12.1			
13,108	12,185	7.6	4	41	-89.4	806	1,471	-45.2			
2,543	3,798	-33.0	10,809	9,662	11.9		130	-100.0			
8,479	8,706	-2.6	3,063	1,422	115.4	1,478	1,410	4.8			
									10,286	10,564	-2.6
924	1,010	-8.6	405	788	-48.6	6,095	7,908	-22.9			
			7,131	3,368	111.7	77	34	126.6			
144	385	-62.6	3,013	5,843	-48.4	2,516	769	227.3			
1,669	1,880	-11.2				162	197	-17.9			
4,026	3,954	1.8				249	312	-20.3			
			5,127			485					
			3,311	665	397.6	2,007	3,719	-46.0			
5,251	4,920	6.7				2	10	-83.1			
1,898	2,048	-7.3				667	845	-21.2			
3,131	3,117	0.5				736	849	-13.3			

单位	通用航空作业小时合计				载客类作业小时		
	名次	2019 年	2018 年	增长（%）	2019 年	2018 年	增长（%）
金鹿（北京）公务航空有限公司	29	5,043	4,372	15.3	401	1,116	-64.0
青岛直升机航空有限公司	30	4,714	3,457	36.4			
新疆通用航空有限责任公司	31	4,707	5,078	-7.3	1,551	1,318	17.7
吉林省福航航空学院有限公司	32	4,611	3,730	23.6	90	3	2,697.9
南京若尔通用航空有限公司	33	4,299	4,094	5.0	1,380	955	44.5
内蒙古通用航空股份有限公司	34	4,282	3,388	26.4	3,341	2,886	15.8
河北中航通用航空有限公司	35	4,260	1,626	162.0	3,134	297	956.5
上海金鹿公务航空有限公司	36	3,875	4,812	-19.5	499	933	-46.5
北京首航直升机股份有限公司	37	3,852	4,077	-5.5	597	1,363	-56.2
安阳通用航空有限责任公司	38	3,833	4,173	-8.1	5	2	100.0
北京华彬天星通用航空股份有限公司	39	3,524	2,647	33.2	1,026	783	31.0
中一太客商务航空有限公司	40	3,295	2,668	23.5	2,328	2,649	-12.1
南航艾维国际飞行学院（南京）有限公司	41	3,200	2,542	25.9			
广州穗联直升机通用航空有限公司	42	3,082	3,938	-21.7	520	967	-46.2
上海中瑞通用航空有限公司	43	2,970	1,888	57.3	637	291	119.3
海若通用航空股份有限公司	44	2,936	1,403	109.3			
东方公务航空有限公司	45	2,926	3,355	-12.8	948	988	-4.1
天津津津通用航空有限公司	46	2,888	3,127	-7.6	7	50	-85.5
南山公务机有限公司	47	2,748	2,139	28.5		353	-100.0
北京金都通用航空有限公司	48	2,708	624	334.2			
北京华龙商务航空有限公司	49	2,522	2,481	1.7	1,573	1,368	15.0
河北金鹏通用航空有限公司	50	2,395	1,212	97.6	797	274	191.2
四川西林凤腾通用航空有限公司	51	2,389	4,687	-49.0	272	270	0.6
敦煌飞天国际航空俱乐部有限责任公司	52	2,333	2,406	-3.0	711	827	-14.0
新疆天鹰通用航空有限公司	53	2,272	1,545	47.1			
湖北奥蓝通用航空有限公司	54	2,241	1,692	32.5			
河南永翔通用航空有限责任公司	55	2,157	2,865	-24.7	98	67	46.7
山东高翔通用航空股份有限公司	56	2,147	2,187	-1.9	3		
日照锐翔通用航空有限公司	57	2,086	780	167.4		1	-100.0
东北通用航空有限公司	58	2,067	2,170	-4.7			
内蒙古天羽通用航空有限公司	59	2,063	20	10,423.5			

续上表

经营性小时									非经营性小时		
作业类作业小时			培训类作业小时			其他类作业小时					
2019 年	2018 年	增长（%）	2019 年	2018 年	增长（%）	2019 年	2018 年	增长（%）	2019 年	2018 年	增长（%）
4,581	3,237	41.5				61	19	216.0			
3,652	2,932	24.5				1,063	525	102.3			
2,553	3,112	-18.0				603	648	-6.9			
			3,556	3,114	14.2	965	612	57.7			
			2,896	3,132	-7.5	23	8	210.9			
459	285	61.1				481	217	121.9			
813	1,050	-22.5				313	280	12.0			
2,590	3,046	-15.0		4	-100.0	786	828	-5.1			
2,141	1,101	94.4	892	1,367	-34.7	222	245	-9.6			
623	280	123.0	3,189	3,891	-18.0	16					
538	366	47.2	1,690	1,392	21.4	270	106	154.5			
868						99	19	414.7			
			734	753	-2.6	2,466	1,789	37.9			
1,891	1,950	-3.0	574	977	-41.2	97	45	116.2			
2,079	1,369	51.9		34	-100.0	254	195	30.4			
			2,821	1,384	103.9	115	19	505.3			
1,970	2,294	-14.1		4	-100.0	8	69	-87.7			
71	444	-84.1	2,750	2,512	9.5	60	121	-50.0			
1,844	1,403	31.4				904	382	136.3			
			2,706	619	337.3	3	5	-44.3			
532	625	-15.0				417	487	-14.4			
1,573	924	70.3	23	15	60.7	1					
237	657	-63.9	1,836	3,760	-51.2	44					
19	10	83.5	1,597	1,564	2.1	7	5	47.3			
2,239	1,545	44.9				34					
2,164	1,655	30.8	73	26	178.0	4	11	-64.6			
607	860	-29.4	1,390	1,846	-24.7	62	93	-33.1			
1,730	1,641	5.4	414	385	7.5		162	-100.0			
	12	-100.0	806	151	432.6	1,281	616	108.0			
1,984	2,100	-5.6				84	70	19.5			
2,029	20	10,252.1	34								

单位	通用航空作业小时合计				载客类作业小时		
	名次	2019 年	2018 年	增长 (%)	2019 年	2018 年	增长 (%)
湖南瀚星国际航空学校有限公司	60	2,004	787	154.6			
无锡华飞通用航空有限公司	61	1,999	1,126	77.6		297	-100.0
湖北楚天通用航空有限责任公司	62	1,918	1,478	29.8			
盘锦跃龙通用航空有限公司	63	1,886	872	116.3			
贵州黄平且兰通用航空有限公司	64	1,841	148	1,143.2			
星雅通用航空有限公司	65	1,834	1,441	27.3	40	28	42.2
广东聚翔通用航空有限责任公司	66	1,791	1,815	-1.4	49		
湖北鸿云景天通用航空有限公司	67	1,756			252		
华彬亚盛通用航空（北京）有限公司	68	1,749	855	104.7	1,315	437	200.8
齐齐哈尔鹤翔通用航空有限责任公司	69	1,745	1,041	67.6			
中徽通用航空股份有限公司	70	1,726	579	198.0	437	393	11.2
广西展卓通用航空有限公司	71	1,660	991	67.5	501	555	-9.9
云南通用航空有限公司	72	1,577	2,075	-24.0			
精功（北京）通用航空有限责任公司	73	1,550	1,694	-8.5	423	771	-45.2
北京猎鹰飞行俱乐部管理服务有限公司	74	1,523					
海南亚太通用航空有限公司	75	1,521	1,527	-0.3	39	60	-34.7
江苏圣豪通用航空有限公司	76	1,479	921	60.6	24		
山东通用航空服务股份有限公司	77	1,459	3,303	-55.8			
飞行学院重庆通用航空培训有限公司	78	1,378	2,143	-35.7			
甘肃泛美通用航空有限公司	79	1,370			476		
翼飞通用航空股份有限公司	80	1,351	151	794.0		23	-100.0
广州市尚得尔航空俱乐部有限公司	81	1,325					
鄂尔多斯市通用航空有限责任公司	82	1,324	1,061	24.8	204	140	45.8
北京搏翼通用航空有限责任公司	83	1,323	182	628.7			
浙江东华通用航空有限公司	84	1,318	1,307	0.9	203	75	173.1
黑龙江九州通用航空有限公司	85	1,311	1,030	27.3	8		
陕西精功通用航空有限公司	86	1,297	1,721	-24.6	2	135	-98.2
山东欣亚通用航空有限公司	87	1,291	893	44.5			
中飞通用航空有限责任公司	88	1,273	1,254	1.5		85	-100.0
辽宁锐翔通用航空有限公司	89	1,249	1,001	24.7	60	31	95.4

续上表

经营性小时									非经营性小时		
作业类作业小时			培训类作业小时			其他类作业小时					
2019 年	2018 年	增长（%）	2019 年	2018 年	增长（%）	2019 年	2018 年	增长（%）	2019 年	2018 年	增长（%）
			2,004	760	163.6		27	-100.0			
	19	-100.0	1,989	809	145.8	10	1	741.7			
1,445	1,059	36.5				473	419	12.9			
1,074	544	97.4	539	54	890.8	272	273	-0.3			
			56			1,785	148	1,105.3			
1,776	1,395	27.3	1			18	19	-3.5			
1,673	1,737	-3.7	5			65	78	-17.5			
1,458						46					
178	53	232.2				257	364	-29.4			
1,673	992	68.7				72	50	45.3			
42	129	-67.3	1,246	57	2,090.0						
1,064	355	199.6				95	80	18.5			
1,577	2,075	-24.0									
290	722	-59.8	772	160	383.6	65	42	57.3			
			786			737					
1,266	1,105	14.6	211	348	-39.3	5	13	-65.6			
1,081	585	84.7	328	269	22.0	46	67	-30.5			
1,459	3,260	-55.2					43	-100.0			
			1,378	2,139	-35.6		4	-100.0			
38			801			55					
	13	-100.0	1,351	96	1,307.4		19	-100.0			
			894			431					
704	604	16.4	82	227	-63.9	334	90	271.3			
	5	-100.0	1,322	159	730.6	1	17	-94.1			
738	828	-11.0		80	-100.0	377	324	16.3			
1,293	977	32.4				10	53	-81.5			
1,228	1,502	-18.3	13	10	28.0	54	74	-27.3			
1,246	892	39.8				44	2	2,842.2			
1,093	961	13.8				179	208	-13.9			
	14	-100.0	150	309	-51.4	1,038	647	60.5			

单位	通用航空作业小时合计				载客类作业小时		
	名次	2019 年	2018 年	增长（%）	2019 年	2018 年	增长（%）
四川西华通用航空股份有限公司	90	1,246	1,413	-11.8			
常州江南通用航空有限公司	91	1,233	1,335	-7.6			
云南凤翔通用航空股份有限公司	92	1,223	783	56.2	555	451	22.9
交通运输部南海第一救助飞行队	93	1,219	897	35.8			
通辽市神鹰通用航空有限公司	94	1,206	722	67.1			
河南蓝翔通用航空公司	95	1,202	260	361.9			
陕西龙翼通用航空有限公司	96	1,192	262	355.1	976	154	531.8
湖南联播通用航空有限公司	97	1,167	128	814.4			
四川泛美通用航空有限公司	98	1,160	56	1,958.3	1		
齐齐哈尔昆丰通用航空有限公司	99	1,159	1,136	2.1			
江西快线通勤航空有限公司	100	1,142	46	2,394.0	424		
天成商务航空有限公司	101	1,126	769	46.5	175	133	31.7
湖南山河通航有限公司	102	1,124	719	56.3			
亚洲商务航空有限公司	103	1,117	1,195	-6.5			
荆门通用航空有限责任公司	104	1,115	917	21.6			
北京汉宇航空有限公司	105	1,114	996	11.8	459	722	-36.5
江苏润扬通用航空有限公司	106	1,114	801	39.0	40	3	1,329.6
海南三亚亚龙通用航空有限公司	107	1,079	1,439	-25.0	915	1,020	-10.3
四川三星通用航空有限责任公司	108	1,066	7,975	-86.6			
四川路正通用航空有限公司	109	1,066	1,759	-39.4	362	78	364.7
珠海中航通用航空有限公司	110	1,063	1,011	5.1	317	49	550.7
江苏华宇通用航空有限公司	111	1,061	1,112	-4.5			
云南新能通用航空有限公司	112	1,049	229	358.7			
新疆龙浩飞行培训有限公司	113	1,032	102	910.8			
飞行家（湖北）通用航空有限公司	114	1,012	327	209.2			
云南和谐通用航空股份有限公司	115	1,010	779	29.7	145	102	42.8

续上表

经营性小时									非经营性小时		
作业类作业小时			培训类作业小时			其他类作业小时					
2019 年	2018 年	增长（%）	2019 年	2018 年	增长（%）	2019 年	2018 年	增长（%）	2019 年	2018 年	增长（%）
781	1,187	-34.2	427	141	202.3	38	85	-55.5			
1,178	1,249	-5.7	5			50	87	-41.8			
264	311	-15.0	316			88	21	329.7			
									1,219	897	35.8
1,206	722	67.1									
642	260	146.6				561					
65	6	924.0		7	-100.0	151	94	61.2			
			1,167				128	-100.0			
			1,151	55	1,998.5	8	2	416.5			
1,053	1,036	1.6		3	-100.0	106	97	9.8			
						718	46	1,468.8			
925	617	49.9				26	19	37.2			
85	58	47.2	925	549	68.6	113	112	0.8			
1,117	1,195	-6.5									
941	759	24.1	30	57	-46.3	143	101	41.1			
17	181	-90.5	310			328	93	252.3			
888	480	85.0				186	318	-41.6			
6	29	-79.8	136	388	-65.1	23	2	1,092.2			
1,046	7,941	-86.8				20	34	-41.7			
270	657	-58.9	434	939	-53.8		85	-100.0			
742	948	-21.7				3	14	-78.5			
886	846	4.7				176	265	-33.9			
1,049	229	358.7									
			1,032	100	929.0		2	-100.0			
476	109	337.3				536	219	145.4			
865	677	27.7									

2019 年度民航各运输机场吞吐量和飞机起降架

机场	旅客吞吐量(人次)				
	名次	2019 年	2018 年	增长(%)	名次
合计		1,351,628,545	1,264,688,737	6.9	
北京/首都	1	100,013,642	100,983,290	-1.0	2
上海/浦东	2	76,153,455	74,006,331	2.9	1
广州/白云	3	73,378,475	69,720,403	5.2	3
成都/双流	4	55,858,552	52,950,529	5.5	6
深圳/宝安	5	52,931,925	49,348,950	7.3	4
昆明/长水	6	48,075,978	47,088,140	2.1	9
西安/咸阳	7	47,220,547	44,653,311	5.7	11
上海/虹桥	8	45,637,882	43,628,004	4.6	8
重庆/江北	9	44,786,722	41,595,887	7.7	10
杭州/萧山	10	40,108,405	38,241,630	4.9	5
南京/禄口	11	30,581,685	28,581,546	7.0	12
郑州/新郑	12	29,129,328	27,334,730	6.6	7
厦门/高崎	13	27,413,363	26,553,438	3.2	13
武汉/天河	14	27,150,246	24,500,356	10.8	15
长沙/黄花	15	26,911,393	25,266,251	6.5	18
青岛/流亭	16	25,556,278	24,535,738	4.2	14
海口/美兰	17	24,216,552	24,123,582	0.4	19
乌鲁木齐/地窝堡	18	23,963,167	23,027,788	4.1	21
天津/滨海	19	23,813,318	23,591,412	0.9	16
贵阳/龙洞堡	20	21,910,911	20,094,681	9.0	28
哈尔滨/太平	21	20,779,745	20,431,432	1.7	23
沈阳/桃仙	22	20,544,044	19,027,398	8.0	17
三亚/凤凰	23	20,163,655	20,039,035	0.6	30
大连/周水子	24	20,079,995	18,758,171	7.0	20
济南/遥墙	25	17,560,507	16,611,795	5.7	24
南宁/吴圩	26	15,762,341	15,091,614	4.4	27
兰州/中川	27	15,302,975	13,858,151	10.4	35

次统计表（旅客吞吐量100万人次以上机场）

货邮吞吐量（吨）			起降架次			
2019年	2018年	增长（%）	名次	2019年	2018年	增长（%）
17,100,142.0	16,740,229.1	2.1		11,660,475	11,088,251	5.2
1,955,286.0	2,074,005.4	-5.7	1	594,329	614,022	-3.2
3,634,230.4	3,768,572.6	-3.6	2	511,846	504,794	1.4
1,919,926.9	1,890,560.0	1.6	3	491,249	477,364	2.9
671,903.9	665,128.4	1.0	5	366,887	352,124	4.2
1,283,385.6	1,218,502.2	5.3	4	370,180	355,907	4.0
415,776.3	428,292.1	-2.9	6	357,080	360,785	-1.0
381,869.6	312,637.1	22.1	7	345,748	330,477	4.6
423,614.7	407,154.6	4.0	10	272,928	266,790	2.3
410,928.6	382,160.8	7.5	8	318,398	300,745	5.9
690,275.9	640,896.0	7.7	9	290,919	284,893	2.1
374,633.5	365,054.4	2.6	11	234,869	220,849	6.3
522,021.0	514,922.4	1.4	12	216,399	209,646	3.2
330,511.6	345,529.1	-4.3	16	192,929	193,385	-0.2
243,193.4	221,576.3	9.8	13	203,131	187,699	8.2
175,724.5	155,513.1	13.0	15	196,213	186,772	5.1
256,298.8	224,533.8	14.1	18	186,500	182,642	2.1
175,566.5	168,622.2	4.1	22	164,786	165,186	-0.2
172,800.5	157,725.8	9.6	19	178,234	176,346	1.1
226,162.7	258,734.8	-12.6	20	167,869	179,414	-6.4
120,110.2	112,396.2	6.9	21	167,063	158,567	5.4
135,923.2	125,042.0	8.7	24	147,795	146,416	0.9
192,477.6	168,558.0	14.2	25	145,350	137,661	5.6
99,821.0	95,132.9	4.9	28	124,813	123,507	1.1
173,533.8	161,887.3	7.2	23	154,976	146,652	5.7
135,263.0	113,627.9	19.0	26	129,994	126,828	2.5
122,248.9	118,035.6	3.6	30	114,658	113,474	1.0
72,001.6	61,450.4	17.2	29	119,183	109,902	8.4

机场	旅客吞吐量（人次）				
	名次	2019 年	2018 年	增长（%）	名次
福州 / 长乐	28	14,760,226	14,393,532	2.5	25
太原 / 武宿	29	14,002,582	13,588,423	3.0	37
长春 / 龙嘉	30	13,934,969	12,969,503	7.4	31
南昌 / 昌北	31	13,637,151	13,524,159	0.8	26
呼和浩特 / 白塔	32	13,151,840	12,159,175	8.2	41
宁波 / 栎社	33	12,414,007	11,718,416	5.9	29
温州 / 龙湾	34	12,291,707	11,218,701	9.6	33
珠海 / 金湾	35	12,282,982	11,220,703	9.5	40
合肥 / 新桥	36	12,282,384	11,110,596	10.5	32
石家庄 / 正定	37	11,922,801	11,332,518	5.2	39
银川 / 河东	38	10,575,393	8,944,837	18.2	36
烟台 / 蓬莱	39	10,052,929	8,433,179	19.2	38
桂林 / 两江	40	8,552,654	8,732,176	−2.1	46
泉州 / 晋江	41	8,435,805	7,443,161	13.3	34
无锡 / 硕放	42	7,973,446	7,207,529	10.6	22
揭阳 / 潮汕	43	7,353,521	6,493,930	13.2	47
西宁 / 曹家堡	44	7,226,518	6,339,622	14.0	43
丽江 / 三义	45	7,173,986	7,529,935	−4.7	50
西双版纳 / 嘎洒	46	5,524,284	4,446,247	24.2	66
北京 / 南苑	47	5,060,412	6,512,740	−22.3	48
拉萨 / 贡嘎	48	4,572,428	4,353,948	5.0	44
绵阳 / 南郊	49	4,159,370	3,938,882	5.6	62
常州 / 奔牛	50	4,052,342	3,327,722	21.8	45
南通 / 兴东	51	3,484,484	2,771,326	25.7	42
宜昌 / 三峡	52	3,263,912	2,948,668	10.7	81
北京 / 大兴	53	3,135,074			70
威海 / 大水泊	54	3,090,766	2,508,155	23.2	60

续上表

货邮吞吐量（吨）			起降架次			
2019 年	2018 年	增长（%）	名次	2019 年	2018 年	增长（%）
131,071.5	133,189.4	−1.6	31	112,746	110,243	2.3
57,626.0	53,402.1	7.9	34	108,275	107,930	0.3
88,901.6	83,093.0	7.0	37	98,816	92,807	6.5
122,517.3	82,604.4	48.3	35	108,036	108,614	-0.5
46,157.1	40,210.1	14.8	32	112,159	105,328	6.5
106,120.2	105,673.2	0.4	42	89,487	85,434	4.7
81,106.6	80,189.5	1.1	40	92,296	86,362	6.9
50,989.4	46,393.0	9.9	43	88,989	85,380	4.2
87,101.6	69,787.3	24.8	38	95,135	89,005	6.9
53,229.7	46,145.9	15.4	41	90,970	89,717	1.4
61,245.8	50,733.5	20.7	47	84,734	75,635	12.0
57,060.9	51,465.0	10.9	44	86,441	75,500	14.5
30,313.2	27,074.5	12.0	49	68,126	71,364	-4.5
75,294.6	63,845.4	17.9	50	65,012	58,319	11.5
145,128.2	123,818.9	17.2	52	62,483	56,066	11.4
27,810.9	25,249.7	10.1	56	55,905	55,564	0.6
41,030.7	33,879.1	21.1	54	61,218	55,064	11.2
12,616.0	11,329.9	11.4	59	54,255	56,932	-4.7
8,418.2	13,207.2	−36.3	64	43,034	34,828	23.6
15,513.5	25,122.2	−38.2	72	33,521	44,468	-24.6
39,320.2	36,320.4	8.3	67	39,065	36,224	7.8
8,860.4	7,586.7	16.8	17	189,897	176,550	7.6
33,161.0	28,170.1	17.7	57	55,446	45,676	21.4
42,263.1	42,989.9	−1.7	70	34,580	33,781	2.4
4,597.4	4,441.1	3.5	45	86,190	76,526	12.6
7,362.3			88	21,048		
9,228.1	6,764.6	36.4	77	25,694	20,889	23.0

机场	旅客吞吐量（人次）				
	名次	2019年	2018年	增长（%）	名次
徐州/观音	55	3,005,875	2,518,799	19.3	52
湛江	56	2,983,501	2,559,507	16.6	77
扬州/泰州	57	2,979,668	2,384,382	25.0	51
张家界/荷花	58	2,870,898	2,209,911	29.9	99
鄂尔多斯/伊金霍洛	59	2,695,925	2,475,281	8.9	59
北海/福成	60	2,679,101	2,282,218	17.4	71
临沂/启阳	61	2,580,823	2,006,104	28.6	58
呼伦贝尔/东山	62	2,558,413	2,328,816	9.9	75
惠州/平潭	63	2,553,545	1,879,645	35.9	61
榆林/榆阳	64	2,531,468	2,090,209	21.1	68
运城/张孝	65	2,484,569	2,052,654	21.0	76
喀什	66	2,433,209	2,060,100	18.1	55
淮安/涟水	67	2,347,566	1,516,272	54.8	57
包头/二里半	68	2,265,867	2,032,157	11.5	69
遵义/新舟	69	2,257,147	2,033,587	11.0	82
库尔勒	70	2,202,333	1,743,761	26.3	63
德宏/芒市	71	2,122,958	1,813,896	17.0	53
盐城/南洋	72	2,090,304	1,822,173	14.7	64
赣州/黄金	73	2,088,731	1,625,224	28.5	80
义乌	74	2,029,109	1,635,673	24.1	54
连云港/白塔埠	75	1,922,824	1,516,195	26.8	84
襄阳/刘集	76	1,899,458	1,406,384	35.1	87
赤峰/玉龙	77	1,893,600	1,572,060	20.5	89
泸州/云龙	78	1,861,445	235,360	690.9	74
大理	79	1,773,857	1,776,364	-0.1	72
阿克苏/温宿	80	1,711,210	1,292,215	32.4	67
延吉/朝阳川	81	1,662,608	1,513,262	9.9	78
遵义/茅台	82	1,652,124	1,005,463	64.3	126

续上表

货邮吞吐量（吨）			起降架次			
2019 年	2018 年	增长（%）	名次	2019 年	2018 年	增长（%）
12,068.7	10,065.7	19.9	60	49,648	51,770	-4.1
6,062.0	5,945.1	2.0	73	30,933	28,961	6.8
12,440.6	11,136.8	11.7	65	41,422	50,590	-18.1
1,779.9	1,176.0	51.4	78	25,570	20,583	24.2
10,046.6	9,984.4	0.6	71	34,155	33,156	3.0
7,216.7	6,446.1	12.0	89	20,831	18,427	13.0
10,245.5	8,036.5	27.5	86	21,601	16,953	27.4
6,247.8	5,767.4	8.3	85	21,684	20,126	7.7
8,915.7	5,501.3	62.1	92	20,251	15,110	34.0
8,017.6	5,527.1	45.1	82	23,906	20,835	14.7
6,078.2	5,081.2	19.6	69	37,761	34,630	9.0
10,383.9	8,225.0	26.2	91	20,736	17,643	17.5
10,259.3	6,286.0	63.2	63	45,573	26,082	74.7
7,837.4	7,144.6	9.7	94	19,533	18,980	2.9
3,611.9	2,315.9	56.0	90	20,759	18,902	9.8
8,743.7	7,646.0	14.4	80	24,222	17,906	35.3
10,758.9	8,330.2	29.2	100	18,160	15,528	17.0
8,684.4	6,587.1	31.8	98	19,099	16,711	14.3
5,664.9	5,063.1	11.9	102	17,789	14,998	18.6
10,612.9	8,800.1	20.6	108	15,511	12,558	23.5
3,342.9	2,906.4	15.0	101	18,118	14,978	21.0
2,848.7	2,632.3	8.2	46	85,596	69,833	22.6
2,362.1	2,144.0	10.2	104	17,451	14,988	16.4
6,645.3	608.8	991.6	96	19,414	2,317	737.9
6,870.6	6,723.9	2.2	107	17,331	17,293	0.2
8,252.7	6,633.3	24.4	106	17,356	11,590	49.7
5,740.6	5,459.7	5.1	115	13,996	12,638	10.7
1,003.7	309.1	224.7	105	17,370	10,479	65.8

机场	旅客吞吐量（人次）				
	名次	2019 年	2018 年	增长（%）	名次
和田	83	1,596,218	1,217,504	31.1	79
柳州 / 白莲	84	1,571,055	1,347,142	16.6	65
洛阳 / 北郊	85	1,537,355	1,313,764	17.0	118
十堰 / 武当山	86	1,524,107	1,182,546	28.9	123
舟山 / 普陀山	87	1,521,949	1,209,675	25.8	142
济宁 / 曲阜	88	1,487,810	1,221,518	21.8	86
伊宁	89	1,477,371	1,332,536	10.9	73
恩施 / 许家坪	90	1,426,920	1,039,311	37.3	106
兴义	91	1,384,614	1,120,857	23.5	109
台州 / 路桥	92	1,381,321	1,112,199	24.2	56
腾冲 / 驼峰	93	1,367,494	1,170,230	16.9	85
大同 / 云冈	94	1,307,139	1,016,273	28.6	96
保山 / 云瑞	95	1,228,964	1,016,018	21.0	107
毕节 / 飞雄	96	1,217,071	1,216,557		137
南阳 / 姜营	97	1,177,895	907,505	29.8	125
万州 / 五桥	98	1,151,410	870,042	32.3	104
通辽	99	1,128,515	983,058	14.8	93
常德 / 桃花源	100	1,106,061	726,357	52.3	157
衡阳 / 南岳	101	1,102,857	816,232	35.1	114
西昌 / 青山	102	1,087,186	676,804	60.6	95
牡丹江 / 海浪	103	1,048,088	933,716	12.2	112
日照 / 山字河	104	1,017,891	901,253	12.9	100
南充 / 高坪	105	1,011,625	942,932	7.3	91
宜宾 / 五粮液	106	1,000,744	974,810	2.7	83

续上表

货邮吞吐量（吨）			起降架次			
2019 年	2018 年	增长（%）	名次	2019 年	2018 年	增长（%）
5,704.7	3,262.7	74.8	113	14,507	10,113	43.4
8,671.9	5,847.5	48.3	116	13,864	12,616	9.9
1,151.5	1,326.2	−13.2	14	196,542	180,226	9.1
1,041.5	502.2	107.4	109	15,087	12,520	20.5
622.6	112.4	453.8	81	24,190	24,542	-1.4
2,974.9	2,659.7	11.8	123	11,608	10,178	14.0
6,789.5	4,885.8	39.0	117	13,820	12,493	10.6
1,629.8	1,704.6	−4.4	119	12,987	9,434	37.7
1,364.2	1,139.0	19.8	111	14,814	12,383	19.6
10,278.5	7,581.4	35.6	127	10,333	8,268	25.0
3,005.7	2,265.0	32.7	120	12,542	10,691	17.3
1,923.8	1,615.2	19.1	83	23,506	28,216	-16.7
1,555.5	1,364.0	14.0	125	11,047	9,423	17.2
743.2	835.1	-11.0	114	14,220	13,622	4.4
1,016.9	1,084.6	-6.2	53	62,205	52,987	17.4
1,731.8	2,048.4	-15.5	93	20,122	25,310	-20.5
2,042.6	1,837.1	11.2	95	19,532	43,447	-55.0
361.3	609.7	-40.7	39	92,522	97,832	-5.4
1,258.6	760.0	65.6	124	11,095	8,646	28.3
1,946.3	1,584.2	22.9	126	10,427	6,324	64.9
1,290.0	1,237.0	4.3	139	8,128	7,464	8.9
1,773.4	1,448.7	22.4	27	126,020	79,574	58.4
2,259.6	3,720.1	-39.3	97	19,406	41,326	-53.0
3,396.1	3,225.1	5.3	128	10,116	9,633	5.0

邮政统计

全国邮政业主要指标基本情况

指标	计算单位	2019年	同比增减（%）
邮政行业业务总量	万元	162296302.5	31.5
其中：函件业务量	万件	216721.5	−18.9
包裹业务量	万件	2155.0	−10.5
报纸业务量	万份	1680708.2	−2.7
杂志业务量	万份	72997.1	−5.8
汇兑业务量	万笔	1639.7	−34.9
快递业务量	万件	6352291.0	25.3
快递业务收入	万元	74978235.2	24.2
邮政邮路总条数	条	35966.0	26.9
邮政邮路总长度（单程）	公里	12227021.0	24.1
农村投递路线条数	条	101870.0	7.6
农村投递路线长度（单程）	公里	4198813.0	4.2
城市投递路线条数	条	102871.0	46.5
城市投递路线长度（单程）	公里	2209984.0	29.1

后　　记

在交通运输部和国家铁路局、中国民用航空局、国家邮政局领导的高度重视和编纂工作委员会的正确领导下，《中国交通运输年鉴（2020）》（以下简称《年鉴》）编纂工作启动以来，历经了拟订大纲、分工组稿、收集资料、稿件编辑、审校排版、征求意见等流程，2020 年 8 月形成初稿，在征求各方面意见后对初稿进行了多次修改，经过三审三校、反复推敲，终成此书。

本书的编纂工作由交通运输部办公厅会同国家铁路局、中国民用航空局、国家邮政局综合司（办公室）统筹组织、谋篇布局，各参编单位高度重视、积极响应，对编纂组稿工作给予了业务指导和大力支持，指定专人负责资料收集和稿件撰写，司局领导亲自审核本单位稿件。部档案馆、中国公路学会和《中国公路》杂志社作为编辑工作的承办单位，先后三次对编纂大纲进行了研究调整，对收到的资料采取即收即编的方式，对资料进行认真梳理、查漏补缺，确保了工作进度和编辑质量。

在编纂过程中，交通运输部办公厅侯浩、吕丞、周敏霞、房清雨、韩韡、汤继伦、刘宝刚、鲍鑫荣、蒋丽萍、罗丙辉、刘民、耿长龙，政策研究室臧青、宋亚峰、朱春雷、李颖、蔡垚、李俊鹏、王振宇、韩东方、周晓雪、张杰、马国栋、方建敏，法制司刘扬、杨剑、李景杰、李树栋，综合规划司高铁、荣学文、付冬梅、夏永强、刘东、杜彩军、刘凌、马骥、张金发、李玉辉、邬志华、尹振军、黄东旭、侯振兴、张巍巍、王广民、范杰、杨建刚、宋彩萍、翟威、郑文英、余高潮、汪忠，财务审计司陈冰波、陈闽、孙静、孟丽静，人事教育司胡红哲、万广顺、王英、刘驰、孙志伟，公路局陈文亮、谷体鹏、罗沁、李培源、肖遥、宾帆、张建军、于光、张慧彧、刘硕、王燕弓、马超云、乔正、刘凇男、高祥、杨继俊、李俐、花蕾、刘伟亮，水运局王大志、王颖、张琳、郭青松、王建军、王雪、赵帅、李坤、张同戌、段超、燕飞、李花叶、闫军、秦川、邹永超、王宏志、刘国辉、谢燕、张俊勇、蔡涛、胡琳琳、陈磊，运输服务司唐俊忠、李旭辉、张鹏、孟文戟、吕亚军、李良华、席锦池、田桂飞、朱超、刘新，安全与质量监督管理司关振军、纪昌安、杨云超、刘健，科技司林小平、赵晓辉、张成、邢凡胜、唐妍，国际合作司（港澳台办公室）陈鹏、陈星森、胡楠、舒兰、杨晓卿，直属机关党委石冬，中国海上搜救中心刘保康、李允，海事局梁远林、童翠龙；国家铁路局综合司董青、高弘，科技与法制司王晨、王朔、许晨、庄继武，安全监察司刘朝辉，运输监督管理司李振强，设备监督管理司周磊，人事司高凯、岳向菲、陆瑞、金虎，直属机关党委张海东、丁猛、王森刚，信息中心于得庆、刘杨，安全技术中心夏逖俊，市场监测评价中心杨阳，机关服务中心李浩；中国民用航空局综合司刘丁、张连弟、冯文涛、高沛娟，航空安全办公室李烨，政策法规司刘晶晶，发展计划司袁加林，财务司郭婧文，人事科教司李根、许尧，国际司（港澳台办公室）江航，运输司梁晓莹、杨骞、郑开建，飞行标准司张凌志，航空器适航审定司赵晋玉、陈廷浩，机场司张宏，空管行业管理办公室侯佳，公安局陈伟，空管局潘丽先，运行监控中心艾春慧、马金国、栗洋，全国民航工会祝川，直属属机关党委郭超，民航局国际合作服务中心王堪林、韩婕、张洁；国家邮政局办公室陈凯、唐清辉、寇建堂，政策法规司张运涛，普遍服务司郭菲菲、刘琪、李浩，市场监管司彭彬，人事司王晓芳、李炜蕾，机关党委吴魁秋、葛秀旺，邮政业安全中心杨旭祥、许妍，中国邮政快递报社王毅；交通运输部救助打捞局顾嘉君；交通运输部长江航务管理局张伟；交通运输部珠江航务管理局黄婉丽、胡平，中国船级社柯珂；北京市交通委员会马欣、毕保磊、李云忠，天津市交通运输委员会张晓亭、关珊珊、杜蕴哲、王宝林、王瑞成、杜蕴哲、丁宇澄、王瑞成、陈甜甜、麻庆伟、余朵苟、柴大胜、陈飞，河北省交通运输厅贾梦蕾，山西省交通运输厅师国梁、陈瑞丽，内蒙古自治区交通运输厅王艳秋、赵海涛，辽宁省交通运输厅宁威，吉林省交通运输厅张明杰、刘洪波、全昌永、王鑫，黑龙江省交通运输厅杨楠，上海市交通委员会张谨，江苏省交通运输厅赵钰，浙江省交通运输厅周永富，安徽省交通运输厅梁晨、任艳、陈婷婷、韦正华、王连磊、王川源、骆燕，福建省交通运输厅王忠、陈昌和、黄超、江辉、李忠奇、陈世如，江西省交通运输厅黄智强，山东省交通运输厅朱惠娟，河南省交通运输厅杨朝晖、姜宝泉、高威、苏振、李晓权、王琳琳，湖北省交通运输厅甘惠萍、王成、朱正海、章治国、李庆九、胡金成、鲁军、周建勋、董沛玲、李碧，湖南省交通运输厅孙伟生，广东省交通运输厅巫建文、丁力、林健芳、张军、吴伟江、林旭坤、吴柳纯、谢武林、董健，广西壮族自治区交通运输厅李灿云、覃黄臻，海南省交通运输厅吴开心，重庆市交通局石光、陈忠富，四川省交通运输厅蒋君兰、王谦、邱骊丹，贵州省交通运输厅郭国华，云南省交通运输厅杨光勇，西藏自治区交通运输厅樊永强、杨洁，陕西省交通运输厅何丰博，甘肃省交通运输厅尉永强，青海省交通运输厅张生荣、林才让，宁夏回族自治区交通运输厅倪静哲、张建军、汤生广、叶焜、陈丽、李晶、孙亚林、高硕、张晨、李军祚、董玉伟、倪佩佩，新疆维吾尔自治区交通运输厅王德祥，新疆生产建设兵团交通运输局王倩等同志在收集资料、撰写稿件、提供图片、审核校对等方面做了大量富有成效的工作。

值此《年鉴》出版之际，向对本书编纂工作提供大力支持和帮助的相关单位和所有人员，一并表示最诚挚的谢意！

由于本书涉及的单位及资料较多，加之编者水平有限，书中难免存在疏漏错误之处，恳请各界人士批评指正。

本书编辑工作组

2020 年 8 月 30 日